Religiöse Kommunikation im Umbrischen und Hethitischen

Brill's Studies in Indo-European Languages & Linguistics

VOLUME 23

The titles published in this series are listed at *brill.com/bsiel*

Religiöse Kommunikation im Umbrischen und Hethitischen

Fachsprachlichkeit in Ritualtexten und Gebeten

von

Theresa Roth

BRILL

LEIDEN | BOSTON

Cover Illustration: left: Iguvine Table IIa, drawing taken from the edition by Theodor Aufrecht and Adolf Kirchhoff: Die umbrischen Sprachdenkmäler: Ein Versuch zur Deutung derselben, Berlin 1849–1851; right: autograph of the cuneiform tablet KBo 12.126 from the "Ritual of Alli" (courtesy of Deutsche Orient-Gesellschaft and Hethitologie-Archiv Mainz).

Covergestaltung: links: Iguvinische Tafel IIa, Zeichnung aus der Edition von Theodor Aufrecht und Adolf Kirchhoff: Die umbrischen Sprachdenkmäler: Ein Versuch zur Deutung derselben, Berlin 1849–1851; rechts: Autographie der Keilschrifttafel KBo 12.126 aus dem "Ritual der Alli" (mit freundlicher Genehmigung der Deutschen Orient-Gesellschaft und des Hethitologie-Archivs Mainz).

Library of Congress Cataloging-in-Publication Data

Names: Roth, Theresa Maria, author.
Title: Religiöse Kommunikation im Umbrischen und Hethitischen : Fachsprachlichkeit in Ritualtexten und Gebeten / von Theresa Roth.
Description: Leiden ; Boston : Brill, [2021] | Series: Brill's studies in Indo-European languages & linguistics, 1875-6328 ; volume 23 | Originally presented as the author's thesis (doctoral) - Philipps-Universität Marburg, 2019. | Includes bibliographical references and index.
Identifiers: LCCN 2021024396 (print) | LCCN 2021024397 (ebook) | ISBN 9789004436572 (hardback ; acid-free paper) | ISBN 9789004436596 (ebook)
Subjects: LCSH: Umbrian language–Religious aspects. | Hittite language–Religious aspects. | Corpora (Linguistics) | Pragmatics. | Historical linguistics.
Classification: LCC PA2462 .R68 2021 (print) | LCC PA2462 (ebook) | DDC 479/.9–dc23
LC record available at https://lccn.loc.gov/2021024396
LC ebook record available at https://lccn.loc.gov/2021024397

Typeface for the Latin, Greek, and Cyrillic scripts: "Brill". See and download: brill.com/brill-typeface.

ISSN 1875-6328
ISBN 978-90-04-43657-2 (hardback)
ISBN 978-90-04-43659-6 (e-book)

Für meine beiden Omas, denen ich die Liebe zur Sprache verdanke.

Inhaltsverzeichnis

Hauptteil der Untersuchung

Vorwort

Die vorliegende Monographie stellt die überarbeitete Fassung meiner Dissertation dar, die ich an der Philipps-Universität Marburg unter dem Titel „Syntax, Semantik und Pragmatik religiöser Fachsprachen. Eine Untersuchung am Beispiel altindogermanischer Ritualtexte“ am 01. März 2019 eingereicht und am 01. Juli 2019 verteidigt habe. Im Januar 2021 wurde die Arbeit vom Brill-Verlag zur Publikation in der Reihe *Brill's Studies in Indo-european Languages und Linguistics* angenommen.

Nun, am Ende meiner intensiven Beschäftigung mit einem bis zuletzt spannenden und schönen Thema und am Ende des Prozesses, welcher der Publikation dieses Buches vorausgegangen ist, freue ich mich über die Gelegenheit, einer ganzen Reihe von Menschen meinen Dank auszudrücken:

Meine beiden Doktoreltern, Elisabeth Rieken und Emmanuel Dupraz, haben meine Dissertation stets mit unbedingter Unterstützung in vielerlei Hinsicht und mit einer großen Verbindlichkeit und Freundschaftlichkeit begleitet. Beide haben durch ihre Betreuung und Förderung den fachlichen Rahmen für meine Forschung gegeben; beide haben mir die Arbeit an einer Promotion aber auch überhaupt erst ermöglicht: durch die Annahme als wissenschaftliche Mitarbeiterin der Philipps-Universität (2013–2018) und als Stipendiatin der Université Libre de Bruxelles (2018–2019). All das ist nicht selbstverständlich und ich bin ihnen von ganzem Herzen dankbar dafür.

Von besonderer Bedeutung waren für mich auch zwei Kolleginnen und Freundinnen, die mir immer wieder durch Diskussionen und Austausch die Chance gegeben haben, meine Zugänge und Einsichten zu vielen Themen weiterzuentwickeln, und deren Anmerkungen oft wertvolle Impulse für mich darstellten: Tina Becker und Susanne Görke. Ihnen bin ich auch für ihre Freundschaft zu großem Dank verpflichtet, für ihre Zeit und die guten Gedanken, mit denen sie maßgeblich dazu beigetragen haben, dass ich auch in schwierigen Phasen nicht den Mut verloren habe.

Einige weitere Freundinnen und Freunde haben Anteil daran, dass am Ende aller Überarbeitungs- und Umstrukturierungsprozesse immer noch vollständige Sätze und kohärente Gedankengänge in sinnvoller Formatierung stehen. Dafür sei Karo Wenk, Nadine Saal, Franzi Borsch, Max Düngen, Sandra Herrmann und Jeremy Bradley ein herzlicher Dank ausgesprochen.

Während meiner Promotion hatte ich das große Glück, an mehreren Orten forschen und arbeiten zu dürfen – und überall großartige Kolleginnen und Kollegen zu finden, die mir fachlich und menschlich positive Arbeitskontexte geschaffen haben. Dafür bin ich dem gesamten Fachgebiet Vergleichende

Sprachwissenschaft und Keltologie der Philipps-Universität Marburg, dem Département de Langues et Lettres der Université Libre de Bruxelles und nicht zuletzt dem Lehrstuhl für Vergleichende Sprachwissenschaft der Julius-Maximilians-Universität Würzburg tief verbunden. Besonders erwähnen möchte ich meinen Lehrer Heinrich Hettrich, der als langjähriger Lehrstuhlinhaber in Würzburg mein Studium und auch meine Entwicklung darüber hinaus immer freundlich begleitet und geprägt hat und an den ich mich stets voll Dankbarkeit erinnern werde.

Auch außerhalb der Akademia haben einige Menschen dafür gesorgt, dass ich, besonders in der Endphase vor der Abgabe der Dissertation, auf dringend notwendige persönliche Ressourcen zurückgreifen konnte. Dafür möchte ich meiner Familie, meinen Eltern und meinem Bruder Michael, für ihre Liebe und die stetige Unterstützung mit Rat und Tat danken, genauso wie Sonja und Lars Schnabel mit Janne und Merle, die mir in der gesamten Zeit so oft eine zweite Familie gewesen sind.

Schließlich möchte ich es auch nicht versäumen, den beiden anonymen Gutachtenden, die mir in der Vorbereitung der Publikation wertvolle Hinweise auf einige zu klärende Probleme gegeben haben, meinen Dank auszudrücken. Es versteht sich von selbst, dass alle etwaigen verbliebenen Fehler und Unzulänglichkeiten ich alleine verantworte.

Ein besonderer Dank gilt außerdem Craig Melchert und Olav Hackstein, den Herausgebern der *Brill's Studies in Indo-european Languages und Linguistics*, für die Aufnahme in die Reihe wie auch für die hilfreichen Rückmeldungen und die stets positive Kommunikation, sowie Elisa Perotti und Bart Nijsten für die ausgezeichnete Koordination und technische Betreuung: Ich bin dankbar und stolz, das Ergebnis meiner Arbeit hier präsentieren zu dürfen.

Abbildungsverzeichnis

Abbildungen

Tabellen

Abkürzungsverzeichnis

Bibliographische Referenzen

AE — *Année épigraphique*. Paris: Presses Universitaires de France. 1883–.

CHD — *Chicago Hittite Dictionary = The Hittite Dictionary of the Oriental Institute of the University of Chicago*. Güterbock, Hans G./Hoffner, Harry A. Chicago: The Oriental Institute of the University of Chicago. 1980–.

CIL — *Corpus Inscriptionum Latinarum* (zur Publikationsgeschichte und den Bänden s. https://cil.bbaw.de/index.php?id=10).

CTH — *Catalogue des textes hittites*. Laroche, Emmanuel. Paris: Klincksieck. 1971.

DNP — *Der neue Pauly: Enzyklopädie der Antike*. Cancik Hubert/Schneider, Helmuth (Hrsg.). Stuttgart/Weimar: Metzler. 1996–.

HED — *Hittite Etymological Dictionary*. Puhvel, Jaan. Berlin/Amsterdam/New-York: Mouton Publishers. 1984–.

HEG — *Hethitisches Etymologisches Glossar*. Tischler, Johann. Innsbrucker Beiträge zur Sprachwissenschaft 20. Innsbruck: Institut für Sprachen und Literaturen der Universität Innsbruck. 1977–.

HW — *Hethitisches Wörterbuch. 2. völlig neubearbeitete Auflage auf der Grundlage der edierten hethitischen Texte*. Friedrich, Johannes et al. Heidelberg: Winter. 1975–.

IBoT — *İstanbul Arkeoloji Müzelerinde bulunan Boğazköy Tabletleri(nden Secme Metinler)*. İstanbul 1944, 1947, 1954, Ankara 1988.

JCS — *Journal of Cuneiform Studies* (zu den Bänden s. https://www.journals.uchicago.edu/loi/jcs). The American Schools of Oriental Research. Chicago: The University of Chicago Press 1947–.

KBo — *Keilschriftttexte aus Boghazköy*. Leipzig 1916–1923, Berlin 1954–.

KUB — *Keilschrifturkunden aus Boghazköy*. Berlin 1921–1990.

LIV^2 — *Lexikon der indogermanischen Verben. Die Wurzeln und ihre Primärstammbildungen. 2., erw. und verb. Auflage*. Rix, Helmut. Wiesbaden: Reichert. 2001.

PGM — *Papyri Graecae Magicae. Die griechischen magischen Papyri*. Preisendanz, Karl. Stuttgart: Teubner. 1928–1940.

RE — *Paulys Realencyclopädie der (classischen) Altertumswissenschaft*. Wissowa, Gregor (Hrsg.), fortgeführt von W. Kroll et al. Stuttgart (später München): 1894–1980.

StBoT — Studien zu den Boğazköy-Texten. Wiesbaden: Harrassowitz. 1965–.

ThesCRA — *Thesaurus cultus et rituum antiquorum*. J. Paul Getty Museum. Los Angeles: 2004–2014.

VBoT — *Verstreute Boghazköi-Texte*. Albrecht Götze. Marburg. 1930.

Sprachen

aav.	altavestisch
ai.	altindisch
air.	altirisch
engl.	englisch
franz.	französisch
got.	gotisch
gr.	griechisch
hatt.	hattisch
heth.	hethitisch
hluw.	hieroglyphenluwisch
hurr.	hurritisch
kluw.	keilschriftluwisch
idg.	indogermanisch
lat.	lateinisch
luw.	luwisch
ndl.	niederländisch
nhd.	neuhochdeutsch
osk.	oskisch
sum.	sumerisch
umbr.	umbrisch
urital.	uritalisch
ved.	vedisch
vs.	vestinisch

Linguistische Abkürzungen

Abl.	Ablativ
Akk.	Akkusativ
Akt.	Aktiv
Dat.	Dativ
Dem.Pron.	Demonstrativpronomen
f.	femininum
fr.	Fragment
Gen.	Genitiv
Impv.	Imperativ
indef.	indefinit
Ind.	Indikativ

Instr.	Instrumental
Kol.	Kolumne
Konj.	Konjunktiv
Konn.	Konnektor
Lok.	Lokativ
m.	maskulinum
Nom.	Nominativ
NP	Nominalphrase
NS	Nebensatz
nt.	neutrum
Pass.	Passiv
Perf.	Perfekt
Pers.Pron.	Personalpronomen
Pl.	Plural
Postpos.	Postposition
Präp.	Präposition
Pron.	Pronomen
Propos.	Proposition
Ps.	Präsens
Pt.	Präteritum
Rel.Pron.	Relativpronomen
Rs.	Rückseite
Sg.	Singular
sumerogr.	sumerographisch
SV	Sachverhalt
s. v.	*sub voce*
Vok.	Vokativ
Vs.	Vorderseite

Textkritische Zeichen

⟨ ⟩	Auslassung im Original
⟨⟨ ⟩⟩	im überlieferten Text zu tilgen
?	Lesung oder Ergänzung unsicher
!	unerwartete Zeichenform; Hinweis auf korrekte oder korrigierte Lesung
x	Zeichen unleserlich
[ ]	Lücke im überlieferten Text
⸢ ⸣	Zeichen teilweise beschädigt
[...]	Lücke unbestimmter Länge

[( )]	in Umschrift und Übersetzung: Ergänzung nach Duplikat oder Paralleltext
( )	in Übersetzung: Hinzufügung zur besseren Verständlichkeit
* *	Zeichen(folge) unter Rasur
/	Zeilenumbruch in Transliteration oder Übersetzung

KAPITEL 1

Einleitung

Die vorliegende Arbeit ist der Untersuchung der Pragmatik ritueller Fachsprache gewidmet und beschäftigt sich vor diesem Hintergrund eingehend mit den Ritualtexten zweier indogermanischer Einzelsprachen: des Hethitischen sowie des Umbrischen (unter gelegentlicher Einbeziehung lateinischer Quellen).[1] Beide Sprachen zeichnen sich durch ein großes Korpus ritualbezogener Texte aus,[2] die im Folgenden als Fachtexte genauer bestimmt und besonders hinsichtlich ihrer Charakterisierbarkeit als eine spezifische Fachtextsorte „Instruktion" oder „Anweisungstext" analysiert werden. Dabei besteht meine Zielsetzung keinesfalls im Nachweis oder in der Rekonstruktion einer schon indogermanischen Fachsprache von Ritualspezialisten – ein solches Projekt ist allein aufgrund der Tatsache wenig sinnvoll, dass das Hethitische sowohl bzgl. der Rituale selbst als auch bzgl. der auf sie bezogenen Texte z. T. massive Einflüsse verschiedener (indogermanischer wie nicht-indogermanischer) Kultur- und Sprechergemeinschaften aufweist.[3] Diese Heterogenität der hethitischsprachigen Ritualüberlieferung verbietet den Versuch, eine Textsorte als Ganzes auf ein indogermanisches Stadium zurückzuprojizieren. Nicht nur, aber auch vor diesem spezifischen Hintergrund muss das Ziel meiner Untersuchung vielmehr darin bestehen, die pragmatischen und kommunikativen Anforderungen an rituelle Fachtexte und ihre Konsequenzen für die charakteristische sprachliche Gestaltung dieser Texte zu erfassen. Inhärent kann eine pragmatische Evaluierung sich auf jedes sprachliche Zeichen beziehen, so dass unterhalb der Textebene auch die Ebenen der Syntax, Morphologie und Semantik betroffen sein können und thematisiert werden. Ein fachsprachlicher Aspekt, der hier bewusst nicht betrachtet wird, da sich die Fachsprachenforschung oft-

1 Besonders in Kapitel 7 werden darüber hinaus Beispiele aus weiteren Sprachen (Griechisch, Vedisch, Sprachen des Alten Orients) herangezogen, weil hier ein möglichst umfassender Überblick über die verfügbaren Techniken und ihre Verbreitung gegeben werden soll. Die sprachlichen Analysen und Schlussfolgerungen beschränken sich aber auf das Hethitische und Italische.

2 Das Umbrische im Verhältnis zum Gesamtkorpus, das Hethitische auch absolut betrachtet; s. Kapitel 4 und 5.

3 Oftmals sind verschiedene Traditionen so stark miteinander verschmolzen, dass eine Auflösung dieser Traditionsstränge oder Zuweisung einzelner Elemente kaum möglich scheinen. S. zu dieser Problematik noch ausführlicher unter 4.

 | DOI:10.1163/9789004436596_002

mals ausschließlich darauf fokussiert, ist das Fachlexikon; auch die Prosodie bleibt aufgrund der Quellenlage weitgehend unberücksichtigt.[4]

Mit dieser Zielsetzung siedelt sich meine Untersuchung an einer typischen Schnittstelle verschiedener Disziplinen an: Zum einen handelt es sich dabei um die Schnittstelle zwischen Linguistik und einzelsprachlichen Philologien. Die linguistischen Methoden und Modelle, auf die ich zurückgreife, sind einerseits Themen der allgemeinen Sprachwissenschaft, z.B. in den Bereichen Fachsprachenforschung, Textsortenkonzepte und pragmatische Einzelerscheinungen. Die Übertragung und Anwendbarkeit dieser Modelle auf historische Sprachen und Textkorpora sowie die vergleichende Perspektive, welche über die untersuchten Einzelsprachen auch weitere Schwestersprachen in den Blick nimmt, um das Bild ggf. durch das Wissen über ererbte oder entwickelte Kategorien, verbreitete Grammatikalisierungsprozesse oder individuelle Entwicklungen in spezifischen Funktionsrahmen zu bereichern, ist der vergleichenden indogermanischen Sprachwissenschaft eigen. Die Beschäftigung mit den einzelnen Texten und Textgruppen und ihrer sprachlichen Gestaltung wird z.T. ebenfalls von der Indogermanistik geleistet (mit einem Schwerpunkt auf der diachronen Perspektive und in Kontrastierung mit dem Bestand der verwandten Sprachen), andererseits aber von den Einzelphilologien. Diese sind dabei stärker synchron orientiert, beziehen dafür aber ausdrücklich auch die außersprachlichen Umstände und Kontexte der Textentstehung und -verwendung mit ein und stellen wichtige Verbindungen zu Literaturwissenschaft, Soziolinguistik und Geschichte her, um zu einem umfassenden Verständnis eines Textes und seiner Funktion(en) zu gelangen. Beim vorliegenden Thema ist zudem die inhaltliche Schnittstelle zum Bereich der Religionswissenschaft und speziell zur Ritualforschung zu berücksichtigen, welche die Arbeit mit religiösen Modellen und Weltbildern, der Konzeption göttlicher Entitäten und ihrer Funktionen für eine Gesellschaft und Sprechergemeinschaft sowie dem Kontakt zu ihnen betrifft. Dies schließt letztlich auch die „Arbeit am Mythos" und die Bedeutung religiöser Konzepte für andere Lebensbereiche (Privatleben, Politik, Wissenschaft, Medizin) mit ein. Als verbindender Gesichtspunkt dieser thematischen Bereiche wird die Kommunikativität (von Texten, Fachtexten und auch von rituellen Handlungen und Gebeten) im Mittelpunkt stehen.

Derartige Schnittstellen-Arbeiten sind mit einer gewissen Tradition dem Aufgabenbereich der indogermanistisch Forschenden zugefallen, da diese oftmals auf die verschiedenen Kompetenzen einer allgemein sprachwissenschaftlichen und einzelphilologischen Ausbildung zurückgreifen konnten und an

4 S. dazu nur überblickshaft in Kapitel 8 unter 8.5.5 „Strukturelle Rekurrenz".

übergreifenden Fragestellungen mit übereinzelsprachlicher oder systematisierender Perspektive besonders interessiert waren. Auch die enge Zusammenarbeit mit Nachbardisziplinen wie der Archäologie, Alten Geschichte, Mediävistik oder eben Religionswissenschaft ist oft selbstverständlich. Die Textpragmatik stellt zwar insgesamt ein jüngeres Beschäftigungsfeld der Indogermanistik (und Linguistik allgemein) dar; existierende Arbeiten zeigen allerdings, dass gerade im Bereich der Zusammenhänge zwischen sprachlicher Gestaltung und Gesamtkontext sowie Funktion einer Äußerung zahlreiche neue Ergebnisse zu erwarten sind, von denen sowohl die vergleichende als auch die einzelsprachliche Perspektive weiter profitieren kann (s. noch unten 1.5). Ich sehe meine Untersuchung daher gleichermaßen in der Tradition der indogermanistischen Schnittstellen-Arbeit wie als Anknüpfung an jüngere Untersuchungen zur Textpragmatik auf einer das Einzelphänomen übersteigenden, systematisierenden Ebene. Dieses Verständnis spiegelt sich in der hier verfolgten Herangehensweise, die zunächst von funktional orientierten Fragestellungen ausgeht und die verfügbaren sprachlichen Umsetzungen der pragmatischen Funktionen analysiert und systematisch ordnet. Dabei ist es gerade diese hier erstmals vorgenommene Systematisierung des Zusammenwirkens einzelner pragmatischer Phänomene, ihrer Beziehungen untereinander wie auch zum Gesamttext sowie schließlich zur Kommunikationssituation, welche die gewählte Herangehensweise und die erzielten Ergebnisse auszeichnen.

1.1 Sprachzeugnisse als Texte

Die Tatsache, dass uns altindogermanische Sprachen in aller Regel als Texte überliefert sind, ist keine neue Erkenntnis. Ausnahmen mögen reine Zeicheninventare wie Alphabetare darstellen; schon bei Wortlisten ist allerdings ein Übergang denkbar, z.B. wenn eine thematische Zusammenstellung vorliegt.[5] Alle dokumentierten Texte besitzen die Gemeinsamkeit, dass sie konkrete Sprachäußerungen darstellen, die nie im luftleeren Raum, sondern immer in einer konkreten Situation und einem spezifischen Kontext entstanden sind und verwendet wurden. Was wir besitzen, sind keine abstrakten Inventarsammlungen und grammatischen Regeln, sondern kommunikative Akte und Einheiten solcher Akte. Allerdings nimmt die Textüberlieferung durch einige mehr oder weniger zufällige Faktoren beträchtlichen Einfluss auf unseren Zu-

5 Grundlegende Bedeutung haben hier also die Definition und das Verständnis von Text, worauf weiter unten noch detailliert einzugehen sein wird (S. 32).

gang zu Korpussprachen und ihrem Textspektrum – und damit auf unsere Konstruktion und Beurteilung des Inventars ihrer Phonologie, Morphologie, Syntax und ihres Lexikons.

Zum einen sind Texte, aufgrund der Erhaltung ihres Trägermaterials oder wegen aktiver Entscheidungen der für die Tradition zuständigen Schreiber, durchaus nicht immer vollständig überliefert und deshalb bisweilen schwierig als Gesamttext zu verstehen und zu beurteilen. Im Idealfall stehen weitere gleichartige Texte (oder wie im Hethitischen sogar Duplikate derselben Texte) zur Verfügung, um zu einem zuverlässigen Gesamteindruck zu gelangen; in anderen Fällen bleibt unser Bild von einem Text und seiner Charakteristik zwangsläufig unvollständig, was häufig auch unser Verständnis (des Textes wie auch einzelner Lexeme oder Formen) stark erschweren kann. Die Überlieferungssituation bestimmt also als quantitativer Faktor den Erhaltungszustand einzelner Texte. Zum anderen definiert sie aber auch den Ausschnitt bzw. das Spektrum verfügbarer Texte und Textsorten, aus denen wir schöpfen können. Dies kann bei Korpussprachen[6] enorme Auswirkungen auf den Gesamteindruck haben, den wir uns von der betreffenden Sprache und ihrem Inventar bilden. Auf Ebene einzelner Formen oder syntaktischer Phänomene stellt sich beispielsweise die Frage, ob eine bestimmte Kategorie oder ein spezifisches (grundsprachlich oder nachbarsprachlich bezeugtes) Lexem in der betreffenden Sprache nicht existiert oder aber aufgrund der spezifischen Semantik oder pragmatischen Funktionalität in den überlieferten Textsorten einfach nicht belegt ist, weil diese ein besonderes Register repräsentieren, dem das betreffende Lexem nicht zugehört.[7] Dieselbe Fragestellung betrifft auch die Frequenzen, in denen einzelne Konstruktionen, Formen oder Kategorien auftreten: Sind diese repräsentativ für die Sprache an sich oder etwa durch regionale, temporale, individuelle oder konventionelle Faktoren bedingt? Diese Fragestellungen bilden die klassischen Themenbereiche der Varietätenlinguistik, die ebenfalls von Texten als den betrachteten Einheiten ausgehen muss: Bilden die belegten Texte möglicherweise diatopische, diaphasische, diastratische, oder diachronische Varietäten ab und wie groß ist in solchen Fällen der varietätenspezifische Anteil an sprachlichen Eigenschaften? In einem weiteren Blickwinkel ist zudem von Interesse, welche Interrelationen zwischen den verschiedenen Phänomenen *Überlieferungssituation – Varietäten – Textsorten* bestehen. Hier werden Fallhöhen für die historische Sprachforschung besonders deutlich, z.B. wenn eine Beurteilung bestimmter Phänomene als chro-

6 D.h. ausgestorbene Sprachen, die nur durch eine begrenzte Menge an Texten dokumentiert sind und nur auf dieser Grundlage beschrieben werden können.

7 In diesem Sinne auch Hock 2000: 167.

nologisch älter (oder „archaisch") vorgenommen wird, weil sie scheinbar vornehmlich in den älteren Zeugnissen einer Sprache zu finden sind. Dies kann erhebliche Auswirkungen haben, wenn das betreffende Element als Grundlage zur Textdatierung weiterverwendet wird. Dabei muss eine solche Korrelation aber gar nicht ursächlich aus dem Alter der betreffenden sprachlichen Formen resultieren, sondern kann rein funktionale oder genrebedingte Gründe haben.[8] Vor diesem Hintergrund ist das Postulat einer stärkeren Berücksichtigung textsorten- oder genrespezifischer Faktoren bei der Bewertung sprachlicher Erscheinungen gerade von Indogermanistinnen und Indogermanisten geäußert worden, die sich mit Korpora beschäftigen, welche einerseits chronologische, andererseits aber auch deutliche funktionale Unterschiede aufweisen, vgl. zum Hethitischen Rieken 2011: 207; zum Vedischen Hock 2000: 167–168 und Jamison 1991: 40.

Die beschriebenen Probleme, die sich hinsichtlich der Betrachtung historischer Zeugnisse ergeben und sich auf verschiedene sprachliche Ebenen erstrecken, sind häufig nicht vollständig aufzulösen, besonders dann, wenn das jeweilige Korpus begrenzt und die Textzeugnisse kurz sind oder nur wenigen unterschiedlichen Bereichen zugeordnet werden können.[9] In Sprachen mit einem vergleichsweise großen und vielfältigen Textkorpus existieren grundsätzlich mehr Möglichkeiten, zu einer vollständigen und wirklichkeitsnahen Grammatik und Sprachbeschreibung zu gelangen.[10] Dazu ist besonders die Bereitschaft notwendig, den jeweiligen Kontext und seinen Einfluss auf die sprachliche Gestaltung zu bestimmen und die überlieferten Zeugnisse als Texte und Textsorten zu betrachten. Eine möglichst genaue Erfassung der sprachlichen Eigenschaften und Inventare in Abgleich mit ihrer Funktion und Verwendungsweise kann das Risiko von Fehlbeurteilungen zwar nicht vollständig ausschließen, aber zumindest deutlich minimieren.

---

8 D.h. die Form wird in einem bestimmten Text nicht deshalb verwendet, weil sie archaisch wäre, sondern weil es eine funktionale (und/oder konventionalisierte) Zuordnung zur Textsorte gibt.

9 So bieten Trümmersprachen, die nur inschriftlich (z.B. durch Besitzinschriften auf Gefäßen oder Weih- und Grabinschriften) belegt sind, einen eklatanten Mangel an Verbalformen und -kategorien, ein geringes Spektrum an Nominalkasus und nur einen kleinen Ausschnitt aus den syntaktischen Möglichkeiten dieser Sprachen (in diesen markanten Fällen würde jedoch niemand auf die Idee kommen, dass dies dem tatsächlichen Zustand der Sprache entspräche).

10 Vgl. Hock (2000: 167): „Examining the broadest possible range of genres often enables us to answer such questions".

1.2 Chancen der textlinguistischen Betrachtung

Beispiele für eine Revidierung ursprünglich diachroner Beurteilungen und Interpretationen, die aus einer textsortenbezogenen Betrachtung resultieren, finden sich auch in den Bereichen religiöser und ritualbezogener Zeugnisse. Gerade Texte aus diesem thematischen Bereich erfahren häufig eine aprioristische Beurteilung als besonders „alt“ oder „archaisch“ (vgl. speziell zum Umbrischen Dupraz i.D.). Das liegt u.a. daran, dass die Sprache der Gebete einerseits formelhaft fixiert und andererseits oft tatsächlich (wenigstens teilweise) archaisch ist. Intertextuelle Bezüge mit anderen Texten der religiösen Sphäre können zu einer Pauschalisierung dieses Eindrucks für den gesamten Bereich der „Sakralsprache“ führen (zu den Begriffen s. noch 2.7 und 2.8). In anderen Fällen entwickeln sich exegetische und didaktische Texte erst sekundär zum früher dokumentierten liturgischen Material, wie im Falle des Vedischen. Hier bilden die während der Rituale rezitierten Hymnen den ältesten Teil der sprachlichen Überlieferung, auf den sich die jüngeren Texte der vedischen Prosa beziehen.[11] In solchen Fällen zeigt sich besonders deutlich die Notwendigkeit, diese Faktoren bei der Beurteilung der verschiedenen Strata zu differenzieren. Vielfach wurden die Unterschiede, die zwischen den vedischen Korpora z.B. hinsichtlich der Syntax bestehen, auf tatsächlichen Sprachwandel zurückgeführt, u.a. im Fall der Relativsatztypen (vgl. Hock 1993; 2000).[12] Jamison (1991: 40) weist deutlich auf diese Problematik hin und stellt angesichts der Diskussion um Textsorten und den Einfluss pragmatischer Funktionen auf die sprachliche Form die berechtigte Frage:

> How much of this syntactic difference is attributable to chronology, to real syntactic change between the mantra period and the prose period, and how much to the distorting effect of genre?

Auch die voranschreitende Arbeit an der hethitischen Ritualliteratur hat gezeigt, dass eine differenzierte, textsortensensitive Herangehensweise nötig ist und neue Ergebnisse, gerade in den Bereichen Textstruktur und Syntax, liefern kann. So konnte Rieken (1999) den Gebrauch der hethitischen Konnektivpartikel *ta* als textsortenspezifisches und fachsprachliches Element der Ritualpräskripte herausarbeiten; auch die richtige Interpretation und Abgrenzung der deiktischen Partikeln *kāša*, *kāšma* und *kāšatta* ist anhand der Examinierung

11 D.h. genauer auf den Komplex aus liturgischen Hymnen und Ritualhandlungen.

12 S. dazu noch unter 7.4.1.

der jeweiligen Kommunikationssituation gelungen (Rieken 2009). Weitere Beispiele für Neubeurteilungen auf Basis einer textpragmatischen Herangehensweise umfassen z. B. asyndetische Satzverbindungen, die Ellipse von anaphorischem Subjekt- oder Objektpronomen oder das Überwiegen von Parataxen. Diese Phänomene finden sich in den hethitischen Ritualen, aber auch den Iguvinischen Tafeln und den Ritualanweisungen in Catos *De agricultura* häufig bis regelhaft. Oft wurden sie als altertümlicher Zug einer noch nicht elaborierten Schriftsprache gedeutet (gerade im Lateinischen, wo Cato am Anfang der Prosatradition steht); sie sind aber viel eher als eine Technik (unter mehreren) der sprachlichen Kompression und Ökonomie spezialisierter Texte zu verstehen.[13] Eine text(sorten)bezogene Betrachtung kann selbst auf lexikalischer Ebene sinnvoll sein: Ein Hauptproblem der umbrischen Ritualexte ist gerade die Fachterminologie. Zahlreiche Ausdrücke gelten ihrer etymologischen Bedeutung nach und durch die Verwandtschaft mit dem Lateinischen eigentlich als erschlossen, bleiben aber dennoch hinsichtlich ihrer Bedeutung im Kontext der Rituale rätselhaft. Auch hier hilft eine systematische kontext- und funktionsorientierte Analyse unter Einbeziehung textsortenbezogener Ansätze weiter, wie sie besonders stark Dupraz (i. D.) verficht.[14] Ebenso kann das Verständnis morphologischer Kategorien durch eine textbezogene Betrachtung ihrer Verwendung ergänzt werden. So sind die Formen des Imperativ II in den Iguvinischen Tafeln nicht immer gleichermaßen als Sprechakte mit direktivem Charakter zu beurteilen: Einige von ihnen referieren auf eine ganze Reihe folgender Anweisungen und fassen diese titelartig zusammen (s. u. 6.7.2.2; Dupraz i. D.). Konditionierte Direktive können außerdem als sogenanntes „Präsignal" fungieren, das bereits zu Beginn des Textes relevante Rezeptionshinweise gibt, welche den Gesamttext und seine Illokution betreffen (s. u. S. 292).

Die Betrachtung der Ritualinstruktionen als fachsprachliche, gebrauchsbezogene Textsorte kann also in vielen Bereichen zu einer umfassenderen oder präziseren Beurteilung einzelner sprachlicher Gestaltungsmittel führen. Auf Ebene des Gesamttextes ermöglicht eine pragmatische Analyse die Erhellung

13 Zu diesen Phänomenen s. für das Hethitische schon Rieken 2011 sowie die aktuellen Forschungen von Pflugmacher: 2018/19 (zur Phase der Brotbrechung und ihrer Abgrenzbarkeit anhand syntaktischer „Verdichtung").

14 Dass diese Herangehensweise zur Klärung oder semantischen Eingrenzung der betreffenden Lexeme führen kann, zeigt z. B. die rein verwendungsbasierte Annäherung an die Bedeutung der Termini **vaputu** (Dupraz 2015c: 90–91) und **açetus** (Dupraz 2014a: 183–186). S. daneben Dupraz i. D. mit einem eigenen Kapitel zur Problematik und Lösungsansätzen hinsichtlich der umbrischen Fachterminologie. In der vorliegenden Arbeit wird dieses Thema nicht weiter besprochen.

des Zusammenhangs zwischen sprachlicher Form und kommunikativer Funktion und nicht zuletzt eine deutliche Abgrenzbarkeit von benachbarten oder verwandten Textsorten.

Die Beispiele demonstrieren, wie aufschlussreich es ist, nicht nur der Frage nach der abstrakten Systematik der *langue* nachzugehen, sondern auch die jeweilige Gebrauchsweise der Sprache in verschiedenen Kontexten und Funktionen zu erfassen. Diese Herangehensweise trägt entscheidend dazu bei, bestimmte Phänomene „ins rechte Licht" zu rücken und Zusammenhänge zwischen Einzelerscheinungen zu erkennen, die ein funktionales Gesamtbild ergeben können. Hierin zeigt sich die oft unterschätzte Bedeutung der Pragmatik für die Einordnung und Bewertung des Ausschnitts, den wir von einer Sprache sehen können: Ihre Aufgabe ist es, aus handlungstheoretischer Perspektive zu klären, warum Texte so sind, wie sie sind.

1.3 Definition Pragmatik

Die Isolation von sprachlichen Formen hat in der Linguistik – und zumal in der Indogermanistik – durchaus ihre Tradition und Berechtigung, besonders wenn man als zentrales Ziel unserer Fächer die Erfassung und Beschreibung der Grammatik einer Sprache oder die Rekonstruktion ihres grundsprachlichen Zustands definiert. Isolierte und abstrakte Einheiten der *langue*-Ebene wie Laute und Morpheme sind schließlich am besten zu systematisieren und zu rekonstruieren; die Aufstellung von Lautsystemen oder Kategoriensystemen (usw.) ist auf dieser Grundlage möglich.[15] Richtet sich die linguistische Analyse auf größere Einheiten, auf Satz- und gerade auf Textebene, findet notwendig ein Übergang in den Bereich der *parole* statt, also in den konkreten, spezifischen, situativen Gebrauch des Inventars der *langue*, auf das die Sprecher[16] bei der Formulierung ihres Textkonzeptes zurückgreifen (vgl. Levelt 1989). Aus diesem Grund ist die Pragmatik prototypisch im Bereich der *parole* angesiedelt, da sie die Verwendung sprachlicher Zeichen zur *Kommunikation* behandelt, die ja

15 Jedoch zeigen schon die Forschungen zur historischen Syntax, die in den letzten Jahrzehnten an Bedeutung gewonnen haben, dass man auch in der Indogermanistik über den Primat der Morphonologie hinausgehen kann und dass diese Erweiterung des Blickwinkels auch lohnend für unser Verständnis der Grundsprache und ihrer Weiterentwicklung in den Einzelsprachen ist.

16 Für abstrakte Funktionsbezeichnungen wie „Sprecher", „Hörer" etc. wird in dieser Arbeit die maskuline Form verallgemeinert. Explizit feminine Formen werden aber dann gebraucht, wenn tatsächlich auf Personen beider Geschlechter verwiesen wird, wie z.B. hethitische Ritualspezialisten und -spezialistinnen.

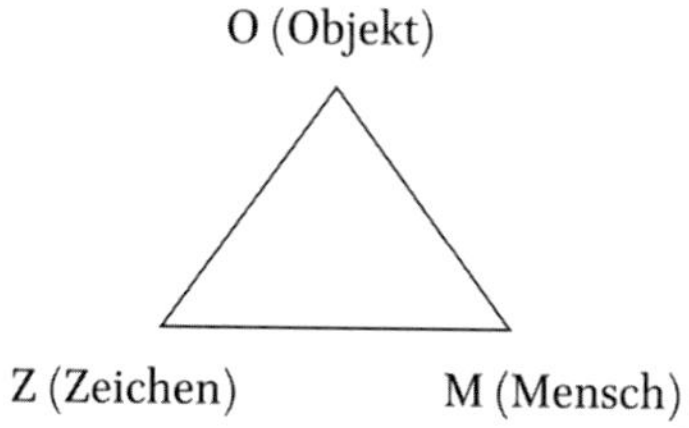

ABB. 1 Zeichenmodell Pragmatik

immer situativ sein muss. Das spiegelt sich in den gängigen Definitionen, vgl. Heinemann (2008: 118):

> Die Relation Z / Z' (Zeichen mit anderen Zeichen) untersucht danach die SYNTAKTIK, die Relation Z / O (als Relation zwischen den Zeichen und den Gegenständen) die SEMANTIK, und die Relation Z / M (die Beziehung zwischen den Zeichen und den Menschen) wird der PRAGMATIK zugeordnet.

Diese Formulierung nimmt Bezug auf die obenstehende Graphik (Abb. 1) und die grundlegende Formulierung der Definition durch Morris: „Unter Pragmatik verstehen wir die Wissenschaft von der Beziehung der Zeichen zu ihren Interpreten."[17]

Die Pragmatik betrifft demnach gerade keine absoluten Einheiten, sondern verlangt notwendigerweise eine situative und relationale Betrachtung. Sie basiert auf einem Verhältnis, das eigentlich noch umfassender ist als in der zitierten Definition angenommen, nämlich vom Sprecher zum Zeichen, zum Adressaten und zum Gesamtkontext.

In der schriftlichen Kommunikation ist die Pragmatik aufs Engste mit der Konstitution von Textsorten verknüpft, d.h. mit „komplexe[n] Muster[n] sprachlicher Kommunikation (...), die innerhalb der Sprechergemeinschaft im Laufe der historisch-gesellschaftlichen Entwicklung aufgrund kommunikativer Bedürfnisse entstanden sind" (Brinker ^{8}2014: 133). Diese sind anhand von Kategoriensystemen bestimmbar, die sich aus bestimmten Bündeln von sprachlichen Eigenschaften ergeben (zu den Kriterien s.u. 1.4; zum Begriff Textsorte mit einem Überblick Adamzik 2008). Anhand dieser spezifischen Kombination von Eigenschaften (in Abhängigkeit von den jeweiligen textinternen und textexternen Kriterien) sind Textsorten zugleich voneinander abzugrenzen. Dabei bestehen die Eigenschaften allerdings nicht in einem fes-

17 Vgl. Morris 1972: 52 (Originalausgabe 1938); Levinson 2000: 2.

ten, geschlossenen Bestand von z.B. grammatikalischen Kategorien, die ausschließlich in einer bestimmten Textsorte (im Gegensatz zu anderen oder zur sogenannten „Allgemeinsprache") auftreten. Vielmehr handelt es sich bei den betreffenden Merkmalen i.d.R. um Frequenzspezifika, deren Vorkommen anhand ihrer spezifischen Häufigkeit oder Kombination charakteristisch ist.[18] Da jeder Text über eine unüberschaubare Menge an sprachlichen, nichtexklusiven Eigenschaften verfügt, ist es unabdingbar, eine Auswahl derjenigen Texteigenschaften zu treffen, die für die Bestimmung der Textsorte herangezogen werden sollen – „Bei allen empirischen, an irgendwelchen Korpora ansetzenden Studien, ist aber die Auswahl von Merkmalen normalerweise nicht willkürlich, sondern eben induktiv, durch das Beschreibungsobjekt geleitet." (Adamzik 2008: 167).[19] Nicht immer ist dabei innerhalb einer Textsorte für alle Merkmale mit einer gleichmäßigen Homogenität zu rechnen; diese steht in Zusammenhang mit der jeweiligen Normierung und Kontrolle der Textsorte.

1.4 Kriterien der Textsortenbestimmung

Ansatzpunkt der pragmatischen Betrachtung ist es, Texte als sprachliche Einheiten zu sehen, die einem bestimmten Konzept unterliegen. Nach v. Stutterheim/Klein (2008) ist dies darin begründet, dass sie einer *quaestio* folgen, also Antwort auf eine implizite oder explizite Fragestellung geben, welche im Produktionsprozess die Konzeptualisierung bedingt.[20] Man kann hier aber auch mit Brinker (^{8}2014: 17–18) von einer einheitlichen kommunikativen Funktion

---

18 Vgl. Adamzik 2008: 166 „Denn jeder Text weist viel zu viele grammatische Eigenschaften auf, als dass es möglich wäre, sie jeweils samt und sonders zu analysieren. (…) Hier bleibt also gar nichts anderes übrig, als mit quantitativen Eigenschaften (Vorkommenshäufigkeit von Phänomenen) zu rechnen". Dennoch können in einigen Fällen auch einzelne Merkmale (z.B. bestimmte Lexeme oder Konnektoren) als exklusive Marker einer Textsorte auftreten.

19 Typische Probleme bei der Kriterienbestimmung betreffen u.a. die Homogenität und den Abstraktionsgrad innerhalb einer untersuchten Menge von Texten, welche nicht immer im erwarteten Maß gegeben sind. In solchen Fällen sind entweder die betreffenden Kriterien nicht ausschlaggebend für die Konstitution der Textsorte oder es handelt sich um eine nicht stark konventionalisierte (und daher weniger homogene) Textsorte. Eine solche Diskrepanz liegt beispielsweise vielfach in individuell oder privat genutzten Ritualen (größere Varianz) gegenüber staatlich kontrollierten Praktiken (stärkere Konventionalisierung) vor.

20 Vgl. das Modell nach Levelt 1989, welches die drei Phasen der Konzeptualisierung – Formulierung – Artikulation benennt.

eines Textes ausgehen.[21] Die so bedingte Konzeptualisierung ist ihrerseits für die sprachliche Gestaltung verantwortlich. Eine Erkenntnis und Bestimmung des betreffenden Konzepts ermöglicht demnach eine Erklärung und ein fundiertes Verständnis der gewählten sprachlichen Mittel, die den Oberflächentext gestalten.

Für eine Identifizierung dieses funktionalen Konzepts sind mehrere Faktoren bestimmt worden,[22] die allesamt eine Betrachtung des Textes als kommunikativen Akt voraussetzen. Basierend auf dieser Grundannahme können die Bedingungen der Kommunikation analysiert und definiert werden. Dabei kann man neben der meist als Basiskriterium verstandenen
- Funktion des Textes[23]

weitere textexterne und textinterne Kriterien unterscheiden.[24] Zu den externen Kriterien zählen:
- Kommunikationsteilnehmer: Urheber und Rezipienten des Textes (mit Rücksicht auf jeweiliges Wissen, gegenseitige Erwartungen, Hierarchien)
- Art und Situation der Kommunikation (mittelbar/unmittelbar, direkt/distal; individuell und aktuell oder generalisiert und deaktualisiert)
- Medium (schriftlich, mündlich, außersprachlich, kombiniert)

Textinterne Kriterien sind hingegen die folgenden:
- Texttiefenstruktur
  - Inhalt/Thema
  - Themenbindung
  - Themenverlauf/thematische Progression; Strukturierung
  - Grad der Normierung (bei stark normierten Texten kann oft schon über die Oberflächengestaltung eine Textsortenzuordnung erfolgen)
- Textoberfläche: Form
  - lautlich/graphisch
  - Wortschatz
  - Satzbaumuster, Satztyp, Perspektive usw.

21 Zur Textdefinition (Brinker [8]2014: 17) s. u. S. 32.

22 Vgl. für eine Übersicht Adamzik 2008; hier findet sich auch eine Zusammenschau der Kriterien und Aspekte der Textbeschreibung in der bisherigen Forschung (2008: 165).

23 Im Anschluss an Große (1976: 68) bestimmbar als „Kommunikationsabsicht des Emittenten", d. h. „die Anweisung (Instruktion) des Emittenten an den Rezipienten, als was dieser den Text insgesamt auffassen soll" (Brinker [8]2014: 97). Zur Textfunktion und Textsortenbestimmung der Ritualinstruktionen s. Kapitel 6.

24 Vgl. Linke/Nussbaumer/Portmann [5]2004: 278–281 mit schematischer Darstellung der Kriterien; Brinker unterscheidet in ähnlicher Weise kontextuelle und strukturelle Kriterien; s. dazu Brinker [8]2014: 140–147. Zu den Bestimmungskriterien speziell im Zusammenhang mit Fachtextsorten s. noch Kapitel 2.

Im Rahmen einer solchen Herangehensweise entsteht eine umfassende Zusammenschau aller Faktoren, welche die Kommunikation potentiell beeinflussen können:

> von den kommunikativ Handelnden – den Partnern mit ihren sozialen Prägungen, ihren Kenntnissen und Fähigkeiten – in konkreten Interaktionszusammenhängen (unter Einschluss von konkreten Umgebungssituationen und Kommunikationsbereichen) über die grammatisch-semantischen Strukturzusammenhänge von komplexen Texten bis zu den Wirkungen/Effekten, die durch das kommunikative Handeln der Partner bewirkt werden.[25]

1.5 Relevanz textpragmatischer Fragestellungen und Ergebnisse für die Indogermanistik

In Bezug auf moderne Gebrauchstextsorten liegen schon länger aufschlussreiche Arbeiten und Ergebnisse zum Verhältnis von pragmatischen Eigenschaften und Textsorten vor. So zeigt beispielsweise die Untersuchung deutscher Gebrauchstexte wie Kochrezepte, Beipackzettel u.a. durch Langer (1995), wie stark spezifische (Kombinationen von) Kohärenztechniken mit der Bestimmbarkeit und Abgrenzbarkeit von Textsorten in Zusammenhang stehen. Göpferich (1995) liefert wichtige Erkenntnisse bzgl. der Charakterisierung und Abgrenzbarkeit von technischen Anweisungstexten anhand der jeweiligen sprachlichen Umsetzung der direktiven Textillokution.

Gerade in diachroner Sicht wird die Bedeutung der Textgrammatik und Pragmatik (z.T. aus den o.g. Gründen: S. 8) aber noch häufig unterschätzt, obwohl sich in diesem Bereich innerhalb der letzten 20 Jahre ebenfalls viel bewegt hat. So wird seit dem Jahr 2000 das *Journal of Historical Pragmatics*[26] herausgegeben und verschiedene Grundlagenarbeiten und Handbücher zur historischen Pragmatik wurden publiziert – für einen detaillierteren Überblick über die Entwicklungen vgl. z.B. Jucker/Taavitsainen 2010.[27] Die zahlreichen Publikationen zur historischen Pragmatik aus den Bereichen der Anglistik, Germanistik, aber auch Romanistik zeigen, dass hier eine starke Implemen-

---

25 Vgl. Heinemann 2008: 116.

26 Begründet von Andreas Jucker und Irma Taavitsainen. Es existiert ein eigener Band zur historischen Pragmatik von Ritualen: *Journal of Historical Pragmatics* 4:2 (2003).

27 S. besonders die Einleitung (3–33): „Trends and developments in historical pragmatics" mit einer ausführlichen Literaturliste.

tierung dieses Ansatzes stattgefunden hat. Auch in der Indogermanistik lässt sich eine (wenngleich zögerlichere) Erschließung des Themenkomplexes feststellen; dazu hat nicht zuletzt die Arbeitstagung der Indogermanischen Gesellschaft 2007 in Marburg („Pragmatische Kategorien. Form, Funktion und Diachronie") beigetragen, vgl. Rieken/Widmer 2009. Systematische Untersuchungen zentraler Themen der Pragmatik wurden in verschiedenen Einzelsprachen angestellt, z.B. zum deiktischen Spektrum der Demonstrativa sowohl für das Hethitische als auch für das Umbrische (Goedegebuure 2014; Dupraz 2012). Die Erforschung der Informationsstruktur schreitet besonders im Hethitischen voran (zu Fragen von Topik/Fokus z.B. Sideltsev 2017; Sideltsev/Molina 2015; Goedegebuure 2009; Rieken 2000). Sprechakttheoretisch orientierte Herangehensweisen finden sich z.B. zu einzelnen Phänomenen der klassischen Sprachen (Griechisch: Denizot 2011; Latein: Risselada 1995) und auch Arbeiten aus dem Bereich der Soziolinguistik (Vestiner: Dupraz 2010; Luwier: Yakubovich 2010) bezeugen die Hinwendung des Fachs zu einer umfassenden Betrachtung der sprachlichen Überlieferungen unter Einbezug ihrer jeweiligen Kontexte und Funktionen. Die genannten Beispiele stellen besonders häufig Untersuchungen eines einzigen pragmatischen Phänomens oder Bereichs (wie z.B. Deixis) in einer indogermanischen Einzelsprache dar oder analysieren eine bestimmte sprachliche Form hinsichtlich ihrer pragmatischen Charakteristik.[28] Untersuchungen, die eine umfassende textpragmatische Charakterisierung einer bestimmten Textsorte zum Ziel haben und das Zusammenspiel verschiedener pragmatischer Faktoren (wie Referenz, Deixis und Konnexion im Bereich der Textkohärenz) oder die funktionale Motivierung des sprachlichen Ausdrucks beleuchten, existieren bisher kaum. Eine detaillierte textpragmatische und stilistische Analyse der hethitischen Gebete haben kürzlich Daues und Rieken (2018) geleistet;[29] diese zeigt beispielhaft, wie die Betrachtung einer Textsorte und die Evaluation ihrer Eigenschaften das Verständnis der zugehörigen Einzeltexte sowie der Zusammenhänge zwischen Funktion und sprachlicher Gestaltung (mit Erkenntnissen über die betreffende Textsorte hinaus) erweitern kann. Die vorliegende Arbeit soll daher auch einen weiteren Schritt zu einer systematischen Erfassung von Texten als Repräsentanten bestimmter Textsorten und der Analyse von deren sprachlichen Charakteristika darstellen und, wenn möglich, Vorbildcharakter für eine weitere Erschließung dieser Herangehensweise einnehmen. Gerade die Betrachtung

28 Die soziolinguistischen Untersuchungen sind insgesamt anders ausgerichtet.

29 Mit anderen Schwerpunkten als in der vorliegenden Untersuchung (textstrukturelle Einheiten und thematische Progression, stilistische Gestaltung, Dramaturgie).

und Analyse ganzer Texte und Textgruppen sowie der Verflechtungen textpragmatischer, -struktureller und -stilistischer Phänomene könnte nämlich für die weitere indogermanistische Textsortenforschung fruchtbar sein. Über die bereits exemplarisch erwähnten Erkenntnisse zur richtigen Bewertung und Einordnung sprachlicher Formen hinaus (s. o. 1.2) ist z. B. die Identifikation charakteristischer Merkmalsbündel verschiedener Textsorten und die Erhellung von Zusammenhängen zwischen kommunikativer Funktion und sprachlicher Form (auf Wortebene wie auch auf Satz- oder Textebene) ein Feld, in dem noch neue Aufschlüsse gewonnen werden können.

Z. T. wird eine Erweiterung des Blickwinkels über die sprachliche Umsetzung der kommunikativen Anforderungen hinaus vorgeschlagen: Im Zuge der systematischen Gliederung aller Strategien, die zur Kontrolle des Erfolgs ritueller Kommunikation eingesetzt werden können (Kapitel 7), werden Kommunikationsbedingungen auf Sprach- und Handlungsebene erfasst, um Entsprechungen zwischen diesen beiden Bereichen herauszuarbeiten, die durch Gebete und Formeln einerseits und Handlungsanweisungen der Ritualtexte[30] andererseits nachvollziehbar sind. Hier ergibt sich zusätzliches Potential für religionswissenschaftliche Erkenntnisse zu den Interrelationen zwischen rituellem Sprechen und Handeln.

1.6 Konkrete Zielsetzung und Vorgehensweise

Die folgenden Kapitel gehen der konkreten Frage nach, ob sich die Ritualtexte des Hethitischen und Umbrischen (und Lateinischen) auf Basis textpragmatischer Charakteristika als fachsprachliche Texte und womöglich noch spezifischer als eine Fachtextsorte „Anweisungstexte“ einordnen lassen. Dafür wird eine grundsätzliche Differenzierung zwischen handlungsbezogenen, „beschreibenden“ Passagen und Texten einerseits und während der Rituale rezitierter Formeln und Gebete andererseits vorgenommen. Beide Äußerungstypen sind naturgemäß eng miteinander verknüpft und z. T. in ein und demselben Dokument kombiniert. Thematisch und daher auch oft lexikalisch teilen sie zahlreiche Eigenschaften. Sie stehen aber auf unterschiedlichen Kommunikationsebenen und sind auch als Textsorten klar zu differenzieren, wie sich in den folgenden Kapiteln anhand konkreter Eigenschaften noch verdeutlichen

30 Im Einzelfall können auch materielle Gestaltungselemente z. B. durch Ikonizität zu diesem Komplex beitragen.

wird. Die Kontrastierung von ritualbezogenem, technischem Text und religiösem Formular wird in der gesamten Untersuchung immer wieder aufgegriffen werden.

Aufgrund des dezidierten Schnittstellen-Charakters der Untersuchung werden zunächst kurze Einführungen zu den beteiligten Bereichen präsentiert: zur Fachsprachenforschung (in Bezug auf moderne und historische Fachsprachen), zu Ritualen sowie zu den für die Untersuchung herangezogenen Texten. Diese Hinführungen dienen der genauen Abgrenzung der Schnittstelle. Sie sind keinesfalls als erschöpfende Überblicke konzipiert, sondern konzentrieren sich auf die der Untersuchung zugrunde gelegten Gesichtspunkte Textualität und Kommunikativität.

Die in den drei Hauptkapiteln vorgenommenen Analysen pragmatischer Texteigenschaften greifen anschließend jeweils eine pragmatische Funktion oder Anforderung heraus, analysieren das Inventar ihrer sprachlichen Umsetzung und beleuchten Motivation und Zusammenhang zwischen den beiden Seiten. Ausgehend davon werden Bestandteile des charakteristischen Bündels von sprachlichen Merkmalen der Textsorte „Ritualinstruktion" identifiziert, besonders hinsichtlich der Frage, ob sie mit einer vermuteten Einstufung als Fachtexte korrespondieren. Auch hier ist eine exhaustive Erfassung des Inventars nicht intendiert (nicht einmal möglich, s. o. S. 10); es sind aber ausgehend von den Texten besonders zentral erscheinende Ansatzpunkte ausgewählt worden. Die drei gewählten Funktionsbereiche sind mit bestimmten linguistischen und grammatischen Erscheinungen enger verbunden, so dass in den drei Kapiteln jeweils morpho-syntaktische, syntaktische, semantische und textgrammatische Techniken dominieren (allerdings ist das Spektrum der untersuchten sprachlichen Phänomene prinzipiell offen und daher divers). Folgende Gesichtspunkte werden in den Hauptkapiteln behandelt:

1) Bestimmung der kommunikativen Funktion der Texte unter Anwendung sprechakttheoretischer Modelle

Hier wird die Versprachlichung direktiver Sprechakte in Anweisungstexten beleuchtet und anhand des in den untersuchten Texten repräsentierten Inventars von Verbalkategorien (v. a. Modus, aber auch Tempus und Person/Numerus), deontischen Ausdrücken und Satztypen evaluiert. Dabei werden pragmatische und funktionale Faktoren wie Hierarchien zwischen Kommunikationspartnern und *politeness*, Grundlage der Autorität der Anweisungen, Regelung der Verbindlichkeit, Präsignale für das Gesamtverständnis des Textes und Adressatenorientiertheit als relevant für die sprachliche Form herausgestellt. Anhand dessen sind Binnendifferenzierungen innerhalb der Anweisungen ebenso möglich wie eine Abgrenzung von den ebenfalls direktivischen Geboten und Anrufungen an die Götter.

2) Sicherung der Glückensbedingungen von Ritualen als Kommunikationsakten

In diesem Kapitel stehen Rituale als kommunikative Akte, die aus einem Zusammenwirken von Ritualhandlung und Gebet oder Anrufung bestehen, im Mittelpunkt. Ihre Illokution ist das Erreichen der geäußerten Bitten oder Wünsche an die Gottheit(en).[31] Ausgehend von diesem Konzept wird eine umfassende Zusammenschau von sprachlichen und außersprachlichen Techniken erstellt, die angewendet werden, um den Kontakt mit den göttlichen Adressaten und damit das Gelingen dieser kommunikativen Akte zu stabilisieren. Dies beinhaltet, wo möglich, die Identifikation von Entsprechungen zwischen Sprach- und Handlungsebene, die durch Rezitationen einerseits und Handlungsanweisungen der Ritualtexte andererseits nachvollziehbar sind. Der Beitrag dieses Kapitels besteht v.a. in der Identifizierung und Systematisierung der unterschiedlichen Techniken und ihrer funktionalen Motivation.

3) Sprachliche Techniken zur Erzeugung von Kohärenz als Grundlage für Textualität

In diesem Kapitel werden die pragmatischen Bereiche von Kohärenz und Kohäsion untersucht, welche zentrale Grundlagen für die Rezipierbarkeit einer sprachlichen Äußerung als Text darstellen. Nach einer Definition der verschiedenen Faktoren, welche Textzusammenhänge auf verschiedenen sprachlichen Ebenen erzeugen, erfolgt eine Analyse expliziter, entfaltender Techniken einerseits und ökonomischer, verdichtender Techniken andererseits. Ziel ist die Bestimmung spezifischer Kombinationen und Frequenzen von Kohärenzmitteln in Ritualtexten und Gebeten. Dabei wird stets die funktionale Einbindung in das jeweilige Kommunikationskonzept berücksichtigt.

In allen Hauptkapiteln liegt ein Augenmerk also immer auch auf den Interrelationen und Abgrenzungen zwischen den beiden benachbarten Textsorten Ritualinstruktion und Gebet.

1.7 Literatur

Bei der Einführung fachsprachlicher Ansätze und Modelle wurde auf die gängigen aktuellen Handbücher und Gesamtdarstellungen zurückgegriffen; zu nennen sind hier das von Hoffmann, Kalverkämper und Wiegand herausgegebene

31 Stark konventionalisiert als Kalenderfeste oder individualisiert aufgrund spezifischer Anlässe.

Kompendium *Fachsprachen: ein internationales Handbuch zur Fachsprachenforschung und Terminologiewissenschaft* (HSK 14.1+2 1998–1999), die Einführungen von Möhn und Pelka (1984), Hoffmann (^{2}1985) und Roelcke (^{3}2010). Bezüglich antiker Fachsprachen wurde v. a. auf Fögen (2009) zurückgegriffen, sowie auf die Bearbeitung medizinischer Fachtexte des Lateinischen durch Langslow (2005; 2002). Dabei waren besonders diejenigen Herangehensweisen interessant, die sich weniger mit systemtheoretischen als mit praktischen, kommunikationsbezogenen Fragen auseinandersetzen (z. B. von Hahn 1983 und Roelcke 2014; ^{3}2010). Herangezogen wurden außerdem Untersuchungen mit konkretem Bezug auf technische Fachtextsorten (Göpferich 1995) und Herangehensweisen, die Fachsprache verwendungsbezogen als Fachtexte und Fachkommunikation verstehen (Hoffmann 1993).

Die Fachliteratur zu Ritualen und Gebeten aus anthropologischer Sicht und im Bereich der Klassischen Philologie ist nahezu unüberschaubar; allerdings erschien es angesichts der spezifischen Fragestellung sinnvoll, sich auch hier auf Arbeiten mit kommunikationsbezogener Ausrichtung zu konzentrieren. Als Grundlage für eine Definition und Charakterisierung von Ritualen und ihren Funktionen wurde Stollberg-Rilinger 2013 verwendet; als theoretische Einführung ist auch Bellinger 1998 relevant. Einige Übersichtswerke und Einzeluntersuchungen sind zum Verständnis des Charakters römischer Kult- und Gebetspraxis und zur Erfassung relevanter Belegstellen nach wie vor wertvoll, z. B. Norden 1939, Wissowa ^{2}1912 und Appel 1909. Neuere zentrale Arbeiten, die auch viele Anhaltspunkte für die umbrischen Rituale enthalten, sind in diesem Bereich von Scheid (u. a. 2005; 1998; 1990) und Rüpke (u. a. 2007a und b; 2005; 2001b) geleistet worden. Gerade Rüpke hat in jüngerer Zeit Innovatives zur handlungstheoretischen und kommunikativen Charakteristik von Religiosität beigetragen (z. B. 2015; 2010; 2001a). Auch psychologische Aspekte von Religiosität und ritueller Praxis wurden berücksichtigt, besonders die Bedeutung von *Agency* (Krüger et al. 2005; Antonovsky 1997; Bandura 2006; 1982) und ihr Niederschlag in der sprachlichen Gestaltung von Ritualtexten.

Zu den Iguvinischen Tafeln liegen traditionell v. a. sprach- und etymologiebezogene Arbeiten vor, die gerade in der Anfangszeit der Bearbeitung vom Lateinischen als Vergleichspunkt geprägt waren. Ausführliche Überblicke über die Forschungsgeschichte und Evaluierungen der verschiedenen Herangehensweisen sind in jüngeren Monographien zugänglich (Dupraz 2020 und i. D.; Weiss 2010); an dieser Stelle werden diejenigen Ansätze angeführt, die für die vorliegenden Fragestellungen von Bedeutung sind. Ein zentraler Verdienst des Schaffens von Prosdocimi ist die zusammenhängende Behandlung sprachwissenschaftlicher und religionswissenschaftlicher Fragestellungen; allerdings mit einer eher punktuellen, i. d. R. nicht gesamttextbezogenen Herangehensweise.[32] Systematische Betrachtungen aller Belegstellen und Kontexte eines Lexems bei der Bestimmung seiner Bedeutung praktiziert Weiss (2010) als erfolgreiche Methode, allerdings mit Beschränkung auf semantische, v. a. lexikalische Gesichtspunkte.[33] Eine systematisch textorientierte und pragmatische Herangehensweise an die IT prägt Dupraz mit zahlreichen Untersuchungen zu den Gebrauchsbedingungen und Kontexten bestimmter Lexeme, Grammeme und Konstruktionen (z. B. Dupraz i. D.; 2020; 2018a; 2016–2017; 2016a und b; 2014a und b; 2013a und b; 2012; 2011a und b; 2009); auf diese Arbeiten habe ich umfassend und v. a. in Bezug auf Fragen der Textkohärenz zurückgegriffen und auch von der Methodik und Herangehensweise im Allgemeinen profitiert.

Methodisch wegweisend zur Sprache der hethitischen Rituale sind die Arbeiten von Rieken (z. B. 2014a; 2014b; 2011; 2009; 1999), die gerade hinsichtlich des Aspekts der Fachsprachlichkeit wichtige Grundlagen gesetzt haben. Als textgrammatische Untersuchung und für die Textsorte des persönlichen Gebets zentral ist Daues/Rieken 2018. Zum „Sitz im Leben“ und kommunikativen Kontext sowie zu Fragen der schriftlichen Tradition v. a. von Beschwörungsritualen sind neben anderen besonders umfassend Christiansen (2019; 2016; 2007; 2006) und Görke (2016a und b; 2010; 2007a und b) herangezogen worden. Überblicke und Einführungen zur hethitischen Religion sowie zum Aspekt der Magie rituellen Handelns bietet Haas (2008; 2003; 1994). Besonders wertvoll für Fragen der Textsortendifferenzierung einerseits und zur (fach)sprachlichen Kompression der hethitischen Festrituale andererseits waren die Arbeiten von Burgin (2019) und Pflugmacher (2018/19), in die mir bereits vorab großzügig Einblick gewährt wurde.

In den Hauptteilen der Untersuchung wurden je nach Fragestellung weitere spezifische Arbeiten aus den an der entsprechenden Schnittstelle beteiligten Bereichen einbezogen. Hinsichtlich des Komplexes um die Bedeutung der Textillokution für die Textsortenkonstitution sind die Arbeiten von Austin (1962) und Searle (1979; 1976; 1975a und b; 1969) als Grundlagen zu sehen; aktuellere Beiträge stammen in diesem Zusammenhang von Brinker (2000; 1998). Speziell mit Bezug auf direktive Sprechakte im Lateinischen und Griechischen konnte auf die Untersuchungen von Löfstedt (1966), Risselada (1995) und Denizot (2011) Bezug genommen werden, die Grundlegendes zur Anwendung der Methodik auf historische Sprachstufen beitragen. Zum Umbrischen waren zu dieser Fragestellung Jones (1962), Prosdocimi (1997) und Dupraz (2018b; 2016–2017; 2016), zum Hethitischen Christiansen (v. a. 2016; 2007; 2006) und

32 Z. B. Prosdocimi 2001; 1997; 1991; 1984; 1978a und 1972.

33 Damit steht er v. a. in der Tradition der Arbeiten von Helmut Rix und Gerhard Meiser, welche zentral für die Etablierung dieser Methodik im Bereich der italischen Sprachen sind.

Miller (2013; 2011; 2004) relevant. Zum Aspekt der *Politeness* sind weiterhin Brown und Levinson ([2]1987) aufschlussreich. Für die Charakterisierung der kommunikativen Funktion und Differenzierung moderner Anweisungstexte konnten die Ergebnisse von Göpferich (1996; 1995), zu Gebrauchstextsorten im Allgemeinen die Überlegungen von Hindelang (1978), Große (1976) und Eckard (1993) eingesetzt werden.

Zur Verständnissicherung in Gesprächen bietet Bublitz (2001) einen theoretischen Überblick; Grundlagen gehen aber bereits auf Grice (1975) zurück. Funktional orientierte Untersuchungen zur Performativität religiöser Sprache finden sich bei Kropp bzgl. der lateinischen Fluchtafeln (2010; 2008) mit explizit pragmatischem Ansatz und Anknüpfung an die Sprechakttheorie. Zur Gebetssprache des Lateinischen und Griechischen wurde auch umfangreich auf Versnels Arbeiten (2010; 2009; 2002; 1991; 1981) Bezug genommen; die dort erfassten Charakteristika wurden speziell hinsichtlich ihre Potentials zur Gesprächssicherung systematisiert und die entsprechenden Techniken innerhalb der Texte der vorliegenden Untersuchung überprüft. Divination ist sowohl bzgl. der römischen (Rosenberger 1998; Engels 2007; Gladigow 2004) als auch der hethitischen (Mouton 2017; 2016; 2015; Beal 2002a und b) Praxis ausführlich untersucht worden, so dass hier auf bekannte Tatsachen verwiesen werden konnte. Zu Kontextbedingungen der Kommunikation mit Göttern durch Rituale und Gebete im weiteren Sinne wurde u.a. auf Scheer (2001) und Rüpke (2010) Bezug genommen. Zum Gelingen und Scheitern sowie den möglichen Umgangsweisen damit waren u.a. die Beiträge von Ehmig (2013), Scheid (1989/90) und Hoffner (2003) sowie der gesamte von Hüsken herausgegebene Band (2007) als Grundlage für die Identifizierung entsprechender Techniken im Umbrischen und Hethitischen hilfreich. Eine vertiefte Untersuchung der sprachlichen Kodierung von Handlungsmacht greift auf Ansätze zu Hedging und bewusster Vagheit (Fraser 2010, 1980; Pittner 2000; Holmes 1984) zurück und evaluiert und systematisiert die Ausdrucksmittel der untersuchten Texte hinsichtlich dieser Eigenschaften.

Zum Bereich der Kohärenz und Kohäsion sind theoretische Einführungen v.a. durch den HSK-Band 16 (Text- und Gesprächslinguistik) gegeben; als Überblicksdarstellung wurde aus diesem Band v.a. Rickheit/Schade 2000 genutzt, allerdings unter Bezug auf ältere Grundlagenarbeiten von Halliday und Hasan (1976), Beaugrande und Dressler (1981), Heinemann und Viehweger (1991). Aktuellere und einschlägige Arbeiten zur Textgrammatik sind diejenigen von Brinker ([8]2014; 1996); zu neueren Fragen der Pragmatik auch Liedtke 2016. Sammelbände mit wichtigen Beiträgen gerade zu kognitiven und rezeptionsorientierten Gesichtspunkten der Textkohärenz sind Gernsbacher/Givón 1995 sowie Sanders et al. 2001; hieraus wurden mehrere Beiträge herangezogen.

Zu verschiedenen Einzelthemen der Textkohärenz liegen eigene theoretische Überblicke und Einzeluntersuchungen vor, darunter waren folgende besonders hilfreich: Der Bereich der Rekurrenz greift neben den genannten Einführungen auf den Überblick von Linke und Nussbaumer (2000) zurück; zu Sonderphänomenen konnten Ansätze von Consten, Knees und Schwarz-Friesel (2007) sowie Consten und Marx (2006) aufgegriffen werden; zum Bereich struktureller Rekurrenz wurde auf die existierenden Untersuchungen von Dupraz (2018a zu Parallelismen in den Instruktionen der IT), Watkins (1995) sowie Daues und Rieken (2018 zu den hethitischen Gebeten) referiert. Zur Textkonnexion wurde u.a. auf die Beiträge von Lehmann (1998), Fabricius-Hansen (2000) und den von Heydrich et al. herausgegebenen Sammelband zu *Connexity and Coherence* (1985) Bezug genommen. Zu den IT existieren hier wichtige Arbeiten von Dupraz (2013b; 2009), zum Hethitischen sind besonders die Relativsätze gut untersucht (z.B. Becker 2014; speziell mit Bezug auf die Festrituale Rieken/Görke i.D.). Theoretische Grundlagen zur Deixis stellen Diessel (1999) und Himmelmann (1997) dar; speziell zur pronominalen Deixis des Umbrischen und Hethitischen liegen die Monographien von Dupraz (2012) und Goedegebuure (2014) vor, wobei Dupraz diskursdeiktische Phänomene besonders berücksichtigt. Diskursdeiktische Verweise mithilfe von adverbialen Proformen wurden unter Einbezug der Ergebnisse von Luraghi (2001), Boley (2000; 1989) und Brosch (2014a und b) untersucht. Speziell der Besprechung von KI.MIN haben kürzlich Görke und Lorenz (2018/19) einen eigenen Artikel gewidmet, der eine Grundlage für die Analyse ökonomischer Verweistechniken bietet. Zur Ellipse als fachsprachenspezifischer Kohärenztechnik in hethitischen Festritualen wurde auf die Forschung von Pflugmacher (2018/19) verwiesen und nur eine kurze Evaluierung der Einsatzmöglichkeiten und Effekte vorgenommen; es wurden außerdem Arbeiten von Ariel (2001), Liedtke (2016) und Krisch (2009) herangezogen. Als vorbildhaft für die Gesamtfragestellung dieses Kapitels ist unbedingt die Monographie von Langer (1995) zu nennen, die genau die Frage nach spezifischen Kohärenzeigenschaften bestimmter Textsorten zu deren Charakterisierung und Abgrenzung anhand moderner Gebrauchstextsorten des Deutschen behandelt. Hier konnten v.a. hinsichtlich der Systematik und Methodik wichtige Anregungen aufgenommen werden.

1.8 Ausblick auf die vorliegende Untersuchung

Dass eine textlinguistische und pragmatische Perspektive gewinnbringend für die Beurteilung von Einzelsprachen und ihren Zeugnissen ist, dürfte unstrittig anzuerkennen sein. Anhand der Ergebnisse dieser Arbeit soll gezeigt werden, dass die Bestimmung von Textsorten aber auch für sprachübergreifende und diachrone Fragen relevant sein kann – und nicht zuletzt für die Erforschung und das Verstehen von Sprache und ihrer Textualisierung im Allgemeinen. Der Zusammenhang zwischen kommunikativer Funktion, Konzeptualisierung und sprachlicher Gestaltung von Texten ist schließlich eines der Hauptthemen dieser Arbeit. Fruchtbar erscheint in diesem Bereich die Anwendung integrativer pragmalinguistischer Modelle, d.h. der Einbezug eines möglichst umfassenden Kontextes einer Äußerung bzw. Kommunikation. Diese Herangehensweise kann gerade bei historischen Sprachzeugnissen die richtige Interpretation und die Rezipierbarkeit eines Textes als kohärent fördern.

Die folgende Charakterisierung der Pragmatik (Heinemann 2008: 116) kann als programmatisch verstanden werden, indem sie den Schnittstellencharakter dieser Disziplin hervorhebt, welcher dem eingangs vorgestellten Konzept der vorliegenden Arbeit entspricht:

> Streng genommen ist das natürlich keine ‚reine' Linguistik mehr. Das will und kann eine pragmatisch orientierte Textlinguistik auch gar nicht sein. Sondern hier geht es um das Zusammenwirken von (bisher strikt voneinander getrennten) Wissenschaftsdisziplinen wie der allgemeinen Linguistik, der Handlungstheorie, der Sprachproduktions- und -rezeptionsforschung, der Grammatik, der Semantik, der Kommunikationswissenschaften i.w.S. mit Teilbereichen der Soziologie und der Psychologie (insbesondere der kognitiven Psychologie). Vor diesem Hintergrund erweist sich die Textlinguistik als eine übergreifende Text-Pragmatik.

KAPITEL 2

Fachsprache und Fachkommunikation

Die Beschäftigung mit dem Thema Fachsprache hat in der modernen Linguistik verschiedene Entwicklungsstufen durchlaufen, die sich u.a. auch in einer terminologischen Verschiebung von Fachsprache über Fachsprachen zu Fachtext, Fachdiskurs und Fachkommunikation niedergeschlagen haben. Im Folgenden wird einerseits ein kurzer Überblick über diese Entwicklung gegeben, andererseits aber auch eine Fokussierung derjenigen Aspekte und Ansätze vorgenommen, die im Hinblick auf den Gegenstand und die Fragestellungen der vorliegenden Arbeit besonders vielversprechend erscheinen. Dabei handelt es sich v.a. um das pragmalinguistische Modell, welches die Bedeutung des Kontextes für eine fachspezifische Textgestaltung hervorhebt, sowie die kognitionslinguistischen Ansätze, welche die mentalen Systeme der Kommunikationsteilnehmer als Bindeglied zwischen Kontext und Text betrachten (vgl. Roelcke 2014). Den Ausgangspunkt soll ein Einblick in die Beschäftigung mit historischen Fachsprachen durch die Klassische Philologie sowie durch die Schreiber griechischer oder lateinischer Fachtexte selbst bilden. Diese Situation kann besonders im Zusammenhang mit der Frage interessant sein, ob und inwieweit bereits die Benutzer der Ritualtexte ein Verständnis für das Konzept der Fachsprache besessen haben.

2.1 Direkte und indirekte Zugänge: Antike Fachsprachen

Die Tatsache, dass die Sprachverwendung bestimmter Personen- oder Berufsgruppen über charakteristische Eigenschaften verfügt und dadurch oft ein Exklusivitätsmerkmal darstellt, scheint Teil eines allgemeinen, praktischen Sprachwissens zu sein. Auch Personen, die nicht zum Spezialistenkreis einer Fachdisziplin gehören, können die Anwendung der entsprechenden Fachsprache oft eindeutig erkennen (auch wenn sie den Inhalt evtl. nicht erschließen können). Dieser hohe Wiedererkennungswert ist auch daran ersichtlich, dass Fachsprachen persifliert werden können, indem genau diese spezifischen Eigenschaften zugespitzt und überzeichnet oder auf inadäquate Themen übertragen werden. Dies dient nicht selten zur Kritik am vermeintlich oder tatsächlich elitären Auftreten der Fachleute, die diese Sprache auch zur Abgrenzung und als Autoritätsgrundlage nutzen können (s.u. 51). Solche parodistischen Nachahmungen können aber auch immer etwas über den echten Kern und die

 DOI:10.1163/9789004436596_003

Charakteristik der Sprachvarietät verraten, über die sie sich lustig machen. Aus diesem Grund sind parodistische Texte im Allgemeinen ein wertvoller Zugang zu verschiedensten sprachlichen Varietäten. Dies gilt nicht nur für moderne,[1] sondern gerade auch für historische Texte. Da aufgrund der Überlieferungssituation oft nur ein Ausschnitt aus allen Textgenres einer Sprechergemeinschaft zugänglich ist, können Parodien u. U. ein indirekter Zugang zu einem weit größeren Spektrum sein. Gleichzeitig stellen sie nicht nur Beispiele für, sondern auch meta-sprachliche Kommentare zu den parodierten Varietäten und Texten dar. Im Lateinischen sind u. a. die Komödien von Plautus ein solcher Zugang zu verschiedenen typischen Sprachverwendungen, die von den Charakteren der Stücke parodistisch nachgeahmt werden. Plautus nimmt dabei verschiedene Spezial-Idiome aufs Korn, u. a. die Sprache des römischen Gebets.[2] Regelrechte Parodien ritueller Vorschriften fehlen dabei leider; die Beschreibung bzw. Deutung einer (fiktiven) Vogelschau in Plaut. *Asin.* 259–261 bietet aber durch die Aufzählung einiger Auguralvögel Einblick in die Terminologie speziell dieses Bereichs.[3] Eine andere technische bzw. praxisbezogene Fachsprache, nämlich diejenige der Ärzte, wird besonders hinsichtlich typischer Formulierungen und sprachlicher Routinen aufs Korn genommen:

(1) Plaut. *Merc.* 139–140

CHAR. *Resinam ex melle Aegyptiam vorato, salvom feceris.*

ACAN. *At edepol tu calidam picem bibito, aegritudo abscesserit.*

CHAR. „Schluck' ägyptisches Harz, in Honig eingetaucht, das wird Abhilfe schaffen!"

ACAN. „Und du säufst am besten heißes Pech, der Kummer wird dich alsbald verlassen haben!"

Der Ausschnitt gilt als Paradebeispiel für lateinische medizinische Sprache und wird in der Erforschung antiker Fachsprachen entsprechend häufig zitiert.[4] Das Beispiel beinhaltet verschiedene Hinweise auf den Status der Fachsprache:

---

1 Für eine Zusammenstellung prominenter Beispiele, wie den Scherzartikel über die Steinlaus (*Petrophaga lorioti*), den das klinische Wörterbuch *Pschyrembel* in mehreren Auflagen führt, s. Roelcke [3]2010: 208–217.

2 Die betreffenden Beispiele sind z. B. in Hanson 1959 oder Kleinknecht 1937 zusammengestellt; allerdings fehlt bisher eine systematische Auseinandersetzung. Eine Sammlung der nicht-parodistischen Belege römischer Gebete bietet Appel 1909. Zur Notwendigkeit der Differenzierung von „sakraler Sprache" oder Gebetssprache und ritueller Fachsprache s. u. 2.8.

3 Zur Besprechung der Passage und insbesondere zum Vergleich mit den *termini technici* der umbrischen Auspizien s. Dupraz 2018b: 37–40.

4 Vergleiche z. B. die Besprechung in Langslow 2002: 31–32; auch zu der Tatsache, dass es sich

Einerseits muss ein Repertoire an festen sprachlichen Mustern und Mitteln existiert haben, das auch von Außenstehenden erkannt wurde. Andererseits war es möglich, diese typischen Muster durch Veränderung des Gesamtkontextes oder Austauschen einzelner Bestandteile so zu entstellen, dass sie immer noch identifiziert werden konnten, aber zugleich auch als Parodie erkennbar waren. Es existierte also offenbar schon zu Plautus' Zeit eine Vorstellung von dieser fachspezifischen Sprachverwendung. Diese bezog sich außerdem nicht nur auf lexikalische Elemente, sondern auch auf semantische Charakteristika, wie die Isotopieketten zum Bereich der Konsumption,[5] morphologische Elemente, wie die Verwendung des Imperativ II, und syntaktische Muster, wie die asyndetische Verbindung zwischen Bedingung und Folge. Die Parodie zeigt also, dass bei weitem nicht nur der Gebrauch von Fachterminologie als besonders typisch empfunden wurde.

In der griechischen und römischen Literatur gibt es, abgesehen von diesen parodistischen Hinweisen, kaum metasprachliche Äußerungen über Fachsprache oder Fachsprachlichkeit als eigenes Phänomen, ganz zu schweigen von systematischen Beobachtungen. Es finden sich zwar in den Proömien einiger Fachschriften metatextliche Kommentare des jeweiligen Autors über seine Intention, den Leser zu belehren oder zu informieren, oder über den Wunsch, den Inhalt klar und übersichtlich zu präsentieren.[6] Derartige Reflexionen sind jedoch in den meisten Fällen eher präskriptiv als deskriptiv zu verstehen und enthalten, zumal in den literarischen Fachtexten, eine beträchtliche Zahl feststehender *topoi*. Diese stark verbreitete Literarisierung oder Ästhetisierung von Fachinhalten stellt durchaus ein Problem für die Untersuchung antiker Fachtexte dar: Noch heute stehen in der lateinischen Philologie vornehmlich literarische, theoretische Fach- und Lehrschriften im Zentrum der Aufmerksamkeit, da sie gegenüber Texten in technischer Prosa ohne literarischen Anspruch oft als wertvoller oder schlicht als „besseres Latein" betrachtet werden.[7] Die Tatsache, dass ein literarisch konzipierter Text andere Funktionen und Eigenschaften und wahrscheinlich ein anderes Publikum besitzt als ein technischer Fachtext, führt dabei zu einem eingeschränkten Blickwinkel auf das Phänomen antiker Fachsprachlichkeit. Neben textinternen Kommentaren durch die Autoren selbst sind z. T. auch durch antiquarische oder lexikographische Autoren

---

um eine Parodie auf mehreren Ebenen handelt: „Charinus parodies doctors' Latin and Acanthio parodies the parody".

5 Zu Isotopie als kohärenzstiftender Technik s. u. Kapitel 8 (S. 480).

6 Vgl. zu meta-fachsprachlichen Äußerungen antiker Autoren Fögen 2009: 26–66.

7 Vgl. dazu auch Langslow 2005: 302.

einzelne Fachlexeme aus verschiedenen Bereichen (darunter auch Sakralterminologie) überliefert. Diese sind besonders gut als solche zu identifizieren, wenn durch explizite Bemerkungen wie *id est xy* bzw. *id xy vocatur* auf ihren Status hingewiesen und ggf. eine Glossierung oder ein erklärender Kommentar dazu geben wird. Oft sind solche erläuternden Angaben wertvoll für die Erschließung der Semantik selten bezeugter oder archaischer Begriffe. Allerdings geben schlaglichtartige Erklärungen einzelner Termini keinerlei Auskunft über die pragmatischen Aspekte von Fachkommunikation oder über die sprachliche und strukturelle Gestaltung von Fachtexten. Eine systematischere, umfassendere Auseinandersetzung mit der Sprache von Fachtexten setzt insgesamt erst wesentlich später ein. Noch im Mittelalter beschränkt sie sich v.a. auf die lexikalische Ebene: z.B. in Form von Wortsammlungen von Fachausdrücken für verschiedene Disziplinen.[8]

Die heutige Erforschung antiker Fachsprachen nimmt häufig das (Selbst-) Verständnis des jeweiligen Bereichs als Fachdisziplin zur Grundlage ihrer Untersuchungen. So konzentriert sich die Klassische Philologie auf Fachschriften, die explizit als solche deklariert werden und/oder entsprechende metakommunikative Reflexionen enthalten. Diese finden sich v.a. im Bereich der τέχναι oder *artes mechanicae*, wie Landwirtschaft, Architektur oder Medizin, und *artes liberales*, wie Rhetorik, Grammatik, Musik oder Mathematik. Die praktischen Fächer werden z.T. bereits in der Antike abfällig als die „Künste der Unfreien" behandelt;[9] die τέχναι sind schon in der sophistischen Schule des 5. Jh. v. Chr. ein Begriff und werden heute als „lehrbare, rational begründete Handlungsanweisung[en] mit dem Anspruch, ein fachlich bestimmtes Gebiet zu erfassen und beherrschbar zu machen" definiert.[10] Die theoretischen Disziplinen werden ebenfalls bereits von antiken Autoren erwähnt (beispielsweise in Plinius' 88. Brief) oder, wie in den leider großteils verlorenen *Disciplinae* Varros, sogar ausführlich behandelt. Sie gewinnen als Fächerkanon von der Spätantike bis ins Mittelalter weiter an Aufmerksamkeit und Bedeutung. Thematische Bereiche, deren Textzeugnisse nicht erhalten sind oder keine bewusste Selbstkonzeption beinhalten und die deshalb nicht in gleicher Weise als Wissenschaften oder Künste gelten (z.B. aufgrund fehlenden Ausbaus oder Weiterentwicklung), werden in der modernen Forschung oftmals wenig oder gar nicht berücksichtigt, obwohl sie durchaus Eigenschaften aufweisen, die eine

8 Zu einer Übersicht über die Entwicklung deutscher Fachsprachen seit dem Mittelalter vgl. beispielsweise von Hahn (1983: 12–48).

9 Z.B. von Aristoteles (*Pol.* 1,13) in einer Polemik gegen das Handwerk.

10 Vgl. Sallmann 1998, DNP s.v. „Fachsprache" und „Fachliteratur".

Praxis	**Theoretische Wissenschaften**			**Zahlenlehre**	**Angewandte Wissenschaften**		
Sophistik: Redekunst, Pädagogik Psychagogik	**Sokratische Philosophie:** praktische Ethik **Platonische Philosophie:** Staatstheorie, Anthropologie, Ontologie, Seelenlehre **Aristotelische Philosophie:** Universalität des Denkens, Systematik der Fächer			(Thales) (Pythagoras) **Mathematik**	Schulen:	(Hippokrates. Hippokrateer) **Medizin** **Dogmatiker** (Hippokrates) **Methodiker** (Themison) **Pneumatiker** (Athenaios)	
	Physik	**Ethik**	**Dialektik**	**Mathematik**	**Heilkunde**	**Sport**	**Technai**
Stilistik	Kosmologie	Ethologie	Logik	Arithmetik	Diagnostik	Reitkunst	Strategie
Sprachreinheit	Genetik	Wertlehre	Logistik	Geometrie	Therapie	Jagdkunst	Poliorketik
Universalbildung	Zoologie	Tugendlehre	**Wortwissenschaften**	Musik	Epidemiologie	Fischfang	Chirurgie
	Botanik	Pflichtenlehre		Astronomie	Diätetik (>Kochkunst)	Vogelfang	Jurisprudenz
	Akustik	Anthropologie	Rhetorik	Astrologie		·) Fechtkunst	Hauswirtschaft
	Optik	Psychologie	Grammatik	Geographie	Pharmazie	·) Athletische Disziplinen	Landwirtschaft
	Mineralogie	Politik	Philologie	Gromatik	Tiermedizin		Architektur
	Mechanik	Pädagogik	Poetik		Spezialmedizin : Gynäkologie usw.		Apparate- und Maschinenbau
	Götterlehre	Ethnographie	Sprachtheorie				
	Mantik	(Paradoxographie)	Literaturlehre				

ABB. 2 Fachdisziplinen der Antike

Definition als Fachgebiet zulassen.[11] Der Neue Pauly gibt obenstehende Übersicht (Abb. 2) über das Spektrum der antiken Wissenschaften und Fachdisziplinen.

Es fällt auf, dass diese (moderne) Zusammenstellung sehr stark theoretisch-wissenschaftlich geprägt ist. Religion als Themenbereich ist durch Götterlehre und Mantik zwar vertreten, allerdings sind diese unter die theoretischen Wissenschaften geordnet. Der praktische Bereich von Religiosität und Kult, das Durchführen von Ritualen und religiösen Handlungen,[12] ist in dieser Klassifizierung (und damit auch in der modernen Beschäftigung mit antiken Disziplinen) nicht als eigener thematischer Bereich repräsentiert.[13] Ein Grund dafür ist, dass in der Gliederung zwischen Fachinhalten und nicht zwischen Textsor-

11 Zur Problematik der Definition von „Fach" und der Tatsache, dass die Definition von Fachsprache davon abhängig gemacht wird, s. Roelcke ^{3}2010: 15.

12 Also im Grunde der Kern des römischen Religionssystems; vgl. Scheid 2005 (*Quand faire, c'est croire*).

13 In der antiken Systematik werden kultbezogene Regelungen normalerweise zum Bereich des Rechts gezählt (*ius divinum* bzw. *ius publicum*). Allerdings beziehen sich sakralrechtliche Bestimmungen nicht auf Instruktionen zur Durchführung von Ritualen, wie sie in der vorliegenden Studie untersucht werden.

ten unterschieden wird:[14] Inhaltlich zählen Ritualtexte zum Themenbereich der Religion, hinsichtlich ihrer Textfunktion stehen sie aber den Texten der angewandten Fächer (wie hier Jurisprudenz oder Maschinenbau) näher als theoretischen Beschäftigungen mit Metaphysik. Diese Verortung trifft auch für die im Folgenden untersuchten umbrischen und hethitischen Ritualtexte zu: Als Anweisungstexte teilen sie mehrere pragmatische Funktionen mit juristischen Vorschriften oder mechanischen Handbüchern, wie v.a. die Untersuchung ihrer Textillokution noch zeigen wird (s. Kapitel 6).

2.2 Moderne Fachsprachenforschung

Neben den sprachspezifischen Behandlungen durch die jeweiligen Philologien sind die Theorien und Ansätze der Fachsprachenforschung als Teilbereich der allgemeinen Sprachwissenschaft zentral für eine Erfassung des Konzepts von Fachsprachlichkeit. Obwohl es auch positive Beispiele für die Übertragung und Anwendung theoretischer Modelle auf historische Sprachen gibt (s. u. 2.3), unterscheiden sich die Methoden meist dahingehend, dass in den Behandlungen von philologischer Seite v. a. stilistische Elemente untersucht und beschrieben werden, oft in einer selektiven Herangehensweise. Die Fachsprachenforschung bietet demgegenüber eine breitere theoretische Auseinandersetzung, bei der die Fragen nach systematischer Erfassung und Gliederung von Merkmalen aus allen linguistischen Bereichen im Vordergrund stehen. Darüber hinaus stellen gerade in jüngerer Zeit ein interdisziplinäres Vorgehen und der Austausch mit Disziplinen wie Psychologie, Semiotik oder Kognitionswissenschaft weitere Perspektiven her.

Allerdings sind auch in der Erforschung moderner Fachsprachen die Definitionen und die Beschreibungsmodelle vielfältig und hängen maßgeblich von der jeweiligen wissenschafts- und sprachtheoretischen Orientierung ab. Dass die Wahl der Perspektive so unterschiedlich ausfallen kann und oft in einer bestimmten Schule verhaftet bleibt, führt dazu, dass gerade systemtheoretische Ansätze nur eingeschränkt anwendbar sind. Allerdings sind nicht alle Ansätze in sich geschlossen und gerade die neueren Entwicklungen gehen mit einer zunehmenden Weitung des Blickwinkels einher. Die wichtigsten methodischen Herangehensweisen an das Phänomen „Fachsprache" werden im Folgenden überblickshaft vorgestellt.[15]

---

14 S. u. zur horizontalen und vertikalen Gliederung von Fachtexten 2.2.6.1 und 2.2.6.2.

15 Eine ausführliche Einleitung würde den Rahmen übersteigen und ist nicht Ziel dieser Arbeit; ich verweise daher auf zentrale Einführungen und Standardwerke wie: Roelcke ^{3}2010; Hoffmann et al. 1998/99; Möhn/Pelka 1984.

2.2.1 *Systemlinguistisches Inventarmodell und Varietätenlinguistik*

In der modernen Fachsprachenforschung dominierte bis etwa in die 1970er Jahre ein stark systemtheoretisch geprägtes Herangehen in der Tradition der Prager Schule, bei dem das Verhältnis von Fach- zu Allgemeinsprache besonders relevant war. Basierend auf der Vorstellung von Sprache als Zeichensystem entstanden so v. a. systemlinguistische Inventarmodelle von Fachsprache. Eine bekannte Definition von Hoffmann formuliert dies folgendermaßen:

> Fachsprache – das ist die Gesamtheit aller sprachlichen Mittel, die in einem fachlich begrenzten Kommunikationsbereich verwendet werden, um die Verständigung zwischen den in diesem Bereich tätigen Menschen zu gewährleisten.[16]

Eines der Probleme dieser Definition von Fachsprache ist die Abhängigkeit von der Existenz eines Fachs, zumal eine Definition von „Fach" bzw. „Fachgebiet" selbst schwierig ist. Meist fällt sie sehr basal aus; etwa „sachbezogene Themenbereiche, die Gegenstand einer inhaltlichen Spezialisierung sind".[17] Das Konzept von Fachsprache von dieser Definition abhängig zu machen, stellt keine sehr zuverlässige Grundlage dar. Zusätzlich problematisch ist die Tatsache, dass immer wieder auch umgekehrt das Vorhandensein einer eigenen Fachsprache als Kriterium für die Definition eines Fachgebietes herangezogen wird, so dass es bei der Bestimmung beider Phänomene zu Zirkelschlüssen kommen kann.[18]

Daneben beinhaltet das Modell weitere Probleme, die z. B. die Frage nach dem sprachlichen Status betreffen: Stellt Fachsprache ein einheitliches System dar oder ist in Anbetracht der unterschiedlichen Fachgebiete nicht vielmehr von Fachsprachen im Plural auszugehen? Auch eine übereinzelsprachliche Perspektive ist wohl nur unter letzterer Annahme möglich. Um mit derartigen Herausforderungen umzugehen, hat sich die Systemtheorie mit der Vorstellung von Sprachen als Summe einzelner Varietäten verbunden, die sich in unterschiedliche Dimensionen gliedern lassen (s. Tabelle 1).[19]

Man spricht hierbei vom Varietätenmodell, in welchem Fachsprache als selbständiges (Sub-)System vorstellbar ist, das einer Einzelsprache neben wei-

---

16 Hoffmann ^{2}1985: 53.

17 Zur Diskussion der Definierbarkeit von Fach aus wissenschaftstheoretischer Perspektive vgl. auch Kalverkämper 1998.

18 Zur Kritik an dieser Definition s. auch Roelcke ^{3}2010: 15.

19 Varietätenmodell nach Coseriù ^{2}2007: 24.

TABELLE 1 Sprachliche Varietäten

Dimension	Kriterium	Varietät(en)
Diatopik	Raum	Dialekte/Regiolekte
Diastratik	Soziale Gruppe	Soziolekte
Diaphasik	Situation, Kontext	Funktiolekte
Diachronie	Zeittiefe	Existenzformen/Stadien

teren Subvaritäten untergeordnet ist. Deren jeweilige Eigenständigkeit basiert auf innersprachlichen, aber auch außersprachlichen Merkmalen, wie der gesellschaftlichen Gruppe oder dem Tätigkeitsbereich der Sprecher. Im Rahmen der klassischen Subvarietäten stellt Fachsprache für die meisten Forschenden eine in erster Linie diaphasische Varietät dar, da für ihren Einsatz funktionale Faktoren als maßgeblich erachtet werden.[20] Vor dem Hintergrund dieser Klassifizierung finden sich darum häufig Benennungen wie „Technolekt" oder „Funktiolekt". Allerdings wird mitunter auch eine Beurteilung nach sozialen Gesichtspunkten vorgenommen, wenn eine bestimmte Fachsprache besonders augenfällig das Kommunikationsmittel einer bestimmten Gruppe ist bzw. wenn die Spezialisten eines Fachbereiches sich in einem einheitlichen sozialen Milieu bewegen. Dies wäre bzgl. religiöser Fachsprache beispielsweise in mittelalterlichen Gesellschaften mit dem Klerus als eigenem Stand oder in Gesellschaften mit abgeschlossenen Priesterkasten der Fall.

2.2.2 *Fachsprache und Gemeinsprache*

Einige Probleme der varietätenlinguistischen und im weiteren Sinne systemlinguistischen Ansätze fallen bei der strikten Anwendung ins Auge. Sie betreffen vornehmlich das Verhältnis von fachlichen zu nicht-fachlichen Varietäten bzw. von Fach- zu (All-)Gemeinsprache und besonders deren Abgrenzbarkeit voneinander.[21] Bildet die Allgemeinsprache die Summe aus allen Subvarietäten (und ist damit ein rein abstraktes *Label*) oder gibt es einen gemeinsamen Bereich aller Konzepte? Dieser Fragenkomplex demonstriert, dass eine Systematisierung der Varietäten im strikten Sinne und im Detail nur schwer zu Ende

20 Es können allerdings durchaus auch historische, regionale oder soziale Bedingungen für die Interpretation und Bestimmung relevant sein (vgl. den Einwand von Roelcke ³2010: 16); der Blickwinkel sollte also nicht zu sehr eingeschränkt werden.

21 Vgl. für einen Überblick über die Entwicklungen und Konzepte in diesem Bereich Hoffmann 1998a.

zu denken ist. Die Forschung hat sich mit diesen Einwänden ab den 1960er und 70er Jahren intensiv auseinandergesetzt, ohne dabei letztlich zu befriedigenden Aussagen über eine einheitliche und praktikable Abgrenzung der sprachlichen Systeme gegeneinander zu gelangen. Vor diesem Hintergrund ist es wenig verwunderlich, dass alternative Konzepte und Bestimmungskriterien entwickelt wurden.

Eine der Polarisierung von Fachsprache und Gemeinsprache entgegengesetzte Vorstellung betrachtet Fachsprachen (wie auch andere Varietäten) nicht als eigenständige Subsysteme, sondern als Teilmengen der Gemeinsprache, was u. a. durch die Bevorzugung des Terminus „Gesamtsprache" zum Ausdruck gebracht wurde. Der neutralisierende Ansatz stellt eine Gegenentwicklung zum Subsprachen-Modell dar und geht einher mit einer Abkehr vom vormalig lexikozentrischen Fachsprachenverständnis. Dieses kann durch die Formel „Fachsprache = Gemeinsprache + X" (X = Fachwortschatz, fachspezifische Normen und Konventionen) zusammengefasst werden, wobei die Konzentration auf (nur bestimmte) innersprachliche Faktoren als Bestimmungskriterien als erhebliche Einschränkung zu sehen ist. Je stärker auch syntaktische und morphologische Kriterien in den Blick genommen werden, desto mehr werden Fachsprachen als Ergebnis einer *spezifischen Auswahl* der allgemein verfügbaren sprachlichen Mittel der Gesamtsprache aufgefasst:

> Die Grenze zwischen Fachsprachen und Gemeinsprache ist offen. Es gibt keine Fachsprache, die nicht zum größten Teil aus lexikalischen und syntaktischen Elementen der Gemeinsprache besteht.[22]

Eine andere Perspektive relativiert die Polarität zwischen Fach- und Gemeinsprache durch die Annahme einer gleitenden Skala der Fachsprachlichkeit von Texten analog zur Fachlichkeit der repräsentierten Handlungen. Diese Auffassung entstammt dem Kontext der jüngeren Fachkommunikationsforschung, welche den Grad der Fachsprachlichkeit von merkmalreich zu merkmalarm mit einer Einteilung in verschiedene Fachtextsorten korreliert.[23] Ein Faktor, der im Zuge dieser Entwicklungen der Fachsprachenforschung ebenfalls an Bedeutung gewinnt, in die Berücksichtigung außersprachlicher, d.h. kontextueller, Faktoren bei der Statusbestimmung von Fachsprachen. Dies schlägt sich u. a. in der Ausbildung pragmalinguistischer Fachsprachenkonzepte nieder, die im folgenden Abschnitt (2.2.3) kurz dargestellt werden.

---

22 Klute 1975: 6.

23 Vgl. Hoffmann 1998a: 163–164; zur Gliederung in Fachtextsorten s. u. 2.2.4.

2.2.3 *Pragmalinguistisches Fachsprachenkonzept*

Seit etwa den 1980er Jahren findet die Etablierung textpragmatischer Fragestellungen auch hinsichtlich der Untersuchung und Klassifizierung von Fachsprachlichkeit statt; dies entspricht der allgemeinen Tendenz des *pragmatic turn* in der Linguistik. Fachsprachen werden nun verstärkt als Textäußerungen und damit als Produkt oder Ergebnis fachlicher Kommunikation verstanden. Die Blickrichtung kehrt sich also im Vergleich zum Subsystem-Modell um, bei dem Fachsprache als systematische Grundlage die Voraussetzung von Fachkommunikation darstellte. Nicht das sprachliche Inventar wird zur Bestimmungsbasis erhoben, sondern der (kommunikative) Kontext, in dem fachliche Sprachäußerungen stattfinden. Die pragmalinguistische Herangehensweise erlaubt die Berücksichtigung textbezogener pragmatischer Merkmale im Rahmen der Theorie der Sprechakte oder der Textkohärenz.[24] Zudem ermöglicht sie die Integration soziologischer, psychologischer, semiotischer oder kommunikationswissenschaftlicher Aspekte, so dass verstärkt auch außersprachliche Merkmale in die Betrachtung einbezogen werden können. Diese Möglichkeit wird bei der Untersuchung von Ritualfachsprachen ebenfalls von Bedeutung sein (besonders in Kapitel 7). Eine solche Erweiterung des Blickfeldes über Einzelsprachen und -disziplinen hinaus erscheint in Bezug auf historische Sprachstufen besonders wünschenswert, da das verfügbare Textkorpus oft klein – der Blickwinkel auf die innersprachlichen Merkmale also oft ohnehin ungünstig eingeschränkt ist. Um dennoch auf einer breiteren Ebene Aussagen machen und zu tragfähigen Schlussfolgerungen gelangen zu können, ist es unverzichtbar, alle erreichbaren Faktoren in die Untersuchung mit aufzunehmen. Durch die breitere und feiner gegliederte Bestimmungsbasis ergibt sich insgesamt eine erhöhte Beschreibungsgenauigkeit bei der Fachsprachendefinition. Innersprachliche Charakteristika können spezifischen kontextuellen Bedingungen zugeordnet werden, wodurch bspw. eine Differenzierung unterschiedlicher Grade von Fachlichkeit sprachlicher Äußerungen möglich ist. Auf dieser Grundlage kann u. U. auch eine Differenzierung verschiedener Fachtextsorten mit jeweils spezifischer Zuordnung von inner- und außersprachlichen Merkmalen vorgenommen werden. Die Entwicklung spiegelt sich auch in einer Anpassung von Hoffmans Definition wider, die nun nicht mehr auf Fachsprache als inventarbasiertes System, sondern auf den Fachtext als kommunikative Einheit abzielt:

24 Diese sind auch zentrale Bezugspunkte der vorliegenden Untersuchung; vgl. Kapitel 6 und 8.

> Der Fachtext ist Instrument und Resultat der im Zusammenhang mit einer spezialisierten, gesellschaftlich-produktiven Tätigkeit ausgeübten sprachlich-kommunikativen Tätigkeit; er besteht aus einer endlichen, geordneten Menge logisch, semantisch und syntaktisch kohärenter Sätze (Texteme) oder satzwertiger Einheiten, die als komplexe sprachliche Zeichen komplexen Propositionen im Bewusstsein des Menschen und komplexen Sachverhalten in der objektiven Realität entsprechen.[25]

Diese Definition greift mit den Aspekten der Kohärenz und der kommunikativen Funktion die zentralen Elemente des allgemeinen Textkonzepts auf (s. dazu im nächsten Abschnitt 2.2.4).

2.2.4 *Fachsprache als Fachtext und Konzept der Fachtextsorten*

Die textlinguistische Herangehensweise stellt also nicht die einzelne sprachliche Einheit (auf Satz- oder Wortebene) oder das abstrakte Konzept einer sprachlichen Varietät in den Mittelpunkt, sondern den konkreten Text als komplexe sprachliche Einheit. Auch beim Textbegriff stehen sich allerdings sprachsystematische oder systemtheoretische und kommunikationsorientierte Auffassungen gegenüber,[26] wobei Brinker (^{8}2014: 17–18) diese explizit als komplementäre Konzeptionen versteht und zu einer integrativen Definition zusammenführt:

> Der Terminus „Text“ bezeichnet eine begrenzte Folge von sprachlichen Zeichen, die in sich kohärent[27] ist und die als Ganzes eine erkennbare kommunikative Funktion signalisiert.

Besonders zu berücksichtigen ist dabei, dass der Textbegriff durchaus nicht auf schriftliche Texte beschränkt ist, auch wenn diese wegen ihrer besseren Handhabbarkeit in der Forschung oft einen prominenteren Platz einnehmen. Gerade im Bereich der Fachtexte gibt es jedoch zahlreiche rein mündliche Textsorten, besonders in anwendungsbezogenen Bereichen (s.u. 2.2.6.2 „Werkstattsprache“). Im Rahmen von Brinkers Textdefinition wird die Bedeutung der linguistischen Pragmatik besonders durch die zentrale Rolle der kommunikativen Funktion deutlich, die eng mit der Sprechakttheorie und dem dort eingeführten Begriff des illokutiven Aktes verknüpft ist, also der Absicht des Spre-

---

25 Hoffmann ^{2}1985: 233–234.

26 Vgl. die Diskussion bei Brinker ^{8}2014: 13–17.

27 S. dazu ausführlich im Kapitel 8 und vgl. Brinker 1998.

chers, durch seine Äußerung ein bestimmtes Ergebnis zu erzielen.[28] Der untersuchte konkrete Text ist in der Textlinguistik dabei zugleich unausweichlich die Repräsentation einer bestimmten Textsorte: Jede Textproduktion wie auch -rezeption erfolgt im Rahmen von Textsorten. Auch in der Textsortentheorie stehen sich – wie in der Textlinguistik allgemein – die Ansätze der sprachsystematischen und der kommunikationsorientierten Betrachtung gegenüber. Dabei ist zu konstatieren, dass sprachstrukturelle Untersuchungen mit ihren Mitteln der grammatischen Differenzierung und Abgrenzung weitaus weniger erfolgreich zur Etablierung einer stimmigen Textsortentypologie beitragen als der pragmatisch und v. a. textfunktional ausgerichtete alternative Forschungsansatz. Dementsprechend ist die hier aufgenommene Definition des Textsortenbegriffes nach Brinker ([8]2014: 139) auch eher handlungstheoretisch fundiert:

> Textsorten sind konventionell geltende Muster für komplexe sprachliche Handlungen und lassen sich als jeweils typische Verbindungen von kontextuellen (situativen), kommunikativ-funktionalen und strukturellen (grammatischen und thematischen) Merkmalen beschreiben. Sie haben sich in der Sprachgemeinschaft historisch entwickelt und gehören zum Alltagswissen der Sprachteilhaber; sie besitzen zwar eine normierende Wirkung, erleichtern aber zugleich den kommunikativen Umgang, indem sie den Kommunizierenden mehr oder weniger feste Orientierungen für die Produktion und Rezeption von Texten geben.

Das Konzept von Text und Textsorte entspricht den Kriterien und Parametern, die auch in der pragmalinguistischen Betrachtung von Fachsprachen als zentral eingeführt wurden. Gerade die Berücksichtigung kommunikations- und handlungstheoretischer Kriterien sowie der kontextuellen Einbindung der sprachlichen Äußerungen stellt eine wichtige Bereicherung des Instrumentariums bei der Beschreibung historischer Texte dar. Diese Kriterien werden daher auch in der vorliegenden Untersuchung immer wieder herangezogen und diskutiert werden.

2.2.5 *Kognitionslinguistisches Funktionsmodell*

Eine weitere Wende erfährt die Fachsprachenforschung in den 1990er Jahren: Nun werden die kognitiven Anlagen und Leistungen, „insbesondere auf die intellektuellen, daneben aber auch auf die emotionalen Voraussetzungen der

28 Zur Sprechakttheorie s. u. 6.1.

Produzenten und Rezipienten fachsprachlicher Äußerungen“[29] ins Zentrum der Betrachtungen gerückt, jedoch ohne dass dadurch die fachsprachlichen Texte oder Sprachsysteme an Bedeutung verlieren. Diese erneute Erweiterung der Perspektive erlaubt es, nicht nur den Zusammenhang zwischen Kontext und Textgestaltung zu beschreiben, sondern ihn anhand der kognitiven Prozesse der Kommunikationsteilnehmer auch zu erklären und zu begründen. Deren mentale Systeme stellen somit gewissermaßen das Bindeglied zwischen Kontext und Text dar (vgl. auch Engberg 2007: 31). Die kontextuellen Merkmale werden als Reflexe mentaler Erscheinungen beschrieben und somit in direkten Bezug zu den mentalen Formulierungsprozessen gesetzt (Roelcke 2004: 148). Die Bedeutung dieser Perspektive wird in der vorliegenden Untersuchung besonders hinsichtlich der Fragen nach den mentalen Repräsentationen von spezialisierten Textproduzenten und -rezipienten und der darauf basierenden Verwendung ökonomischer Strategien zur Erzeugung von Textkohärenz deutlich.[30] Folgende vier Bereiche werden von Roelcke (^{3}2010: 24) als Ansatzpunkte der Fachsprachenforschung angegeben:

- Anlage des Kenntnis- und des Verarbeitungssystems des menschlichen Geistes
- Abstraktion und Konkretisation als kognitiv-linguale Verfahren
- Assoziation und Dissoziation (oder synthetisches und analytisches Denken) zur Erfassung der Inhalte von Kenntnisbereichen
- Interiorisierung (kognitiv-lingualer Erwerb) und Exteriorisierung (kognitiv-linguale Vermittlung) von Kenntnissen

Auch dieser Paradigmenwechsel hat sich in einer Umorientierung der Hoffmann'schen Fachsprachendefinition niedergeschlagen, die nun ebenfalls die Fachkommunikation zum Kern macht:

> Fachkommunikation ist die von außen oder von innen motivierte bzw. stimulierte, auf fachliche Ergebnisse oder Ergebnisabfolgen gerichtete Exteriorisierung und Interiorisierung von Kenntnissystemen und kognitiven Prozessen, die zur Veränderung der Kenntnissysteme beim einzelnen Fachmann und in ganzen Gemeinschaften von Fachleuten führen.[31]

Auch hierin ist allerdings kein Widerspruch zu den vorausgegangenen Definitionsansätzen zu sehen, sondern vielmehr ein stufenartiger Ausbau der einbezogenen Parameter unter Weitung des Gesamtblickwinkels.

---

29 Roelcke 2004: 141.

30 S. dazu die theoretischen Vorüberlegungen unter 8.2.

31 Hoffmann 1993: 614.

2.2.6 *Gliederungsmöglichkeiten und Differenzierungen*

Ein eigenes Thema in der Fachsprachenforschung ist die Möglichkeit, Einteilungen und Gliederungen der untersuchten Fachsprachen vorzunehmen.[32] Dabei sind zunächst zwei grundlegende Ebenen zu unterscheiden.

2.2.6.1 Horizontale Gliederung

Auf der horizontalen Ebene erfolgt eine Einteilung der verschiedenen Fachsprachen nach ihren jeweiligen Fachbereichen oder -disziplinen. Ob von Fachsprache als einem Gesamtphänomen oder von Fachsprachen als Einzelvarietäten auszugehen ist, hängt damit von der Perspektive ab: Im ersten Fall werden übergreifende Charakteristika auf einer allgemeinen, sprachsystematischen Ebene betrachtet, die den Fachsprachen verschiedener Bereiche gleichermaßen innewohnen. Im zweiten Falle wird die Fachsprache einer Einzeldisziplin mit ihren distinktiven charakteristischen Merkmalen in den Blick genommen. Horizontale Gliederungen aus modernen Theoriemodellen unterscheiden klassischerweise die Bereiche *Wissenschaft*, *Technik*, *Institutionen*, *Wirtschaft* (oder *Produktion*) und *Konsum*, die auf einer Ebene nebeneinander stehen. Typische Einteilungen innerhalb der Wissenschaftssprachen basieren auf der Unterscheidung zwischen angewandten und theoretischen Wissenschaften oder Natur- und Geisteswissenschaften.[33] Im Grunde entspricht auch die Graphik der antiken Fachsprachen (s.o. Abb. 2) einer horizontalen Gliederung, indem sie verschiedene Fachbereiche (in Abhängigkeit von deren schriftlicher Bezeugung und Definierbarkeit) systematisiert und voneinander abgrenzt.

Eine Bemerkung Roelckes bzgl. des jeweils zugrunde gelegten Spektrums an Disziplinen lässt sich auch auf die Situation der antiken Fächer und Fachsprachen übertragen:

> (…) andere Bereiche wie insbesondere elektronische Datenverarbeitung und Neue Medien bleiben – dem Forschungsstand Ende des letzten Jahrhunderts geschuldet – weitgehend unberücksichtigt. Gerade hier zeigt sich wieder ein klassifizierender Ansatz in der fachsprachlichen Gliederung, der in diesem Falle nicht alle bekannten, sondern lediglich die wissenschaftlich beschriebenen Fachsprachen zum Ausgangspunkt macht und daher aktuelle Verhältnisse nicht in vollem Umfang zu erfassen vermag.[34]

---

32 S. die ausführliche Diskussion der Problematiken in Roelcke 2014.

33 Vgl. die Übersicht in Roelcke 2014: 157.

34 Roelcke 2014: 158.

Insgesamt fällt neben dieser grundlegenden Problematik jeder horizontalen Klassifizierung auf, dass viele der Gliederungen im Einzelfall unbefriedigend grobkörnig ausfallen – und dass auf der anderen Seite je nach Fach(bereich) extrem kleinteilige Gliederungen möglich sind. Z. T. wird die horizontale Ebene auch mit Aspekten der vertikalen Achse verbunden (s. u. zur Sprache des Konsums oder der angewandten Wissenschaften).

Im Zusammenhang mit der horizontalen Gliederung ist außerdem festzustellen, dass sich in den Sprachen verschiedener Fachgebiete durchaus verschiedene formale und stilistische Konventionen herausbilden können. Die primär inhaltliche Differenzierung kann also bereits mit sprachlich-stilistischen Merkmalen einhergehen. Genauso können in den unterschiedlichen Disziplinen ganz unterschiedliche (sekundäre) Funktionen relevant sein; auch hinsichtlich der Kontexte können durch ein bestimmtes Fach bereits gewisse Tendenzen oder Schwerpunkte vorgegeben sein. Die Differenzierung nach Fachinhalten auf dieser horizontalen Ebene greift also unmittelbar auch in die vertikale Ebene; die beiden sind durch verschiedene Aspekte miteinander verbunden und stellen nicht völlig separate Einteilungen dar.

2.2.6.2 Vertikale Gliederung

Auf der vertikalen Ebene erfolgt eine Gliederung nach kommunikativen Gesichtspunkten. Hier wird nach der sprachlichen und fachlichen Abstraktionsstufe eines Textes und in Zusammenhang damit nach seiner äußeren Sprachform, dem „Milieu“ der Fachkommunikation und der Sprecher-Adressaten-Relation differenziert. Als Ergebnis lassen sich auf Basis dieser Kriterien verschiedene Fachtexttypen feststellen, wobei hier gleichzeitig auch die jeweilige Tradition der Fachdisziplinen der horizontalen Ebene eine Rolle spielt.

Eine häufig verwendete vertikale Einteilung, die drei Abstraktionsstufen ansetzt, basiert auf einem Modell von Ischreyt (1965), wie es in Abb. 3 zu sehen ist.

Hierbei ist die Sprache der Wissenschaft als abstrakteste bewertet, am konkretesten die Werkstattsprache, d. h. die Sprache, die bei der Kommunikation über die praktische Anwendung technischen Wissens verwendet wird. Dazwischen steht die wissenschaftliche Umgangssprache. Hierbei scheinen allerdings verschiedene Aspekte unter dem Begriff „Abstraktionsstufe“ zusammengefasst zu sein, die bspw. Mittelbarkeit/Unmittelbarkeit, Medium, Konventionalisierung, Funktion im engeren Sinne usw. umfassen. Differenzierter ist hier die fünfstufige Gliederung nach Hoffmann (z. B. 1985: 64–70), die in Tabelle 2[35] dem Modell nach Ischreyt gegenübergestellt wird. Hier sind außerdem die

35 Vgl. Roelcke ^{3}2010: 36.

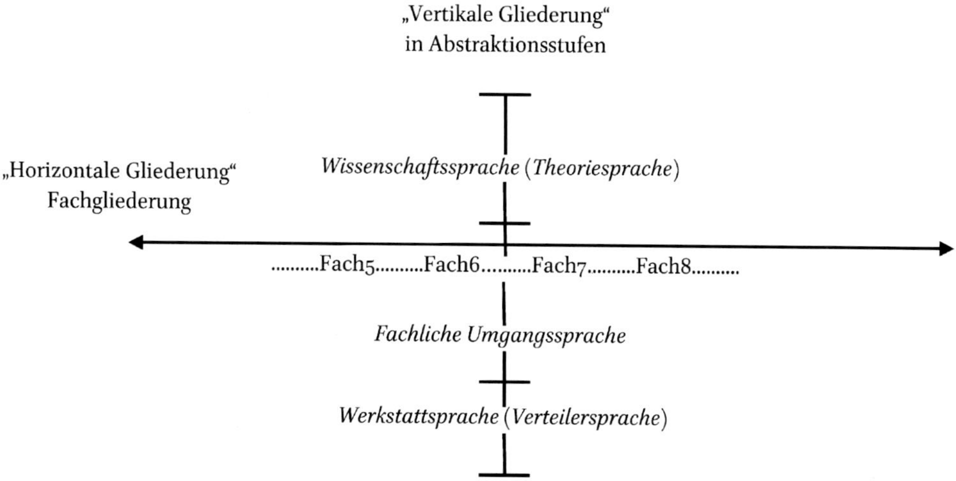

ABB. 3 Vertikale Fachsprachengliederung nach Ischreyt 1965

semiotischen und sprachlichen sowie kommunikativen Merkmale aufgeführt, die für die jeweilige Abstraktionsstufe als charakteristisch angesetzt werden.

Bei derartigen Modellierungsversuchen besteht generell die Problematik, dass eine Einteilung in genau diese drei bzw. fünf vertikalen Stufen bei weitem nicht in jedem Fachgebiet vorzunehmen ist, da im Einzelfall mehr oder auch weniger differenzierbare Ebenen feststellbar sind. Eine Vereinheitlichung der vorgeschlagenen Gliederungen ist deshalb schwer umsetzbar. Dennoch können Gliederungsmodelle eine sinnvolle Orientierung bieten und sind nicht zuletzt wegen der Zuordnung bestimmter sprachlicher Merkmale hilfreich bei der Beurteilung von einzelnen Fachtexten.

Ein dreidimensionales Modell schlägt von Hahn (1983) vor, der die Ebenen von Adressatenkonstellation, Distanz und Handlungen (mit 4+3+3 Stufen) in einem Würfel kombiniert und anhand dieser Kriterien insgesamt 36 Fachsprachentypen unterscheidet (s. Abb. 4).

Durch die Kombination verschiedener Achsen und die Erweiterung der Kriterien setzt sich von Hahn von den anderen horizontalen und vertikalen Gliederungsmodellen ab. Er bezieht ein Konzept ein, das besonders in jüngster Zeit und in Zusammenhang mit der stärker pragmalinguistisch ausgerichteten Herangehensweise zum Einsatz kommt: die Fachtextsortenlinguistik.

TABELLE 2 Vertikale Gliederung nach Roelcke ³2010 (Vergleich)

Bezeichnung nach Ischreyt	**Bezeichnung nach Hoffmann**	**Semiotische und sprachliche Merkmale**	**Kommunikative Merkmale**
Theoriesprache (Wissenschaftssprache)	Sprache der theoretischen Grundlagenwissenschaften	künstliche Symbole für Elemente und Relationen	Wissenschaftler ↔ Wissenschaftler
	Sprache der experimentellen Wissenschaften	Künstliche Symbole für Elemente; natürliche Sprache für Relationen (Syntax)	Wissenschaftler (Techniker) ↔ Wissenschaftler (Techniker) ↔ wissenschaftlich-technische Hilfskräfte
Fachliche Umgangssprache	Sprache der angewandten Wissenschaften und der Technik	Natürliche Sprache mit einem sehr hohen Anteil an Fachterminologie und einer streng determinierten Syntax	Wissenschaftler (Techniker) ↔ wissenschaft-liche und technische Leiter der materiellen Produktion
	Sprache der materiellen Produktion	Natürliche Sprache mit einem hohen Anteil an Fachterminologie und einer relativ ungebundenen Syntax	Wissenschaftliche und technische Leiter der materiellen Produktion ↔ Meister ↔ Facharbeiter (Angestellte)
Werkstattsprache (Verteilersprache)	Sprache der Konsumtion	Natürliche Sprache mit einigen Fachtermini und ungebundener Syntax	Vertreter der materiellen Produktion ↔ Vertreter des Handels ↔ Konsumenten ↔ Konsumenten

2.2.6.3 Gliederung nach Fachtextsorten

Diese Herangehensweise verbindet verschiedene der bereits genannten Parameter zu einem Konzept, das allgemein den inner- und außersprachlichen Kontext und besonders die kommunikativen Verhältnisse einer fachsprachlichen Äußerung zu zentralen Einteilungsparametern macht. Der Vorteil an diesem Konzept ist, dass wesentlich mehr Faktoren einbezogen werden können und dass so eine gröbere oder feinere Gliederung, je nach konkretem Gegenstand, möglich ist. Eine Definition des Fachtextsortenbegriffs führt z. B. Gläser ein (1990: 29):

> Die Fachtextsorte ist ein Bildungsmuster für die geistig-sprachliche Verarbeitung eines tätigkeitsspezifischen Sachverhalts, das in Abhängigkeit

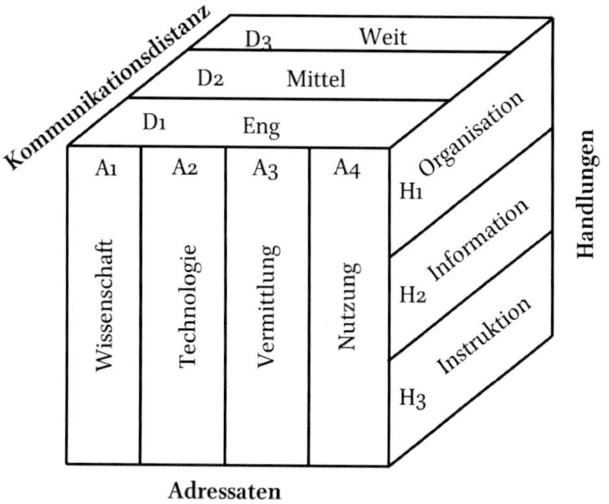

ABB. 4 Fachsprachenmodell nach von Hahn 1983

> vom Spezialisierungsgrad von kommunikativen Normen bestimmt ist, die einzelsprachlich unterschiedlich ausgeprägt sein können.

Diese Auffassung berücksichtigt sowohl eine pragmalinguistische Fundierung als auch die Existenz unterschiedlicher Abstraktionsebenen, wodurch eine Rückkoppelung an vertikale Einteilungen entsteht. Die Betonung der einzelsprachlichen Traditionen verschiedener Sprechergemeinschaften und ihrer sprach- und kulturgeschichtlichen Bedingungen ist ebenfalls als positiv zu beurteilen; gerade hinsichtlich übereinzelsprachlicher und diachroner Fragestellungen. Durch den Begriff „Bildungsmuster“ wird außerdem eine Dynamisierung und Flexibilität bei der Bestimmung von Fachtextsorten erzielt, die dem Charakter der menschlichen Sprachverwendung entspricht und eine hohe Anwendbarkeit und Individualisierbarkeit ermöglicht. Die Bestimmung von Fachtextsorten ist zudem mit der Prototypentheorie kombinierbar und erlaubt so eine realistische, kontinuale Einteilung, die gegenüber rigiden Systematisierungen vorzuziehen ist.

Ein Beispiel für eine sehr feinkörnige Textsortengliederung stammt von Göpferich,[36] die in diesem Modell nur schriftliche Textsorten berücksichtigt und auch eine fachspezifische Beschränkung anlegt (s. Tabelle 3). Insofern ist

36 Göpferich 1995: 119–135.

TABELLE 3 Fachtextsorten nach Göpferich 1995

Fachtexttypen in Naturwissenschaft/Technik	**Typvarianten ersten Grades**	**Typvarianten zweiten Grades**	**Primärtextsorten**	**Sekundärtextsorten**
juristisch-normative Texte			Norm, Spezifikation, Patentschrift usw.	Kurzkommentar, Abstract usw.
fortschritts-orientiert-aktualisierende Texte		faktenorientierte Texte	Forschungsbericht, Versuchsprotokoll, Fachartikel, Monographie usw.	Abstract, Rezension usw.
		publizistisch aufbereitete Texte	Fachzeitschriftenartikel usw.	Abstract, Rezension usw.
didaktisch-instruktive Texte	theoretisches Wissen vermittelnde Texte	mnemotechnisch aufbereitete Texte	Schul- oder Hochschullehrbuch usw.	Übungsbuch, Aufgabensammlung, Rezension usw.
		Interesse weckende Texte	populärwiss. Artikel, Sachbuch, Produktinformation usw.	Zusammenfassung, Rezension usw.
	Mensch/Technik-interaktionsorientierte Texte		Bedienungsanleitung, Software-Manual usw.	Referenzmanual, Kurzanleitung usw.
wissenszusammenstellende Texte		enzyklopädische Texte	Enzyklopädie, Lexikon usw.	Rezension usw.
		satzfragmentarische Texte	Formelsammlung, Stückliste, Katalog usw.	Rezension usw.

ihr Vorschlag als fachbezogene systematisch-historische Textsortengliederung zu beurteilen;[37] er stellt ein gutes Beispiel für die Anwendung verschiedener Parameter und die fachspezifische Systematisierung nach ausgewählten Gesichtspunkten dar. In dieser Hinsicht handelt es sich dabei also „(primär) um

37 Vgl. auch Roelcke ^{3}2010: 44–46.

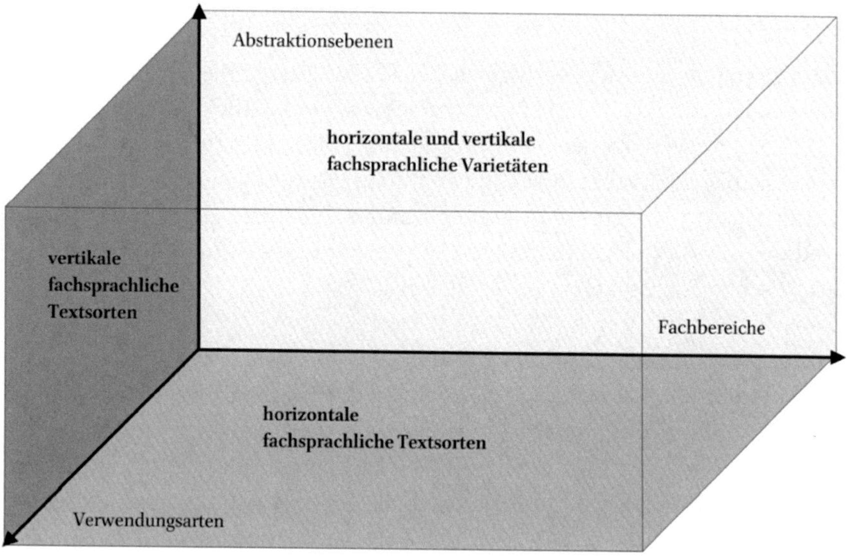

ABB. 5 Gliederungsmodell nach Roelcke ³2010

eine hierarchisch angelegte Typologie, in der diverse Gliederungskriterien systematisch auf zahlreiche bekannte Fachtextsorten Anwendung finden".[38]

Wie anhand von Tabelle 3 zu sehen ist, lassen sich mittels dieser Einteilung auf verschiedenen, hoch- und niedrigstufigen Ebenen fachsprachliche Genres und Textsorten innerhalb eines Fachgebietes bestimmen. Dabei haben die historisch-kommunikativen Gegebenheiten und Konventionen des jeweiligen Fachdiskurses als Ausgangspunkt zu gelten.[39]

Die verschiedenen Gliederungsmöglichkeiten sind teilweise auch in einem einzigen Schaubild vereint worden; beispielsweise in der Fachsprachengliederung von Ischreyt (s.o.), die auf der horizontalen Ebene nach Fächern (1–x) und auf der vertikalen Ebene nach Abstraktionsstufen ordnet. Roelcke kombiniert alle drei Gliederungsmöglichkeiten in einem Modell (Abb. 5), das in dieser Weise freilich nur sehr grob ausfallen kann. Dennoch bildet es die Zusammenhänge zwischen den verschiedenen Achsen ab und ermöglicht deren Visualisierung.[40]

---

38 Roelcke 2014: 168.

39 Diese Differenzierung und Göpferichs Textsortenkonzept werden hinsichtlich der sprachlichen Gestaltung der Direktivausdrücke nochmals aufgegriffen werden (s. u. 6.6).

40 Roelcke ³2010: 30.

2.3 Anwendungsbeispiele aus der Klassischen Philologie

Zwei Beispiele, die sich im Bereich der Klassischen Sprachen nicht aus philologischer, sondern aus dezidiert sprachwissenschaftlicher Perspektive mit dem Thema Fachsprachen befassen und dabei Methoden und Theorien der allgemeinen Fachsprachenforschung zugrunde legen, sollen im Folgenden kurz vorgestellt werden. Sie repräsentieren unterschiedliche Herangehensweisen, wodurch sie die Gelegenheit bieten, ein breiteres Spektrum des Umgangs mit historischen Fachsprachen zu skizzieren.

2.3.1 *Varietätenlinguistisches Modell*

Eine der fundiertesten aktuellen Arbeiten zum Thema Fachsprache im Lateinischen stammt von Langslow (2002), der sich in seinem Buch *Medical Latin in the Roman Empire* mit der medizinischen Fachsprache beschäftigt und besonders auf morphologische und syntaktische Eigenschaften eingeht. Sehr aufschlussreich sind auch seine theoretischen Vorüberlegungen und definitorischen Ansätze. Die Konzeption von Fachsprachen, die er seinen Überlegungen zugrunde legt, ist v.a. varietätenlinguistisch geprägt:

> Technical languages may be seen as varieties of a language, with their own history, with areas of overlap with non-technical varieties which may have influenced them and been influenced by them. (…) Like an age-, sex-, or class-related variety, a technical language will be limited in use not only to certain interlocutors but also to certain topics, namely to the relevant technical matters. Like other sociolinguistic varieties, or sociolects, a technical language may have considerable overlap with the standard language.[41]

Es wird deutlich, dass Langslow Fachsprachen einerseits als pluralisches sprachliches Phänomen ansieht und dass er andererseits nicht von einer streng systematischen Trennung zwischen diesen und der Allgemeinsprache ausgeht (was, zumal für historische Sprachformen, ohnedies nicht durchführbar ist). Des Weiteren stehen diese Sprachformen im größeren Verbund der soziolinguistischen Varietäten oder Soziolekte. Dabei werden Fachsprachen in erster Linie durch die sie verwendenden Sprecher und durch die behandelten Themen bedingt: Die Definition basiert also auf sozialen und funktionalen Aspekten. Allerdings vernachlässigt diese Herangehensweise möglicherweise, dass

---

41 Langslow 2002: 5.

Fachvarietäten das Ergebnis konkreter Sprachverwendung sind, wodurch kommunikative Parameter relevant werden. Grundsätzlich geht Langslow trotz allem von einem inventarbasierten Modell aus, das ja die Grundlage für das Varietätenmodell darstellt. In seinem Artikel *Langues réduites au lexique*[42] wendet er sich aber explizit gegen die lange alleingültige, z.T. immer noch vertretene Ansicht, Fachsprachen seien ausschließlich als Fachlexikon greifbar und bedienten sich ansonsten des Inventars der Allgemeinsprache. Er bemängelt zudem die Tatsache, dass die Klassische Philologie moderne Ansätze zur Fachsprachenforschung bisher wenig berücksichtigt und sich fast ausschließlich auf literarische Texte konzentriert. Dies geht mit einer starken Abwertung technischer Prosa (und Gebrauchstexten im Allgemeinen) einher, die einer vollständigen Erfassung der lateinischen Sprache noch immer im Wege steht. Die damit verbundene wertende Gegenüberstellung von literarischem, „gutem" Latein und gebrauchsbezogenem, „vulgärem" Latein erzeuge „a distorted picture of ancient socio-linguistics" (Langslow 2005: 302).

Anhand zahlreicher Einzelbeispiele demonstriert Langslow schließlich, dass gerade morphologische und syntaktische Charakteristika zur Beschreibung lateinischer Fachsprachen herangezogen werden können,[43] und stellt damit ein positives Beispiel für die Herangehensweise an historische Fachsprachen dar.

2.3.2 *Fachsprache als Register*

Einen engeren Blickwinkel wählt Willi (2003) bei der Beschreibung fachsprachlicher Äußerungen und Textabschnitte im Textkorpus des Aristophanes. Alle sprachlichen Merkmale, die sich auf einen spezifischen Kontext (also die Situation, in der die jeweilige Sprachäußerung stattfindet) zurückführen lassen, fallen für ihn unter den Begriff „Register".[44] Fachsprachlichkeit sieht er v.a. als lexikalische Spezifizität, deren Verwendung ausschließlich inhaltlich-thematisch bedingt wird: „technical 'languages' consist regularly of vocabulary items

---

42 Langslow 2005.

43 Auch der Abschnitt über Merkmale religiöser Sprache, inklusive der Feststellung der engen Verbindung zu juristischen Fachsprachen, ist wertvoll. Leider wird an dieser Stelle die Differenziertheit innerhalb religiöser Sprache nicht oder zu wenig thematisiert und es fällt auf, dass hauptsächlich Beispiele aus der Sprache der Gebete besprochen werden (vgl. Langslow 2005: 290). Zum Problem der Differenzierung von Gebets- und Ritual(fach)sprache s.u. 2.8.

44 In einem anderen Kapitel widmet sich Willi dem Register der „religious language" und untersucht die Merkmale von Gebeten und Hymnen bei Aristophanes. Seine Untersuchungen betreffen also nicht die Sprache ritueller Vorschriften, wodurch andere Zielrichtungen zugrunde liegen; vgl. Willi 2003: 8–50.

('terms') rather than morphological or syntactical features".[45] Fachsprache ist für Willi also in erster Linie Fachwortschatz, da seines Erachtens die Fachsprachlichkeit eines bestimmten Terminus unabhängig vom Kontext, in dem er geäußert wird, wie auch vom Sprecher, der ihn äußert, besteht: „Is polioencephalitis less technical when a butcher utters it than when a doctor does?".[46] Die Konzentration fachsprachlicher Termini in bestimmten Kontexten (oder in bestimmten Genres) sieht er als zufällige Überlappungen, also gewissermaßen als Nebeneffekt, der durch die Tatsache bedingt wird, dass fachspezifische Sprachsituationen meist eben auch fachlichen Inhalt besitzen. Die Konzepte „Genre", „Register" und „Fachsprache" überlappen sich demgemäß am (zufälligen) Punkt des gemeinsamen Inhalts. Diese Einschätzung unterscheidet sich von den varietätenbezogenen, soziolinguistischen Kriterien Langslows. Als grundlegendes Problem erscheint dabei die Fokussierung auf die lexikalische Dimension von Fachsprachen, auf Basis des Inhalts als zentralem Parameter. Bei der Bestimmung morphologischer oder syntaktischer Spezifika von Fachsprachen kann aber i.d.R. nicht, wie im Fall des Fachwortschatzes, die An- oder Abwesenheit bestimmter Merkmale bewertet werden. Vielmehr handelt es sich bei diesen Elementen um Frequenzspezifika, deren Auftreten in einer bestimmten Häufigkeit als charakteristisch zu beurteilen ist. Insofern sind sie aber durchaus für die sprachliche Charakterisierung in Betracht zu ziehen.

2.4 Evaluation der Definitionsgrundlagen

Nach diesem Überblick über verschiedene Betrachtungsmöglichkeiten soll eine kurze Diskussion und Evaluation derjenigen Definitionsgrundlagen folgen, die für die vorliegenden Texte sinnvoll erscheinen:

Alle bisher eingeführten Definitionen beruhen auf einem oder mehreren als zentral anzuerkennenden Parametern, wobei jeweils unterschiedlich starke Gewichtungen der Parameter oder auch die Fokussierung eines einzigen Parameters vorliegen kann:

---

45 Willi 2003: 53.

46 Willi 2003: 52. Allerdings ist wohl die Wahrscheinlichkeit, dass ein Metzger (oder jede andere Person ohne medizinische Ausbildung) das Wort *polioencephalitis* falsch gebraucht, falsch ausspricht oder morphologisch falsch anpasst (z.B. Sg./Pl.) als wesentlich höher einzustufen. Die Frage nach der Kompetenz beim Gebrauch von Fachwortschatz ist also durchaus zu stellen. Wenn ein Metzger den Ausdruck *polioencephalitis* benutzt, benutzt er zwar ein Fachwort, das macht seine Äußerung aber noch nicht zu einer fachsprachlichen Aussage.

a) Sprach(dia)system und Varietätenmodell

Für die Bestimmung von Fachsprache ist zunächst der systembezogene Unterschied zur Gemeinsprache zentral; es wird ein festes Inventar sprachlicher Zeichen angenommen, wobei der Fachwortschatz am stärksten im Fokus steht. Definitionen dieser Art bergen die oben besprochenen Probleme und schränken die Fachsprachenuntersuchung dadurch in ungünstiger Weise ein. Hinsichtlich der Statusbestimmung von Fachsprache erlaubt die Verbindung mit einer varietätenlinguistischen Konzeption eine größere Beweglichkeit, gerade auch durch die Einführung außersprachlicher Ordnungskriterien, wie die der sozialen Gruppe oder des menschlichen Tätigkeitsbereichs. Eine noch stärkere und systematische Berücksichtigung solcher kontextuellen Bedingungen bleibt allerdings ein Vorzug alternativer Betrachtungsweisen.

b) Kommunikative Funktion

Die Bestimmung von Fachsprache bzw. Fachtext erfolgt über eine Analyse der jeweiligen kommunikativen Funktionen. Fachsprachentypische und somit charakteristische pragmatische Funktionen sind beispielsweise die Kodierung von Informationen, die Vermittlung von Instruktionen oder die Aufbereitung und Diskussion von Theorien oder Ergebnissen. Allerdings sind daneben natürlich auch sekundäre pragmatische Funktionen mit eher sozialem Skopus möglich, wie z. B. die Identitätsstiftung innerhalb bestimmter Spezialistengruppen (korrespondierend mit der soziolinguistischen sozialen Dimension) oder Autoritätsstiftung einer *In-Group* gegenüber anderen Mitgliedern der Sprechergemeinschaft.

c) Inhalt

Fachspezifische Themen sind, wie oben (2.3.2) gesehen, zentral für Willis Fachsprachen- bzw. Register-Konzeption. Als Bestimmungskriterium gelten in diesem Sinne also Inhalte, die auf einen (mehr oder weniger klar) abgrenzbaren Gegenstand[47] bezogen sind. Wie an der Umsetzung in Langslow 2002 zu sehen, ist dieses Kriterium durchaus mit weiteren Parametern kombinierbar; bspw. mit soziolinguistischen, wie der Gruppe der Benutzer usw. Es als ausschließliches Kriterium zu behandeln erscheint dahingehend problematisch, dass die Versprachlichung von fachlichen Inhalten sehr unterschiedlich ausfallen kann: Ob man im Fernsehen eine Informationssendung zum Thema Fußpilz verfolgt, ein Gespräch zweier betroffener Kinder anhört oder die Fachdiskussion zwischen Ärzten rezipiert, macht doch beträchtliche Unterschiede – und nicht

47 Vgl. das allgemeine Problem der Definierbarkeit von „Fach"; z. B. Kalverkämper 1998.

jeder dieser Diskurse würde als Fachdiskurs wahrgenommen. In jedem Fall wären eine Textsorten- bzw. Diskurstypendifferenzierung vorzunehmen und der Faktor der Gesprächsteilnehmer mit zu berücksichtigen.

d) Kommunikationspartner

Dieser Parameter steht im Fokus des kognitionslinguistischen Funktionsmodells; er stellt die Textverwender und ihre kognitiven Fähigkeiten in den Mittelpunkt. Ob Laien oder Experten sprechen und ob Laien oder Experten die Adressaten der Äußerungen sind, spielt eine entscheidende Rolle für die Bestimmung von fachsprachlichen Merkmalen. Selbst wenn ein Laie entsprechende Termini verwendet, ist seine Beherrschung der betreffenden Fachsprache u.U. eingeschränkt und es können Fehler in der Verwendung auftreten („ich nehme ein Antibiotika"), die diesen Umstand deutlich werden lassen. Im Allgemeinen ist die Verwendung einzelner Fachbegriffe für Nicht-Experten einfacher zu bewältigen als die korrekte Verwendung bestimmter syntaktischer Charakteristika oder fester Phraseologismen. In dieser Hinsicht scheint ein zusammenhängendes Problem zu entstehen, wenn Fachsprache auf die lexikalische Ebene einerseits und auf die inhaltliche Ebene andererseits reduziert wird. Prototypisch sind ausgebildete Experten als Produzenten fachsprachlicher Äußerungen vorauszusetzen. Je nachdem, an welche Adressatengruppen diese gerichtet werden, ergeben sich verschieden stark ausgeprägte Grade von Fachsprachlichkeit.[48]

e) Sprachliche Form

Hier muss die Gefahr von Zirkelschlüssen beachtet werden. Wenn auf Basis einer Definition von Fachsprache bestimmte Merkmale als spezifisch für diese Fachsprache charakterisiert werden, dürfen nicht gleichzeitig die sprachlichen Mittel dazu dienen, eine Äußerung als fachsprachlich zu definieren. Natürlich ist das Kriterium der sprachlichen Form für eine Beschreibung und Charakterisierung relevant, aber es ist darauf zu achten, dass dieser Parameter nicht so verwendet wird, dass zirkuläre Bestimmungen produziert werden.

48 Daneben spielen weitere Faktoren, wie Kommunikationssituation und -medium oder die (Un-)Mittelbarkeit der Äußerung eine Rolle für die Ausgeprägtheit der Fachsprachlichkeit. S.u. 2.4 und 2.5.

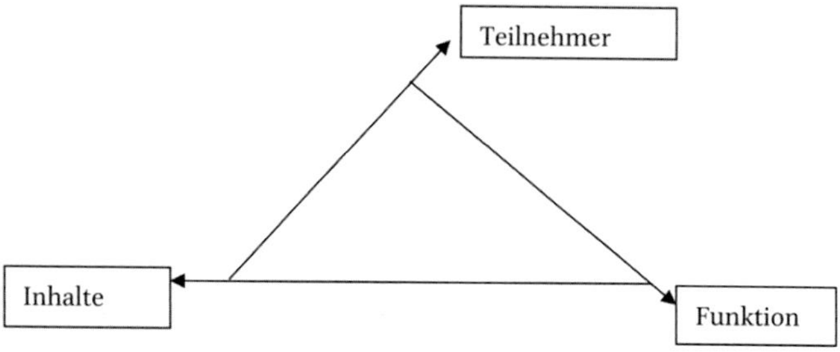

ABB. 6 Primäre Parameter von Fachtexten

2.5 Systematisierung der Parameter

Die hier verwendeten Kriterien zur Fachsprachenbestimmung werden im Folgenden in einem Modell kombiniert, um eine Systematisierung der Aspekte zu erreichen, die für eine Definition relevant sind.

Dabei empfiehlt sich eine Unterscheidung in grundlegendere, also primäre Parameter und solche, die auf einer untergeordneten oder differenzierten Ebene anzusiedeln und daher sekundär sind. Zu den primären Parametern, die einen Fachtext konstituieren, sind dessen Teilnehmer (Sprecher und Adressaten), Inhalt (Fachinhalt) und Funktion (Interiorisierung und Exteriorisierung von Kenntnissystemen)[49] zu zählen. Diese Basisparameter sind als Dreieck modellierbar, wie in Abb. 6 zu sehen.

Weitere, sekundäre Parameter können zur Bestimmung verschiedener Unterkategorien herangezogen werden (s. auch Tabelle 4); sie tragen also zur Etablierung einer internen Gliederung und feinkörnigeren Differenzierung bei, z.B. in Fachtextsorten. Zu diesen sekundären Parametern zähle ich:

a) sprachliche Form
Hier sind Eigenschaften wie z.B. starke oder schwache Formalisierung, Abstraktionsgrad,[50] Symbolizität, Theoretizität und Direktheit/Indirektheit mit ihren jeweiligen sprachlichen Umsetzungen zu nennen.

b) Kontext
Dieser Parameter umfasst die äußeren Umstände sprachlicher Äußerungen im weiteren Sinne, wie z.B. Nähe oder Distanz, verwendetes Medium – gerade

49 Formulierung nach der Definition von Hoffmann (1993: 614), s.o. S. 34.
50 Vgl. beispielsweise die verschiedenen Abstraktionsstufen nach Hoffman ^{2}1985: 64–70.

TABELLE 4 Weitere Parameter von Fachtexten

	Fachtext	
Form	**Kontext**	**Pragmatische Funktionen**
+/- formalisiert	Nähe/Distanz	Instruktion
+/- abstrakt	Medium	Information
+/- direkt	Mittelbarkeit/Unmittelbarkeit	Diskussion
+/- symbolhaltig	Sprecher-Adressaten-Relation	Performanz
+/- theoretisch		In-Group-Konstituierung
		Identitätsstiftung
		Legitimation/Apologie

auch schriftliche gegenüber mündlicher Kommunikation und somit Mittelbarkeit gegenüber Unmittelbarkeit, sowie das Verhältnis zwischen Sprecher und Adressaten.

c) Pragmatische Funktionen

Diese Funktionen sind in gewisser Weise sekundär, weil sie der allgemeinen Funktion der Interiorisierung und Exteriorisierung von Wissen untergeordnet werden können. Sie können Differenzierungen dieser Grundfunktion darstellen, wie z.B. Instruktion, Präskription, Information, Diskussion, Normierung und Performanz. Daneben können sie auch als zusätzliche Funktionen mit v.a. sozialer Bedeutung auftreten, wie z.B. *In-Group*-Konstituierung, Identitätsstiftung oder Legitimation bestimmter Entscheidungen oder Verhaltensweisen.

Diese sekundären Faktoren oder Parameter haben Einfluss auf die oben beschriebenen vertikalen Dimensionen von Fachsprache sowie auf die Kategorien von Textsorte oder sprachlichem Register und betreffen damit die interne Fachsprachengliederung.

2.6 Vorschlag einer Definition für die vorliegende Untersuchung

Wie bereits deutlich gemacht wurde, ist Fachsprache als ein komplexes Phänomen aufzufassen, das auf verschiedenen (primären und sekundären) Ebenen definiert werden kann und eine Anzahl unterschiedlich relevanter Aspekte besitzt. Die hier vorgeschlagene Definition ist daher ebenfalls umfassend:

> Fachsprachen werden bei der Kommunikation innerhalb eines bestimmten, thematisch abgrenzbaren Bereichs angewendet. Ihre Inhalte sind auf diesen Bereich als Spezialisierungsgegenstand bezogen. Die Diskursteilnehmer (mindestens die Textproduzenten) sind ausgebildete Spezialisten, die ein gemeinsames fachliches Vorwissen teilen. Die sprachlichen Äußerungen erfüllen die primäre Funktion, Kenntnisse und Kenntnissysteme durch ihre sprachliche Veräußerung zugänglich zu machen (zu exteriorisieren) bzw. sie sich anzueignen (zu interiorisieren).

Aufgrund dieser Rahmenbedingungen entwickeln sich bestimmte, den Funktionen, Inhalten und Teilnehmern angemessene, sprachliche Konventionen, die von den Diskursteilnehmern akzeptiert und praktiziert und dadurch letztlich stabilisiert werden. Diese sprachlichen Charakteristika können in Abhängigkeit von sekundären Einflussfaktoren zu einer internen Differenzierung in verschiedene Fachtextsorten führen; sie konstituieren aber als Gesamtheit die Fachsprache im jeweiligen Fachgebiet.

Es ist nochmals zu betonen, dass gerade auf der morphologischen und syntaktischen Ebene nur selten exklusive Faktoren – d. h. die reine An- oder Abwesenheit bestimmter sprachlicher Elemente – als distinktive Merkmale gelten können. Viel häufiger sind in diesen Bereichen Frequenzspezifika zu beobachten, also die jeweils charakteristische Auswahl, Verwendungsweise und besonders Frequenz bestimmter sprachlicher Mittel.

2.7 Ritualfachsprache

Vor dem Hintergrund dieser Vorüberlegungen ist nochmals auf die Frage zurückzukommen, ob davon ausgegangen werden darf, dass die Sprache hethitischer und umbrischer Ritualtexte jeweils eine eigene, fachsprachliche Varietät darstellt, und inwiefern diese ggf. auf weiteren Ebenen (z. B. in Fachtextsorten) differenziert werden kann.

Schon weiter oben (2.1) wurde die Problematik thematisiert, dass die Sprache der überlieferten Ritualvorschriften und -beschreibungen meist weder einen systematisierten (Fach-)Kontext[51] noch theoretische Reflexion aufweist, die in der wissenschaftlichen Auseinandersetzung häufig als Voraussetzungen

51 Eine Systematisierung bzw. Institutionalisierung religiöser Regelungen (weit über praktische Anleitungen zu einzelnen Kulten hinaus) fand wenigstens in Rom im Bereich des Pontifikal- oder Auguralrechts statt; durch Varros *Disciplinae* wissen wir auch von Auseinandersetzungen mit der Thematik der Fachlichkeit. Gleichwohl ist die Sprache von

für eine Zuordnung zu einer Fachdisziplin und eine Anerkennung als Fachsprache betrachtet werden. Vielmehr stellt sie eine in erster Linie praktische Sprache dar, deren zentrales Kommunikationsziel die Garantie der richtigen Umsetzung der vermittelten Inhalte, also die valide Reproduktion des betreffenden Rituals ist. In der Betrachtung der „technischen Sondersprache des Fach- und Sachbuches“[52] durch die philologischen Fächer findet sie daher i.d.R. keinen Platz. Eine Theoretisierung oder Abstrahierung des Fachinhaltes durch metakommunikative Reflexionen ist in Rom immerhin durch Antiquare wie Varro oder Verrius Flaccus erfolgt, allerdings nicht in größerem Umfang erhalten.

Die vorliegende Untersuchung soll gerade vor diesem Hintergrund dazu dienen, die korrekte Durchführung von Ritualen als Fachdisziplin und die zugehörige Sprache als Fachsprache zu identifizieren. Die Argumentation folgt dabei den bisher besprochen theoretischen Bedingungen und lässt sich deshalb an diese anschließen, zunächst bzgl. der „primären“ Kriterien:

a) Inhalt

Ritualtexte lassen sich einem thematisch festgelegten Spezialisierungsgegenstand zuordnen. Dieser ist ein in den untersuchten Kulturen zentraler Teilbereich der Religion und betrifft speziell den Aspekt deren sozialer und kommunikativer Funktion. Inhalt sind also Rituale, die einerseits Kommunikation und Austausch zwischen Menschen und Göttern betreffen, andererseits aber auch konstituierende und erhaltende Funktion innerhalb der menschlichen Gesellschaft besitzen. Dieser inhaltliche Bereich ist also für die Gemeinschaft, innerhalb derer die Rituale stattfanden, als von existenzieller Bedeutung zu verstehen.

b) Teilnehmer

Da dem Glücken der institutionalisierten, staatlichen Rituale vieler antiker Kulturen eine große Bedeutung für Fortbestand und Prosperität der Gemeinschaft beigemessen wurde, war es nahezu unabdingbar, dass Spezialisten die Verantwortung für diese Funktion übernahmen.[53] Dies ist in der Überlieferung

---

Ritualanweisungen in der latinistischen Forschung kaum als eigene Fachsprache untersucht worden.

52 Vgl. Sallmann 1998, DNP s.v. „Fachsprache“.

53 Im Bereich des individuellen Kults ist eine Spezialisierung nicht im gleichen Maße erforderlich; hier ist nochmals zwischen dem privaten Kult von Individuen und Familien (wie er z.B. in den Ritualvorschriften bei Cato zu greifen ist) und der Behandlung individueller Erkrankungen oder Verunreinigungen durch autorisierte Priester und Beschwörerinnen

u.a. durch die Bezeugung verschiedener Priesterämter und -gemeinschaften greifbar, die i.d.R. einen Status als Autorität in ihrem jeweiligen Zuständigkeitsbereich besitzen Aus dem römischen Kultsystem sind Priesterkollegien und religiöse Körperschaften bekannt, denen explizit die regelmäßige Verehrung einer bestimmten Gottheit oblag.[54] Andere erfüllten religiöse Pflichten, die an bestimmte äußere Umstände gebunden waren, z.B. die *quindecemviri sacris faciundis*, die u.a. im Falle von bösen Vorzeichen für die Konsultierung und Auslegung der sibyllinischen Bücher verantwortlich waren. Für die Durchführung der auf den Iguvinischen Tafeln bezeugten Rituale sind die Atiedischen Brüder verantwortlich; innerhalb des Kollegiums existieren außerdem Ämter mit spezifischen Funktionen, wie das des Arsfertur, dessen Pflichten anhand der Beschlüsse der Bruderschaft nachvollziehbar sind (s.u. 5.8). Auch die hethitische Überlieferung bezeugt durch die umfangreiche Dokumentation der kalendarischen und individuellen Ritualpraxis die Existenz zahlreicher Priesterämter und -gemeinschaften sowie ihre Autorität in den jeweiligen Aufgabenbereichen.[55] Der soziale Status der Spezialisten und ihre große Verantwortung bildeten die Grundlagen für die absolute Autorität, die sie in Bezug auf ihren Fachbereich genossen. Die Ritualtexte gelten als von Priesterinnen und Priestern selbst formuliert[56] und setzen ein gemeinsames Vorwissen mit den Adressaten voraus (dazu ausführlicher unter 8.2.7); sie dienen also in erster Linie dem Austausch zwischen Spezialisten.

Dieser Umstand ist ein zentraler Faktor für die sprachliche Gestaltung und besonders die Ökonomie der Texte, auf die in den Hauptkapiteln der vorliegenden Arbeit differenzierter eingegangen wird.

c) Funktion(en)

Eine Hauptfunktion der hier untersuchten Ritualtexte ist die Vermittlung von Kenntnissen zwischen den Kommunikationsteilnehmern in dem spezifischen inhaltlichen Bereich der Durchführung der Rituale, also der erfolgreichen

---

im hethitischen Kultsystem zu unterscheiden, die durchaus einen hohen (aber wohl nicht systematisierten) Spezialisierungsgrad besitzen.

54 Z.B. die *flamines maiores* von Jupiter, Mars und Quirinus, sowie *minores* verschiedener Gottheiten (vgl. Wissowa ²1912: 504) oder die *fratres Arvales*, die den Kult der *Dea Dia* betreuten (vgl. z.B. Scheid 1990; Rüpke 2005).

55 Zum Priestertum bei den Hethitern vgl. Taggar-Cohen 2006. Zur Organisation ritueller Praxis s. auch unten, Kapitel 4 und 5.

56 Im Falle privater Rituale liegen normalerweise weniger systematisierte Normen vor, die eine geringere Autorität voraussetzen: Hierunter fallen z.B. die privaten Rituale, die in Catos Lehrbuch zum Landbau enthalten sind. Für diese Kultpraktiken stellt der *pater familiās* die kompetente Instanz dar.

Kommunikation mit den Göttern.[57] Allerdings ist dies nicht die einzige Funktion, wie eine textfunktionale Analyse im Hauptteil der Arbeit noch zeigen wird. Es lässt sich anhand verschiedener Gestaltungsmittel ein appellativer Charakter der Texte nachweisen, der eine Fachtextsortenbestimmung als Instruktionen nahelegt. Die dominierenden und subsidiären kommunikativen Funktionen sind i. d. R. anhand verschiedener kontextueller aber auch sprachlicher Indikatoren auf pragmatischer und morphosyntaktischer Ebene ablesbar.

Diese erste Evaluierung hinsichtlich der primären Kriterien spricht auf theoretischer Basis bereits für einen fachsprachlichen Status der untersuchten Ritualtexte. Diese Charakterisierung wird in den Kapiteln 6 bis 8 durch die genauere Untersuchung des Zusammenhangs von kommunikativer Funktion und sprachlicher Form eingehender geprüft und weiter fundiert werden. Auch einige der sekundären Kriterien werden aufgegriffen, um eine feinkörnigere Differenzierung der Ritualfachtexte zu erzielen.

2.8 „Sakrale Sprache"

Zuletzt soll ein terminologisch-methodisches Problemfeld angesprochen werden, das nicht nur, aber besonders bzgl. überlieferter Ritualtexte relevant ist: Es handelt sich um die Notwendigkeit, zwischen verschiedenen in der Forschung gegenwärtigen Bezeichnungen wie „Gebetssprache", „Ritualsprache" und „sakrale/religiöse Sprache" zu unterscheiden, die in diesem Bereich oft indifferent, überlappend oder synonym gebraucht werden.

Aus meiner Sicht konstituiert die Gesamtheit der sprachlichen Äußerungen, die dem Bereich der Religion, also dem Kontakt mit Gott oder Gottheiten, zuzuordnen sind, eine Sprache, die als „sakral" oder „religiös" bezeichnet werden kann. Der Begriff „Sakralsprache" findet sich nicht selten in aktueller linguistischer Forschung (vgl. Greule 2014 mit einem Überblick), er ist aber u. a. deswegen problematisch, weil er vornehmlich innerhalb der christlichen Traditionen entstanden ist.[58] Bereits Prechel und Torri weisen darauf hin, „dass insbesondere die bislang vornehmlich von der christlichen Glaubensvorstellung geprägte Definition von Sakralsprache nur bedingt auf die Kulturen des Alten Orients übertragbar und in vielerlei Hinsicht modifikationsbedürftig ist"

57 Zur Bestimmung dieses „spezifischen inhaltlichen Bereichs" s. Kapitel 3; zur Bestimmung der Textfunktion s. Kapitel 6.

58 Als sakrale Sprache gilt in diesem Kontext z. B. die Verwendung von Latein innerhalb des Gottesdienstes. Zum ebenfalls und aus denselben Gründen problematischen Begriff der Theolinguistik s. ebenfalls Greule 2014: 154.

(2014: 148). Zudem gibt diese Bezeichnung keinen ausreichenden Hinweis auf die Differenzierung zwischen ganz verschiedenen Sprachverwendungen, Stilen und Merkmalen, die im Bereich des Austauschs mit göttlichen Entitäten einen Platz einnehmen, und erzeugt so eine scheinbare Reduktion des kommunikativen Spektrums. Für die hier verfolgte Untersuchung spezifischer fachsprachlicher Eigenschaften ist eine differenzierte Terminologie aber äußerst wichtig, um Funktionen und Merkmale genauer zuordnen zu können. In den Ritualtexten der im Folgenden untersuchten Gemeinschaften besteht diese Problematik hinsichtlich der Abgrenzung zwischen sprachlichen Äußerungen, die *Teil des Rituals* sind und die als Sprüche, Rezitationen, Gebete oder auch „magische" Formeln[59] bezeichnet werden, und den Äußerungen *mit Bezug auf die Durchführung des Rituals*, also den Vorschriften oder Beschreibungen. Beide Äußerungstypen teilen bestimmte Eigenschaften, sie verwenden z. T. identisches (Fach-)Vokabular und Phraseologismen oder weisen ähnliche syntaktische Strukturen auf. Gebete und Rezitationen sind als zentraler Bestandteil vieler Liturgien oftmals auch in Ritualvorschriften inkorporiert, bilden also auch textorganisatorisch einen Teil davon. Aus diesem Grund können sprachliche Merkmale von Gebeten für die Untersuchung von Ritualfachsprache durchaus relevant sein. Gleichzeitig besitzen sie aber einen ganz anderen pragmatischen und kommunikativen Hintergrund als rituelle Vorschriften, dadurch dass sie nicht an hierarchisch und kognitiv gleichrangige Adressaten gerichtet sind, sondern an die Gottheiten, auf die das Ritual bezogen ist, in dessen Rahmen sie stehen. Es gelten also völlig andere Voraussetzungen hinsichtlich Hierarchie und voraussetzbarem Wissen der Kommunikationspartner sowie grundlegende Unterschiede hinsichtlich der Funktion der Äußerungen und der Typologie ihrer Sprechakte. In dieser Hinsicht sind sie durch eine klare Abgrenzung in die Charakterisierung der Ritualvorschriften einzubeziehen. Diese sind bzgl. der kommunikativen und funktionalen Charakteristik eher mit instruktiven Textsorten anderer Themenbereiche vergleichbar; z. B. mit Vorschriften aus dem Bereich des Rechts oder den Anweisungstexten praktischer Tätigkeiten.

Zu einer Bestimmung fachsprachlicher Eigenschaften der Ritualvorschriften kann also der Vergleich mit den Gebeten in thematischer und sprachlicher Hinsicht beitragen. Wichtig ist, das Bewusstsein für die jeweiligen Unterschiede aufrecht zu erhalten. Eine Vernachlässigung dieser Problematik führt

---

59 Der Magie-Begriff wird heute vielfach als problematisch beurteilt und methodologisch in Frage gestellt; eine Diskussion der Definitionsgrundlagen erfolgt unter 3.2.4.3, Bemerkungen zur hethitischen Vorstellung von Magie unter 4.3.4. Im Folgenden wird der Begriff „magisch" weitgehend vermieden und durch den Verweis auf eine spezifische Art der Effizienz ritueller Praktiken ersetzt; s. dazu noch unten 7.4.10 und Abb. 18.

zwingend zu Pauschalisierungen und damit zu Ansichten wie derjenigen, dass „sakrale Sprache" besonders poetisch oder archaisch sei, wobei diese Eigenschaften völlig indifferent allen religiösen Textsorten zugesprochen werden. Diese Problematik betonen Prechel und Torri (2014: 149) in Bezug auf die hethitischen Ritualtexte, indem sie feststellen, „dass z.B. die hethitischen Festritualbeschreibungen nicht in ihrem deskriptiven Teil, sondern lediglich in den Beschwörungen und Gebeten sakrale Sprache aufweisen. Die sprachlichen Besonderheiten des deskriptiven Teils der Rituale ließen sich unter dem Terminus Fachsprache subsumieren".

Der Unterscheidungsnotwendigkeit zwischen der Sprache sakraler Äußerungsformen *als Teil von Ritualen* und der Sprache *über Rituale* sollte auch auf terminologischer Ebene begegnet werden. Gegenüber dem Begriff „Sakralsprache" wird deshalb die neutralere Bezeichnung als religiöse Sprache oder Ritualsprache bevorzugt. Diese umfasst nach dem hier vertretenen Verständnis verschiedene Sprachäußerungen, die inhaltlich alle dem Bereich der Religion bzw. Religiosität zugeordnet werden können, und ist demnach ein unspezifizierter Oberbegriff. Die verschiedenen Textsorten innerhalb dieses Spektrums (Ritualvorschriften, Gebete oder Rezitationen, aber auch literarische Behandlungen religiöser Themen oder theoretische und juristische Abhandlungen) besitzen Gemeinsamkeiten wie bestimmte religiöse Termini, Bezeichnungen für Opferhandlungen, Götternamen oder bestimmte Phraseologismen, die dem gemeinsamen Inhalt und Kommunikationsbereich im weiteren Sinne zugeschrieben werden können. Durch den gemeinsamen Rahmen beeinflussen sie sich z.T. gegenseitig und besitzen intertextuelle Verknüpfungen. Gleichzeitig können die verschiedenen Texte mit ritualbezogenem Inhalt in funktionaler Hinsicht zentrale Gemeinsamkeiten mit vergleichbaren Textsorten anderer Themenbereiche besitzen. In dieser Hinsicht stehen Ritualanweisungen anderen Instruktionstexten wie z.B. administrativen Instruktionen, Rechtsvorschriften, aber auch gebrauchsorientierten, prozessbezogenen Anweisungen wie Kochrezepten oder modernen Bedienungsanleitungen nahe. Auch mit diesen teilen sie bestimmte, v.a. kommunikationsbezogene Charakteristika. Auf Basis dieser Beurteilung sind Gebete und Rezitationen (sowie weitere mögliche Formen religiöser Sprache) durchaus nicht aus der Untersuchung ritueller Fachsprache auszuschließen. Vielmehr wird die Differenzierung von inhaltlich oder textuell verknüpften Textsorten durch die Gegenüberstellung von Ritualanweisungen und Gebeten in der vorliegenden Untersuchung ein zentrales Element bei der Identifizierung und Abgrenzung fachsprachlicher Charakteristika darstellen. Um dabei auf terminologischer Ebene eine ausreichende Differenzierbarkeit innerhalb der sakralen Sprache zu ermöglichen werden die Begriffe „Ritualfachsprache" und „Gebetssprache" gewählt.

KAPITEL 3

Religiöse Rituale

3.1 Definitionen und zentrale Eigenschaften

Der Versuch, eine Definition des Ritualbegriffs zu erarbeiten, könnte im Grunde mehrere Bücher füllen, wollte man alle Aspekte und möglichen Ansätze berücksichtigen und diskutieren. Einerseits beruht das auf der Tatsache, dass sich inzwischen zahlreiche verschiedene Fachgebiete und längst nicht mehr nur religionswissenschaftliche Forschungen mit Ritualkonzepten beschäftigen oder auf den Begriff zurückgreifen. Der Ritualbegriff ist mittlerweile in der Ethnologie, Soziologie, Politologie, Verhaltensforschung, Psychologie – aber eben auch in der Sprachwissenschaft, besonders der Pragmatik, zentral geworden und wird in jeder der betreffenden Disziplinen mit eigenem Anwendungsbereich und eigenen Nuancierungen gebraucht. Hinzu treten die zahlreichen historischen und philologischen Einzelfachrichtungen, welche sich mit ritualbezogenen Quellentexten befassen und in verschiedenen Kulturen und Sprechergemeinschaften jeweils eigene Muster, Praktiken und Phänomene vorfinden, die wiederum zu einer Auffächerung und Erweiterung des Konzepts beitragen. Als Konsequenz finden wir in der Forschung eine Vielzahl von Definitionsansätzen oder perspektivischen Schwerpunkten – je nachdem in welche Fachrichtung wir den Blick wenden – die eine präzise Beschreibung des jeweils zugrunde gelegten Konzepts und eine gewisse Einordnung in diese „Rituallandschaft" nahelegen. In den sozio-psychologischen Disziplinen konzentriert sich der Ritualbegriff auf die Standardisierung menschlicher Handlungen; in der Soziologie steht die Stiftung sozialer Identität im Mittelpunkt der Definition und Politologie und Geschichtswissenschaften untersuchen vornehmlich Herrschaftsrituale und ihre gesellschaftliche Funktion.

Da sich die vorliegende Untersuchung mit den Ritualtexten zweier altindogermanischer Kulturen und ihrer sprachlichen Gestaltung befasst, ist das zugrunde gelegte Ritualkonzept v. a. von seiner Anwendbarkeit auf diesen Kontext geprägt. Dennoch ist eine zu starke Beschränkung auf einzelne Aspekte nicht wünschenswert (vielleicht nicht einmal möglich), da gerade in Bezug auf die Verbindung von Sprache und Ritual verschiedene pragmatische Gesichtspunkte eine große Rolle spielen. Ziel ist also, dass die im vorliegenden Kontext relevanten Gesichtspunkte innerhalb einer umfassenderen Definition ausreichend berücksichtigt und differenziert sind.

DOI:10.1163/9789004436596_004

Einige der zentralen Eigenschaften von Ritualen werden recht einstimmig vertreten und sind zudem auf den Ritualbegriff verschiedener Disziplinen anwendbar.[1] Ein neuerer Definitionsvorschlag stammt von Stollberg-Rilinger:

> Als *Ritual* im engeren Sinne wird hier eine menschliche Handlungsabfolge bezeichnet, die durch Standardisierung der äußeren Form, Wiederholung, Aufführungscharakter, Performativität und Symbolizität gekennzeichnet ist und eine elementare sozial strukturbildende Wirkung besitzt.[2]

Die aufgeführten Eigenschaften werden von Stollberg-Rilinger (2013: 9–13) eingehend besprochen und können auch in Bezug auf die Rituale indogermanischer Kulturen konkret nachvollzogen werden.[3] Im Folgenden werden punktuell einige Beispiele aus der römischen Ritualpraxis aufgegriffen, um diese Anwendbarkeit der Kriterien zu demonstrieren:

Das römische Ritual des Oktoberpferds (lat. *equus October*)[4] beispielsweise weist eine bestimmte äußere Handlungsabfolge auf, die sich regelhaft und in erwartbarer Form vollzog und deshalb als generalisierter, allgemein gültiger Ablauf beschrieben worden ist. Ob oder in welchem Umfang darüber hinaus eine individuelle Variation der Handlungen möglich war und praktiziert wurde, wissen wir nicht, aber der überlieferte Ablauf scheint einen als fest und standardisiert wahrgenommenen Kern darzustellen. Dieses Ritual wurde in jedem Jahr an einem kalendarisch festen Zeitpunkt durchgeführt, ebenso wie viele weitere Rituale, die aus den römischen Festkalendern als *feriae stativae*, aber auch aus den Systemen der Zeitordnung anderer Kulturen bekannt sind. Die Wiederholbarkeit konnte aber auch flexibler gestaltet sein: Manche Rituale wurden innerhalb eines bestimmten Zeitrahmens nach bestimmten Kriterien, z. B. mittels Vogelschau, festgelegt (in Rom sog. *feriae conceptivae*) oder nur im Falle akuter Notwendigkeit angeordnet (in Rom sog. *feriae imperativae*), z. B. Entsühnungsrituale oder Abwehrrituale,[5] die als Reaktion auf göttliche

---

1 Vgl. die theoretischen Überlegungen und Überblicke bei Stollberg-Rilinger 2013; Bellinger 1998 sowie Bell 1992.

2 Stollberg-Rilinger 2013: 9; zu den weiteren Erläuterungen dieser Definition s. das gesamte zugehörige Kapitel.

3 Ich beschränke mich je auf ein oder zwei Beispiele, die nur die Anwendbarkeit der Definition zeigen sollen.

4 Vgl. dazu Rüpke 2009.

5 Die in der Fachtradition der Altorientalistik und Hethitologie weitgehend akzeptierte Unterscheidung zwischen diesen Bezeichnungen basiert auf folgender Grundlage: Ist ein Unheil

Vorzeichen oder zur Abwendung von Seuchen oder Notzeiten stattfanden.[6] In all diesen Fällen konnte auf das betreffende Ritual in einer bekannten Form zurückgegriffen werden und es war unter den jeweils geregelten Voraussetzungen und Notwendigkeiten reproduzierbar. Der Aufführungscharakter tritt besonders deutlich in großen, öffentlich zelebrierten und meist gesellschaftstragenden Ritualen antiker Kulturen zutage: Staatskulte im Römischen Reich, z. B. die Säkularfeiern, sind als große Spektakel mit choreographierten Abläufen und ästhetischen Qualitäten überliefert. Ebenso stellten die Festrituale des Hethitischen Reichs komplexe Inszenierungen dar, die z. T. unter Beteiligung des Königs sowie zahlreicher weiterer Akteure stattfanden und von einer großen Anzahl von Menschen öffentlich rezipiert wurden.

Performativität und Symbolcharakter von Ritualen lassen sich im Zusammenhang mit deren Funktionalität aufzeigen: Handlungsschritte, die im Rahmen eines Rituals miteinander verbunden sind, nehmen i. d. R. eine größere und weitreichendere Bedeutung ein als dieselben Tätigkeiten, wenn sie individuell und losgelöst vom rituellen Kontext durchgeführt werden. Das Entzünden von Feuer, das Schlachten und Zubereiten von Tieren, das Konsumieren von Lebensmitteln usw. stellt jeweils für sich eine ganz normale und alltägliche Handlung dar. Im Kontext eines Rituals nimmt aber bspw. die Mahlgemeinschaft mit den Göttern eine Dimension der gegenseitigen Verpflichtung an.[7] Mithilfe der so zugänglichen Symbolsprache werden die funktionalen Ziele des Rituals erfüllt, wie die Herstellung sozialer Identität durch gemeinschaftsstiftende Handlungen (Grenzziehungen, rituelles Ausstoßen Fremder oder „Sündenbock-Rituale").[8] Auch Statuswechsel und Übergangsmomente

---

bereits eingetreten, spricht man von Entsühnungsritual (vgl. Haas 2008: 152 und *passim*); wird Unheil erwartet (ausgelöst durch einen Fehler oder vermutete Behexung oder verweist ein Omen darauf), ist von Abwehr- bzw. Schutzritualen oder apotropäischen Ritualen die Rede, gelegentlich – mit Verweis auf die mesopotamische Terminologie – auch von Löseritualen (vgl. Haas 2008: 145 und *passim*). Allerdings wird die Unterscheidung nicht immer konsistent eingehalten und es finden sich z. T. noch feinkörnigere Differenzierungen; s. z. B. die Übersicht unter http://www.hethport.uni-wuerzburg.de/txhet_besrit/textindex.php?g=besrit&x=x.

6 Zu den betreffenden Fällen in der hethitischen und umbrischen Ritualpraxis s. v. a. Kapitel 4 und 5; zu den konditionalen Indikationsangaben s. 6.9.5.1; zur Bedeutung der zeitlichen Definition für die Kommunikation mit den Göttern s. 7.4.2.1.

7 Die gegenseitige Verpflichtung kann auch im Rahmen menschlicher Mahlgemeinschaften zum Tragen kommen: vgl. die Prinzipien der Gastfreundschaft oder der Ehrgeschenke und ihre soziale Bedeutung bei Homer, z. B. Wagner-Hase 2000.

8 S. dazu unten 7.4.9.

können, wie bei Initiationsritualen, rituell markiert und z.B. durch symbolischen Tod und Wiedergeburt dargestellt werden.[9]

Die Performativität von Ritualen nimmt einen wichtigen Platz ein, da sie einen Berührungspunkt zwischen kulturwissenschaftlicher und sprachwissenschaftlicher Ritualforschung bildet. Der Begriff verweist auf die Tatsache, dass der kommunikative Wert der Rituale nicht in der Übermittlung von neuen Informationswerten an die Adressaten besteht, sondern darin, *etwas zu tun*:

> Sie [die Rituale, T.R.] sind wirkmächtig in dem Sinne, dass sie das, was sie darstellen, zugleich herstellen. Die meisten Rituale bewirken eine Veränderung der sozialen Wirklichkeit und stiften eine Verpflichtung, nämlich dass die Beteiligten sich in der Zukunft an das halten, was sie im Ritual gemeinsam symbolisch dargestellt haben.[10]

Dieser handlungsbezogene Ansatz wird in der Linguistik auch in der Sprechakttheorie vertreten, in der performative sprachliche Äußerungen von konstativen oder assertiven unterschieden werden.[11] Erstere vollziehen mit der Äußerung selbst eine Handlung („hiermit ernenne ich Sie zum …"), letztere können wahre oder falsche Aussagen machen. Der kommunikative Gehalt von Ritualen dient in vielen Fällen dazu, einen bestimmten Zustand herzustellen, der sich u.a. durch das entsprechende Verhalten der Teilnehmer als neue Realität manifestiert. Ein Grenzziehungsritual bspw. konstituiert zunächst eine Grenze, die infolge ihrer Einhaltung durch die Ritualträger Gültigkeit erlangt. Darüber hinaus stellt das Ritual ein Gefühl der Gemeinschaft und Zusammengehörigkeit bei den daran Teilnehmenden her – und letztlich genau dadurch eine Gemeinschaft als reale Tatsache.

Humphrey und Laidlaw vertreten dagegen hinsichtlich der Illokution von Ritualen die Auffassung, dass ritualisierte Handlungen (im Unterschied zu nicht-ritualisierten) grundsätzlich keine Bedeutung und keinen illokutionären Kern besitzen.[12] Damit stehen sie in gewissem Sinne in der Tradition von Staal, der die „Bedeutungslosigkeit von Ritualen" (*The Meaninglessness of Rituals*) postulierte.[13] Möglicherweise ist hier aber eine zu enge Konzeption von

---

9 Zur liminalen Funktion von Ritualen s.u. 3.2.3.

10 Stollberg-Rilinger 2013: 12; diese Auffassung repräsentiert eine wissenschaftliche (etische) Perspektive. Aus Sicht der Ritualanwender (emische Perspektive) besteht die bewirkte Veränderung hingegen nicht nur innerhalb ihrer sozialen, sondern auch innerhalb der kosmischen Realität. Zu emischer und etischer Perspektive s. noch unten 3.2.1.

11 S. dazu noch ausführlich unten 6.1 und 6.2.

12 Humphrey/Laidlaw 1994: 106.

13 Staal 1979; 1989. Auffällig ist, dass sich beide Ansätze mit Ritualtraditionen Indiens, der

„Bedeutung“ der Grund für das radikale Postulat der Bedeutungslosigkeit. Die Illokution eines kommunikativen Aktes ist nämlich nicht notwendigerweise konkret und direkt erfassbar, mit einem unmissverständlichen Bezug zur Realität der handelnden Personen. Sie kann vielmehr, z. T. in einem hohen Maße, indirekt und durch Konventionalisierung festgelegt sein. Eine rituelle Handlung, wie das Bestreichen eines Opfertiers mit *mola salsa* beim römischen Opfer,[14] hatte wahrscheinlich an einem bestimmten Punkt der römischen Geschichte für die Akteure keine konkrete und direkte kommunikative Funktion mehr. Das bedeutet nicht unbedingt, dass das Ritual „keine“ Bedeutung hatte;[15] sie kann sich aber auf abstrakte Aspekte verlagert oder reduziert haben. Auch eine Beurteilung von Ritualhandlungen als arkan oder geheimnisvoll kann deren konkrete Funktion ablösen und stattdessen Bedeutung für die Erfahrung von Wirksamkeit oder die Motivation der Ritualhandelnen gewinnen. Dabei ist zu berücksichtigen, dass aus Sicht der Ritualträger zwischen bewussten, intendierten Zielen und unbewussten, aber u. U. nicht weniger bedeutsamen Effekten zu unterscheiden ist. So besitzen viele rituelle Handlungen, die für sich selbst genommen nicht erklärbar sind, durch den Bezug auf die anderen Ritualbeteiligten gemeinschaftsstiftende Funktion. Sie können als Elemente der Sinnstiftung und Strukturgebung auch individuelle Bedeutung für jeden einzelnen Ritualhandelnden tragen, ohne dass dieser sie bewusst so erfährt.[16] Eine solche Sichtweise korrespondiert mit einer Ritualdefinition Burkerts:

> Ritual ist standardisiertes Verhalten in kommunikativer Funktion, wobei die pragmatische Grundlage zurücktreten oder ganz verschwinden kann.[17]

Das bedeutet, dass Ritualhandlungen und ihr kommunikativer Zweck über ihren Ursprungskontext hinaus konventionalisiert werden und andere, oftmals indirektere Funktionen annehmen können. Burkert selbst nennt dafür verschiedene Beispiele aus dem griechischen Kontext, wie das *pharmakos*-Ritual der Stadt Abdera, das Gemeinsamkeiten mit den Sündenbock-Ritualen

vedischen und der jainistischen beschäftigen, dabei zu ähnlichen Theorien gelangen. Das legt die Vermutung nahe, dass es sich bei dem beschriebenen Phänomen wenigstens z. T. um eine kulturspezifische Entwicklung handeln könnte.

14 Einer Mischung aus Mehl, Salz und Wein.

15 Zur Deutung der römischen *immolatio* vgl. Scheid 2005: 50–55.

16 Dazu auch Michaels 2003: 8; und s. u. 3.6.

17 Burkert 1984: 28.

des Alten Orients aufweist. Es besteht im Kern darin, die Schuld oder das negative Potential einer Gemeinschaft rituell auf ein einzelnes Individuum zu übertragen und dieses Individuum – mitsamt der negativen Aufladung – aus der Gemeinschaft auszustoßen, die so kollektiv von ihrer Schuld entsühnt wird. Burkert führt diese Praxis auf ein prähistorisches biologisches Programm zurück, durch welches sich eine menschliche Gemeinschaft durch das Opfer eines einzelnen vor einer akuten Bedrohung z.B. durch wilde Tiere gerettet habe. Diese konkrete und direkte Funktion hätte dann von ihrer phylogenetischen Erklärung bis zum Zeitpunkt des griechischen *pharmakos*-Rituals, u.a. durch den Wandel der Lebensbedingungen und Gesellschaftsorganisation, eine starke Abstraktion erfahren. Synchron betrachtet erfüllt sie schließlich eine Vielzahl indirekter Funktionen. Göttliche Adressaten sollten durch die Entsühnungsmaßnahme womöglich von dem aufrichtigen Wunsch der Gemeinschaft überzeugt werden, sich gottgefällig zu verhalten und auf ein positives Verhältnis zu ihren Schutzgottheiten hinzuwirken. Auf menschlicher Ebene sind die Konstitution und Stärkung des Zusammengehörigkeitsgefühls und der Identifikation mit der Gruppe zentral, daneben außerdem die kollektive und individuelle Katharsis im Sinne einer psychologischen Befreiung von Schuldgefühlen.

Verschiedene Gründe können dazu führen, dass Rituale ihre Intentionalität verschieben oder in ihrer Bedeutung impliziter werden. Je enger religiöse Praxis mit dem gültigen politischen System verbunden ist und je expliziter symbolische Handlungen an gültige soziale Verhaltensweisen angeschlossen werden können, desto stärker wird eine direkte Illokution konserviert. In solchen Fällen ist eine Sinnverschleierung der betreffenden Rituale weniger wahrscheinlich, es sei denn sie übernimmt eine Funktion für die Inszenierung z.B. von Autoritäten und Machtverhältnissen. Bei Praktiken, die keinerlei Anbindung mehr an politische Strukturen oder soziale Realitäten besitzen, weil sie von diesen längst überholt sind, sind verschiedene Entwicklungen vorstellbar. Einerseits kann sich in einem solchen Fall eine sekundäre Illokution oder hauptsächlich individuell erfahrbare psychologische Bedeutung (Stabilisierung, Sicherheit) herausbilden. Andererseits können die Rituale an einem bestimmten Zeitpunkt auch explizit mit neuen Strukturen, Personen oder Funktionen verbunden und somit gewissermaßen aktualisiert und re-konkretisiert werden. Durch die Verknüpfung mit Mythen können Ritualen bspw. bewusst neue Bedeutungen verliehen werden.[18] Tritt keine der beiden Entwicklungen ein, besteht die Wahrscheinlichkeit, dass das betreffende Ritual an einem bestimmten Punkt aufgegeben wird.

18 Zur Besprechung dieses Phänomens und seiner Funktionsweise vgl. Roth 2018.

3.2 Funktionen von Ritualen

Im Zusammenhang mit der Definition und Diskussion der zentralen Eigenschaften von Ritualen wurde auch bereits auf bestimmte und besonders frequente Funktionen Bezug genommen (v.a. S. 57). Die folgenden Abschnitte greifen drei Ritualfunktionen nochmals ausführlicher auf, die in der Forschungstradition eine besondere Rolle spielen. Dadurch soll nicht suggeriert werden, dass diese Funktionen eindeutig voneinander abgegrenzt werden könnten oder dass eine genaue Zuordnung eines Rituals zu einer Funktion möglich wäre; tatsächlich ist so gut wie immer mit Schnittstellen- oder Übergangsbereichen und Multifunktionalität zu rechnen. Die gewählten Aspekte stellen jeweils eine spezifische Fokussierung dar und verfügen v.a. über eine eigene Tradition und Entwicklung innerhalb der Ritualforschung, die hier ebenfalls kurz umrissen werden. Dabei ist aber zunächst kurz auf die grundlegende Frage der Perspektivierung bei der Bestimmung von Funktionen einzugehen.

3.2.1 *Ritualfunktionen in emischer und etischer Perspektive*

Bei der Beschreibung der Funktionen von Ritualen spielt, gerade im Rahmen einer wissenschaftlichen Herangehensweise, immer die jeweils eingenommene Perspektive eine Rolle. Neben der Bidirektionalität von Ritualen, d.h. der Koexistenz göttlicher und menschlicher Kommunikationsfunktionen (s.u. 3.2.4) sind für eine Untersuchung v.a. die einander gegenüberstehenden Positionen von *etischer* und *emischer* Perspektive von Bedeutung. Die Funktionen und Motivationen, die ein Ritual in den Augen seiner Träger, also aus der Innensicht besitzt, können sich nämlich signifikant von denjenigen Funktionen unterscheiden, die ihm aus Sicht der modernen Forschung, also von außen, zugeschrieben werden. Das römische Ritual der *devotio* bspw. konnte von einem Feldherrn vor einer Entscheidungsschlacht als *ultima ratio* angewendet werden. Aus emischer Perspektive betrachtet war seine Funktion, die angerufene Gottheit zur Unterstützung zu bewegen und durch göttlichen Beistand den Sieg zu erringen. Die historische Ritualforschung kann hingegen in der Durchführung des Rituals eine *coping strategy* in einer Krisensituation sehen. Aus dieser etischen Perspektive liegt seine Funktion daher v.a. in einem psychologischen Effekt auf die menschlichen Rezipienten: Diese werden vom Siegeswillen ihres Anführers überzeugt und gewinnen Vertrauen in die eigene Kampfkraft und einen positiven Ausgang der Schlacht. Diese beiden Blickwinkel schließen sich nicht gegenseitig aus, sondern greifen in vielen Fällen ineinander oder überlagern sich. Sie sollten aber dennoch differenziert beschrieben und bewusst auseinandergehalten werden, um eine umfassende Charakterisierung der rituellen Kommunikation und ihrer Bedeutung(en) zu erzielen.

Grundlegend wird im Folgenden eine etische Perspektive eingenommen, um die Funktionsweise von Ritualen unter Einbeziehung moderner Erkenntnisse aus verschiedenen wissenschaftlichen Bereichen wie Religionsgeschichte, Kommunikationsforschung, Psychologie oder Verhaltensökonomie zu analysieren und zu erklären. Solche Erklärungsansätze sollen dabei nicht automatisch implizieren, dass der betreffende Effekt von den Ritualhandelnden bewusst und intentional herbeigeführt wurde; vielmehr sind moderne Erklärungsmodelle mit intuitiven oder unbewussten Motivationen zu verknüpfen (sofern eine Aussage darüber überhaupt möglich ist). Die Einnahme oder Wiedergabe einer emischen Perspektive wird aus diesem Grund stets explizit hervorgehoben.

3.2.2 *Soziale Funktion*

Viele Rituale besitzen auf die ein oder andere Weise eine soziale Funktion innerhalb ihrer Trägergemeinschaft und sind relevant für deren Stabilität und Sicherheit. Dies kann z.B. durch das regelmäßige Stiften von Identität und Identifikation oder durch das Beseitigen von Konflikten und Aggressionen der Fall sein. Stollberg-Rilinger referiert darauf mit dem Ausdruck „elementare sozial strukturbildende Wirkung". Die ordnungsstiftende und -erhaltende Funktion von Ritualen ist eine der ersten, die im Zuge der modernen Kulturanthropologie seit den 1880er Jahren und den richtungsweisenden Ergebnissen Durkheims (z.B. 1912) erforscht wurden. Sie spielte auch innerhalb der einflussreichen *Cambridge School*[19] eine zentrale Rolle, und ist anhand einer Vielzahl verschiedener historischer und aktueller Beispiele besprochen und nachgewiesen worden. Die unter 3.2.3 und 3.2.4 besprochenen liminalen und kommunikativen Funktionen stellen letztlich bestimmte Ausprägungen oder Spezifizierungen einer allgemeinen sozialen Funktion dar.

3.2.3 *Liminale Funktion*

Die sogenannte liminale Funktion von Ritualen hat bereits in der frühesten Phase der modernen Ritualwissenschaft große Aufmerksamkeit erfahren. Van Gennep begründete mit seiner Behandlung der *Rites de Passage* (1909) die Theorie, dass Rituale ein immenses Potential für die Markierung und den geregelten, stabilen Vollzug der oft kritischen Übergänge von Individuen und Gemeinschaften von einem Zustand in einen anderen besitzen. Diese Funktion tritt besonders deutlich in Initiationsritualen zu Tage, durch die z.B. der Übergang vom Kindes- ins Erwachsenenalter geregelt und vollzogen wird. Solche

19 Auch *myth and ritual school*; dazu z.B. Ackerman 1991.

gesellschaftlichen Initiationen sind auch in vielen altindogermanischen Kulturen üblich. Auch Übergangsmomente zwischen den verschiedenen Jahreszeiten oder anderen strukturgebenden Einheiten, zwischen Kriegs- und Friedensphasen oder bei politischen Machtwechseln werden häufig durch bestimmte Rituale stabilisiert und dadurch kontrollierbar(er) gemacht. In den 1960er und 1970er Jahren wurde der Ansatz von Victor Turner weiterentwickelt, wobei dieser in besonderer Weise die Innenperspektive der Ritualträger, deren rituelles Erleben und die kreative und dynamische Kraft der Rituale ins Blickfeld rückte (z.B. 1969).

3.2.4 *Kommunikative Funktion*

Ein dritter elementarer Zug religiöser Rituale, der in engem Zusammenhang mit ihrem bereits erwähnten performativen Charakter steht, ist ihre kommunikative Kraft. Diese Betrachtungsweise prägte v.a. Clifford Geertz in den 1970er Jahren, indem er Kulturen als Symbolsysteme beschrieb und insbesondere nach deren Bedeutungen und kommunikativen Prozessen fragte (z.B. 1973). Heute wird die Auffassung von Ritualen als Medien innerhalb von Kommunikationssystemen, gerade in Anwendung auf antike Kulturen, beispielsweise von Rüpke vertreten.[20]

3.2.4.1 Kommunikation mit Göttern

Das kommunikative Potential ist dabei stets in zwei Richtungen oder auf zwei verschiedenen Ebenen wirksam: Rituale erlauben Individuen wie auch ganzen Gesellschaften, mit Entitäten in Kontakt zu treten, die sich außerhalb der menschlichen Einflusssphäre befinden. Sie können als Kommunikationsmedium genutzt werden, um Faktoren, die existenziell für Individuen oder Gesellschaften sind und dem Willen dieser Entitäten zugeschrieben werden, aktiv zu beeinflussen. Solche Faktoren sind z.B. klimatische Verhältnisse, Katastrophen oder Kriege, aber auch der individuelle Gesundheitszustand. Die Kommunikation findet dabei in emischer Perspektive mit der Überzeugung statt, dass die Götter durch korrekte Verehrung dazu veranlasst werden können, bestimmte, für die menschlichen Kommunikationspartner erwünschte Effekte herbeizuführen. Diese Haltung prägt die Kommunikation sowohl sprachlich als auch auf der Handlungsebene. Die Einflussnahme ist in der Vorstellung der Handelnden dadurch möglich, dass genau diejenigen Gottheiten angesprochen werden, die den jeweiligen Bereich repräsentieren und beherrschen. Kommuniziert wird also z.B. die Bitte um ein positives Eingreifen der verantwortli-

---

20 Mit zahlreichen Beiträgen, z.B. Rüpke 2015; 2010; 2001a.

chen Gottheit, oftmals zusammen mit einem symbolischen Verpflichtungsmechanismus. Solche Verpflichtungsstrategien spiegeln oftmals Modelle wider, die auch zwischen den Mitgliedern der Gemeinschaft existieren, wie Patron-Klienten-Verhältnisse oder Gabe-Gegengabe-Strukturen. Sie dienen dazu, Verlässlichkeit herzustellen oder diese wenigstens zu suggerieren. Das Ritual öffnet in diesem Sinne einen Kommunikationskanal, durch den Einfluss auf das Verhalten der jeweiligen Gottheit genommen werden kann.[21]

3.2.4.2 Kommunikation mit Menschen

Auf einer weiteren Kommunikationsebene müssen daneben alle Teilnehmenden, auch die nicht aktiv am Ritual beteiligten Personen, als (sekundäre) Adressaten der rituellen Kommunikation gelten. Die oben beschriebenen gesellschaftsstrukturierenden oder liminalen Funktionen wären schließlich nicht erfüllbar, wenn die Ritualbeteiligten nicht die diesbezüglichen, dem Ritual innewohnenden Botschaften empfangen und entsprechend verstehen würden.[22] Bei einigen Ritualtypen hängen Validität und Erfolg des Rituals sogar ausschließlich von dessen Bezeugung und Anerkennung durch die Gemeinschaft ab. Dies betrifft v.a. Rituale mit deklarativem Charakter, die die soziale Realität ihrer Träger verändern (z.B. performative Rituale zur Eheschließung oder Inauguration).

3.2.4.3 Rituale mit abweichenden Kommunikationsfunktionen

Einige Rituale sind dezidiert nicht gemeinschaftsbezogen im oben genannten Sinn, sondern besitzen individuellen oder sogar egoistischen Charakter: Hierher zählen Praktiken, die im Geheimen durchgeführt werden und die häufig, aufgrund einer expliziten oder unterstellten schädigenden Intention,[23] von der betreffenden Gemeinschaft als „schwarze Magie“ oder „Hexerei“ klassifiziert und deshalb stark sanktioniert werden. Hierbei ist unbedingt zwischen einer solchen emischen Klassifizierung ritueller Handlungen, wie sie in der

---

21 Dafür ist das Einhalten bestimmter Bedingungen notwendig; vgl. zur Gestaltung der Kommunikation mit den Göttern Kapitel 7.

22 Interessant sind Fälle, in denen während des Rituals Äußerungen bewusst unverständlich gestaltet werden, z.B. durch eine den Teilnehmern nicht zugängliche Sprache oder durch leises bzw. lautloses Sprechen (vgl. umbr. **taçez persnihmu** „du sollst schweigend/leise beten“). Hier wird bei den Anwesenden nicht durch den Inhalt, sondern durch die Art der Äußerung und gerade das Verschließen des Inhalts ein bestimmter kommunikativer Effekt erziehlt. S. dazu auch noch unten 8.5.1.1.1.

23 Unter Verweis auf die auf Durkheim zurückgehende Dichotomie der sozialen Funktionen; vgl. Versnel 1991: 179 „magic is immoral, anti-social, deviant, whereas religion has positive social functions, is cohesive and solidarizing“.

griechisch-römischen Antike durch explizite Äußerungen verschiedener Autoren greifbar ist (vgl. dazu Graf 2002; 1995),[24] und einer etischen, wissenschaftlichen Verwendung des Magie-Begriffs zu unterscheiden (auf letztere wird unter 3.3 noch näher eingegangen werden).

Die Dokumentation und Überlieferung nicht-öffentlicher, nicht-gemeinschaftlicher und z. T. explizit verbotener Ritualpraktiken ist inhärent problematisch;[25] es stellt sich in einigen Fällen sogar die Frage, ob die sekundär in juristischen oder literarischen Texten greifbaren Beispiele tatsächlich real durchgeführt wurden oder ob sie auf bloßen Unterstellungen und Rückschlüssen auf Kausalzusammenhänge basieren.[26] Tatsächliche Primärbezeugungen sind daher selten und oft nur aufgrund günstiger Zufälle bekannt. Ein Beispiel sind die auf Bleitäfelchen festgehaltenen *defixiones* der griechisch-römischen Antike. Diese Texte repräsentieren individuelle, nicht-institutionalisierte Rituale, durch die in den meisten Fällen materielle, physische oder psychische Schädigungen der Kontrahenten derjenigen Person herbeigeführt werden sollen, die das Ritual ausführt oder in Auftrag gibt. Die als *defixiones* zusammengefassten Zeugnisse bieten aber ein großes und differenzierteres Spektrum an Praktiken mit z. T. ganz unterschiedlichen Zielsetzungen. Sie werden üblicherweise in verschiedene Typen unterteilt und umfassen neben schädigenden Ritualen und Liebeszaubern auch die in vielen Punkten spezifischen „Gebete um Gerechtigkeit".[27] Den Textträgern ist aber gemeinsam, dass sie heimlich und an unzugänglichen Orten (in Gräbern oder Brunnen) deponiert wurden; daher verfügten diese Rituale grundsätzlich nicht über eine soziale Kommunikationsebene, die öffentlichen und gemeinschaftsbezogenen Ritualen (wie sie unter 3.2.4.2 beschrieben wurden) vergleichbar wäre. Es ist offensichtlich, dass solche Praktiken v. a. hinsichtlich ihrer kommunikativen Gestaltung und Effekte von gängigen Definitionen abweichen und diesbezüglich als untypi-

---

24 Graf verweist v. a. auf die theoretischen Magie-Diskussionen bei Platon (*Leges*) und Augustinus (*De doctrina Christiana*), wobei bei Platon die Psychologie der Bedrohung durch Schadensrituale im Vordergrund steht, die letztlich aus Unwissenheit resultiert, bei Augustinus hingegen die Beurteilung als *superstitio* und die Abgrenzung zum christlichen Glauben; s. Graf 2002: 95–100.

25 In Rom existiert durch die *lex Cornelia de sicariis et veneficiis* (81 v. Chr.) eine rechtliche Grundlage für die Verfolgung von Personen, die der Magie bezichtigt wurden; besonders in der Kaiserzeit nehmen die Prozesse (im Zusammenhang mit politischer Instrumentalisierung der Anklagen) zu; vgl. Graf 1995: 41–42.

26 Zur Frage der Realität „schwarzer Magie" und ihres funktionalen Werts innerhalb der hethitischen Gesellschaft sowie ihrer Rolle innerhalb therapeutischer Rituale s. noch unten 4.3.4.

27 Vgl. dazu Kropp 2008: 25–43 (Forschungslage und Terminologie) und 179–189 (Typologie); Graf 2003: 118–121.

sche Rituale gelten. Sie bilden daher eine Klasse mit spezifischen Voraussetzungen und Funktionen, für die eigene kommunikative Strategien zu beschreiben sind.[28]

Bei den meisten Ritualen und auch bei einigen *defixiones* steht die Kommunikation mit göttlichen Wesen ausdrücklich im Mittelpunkt; so können bei schadenstiftenden Ritualen chthonische Gottheiten oder Dämonen beschworen oder um Hilfe gebeten werden. In einigen modernen Magie-Konzepten spielt dabei die Ausübung von Zwang (*coercion*) auf superempirische Kräfte eine zentrale Rolle – und dieser Aspekt findet sich bereits in antiken Magie-Polemiken und wird auch durch Formulierungen in einigen *defixiones* bestätigt (vgl. dazu Graf 2003: 222–229).[29] Dennoch existieren durchaus rituelle Praktiken, in die kein expliziter superempirischer Ansprechpartner als *Effikator* eingebunden ist.[30] Diese sind somit nicht als kommunikative Akte mit einer bestimmten Gottheit als primärem Adressaten zu verstehen (eine sekundäre Kommunikation auf menschlicher Ebene kann aber ungeachtet dessen involviert sein). Den Unterschied zwischen adressierten und nicht-adressierten rituellen Akten diskutiert Kropp (2010: 374) in Bezug auf „Überlassungs- und Manipulationsformeln", welche spezifische Kategorien innerhalb der lateinischen *defixiones* darstellen.

> It is the presence or absence of a communicative setting that constitutes the fundamental difference between the act of committal and the manipulation of the victim. The former (i.e. the curse and, of course, the request as 'essentially hearer-directed' speech acts) requires an addressee (usually encoded by the second person). By contrast, the morphosyntactic structure of the manipulation formula implies the radical absence of a communication partner.

Hier wird zunächst auf eine Differenzierung auf Ebene der Sprechakte hingewiesen: Nur der Akt der Überlassung ist explizit an einen Gesprächspartner adressiert, wohingegen die Manipulation des „Opfers", also der Person, gegen die sich die *defixio* richtet, kein kommunikatives Setting aufbaut. Dieser Unterschied wird sprachlich auf zweierlei Art abgebildet: Zum einen in der Valenz der Handlung, d.h. der Zahl und Art der beteiligten Aktanten. Während eine

---

28 Zur Sprache der *defixiones* s. z.B. Versnel 2002; Kropp 2008; außerdem Kropp 2010 zur Performativität ihrer „magischen" Formelsprache.

29 Vgl. Graf 2003: 227 „Thus, coercion, although present, is not really constitutive of Greco-Roman magic, but is only one of the elements of a much more complex ideology".

30 Zu diesem Begriff s.u. 7.4.10.

Überlassung einen translativen, dreiwertigen Sachverhalt (mit Agens, Patiens und Empfänger) darstellt, involviert die Manipulation nur zwei semantischen Rollen (Agens und Patiens). Zum anderen wird die An- oder Abwesenheit einer direkten Adressierung anhand von Verbalformen (besonders Direktiven) und Pronomina in der 2.Sg. sichtbar. Diese finden sich nicht in Manipulationsformeln, welche meist analogisch gebaut sind und v.a. Direktivausdrücke in der 3. Person involvieren. Es ist also zwischen diesen beiden, am Beispiel der *defixiones* gezeigten kommunikativen Situationen grundsätzlich zu unterscheiden und zugleich anzunehmen, dass die betreffenden Rituale auf unterschiedliche Formen der Wirksamkeit zurückgreifen (diese werden unter 7.4.10 nochmals gegenübergestellt und anhand von Beispielen genauer definiert).

Rituale, die Manipulationsformeln oder analogische Formeln involvieren und keinen expliziten Kommunikationspartner aufweisen, werden in der Forschung oft als „magische Rituale" bezeichnet. Diese Klassifizierung ist auch von weiteren Faktoren abhängig, z. B. davon, wie groß die Anteile solcher Formulierungen im Gesamtritual sind und was dessen Intention ist.[31] Die *defixiones* und andere sogenannte „magische" Praktiken zeigen jedenfalls, dass die sprachliche Gestaltung und die kommunikative Ausrichtung von Ritualen maßgeblich von ihrer funktionalen Konzeption bestimmt werden. Ausschlaggebend ist hierbei stets die menschliche Vorstellung von der Wirkweise eines Rituals.

3.3 „Magische" Rituale

Der Magie-Begriff ist in der Charakterisierung und Klassifizierung von Ritualen immer noch kaum zu umgehen und nimmt sowohl in der religionswissenschaftlichen Tradition als auch innerhalb der klassischen Philologie und Altorientalistik einen festen Platz ein, wobei hinsichtlich seiner Verwendung und Akzeptanz durchaus Unterschiede bemerkbar sind. Eine umfassende Diskussion der terminologischen Situation allgemein und in den hier relevanten Disziplinen ist an dieser Stelle nicht zu leisten; überblickshaft soll jedoch auf die Definitionsgrundlagen verschiedener Magie-Konzepte sowie auf die wichtigsten der damit verbundenen Probleme eingegangen werden. Für eine weitere Vertiefung zu empfehlen sind Versnel 1991 mit einem kritischen Überblick und Fokus auf der klassischen Antike sowie Kippenberg 1998 und Otto/Stausberg 2013 zur Problematik des Magie-Begriffs in allgemeiner Perspektive.

---

31 Die Grenze und der Unterschied zwischen „Magie" und „Ritual" sind stark diskutiert und keineswegs einheitlich beantwortet worden; vgl. dazu ausführlicher unter 3.3.

Dass das Konzept der Magie heute vielfach als problematisch beurteilt und methodologisch in Frage gestellt wird, liegt nicht zuletzt an der Geschichte des Begriffs und seiner Verwendung: Bereits im antiken Griechenland findet sich ab dem 6. Jh. v. Chr. die aus dem Altpersischen übernommene Bezeichnung μάγος, zunächst v.a. in der ethnographischen Literatur:[32]

> Herodotus is the first to speak about the *magoi*, as a tribe or secret society (...) whose members perform the royal sacrifices and the funeral rites and who practice divination and the interpretation of dreams.

Bereits im 5. Jh. v. Chr. wird der Begriff jedoch nicht mehr neutral, sondern zur Polemisierung gegen fremde (nämlich aus dem Orient stammende) Priester und ihre als unangemessen, irrational oder unfromm verurteilten Kulte und Praktiken eingesetzt, vgl. Schwemer (2015b: 17):

> Magic had become a term that was used to indicate the inferiority of religious or therapeutic practices other than one's own.

Die wissenschaftgeschichtliche Grundlage für die Verwendung des Magie-Begriffs legte Frazer in *The golden bough* (Erstausgabe 1890), wodurch die Tripartition von Religion, Wissenschaft und Magie und die auf Abgrenzung basierende Bestimmung von Magie als *das Andere* im Vergleich zu Religion einerseits und Wissenschaft andererseits etabliert wurden. Diese Abgrenzungen sind ebenfalls bereits in der griechischen Antike angelegt, wie Graf (1995: 40) mit Verweis auf Platon und anonyme hippokratische Quellen deutlich macht. Im Grunde zeigt sich dadurch eine große Kontinuität in der Begriffsgeschichte, die aber offenbar gerade im Übergang zur wissenschaftlichen Beschäftigung weder ausreichend reflektiert noch expliziert worden ist. Dieser Kritikpunkt betrifft besonders die wertenden Implikationen: Auch Frazer bezog in die zweifache Abgrenzung ein Werturteil gegen die Magie mit ein, die er gegenüber der Wissenschaft als „false and barren" und gegenüber der Religion als „arrogant" und „impious" bezeichnete (1890: 59–62). Ein weiterer, später oft kritisierter Aspekt der Frazer'schen Magie-Definition ist die Festlegung auf den Bereich der „sympathetischen Magie", basierend auf den Prinzipien, dass Gleiches Gleiches hervorbringe (*Law of Similarity*) und dass durch physischen Kontakt substanzielle Verknüpfungen und Übertragungen möglich seien (*Law of Contagion*).

32 Graf 1995: 30–32 (v.a. FN 6 mit weiterer Literatur).

Nicht nur die antike, sondern auch die wissenschaftliche Bestimmung von Magie basiert also von Anfang an v.a. darauf, was sie *nicht ist* oder wozu sie *im Widerspruch steht*, und konstituiert sich damit fast ausschließich durch das Prinzip der Alterität. Hinzu kommt die starke Heterogenität der zahlreichen unter dem Magie-Konzept zusammengefassten Phänomene, was eine kohärente theoretische Grundlegung nahezu unmöglich macht (s. für eine unvollständige Auflistung Otto/Stausberg 2013: 2–3). Auch die Tatsache, dass das Konzept im Laufe seiner Verwendungsgeschichte mit einer Vielzahl weiterer Begriffe assoziativ verknüpft wurde (darunter *Hexerei*, *Zauberei*, *Schamanismus*, *Voodoo*, *Okkultismus* u.a.) hat zu seiner großen Uneinheitlichkeit und *fuzziness* innerhalb des wissenschaftlichen Diskurses beigetragen (Otto/Stausberg 2013: 3). Die genannten Faktoren führen letztlich dazu, dass bis heute keine eindeutige und allgemeingültige Definition von Magie existiert; in aktuellen religionswissenschaftlichen Diskussionen ist daher immer wieder kritisch von einer „Restkategorie" (Kippenberg 1998: 95) oder „wastebasket category" (Hanegraaf 2012: 254) die Rede, welche unterschiedlichste Praktiken unter einem gerade deshalb wenig aussagekräftigen Etikett zusammenfasst. Die am häufigsten als charakteristisch benannten Gesichtspunkte, die gerade auch für den Magie-Begriff der klassischen Philologie als relevant behandelt wurden,[33] sind dabei

- die Anwendung devianter Praktiken, welche oftmals nur heimlich ausgeübt werden,
- eine sozial schädliche Absicht und Verfolgung egoistischer Ziele,
- eine manipulative Grundhaltung, welche superempirische Mächte nicht durch Bitten, sondern durch Zwang zum Handeln bewegt,
- eine technische und selbsterzeugte Art der Wirksamkeit.[34]

Als eine Art „Minimaldefinition" fungiert bisweilen auch die auf Mauss und Hubert zurückgehende provisorische Bestimmung eines jeden Rituals als magisch, das außerhalb eines organisierten Kultes stehe (Mauss/Hubert 1902/03: 19). Dieser Ansatz umgeht einige typische Probleme (wie implizite Werturteile), da er nicht auf Basis der performativen Strukturen, sondern der sozialen Umstände von Ritualen argumentiert:[35]

33 Das hängt u.a. damit zusammen, dass diese Elemente auf die ein oder andere Weise bereits die antiken Magie-Konzepte bestimmen; vgl. dazu v.a. Graf 2002, der sich an anderer Stelle auch explizit dafür ausspricht, den Begriff ausschließlich in seiner antiken Bedeutung zu verwenden (2003: 18–19).

34 Vgl. dazu Versnel 1991: 178–179 und s.u. Abb. 18.

35 S. für eine kommentierte Edition des Artikels https://www2.unil.ch/hubert-mauss-magie/.

> Nous avons obtenu de la sorte une définition provisoirement suffisante du rite magique. Nous appelons ainsi tout *rite qui ne fait pas partie d'un culte organisé*, rite privé, secret, mystérieux et tendant comme limite vers le rite prohibé. (…) On voit que nous ne définissons pas la magie par la forme de ses rites, mais par les conditions dans lesquelles ils se produisent et qui marquent la place qu'ils occupent dans l'ensemble des habitudes sociales. (Hervorhebungen im Original)

Dennoch basiert auch diese Definition auf dem Prinzip der Alterität; zudem wird die Tatsache vernachlässigt, dass es in vielen Kulturen scharfe Abgrenzungen und klare Trennlinien zwischen offiziellem und inoffiziellem Kult gerade nicht gibt: So können auch hethitische Beschwörungsrituale, die eigentlich außerhalb des staatlichen kalendarischen Kultes stehen, Bedeutung für die gesamte Gemeinschaft und so in gewisser Weise offiziellen Status erhalten, wenn sie zugunsten des Königs durchgeführt werden.[36]

Die zahlreichen Probleme, welche das Magie-Konzept für eine wissenschaftliche Betrachtung mit sich bringt, i. e.

> the broad range of disparate phenomena usually covered by the the concept, its semantic diversity; conceptual heterogenity; ethnocentric bias; and undesirable ideological implications

veranlassen Otto und Stausberg (2013) dazu, die Verwendung des Begriffs grundsätzlich in Frage zu stellen. Zwei Strategien werden als Alternativen diskutiert: Zum einen der Verzicht auf „Magie" als Makro-Kategorie durch die konkrete und neutrale Benennung des jeweils spezifischen Phänomens (z. B. „Amulett", „Ritual", „Analogieformel"); zum anderen die Identifikiation von strukturell stabilen Formen und Bedingungen, welche als *patterns of magicity* erfasst werden können (Otto/Stausberg 2013: 11). Als ein solches Muster wird bspw. der rituelle Gebrauch von als wirkmächtig erfahrenen Worten beschrieben: „word efficacy" steht demnach für die wiederkehrende Beobachtung, „that humans tend to ascribe efficacy to the utterance of specific words in ritual sequences". Der heuristische Clou an diesem Vorschlag ist, dass der Fokus auf den *Akt der Zuschreibung von Magie* gelegt wird, wodurch gewissermaßen ein terminologischer Distanzierungsschritt erzwungen wird. Es erfolgt so nämlich

36 Solche Fälle sind durchaus bezeugt; beispielsweise durch das „Ritual für das Königspaar" CTH 416 (s. Otten/Souček 1969; dazu auch unten 4.3.8) oder das „Entsühnungsritual für Tutḫaliya und Nikkalmati" KBo 15.10+ (s. Christiansen 2007).

eine Distanzierung von wissenschaftsgeschichtlicher Aufladung und unvermeidlichen Implikationen und zugleich von der Behandlung der betreffenden Phänomene, als ob sie tatsächliche Evidenz für die Existenz von Magie darstellten.

Eine andere Art und Weise, mit der Problematik umzugehen, vertritt Graf, indem er den Magie-Begriff in dem Sinne verwendet, der ihm bereits in der klassischen Antike zugeschrieben wurde (2003: 18–19):

> this procedure will have the advantage of taking into account both the accusations of magic and the descriptions of magic rites, although it will imply the acceptance of some fluctuation in the terminology over the centuries. Instead of creating a rigid and artificial terminology, thus it will be necessary for us to consider and analyze the ancient use of the term magic as it constitutes an element of the indigenous discourse on the relationship between the human and the super natural.

Hierzu ist allerdings aus meiner Sicht zu bemerken, dass (wie Graf selbst einwendet) schon innerhalb der griechisch-römischen Antike keineswegs von einer einheitlichen Theorie und Verwendung des Begriffs die Rede sein kann: Die Äußerungen zu diesem Thema stellen also individuelle und subjektive Perspektiven dar, die keine übereinstimmenden Abgrenzungen erlauben; auch die eindeutige Normativität ist heuristisch betrachtet als problematisch zu beurteilen. Konsequenterweise könnte also nur konkret vom *Magie-Begriff bei Platon* oder *bei Apuleius* bzw. in einem bestimmten Text oder Diskurs gesprochen werden. Ein weiterer Nachteil dieser Herangehensweise scheint auch, dass sie sich für eine interdisziplinäre Betrachtung als weniger geeignet erweist, da die emischen Magie-Begriffe anderer Kulturen wiederum auf ihre eigene Weise subjektiv, normativ und punktuell sind. Für eine disziplinenübergreifende Diskussion empfehlen sich daher ein (möglichst) neutrales terminologisches Instrumentarium und eine explizite Distanzierung wie sie Otto und Stausberg vorschlagen, als geeignetere Ausgangspunkte.[37]

37 Ähnliche Kritikpunkte äußert Kropp bei der Gegenüberstellung etischer und emischer Betrachtungsweise (2008: 27–28): „Beiden Betrachtungsweisen eignen neben unbestreitbaren Vorteilen erhebliche Risiken: Während die etische Betrachtungsweise, die bewußt oder unbewußt die Distanz des Außenstehenden wahrt, ein analytisches Instrumentarium für Theoriebildung und Konzeptualisierung bereitstellt, versucht der emische Ansatz, auf der Basis antiker Quellen, Wahrnehmung und Beurteilung des Phänomens aus der internen Perspektive zu rekonstruieren. Der Gefahr der ethnozentrischen Projektion mit all ihren sehr allgemeinen und mitunter entkontextualisierten oder anachronis-

Die radikal anmutende Diskussion um die Aufgabe des wissenschaftlichen Magie-Begriffs bietet viele interessante und erwägenswerte Ideen; dennoch ist es bei einer Beschäftigung mit konkreten Textzeugnissen nicht möglich, die traditionelle Begriffswelt der jeweiligen Fachtradition zu ignorieren. So nimmt das Magie-Konzept auch innerhalb der hethitologischen und überhaupt altorientalistischen Tradition eine eigene und durchaus wichtige Rolle ein, deren fachspezifische Definitionsgrundlagen an dieser Stelle ebenfalls in aller Kürze umrissen werden, da sie bzgl. der Untersuchung der sogenannten Beschwörungsrituale (s. 4.3) von besonderer Relevanz sind. Die Definition von „Magie", wie sie in der altorientalistischen Forschung aktuell repräsentiert ist, greift besonders die Aspekte der performativen Modalitäten auf, wie z.B. bei Schwemer (2015b: 19) zu sehen:

> It may thus be acceptable to describe magic as an activity consisting of **symbolic gestures** (e.g., the burning of a substitute figurine), usually **accompanied by recitations**, **performed by an expert** (relying on transmitted knowledge) with the goal of **effecting an immediate change** and transformation of the object of the activity (e.g., the cure of an ill person or the removal of an agent of evil from a house). (Hervorhebungen T.R.)

Diese Definition nimmt hinsichtlich der Koordininierung von Gesten und Rezitationen eine Bestimmung auf, die auch bereits bei Haas 2003: 32 formuliert ist:

> Die einfachste und selbst für die kompliziertesten Rituale unabdingbare Voraussetzung eines wirksamen magischen Verfahrens ist die Kombination einer manuellen Handlung und einer auf sie bezogenen Rezitation.

Die Tendenz, zunächst die Gesamtheit der Aktivitäten „Rituale" zu nennen und auf einer untergeordneten, strukturellen Ebene von „magischen Verfahren" zu sprechen, aus denen die Wirksamkeit bestimmter Rituale generiert wird, hat einen Vorteil:[38] Es werden so einige der oben als problematisch befundenen traditionellen Definitionsparameter wie Devianz der Praxis, manipulative Haltung der handelnden Person gegenüber beteiligten Gottheiten oder eine mora-

---

tischen Theorien stehen somit kulturspezifische Kleinstkonstrukte gegenüber, die zwingend einem Bedeutungswandel unterliegen und auch kontrastive Studien erschweren".

38 Haas vertritt im Rahmen seiner Magie-Diskussionen aber auch Grundlagen, die inzwischen vielfach als überholt beurteilt werden (und auf die hier nicht näher eingegangen wird); z.B. wird der Aspekt des „magischen Zwangs" (Haas 2011: 249) von Hutter (2015: 197) deutlich zurückgewiesen.

lische Bewertung umgangen. Schwemer (2015b: 19) äußert sich in seiner weiteren Ausführung der Definition explizit zur Rolle dieser Faktoren:

> The actual techniques, texts, and symbols involved in the magic activity can vary widely and depend on the cultural context and the aim of the activity – the magic activity performed by the ritual expert may be socially acceptable or prohibited; gods may be invoked or ignored; symbolic gestures may be combined with a physical and pharmaceutical treatment of the patient or stand on their own; the expert in charge may be a high-ranking, well-educated professional or an illiterate healer relying on orally transmitted specialist knowledge – but the activity is still essentially the same and may justifiably be called magic.

Auch in der Altorientalistik wird das Magie-Konzept durch mehrere Subkategorien weiter differenziert und so handhabbarer gemacht; die dafür hinzugezogenen zusätzlichen Parameter beziehen v.a. funktionale und intentionale Kriterien der betreffenden Handlungen oder Handelnden mit ein. Die vier Hauptkategorien, die sich im Forschungdiskurs etabliert haben, sind:[39]
- liminal magic, by which the ritual client is transformed and taken to another status
- defensive magic, by which an evil that has beset (or threatened to beset) the ritual client is removed and repelled
- aggressive magic, by which the ritual client gains superiority, strength, and attractiveness
- witchcraft, an illegal and aggressive form of magic by which the ritual client has been harmed[40]

Ein Umstand, der bei einer derartigen wissenschaftlichen Einteilung zu berücksichtigen ist, ist die Frage ihrer Entsprechungen in emischer Perspektive: Besitzen die vorgenommenen Einteilungen und Abgrenzungen deckungsgleiche Parallelen innerhalb der beschriebenen Kultur(en)? In Bezug auf die Beschwörungsrituale (also die Rituale außerhalb des kalendarischen Kults) findet sich im Hethitischen selbst keine terminologische Differenzierung zwischen den durchaus verschiedenen involvierten Techniken, Modalitäten und Intentionen, wie z.B. auch Torri (2003: 3) betont:

39 Vgl. Schwemer 2015b: 29.

40 Der letzte Punkt betrifft die einzige Kategorie, die tatsächlich auch im Hethitischen mit einem eigenen Terminus repräsentiert ist und in verschiedenen Texten thematisiert wird; s. dazu noch 4.3.4.

> Presso gli Ittiti una simile opposizione non sembra esistere: innanzitutto non è presente un termine che designi la pratica magica come diversa da quella religiosa. I rituali e le offerte sono indicati genericamente attraverso la parola *aniur-*/SISKUR, impiegata per ogni tipo die azione rituale; designare certe azioni come magiche rappresenta, dunque, una definizione a posteriori, per descrivere aspetti della religione non inseriti nel calendario cultuale, perché legati ad accadimenti accidentali.[41]

Das Problem einer solchen Klassifikation *a posteriori* ist dabei freilich nicht auf die hethitische Ritualpraxis beschränkt, sondern betrifft so gut wie alle vorchristlichen Kulturen. In Bezug auf die klassische Antike hebt z.B. auch Versnel hervor, dass „'normal' prayers" und „'abnormal' *voces magicae*" mit unterschiedlichen Mitteln oft auf genau die gleichen Effekte abzielen. Sie treten außerdem in den meisten Fällen nicht getrennt voneinander auf, sondern werden innerhalb eines Rituals vermischt und abwechselnd eingesetzt, so dass sie nicht als abgrenzbare Konzepte, sondern eher als komplementäre Strategien zu verstehen sind.[42]

In eine ähnliche Richtung geht auch Hutter mit seiner Beurteilung des Verhältnisses von Ritual und Magie bei den Hethitern, indem er beide als Bestandteile des „religiösen Lebens" und Werkzeuge zur Bewältigung von Erfahrungen verstanden wissen will, die maßgeblich durch einen Bezug auf die außermenschliche Welt erklärt werden,[43] In seiner Definition stellt er diesen lebenspraktischen Aspekt in den Mittelpunkt (Hutter 2015: 198):

> Magie ist Teil des religiösen und sakralen Bereichs, um den Menschen das Leben zu erleichtern und vergleichbar mit anderen Praktiken der Religion wie Gebete, Gelübde oder – wenn man die Gemeinschaft insgesamt berücksichtigt – Feste. (…) Daher sind magische Rituale keine Praktiken neben der Religion, sondern innerhalb der Religion.

Auch wenn sich Hutter von einer völligen Gleichsetzung von Religion und Magie distanziert, betont er hinsichtlich der hethitischen Situation doch die

---

41 Der hethitische Terminus *aniur-* (n.) ist eine Ableitung zum Verb *anniya/e-^{zi}* mit der Bedeutung „arbeiten, (be-)handeln, durchführen" (vgl. Kloekhorst 2008: 179–181) und stellt damit den praktischen und pragmatischen Aspekt ins Zentrum.

42 Vgl. Versnel 2002: 118 und s.u. 7.4.10.

43 Die konkrete Umsetzung dieser außermenschlich orientierten Lebensbewältigung erfolgt differenziert nach verschiedenen Parametern; Hutter bespricht u.a. die ökonomischen Unterschiede zwischen der Religionsausübung der Oberschichten und der Alltagsreligion

Unzulässigkeit, von „‚Magie' als eigenständiger (und letztlich durch abendländische Geistesgeschichte pejorativer) Größe außerhalb der Religion" zu sprechen (2015: 199).

Auf Grundlage der hier nur grob umrissenen allgemeinen Problematik und ihrer Vertiefung am spezifischen Beispiel des Hethitischen, ist festzuhalten, dass eine wissenschaftlichen Anspruch erhebende Einteilung in Religion und Magie als höchst problematisch zu beurteilen ist, da sie meist ethisch-moralische Urteile impliziert oder aber Assoziationen mit angrenzenden oder überlappenden Konzepten hervorruft. Dadurch ist eine solche Einteilung inhärent nicht wertfrei und gibt zudem fast nie eine entsprechende Abgrenzung in der praktischen Realität einer Kultur wieder. Eine rein kulturinterne, emische Sichtweise auf die betreffenden Phänomene muss jedoch partikular und kleinteilig bleiben, weshalb sie in der vorliegenden Untersuchung nur in explizit gekennzeichneten Fällen eingenommen werden soll.

Im Folgenden wird auf den Begriff „magisch" unter Aufnahme des Vorschlags von Otto und Stausberg (2013: 9–11) daher weitgehend verzichtet, um wertende Implikationen, das Verschleiern von Heterogenität oder die Suggestion einer Komplementarität zu „religiös" zu vermeiden. Er wird stattdessen durch möglichst spezifische Termini ersetzt, die sich auf konkrete Muster der betreffenden Praxis beziehen, wie „analogische/selbstwirksame Praktiken oder Formeln". Wird er dennoch verwendet, bezieht er sich i. d. R. auf einen bestimmten wissenschaftlichen Diskurs.

3.4 Stabilität vs. Variation

Die unter 3.2.4 eingeführte kommunikative Funktion von Ritualen und ihre sprachliche Ausrichtung auf das Erzielen eines bestimmten Effekts stehen in der vorliegenden Untersuchung im Fokus, da dieses Verständnis eine Integration von verschiedenen Ansätzen und Disziplinen erlaubt.[44] Dabei ist jedoch zu beachten, dass Rituale durchaus nicht immer auf einen einzigen, gleichbleibenden oder stabilen Effekt ausgerichtet sein müssen:

> Ritual is not so much a method to create a single outcome by one single performance, but a field where postulated effects, participant's intenti-

---

gewöhnlicher Menschen (2015: 194–196). S. zur sprachlichen Form der Anpassung von Ritualen an ökonomische Gegebenheiten auch 7.6.1.3.

44 So können z.B. kommunikative Aspekte der Sprache *in* Ritualen und der Sprache *über* Rituale miteinander verglichen werden.

> ons, and the social reality which emerges from a ritual process are negotiated.[45]

Interferenzen und Interdependenzen zwischen Kommunikationspartnern und ihren jeweiligen Intentionen und die damit zusammenhängenden Aushandlungsprozesse sind also bei der Beurteilung von Ritualen und ihren Funktionen ebenfalls zu berücksichtigen.

Ein bei der Definition von Ritualen häufig problematischer Aspekt ist die Eigenschaft der Standardisierung. Sie ist innerhalb der Ritualforschung deshalb umstritten, weil sie Widersprüche beinhaltet, die oftmals nicht befriedigend innerhalb eines kohärenten Modells gelöst werden können. Repetitivität und Standardisierung zählen zu den Grundlagen der meisten Ritualdefinitionen. Auf ein Ritual kann nur dann immer wieder zu einem bestimmten Zweck oder Anlass zugegriffen werden, wenn sich die Träger auf seine Wirksamkeit verlassen können. Seine Handlungsabläufe besitzen einen konkreten, performativen Zweck, seine Symbolsprache kodiert konkrete Illokutionen, von denen ausgehend ein Gelingen oder Misslingen eindeutig beurteilt werden kann. Meistens sind dafür auch institutionalisierte Instanzen, wie Priesterkollegien oder sogar politische Gremien, zuständig, so dass die Entscheidungskompetenz in vielen Staatskulten eine weitreichende politische Dimension ermöglicht. Diese Faktoren indizieren, dass eine standardisierte Form des Rituals zugänglich gewesen sein muss, anhand derer Gelingen oder Misslingen im individuellen Fall gemessen werden konnte.

Auf der anderen Seite ist immer wieder festzustellen, dass Rituale keine statischen Konzepte sind und sowohl spontane und individuelle Anpassungen als auch langfristige Umgestaltungen erfahren können. Letztere finden sich mitunter, besonders wenn sie staatliche Rituale betreffen, im Rahmen von Ritualvorschriften explizit dokumentiert; dann häufig mit einer Legitimation durch die Berufung auf eine religiöse Autorität oder die Veranlassung durch die jeweilige Gottheit selbst. Abweichungen und Variationen können ebenso spontan und individuell auftreten, ohne dass dadurch zwangsläufig das Gelingen des Rituals gefährdet oder in Frage gestellt würde. Dies ist in der Dokumentation antiker oder historischer Rituale allerdings schwerer greifbar: Zum einen sind individuelle Rituale an sich meist weniger gut dokumentiert, zum anderen haben spontane und punktuelle Anpassungen in offizielle Ritualvorschriften und -protokolle seltener Eingang gefunden.[46] Es finden sich aber in einigen Ritualvorschriften Angaben, die den Ritualhandelnden bestimmte

45 Hüsken 2007: 353.

46 Vgl. Stollberg-Rilinger mit Überlegungen zu der Frage, welche Rolle die Perspektive offi-

central attraction for ← Ritual → *peripheral pull for*

uniformity and generality | *individuation and particularity*

ABB. 7 Stabilitätskontinuum (nach Holt 2006: 13)

Handlungsspielräume offen lassen, innerhalb derer individuelle Elemente vorstellbar sind.[47] Auch in Ritualen der heutigen Zeit existieren z. T. beträchtliche Variationsspielräume für individuelle Gestaltung.[48] Solche Fälle stellen Eigenschaften wie Standardisierung und Reliabilität prinzipiell zur Debatte und werfen die Frage auf, wie die beiden entgegengesetzten Phänomene miteinander vereinbar sind: Wann ist eine Abweichung tolerierbar und zulässig und wann führt sie zum Misslingen des gesamten Rituals? Für eine Beantwortung dieser Frage ist eine Vorstellung der beiden Faktoren als entgegengesetzte Pole eines Kontinuums sinnvoll.

Eine solche Modellvorstellung existiert z. B. im Bereich der Soziolinguistik zur Beschreibung der Faktoren, die auf Sprache im Allgemeinen wirken. Analog dazu beschreibt Holt (2006: 13) rituelle Sprache als prinzipiell von zwei einander entgegenwirkenden Kräften geprägt. Überträgt man diese Vorstellung auf Rituale als kommunikative Komplexe aus Handlungsabfolgen und Sprachäußerungen,[49] so ergibt sich folgendes Modell (vgl. Abb. 7): Eine nach innen gerichtete Tendenz wirkt stabilisierend auf die Strukturen des Rituals, hält seine Bestandteile zusammen und fördert so Kontinuität und Fixierung. Gleichzeitig ist das Ritual einer Tendenz zu spontaner Variation, Individualisierung und Emotionalität ausgesetzt. Diese Faktoren ziehen seine Strukturen wie Fliehkräfte auseinander, wobei periphere Elemente zuerst von Veränderungen betroffen werden.

Es ist (schon im Sinne einer zu erwartenden Normalverteilung) davon auszugehen, dass die Form, die ein Ritual bei jeder einzelnen seiner Wiederholungen annimmt, nicht immer dem genau gleichen Grad an Konformität oder Individualität innerhalb des Kontinuums entspricht. Wie auch bei jeder sprachlichen oder im weiteren Sinne kommunikativen Äußerung ist die Artikulation ein individueller Vorgang und u. a. von kontextuellen Faktoren beeinflusst.

---

zieller Ritualtexte für die Wiedergabe individueller Variation spielt, und der Quellenproblematik in der historischen Ritualwissenschaft (2013: 191–192).

47 S. dazu ausführlich unter 7.6.1.2.

48 Vgl. Molinié 2005 zur starken Individualisierung und Emotionalisierung christlicher Rituale der Karwoche in Spanien; diese Praxis bleibt aber auf die jeweilige *Performance* beschränkt und nimmt keinen Einfluss auf die offizielle Konzeption.

49 Grundlage dafür sind der oben beschriebene Symbolcharakter und das kommunikative Potential von Ritualen.

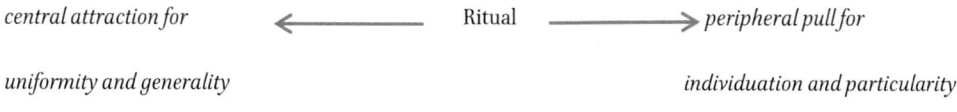

Stollberg-Rilinger verweist in diesem Zusammenhang auf die Wechselbeziehung zwischen dem Ritual als „kollektiver wiederholbarer Struktur" (= *langue*) und dem Ritual als „konkretem individuellem Akt" (= *parole*).[50] Es muss also eine Toleranzspanne geben, innerhalb derer eine gewisse Beweglichkeit möglich ist. Die strukturelle Normalform des Rituals liegt innerhalb dieser Spanne und setzt sich faktisch aus einer Gruppe von individuellen Realisierungen zusammen, deren Abweichungen untereinander als gering bewertet werden. In diesem Sinne hängt die wiederholbare Struktur direkt von den individuellen Einzelakten ab. Die beiden Konzepte „Stabilität" und „Variation" schließen sich also nicht gegenseitig aus, sondern sind nur jeweils in unterschiedlichem Maße wirksam. Bestimmte Faktoren scheinen dabei entweder die Tendenz zur Stabilisierung oder diejenige zur Variation begünstigen zu können.

3.4.1 *Stabilität*

Stabilisierende Tendenzen überwiegen bei öffentlichen, staatstragenden Ritualen, die in vielen Kulturen in offizielle Festkalender eingebunden und einer hohen funktionalen Belastung ausgesetzt sind. Hier sind Rituale zu nennen, die zur Garantie des Wohlergehens der ganzen Gemeinschaft oder eines Repräsentanten (z.B. des Königs) durchgeführt werden. Oftmals sind sie von zentraler Bedeutung für die Existenz einer Gesellschaft, wie im Falle von Jahreszeitenfesten, denen unmittelbare Verantwortung für die lebensbestimmenden Abläufe in der Natur übertragen wird. Diese Verantwortung erhöht die Sensibilität und die Vorsicht der Akteure in Bezug auf mögliche Ritualfehler, was sich teilweise auch in der Formulierung der entsprechenden Ritualvorschriften niederschlägt. Gerade im Falle von Staats- oder Herrscherkulten sowie in religiösen Systemen, in denen bestimmten Gottheiten und Festen eigene Priester(kollegien) zugeordnet sind, liegt außerdem eine starke Kontrolle durch eine konkrete Instanz vor. Dadurch besteht andererseits auch die Möglichkeit, ein Ritual, wenn nötig, offiziell für gescheitert zu erklären und entsprechende Maßnahmen (z.B. Wiederholung) zu ergreifen.[51] Eine grundlegende Tendenz zur Stabilität bedeutet allerdings nicht, dass die Einführung von Veränderungen oder gänzlich neuen Ritualen in den institutionalisierten Kanon ausgeschlossen ist: Soziokulturelle Entwicklungen können auch hier zu Variation führen, wenn die Notwendigkeit deutlich genug ist und die entsprechenden Autoritäten dies befürworten.

---

50 Stollberg Rilinger 2013: 195; 203.

51 S. dazu 7.5.3.

3.4.2 *Variation*

Bei Ritualen, die stärker personalisiert sind und/oder im privaten Rahmen stattfinden, scheint grundsätzlich eine größere Offenheit für Variation zu bestehen. Dieser Eindruck mag damit zusammenhängen, dass in solchen Fällen i.d.R. keine institutionellen Instanzen über die Korrektheit des Rituals befinden; soziale oder politische Instrumentalisierungen sind dadurch ebenfalls ausgeschlossen. Stattdessen bilden die Teilnehmenden gemeinsam die kontrollierende Instanz: Abweichungen und Veränderungen sind zulässig, solange keiner der Anwesenden einschreitet und solange keine negative Evaluation auftritt. Ein weiterer Faktor, der persönliche Rituale für individuelle Modifikationen zugänglicher macht, besteht in der meist geringeren funktionalen und sozialen Last, die Rituale im privaten Bereich tragen. Darunter verstehe ich folgendes: Wenn eine Gesellschaft als Ganzes einen rituellen Akt kollektiv bezeugt und die dadurch intendierte Veränderung der Realität signifikant mitträgt, unterscheiden sich die pragmatischen Bedingungen von denjenigen innerhalb einer Familiengemeinschaft. So sind im Familienkreis deutlich weniger unterschiedliche Status-, Interessens- oder Bildungsdifferenzen auszugleichen, wodurch beispielsweise Identitäts- und Gemeinschaftsstiftung weniger kommunikativen Aufwand fordern. Auch Rituale mit weniger konkreten oder mit stärker individuellen, emotionalen Funktionen, z.B. zur Kanalisierung bestimmter positiver oder negativer Gefühle, oder orgiastische Rituale, die eine hohe Gruppendynamik besitzen, scheinen *per se* offener für Variationen zu sein. Für die Frage nach der Zulässigkeit von Variation kann auch die Regulierung von gewissen Handlungsspielräumen eine zusätzliche Rolle spielen.[52] In Tabelle 5 sind die beiden Tendenzen einander nochmals gegenübergestellt.

3.5 *Agency*

Agency oder auch Handlungsmacht sind Begriffe[53] zur Beschreibung sozialer und psychischer Mechanismen und Zusammenhänge. Im vorliegenden Kontext können sie hilfreich sein, da derartige Gesichtspunkte auch bei der Definition und Beschreibung von Ritualen Verwendung finden. Besonders inte-

---

52 Legitimierte Variationsspielräume erlauben es, Rituale an individuelle Situationen anzupassen; vgl. 7.6.1.3.

53 In der Soziologie und Anthropologie hauptsächlich geprägt von Giddens (1979; 1984) und Bourdieu (z.B. 1996; 1998). Speziell mit Bezug und Anwendung der Modelle auf Rituale: Krüger et al. 2005.

TABELLE 5 Stabilität vs. Variation

Stabilität		Variation
öffentliche Rituale/Staatskult	⇔	stärker personalisierte oder private Rituale
gesamtgesellschaftliche Funktion	⇔	Funktion für Individuen/Gruppen
starke Kontrolle durch institutionalisierte Instanz (Priesterkollegien, politische Gremien)	⇔	keine definierte Kontrollinstanz (Gemeinschaft der Teilnehmer als offene Instanz)
Verzahnung mit politischen Aspekten (Kultfunktionäre in politischer Funktion)	⇔	private/individuelle Einbindung (Emotionalisierung, Gruppendynamik)

ressant ist dabei die Frage, in welchem Zusammenhang *Agency*-Phänomene mit dem Grad der Stabilität oder der Zulässigkeit von Variation bei der Durchführung eines Rituals stehen. Darüber hinaus wird weiter unten (Abschnitt 7.5) darauf zurückzukommen sein, ob und inwiefern sich Effekte von Handlungsmacht auch in der sprachlichen Erfassung und Behandlung von Ritualen äußern.

3.5.1 *Handlungsmacht von Ritualen und in Ritualen*

In einer möglichst weit gefassten Definition dient das Konzept der Agency dazu, zu beschreiben,

> wer mit wem was in welcher Weise macht/machen kann, wessen Wirkung wem (dem Individuum, der Gesellschaft, anonymen Mächten etc.) zugerechnet werden kann und was in der Macht des Einzelnen steht (faktisch oder als Vorstellung). *Agency* ist ein Grundbestandteil aller Konzepte, die erforschen oder erklären, wer oder was über welche Art von Handlungsmächtigkeit verfügt oder diese zugeschrieben bekommt bzw. als welchen und wessen Einwirkungen geschuldet etwas zu erklären ist.[54]

Mithilfe dieses Konzepts können Kausalitätsprinzipien innerhalb sozialer Gefüge erfasst werden, wobei zusätzlich menschliche und nicht-menschliche, individuelle und kollektive, emische und etische *Agency* differenziert werden

54 Helfferich 2012: 10.

können. Bei der Diskussion der möglichen Funktionen von Ritualen sowie bei der Betrachtung von Stabilität vs. Variation wurden bereits verschiedenen Wirkungsweisen von Handlungsmacht aufgegriffen; diese sollen nun nochmals mithilfe eines entsprechenden Beschreibungsmodells zusammenhängend erfasst werden.

In Bezug auf Rituale werden mehrere Arten von *Agency* unterschieden, die verschiedenen Ebenen oder Bereichen zugewiesen werden können, so z. B. von Krüger et al. (2005):

Zunächst besteht eine generelle Wirkmacht, die die Träger von Religionen und den darin eingebundenen Ritualen selbst – aus ihrer emischen Perspektive – den rituellen Handlungen zuschreiben (*ritual agency*).[55] Diese Zuschreibung erfolgt auf Basis des sozial- und individualpsychologischen Umstandes, dass die subjektive Vorstellung von der eigenen Handlungsmacht sowie von der Möglichkeit, die eigenen Lebensumstände selbstbestimmt zu gestalten, eine wichtige Determinante von Wohlbefinden, Gesundheit und Krankheitsbewältigung ist.[56] Dementsprechend beschreibt Handlungsmacht auch die Kapazität von Menschen „to act purposively and reflectively (…), to remake the world in which they live".[57] Rituale erzeugen z.B. das Gefühl, durch die Besänftigung der Götter oder die Entsühnung etwaiger Frevel selbst aktiv zur Beendigung einer Notzeit beitragen und so die Rolle der Passivität verlassen zu können.[58] Diese Abwendung von Ohnmacht und Herstellung von Handlungsmacht entspricht ebenfalls dem Konzept von *Agency*.[59] Häufig ist eine solche Art von Handlungsfähigkeit eng mit kulturellen Konventionen und Weltbildern verbunden, z. B. mit der Vorstellung, dass Götter für Naturerscheinungen verantwortlich sind und dass menschliches Verhalten Einfluss auf diese Götter ausüben kann. Durch derartige Naturmodelle, die empirische und superempirische Phänomene und Vorstellungen vermischen oder gleichsetzen, ergeben sich Ansatzpunkte für die Herstellung und Ausübung von Handlungsmacht durch die Praxis von Ritualen. Rituelle *Agency* wird zwar in erster Linie von Gemeinschaften und Gruppen (die das entsprechende Weltbild teilen und anerkennen) ausgeübt, ist aber dennoch auch für Einzelpersonen wahrnehm-

55 Krüger et al. 2005: 22.

56 Vgl. Bethmann et al. 2012: 25.

57 Holland et al. 1998: 42.

58 Die Beeinflussung bleibt zwar stets eine heikle und nicht ohne weiteres kontrollierbare Angelegenheit; dennoch scheint der psychologische Effekt äußerst wirkungsvoll.

59 Vgl. Krüger et al. 2005: 22–24; sowie die Arbeiten von Bandura (1982; 2006) zur Bedeutung von wahrgenommener *self efficacy* und *agency* für Motivation und Leistungsfähigkeit.

bar und einsetzbar, wie beispielsweise die Schadenszauber der *defixiones* als individuelle Krisenbewältigungsstrategien zeigen.

Ein weiterer Aspekt der *Agency* bezieht sich darauf, wer unter den Ritualhandelnden berechtigt ist, Veränderungen an einem Ritual vorzunehmen und Geschehen und Abläufe zu gestalten. Dies wird als Gestaltungsmacht (oder *performative agency*)[60] bezeichnet und z. T. explizit in den zugehörigen Texten thematisiert.[61] Auch die Zurückführung bestimmter Praktiken auf namentlich genannte Urheber stellt einen Hinweis auf die Autorität dieser (historischen oder fiktiven) Personen bei der Gestaltung des Rituals und einen Ausdruck ihrer Handlungsmacht dar. Eine solche Autorisierung scheint in solchen Fällen sogar fester Bestandteil und Grundlage der Wirkmacht des betreffenden Rituals zu sein.[62]

Schließlich ist noch diejenige Handlungsmacht zu berücksichtigen, durch die ein vollzogenes Ritual als gültig bewertet und anerkannt werden kann. Diese *Agency* der Evaluation und Akzeptanz der korrekten Durchführung wird auch als Verwaltungsmacht (*administrative agency*)[63] bezeichnet. Im Zusammenhang mit der Stabilität von Ritualen wurde bereits festgestellt, dass ein offizielles Gremium mit institutionalisierter Verwaltungsmacht anders agieren und eine größere *Agency* ausüben kann, als wenn diese Macht diffus auf eine ganze Gemeinschaft verteilt ist.

Auch wenn im Zusammenhang mit Ritualen verschiedene *Agency*-Ausprägungen beschrieben werden können, stehen diese doch als Teile eines einzigen Systems in engen Wechselbeziehungen zueinander und sind nicht isoliert zu betrachten. Die Wirksamkeit eines Rituals hängt immer vom jeweiligen, individuellen Kontext seines Vollzugs, von der Handlungsmacht seiner Akteure und von seiner Evaluation durch die betreffenden verwaltungsmächtigen Instanzen ab, wie Stollberg-Rilinger zusammenfasst:

> Auch ein *nicht* korrekt vollzogenes Ritual kann wirkmächtig sein, wenn alle Umstände unproblematisch sind und niemand daran denkt, es anzufechten. Und umgekehrt: Auch ein korrekt vollzogenes Ritual kann unter Umständen wirkungslos bleiben, wenn etwa die Autorität der Akteure in Zweifel gezogen wird.[64]

60 Krüger et al. 2005: 20–22.
61 Z. B. durch die Optionalität bestimmter Handlungen; s. u. 7.6.1.
62 S. u. 6.8.4.
63 Krüger et al. 2005: 24–25.
64 Stollberg-Rilinger 2013: 202.

Das bedeutet im Hinblick auf die Zulässigkeit von Variation und spontaner Abweichung vom standardisierten Ablauf, dass diese ein Ritual nicht automatisch wirkungslos machen, sondern nur dann, wenn die relevante Instanz entscheidet, dass die Abweichung so gravierend ist, dass sie das Gelingen verhindert. Es ist durchaus vorstellbar, dass in der Geschichte eines bestimmten Rituals die gleiche Abweichung einmal toleriert wurde und ein anderes Mal dazu führte, dass die Wirksamkeit des Rituals nicht anerkannt wurde. Bei Ritualen mit institutionalisierter Instanz ergibt sich dadurch die Möglichkeit, dass die Entscheidung über das Gelingen selbst instrumentalisiert wird und weitreichendere Dimensionen annimmt. So verweist Rüpke (2001) darauf, dass *fail-and-repair*-Prozesse von den Opfernden bewusst genutzt werden konnten, um ihre Ernsthaftigkeit oder Gottgefälligkeit vor der ganzen Gemeinschaft unter Beweis zu stellen. Durch die Wiederholung eines kostspieligen Opfers bis zu seiner Annahme konnte z.B. kommuniziert werden, dass der Opferherr das Unterfangen, für welches das Opfer gutes Gelingen garantieren sollte, mit aller Zielstrebigkeit verfolgte und dass ihm dabei die Unterstützung durch die Götter unverzichtbar war. Diese Botschaft konnte bei der Entscheidung für Kriege oder Schlachten von Bedeutung sein.[65] In Bezug auf das römische Prodigienwesen, stellt Rosenberger (2005) die Instrumentalisierung der senatorischen Entscheidungsmacht fest: Die Entscheidung, ob ein Phänomen, das Grenzen und Ordnungen verletzte, tatsächlich als göttliche Botschaft bewertet wurde, oblag dem Senat und war dementsprechend von politischen Faktoren beeinflussbar,[66] z.B. vom Umgang mit den italischen Städten:

> Die Entsühnung von italischen Prodigien in Rom war Ausdruck der Fürsorge für das Herrschaftsgebiet und zugleich Demonstration des Anspruchs, auch in religiösen Angelegenheiten die oberste Instanz zu sein; ferner bildete die Prodigienentsühnung das Fundament für eine stärkere religiöse Gemeinsamkeit zwischen der Stadt Rom und den beherrschten Gebieten.[67]

65 Rüpke 2001: 148–150.

66 Auch pragmatische Aspekte konnten die Anerkennung als Prodigium beeinflussen; so ist für das Jahr 173 v. Chr. eine Heuschreckenplage als zu entsühnendes Prodigium verzeichnet (Liv. 42,2,5); eine weitere Heuschreckenplage im folgenden Jahr wurde hingegen nicht als göttliches Zeichen behandelt, da ihr verheerendes Ausmaß konkrete Gegenmaßnahmen erforderlich machte (Liv. 42,10,7–8). Vgl. Rosenberger 2001: 74–75.

67 Rosenberger 2005: 236.

Die Beispiele zeigen, dass die menschlichen Akteure innerhalb religiöser Systeme durchaus eigene Handlungsmacht besitzen:

> Es entspricht einem modernen rationalistischen Missverständnis (…) anzunehmen, aufrichtiger Glaube und zweckrationales Handeln stünden notwendig im Widerspruch zueinander.[68]

Vielmehr ist die menschliche Handlungsmacht in den meisten Glaubenssystemen durch bestimmte Strategien (wie Opfer, Gebete, Divination) klar geregelt, auch wenn sie meist nicht gleichmäßig auf alle Handelnden verteilt ist oder bewusst wahrgenommen wird.

3.5.2 *Grenzen der Handlungsmacht?*

Natürlich ist die empfundene Gestaltungs- oder Handlungsmacht in einigen Fällen nicht oder nur begrenzt mit der tatsächlichen Möglichkeit der Einflussnahme gleichzusetzen, z.B. im Fall von Naturkatastrophen oder Seuchen. Gerade wenn durch ein Ritual keine gesellschaftsgetragenen Statusänderungen vollzogen, sondern Phänomene beeinflusst werden sollen, die (aus heutiger Sicht) außerhalb des menschlichen Einflusses stehen, scheint das *Agency*-Konzept nicht tragfähig. Es kann sich allerdings auch in solchen Fällen durch die Möglichkeit zur Re-Evaluation, z.B. mittels Feststellung von Ritualfehlern und Reparaturprozessen, selbst aufrechterhalten.[69] Daneben tragen auch psychologische Effekte dazu bei, dass der Einflussbereich von ritueller Wirkmächtigkeit bestimmte Einschränkungen überschreiten kann: So können selbst Realitätsänderungen, die faktisch oder naturwissenschaftlich gesehen unbeeinflussbar sind, doch z.T. in erheblichem Umfang durch die entsprechende Wahrnehmung und das Verhalten der Ritualbeteiligten beeinflusst werden. Dieser aus der Psychologie bekannte Effekt geht auf das Thomas'sche Theorem zurück, welches besagt: „If men define situations as real, they are real in their consequences“[70] und ist heute als Konzept der *self fulfilling prophecy* populär. Eine sich selbst erfüllende Prophezeiung bezeichnet dabei „a *false* definition of the situation evoking a new behaviour which makes the originally false conception come *true*“[71] und kann in verschiedenen rituellen Kontexten zum Tragen kommen. Wenn z.B. vor einer entscheidenden Schlacht ein römischer Feldherr durch ein korrekt vollzogenes Opfer seine Gottgefälligkeit beweist und die

68 Stollberg-Rilinger 2013: 205.
69 S.u. 7.5.3.
70 Thomas/Thomas 1928: 571–572.
71 Merton 1948: 195; für einen Forschungsüberblick vgl. Sharma/Sharma 2015.

Soldaten überzeugt, dass sie der Unterstützung durch die Götter gewiss sein können, so wird sich diese innere Einstellung und subjektive Wahrnehmung mit einer gewissen Wahrscheinlichkeit in deren Kampfesmut und Siegeswillen äußern und u. U. entscheidend zum positiven Ausgang des Unterfangens beitragen. Einen ähnlichen Effekt auf die sekundären Adressaten kann auch die bereits erwähnte rituelle Selbstopferung (*devotio*) des Feldherrn als letztes militärisches Mittel besitzen (s. o. 3.2.1). Selbst im Falle von Beschwörungen und Gelübden, die den Gesundheitszustand einzelner Personen oder Personengruppen betreffen, kann die Überzeugung von der Wirksamkeit ritueller Handlungen eine Tendenz zur intendierten Realitätsänderung zumindest positiv beeinflussen.

Die Beleuchtung der Aspekte und Wirkweisen der Handlungsmacht von und in Ritualen zeigt, dass zahlreiche und z. T. versteckte Mechanismen involviert sind, die in einigen Fällen absichtlich verschleiert werden und in anderen den Trägern eines Rituals nicht bewusst zugänglich sind. Die häufig vertretene Annahme, dass in antiken Ritualtraditionen von einer Unterwerfung unter erstarrte Formen religiöser Verehrung und einer konstanten Furcht vor Fehlern auszugehen sei, ist daher wenigstens einzuschränken.

3.6 Religion und Ritual als *coping mechanisms*

Die Überzeugung, die eigenen Lebensumstände aktiv gestalten und beeinflussen zu können, lässt sich mit weiteren Faktoren als Teil eines ganzheitlichen Konzepts begreifen, das auf psychologischer, soziologischer und medizinischer Ebene beschreibt, welche Voraussetzungen menschlichen Individuen zu körperlicher und geistiger Resilienz und Gesundheit verhelfen. Das als *Salutogenese-Konzept* bekannte Modell kann auch dazu beitragen, die ganz praktische Rolle und Funktion von religiösen Systemen und Ritualen, zumal in antiken Gesellschaften, noch besser zu verstehen. In den 1970er und 80er Jahren erforschte der Medizinsoziologe Antonovsky die Zusammenhänge zwischen der subjektiven und individuellen Wahrnehmung von Sinnhaftigkeit und Kohärenz der eigenen Umwelt und der Fähigkeit, Stress und Krankheit erfolgreich zu bewältigen.[72] Er erweiterte den Fokus der Medizin auf diejenigen Faktoren, die bewirken, dass eine Erkrankung nicht ausbricht oder erfolgreich bewältigt werden kann. Da er eine ganzheitliche Betrachtung des Pati-

72 Mit seiner Forschung revolutionierte er viele bis dahin etablierte Vorstellungen von Krankheit und die Konzentration auf deren Ursachen und Auslöser.

enten befürwortete, suchte er nach solchen Anpassungsfähigkeiten auch auf kultureller und sozialer Ebene. Von ihnen hängt letztlich ab, wie Menschen auf die ihnen begegnenden Lebensereignisse reagieren, d.h. wie erfolgreich sie Stressoren bewältigen und daran wachsen können;[73] dieses Spannungsmanagement wird als *coping* bezeichnet.

3.6.1 *Kohärenzsinn*

Zentral ist dabei nach Antonovsky der „Kohärenzsinn" (*sense of coherence*),[74] d.h. das Vertrauen,

- dass die Erfahrungen, die sich im Laufe des Lebens ergeben, vorhersehbar und erklärbar sind
- dass die eigenen Ressourcen die Bewältigung dieser Erfahrungen ermöglichen
- und dass die damit verbundenen Anstrengungen lohnend sind.[75]

Diese Aspekte von Verstehbarkeit (*comprehensibility*), Handhabbarkeit (*manageability*) und Sinnhaftigkeit (*meaningfulness*) der eigenen Lebensumstände werden gerade in antiken Gesellschaftsmodellen von religiösen Weltbildern und von Ritualen geleistet. Dies ist in der Antike sicherlich in einem anderen, eher größeren Umfang der Fall als heute, da Religion nicht nur oder nicht in erster Linie als individuelle spirituelle Sinngebung erfahren wurde. Vielmehr sind religiöse Systeme in der Antike in einer Vielzahl von praktischen Bereichen kohärenzstiftend und wirken u.a. als naturwissenschaftliche Erklärungsmodelle, soziale Normgebung, historisch-kulturelle Sinn- und Identitätsstiftung, kommunikative Konventionen und therapeutische Konzepte.[76] Gerade das Fehlen eines Zugangs zu psychischen und emotionalen Zusammenhängen scheint häufig durch eine Verlagerung der Probleme in den superempirischen Bereich ausgeglichen worden zu sein. So besaßen religiöse Weltbilder offenbar ein hohes Potential, auch negative Geschehnisse sinnhaft einzubinden und ihnen so verstehbare Kausalzusammenhänge und Lösungsansätze zu verleihen. Zusätzlich eröffnete sich die bereits besprochene Möglichkeit, durch

---

73 Als Stressor definierte Antonovsky „eine Lebenserfahrung, die durch Inkonsistenz, Unter- oder Überforderung und fehlende Teilhabe an Entscheidungsprozessen charakterisiert ist" (Antonovsky 1997: 44). Zu negativem und positivem Stress („Distress" und „Eustress") vgl. Höfer 2000: 79–82; ein prominentes Beispiel ist der Fall des *posttraumatic growth*, s. dazu z.B. Calhoun/Tedeschi 2006.

74 S.u. Kapitel 8 zu Kohärenz im linguistischen Sinne und deren Bedeutung für die Verstehbarkeit eines Textes.

75 Antonovsky 1997: 36.

76 Vgl. zur psychotherapeutischen Wirkung hethitischer Beschwörungsrituale Haas 2003 und Christiansen 2019; zur möglichen Anwendung als Traumatherapie Roth 2020.

Rituale die subjektive Empfindung von Handlungsmacht zu generieren, die eine zentrale Voraussetzung für die positive Transformation von Krisen darstellt. Indirekt scheint darüber auch ein Einfluss auf das physische Wohlergehen möglich, da sich die Konzepte von Spannung und Stressoren sowohl auf den psychisch-emotionalen als auch auf den physiologischen Zustand beziehen.[77]

3.6.2 *Religion und Psychologie*

Vor diesem Hintergrund werden heute Möglichkeiten erforscht, Religiosität und Spiritualität in die psychotherapeutische Praxis einzubeziehen und ihr Potential als Coping-Strategien systematisch zu nutzen.[78] Aktuelle Untersuchungen bestätigen die Annahmen Antonovskys dahingehend, dass religiöses Coping nicht funktionell redundant gegenüber nicht-religiösem Coping ist. Als positive Maßnahmen[79] wurden u.a. die Rückbesinnung auf die eigene Religiosität, Intensivierung der Gottesbeziehung, Vertrauen in Gottes Liebe und Fürsorge sowie Bitten um göttliche Vergebung erwiesen.[80] Auf den ersten Blick wird deutlich, dass diese Strategien eine völlig andere Vorstellung des Göttlichen repräsentieren als sie bei antiken Glaubensgemeinschaften festzustellen ist. Sie zeigen eine moralisch-spirituelle Prägung im Gegensatz zu der praktisch orientierten Religiosität antiker Kulturen. Allerdings wird auch der Aspekt der „kooperativen Problemlösung“, gemeinsam mit Gott, angesprochen. Gerade dieses kooperative Coping, das eine Aktivierung der eigenen Handlungsmöglichkeit auf Basis von religiösem Vertrauen und mit Gott als Partner generiert, scheint eine besonders erfolgreiche Strategie zu sein.[81] Hier kann durchaus eine funktionale Parallele in antiker religiöse Praxis in Bezug auf ihr Potential als Bewältigungsstrategie zu sehen sein: Antike Rituale sind einerseits fest in religiöse Weltbilder verankert und von diesen als Rahmenbedingungen abhän-

---

77 Ein Zusammenhang entsteht durch die erfolgreiche Bewältigung von Stressoren: Durch deren Transformation in salutogene Erfahrungen werden emotionale Lernprozesse und körpereigene Belohnungssysteme aktiviert; vgl. Höfer 2000: 86–94. Das Kohärenzgefühl kann so auch auf der physiologischen Ebene gesundheitsfördernd sein.

78 S. z.B. Paloutzian/Park 2005; Büssing et al. 2015.

79 Zwingmann/Klein 2013: 30–31.

80 Spirituelles Coping kann auch durch negative Strategien erfolgen: u.a. durch Infragestellen der Macht Gottes oder Bewertung der Situation als göttliche Strafe; vgl. Zwingmann/Klein 2013: 31. Einige dieser Aspekte werden unten (7.5.1) nochmals aufgegriffen.

81 Im Vergleich mit Modellen, welche die Handlungsfähigkeit nur beim Menschen (Gefahr von Überforderung) oder nur bei Gott (Gefahr von Passivität) verorten. Die drei Coping-Stile werden „aktiv-selbständig“, „passiv-delegierend“ und „kooperativ“ genannt. Vgl. Pargament 1997.

gig. Sie generieren aber, wie bereits gezeigt, zugleich ein hohes Selbstwirksamkeitspotential und eine aktive Rolle der Menschen. Ein kooperativer Stil kann hier also ebenfalls angenommen werden, auch wenn Religiosität grundlegend anders konzipiert ist.

Der Status von religiöser Praxis als Ressource und Resilienzfaktor entspricht bestimmten (konstanten) Grundbedingungen der menschlichen Psyche. Er kann durch die Berücksichtigung der o.g. Ergebnisse auch in Bezug auf historische Religionssysteme untersucht werden. Auch die Identitätsbildung von Individuum und Gemeinschaft und die Etablierung einer kohärenten Relation von Selbst und Umwelt sind als grundlegende und umfassende Kulturleistungen von Religion anzusehen. Diese Umstände machen den Phänomenkomplex zu einer der zentralen Widerstandsressourcen antiker Gesellschaften und ihrer Individuen.

KAPITEL 4

Hethitische Rituale

In der hethitischen Kultur und Gesellschaft spielen Rituale eine besondere Rolle – das zeigt schon allein die umfassende Dokumentation, die in den Archiven der Hauptstadt des Hethiterreiches, Ḫattuša, aber auch zunehmend in den Archiven weiterer wichtiger Städte des Reiches zutage kommt. Rituale gliedern das Jahr und haben Einfluss auf die Abläufe in Natur und Gemeinwesen. Sie sind notwendig für den Erfolg verschiedenster Unternehmungen im militärischen, sozialen und persönlichen Bereich und im Besonderen Garant für körperliche, psychische und soziale Gesundheit und Wohlergehen des Königs, der Repräsentant der gesamten Gemeinschaft, wie auch jedes einzelnen Individuums ist. Die Texte vieler dieser Rituale wurden immer wieder kopiert und besitzen dadurch eine z.T. mehrere hundert Jahre überspannende Tradition.[1] Die ältesten Versionen einiger Ritualtexte sind ins 15. Jh. v. Chr. datierbar; Kopien wurden bis zum Ende des hethitischen Reiches hergestellt. Die so entstandene immense Menge an Texten und Textfragmenten, die Rituale beinhalten oder berühren, lässt sie uns schier omnipräsent im hethitischen Reich erscheinen. Dennoch bleibt eine definitive Beurteilung vieler Aspekte des hethitischen Ritualwesens immer noch schwierig. Das liegt zunächst an der Tatsache, dass wir es nicht mit einer homogenen, kanonisierten „hethitischen Religion" (im Sinne unserer heutigen Auffassung) als „Trägerin" dieser Ritualpraktiken zu tun haben, sondern eher mit einem Nebeneinander verschiedener Kulte mit ihren jeweiligen räumlichen und zeitlichen Erstreckungsbereichen, die sich im Laufe der Überlieferungsgeschichte verändern und gegenseitig beeinflussen konnten. Damit in Zusammenhang steht u.a. die zu verschiedenen Zeiten unterschiedlich große Ausdehnung des Reiches und somit die variierenden Berührungen mit anderen Kulturen und deren Religionssystemen und Traditionen. Die Vielzahl der Einflüsse und Beziehungen auf religiöser Ebene sowie die Wandelbarkeit der Bedeutung, welche die Rituale zu verschiedenen Zeiten für den hethitischen Staatskult einerseits und die verschiedenen lokalen Kultzentren andererseits besaßen, machen sie in einigen Punkten immer noch schwer zugänglich für unsere Interpretation.[2] Der enge und wechselnde Kontakt mit benachbarten Kultur- und Sprechergemeinschaften spielt in besonderer Weise

1 Vgl. Marcuson/van den Hout 2015: 145 mit Überlegungen zu den genauen Modalitäten der Texttransmission.

2 Vgl. allgemein zum Thema Mouton 2016: 21–27 sowie die Einführungen bei Taracha 2009; Col-

 | DOI:10.1163/9789004436596_005

auch für die Frage nach der Entstehungs- und Entwicklungsgeschichte der Rituale und Ritualtexte eine Rolle: Von „hethitischen Ritualen" zu sprechen, stellt in den meisten Fällen eine Vereinfachung dar, die der Komplexität der Traditionen nicht gerecht wird. Denn obwohl die archivierten Rituale in hethitischer Sprache verschriftlicht sind, ist zugleich deutlich, dass nicht in allen Fällen die hethitische Kultur und Religionspraxis als deren historischer Ursprung identifiziert werden kann. Die Frage nach dem Ursprung der verschiedenen Rituale ist mit mehreren Problemen verbunden, auf die in der Forschung häufig hingewiesen wurde;[3] so fasst z. B. Christiansen (2012: 23) zusammen:

> Charakteristisch für die keilschriftliche Überlieferung aus Ḫattuša ist, dass in ihr Eigenständiges mit Traditionen anderer Sprach- und Kulturgemeinschaften seit Beginn der Überlieferung verschmolzen ist. Dabei sind die Einflüsse „von außen" jeweils verschieden. Auch lassen sie sich je nach Textsorte und Epoche unterschiedlich gut nachvollziehen.[4]

Als andere „Sprach- und Kulturgemeinschaften" sind zentralanatolisch-hattische, nordanatolisch-palaische, südwestanatolisch-luwische, südostanatolisch- und nordsyrisch-hurritische sowie syromesopotamisch-akkadische Traditionen zu bestimmen. Deren ursprüngliche Versionen von Ritualen (aber auch anderen Textsorten, wie Mythen und Epen oder Orakeltexte) konnten einerseits von hethitischen Schreibern übersetzt werden. Andererseits konnten aus ihnen im Laufe der hethitischen Traditionsbildung auch einzelne Elemente entnommen und neu kombiniert oder mit genuin hethitischen Elementen verschmolzen werden, so dass sich vielfach kaum mehr zu trennende Amalgame bildeten, vgl. Christiansen 2012: 542:

> Da diese Traditionen zum Teil in den Texten zusammengeflossen sind und in einigen Fällen Quellen der jeweils anderen Kultur nicht oder nur

lins 2007 (zur Religion: 157–195) und Haas 1994; zu Beschwörungsritualen im Besonderen die Einleitungen bei Christiansen 2006 und Miller 2004.

3 S. auch Haas 2003: 32–48 mit einem Überblick über die verschiedenen Traditionen; Torri 2003: 2 oder Schwemer 2015b: 23; daneben die Versuche, einzelne Traditionen und ihre spezifischen Charakteristika zu beschreiben, wie z. B. Miller 2004 und Christiansen 2006 zu kizzuwatnäischen Beschwörungsritualen oder Görke (in Vorbereitung) zu den palaischen Elementen und ihrer Verschmelzung mit weiteren Traditionen in einigen Festritualen.

4 Christiansen verweist an dieser Stelle auch auf die Tatsache, dass möglicherweise zwischen einer Verschmelzung von Kultpraktiken und einer Verschmelzung von Texttraditionen zu unterscheiden ist, und betont damit einmal mehr die potentielle Eigenständigkeit der letztgenannten; vgl. Christiansen 2012: 23 besonders FN 54 mit weiteren Verweisen.

> in eingeschränktem Maße zur Verfügung stehen, fällt es generell nicht leicht zu beurteilen, welche Anteile auf welche Kultur zurückzuführen sind. Aufgrund des Gesagten ist der Nachweis traditionsgeschichtlicher Beziehungen schwierig zu führen.

Einige Angaben innerhalb der Texte erlauben jedoch gewisse Zuordnungen, worauf z.B. Torri (2003: 2) verweist:

> Questo permette di individuare diversi gruppi all'interno del corpus, che si distinguono l'uno dall'altro per scopo, esecutore e destinatario.

Weitere Indikatoren, die eine Zuordnung einzelner Elemente ermöglichen, sind:
- Namen von Ritualhandelnden und Lokalangaben in Incipit und/oder Kolophon
- Praktiken, Materialien oder Konsumptabilien, die eindeutig geographisch zuordenbar sind oder nicht-hethitische Bezeichnungen tragen
- Rezitationen und Ausrufe in nicht-hethitischen Sprachen wie Hattisch, Palaisch oder Luwisch
- Götternamen, die bestimmten Regionen zugeordnet werden können

Obwohl man sich dieser keineswegs einheitlichen Situation immer bewusst sein sollte, wenn man versucht ist, von den „hethitischen Ritualen" zu sprechen, kann es in manchen Kontexten ggf. sinnvoll sein, diese terminologische Vereinfachung in Kauf zu nehmen, um bestimmte Aussagen bzgl. übergreifender Eigenschaften treffen zu können, die gleichwohl existieren. Die eigentliche Heterogenität sollte jedoch immer präsent gehalten werden, v.a. was differenziertere Angaben über die verschiedenen Ritualtypen und -traditionen und deren Zuordnung zu einer Kulturtradition betrifft.

Eine weitere Erschwernis für die Erfassung der hethitischen Religionsausübung stellt die Tatsache dar, dass die Überlieferungslage uns in einige Ritualtypen sehr großzügige Einblicke gewährt (v.a. die Festrituale des offiziellen Staatskultes sowie auf den König/das Königshaus bezogene Beschwörungsrituale), während andere Bereiche (z.B. die private, individuelle Fest- und Kultpraxis der „normalen Menschen" sowie bestimmte geographische oder zeitliche Schichten) oft weniger gut erschließbar sind. In der Forschung besteht zudem weiterhin Uneinigkeit über die Frage, ob die Ritualtexte als präskriptiv oder deskriptiv, als „Rollenbücher" oder „Protokolle" zu verstehen sind, ob sie Funktionstexte oder literarische Kompositionen als Produkt eines längeren Redaktionsprozesses darstellen. Eine der Kernfragen ist und bleibt also, wie im Allgemeinen und im jeweiligen Einzelfall der „Sitz im Leben" der hethitischen Ritualtexte zu bewerten ist – und zwar gerade auch angesichts ihrer z.T. redundant erscheinenden Vervielfältigung und Archivierung.[5] Eine weitere Schwierigkeit betrifft die Tatsache, dass die Überlieferung aus althethitischer Zeit deutlich geringer ist als diejenige mittel- und junghethitischer Ritualtexte. Auch Texte mit eindeutig zentralanatolischem oder genuin hethitischem Ursprung sind seltener als solche mit hattischen, luwischen oder hurritischen Einflüssen aus der Peripherie des hethitischen Sprachgebietes.[6] Für die vorliegende Untersuchung habe ich kein erschöpfendes Textkorpus bearbeitet, sondern mich auf die Auswahl einzelner, mehr oder weniger typischer Textvertreter von Festritualen und Beschwörungen beschränkt. Diese werden aber immer durch Beispiele und Parallelen auch aus anderen Texten ergänzt, so dass sich insgesamt ein weiterer Blickwinkel ergibt. Dabei war die Absicht, die unterschiedlichen Typen hethitischer Ritualtexte zu repräsentieren sowie möglichst keine ganz späten oder geographisch ganz randständigen Texte aufzunehmen.[7] Traditionell werden die hethitischen Ritualtexte nach Kriterien wie Anwendungsbereich, Funktion und Adressaten in unterschiedliche Gruppen klassifiziert, die im Folgenden (4.1 bis 4.3) kurz vorgestellt werden.

4.1 Hethitische Eide

Eine eigene Gruppe ritueller Praktiken wird als Eide oder auch Eidrituale zusammengefasst. Diese bilden eine funktional einheitliche Kommunikationsform, die bereits in der frühen indogermanistischen Forschung als Selbstverfluchung bei Nichteinhaltung beschrieben wurde und die außerhalb des Hethitischen besonders aus der vedischen Literatur bekannt ist (z.B. RV 7,89). Bestimmte Elemente wurden dabei immer wieder als indogermanisches Erbe angesprochen.[8] Die Praxis der Vereidigung ist aber ebenso bei den Völkern des Alten Orients bezeugt und deshalb auch innerhalb der Altorientalistik schon

5 S. zu dieser Diskussion ausführlicher unter 6.8.3.3.

6 Zum räumlichen und zeitlichen Ungleichgewicht der Überlieferung vgl. z.B. Görke 2007a mit weiterer Literatur.

7 Kultinventare sind aufgrund ihrer Uneinheitlichkeit ausgeklammert; es geht im Folgenden nur um konkret auf Ritualhandlungen und -praktiken bezogene Texte. Ausführlich zur Textgruppe der Kultinventare Cammarosano 2012; 2013.

8 Vgl. die kultur- und religionsgeschichtliche Einordnung der hethitischen Eide bei Oettinger 1976: 71–76 mit einem Fokus auf den als urindogermanisches Erbe anzusprechenden Elementen; hier werden v.a. der Aspekt der Selbstverfluchung und die Bedeutung der Wassergottheiten als Überwachungsinstanzen von Eiden und der Präferenz von wasserbezogenen Strafen bei Eidbruch (Wassersucht) hervorgehoben.

früh untersucht und charakterisiert worden, vgl. z.B. Mercer (1911: 31) zum Eid im babylonischen und assyrischen Schrifttum:

> The Babylonian and Assyrian oath was a solemn promise or declaration made under divine sanction or penalty and ratified by spoken word, action, or word and action.

Hinsichtlich mehrerer zentraler Eigenschaften stimmen die babylonisch-assyrischen Eide mit denjenigen indogermanischer Kulturen überein: Die Verpflichtungsfunktion, der Aspekt der bedingten (Selbst-)Verfluchung sowie die Überwachung und Sanktionierung durch bestimmte Gottheiten sind keine kulturspezifischen, sondern eher funktionale Charakteristika, so dass die hethitischen Eide sowohl in indogermanischer wie auch in altorientalischer Tradition zu beleuchten sind.

Die prominenteste Gruppe innerhalb der hethitischen Überlieferung stellen die sogenannten militärischen Eide dar (s. zu einer Gesamtübersicht der Eide als „schicksalsbestimmende Kommunikationsformen" mit weiteren Texten aber Christiansen 2012). In der Forschung wurden diese Texte längere Zeit v.a. als Sammlungen von Eidformeln bzw. „bedingten Analogieverfluchungen im Rahmen von Vereidigungen" (Christiansen 2009: 44) betrachtet, die keine sprachlichen Verweise auf die Einbettung in ein kohärentes Ritual enthielten (z.B. durch sequenzierende Elemente);[9] dadurch stand ihr Status als Rituale und die Beziehung zu den Beschwörungsritualen zunächst weniger im Vordergrund. Es scheint aber eindeutig, dass die Formeln nur in tatsächliche Rituale (oder auch *oath ceremonies*, vgl. Schwemer 2015b: 39) eingebettet ihre Funktion erfüllten, deshalb werden sie inzwischen vermehrt als Eidrituale gesehen und bezeichnet.[10] Rezitationen und manuelle Handlungen der Eide sind dabei eng verwandt oder sogar identisch mit denjenigen, die in Beschwörungsritualen zur Abwendung oder Rückprojektion von vermuteten Behexungen oder

9 Vgl. dazu Christiansen 2009: 43–44: „Im Gegensatz zu anderen hethitischen Ritualtexten enthält der Text jedoch keinerlei sprachliche Elemente, die eine zeitliche Abfolge markieren, wie ‚dann, danach, am nächsten Morgen' etc. (…) Diese Charakteristika sind meines Erachtens ein Indiz dafür, dass es sich nicht um ein einheitliches Ritual, sondern um eine Sammlung von *bedingten Analogieverfluchungen* im Rahmen von Vereidigungen handelt"; Christiansen 2012: 352 lehnt die Ansprache als einheitliches Ritual auch weiterhin ab, spricht aber nun explizit von *„militärischer Vereidigungsriten"* (Hervorhebungen T.R.).

10 Vgl. Christiansen, die sich 2009 noch vorsichtig über die Eide äußert, 2012 aber explizitere Aussagen zu deren Status machen: „Als Beispiel für einen solchen Text sind *die als Ritualanweisung gestalteten* sogenannten Militärischen Eide (CTH 427) zu nennen, die ein normwidriges Handeln der Soldaten unter Fluch stellen" (2012: 33; Hervorhebung T.R.).

Verleumdungen durch meist unbekannte Opponenten eingesetzt werden, nur dass es sich eben um bedingte (Selbst-)Verfluchungen der vereidigten Personen handelt und nicht um die reverse Form der Unschädlichmachung von Flüchen und Behexungen.[11] So greifen die Eide besonders stark auf die Prinzipien der Analogie und Kontiguität zurück, um die negativen Konsequenzen einer möglichen Verletzung des Eides auszudrücken und gleichzeitig sinnlich erfahrbar und anschaulich zu machen. Sprachlich führt das zu spezifischen Mustern, die Christiansen (2012: 349–350) so zusammenfasst:

> Charakteristisch für den Text ist, dass die bedingte Fluchformel meist in einen Komparativsatz eingebettet ist, der auf die vorangehende manuelle Handlung bzw. auf die darin verwendeten Objekte dergestalt Bezug nimmt, dass sie mit dem Schicksal verglichen werden, das den Eidbrüchigen ereilen soll.

Diese sprachliche Struktur kann anhand eines Beispiels aus dem ersten Militärischen Eid verdeutlicht werden:

(2) KBo 6.34+ Vs. II 7–18[12]
ki-i-wa-kán ^{UZU}SA
ma-aḫ-ḫa-an ḫa-aš-ši-i anda ḫu-ur-ša-ak-ni-e-et-ta
MUN-*aš-ma-kán* GIM-*an ḫa-aš-ši-i an-da*
pár-ši-it-ta-˹ri˺ na-aš-˹ta˺ ˹ku-iš˺ ku-uš NI-IŠ
DINGIR-*LIM šar-ra-˹ad-da˺ ˹na-aš-ta˺* [*A-NA* LUGAL K]UR ˹^{URU}*ḫat-ti*˺
ap-pa-a-li da-a-i nu-za-an A-NA KUR ^{URU}*ḫat-ti* ^{LÚ}KÚR-*li*
IGI$^{\text{ḪI.A}}$-*wa da-a-i na-an ke-e NI-IŠ* DINGIR-*LIM*
ap-pa-an-du na-aš ^{UZU}SA-*aš i-wa-ar*
ḫu-ur-ša-ak-ni-ia-ad-da-ru MUN-*aš-ma i-wa-ar*
pár-ši-it-ta-ru MUN-*ia* GIM-*an* NUMUN-*ŠU* NU.GÁL
a-pé-e-da-ni-ia-kán UN-*ši ŠUM-ŠU* NUMUN$^{\text{ḪI.A}}$-*ŠU*
É-*ŠU* GU$_4$$^{\text{ḪI.A}}$-*ŠU* UDU$^{\text{ḪI.A}}$-*ŠU QA-TAM-MA ḫar-ak-du*
„Wie diese Sehne im Herd verschmort und das Salz im Herd zerprasselt, so sollen den, der diese Eide übertritt, indem er [dem König] des Ḫattilandes gegenüber Verrat begeht und seine Augen feindlich auf das Ḫattiland

11 Vgl. Christiansen 2012: 24: „Die Beschwörungsrituale enthalten nicht nur Fluch- und Segensformeln, sondern sind auch generell für die Thematik aufschlussreich, da Krankheiten und andere Störungen häufig auf Verfluchungen zurückgeführt werden und die Rituale zum Ziel haben, sie abzuwenden und in Segen zu verwandeln".

12 Vgl. Oettinger 1976: 8–11; Christiansen 2012: 360.

> richtet, diese Eidgötter ergreifen und er soll wie die Sehne verschmoren und wie das Salz zerprasseln. Und wie das Salz keinen Samen hat, so soll jenem Menschen sein Name, seine Nachkommenschaft, sein Haus, seine Rinder und seine Schafe ebenso zugrunde gehen!"

Die Eidrituale geben so indirekt auch Aufschluss darüber, wie nach hethitischer Vorstellung Schadenszauber über andere verhängt werden; sie repräsentieren ebenfalls rituelle Aktivität mit dem Ziel, Schaden zuzufügen. Allerdings ist diese Intention an eine Bedingung (den Eidbruch) geknüpft und soll damit zuallererst die Einhaltung sozialer Normen und Pflichten garantieren; vgl. Giorgieri 2005: 324:

> Wegen seines verfluchenden Charakters wurde dann der Eid bei den Völkern des Vorderen Orients zu einem wichtigen Instrument, um die Einhaltung des gegebenen Wortes zu garantieren, besonders im Rahmen der politischen Beziehungen, wo er verbindliche Abmachungen verschiedener Art sanktionierte.

Die Praxis repräsentiert somit ein legitimiertes Prinzip der Erzeugung von (moralischer) Loyalität und (rechtlicher) Verbindlichkeit zwischen Parteien.[13] Die drei Phänomene, Eid, Beschwörung, Behexung besitzen also schadenstiftende Ritualpraxis als gemeinsame Schnittstelle, aber jeweils verschiedene Einsatzbereiche sowie verschiedene Perspektiven darauf und Bewertungen davon.

In der vorliegenden Untersuchung werden die Eide (also sowohl Formeln als auch parallele Analogiehandlungen) nicht berücksichtigt; dies ist u.a. damit begründet, dass bestimmte Aspekte, die hier besonders im Fokus stehen (z.B. Kohärenz von Handlungsablauf und darauf referierendem Text; Sequenzierung und Handlungsabfolge; Anweisungscharakter), in den Eiden weniger stark repräsentiert sind und dass diese abgegrenzte spezifische Kommunikationsfunktionen und sprachlich-textliche Charakteristika besitzen (s. zu diesen Themen außerdem umfassend Christiansen 2012).

13 Die Eidrituale stellen so in gewisser Weise legitimierte und akzeptierte Fälle von bedingter „schwarzer Magie" (heth. *alwanzatar*) dar und geben dadurch Aufschluss über die Vorstellung, die die Hethiter von bösartigen und sozial schädlichen Ritualpraktiken hatten. S. dazu auch unter 4.3.4.

4.2 Hethitische Festrituale[14]

Die hethitischen Festrituale sind Zeremonien, die einem festen kalendarischen Rhythmus folgen. Sie werden als öffentliche und regelrecht staatstragende Akte inszeniert; ihre Funktion ist zum einen das Aufrechterhalten oder In-Gang-Setzen der natürlichen und jahreszeitlichen Prozesse, wie am Beispiel der verschiedenen Jahreszeitenfeste besonders gut nachzuvollziehen ist. In diesem Sinne repräsentieren sie Erklärungsmodelle für natürliche Phänomene, die das Leben der Menschen in hohem Maße bestimmen, und ordnen diesen göttliche Kausatoren zu, durch deren Wirken die Prozesse verstehbar und behandelbar gemacht werden. Andererseits wirkt ihr Potential stark sozio-politisch und trägt zur Festigung und Aufrechterhaltung gesellschaftlicher Strukturen und Abläufe bei. Hethitische Rituale lassen sich also innerhalb des Funktionsspektrums antiker Religionen als kulturelle Coping-Mechanismen wie auch als Instrumente zur Erzeugung und Aufrechterhaltung sozialer Handlungsmacht verstehen.

4.2.1 *Funktionen von Festritualen*

V.a. Frühjahrsfeste, wie das *purulli*-Fest, sind in ihrer Funktion eindeutig bestimmt und eingeordnet. In der konkreten Vorstellung bedeutet das v.a. die Aktivierung der jeweils zuständigen Gottheiten und ihrer mit den natürlichen Prozessen verbundenen Lebenskräfte, welche Fruchtbarkeit, Wachstum und Wohlstand hervorbringen. Die Ritualhandlungen sind in solchen Fällen häufig mit mythologischen Erzählungen verknüpft oder verschränkt, wobei sich die beiden Textgattungen gegenseitig stabilisieren und referenzieren können.[15] Auf der anderen Seite steht die für die ganze Gemeinschaft zentrale Person des Königs (mitsamt seiner Familie) regelmäßig im Mittelpunkt großer öffentlicher Rituale, die seine charismatischen Kräfte, sein Wohlergehen und reiche Nachkommenschaft herstellen oder aufrechterhalten sollen. An den Zeremonien sind neben den Hauptakteuren, dem König und/oder den Mitgliedern des Königshauses sowie den für den jeweiligen Kult zuständigen Priesterinnen und Priestern, zahlreiche weitere Personen und Gruppen beteiligt: Beschwörungs- und Orakelpriester, Auguren, Tempelpersonal, Palastangestellte, Musiker, Sänger und Tänzer, Köche, Mundschenke und Tafeldecker. Sie

14 Haas 1994: 674–695; eine Aufarbeitung und Edition des Gesamtkorpus der hethitischen Festrituale findet derzeit im Zuge eines Akademie-Langzeitprojekts an der Akademie Mainz, der Universität Marburg sowie der Universität Würzburg statt.

15 Vgl. zum Zusammenhang und zur Abgrenzung von Ritual und mythologischem Weltbild Roth 2018.

können eine bestimmte Funktion oder Rolle im Ritualablauf übernehmen und in den Ritualtexten explizit erwähnt werden.[16] Auch hohe politische Funktionäre oder Beamte können in ein Festritual eingebunden sein; besonders in der Großreichszeit sind Vertreter verschiedener Gremien und Abgesandte der Landesteile, Provinzen und Städte Teil der „großen Versammlung", wodurch den betreffenden Ritualen auch weitreichende politische Aspekte wie Herrschaftslegitimation und Autoritätsbestätigung zukommen.[17] Ausgerichtet am Kultkalender der Hauptstadt und unter der Regie deren Priesterschaften wurden Festrituale im ganzen Herrschaftsgebiet durchgeführt; die wichtigsten Feste scheinen ab der mittelhethitischen Periode in Ḫattuša zentralisiert worden zu sein.[18] Diese zunehmende Politisierung von Religion bzw. Götterkulten korrespondiert zweifellos mit der sozio-politischen Entwicklung des Hethiterreiches, der zunehmenden Ausdehnung des Herrschaftsgebietes über Zentralanatolien und Nordsyrien und der Institutionalisierung der Machtstrukturen. Die ursprünglich v.a. naturbezogenen, ökonomisch-ökologischen (Wetter und Ernte) sowie individualpsychologischen (persönliche Gesundheit und Wohlergehen) Funktionen von Götterglaube und -verehrung scheinen im Zuge dieser Entwicklungen zunehmend erweitert und funktionalisiert worden zu sein. Die öffentlichen und als gemeinschaftstragend konzeptualisierten Rituale und die Kontrolle über ihre Ausführung wurden damit mehr und mehr zum machtpolitischen, aber auch gesellschafts- und identitätsstiftenden Instrumentarium. Oftmals beinhalteten sie z.B. Prozessionen des Königs(paares) zu wichtigen Kultzentren, wie im *purulli*-Fest, wo die Städte Arinna, Zippalanda und Nerik bereist wurden.[19] Hier sind Aspekte der Machtlegitimierung und die Konstruktion und Pflege kultureller Identitäten gut zu greifen: Durch die Integration ursprünglich nur lokal vertretener Ausprägungen in den Staatskult und die technische Verbindung der ursprünglich eigenständigen religiösen Praktiken werden v.a. die gemeinschaftsstiftenden Kräfte der Rituale ausgeschöpft. Ein

16 Zu den beteiligten Personen und v.a. den Priestern in Festritualen s. Görke 2016a mit dem Hinweis, dass in Festritualtexten selbst und gerade im Vergleich zu anderen kultbezogenen Textsorten wie den als *royal instructions* zusammengefassten administrativen Texten (vgl. Miller 2013) oder Kultinventaren, oftmals auffällig wenig Priester erwähnt werden.

17 Die Tatsache, dass die „große Versammlung" oft am Ende eines Rituales (oder eines einzelnen Festtages) steht, wie bspw. beim KI.LAM Fest, korrespondiert nach Görke 2008: 54–55 und 66 mit dem Eindruck, dass die (aktive) Personenbeteiligung sich im Laufe der Festrituale steigert und zum Ende ihren Höhepunkt erreicht. Bei den in der Öffentlichkeit vollzogenen Handlungen (d.h. außerhalb der Tempel/des Palastes und während der Prozessionen) dürfte eine große Anzahl passiver Zuschauer dazukommen.

18 Vgl. Haas 1994: 680.

19 S. dazu CHD P s.v. *purulli*, mit Hinweisen auf weitere Städte.

weiteres Zeugnis für die integrierende Funktion der Religion ist der Import von Göttern und ihren Kulten in die Hauptstadt sowie die Aufnahme fremder Gottheiten ins Staatspantheon, wie sie auch mit der politischen Inkorporation Kizzuwatnas ins hethitische Reich einherging.[20]

Zur Bezeichnung der Festrituale wird das Sumerogramm EZEN$_4$ „Fest" verwendet[21] sowie i.d.R. die jeweilige spezifische Benennung, z.B. EZEN$_4$ *ḫarpiyaš* „Fest der Ernte" oder EZEN$_4$ *purulliyaš* „das *purulli*-Neujahrsfest".[22] Kalenderfeste definieren ganz unterschiedliche Zeitpunkte und -räume als sakral: Neben jährlich stattfindenden Jahreszeitenfesten der Aussaat (im Herbst), des Winters, des Sprießens (im Frühjahr) und der Ernte (im Sommer), existieren monatliche Kalenderopfer für bestimmte Gottheiten, und ebenfalls einige Feste in größeren, sechs- oder neunjährigen Zyklen.[23] Die rituellen Handlungen und Gestaltungskomponenten der Festrituale speisen sich aus einem relativ feststehenden Repertoire und umfassen verschiedene Arten der Darbringung von Speise- und Trankopfern, insbesondere Tieropfer, die üblicherweise im zentralen gemeinsamen Mahl mit den verehrten Gottheiten verzehrt werden. Damit stellen die Opfer wie in den meisten antiken Kulturen einerseits Geschenke der Menschen an die Götter dar, besitzen aber ebenfalls die Funktion der Vergemeinschaftung zwischen Menschen und Göttern. Beide Aspekte lassen sich zusammenfassen als Herstellung bzw. Aufrechterhaltung eines Reziprozitätsverhältnisses mit dem Charakter gegenseitiger Verpflichtung.[24] Zu den Opferhandlungen treten bestimmte Gesten, Tänze und szenische Darbietungen, sprachliche Äußerungen wie Ausrufe, aber auch Gebete, Gesänge und musische Darbietungen.[25] Sogenannte selbstwirksame Praktiken wie Ana-

20 Strauß (2006: 9–10) verweist auf die Schwurgottlisten der Staatsverträge, die dies seit Šuppiluliuma I. belegen; Görke 2007b bespricht (Imparati 1979a und b folgend) die Integration des Kultes der wohl als nordsyrisch zu verortenden Göttin NINGAL, welche durch die kizzuwatnäischen Königinnen Nikkalmati und Ašmunikal gefördert worden sein dürfte. Informationen über die Einrichtung neuer Kulte und den Import fremder Gottheiten sind in einigen Fällen auch den annalistischen Berichten der Könige zu entnehmen; Singer (1994) stellt heraus, dass Übernahmen und Integration fremder Kulte nur innerhalb eines anatolischen *inner score* stattgefunden haben und i.d.R. durch persönliche machtpolitische Verbindungen gestützt wurden.

21 Heth. Lesung *šiyamana-* nach Singer 1983:45; zu *kallištawarna-* „party, festival" s. Puhvel HED K: 22–24.

22 Der allgemeine Terminus für Kult(handlungen) lautete *šaklai-* (v.a. im Pl.) „custom", oft im Zusammenhang mit *išḫiul-* „verbindliche Vereinbarung, Vertrag"; vgl. auch Schwemer 2016: 2.

23 Ausführlicher dazu Haas 1994: 692–695.

24 Im Sinne von Mauss 1925.

25 Zur musikalischen Gestaltung der Festrituale s. Badalì 1991.

logiezauber sowie kathartische und apotropäische Handlungen finden sich ebenfalls als Elemente von Festritualen, z. B. bei der Reinigung bestimmter Gottheiten von Zorn oder anderen negativen Emotionen (vgl. die Besänftigung des Telipinu nach dessen Verschwinden und Wiederkehr; CTH 324).[26] Schließlich sind auch divinatorische Verfahren in Form von Orakelanfragen mögliche Teile von Festritualen.[27] Sie können außerhalb der eigentlichen Ritualhandlungen eingesetzt werden, um nötigenfalls Auskunft über Stimmung und Haltung der Götter in Bezug auf bestimmte Modifikationen des Ablaufs oder der Opfergaben einzuholen.[28] Sie sind aber z. T. auch Bestandteil der Festrituale selbst und können der Ermittlung bestimmter Details oder Handlungsschritte dienen.[29]

4.2.2 *Textsorten mit Bezug auf Festrituale*

Festrituale als Handlungskomplexe sind in unterschiedlichen Textsorten greifbar, die sich durch einander ergänzende Funktionen auszeichnen und in denen jeweils ein bestimmter Aspekt der Organisation und Durchführung (je für eine bestimmte Adressatengruppe) im Mittelpunkt stehen kann. Die Festritual*texte* lassen sich also unterschiedlichen Bereichen des komplexen Kultapparates zuweisen, die Schwemer in folgenden Kategorien erfasst:[30]

(a) Outline tablets covering more than one festival
(b) Outline tablets covering one complex festival
(c) 'Day tablets' or 'daily outlines'
(d) Tablets detailing rations
(e) Tablets detailing recitations and chants
(f) Royal orders and proclamations regulating the cult
(g) Cult inventories
(h) Oracle reports and related texts
(i) Writing boards

Diese Vielzahl an Textsorten, die alle auf spezifische Weise mit einem Ritual verbunden sind, stellt sozusagen die maximale Ausprägung der verfügbaren

26 Für die Unterscheidung zwischen „Ritual" und „Magie" s. 3.3 und 7.4.10 .

27 Vgl. Haas 2008: 129–130 und s. u. 7.5.4.3.2.

28 Z. B. Nachholtermine für wegen Feldzügen versäumte Feste oder Erweiterungen der Opfergaben; vgl. Haas 2008: 129 mit Verweis auf CTH 481: „Die Umsiedlung des Götterbildes in den neuen Tempel erfolgt am fünften Tage dann, wenn es (d. h. das Orakelergebnis) für den Ritualherrn ‚positiv' (ist). Wenn es aber für ihn nicht günstig (ist), erfolgt der Umzug erst am nächsten Tag".

29 Vgl. Haas 2008: 130 zu einem möglichen Beispiel vom 19. Tag des AN.DAḪ.ŠUM^{SAR}-Festrituals; außerdem Haas 1994: 678, 807.

30 Schwemer 2016: 7–11 mit Besprechung und Literatur zu den Kategorien.

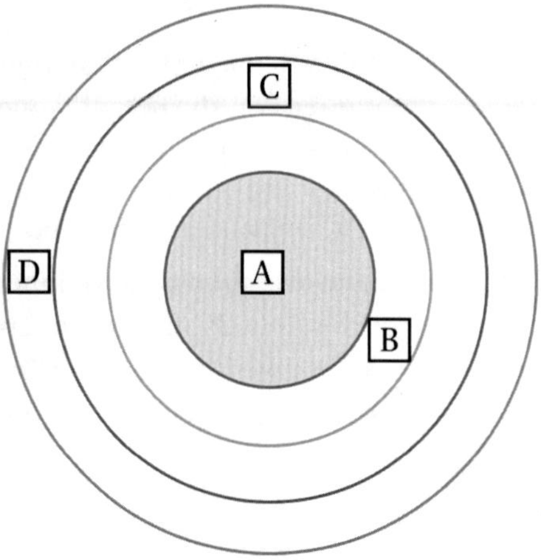

ABB. 8 Abstufung hethitischer Texte nach Kultbezogenheit (nach Schwemer 2016)

Optionen dar und ist nicht in allen Fällen tatsächlich gegeben. Sie repräsentiert die Vielzahl an Aufgaben und Funktionen, die im Zusammenhang mit der Vorbereitung und korrekten Durchführung von Festritualen erfüllt werden müssen. Singer erstellt anhand des für das KI.LAM-Fest belegten funktionalen Spektrums der Tafelserien eine Art Grundgerüst. Demzufolge müssen die Aspekte „step by step description of all the rites“, „liturgy recited by the cult functionaries“ und „prescriptions for the logistic aspects“ auf einer einzigen oder mehreren funktional differenzierten Tafeln (aus der obigen Übersicht) eines Festes abgedeckt sein, damit dieses „complete and performable“ sei.[31]

Die Einzeltextsorten sind dabei unterschiedlich eng auf die konkrete Durchführung (die uns hier am meisten interessiert) bezogen und an ganz unterschiedliche Adressaten(gruppen) gerichtet. Sie lassen sich in dieser Hinsicht als konzentrische Kreise um die konkrete Kultpraxis visualisieren (vgl. Abb. 8): Je nachdem, ob sie direkt auf die Kulthandlungen bezogen und an die unmittelbaren Hauptakteure adressiert sind oder sich mit peripheren, organisatorischen und logistischen Themen befassen und damit an mittelbar Beteiligte gerichtet sind, liegen sie enger oder weiter vom Zentrum entfernt.

A Texte mit direktem Bezug bzw. Vorschriften zu den kultischen Handlungen, die während des Rituals durchzuführen sind; hauptsächlich an die verantwortlichen Spezialisten (Priesterinnen und Priester), sekundär

31 Vgl. Singer 1983: 52.

auch an die weiteren Beteiligten (König/Königin und weitere) gerichtet. Diese Gruppe umfasst die oben genannten Textsorten a) bis c) d.h. *outline tablets* für mehrere Feste (eines Kultortes oder alle Kultverpflichtungen des Königs während eines Jahres) oder einzelne komplexe Festrituale sowie Samples, die nach zeitlicher oder räumlicher Einheit zusammengestellt sind.

B Texte, die ausschließlich die Festliturgie beinhalten (entspricht der Gruppe e) *tablets detailing recitations/chants*) also Detailauszüge aus dem Ritual, die nur den entsprechenden Priester betreffen und die in den *outline tablets* häufig nicht ausformuliert enthalten sind. Die auf eigenen Tafeln festgehaltenen Gebete oder Lieder sind bisweilen keinem spezifischen Ritual, sondern einer bestimmten Gottheit zugeordnet und daher wohl in verschiedenen Ritualen verwendbar, insofern die betreffende Gottheit darin vorkommt.

C Texte, die mit der Kultregulierung befasst sind, d.h. einerseits königliche Proklamationen oder Edikte mit Bezug auf Veränderungen oder Restaurierung eines Kultes (= f), sowie Texte, welche die Kontrolle der korrekten Durchführung und des Glückens der Rituale (Kultorakel) behandeln (= h); hierher passen auch Instruktionen für das Tempelpersonal, in denen es um die Instandhaltung und Pflege des Kultortes auch außerhalb der Feste selbst geht. Die Instruktionen unterscheiden sich sprachlich von den Ritualvorschriften, v.a. hinsichtlich ihrer direktiven Gestaltung.[32]

D Rationenlisten, welche Kultorganisation und Logistik, also v.a. die Kultökonomie betreffen (= d). Die Textgruppe richtet sich an verschiedene Institutionen und Personengruppen und scheint damit die größte und „kultfernste" Adressatengruppe zu besitzen. Hierher gehören auch einige der Kultinventare (= g), wobei diese aufgrund ihres heterogenen Charakters nur schwer einer einzigen Ebene zuzuordnen sind.[33]

Ein Punkt, der zu Diskussionen über die Funktion und Anwendungsweise der Ritualtexte geführt hat, ist die große Menge der Abschriften und Duplikate sowie der verschiedenen Textsorten, in denen Festrituale häufig vorliegen. Die Argumentation geht hier oft dahin, den Einsatz der Texte während der Durchführung der Rituale (als Gedächtnisstütze oder Ablaufplan) und somit ihre konkrete Bedeutung für die Ritualpraxis in Frage zu stellen, da für eine solche Funktion auch mit deutlich weniger Textexemplaren gearbeitet hätte werden können. Schwemer widerspricht dieser Annahme und hält die bezeugte

32 Vgl. zu den hethitischen Dienstanweisungen Miller 2013; 2011 und s.u. S. 253.

33 Zum Thema Kultinventare vgl. Cammarosano 2012; 2013.

Textmenge mit Hinblick auf verschiedene Faktoren für plausibel erklärbar. Diese betreffen den offenbar aufwändigen und in mehreren Schritten erfolgten Dokumentations- und Redaktionsprozess,[34] sowie die große Zahl der beteiligten Kultinstitutionen und -personen,[35] den umfangreichen (und ständig ausgebauten) Festkalender und die große Anzahl und wachsende Komplexität der einzelnen Feste. Die enorme Bedeutung der vollständigen und korrekten Durchführung der Rituale ist durch mehrere Dokumente gut nachweisbar;[36] sie dürfte ebenfalls ihren Beitrag zu der hohen Verbindlichkeit der Ritualtexte und der dadurch bedingten Sorgfalt bei deren Redaktion und Archivierung beigetragen haben.[37]

Für den Zweck meiner Untersuchung beschränke ich mich auf die am engsten auf die Kultpraxis selbst bezogene Textebene, welche Ablauf und einzelne Handlungsschritte beschreibt. Dafür wurden bearbeitete Abschnitte der in Teilen auf althethitischen Ursprung zurückführbaren Festrituale des KI.LAM- und des AN.DAḪ.ŠUM^{SAR}-Festes berücksichtigt.[38]

4.2.3 *Das* KI.LAM-*Fest*[39]

Das „Torbau"-Fest trägt seinen Namen aufgrund der Tatsache, dass sich der König im Zuge des Festes „dreimal im KI.LAM niedersetzt", wobei das Sumerogramm dem heth. *ḫilammar-* „Torbau, Torhaus" entspricht, welches Singer hier spezifisch als Torhaus des königlichen Palastes identifiziert.[40] Die Benennung kann neben diesem wichtigsten KI.LAM aber möglicherweise auf die zahlreichen weiteren Tore anspielen, die der König im Verlaufe des Festes besucht oder passiert. Sprachliche und orthographische Eigenheiten weisen auf ein

---

34 Schwemer 2016: 25 „(…) the production of a festival text required inscribing more than one clay tablet or writing board".

35 Vgl. Burgin 2019 mit der Argumentation für eine funktionale Ausdifferenzierung der Texte nach ihren jeweiligen Benutzern bzw. Adressaten. Dazu auch noch 6.8.4 und 6.8.6 zur Bestimmung der Textfunktion(en).

36 Schwemer 2016: 3.

37 Vgl. Schwemer 2016: 25–26.

38 Zum KI.LAM-Fest die von Groddek (2004) bearbeitete althethitische Tafel KBo 38.12+; zum AN.DAḪ.ŠUM^{SAR}-Fest die ebenfalls althethitische Tafel KBo 19.128+ (Otten 1971), die Übersichtstafel KBo 10.20 (Güterbock 1960) sowie die unter CTH 612 zusammengefassten Beschreibungen des 16. Tages (Badalì/Zinko 1989); s. auch nochmals unten 6.8.5.1 und 6.8.5.2 zu den Texten.

39 Haas 1994: 748–771; Singer 1983 und 1984; Groddek 2004; zu den Kultprozessionen Görke 2008.

40 Singer 1984: 124; laut Haas (1994: 748) boten an diesem Gebäude(teil) die Händler dem König ihre Waren an, wodurch die Entsprechung zu akk. „Marktplatz" zustande gekommen sei (akk. *maḫīru* „Gegenwert, Kurs, Markt" = sum. KI.LAM).

(in Fragmenten auch erhaltenes) althethitisches Original hin, das aber v.a. in mittel- und junghethitischen Abschriften gut bezeugt ist. Es lässt sich anhand der Texte nachvollziehen, dass Teile des Rituals im Laufe seiner Anwendungszeit verändert wurden; so wird explizit auf Erweiterungen und Ausgestaltungen hingewiesen, die auf Initiative Tutḫaliyas IV. eingeführt wurden. Es scheint ein Anliegen gewesen zu sein, solche Veränderungen zu dokumentieren; einerseits sicherlich, um durch Verweis auf ihren Urheber und dessen Gestaltungsmacht Autorisierung und Rechtfertigung zu erzeugen, möglicherweise aber auch, um später den „Originalzustand" wiederherstellen zu können, falls dies notwendig werden sollte.[41] Hattische Fachterminologie und Theonyme, ebenso wie Kultlieder in hattischer Sprache, die in einer eigenen „liturgischen" Tafelserie dokumentiert sind, belegen den hattischen Ursprung des Rituals.[42] Als zugrunde liegende Funktion ist das Herbeiführen von Regenfällen (und damit im weiteren Sinne die Aufrechterhaltung der natürlichen Ordnung und Abläufe) feststellbar.

Die Ritualhandlungen des Festes finden durchgehend in der Hauptstadt Ḫattuša und ihrer unmittelbaren Umgebung statt[43] und bestehen zu einem großen Teil aus Kultprozessionen mit verschiedenen Objekten zu verschiedenen Häusern und Tempeln bzw. deren Toren. Die Hauptakteure sind dabei das Königspaar sowie weitere hochrangige Personen, wie der Kommandeur der Palastgarde, die Heerführer, aber auch der Küchenmeister und der Tafeldecker mit ihrem jeweiligen Stab sowie Herold und Barbier – Mitglieder des königlichen Hofstaates also. Die verantwortlichen Ritualspezialisten sind die Priesterinnen und Priester der beteiligten Tempel, Priester bestimmter Gottheiten und Vertreter verschiedener kultischer Berufsgruppen wie Musikanten und Chöre. Außerdem sind politische Repräsentanten verschiedener Provinzstädte und Vertreter bestimmter Zünfte oder Berufe beteiligt, wodurch sich ein erheblicher personeller Aufwand ergibt, der nach Görke (2008: 54–55) im Verlaufe des Festes kontinuierlich erweitert worden zu sein scheint.

41 Vgl. auch Christiansen 2016: 58–59; die Kennzeichnung ergänzter Partien kann auch für das Nachholen versäumter Feste Relevanz haben; dazu auch noch unter 7.5.6.

42 Vgl. dazu Klinger 1996: 236–241.

43 Anders Haas (1994: 748–749), der auch Arinna (Fortsetzung des Trinkzeremoniells) und Zippalanda (Schlachtopfer) als Schauplätze annimmt und damit das KI.LAM-Fest ebenfalls als Reisefest charakterisiert. Darauf gibt es allerdings keine Hinweise vgl. die Überblicksdarstellung des Festes bei Singer 1984: 121–133. Die über die drei Tage in Ḫattuša hinausreichenden Angaben zu Kulthandlungen in Arinna und Zippalanda scheinen demnach einem anderen Fest zuzuordnen zu sein.

Insgesamt dauern die Ritualhandlungen in der Hauptstadt wahrscheinlich drei Tage, wobei Singer annimmt, dass das als Quasi-Titel[44] verwendete „dreimalige Niedersetzen des Königs im KI.LAM" diese Dauer repräsentiert.[45] In den Kolophonen der *day-tablets* werden ausschließlich die Tage 1–3 dezidiert genannt; ebenso in Rationenlisten und liturgischen Tafeln. Die Kulthandlungen umfassen die erwähnten Umzüge und Prozessionen, die König und Königin entweder selbst durchführen (zu verschiedenen Tempeln und zur *ḫuwaši*-Stele[46] des Wettergottes außerhalb der Stadt) oder ihnen als Beobachter beiwohnen (wie die Prozession der göttlichen Kulttiere). Ein zentraler Bestandteil ist außerdem die feierliche Entrichtung von Abgaben und Verehrung des Königs durch die Vertreter der Provinzstädte. Außerdem wird auch eine „große Versammlung" erwähnt, die nach Singer am Ende des ersten Tages bei der *ḫuwaši*-Stele des Wettergottes stattfindet, aber offenbar später (vermutlich am Ende des Rituals?) noch einmal wiederholt wird.[47] Daneben ist ein Repertoire typischer Ritualelemente vertreten: verschiedene Trinkzeremonien, Handwaschungen, Handlungen an Objekten, Begrüßungen und Huldigungen, zahlreiche Ausrufe und Gesten. Eine Rolle spielt auch die bereits erwähnte „Ankündigung des Regens" und das „Regenzauberzeremoniell", die als ursprünglicher Kern des möglicherweise zunehmend politisierten Rituals betrachtet werden. Die zu vermutende politische Funktion äußert sich offenbar so, dass nicht wie bei Reisefesten (z.B. dem AN.DAḪ.ŠUM^{SAR}-Fest, s.u.) der König bestimmte Städte des Reichs aufsucht, um ihre kultische und politische Integration performativ zu vollziehen. Vielmehr erweisen hier die Vertreter verschiedener Städte dem König in der Hauptstadt ihre Reverenz und entrichten Abgaben.[48] Sie vollziehen dadurch gewissermaßen eine performative Erneuerung des Gefolgschafts- bzw. Treueverhältnisses. Das KI.LAM-Fest ist in mehreren Serien überliefert, von denen eine nach Tafeln, die andere nach Festtagen geordnet ist.

---

44 Ein anderer *subtitel* im Kolophon von KUB 20.4 (vgl. Singer 1984: 44) wählt offenbar die Prozession bzw. den wichtigsten Ortswechsel vom KI.LAM (Anfang) zum *ḫuwaši* (Ende) als namengebend für das Ritual; vgl. Singer 1984: 124.

45 So Singer 1984: 122–123.

46 Diese Stelen hatten nach Haas 1994: 507–509 grundsätzlich die gleiche Funktion und wurden genauso behandelt wie Götterstatuen. Sie repräsentierten also bestimmte Gottheiten bzw. deren Präsenz v.a. in Naturheiligtümern wie in Hainen oder an Flüssen. Zu den in der Umgebung von Kusaklı-Sarissa gefundenen *ḫuwaši*-Stelen s. noch Müller-Karpe 1999: 79–91 und zuletzt Müller-Karpe 2017: 121–129.

47 Vgl. Singer 1984: 129; zur Synopse der „großen Versammlung" und ihrer personellen Zusammensetzung Singer 1983: 74–80. Die Versammlung am Ende des Festtages bzw. am Ende des Festes korrespondiert mit dem angenommenen Ansteigen der Teilnehmerzahl; vgl. Görke 2008: 54–55.

48 Vgl. Haas 1994: 753–754.

Zwei weitere enthalten Übersichtstafeln sowie die Festliturgien in hattischer Sprache; eine letzte schließlich behandelt Konsumptabilien der Opfer und Festmahlzeiten (hierin sehen wir ein Beispiel für die den verschiedenen Funktionen zugeordneten Textsorten). Trotz zahlreicher Lücken ist der Ablauf insgesamt recht gut nachvollziehbar, wobei der erste Tag am besten erhalten ist; zum zweiten Tag werden v. a. Abweichungen im Vergleich zum ersten Tag angegeben (z. B. „am zweiten Tag gibt es kein *galdi*-Gefäß"); der dritte Tag ist am fragmentarischsten überliefert, scheint aber allem Anschein nach weitgehend parallel zum ersten gestaltet gewesen zu sein (z. B. hinsichtlich der großen Versammlung).[49] Singer kommt auf Basis des Materials zu dem Befund, dass der Ablauf grundsätzlich an allen drei Tagen der gleiche gewesen sein muss, wobei nur am zweiten einige Elemente ausgelassen worden wären. Diese dreimalige Parallelität werde auch durch das titulare „dreimalige Niedersetzen im KI.LAM" ausgedrückt.

4.2.4 *Das* AN.DAḪ.ŠUM^{SAR}*-Fest*[50]

Der Name des Festes basiert auf der Bezeichnung einer Gewürz- oder Gemüsepflanze, die vielleicht als Krokus oder Fenchel (also eine Knollenpflanze) angesprochen werden kann.[51] Allerdings nimmt die Pflanze offenbar keine allzu zentrale Rolle im Ritual ein: Sie wird als Teil eines Speiseopfers zusammen mit Gebäck an verschiedenen Tagen des Festes dargebracht, an anderer Stelle „legen" König und Königin an jeweils unterschiedlichen Orten „die AN.DAḪ.ŠUM^{SAR}-Pflanze hin"; die Pflanze selbst kann aber möglicherweise als Frühblüher und damit als Symbol für die Jahreszeit gelten, die durch das Ritual in Gang gesetzt werden soll.[52] Der Ablauf des Festes ist durch eine nahezu vollständig erhaltene Übersichtstafel (*outline tablet* KBo 10.20) nachvollziehbar;[53] zu einzelnen Ritualen bzw. Tagesabläufen existieren Aufzeichnungen durch die sogenannten „Ritual-/Tagestafeln" mit jeweils eigenständigen Serien für jeden Festtag. Die Überlieferungslage erlaubt zwar keine detaillierte Rekonstruktion, allerdings sind einzelne Tage oder Passagen besser erhalten und ediert worden und geben zumindest detaillierte Einblicke in den Ablauf der Tagesriten sowie in deren textliche Erfassung und Gestaltung.[54]

---

49 Vgl. Singer 1984: 130–131.

50 Zur Zusammenfassung s. Haas 1994: 773–826; speziell zum ersten Tag des Festes, aber mit einem Überblick zur aktuelleren Literatur s. auch Schwemer 2004.

51 Vgl. Farber 1991.

52 Vgl. KUB 25.18 Rs. IV 35′–37′.

53 Dazu Güterbock 1960; Houwink ten Cate 1986.

54 Zum 16. Tag des Festes s. Badalì/Zinko 1989; auch dem AN.DAḪ.ŠUM^{SAR} zugewiesen: Otten 1971.

Die Entstehung des Festes wird aufgrund einer entsprechenden Bemerkung Muršilis II. spätestens in der Zeit Šuppiluliumas I. verortet, der „für die Götter von Ḫatti und die Sonnengöttin von Arinna das AN.DAḪ.ŠUM^SAR(-Ritual)" festgesetzt habe.[55] Die älteste der vier erhaltenen Übersichtstafeln (B), die den Festverlauf mit den jeweiligen Zeremonien in den verschiedenen Städten nachzeichnen, wird in das 14. Jh. datiert; die Tafeln A, C, D und E werden der Zeit Tutḫaliyas IV. zugeordnet (diese enthalten Umgestaltungen),[56] ebenfalls die abweichende Version G.[57] Insgesamt werden im Kolophon der Übersichtstafel A 38 Festtage erwähnt. Dabei werden während eines Tages z.T. mehrere Orte besucht und zahlreiche verschiedene Handlungen vollzogen.[58]

Das AN.DAḪ.ŠUM^SAR-Fest stellt in der uns vorliegenden Form allem Anschein nach das Ergebnis eines kultischen Integrationsprozesses aus mehreren, ursprünglich selbständigen lokalen Frühlingsfesten dar, die mit verschiedenen Ritualen den Beginn des Vegetationsjahres in Gang setzen. Die Zusammenfassung der Frühlingsfeste der wichtigsten Zentren des hethitischen Kernlandes mit demjenigen der Hauptstadt Ḫattuša ermöglicht einerseits die kultische Zentralisierung dieser staatstragenden Rituale, andererseits stellt sie eine logistische Erleichterung für die Präsenz des Königs (auch als kultpolitisches Instrument) dar. Neben den agrarisch orientierten Funktionen (Regen herbeiführen, Fruchtbarkeit in Gang setzen) wird hier ebenfalls die „Stärkung des Charismas des Königspaares"[59] als wichtige Intention erkannt.

Das Fest beginnt in Ḫattuša mit einem großen Hofzeremoniell und einem wohl hierhin gehörigen Opferritual, das fast vollständig erhalten ist. Zahlreiche Götter werden einbezogen, darunter besonders auch Wettergottheiten und die Gottheiten verschiedener Städte (in zusammengehörigen Gruppen). Es lässt sich vermuten, dass diese Zusammenführung das Ergebnis der Evokation der lokalen Gottheiten aus eroberten Städten ist, also die Aneignung und Integration der jeweiligen Mächte. Auch hier sind alle Arten von Opfern enthalten: Beiopfer von Gebäck und Libationen, Räucheropfer und Tieropfer. Daneben finden sich zeremonialisierte Abläufe des Essens und Trinkens, Waschungen, Musik und auch Aufführungselemente wie Wettläufe. Zentraler Ort in Ḫattuša

---

55 KUB 19.22 (erg. Duplikat KBo 14.42) 1–2.

56 Die Neuerungen sind dokumentiert und jeweils mit ausdrücklicher Zustimmung der Götter vorgenommen worden.

57 A: KBo 10.20; B: KUB 30.39 + KBo 23.80 + KBo 24.112; C: KUB 10.94; D: KBo 45.16; E: KUB 44.39; (F: KUB 59.2 gehört wohl zum *nuntarriyasha*-Fest, s. Nakamura 2002); G: VS 28.1. Vgl. Schwemer 2004 für eine Besprechung.

58 Dazu Haas 1994: 772–826 mit einer ausführlichen Paraphrase der meisten Passagen.

59 Haas 1994: 775.

ist das *ḫalentuwa*-Gebäude, das immer wieder aufgesucht wird. In der Phase bis zum 8. Festtag erfolgen verschiedene Kultreisen in der engeren Umgebung der Hauptstadt:

Vom 3.–6. Tag des Festes findet die Rundreise der „göttlichen Jagdtasche" (ᴰ*kurša*-) statt, die den Gott Zitḫariya repräsentiert (daher auch „Zitḫariya-Askos").[60] Stationen dieser Prozession sind in chronologischer Folge Arinna, Ḫattuša, Tawiniya und Ḫiyašna. Parallel finden in Ḫattuša verschiedene Riten unter Beteiligung des Königs statt, die mit dem Erscheinen des Neumondes in Verbindung zu bringen sind. Zuletzt kehrt das *kurša*- nach Ḫattuša zurück, wo sich ein Opferfest mit Rinder- und Schafopfern anschließt.

Die Tage 7 und 8 umfassen Handlungen in und Reisen zwischen den Städten Ḫattuša, Matilla/Kulilla und Arinna, zu denen Zeremonielle in den Tempeln der Sonnen-, Getreide- und Totengottheiten sowie die Verehrung verschiedener Göttergruppen zählen.

Tag 9 und 10 beinhalten u.a. das Niederlegen der namengebenden AN.DAḪ.ŠUM^SAR^-Pflanze; die Orte Ḫattuša und Arinna werden genannt. Am 11. Tag erfolgt eine rituelle Bestattung des alten Jahres im Totentempel. Die Tage 12–23 sind verschiedenen Gottheiten gewidmet: Der Wettergott von Ḫatti, Ziparwa, die Sonnengöttin der Erde, Zababa, Telipinu, der Wettergott *piḫaššašši* und weitere Gottheiten werden durch verschiedene Zeremonien, Prozessionen und Opfer verehrt; wahrscheinlich spielt dabei auch ein Ahnenopferritual eine Rolle. An den Tagen 24–26 schließt sich ein Abschnitt im Tempel der Šawoška von Ḫattarina an; es folgt ein weiterer Festabschnitt in Ḫattuša (27–31). An Tag 32 erfolgt nochmals ein Ortswechsel in die Stadt Tauriša, wo der Schutzgott dieser Stadt sowie zwei Quellnymphen im Mittelpunkt stehen. Danach findet am 33. und 34. ein Festabschnitt auf dem Berg Pi/uškurunuwa statt (der wohl als Ganzes eine Erweiterung durch Tutḫaliya IV. darstellt und verschiedenen Berggöttern gewidmet ist). Der 35. und 36. Tag findet in Ḫarranašši bzw. Zippalanda statt, die Tage 37 und 38 in Ankuwa. Hier sind ein Regenfest, die Verehrung verschiedener Göttergruppen und die erneute Niederlegung der Knollenpflanze in verschiedenen Tempeln (zu kathartischen Zwecken?) enthalten; auch Zeremonielle mit Gebäck und Trinkzeremonielle, ein Ritus mit Genitalien zur Stärkung des Königs sowie natürlich Anrufungen und Gebete finden hier statt. Der Kolophon gibt folgende Auskunft über die Dauer des Festes: „Wie die Feste des AN.DAḪ.ŠUM^SAR^ zuerst ausgeführt sind; insgesamt (sind es) ein Monat und acht(?) Tage, welche man für die Feste des

60 Zur Götterreise der Jagdtasche im AN.DAḪ.ŠUM^SAR^-Fest vgl. Görke 2008: 62–63; zur Repräsentation der Götter durch Objekte s.u. 7.3.1.

AN.DAḪ.ŠUM[SAR] bestimmt. (Die Übersichtstafel) ist zu Ende“ und verweist auf die Erfüllung des Wortlautes des Orakels.[61]

Damit ist das Frühlingsfest deutlich länger und komplexer als das KI.LAM-Fest: Es besteht aus zahlreichen Einzelritualen mit unterschiedlichen Intentionen und für unterschiedliche Gottheiten in mehreren Städten; diese werden teilweise parallel an verschiedenen Orten vollzogen.[62] Es ist angesichts dessen jedenfalls kaum verwunderlich, dass für die korrekte Durchführung dieses Handlungsgeflechts entsprechende Vorschriften und Ablaufpläne sowie ein Apparat von Spezialisten zur logistischen und sakralen Organisation und Durchführung benötigt wurden.

4.3 Hethitische Beschwörungsrituale

Die Bezeichnung, die in den hethitischen Texten selbst für die sogenannten Beschwörungen vorherrscht, lautet SISKUR bzw. SÍSKUR „Ritual, Opfer“ (vgl. Schwemer 2016: 2). Es handelt sich dabei im Gegensatz zu den Festen um Rituale, die nicht institutionalisiert und kalendarisch verankert sind, sondern aus einer konkreten Notwendigkeit heraus und als Reaktion auf einen konkreten Auslöser oder eine bestimmte Symptomatik vollzogen werden. Dabei wird i.d.R. davon ausgegangen, dass auch die schriftlich überlieferten Beschwörungsritualtexte für die rituelle Behandlung des hethitischen Königs und seiner Familie archiviert sind, dass also auch dieser Teil der Ritualpraxis in seinem Bezug auf den König überhaupt erst dokumentiert wurde. Einige Beschwörungsrituale, die explizit für die Behandlung des hethitischen Königspaares oder sogar eines ganz spezifischen Königspaares wie Tutḫaliya und Nikkalmati intendiert sind,[63] unterstützen diese Auffassung. Sie begründet sich außerdem in der Bedeutung, die das körperlich-seelische, aber auch spirituelle oder kultische Wohlergehen des Königs für alle Teile der Gemeinschaft besitzt. Der Entdeckung, Diagnose und Behandlung von potentiellen Bedrohungen durch eine rituell erzeugte Affizierung des Königs wurde entsprechend große Sorgfalt beigemessen. Die Tatsache, dass Rituale aus allen Teilen des Reiches gesammelt und dokumentiert wurden (wobei Hattuša/Zentralanatolien selbst erstaunlich

---

61 Vgl. Haas 1994: 826; zum Kolophon auch Waal 2015: 408 mit abweichender Übersetzung bzgl. des Orakels. S. dazu noch unten 7.5.4.4.

62 Für einen geographischen Überblick, der die Topographie der Reiserouten und Stationen nachvollziehbar macht, s. jetzt Weeden 2017.

63 KBo 15.10+ vgl. ausführlich Christiansen 2007.

unterrepräsentiert ist),[64] weist ebenfalls auf diese Hintergründe hin. Dennoch ist davon auszugehen, dass „normale Menschen" in ihrem Leben den gleichen Indikationen begegneten und in diesem Fall ebenso Beschwörungsrituale praktizierten, ggf. mit bescheidenerer Ausstattung.[65]

4.3.1 *Autorschaft*

Beschwörungsrituale werden so gut wie immer einem konkreten, namentlich und genealogisch spezifizierten Urheber oder einer Urheberin zugeordnet.[66] Die Incipits der Texte beginnen dementsprechend regelhaft mit der onomastischen Formel *UMMA* x MUNUS (oder ^{MUNUS}ŠU.GI) bzw. LÚ ^{URU}y „folgendermaßen (spricht) x, Frau (oder „alte Frau", oft auch übersetzt als „Beschwörerin, Ritualistin") bzw. Mann der Stadt y". Sie kreieren dadurch für die Textrezipienten (ob nun auf realer oder fiktiver Basis) mit Namen und Herkunftsort identifizierte, autoritative Urheberinnen und Urheber des jeweiligen Rituals.[67]

4.3.2 *Verschriftlichungsprozess*

Eine weitere Schwierigkeit, welche die Frage nach Verschriftlichung und Tradierung der Rituale als Texte betrifft, besteht in dem Umstand, dass Autor(in) und Schreiber in jedem Fall verschiedene Personen waren, wie wir entsprechenden Angaben in einigen Kolophonen entnehmen können.[68] Dies wirft die berechtigte Frage auf, wie stark die Texte und ihre schriftliche Weitergabe von Faktoren wie „copying traditions, scribal schools, and redaction"[69] geprägt wurden und ob Abweichungen und Varianten innerhalb der Texte auf performativer oder doch eher auf transmissiver Ebene zu verstehen sind. Marcuson/van den Hout (2015) untersuchen deshalb Beschwörungsrituale auf Schreibvarianten und Überlieferungsfehler. Sie gelangen aufgrund der spezifischen Art der beobachteten Fehler zu dem Schluss, dass „a combination of memorization and copying" anzunehmen sei, „where most of the innovation occurs at the level of memory".[70] Damit widersprechen sie in mancherlei Hinsicht traditio-

64 S. Görke 2007a zur Verteilung.

65 Vgl. Haas 1994: 888 zur Passage „wenn er (der Ritualherr) aber ein Armer ist, dann macht [man] einen Esel aus Lehm [anstelle eines echten Tieres]" KUB 54.65+ Rs. III 33–34, Klengel 1984: 176, Bawanypeck 2005: 144–145; dazu noch ausführlicher unter 7.6.1.3.

66 Männer und Frauen sind als Verantwortliche bzw. Ritualhandelnde belegt; deshalb wird ggf. explizit auf männliche und weibliche Referenten Bezug genommen.

67 S. zu den Ausdrücken individueller Autorität als textspezifische Eigenschaften unter 6.8.4.4.

68 Vgl. Marcuson/van den Hout 2015: 145 mit Beispielen.

69 Marcuson/van den Hout 2015: 145.

70 Marcuson/van den Hout 2015: 163; s. dort auch zur ausführlichen Argumentation.

nell(er)en Auffassungen, die v.a. „copying traditions, scribal schools, and redaction"[71] als Ursachen für die Existenz verschiedener Textvarianten annehmen.[72] Schriftliche und mündliche Überlieferungslinie hätten sich aber, nach Marcuson und van den Hout keinesfalls ausgeschlossen, sondern könnten koexistiert (und sich an verschiedenen Punkten gekreuzt) haben: Auf der einen Seite stand die mündliche Überlieferung und Kommemoration im Zuge der praktischen Anwendung durch die Ritualspezialistinnen und -spezialisten.[73] Auf der anderen Seite entwickelte sich die schriftliche Überlieferung zur Dokumentation und Archivierung durch ausgebildete Schreiber im Zuge der offiziellen, staatlichen Regulation religiöser Praxis.[74] Auffällig im Zusammenhang mit den Herkunftsangaben ist die bereits erwähnte Tatsache, dass in den Archiven der Hauptstadt Ḫattuša v.a. Beschwörungsrituale aus den verschiedenen Provinzen des Reiches (Kizzuwatna, Nordsyrien, Arzawa, dem Unteren Land) – und nur in viel geringerem Umfang solche aus dem hattisch geprägten Zentralanatolien oder der Hauptstadt selbst vorhanden sind. Strauß (2006: 1) vertritt die Ansicht, dass das hethitische Königshaus, im Bestreben, sich gegen die Bedrohung durch Schadenszauber zu schützen, Rituale aus den verschiedenen Traditionen des Reiches dokumentieren und sammeln ließ.[75] Möglicherweise bestand gerade für diejenigen Praktiken aus der Peripherie des Reiches eine größere Notwendigkeit, schriftlich zugänglich und dadurch korrekt anwendbar zu sein.[76] Die lokalen Beschwörungsrituale und ihre Durchführung könnten

71 Marcuson/van den Hout 2015: 145.

72 So bspw. Miller 2004; Christiansen 2006; Görke 2010.

73 Vgl. auch Marcuson 2016: 24 „One could even (…) assume that it was the practitioners themselves who memorized and reproduced the texts or parts of the texts, as their own liturgical instructions (…) dictating them to scribes".

74 „The resulting picture renews credit to the declared authors of these texts, the ritual practitioners, many of whom are female, and none of whom appear to have been literate." (Marcuson/van den Hout 2015: 167). Überlegungen zum Verschriftlichungsprozess auch bei Christiansen 2006: 14–18 (mit Abriss der Diskussion zu diesem Thema) und Miller 2004: 485–486 (s. dazu noch unten 6.8.3).

75 Eine permanente Bedrohung durch Schadenszauber muss am hethitischen Königshof als sehr real empfunden worden sein, wie durch verschiedene Textsorten nahegelegt wird: Juristische Texte und königliche Erlässe regeln die Ahndung dieses Kapitaldeliktes; Gerichtsprotokolle weisen darauf hin, dass es (oder zumindest die Bezichtigung dessen) in der Praxis wohl nicht selten vorkam (vgl. Strauß 2006: 17–18). Zu einer kritischen Betrachtung der „schwarzen Magie" bei den Hethitern s. Miller 2010.

76 Ähnlich äußern sich auch Marcuson/van den Hout (2015: 166) unter Verweis auf die von Puduḫepa angeordnete Sammlung und Archivierung der Texte zum *ḫišuwa*-Fest: „There was apparently the occasional desire within royal circles to have certain texts at hand in the tablet collections". S. auch Haas 1994: 848–875.

den Spezialisten in Ḫattuša dagegen durch die mündliche und praktische Tradition geläufig und besser verfügbar gewesen sein.

4.3.3 *Anwendungsbereiche*

Die Bedingungen für die Anwendung eines Beschwörungsrituals sind in der hethitischen Praxis immer vergleichbar: Ein (bereits geschehenes oder zu erwartendes) negatives Ereignis oder eine ungünstige Situation soll behoben oder rückgängig gemacht werden. Als rituell zu behandelnde Symptome sind z. B. individuelle, aber auch kollektive Krankheiten („Seuchen") bekannt,[77] die abgewendet oder beendet werden sollen. Neben der rituellen Behandlung ist z. T. auch die Anwendung von pharmakologischen Heilmitteln bezeugt, allerdings in geringerem Umfang, wie Christiansen (2019) zusammenfasst. Sie weist in diesem Zusammenfang außerdem darauf hin, dass diese pharmakologischen Verfahren (die in der sumerischen und akkadischen Tradition stehen) in der Geschichte der altorientalistischen *Forschung* meist als „fortschrittlicher" oder „höherwertig" gegenüber den rituellen Behandlungsmethoden beurteilt wurden. Letztere seien traditionell dem Bereich der „Magie" zugewiesen und dadurch aus wissenschaftlicher Sicht abgewertet worden (Christiansen 2019: 52). Eine solche Perspektive der Forschung ist natürlich äußerst problematisch, zumal den Hethitern offenbar ein differenzierter und bewusster Umgang mit den ihnen verfügbaren Heilpraktiken attestiert werden darf: Die Anwendung von Arzneimitteln scheint überwiegend zur Behandlung von solchen Krankheiten eingesetzt worden zu sein, für die eine pharmakologische Therapie tatsächlich indiziert war.[78] Wichtigster Anwendungsbereich für Beschwörungsrituale ist hingegen gerade die Behandlung von (aus heutiger Perspektive) psychischen und psycho-somatischen Störungen wie „Angst, Panik, Erschrecken, Bedrückung, Unruhe, schlimme Träume und Seelenpein" (Christiansen 2019: 50). Impotenz (CTH 406; Ritual der Paskuwatti) oder Störung der Sprachfähigkeit wie im Fall Muršilis II. (CTH 486) können ebenfalls hier eingeordnet werden.[79] Auch zwischenmenschlich-soziale Indikationen[80] werden genannt

---

77 Vgl. Rituale gegen Seuchen im Heerlager oder die durch die sogenannten Pestgebete Muršilis II. bezeugte Epidemie in der gesamten Bevölkerung.

78 Nach Christiansen 2019: 53 z. B. Verdauungsstörungen, Schwellungen, Husten, Augen- und Hauterkrankungen.

79 Zur Frage, ob und inwieweit Beschwörungsrituale mit modernen psychotherapeutischen Methoden verglichen werden können, s. Roth 2020.

80 Z. B. familiäre Probleme wie im Ritual der Maštigga gegen Familienstreit (CTH 404); vgl. dazu Miller 2004.

sowie Krankheitsbilder, die insgesamt eher diffus beschrieben werden oder sich komplex äußern.[81]

4.3.4 *Wirkungsweise und Handlungselemente*

Der Wirkmechanismus der Beschwörungsrituale basiert grundlegend auf der Auffassung, dass negative Ereignisse oder Zustände im Leben oder in der Lebenswelt der Menschen auf göttliches Eingreifen (oder auch Nicht-Eingreifen, wenn das Gegenteil erwünscht wäre) zurückgehen und in den meisten Fällen als Reaktionen auf menschliches Fehlverhalten zu interpretieren sind. Dieses als ursächlich empfundene Fehlverhalten kann sowohl bewusst als auch unbewusst und ohne böse Absicht stattgefunden haben.[82] In vielen Fällen wird explizit auf das Konzept der Verunreinigung (heth. *papratar*) Bezug genommen.[83] Als Grundlage für diese Verunreinigungen wird häufig ein Verstoß gegen gesellschaftliche, moralische, juristische und besonders kultische Regeln oder Tabus betrachtet, wobei die universal verbreitete Gleichsetzung von materieller Sauberkeit einerseits und Reinheit im übertragenen, moralischen Sinne andererseits zum Tragen kommt. Auch böswillige Behexungen und Verfluchungen können als Ursache für psychische oder körperliche Beeinträchtigungen ausgemacht werden; d.h. sie werden in mehreren Texten explizit als Ursache der Problemsituation genannt, gegen die durch das jeweilige Ritual vorgegangen wird. Diese Auffassung entspricht der emischen Perspektive der Hethiter von den Kausalzusammenhängen zwischen den realen negativen Ereignissen oder Empfindungen einer Person und den (vermuteten) Ritualhandlungen, die von einem Opponenten mit Schadensabsicht gegen diese durchgeführt wurden. Der hethitische Terminus für diese Art von schadenstiftendem rituellem Handeln lautet *alwanzatar* und wird landläufig mit „Behexung", „Schadenszauber" oder „schwarze Magie" übersetzt (engl. *witchcraft*; franz. *sorcellerie*). Allerdings ist in diesem Kontext weder die Assoziation mit der europäischen Hexen-Idee des Mittelalters noch eine im Hethitischen nicht explizit vorhandende Kontrastierung von schwarzer und weißer Magie präferabel. Yaku-

---

81 Zur Annahme, dass dadurch eine Anpassbarkeit der Rituale erzeugt wird s. Miller 2004: 469–530 und Christiansen 2006: 29–30, 123–126, 328; sowie ausführlicher unten 6.8.3.1.

82 Grundsätzlich stehen hinter derartigen Mechanismen bestimmte Funktionsweisen der menschlichen Kognition, so die „automatische" Suche nach Kausalzusammenhängen zwischen aufeinanderfolgenden Ereignissen und die Neigung, sich personale Agenten hinter Ereignissen vorzustellen. Eine weitere Tendenz, die in diesem Zusammenhang relevant sein kann, ist die der kognitiven Verzerrung oder *Bias*; speziell die Tendenz, für gravierende Probleme entsprechend gravierende Gründe oder entsprechend machtvolle Verursacher zu identifizieren.

83 Zum Konzept der Reinheit bei den Hethitern s. Christiansen 2013.

bovich stellt einen etymologischen Zusammenhang mit indo-heth. **al*(*i*)*ya*-her, das ebenfalls in lat. *alius* „anders" und *aliēnus* „zu einem anderen gehörig, fremd" fortgesetzt ist (Yakubovich 2008: 16). Das hethitische Verb *alwanzaḫḫ*-*i* und seine nominalen Ableitungen (s. Kloekhorst 2008: 171) erklärt er als auf die Entlehnung des luwischen Adjektivs **alwan-za*- „feindlich" (mit luwischem Adjektivsuffix) zurückgehend, wodurch sich eine nachvollziehbare Erklärung des Kerns der betreffenden Handlung ergibt: Es geht um eine von einer dritten Person herbeigeführte Entfremdung des Opfers von den Göttern einerseits, aber andererseits auch von seinem sozialen Umfeld; diese führt zu einer Unterbrechung der (notwendigen) positiven Beziehungen. Diese Idee passt konzeptuell ausgesprochen gut zu den oben bereits beschriebenen Erklärungsmodellen der Hethiter für individuelle oder kollektive Krankheiten und Krisenzustände und erscheint in dieser Hinsicht semantisch sehr plausibel.

Die als *alwanzatar* bezeichneten Schadenszauber werden nach Ausweis verschiedener Textsorten als Ursache einer gravierenden Verunreinigung ihres Opfers sowie in der Folge als Auslöser für den Zorn der Götter erachtet, der sich in konkreten Symptomen wie Beklemmung, Angstzuständen oder Depressionen äußert. Als weitere Ausdrücke dieses Bereichs finden sich in den Texten auch die Kollokationen „böse Zunge", „böses Auge" oder „böse Hand", welche darauf hinweisen, das besonders die verbale Äußerung, aber auch andere Aktivitäten als konkrete Manifestationen der Schadensausübung verstanden wurden.[84] Neben Beschwörungsritualen, die angewendet werden, „wenn ein Mensch behext wurde",[85] entnehmen wir Informationen über schadenstiftende Praxis auch Gesetzestexten und Erlässen, welche diese unter Strafe stellen (z.B. der Telipinu-Erlass CTH 19), aber auch weiteren Textgattungen, wie den Gebeten.[86] Die sogenannten „Pestgebete" Muršilis II. geben bspw. Auskunft darüber, dass moralische Vergehen früherer Generationen als Ursache der Epidemien vorstellbar waren. Entsprechende Pestrituale sollten auf dieser Erklärungsgrundlage den generationen- und individuenübergreifenden Zorn der Götter entsühnen.[87]

Wichtige *caveats* für die wissenschaftliche Betrachtung der hethitischen „Behexungen" formuliert Miller (2010), der sich dabei v.a. gegen eine implizite oder sogar explizite Gleichsetzung der Erwähnung von *alwanzatar* in hethitischen Texten und der tatsächlichen Existenz dieser Praktiken wendet. Genauso

---

84 S. dazu Mouton 2010: 111–112; außerdem bereits Haas 1994: 885–886 und Haas 2003: 53–54.

85 Hierzu zählt das im Folgenden noch zu besprechende Ritual der Allī (CTH 402), aber auch weitere wie die Rituale der Allaituraḫi (z.B. KUB 24.13) oder der Aštu (CTH 490).

86 Vgl. für eine Übersicht über die Quellen Strauß 2006: 17–18; Mouton 2010: 106–107.

87 Strauß 2006: 19.

wenig, wie die moderne Wissenschaft von einer tatsächlichen Wirksamkeit derartiger Rituale ausgehen darf, sollte deren Realität ausschließlich aus emischer Kritik oder Polemik in sekundären Textquellen abgeleitet werden, vgl. Miller 2010: 168:

> the great majority of the textual passages often understood to indicate that black magic was practiced cannot reasonably be taken as evidence for it. Many of them indeed yield rich and highly interesting information concerning prevalent fears, conceptions and perceptions connected with black magic and its would-be practitioners in the Hittite world, but little if any useful information about actual practice, with which they should not be confused.

Diese epistemologische Grundanforderung sieht Miller in mehreren hethitologischen Untersuchungen der betreffenden Phänomene nicht sauber eingehalten und verweist dafür auf Formulierungen, die nahelegen, dass „the accusations of a person who feels that s/he has been afflicted by black magic can be understood as evidence that the accused has indeed performed black magic against him/her". Dies bezieht sich v.a. auf die Aussagen zur Häufigkeit schadenstiftender Rituale, die aus Vorwürfen, Verboten oder anderweitigem Vorgehen gegen diese abgeleitet werden (s. Miller 2010: 171–172 für konkrete Verweise). Das Problem, auf das Miller völlig zu Recht aufmerksam macht, ist die perspektivische Verzerrung der hethitischen Quellen, die von der Forschung entweder übernommen oder zumindest nicht ausreichend gekennzeichnet wird, wobei es besonders um die politische Komponente der offiziellen, königlichen Verlautbarungen zu diesem Thema geht (Miller 2010: 173):[88]

> all of these accusations of black magic are embedded within highly politicized and hostile situations, so that one must be immediately deeply suspicious of the credibility and motivation of the accusers.

Das bedeutet nicht, dass die emische Perspektive weniger relevant für die Forschung wäre oder nicht ernst genommen werden sollte, sondern dass eine bewusste Distanzierung davon notwendig ist, wenn wissenschaftliche Aus-

88 Vgl. zu einem ganz ähnlichen Phänomen der römischen Magie-Auffassung Graf (1995: 41–42), der auf die immense Zunahme von Strafprozessen wegen Hexerei/schwarzer Magie in der Kaiserzeit und die dabei stets gegenwärtige politische Instrumentalisierung derartiger Anklagen hinweist.

sagen getroffen werden.[89] Eine streng etische und distanzierte Betrachtung erscheint auch unbedingt notwendig, wenn es darum geht, die systeminterne Funktionalität des Konzepts von *alwanzatar* zu erfassen. Hier ist das erklärungsmächtige Potential der Idee von ritueller Entfremdung durch böswillige Gegenspieler als zentraler Aspekt zu identifizieren: Die funktionale „Leistung" dieses Konzept ist einerseits, dass Erkrankungen und Krisen dadurch in das religiöse Weltbild der Hethiter mit seinen Ursache-Wirkungs-Beziehungen einsortiert werden können.[90] Andererseits wird durch dieses Kausalmodell gleichzeitig die rituelle Behandlung der betreffenden Probleme funktional und effektiv gemacht; auf diesen Umstand ist auch Schwemers Bemerkung zu beziehen (2015: 44):[91]

> Counterintuitive events, like serious illness or premature death, demand counterintuitive, yet plausible and rational, explanations and causes.

Je nachdem, ob eigenes oder fremdes Verschulden als Ursache für eine gestörte Harmonie zwischen Menschen und Göttern identifiziert wurde, konnten die eingesetzten Rituale unterschiedliche Elemente umfassen. Einerseits erhielten die verärgerten Gottheiten im Rahmen von Entsühnungsritualen Gebete und Wiedergutmachungsopfer. Andererseits wurden die Betroffenen rituell behandelt, z.B. durch die Reinigung oder Befreiung von Schadstoffen (Lymata) oder aber deren (Rück-)Übertragung auf die vermuteten Urheber der Behexung (z.B. CTH 402).[92] Die Mechanismen, auf denen eine solche therapeutische Behandlung basiert, sind dabei äußerst systematisch und lassen sich insgesamt in der Überzeugung begründen, dass alle Erscheinungen des Kosmos und alle ihnen zugrunde liegenden Kräfte miteinander in Zusammenhang stehen. Haas (1994: 877–879) nennt als zentrale Prinzipien dieses Verständnisses die

89 Vgl. zur ähnlich gelagerten allgemeinen Problematik von emischem vs. etischem Magie-Begriff bereits oben S. 70; auch Otto und Stausberg (2013) legen Wert darauf, dass die *Zuschreibung* von Magie Gegenstand der wissenschaftlichen Betrachtung sein muss, nicht ihre tatsächliche Realität.

90 Darauf verweist auch Miller (2010: 176): „In general, any and every misfortune was assumed to be the result of an intentioned or purposeful being inflicting the sufferer with misery".

91 Vgl. zum Aspekt des Placebo-Effekts Miller 2010: 179.

92 Christiansen (2019: 54 bes. FN 27) weist in diesem Zusammenhang darauf hin, dass die Vorstellung von einer Verunreinigung durch stofflich reale pathogene Substanzen als Krankheitsursachen (entsprechend der klassischen Miasmenlehre) textlich nicht explizit nachweisbar ist. Die tatsächlich in den Texten als Krankheitsursache benannten Faktoren wie Behexung oder Verfluchung werden allerdings in der Forschung ebenfalls als Miasmen oder Verunreinigungen bezeichnet, z.B. Haas 2003: 48–49, 70–79.

Gesetze von Antipathie und Sympathie sowie Kontiguität. Ersteres bezieht sich auf bestimmte positive oder negative Eigenschaften eines Objekts oder Vorgangs, welche durch die aktive Herstellung einer Beziehung zu einem anderen Phänomen (z.B. Identifikationszauber) auf dieses übertragen werden sollen; das konkrete Verfahren wird als Analogiezauber bezeichnet (vgl. Haas 1994: 878). Auch durch sprachliche Handlungen werden solche analogischen Mechanismen vollzogen. Diese sprechakttheoretische Komponente ist im Bereich der lateinischen *defixiones* bereits herausgearbeitet worden: Die Sprechakttypen der darin enthaltenen „magischen Formeln" werden von Kropp (2008: 174–175) in Anlehnung an Tambiah 1978 als „persuasive Analogien" klassifiziert.[93] Sie haben die aktive Beeinflussung zukünftiger Ereignisse in Analogie zu einem selbst geschaffenen Muster oder Vorbild zum Ziel, zu dem sie sprachlich in Bezug gesetzt werden.[94] Das Prinzip funktioniert auf sprachlicher Ebene genauso wie auf der Ebene der Objektivierungen und Symbole: Zwischen zwei Gegenständen (oder Sachverhalten/Konzepten etc.) werden bestimmte, oberflächliche Ähnlichkeiten erkannt und expliziert.[95] Eigentlich bestehen aber nicht wirklich außersprachliche Ähnlichkeiten, diese werden vielmehr durch rituelle Sprechhandlungen erst hergestellt und „über den sprachlich vollzogenen Transfer der gewünschten Eigenschaft konstituiert" (Kropp 2008: 176). Auf Basis der (oft fiktiven) Vergleichsgrundlage sollen Differenzen zwischen Vergleichsgröße und Ritualgröße durch die Übertragung der jeweils erwünschten Merkmale aufgehoben werden. Deshalb werden die Vergleichsgrößen nach ihrer Funktion im Ritual ausgewählt.[96] Marcuson (2016: 239) unterscheidet für die hethitischen Rituale vier Hauptbereiche oder „Zielrichtungen" der Analogien:[97]

93 S. besonders Tambiah 1978: 265–294.

94 Anders als empirische Analogien, welche die Vorhersage erklärungsbedürftiger oder zukünftiger Gegebenheiten auf der Grundlage beobachtbarer Analogien zum Ziel haben. Man könnte in dieser Hinsicht von magischer Analogie als „reverser Analogie" sprechen, da nicht etwas sich unabhängig Ereignendes vorhergesagt wird, sondern durch die Vorhersage erst das Ereignen bedingt werden soll.

95 Vgl. Torri 2003 für eine ausführliche Untersuchung und Kategorisierung der Vergleiche und sprachlichen Analogien in hethitischen Ritualen.

96 In Beschwörungsritualen werden i.d.R. Gegenstände des Alltagslebens (der Ritualistinnen) herangezogen, wie Nahrungsmittel, Haushaltsgegenstände, Tiere oder Naturobjekte; vgl. Marcuson 2016: 238 „comparisons were to physical items or plants and animals: things that were accessible and understandable". Vgl. zu den Vergleichsobjekten auch Torri 2003: 23.

97 Diese werden jeweils detailliert besprochen; s. Marcuson 2016: 239–241.

- an attempt to impose an action or quality on the evil afflicting the patient
- an attempt to impose an action or quality on the sorcerer who inflicted the evil
- an attempt to impose an action or quality on the patient
- an attempt to impose qualities of the patient on something else (i.e., a substitute)

Das Gesetz der Kontiguität greift nicht auf identische Merkmale zurück, sondern bezieht sich auf physischen Kontakt und wird z.B. durch Teil-Ganzes-Relationen, Zugehörigkeits- und Besitzverhältnisse repräsentiert (vgl. Haas 1994: 879).

Verfahren, die auf Basis dieser Prinzipien funktionieren, sind z.B. Ablenkungs- und Substitutionspraktiken, die mit der Identifikation des Ritualmandanten und eines Ersatzobjekts arbeiten, auf welches die negativen Phänomene mithilfe analogischer Verknüpfungen oder Herstellung von Kontiguität übergehen sollen. Ferner kennen wir Abstreif- und Schwenkriten, in denen ebenfalls Analogie-Zauber (*similia similibus curantur*), Absorption durch Kontakt mit reinigenden Substanzen, Rückübertragung auf eine Repräsentation des Urhebers der Verzauberung sowie verschiedene weitere Sympathie- und Antipathie-basierte Praktiken Anwendung finden.[98]

4.3.5 *Aufbau der Beschwörungsrituale*

Der Aufbau der Beschwörungsritual-Texte ist relativ einheitlich. Nach der Angabe der Autorschaft folgt im Incipit die diagnostische Einleitung[99] Meist wird sie durch konditionale Formulierungen mit *mān* ausgedrückt.[100] Im Incipit des Rituals der Allī (CTH 402.D) z.B. lautete die entsprechende Angabe:

(3) KBo 11.12+ Vs. I 1–2
... ma-a-an an-tu-wa-⌈aḫ-ḫa⌉-aš
al-wa-an-za-aḫ-ḫa-an-za na-an ki-iš-ša-an a-ni-ia-mi
„Wenn ein Mensch behext worden ist, behandle ich ihn auf folgende Weise (...).“

Es können auch weitaus differenziertere Aussagen mit Beschreibung körperlicher oder psychischer Symptome vorkommen, oft unter Angabe von mög-

98 Eine Übersicht über gebräuchliche Techniken der kizzuwatnäischen Rituale bietet Strauß 2006.

99 Vgl. dazu Strauß 2006: 16–26 mit weiterer Literatur und Beispielen, v.a. aus kizzuwatnäischen Ritualen.

100 Zu ihrer Bestimmung als Präsignal und den Aspekt der konditionierten Anweisungen s.u. 6.8.4.4.

lichen Ursachen, wie in der diagnostischen Einleitung von CTH 471 und 472 der Verzehr tabuisierter Speisen. Auch auf schlechte Vorzeichen kann sozusagen präventiv mit einem Beschwörungsritual reagiert werden.[101] Mitunter scheint die Ursache für die zu behandelnde Störung nicht eindeutig identifizierbar, weshalb eine ganze Reihe möglicher Verunreinigungsarten angegeben wird.[102]

An die Diagnose schließt sich in fast allen Beschwörungsritualen ein Textabschnitt an, der ausschließlich über die für das Ritual benötigten Materialien Auskunft gibt und als Ritualzurüstung bezeichnet wird.[103] Dabei kategorisieren sich die genannten Requisiten in *Materia Magica* (Gegenstände zur Reinigung oder Substitution; Stellvertreter und Repräsentanten), Opfergaben und Anlockungsmittel für die einbezogenen Gottheiten sowie Hilfsgegenstände ohne kultischen oder als „magisch" erfahrenen Charakter.[104] Die Angaben dazu können unterschiedlich detailliert und umfangreich ausfallen. Strauß (2006: 26) verweist auf Indizien dafür, dass die Materialien möglicherweise auch auf einer eigenen Tafel erfasst sein können,[105] was zu dem oft listenartigen Charakter der entsprechenden Partien passen würde. Wenn eine syntaktische Einbindung in den Text erfolgt, dann meist durch semantisch schwache Verben wie „nehmen", „herbeibringen" oder „anfertigen";[106] oft stehen die zu beschaffenden Utensilien aber als tatsächliche Liste und syntaktisch unverbunden vor oder nach einer zusammenfassenden Formel wie im Ritual des Maddunani (CTH 425.1A) gegen eine Seuche im Heerlager:

(4) KUB 7.54 Vs. I 9[107]
nu ki-i ḫu-u-ma-an da-aḫ-ḫi
„Dies alles nehme ich." (Liste steht davor)

---

101 Z.B. während des Geburtsvorgangs; vgl. das Ritual des Papanigri CTH 476; dazu Beckman ^{2}1983: 122–123.

102 Vgl. Strauß 2006: 20–21 für Beispiele solcher „Unheilsketten". Ketten aus fünf bzw. sieben Unheilsbegriffen scheinen dabei eine gewisse Rolle zu spielen und möglicherweise wie eine Art *all inclusive*-Mechanismus zu wirken. S. zu diesem Konzept auch unter 7.6.1.5.

103 Vgl. Strauß 2006: 26–29.

104 S. dazu ausführlich Haas 2003.

105 Z.B. in KUB 41.21 (ChS I/5 Nr. 25) Rs. IV 17′–18′.

106 In manchen Fällen werden innerhalb der Zurüstung auch semantisch spezifischere Verben verwendet, welche vorbereitende Handlungen an den Objekten ausdrücken (wie „rösten"); dadurch erfolgt manchmal ein fließender Übergang zum Handlungsteil und die Textabschnitte sind schlechter abzugrenzen. In den umbrischen Ritualen findet sich für **fertu** „du sollst/er soll tragen" z.T. eine ähnliche „schwache" Verwendung zur Listeneinleitung; in einigen Fällen (v.a. auf den Tafeln IIa und IIb) wird hier aber auch eine tatsächliche Ortsveränderung ausgedrückt.

107 Vgl. Bawanypeck 2005: 128–129.

oder im Ritual des Ammiḫatna (CTH 471):

(5) KBo 5.2 Vs. I 10[108]
nu ki-i da-a-aḫ-ḫi (…)
„Ich nehme dies (i.S.v. folgendes): (…).“ (es folgt eine längere Liste)

Der Handlungsteil beinhaltet die eigentliche Durchführung des Rituals und beginnt i.d.R. mit der Anrufung der beteiligten und verantwortlichen Gottheit(en). Die anschließend eingesetzten Ritualtechniken sind v.a. von der jeweiligen Indikation abhängig sowie von regionalen Traditionen oder individuellen Kompetenzen der oder des Ritualhandelnden. Das grundlegende Repertoire ist (wie bereits oben beschrieben) aber relativ fest und basiert auf immer gleichen Prinzipien. Dabei werden i.d.R. keine singulären Handlungen durchgeführt, sondern Handlungsketten eingesetzt. Folgende Abfolge abstrahiert Haas aus dem bekannten Material (1994: 889–890): zunächst Kontakt- und Übertragungsriten, anschließend kathartische Riten, wobei üblicherweise eine manuelle Technik von einer sprachlichen Formel begleitet wird. Dadurch entsteht auch in den Beschwörungsritualen eine feste Verbindung von Handlungs- und Sprach-Ebene, aus welchen sich die kommunikative Handlung konstituiert. Nach der Durchführung verschiedener Reinigungs- und Restitutionspraktiken erfolgt schließlich ein Opfer an die einbezogenen Gottheiten, mit denen Speisen und Getränke geteilt werden. Die Deponierung und Unschädlichmachung der Ritualrückstände und verunreinigten Substanzen kann hier oder schon zuvor, während des Rituals, erfolgen (vgl. Haas 1994: 889).

Der Kolophon steht wie das Incipit außerhalb der direkten Rede des Ritualexperten oder der Ritualexpertin und bezieht sich metatextuell auf diese. Z.T. werden Angaben des Incipits wiederholt (Person des Ritualisten/der Ritualistin; Indikation des Rituals, ggf. beteiligte Götter) und in einigen Fällen auch Angaben zum Schreiber macht. Meist wird das Ritual explizit für beendet erklärt oder auf weitere Tafeln verwiesen.

4.3.6 *Das Ritual der Anniwiyani* (*CTH 393*)[109]

Die beiden in diesem Text enthaltenen Rituale werden zu den sogenannten „Ritualen der Auguren“ gezählt, da an ihrer Durchführung (u.a.) Auguren beteiligt sind. Im Incipit wird „Armati der Augur“ als Sohn der Anniwiyani genannt

108 Vgl. Mouton 2016: 286–287.

109 A (VBoT 24) und B (KBo 12.104); s. zur Edition Bawanypeck 2005 sowie online D. Bawanypeck (ed.), hethiter.net/: CTH 393 (INTR 2016-03-31).

und im Text kommen an verschiedenen Stellen mehrere Auguren als handelnde Gruppe vor.[110]

CTH 393 umfasst zwei aufeinanderfolgende Beschwörungen, deren erste mit der Einleitung durch *UMMA* + Autoritätsangabe(n) beginnt, welche die onomastische Formel „Anniwiyani, die Mutter des Armati, des Auguren, des Untergebenen des Ḫurlu" beinhaltet. Dazu wird folgende Indikation genannt: „wenn ich das Ritual des ᴰLAMMA *lulimi* durchführe, dann nehme ich dies". Es werden also nicht die zu behandelnden Symptome beschrieben, sondern die titelartige Benennung des Rituals (ᴰLAMMA *lulimiaš* SÍSKUR) indiziert den Handlungstyp; d.h. es handelt sich um ein Ritual zur Besänftigung eines LAMMA-Schutzgottes. Die zu behandelnden Symptome hängen aber offenbar mit der Kampfkraft und der männlichen Potenz des Mandanten zusammen: Darauf weisen die Einbeziehung des Streitwagens und der Waffen in die rituelle Reinigung sowie evtl. die Beteiligung einer jungen Frau (häufiger in hethitischen Ritualen zur Behandlung von Impotenz) hin.[111] Beide Bereiche sind vermutlich in der Konstitution männlicher Rollenbilder stark miteinander assoziiert und werden deshalb auch hier gemeinsam behandelt.[112] Die Zurüstung zählt verschiedene rituelle Materialien auf: Neben Sämereien, die durch Rösten unfruchtbar gemacht werden, sowie Broten und Bier werden ein Ziegenbock und ein Hundewelpe genannt, außerdem Geschirr und Hilfsutensilien. Die Auguren sollen die vorher beobachteten Vögel aus Ton nachbilden.

Am Vorabend der eigentlichen Durchführung findet als Vorbereitung das Anknüpfen farbiger Wollschnüre statt, die zwischen den Körperteilen des Mandanten, seinen Waffen und seinem Streitwagen sowie den Bettpfosten gespannt werden; verschiedene Ritualmaterialien werden unter dem Bett deponiert. Am nächsten Morgen werden die Schnüre abgeschnitten, ein Mädchen oder eine junge Frau (DUMU.MUNUS) schickt ᴰLAMMA *lulimi* fort und ruft ᴰLAMMA *innarawant* an dessen Stelle herbei.[113] Anschließend findet ein Orts-

110 Auguren sind mit dem römischen Terminus bezeichnete „vogelkundige Experten", die sowohl die Fragestellung als auch die Beobachtung und Interpretation der Zeichen des Vogelflugs übernehmen. Daneben sind sie auch in einige Beschwörungsrituale eingebunden, in denen sie eher eine sekundierende Funktion haben. Die betreffenden Texte wurden von Bawanypeck (2005) zusammenhängend untersucht und analysiert; s. dort zur Einführung in die Thematik und weiteren Literaturverweisen.

111 Für eine alternative Interpretation s. Peled 2010.

112 Angesichts des militärischen Bezugs des Rituals wäre eine Traumatisierung als Ursache immerhin denkbar, da hier Symptome wie Vermeidungsverhalten, Angst, Handlungsunfähigkeit (im beruflichen Bereich) oder Impotenz (im privaten Bereich) geläufig sind. Vgl. Roth 2020.

113 Hier wird angenommen, dass die eine *lulimi*-Gottheit weibliche Aspekte verkörpert, die andere *innarawant*-Gottheit für männliche Eigenschaften steht. Mehrheitlich wird das als

wechsel „ins Gebirge, an einen unberührten Ort“ statt, dort erfolgen der Bau eines Tores aus Weißdorn, das Zerteilen des jungen Hundes, dessen Hälften rechts und links des Tores abgelegt werden, sowie Speise- und Trankopfer. Nach der Opferung eines Ziegenbocks werden die reinigenden Substanzen entsorgt: die Vögel aus Ton in einer Grube, die Sämereien werden weggeschüttet. Die anschließenden Handlungen werden von den Auguren vollzogen: sie durchschreiten das Tor, zerbrechen es und laufen fort.[114] Weitere Handlungsschritte (Abstecken eines Weges, Niederlegen von Broten) finden an einem anderen Ort statt, bevor die Auguren zur Stadt zurückkehren und ein Augurium einholen. Infolge eines positiven Zeichens wird offenbar der Erfolg der Herbeirufung des ^{D}LAMMA *innarawant* gefeiert, dem anschließend geopfert wird.

Das zweite Ritual beinhaltet ebenfalls die Herbeirufung einer Schutzgottheit: ^{D}LAMMA ^{KUŠ}*kurša*. Die Zurüstung umfasst eine große Menge verschiedener Nahrungsmittel und enthält bereits viele Handlungsverben in Perspektive der 1.Sg., welche die gesamte Vorbereitungsphase prägt. Auch in diesem Ritual werden unfruchtbare Materialien mit Hitze behandelt (Spreu, Kieselsteine). Ein Mädchen ruft unter Zuhilfenahme von Lockmitteln die Gottheit herbei, wobei eine längere Passage direkter Rede eingeschlossen ist, die sich an die Gottheit richtet. Anschließend wechselt die Perspektive des Handlungsteils wieder in die 1.Sg. der Ritualistin, die an den zuvor erhitzten Kieselsteinen ein Löschritual durchführt, das auf den Zorn der angerufenen Gottheit analogisch einwirken soll. Hieran schließen sich Speise- und Trankopfer an, die sich noch über die zwei folgenden Tage erstrecken; es erfolgt eine explizite Anweisung, Anrufungen und Opfer an drei aufeinanderfolgenden Tagen zu wiederholen. Am vierten Tag erfolgen die Entsorgung der Materialien und ein abschließendes Trankopfer. Durch den Kolophon werden die Rituale nochmals der Ritualistin Anniwiyani zugewiesen, mit ihren Titeln genannt und für beendet erklärt. Abschließend folgt die namentliche Nennung des Schreibers samt genealogischer Angaben.

4.3.7 *Das Ritual der Allī von Arzawa* (CTH 402)[115]

Das Ritual der Allī ist deutlich länger als die beiden Teile von CTH 393 und erstreckt sich über einen Zeitraum von mindestens drei, evtl. bis zu fünf

Behandlung von Kampfunfähigkeit gedeutet, Peled (2010) versteht es als Hinweis auf die Behandlung homosexueller Neigungen des Ritualmandanten.

114 Auch das Zerstören des Tores ist dadurch zu erklären, dass es zum Abstreifen von Verunreinigungen der Auguren genutzt wurde und daher entsorgt werden muss.

115 Vgl. Mouton 2016; 2013; 2012. Zu den Textzeugen s. ausführlich Mouton 2012: 247–249; hier auch ein tabellarischer Überblick über die Kompositionsstruktur.

Tagen.[116] Als handelnde Ritualbeteiligte treten die Ritualistin Allī und der zu behandelnde Ritualmandant auf – sowie mitunter in sehr aktiver Art und Weise die verwendeten Figurinen, welche die Urheber bzw. die Urheberinnen böser Behexung repräsentieren.[117] Die Angabe der Indikation „wenn ein Mensch behext worden ist" erfolgt unmittelbar nach der Autorisationsformel, welche in diesem Fall den Namen und die Herkunftsangabe *Allī* MUNUS URU*Arzauwa* enthält. Weitere Symptombeschreibungen erfolgen nicht. Unmittelbar daran schließt sich die Ritualzurüstung an, welche neben der bloßen Aufzählung der benötigten Figurinen aus Ton, der Nachbildungen von Zungen, eines Esels aus Ton und verschiedener Behältnisse z.T. bereits eine detaillierte Beschreibung dieser Gegenstände beinhaltet. Die anschließend beschriebenen Operationen haben das Ziel, die Behexung wieder auf ihren Urheber bzw. ihre Urheberin – also die Tonfiguren – zurückzuwerfen. Dabei werden verschiedene Techniken zur Objektivation, d.h. zur gegenständlichen Repräsentation der bösen Worte angewandt. Diese machen die Ausleitung und Rückübertragung der Verunreinigungen für den Mandanten physisch erfahrbar.[118] Als Objektivationen werden einerseits die Figurinen eingesetzt, daneben werden nachgebildete Zungen zur Darstellung der bösen Worte genutzt. Die Absorption der Verunreinigung wird durch das Anknüpfen verschiedenfarbiger Wollfäden an Knie und Kopf des Mandanten vorgenommen. Dafür werden schwarze, rote, gelbe/grüne, blaue und weiße Wollfäden benutzt, die anschließend um die Figurinen herumgewickelt werden und so die Rückübertragung objektivieren. Die verschiedenen Farben stehen vermutlich für verschiedene Arten von Übeln oder Flüchen (die den Mandanten wörtl. „schwarz gemacht haben" usw.);[119] die weiße Wolle „beruhigt/befriedet" (*takšulaizzi*) und „soll reinigen" (*parkunuddu*). Die Rückübertragung wird jeweils auch sprachlich expliziert, dadurch ergeben sich viele Passagen in direkter Rede. Mehrmals wird dabei auch ausdrücklich auf die Möglichkeit weiblicher oder männlicher Urheber der Verfluchung Bezug genommen. Die Reinigungsprozedur schließt mit der Formel: *kāš* UN-*aš peran parkuiš ēšdu* „Diese Person soll wieder rein sein vor (allen)!" (KUB 24.9+ Vs. II 15′). Anschließend werden die verwendeten Instrumente und Substanzen vergraben, sprachlich wird dabei ihre Fixierung in der

116 Zur Tageseinteilung s. Jakob-Rost 1972: 8, mit kritischer Beurteilung durch Mouton (2012: 251).

117 Die Figurinen „sprechen" in einem Dialog mit dem Patienten; d.h. wohl praktisch, dass die Ritualistin stellvertretend für sie spricht; so jedenfalls der Eindruck von Mouton (2012: 252) und Marcuson (2016: 251).

118 Vgl. zu diesen Techniken Christiansen 2019 und Roth 2020.

119 Hier kann also eine Art von symbolischem Vollständigkeitsmechanismus ähnlichen den Merismen oder *all-inclusive*-Formeln auf sprachlicher Ebene vermutet werden; s.u. 7.6.1.7.

Erde hervorgehoben. Anschließend opfert Allī der Sonnengottheit der Hand zusammen mit dem Mandanten Brot und Bier. An dieser Stelle ist außerdem ein ^{LÚ}UR.GI$_7$ („Jäger") genannt, der vor der Gottheit (oder dem Mandanten?) steht. Sein Status im gesamten Ritual ist nicht ganz eindeutig zu bestimmen: Er könnte als magiekundiger Gehilfe der Ritualistin in die Ausführung des Rituals involviert sein.[120] Dagegen spricht allerdings, dass seine Funktion im Ritual nicht explizit eingeführt wird und dass seine Rolle eigene aktive Handlungsschritte gerade nicht vorsieht; er tritt insgesamt nur in wenigen Passagen auf, die teilweise opak[121] sind und keine Handlungsverben beinhalten. Ansonsten ist sein Vorkommen auf Opfer- und Anrufungspassagen beschränkt, in denen ihn die Ritualistin anspricht oder zu Handlungen auffordert. Marcuson (2016: 252) spricht sich deshalb dafür aus, diese Figur eher als superempirischen Ritualteilnehmer, möglicherweise als persönliche Schutzgottheit des Ritualmandanten, zu verstehen.[122] Mit Hinblick auf die Rolle von Pfeil und Bogen als Waffen und Männlichkeitsattribute im Ritual der Anniwiyani könnte der Jäger auch einen solchen Aspekt vertreten. Die ansonsten in das Ritual und v.a. in den Reinigungsprozess involvierten Gottheiten sind die Sonnengottheit der Hand sowie mehrere luwische Gottheiten: die Marwainzi-Gottheiten, Ariya, die Šalawaneš-Götter und die Muttergöttin des Flusses. Zuletzt wird ein Krug zerbrochen und man geht zur Stadt, wo unter dem Bett (des Mandanten) Getreide und Waffen (3 Pfeile und Bogen als Jagdattribute) über Nacht deponiert werden, auch das Anknüpfen von Wolle erinnert in diesem Abschnitt stark an die Techniken der Anniwiyani. Am zweiten Tag wird der Korb hervorgeholt und über dem Mandanten geschwenkt, wobei die Ritualistin nun den Jäger direkt anspricht und ihn auffordert, die Behexungen an ihren Urheber zurückzugeben. Auch auf sogenannte „Heilmittel" des Jägers wird Bezug genommen, allerdings bricht die Stelle ab und bleibt deshalb unklar. Weiter-

120 Vgl. Haas 1998: 143–145, der eine Passage aus der hethitisch-hurritischen Bilingue (KBo 32.14) dahingehend deutet, dass Jäger ein Interesse an dem Fett von Wildtieren hatten, weil sie es als *materia magica*, wahrscheinlich zur Herstellung von Heilsalben, nutzten. Dies wird u. a. damit begründet, dass Wildtiere bei den Hethitern weder zum Verzehr noch als Opfertiere üblich waren (was dann die Existenz und Funktion von Jägern aber wiederum grundsätzlich erklärungsbedürftig macht).

121 Vgl. Christiansen 2006: 266 zur Stelle KBo 12.126+ Vs. I 27–29, die sie folgendermaßen übersetzt: „auch der Hundemann, der sich vor dem Mandanten befindet, der hat seinen Bogen, der hat seine Pfeile und der hat für seinen Hund Hundekuchen". Dadurch ergibt sich ein Anschluss an andere Beschwörungen, in denen Verunreinigungen von Mandanten entfernt werden, indem sie an Tiere verfüttert werden.

122 Marcuson (2016: 252) verweist in diesem Zusammenhang auf die Tatsache, dass LAMMA-Gottheiten in der hethitischen Ikonographie häufig als Jäger dargestellt werden; vgl. auch McMahon 1991: 3–4.

hin finden Reinigungsriten statt, in die wieder die Sonnengottheit der Hand eingebunden ist. Der zweite Tag wird durch die Angabe *aniūr* QĀT[AMMA *iyazi*] „[sie führt] das Ritual auf die gleiche Wei[se durch]"[123] textlich stark verkürzt beschrieben. Die Angaben zum dritten Tag beginnen mit Vorbereitungen am Abend, welche die weiblichen Figurinen und Zungen aus Wachs betreffen. Diese werden neben und unter dem Bett deponiert und verbleiben dort über Nacht, wobei durch verschiedene Formeln die Entfernung oder Aufhebung der negativen Symbole verlangt wird. Am nächsten Morgen finden wieder symbolische und sprachliche Reinigungshandlungen statt, bei denen u. a. Pistazienmehl eingesetzt wird. Die Reinigung wird auch für die gesamte Umgebung (Haus, Familie) des Mandanten durchgeführt. Im folgenden Abschnitt wird ein „Gespräch" zwischen dem Mandanten und den Figurinen wiedergegeben, danach folgen Handlungen mit verschiedenen Flüssigkeiten und mit Getreide; die Reinigungssubstanzen werden mit dem Mandanten in Kontakt gebracht. Die zitierten Formeln betreffen einerseits die Entfernung der bösen Zungen und Behexung, andererseits sind sie auch apotropäisch ausgerichtet und beschwören künftigen Schutz auch für seine Nachkommenschaft. Nach einem fragmentarischen Teil vergräbt die Ritualistin wieder etwas, dabei finden Speiseopfer und Libationen statt. Anschließend folgt ein Schlachtopfer durch den Mandanten (ein Lamm für den Sonnengott des Himmels). Der nächste Handlungsteil widmet sich der Muttergöttin des Flusses DINGIR.MAḪ-*aš* und den „*weluila*-Gottheiten des Wasserlaufs", die verschiedene Fleisch- und Brotgaben, außerdem Bier erhalten. Diese Handlungen finden am Wasser statt und ihnen geht wohl ebenfalls eine Nacht voraus. Sie schließen damit, dass der Mandant sich im Wasser wäscht und die Reinigung auf diese Weise nochmals körperlich erfährt. Im sehr fragmentarischen letzten Teil wird die erste Tafel für beendet erklärt und es erfolgt offenbar noch einmal eine Aufzählung der benutzten(?) Materialien: Reinigungsmittel und Hilfsutensilien sowie Wein, Bier, ein Schaf und ein weißes Lamm.

4.3.8 *Ritual(e) für das hethitische Königspaar* (CTH 416)[124]

Das zuerst in StBoT 8 edierte Beschwörungsritual weist die Besonderheit auf, dass es nicht für einen beliebigen Ritualherrn formuliert ist, sondern explizit die Behandlung des hethitischen Königspaares zum Inhalt hat. Das in drei Hauptzeugen vorliegende Ritual wird von Otten/Souček (1969: 2) in seiner

123 KBo 10.41 Vs. II 13′.
124 KBo 17.1–7; vgl. Otten/Souček 1969.

ältesten Fassung noch vor der Mitte des 2. Jt. v. Chr., etwa in der Zeit Muršilis I., verortet, daher die Bezeichnung „althethitisches Ritual". Spätere Bearbeitungen wie Montuori 2015[125] und Marcuson 2016 gehen von einer Aneinanderreihung vier eigenständiger Rituale aus, die auf einer Art Sammeltafel zusammengestellt sind. Indikation und Zurüstung sind in allen Exemplaren leider ebenso wenig erhalten wie der Kolophon, so dass der überlieferte Text erst im Handlungsteil einsetzt und über Aufbau und Konzeption der einzelnen Teile keine einleitenden Angaben erhalten sind – genauso wenig wie über den jeweiligen Status und das Verhältnis der Teile zueinander. Im Vergleich z.B. zu CTH 393 fällt jedoch auf, dass die Rituale nicht sehr deutlich voneinander abgegrenzt sind, z.B. durch Angaben zu unterschiedlichen Indikationen oder beteiligten Gottheiten an den Übergängen. Die Trennung in vier separate Rituale erfolgt v.a. anhand der verschiedenen Techniken in den einzelnen Durchgängen. Teilweise lassen sich auch leichte Differenzierungen hinsichtlich der behandelten Übel feststellen; allerdings scheinen doch alle dem Bereich „negative Effekte von Verleumdung" anzugehören. Die Rituale werden höchstwahrscheinlich von ein und derselben Ritualhandelnden durchgeführt. Marcuson (2016: 51–52 und 67–68) spricht sich v.a. aufgrund der Parallelen bzgl. angewandter Techniken und Formeln für eine MUNUSŠU.GI aus und folgt damit dem bestehenden Konsens.

Die vier Teile bilden durch ihre gemeinsame Präsentation, die gleichbleibende Perspektive und die funktionalen Überschneidungen trotz aller Differenzierungen eine deutliche Einheit. Darüber, ob sie aufeinander folgend als „Ritualkette" durchgeführt wurden – z.B. um eine erschöpfende und alle möglichen Ursachen erfassende Behandlung zu garantieren – erfahren wir zwar nichts Explizites; es scheint mir aber angesichts der schwachen Abgrenzung auch nicht ausgeschlossen zu sein. Aus den Behandlungen selbst geht jedenfalls hervor, dass es sich um Maßnahmen gegen Verleumdungen oder Behexungen und die möglicherweise daraus resultierenden psychischen Beschwerden handelt. Da auch das Ende des Textes fehlt, können durch den Kolophon keine Informationen über Ritualindikation, Ritualistin, räumliche Verortung und Schreiber gewonnen werden.

Der Handlungsteil des ersten Rituals setzt ein, indem sich König und Königin durch Ausspucken negativer Affizierungen oder Verunreinigungen ihres Inneren entledigen. Die Ritualistin vollzieht durch einen konstatierenden Sprechakt die Transformation von unrein zu rein:

---

125 Online Bearbeitung: C. Montuori, hethiter.net/: CTH 416.

(6) KBo 17.1+ Vs. I 11′–13′
[(*ka-*)]*a-ša-ta-aš-ma-aš-kán ut-ni-ia-an-da-an la-a-lu-uš da-a-aḫ-ḫu-*[*un*]
[(*ir-m*)]*a-aš-ma-aš-kán da-a-aḫ-ḫu-un kar-di-iš-mi-ia-at-kán da-a-aḫ-ḫu-*[*un*]
[(*ḫar-ša*)]*-ni-iš-mi-ia-at-kán da-a-aḫ-ḫu-un*
„Ich habe euch die Nachrede der Bevölkerung genommen, ich habe euch das Kranksein genommen, sowohl das in eurem Herzen habe ich genommen, als auch das in eurem Kopf habe ich genommen."

Diese Diagnose deutet auf eine psychische Indikation hin; die rituelle Behandlung kann also in diesem Fall durchaus als psychotherapeutische Maßnahme verstanden werden, welche v. a. mit der physischen Erfahrbarkeit der Reinigung durch verschiedene Techniken (Ausspucken, Auswaschen, Abstreifen, Absorption, Zerreißen) arbeitet.[126] Die (innwendige) Reinigung erfolgt durch das Ausspülen des Mundes von König und Königin mit „reinem Wasser" und durch das Entfernen von „eisernen Zungen" aus ihren Mündern.[127] In der anschließenden Phase werden Götterfiguren (Ḫantašepa-Gottheiten) eingesetzt, deren Zorn durch blutunterlaufene Augen und blutrote Gewänder dargestellt wird; auch die Tatsache, dass sie Waffen und „Menschenköpfe" halten, deutet in diese Richtung. König und Königin nehmen je eine Figur und einen Tonbecher mit *tarlipa* (einer Flüssigkeit, welche Blut symbolisiert) in die Hände. In dieser Passage wird die „Truppe" (ÉRIN^MEŠ^) einbezogen, die von König und Königin bespuckt wird. Ein „Rind aus Lehm", das zuvor im Spuckritus eingesetzt war, wird geschlachtet. Zu Beginn der Vs. II werden verschiedene Materialien (die Becher?) vergraben und anschließend Schlachtopfer beschrieben (ein Schaf für den Sonnengott des Himmels, Ḫantitaššu und Inara von Ḫattuša). Nach dem zugehörigen transformativen Gebet geht die Ritualhandelnde nach Ḫattuša, „der König aber begibt sich nach Arinna". Die folgende Partie betrifft Handlungen im „Haus der Kinder" (DUMU^MEŠ^-*an parnaš*), die offenbar nur auf ausdrücklichen Wunsch des Königs und mit Hilfe eines Hofjunkers durchgeführt werden. Sie wird in jedem der Rituale wiederholt.

Das zweite Ritual wird nicht durch eine eigene konditionale Indikation eingeleitet, sondern setzt mit der Vorbereitung der Utensilien ein: ein Adler (sofern man einen fängt), eine aus Lehm nachgebildete Truppe, Gebäck/Brote

126 Zu den Methoden der Körperpsychotherapie s. Roth 2020.

127 Zu Verleumdung und den sogenannten „bösen Zungen" bei den Hethitern s. Görke 2016b RIA s. v. *Verleumdung*; hier auch weitere Rituale, die Nachbildungen von Zungen mit einbeziehen. Ähnliche Handlungen gibt es in weiteren Beschwörungsritualen und z. B. in KBo 15.10+ für Tutḫaliya und Nikkalmati Vs. I 12–21.

und Gefäße mit Wein und *tarlipa*. Der Adler dient offenbar auch als reinigende Materie, denn er wird am Abend über dem Königspaar, das dabei wieder Lanzen und Becher hält, geschwenkt (*wahnu-*) ebenso wie die Truppe aus Lehm. Die Materialien werden über Nacht am Kopfende der Schlafstätte deponiert (vgl. die beiden anderen Rituale oben). Am darauffolgenden Morgen wird das Schwenken des Adlers und der Truppe noch zwei Mal wiederholt, bevor alle Materialien nach draußen geschafft werden. Mit einem Gebet an den Sonnengott und den Wettergott des Himmels wird der Adler fliegen gelassen und nimmt so die Verunreinigungen des Königs und der Königin mit sich fort (ähnlich wie ein Sündenbock). Die weiteren Materialien werden durch Vergraben unschädlich gemacht. Die Formulierung „Ich habe hier dem König, der Königin und ihren Kindern in Ḫattuša ihre Krankheit, ihre Bluttat, ihr Böses (und) ihr Furchtbares vergraben“[128] lässt die Frage aufkommen, ob das Königshaus hier „Subjekt“ oder „Objekt“ der aufgezählten Übel ist (syntaktisch nicht zu identifizieren) und ob nicht die Königsfamilie selbst aktiv böse Taten/Worte gebraucht haben kann. Marcuson (2016: 53) spricht sich allerdings eindeutig gegen die Vermutung aus, dass das Ritual eine Entsühnung im engeren Sinne darstellt:

> None of these seem to imply guilt; there is no *waštul*, “sin,” in any of the lists of items to be dispelled, and none of these terms require the possessor to have any agency in their creation. Even “uncleanliness” (*paprātar*) may be inflicted on someone by outside means (although it also may be the result of a transgression). These rituals do not, therefore, seem to be rituals of expiation, but rather a dispelling of evil influence brought on the king and queen through no fault of their own.

Anschließend finden Schlachtopfer, Libation und gemeinsames Mahl statt. Zuletzt folgt die offenbar abschließende Formulierung: „Wenn das Königspaar (es) sagt, dann gehe ich in das Haus der Kinder; wenn sie aber nein sagen, so gehe ich nicht“.

Zu den Maßnahmen des nächsten (dritten) Abschnitts zählen Reinigungen mithilfe von Wollfäden, Sämereien, und einem Ziegenbock, an dessen Hörnern Brote befestigt sind. König und Königin erhalten über Nacht je ein *zuwaluwal* (Bedeutung unklar) und einen Becher aus Ton. Der Beginn des nächsten Tages ist fragmentarisch, beinhaltet aber wieder das Reinigen durch Schwenken der Materialien und Wegtreiben des Ziegenbocks, auf den die Verunreinigung übergegangen ist. Nach einem Ortswechsel („zu den Felsen“?)

---

128 Zur Bedeutung von *kāša* s. Rieken 2009.

folgen Schlachtopfer und Libation. Der Aufbau korrespondiert also generell mit dem vorherigen Tag unter Variation der Mittel; auch die entsprechenden transformativen Formeln werden wiederholt. Auf Rs. IV werden mehrere Ärzte (LÚ.MEŠA.ZU) hinzugezogen, von denen einer bei der Einholung eines Vorzeichens aus der *tarlipa*-Flüssigkeit assistiert.[129] Das Ergebnis des Orakels wird nicht weiter spezifiziert, aber an das Königspaar weitergegeben. Es ist zumindest zu vermuten, dass es die Frage betrifft, ob die Reinigungsmaßnahmen bereits erfolgreich waren oder ob weitere Indikationen bestehen. Auch hier folgt wieder die Option, „in das Haus der Kinder" zu gehen.

Anschließend folgt ein weiterer Durchgang von Reinigungen, der durch die Angabe

(7) KBo 17.1+ Rs. IV 14–15
[*m*]*a-a-an* [*a*]*-i-in wa-a-i-in pít-tu-li-u*[(*š-ša* LU)]GAL-*i* MUNUS.LUGAL-*ia* [(*d*)]*a-aš-k*[(*e-e-*)]*mi*
„Wenn ich Weh, Schmerz und Bedrängnis dem König und der Königin wegnehme"

diesmal eine eigene, spezifische Indikation aufweist. Auch diese kann aber als negative Folge der angenommenen Verleumdung verstanden werden. Die Formulierung wird im Verlauf des Rituals durch die von der Ritualistin gesprochenen Beschwörungsformeln wieder aufgenommen. Die Vorbereitung umfasst verschiedenfarbige Wollfäden, die an einen Baum gehängt werden, Figuren aus Lehm mit Köpfen aus Spelt und Gerste(?), die über Nacht an der Schlafstätte deponiert sind und am nächsten Morgen eingesetzt werden: mit den Fäden werden Finger und Hände von König und Königin umwickelt, anschließend werden sie mit den Fingern „zerteilt", also wohl zerrissen, wobei die Ritualhandelnde mit einem *ḫaḫḫal* hilft. Die Figuren werden beauftragt, „Weh und Schmerz" des Königspaares aufzunehmen, und zu deren Füßen gelegt. Erneut spucken König und Königin in einen Becher, der mit einem bleiernen Deckel verschlossen wird; danach lässt die Ritualhandelnde zwei *partuni*-Vögel so auffliegen, dass die beiden erschrecken, und vollzieht abermals den konstatierenden Sprechakt „ich habe euch weggenommen Weh, Schmerz und eure

129 Ärzte sind auch in einigen anderen Ritualtexten mit nicht-medizinischen Handlungen beteiligt, z.B. Bo 2650 Vs. I 12–20 (Musizieren/Opfern) und IBoT 36 II 44–46 (Sprechen einer Beschwörung); vgl. Burde 1974: 7–9; außerdem Haas 2003: 7–9 und 45 mit Verweis auf das vergleichbare Ritual des Ḫutuši (CTH 732) und dem Hinweis, dass in diesen Fällen eine strukturelle Nähe zu Festritualen besteht, z.B. durch die Reisen des Königs in andere Städte.

Bedrängnis" (KBo 17.1+ Rs. IV 39–40). Die Materialien werden wohl anschließend entsorgt (der Rest des Textes ist fragmentarisch) und ein Gebet an den Sonnengott des Himmels und die Sonnengöttin der Erde folgen. Anschließend scheint die Ritualhandelnde zur Stadt zurückzukehren; die letzten Zeilen könnten wieder auf die Option, in das „Haus der Kinder" zu gehen, Bezug nehmen.

Der erhaltene Textteil gibt Handlungen wieder, die sich über vier Tage erstrecken und dementsprechend auch vier separaten Ritualen zugewiesen worden sind. Sie sind jeweils nach den für Beschwörungen üblichen Abläufen gegliedert (Vorbereitung der Materialien am Abend, Deponierung am/unter dem Bett des Mandanten über Nacht, Reinigungsverfahren, Entsorgung der kontaminierten Substanzen, Opfer, Gebet). Da die Rituale von derselben Person für dieselben Mandanten und wahrscheinlich auch bei einheitlicher Indikation durchgeführt werden und keine starke textliche Abgrenzung erfolgt, erscheint mir die Annahme möglich, dass eine viermalige Wiederholung des Reinigungsverfahrens mit jeweils anderen Substanzen und Mitteln vorliegt. Diese therapeutische Kette könnte ein Bestreben nach Gründlichkeit und Vollständigkeit repräsentieren, das innerhalb von Ritualen mit Beteiligung des Königs(paars) nicht ungewöhnlich ist.[130]

130 Zu sprachlichen Vollständigkeitstechniken s. u. 7.6.1.5 und 7.6.1.6.

KAPITEL 5

Die Iguvinischen Tafeln und lateinischen Ritualtexte

Im Vergleich zur Dokumentation und Archivierung des hethitischen Ritualwesens nimmt sich die Überlieferungslage der römischen Antike geradezu dürftig aus. Angesichts des reichen literarischen Erbes und der ebenfalls beträchtlichen Anzahl von Inschriften, die aus dem Lateinischen vorliegen, ist die Tatsache bemerkenswert, dass in dieser Sprache keine Gebrauchstexte erhalten sind, die den hethitischen Fest- und Beschwörungsritualtexten vergleichbar wären.

5.1 Römische Priesterbücher

Es gibt allerdings durchaus Hinweise darauf, dass auch die römischen Priester Beschreibungen und Anweisungen für die Durchführung ritueller Handlungen verfassten. Von der Existenz römischer Priesterbücher geht auch Scheid (1998) aus, der in diesen vornehmlich eine Sammlung von Beschlüssen der Priesterkollegien sowie liturgische Texte wie Gebete und *carmina* vermutet. Ein von Varro zitierter Textausschnitt aus den *censoriae tabulae*, den „Tafeln der Zensoren", ist aber, wie von Dupraz (2018b) klargestellt, tatsächlich als Zeugnis eines *präskriptiven* Textgenres zu verstehen. Er enthält Instruktionen, die das am Ende der Amtszeit der Zensoren durchzuführende *lustrum* betreffen, welches der umbrischen *lustratio* in zentralen Punkten vergleichbar ist:[1]

(8) Varro *ling.* 6,86
Ubi noctu in templum censor auspicaverit atque de caelo nuntium erit, praeconi sic imperato ut viros vocet: 'Quod bonum fortunatum felix salutareque siet populo Romano Quiritibus reique publicae populi Romani Quiritium mihique collegaeque meo, fidei magistratuique nostro: omnes Quirites ⟨equites⟩, pedites, armatos, privatosque, curatores omnium tribuum, si quis

1 Zitiert nach der kritischen Edition von Flobert 1985: 40–41 (mit Kommentar 162–164); vgl. aber auch Riganti 1978 und Kent ^{3}1958: 255. Zum Inhalt der nur bruchstückhaft erhaltenen *censoriae tabulae* vgl. Magdelain 1990: 405–406; zum *lustrum* Coli 1973 sowie zum Begriff der *lustratio* Dumézil ^{2}1974: 241 und 247, Versnel 1975: 100–104, Rüpke 1990: 144–146 sowie Scheid 2005: 148.

 | DOI:10.1163/9789004436596_006

pro se sive pro altero rationem dari volet, voca inlicium huc ad me.'
„Sobald der Zensor nachts die Vögel zum Auguralraum hin beobachtet haben und vom Himmel eine Botschaft (ergangen) sein wird, soll er dem Herold folgendermaßen befehlen, dass er die Männer herbeirufe: ‚Dass es gut, günstig, gesegnet (und) heilbringend sei, dem römischen Volk (und) den Quiriten und dem Staat des römischen Volkes (und) der Quiriten sowie mir und meinem Kollegen, unserer Zuverlässigkeit und (unserem) Amt: alle Quiriten, Ritter (und) Fußsoldaten, Bewaffnete und Zivile, die Verwalter aller Tribus (und) wer auch immer will, dass für ihn selbst oder für einen anderen Rechenschaft abgelegt werde, rufe (als) eine Aufforderung hierher zu mir[2]!'."

Diese Passage, die durch den Imperativ II *imperato* eindeutig als Anweisung zu erkennen ist, wird durch einen Abschnitt fortgesetzt, in dem der Textmodus in den Indikativ wechselt:[3]

(9) Varro *ling.* 6,87
Praeco in templo primum vocat, postea de moeris item vocat. Ubi lucet, censor, scribae magistratus murra unguentisque unguentur.
„Der Herold ruft zuerst innerhalb des Auguralraums, danach ruft er aus den Mauern heraus ebenso. Sobald es hell ist, salben sich der Zensor, seine Schreiber (und) die Magistrate mit Myrrhe und Salben."[4]

---

2 Mit *inlicium vocare* liegt nach Kent 1938: 255 Anm. c eine Konstruktion mit *verbum dicendi* + innerem Objekt vor. Flobert 1985: 163 hält dies für unmöglich, „car le verbe reste transitif" und übersetzt (S. 41): „convoque à une invitation ici, devant moi". Der Einwand erscheint allerdings nicht zwingend, angesichts paralleler Konstruktionsmuster mit transitivem Verb *und* innerem Objekt; vgl. Cato *Agr.* 134 *te bonas preces precor*; s. a. Prosdocimi 2015: 466 ff. und bereits von Planta 1897: 362, wo im Zusammenhang mit der Interpretation von umbr. **subocau suboco** die Möglichkeit eines inneren Akkusativs aufgegriffen und auf denjenigen im lateinischen Beispiel – das ebenfalls transitiv ist – verwiesen wird.

3 Kent 1938: 254 bemerkt dazu: „Possibly the verbs coordinated to *imperato* in this section and in § 87 should all be imperatives; but the manuscript reading supports this only for *imperato* and partially for *dicito*, § 88.", wodurch zum Ausdruck kommt, dass die Indikative in 87 als Direktivausdrücke zu verstehen sind. Die Frage, ob die Formen möglicherweise ganz regulär diese Funktion ausüben können, wird allerdings nicht thematisiert. Ablehnend bzgl. einer direktivischen Interpretation äußern sich Riganti 1978: 182–183 und Flobert 1985: 163–164; beide verstehen den Moduswechsel als Wechsel der Illokution von Präskription zu Deskription. Zu einer ähnlichen Einschätzung von Präskription neben Deskription in den IT s. Prosdocimi 2015: 537–538 und 568–569 (im Unterschied zu den Analysen in 6.7).

4 Vgl. zur Diskussion der beschriebenen Handlungen Flobert 1985: 162 sowie besonders zum Vergleich mit den Praktiken der umbrischen Vogelschau(en) Dupraz 2018b.

Die vorliegende Untersuchung wird zeigen, dass sich dieser Textausschnitt in vielerlei Hinsicht in die Charakteristik der italischen Ritualfachtexte einfügt. Dies betrifft u.a. die Bedeutung direktiver Sprechakte für die Konstitution des Textgenres, d.h. das Spektrum und die Verteilung der Direktivausdrücke (Imperativ II im Wechsel mit Indikativ Präsens im Anweisungsteil sowie Imperativ I innerhalb der direkten Rede).[5] Die Tatsache, dass die zweite der beiden Textpassagen im Indikativ Präsens verfasst ist, ist nach Dupraz 2018b Ausdruck einer zeitlichen Schichtung der Abschnitte und demonstriert, dass auch in solchen Texten mit Innovationen und Änderungen von Konventionen zu rechnen ist. Diese spezifische Entwicklung belegt außerdem, dass generalisierte Anweisungen den Indikativ Präsens als Direktivausdruck nutzen können, wenn entsprechende Präsignale oder Kontexte gegeben sind. Damit stellt der Textabschnitt auch eine auffällige Parallele zu den Ritualtexten des Hethitischen dar.[6]

5.2 Die Iguvinischen Tafeln

Instruktive Gebrauchstexte römischer Priester sind mit Gewissheit ebenfalls vervielfältigt und archiviert worden (wenn auch möglicherweise nicht im gleichen Umfang wie die hethitischen Rituale) – allerdings sind sie nicht bis heute erhalten geblieben. Gründe dafür können einerseits die geringere Haltbarkeit der Textträger, andererseits das schwindende Interesse an einer aktiven Überlieferung ab der Spätantike sein. Die Akten der Arvalbrüder, bei denen es sich nicht um Instruktionen, sondern um Protokolle eines Priesterkollegiums handelt, wurden auf Marmortafeln übertragen; eine solche Monumentalisierung stellt innerhalb Roms allerdings einen singulären Fall dar. Umso wertvoller sind die in umbrischer Sprache verfassten Ritualvorschriften der *Iguvinischen Tafeln* (im Folgenden IT abgekürzt) als einziges Korpus des antiken Italiens, das in seiner Funktion und Stilistik mit den hethitischen Ritualtexten – und mit modernen Fachtexten – verglichen werden kann.

Die sieben bronzenen Tafeln enthalten Instruktionen für mehrere Rituale einer religiösen Bruderschaft, der Bruderschaft *Atiedia*. Die Texte nennen außer der Bruderschaft selbst v.a. die „fisische Burg/Stadt" **ukriper fisiu**[7] und

---

5 S. dazu noch ausführlich in Kapitel 6.7.

6 S. dazu noch unten 6.8.

7 Das Adjektiv **fisiu** bezeichnet die Zugehörigkeit zum Gott Fisus (**fise**/*fiso*); vgl. Untermann 2000: 285–287. Dieser wird in den Ritualen für die Stadt und den Stadtstaat (*piaculum* und *lustratio*) genannt und ist wohl als Gottheit mit politischer Funktion zu verstehen. Zum

den Stadtstaat von Iguvium **tutaper ikuvina** als Benefizienten der Rituale. Es handelt sich also wohl um offizielle Rituale der Gemeinschaft, wodurch sie den Festritualen der Hethiter vergleichbar sind. Als Gebrauchstexte sind die Ritualanweisungen frei von historisierenden Ausschmückungen, mythologischen Aitiologien und etymologischen Spekulationen, die sich in der antiquarischen und literarischen Überlieferung häufiger finden. Gebrauchstexte ermöglichen einen eher technischen Blick auf das altitalische Ritualwesen und sind deshalb für dessen Rekonstruktion besonders wertvoll. Die IT sind, bis auf die inhaltlich aneinander anschließenden Tafeln III und IV jeweils beidseitig mit in das Bronzematerial eingeritzten Buchstaben beschrieben. Auf den Tafeln Ia bis Vb 7 ist dafür das epichorische umbrische Nationalalphabet (in zwei unterschiedlichen Varianten) verwendet worden,[8] während die übrigen Tafeln Vb 8 bis VIIb 4 im römischen Nationalalphabet beschrieben sind.[9]

5.3 Textgeschichte und Gliederung der Tafeln

Inhaltliche, aber auch textliche Kriterien erlauben eine Gliederung der Tafeln in insgesamt sechs verschiedene Rituale. Die Textgrenzen korrespondieren dabei nicht immer mit den materiellen Grenzen der Tafel(seite)n. Bemerkenswert ist, dass zwei der Rituale in unterschiedlichen Versionen enthalten sind. Sowohl das *piaculum* (Ia 1 bis Ib 9 und VIa 1 bis VIb 47) als auch die *lustratio* (Ib 10 bis Ib 44 sowie VIb 48 bis VIIa 54) sind jeweils in einer älteren, kürzeren und einer jüngeren, längeren Fassung dokumentiert.[10] Beide Versionen sind nach Rix (1985: 27–34) voneinander unabhängige Anpassungen eines gemeinsamen Archetypus, welcher seinerseits aus einer Urfassung des *piaculum* und der *lustratio* als separaten Texten zusammengestellt ist; dies legen orthographische Unterschiede zwischen den beiden Ritualen nahe. Der Archetypus enthielt die beiden Rituale wohl bereits in der Reihenfolge, die sie auch später auf den Tafeln einnahmen. Rix nimmt eine Datierung des Archetypus etwa in die zweite Hälfte des 3. Jh. vor Chr. an. Für die Urfassung des *piaculum* schlägt er (tentativ) die erste Hälfte des 3. Jh. vor Chr. vor; für diejenige der *lustratio* veranschlagt er einen Zeitpunkt um einige Jahrzehnte danach. Der Archety-

---

Lexem *ocr-* und der Interpretation als „Stadt" vgl. Calzecchi-Onesti 1981: 172, 186, 189 und s. noch Kapitel 5 FN 25.

8 Im Folgenden **fett** gesetzt.

9 Im Folgenden *kursiv* gesetzt.

10 Zur Text- und Schriftgeschichte von *piaculum* und *lustratio* s. Rix 1985: 27–34 und Dupraz 2011a: 54–65.

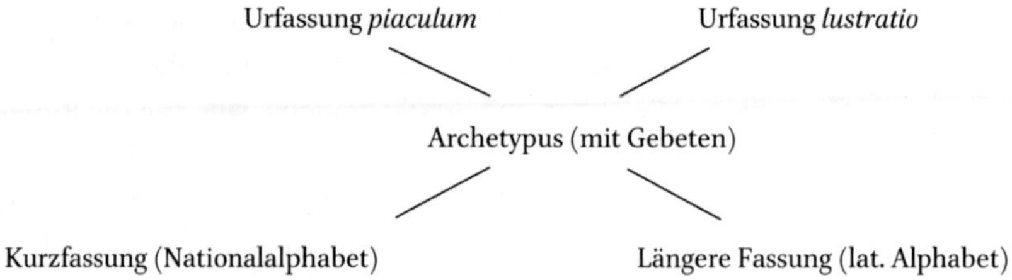

ABB. 9 Textentstehung von *piaculum* und *lustratio*

pus enthielt die während der Rituale zu sprechenden Gebete sowie bestimmte Ergänzungshandlungen; diese Elemente wurden für die Herstellung der „Kurzfassungen" sekundär wieder entfernt, in den längeren Fassungen aber beibehalten. Das entsprechende Stemma ist in Abbildung 9 wiedergegeben.[11]

Eine der Grundlagen für die Rekonstruktion der Entstehungsgeschichte dieser Fassungen ist die Adressierung der Anweisungen an die 2. bzw. 3. Person. Die Verbalformen der Instruktionen stehen in den meisten Fällen im Singular des Imperativ II und sind damit formal nicht nach 2. und 3. Person differenziert. Die Adressierung wird aber anhand von finiten Verbformen im Futur II in mehreren untergeordneten Sätzen (temporal oder konditional) sichtbar. Anhand dieser Fälle zeigt sich, dass die Anweisungen in den kürzeren Fassungen konsistent an die 2.Sg. gerichtet sind; diese Gestaltung ist auch für den Archetypus anzunehmen. In den längeren Fassungen hingegen ist, vermutlich im Zuge einer Weiterentwicklung der entsprechenden Textkonventionen,[12] eine Umgestaltung vorgenommen und die Adressierung insgesamt auf die 3.Sg. ausgerichtet worden. Einige verbleibende Formen zeigen aber dennoch die 2.Sg. und scheinen nicht korrekt übertragen worden zu sein, wodurch sich Kohärenzfehler im Text ergeben.[13] Eine weitere Umgestaltung der Texte, auf die aus dem Vergleich der Versionen geschlossen werden kann, betrifft die Aufnahme zusätzlicher Instruktionen in den Archetypus, welche in den Urfassungen noch nicht vorhanden waren.[14] Die betreffenden Handlungen sind v.a. als Ergänzungs-

11 Vgl. Rix 1985.

12 Die 3.Sg. entspricht möglicherweise einer größeren Generalisierung und Allgemeingültigkeit der Texte, weil sie konkrete, individuelle Adressaten zurücktreten lässt, die durch Formen der 2.Sg. noch mehr vorausgesetzt werden. S. dazu ausführlich 6.7.1.2.2.

13 Etwa *heries* „du wirst wollen" in VI b 48, wo eine 3.Sg.-Form zu erwarten wäre. Vgl. hierzu Nussbaum 1973: 358–366, Rix 1993: 85 sowie Dupraz 2015d: 199–205 (mit weiteren Verweisen auf ältere Literatur).

14 Zur ausführlichen Besprechung dieser textstrukturellen Entwicklung s. Dupraz 2011a: besonders 54–55; s. auch Prosdocimi 2015: 235–236 zu den Zusatzopfern in der Synopse der Varianten. Zur unterschiedlichen Komplexität der Rituale, welche v.a. die genann-

opfer zu identifizieren, d.h. sie betreffen Ergänzungen des Haupt(tier)opfers durch weitere, unblutige Gaben und zusätzliche Handlungen, wie das Verteilen des **erus** (des Anteils der Menschen) nach dem Opfer. Anhand spezifischer syntaktischer Strukturen sind sie als sekundär Hinzufügungen im Text erkennbar. Dabei handelt es sich um temporale Sequenzmuster durch Nebensätze mit der Konjunktion **ape** + Futur II, durch die eine zuvor im Imperativ II angeordnete Handlung zunächst wiederaufgenommen und für beendet erklärt wird, bevor der Hauptsatz die neu eingeführte Anweisung im Imperativ II bietet. Dieser spezifische Nebensatz-Typ unterscheidet sich von den älteren Konstruktionen einerseits durch die Verwendung der Konjunktion **ape** (anstelle von **pune**) sowie durch die zeitliche Desambiguierung durch Verwendung des Futur II. Diese Unterscheidung zwischen „älteren" und „jüngeren" temporalen Nebensätzen zur Sequenzierung neu aufgenommener Handlungsschritte ist in den kürzeren Fassungen von *lustratio* und *piaculum* erhalten und nachvollziehbar; in den Langversionen jedoch aufgegeben und nivelliert worden; dort ist *ape* der beinahe einzig vorkommende temporale Konnektor.

Die Existenz von verschiedenen Fassungen ermöglicht es also, die Entstehungsgeschichte dieser beiden Texte und ihr Verhältnis zueinander zu rekonstruieren. Aufgrund dieses besonderen Umstandes sind *piaculum* und *lustratio* in vielerlei Hinsicht stärker erforscht und eingehender betrachtet worden als alle anderen, nur in einer Version dokumentierten Rituale der IT. Dies hat allerdings den nachteiligen Effekt, dass die Untersuchung und Erschließung jener anderen Rituale weniger intensiv erfolgte und zögerlicher vorangeschritten ist.[15]

5.4 Die Bruderschaft *Atiedia*

Die Bruderschaft *Atiedia* wird in den Texten selbst als verantwortlich für die Durchführung der Rituale genannt. Die Atiedischen Brüder sind also religiöse Spezialisten und auch organisatorisch und logistisch für die dokumentierten Rituale verantwortlich. Die Texte geben z.T. Auskunft über verschiedene priesterliche Ämter und Funktionen, auch die Regularien der Tafeln Va und Vb

ten Ergänzungsopfer betrifft, vgl. Weiss 2010: 154–155; zu überleitenden Formeln in der juristischen Sprache im Umbrischen und Lateinischen s. Dupraz 2014b. Die textkohäsive Funktion wird in Bezug auf ihre Fachsprachlichkeit unter 8.5.6.4.3 nochmals besprochen.

15 Eine positive Entwicklung stellen die jüngeren Publikationen gerade zum Ritual der Tafeln III und IV durch Weiss (2010) und Dupraz (i.D.) dar, durch die dieser Rückstand teilweise aufgeholt wird. S. dazu noch 5.7.3.

lassen organisatorische Strukturen erkennen. Hinsichtlich der Gliederung des Kollegiums gehen zentrale Hypothesen bereits auf Devoto zurück.[16] Dieser geht von zwölf Brüdern im Kollegium aus, denen bspw. die in VIIb 1–4 genannten zwölf Kühe als Opfertiere zugeordnet werden können. Ausgehend von dieser Zahl wäre anzunehmen, dass die beiden mehrmals (z.B. in III) erwähnten **puntes** als „Untergruppen von fünf Mitgliedern" zu verstehen sind;[17] die beiden ebenfalls erwähnten Beamten **kvestur** und **fratreks** (Va und b) stünden nach diesem Verständnis außerhalb dieser Einteilung.[18]

Die Tatsache, dass die Atiedischen Brüder als Gemeinschaft von Priestern für die Durchführung bestimmter Rituale verantwortlich sind, legt den Vergleich mit den römischen Arvalbrüdern (deren Anzahl ebenfalls als zwölf überliefert ist) und anderen römischen Priesterkollegien, wie den Saliern oder den Fetialen nahe. Allerdings sind die meisten Informationen über römische Priesterkollegien nur indirekt, über die antiquarische Literatur, zugänglich; allein die Arvalbrüder sind auch durch eine eigene epigraphische Dokumentation greifbar (s.u. 5.9).

5.5 Datierung und Schrift

Die Datierung der Tafeln basiert v.a. auf den verschiedenen verwendeten Alphabeten und hängt damit stark mit der Einführung und Entwicklung der Schriftverwendung in Iguvium zusammen. Eine ausführliche Darstellung und Überlegungen zu diesem Thema finden sich bei Prosdocimi 1984 und 2015[19] sowie Dupraz (i.D.). Da das Thema nicht im Fokus der vorliegenden Studie steht, beschränke ich mich an dieser Stelle auf eine kurze Zusammenfassung,

16 Vgl. Devoto ^{4}1962: 305–306 und 353–354.

17 Zu dieser Form s. auch Weiss 2010: 89–90.

18 Für zusätzliche Überlegungen zu den weiteren „Gruppen-" oder „Familiennamen" **natine** und **fameřias pumpeřias** sowie Ergänzungen zu Devotos Hypothese s. Dupraz i.D.

19 Prosdocimi 1984 mit paläographischem Kommentar zur Textedition inkl. einer ausführlichen Darstellung der verschiedenen Alphabete und Grapheme sowie zur relativen (134–151) und absoluten (151–161) Chronologie ihrer Redaktion und Beschreibung; s. außerdem den Appendix von Maggiani *apud* Prosdocimi 1984; weitere, z.T. abweichende oder fortführende Überlegungen zur Stratifikation der Texte und zur Frage des Archetyps finden sich in Prosdocimi 2015: 206–382 mit einem entsprechenden Stemma in 212; wobei hier die Alternativvorschläge nicht diskutiert werden. S. außerdem Sisani 2001 mit leichten Abweichungen hinsichtlich der Datierungsfragen, sowie (z.T. basierend auf Maggiani *apud* Prosdocimi 1984) auch Agostiniani, Calderini und Massarelli 2011: 22.

wobei ich im Kern die Annahmen von Rix 1985 wiedergebe,[20] ohne in Details abweichende Vorschläge ausführlich zu diskutieren.

Die Tafeln weisen insgesamt drei verschiedene Alphabete auf, zwei davon sind epichorische oder Nationalalphabete des Umbrischen, die Adaptionen zwei verschiedener Varietäten eines nordetruskischen Alphabets darstellen – sie unterscheiden sich in einigen Zeichen. Verwendet werden sie auf den Tafeln I–IV (Varietät 1) und Va 1–Vb 7 (Varietät 2). Die übrigen Partien und Tafeln, d.h. Vb 8–18 und die Tafeln VI und VII sind im lateinischen Alphabet geschrieben. Die ältesten Teile scheinen die Texte der Tafeln III und IV darzustellen, die von Maggiani (1984: 232–236) auf den Anfang des 2. Jh. bzw. sogar die zweite Hälfte des 3. Jh. vor Chr. datiert werden. Die Texte der Tafeln I und II weisen im Vergleich dazu leichte Unterschiede der Schrift auf, die für eine spätere Datierung, etwa in den ersten Jahrzehnten des 2. Jh. vor Chr., sprechen (vgl. Maggiani 1984: 234–236). Die Kolophone auf den Tafeln Ib und IIa weisen die Verschriftlichung dieser Teile einem gemeinsamen Initiator zu, der sich selbst als Quästor der Bruderschaft benennt:

(10) IT Ib 45
kvestre : tie : usaie : svesu vuvçis titis teteies :
„Lucius Tetteius, Sohn des Titus, hat in seiner Quästur (dieses Dokument/diese Tafel) herstellen lassen."[21]

Der Text von IIb wurde im Vergleich dazu wohl wiederum etwas später hinzugefügt; die Tafel I wird nämlich über die kurze Kante gewendet; Tafel II aber über die lange Kante, also wie ein Buch; zudem enthält sie keinen Kolophon.[22] Die Tafeln V, VI und VII schließlich sind wiederum deutlich später beschrieben worden; sowohl die nordetruskische als auch die lateinische Schrift weisen sie dem Ende des 2. Jh. oder sogar dem Anfang des 1. Jh. vor Chr. zu.[23]

---

20 S. dazu auch Dupraz 2011a.

21 Die Verbform **usaie** ist als 3.Sg.Pf. zu verstehen. Ältere Übersetzungen nehmen für diesen und den entsprechenden Beleg **usaçe** in IIa 44 „hat besiegelt" (Untermann 2000: 811) oder „approved" (Poultney 1959: 188) an; die Interpretation „hat anfertigen lassen" nach Weiss 2010: 325–326 (dort zum Impv. II *osatu*) ist aufgrund der Überlegungen zum Ersetzungsvorgang des ererbten **fak*- durch denominatives **opesā*- für das Herstellen eines Objekts (vgl. die Entsprechung von osk. **úpsannam** und lat. *faciundam* auf Bauinschriften) und die semantische Abgrenzung der beiden Lexeme überzeugend. S. außerdem Willi 2010: 2; Dupraz i.D.; zur Perfektbildung Dupraz 2016c: 340 mit FN 27.

22 S. dazu Dupraz i.D.

23 Zum lateinischen Alphabet s. Sisani 2001: 240–243; außerdem Prosdocimi 1984: 155–160 mit detaillierteren Vermutungen. Zu den Beschlüssen in Va 1–13 und Va 14–Vb 7 s. Maggiani

5.6 Die nicht-festen Rituale der Iguvinischen Tafeln

Die unter 5.6.1 bis 5.6.4 besprochenen Rituale besitzen verschiedene Gemeinsamkeiten. Dazu zählt u. a. die Tatsache, dass sie nicht zu einem fixierten, jährlich wiederkehrenden Zeitpunkt durchzuführen sind, sondern wahrscheinlich eher zu spezifischen Anlässen oder zumindest innerhalb eines freieren Zeitrahmens. Im Folgenden wird ein Überblick über die jeweiligen Handlungsabläufe gegeben und auf textstrukturelle und kultpraktische Besonderheiten eingegangen. Auf weitere Gemeinsamkeiten wird unter 5.6.3 noch eingegangen.

5.6.1 *Das* piaculum

Das *piaculum* ist ein Entsühnungsritual, das mehrere Opfer für verschiedene Gottheiten umfasst. Diese werden an unterschiedlichen Stationen durchgeführt, die wohl durch eine Prozession miteinander verbunden waren. Die Benennung des Rituals im Text selbst lautet an mehreren Stellen[24] *ocrer pihaner* etwa „um der Entsühnung der Burg (oder vielleicht eher Stadt) willen“.[25] Der Ausdruck enthält eine gerundivische Konstruktion des faktitiven Verbs *piha-* „entsühnen“[26] mit direkter Entsprechung in lat. *piare*; das bedeutet, die Eigenschaft, *pius* zu sein,[27] wird durch geeignete Maßnahmen wiederhergestellt.

---

apud Prosdocimi 1984: 235–237. Für eine zusammenfassende Besprechung der Argumente s. Dupraz i. D.

24 S. VIa 8; VIa 19, 20; VIb 48.

25 Die synchrone Bedeutung von **ukar**/*ocar* ist nicht ganz eindeutig; die etymologische Anbindung verweist klar auf „Burg“ i. S. v. „befestigte Siedlung auf einer Anhöhe“ (vgl. Untermann 2000: 791–793). Allerdings scheint der Begriff im Umbrischen auf weitere Siedlungstypen ausgeweitet zu sein; vgl. dazu Dupraz 2018b: FN 22; Rix 2000: 224–228; Calzecchi-Onesti 1981: 172, 186, 189.

26 Zu umbr. **pihatu** und den Belegen vgl. Untermann 2001: 553–554.

27 Das Adjektiv **pihom**, das die Grundlage des faktitiven Verbalstamms auf *-ā-* (zu den umbr. *ā*-Stämmen s. García Castillero 2000: 227) darstellt, ist nicht in den IT, aber u. a. im Oskischen belegt (vgl. Untermann 2000: 554) und entspricht lat. *pius*, etwa „fromm, religiös korrekt“. Die lautlich vorausgesetzte Entwicklung von idg. **puH-i̯o-* zu **pī-i̯o-* erfolgt nach Thurneysen 1879: 23 durch Umlautung über **pū-i̯o-* > **pī-i̯o-* (mit *ū* > *ī*/_ *i̯*); dem folgt auch Meiser 1986; s. hier S. 37 zur uritalischen Entwicklung, die auch lat. *pius* betrifft. Zur rekonstruierten Verbalwurzel vgl. LIV^2: 480 **peu̯H-* „reinigen, läutern“ mit den verbalen Primärbildungen. Weitere Kognaten finden sich im Bereich einer anderen Adj.-Ableitung von derselben Wurzel, vgl. lat. *pūrus*. Die semantische Differenzierung der beiden Bildungen ist eindeutig: *pius* „moralisch/kultisch rein“ (schuldlos) vs. *pūrus* „oberflächlich oder optisch rein/sauber“ (frei von Schmutz); vgl. zu einer parallelen Differenzierung in der hethitischen Terminologie Christiansen 2013.

TABELLE 6 Überblick *piaculum*

Ia 1–Ib 9	**VIa 1–VIb 47**	**Entsühnung der fisischen Stadt & des Stadtstaates Iguvium**
Ia 1–2	VIa 1–18	Einholen der Auspizien
	18–21	Anweisungen bzgl. des „Ritualstabs“ und Entzünden des Feuers
2–6	22–57	Vor dem Trebulaner Tor: 3 Ochsen für Jupiter (Text des Gebets in VIa)
7–10	58–59	Hinter dem Trebulaner Tor: 3 trächtige Säue für Trebus Jovius
11–13	VIb 1–2	Vor dem Tesenacer Tor: 3 Ochsen für Mars Grabovius
14–16	3–5	Hinter dem Tesenacer Tor: 3 Ferkel für Fisus Sancius
16–19	5–18	Ergänzungsopfer für Fisus Sancius (Text des Gebets in VIb)
20–23	19–21	Vor dem Veier Tor: 3 Ochsen mit weißer Stirn für Vofionus Grabovius
24–27	22–23	Hinter dem Veier Tor: 3 weibl. Lämmer für Tefer Jovius
24–34	23–42	Ergänzungsopfer für Tefer Jovius; (Text des Gebets in VIb)
Ib 1–4	43–44	Hain des Jupiter: 3 männl. Kälber für Mars Hodius
4–7	45–46	Hain des Coredius: 3 männl. Kälber für Hondus Šerfius
7–9	47	Wiederholung von Auspicium und Ritual bei Fehlern oder Versäumnissen

Der schematische Ablauf des Rituals in seiner zweifachen Gestaltung auf den Tafeln I und VI ist in Tabelle 6 als Übersicht dargestellt.[28]

Der Zusammenhang zwischen menschlichen Verstößen gegen göttliches Recht und dadurch verursachten kultischen Verunreinigungen oder Makeln, die das Verhältnis zwischen Göttern und Menschen stören,[29] ist in allen reli-

28 Tabelle nach Poultney 1959: 15.

29 Traditionell wird der zwischen Göttern und Menschen erwünschte Idealzustand in der Forschung als *pax deorum* bezeichnet, die durch menschliche Verfehlungen gestört werden kann und auf rituellem Weg wiederhergestellt werden muss (so z.B. Linderski 2000: DNP s.v.; Scheid 1998: 126). Diese Sichtweise basiert v.a. auf den Erwähnungen des Konzepts bei Livius und der Einordnung in das System ritueller Mechanismen wie Prodigienprokuration, Piakularriten usw. Kritisch eingewendet wird in jüngerer Zeit, dass sich diese Auffassung auf äußerst wenige explizite Referenzstellen bei Livius stützt (zur ausführlichen Kritik s. Satterfield 2016). Im Zusammenhang mit dieser Kritik hat sich die Tendenz abgezeichnet, die *pax deorum* eher als einen punktuellen Moment der Zuwendung seitens der Götter – auf konkrete Bitten der Menschen hin – zu verstehen. Dies sei nicht auf krisenhafte Momente beschränkt, wie die Belege bei Livius nahelegen, sondern Teil der alltäglichen Religionspraxis (vgl. Satterfield 2016: 174–175). Auch das Verständnis als „Zustand“, der „gestört“ und „wiederhergestellt“ wird, steht stark in Frage, da sich entspre-

giösen Systemen mehr oder weniger overt existent. In den lateinischen Quellen scheint das *piaculum*, also die Ent-schuldigung begangener Fehler durch entsprechende Opfer und Gebete, stark systematisiert zu sein.[30] Das zeigt sich an ihrer regelhaften Durchführung nach notwendigen oder unvermeidbaren Handlungen. Typisch und gut dokumentiert ist z. B. die Entsühnung der Verletzung göttlicher Hoheit (d. h. Sakralität: Machtbereich einer Gottheit) über bestimmte Orte oder Zeitpunkte. So wird in den Arvalakten die Entsühnung der Aufräumarbeiten im heiligen Hain der Gottheit dokumentiert, dessen Integrität durch diese verletzt wurde;[31] Cato schreibt ein institutionalisiertes Sühnopfer (*porcum piaculum*) für Ceres vor, wenn der Boden gepflügt werden soll (*Agr.* 134). Auch die Verletzung der Feiertage durch bestimmte (geschäftliche oder landwirtschaftliche) Tätigkeiten ist zu entsühnen. Das systematische *piaculum* stellt also ein wichtiges Handlungsinstrument dar, um mit unvermeidlichen Spannungen zwischen göttlichem Recht und menschlichen Notwen-

chende Formulierungen in den Quellen nicht finden. Eine Klärung des Bildes durch den Einbezug des umbr. Adjektivs *pacer*, das in den Gebetstexten dem lat. *propitius* „gewogen/wohlgesonnen“ strukturell und semantisch entspricht, wird schon durch Latte 1960: 40–41 angeregt, etymologische Ansätze verfolgt auch Porzio Gernia 2004: 1–24. Eine weitere Entwirrung der Situation durch eine systematische Untersuchung der italischen Propitiationsformeln wie *fos pacer* im Umbrischen oder *volens propitius* im Lateinischen ist derzeit durch Dylan Potage (Paris/Brüssel) in Vorbereitung, dem ich herzlich für die Diskussion dieses Themas danke.

30 Zum römischen *piaculum* (und den Zusammenhängen mit dem Konzept der *pax deorum*, die u. a. in Liv. 27,23,4 expliziert sind) s. Siebert 2000 (DNP s. v.) sowie ausführlich Scheid 1981: 136–138 und 148–151; Fugier 1963: 341–346; Tromp 1921 und Wissowa ²1912: 392–393. Es ist festzuhalten, dass religiöse Konzepte innerhalb der römischen Antike i. d. R. nicht völlig stabil waren, so dass ein kontingentes Bild von den frühesten (inschriftlichen) bis zu den spätesten Zeugnissen problematisch ist (d. h. zum *piaculum*: Haingesetz von Spoleto über Cato *Agr.* 139 bis z. B. Servius *Aen.* IV 646; Arnob. IV 31). Diskrepanzen betreffen den sakralrechtlichen Status des *piaculum*, die Frage, woraus sich die Verpflichtung zur Expiation ergibt und die Abgrenzung zu anderen Konzepten (vgl. Scheid 1981: 148–149, der die Darstellungen bei Wissowa 1912, Tromp 1921 und Fugier 1963 kritisch evaluiert). Man kann aber wohl doch einen relativ stabilen Kern fassen: *piare* umfasst immer rituelle Handlungen, die durch einen bestimmten Auslöser notwendig werden. I. d. R. ist dies ein negatives Ereignis, das als Ausdruck der Verärgerung der Götter verstanden und mit einem konkreten kultischen Fehler oder einer Unterlassung in Zusammenhang gebracht wird. Der vermutete Auslöser selbst, die Handlungen zu seiner Wiedergutmachung, sowie das dabei eingesetzte Opfertier werden *piaculum* genannt (vgl. Siebert mit den Belegstellen). Zur Abgrenzung der Konzepte *lustratio* und *piaculum* in den IT im Vergleich v. a. zu Cato s. Prosdocimi 2015: 522–523.

31 Z. B. in den Akten der Jahre 183, 218, 224. Vgl. dazu Wissowa ²1912: 25; Henzen 1874: 147–148. Diese Praxis ist auch relevant für den Vergleich mit dem Ritual der Tafeln III und IV; s. u. 5.7.3.

digkeiten umzugehen. Eine institutionalisierte und auf die gesamte Gemeinschaft bezogene Form der Entsühnung liegt im *piaculum* der IT vor. Anhand der Formulierungen der Gebete wird deutlich, dass diese sich hauptsächlich auf Unterlassungen oder Fehler in der korrekten Verehrung der angerufenen Gottheiten bezieht;[32] vgl. exemplarisch folgenden Auszug aus dem Gebet an Jupiter Grabovius:

(11) IT VIa 27–29

dei. crabouie. persei. tuer. perscler. uaseto. est. pesetom est. peretom est / frosetom est. daetom est. tuer. perscler. uirseto. auirseto. uas. est. di. grabouie. persei. mersei. esu. bue / peracrei. pihaclu. pihafei.

„Jupiter Grabovius, wenn in deinen Ritualen[33] eine Unterlassung, eine Verfehlung, eine Überschreitung, ein Schaden, ein Verstoß gewesen ist, wenn in deinen Ritualen ein sichtbarer oder unsichtbarer Fehler (geschehen) ist; Jupiter Grabovius, was (das) betrifft, dass es rechtmäßig ist, dass mit diesem mehr als einjährigen[34] Stier als Entsühnungsopfer Entsühnung vollzogen werde."[35]

---

32 Noch vor den in Beispiel (11) wiedergegebnen Spezifizierungen stehen die Angaben *persei. ocre. fisie. pir. orto. est. toteme. iouine. arsmor. dersecor / subator. sent.* „wenn in der Burg/Stadt Fisia Feuer entstanden ist oder im Stadtstaat Iguvium die gebotenen Riten vernachlässigt worden sind" (VIa 26–27), wobei das Feuer als ein negatives Vorzeichen verstanden werden kann; Poultney (1959:243) verweist auf die *Acta Arvalia* für entsprechende Nachweise der Entsühnung des heiligen Hains nach Feuer aufgrund von Blitzschlag.

33 Das Lexem **persklum**/*persclo* bezeichnet aus etymologischer Sicht eine Bitte, die an die Götter gerichtet wird; die Bildung **perḱ-sḱ-elo-* oder **perḱ-sḱ-tlo-* ist auf die Wurzel **preḱ-* „bitten/beten" zurückzuführen; s. Schirmer 1998: 247–249 und 254; Untermann 2000: 539–540 sowie zur synchronen Bedeutung des Lexems Prosdocimi 1978: 604–606. In einigen Beispielen verweist das Lexem jedoch eindeutig metonymisch auf das gesamte Ritual und ist somit als *pars pro toto* zu verstehen; z. B. in titelartigen Elementen im *piaculum* (Ia 1 bzw. VIa 1), wo jeweils auch ein diskursdeiktisches Pronomen auf die folgende Gesamtvorschrift verweist (s. Dupraz 2012: 34–35; Schirmer 1998: 229–231 und 249) oder in der hier zitierten Formulierung *tuer perscler* (Abl.Pl.), die innerhalb der Gebete 8 Mal auftritt: die möglichen Verfehlungen, auf die verwiesen wird, schließen einen rein sprachlichen Kontext und die Übersetzung „in deinen Gebeten" aus (vgl. Schirmer 1998: 237–242).

34 Das *i*-stämmige Adjektiv *peracrei* (hier im Abl.Sg.m.) qualifiziert das Opfertier als „mehr als einjährig"; es wird mehrheitlich als Variante des bedeutungsidentischen **perakni**- der älteren Tafeln verstanden (< **per-akn-i-*; zu ursab. **akno-* „Jahr" < vorursab. **at-no-* s. Meiser 1986: 96); vgl. zur Deutung Rix 1978: 157–158 (andere Deutungsansätze bei Untermann 2000: 533–534); vgl. weiter zur Bildung des *i*-stämmigen Kompositums Heidermanns 2002: 194; zur semantischen und rituellen Opposition von *sacris* „weniger als einjährig" und *peracris* und der Möglichkeit, dass *peracn-* > *peracr-* unter dem Einfluss von **sakris** sekundär stattgefunden habe, s. Dupraz 2018c: 75–77. Prosdocimi 2015: 242–247 bespricht die Aussagekraft der Varianten für die Textstratifikation und geht ebenfalls von deren semantischer Identität und der Ursprünglichkeit von *perakn-* im Korpus der IT aus.

35 S. dazu noch ausführlich unter 7.5.7.

In den Anrufungen wird anschließend die Bitte um Entsühnung von Stadt und Gemeinschaft als Imperativ II an die jeweilige Gottheit gerichtet

(12) IT VIa 29
di. grabouie. pihatu. ocre. fisei. pihatu. tota. iouina
„Jupiter Grabovius, entsühne die Burg/Stadt Fisia, entsühne den Stadtstaat Iguvium"

Allerdings werden auch in der längeren Fassung nicht alle Gebete so ausführlich präsentiert; das erste Gebet *pre vereir treblaneir* „vor dem Trebulaner Tor" an Jupiter Grabovius scheint damit auch eine Art Modell oder Vorlage für diejenigen an Mars Grabovius (*pre vereir tesenocir*) und Vofionus Grabovius (*pre vereir vehier*) darzustellen. Letztere dürften daher weitgehend identisch mit demjenigen an Jupiter Grabovius gewesen sein und brauchten wohl nur geringfügig formal angepasst werden, wie durch entsprechende „Kurzformeln" indiziert wird, in denen nur Adressat und Nutznießer des Opfers genannt sind, z.B.:

(13) IT VIb 19
pre. uerir. uehier. buf. trif. calersu. fetu. uofione. grabouie. ocriper. fisiu. totaper. iiouina
„Vor dem Vehier Tor sollst du 3 männliche Rinder mit weißer Stirn opfern[36] ‚Für Vofionus Grabovius zugunsten der fisischen Stadt, zugunsten des Stadtstaates Iguvium'."

Durch die Anführungszeichen ist hier in der Übersetzung der anzupassende Adressierungsteil des Gebetes als Teilzitat hervorgehoben; die Nennung des Benefizienten wurde (da sie nicht wechselte) wohl jeweils wiederholt. Für die Rituale der beiden letzteren Tore sind jeweils nur die spezifischen Gebete der Ergänzungshandlungen *hinter* den Toren (*post vereir tesenocir/vehier*) ausformuliert.

Diese Unterscheidung von Haupt- und Neben- oder Ergänzungsopfern findet sich in allen Ritualbeschreibungen der IT wieder. Sie besteht, grob gesagt,

36 Der typische Ausdruck der IT zur Bezeichnung des Opferns ist der Impv. II **fetu** (lat. *facitod*) eigtl. „machen, tun". Die spezifische Semantik liegt vor, wenn das direkte Objekt explizit oder implizit ein Opfertier bzw. eine Gabe ist; dies kann als fachsprachliche Bedeutungsverengung durch semantische Integration „ein Tier (als ein Opfer) machen" interpretiert werden. Zu den Belegen und zur Frage des Paradigmas s. Untermann 2000: 256–261, García Castillero 2000: 292–298 und Meiser 2003: 200 mit älterer Literatur. Zu **fetu** und seinen Konstruktionsweisen in den IT s. Dupraz 2014a; zu entsprechenden Phänomenen in der lateinischen Opferterminologie Roth 2014.

in dem Unterschied zwischen blutigen oder Tieropfern, die spezifisch und charakterisierend für die adressierte Gottheit sind,[37] und unblutigen Nebenopfern. Diese bestehen meist aus Getreide bzw. Getreideprodukten (**arvia** steht als Hyperonym für verschiedene Produkte, vermutlich Gebäcke: **mefa spefa** und **fikla struhçla**)[38] und einer Art Wurst (**persuntru**)[39]. In diesem Zusammenhang werden auch die Flüssigkeiten **puni**[40] und **vinu** (Wein) genannt, welche strukturell der Kombination lat. *ture vino* „mit Weihrauch und Wein" entsprechen, die sich in den Arvalakten als typische Begleitung für nahezu jedes Opfer finden.[41] In den Gebeten wird jeweils explizit auf die Gaben Bezug genommen, die das Gebet begleiten, also im Hauptopfer bspw.

(14) IT VIa 25
tio. esu. bue peracrei. pihaclu
„dich (rufe ich an) mit diesem mehr als einjährigen Stier als Entsühnungsopfer"

Im Nebenopfer findet meist auch eine Markierung der betreffenden Gaben durch ein Zugehörigkeitsadjektiv statt, das vom Namen der adressierten Gottheit abgeleitet ist.[42] Diese Technik könnte ein Element der Individualisierung der Ergänzungsgebete sein. Im Anschluss an die Vorschriften zum Ablauf des Rituals werden Angaben zum Vorgehen bei Ritualfehlern oder Versäumnissen gemacht.[43]

5.6.2 *Die* lustratio

Ebenso wie das *piaculum* ist die *lustratio* ein mehrteiliges komplexes Ritual, das unter Beteiligung der waffenfähigen Männer des Stadtstaates von Iguvium und an verschiedenen Schauplätzen durchgeführt wurde. Eine Übersicht über

---

37 S. dazu auch unten 7.4.1.

38 Vgl. Weiss 2010: 280.

39 S. Untermann 2000: 543–545 sowie Weiss 2010: 384–397 mit ausführlicher Besprechung der Belege und Diskussion der älteren Vorschläge. Unter Annahme eines Fortsetzers zu idg. **send^h-ro-* „dickflüssige Masse" (in unserem Fall: „aus geronnenem Blut"), vgl. Meiser 1986: 76, und unter Vergleich mit dem *sangunculum porciliarum* der Arvalakten erscheint die vorgeschlagene Deutung als eine Art Blutwurst sehr plausibel.

40 Die Interpretation als Opfergetränk oder -flüssigkeit ist inzwischen unstrittig (darauf deutet die Nennung mit Wein und der Transport in Gefäßen wie **sviseve** und **kapiře** hin); zum Überblick über verschiedene ältere Ansätze vgl. Untermann 2000: 606–607.

41 Vgl. die in allen dokumentierten Ritualen vertretene Formel *omnes ture et vino fecerunt* „es opferten alle mit Weihrauch und Wein" etc.

42 Vgl. zu dieser Technik unten 8.5.2 mit Beispielen.

43 S. dazu ausführlich unten 7.5.

TABELLE 7 Überblick *lustratio*

Ib 10–45	VIb 48–VIIa 54	*lustratio* des Heers von Iguvium
10–11	VIb 48–49	Vogelschau
11–12	49–50	Feuer wird auf den Altar gelegt
13–14	51–52	Zweite Vogelschau[a]
14–15	52	Prozession des **ařfertur** und der **prinuvatu** auf der **vea aviekla** nach Acedonia
16–18	53–55	Verbannung der Fremden aus dem Heer
19–22	56–65	3-malige Umrundung des Heeres mit den Opfertieren; Gebetstext in VIb, nicht in Ib
22–23	65–VIIa 2	die **prinuvatu** gehen weg; Ende der Vorbereitungsphase
24–26	3–5	3 Eber für Šerfus Martius in Fontuli
27–30	6–40	3 junge weibliche Schweine für Prestota Šerfia des Šerfus Martius in Rubinia; VIIa: Ergänzungsopfer und Gebete an Prestota
31–39	41–45	3 Färsen für Tursa Šerfia des Šerfus Martius in Trans Sanctam
		Anweisungen, die zwischen den 3 Stationen weiterzugeben sind
	VIIa 46–51	fast gleich wie VIb 57–62: Bannformel gegen Fremde, Gebet an Tursa
Ib 40–44	51–54	Vorbereitungsphase des 4. Opfers: Rituelle Jagd der Kühe[b]
45		Kolophon (entspr. IIa 44); Angabe des für die Anfertigung verantwortlichen Quästors Lucius Tetteius

a Vgl. Dupraz 2018b.
b Vgl. Dupraz 2015a.

die Handlungsschritte mit Gegenüberstellung der beiden Versionen gibt hierzu ebenfalls Poultney (vgl. Tabelle 7).[44]

Kern dieses Rituals ist die Umrundung der waffenfähigen Männer der Gemeinschaft[45] mit den Opfertieren – eine Handlung die der bei Cato wiedergegebenen *lustratio agri* mit den drei Opfertieren *suovetaurilia* „Schwein, Schaf

44 Poultney 1959: 16.

45 Zur Interpretation von **puplum**/*poplo* als „Volk" i. S. v. „Heervolk" vgl. Prosdocimi ^{2}1991: 479–480, Rix 1995: 82–83, Untermann 2000: 610–611 (mit Verweisen auf die auch im Lateinischen ursprüngliche Bedeutung „Heer") und Dupraz 2018b: 23. Die Etymologie < **pe-pl(h_1)-ó-* „Gruppe von Lanzenschwingern" zur Wurzel **pelh₁-* „in Schwung bringen" (vgl. LIV^{2}: 469) ist semantisch stimmig, aber auch der situative Kontext der umbrischen *lustratio* mit der Gegenüberstellung feindlicher Gruppen macht diesen Ansatz plausibel.

und Stier" entspricht (auch wenn dabei andere Tiere eingesetzt werden).[46] Durch den ersten Satz des Textes wird diese Funktion quasi-titularisch angegeben, wobei durch die Apodosis bereits die Anweisung zur Vorbereitungshandlung, der Vogelschau, erfolgt:[47]

(15) IT Ib 10
pune : puplum : aferum : heries : avef : anzvriatu : etu
„Wenn du (die Tiere) um das (Heer-)Volk herumführen wollen wirst, sollst du gehen, die Vögel zu beobachten"

Symbolisch dürfte durch den Akt der Umrundung eine Definition der Personen erzielt werden, für die durch Ritual und Gebete Schutz und Wohlergehen erzielt werden soll.[48] Noch zur Vorbereitungsphase gehört neben der (zweifachen) Vogelschau, eine Prozession des Arsfertur, also des haupthandelnden Priesters, und zweier Helfer (der **prinuvatu**)[49] nach Acedonia. Dort wird die Verbannung der Fremden aus den Reihen des Heeres vollzogen (in lat. Terminologie *exterminatio*) und es erfolgt der im Titel genannte Teil des Rituals: die dreimalige Umrundung des Heervolkes mit den zu opfernden Tieren:

(16) IT Ib 20
enumek : apretu : tures : et : pure
„Dann sollst du die Umrundung machen[50] mit den Opfertieren(?)[51] und dem Feuer."

46 Einen ausführlichen Kommentar zu den Korrespondenzen der IT mit Cato *Agr.* bietet Prosdocimi 2015: 433–534, wobei v.a. auf die sprachlich-stilistischen Gemeinsamkeiten der Gebetsformeln eingegangen wird; die zahlreichen Details können hier nicht besprochen werden. S. zu Cato *Agr.* noch Abschnitt 5.9.

47 Durch die Vogelschau wird die Berechtigung des Hauptopfernden ermittelt, die *perca arsmartiam* (wohl als Autoritätzeichen) zu halten oder anzulegen; das geht aus der längeren Fassung (VIb 49) hervor. Traditionell wird dahinter eine Art Stab vermutet (vgl. Untermann 2000: 534–536); zu einer alternativen Interpretation als Kleidungsstück und spezifisch als Kleidungsstück eines Magistrats s. Dupraz 2018b: 25–27.

48 S. dazu ausführlicher unter 7.4.9.

49 Die beiden sind Amtsträger der Bruderschaft und tragen eine funktionale Bezeichnung; meist werden sie als untergeordnete Helfer (*legati*) verstanden; Untermann 2000: 578–579. Meiser (2009: 189–190) schlägt eine Interpretation als „Soldat aus der ersten Reihe/hohen Ranges" vor; der militärische Bezug erscheint aber nicht zwingend.

50 Zu umbr. **etu** „geh!" und der Komposition mit den Präverben **am-** (< *$*amb^h$-*) „um" und **pre-** „voran"; vgl. Untermann 2000: 207–209.

51 Das hier bezeugte *tures* wird häufig mit lat. *taurus* „Stier" gleichgesetzt (s. Untermann 2000: 777–778), kann allerdings an dieser Stelle referenziell nur ein Terminus sein, der keine spezifische Tierart bezeichnet.

und

(17) IT Ib 21
triiuper : amprehtu
„Dreimal sollst du die Umrundung machen."

An diese Phase schließen sich nun die drei großen Hauptopfer des Rituals an: Die dabei eingesetzten Tiere sind jeweils drei Eber, junge weibliche Schweine und junge Kühe. Diese werden jeweils an einem spezifischen Ort einer spezifischen Gottheit dargebracht. Dabei sind die involvierten Gottheiten nominell untereinander verbunden, indem die beiden letzteren Adressatinnen, Prestota Šerfia und Tursa Šerfia, bestimmte Aspekte oder Eigenschaften des ersten Adressaten Šerfus Martius darzustellen scheinen und diesem durch eine possessive Attribution „des Šerfus Martius" und ein Zugehörigkeitsadjektiv zugeordnet werden. Die drei verschiedenen Orte, an denen die Tieropfer dargebracht werden, sind Fontuli, Rubinia und Trans Sanctam, wobei zwischen diesen Orten durch Benachrichtigungen die einzelnen Phasen der Tieropfer aufeinander abgestimmt werden. Die Verteilung des **erus** (des Anteils der Menschen) kann erst begonnen werden, wenn die Handlung des **purtuvitu** („du sollst darbringen") an allen drei Orten abgeschlossen wurde, und erst nach dem **erus** kann das Ritual durch ein Gebet (**pesnimu** „du sollst beten") vollendet werden. Im letzten Textabschnitt wird ein Handlungsteil beschrieben, der chronologisch noch auf die Handlungen in Acedonia bezogen werden muss und auch explizit dort eingeordnet wird:

(18) IT Ib 40
pustertiu : pane : puplu : ateřafust :
„Nachdem er dreimal das Heervolk umrundet haben wird"

Auch personell sind die Anweisungen im Vorbereitungsteil lokalisierbar: Der Arsfertur und die Prinuati sollen in einer rituellen Jagd „mehr als einjährige Kühe" wegscheuchen, von denen die ersten drei durch beliebige Bürger wieder eingefangenen der Göttin Tursa Jovia in Acedonia geopfert werden.[52]

Den Abschluss des Textes bildet in der kürzeren Fassung ein Kolophon mit namentlicher Nennung des für die Niederschrift verantwortlichen Quästors, Lucius Tetteius.

52 S. dazu Dupraz 2015a: 262–263.

5.6.3 *Gemeinsamkeiten von* piaculum *und* lustratio

Als verbindendes Charakteristikum zwischen den beiden doppelt belegten Ritualen, *piaculum* und *lustratio* ist neben dem vergleichbaren Prozess ihrer Vertextlichung v.a. die Tatsache zu sehen, dass die Vorschriften einem spezifischen, *synthetischen* Darstellungsmodus folgen:

> In diesen Quellen werden je Tieropfer nur sehr wenige Handlungen explizit erwähnt, wobei die Reihenfolge der Vorschriften nicht unbedingt mit der chronologischen Abfolge der betreffenden Handlungen übereinstimmt.[53]

Diese Darstellungsweise ist stark ökonomisiert und lässt bestimmte Handlungsschritte völlig unerwähnt. Diese werden somit als allgemeines Fachwissen der Textbenutzer vorausgesetzt und müssen von diesen ergänzt werden. So erklärt sich die äußerst knappe Wiedergabe einiger Handlungsabläufe, besonders der Tieropfer auf der Tafel Ia und b. Zudem werden textdeiktische Verweise für eine ökonomische Wiedergabe genutzt. Durch Angaben wie „die gleichen (Formeln) soll er sprechen, wie vor dem Trebulaner Tor" wird z.B. die vollständige Angabe der Formel durch den Verweis ersetzt.[54] Diese Technik findet sich v.a. in den längeren Versionen auf den Tafeln VI und VII; sie führt dort u.a. dazu, dass einige Abschnitte dieser Rituale viel ausführlicher behandelt werden als andere, die äquivalent sind und durch einen Textverweis verkürzt werden. Eine Abweichung der Reihenfolge der Vorschriften von der Chronologie der Handlungen ist in der Passage Ib 40–44 (und VIIa 46–54) der *lustratio* zu sehen. Diese verweist auf Handlungen, die im Text *nach* den Opfern in Fontuli, Rubinia und Trans Sanctam beschrieben sind, chronologisch aber *parallel* zu diesen eingeordnet werden müssen.

Eine inhaltliche Gemeinsamkeit der beiden Rituale besteht außerdem in der Tatsache, dass sie, auch anhand der Instruktionen, nicht als *feriae stativae*, d.h. als kalendarisch feststehende, jährlich zum selben Termin stattfindende Feste zu beurteilen sind. Dies zeigt sich bspw. in der Tatsache, dass keine absolute Datumsangabe oder Benennung eines festen Feiertages erfolgt und dass im Fall des *piaculum* Auspizien als terminierendes Verfahren angeordnet werden. Dieser Umstand entspricht auch der Funktion der Rituale. Das *piaculum* z.B. ist *per se* als Entsühnung eines konkreten oder aufgrund ungünstiger

53 Dupraz i.D.

54 VIa 20–21 *suront naratu pusi pre verir treblanir*. Zur diskursdeiktischen Ökonomisierung der Texte s. auch 8.6.1.3.

Zeichen vermuteten Fehlers konzipiert. Es wird also aufgrund einer spezifischen Indikation – allerdings wohl doch regelmäßig – durchgeführt und ist nicht im Kalender angelegt. Diese Gemeinsamkeit teilt es auch mit den hethitischen Beschwörungsritualen, die – auch wenn sie ihren Ursprung im individuellen Bereich haben – durch ihre Durchführung für den König ebenfalls staatliche Bedeutung erhalten können.

5.6.4 *Das Wiedergutmachungsritual*

Die Gemeinsamkeit der synthetischen Darstellung wie auch der nicht-kalendarischen Durchführung teilt auch das in IIa 1–14 beschriebene Wiedergutmachungsritual.[55] Hier wird besonders deutlich, dass das Ritual nur im konkreten Bedarfsfall und unter ganz spezifischen Bedingungen durchzuführen ist. Die betreffende Angabe verweist auf den Fall, dass von (oder aber „zuungunsten")[56] derjenigen Abteilung der Brüder, die für die Augurien verantwortlich und daher einem Gott Spektor zugeordnet ist, ein Fehler begangen wurde, der zum Scheitern eines von ihr (oder für sie) vollzogenen Opfers führte.[57] Darauf wird in der Indikation durch den **pune**-Satz Bezug genommen:

(19) IT IIa 1–2
pune : karne : speturie : atiieřie : aviekate[58]: naraklum : / vurtus : estu esunu : fetu : fratrusper : atiieřie :

---

55 Der Text ist nicht nur inhaltlich, sondern auch epigraphisch vom darauffolgenden Ritual des **huntia**-Opfers abgrenzbar: Die letzte Zeile des Wiedergutmachungsrituals (IIa 14) ist nur bis zur Hälfte beschriftet, wodurch das Ende des Textes graphisch markiert wird. Ebenso beginnt die erste Zeile des anschließenden Rituals (IIa 15) mit einem *uacat*. Vgl. Prosdocimi 1984: 182.

56 So Dupraz i. D., wobei der Ausdruck mit dem Dativ in jedem Fall auffällig und nicht ohne Weiteres erklärbar ist.

57 Poultney (1959: 170) geht offenbar davon aus, dass IIa 1–14 „sacrifices in case of unfavorable auspices" beschreibt, dass also negative Vogelzeichen divinatorisch die Verweigerung eines Opfers angezeigt hätten. Allerdings sind weder in Rom, noch in den IT Vogelschauen in dieser Funktion zu finden; die in den IT beschriebenen Vogelschauen finden immer vor einem Ritual (*piaculum*, *lustratio*, **huntia**-Ritual) statt. Zudem deutet die Formulierung **naraklum vurtus** eindeutig auf einen Fehler eines Priesters bei der Rezitation, also bei der Durchführung eines Rituals hin; s. Dupraz i. D.; Dupraz 2016/17; Weiss 2010: 41–42; Schirmer 1998: 155.

58 Das Lexem wird von Vine (2015) auf ein Nomen agentis **awi-īks-* (also strukturell parallel zu **awi-speks-* lat. *auspex*) zurückgeführt, das im Hinterglied einen Desiderativstamm *h_3i-h_3k^{u}-*s-* (zu *h_3ek^{u}- „sehen") enthält. Die vorliegende Form ist ein Partizip zu einem denominativen *ā*-Stamm. S. auch Vine 2015: 143–145 für ältere Theorien sowie Untermann 2000: 138–139.

„Wenn dem speturischen, augurischen[59] atiedischen Teil die Formel[60] ‚verdreht' (fehlgegangen) gewesen sein wird,[61] sollst du dieses Ritual durchführen, für die Atiedischen Brüder."

Die Bezeichnung **estu esunu** deutet bereits darauf hin, dass es sich nicht ausschließlich um eine Wiederholung der missglückten Opfer handelt, sondern um ein darüber hinausgehendes, komplexes Ritual. Die Indikation wird in variierter Form (möglicherweise unter Anpassung des Wortlauts für die Götter als Adressaten) auch nochmals durch die Formel aufgenommen, die laut Instruktion zu sprechen ist (**esu naratu**):

(20) IT IIa 3–4
peře : karne : speturie : atiieřie : aviekate : / aiu : urtu : fefure : fetu : puze : neip : eretu
„Was das betrifft,[62] dass dem speturischen augurischen, atiedischen Teil (fehlerhafte?) Worte entstanden sein werden,[63] (ist es) getan worden wie unbeabsichtigt[64]."

---

59 Durch das Zugehörigkeitsadjektiv zur Gottheit **speture** wird die Verantwortlichkeit der Auguren für dieses Ritual verständlich, die dem Gott funktional zugeordnet sind; zum Anschluss an **speḱ-* „sehen, erblicken" vgl. Untermann 2000: 692–693.

60 Als Ableitung von **naratu** verweist **naraklum** eindeutig auf einen als Teil des Rituals vollzogenen, spezifischen Sprechakt; vgl. Dupraz 2016/17. Zur Bedeutung des korrekten Wortlauts für den Erfolg von Ritualen s. u. 7.5.5.

61 Oder „wenn du die Erklärung verdreht/fehlerhaft gesprochen haben wirst"; s. zur Frage nach 2./3.Sg. Fut. II Untermann 2000: 864–865. Dupraz (i. D.) spricht sich für die Interpretation als 2.Sg. aus und führt die beiden anderen finiten Formen des Rituals (ebenfalls 2.Sg.: **purtiius** in II a 7 und II a 9) als Argument an. Eine 3.Sg. bei transitiver Bedeutung scheint mir auch unwahrscheinlich; wenn eine intransitive Bedeutung angenommen wird, scheint eine 3.Sg. als impersonaler Ausdruck aber immer noch möglich.

62 Die Interpretation von **peře** hängt davon ab, ob sich die Formulierung auf einen vermuteten oder erwiesenen Fehler bezieht. Da zuvor auf ein „Fehlgehen der Worte" verwiesen wird, handelte es sich offensichtlich um einen als erwiesen betrachteten Fehler (dazu passt, dass auch keine anderweitigen Exhaustivitäts-Techniken eingesetzt werden; s. dazu 7.5.7). In diesem Sinne argumentiert auch Dupraz (2013b: 352–353): „la proposition en *perse* est factuelle: le discours direct est prononcé seulement en cas d'erreur effective".

63 Vielleicht mit euphemistischer Vermeidung eines Lexems für Fehler/Scheitern gegenüber den Göttern; dies würde auch zum unpersönlichen Ausdruck des Hauptsatzes passen. Vgl. in diesem Sinne auch Dupraz i. D. Schirmer 1998: 56 nimmt eine Interpretation von **aiu** als „schlechtes Vorzeichen" und damit eine Verbindung zu lat. *prodigium* (beides zu **h_2eĝ-* „sprechen") an und trennt den Ausdruck von **fefure**: „wenn ein *prodigium* eingetreten und **fefure** geschehen ist"; die Formulierung **naraklum vurtus** in IIa 1 nennt aber

Anschließend erfolgen die Anweisungen zu den Opferhandlungen, die drei Gottheiten betreffen, denen die folgenden Opfertiere zugewiesen werden:

vestiçe saçe	**sakre** (ein Ferkel)[65]
iuvepatre	**bum perakne**[66] (ein mehr als einjähriges Rind)
speture	**perakne** (ein nicht spezifiziertes mehr als einjähriges Tier)

Der letztgenannte Gott, **speture** (Spector), ist durch seinen Namen mit Auspizien assoziiert; ihm sind außerdem die Auguren als **speturie** nominell zugeord-

---

eindeutig eine fehlerhafte sprachliche Äußerung. Zur Etymologie und Wortbildung von **aiu** s. Schirmer 1998: 64–67 sowie Untermann 2000: 73–74; zu **fefure** Schirmer 1998: 63–64 (die sich nicht final festlegt) und Untermann 2000: 247 (hier 3.Pl. Fut. II < **fe-fus-ent* zu *ezum* „sein", was auch in obiger Übersetzung angenommen wurde); Meiser 2003: 59 geht von einer markierten, desambiguierenden Neubildung des Futur II aus (ausgelöst durch den fehlenden morphologischer Unterschied zwischen dem Futur und dem Futur Exact von „sein"), u.a. um den unerwarteten Reduplikationsvokal zu erklären. Anders äußert sich Zair 2014: 273–376 mit dem Vorschlag einer dittographischen Verschreibung und einer anzunehmenden Form ***fure** der 3.Sg. im Konjunktiv Imperfekt (Edg. < **-sēd*) „if a mistake should have arisen", wobei der hypothetische Modus im vorliegenden (faktischen) **peře**-Satz nicht naheliegt. Garica Castillero 2013: 98 schlägt eine gänzlich andere Intepretation von **fefure**, nicht als Verbum substantivum einer Periphrase mit **urtu**, sondern als Fortsetzung der Wurzel $*d^heh_1$- vor, so dass **aiu: urtu: fefure** als „sie werden verfehlte Sprüche/ungünstige Zeichen gemacht haben", mit den beobachteten Auguralvögeln als implizitem Subjekt und **aiu urtu** als Objekt zu verstehen sei. Dass ein negatives Augurium kein Grund für eine Ritualrestitution sei, bemerkt jedoch schon Schirmer 1998: 69, weshalb auch dieser Vorschlag letztlich nicht völlig überzeugt.

64 Die Form **eretu** (bzw. *hereitu*/*heritu* in VIa 27, 37, 47 und VIb 29) ist als PPP zu bestimmen und von García Castillero 2000: 313 und Meiser 2003: 135 auf **herito-* zurückgeführt worden. García Castillero macht keine weiteren Angaben zum vermuteten Alter der Bildung, allerdings sind Partizipien auf **-i-to-* zu **-i̯e/o*-Stämmen im Italischen nicht belegt (vgl. Zair 2016: 127). Meiser 2003: 135 vermutet aufgrund dieser Tatsache die analogische Neubildung eines Partizips auf **-ito-* im Umbrischen nach dem Vorbild der Verballexeme auf **-ī-*. Aufgrund neugebildeter Partizipien auf *-ē-* wie **maletu**, **purtu: vetu** und **kanetu** darf jedoch (mit Dupraz i.D.) Zairs Interpretation als **-ēto-* als plausibler gelten (s. 2016: 127), wobei der **-ē*-Stamm dieser Bildungen als späte Neuerung zu sehen ist.

65 Das Adjektiv kann in den IT elliptisch für Ferkel (also Schweine, die jünger als ein Jahr sind) verwendet werden; vgl. Untermann 2000: 650–651 mit dem Verweis auf die enge Assoziation auch im Lateinischen, wo *sācrīs* häufiger als Attribut von *porci* belegt ist. S. für eine aktuelle Diskussion der Lexeme Dupraz 2018c.

66 Das Lexem drückt eine Eigenschaft von Opfertieren aus, die offenbar komplementär zu **sakre** ist (vgl. die meristische Kombination in Va 7 **sakreu perakneu**); s. dazu bereits oben Kapitel 5 FN 34; „mehr als einjährig" referiert dabei auf den ökonomischen Wert des Tieres und steht somit **sakre** „weniger als einjährig" gegenüber.

net.[67] Diese ersten drei Opfer sollen **restatu** „wiederhergestellt" werden.[68] Dieses Lexem verweist anaphorisch auf den als bekannt vorausgesetzten Durchführungsmodus und die Begleithandlungen des fehlgeschlagenen ersten Opfers, die hier deshalb nicht wiederholt werden. Es folgt also keine nähere Ausführung dieser Schritte, sondern Angaben zu weiteren Opfern für die Gottheit **iuvie** (zunächst ohne spezifizierendes Bezugswort) bzw. **tikamne iuvie**:[69]

(21) IT IIa 6–8
iuvie : unu erietu sakre : pelsanu fetu : arviu : ustentu : / puni fetu : taçez : pesnimu : ařepe arves :
„Dem Jovius sollst du ein Lamm, (nämlich) einen weniger als einjährigen Widder[70] als zu vergrabenden opfern; Getreide sollst du vorbringen, mit **puni** sollst du opfern, schweigend sollst du beten mit **ařepe** (und?) Getreide."[71]

---

67 Die Auguren sind also mit dem missglückten Ritual offenbar durch ihre Zuordnung zu dem Gott Spektor verbunden und nicht wegen ihrer divinatorischen Funktion.

68 Mit etymologischer Entsprechung zu lat. *restituere*; vgl. Nishimura 2006: 185–190. Für andere Interpretationen s. Untermann 2000: 678–680.

69 Hier ist wohl ein funktionaler Aspekt (**dik̑-ā-men-* „Weihung" vgl. lat *dicāre*) durch die Epiklese der Zuständigkeit Jupiters zugeordnet: „der für das *dikāmen* zuständige"; s. Untermann 2000: 753.

70 Das Lexem **unu** ist, weil ein Opfertier zu erwarten ist als Akk.Sg. einer diminutiven Ableitung zu „Schaf" (etwa **ouno-* < **ou̯ĭ-no-*), also „Lamm" gedeutet worden (unter text- und ritualpragmatischen Gesichtspunkten ist dieser Vorschlag einer Deutung als Zahlwort < **oi̯no-* sicher vorzuziehen); vgl. Untermann 2000: 799 mit Verweisen; **erietu** ist unter dieser Annahme als attributive Spezifizierung des Geschlechts des Tieres zu verstehen, d.h. „Widder", wobei die Gleichsetzung mit lat. *aries*, *-tis* wegen des Anlautvokals problematisch bleibt (s. Untermann 2000: 229 mit außerlat. Entsprechungen). Nieto Ballester 1993: 284 setzt unter Annahme der Bedeutung „Schaf" **unu erietu** mit vs. *aunom hiretum* gleich und nimmt jeweils eine Entwicklung aus **afno-* < **ag^{uh}-no-* an (was allerdings eine *ad-hoc*-Annahme darstellt).

71 Ob die Abl.Pl.-Formen **ařepe** und **arves** aufeinander zu beziehen sind (als Ablativus absolutus) oder koordinierte Ausdrücke darstellen, ist umstritten, ebenso wie die Semantik von **ařepes** (vgl. Untermann 2000: 47–48). Die Kollokation ist nur in den altumbrischen Textpartien belegt und zwar stets nach dem Muster **kutef/taçez** (Nom.Sg.m.) **persnimu** (3.Sg.Impv.M.) **ařepes arves** (Abl.Pl.) „still/schweigend soll er beten, **ařepes arves**"; in den Langversionen von *lustratio* und *piaculum* entspricht diesem Ausdruck eine längere Aufzählung, die außer der Anweisung, zu beten und zu opfern, auch die Formulierung (*tesidi*/*fasio*/*strušla* +) *ficla arsueitu* „(verschiedene Gebäcktypen) und *ficla* sollst du nach vorn schieben/präsentieren" enthält. Diese Situation spricht dafür, dass **arves** hyperonymisch für Getreideprodukte (d.h. Opfergebäcke) steht; auch etymologisch ist die Verbindung mit **arvia** „Getreide" plausibel (vgl. Weiss 2010: 280–281). Aufgrund der korrespondierenden Passagen der kurzen und langen Versionen von *lustratio* und *piaculum* argumentiert Weiss (2010: 275–294) dafür, dass in dem verkürzten Ausdruck einerseits

pune purtiius : / unu : suřu pesutru : fetu : tikamne : iuvie :
„Wenn du das Lamm dargebracht haben wirst, sollst du eine Schweinewurst opfern für Dikamnus Jovius."

Diese Opfer sind also mit den zugehörigen Zusatzgaben und -handlungen beschrieben, die weiterhin außerdem das Graben einer (flachen?) Aushebung, die Verteilung des **erus** und das Beten mit gemahlenen und ungemahlenen Körnern umfassen. Danach folgen nochmals Tieropfer, nun für die vergöttlichte Eigenschaft bzw. das abstrakte Prinzip **ahtu**[72] mit Zuordnung zu Jupiter und Mars:

(22) IT IIa 10–12
ahtu : iuvip : uve peraknem : / peřaem fetu : arviu : ustentu puni : fetu :
„Ahtus Jovius[73] sollst du ein mehr als einjähriges Schaf (als) auf dem

---

die Gebäcke und andererseits die (verbale) Handlung des Präsentierens vertreten sind, d.h. wenn (*tesidi*/*fasio*/*strušla* +) *ficla* = **arves**, dann *arsueitu* = **ařepes**. Ausgehend von dieser strukturellen Korrespondenz analysiert er **ařepes** als < **ad-ēp-āis* (Verbaladj. mit Dehnstufe zu h_1*ep-* „fassen, ergreifen", vgl. lat. *apiscor*, heth. *epzi*; LIV²: 237) und versteht den Abl. als elliptisch: „bete mit den entsprechenden/angemessenen (Worten/Formeln) und Getreidegaben" bzw. „mit den (Worten) die eine rituell korrekte Formulierung/Anrufung herstellen und mit Getreidegaben" (dann < **ado-ēpāis*). Mir erscheint es grundsätzlich möglich, **ařepes** als „entsprechend/angemessen" zu interpretieren, ohne dass damit auf die zu sprechenden Worte referiert wird – dann bestünde der Bezug auf **arves** selbst „schweigend/still soll er beten mit den jeweils passenden/angemessenen Getreidegaben". M.E. muss das Formelsprechen in diesem verkürzten Ausdruck nicht notwendig expliziert sein; es könnte allein das Gebäckopfer als *pars pro toto* für die Gesamthandlung stehen. Für diese Annahme spräche, dass **persnimu** nur mit materiellen Gegenständen und nicht mit Verbaläußerungen im Ablativ konstruiert ist (vgl. Schirmer 1998: 213–216); z.B. **puni pesnimu vinu pesnimu une pesnimu** (IIb 20) „mit puni sollst du beten, mit Wein sollst du beten, mit Wasser sollst du beten". Wenn, wie in diesem Beispiel, mit mehreren verschiedenen Materialien zu beten ist (die nicht ein meristisches Paar bilden oder den gleichen Referenten haben), wird **persnimu** normalerweise wiederholt. Die Konstellationen, in denen auf den zu sprechenden Text verwiesen wird, enthalten Pronomina oder Pronominaladjektive im Akkusativ: **sevum**/*seuom* (Ia 6 und VIa 56) bzw. *eso*(*c*), z.B. in VIb 25. Eine weitere Möglichkeit ist, dass **ařepes** mit **arves** einen Ablativus absolutus, d.h. ein eigenes Syntagma, bildet und wörtlich zu übersetzen ist: „nach/mit dem Ergreifen der Getreidegaben". Ein Argument für letztere Interpretation wäre die entgegen den übrigen **persnimu**-Belegen nachgestellte Position der Ablative.

72 Als *tu*-Abstraktum zu verstehen: **h_2eĝ-tu-* „Tatkraft" o.ä. (anders: zu **h_2eĝ-* „sprechen"); s. zu den verschiedenen Vorschlägen Untermann 2000: 66.

73 Mit Annahme einer Verschreibung von ⟨iuvip⟩ statt **iuvie**.

Boden (seiendes)[74] opfern. Getreide sollst du darbringen, mit **puni** sollst du opfern."
ahtu marti : abrunu / perakne : fetu : arviu : ustetu : fasiu : pruseçete : ařveitu :
„Ahtus Martius sollst du einen mehr als einjährigen Eber opfern, Getreide sollst du darbringen, **fasiu**-Kuchen sollst du mit den geschnittenen (Teilen) nach vorn bringen."

Die anschließenden Vorschriften betreffen das Opfern für Ahtus Martius „auf dem Boden" (**peřae**) und die Lokalangabe „jenseits der (*via*) Equina" Die letzte Anweisung, **açetus**(?) zu opfern, bezieht sich höchstwahrscheinlich auf bestimmte Instrumente, die während des gesamten Rituals eingesetzt werden sollen.[75]

5.7 Die Kalenderfeste

Im Vergleich mit den bisher beschriebenen drei Ritualen bilden die verbleibenden drei (**huntia**, **seme:nies : tekuries** und das Neujahrsritual) eine eigene Gruppe, die ebenfalls bestimmte Gemeinsamkeiten teilt. Anhand derer lässt sie sich von *piaculum*, *lustratio* und Wiedergutmachungsritual abgrenzen. Dies betrifft zunächst die Darstellungsweise, wie von Dupraz (i. D.) beschrieben: Im Unterschied zur synthetischen, oft verkürzten und nicht-chronologischen Darstellung der ersten Gruppe, zeichnet sich die zweite Gruppe durch eine meist detailliertere, schrittweise beschriebene und chronologische Darstellung der Einzelhandlungen jedes Rituals aus. Diesen Darstellungsmodus bezeichnet Dupraz daher als analytisch. Anhand seiner Untersuchungen ergibt sich zudem,[76] dass diese zweite Ritualgruppe schematisch über etwa die gleichen Phasen und zentralen Abfolgen verfügt.

74 Zu **peřaem** „auf dem Boden befindlich", hier als prädikatives Adjektiv, s. Untermann 2000: 520; Weiss 2010: 298.

75 Das Lexem ist auch in IIa 24 belegt; es ist meist als Göttername im Dat.Pl. gedeutet und mit dem inschriftlich bezeugten Theonym ANCITIBV[S (*CIL* IX 3515 aus Furfo) zusammengebracht worden. Strukturell ist die Annahme eines weiteren Opfers, das vorher im Ritual nicht erwähnt wurde, aber problematisch; vgl. Dupraz 2014a, der deshalb die Deutung als (instr.) Ablativ vorschlägt: „M. E. gehören beide Formen zum selben Lexem, das ein Instrument bezeichnet. Aus ritualistischen Gründen werden mehrere dieser Instrumente verwendet, was erklärt, dass das Lexem in beiden Beispielen im Plural auftritt." (2014a: 184).

76 Dupraz i. D.

Auch auf inhaltlicher Ebene besitzt die Gruppe eine zentrale Gemeinsamkeit: Es handelt sich jeweils um *feriae conceptivae*, also Kalenderfeste, die jährlich (umbr. *sevakne*) zu einem bestimmten Zeitpunkt oder zumindest innerhalb eines determinierten Zeitraums stattfinden müssen. Um den konkreten Zeitpunkt innerhalb dieses Fensters zu ermitteln, kann ein divinatorisches Verfahren wie eine Vogelschau nötig sein;[77] es handelt sich jedoch um kein anlassbezogenes, akutes Verfahren. Eine zeitliche Lokalisierung erfolgt daher entweder durch eine Titulierung oder eine explizite Angabe zu Beginn der Instruktionen.[78]

5.7.1 *Die huntia*[79]

Das Ritual für Hondus Jovius leitet seine Bezeichnung **huntia**[80] von diesem Gott ab. Es beginnt mit einer expliziten Datumsangabe, die zugleich einen der seltenen assertiven Sprechakte (im Indikativ Präsens) innerhalb der IT darstellt:[81]

(23) IT IIa 15
katle : tiçel : stakaz : est : sume : ustite : / anter : menzaru : çersiaru
„Dem Welpen(opfer) ist ein Termin festgesetzt beim Zenit der Sonne an den Kalenden (= Neumond) im Monat der Ceres."[82]

Es scheint sich aber tatsächlich eher um die Angabe eines bestimmten Zeitraumes durch einen Stich- oder Grenztag (als *terminus post quem*) zu handeln, wobei der genaue Termin noch zusätzlich durch eine Vogelschau ermittelt werden muss, wie anhand des anschließenden Satzes klar wird.[83] Das Fest ist also

---

77 Dies betrifft das **huntia**-Ritual, s. u. 5.7.1.

78 Zur konstitutiven Bedeutung des Zeitpunktes (neben weiteren Faktoren) s. 7.4.2.1.

79 S. die äußerst ausführliche Besprechung von Struktur und Inhalt des Rituals bei Dupraz (i. D.); auf die hier nicht im Einzelnen verwiesen wird.

80 Nach Poultney (1959) ein Nom./Akk.Pl.nt.; vgl. etwa lat. *Saturnalia* zum Gott Saturnus. Für andere Interpretationen s. Untermann 2000: 333.

81 Zur Verteilung der Sprechakttypen und den damit verbundenen Implikationen für Textillokution und Textsorte s. 6.7.4.

82 Zur Besprechung dieser „dating formula" s. Weiss 2010: 30–35; zur Tatsache, dass **anter-menzaru**, **sestentasiaru** bzw. **plenasier** strukturell den römischen *Kalenden, Nōnen* bzw. *Iden* gleichen, s. Dupraz i. D.

83 Der Grenztermin für das Opfer wäre so genau vor 12 Uhr mittags des durch Vogelschau festgelegten Tages im Zeitraum des zunehmenden(?) Mondes im Monat der Ceres. Auch das Ritual der Tafeln III und IV ist zur Mittagszeit durchzuführen; dies stellt offenbar eine Besonderheit dar, die explizit angegeben werden musste. Überlegungen dazu finden sich bei Dupraz i. D.

gleichzeitig kalendarisch feststehend, nämlich im Zeitraum des zunehmenden Mondes(?) im Monat der Ceres, *und* bzgl. des konkreten Tages noch durch eine Vogelschau zu definieren. Das zentrale Element des Rituals und des Textes ist neben dem titelgebenden Gott das besondere Opfertier, nämlich ein Welpe (**katel**).[84] Verschiedene Handlungsphasen gliedern das Opfer: Zunächst erfolgt das Herbeischaffen der notwendigen Utensilien, außer dem Welpen verschiedene Beiopfer, Gefäße, ein Tuch für die Hände und Salbe, und die Vorbereitung eines Feuers auf dem Altar. Anschließend erfolgt die *immolatio*, d.h. die aus der römischen Praxis bekannte symbolische Übereignung des Tiers an die Gottheit durch das Bestreichen mit *mola salsa* und das Ziehen einer symbolischen Linie auf dem Rücken des Tieres mit einem Messer.[85] Dazu wird eine Benefizientenangabe gemacht: Das Opfer findet zugunsten der *Natio Petrunia*[86] der Atiedischen Brüder statt. Der eigentliche Tötungsvorgang wird nicht beschrieben, sondern es erfolgt nur eine Angabe zum Modus der Durchführung (**peřae futu** „es soll am Boden sein").[87] Anschließend folgen bereits die Zerteilung des Tieres und die Behandlung der verschiedenen Teile, die auf Spießen gebraten werden. Es schließen sich unblutige Nebenopfer (Getreide und **vistiça**[88]) an, die mit **puni** dargebracht werden, sowie ein ritueller Tanz (**ahtrepuřatu** „er soll den Dreischritt tanzen").[89] Der Tanz wird an verschiedenen Markierungen (**pustin ançif**)[90] wiederholt, dazu wird eine wohl abgekürzte Formel angegeben:

(24) IT IIa 25–26
tiu : puni : tiu : vinu : / teitu
„‚Dich mit **puni**, dich mit Wein' soll er sagen."

84 Mit Entsprechung zu lat. *catulus* „Welpe"; vgl. Untermann 2000: 375–376; zur Bedeutung spezifischer Opfertiere für das Gelingen der rituellen Kommunikation s. 7.4.3.1.

85 Zu dieser Interpretation der *immolatio* vgl. Scheid 2005: 50–55.

86 Eine bestimmte (verwandtschaftliche?) Gruppe oder Abteilung der Bruderschaft. Daneben ist im Ritual der **seme:nies : tekuries** die *natio Lucia* belegt; s.u. Kapitel 5 FN 103.

87 Zu diesem und weiteren Ausdrücken, die sich auf Handlungen am Boden beziehen, s.u. 7.4.2.3.

88 Bedeutung nicht klar; sicher handelt es sich um ein Gebäck. Auf jeden Fall tritt **vestikatu** in den Ergänzungsphasen nach dem Hauptopfer auf, ist aber nicht in allen Ritualen vertreten.

89 Denominative Bildung zu **tri-podo-* Dreischritt, vgl. lat. *tripodāre/tripudiāre* (im Umbrischen unter gleichzeitiger Präfigierung); s. Untermann 2000: 62–63.

90 S. Untermann 2000: 103. Wenn zu lat. *ancus* „gekrümmt" gehörig, könnte auch eine Verbindung zu **açetus** (IIa 14) bestehen; dazu Dupraz 2014a: 184.

Danach wird das Opferfleisch zusammen mit den **krematra**[91] zu einem anderen Platz getragen und ein Gebet in Richtung der Aushebung im Boden gesprochen. Das Fleisch wird nochmals in Teile mit je unterschiedlicher Bestimmung geschnitten und mit Gebäck ergänzt. Dann erfolgt die Darbringung des Welpen, wobei genauere Anweisungen zur Durchführung der Gebete (**pesnimu**) gegeben werden: Es soll „mit" verschiedenen Utensilien bzw. Gaben gebetet werden. Anschließend geht der Priester zur **spina** (einem stelenartigen Altar?),[92] wohin Gefäße (u.a. mit **puni**), die Spieße und eine Salbe getragen werden. Die nächste Phase ist noch einmal spezifisch als Opfer an Hondus Jovius benannt. Die Anweisungen betreffen nun das korrekte Opfern (**fetu**); dabei wird erneut eine verkürzte Formel zitiert, welche nur die Benefizienten nennt.[93] An der **spina** finden weitere Handlungen statt, dabei werden die dorthin getragenen Utensilien und Gaben verwendet und dargebracht. Von **puni** sollen Reste zurückbehalten werden und es folgt ein letztes Gebet, das „mit gemahlenen und ungemahlenen" zu sprechen ist. Nachdem der Priester aufgestanden ist, soll er die **statita** (die „hingestellten" Dinge) wegbringen. Eine abschließende Vorschrift ist passivisch formuliert: das Opfer soll dargebracht (**purtitu futu**) und der Welpe als zu vergrabender geopfert werden (**pelsans futu**).[94]

Die ambigen Formen des Imperativ II sind in diesem Ritual aufgrund einiger finiter Verben (z.B. Futur I **ferest** „er wird tragen") als 3.Sg.-Formen zu identifizieren. Eine Auffälligkeit des Welpen-Opfers ist die starke Gliederung durch Titel und Teiltitel, die Dupraz (i.D.) eingehend untersucht. Diese sind aus praktischen Gesichtspunkten relevant, da sie Handlungsphasen wiedergeben und Angaben enthalten, die sich auf eine gesamte Phase beziehen können, z.B. bzgl. des Durchführungsmodus. Sie spielen aber gerade auch für die Textualität dieses Rituals eine wichtige Rolle, da sie neben der Abgrenzung von Passagen auch textverbindende und rezeptionsleitende Funktionen einnehmen.

5.7.2 *Die seme:nies : tekuries*

Das Ritual der Tafel IIb kann als Fest der Dekurien (**tekvias**), also der „Zehntel-Gruppen" bezeichnet werden.[95] Diese Titelangabe erfolgt zusammen mit einer

---

91 Auf Teile des Opfers bezogene Bezeichnung, evtl. „zu verbrennende" (vgl. lat. *cremāre*); s. Untermann 2000: 403.

92 Auch **spinia** (IIa 36); ohne gesicherte Etymologie. Vorschläge stellen Verbindungen zu lat. *spīna* „Dorn usw." her; vgl. zur Übersicht Untermann 2000: 692–693.

93 Zu verkürzten Formeln und Gebeten s. noch unten 8.6.3.3.

94 S. zur Konstruktion mit attributivem Gerundiv und Impv. Passiv Weiss 2010: 307.

95 Zum Lexem Untermann 2000: 740–741.

absoluten Zeitangabe im ersten Satz, der außerdem eine Angabe zu den Hauptopfern enthält:

(25) IT IIb 1
seme : nies : tekuries : sim : kaprum : upetu
„Am Semo-Tag der Dekurien sollst du ein Schwein und einen Bock auswählen."

Zugleich ist dieser Einleitungssatz die Anweisung zur Vorbereitung des Opfers, indem er auf die Phase des Auswählens bzw. Annehmens (**upetu**) der richtigen oder geeigneten Tiere verweist.[96] Anschließend erfolgt eine Auflistung der Namen der verschiedenen Personengruppen, die als **tekvias** und **fameřias pumpeřias** (fünfteilige Familien-Verbände) zusammengefasst werden. In den ersten acht Fällen werden je eine und eine weitere Gruppe mit ihrer Bezeichnung aufgeführt, z. B. **atieřiate etre atieřiate** (usw.); im neunten Fall ist es eine dreiteilige Angabe (**kaselate etre kaselate tertie kaselate**), an zehnter Position nur eine einzelne (**peraznanie**). Die Benennungsgrundlagen und Strukturen der Gruppen sind nicht durchsichtig, ebenso ist die Zählweise der Gruppen nicht einfach nachvollziehbar.[97] Offensichtlich handelt es sich bei der Aufzählung der Gruppen nicht um eine echte Liste (d. h. außerhalb syntaktischer Strukturen), da diese jeweils im Dativ aufgeführt sind. Dies spricht dafür, dass es sich, ähnlich wie bei den Gebeten in IIa, um die verkürzte Form des Zitates einer Formel handelt, die der Priester entweder aus dem Gedächtnis oder mithilfe einer eigenen (liturgischen) Aufzeichnung bei der Durchführung des Rituals vervollständigen muss. Der Dativ spricht nicht für eine Markierung als Benefizienten des Opfers; in diesem Fall wäre vielmehr postponiertes -**per** zu erwarten. Möglicherweise ist die Aufzählung auf den Vorgang des Auswählens zu beziehen und es handelt sich faktisch eher um eine Art Nominierung (Aus-

96 Weiss 2010: 94–95 stellt die Verbindung zu lat. *optō* < *$*h_3ep$*- „auswählen" (nach LIV²: 266) in Frage und bevorzugt die Herleitung aus *$*h_1op$-e̯i̯e-ti* als Iterativum zu „nehmen" (s. Vine 1999: 520), da aus dem Text kein Hinweis auf eine tatsächliche Auswahl zu entnehmen sei; es handele sich vielmehr um die offizielle *Annahme* der bereits ausgewählten Tiere als Opfer. Diese Deutung ist mit der Tatsache vereinbar, dass die entsprechende Phase in der römischen Opferpraxis *victimarum probatio* benannt wird, wodurch auch eher die Billigung oder Annahme bezeichnet wird. Zur Ikonizität und den erwünschten Eigenschaften von Opfertieren s. u. 7.4.3.

97 Man erwartet, dass die Dekurien zusammen zehn ergeben, allerdings sollen sie zusammen mit den **fameřias pumpeřias** laut Angabe 12 sein. Unklar ist auch, wie der Status als einfache, zweifache oder dreifache Abteilung in die Zählweise zu integrieren ist. S. zu dieser Problematik ausführlich Dupraz i. D.

wahl durch Benennen) die mit dem Dativ der Bestimmung ausgedrückt wird (vgl. dazu Dupraz i.D.). Die anschließende Phase beginnt mit der Angabe des Adressaten des Opfers als Teiltitel: „Dem Jupiter sollst du opfern" (IIb 7).

Bzgl. der Opfergaben muss zunächst deren Status als geeignet und „alljährlich" (**sevakne**) bestätigt bzw. erklärt werden; dies betrifft ein Schwein, als erstes der beiden Hauptopfer, sowie Getreide als unblutige Nebengabe. Zudem erfolgt die Angabe, dass wahlweise mit **puni** oder Wein geopfert werden kann. Als nächste Teilhandlung erfolgt die *immolatio* (**ampentu**), die mit einem **vaputu**(-Instrument?)[98] durchgeführt werden soll, hierbei wird eine Adressatenangabe „dem Sancius" gemacht (IIb 10), wobei es sich um eine Epiklese eines spezifischen Jupiter-Typs handelt.[99] Die Durchführung des Opfers und die anschließenden Schritte werden bei diesem ersten Tier nicht expliziert. Anschließend wird das Opfer des zweiten Tiers, eines Bocks, behandelt (IIb 10–21). Auch hier erfolgen zuerst die Annahme und Bestätigung des Tiers und die *immolatio*; beides wird deutlich kürzer wiedergegeben. Dafür wird die Phase des Darbringens in Einzelschritten expliziert. Das Tier ist im Tempel darzubringen; dazu werden Feuer und die Eingeweide des Tiers (auf einem Tablett) sowie verschiedene Beiopfer (Opferwurst und -gebäck) in den Tempel getragen. Auch Flüssigkeiten (**puni**, Wein, Wasser) werden in entsprechenden Gefäßen dorthin gebracht, des Weiteren **pistuniru** und **vepesuntra** (nicht bestimmbare Substanzen oder Utensilien)[100] sowie ein Tuch für die Hände. Im Tempel wird der Bock dargebracht (IIb 17).[101] Damit ist eine Phase des Gebets verbunden, die in kurzen asyndetischen Parataxen angegeben wird. Zunächst soll mit ver-

98 Zum Begriff der *immolatio* bereits oben 5.7.1; zu **vaputu** s. Untermann 2000: 824–825 (ohne Bedeutungsangabe); Weiss 2010: 171–172 mit einer Etymologie **lapōto-* ‚endowed with cutting' und der Interpretation als „Messer". Zum Ablauf der römischen *immolatio*, welche das Ziehen einer symbolischen Linie mit einem Messer auf dem Rücken des Opfertieres beinhaltet (s.o. 5.7.1 und vgl. Scheid 2005: 50–55), passt eine solche Interpretation ausgezeichnet. Allerdings erscheint **vaputu** in IIb 13 in einer Auflistung mit den unblutigen Opfergaben **mefa** und **vistiça**, weshalb die Vermutung geäußert wurde, dass es sich dabei auch eher um eine Nebengabe (nicht ein Instrument) handeln könnte; s. zur ausführlichen Diskussion dieses Einwands Dupraz 2015c: 85; 87–91.

99 Weiter unten (IIb 17) wird der volle Name Jupiter Sancius **saçi iuvepatre** verwendet.

100 Für **pistuniru** wird oft eine Worttrennung (**pistu niru**) angenommen; oft wird es als Substanz verstanden. Vorschläge zur Deutung bei Untermann 2000: 561–562. Zu **vepesutra** (auch **venpersuntra**; IIa 30) s. Untermann 2000: 836–837; es wird ein privatives Kompositum *ve-persuntru* „ohne *persuntru*" vermutet; vgl. Weiss 2010: 387–397.

101 In keinem der Rituale wird die Handlung des Schlachtens selbst expliziert; sie ist strukturell offenbar den rituell relevanteren Handlungen der in Rom als *immolatio* (rituelle Übereignung) und *porrectio* (Darbringen) bezeichneten Phasen untergeordnet und wird nur impliziert.

schiedenen Objekten bzw. Nebengaben(?) gebetet werden. Danach folgt eine Sequenz aus Bewegungen des Priesters, bevor dieser mit den verschiedenen Flüssigkeiten beten soll. Als Abschluss wird die Abgabe des **erus** angeordnet (IIb 21).

An dieses Ritual kann offenbar optional ein weiteres Opfer, ein **vitlu vufru** angeschlossen werden (IIb 21–29). Es handelt sich um ein Kalb (lat. *vitulus*), das wohl als Votivgabe für ein bestimmtes Anliegen geopfert wird.[102] Laut Instruktion soll dieses, „wenn du es wollen wirst" (**pune heries**), mit derselben Formel vollzogen werden und ebenfalls für Jupiter bestimmt sein.

Dabei soll eine Scheibe (oder Schale?) in der Hand gehalten werden, zudem wird eine zu rezitierende Formel „Jupiter Sancius, dir setze ich dieses Kalb als Votivopfer" angegeben. Auch hier erfolgt eine Benennung oder Bezeichnung als „Darzubringendes" (**purtifele**) und Erklärung zum Votivopfer; beides soll drei Mal vorgenommen werden. Neben der Adressatenangabe erfolgt hier auch eine Benefizientenangabe, nämlich zugunsten der „Natio Lucia der Atiedischen Brüder".[103] Während der *immolatio* ist ein Gürtel (**krikatru**) über der rechten Schulter zu tragen, der im Anschluss auf die **mefa**(-Opferkuchen) zu legen ist. Während des Darbringens wiederum soll er über der rechten Schulter getragen werden. Als Beiopfer sind Getreide und **puni** genannt.

5.7.3 *Das Neujahrsritual für Puemune und Vesuna*

Die Tafeln III und IV sind die einzigen nur einseitig beschrifteten Tafeln; sie sind außerdem kleiner als die übrigen.[104] Die Unterschiede wurden damit in Zusammenhang gebracht, dass diese beiden Tafeln als die ältesten datiert wurden. Die Vorschriften eines einzigen Rituals erstrecken sich über beide Tafeln. Sprachlich weist dieses ebenfalls einige Alleinstellungsmerkmale auf; bspw. die Verwendung eines temporalen Konnektors zur Verknüpfung nahezu aller Anweisungen (s. dazu auch unten 8.5.6.4). Der Inhalt des Rituals galt lange Zeit als opak im Vergleich zu den übrigen; neuerdings ist der Text aber durch die Monographie von Weiss (2010) semantisch und etymologisch äußerst gut auf-

102 In Rom existierten im Zuge des Kaiserkults auch institutionalisierte *annua vota*, welche jährlich durch die Arvalbrüder erneuert wurden. Damit stehen Vota an sich zwar für ein spezifisches Anliegen, können aber auch regularisiert werden.

103 Zwei **natine** sind in den IT bezeugt: die **petruniaper: natine** ist Benefizient der **huntia** (IIa 21 und IIa 35), die **vuçiiaper: natine** hier beim Opfer des Votivkalbs. Zur Frage, ob die **natine** bestimmte Geschlechter bezeichnen (sie werden mit Gentilnamen kombiniert) und wie das Verhältnis zu den **puntes**-Gruppen zu verstehen ist, s. Dupraz i.D.

104 Vgl. Prosdocimi 1984: 121. Mit 61,5–64,5 × 38 cm ist die Tafel II größer als die Tafeln III und IV mit 40 × 27,5–28 cm.

gearbeitet, während Dupraz (i.D.) durch strukturelle und pragmatische Überlegungen zahlreiche Aspekte der Handlungsebene und des Gesamttextes klärt. Hier soll nur ein inhaltlicher Überblick geboten werden. Darüber hinausgehende Details und Übersetzungsfragen sind anhand der beiden zitierten Bearbeitungen gut nachzuvollziehen.

Auch dieses Ritual verfügt über eine titelartige, einleitende Anweisung, die sich sprachlich von der typischen Gestaltung der prozessbezogenen Direktive unterscheidet, indem sie mit übergeordnetem, unpersönlichem Ausdruck (**herter**) und abhängigem Konjunktiv (**fuia**) konstruiert ist:

(26) IT III 1–3
esunu : fuia : herter : sume : / ustite : sestentasiaru : / urnasiaru:
„Es ist angezeigt (es wird gewollt), dass das Ritual am höchsten Stand der *Nonen* (des Monats) **urnasiarus** getan werde."[105]

Dupraz verweist angesichts des Termins zur Mittagszeit auf die Parallele mit dem Opfer der Arvalbrüder für die Göttin Dea Dia im Zuge des jährlichen Festes dieses Kultes.[106] Der Vergleich mit diesem ist auch hinsichtlich der Vorbereitungshandlungen aufschlussreich, welche im Ritual der Tafeln III und IV zuerst (**prumum**) die Reinigung eines **huntak** genannten Bereiches[107] in einem Hain (**vuke**) vorschreiben. Zur Klärung dieses Handlungsschrittes wird auf die Parallelität mit der Entsühnung des heiligen Hains (*lūcus*) der Dea Dia verwiesen, die jährlich im Zusammenhang mit dem Ritual vollzogen wurde.[108] Es handelt sich dabei um eine präventive Maßnahme zur Entsühnung der Schuld, die durch das Betreten des der Göttin eigenen Raumes unweigerlich entstand. Eine vergleichbare Maßnahme scheint auch hier vorzuliegen, wodurch die Deutung des **huntak** als „Lichtung" o.ä. wahrscheinlich gemacht wird, d.h. ein Bereich des Hains, der für das Opfer von Baumbestand befreit wurde, wofür zugleich die Entsühnung notwendig wurde.[109]

Jetzt erst beginnen die Instruktionen zum eigentlichen Ritual mit der *victimarum probatio* (III 4–10) in Anwesenheit des **uhtur**. Dieser ist wohl als der

105 Vgl. Dupraz i.D. zu dieser Zeitangabe und vergleichbaren römischen Ritualen (z.B. den *Lupercalia* und *Parentalia*).
106 S. dazu Scheid 2005: 28–34 sowie 1990: 564–565 und 572.
107 S. Untermann 2000: 332–333.
108 So Dupraz i.D.; Weiss 2010: 69–75.
109 Zu den Details der Parallelen im Ritual der Arvalbrüder s. Dupraz i.D. sowie Scheid 1990: 558 und 2005: 28.

ranghöchste Beamte des Stadtstaates von Iguvium anzusehen und nicht als Mitglied oder Kopf der Bruderschaft.[110] Diese Phase findet im **kumnakle** statt, das wohl einen Versammlungsort der Brüder bezeichnet (s. auch va 16). Der **uhtur** fordert die **urtes puntes** („aufgestandenen Gruppen von fünf") auf, ein Schwein und ein Schaf zu begutachten, welche sie anschließend (vorausgesetzt ist ein positives Ergebnis) als Opfertiere akzeptieren. Danach findet ein Ortswechsel „ins Feld" (**arvamen**) statt, wo die nächste Handlungsphase folgt (III 10–20). Mitgeführt bzw. -getragen werden die Opfertiere und ein Gerät, das als **kletra** bezeichnet wird und vermutlich eine Art Trage-Gestell[111] ist. Auf dem Weg soll Feuer entzündet werden. Im Feld wird die **kletra** aufgestellt, zusammen mit einem weiteren Objekt, dem **ferime**. Diese werden im Folgenden als Unterlagen für verschiedene (Typen von?) Gegenstände(n) verwendet, die nicht genau bestimmt werden können (**tuplak**, **çihçeřa**, **kazi**, **feřetru**, **sufeřaklu**).[112] Eine nachvollziehbare Handlungssequenz betrifft das Einschlagen von bronzenen Nägeln in drei parallelen Phasen, mit denen die letzteren drei dieser Gegenstände fixiert werden.[113] Anschließend folgen wieder Handlungen im Hain (**vukumen**), wo zum Gebet gerufen und das Feuer auf dem Altar entzündet wird (III 20–22), bevor das eigentliche Opfer beginnt.

Dieses gliedert sich in folgende Teile:

a) *immolatio* des Ferkels (III 22–25)

Zunächst erfolgt ein Opfer für Jupiter, wofür zuerst die *immolatio* des Ferkels „rechts vom Altar" vorgeschrieben wird. Es folgen mehrere Benefizienten-Angaben als verkürztes Zitat einer Formel: „zugunsten der Atiiedischen Brüder, der rituellen Handlungen, des Stadtstaats Iguvium und der Bevölkerung von Iguvium". Danach soll die „alljährliche Formel" gesprochen werden.

110 Vgl. Weiss 2010: 76–88 zu seinem Status und den verschiedenen Erwähnungen innerhalb der Tafeln.

111 S. zur herkömmlichen Deutung als Transportgerät für die Opfertiere Untermann 2000: 400–401. Weiss (2010: 112–113) behält den dort aufgeführten Anschluss an lat. *clītella* „Packsattel" (Diminutiv zu **ḱlei̯-trā-* zu **ḱlei̯-* „neigen, anlehnen") zwar bei, schlägt jedoch eine abweichende Interpretation als „transportable *sella* used as a symbolic place setting for the gods or as a place for setting out the divine emblems" vor.

112 Zur semantischen Bestimmung zuletzt Weiss 2010: 112–133 mit der Auffassung, dass durch diese Objekte auf die beiden Gottheiten verwiesen wird, an die sich das Ritual richtet.

113 S. zu den besonderen parallelen Strukturen der dreiteiligen Ausdrücke als zentrales Strukturprinzip des gesamten Rituals Dupraz i.D.; 2018a.

b) *immolatio* des Schafs (III 26–31)

Ebenso wird die *immolatio* des Schafs für Puemune Pupřike angeordnet, allerdings ohne eine lokale Angabe mit Bezug zum Altar;[114] anschließend folgt der Verweis auf die alljährliche Formel und die „regelgerechten Worte", die bei der Behandlung des Schafs gesprochen werden sollen.[115]

c) Details zu den Opferverfahren

Es folgen Spezifizierungen zur anschließenden Opferung der beiden Tiere. Das Ferkel soll bzgl. seiner **vatra**-Teile[116] auf dem **ferime** geopfert werden, und zwar zusammen mit Feldfrüchten. Es stellt damit offenbar eine Art Voropfer oder untergeordnetes Opfer dar. Das Schaf soll „als auf dem Boden zu begrabendes" (**peřaem pelsanu**) geopfert werden.

d) Aufteilung des Schafs

Danach werden genaue Angaben zu seiner Zerteilung gemacht: Zwei Teile werden auf einen Teller geschnitten und in eine Grube dargebracht, dazu wird ein Opferkuchen präsentiert. Zwei weitere Teile werden auf einem anderen Teller am **ereçlum**[117] dem Puemune Pupřike dargebracht, dabei soll das **eskamitu**[118] des genannten Opferkuchens hinzugefügt werden.

Auf einem dritten Teller werden danach drei Teile „oben auf dem Altar zum **ereçlum**" der Vesuna des Puemune Pupřike dargebracht. Zusammen damit soll ebenfalls ein spezifischer Opferkuchen präsentiert werden.

Eine weitere Angabe bezieht sich auf beide Opfer (also für Puemune und Vesuna), die „mit denselben **kapiřus**"[119] dargebracht werden sollen. Zusammen mit den **supes sanes** sollen Fleischteile und Würste zum Altar gebracht werden, durch die Angabe „am **ereçlum**" erfolgt eine lokale Spezifizierung. Der

---

114 Es ist anzunehmen, dass das Hauptopfer *auf* dem Altar (nicht rechts davon) gebracht wurde.

115 Es folgt die gleiche verkürzte Zitierform, welche nur die Benefizienten nennt.

116 Zur Variante **vatra** statt sonst belegtem **vatuva** s. Weiss 2010: 249–254; s. außerdem Kapitel 8 FN 286.

117 Der Begriff ist nicht klar; es muss ein Teil des Altars oder ein mit dem Altar assoziiertes Objekt sein, das zur lokalen Spezifizierung der Opferhandlung genutzt wird; vgl. zu den verschiedenen Erklärungsversuchen Weiss 2010: 346–353; Untermann 2000: 228.

118 Leider ist auch dieser Begriff ungeklärt; vgl. zu den Ansätzen Weiss 2010: 218 FN 265; Untermann 2000: 234–235. Die in der früheren Forschung vertretene Ansicht, **eskamitu** sei mit den männlichen Geschlechtsorganen assoziiert, ist jedenfalls als willkürlich zu beurteilen.

119 Zu lat. *capis* „einhenkelige Opferschale, Kelle"; vgl. Weiss 2010: 342–343; Untermann 2000: 367–368. Die **kapiře**/*capides* sind also wohl spezielle Gefäße; diese können auch zum Aushöhlen des Bodens benutzt werden vgl. Ia 29, 32; s. dazu Dupraz 2018c: 87–89.

weitere Text umfasst Angaben zum Modus des Betens, d.h. mit bestimmten Bewegungsabläufen und Objekten für die beiden Hauptadressaten des Rituals, Puemune und Vesuna. Dabei sind abermals lokale Angaben mit Bezug auf das bereits erwähnte **ereçlum** relevant. Anschließend werden verschiedene Zusatz- oder Ergänzungsgaben dargebracht, dazu zählt **vestiçia**(-Gebäck) und **persuntru**(-Wurst). Es gelten jeweils spezifische lokale Determinierungen, die Ausgangspunkt, Ortsruhe und Richtung betreffen können. Als Empfänger dieser Beigaben sind Hule und Tursa (wohl Aspekte der übergeordneten Gottheiten?) expliziert, andere Ergänzungsopfer erhalten nochmals Puemune und Vesuna jeweils mit spezifischen Modalitäten des Darbringens und Betens. Eine optionale Angabe schließt sich an: „wenn jemand/wer es wollen mag" (**svepis heri**), soll er **ezariaf**[120] darauf legen.

Die letzte Phase des Opfers betrifft die Verteilung des **erus**, die schweigend erfolgt. Anschließend wird unter einem begleitenden Gesang etwas gemahlen (ohne Patiensangabe) und mit dem Gemahlenen gebetet.

Die darauffolgenden Angaben beziehen sich wahrscheinlich wieder auf das Gesamtritual[121] und zwar auf spezifische Modalitäten, die Handlungen, Objekte oder Konsumptabilien betreffen. Eine abschließende Instruktion gibt durch den temporalen Nebensatz den Abschluss aller Handlungsphasen als Bedingung für die Vollständigkeit und den Vollzug des Rituals an:

(27) IT IV 32–33
ap: itek: fakust: purtitu: / futu
„Wenn er so getan haben wird, soll es dargebracht (PPP) gemacht sein."

Die vor dem eigentlichen Opfer angeordnete Reinigung des **huntak** wird nach dieser Angabe zum Abschluss des Opfers nochmals aufgegriffen und spezifiziert:[122] Bei der Reinigung soll kein **pune frehtu**[123] gebraucht/gehabt werden.

Die Struktur der Instruktionen ist, wie auch in der Zusammenfassung deutlich zu sehen, nicht chronologisch sequenziert, sondern enthält, besonders zum Ende, mehrere vor- oder rückverweisende Angaben, die auf bestimmte Phasen, Objekte oder das Gesamtritual Bezug nehmen und nicht den linearen Ablauf wiedergeben. Teilweise wirken sie als Teiltitel gliedernd. Bei Rückver-

---

120 Das Lexem ist unklar; Vorschläge stellen u.a. Verbindungen zu lat *esca* „Speise" her. Auf jeden Fall ist eine zusätzliche Opfergabe gemeint; vgl. Untermann 2000: 245.

121 Zu dieser Auffassung und den Argumenten im Einzelnen s. Dupraz i.D.

122 So entsteht eine Klammer um die eigentlichen Ritualanweisungen.

123 Zur Interpretation von **frehtu** als „warm/erwärmt" s. Weiss 2010: 426–429.

weisen ist es aus unserer Sicht mitunter nicht einfach, die Ebene bzw. den Erstreckungsbereich der Anweisung zu verstehen.[124]

Die Auffassung als Neujahrsritual wird v.a. durch die von Weiss vorgeschlagenen Etymologien der Götternamen **puemune pupřike** und **vesune puemunes pupřiçes** wahrscheinlich gemacht.[125] Ausgangspunkt ist die Annahme, dass ein Adjektiv **popl-iko-* „mit dem (Jahres-)Kreis assoziiert" von **$k^{u̯}ek^{u̯}$-l(h_x)os* „Kreis" die Grundlage für **pupřike** darstellt.[126] Diese Hypothese ergänzt Weiss um den Vorschlag, **vesune** als Ableitung des Adjektivs **u̯ets-ó-* „of the current year" zu verstehen, etwa „Herrin über das, was zum aktuellen Jahr gehört".[127]

5.8 Regelungen der Bruderschaft *Atiedia*

Die verbleibenden Texte sind einer eigenen Textsorte zuzuordnen, die häufig als „Ordensregeln" oder „Regeln der Bruderschaft" bezeichnet wird. Diese Regeln basieren auf Beschlüssen der Bruderschaft, die explizit als Grundlage der verbindlichen Normen angegeben werden. Dies erfolgt für die vier Regelungen zwei Mal im Rahmen einer *praescriptio*, welche dann als übergeordneter Matrixsatz der folgenden Propositionen fungiert. Es handelt sich hier zwar ebenfalls um direktive Sprechakte, allerdings unterscheiden sich Bedingungen und Kontext von demjenigen der Ritualinstruktionen, was sich auch in der sprachlichen Umsetzung niederschlägt.[128] Die erste *praescriptio* der Tafel Va bezieht sich auf zwei Beschlüsse, die zum selben Zeitpunkt hinsichtlich des Amts des Arsfertur gefällt wurden, und lautet folgendermaßen:

(28) IT Va 1–3
esuk. frater : atiieřiur : / eitipes : plenasier : urnasier : uhtretie / t. t. kastruçiie :

124 Dies kann auch damit zusammenhängen, dass einige Anweisungen redaktionell sekundäre Zufügungen sind; dazu Dupraz i.D.

125 Vgl. dazu im Detail Weiss 2010: 228–244. Zustimmend neuerdings auch García Ramón 2016: 356–357 sowie Dupraz i.D.

126 So Prosdocimi ²1991: 497; s.a. Weiss 2010: 234–235.

127 Vgl. Weiss 2010: 240 mit einer neuen und in den Kontext des Rituals passenden semantischen Interpretation des auf Rix (*apud* Meiser 1986: 256 FN 1) zurückgehenden Vorschlags, der ursprünglich mit der Deutung als „Herrin des Jungviehs/Kalbs" (zu ved. *vatsá-*) verbunden war; s. zu dieser Idee aber auch bereits Waanders 2003.

128 S. dazu ausführlicher unter 6.7.2.1.

„Dies haben die atiedischen Brüder beschlossen an den Iden (des Monats) **urnasier** unter der Auctorschaft des Titus Castrucius, des Sohnes des Titus."

Gegenstand des ersten Beschlusses sind die kultischen Pflichten des Arsfertur (Va 3–10). Sie umfassen die Sorge für die *res divina* (**ri esune**) und die Organisation der notwendigen Utensilien und Komponenten des Rituals. Er soll die als **sakre** und **perakne** (d.h. jünger und älter als ein Jahr) charakterisierten Opfertiere auswählen und sicherstellen, dass sie den Anforderungen entsprechen. Eine weitere Überprüfung der Eignung soll stattfinden **pihaklu pune tribřiçu fuiest** „wenn eine Dreiheit (der Opfer?) gemacht/geopfert werden wird". Diese Regeln sind durch die Angabe **ařfertur pisi pumpe fust eikvasese atiieřier** „wer auch immer Arsfertur sein wird in den atiedischen Zeremonien" als allgemeingültig und amtsbezogen charakterisiert. Sie gelten also ab dem Zeitpunkt des Beschlusses für alle kommenden Amtsinhaber.

In Va 10–13 folgt ein weiterer Beschluss der Brüder, der wiederum mit der indefiniten Funktionsbezeichnung des Arsfertur (**pisi pumpe fust** „wer auch immer es sein wird") beginnt. Dieser zweite Beschluss besagt, dass der Arsfertur bei **esunes vepures** „übriggebliebenen Opferbestandteilen"[129] für **felsva** sorgen soll. Die Bedeutung dieses *hapax* ist nicht ganz klar, es überwiegt aber die Interpretation als „Opfermahl, Bankett", die auch am besten zum vorliegenden Kontext passt.[130] Es erfolgt auch die Angabe einer Maßeinheit pro Kopf (oder Besitzeinheit?), die ebenfalls auf die Kalkulation des Opfermahls bezogen wird.

Eine neue *praescriptio* leitet einen neuen Beschluss mit der gleichen Formel, aber einer anderen Zeitangabe ein:

(29) IT Va 14–15

frater : atiieřiur : esu : eitipes : plenasier : / urnasier uhtretie : k. t. kluviier : kumnah/kle : atiieřie : ukre

„Die atiedischen Brüder haben dies beschlossen an den Iden (des Monats) **urnasier** unter der Auctorschaft des Gaius Cluvius, des Sohnes des Titus, am atiedischen Versammlungsort in der Burg/Stadt."

Die folgenden Bestimmungen regeln die Entlohnung des Arsfertur bei erfolgreicher Durchführung des Rituals bzw. seine Bestrafung, wenn er seinen Auf-

129 S. Meiser 1986: 155.

130 Vgl. Untermann 2000: 272; Meiser 1986: 169.

gaben nicht in korrekter Weise nachgekommen ist. Die Angaben zur Vergütung werden durch temporale **ape**-Sätze im Futur II nach Handlungsphasen des Opfers strukturiert. Der Arsfertur erhält pro vollzogenem Handlungsschritt eine aufsteigende Summe, die jeweils als Kollekte (**muneklu**) pro Kopf zu bemessen ist:

- nach vollzogener *immolatio* (**ape apelust**): eine Münze
- nach vollzogener Darbringung (**ape purtitu fust**): zwei Münzen
- wenn darüber **spafu**[131] gemacht sein wird: drei Münzen

Die Struktur wird auch in der anschließenden Regelung beibehalten, allerdings betrifft diese die Evaluation der korrekten Umsetzung der Aufgaben. Nach dem Opferbankett (**ape çersnatur furent**) sollen die Brüder durch den **fratreks**, einen weiteren Amtsträger,[132] befragt werden, ob durch den Arsfertur „(regelge)recht gesorgt worden sei" (**rehte kuratu si**) oder nicht. Wenn die Mehrheit der Anwesenden die Aufgaben als korrekt erfüllt bewertet, soll es **prufe** (lat. *probus*), also rechtmäßig oder anerkannt sein; der Vorgang entspricht also einer *probatio*. Fällt die Abstimmung negativ aus, ist es die weitere Aufgabe des Fratreks oder des Quästors, einen Beschluss (**ehvelku**) herbeizuführen, der die Höhe der Strafe für die Versäumnisse festlegt. Der Arsfertur wird verpflichtet, eine Strafe in der Höhe zu zahlen, die die Mehrheit der beteiligten Brüder als angemessen beschließt.

Der letzte Beschluss der Tafel (Vb 8–18) ist im lateinischen Alphabet geschrieben und scheint einige Zeit später als die vorausgehenden Regelungen in den noch freien Platz auf der Tafel eingefügt worden zu sein. Auch inhaltlich wechselt das Thema: Eine Art Vertrag regelt den Güteraustausch zwischen der Bruderschaft und einzelnen **tekvias** (Dekurien).[133] Allerdings erfolgt keine eigene Einleitung, d.h. keine *praescriptio* mit expliziter Nennung eines Beschlusses. Es werden auch nicht alle, sondern nur zwei der in IIb aufgeführ-

---

131 Die Bedeutung von **spafu** ist unklar; es stellt möglicherweise eine Verscheibung von **spa⟨t⟩u** dar und wird mit den Belegen von **spahatu** zusammengefasst (eine andere Theorie geht von einem suppletiven Paradigma aus, gruppiert die Belege aber ebenfalls zusammen); vgl. Untermann 2000: 688–689. Als Bedeutung wird v.a. wegen der Kollokation mit **subra** „darüber werfen" oder „bedecken" angenommen. Eine ausführliche Darstellung und Diskussion der verschiedenen Erklärungen bietet Dupraz (2016b), der den Ausdruck in einem neuen Vorschlag als „sich (mit einem Tuch) überziehen (i.S.v. abreiben)" im Zusammenhang mit dem Waschen der Hände am Ende von Ergänzungsritualen erklärt. Im vorliegenden Beleg könnte dann eine metonymische Übertragung auf die abschließenden Handlungen von Ritualen im Allgemeinen vermutet werden (vgl. Dupraz 2016b: 216–217).

132 Etwa dem **fratrecus* < **fratr-iko-/-* „zur Bruderschaft gehörigen"; vgl. Untermann 2000: 294.

133 Diese sind aus dem Ritual der **seme:nies : tekuries** (IIb) bekannt; s.o. 5.7.2.

ten **tekvias** genannt. Dies deutet darauf hin, dass es sich nur um einen Auszug aus einem ausführlicheren Vertrag oder Abkommen handelt. Die Angabe *sehmenier dequrier* als Zeitpunkt der Abgabe der Bruderschaft expliziert möglicherweise einen Bezug zum Ritual der **seme:nies : tekuries.** Die Abgabe der **tekvias** der Clavernier an die Brüder soll 4 Pfund Getreide „vom Ager Tlatius des Picus Martius" betragen sowie zwei Mahlzeiten für die Männer, die es abholen kommen. Alternativ ist die Entrichtung einer Summe von 6 Assen möglich. Im Gegenzug sollen die Brüder den Claverniern jedes Jahr beim Semo-Fest der Dekurien 10 Portionen Schweine- und 5 Portionen Ziegenfleisch geben sowie ebenfalls Mahlzeiten (*śesna*) oder alternativ 6 Asse. Die **tekvias** der (dreifachen) *caselas* schuldet den Brüdern 6 Pfund Getreide „vom Ager Tlatius des Picus Martius" sowie zwei Mahlzeiten oder aber 6 Asse. Sie erhält im Gegenzug auch mehr Fleisch von den Brüdern: jedes Jahr anlässlich des Semo-Rituals 15 Teile Schweine- und 7,5 Teile Ziegenfleisch, inklusive *śesna* oder 6 Asse.

Die Regelung in VIIb 1–4 bezieht sich auf die rituelle Jagd der Färsen, die nach der Zirkumambulation im Ritual der *lustratio* stattfindet. Diese Regel setzt ohne *praescriptio* mit der indefiniten Funktionsbezeichnung des bereits von der Abstimmung unter den Brüdern in vb bekannten Fratreks ein, auf den sie sich bezieht:

(30) IT VIIb 1–2
pisi. panupei. fratrexs. fratrus atiersier. fust erec. sueso. fratrecate. portaia. seuacne. fratrom / atiersio. desenduf.
„Wer wann auch immer Fratreks der Atiedischen Brüder sein wird, der stelle während seiner Amtszeit 12 *seuakne*(-Opfertiere) für die Atiedischen Brüder zur Verfügung."

Diese sollen anlässlich der Jagd auf die Kühe losgelassen werden. Als Strafe bei Nicht-Erfüllen dieser Aufgabe werden 300 Asse festgelegt.

5.9 Vergleichstexte aus dem Lateinischen

Aufgrund des Mangels an nicht-literarischen, praxisbezogenen Ritualtexten in der lateinischen Überlieferung werden nur einige wenige Quellen ergänzend hinzugezogen. Tatsächliche Ritualvorschriften, die denen der Iguvinischen Tafeln vergleichbar sind, enthält Catos Handbuch „Über den Landbau" (*de agricultura*). In diesem didaktischen Prosatext sind Anweisungen für die verschiedenen Bereiche eines Gutsbetriebs zusammengestellt, wie durch den titelhaften Einleitungssatz angegeben:

(31) Cato *Agr.* 1,1
praedium quom parare cogitabis, sic in animo habeto (…)
„Wenn du ein Landgut zu bewirtschaften planst, sollst du folgendes beherzigen (…).“

Der Beleg exemplifiziert die Konzeption des Textes: Es handelt sich um eine wenig systematische, lose thematisch geordnete Sammlung von meist kurzen Instruktionen. Diese sind oft verfahrensbezogen und geben praktische Hinweise zur Durchführung verschiedener Handlungen; im Mittelpunkt steht die Wirtschaftlichkeit des Betriebes. Schon textfunktional und -strukturell stellen die einzelnen Anleitungen eine den Ritualinstruktionen eng verwandte Textsorte dar. Die Vorschriften, welche sich auf die Durchführung von Ritualen beziehen, sind im Unterschied zu denjenigen der IT dem privaten, nicht dem öffentlichen Bereich zugeordnet. Sie betreffen Wohlergehen und Gedeihen von Mensch, Vieh und Land, die zum Gutsbetrieb gehören und stehen v.a. mit den Naturabläufen in Zusammenhang. Sie setzen offenbar v.a. praktisches Anwendungswissen voraus, keine spezialisierte Ausbildung. Dies zeigt sich auch darin, dass sie meist kürzer und wenig komplex gestaltet sind. Sie enthalten z.B. keine Vogelschauen und Prozessionen (allerdings doch das Herumführen der Tiere bei der *lustratio*) und nennen weniger notwendige Utensilien; auch sind die Gebete meist nur als kurze Formeln angegeben. Es bestehen also durchaus Unterschiede zu den Instruktionen, die von Spezialisten verfasst und benutzt werden.

Dennoch repräsentieren die Texte grundsätzlich vergleichbare Handlungsmuster und auch ähnliche Gestaltungsprinzipien auf sprachlicher Ebene. Die enthaltenen Gebete lassen sich ebenfalls stilistisch und textgrammatisch mit denjenigen der Iguvinischen Tafeln kontextualisieren: Ein längeres Gebet an *Mars pater* (*Agr.* 141) ist in der Anweisung zur Entsühnung der Feldflur durch einen Umschreitungsritus (*lustratio agri*) enthalten.[134] Dieses Ritual entspricht strukturell und funktional der *lustratio*, die in den IT auf offizieller Ebene für den gesamten Stadtstaat von Iguvium durchgeführt wird; das zugehörige Gebet trägt archaische Züge und weist einen hohen Grad stilistischer Gestaltung auf.[135]

Die folgende Tabelle stellt alle Passagen mit Anweisungen zur Durchführung von Ritualen zusammen:

134 Vgl. Baudy 1998 zur Praxis der Umgangsriten in Rom und 1998: 103–121 speziell zu *Agr.* 141.
135 Vgl. dazu Watkins 1995: 197–213 und s. noch unter 8.5.5.1.

TABELLE 8 Ritualanweisungen in Catos *de agricultura*

Stelle	„Titel“/Indikation	Inhalt
83	*votum pro bubus uti valeant sic facito*	Votum an Mars Silvanus für die Gesundheit der Rinder (Angabe der Opfer pro Stück Vieh)
132	*dapem hoc modo fieri oportet*	Speiseopfer für Jupiter Dapalis: Ritualanweisung + Gebet; optionales Opfer für Vesta; danach Aussaat
134	*priusquam messim facies*	Opfer für Ceres vor der Ernte; Voropfer + Gebete an Janus, Jupiter und Juno; *porca praecidanea* für Ceres
139	*lucum conlucare Romano more sic oportet*	Entsühnung anlässlich des Lichtens eines Hains;[a] Schweineopfer + Gebet
140	*si fodere voles*	Opfer vor dem Pflügen des Bodens
141	*agrum lustrare sic oportet*	Umgehung der Felder mit *suovetaurilia*;[b] Gebet an *Mars pater* + Anweisungen zum Ritual; Angaben zur *instauratio* bei Misslingen des Opfers[c]

a S. zur Entsühnung auch oben 5.7.3.
b Dreiheit von Opfertieren aus Schwein, Schaf und Stier; in Rom nur bei *lustrationes* eingesetzt; vgl. Wissowa ^{2}1912: 415.
c S. dazu unter 7.5.5.

Auf diese Rituale bzw. die sprachliche Gestaltung der Instruktionen wird in der vorliegenden Untersuchung immer wieder systematisch Bezug genommen werden.

Weitere Quellen aus dem literarischen Bereich, wie Livius, Cicero (*Div.*, *Har.*, *Leg. Agr.*) oder Plinius d. Ä. (*Nat.*) und Hinweise bei antiquarischen Autoren (Varro, Festus, Macrobius) werden nur punktuell einbezogen. Gelegentlich wird auch auf epigraphische Quellen verwiesen; hier sind besonders die Akten der Arvalbrüder als Vergleichstexte relevant.[136] Die *acta fratrum Arvalium* sind allerdings, im Unterschied zu den IT, keine Instruktionstexte, sondern Protokolle und Übersichten über die im Laufe eines Jahres ausgeführten Rituale. Diese Rituale sind Teil des Kultes der sonst kaum bekannten Göttin Dea Dia, für den die Bruderschaft verantwortlich ist. Unter der Regentschaft des Augustus wird das Priesterkollegium umgestaltet und nimmt von da an auch eine wichtige Rolle im Kaiserkult ein.[137] Diese Entwicklung geht mit einer zunehmenden Politisierung einher, die sich in den Aufgaben und Ritualen genauso

136 S. v. a. Rüpke 2005; 1995; Scheid 2001; 1990; Henzen 1874.
137 Der Kaiser ist z. B. immer Mitglied des Kollegiums und es werden jährliche Vota für die Gesundheit des Kaisers und seiner Familie zelebriert.

niederschlägt wie in den Texten und in der öffentlichen Wahrnehmung des Kollegiums insgesamt.[138] Obwohl die Akten der Arvalbrüder v.a. dokumentarische, repräsentative oder evaluative Funktionen besitzen und textfunktional nicht mit den Instruktionen der IT zu vergleichen sind, können Vergleiche zwischen den Ritualen der Arvalbrüder und denjenigen der Atiedischen Brüder in kultischer Hinsicht durchaus aufschlussreich sein.[139]

An einigen Stellen, v.a. in Kapitel 7, wird auch auf die lateinischen *defixiones* Bezug genommen.[140] Diese sind deshalb interessante Quellen, weil sie eine besondere Art der sprachlichen Gestaltung aufweisen, die auch in den Analogieformeln der hethitischen Beschwörungen zu finden ist.

138 Zum Arvalkollegium s. besonders Rüpke 1995; Scheid 1990; zum Ritualwandel und Zusammenhang Mythos-Ritual Roth 2018.

139 S. dazu Dupraz i.D. und unter 5.7.3.

140 Vgl. u.a. Kropp 2010; 2008 und Versnel 2010; 2009; 1991.

Hauptteil der Untersuchung

Einleitung

Die einleitenden Überlegungen haben gezeigt, dass Rituale unter sehr verschiedenen Gesichtspunkten untersucht werden können; innerhalb der zahlreichen Interpretationsmodelle stehen jeweils unterschiedliche Funktionen im Mittelpunkt. In der vorliegenden Untersuchung liegt der Schwerpunkt auf den kommunikativen Eigenschaften von Ritualen. Einerseits soll untersucht werden, inwiefern diese die Gestaltung der Texte prägen, welche die religiöse Kommunikation beschreiben oder regulieren. Andererseits sind kommunikative und textpragmatische Kriterien auch für eine Charakterisierung dieser ritualbezogenen Texte selbst als Fachtexte relevant. Aus diesem Grund werden in den folgenden drei Hauptteilen der Arbeit verschiedene Aspekte der Pragmatik von Ritualtexten aufgegriffen und bzgl. ihrer Aussagekraft für die Bestimmung dieser Texte als Fachtexte beleuchtet. Im ersten Hauptkapitel wird durch eine Evaluierung der konstitutiven Sprechakte und ihrer sprachlichen Gestaltung die Illokution der untersuchten Texte ermittelt. Dieser Aspekt ist hinsichtlich der Textsortenbestimmung und -differenzierung von Bedeutung; einerseits innerhalb der Instruktionsteile der Ritualtexte, andererseits bei ihrer Abgrenzung von den Gebetstexten, mit denen sie inhaltlich und oft auch textuell eng verbunden sind.

 | DOI:10.1163/9789004436596_007

KAPITEL 6

Textfunktion und Textsortenbestimmung der Ritualtexte

Eine Kategorie, die als Grundlage für die Klassifizierung von (Fach-)Textsorten besonders relevant ist, ist die Funktion der Texte.[1] Bei deren Bestimmung stützt sich die Textlinguistik maßgeblich auf die Sprechakttheorie. Anhand derer werden im Folgenden auch die Sprechhandlungen der untersuchten ritualbezogenen Texte erfasst und bewertet, um zu ermitteln, welche Handlungen durch sie vollzogen werden, welche Effekte sie bei ihren Rezipienten erzielen sollen und besonders mit welchen sprachlichen Mitteln dies geschieht. Auf dieser Grundlage werden Illokutionsstrukturen und Textfunktion der Ritualtexte bestimmt. Dabei soll auch die Frage gestellt werden, inwieweit eine Differenzierung innerhalb eines bestimmten Illokutionstyps durch Konventionen geregelt und für eine Binnendifferenzierung von Fachtextsorten heranzuziehen ist.

6.1 Sprechakttheoretischer Ansatz

Betrachtet man die Ritualtexte des Umbrischen und Hethitischen aus einer kommunikationsorientierten Perspektive, lässt sich für erstere ein offensichtliches Vorherrschen von Imperativsätzen feststellen. Damit sind sie formal leicht als Texte mit direktivischer Funktion zu identifizieren; das Gleiche gilt auch für die ritualbezogenen Passagen aus Catos Handbuch. Im Falle der hethitischen Texte ist die Situation für heutige Leser formal nicht genauso eindeutig. Hierauf wird weiter unten noch ausführlich eingegangen (s. u. 6.8.3). Ein Vergleich mit modernen Instruktionstexten (Bedienungs- oder Betriebsanleitungen des Alltagsgebrauchs, aber auch fachspezifischen Instruktionen) zeigt, dass Ritualanweisungen anhand ihrer kommunikativen Funktion mit verschiedenen Texten anderer Themenbereiche einen gemeinsamen Texttyp bilden. Das funktionale Kriterium ist ein fachsprachliches Merkmal, das außerdem auch für die vertikale Gliederung und Subklassifizierung in verschiedene Fachtextsorten relevant ist. Daher stellen sich bei der Untersuchung von Anweisungstexten mehrere Fragen: Welche semantischen und pragmatischen Eigenschaften

1 Vgl. die Modelle und Typologien zur Klassifizierung von Fachtextsorten; s. o. 2.2.4.

 DOI:10.1163/9789004436596_008

charakterisieren die Kategorie der Anweisung; welche Nuancen und Subtypen existieren dabei und welches sind die Möglichkeiten der jeweiligen Sprache, diese Funktionen auszudrücken und zu differenzieren? Eine Besonderheit der untersuchten ritualbezogenen Texte ist außerdem die Tatsache, dass häufig Gebete und Formeln in ihnen enthalten sind, die eine ähnliche appellative Funktion repräsentieren, aber einen völlig anderen kommunikativen Rahmen aufweisen. Die Abgrenzbarkeit dieser Textbestandteile zu beleuchten, ist daher ein weiteres Ziel des vorliegenden Abschnitts.

Anweisungen und Gebete besitzen funktionale Gemeinsamkeiten, die sich am besten im Rahmen der Sprechakttheorie erfassen lassen. Diese Theorie geht zurück auf Austin (1962), wurde aber von Searle entscheidend weiterentwickelt.[2] Sie besagt, dass sprachliche Äußerungen abgesehen von lokutiven (artikulatorischen) und propositionalen (inhaltsbezogenen) Akten auch kommunikative Handlungen sind, dass also durch die Äußerung selbst etwas *getan* wird.[3] Entscheidend für die Bestimmung einer Äußerung als Sprachhandlung ist ihre Illokution, d.h. die Intention, die der Sprecher verfolgt, *indem* er die Äußerung tätigt. Davon zu unterscheiden ist die *Perlokution*, d.h. der (nonverbale) Effekt, der tatsächlich als Resultat beim Adressaten erzielt wird.[4] Nach Searle 1969: 22–33 bestehen Sprechhandlungen aus *locutionary*, *illocutionary* und *perlocutionary act*.

6.2 Textillokution und sprachliche Indikatoren

Die Textlinguistik baut bei der Analyse des Handlungscharakters eines ganzen Textes[5] auf diesem Sprechaktmodell auf und überführt die beschriebenen Kategorien auf die Ebene zusammenhängender und aufeinander bezogener sprachlicher Äußerungen. Die Frage nach der Illokution einer Äußerung und ihren Wechselbeziehungen zu den verwendeten sprachlichen Mitteln kann also sowohl auf Satz- als auch auf Textebene gestellt werden. Sie ist maßgeblich für eine Differenzierung in Textsorten: Die innerhalb eines Textes vorherr-

2 U.a. Searle 1969, 1975a/b, 1976, 1979. Für einen Überblick s. Lyons 1977: 725–745.

3 Vgl. Austins eigene Wortwahl: *How to do things with words?*

4 Risselada (1993: 27) weist zu Recht darauf hin, dass die Illokution nicht vollständig dem Sprecher und die Perlokution nicht ausschließlich dem Adressaten zugesprochen werden kann; in jedem Fall besteht eine Art von Kommunikationskontinuum, in dem derart klare (psychologische und kommunikative) Trennlinien nicht anzunehmen sind. S. in diesem Zusammenhang auch die Überlegungen zur sprachlichen Arbeitsteilung unter 8.2.3.

5 Der eine komplexe, aber kohärente sprachliche Äußerung mit einer einheitlichen kommunikativen Funktion darstellt; zum Textbegriff s.o. S. 32 und Brinker [8]2014: 17–19.

schende und seinen Handlungscharakter bestimmende Illokution stellt die Grundeinheit für die Text(sorten)funktion dar. Die Illokutionsstruktur einer solchen komplexen Sprachäußerung ist differenzierbar und zerfällt in dominierende und subsidiäre Illokutionen.[6] Eine Textfunktionszuschreibung von Gebrauchstexten kann deshalb auf Basis eines sogenannten Illokutionsprofils erstellt werden.[7]

Im Rahmen dieser sprechakttheoretischen Einbettung entspricht die Textfunktion der für den Gesamttext zu postulierenden Kommunikationsabsicht des Emittenten, die dieser durch konventionell gültige Mittel ausdrücken kann. Durch die korrekte Interpretation oder Auflösung dieser Mittel soll der Textrezipient die Kommunikationsabsicht erkennen und dann in deren Sinne handeln oder reagieren.[8] Für eine Analyse der Textfunktion ist der Zusammenhang von syntaktischer Struktur und Illokutionsstruktur besonders zu berücksichtigen, ebenso wie die Tatsache, dass die Typen illokutiver Handlungen in direkter Beziehung zu den eingesetzten grammatischen Kategorien v.a. der Satzmodi und Satztypen stehen.[9] Entsprechend unterteilt Brinker (^{8}2014: 92–93) die Indikatoren, die auf den verschiedenen Ebenen Auskunft über Absicht und Haltung des Emittenten geben, in folgende Kategorien:

- Indikatoren, die explizit Auskunft über den intendierten kommunikativen Kontakt zum Textrezipienten geben; hierzu zählen explizit performative Formulierungen wie „Ich danke Ihnen" oder der Einsatz eindeutiger konventionalisierter Marker wie „Bitte". Als explizit performativ wird also die Offenlegung der Illokution eines Sprechakts durch den Sprecher bezeichnet; die performative Formel enthält notwendigerweise ein Verb in der 1.Sg.[10] Indikatoren dieser Gruppe sind in Texten selten; die bewusste Nuancierung illokutionärer Handlungen ist ein Musterbeispiel für die Verwendung expliziter Performative (z.B. der Unterschied zwischen direktiven Akten wie *erlauben*, *auffordern* und *raten*).
- Indikatoren auf syntaktischer Ebene, wie Satztyp oder Satzmuster, welche durch eine charakteristische Struktur (Wortstellung) oder grammatische Informationen wie Modus, Tempus, Numerus oder Person bestimmte Illokutionen oder sprachliche Handlungen indizieren; z.B. Fragesatz vs. Aussa-

6 Vgl. Brinker ^{8}2014: 94–95.

7 Vgl. Rolf 1993: 42–43.

8 S. Brinker ^{8}2014: 97.

9 Motsch/Pasch 1987: 46–48.

10 Vgl. die Position von Bach/Harnish 1979: 203–204, die im Folgenden zugrunde gelegt wird: „An (explicit) performative is the utterance of a sentence with main verb in the first person singular, simple present indicative active, this verb being the name of the kind of illocutionary act one would ordinarily be performing in uttering that sentence".

Partikeln		explizit performative Formeln
prosodische Merkmale	>	Satztyp
propositionaler Gehalt		Satzmuster

ABB. 10 Hierarchie der Illokutionsmerkmale

gesatz, Perspektive der 1. Person bei futurischem Tempus als Ankündigung „**ich werde** anrufen", Einsatz von Modalverben + Konjunktiv II und Perspektive der 2. Person als Empfehlung „**du solltest** dich hinlegen".
- Indikatoren wie Abtönungspartikeln (wie *eh, aber, ja, mal* usw.) und Modalwörter (wie *hoffentlich, wahrscheinlich, eventuell, lieber* usw.) zum Ausdruck der Sprechereinstellung oder zur Indikation des vom Sprecher angenommenen Wahrheitsgehalts oder der Wahrscheinlichkeit der Proposition.
- Der propositionale Gehalt selbst, der allerdings meist nur im Verhältnis zu dem jeweiligen Kontext (wie Rollenverhältnis/Hierarchie von Sprecher und Empfänger oder institutioneller Rahmen) als Indikator einer bestimmten Illokution dienen kann. An dieser Stelle treten also zum Text und seinen internen Indikatoren weitere externe Faktoren hinzu, wie der Kontext sowie spezifisches oder allgemeines Vor- und Weltwissen.[11]

Somit existiert eine generelle Differenzierung in innertextliche (i. d. R. sprachliche) und außertextliche (typischerweise kontextuelle oder auf Vorwissen basierende) Mittel zur Indizierung der Textfunktion,[12] wobei zwischen den Illokutionsindikatoren durchaus Dominanzrelationen bestehen. Nach Sökeland (1980: 78–80) ergibt sich eine Hierarchie zwischen zwei Merkmalsgruppen, die in Abbildung 10 dargestellt ist.

So können bspw. Satzpartikeln über den Satztyp dominant sein und dessen typische Funktion entsprechend modifizieren oder verändern: „Geh doch mal zum Arzt!" ist *quā* Satztyp eine Anweisung. Durch die Abtönung „doch mal", die dem Adressaten Raum gibt, Abstand davon zu nehmen, ist der Sprechakt aber vielmehr als Ratschlag oder Empfehlung aufzufassen. Besonders entscheidend und letztlich noch relevanter als sprachliche Indikatoren sind nach Brinker

11 Brinker (^{8}2014: 93) bespricht das Beispiel einer futurischen Ankündigung „Ich werde wiederkommen", die je nach Rollenverhältnis sowie spezifischer Situation der Äußerung als bloße Information/Assertion oder aber als Versprechen oder Drohung aufgefasst werden kann.

12 V. a. im Bereich der gesprochenen Sprache sowie in metrisch bzw. rhythmisch markierten Texten können zusätzlich prosodische Merkmale hinzukommen; vgl. Brinker ^{8}2014: 93 mit weiterer Literatur.

		Partikeln		explizit performative Formeln
Kontextindikatoren	>	prosodische Merkmale	>	Satztyp
		propositionaler Gehalt		Satzmuster

ABB. 11 Erweiterte Hierarchie der Illokutionsmerkmale

(^{8}2014) jedoch kontextuelle Indikatoren, so dass sich insgesamt eine erweiterte Hierarchie ergibt, die in Abbildung 11 zu sehen ist.

Diese Kontextindikatoren wurden häufig als zu vage und unzureichend kritisiert (z.B. Gansel 2011: 67), wodurch auch ihre Dominanz über sprachliche Faktoren in Frage gestellt wurde. Allerdings lässt sich für viele (moderne) Gebrauchstexte ohne jegliche expliziten sprachlichen Indikatoren überhaupt nur mittels solcher kontextueller Indikatoren eine Textfunktion feststellen.[13] In welcher Form kontextuelle Indikatoren der Textfunktion in den Ritualtexten greifbar sind und welche Rolle sie für eine Charakterisierung als Fachtext übernehmen können, soll im Folgenden ebenfalls untersucht werden.

6.2.1 *Sprechhandlungsklassen*

Innerhalb der Sprechakttheorie werden unter Anwendung bestimmter Kriterien mehrere Sprechhandlungsklassen voneinander unterschieden. Für deren Klassifizierung existieren verschiedene taxonomische Modelle (abhängig von Art und Gewichtung der angewandten Kriterien). Die in Tabelle 9 wiedergegebene Einteilung repräsentiert Searles taxonomisches Modell,[14] in dem fünf zentrale Sprechaktklassen charakterisiert sind. Die dabei angewandten Kriterien sind das Verhältnis von Wort und Welt (Regel des propositionalen Gehalts), der psychische Zustand (Aufrichtigkeitsregel) und v.a. die Intention des Sprechers (*illocutionary point*).

Die Kategorie, die für die Untersuchung der Ritualtexte besonders relevant ist, ist diejenige der *direktiven Sprechakte*.[15] Gemäß der Taxonomie wird sie durch drei essentielle Kriterien charakterisiert:

> Vollzieht ein Sprecher Sp_1 einen Sprechakt aus der Klasse der Direktiva, so besteht **der illokutionäre Zweck** seiner Äußerung darin, seinen Hörer dazu zu bewegen, eine bestimmte Handlung auszuführen. Der durch ein

13 Vgl. Brinker 1998, besonders 199–200.

14 Vgl. Searle 1975a: 344–350; 1976: 10–16; außerdem Searle/Vanderveken 1985. Eine mangelnde Präzision dieses Modells bzgl. des *illocutionary point* wurde bspw. von Rolf (1993: 72–73) bemängelt, ist aber im Rahmen dieses Überblicks nicht problematisch.

15 Searle 1976:11–12.

TABELLE 9 Taxonomie der Sprechakte nach Searle 1975a

Speech act	Illocutionary point	Direction of fit	Sincerity condition[a]
assertiv	*to say how things are*	Wort auf Welt	S glaubt, dass p
direktiv	*to try to get other people to do things*	Welt auf Wort	S will, dass H p tut
kommissiv	*to commit the speaker to do something*	Welt auf Wort	S verpflichtet sich, p zu tun
expressiv	*to express feelings and attitudes*	keine	S/H empfindet p
deklarativ	*to change the world by saying so*	wechselseitig	keine

a S = Sprecher; H = Hörer; p = Proposition.

> Direktiv ausgedrückte **psychische Zustand** ist also der Wunsch von Sp_1, daß Sp_2 x ausführen möge. Die **Entsprechungsrichtung** von Worten und Tatsachen ist auch hier eindeutig bestimmbar: Die Tatsachen sollen so geändert werden, daß sie den Worten entsprechen.[16]

Diese Bestimmung und das Postulat einer Klasse von Direktiven sind durch alternative Klassifikationen nicht grundlegend in Frage gestellt worden. Kritik und Modifikationen beziehen sich in diesem Zusammenhang meist auf die Bewertung von Fragen und deren Klassenzugehörigkeit.[17] Um feinkörnigere Unterschiede innerhalb der Ritualtexte erfassen zu können, ist es allerdings notwendig, eine Differenzierung der Direktive in weitere Subtypen vorzunehmen.

6.2.2 *Typologische Modelle direktiver Sprechakte*

Auch bei der Analyse historischer Sprachformen zeichnet sich in jüngerer Zeit eine wachsende Auseinandersetzung mit pragmatischen Themen ab. Für den Bereich der Direktive liegen aktuellere Arbeiten z.B. zum Lateinischen und Griechischen vor: Risselada (1993) mit einer Untersuchung direktiver Sprechakte und ihrer verschiedenen Ausdrucksmöglichkeiten im Lateinischen sowie Denizot (2011) mit einer ähnlich orientierten Untersuchung für das Altgrie-

16 Hier die deutsche Wiedergabe durch Hindelang 1983: 47. Hervorhebungen T.R.

17 Nach Searles Auffassung stellen Fragen eine Aufforderung an den Adressaten dar, eine Antwort zu geben; diese Meinung wird nicht allgemein geteilt.

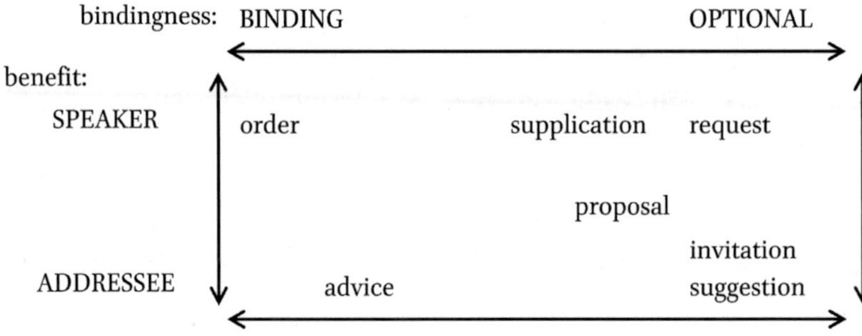

ABB. 12 Typologisches Direktiv-Modell nach Risselada 1993

chische. Beide Arbeiten nehmen nicht einzelne Modalformen und isolierte morphologische oder syntaktische Kategorien in den Blick, sondern beschreiben das gesamte System direktiver Ausdrücke der jeweiligen Sprache. Dadurch ergibt sich die Möglichkeit, die verschiedenen Nuancen und Anwendungsbereiche der jeweiligen Ausdrucksmittel zu erfassen und voneinander abzugrenzen. Zu diesem Zweck werden unterschiedliche typologische Modelle eingeführt, anhand derer die Einordnung der verschiedenen Subtypen erfolgt.

6.2.2.1 Direktiv-Modell nach Risselada 1993

In Risseladas typologischem Modell direktiver Subtypen sind zwei Achsen angelegt (vgl. Abb. 12). Auf der horizontalen Achse *bindingness* „Verbindlichkeit" ergibt sich ein Kontinuum zwischen verbindlichen und optionalen Direktiven. Auf der vertikalen Achse erscheint das Kriterium *benefit* „Nutzen" mit Sprecher und Hörer als gegenüberliegenden Polen, wodurch auch impliziert wird, dass ein großer Nutzen des Sprechers mit einem geringen Nutzen des Adressaten einhergeht und umgekehrt.[18]

Diese Herangehensweise zielt zwar v.a. auf die Abgrenzung der Subtypen ab, die in das Schema eingeordnet sind, sie schließt aber die Vorstellung von kontinualen Übergängen nicht aus. Allerdings zeigt die Anordnung der Subtypen innerhalb des Spektrums keine gleichmäßige Verteilung und Übergänge, sondern es lassen sich bestimmte Korrelationen, z.B. zwischen Optionalität und Adressateninteresse ablesen: Dadurch ergibt sich eine auffällige Konzentration in der rechten unteren Ecke, wohingegen die Kombination von hoher Verbindlichkeit und Adressateninteresse nicht vorhanden ist (*advice* scheint mir bzgl. der Verbindlichkeit zu hoch eingeschätzt und sollte weiter Richtung Mitte stehen). Insgesamt vermittelt das Schema den Eindruck, dass weit mehr optionale

18 Risselada 1993: 48.

Direktivtypen existieren (es liegt hier keine spezifische Ausrichtung am Lateinischen vor, sondern eine allgemeine, typologische Modellierung).

6.2.2.2 Direktiv-Modell nach Denizot 2011

In Denizots graphischer Darstellung findet eine etwas größere Differenzierung der Parameter statt: das trianguläre Modell (s. Abb. 13) ist ebenfalls als Kontinuum konzipiert und besitzt die Achsen

> +/- *contraignant* („verbindlich"),
> +/- *volonté du destinataire* („Freiwilligkeit des Adressaten") und
> +/- *bénéfice du destinataire* („Nutzen/Interesse des Adressaten").[19]

Diese weisen also ebenfalls jeweils zwei entgegengesetzte Pole auf, zwischen denen kontinuale Übergänge möglich sind. Je nach ihrer Position auf jeder der Achsen arrangieren sich die unterschiedlichen Direktivtypen dann im Gesamtmodell. Zwar ergibt sich durch den Einbezug eines zusätzlichen Kriteriums „Freiwilligkeit des Adressaten" zunächst eine größere Nuanciertheit; allerdings werden hier der Sprecher und sein Verhältnis zur Realisierung der Proposition nicht berücksichtigt (und sind höchstens implizit mitzuverstehen, wenn ein geringer Nutzen des Adressaten besteht).[20]

Auch in dieser Darstellung zeigt sich die Korrelation zwischen großer Freiwilligkeit des Adressaten und geringer Verbindlichkeit des Direktivs sowie ebenfalls zwischen großem Adressateninteresse und geringer Verbindlichkeit des Direktivs durch eine Konzentration von Subtypen in der unteren Hälfte der Graphik.

6.2.2.3 Charakterisierung der Subtypen

Beide Modelle berücksichtigen insgesamt ähnliche Abstufungen und Subkategorien direktiver Sprechakte und stimmen dabei v. a. hinsichtlich des Verbindlichkeitskriteriums überein:

(1) Anweisung, Befehl
  a. Denizot: geringes Interesse und geringe Freiwilligkeit des Adressaten + hohe Verbindlichkeit
  b. Risselada: großes Sprecherinteresse + hohe Verbindlichkeit

---

19 Denizot 2011: 24.

20 Übersetzung der französischen Bezeichnungen: *injonction* „Anweisung", *requête* „Gesuch", *prière* „Bitte", *instruction* „Anleitung", *conseil* „Ratschlag", *proposition* „Vorschlag", *suggestion* „Anregung".

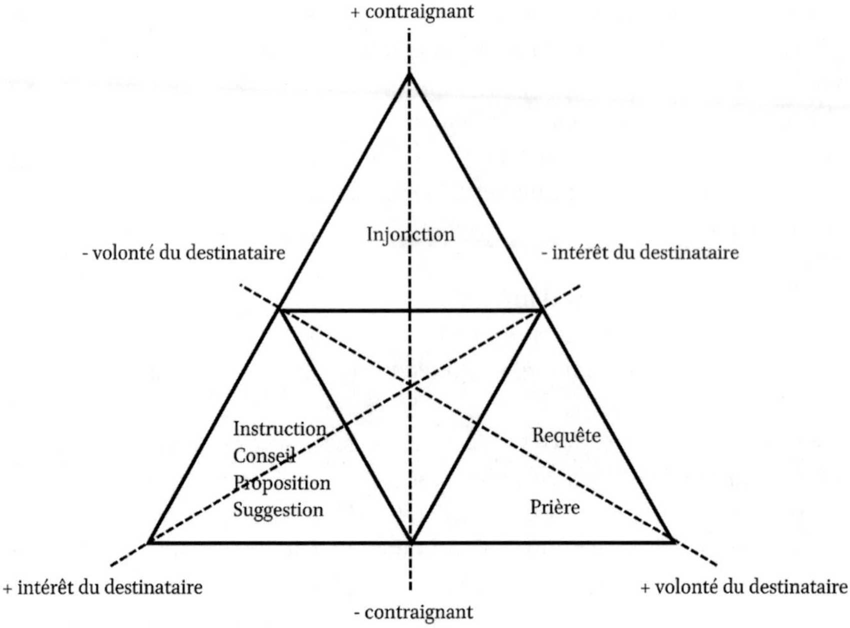

ABB. 13 Typologisches Direktiv-Modell nach Denizot 2011

(2) Ratschlag, Vorschlag, Einladung, Anregung
  a. Denizot: geringere Verbindlichkeit + großes Interesse des Adressaten (Freiwilligkeit höher bei Vorschlag/Anregung; niedriger bei Ratschlag/ Anleitung)
  b. Risselada: geringe Verbindlichkeit + großes Interesse des Adressaten

(3) Bitte, Gesuch
  a. Denizot: große Freiwilligkeit des Adressaten + geringe Verbindlichkeit (Interesse höher bei Bitte; geringer bei Gesuch)
  b. Risselada: großes Interesse des Sprechers + geringe Verbindlichkeit

Durch die leicht abweichenden Kriterien ergibt sich also eine leicht unterschiedliche Anordnung, aber eine vergleichbare Charakterisierung der einzelnen Direktivtypen bei grundsätzlich gleichem Spektrum. Im Folgenden ist daher ebenfalls zu klären, wie sich direktive Sprechakte in Ritualanweisungen und Gebeten in die vorgeschlagenen Schemata einordnen lassen und welche Kriterien sich für ihre Klassifizierung als relevant erweisen.

6.3 Sprachliche Mittel zur Umsetzung direktiver Sprechakte

Die sprachlichen Mittel, die zum Ausdruck direktiver Sprechakte generell zur Verfügung stehen, lassen sich verschiedenen sprachlichen Ebenen zuordnen. In der vorliegenden Untersuchung stehen dabei die Ausdrucksmittel altindogermanischer Sprachen im Vordergrund, weshalb die folgenden Punkte keine universale Typologie repräsentieren.

– morphologische Mittel

Hierunter fallen v.a. modale Kategorien des Verbums, wie Imperativformen, Konjunktive und Optative. In einigen indogermanischen Einzelsprachen liegen zudem (fossilierte) Reste von voluntativen oder desiderativen Aktionsartenbildungen vor, die besonders in früheren Sprachstadien als Reliktkategorien zum Ausdruck direktiver Sprechakte herangezogen werden können, aber oft nicht mehr voll paradigmatisiert fortgesetzt werden; vgl. *s*-haltige Stämme im Lateinischen (*faxit*)[21] oder die sog. *si*-Imperative im Hethitischen.[22] Auch durch Grammatikalisierung oder Konventionalisierung gewonnene sekundäre Direktiv-Kategorien wie der Infinitiv (z.B. im modernen Deutschen, aber auch bereits im Altgriechischen)[23] und kontextbedingt direktivisch lesbare Kategorien wie das Futur I lassen sich diesem Spektrum angliedern. Generell ist zu bemerken, dass die Zuordnung von direktivischer Morphologie zum Verbalsystem ein Zug indogermanischer Sprachen ist und deren Prädikationsmechanismus entspricht. „Nominale" Direktivausdrücke nach Denizot („Au secours!", „Feuer!" etc.)[24] sind selten und i.d.R. auf Kontexte beschränkt, in denen ein Höchstmaß an Ausdrucks-Ökonomie gewünscht oder geboten ist (z.B. Notfälle). Eine Ausnahme stellen vielleicht deontische Verbaladjektive wie das *Participium necessitatis* oder Gerundivum einiger indogermanischer Sprachen dar, welche dazu gebraucht werden können, eine Proposition prädikativ direktivisch zu formulieren (vgl. lat. *liber legendus est*) oder attributiv in eine übergeordnete Prädikation (lat. *do tibi librum legendum*) einzubetten. Letzteres ist

21 Im Altlateinischen sind nach Meiser ^{2}2006: 183–184 noch zu ca. 90 Verben der I. bis III. Konjugation Formen des *faxo*/*faxim*-Typs bezeugt; später sind sie als stilistisches Merkmal nur noch in archaisierenden Texten zu finden. Vgl. Rix 1998a; de Melo 2007.

22 Vgl. Cardona 1965; Watkins 1968; Bammesberger 1983 sowie Jasanoff 1986 und 1987.

23 Dazu Denizot 2011: 420–439.

24 Vgl. Denizot 2011: 41–42. Sie werden z.T. auch als elliptische Ausdrücke bezeichnet; diese Klassifizierung hängt jedoch stark vom jeweiligen Verständnis von Ellipse ab und ist strittig. Das Thema wird an dieser Stelle nicht weiter vertieft; s. jedoch zur Ellipse als ökonomischer Kohärenztechnik 8.6.3.1.

am ehesten als nominale morphologische Direktivform zu betrachten, wobei derartige Bildungen als Verbaladjektive dennoch kaum vom Verbalsystem zu trennen sind.[25]

– lexikalische Mittel
Hierzu zählen Ausdrücke mit deontischer Semantik, die eine normbezogene, verpflichtende Modalität ausdrücken,[26] sowie Ausdrücke mit direktiver Semantik, die sich z. B. performativ auf den Sprecherwunsch beziehen.[27] Häufig sind dabei Matrixverben oder Prädikate, denen die direktivische Proposition syntaktisch untergeordnet wird. Dies ist der Fall bei Modalverben oder entsprechenden Konstruktionen (umbr. **herter**, **tiçit**; lat. *licebit, necesse est*) oder auch explizit performativen direktiven Verben (lat. *iubeo/mando* usw.). Die Konstruktionen, die aus einem lexikalischen Direktiv und einer abhängen Proposition zur Angabe der vom Adressaten umzusetzenden Handlung bestehen, werden auch indirekte Direktive genannt (analog zu indirekten Fragen). Hier ist somit von einer syntaktischen Indirektheit die Rede; es handelt sich aber um semantisch und pragmatisch explizite Direktive.

– pragmatische Mittel
Diese Kategorie ist schwieriger zu bestimmen, da verschiedene Phänomene in diesen Bereich fallen: indirekte und implizite Direktivausdrücke. Deren Abgrenzung ist wegen ihrer Überschneidungsbereiche inhaltlich problematisch, aber auch wegen der terminologischen Uneinheitlichkeiten. Es wird daher nur eine tendenzielle Abgrenzung vorgeschlagen. Grundsätzlich ist die Annahme berechtigt, dass Sprechakte, die semantisch oder aufgrund ihrer Modalität eigentlich nicht direktivisch zu verstehen sind, unter bestimmten Umständen dennoch als Aufforderungen gelten können. Dafür müssen sie vom Adressaten richtig (im Sinne des Emittenten) interpretiert werden, wobei z. B. dessen (Vor-)Wissen oder bestimmte kommunikative Konventionen zum Tragen kommen. Durch ein solches Herangehen lassen sich Äußerungen wie „Es zieht!“ handhaben: Obwohl es sich weder semantisch noch formal um einen direk-

25 Für prohibitive Sprechakte sind weitere Kategorien wie Injunktiv und Konjunktiv Perfekt zu nennen; diese werden hier aber ausgeklammert, da Verbote nicht besprochen werden.

26 Vgl. Nuyts 2006.

27 Im Gegensatz zu „deontisch“ als modalitätsbezogenem Konzept zum Ausdruck moralischer Notwendigkeit (vgl. Nuyts 2008: 197) bezeichnet „direktiv“ ein Konzept auf der Ebene der Sprechakte, also eine pragmatische, kommunikationsbezogene Kategorie (Nuyts et al. 2010: 24). Allerdings sind die Konzepte nicht immer abzugrenzen und es finden z. B. durch Konventionalisierungen und Grammatikalisierungen Übergänge statt; vgl. van Linden/Verstraete 2011: 24.

tiven, sondern um einen assertiven Sprechakt handelt, kann ein Adressat normalerweise die Aufforderung daraus ableiten, dass er Fenster oder Tür schließen soll. Ähnlich verhält es sich auch mit temporalen Sequenzen: Findet man in einem Kochbuch Anweisungen wie „Die geschälten Kartoffeln in einem Topf mit Wasser aufsetzen", dann ist die Aufforderung, die Kartoffeln zunächst zu schälen, enthalten – auch wenn dies nicht durch einen expliziten Befehl formuliert wurde. Für diese Interpretation ist das grundsätzliche Verständnis temporaler Sequenz auslösend. Gerade im Dienstleistungsbereich werden heute typischerweise implizite oder pragmatische Direktivausdrücke verwendet. Hier finden sich Formulierungen wie „Vielen Dank für Ihr Verständnis", welche geäußert werden, bevor die Gelegenheit besteht, mit Verständnis zu reagieren. Somit ist klar, dass diese Ausdrücke zunächst die Aufforderung zur Geduld oder Bitte um Verständnis beinhalten, für deren Realisierung prospektiv gedankt wird. Die Strategie besteht also darin, den direktiven Akt in den Akt der Danksagung zu inkorporieren.

Die genannten Anweisungsformen basieren also auf Implikaturen verschiedener Art (konversationell, konventionsbedingt, Weltwissen) und werden deshalb auch als implizite Sprechakte bezeichnet (im Gegensatz zu Ausdrücken an der sprachlichen Oberfläche, deren direktive Interpretation nicht auf Inferenzen basiert).

Im Unterschied dazu bezieht sich eine Charakterisierung als „direkt/indirekt" v.a. auf formale (morphologische und syntaktische) Eigenschaften einer direktivischen Äußerung. Eine direkte Aufforderung erfolgt prototypisch durch eine bloße morphologische Form, die dieser Funktion eindeutig zugeordnet ist, z.B. durch den Imperativ („Gib mir das Salz!"). Wird der propositionale Gehalt syntaktisch untergeordnet, wird dieselbe Aufforderung sprachlich indirekt präsentiert. Dies betrifft die bereits erwähnten Konstruktionen, welche die Proposition einem performativen („Ich wünsche mir/befehle, dass du mir das Salz gibst."),[28] deontischen („Es ist notwendig, dass du mir das Salz gibst.") oder modalen Matrixverb („Du könntest mir mal das Salz geben."), unterordnen und somit syntaktisch indirekt sind.[29]

Andererseits wird manchmal aber auch die Verwendung nicht-direktivischer Satztypen in direktiver Funktion als indirekt bezeichnet (z.B. von Searle 1975b), so dass sich die Klassifizierung als „indirekt" nicht nur auf die Unterord-

---

28 Der performative Charakter entsteht durch die Explizierung der Illokution durch den Sprecher; s.o. Kapitel 6 FN 10.

29 Häufig ergibt sich auch eine gewisse Parallelität der Abstufungen von Explizitheit und Direktheit. Vgl. zur Problematik der Bezeichnungen „indirekt" und „implizit" auch noch Denizot 2011: 18–20.

nung der Proposition bezieht. Fragen mit direktivischer Funktion werden üblicherweise zu den indirekten Direktiven gezählt („Könntest du mir das Salz reichen?").[30] Hier ist die Abgrenzung zu den impliziten Direktiven nur sehr vage; im Falle von Fragesätzen kann man allenfalls annehmen, dass wie im Deutschen, eine Konventionalisierung als höflichem Direktivausdruck vorliegt, so dass die Aufforderung zwar hinsichtlich des Satztyps indirekt, aber zugleich pragmatisch explizit erscheint (in diesem Sinne auch Denizot 2011: 19).

Denizot (2011) unterscheidet für die Untersuchung der griechischen Direktivausdrücke zwischen direkten (Imperativ, Konjunktiv, Infinitiv) und indirekten Mitteln (Indikativ Präsens und Futur, Optativ, deontische Verben).[31] Risselada (1993) vermeidet für das Lateinische die problematische Terminologie und behandelt einerseits grammatikalische,[32] andererseits lexikalische Mittel (welche aber wenigstens teilweise die gleiche Differenzierung repräsentieren).[33]

6.4 Direktivausdrücke in altindogermanischen Sprachen

Im Folgenden werden die Möglichkeiten zum Ausdruck direktiver Sprechakte ausgehend von den grundsprachlichen Kategorien besprochen und charakterisiert. Diese Bestimmung repräsentiert keine vollständige Evaluierung und Diskussion aller einzelsprachlichen Entwicklungen und Befunde. Es sollen vielmehr die prototypischen Mittel hinsichtlich ihrer pragmatischen Funktion als Direktive auch diachron eingeordnet und ggf. ihr Status in den für diese Untersuchung relevanten Einzelsprachen thematisiert werden.

6.4.1 *Morphologische Direktive*

Die morphologischen Mittel, die zur Äußerung direktiver Akte verfügbar sind, hängen in erster Instanz vom Kategorien-Inventar der jeweiligen Sprache ab. Trotz der verschiedenen synkretistischen und reduktiven Entwicklungen, die in vielen Fällen auch zum Verlust direktiver Kategorien geführt haben, ergibt sich zwischen den meisten indogermanischen Einzelsprachen eine gewisse (basale) Überschneidungsmenge der prototypischen Vertreter direktivischer Modi. Es handelt sich zunächst um die Formen des Imperativ I und/oder II,

30 So schon Searle 1975b: 59–60.

31 Wobei die zweite Gruppe auch implizite, d.h. situativ/kontextbedingt als Aufforderung zu verstehende Gebrauchsweisen beinhaltet; vgl. Denizot 2011: 45.

32 Impv. I und II, Konj.Ps. 2.Sg., Konj.Perf. 2.Sg. + Negation, Konj.Ps. 1.Pl.

33 Diese können mehr oder weniger zur Grammatikalisierung tendieren: *fac* + Konj.; *cura ut* + Konj.; *noli* + Inf.; *cave* + Konj.

wovon mindestens einer in jeder der indogermanischen Einzelsprachen fortgesetzt ist. Diese Kategorien weisen im Allgemeinen eine hohe Konstanz von Form und Funktion auf.

6.4.1.1 Imperativ I

Die prototypische Möglichkeit, direktive Illokution zu versprachlichen, sind morphologische Imperative; vgl. Huddleston: „imperatives are characteristically used as directives“.[34] Den imperativischen Modi kommt in den indogermanischen Sprachen eine besondere Rolle im – oder eher neben – dem regulären Verbalsystem zu. Am deutlichsten zeigt sich dies in der Tatsache, dass der Imperativ I in der 2. Person Singular keinerlei morphologische Markierung durch Modalsuffix oder Personalendung aufweist.[35] Er entspricht in dieser Form also dem bloßen (Präsens-)Stamm, z.B. *$b^{h}er\text{-}e\text{-}\varnothing$. Nicht nur innerhalb der indogermanischen Sprachen,[36] sondern in einer globalen Typologie, ist er die am wenigsten markierte Verbalform:

> In about one third of the languages of the world, the second person singular imperative coincides with either the verb root or the stem. It is thus the shortest and the simplest verb form in the language.[37]

Vielfach ist aufgrund dieser Tatsache auf seine funktionale Verbindung zum Vokativ hingewiesen worden, der mit ähnlichen Eigenschaften im nominalen Paradigma außerhalb des übrigen Kasussystems steht. Es ist naheliegend, dass diese Art morphologischer Null-Markierung einem ökonomischen kommunikativen Prinzip folgt; in pragmatischer Sicht kann die Form des Imperativ I daher u.a. damit begründet werden, dass der Wunsch oder die Notwendigkeit, direkt zu sein, in einer gegebenen Situation größer ist als der Wunsch oder die Notwendigkeit, bestimmten Höflichkeitsnormen zu entsprechen. Die Gründe für diese Gewichtung können divers sein: echte Notsituationen, ein großer Unmissverständlichkeitswunsch, das Statusverhältnis zwischen Sprecher und Hörer und die Autorität der Aufforderung sind Einflussfaktoren, auf die noch zurückzukommen ist. Höchstwahrscheinlich besitzt die v.a. vedisch und griechisch bezeugte und meist athematischen Stämmen zugeordnete Endung *-$d^{h}i$

34 Huddleston 2002: 929; hier mit Bezug auf das Englische, aber mit typologischer Relevanz.

35 Vgl. stellvertretend für andere Watkins 1963: 44 zum air. Verbum; zu den Imperativparadigmen in vergleichender Sicht z.B. Weiss ^{2}2020: 448–449.

36 Zum Imperativ im uridg. Verbalsystem s. u.a. Neu 1998; Forssmann 1985; Szemerényi 1953; Thurneysen 1885.

37 Aikhenvald 2010: 18.

ebenfalls grundsprachliches Alter, vgl. ved. *ihi*, gr. ἴθι, heth. *it*, umbr. *ef*. Allerdings ist anzunehmen, dass auch Formen wie *$*h_1es\text{-}d^hi$* Weiterentwicklungen des älteren endungslosen Imperativs darstellen und u. U. aus der Tendenz heraus entstanden sind, einsilbige Verbformen zu vermeiden, bzw. eine größere Differenzierbarkeit von den lautlich zu nahestehenden, ebenfalls einsilbigen Formen des Injunktiv Präsens im Singular zu erzielen. Zudem ist die Endung $*\text{-}d^hi$ hinsichtlich ihrer Form vollkommen alleinstehend – es existieren keine analog geschaffenen Auffüllungsformen bspw. im Plural, was eine ausschließliche Zuordnung des Imperativ I zur 2.Sg. unterstützt. Zur möglichen Entstehung der Form äußert sich bereits Thurneysen (1885: 180), der eine Verbindung mit der lokalen Präposition ai. *dhi* (neben *adhi*)[38] „an, bei, auf usw." vorschlägt.

Bei einer Charakterisierung des idg. Imperativ I fällt außerdem auf, dass seine formale Ökonomie, d.h. auch seine morphologische Unterspezifiziertheit, in vielen Fällen durch eine erhöhte Kontextualität ausgeglichen wird. Seine typische Funktion ist der Ausdruck von Aufforderungen, die eine unmittelbare Umsetzung erwarten und die meist in typischen *face-to-face*-Situationen und in direkter Rede an ein konkretes und spezifisches Gegenüber gerichtet werden. Dieser Umstand korrespondiert mit der Abwesenheit einer overten Personalmarkierung sowie des Ausdrucks eines syntaktischen Subjekts, welche die Realisierung der Proposition explizit der 2. Person zuordnet. In der direkten Kommunikation kann auf diese Spezifizierung auch deshalb verzichtet werden, da die Unmissverständlichkeit und damit der Erfolg der Kommunikation durch supplementäre Faktoren (Blickkontakt, Mimik/Gestik) gewährleistet wird. Auf diese pragmatischen Erklärungen stützt sich die Auffassung, dass die Urform des Imperativ I ausschließlich eine Referenz der 2.Sg. ausdrückte.[39] Dies ist aufgrund der Charakteristik der Kategorie zumindest der prototypische Fall, wie z.B. Kuryłowicz feststellt.[40] Aikhenvald verweist in diesem Zusammenhang auf das Prinzip der Ikonizität, welches nahelegt, dass „the least formally marked imperative in a language is likely to refer to a single action to be performed by a single person immediately".[41] Nach einer alternativen Auffassung bestand hingegen keine Beschränkung der unmarkierten Imperativform auf eine einzige grammatische Personen- und Numeruskategorie, sondern eine vollständige formale Indifferenz, welche die Form für das gesamte Personen- und Numerusspektrum einsetzbar machte. Die spätere Fixierung

38 Zur Funktion vgl. auch Eichner 1973: 86 Anm. 15 und Jacobsohn 1920: 200.

39 So bspw. Szemerényi 1953 und Neu 1998; anders Forssmann 1985.

40 „It is in fact the second person singular that is fundamental in the imperative"; Kuryłowicz 1964: 137.

41 Aikhenvald 2010: 76.

der Form auf die 2.Sg. (im Zuge des formalen Ausbaus des Paradigmas) ergibt sich in diesem Szenario aufgrund der Tatsache, dass der Imperativ kontextuell am häufigsten in Bezug auf diese Person verwendet wird.[42]

Der Ausbau des (mindestens formal defektiven) Imperativparadigmas erfolgte z. T. wohl schon grundsprachlich und verstärkt einzelsprachlich (z. B. im Altindischen). Dies geschah zunächst durch suppletiv gebrauchte Formen der 3.Sg. und 2.Pl. des Injunktiv Präsens; im Einzelfall auch durch hortative Konjunktivformen (v. a. der 1. Person). Daneben findet sich auch die Strategie der Umbildung der 3. Sg./Pl. Inj. durch Anfügung der Partikel **-u* (z. B. 3.Sg. ved. *bharatu*; 3.Pl. heth. *appandu*).[43] Diese Annahme korrespondiert mit der Feststellung, dass 1./3. Personen des Imperativs als nicht kanonische Formen zu einer größeren formalen Markiertheit tendieren.[44]

Das äußerst systematische und formenreiche Inventar des vedischen Imperativ I repräsentiert also mit hoher Wahrscheinlichkeit nicht den grundsprachlichen Status, der andernfalls in den meisten anderen Sprachen einen empfindlichen Abbau erfahren haben müsste.[45]

Sowohl aus pragmatischer als auch aus typologischer Sicht ist der Imperativ I demnach als formal und/oder kontextuell auf ein festes kommunikatives Setting ausgerichtete Kategorie aufzufassen. Aikhenvald spricht in diesem Zusammenhang von einer Unterscheidung zwischen „canonical“ und „non-canonical imperatives“ und geht damit auf den Unterschied zwischen dem auf die 2. Person (Sg.) bezogenen Kernbereich des Modus und den auf die 1./3. Person bezogenen „fringe imperatives“ ein.[46]

Auf semantischer Ebene ist die Eigenschaft der Unmittelbarkeit die Haupteigenschaft des Imperativ I: Der Sprecher drückt aus, dass er eine sofortige Umsetzung des geäußerten Sachverhalts durch den Adressaten erwartet. Diese Charakterisierung trifft auch auf den lateinischen Imperativ Präsens zu,[47] der ansonsten eine geringe pragmatisch-semantische Spezifiziertheit aufweist: Temporal bzw. hinsichtlich seiner Unmittelbarkeit ist der lateinische Imperativ I eng charakterisiert; er kann jedoch generell für verschiedene Typen von direktiven Sprechakten – von Befehlen über Ratschläge bis hin zu Bitten – und

42 So Brugmann 1916: 565, auch 571–572 und 821 sowie Schwyzer 1939: 801.

43 Vgl. Lyons 1977: 745; s. auch Weiss ²2020: 448 für die Paradigmen des Imperativ I in zentralen Einzelsprachen.

44 Aikhenvald 2010: 75.

45 Vgl. Forssmann 1985: 183 (Tabelle).

46 Aikhenvald 2010: 4–5.

47 Risselada 1993; Übereinstimmung auch in anderen indogermanischen Sprachen, z. B. im Vedischen, vgl. Delbrück 1888: 363 mit Referenz auf dens. 1878: 2–4 und entsprechendem Beleg (ŚPB III 2,1,22).

teilweise auch für nicht-direktive Akte eingesetzt werden.[48] Allerdings liegt bei einer Verwendung als Bitte im Lateinischen (ebenso wie im Griechischen) häufig eine lexikalische Markierung durch den Gebrauch von entsprechenden performativen Verben in der 1. Person vor (*velim, amabo, te oro* usw.),[49] wobei sich eine solche Ergänzung des Imperativ I durch lexikalisierte „Bitte"-Formeln auch anderswo beobachten lässt (vgl. in modernen Sprachen: nhd. *bitte*, franz. *s'il vous plaît*, it. *prego* etc.). Das Spektrum der möglichen direktiven Subtypen, die der Imperativ I bedienen kann, ist also sehr groß und eine Interpretation hängt im Einzelfall von zusätzlichen lexikalischen, kontextuellen oder pragmatischen Informationen ab, die der Adressat miteinbeziehen muss. Die geringe semantische Charakterisiertheit erklärt die hohe Gesamtfrequenz des Imperativ I, wenigstens in Textsorten, die eine entsprechend direkte Art von Kommunikation repräsentieren (v.a. Dialogform der Komödie, Briefe, metadirektionale Autorenkommentare bzgl. der Rezeption durch den Leser in bestimmten literarischen Genres).[50] Trotz allem ist die weitaus größte Zahl der von Risselada untersuchten Belege den Subtypen *order* und *request* zuzuordnen;[51] der Imperativ I ist also auch im Lateinischen durchaus als der prototypische Modus zur Codierung dieser Direktivtypen zu betrachten.

6.4.1.2 Imperativ II

Der Imperativ II unterscheidet sich ebenfalls von den übrigen verbalen Kategorien, obwohl er formal dadurch stärker charakterisiert ist, dass er über eigene Personalendungen verfügt. Eigene Stammbildungsmerkmale eines Futurstammes besitzt er freilich nicht, weshalb die Bezeichnung „Imperativ Futur" aus morphologischer Sicht abzulehnen ist.[52] Diese Bezeichnung basiert eher auf seiner semantischen Eigenschaft, Direktive auszudrücken, die zu einem (unbestimmten) Zeitpunkt in der Zukunft auszuführen sind. Sein Inventar von Personalendungen ist zunächst auf eine Form mit der Endung **-tōd* beschränkt. Auch diesbezüglich werden zwei alternative Auffassungen verteten: Einerseits ist es möglich, von einer ursprünglichen indifferenten Anwendbarkeit einer Form **b^{h}ere-tōd* für die 2. und 3. Person aller Numeri auszugehen. Andererseits wurde eine ursprüngliche Defektivität des Paradigmas vorgeschlagen. Einzelsprachlich, nämlich im Vedischen, ist die Endung *-tāt* auf sämtliche Personen

48 Vgl. Risselada 1993: 112 (Tabelle).
49 Zum Lateinischen Dickey 2012; zum Griechischen Denizot 2011: 250.
50 Risselada 1993: 111.
51 Vgl. Risselada 1993: 112 (Tabelle).
52 Z.B. mit Forssmann 1985: 185.

und Numeri (sowie Diathesen) ausgeweitet.[53] Dabei weisen die Formen der 2. und 3. Person des Singulars die höchste *token*-Frequenz auf, was der prototypischen Kategorien-Präferenz des Imperativ II entspricht.[54] Anzunehmen ist jedenfalls, dass sich mindestens die 2. und 3. Sg. bereits grundsprachlich eine formal identische Endung teilen;[55] dies erweist die Situation des Vedischen und Italischen.[56] Möglicherweise steht diese Tatsache in Wechselbeziehung mit der semantischen Charakteristik des Imperativ II. Sein zentrales Merkmal ist nämlich, komplementär zur Unmittelbarkeit des Imperativ I, seine Mittelbarkeit oder auch *non-immediacy*.[57] Diese ist nicht nur im Lateinischen und Umbrischen, sondern auch im Vedischen feststellbar; vgl. bereits Delbrück:

> Somit ist constatiert, dass der imper. auf *-tât* eine weisung enthält, die erst von einem augenblick der zukunft an zur wirklichkeit gelangen soll.[58]

Die ausgedrückte Proposition ist also v.a. dahingehend markiert, dass sie nicht unmittelbar umzusetzen ist, wobei diese Mittelbarkeit temporaler, aber ebenso konditionaler Natur sein kann. Die als zukünftig markierte Gültigkeit lässt sich leicht durch die Kookkurrenz mit entsprechenden Adverbialen belegen, vgl. die folgenden Belegstellen, in denen der Gegensatz zwischen Imperativ I und II deutlich zum Ausdruck kommt:

---

53 Vgl. wiederum die Tabelle in Forssmann 1985: 183.

54 Somit ist nach Ausweis des von Szemerényi (1953: 939–941) zitierten vedischen Materials nicht anzunehmen, dass die Endung **-tōd* schon grundsprachlich indifferent für sämtliche Numeri gegolten habe.

55 Diese formale Identität kann, nach Szemerényi 1953: 953, als Ergebnis einer lautlichen Entwicklung erklärt werden, indem **-tōd* an die jeweilige Form des Imperativ I antritt, der in der 2.Sg. endungslos **bhere* und in der 3.Sg. *bheret* (d.h. die Injunktivform) gewesen sei; eine Personendifferenzierung sei ursprünglich also vorhanden gewesen. Anders z.B. Weiss ^{2}2020: 451, der ausgehend vom vedischen Pradigma annimmt, dass „the *imperatiuus futuri* did not make formal, personal or voice distinctions".

56 Vgl. dazu Rosén (1999: 115–119), die für das Lateinische von einer sekundären Entwicklung einer (kontextuell) personalen Differenzierung in der 2./3.Sg. ausgeht und im Gebrauch der ältesten Gesetzestexte eine einzige prototypisch universale und impersonale Form des Imperativ II identifiziert; dies präsupponiert eine entsprechende Situation auch für die Grundsprache. Ähnlich in der Zielrichtung argumentiert auch Prodsocimi 2015: 559–560 und 1990: 163; er geht für das Umbrische wie Lateinische von einer undifferenzierten „non persona" als Agens des Impv. II aus. Ablehnend gegenüber Prosdocimis Annahme äußert sich Rix 1993: 85, der zu Recht auf die Differenzierung eines „Tiefenagens" in den IT hinweist, welche z.B. an der Verwendung der Reflexiva der 2. und 3.Sg. (*tefe* vs. *seso*) mit dem Imperativ II ersichtlich ist.

57 Terminologie nach Risselada 1993.

58 Delbrück 1878: 4.

(32) Plautus *Merc.* 770
Cras petito, dabitur, nunc abi.
„Du sollst ihn morgen holen, man wird ihn dir geben; jetzt aber geh!"

(33) ŚPB III 2,1,22
(*i*) *hàiva mā tíṣṭhantam abhyéhī́ti brūhi, tā́ṃ tú na ā́gaataṃ pratiprá-brūtād.*
„Sage zu ihr: „Geh hierher zu mir, wo ich stehe!" Ist sie dann aber gekommen, sage es uns an!"

Vor diesem Hintergrund erscheint die Theorie einer Entwicklung des Imperativ II aus der Univerbierung von Imperativ I und ablativischem Demonstrativum **tōd* in temporaler Bedeutung „von da (d.h. ‚von einem augenblick der zukunft') an" zur zeitlichen Charakterisierung naheliegend.[59]

6.4.1.2.1 *Der Imperativ II als höflicher Direktiv*

Eine solche Charakterisierung von Imperativen durch „time words" ist typologisch verbreitet und wird in zahlreichen Sprachen u.a. dazu herangezogen, eine höflichere Ausdrucksform zu generieren (vgl. z.B. den Gebrauch von *mal* in Imperativsätzen im Deutschen, wie in „Lies mal diesen Text!"). Der direktive Sprechakt wird durch die zeitliche Distanzierung eingeschränkt und damit auch die wahrgenommene Bedrohung für das *face* des Adressaten abgemildert.[60] Eine solche Bedrohung ist stets größer, wenn der Befehl sofort durchzuführen ist, da dem Adressaten hier keine Gelegenheit zur Ablehnung oder Distanzierung gelassen wird. Er wird folglich in seiner Selbstbestimmtheit stärker beeinträchtigt. Wird die angewiesene Handlung auf einen zukünftigen Zeitpunkt verlegt, so hat der Adressat hingegen „bis dahin" die Möglichkeit, sich zu entscheiden – zumindest wird ihm sprachlich dieser Eindruck vermittelt. Diese Strategie wird daher mit dem Konzept der *negative politeness* in Zusammenhang gebracht, nach deren Konzeption durch Brown und Levinson folgendes gilt:

---

59 Zuerst vorgebracht von Gaedicke (1880: 225) und vehement vertreten von Thurneysen (1885: 179), der sich fragt ob „sich einem da nicht die erklärung mit unwiderstehlicher gewalt auf[drängt]?". Anders z.B. Prosdocimi 1990: 321 mit der Annahme eines „instrumentalen Imperativs" mit enkl. *-tō*; vgl. jedoch die Rezension von Rix 1993: 85 mit kritischer Beurteilung dieser These.

60 Aikhenvald 2010: 128–133. Zum Konzept von *face* und Höflichkeit s. noch unten 6.5.

> Negative politeness is redressive action addressed to the addressee's negative face: his want to have his freedom of action unhindered and his attention unimpeded.[61]

Ob auch in den Iguvinischen Tafeln der Einsatz des Imperativ II systematisch als Höflichkeitsstrategie nachgewiesen werden kann und welche anderen pragmatischen Effekte ggf. intendiert werden, wird unten (6.7.1.2 und 6.7.1.4) noch eingehend diskutiert. An dieser Stelle wird zunächst die Mittelbarkeit als semantische Eigenschaft festgehalten.

Wenn es sich bei der Endung der 2./3.Sg. um eine usprüngliche temporale Charakterisierung durch **tōd* handelt, die in mehreren indogermanischen Einzelsprachen grammatikalisiert und paradigmatisiert ist, weist dies auf eine bereits grundsprachliche Univerbierung des Imperativ I **b*^{h}*ere* mit dem nachgestellten temporalen Adverbiale hin. Sofern der Imperativ I vor dieser Univerbierung nur auf die 2.Sg. bezogen war, kann auch diese neu gewonnene semantische Spezifizierung (d.h. mittelbare Umsetzung der Proposition) dazu geführt haben, dass die feststehende Adressierung der direktiven Äußerung gelockert bzw. ausgeweitet wurde und dann auch die 3.Sg. umfasste.[62] Besonders Formulierungen, die sich explizit an indefinite Adressaten wenden, scheinen als Gelenkstelle für eine solche Ausweitung in Frage zu kommen; vgl. Ausdrücke mit indefiniten Relativ- oder Konditionalsätzen (*free choice expressions*) wie lat. *quisque*, *seiquis*, umbr. *svepis* oder ai. *kaścit*.[63] Derartige Beispiele lassen sich oft eher nicht als zeitlich mittelbare Direktive erklären; ihre Mittelbarkeit wird vielmehr durch bestimmte Bedingungen hergestellt, an welche die Notwendigkeit der Umsetzung geknüpft ist.

Diese sogenannte „konditionale Mittelbarkeit" des Imperativ II wird von Risselada im Detail besprochen. Das Konzept ermöglicht es, im Lateinischen nahezu alle Belege zu erklären, in denen kein eindeutiger Zukunftsbezug zu ermitteln ist. In Beispiel (34) besteht die grundsätzliche Kondition *si quis volt*, welche außerdem die typisch indefinite Referenz dieses Direktiv-Typs aufweist; durch den Kontext ist deutlich, dass eine unmittelbare Umsetzung von *dato* gewünscht ist, also dezidiert kein Zukunftsbezug besteht:[64]

---

61 Brown/Levinson ^{2}1987: 129.

62 Bei der Annahme von indifferenter Adressierung ist dieser Schritt nicht notwendig.

63 Vgl. Haspelmath 1997 (Kapitel 4) zum funktionalen Spektrum von indefiniten Pronomen und dem Platz von *free choice expressions* in deren *semantic map*.

64 Vgl. Risselada 1993: 124.

(34) Plautus *Cas.* 75–78
Mecum pignus si quis volt, dato in urnam mulsi.
„Wenn einer will, soll er mit mir um einen Krug Wein wetten!"

Die beschriebenen Eigenschaften prädestinieren den Imperativ II somit auch für Kommunikationssituationen, in denen eine unmittelbare Perzeption und Umsetzung der Anweisung aus verschiedenen Gründen ausgeschlossen sind. Dies ist außer bei explizit (z.B. durch entsprechende Temporaladverbiale) zukunftsbezogenen Direktiven in Kommunikationssituationen ohne zeitliche Kontingenz und persönlichen (*face-to-face-*)Kontakt der Fall.

6.4.1.2.2 *Verwendung des Imperativ II in normativen Texten*

Im Lateinischen wird der Imperativ II der 3.Sg. außerdem in besonderer Weise in schriftlichen, kodifizierten Anweisungen zur Durchsetzung sozialer oder sakraler Normen verwendet.[65] Diese Zuordnung betrifft die (juristische) Textgruppe der *leges*, welche bereits in den 12 Tafeln im Imperativ II formuliert sind.[66] Die Normtexte im Imperativ II unterscheiden sich in dieser Hinsicht deutlich von anderen legislativen Textsorten (z.B. Senatsbeschlüssen), die v.a. den Konjunktiv oder andere abhängige Direktivausdrücke verwenden.

Die Verwendung des Imperativ II (und der Verzicht z.B. auf performative, indirekte Direktive) kann auch als Strategie verstanden werden, um den Sprecher der Äußerung bzw. Urheber der Norm sprachlich nicht in Erscheinung treten zu lassen. Eine solche Objektivierung (oder De-Auktorialisierung), kann auch durch verschiedene andere sprachliche Mittel vorgenommen werden, z.B. Nominalisierungen, unpersönliche Konstruktionen oder Passivkonstruktionen und ist nicht auf Instruktionstexte beschränkt. In der deutschen Tradition wird dafür in Bezug auf wissenschaftliche oder technische Texte der Begriff der „Origoexklusivität" verwendet (vgl. Czicza et al. 2012). In der französischen Linguistik findet sich der Terminus *effacement énonciatif* „enunziative (Spre-

65 Aber auch in technischen und praktischen Anweisungstexten, z.B. Catos Anleitungen zum Landbau.

66 Diese Konvention betrifft die verschiedenen Typen von Gesetzen (*publica, censoria,* daneben auch *leges templi/luci*); dazu noch unten 6.4.1.3. Vgl. zur Gesamtdarstellung der sprachlichen Gestaltung römischer Rechtstexte Magdelain 1978; eine äußerst kritische Diskussion von Magdelains Ergebnissen liefert Prosdocimi 2015: 544–551 (zusammen mit weiterführenden Überlegungen v.a. zum Imperativ II in den IT), der aber von gänzlich anderen Grundauffassungen über Konzepte wie Textsorte oder pragmatische Funktion auszugehen scheint. Seine „in bozze" vorgestellten Überlegungen werden wegen der mangelnden Bezugnahme auf aktuelle Herangehensweisen an pragmatische und textlinguistische Fragen im Folgenden nicht eigens aufgegriffen.

cher-)Tilgung“ auch häufig zur Beschreibung poetischer oder journalistischer Strategien der Objektivierung (vgl. Rabatel 2004; Vion 2001).[67] Im Rahmen normativer Texte kann eine Tilgung des Sprechers den Effekt haben, dass Autorisierung und Verbindlichkeit nicht durch ein Individuum oder Gremium hergestellt werden, sondern dass die Norm selbst diese Funktionen übernimmt. Die Vorschriften werden dadurch außerdem von einem konkreten, individuellen Kontext gelöst. Eine weitere Deaktualisierung kann dadurch erzielt werden, dass sich die Direktive nicht an einen definiten und spezifischen Adressaten richten, sondern z.B. auf indefinite Subjekte zurückgreifen („Wer *xy* tut, der soll bestraft werden“); Risselada spricht in diesem Zusammenhang von *perpetual* bzw. *conditional value* des Direktivs.[68] Diese charakteristische indefinite bzw. konditionale Adressierung korrespondiert auch mit der formalen Identität von 2. und 3. Sg. des Imperativ II im Lateinischen und Umbrischen.[69]

Konditionale Mittelbarkeit ist i.d.R. von externen, „echten“ Bedingungen abhängig, welche vorauszusetzen sind, damit ein Rezipient sich auch als Adressat des direktiven Sprechaktes verstehen kann. Eine solche konditionale Konstituierung der Adressaten stellt ein wichtiges Instrument in verschiedenen Fachtextsorten dar; hierauf wird weiter unten zurückzukommen sein.[70] Hinsichtlich des semantischen Spektrums und der damit verbundenen direktiven Subtypen scheint der Imperativ II trotz seiner stärkeren Charakterisierung grundsätzlich nicht wesentlich eingeschränkter zu sein als der Imperativ I. Allerdings ist aufgrund dieser Charakterisierung eine starke Präponderanz in Texten zu verzeichnen, die sich eben durch Allgemeingültigkeit und konditionale Mittelbarkeit auszeichnen, wodurch sich eine charakteristische Verteilung der Formen ergibt.

Grundsätzlich stehen Imperative als prototypische Direktivformen in einem eng spezifizierten pragmatischen Kontext, wodurch ihre Verwendung oft ökonomische Züge besitzt. Der enge Kontext korrespondiert mit der formalen und evtl. auch referenziellen Unmarkiertheit des Imperativ I,[71] aber auch des Imperativ II (bzgl. der Identität der 2./3. Sg.).

---

67 Hier wird es als „appareil formel“ charakterisiert, der es dem Sprecher ermöglicht „qu'il se retire de l'énonciation, qu'il 'objectivise' son discours en 'gommant' non seulement les marques les plus manifestes de sa présence (les embrayeurs) mais également le marquage de toute source énonciative identifiable“ (Vion 2001: 334).

68 Risselada 1993: 129.

69 Egal ob diese primär oder sekundär ist; vgl. nochmals Kapitel 6 FN 55 und 56 zu den verschiedenen Haltungen.

70 S.u. 6.9.5.1 zu konditionalen Titeln und Präsignalen.

71 Wenn Personen/Numerus-Indifferenz im gesamten Paradigma angenommen wird. An-

6.4.1.3 Konjunktiv

Der Konjunktiv ist als grundsprachliche sekundäre Stammbildung rekonstruierbar und hinsichtlich seiner formalen Charakteristik recht einheitlich beurteilt worden. Obwohl die Kategorie in den Einzelsprachen verschiedentlich umgewidmet bzw. auf Teilbereiche ihres Bedeutungsspektrums verengt wurde,[72] ist sie v.a. mit Hilfe des griechischen und vedischen Paradigmas formal wie auch funktional eindeutig zu analysieren. Auf Grundlage des primären (Präsens- oder Aorist-)Stammes entsteht durch Antreten eines (zusätzlichen) thematischen Vokals **-e-* bzw. **-o-* ein thematischer (bzw. doppelt thematisierter) Konjunktivstamm, an den Primär- oder Sekundärendungen antreten. Er besitzt mithin, im Gegensatz zu den Imperativen, ein formal vollständiges Personen- (und Diathesen-)Paradigma. Über Ursprung, Status und Entstehungszeitpunkt des indogermanischen Konjunktivs herrscht nicht völlige Einhelligkeit. Auffällig ist die Homonymie des Konjunktivs athematischer Stämme mit dem thematischen Präsens, woraus sich die Frage nach deren Beziehung zueinander sowie nach dem Entstehungsverlauf der Moduskategorie Konjunktiv ganz allgemein ergeben hat.[73] Allerdings sind derartige Fragen im vorliegenden Kontext weniger zentral. Relevanter sind das (ggf. spät-)grundsprachliche Alter sowie v.a. die semantischen Eigenschaften und Funktionen des Konjunktivs, die ihn zum Ausdruck direktiver Sprechakte befähigen. Eine erste und immer noch maßgebliche Behandlung der Verwendungsweise des indogermanischen Konjunktivs, v.a. in Abgrenzung zu der des Optativs, erfolgte bereits durch Delbrück.[74] Nach dessen Verständnis[75] erstreckte sich die Zuständigkeit des Modus ursprünglich auf zwei verschiedene Bereiche: als Prospektiv (Delbrück: „futurischer Conjunctiv") bezeichnete er „die Erwartung des Sprechers, einen Sachverhalt verwirklicht zu sehen", als Voluntativ („Conjunctiv des Wollens") „den Willen des Sprechers, die Verwirklichung des Sachverhalts durch-

dernfalls (wenn nur eine 2.Sg. Form existiert hätte) wäre ein Zusammenhang mit der angenommenen Defektivität des Urparadigmas aber ebenfalls begründbar.

72 So z.B. im Lateinischen, wo einige Konjunktivformen sich auf Basis des prospektiven Aspekts zum Futur entwickelten, während andere Konjunktivbildungen zusammen mit einigen alten Optativen in der Kategorie Konjunktiv mit voluntativer und fiktiver Funktion zusammentraten.

73 S. bspw. Rix 1986 zur Entstehung des indogermanischen Modussystems in Gesamtheit oder Strunk 1984 zu den modusbezogenen Problemen der Rekonstruktion sowie Tichy 2006 zum Konjunktiv v.a. aus vedischer Perspektive (unter Einschluss der allgemeinen Forschungsgeschichte) und Dahl 2013 zum morphologischen Hintergrund und dem Zusammenhang mit thematischen Präsentien.

74 Vgl. Delbrück 1871; eingehend dargestellt auch in Tichy 2006: 26–43.

75 Das u.a. auch von Rix 1986 aufgenommen wird.

zusetzen".[76] Dieser voluntative Gebrauch eignet sich bei einer Adressierung an die 2./3. Person zur Wiedergabe einer Anweisung, die den Willen des Sprechers repräsentiert; oft ist vom sog. *Jussiv* die Rede.[77] Beide Personalendungssätze (primär und sekundär) des Präsens-Aorist-Systems waren für den Konjunktiv verwendbar. Dabei korrespondierten die primären, gegenwartsbezogenen Endungen (mit Partikel **-i*) mit der Gegenwartsaktualität der voluntativen und die sekundären, zeitlich unmarkierten, mit der prospektiven Funktion.[78] In der einzelsprachlichen Entwicklung lassen sich für den Konjunktiv unterschiedliche Tendenzen beobachten: Oft wird er auf einen der beiden Zuständigkeitsbereiche eingeschränkt und dann je nachdem als Futur oder Konjunktiv systematisiert (für den je anderen Bereich werden ggf. neue Bildeweisen herangezogen). Liegt eine eigene Kategorie Konjunktiv vor, so dient sie i.d.R. einerseits zum Ausdruck von „futurischen oder iterativen Sachverhalten", besonders in entsprechenden Konditionalgefügen, d.h. als Eventualis.[79] Andererseits wird sie auch als jussivischer Konjunktiv gebraucht, was für unsere Betrachtung der Direktive von Interesse ist. Innerhalb des Griechischen haben Konjunktiv und Optativ ihre Zuständigkeitsbereiche und deren Aufteilung dahingehend verändert, dass die Verwendung der 2./3. Person als „Ausdruck der directiven Aufforderung" zugunsten des Imperativs völlig aufgegeben wurde;[80] der Konjunktiv verfügt hier ausschließlich über eine Funktion als Eventualis bzw. Iterativ.

Die r̥gvedische Belegsituation stützt zunächst das von Delbrück entworfene Modell, welches den jussivischen Konjunktiv als grundsprachlichen Direktivausdruck ansetzt. Gerade in der exegetischen oder didaktischen Texttradition (z.B. in den Sāyaṇa-Kommentaren) werden Konjunktive der 2. und 3. Person oftmals mit Imperativformen glossiert; für die funktionale Nähe spricht außerdem die Aufnahme der Konjunktiv-Formen der 1. Person ins Imperativparadigma.[81] Tichy (2006: 49–50) fasst zum Gebrauch des r̥gvedischen Konjunktivs zusammen, dass 2. und 3. Person in direktiven Äußerungen wie Aufforderung oder Bitte gleichwertig mit dem Imperativ verwendet werden können, im

---

76 Rix 1986: 10.

77 Nicht näher eingegangen wird an dieser Stelle auf Strunks Vorschlag (1988), für die Grundsprache ein defektives, auf die prototypisch-voluntative 1. Person (Sg.) beschränktes Konjunktivparadigma anzusetzen. Zur Gegenargumentation s. Tichy 2006.

78 Rix (1986: 14) spricht vom Voluntativ als dem „Injunktiv des Konjunktiv" und vom Prospektiv als dessen „Parontiv" (d.h. außerzeitliche Kategorie).

79 Vgl. Hettrich 1992 zu den Konditionalsätzen aus sprachvergleichender Sicht.

80 S. Delbrück 1871: 20–21. Hortativ-voluntative Funktion kann ausschließlich bei Formen der 1. Person vorliegen; prohibitive Funktion ist für die 2./3. Person möglich, wird hier allerdings nicht besprochen. Vgl. dazu aber Denizot 2011: 274–278 und 279–295.

81 Tichy 2006: 31, bes. FN 88.

Unterschied zu jenem aber außerdem zur Bezeichnung futurischer Sachverhalte herangezogen werden.

Dieser Unterschied entspricht den – nach den bisher vorgestellten Auffassungen – ererbten Funktionen des indogermanischen Konjunktivs. Tichys Schlussfolgerungen, v.a. aus der synchronen Evaluation der vedischen Prosa der Maitrāyaṇī Saṁhitā, aber auch aus dem Einbezug des griechischen Materials, ergeben dennoch ein anderes Bild als Delbrücks klassisches Voluntativ/Prospektiv-Modell. Nach Tichy (2006) lässt sich die Verwendung des Konjunktivs an allen Stellen rein *expektativ* verstehen; diese Funktion erübrige den Ansatz der beiden vormals genannten für das Vedische und Griechische. Direktiv sei der Konjunktiv im Vedischen allenfalls durch die der Sprechererwartung inhärierenden Implikaturen; nach dieser Beurteilung wäre er zu den impliziten, rein kontextuellen Direktivausdrücken zu rechnen. Äußerungen im „hortativen Anwendungsbereich" (d.h. mit direktiver Illokution) des gesamten Konjunktivparadigmas charakterisierten sich dadurch, dass „der Sprecher im Rahmen einer reziproken Situation eine Erwartung an den Gesprächspartner äußert".[82] Es bleibt festzuhalten, dass eine, auch bereits grundsprachliche, Verwendung des Konjunktivs als Direktivausdruck, trotz des abweichenden Befundes des Griechischen, auch von Tichy nicht abgelehnt wird. Unterschiede betreffen aber die semantische Grundlage der direktivischen Funktion und den Status als expliziter oder rein kontextueller (impliziter) Direktivausdruck. Für das Lateinische ist auf jeden Fall mit einer (spätestens) einzelsprachlichen Konventionalisierung und dadurch bedingt mit einem Status als explizite Direktivkategorie zu rechnen (entsprechend der Einteilung nach Risselada 1993).[83] Unabhängig von der funktionalen Herleitung ergibt sich für den Konjunktiv die Notwendigkeit einer Abgrenzung von den benachbarten Direktivkategorien (bzw. der direktiven Verwendung benachbarter Modi).

Trotz der einzelsprachlichen Unterschiede und ungeachtet der Frage, ob die Illokution aus voluntativer oder expektativer Funktion herrührt, unterscheiden einige formale und semantische Eigenschaften den direktivisch gebrauchten Konjunktiv von den formalen Imperativen. Dies führt dazu, dass direktive Sprechakte, die sich seiner bedienen, in pragmatischer Hinsicht diffe-

---

82 Tichy 2006: 324.

83 In einigen indogermanischen Einzelsprachen ist der Konjunktiv in keiner der beschriebenen Funktionen und auch rein formal nicht fortgesetzt; ein Beispiel hierfür ist der gesamte anatolische Zweig mit seinem vom graeco-arischen Modell abweichenden Verbalsystem. Welche Auswirkungen dieser Umstand für die Betrachtung der hethitischen Ritualtexte und der Frage nach den direktiven Sprechakten und ihrer Distribution mit sich bringt, wird weiter unten (6.8) noch zu besprechen sein.

renziert zu beschreiben sind. Bei der Charakterisierung des lateinischen Konjunktivs stellt Risselada (1993) mehrere Einschränkungen gegenüber dem Imperativ fest, die u.a. ein geringeres Spektrum an direktiven Subtypen sowie die (in mehrfacher Hinsicht) größere Abhängigkeit des Konjunktivs betreffen.[84] Diese Abhängigkeit kann auf syntaktischer, aber auch rein pragmatischer oder kontextueller Ebene bestehen. Die Verknüpfung des Konjunktivs mit bestimmten, dependenziellen Strukturen und Phänomenen und insbesondere sein häufiger Gebrauch in subordinierten Sachverhalten sind dabei nicht auf das Lateinische beschränkt. Diese Eigenschaft ist auch außerhalb des Lateinischen bemerkt worden; sie gilt z.B. ebenfalls im Vedischen und im Griechischen.[85] Problematisch bei einer Rekonstruktion oder auch nur Transponation dieser Eigenschaft in grundsprachliche Zeit ist wie üblich die Frage nach dem Alter syntaktischer Subordination und bestimmter Nebensatztypen.[86] Dieser Problematik könnte begegnet werden, indem man mit Risselada „Dependenz" nicht als rein syntaktisches, sondern zunächst einmal v.a. als kontextuelles und pragmatisches Phänomen auffasst. Hinsichtlich der syntaktischen Abhängigkeit des lateinischen Konjunktivs ist festzuhalten, dass es sich im direktivischen Gebrauch meist um Konstruktionen mit einem übergeordneten deontischen oder performativen Matrixverb handelt, welche eine abhängige und vom Adressaten des Direktivs zu realisierende Proposition enthalten (also um syntaktisch indirekte Direktive).

Im Unterschied zu den prototypisch direktivischen Imperativ-Kategorien ist der Konjunktiv altindogermanischer Sprachen semantisch mit einer zukunftsbezogenen Perspektivierung der ausgedrückten Sachverhalte verbunden. Diese steht in unmittelbarem Zusammenhang mit der direktivischen Funktion, die er in vielen Einzelsprachen und zweifellos auch grundsprachlich einnehmen konnte. Ungeachtet der Frage, ob sich diese Funktion aus einer voluntativen oder expektativen Sprecherhaltung herleiten lässt, weist sie folgende Merkmale auf:[87]

– Illokutionärer Zweck = Durchführung des SV durch den Adressaten
– Anpassungsrichtung = Welt an Äußerung

Eine formale Abgrenzung zwischen imperativischen (unabhängigen) und abhängigen Direktiven besteht darin, dass letztere den zu realisierenden Sachverhalt syntaktisch unterordnen.[88] Durch das übergeordnete Verb können dabei

---

84 Risselada 1993: 140–141 und 142–155.

85 Vgl. das Kapitel „Der Konjunktiv als Modus der Abhängigkeit"; Tichy 2006: 44–47.

86 Vgl. Delbrück 1871: 12–13; Strunk 1988: 292–293.

87 Entsprechend der Bestimmungskriterien nach Searle 1975a; 1976.

88 Auch in der Beschreibung moderner Fachsprachen werden Direktive der Struktur „deonti-

verschiedene pragmatische Informationen ausgedrückt werden, z.B. in Bezug auf die Haltung des Sprechers gegenüber dem Adressaten oder der Proposition selbst.[89] Da der Konjunktiv auf formaler Seite zudem über ein vollständiges Personen-Paradigma verfügt, kann er auch für Kommunikationssituationen herangezogen werden, in denen ein Direktiv an die 3. Person (klassischer Jussiv) oder die 1. Person (klassischer Hortativ) gerichtet wird. In Bezug auf seine Adressierung ist er also weniger fixiert als der Imperativ (v.a. der Imperativ I mit der starken Dominanz der 2. Person).

Im Lateinischen besteht eine gewisse Tendenz zur Restriktion des Konjunktivs auf die Subtypen *order* und *request*. Daher ist *nicht* grundsätzlich von einer semantischen Verteilung „Befehle (*stronger directives*) + Imperativ" gegenüber „Bitten/Einladungen (*milder directives*) + Konjunktiv" auszugehen.[90] Durch die Verwendung in indirekten Direktivausdrücken (z.B. mit performativen Matrixverben) kann der Konjunktiv aber auch im Lateinischen stärker mit dem Ausdruck der Sprechereinstellung verbunden werden. Auffällig ist die Verwendung des Konjunktivs in bestimmten legislativen Texten, wie Senats- und Magistratsbeschlüssen (vgl. Magdelain 1978: 23), die ein Differenzierungsmerkmal gegenüber Gesetzen im Imperativ II darstellt. Die Möglichkeit der Textsortendifferenzierung durch Verwendung des Konjunktivs als Direktiv ist auch für die Iguvinischen Tafeln von Interesse. Daneben wird auch die Frage, ob und inwiefern dies mit Höflichkeitsstrategien zusammenhängen kann, diskutiert werden (s.u. 6.7.1.3 und 6.7.2.).

6.4.1.4 Optativ

Ebenso wie der Konjunktiv wird der Optativ als sekundärer Stammbildungstyp der Grundsprache rekonstruiert und ist mittels des athematischen Suffixes **-i̯eh₁/ih₁-* vom Präsens- und Aoriststamm bildbar. Besonders der quantitative Ablaut in der Flexion des Optativs, der verschiedentlich noch einzelsprachlich

---

sches Matrixverb + abhängige Proposition" von Ausdrücken abgegrenzt, „die syntaktisch als Imperativsätze zu analysieren sind" (Hindelang 1978: 157). Erstere werden als deontische Hinweise, „die für den Leser bestehende Notwendigkeiten und Obligationen zum Ausdruck bringen" (Hindelang 1978: 159–160), charakterisiert; s. dazu auch Göpferich 1996: 70. Syntaktisch abhängige direktive Konjunktive sind eher zu diesen deontischen Hinweisen zu zählen; syntaktisch freie Konjunktive können u.U. als Handlungszuweisung gelten.

89 Ob sich diese Differenzierungsmöglichkeit auch in der Verwendung konjunktivischer Direktive in den IT zeigt und welche Bedeutung sie hier ggf. einnimmt, wird unten besprochen (6.7.1.3).

90 Vgl. Risselada 1993: 153–155; diese Differenzierung ist in Bezug auf die Iguvinischen Tafeln noch eingehend zu besprechen; s.u. 6.7.1.4.

zu sehen ist, erweist das grundsprachliche Alter der Bildung,[91] die zwar nicht in allen Einzelsprachen als Kategorie fortgesetzt, aber in vielen Fällen in Form von archaischen Relikten in verwandte Kategorien integriert ist (z. B. Lateinisch, Baltisch, Slavisch). Die formale Seite des Rekonstrukts ist besonders durch das Vedische, Griechische sowie einige lateinische Konjunktivformen belegt (ved. *syā́t*, lat. Konj. *siēs/sīmus*, gr. εἴης/εἶμεν). In funktionaler Hinsicht legt die Verwendungsweise seiner Fortsetzer zwei zentrale Zuständigkeitsbereiche nahe: einerseits potentiale, andererseits kupitive Verwendung:

> der Optativ drückt als Kupitiv den Wunsch [des Sprechers] aus, einen Sachverhalt verwirklicht zu sehen (...) als Potentialis die eingeschränkte Gültigkeit einer Behauptung.[92]

Diese zweifache Konzeption wird i. d. R. auch für die Grundsprache angenommen. Gemeinsam ist beiden Verwendungen das Element der „Nicht-Wirklichkeit" des ausgedrückten Sachverhalts, was zu Ansätzen geführt hat, die beiden Teilfunktionen des Optativs aus einer einzigen Grundfunktion abzuleiten. Delbrück selbst räumte die Unmöglichkeit ein, „überzeugend darzuthun, wie der potentiale Optativ sich aus dem wünschenden entwickelt".[93] Tichy (2002) spricht sich für eine ursprünglich rein potentiale Funktion aus, die entweder „intersubjektiv" oder „subjektiv" verwendbar war. Die intersubjektive (also neutrale) Funktion sei im Indoiranischen als präskriptiver Optativ grammatikalisiert worden; die subjektive (also sprecherbezogene) Konstatierung der Möglichkeit habe bereits voreinzelsprachlich(?) zum kupitiven Optativ geführt.[94] Ein derartiger Entwicklungspfad scheint, ausgehend von dem erwähnten gemeinsamen Element „Nicht-Wirklichkeit" und in Abhängigkeit von den entsprechenden pragmatischen Kontexten der Verwendung, grundsätzlich akzeptabel. Auf pragmatischer Ebene könnte man mit Hinblick auf die Searl'schen Bestimmungskriterien direktiver Sprechakte (1975a), folgendes Bild skizzieren, bei dem das Kriterium der Anpassungsrichtung für die Interpretation zentral wäre: Ausgehend von einem Zustand „Proposition ≠ Welt" kann eine Äußerung verschiedene Illokutionen repräsentieren. Einerseits kann der Sprecher damit seinen Wunsch ausdrücken, dass diese Ungleich-

91 Die Argumentation geht letztlich zurück auf Sommer 1947: 63 und 52–53; zusammengefasst auch bei Strunk 1984: 144–146.

92 Rix 1986: 10.

93 Delbrück 1888: 302.

94 Tichy 2002: 195–196. Der Optativ betont als Kupitiv offenbar besonders den Parameter „benefit of the speaker" und drückt gleichzeitig eine geringere Verbindlichkeit aus.

heit durch Änderung der Welt aufgehoben wäre, dann handelt es sich zunächst um einen expressiven, kupitiven Sprechakt. Wird dieser Wunsch gegenüber einem Adressaten mit der Intention geäußert, diesen zu der betreffenden Welt-Änderung zu bewegen, kann bei entsprechendem Kontext ein direktiver Sprechakt vorliegen. Diese Potentialität hebt auch Huddleston (2002: 929) in seiner Definition von Direktiven hervor:

> a directive expresses a proposition representing a potential situation: realising or actualising that situation constitutes compliance with the directive.

Im anderen Fall beschränkt sich der Sprecher darauf, durch den Verweis auf die Nicht-Wirklichkeit der Proposition die bloße (theoretische) Möglichkeit einer solchen Angleichung zu konstatieren – dann handelt es sich um einen anderen Sprechakttyp.[95] Der Optativ steht also grundsätzlich für verschiedene Sprechakte zur Verfügung und überschneidet sich nur in einigen davon mit den bereits besprochenen Kategorien Imperativ und Konjunktiv. Dadurch wird erkennbar, dass ein Satztyp bzw. ein Modus nicht automatisch einem festen Sprechakt zugeordnet ist.

Der Überschneidungsbereich von Konjunktiv und Optativ bzgl. ihres Einsatzes in direktiven Sprechakten zeigt sich einzelsprachlich z. B. im Vedischen, wo der Optativ als eigene Moduskategorie neben dem Konjunktiv bewahrt ist und in einer partiellen Konkurrenz zu diesem steht. Im Falle des vedischen Konjunktivs betrifft dies dessen voluntative Verwendung, im Falle des Optativs dessen kupitive und präskriptive Funktion. Gemeinsame semantische Aspekte beider Bildungen, die sie für den Ausdruck von Direktiven verfügbar machen, sind die Anpassungsrichtung, der Sprecherwunsch sowie dessen Verwirklichung durch den Adressaten als illokutiver Zweck der Äußerung.[96] Im Griechischen ergibt sich, dank der nahezu vollkommen komplementären Zuständigkeitsverteilung Konjunktiv = Eventualis vs. Optativ = Fiktiv vs. Imperativ = Direktiv kaum ein vergleichbarer Überschneidungsbereich, in welchem sich die ererbten Kategorien mit der gemeinsamen semantischen Eigenschaft

95 I. d. R. steht der Optativ dann nicht in einer unabhängigen Proposition, sondern ist Teil eines Irrealis/Potentialis-Gefüges. Diese Neigung zur syntaktischen und pragmatischen Dependenz ist auch schon für den Konjunktiv festgestellt worden; sie unterscheidet diese beiden Modalkategorien von den Imperativen.

96 Es ist allerdings zu bemerken, dass der Optativ im R̥gveda bereits sehr eingeschränkt vorkommt und v. a. von bestimmten, besonders frequenten Wurzeln gebildet wird (*as-*, *dhā-*); noch seltener ist seine Verwendung in unabhängigen Sätzen. Eine entsprechende Statistik findet sich bei Baum 2006: 20; hier auch ein Index aller r̥gvedischen Imperativbelege.

TABELLE 10 Nicht-kanonische Direktive

	– direktiv	**+ direktiv**	**Fit**
Konjunktiv Optativ	prospektiv fiktiv	voluntativ kupitiv	Wort ≠ Welt
Ind. Präsens	*unbestimmt*	generisch-präskriptiv	Wort = Welt[a]

a Alternativ ist die Annahme möglich, dass dieser Parameter einfach nicht spezifiziert ist; dann wäre die Angabe freizulassen.

„Wort ≠ Welt“ überlappen. Mit dem Infinitiv ist hier eine weitere Kategorie als Direktivausdruck grammatikalisiert worden.[97]

6.4.1.5 Grammatische Kategorien und direktivische Prototypizität

Tabelle 10 umfasst verschiedene sekundäre oder nicht-kanonische Direktivausdrücke. Sie führt zunächst Optativ und Konjunktiv als Kategorien auf, denen die Entsprechung „Wort ≠ Welt“ gemeinsam ist und die davon ausgehend direktivisch oder nicht-direktivisch interpretierbar sind. Wie v.a. anhand der hethitischen Ritualtexte noch zu diskutieren sein wird (s.u. 6.8), können unter bestimmten Umständen auch Kategorien mit der Eigenschaft „Wort = Welt“ (oder diesbezüglicher Unspezifiziertheit) als direktive Sprechakte konventionalisiert werden.[98] Aus diesem Grund ist auch der Indikativ Präsens als noch weniger prototypische Direktiv-Kategorie in die Tabelle eingeordnet; diese Kategorie ist aufgrund ihrer Unbestimmtheit allgemein äußerst flexibel verwendbar.

Die direktivisch verwendbaren Kategorien der Grundsprache (die auf die ein oder andere Weise auch in einer Mehrzahl der Einzelsprachen fortgesetzt sind) lassen sich nach ihrer Prototypizität für diese Funktion auch relativ zueinander anordnen. Anhand der Übersicht ist bereits deutlich geworden, dass einige Moduskategorien prototypisch direktive Sprechakte repräsentieren, andere aber nur in ihrem Randbereich oder unter bestimmten Voraus-

97 Eine solche Entwicklung ist typologisch nicht selten und findet sich auch in modernen Sprachen, wie dem Deutschen. Zum direktivischen Infinitiv im Altgriechischen vgl. Denizot 2011 (v.a. Kapitel VII). Weitere gesonderte Entwicklungen des Griechischen betreffen den stark systematisierten Modusgebrauch im Bereich der Konditionalsätze; vgl. dazu Tichy 2006: 288–292; Hettrich 1992.

98 S. dazu auch die Charakterisierung „indirekter Direktive“ nach Searle 1975b und Denizot 2011: 420–439 für Indikativ Präsens und Futur des Griechischen in direktivischem Gebrauch.

setzungen. Dies erfordert ggf. eine stärkere kontextuelle Markierung oder entsprechende Inferenzziehungen seitens des Adressaten. Es liegt hinsichtlich des direktiven Wertes also eine Abstufung der sprachlichen Ausdrucksmöglichkeiten vor, in dem die formalen Imperative den prototypischen Kern darstellen. Modale Kategorien, die die gleiche Anpassungsrichtung aufweisen, sind grundsätzlich mit den Eigenschaften der Direktive vereinbar, da sie über das entsprechende Illokutionspotential verfügen. Sie können daher ebenfalls kontextuell oder konventionalisiert direktivisch verwendet werden. Insgesamt sind sie aber weniger prototypisch als formale Imperative.

Auf mögliche Überschneidungsbereiche zwischen den besprochenen morphologischen Direktiv-Ausdrücken und den semantischen und pragmatischen Nuancen, die zur bewussten Wahl der einen oder anderen Kategorie in einem bestimmten Kontext führen können, wird bei der Besprechung des Direktivspektrums der Ritualtexte (6.7 und 6.8) noch detaillierter eingegangen werden.

6.4.2 *Lexikalische Direktivausdrücke*

Neben den besprochenen grammatikalischen Kategorien treten auch lexikalische Ausdrücke zur Formulierung von direktiven Sprechakten auf. Deontische oder performativ direktivische Ausdrücke können z. B. als übergeordnete Matrixverben eines Satzgefüges stehen und die zu realisierende Proposition dann in eine abhängige Struktur verschieben (abhängige Infinitive, AcI oder AcP); in dieser Hinsicht drücken sie syntaktisch indirekte Direktive aus. Andererseits geben lexikalische Ausdrücke explizite Informationen über den Sprecherwunsch oder die Notwendigkeit der Realisierung dieser untergeordneten Proposition.[99]

Auch in der Terminologie nach Searle 1975b sind lexikalische Ausdrücke teilweise zu den indirekten Direktiven zu zählen; d. h. sie entsprechen formal den Kriterien eines anderen Sprechakttyps wie Frage oder Statement, besitzen aber dennoch die illokutionäre Kraft eines direktiven Aktes und sind als solcher *gemeint*:

> In such cases a sentence that contains the illocutionary force indicators for one kind of illocutionary act can be uttered to perform, IN ADDITION, another type of illocutionary act.[100]

---

99 In dieser Hinsicht verbinden sich lexikalische Direktive häufig mit dem Konjunktiv, so dass teilweise die gleichen oder ähnliche semanto-pragmatische Kontexte festzustellen sind.

100 Searle 1975b: 59 zur Charakteristik indirekter Sprechakte; Hervorhebungen im Original.

Dabei können sie als Assertive beispielsweise einen direktiven Akt explizit spezifizieren wie in „Ich will/wünsche, dass du das Fenster schließt", „Ich bitte Sie, darüber zu schweigen" u. a. Searle schlägt folgende Klassifikation indirekter Sprechakte mit direktiver Illokution vor. Sie basiert primär auf der jeweiligen semantischen Modifikation, welche lexikalisch expliziert und der Proposition übergeordnet wird:[101]

- die Fähigkeit des Adressaten, die Proposition p auszuführen (Du *kannst* das Fenster jetzt schließen! *Könntest* du mir das Salz reichen?)
- der Wunsch des Sprechers, dass der Adressat p ausführt (Ich *möchte*, dass du das Fenster schließt. Ich *wünschte*, du würdest nicht so sprechen.)
- Beschreibung des Adressaten beim Ausführen von p (konstatierend: Alle halten jetzt mal die Klappe!)[102] oder der Umstände des Ausführens (Stehen Sie *freundlicherweise* auf?)
- der Wille des Adressaten, p auszuführen (Sie *möchten* bitte Herrn xy zurückrufen. *Willst* du wohl dein Zimmer aufräumen?)
- Notwendigkeit/Gründe, p auszuführen (Es ist *nötig*, dass du …/Es *wäre besser*, wenn du …/Du *solltest* …)

Die letztgenannte Gruppe ist in der Regel besonders prädestiniert für unpersönliche deontische Ausdrücke, wie sie als lexikalische Direktivausdrücke gerade in Anweisungstexten zu erwarten sind – da hier der Sprecher als konkrete wollende Person nicht auftritt und die deaktualisierende Formulierung auch keinen konkreten, definiten Adressaten kennt.[103] Insgesamt lassen sich die meisten der erwähnten Ausdrücke dem Wunsch zuordnen, bei der Äußerung einer Anweisung „conventionally indirect" zu sein. Sie fallen damit ins Spektrum der *negative politeness strategies* nach Brown und Levinson: „In this way the utterance goes on record, and the speaker indicates his desire to have gone off record".[104]

Insgesamt stehen die von Searle beschriebenen Möglichkeiten indirekter Direktive auch in historischen Sprachstufen zur Verfügung und sind dort beobachtbar, wie Denizot für das Griechische mit geeigneten Beispielen demonstriert.[105] Der vorliegende Untersuchungsgegenstand legt allerdings eine Kon-

---

101 Searle 1975b: 65–66 und 78–81, zitiert auch bei Denizot 2011: 440–441.

102 Hier ist nicht notwendigerweise mit einem übergeordneten lexikalischen Ausdruck zu rechnen.

103 Sie kann nach Searle auch indirekte Direktive enthalten, die nur in einem gegebenen Kontext entsprechend verstanden werden können, wie z. B. „Du stehst auf meinem Fuß" oder „Hier stinkt's". Solche Statements stellen nach der hier vertretenen Auffassung *implizite Direktive* dar und werden als rein pragmatische Mittel behandelt.

104 Brown/Levinson ^{2}1987: 132. S. noch ausführlicher unter 6.5.

105 Denizot 2011: 441.

zentration auf die Gruppe der deontischen Ausdrücke der Notwendigkeit oder des Grundes nahe. Diesen Ausdrücken, ihrer direktivischen Verwendung in indirekten Sprechakten und den Möglichkeiten der Abgrenzung vom Imperativ, widmet Bolkestein (1980) eine eingehende Untersuchung. Sie analysiert die lateinischen deontischen Modalausdrücke *oportet, opus est, necesse est* sowie die Gerundiv-Konstruktion, welche alle in der hier beschriebenen Funktion mit direktivischer Illokution eingesetzt werden können. Dabei zeigt sie deutlich, dass der Überschneidungsbereich mit dem Imperativ nur einen Teil des vollständigen Bedeutungsspektrums deontischer Ausdrücke ausmacht und dass diese in zahlreichen Kontexten verwendet werden können, die den Imperativ ausschließen.[106] Bolkestein vertritt daher die Auffassung, dass zwischen Imperativ und deontischem Ausdruck aufgrund semantischer Restriktionen keine grundsätzliche Austauschbarkeit besteht (und dass damit keine identische Tiefenstruktur anzunehmen ist). Deontische Ausdrücke stellen somit auch im Lateinischen *non-canonical imperatives* (mit Aikhenvald 2010) dar, die nur unter bestimmten Voraussetzungen oder in bestimmten Kontexten als Direktivausdrücke gelten können. Sie kommen besonders dann zum Einsatz, wenn der direkte Imperativ aus semantischen Gründen defavorisiert wird oder den vorliegenden pragmatischen Anforderungen nicht entspricht. Die größere Indirektheit der deontischen Ausdrücke im Vergleich zu den Imperativformen lässt sich laut Bolkestein noch in Abstufungen differenzieren, die auch durch die Wahl eines bestimmten Modalausdrucks wiedergegeben werden können. Sie unterscheidet zwischen *indirect, hidden* und *remote illocutionary force*,[107] welche in Korrespondenz mit den jeweils charakteristischen semantischen Mustern und syntaktischen Strukturen[108] bestimmte Modalausdrücke bevorzugen können. Damit stellt Bolkestein erstens eine Nicht-Austauschbarkeit dieser Ausdrücke gegeneinander fest und zweitens einen unmittelbaren Zusammenhang mit dem Grad von Höflichkeit oder Indirektheit, den sie repräsentieren.

Die Einsetzbarkeit lexikalischer Direktivausdrücke ist also stark von der jeweiligen Kommunikationssituation abhängig: In Dialogen und direkter Rede können sie zum expliziten Ausdruck des Sprecherwillens eingesetzt werden, wohingegen sie in Texten ohne konkreten, definiten Sprecher, wie Regelwer-

---

106 Vgl. Bolkestein 1980: 36–47. Dies betrifft u.a. Propositionen im Passiv oder solche über die das Subjekt keine Kontrolle besitzt (39–40), Kookkurrenz mit modalen Spezifizierungen (40–42) oder komplexe Strukturen, in denen Präsuppositionen über den Wahrheitsgehalt der Proposition integriert sind (42–43).

107 Bolkestein 1980: 77–79.

108 Z.B. one/two-place structure, raised subject, subject [+hum.]; Bolkestein 1980: 79.

ken und Instruktionen, weniger zu erwarten sind. Des Weiteren erscheinen lexikalisch basierte Direktivausdrücke in einigen Fällen durch ihre formale Indirektheit als höflicher im Vergleich zu morphologischen Direktiven. Sie können daher auch in Kommunikationskontexten bevorzugt werden, welche eine Abmilderung der direktiven Illokution nahelegen.[109]

Inwieweit lexikalische Ausdrücke in Ritualanweisungen (und überhaupt in Anweisungstexten) verwendet werden und ob dort die gleichen pragmatischen Faktoren eine Rolle spielen, erscheint in diesem Zusammenhang als besonders interessante Fragestellung (s. dazu u. 6.7.2).

6.4.3 *Pragmatische Direktivausdrücke*

Sprachliche Ausdrucksmittel, welche nur unter bestimmten Voraussetzungen als Direktive interpretierbar sind, lassen sich als pragmatische Direktive bezeichnen; sie umfassen v.a. implizite Direktive sowie einige der indirekten Direktive nach Searle 1975b (s.o. S. 184).

Ausdrücke, welche einen spezifischen Kontext und die Einbindung in eine konkrete Situation voraussetzen, sind in allgemeingültigen Texten nicht häufig zu erwarten, wodurch das Spektrum derartiger Direktivausdrücke in Ritualinstruktionen begrenzt sein dürfte. Andererseits können im Rahmen von Fachkommunikation durchaus stark verkürzte Strukturen auftreten, welche z.B. Implikaturen auf Basis von Spezialwissen beinhalten (im Sinne ökonomischer Direktivausdrücke). Der Kontext, auf den die Direktive bezogen sind (d.h. die Ritualhandlungen), ist zwar deaktualisiert und die Adressaten der Anweisungen sind nicht konkret oder spezifisch; ihre explizite funktionale Bestimmung als Priester setzt aber das entsprechende praktische Wissen über die betreffenden Handlungen voraus. Die meisten altindogermanischen Sprachen stellen z.B. durch infinite Formen wie Partizipien oder nicht-kategoriale Verbaladjektive und Verbalnomina sprachliche Strategien zur Kondensierung oder Einbettung einer Proposition zur Verfügung. Oft geht dabei eine gewisse Menge verbaler Informationen verloren. Partizipien drücken bspw. Temporalität nur relativ aus; syntaktische Rollen können nur durch adnominale Kasus (meist Genitiv) und daher undifferenziert kodiert werden. Die Kategorie *Modus* als zentrale Information in direktiven Sprechakten ist in indogermanischen Sprachen nur in wenigen Fällen in Verbaladjektiven angelegt.[110] Partizipialkonstruktionen

---

109 Die Auffassung, dass längere und komplexere sprachliche Ausdrücke als höflichere Direktive zu verstehen sind, korreliert mit dem Prinzip der Ikonizität und wird z.B. bzgl. nichtkanonischer Formen des italienischen Imperativparadigmas von Aikhenvald (2010: 59) vertreten: „(…) the more polite, the longer and the more elaborate the form".

110 Ein Beispiel hierfür sind sog. nezessitative Partizipien wie das lateinische Gerundivum.

können aber durch den Ausdruck oder die Präsupposition zeitlichen Nacheinanders als pragmatische Direktivausdrücke verstanden werden. Durch diese Strategie kann u.U. eine starke Kondensierung (auch von Direktiven) erzielt werden, die den ökonomischen Anforderungen an Fachtexte entspricht.[111] Zu bemerken ist aber auch, dass pragmatische oder implizite Direktive eine maximale Abmilderung darstellen können, indem sie auf eine overte Charakterisierung als Anweisungen verzichten. In diesem Sinne könnten sie grundsätzlich auch als Höflichkeitsstrategien eingesetzt werden.

Pragmatische Mittel zum Ausdruck von direktiven Sprechakten sind eine weitaus offenere Klasse als die im Inventar einer Sprache fest angelegten morphologischen Möglichkeiten und stellen auch eine Erweiterung im Vergleich zu lexikalischen Ausdrücken dar. Gerade weil sie ein größeres Vorwissen und eine erhöhte Kontextsensitivität voraussetzen, können sie in historischen Textzeugnissen nicht immer erfasst oder definitiv beurteilt werden. Dies soll im Rahmen der Möglichkeiten dennoch versucht werden, wobei ein besonderes Augenmerk auf die erwähnten Faktoren der fachspezifischen Ökonomie und der Höflichkeit gelegt wird.

6.5 Direktive Sprechakte und *politeness theory*

Bei der Beschreibung und pragmatischen Charakterisierung direktiver Sprechakte stößt man immer wieder auf die offenbar zusammenhängenden Begriffe „Höflichkeit" und „Indirektheit" (z.B. schon Searle 1975b und s.o. S. 205). Das Konzept sprachlicher Höflichkeit (oder *politeness*) soll daher kurz umrissen werden, um Aspekte herauszustellen, die ggf. für die weitere Diskussion relevant sein können. Nach Brown und Levinson ²1987 ist zunächst eine grundsätzliche Unterscheidung in *negative* und *positive face* und damit korrelierend *negative* und *positive politeness* vorzunehmen.[112] Der Begriff *face* repräsentiert ein abstraktes Konzept, welches zuerst von Goffmann (1967) im vorliegenden Sinne eingeführt wurde. Nach Brown/Levinson bezeichnet er

Diese sind morphologisch overt als Direktivausdrücke erkennbar (meist in Verbindung mit entsprechenden prädikativen Konstruktionen) und daher nicht den pragmatischen Ausdrucksmitteln zuzuordnen.

111 Bzgl. der hethitischen Ritualtexte wurde die Erzeugung eines Nominalstils durch die Verwendung von Partizipien bereits von Rieken (2011: 208) konstatiert. Die funktionale Bestimmung als Direktive kann dies noch spezifizieren.

112 Für zahlreiche Termini dieses Bereichs existieren keine adäquaten deutschen Entsprechungen; daher werden vorwiegend die Originalbegriffe verwendet.

> the public self-image that every member [of a society T.R.] wants to claim for himself, consisting in two related aspects
> a) negative face: freedom of action and freedom from imposition
> b) positive face: the positive consistent self-image (including the desire that this self-image be appreciated and approved of)[113]

Der Wunsch nach Nicht-Beeinträchtigung der eigenen Person ist in Bezug auf die Formulierung von direktiven Sprechakten besonders relevant. Sie stellen inhärent ein Eindringen in die persönliche Willensfreiheit und damit eine Beeinträchtigung des *negative face* ihres Adressaten dar, da sie ihm die Realisierung des Sprecherwunschs auferlegen. Gleichzeitig stellen sie auch für das *positive face* des Sprechers eine potentielle Bedrohung dar. Der Wunsch, die Beeinträchtigung des Adressaten zu minimieren, zu verschleiern oder ihm wenigstens den Eindruck zu vermitteln, die Realisierung des Direktivs obliege seiner eigenen Entscheidung, ist daher u. U. ein wichtiger Faktor bei der Wahl der sprachlichen Mittel. Der Urheber eines direktiven Aktes steht also verschiedenen pragmatisch-kommunikativen Anforderungen gegenüber, die er je nach Kontextbedingungen, kulturellen Konventionen und persönlicher Einschätzung zu berücksichtigen hat. Das „Gewicht" (*weightiness*) der durch den direktiven Akt auf den Adressaten ausgeübten Bedrohung und die Wahl einer geeigneten Strategie werden zunächst von soziologischen Faktoren determiniert.[114] Anhand der Gewichtung dieser Kriterien stehen einem Sprecher verschiedene *negative politeness strategies* zur Verfügung, d. h. Möglichkeiten, wie er einen gesichtsbedrohenden Akt vollziehen, aber gleichzeitig den Wunsch des Adressaten nach Nicht-Beeinträchtigung berücksichtigen kann. Sie sind von Brown und Levinson zu einem Schema zusammengestellt worden, das hier in Abbildung 14 wiedergegeben ist.[115]

So kann beispielsweise die Wahl eines (syntaktisch oder pragmatisch) indirekten Sprechakts unter Einsatz eines lexikalischen Direktivausdrucks u. a. mit einem Wunsch nach Höflichkeit begründet werden; dies wurde bereits weiter oben (S. 205) festgestellt.[116] In Abbildung 14 steht diese Strategie der Indirekt-

113 Brown/Levinson ²1987: 61.

114 D (*social distance between H and S*), P (*relative power of H over S*) und R (*ranking of the imposition involved*); Brown/Levinson ²1987: 15–17 mit Verweis auf die weitere Diskussion dieser Faktoren.

115 Brown/Levinson ²1987: 131.

116 Dabei spielen die indirekten Sprechakte eine bedeutende Rolle, die sogar universal anzuerkennen ist: In jeder Sprechergemeinschaft existieren Ausdrucksformen, welche zunächst keine formalen Direktive sind, aber unmissverständlich als solche konventiona-

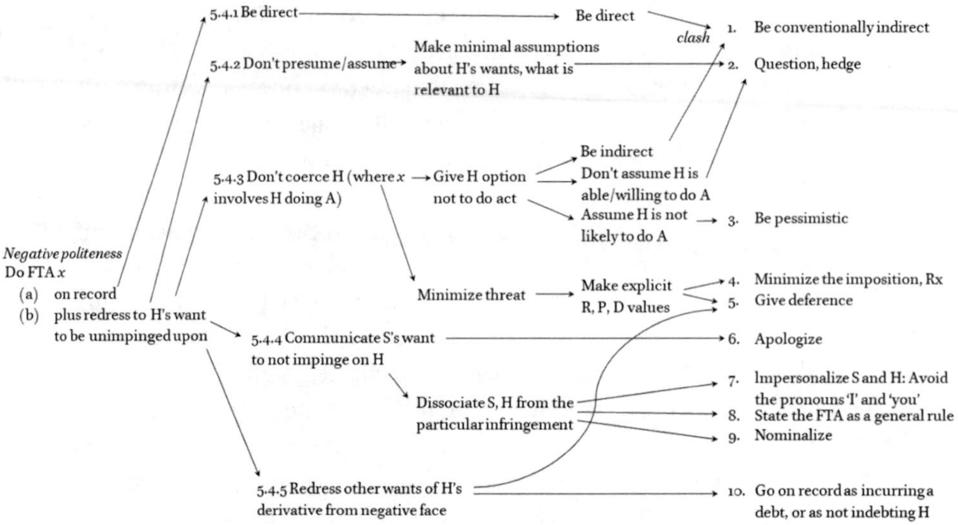

ABB. 14 *Negative politeness strategies* (nach Brown/Levinson ^{2}1987: 131)

heit neben verschiedenen weiteren Alternativen, wie z. B. *hedges* bzw. Heckenausdrücken.[117] Die Strategien haben dabei die gemeinsame Eigenschaft, dass dem Adressaten durch sie auf sprachlicher Ebene ein Ausweg oder eine Möglichkeit gewährt wird, sich der geäußerten Bedrohung zu entziehen.[118] Interessant sind für unsere Fragestellungen auch solche Ausdrucksmöglichkeiten, die personelle Direktheit und situative Konkretisierung vermeiden (Punkte 7.–9. in Abbildung 14). Geeignete Beispiele hierfür sind etwa „Es ist zu folgenden Mitteln zu greifen", „Eine Evakuierung des Gebäudes ist angeraten" usw. Ein Beispiel im Umbrischen ist der aus dem Paradigma von *her-* lexikalisierte deontische Ausdruck *herter*, wörtlich „es wird gewollt", der verschiedenen Strategien entspricht: Einerseits dient das Lexem zur Formulierung indirekter Sprechakte mit Unterordnung der Proposition, andererseits wird die deontische Bedeutung depersonalisiert und passivisch versprachlicht. Ein weiterer semantischer Effekt, der sich aus diesen Eigenschaften ergibt, ist die Markierung des Direktivs als allgemeingültig oder universal.

---

lisiert wurden. Brown/Levinson (^{2}1987) besprechen neben englischen Belegen auch Höflichkeitsstrategien im Tamil und Tzeltal.

117 Zur Definition von *hedges* und ihrer Abgrenzung von echten Bedingungen s. u. 7.6.1.

118 Dieser Ausweg muss dabei nicht tatsächlich bestehen, sondern kann auch nur suggeriert und damit fiktiv sein. Dennoch macht auch in einem solchen Fall der Sprecher seinen Wunsch deutlich, die sozialen Bedürfnisse des Adressaten nicht zu verletzen.

Derartige Mittel können so einerseits *face* von Sprecher und Adressat aus der sprachlichen Angriffsfläche nehmen. Sie bieten sich aber auch für Texte oder Diskurse an, die aus funktionalen Gründen ohne konkret-definite Sprecher und Adressaten konzipiert sind.[119] Damit dürfte es zusammenhängen, dass Depersonalisierungsstrategien häufig als Charakteristika für Fachtexte und allgemeingültige Instruktionen bestimmt werden. Es stellt sich angesichts der unterschiedlichen Faktoren die Frage, ob Höflichkeitsmaximen in Ritualvorschriften eine Rolle spielen oder ob impersonale Direktivausdrücke, gerade in Abgrenzungen zu direkten, morphologischen Direktiven, anders motiviert sind. Dies wird besonders in Bezug auf die verschiedenen Direktivausdrücke der Iguvinischen Tafeln weiter unten (6.7.1.4) noch aufgegriffen.

6.6 Direktivausdrücke und Fachtextsorten

Bei der Untersuchung moderner Fachtexte wurden Faktoren wie Verteilung und Frequenz bestimmter Sprechakttypen mit der Charakterisierung und Konstitution von Fachtextsorten in Zusammenhang gebracht.[120] Anhand einer Analyse der Verteilung von direktiven und informierenden Sprechakten bzw. imperativischen und assertiven Satztypen in englischen und deutschen Fachtexten aus dem technischen Bereich, zeigt z.B. Göpferich (1995; 1996), dass sich diese Kriterien für eine grundlegende Textsortendifferenzierung anbieten. Ihre statistischen Auswertungen lassen eine eindeutige Zuordnung der höchsten Frequenz von direktiven Sprechakten zu „Mensch/Technik-interaktionsbasierten Texten“ zu, also Werkstatthandbüchern sowie Betriebs- und Bedienungsanleitungen für die Handhabung technischer Geräte. Die betreffenden Texte enthalten ausschließlich Anweisungen, welche nicht in erklärende Kotexte eingebettet sind oder auch nur durch informierende Passagen strukturiert werden. Das bedeutet, dass sie eine genaue Kenntnis des Kontextes, der relevanten Elemente und Abläufe bei den Adressaten bereits voraussetzen und daher auf die Klärung solcher Rahmenbedingungen verzichten können. Informierende Passagen in größerem Umfang sind aufgrund des stark eingegrenzten und spezialisierten Adressatenkreises schlicht nicht notwendig; sie würden im Gegenteil eher den ökonomischen Anforderungen widersprechen. Die charakteristische Verteilung der Sprechakte in den verschiedenen

---

119 Einige der Strategien, wie 3. *be pessimistic*, 4. *minimize the imposition* oder 6. *apologize* sind aus diesem Grund in den Ritualanweisungen grundsätzlich nicht zu erwarten.

120 Zu Fachtexten und Fachtextsorten s.o. Kapitel 2.

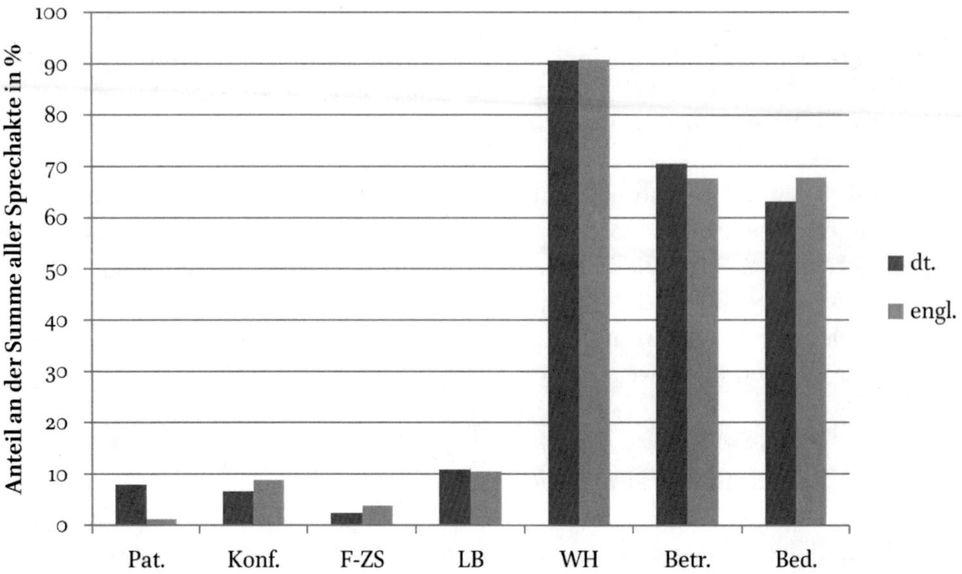

ABB. 15 Direktive in Fachtexten

deutschen (schwarz) und englischen (grau) Fachtextsorten ist der Graphik (Abb. 15) zu entnehmen, welche den Prozentanteil direktiver Sprechakte auf der vertikalen Achse abbildet.[121]

Die höchsten Anteile an direktiven Sprechakten liegen bei Werkstatthandbüchern (WH; sogar um die 90 %), Betriebsanleitungen (Betr.) und Bedienungsanleitungen (Bed.) vor. Diese heben sich stark von allen weiteren analysierten Textsorten ab, wie in der Graphik deutlich zu sehen ist. Der Grund für diese pragmatische Differenzierung liegt nach Göpferich v.a. in der unterschiedlichen Adressierung: Lehrbücher (LB) richten sich an Amateure oder Laien; aber auch Fachzeitschriften (F-ZS), Patentschriften (Pat.) und Konferenzakten (Konf.) besitzen zumindest stark inhomogene Adressatengruppen, so dass ein größeres Adressatenspektrum erreicht werden muss. Dieser Anforderung kann durch das verstärkte Einfügen informierender Passagen nachgekommen werden; auch die Einführung terminologischer Details ist dann vielfach notwendig, um unter einer uneinheitlichen Adressatengruppe zunächst einen gemeinsamen Kenntnisstand zu etablieren. Derartige Techniken bewirken gesamtstatistisch gesehen eine Reduktion des Anteils direktiver Sprechakte. Göpferich (1996) zieht daraus die Schlussfolgerung, dass diejenigen Textsorten mit der höchsten Direktiv-Frequenz gleichzeitig über das größte Maß an Tech-

121 Vgl. Göpferich 1996: 71.

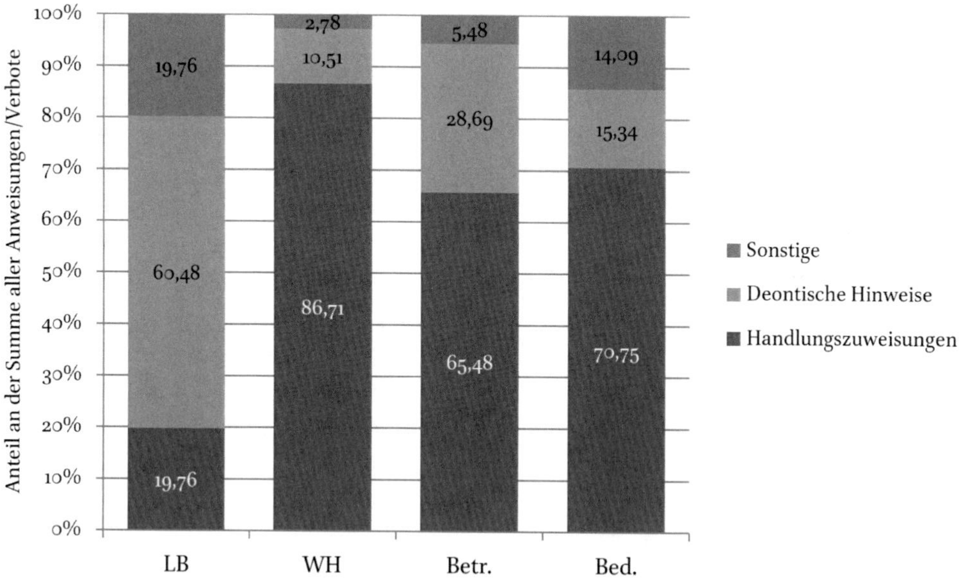

ABB. 16 Direktivtypen in Fachtexten

nizität verfügen: Sie müssen Fachkenntnisse nicht selbst vermitteln, sondern setzen diese voraus. Das Aufkommen direktiver Sprechakte (in Relation zu informierenden) wäre somit ein möglicher Indikator für den Grad an Fachlichkeit und ein mögliches pragmatisches Kriterium für die Klassifikation von Fachsprachlichkeit. Es ist allerdings anzumerken, dass nicht nur die Adressaten eines Textes bzw. ihr Spezialisierungsgrad, sondern auch die Funktion und der Verwendungszweck eines Textes die Häufigkeit von Direktiven bedingen. In dieser Hinsicht besitzen einige der von Göpferich berücksichtigten Textgruppen recht unterschiedliche Grundvoraussetzungen; die Vergleichbarkeit von Patentschriften und Werkstatthandbüchern scheint bspw. aus diesen Gründen eingeschränkt. Dennoch ist innerhalb von funktional enger verwandten Texten die Ausrichtung auf die jeweiligen Adressaten ein relevanter Parameter der Gestaltung.

Ein weiteres Resultat lässt sich anhand von Abbildung 16 erläutern, in der die direktiven Sprechakte eines Textes nach ihren sprachlichen Ausdrucksmitteln in Subtypen differenziert und anteilig aufgeführt sind. Unterschieden werden „Handlungszuweisungen“, „deontische Hinweise“ und „Sonstige“.[122]

122 Vgl. Göpferich 1996: 76.

TABELLE 11 Aufschlüsselung der Direktive in Fachtexten

	Lehrbuch		Werkstatt-handbuch		Betriebs-anleitung		Bedienungs-anleitung	
Anweisen/Verbieten (pro Direktiva insgesamt)	248	92,19%	1151	98,63%	1628	86,78%	717	88,52%
Handlungszuweisungen	49	19,76%	998	86,71%	1066	65,48%	506	70,57%
(1) Imperativ	0		0		88	5,41%	77	10,74%
(2) imperativischer Inf.	49	19,76%	998	86,71%	978	60,07%	428	59,69%
(3) man + Konjunktiv I	0		0		0		1	0,14%
Deontische Hinweise	150	60,48%	121	10,51%	467	28,69%	110	15,34%
(4) müssen/brauchen	76	30,66%	41	3,56%	178	10,93%	33	4,60%
(5) sein/haben zu + Inf.	44	17,74%	47	4,08%	107	6,57%	37	5,16%
(6) ist geboten	0		0		2	0,12%	0	
(7) sollen	5	2,02%	5	0,43%	20	1,23%	9	1,26%
(8) nicht dürfen	9	3,63%	11	0,96%	75	4,61%	9	1,26%
(9) nur/erst/max. dürfen	6	2,42%	8	0,70%	35	2,15%	11	1,53%
(10) es ist erforderlich/ nötig etc.	7	2,82%	9	0,78%	33	2,03%	11	1,53%
(11) benötigen, erfordern	2	0,81%	0		12	0,74%	0	
(12) (es) ist nicht/nur zulässig/erlaubt etc.	1	0,40%	0		5	0,31%	0	

Daran ist ablesbar, wie häufig die verschiedenen Direktivtypen in einigen (besser vergleichbaren) Fachtextsorten[123] auftreten. „Handlungszuweisungen" (schwarz) entsprechen dabei wenig maskierten oder abgemilderten sprachlichen Ausdrücken, typischerweise kanonische Imperativformen.[124] „Deontische Hinweise" (hellgrau) bezeichnen eine pragmatisch oder syntaktisch weniger direkte Klasse von Direktivausdrücken, die aufgrund der Eigenschaften pragmatischer und lexikalischer Direktive verschiedenen Höflichkeitsstrategien entsprechen.[125] Eine Aufschlüsselung der Direktive anhand dieser Unterteilung ist in Tabelle 11 dargestellt.[126]

123 Allerdings sind zwischen Lehrbüchern und praktischen Anweisungstexten wiederum Unterschiede oder Abstufungen hinsichtlich Funktion und Einsatz festzustellen, die nicht nur anhand der unterschiedlichen Adressaten erklärt werden können. Dieser Umstand ist bei einer Verwendung von Göpferichs Ergebnissen ggf. stärker zu berücksichtigen.

124 Nach Hindelang (1978: 159–160) „Ausdrücke, die syntaktisch als Imperativsätze zu analysieren sind (…) und alle Kommandoausdrücke"; vgl. Göpferich 1996: 70.

125 Nach Hindelang (1978: 157) „Ausdrucksformen, die für den Leser bestehende Notwendigkeiten und Obligationen zum Ausdruck bringen", typischerweise durch Modalverben und vergleichbare Ausdrücke; vgl. Göpferich 1996: 70.

126 Göpferich 1996: 77; die Aufschlüsselung bezieht sich auf die Kategorien und Zahlen des Diagramms in Abb. 16.

Mithilfe dieser Aufschlüsselung der direktiven Sprechakte nach sprachlichen Mitteln zeigt Göpferich, dass nicht nur die Menge der Direktive pro Text, sondern auch die Anteiligkeit der verschiedenen Typen relevant für den Grad der (sprachlichen) Technizität ist.

Diese Resultate sollen auch mit Hinblick auf die untersuchten Ritualtexte in Betracht gezogen werden. Es wird zu prüfen sein, ob sie dazu beitragen können, diese Texte anhand sprechakt-pragmatischer Gesichtspunkte zu differenzieren.

6.7 Direktivausdrücke in den Iguvinischen Tafeln

Auf den Iguvinischen Tafeln[127] (IT) sind Texte überliefert, die innerhalb der Gemeinschaft der atiedischen Brüder Anweisungen zur korrekten Durchführung verschiedener Rituale geben. Sie sind somit für eine Evaluation von Direktiven als fachsprachlich relevante Kategorie geeignet – auch aufgrund der Tatsache, dass sie ein durchaus vielschichtiges Spektrum an sprachlichen Mitteln zum Ausdruck von Direktiven aufweisen.

6.7.1 *Morphologische Direktive in den IT*

Die Tabellen 12 und 13 geben zunächst anhand von ausgewählten Beispielen[128] eine Übersicht über den Formenbestand der Iguvinischen Tafeln. Im Folgenden werden die einzelnen Kategorien dann nach ihrer direktivischen Funktion und Verwendungsweise im Detail und anhand von Beispielen im Kontext besprochen.

6.7.1.1 Imperativ I

Die Formen des Imperativ I sind in den IT am seltensten vertreten und beschränken sich auf zehn Belege (drei im Singular, sieben im Plural), über deren Beurteilung weitgehend Übereinstimmung besteht:

127 Ausführlich zur Beschreibung und Datierung in Kapitel 5. Im Folgenden als IT abgekürzt.

128 Belege im epichorischen Alphabet fett; im lateinischen Alphabet kursiv; s. zur Verteilung der Alphabete und der Bedeutung für die Datierung der einzelnen Tafeln unter 5.3.

TABELLE 12 Imperative in den IT

	Imperativ I		Imperativ II	
	Aktiv	**Medio-Passiv**	**Aktiv**	**Medio-Passiv**
2.Sg.	*aserio, stiplo*		**fertu, stahitu, purtuvitu,** *naratu, habitu*	**persnimu, amparihmu,** *spahamu*
3.Sg.				
2.Pl.	**etatu**	**kateramu,** *arsmahamo*	**fertuta, habetutu, ustentuta,** *aituta stahituto*	*persnimumo*
3.Pl.				

TABELLE 13 Konjunktive in den IT

	Konjunktiv Präsens	
	Aktiv	**Medio-Passiv**
1.Sg.	*aseriaia*	/
2.Sg.	*sir /si /sei*	/
3.Sg.	**teřa, façia,** *portaia, si /se*	*ferar*
3.Pl.	*dirsans,* **sis** */sins*	**emantur, terkantur,** *tursiandu*

(35) IT VIa 2

stiplo aseriaia. parfa. dersua. curnaco dersua (…)

„Vereinbare (mit mir),[129] dass ich eine *parra* auf der rechten Seite, eine Krähe auf der rechten Seite (…) beobachte!“[130]

129 Zur Bedeutung von *stiplo* (Impv. I) bzw. *stiplatu* (Impv. II) vgl. Prosdocimi 1978: 687 und 757–758 sowie Sisani 2001: 142–144 und 172.

130 Vgl. Poultney 1959: 118; 232. Bei *parfa* handelt es sich um einen nicht näher bestimmbaren Auguralvogel mit einer Entsprechung in lat. *parra* (s. Untermann 2000: 513–514 mit Vorschlägen); das Lexem *desua* bedeutet wohl „rechts seiend“ und ist auf **deḱs-u̯o-* zurückzuführen (Untermann 2000: 170–171).

(36) IT VIa 4
ef. aserio. parfa. dersua. curnaco. dersua (…)
„Geh, beobachte eine *parra* auf der rechten Seite, eine Krähe auf der rechten Seite (…)."

Es fällt auf, dass die drei Singularformen in aufeinander bezogenen Äußerungen innerhalb ein und derselben Passage der längeren Version des *piaculum* auftreten. Somit liegen jeweils identische pragmatische Bedingungen vor. Zu bemerken ist dabei noch, dass die Form *ef* „geh!" von Lejeune (1968: 113) als bereits zur Interjektion erstarrter Imperativ beurteilt wird.[131] Darauf deutet zum einen die syntaktische Stellung vor einer weiteren finiten Verbform (ebenfalls im Imperativ I) hin,[132] zum anderen ist auf inhaltlicher Ebene nicht eindeutig, dass an diesem Punkt des Ablaufs überhaupt ein tatsächlicher Ortwechsel stattfindet.

Bei den beiden anderen Formen, *stiplo* und *aserio*, handelt es sich um tatsächliche Imperative, deren unmittelbare Umsetzung für den Ablauf des Rituals notwendig ist. Sie geben Anweisungen wieder, welche die Ritualhandelnden (Priester/Vogelschauer) einander während der Vorbereitung des *piaculum* geben sollen, also um Befehle in direkter Rede, die geäußert werden müssen und selbst regulär zum rituellen Prozedere der Vogelschau gehören.

Die gleiche Funktion wird auch durch die sieben Pluralformen repräsentiert,[133] die ebenfalls einem zusammengehörigen Textabschnitt (einer kohärenten Phase der *lustratio*) angehören und hier vom durchführenden Priester an die Ritualteilnehmer gerichtet werden:

(37) IT Ib 19–20[134]
armanu : kateramu : ikuvinu
„Beteiligt euch am Ritual[135] und stellt euch (geordnet) auf[136], Männer von Iguvium!"

131 Vgl. die bekannten Parallelen wie frz. „allons!" bayerisch dialekt. „geh zua!" oder, worauf Lejeune (1968: 113) verweist, lat. *„agedum!"*.

132 Dies könnte andererseits auch als Hinweis auf eine seriale Konstruktion verstanden werden; dies ist für Formen des Imperativ II möglicherweise in IV 20 (**etu : veltu**) belegt.

133 Vgl. dazu Cowgill 1987: 82.

134 Mit der Parallelstelle *arsmahamo. caterahamo* in VIb 56.

135 Wenn das Verb wie auch seine nominale Ableitungsbasis *arsmor* mit **ado-* „rituelle Ordnung" zusammenzustellen sind; vgl. dazu Weiss 2010: 290 (im Kontext der Diskussion von **ařepes**); Untermann 2000: 122. Das gemeinte Ritual wäre in diesem Fall die *lustratio*.

136 Mit dieser nicht allgemein akzeptierten Interpretation von *caterahamo* folgt Poultney

(38) IT Ib 20 und 21 (2×)[137]
etatu : ikuvinus
„Geht, Männer von Iguvium!"

In dieser Situation wendet sich der Priester direkt an die Männer des Stadtstaates, die am Ritual beteiligt sind. Seine Anordnungen sind, wie die Belege im Singular, Teil des Rituals und von den Adressaten unmittelbar zu befolgen. Sie alle gehören ein und derselben Passage an und beziehen sich auf eine zusammengehörige Phase des betreffenden Rituals.

Die Gruppe der Belege des Imperativ I ist also hinsichtlich ihrer Rahmenbedingungen äußerst homogen und damit problemlos als einheitlicher Direktivtyp zu charakterisieren. Die Rahmenbedingungen entsprechen völlig den bereits oben besprochenen (6.4.1.1) Eigenschaften des Imperativ I: Es liegt jeweils eine typische *face-to-face*-Situation vor und die Anweisungen sind in der betreffenden Situation als direkte Rede an ein notwendigerweise konkretes und spezifisches Gegenüber gerichtet. Die semantische Haupteigenschaft der zeitlichen (und nicht-konditionierten) Unmittelbarkeit ist ebenfalls als gegeben vorauszusetzen, da die Erfüllung der Anweisungen eine Voraussetzung für die korrekte Fortsetzung der rituellen Handlungen darstellt. Diese Charakterisierung erklärt zugleich den Gebrauch des Imperativ I in den betreffenden Passagen wie auch die insgesamt niedrige Frequenz des Typs in den IT insgesamt: Schließlich sind die Gelegenheiten, in denen eine unmittelbare Umsetzung des Befohlenen in Frage kommt, auf die direkte Kommunikation zwischen den Teilnehmern am Ritual begrenzt. Nur hier sind Sender und Empfänger zur gleichen Zeit am gleichen Ort, so dass die äußerlichen Voraussetzungen für besagte Unmittelbarkeit gegeben sind.

In den direktiven Sprechakten, die als Bitten – und ebenfalls in direkter Rede, in Form von Gebeten – an die Götter gerichtet werden, wird in den IT hingegen nicht der Imperativ I, sondern ausschließlich der Imperativ II gebraucht. Dies ist wohl damit zu erklären, dass nicht mit einer unmittelbaren Umsetzung der Propositionen zu rechnen ist; außerdem wird die Kommunikationssituation wohl nicht als kontingent i.S.v. *face-to-face* empfunden (s. dazu unten 7.1). Eine Verwendung des Imperativ II als höflichere Form kann anhand des Vergleichs mit den lateinischen Konventionen des Bittens wohl ausgeschlossen werden.[138]

(1959: 276) Buecheler (1883: 98) im Anschluss des Verbs an lat. *caterva* „Schar"; s. Untermann 2000: 376 für Probleme dieses Ansatzes und abweichende Vorschläge.

137 Mit der Parallelstelle *etato* in VIb 63.

138 Vgl. Dickey 2012 und s. o. S. 190.

Diese eingeschränkte Verwendbarkeit des Imperativ I ist ebenso in vergleichbaren Texten lateinischer Sprache festzustellen: In Catos Handbuch zum Landbau, in sakralen Gesetzen oder anderen juridischen Vorschriften der archaischen Periode finden sich ebenfalls äußerst selten Anweisungen im Imperativ I, abgesehen von einzelnen Verwendungen mit Bezug auf direkte Kommunikation, wie:

(39) Cato *Agr.* 141,1
Impera suovitaurilia circumagi: ,Cum divis volentibus quodque bene eveniat mando tibi, Mani, uti (...)'
„Befiehl, dass die *suovetaurilia* herumgeführt werden (mit folgenden Worten): ,Mit dem Wohlwollen der Götter und dass es günstig gelinge, weise ich dich an, Manius, dass du (...)'."

Der Beleg ist auffällig, weil *impera* Teil der Ritualanweisung ist und eben nicht vom Gutsbesitzer im Ritual ausgesprochen wird. Es wird durch ihn aber auf diese direkte Kommunikation zwischen den Ritualhandelnden verwiesen, die danach in direkter Rede folgt; vielleicht hat dieser Kontext die Wahl in irgendeiner Form beeinflusst.

6.7.1.2 Imperativ II

Der Imperativ II ist in einer enormen Frequenz in den IT vertreten (596 von ca. 4400 Wortformen), stellt also die größte Zahl aller Verbformen. Dabei ist die häufigste Form diejenige auf **-tu**, die sich (wie im Lateinischen) auf die 2. oder 3.Sg. Aktiv beziehen kann. Eindeutigkeit wird i.d.R. nur durch finite Verbformen, meist subordinierte Propositionen im Futur II, oder durch den Kontext erzielt. Einige Male liegen auch Formen der 2./3.Pl. auf **-tutu**, **-tuta** und *-tuto* vor. Daneben existieren weniger Belege der 2./3.Sg. und Pl. des Mediums (auf **-mu** und *-mumo*). Einerseits wird der Imperativ II für die Formulierung der Ritualvorschriften gewählt, andererseits wird er auch in den enthaltenen Gebeten (als direkte Rede an die Gottheiten) verwendet. Die beiden verschiedenen Verwendungskontexte repräsentieren also eine unterschiedliche Kommunikationssituation mit einer anderen Urheber-Adressaten-Konstellation und daher auch typologisch verschiedene Direktivtypen. Die folgenden Beispiele repräsentieren diese typischen Kontexte und Verwendungsweisen:

(40) IT IIa 37
vestikatu: ahtrepuřatu: spina: umtu
„Er soll vistiça-Gebäck opfern,[139] den Dreischritt soll er tanzen, die **spina**[140] soll er salben."

(41) IT IIb 16–17
pune: fesnafe: benus: / kabru purtu: vetu
„Wenn du in das Heiligtum gekommen sein wirst,[141] sollst du den Bock[142] darbringen."

(42) IT VIb 31
tefre. iouie. pihatu. ocre. fisi. tota. iiouina.
„Tefer Jovius, du sollst die fisische Burg (bzw. Stadt), den Stadtstaat von Iguvium entsühnen!"

6.7.1.2.1 *Mittelbarkeit des Imperativ II*

Die Verwendung entspricht den Charakteristika des lateinischen Imperativ II, wie sie gemäß den Untersuchungen von Risselada (1993) und Vairel-Carron (1975) bereits oben (6.4.1.2) eingeführt wurden. Das Hauptunterscheidungsmerkmal zwischen den beiden Imperativ-Sets ist auch hier die Differenzierung von unmittelbarer (Imperativ I) und mittelbarer (Imperativ II) Erfüllungserwartung, wobei verschiedene Arten von Mittelbarkeit eine Rolle spielen können.[143] Für den lateinischen Imperativ II ist v.a. eine zukunftsbezogene Realisierung des propositionalen Gehalts belegt, die sich anhand von Kookkurrenz mit futurischen Adverbialen oder Nebensätzen zeigt.

---

139 Zur Diskussion der Lexeme *uestisia, uesticatu* (und *uesteis*) s. Dupraz 2020, wo anhand dieser Opfergabe und ihrer rituellen Bedeutung die Struktur der Gebetspassagen der IT untersucht wird.

140 Wohl ein säulen- oder stelenartiger Altar in Form eines Obelisks (vgl. die Entsprechung lat. *spīna* „Dorn"); s. Untermann 2000: 692–693.

141 Der temporale Nebensatz mit **pune** „wenn, sobald" ist ein expliziter Kohärenzmechanismus (s.u. 8.5.6.4.2). Anhand der finiten Verbform **benus** (2.Sg. Fut. II; s. Untermann 2000: 143–144) ist in diesem Fall die Personenreferenz des Imperativ II des Hauptsatzes bestimmbar; das zur Wurzel *$*g^{u}em$-* zu stellende Verb ist umbrisch ausschließlich im Futur II belegt. Die Lokalangabe **fesnafe** (Akk.Pl.f. mit Postpos. -**en**) ist *Plurale tantum* und gehört zur italischen Gruppe der Bildungen zur Wurzel *$*d^{h}eh_1$-* „(fest)setzen" mit sakraler Bedeutung. Entsprechungen sind osk. **fíísnú** und lat. *fānum* (mit abweichender Morphologie); s. Untermann 2000: 281–282.

142 Der Ziegenbock **kaprum** (Akk.Sg.m.) erscheint als Opfertier im Ritual der **seme:nies : tekuries**; Entsprechungen liegen in lat. *caper*, an. *hafr* vor; vgl. Untermann 2000: 369.

143 Vgl. Risselada 1993: 122–129.

Die im Imperativ II ausgedrückten Direktive der Ritualvorschriften sind aber auf einer anderen Ebene als mittelbar zu verstehen: Zum einen sind die Anweisungen zur Durchführung der Rituale nicht an definite und konkrete Rezipienten gerichtet, sondern stellen Direktive von allgemeiner und wiederholbarer Gültigkeit dar. Diese Eigenschaft entspricht dem von Risselada festgestellten *perpetual value* (s.o. 6.4.1.2) und prädestiniert den Imperativ II dadurch für einen Einsatz in nicht zeitlich fixierten, nicht-einmaligen, sondern dauerhaft gültigen normativen Texten verschiedener Art, wie rechtlichen oder religiösen Vorschriften, aber auch technischen Anweisungen wie Handbüchern.

Als allgemeingültiges Regelwerk setzen die Vorschriften eine Umsetzung nur unter den jeweils notwendigen Voraussetzungen, in den entsprechenden Situationen und Kontexten und durch die richtigen, d.h. durch ihre Funktion dazu legitimierten, Personen voraus. Sie sind demnach nicht nur zeitlich mittelbar, sondern auch von bestimmten und definierten Bedingungen abhängig, die durch verschiedene sprachliche Strategien expliziert werden können. Wie in den von Risselada angeführten lateinischen Beispielen, liegen auch in den IT mehrheitlich extra-konversationelle, echte Bedingungen vor und keine bloßen Höflichkeitsformulierungen.[144] Diese Bedingungsabhängigkeit entspricht dem *conditional value* des Imperativ II und wird von Risselada anhand der folgenden Belege exemplifiziert:

(43) Cato *Agr.* 1,1
praedium quom parare cogitabis, sic in animo habeto (…)
„Wenn du ein Landgut zu bewirtschaften planst, sollst du folgendes beherzigen (…)."

Die Bedingungen, welche den Adressatenkreis einschränken, können auch implizit oder durch einen allgemeinen Titel oder Teiltitel angegeben werden, also außerhalb des direktiven Aktes selbst stehen:

(44) Cato *Agr.* 8,1 (Überschrift: *ficos quo loco seras*)
ficos mariscas in loco cretoso et aperto serito
„Mittelmeer-Feigen sollst du in kalkhaltigen und offenen Boden setzen"

Entsprechende Belege finden sich auch unter den ritualbezogenen Anweisungen in Catos Handbuch:

144 Für reine Höflichkeitskonditionen ebenso wie zum Ausdruck nicht-bindender Direktive (*invitations, suggestions*) stellt Risselada (1993: 125–126; 154) ein Vorherrschen des Imperativ I fest. Zu Höflichkeitskonditionen und *hedges* s.u. 7.6.1.

(45) Cato *Agr.* 140
Si fodere voles, altero piaculo eodem modo facito
„Wenn du pflügen willst, sollst du ein weiteres Opfer auf dieselbe Weise darbringen."[145]

Die folgenden Beispiele zeigen, wie die pragmatische Funktion des *conditional value* auch in den Ritualanweisungen der IT genutzt wird:

- Adressatenkonstitution durch Titelangabe

(46) IT IIa 15
huntia
„die *huntia*" = das Opfer für *Hondus*

In diesem Beispiel ist dem Ritualtext der Nom./Akk.nt. **huntia** als (Quasi-)Titel vorangestellt.[146] Dieser repräsentiert durch die konkrete Bezeichnung des Opfers, für dessen Durchführung die Anweisungen zu berücksichtigen sind, eine explizite Bedingung. Dadurch wird zunächst der Adressatenkreis auf diejenigen Leser beschränkt, die durch ihre Funktion als zuständige Priester dafür vorgesehen sind, das betreffende Ritual durchzuführen. Im Titel sind evtl. auch weitere Bedingungen impliziert, die von Lesern mit entsprechendem Fachwissen inferiert werden können, z.B. mit welcher Funktion oder an welchem Ort das betreffende Opfer durchzuführen ist. Darauf deutet die Tatsache hin, dass der Titel auf den Adressaten des Rituals (den Gott *Hondus Iovius*) verweist. Damit gilt auch die Voraussetzung, dass die Opfernden den spezifischen Zweck dieses Rituals umsetzen wollen, was ebenfalls zum *conditional value* der folgenden Direktive im Imperativ II beiträgt.

- explizite Konditionen durch Angabe temporal-konditionaler Voraussetzungen

145 Allerdings besteht hier durch *eodem modo* unmittelbarer Bezug zu den vorausgehenden Direktiven hinsichtlich der Art der Durchführung.

146 Zur Deutung der Form als Akk.Pl.nt. (in IIa 15 und 17) s. Poultney 1959: 176 und 178. Vetter 1953: 191 betrachtet die Form in beiden Belegen als Akk.Sg.f. (der Richtung) und geht gar nicht auf ihre titelartige Funktion ein. Da **huntia** in IIa 15 als isolierte Nominalphrase (ohne Transfer-Verb) steht, ist ein titelartiger N./Akk.Pl. jedoch sehr wahrscheinlich. S.a. Untermann 2000: 333, sowie (abweichend) Prosdocimi 1978: 714–715 und Weiss 2010: 258. Zur Textstrukturierung der Ritualvorschriften der IT durch Titel und Untertitel s. ausführlich Dupraz i.D.

(47) IT Ib 10

pune : puplum : aferum : heries : avef : anzvriatu : etu

„Wenn du (die Tiere) um das (Heer-)Volk herumführen wollen wirst, sollst du gehen, die Vögel zu beobachten.“

Auch diese Formulierung mit der temporalen Konjunktion **pune** übernimmt eine titel-ähnliche Position und Funktion. Sie drückt eine Eingrenzung des direktiven Wertes auf bestimmte Adressaten und spezifische zeitliche Voraussetzungen aus, unter denen eine Umsetzung der in der Apodosis enthaltenen Anweisung (und der im weiteren Text folgenden) notwendig ist. Trotz der Verwendung des Verbums **heri-** „wollen“ handelt es sich nicht um eine höfliche Schein-Bedingung, sondern um eine extra-konversationelle Referenz.[147] Somit sind hier eine echte Kondition auf Basis einer temporalen Gültigkeitsbestimmung des Direktivs und eine Spezifizierung des Adressatenkreises ähnlich wie durch einen Titel gegeben. Trotzdem bleibt die Perpetualität des Textes uneingeschränkt, da die Adressaten nur durch ihre Funktion (und den Wunsch, das Ritual durchzuführen) spezifiziert werden und nicht durch eine konkrete oder definite Personenreferenz.

6.7.1.2.2 *Der Imperativ II zur Markierung von Norm und Autorität*

In diesem Zusammenhang spielt zudem die grammatische Ambiguität hinsichtlich der Personenreferenz der 2. und 3.Sg. des Imperativ II eine Rolle. Auch diese referenzielle Unterspezifizierung, die nur durch finite Verbalformen (wie denen im Futur II der Nebensätze) oder Personalpronomina behoben werden kann, scheint für die Funktionen von Mittelbarkeit[148] und Perpetualität bedeutsam.[149] In lateinischen normativen Texten repräsentiert v.a. der Gebrauch der 3.Sg. die Möglichkeit, „to refer to a particular subset of the poten-

147 Der propositionale Gehalt der Protasis ist nicht mit dem der Apodosis identisch („wenn du x tun willst, sollst du y tun“). S. zu höflichen Konditionalausdrücken 7.6.1.

148 Wobei im Detail keine Einigkeit besteht; vgl. Vairel-Carron: 1975: 228–230; Risselada 1993: 130–131.

149 Nach Rosén 1999: 115–119 liegt im Gebrauch der ältesten Gesetzestexte noch die ursprüngliche Verwendung des Imperativ II vor. Der impersonelle oder apersonelle Wert „without denotation of a specific person“ ist demnach als Grundlage des generalisierenden Gebrauchs anzusehen (1995: 115). Die (kontextuelle) personale Differenzierung in 2. und 3.Sg. wäre nach dieser Auffassung erst sekundär entstanden; in diese Richtung ist auch Prosdocimis Kritik an Vairel-Carron zu verstehen (2015: 559–560). S. jedoch schon oben Kapitel 6 FN 56 zu Rix' Argumentation für einen differenzierten Tiefenagens im Imperativ II (1993: 85).

tial addressees for whom realization of the action involved is relevant",[150] z. B., wenn ein indefiniter Relativsatz die Subjektsreferenz herstellt. Vgl. im Lateinischen:

(48) Lex XII. 1,4
ADSIDUO VINDEX ADSIDUUS ESTO. PROLETARIO [IAM CIVI] QUIS VOLET VINDEX ESTO
„Für einen Grundeigentümer soll ein Grundeigentümer Prozessintervenient sein. Für einen Grundbesitzlosen soll Prozessintervenient sein, wer will."

und vergleichbar auch in den IT, z. B. in der längeren Version der *lustratio*:

(49) IT VIIa 52
(…) *hatuto. totar. pisi. heriest*
„(…) wer aus dem Stadtstaat es wollen wird, die sollen (Pl.!) (die Kuh) ergreifen."

Bei der Formulierung lateinischer Gesetze[151] charakterisiert der Imperativ II die Normen als konditional bestimmt und allgemeingültig. In den IT besitzt er auch eine pragmatische Funktion, auf die bereits oben hingewiesen wurde (6.4.1.2.2): Seine Verwendung (und der Verzicht z. B. auf performative Direktivausdrücke) hat zur Folge, dass der Urheber der betreffenden Normen sprachlich nicht in Erscheinung tritt. Es wird also keine Autorität (z. B. durch ein Individuum oder offizielles Gremium) angegeben, auf deren Grundlage die Regeln Gültigkeit und Verbindlichkeit besitzen.[152] Durch diese Tilgung des Sprechers[153] wird in normativen Texten wie den Ritualinstruktionen der Effekt erzielt, dass die Norm selbst diese Autorisierung übernimmt, wodurch eine eher deontische Verbindlichkeit erzeugt wird. Dieser Zug korrespondiert auch mit der beschriebenen Allgemeingültigkeit.

---

150 Risselada 1993: 129.

151 Z. B. *lex publica, censoria*, aber auch *leges templi* bzw. *luci*; vgl. Magdelain 1978: 23–24.

152 Diese Eigenschaft findet sich auch in funktional verwandten lateinischen Texten (z. B. in den *tabulae censoriae*).

153 Vgl. dazu die Konzepte der Origoexklusivität (in Bezug auf wissenschaftliche oder technische Texte; vgl. Czicza et al. 2012) bzw. des *effacement énonciatif* („enunziative Tilgung"; vgl. Vion 2001; Rabatel 2004); s. o. 6.4.1.2.2.

6.7.1.2.3 *Der Imperativ II in Gebeten*

Wie bereits erwähnt, wird der Imperativ II auch in Gebeten und Formeln gebraucht, die in die Vorschriften integriert sind, d.h. in den kommunikativen Handlungen, die sich explizit an die göttlichen Adressaten der Rituale richten. Hier werden im Unterschied zu den allgemeingültigen Regeln die Gottheiten als konkrete, definite Adressaten angesprochen. Die Aktualität der Äußerungssituation (die bei jeder Rezitation im Rahmen des Rituals gilt) wird dabei u.a. durch die Angabe der Namen und den Gebrauch situationsdeiktischer Elemente hergestellt (s.u. 8.6.1.1). In diesem Kontext könnte ein Zusammenhang zwischen dem Konzept der *negative politeness* und der Mittelbarkeit des direktiven Akts vermutet werden: Wenn in einer Sprache zwei Imperativ-Sets zur Verfügung stehen, wird der weniger kanonische von beiden (also der formal markiertere und funktional mittelbarere) als höflichere Form eingesetzt, da durch eine in der Zukunft verortete Umsetzung die Beeinträchtigung der Willensfreiheit des Adressaten (fiktiv oder real) verringert wird.[154] Dass allerdings bei der Formulierung von Bitten oder Wünschen die Verwendung von mehr oder weniger kanonischen Direktivausdrücken nicht notwendigerweise etwas über den Grad der Höflichkeit aussagt, bespricht Dickey (2012) anhand des lateinischen Imperativ I in Situationen mit unmittelbarem Erfüllungswunsch. Hier zeigt sich, dass verschiedene supplementäre Faktoren, wie die Verwendung eines performativen Verbs (*oro, rogo* etc.) sowie andere Möglichkeiten, Hierarchie und Höflichkeitsverhältnis der Kommunikationspartner in die Sprachäußerung zu integrieren, eine zentrale Rolle spielen. Der Imperativ I an sich ist hingegen unmarkiert bzgl. Höflichkeit oder Direktivtyp. Ähnlich scheint der Fall auch für den Imperativ II zu liegen, der für Bitten ebenso wie für Vorschriften (z.B. Gesetzestexte) und damit in jeweils sehr unterschiedlichen Urheber-Adressaten-Konstellationen eingesetzt wird. Innerhalb der Gebete sind die Direktive wahrscheinlich v.a. hinsichtlich der Erfüllungserwartung mittelbar; zumindest lässt die Tatsache, dass keine *face-to-face*-Situation vorliegt, nicht auf die Erwartbarkeit einer unmittelbaren Reaktion schließen. Durch bestimmte Anredeformeln, explizit performative Verben und andere lexikalische Möglichkeiten, das Hierarchieverhältnis von Menschen und Göttern in den Sprechakt zu integrieren, können die Direktive dabei ggf. als Wünsche und Bitten gekennzeichnet sein.[155] In der stark konventionalisierten (und in gewisser Weise mechanisierten) Formelsprache und Handlungsfolge der lateinischen und umbrischen Gebete scheint eine solche Charakterisierung der Sprechakte als Bitten aber insgesamt nicht zwingend

---

154 Vgl. bereits oben (6.4.1.2.1 und 6.5) und vgl. Aikhenvald 2010: 128–133.

155 S. dazu ausführlicher unter 7.1.

gewesen zu sein; sie tritt dort jedenfalls nicht in größerem Umfang auf. Es entsteht so der Eindruck, dass bereits die Anwendung der korrekten Formeln und Handlungen den Erfolg der Rituale garantiert, indem die Adressaten dadurch gewissermaßen zur positiven Reaktion verpflichtet werden.[156] In spezifischen Formeln finden sich aber dennoch auch in den lateinischen und umbrischen Gebeten lexikalische Explizierungen, die im Kapitel 7 noch besprochen werden (s. u. 7.4.6.2). Ein weiterer Faktor, der die Annahme höflicher Direktivausdrücke in Gebeten ausschließen könnte, ist das pragmatische Bedürfnis nach möglichst wenig Spielraum für Missverständlichkeiten und Irrtümer.[157]

Anhand der besprochenen Beispiele habe ich gezeigt, dass unter den vorhandenen Ausdrucksmitteln der Imperativ II den pragmatischen Anforderungen eines allgemeingültigen normativen Textes durch seine verschiedenen Mittelbarkeits-Funktionen am besten entspricht (temporale/konditionale Mittelbarkeit, Indifferenz der grammatikalischen Person, Sprechertilgung). Er vereinbart den hohen Grad an Verbindlichkeit ritueller Anweisungen mit der Bedingtheit durch spezifische, aber wiederkehrende Kontexte und stellt die ökonomischste sprachliche Umsetzung dar, die in dieser Verwendung pragmatisch-funktional zugänglich ist.

6.7.1.3 Konjunktiv Präsens

Auch der Konjunktiv Präsens tritt in einer gewissen Menge in den IT auf und zeigt dabei ein durchaus breites Referenzspektrum: Wir finden Formen der 2. und 3.Sg. und Pl. sowie Passiv- neben Aktivbelegen. Ihr Gebrauch findet sich v. a. innerhalb von abhängigen Prädikationen, bspw. von deontischen Matrixverben, wie in folgender Anweisung aus dem **huntia**-Ritual:

(50) IT IIa 16–17
heriiei : façiu : ařfertur : avis : anzeriates (…) **façia : tiçit**
„Mag der Arsfertur opfern wollen,[158] so ist es angezeigt, dass er nach Beobachtung der Vögel opfere."[159]

---

156 Herzlichen Dank an Emmanuel Dupraz für die Diskussion zu diesem Thema.

157 S. zur sprachlichen Gestaltung von Texten in Abhängigheit von der angenommenen Inferenz-Fähigkeit der Adressaten unter 8.2.3.

158 Nach Untermann 2000: 321 ist **heriiei** als Konjunktiv Präsens zu bestimmen, allerdings verweist Meiser (2003: 54) darauf, dass der entsprechende Stamm **herya-* lauten muss (vgl. osk. **heriiad**). Meiser selbst führt die Form auf **her-yē-d* zurück, das als eine Reliktform des Optativ Aorists (oder als Prospektiv) einzuordnen sei; die umbrischen Belege (IIa 16 und IV 26) deuteten zudem darauf hin, dass die Form im Umbrischen flexivisch isoliert und die Kategorie nicht mehr produktiv gewesen sei; s. Meiser 2003: 54; 61; 101.

159 Wörtlich wäre der Ablativus absolutus **avis anzeriates** „mit/nach den beobachteten Vögeln" zu übersetzen.

Besonders häufig finden sich Konjunktivformen im Text der Tafel V;[160] die hier enthaltenen Direktive beziehen sich nicht auf die Durchführung des Rituals, sondern auf Regeln der Bruderschaft.[161] In einigen Belegen könnten Fälle von syntaktischer Unabhängigkeit vermutet werden, da dem Konjunktiv-Satz ein Nebensatz untergeordnet ist, im folgenden Beispiel ein indefiniter Relativsatz:

(51) IT Va 3–4
ař̌fertur : pisi : pumpe : / fust : eikvasese : atiieřier : ere : ri : esune : / kuraia
„Wer auch immer Arsfertur sein wird in den atiedischen Zeremonien, der trage Sorge für das Ritual."

Allerdings kann auch in Fällen wie Bsp. (51) eine implizite Abhängigkeit des konjunktivischen Direktivs vorliegen, z. B. von einem „mitgedachten" deontischen Matrixausdruck wie **herter** „es wird gewollt".[162] Möglich ist in einigen der Fälle auch die Annahme, dass die Direktivausdrücke der Tafel Va von der einleitenden Präscriptio abhängig sind, welche die Bruderschaft als Urheber und Autorität der folgenden Regeln benennt:

---

160 Zu beachten ist, dass der direktivische Charakter der Konjunktive nicht von allen akzeptiert ist; Prosdocimi differenziert in seiner Besprechung des Modusgebrauch der IT (2015: 566 ff.) in eher ideosynkratischer Weise zwischen präskriptivem und deskriptivem Charakter, wobei er einerseits die Personenreferenz (2. oder 3.Sg.), andererseits die Modusdifferenz (Impv. II oder Konj.) zugrunde legt: Demnach seien die Passagen im Konjunktiv i. d. R. als „racconto storico", als indirekte Rede, und nicht als direktive Äußerungen zu beurteilen; in dieser Hinsicht wird auch der Unterschied zwischen 2. und 3. Sg. nicht als texthistorisch bedingt, sondern v. a. als relevant für die Frage von Deskription vs. Präskription beurteilt, womit zugleich die Unterscheidung in eher präskriptive „atiedische" (**huntia**, **semenies tekuries**, Neujahrsritual) und eher deskriptive „polis"-Rituale (*lustratio+piaculum*) korreliert wird. Die Bewertung der einzelnen Faktoren (z. B. ob TU als impersonal/„in absentia" oder personal/„in praesentia" zu werten und demnach deskriptiv oder präskriptiv sei) wird mit Bezug auf die umbrische bzw. lateinische Redaktion eines Archetyps entschiedenen, der ursprünglich sowohl Präskription als auch Deskription, atiedische und polis-Rituale verbunden habe. Ich kann Prosdocimis Verknüpfung der Faktoren und den daraus abgeleiteten Schlussfolgerungen in diesem Fall nicht folgen, zumal er keine mir nachvollziehbaren Grundlagen für sein Verständnis von Textsorte oder Textillokution einführt oder auf sprechakttheoretische Aspekte zu Direktiven eingeht (was angesichts der kritischen Bezugnahme auf Vairel-Carron 1975 eigentlich naheliegen würde).

161 S. dazu auch unter 5.8 und s. u. (S. 229) zur Binnendifferenzierung der Texte.

162 Etwa im Sinne von „Wer auch immer Arsfertur sein wird, [dem ist gewollt], dass er Sorge trage".

(52) IT Va 1–3

esuk. frater : atiieřiur : / eitipes : plenasier : urnasier : uhtretie / t : t. kastruçiie :

„Dies haben die Atiedischen Brüder beschlossen[163] an den Iden (des Monats) **urnasier** unter der Auctorschaft des Titus Castrucius, des Sohnes des Titus."

Die Kontexte der umbrischen Konjunktivbelege entsprechen der Charakterisierung des lateinischen Konjunktivs. Risselada konstatiert für jenen eine insgesamt größere syntaktische, pragmatische oder kontextuelle Abhängigkeit im Vergleich zu den Imperativ-Formen.[164] Zugleich repräsentiert er nur eine begrenzte Auswahl direktiver Subtypen, zu denen v.a. bindende oder verpflichtende Anweisungen zählen. Dadurch ergibt sich insgesamt ein deutlich eingeschränkter Charakter des Konjunktivs als Direktivmodus.[165] Dies zeigt sich auch anhand der Modusverteilung bei verschiedenen lateinischen Autoren:[166] In einem Korpus wie den plautinischen Komödien, das durch Dialoge als unmittelbare Kommunikationssituationen geprägt ist, kann ein starkes Überwiegen des flexibleren Imperativ I festgestellt werden: 3365 Belege zeigen den Imperativ I gegenüber nur 226 in der 2.Sg. Konjunktiv Präsens.[167] In dem etwa zeitgleich einzuordnenden Handbuch Catos über den Landbau hingegen entspricht eine deutliche Präponderanz des Imperativ II den pragmatischen Eigenschaften der allgemeingültigen, mittelbaren Instruktionen dieser Textsorte.[168] Der Konjunktiv ist hier wesentlich seltener, der Imperativ I erwartungsgemäß kaum vertreten.

163 Die Form **eitipes** ist als 3.Pl.Pf. eines Verbums mit der Bedeutung „beschließen" zu deuten, wobei hier auf den Inhalt des Beschlusses durch kataphorische Deixis mittels **esuk** verwiesen wird. Zu Diskussion der Etymologie und Lautentwicklung von **eitipes** s. ausführlich Meiser 1986: 125–129 mit Verweisen auf frühere Vorschläge. Demnach ist die Form als Kompositum zu verstehen, deren Hinterglied **hēpens* bereits zuvor als langvokalisches Perfekt zum *ē*-Präsens der Wurzel **hab-* „haben, halten" analysiert worden ist. Meiser verbindet diese Annahme mit dem neuen Vorschlag eines Vorderglieds *eit*(*o*)-, das auf ein PPP **agito-* der Wurzel **h_1eĝ-* „sprechen, sagen" zurückzuführen ist. Es ergibt sich eine lautlich und semantisch überzeugende Deutung als **ejtå hēpens* „sie hielten als besprochen fest". Zur Rolle von **eitipes** als *verbum dicendi* s.a. Schirmer 1998: 74–75.

164 Risselada 1993: 142–151.

165 Risselada 1993: 151–158.

166 Vairel-Carron (1975) vergleicht das Korpus der plautinischen Komödien sowie die Briefe von Cicero und Plinius hinsichtlich der Frequenz und Verteilung von Imperativ I und II sowie Konjunktiv Präsens; s. dazu auch Risselada 1993: 109–110.

167 Vgl. Vairel-Carron 1975: 304 und auch Risselada 1993: 109.

168 Risselada 1993: 140.

Vor diesem Hintergrund stellt sich die Frage, wie der Gebrauch des Konjunktiv Präsens innerhalb der IT, die ein ähnliches Ergebnis wie Catos Handbuch erwarten lassen, begründet und von demjenigen des Imperativ II abgegrenzt werden kann. Einen Ansatzpunkt stellt hierbei die Betrachtung der jeweiligen Autoritätsgrundlagen dar, d.h. der normativen Instanzen, welche für die verschiedenen Anweisungen verantwortlich sind. Möglicherweise werden diese Autoritätsverhältnisse in den IT kontrastiv ausgedrückt, um Direktivtypen und Textsorten voneinander abzugrenzen. In diesem Zusammenhang kann auch eine Wechselbeziehung zu Aspekten wie *politeness* und *face-saving* in Betracht gezogen werden,[169] da unterschiedliche Autoritätsgrundlagen oft mit unterschiedlichen hierarchischen Verhältnissen einhergehen. Inwiefern innerhalb der IT derartige Faktoren den Gebrauch von Imperativ II und Konjunktiv Präsens bedingen,[170] werde ich im Folgenden durch eine genauere Betrachtung der betreffenden Konjunktiv-Belege und ihrer jeweiligen Kontexte zeigen.

6.7.1.4 Textsortendifferenzierung: Imperativ II vs. Konjunktiv

Zunächst fällt auf, dass sich in den IT eine Häufung der Konjunktiv-Formen auf der Tafel V (sowie VII b) findet. Diese heben sich v.a. durch ihren Inhalt von den ritualbezogenen Anweisungen der übrigen Tafeln ab, indem sie Normen und Regelungen angeben, welche die Gemeinschaft der Atiedischen Brüder und speziell die Verpflichtungen des Arsfertur in Bezug auf die Organisation und Durchführung der Rituale betreffen:

(53) IT Va 5–6
prehabia : piře : uraku : ri : esuna : / si : herte
„dass er (der Arsfertur) (für das) sorge, von dem gewollt wird, dass es bei diesem Ritual (Abl.Sg.) sei[171].“

Dadurch besteht in den IT ein deutlicher Unterschied hinsichtlich der Inhalte und Anwendungsbereiche der Direktive im Imperativ II und derjenigen im

169 Zum Konzept von *face* s. bereits oben 6.5 sowie Brown/ Levinson ²1987: 61–62.

170 Innerhalb der Gebete wird der Konjunktiv sowohl im Umbrischen als auch im Lateinischen selten verwendet; er findet sich aber in den bereits erwähnten Direktiven mit performativem Verb und ist damit syntaktisch abhängig, vgl. Cato *Agr.* 141,2 *Mars pater, te precor quaesoque uti sies volens propitius* oder IT VIb 6–7 *tio subocau suboco* (…) *fons sir pacer sir*. S. dazu auch unten S. 239.

171 Der durch **piřse** (Nom.Sg.nt.) eingeleitete Relativsatz wird hier als verschränkt verstanden, da von seinem Hauptverb **herte** „es ist gewollt/es muss“ der Konj.Ps.Akt. **si** „es sei“ abhängt. Die Nominalphrase **uraku ri esuna** „bei dieser *res divina*/bei diesem Ritual“ im Abl.Sg.f. (mit Postposition -**ku**) ist als Lokalangabe zu verstehen.

Konjunktiv Präsens. Diese auffällige Verteilung ist unterschiedlich interpretiert worden. Dabei wurde z.T. auch auf mögliche typologische Abstufungen direktiver Formen Bezug genommen; bspw. von Vairel-Carron (1975), die von einer geringeren Verbindlichkeit und sogar von einer geringeren Bedeutung der Direktive im Konjunktiv Präsens ausgeht.[172] Weniger weit geht die Beurteilung von Jones (1962), der die Konjunktiv-Formen nicht mit einem geringeren Verbindlichkeitsgrad begründet, sondern sie auf die andersartigen „äußeren Umstände" zurückführt; d.h. auf den Unterschied zwischen „liturgischer Vorschrift" und „Ordensregel".[173] Diese Beobachtungen erfassen den relevanten Punkt bei der Distribution der Formen. Allerdings ist Jones' willkürlich erscheinender Erklärung nicht zuzustimmen, dass der Imperativ II „more archaic and obsolescent"[174] und aus diesem Grund den Ritualvorschriften im engen Sinne zugewiesen sei. Diese Begründung ist rein stilistisch verankert und wirkt dadurch mindestens eindimensional. Als alternative Erklärung werde ich im Folgenden die jeweilige Autoritätsgrundlage der Ritualanweisungen und Ordensregeln als pragmatischen Faktor für die Verteilung der direktivischen Ausdrücke diskutieren.

Die Anweisungen, die sich auf die Ritualhandlungen selbst beziehen, basieren auf einer sakralen Autorität, die sich aus dem Inhalt der Vorschriften, den göttlichen Adressaten der Ritualhandlungen und der die menschliche Gesellschaft übersteigenden Dimension herleitet. Im Kolophon der kürzeren Fassung der *lustratio* findet sich zwar folgende Angabe:

(54) IT Ib 45
kvestre : tie : usaie : svesu vuvçis titis teteies :
„Lucius Tetteius, Sohn des Titus, hat in seiner Quästur (dieses Dokument/diese Tafel) herstellen lassen."[175]

172 S. Vairel-Carron 1975: 237–238; für das Umbrische 278. Prosdocimi 2015 kritisiert Vairel-Carrons Ergebnisse (wie auch die von Magdelain 1978) grundlegend und in mehreren Punkten und stellt eigene Überlegungen zum Modusgebrauch der IT vor, die andere semantische Kriterien (TU/ILLE in *praesentia* oder *absentia*; Unpersönlichkeit als Abstraktion der Präsenz) zugrunde legen; s.o. Kapitel 6 FN 160. Grundsätzlich findet bei diesen Überlegungen wenig Bezugnahme auf aktuellere Ansätze der Textsortenforschung und Pragmatik statt, weshalb die Konzepte z.T. eher ideosynkratisch erscheinen.

173 Jones 1962: 217.

174 Jones 1962: 219.

175 Zum Beleg und der Interpretation von **usaie** als 3.Sg.Pf. und Variante von **usaçe** (IIa 44) s.o. Bsp. (10) und Kapitel 5 FN 21; außerdem Weiss 2010: 325–326; Willi 2010: 2; Dupraz i.D.

Es ist anhand des gewählten Verbs eindeutig, dass sich dies nur auf die Niederschrift der enthaltenen Instruktionen bezieht und dass hier nicht deren inhaltlicher Urheber angegeben wird.

Die Autorität der Anweisungen zur korrekten Durchführung der Rituale verdankt sich u.a. der Tatsache, dass diese Korrektheit durch die Tradition[176] ihrer Anwendung bezeugt ist und dass die Rituale selbst große Bedeutung für die Gemeinschaft und ihr Verhältnis zu den Göttern besitzen. Die Norm tritt aufgrund dieser Umstände als selbständige Autorität ohne Zurückführung auf einen konkreten Urheber auf. Dies entspricht der Beobachtung, dass durch die Verwendung des Imperativ II auch sprachlich kein Autor in Erscheinung tritt, sondern nur die Textadressaten formal referenziert und funktional bestimmt werden. Angesichts dieser Verhältnisse ist eine höfliche Formulierung der Direktive innerhalb der Ritualvorschriften nicht zu erwarten, da sie i.d.R. auf ein Verhältnis zwischen Urheber und Adressaten verweisen, das hier völlig ausgeklammert ist. Vielmehr dürfte die Notwendigkeit, unmissverständliche und eindeutige Anweisungen zu geben, um das Gelingen des Rituals zu gewährleisten, von übergeordneter Bedeutung sein und somit möglichst präzise Ausdrücke verlangen.

Eine spezifische, statusbezogene Verwendung des Imperativ II existiert auch in lateinischen juristischen Texten, wo er für die Textgattung der *leges* konventionalisiert ist. Die Gesetze explizieren zwar einleitend durch eine *praescriptio*[177] das Volk als Urheber der Normen (Plebiszite);[178] sie werden aber dennoch anhand der Gestaltung im Imperativ II von anderen juristischen Texten mit einer abweichenden Normgrundlage formal unterschieden (vgl. Magdelain 1978: 23).[179]

In den Anweisungen der Tafel V, die sich im Gegensatz zu den Ritualvorschriften auf eine menschliche Autorität stützen, d.h. konkret auf die Anerkennung der gemeinsamen und sich von der Gemeinschaft selbst gegebenen

176 U.U. auch nur die *fiktive* Tradition, da es sich z.B. beim lateinischen *mos maiorum* in vielen Aspekten um ein stilisiertes Konzept handelt.

177 Die *praescriptio* ist offiziellen normativen Texten vorangestellt und enthält (mindestens) Angaben zum Gremium, auf dessen Autorität die folgenden Anweisungen basieren, sowie zu Ort und Zeitpunkt von deren Beschluss. Damit übernimmt die *praescriptio* z.T. titulare Funktion (ähnlich wie die einleitenden Konditionierungen der Ritualanweisungen). Zum standardisierten Präskript der römischen Gesetze s. Crawford 1996: 15; zum textgrammatischen Begriff des Präsignals s.u. S. 292.

178 In einigen Fällen auch mythisch-historische Könige als fiktive Urheber.

179 Noch vor der *lex publica* verwenden die sakralrechtlichen Regelwerke von Pontifikalen, Auguren oder Fetialen dieses Gestaltungsprinzip; daher ist auch eine Verknüpfung mit dem Konzept des *ius* („geheimes, sakrales Recht") möglich. S. dazu Magdelain 1978: 24–25.

Regeln, entsteht offenbar die Notwendigkeit, diese Autorität als Grundlage der Regeln zu explizieren und auch innerhalb des Textes formal zu markieren. Dies kann einerseits durch entsprechende vorangestellte Angaben zu den jeweiligen Beschlüssen geschehen, die als *praescriptio* bezeichnet werden, vgl. Beispiel (52) oben. Dadurch werden gleichzeitig auch das Inkrafttreten und der Gültigkeitsbereich der Regel expliziert, was einen weiteren Unterschied zu den Ritualinstruktionen darstellt. Deren Gültigkeit ist ebenso wie ihre Autorität nur an ihren Gegenstand gebunden: Die Rituale als Kommunikation mit den Göttern und Garantie der menschlichen Gemeinschaft sind nicht auf menschliche Initiative zurückführbar. Die Grundlage für die Gültigkeit der Beschlüsse der Bruderschaft besteht hingegen in der Anerkennung der Autorität der Gruppe, wodurch ein grundlegend anderes Hierarchie- und Autoritätsverhältnis gegeben ist. Auch in der Formulierung der Regeln ist ein formaler und pragmatischer Bezug zur *praescriptio* gegeben, nämlich anhand der vorherrschenden Verwendung des Konjunktivs, der die Abhängigkeit von einem übergeordneten Direktivausdruck markiert. Diese formale Gestaltung entspricht derjenigen der Senats- und Magistratsbeschlüsse im Lateinischen: Zunächst wird auch hier der Beschluss als Grundlage der Norm expliziert; der Inhalt wird anschließend durch abhängige Direktivausdrücke wiedergegeben.

(55) *CIL* I²581 (*Senatus consultum de Bacchanalibus*) 1–3
[Q(VINTVS)] MARCIVS L(VCI) F(ILIVS), S(PVRIVS) POSTVMIVS L(VCI) F(ILIVS) CO(N)S(VLES) SENATVM CONSOLVERVNT N(ONIS) OCTOB(RIBVS), APVD AEDEM / DVELONAI. (…) DE BACANALIBVS QVEI FOIDERATEI / ESENT, ITA EXDEICENDVM CENSVERE:
„Quintus Marcius, Sohn des Lucius (und) Spurius Postumius, Sohn des Lucius, beriefen als Konsuln den Senat an den Nonen des Oktober (7. Okt. 186 v. Chr.) beim Tempel der Bellona ein. (…) Bezüglich der Bacchanalienfeiern beschlossen sie, dass folgendes zu verkünden sei für die (mit Rom) Verbündeten.“

Nach dieser autorisierenden Einleitung folgen die Beschlüsse in abhängigen Konstruktionen; z.B. im Konjunktiv mit davon abhängigem Infinitiv Perfekt:

(56) *CIL* I²581,4
NEIQVIS EORVM [B]ACANAL HABVISE VELET.
„Niemand von ihnen solle ein Bacchanal haben.“

Nach Magdelain (1978: 29) kommt in dieser Konzeption der spezifische Status der Edikte (des Senats wie auch des Magistrats) zum Ausdruck:

> Le magistrat ne légifère pas et ses édits ne sont pas des lois mais de simples injonctions adressées au peuple ou des promesses sur la manière d'administrer la justice.

Bemerkenswert ist in diesem Zusammenhang auch die Tatsache, dass beim Prozess der Gesetzgebung ein Gesetzesvorschlag (*rogatio*), der in der Volksversammlung zur Abstimmung gestellt wird,[180] zunächst im Konjunktiv formuliert ist. In diesem Fall sind die Propositionen von der einleitenden Formel *velitis iubeatis ut* … abhängig. Wenn die Ratifizierung abgeschlossen und das Gesetz angenommen ist, wird dieser Statuswechsel auch durch die Formulierung im Imperativ II abgebildet. Dieser sprachliche Gesichtspunkt ist also ebenfalls mit einem Autoritätswechsel assoziiert, bei dem möglicherweise der Aspekt der Genehmigung durch die zuständigen Gottheiten eine Rolle spielt (vgl. Crawford 1996: 13–15).

6.7.1.5 Ausnahmen

Es werden in den Regelungen der Bruderschaft einige wenige Formen des Imperativ II verwendet, die sich daher vom sonstigen Vorherrschen der nichtkanonischen Direktivausdrücke abheben; vgl. folgende längere Passage, welche sich auf die Pflichten des Arsfertur bei der Ritualvorbereitung bezieht (s. dazu auch 5.8):

(57) IT Va 3–7[181]

ařfertur	**pisi pumpe /**	**fust**	**eikvases-e⟨n⟩**
N.Sg.m.	verallg. Rel.Pron. N.Sg.m.	3.Sg.Fut. I	Abl.Pl.+Postpos.
der Arsfertur	wer auch immer	es sein wird	in den atiedischen

atiieřier	**ere**	**ri esune /**
Abl.Pl.	Pron.N.Sg.m.	NP Dat.Sg.
Versammlungen	dieser	für die *res divina* (das Ritual)

kuraia	**prehabia**	**piře**
3.Sg.Konj.Ps.Akt.	3.Sg.Konj.Ps.Akt.	Rel.Pron.Sg.nt.
er sorge	er besorge	was

ura-ku	**ri**	**esuna /**	**si**
Pron.Abl.Sg.+Postpos.	Abl.Sg.		3.Sg.Konj.Ps.Akt.
bei diesem	Ritual		es sei

180 Zum Prozedere der *rogatio* und zum vollständigen Wortlaut s. Gellius 5,19,9.

181 Wegen der komplexen Struktur wird das Beispiel ausnahmsweise glossiert.

herte	**et**[182]	**pure**	**esune**	**sis**
3.Sg.Ind.Ps.Pass.	Konn.	Rel.Pron.Pl.m.	Lok.Sg.	3.Pl.Konj.Ps.Akt.
gewollt ist	und	welche	bei dem Ritual	sie seien

sakreu / perakneu	**upetu**
Akk.Pl.nt.	2./3.Sg.Impv. II
weniger und mehr als einjährige	soll er wählen

„Der Arsfertur, wer auch immer es in den atiedischen Versammlungen sein wird, der sorge für das Ritual (und) besorge, was bei dem Ritual sein soll und wer (= Pl. welche) bei dem Ritual sein solle. Die weniger als einjährigen und mehr als einjährigen (Opfertiere) soll er auswählen."

Die konjunktivischen Formen **kuraia**, **prehabia** sind als von der vorher erfolgten *praescriptio* abhängend zu verstehen;[183] auf einer weiteren Subordinationsebene sind **si** und **sis** von **herter** abhängig. Am Ende erscheint mit **upetu** ein Imperativ II. Dabei ist auffällig, dass dieses Lexem im Gegensatz zu den beiden vorherigen auf einen Handlungsschritt der Rituale (die *victimarum probatio*) bezogen ist, der auch in den Instruktionen verwendet wird.[184] Evtl. könnte die Tatsache, dass eine sakrale Norm der Inhalt dieses Direktivs ist, die Wahl des Imperativ II bedingen, selbst wenn sie, wie hier, innerhalb einer anderen Textsorte auftritt. Im Gegensatz zu den Direktiven im Konjunktiv, wäre die Form im Imperativ II somit auch innerhalb der Regeln der Bruderschaft als ritualbezogene Vorschrift mit unterschiedlicher Normgrundlage charakterisiert. In der Fortsetzung der zitierten Passage tritt außerdem 2 Mal die Form **revestu** auf. Obwohl diese Form nur hier belegt ist und nicht explizit in den Ritualinstruktionen erscheint, bezeichnet sie aber offensichtlich eine mit **upetu** zusammenhängende Handlung (vielleicht als Hyponym?). Damit bezieht sich das Lexem also zumindest auf den gleichen Handlungsschritt und zwar auf die Opfertiere (vgl. Untermann 2000: 634–635) und könnte ebenfalls als ritualbezogene Vorschrift mit spezifischer Normautorität zu verstehen sein.

6.7.2 *Lexikalische Direktive in den IT*

Da die Formen des Konjunktiv Präsens i.d.R. von einem lexikalischen Direktivausdruck abhängig sind, ist im vorangegangenen Abschnitt auf lexikalische Direktive bereits Bezug genommen worden. Die Verwendung übergeordneter Verben mit performativer Bedeutung dient zur Explizierung der Autorität

182 Zur besonderen Verwendung von umbr. **et** vgl. ausführlich Dupraz 2016a.

183 S.o. Bsp. (52).

184 IIb 1, 8, 11; III 22,26 sowie als **upetuta** (3.Pl.) in III 10; vgl. Weiss 2010: 94–95; Untermann 2000: 208.

und Gültigkeit der im Konjunktiv angegebenen Regeln und stellt einen wichtigen Unterschied zur Gestaltung der Ritualinstruktionen im Imperativ II dar. Indirekte Direktivkonstruktionen mit *unpersönlichen* Matrixausdrücken deontischer Semantik hingegen könnten möglicherweise eine sprachliche Verringerung der Bedrohlichkeit erzeugen. So scheinen bestimmte Formulierungen, wie die passivischen Ausdrücke mit **herte**/*herti* (insgesamt 8× in VA+b) formal dem Konzept der *negative politeness* zu entsprechen, besonders der Strategie „Be conventionally indirect".[185] Die Verschiebung der direktiven Proposition in abhängige Teilsätze bewirkt nämlich auch, dass Sprechakte komplexer und damit weniger kanonisch gestaltet werden, was oftmals mit einer konventionellen Abmilderung des Direktivs korrespondiert. Das bedeutet allerdings keineswegs, dass in einem solchen Fall der Inhalt des Direktivs eingeschränkt oder seine Verbindlichkeit beeinträchtigt wird:[186] Höflichkeitsstrategien sind in den meisten Fällen viel mehr nur ein oberflächenbezogener Ausdruck von *face-saving*.

Der Gesichtspunkt, der bei der Verwendung unpersönlicher lexikalischer Direktivausdrücke in den Regeln der Bruderschaft im Vordergrund steht, ist allerdings ihre Charakterisierung als allgemeingültige Pflicht auf Basis einer sozialen (menschlichen) Autoritätsgrundlage (s. den folgenden Abschnitt 6.7.2.1).

6.7.2.1 Lexikalische Direktive zur Textsortendifferenzierung

Direktive mit explizit gruppenbasierter Normautorität liegen in den IT auch bei der Formulierung von Strafmaßen vor, welche zugleich durch ihren Inhalt potentiell „gesichtsbedrohend" (*face threatening*) sind:[187]

(58) IT Vb 3–6

panta: muta: fratru: /atiieřiu: mestru: karu: pure: ulu: /benurent: ařferture: eru: pepurkure /nt: herifi: etantu: mutu: ařferture /si:

„Eine wie große Strafe der größere Teil der Atiedischen Brüder, die dort zusammengekommen sind, gefordert haben werden, dass (sie) dem Arsfertur zu sein gewollt wird, eine so große Strafe sei dem Arsfertur."

---

185 Brown/Levinson ²1987: 131 und 132–145 und s. bereits oben 6.5.

186 Eine Kündigung hat bspw. auch genau die gleichen Konsequenzen, egal ob sie als „Sie sind gefeuert!" oder „Wir bedauern, Ihnen mitteilen zu müssen, dass Ihr Beschäftigungsverhältnis zum soundsovielten endet" ausgesprochen wird. Die Höflichkeitsstrategien sind eine rein „kosmetische" Abmilderung des Gesagten.

187 Die angegebenen Strafmaße für den Arsfertur können u. U. sogar existenzbedrohend sein oder zumindest gravierende Auswirkungen für dessen weitere Karriere besitzen. Es handelt sich um schwerwiegende Eingriffe in die Selbstbestimmtheit der betreffenden Person.

Hier findet sich im Korrelativsatz, der die Höhe der Strafe angibt, eine mehrfache Abhängigkeitsstruktur (mit den Verbformen **pepurkurent** „sie werden gefordert haben" → **herifi** „gewollt zu werden" → eru „zu sein"), in der der propositionale Gehalt des Direktivs erst auf der untersten Ebene steht. Einerseits wird dabei die Normautorität (die Mehrheit der Brüder) durch **peperkurent** mit expliziter Agensnennung angegeben. Andererseits entspricht der unpersönliche, passivische Ausdruck **herifi** „dass gewollt wird/soll" aber auch der Forderung „Be conventionally indirect".[188] Diese Verwendung von **heri-** findet sich innerhalb der Tafel v häufig (8 von insgesamt 10 Belegen), vgl. die folgenden Beispiele, die auch in Prosdocimi 1997: 336 diskutiert werden:

(59) IT vb 8 (und parallel in vb 11, 12 und 16)[189]
clauerniur. dirsas. herti. fratrus. atiersir
„es wird gewollt, dass die Clauernier den atiedischen Brüdern geben (...)"

(60) IT va 5–6
piře : uraku : ri : esuna : / si : herte
„was gewollt wird, dass es bei dem Ritual sei"

(61) IT va 7–8 (und parallel in 10)
puře : teřte : / eru : emantur : herte
„das, was gegeben wird, (ob) gewollt wird, dass (diese Dinge) von diesen genommen werden"

Bsp. (59) und seine Parallelen regeln die gegenseitige Abgabe bestimmter Rationen zwischen den Dekurien und den atiedischen Brüdern; auch in diesem Kontext sind konventionelle *face-saving strategies* grundsätzlich denkbar. Wenn die auffälligen indirekten und komplexen Strukturen der Direktivausdrücke tatsächlich mit höflichkeitsbezogenen Anforderungen zusammenhängen, steht dies aber offenbar nicht in Widerspruch mit der expliziten Autoritätsangabe, die z.B. durch vorangestellte *praescriptiones* erfolgen kann. Eine Korrelation zwischen der gremienbasierten Autorität der Norm, der Explizierung der Urheberschaft und der syntaktischen Indirektheit der Direktivausdrücke ist also auf jeden Fall festzustellen. Das Vorliegen pragmatischer Indirektheit i.S.v. Höflichkeitsstrategien ist in meinen Augen weniger zwingend; diese Interpretation ist aber auf Basis der *politeness*-Theorie und der Feststellun-

188 Brown/Levinson ^{2}1987: 131 und 132–145.

189 Es werden jeweils zuerst die Abgaben der jeweiligen *decuvia* (*dirsas herti*) und danach diejenigen der Atiedischen Brüder (*dirsans herti*) angegeben; s. dazu auch 5.8.

TABELLE 14 Abgrenzung der Textsorten

	Ritualinstruktionen	**Regeln der Bruderschaft**
Autorität der Norm	inhärent (Autorität = Norm)	oft explizit (Autorität = Gremium/Gemeinschaft)
Gültigkeitsbereich	unmarkiert	ab Beschlusszeitpunkt
Urheber/Autor	sprachlich getilgt	sprachlich explizit
Regelverletzung	Scheitern des Rituals (sakrale Konsequenz)	sanktioniert durch Autorität der Gemeinschaft
Komplexität	meist niedrig	meist hoch
Höflichkeit?	nein	möglicherweise

gen über nicht-kanonische Imperative (Aikhenvald 2010) immerhin möglich. Tabelle 14 stellt die von mir festgestellten Parameter zur Abgrenzung von Ritualanweisungen und Ordensregeln einander gegenüber.

Zweimal erscheint **herti** auch in den Ritualanweisungen; z.B. in der Anweisung zur Verteilung des **erus** (d.h. des für die Menschen bestimmten Teils des geopferten Fleischs) nach dem Opfer an Hondus Jovius:

(62) IT IIa 40
esuf : pusme : herter : erus : kuveitu : teřtu
„der, dem es gewollt wird, soll das *erus* tragen und geben"

Hier liegt durch die Verbindung mit **pusme** (Rel.Pron im Dat.Sg.m.) ein restriktiver Nebensatz vor, der den Adressaten dieser Anweisung (**kuveitu teřtu**) anhand seiner Zuständigkeit definiert (nicht durch eine Amtsbezeichnung, wie im Fall des Arsfertur). In diesem Kontext wird kein Urheber oder Gremium für diese Norm der Zuständigkeit angegeben. Sie wird so ebenfalls als sakrale Konvention dargestellt.

6.7.2.2 Textstrukturierung durch Kontrastmuster

Ein letzter **herter**-Beleg steht zu Beginn des Opfers für Puemune Pupřice in Tafel III:

(63) IT III 1–3
esunu : fuia : herter : sume : / ustite : sestentasiaru : / urnasiaru:
„Es ist angezeigt (es wird gewollt), dass das Ritual am höchsten Stand der Nonen (des Monats) **urnasiarus** getan werde."

Hier wird der richtige Zeitpunkt für das Opfer festgesetzt, wobei die Angabe einleitend steht und als Quasi-Titel die Funktion hat, zu spezifizieren, um welches Ritual es sich im Folgenden handelt.[190] Auffälligerweise scheint in den *Incipits* (also dem strukturell vergleichbaren Textteil) hethitischer Beschwörungsrituale ebenfalls eine Tendenz zu bestehen, abweichende Direktivausdrücke im Vergleich zum Rest der Anweisungen zu verwenden.[191] Diese Verwendungsweise spezifischer Direktivausdrücke in verschiedenen Textteilen kann evtl. als Element der Textstrukturierung zu verstehen sein. Es werden daher im Folgenden weitere Einleitungssätze besprochen.

In der einleitenden Partie des **huntia**-Rituals auf Tafel IIa findet sich ein weiteres unpersönliches deontisches Verb zum Ausdruck der Notwendigkeit, wodurch evtl. auch hier die einleitende (und vorbereitende) Passage vom Rest der Anweisungen abgehoben wird:

(64) IT IIa 16–17
heriiei : façiu : ařfertur : avis : anzeriates : (…) façia : tiçit
„Mag der Arsfertur opfern wollen,[192] ist es angezeigt, dass er nach Beobachtung der Vögel opfere."

Auch hier liegt mit **tiçit** „es gehört sich/es ist angezeigt, dass" (lat. *decet*) ein unpersönliches deontisches Verb vor. Davon abhängig ist die direktivische Proposition in der 3. Sg. des Konjunktiv Präsens **façia** „er tue" oder auch in der verengten Bedeutung „er opfere". Durch die konjunktionslose Protasis **heriiei façiu** „mag/sollte er opfern wollen" erfolgt die Angabe der Bedingung, welche die Gültigkeit der Anweisung festlegt (vgl. die adressatenkonstituierenden Elemente 6.7.1.2.1.). Im Vergleich zu den vorher besprochenen Beispielen mit **herti** (v.a. der Tafel V) liegt hier aber keine passivische Formulierung oder vergleichbare syntaktische Komplexität vor.

Bei Cato werden präliminare Anweisungen oder titulare Elemente, welche die Gültigkeit und Verbindlichkeit der folgenden Anweisungen konditionieren, ebenfalls häufig mit unpersönlichen deontischen Ausdrücken formuliert, vgl.

(65) Cato *Agr.* 141,1
Agrum lustrare sic oportet
„Es gehört sich, ein Feld folgendermaßen zu lustrieren: …"

---

190 Zur Spezifizierung des kommunikativen Settings als Kontrollstrategie s.u. 7.4.6, außerdem oben schon zur konditionalen Mittelbarkeit durch Titel 6.7.1.2.1.

191 S. noch unten 6.8.4.

192 Zu **heriiei** s.o. Kapitel 6 FN 158; zu den Ausdrücken des eigenen Ermessens s.u. 7.6.1.

(66) Cato *Agr.* 132,1
Dapem hoc modo fieri oportet
„Das Speisenopfer (für Jupiter) ist auf folgende Weise zu vollziehen: …"

Solche Formulierungen sind nicht nur den rituellen Vorschriften vorangestellt, sondern dienen auch bei den landwirtschaftlichen Anweisungen des Lehrbuchs als „Überschriften" einer neuen thematischen Einheit. Es existieren dabei einige Varianten, z. B. mit expliziter Konditionierung durch *ut-* oder *si-*Gefüge und Imperativ II (*ut odoratum bene sit sic facito* 113), mit Imperativ II und kataphorischem *sic* (z. B. *amulum sic facito* 87) oder auch als bloße Nominalphrase (z. B. *propagatio pomorum ceterarumque arborum* 133). In Titeln ritualbezogener Vorschriften ist die unpersönliche Konstruktion mit *oportet* aber die am häufigsten verwendete, womit auch hier eine Kontrastierung zwischen lexikalischem unpersönlichem und morphologischem Direktiv vorliegt.

Insgesamt wirkt der kontrastierende Direktiv-Gebrauch im Titel einerseits und im Anweisungsteil der rituellen Handlungen andererseits, als Element der Textstrukturierung, indem er präliminare Bedingungen oder vorbereitende Handlungen von den Instruktionen der zum Ritual selbst gehörigen Handlungen abhebt.

Daneben möchte ich hier nochmals auf Kontexte verweisen, in denen der Direktivtyp lexikalisch als explizit performativer Ausdruck angegeben wird. Dies ist in einigen Gebetsformeln der Fall, auf die oben bereits im Zusammenhang mit den konjunktivischen Formen kurz hingewiesen wurde (vgl. Kapitel 6 FN 170):

(67) IT VIb 6–7
tio. subocau. suboco. (…) *fons. sir. pacer. sir.*
„Dich rufe ich an als den Angerufenen (…), (dass) du gewogen seist, (dass) du zugewandt seist (…)."

In den Gebeten bei Cato finden sich vergleichbare lexikalische Ausdrücke mit abhängigen Konjunktivformen, die ebenfalls in diesem Sinne zu verstehen sind, vgl.

(68) Cato *Agr.* 134,2
Iupiter te hoc ferto obmovendo bonas preces precor uti sies volens propitius (…)
„Jupiter ich bitte dich mit diesem Opferkuchen gute Bitten, dass du wohlwollend und gewogen seist (…)."

Die besprochenen Beispiele zeigen, dass lexikalische Direktive (meist mit abhängigen Konjunktiven) insgesamt nicht selten in den IT vorkommen, obwohl sie deutlich seltener sind als die kanonischen Formen des Imperativ II. Eine Untersuchung der betreffenden Belege und ihrer Kontexte deutet aus meiner Sicht darauf hin, dass lexikalische Direktive unter spezifischen Voraussetzungen präferiert werden: Zum einen erscheinen sie v. a. in den Anweisungen, die Regelungen der Bruderschaft repräsentieren. Hier dienen sie der Explizierung des autoritätsgebenden Gremiums als Urheber der normativen Inhalte. Dadurch grenzen sie diese Textteile (als eigene Textsorte) von den Ritualanweisungen ab. Lexikalische Direktive weisen in einigen Kontexten auch Eigenschaften auf, die auch eine Interpretation als Höflichkeitsstrategien denkbar machen; z. B. Indirektheit und Komplexität aufgrund mehrfacher Subordination und Depersonalisierung. Innerhalb der Ritualanweisungen werden sie als kontrastive Strategien eingesetzt, um Textstrukturen zu etablieren und Text- und Handlungsteile voneinander abzusetzen. Sie kommen dort dementsprechend seltener vor.

6.7.3 *Pragmatische Direktive in den IT*

Zuletzt sollen einige Ausdrücke angesprochen werden, die im oben (S. 184) eingeführten Sinn als implizit bezeichnet werden können, da sie selbst keine direktiven Sprechakte darstellen, sondern z. B. in partizipialen Fügungen oder in attributiven Angaben eingebettet ausgedrückt werden. Ihr direktiver Gehalt ist also nicht overt, sondern wird als Präsupposition für einen anderen direktiven Akt vorausgesetzt und muss vom Adressaten unter Einbezug seines Vor- oder Fachwissens sozusagen „rekonstruiert" werden. Wie bereits kurz umrissen (S. 205), kann der Hintergrund für solche Ausdrücke einerseits in einem Bedürfnis nach Mitigation der *face*-Bedrohung zu suchen sein. Bei den impliziten Anweisungen, die wir in Ritualtexten finden, ist allerdings häufiger anzunehmen, dass Faktoren wie Ökonomie und Origoexklusivität (Unpersönlichkeit des Ausdrucks) eine Rolle spielen; dass wir es also mit Strategien zur Kondensierung des Textes zu tun haben, die ich in diesem Fall auch als fachsprachentypische Elemente verstehen möchte. Pragmatische oder implizite Direktive sind aus unserer heutigen Perspektive und ohne das entsprechende Fachwissen, deutlich weniger gut zu klassifizieren, dennoch werde ich im Folgenden einige potentielle Beispiele für derartige sprachliche Mittel besprechen.

Eine geläufige Möglichkeit, Anweisungen indirekt zu formulieren, ist ihre Integration in eine logische oder temporale Handlungssequenz,[193] die u. U.

193 Zu Sequenzierung und Abfolge in Instruktionstexten vgl. Wüest 2011: 108.

bereits eine morphologische oder lexikalische Direktivform enthält. Der implizite direktive Akt wird also durch Subordination oder als indefinite Form durch Koprädikation einem overten Direktiv zugeordnet. Auf diese Weise ist der Gesamtcharakter der Äußerung explizit, einzelne Handlungsschritte aber bleiben in Bezug auf verschiedene Gesichtspunkte unterspezifiziert (z.B. Person, Modus, Tempus). Als Beispiel aus verwandten Textsorten können hier Formulierungstypen aus Kochrezepten angeführt werden, die einen präliminaren Handlungsschritt (der ggf. nicht besonders kompliziert ist oder als selbstverständlich betrachtet wird) partizipial integrieren, z.B. „Die geschälten Kartoffeln in Würfel schneiden". In den IT finden wir ebenfalls Konstruktionen wie absolute Ablative, die diesem Schema entsprechen und als implizite Direktive analysiert werden können:

(69) IT III 4
inuk : uhturu : urtes : puntis : frater : ustentuta
„dann sollen die Brüder mit/bei aufgestandenen Gruppen von je 5 den Uhtur einführen/empfangen."[194]

Zu rekonstruieren ist hier eine explizite Sequenz „Dann sollen Gruppen zu je 5 aufstehen und (danach) sollen die Brüder den Uhtur (in die Versammlung) einführen". Durch die Integration als absolute Konstruktion wird eine Verdichtung des Ausdrucks erreicht; möglicherweise wird in diesem Beispiel mithilfe der Vagheit der semantischen Rolle des Ablativus absolutus auch das Problem des Subjektwechsels zwischen „aufstehen" (5er-Gruppen) und „einführen" (alle Mitglieder) vermieden. Eine weitere Möglichkeit ist, dass durch die Subordination oder Einbettung eines Handlungsschrittes eine Hierarchisierung zwischen vorbereitenden (untergeordneten) und exekutiven (zentralen) Handlungen zum Ausdruck kommt.

Ein weiterer Fall mit Partizip im Ablativ ist **aves anzeriates** bzw. *aueis anseriater* „bei/mit/nach den beobachteten Vögeln". Das Lexem[195] erscheint in verschiedenen morphologischen Kategorien, u.a. als expliziter Direktiv im Imperativ I (VIa 4; direkte Rede) und Imperativ II **azeriatu**/*aseriatu* (z.B. Ib 8, VIb 47). In den einleitenden Konditionen des **huntia**-Rituals (Ia 1; IIa 17) findet es sich aber als Partizip eines Ablativus absolutus, ohne weitere Beschreibung

194 S. Weiss 2010: 81–82 zur Bedeutung von **ustentuta**; für ältere Ansätze s. Untermann 2000: 812–813.

195 S. zu den Belegen Untermann 2000: 104–105.

der zugehörigen Handlungen und ohne dass die Form einen vorausgehenden expliziten Direktiv wiederaufnimmt:[196]

(70) IT IIa 16–17[197]
heriiei : façiu : arfertur : avis / anzeriates (...) **façia : tiçit**
„Mag der Arsfertur opfern wollen, ist es angezeigt, dass er nach Beobachtung der Vögel opfere."

Auch die partizipialen Formen des Verbs **prusekatu** (*proseseto*)[198] können als indefinite Verweise auf das Zerteilen des Opfertieres als impliziter Direktiv aufgefasst werden. Sie werden bspw. in der längeren Fassung des *piaculum* in direktive Sprechakte eingebettet, die sich auf das Hinzufügen von Nebengaben (*arsueitu*) oder das abschließende Verteilen des *erus* (*erus dirstu*) beziehen; die so bezeichneten Teile sind demnach nicht nur für die Götter bestimmt. Die indefiniten Formen verweisen nicht auf eine vorher explizierte Anweisung, das Opfertier zu zerteilen; vgl. folgenden Beleg der zum ersten Opfer des *piaculum* (drei männliche Rinder vor dem Trebulaner Tor) gehört und nach der vollständigen Angabe des Gebets an Jupiter Grabovius folgt:

(71) IT VIa 56[199]
seuom. surur. purdouitu. proseseto. naratu. prosesetir. mefa. spefa. ficla. arsueitu
„Auf die gleiche Weise soll er darbringen (und) soll er die abgeschnittenen Teile (Akk.Pl.nt.) (feierlich) erklären. Den abgeschnittenen Teilen (Dat.Pl.nt.) soll er *mefa spefa* und *ficla*(-Gebäck) hinzufügen."

Von dieser ökonomischen Verwendung, die eine Anweisung zum Zerteilen des Fleischs nur präsupponiert,[200] sind Fälle zu unterscheiden, in denen die Partizipien Handlungen wiederaufnehmen, die vorher durch Formen des Imperativ II expliziert wurden, wie im folgenden Beispiel:

---

196 In VIa 1 ist derselbe Ausdruck allerdings titelartig verwendet und wir durch nachfolgende Formen des Imperativ II aufgefächert.

197 S. schon oben Bsp. (64).

198 Zu Interpretation von *proseseto* als *prosecta* vgl. Weiss 2010: 418–419.

199 S. zu diesem Beleg und zur Übersetzung von **naratu** auch Dupraz 2016/17: 189–190.

200 Eine genauere semantische Klärung aller Belege von *pordouito* wäre jedoch nötig, um etwaige semantische Relationen zu *prosesetir* (z.B. durch Hyponymie oder Hyperonomie) völlig auszuschließen.

(72) IT IV 7–8

aseçetes : karnus : iseçeles : et : vempesuntres / supes : sanes : pertentu
„mit den ungeschnittenen und eingeschnittenen (Fleisch-)Teilen, den **vempesuntra**[201] und den unversehrten **supes** sollst du nach vorne bringen (…).“

Die beiden Partizipien **aseçetes** „ungeschnitten“ und **iseçeles** „eingeschnitten“ enthalten dieselbe lexikalische Grundlage „schneiden“ wie **prusekatu** und stellen somit eine partielle Rekurrenz zu dieser Imperativ-Form her.[202] Sie bezeichnen verschiedene Teile des Opferfleischs, die aus einer unmittelbar vorausgehenden Handlungsphase (III 31–IV 6) resultieren, welche drei Schritte des Abschneidens beschreibt: Auf einen Teller sollen jeweils verschiedene Fleischportionen als Opfer für eine Grube im Boden, für Puemune und für Vesuna abgeschnitten werden.[203] Diese Handlungen sind jeweils durch einen expliziten Direktiv wiedergegeben, z. B. **inumek tertiama spanti triia tefra prusekatu** (IV 2) „Dann sollst du auf einen dritten Teller drei Teile hinscheiden“. In diesem Fall sind also explizite Direktive als Antezedenten für **iseçeles** vorhanden (während **aseçetes** implizite, aber semantisch komplementäre Rekurrenz herstellt). Aufgrund der Wiederaufnahme-Verfahren handelt es sich insgesamt nicht um rein pragmatische Anweisungen.

Insgesamt zeigen die besprochenen Beispiele, dass pragmatische oder implizite Direktive weniger leicht als solche zu identifizieren sind. In jedem Fall ist eine eingehende Überprüfung des Kontextes (v. a. des Prätextes) notwendig, um zu beurteilen, ob durch eine indefinite Verbalform eine vorausgegangene Handlung *wiederaufgenommen* oder *präsupponiert* wird. Die Effekte, die sich aus solchen Techniken innerhalb der IT ergeben, lassen sich m. E. eher als ökonomisch denn als *politeness*-orientiert interpretieren und sind damit unter dem Konzept der Kondensierung als fachsprachentypisch einzuordnen.[204]

201 Dabei handelt es sich sicher um eine Ableitung vom Basislexem **persuntru**, das als „Blutwurst“ gedeutet wird (s. Kapitel 5 FN 39). Die Präfigierung mit *ve-* (mit der Funktion, eine Abweichung von der Norm zu bezeichnen, die durch die Ableitungsbasis gegeben ist) ist nach Weiss 2010: 384–397 mit lateinischen Bildungen wie *vēcors* oder *vēsānus* zu vergleichen, bezeichnet also eine von **persuntru** abweichende Zubereitung, wobei im Umbrischen ein Komplex aus **u̯e-* + Suffix **ne* (wie in umbr. *postne*) vorauszusetzen ist.

202 Zu partieller Rekurrenz als Kohärenztechnik s. u. 8.5.2.

203 Vgl. dazu auch in der Korpusbesprechung sowie Dupraz i. D.

204 S. zu verdichtenden Techniken auch noch 8.6.

TABELLE 15 Verteilung der Direktivtypen auf Tafeln

	Ia 1–Ib 9	Ib 10–45	IIa 1–14	IIa 15–43	IIb 1–29
Ritual	**piaculum**	**lustratio**	Ritualheilung	**huntia**	**seme:nies : tekuries**
Impv. II	61	43 + 2[a]	23	58	51
Impv. I	–	4	–	–	–
Konj. Ps.	–	4	–	2	–
lex.	–	–	–	1	–

	III+IV	Va+b	VIa 1–VIb 47	VIb 48–VIIa 54	VIIb 1–4
Ritual	Neujahr	Regeln	*piaculum*	*lustratio*	Regeln
Impv. II	69	4	113 + 43[b]	96 + 36[c]	–
Impv. I	–	–	2	3[d]	–
Konj. Ps.	3	20	2 + 6[e]	1	3
Konj. Pf.	–	–	–		
lex.	1	8	–	1	1

a Aufforderungen an Ritualteilnehmer (direkte Rede).
b Direkte Rede im Gebetstext.
c Direkte Rede im Gebetstext.
d Aufforderungen an Ritualteilnehmer (direkte Rede).
e Direkte Rede im Gebetstext.

6.7.4 *Statistik und Auswertung*

Auf etwa 4400 Wortformen insgesamt entfallen in den IT 646 direktivische Formen. In der folgenden Tabelle sind die verschiedenen Direktivausdrücke und ihre Verteilung auf die Tafeln erfasst; dabei wird in den Angaben zwischen den Direktivausdrücken der Instruktionen und denjenigen der Gebete oder Aufforderungen an Ritualbeteiligte in direkter Rede unterschieden:

Hinsichtlich der Sprechakte ergibt sich ein absolutes Vorherrschen der Direktive gegenüber anderen Typen, die indikativische Formen beinhalten und assertiven oder deklarativen Charakter besitzen. In der unten stehenden Tabelle unterscheide ich unabhängige (Imperativ I; Imperativ II; unabhängige Konjunktive) und abhängige direktive Sprechakte (lexikalische Direktive mit abhängigem Infinitiv oder Konjunktiv) von assertiven oder deklarativen Hauptsätzen im Indikativ einerseits und Nebensätzen verschiedenen Typs (v.a. relativ, temporal, konditional oder indefinit) andererseits. Die Propositionen der Nebensätze stellen keine Sprechakte für sich dar, sondern sind dem Sprech-

TABELLE 16 Verteilung der Sprechakte auf Tafeln

Tafel	Ia 1–Ib 9	Ib 9–45	IIa 1–14	IIa 15–43	IIb 1–29
Direktive[a]	61	49	23	59	51
nicht-direktive HS	1	1[b]	0	2[c]	1[d]
nicht-direktive NS	3	10	4	2	6
Sprechakte gesamt	62	50	23	61	52
finite Verben gesamt	65	60	27	63	58
Tafel	**III+IV**	**V a+b**	**VIa 1–VIb 47[e]**	**VIb 48–VIIa 54**	**VIIb**
Direktive	72	22	115+54 (Gebet)	119+22 (Gebet)	3
nicht-direktive HS	0	2[f]	4+25 (Gebet)	1+11 (Gebet)	0
nicht-direktive NS/ abhängige Infinitive	4	13	27+36 (Gebet)	24+2 (Gebet)	6
Sprechakte gesamt	72	24	199	147	3
finite Verben gesamt	76	46	239	169	9

a Auch elliptische Fälle werden gezählt, wenn die direktive Lesart eindeutig ist (z. B. durch Parallelstellen mit Verb in direktivem Modus).
b Es handelt sich um die Kolophon-Angabe.
c Davon einmal die Kolophon-Angabe.
d Direkte Rede im Gebetstext.
e In den Gebeten von *piaculum* und *lustratio* finden sich besonders viele Ausdrücke ohne finites Verb (z. B. [*subocau*] und [*fetu*] *pusi neip heritu*).
f Es handelt sich um die deklarativen Hauptsätze der *praescriptiones*.

akttyp ihres jeweiligen Hauptsatzes bzw. übergeordneten Prädikats zuzurechnen. Sie nehmen keinen Einfluss auf das Verhältnis von direktiven zu assertiven Sprechakten; dennoch verringern sie die Dichte direktiver Formen, indem sie diese durch bestimmte Informationen (z. B. zum zeitlichen Nacheinander) spezifizieren oder ergänzen. Unabhängige assertive oder deklarative Hauptsätze, die in den Instruktionen, aber auch in Gebetstexten auftreten können, sind aber die einzigen nicht-direktiven Sprechakte.

Die Übersicht ergibt ein Verhältnis von 650 : 48 der direktiven gegenüber den assertiven Sprechakten. Dabei ist noch zu berücksichtigen, dass in den langen Versionen des *piaculum* und der *lustratio* die während des Rituals zitierten Gebete vollständig ausformuliert enthalten sind und dass ein großer Teil nicht-direktiver Sprechakte innerhalb dieser Passagen als deklarative Formel (z. B. *subocau suboco* „ich rufe [dich/Name der Gottheit] als Angerufenen an“)

vorliegt. Auch Direktive finden sich innerhalb der Gebetstexte (in Form von Bitten an die Götter) oder innerhalb der direkten Aufforderungen zwischen den Ritualbeteiligten. Abzüglich der Sprechakte innerhalb direkter Rede sowie der beiden Kolophone ergibt sich ein Verhältnis von 568 : 9 und somit ein 98,4 %iges Vorherrschen direktiver Sprechakte in den Instruktionsteilen der IT. Ein so hoher Anteil direktiver Sprechakte ist, selbst im Vergleich mit Verteilungen in modernen Fachtexten wie Werkstatthandbüchern oder Betriebsanleitungen (vgl. nochmals Abb. 15 auf S. 212) enorm und spricht für einen hohen Grad an Fachlichkeit und Funktionsbezogenheit.

6.7.5 *Verteilung der Direktivausdrücke in den IT*

Anhand der Tabellen und unter Berücksichtigung der besprochenen Gesichtspunkte von Sprechakttheorie, Autoritätsgrundlagen, Ausdrucksökonomie und *politeness strategies* lassen sich aus meiner Sicht verschiedene Schlussfolgerungen aus dem umbrischen Material gewinnen:

Zunächst fällt bei der Verteilung der Verbformen auf, dass finite Verbformen, die keine Direktive repräsentieren, sich nur in zwei möglichen Kontexten finden. Einerseits stehen sie als indikativische Formen in verschiedenen Nebensätzen (relativ, konditional, temporal), die entsprechende Zusatzinformationen zur Verfügung stellen und meist mit einer direktivischen Apodosis verbunden sind.[205] Besonders prominent sind temporale oder konditionale (auch indefinit-konditionale) Nebensätze, in denen eine Voraussetzung ausgedrückt wird, unter der ein im Hauptsatz formulierter Direktiv gültig ist. Oft dienen sie gleichzeitig zur Strukturierung des Textes bzw. der durch die Textstruktur repräsentierten Handlungsphasen des Rituals. Die finiten Formen der Nebensätze stehen i.d.R. im Futur II der 2. oder 3.Sg. Aktiv (seltener Pl. oder Medio-Passiv) und können daher auch dazu dienen, die Personenreferenz des Imperativ II im Hauptsatz zu desambiguieren, vgl.

(73) IT VIb 23–24

ape. habina. purdinśus. eront. poi. habina. purdinsust. destruco. persi. uestisia et. persondro. sorsom. fetu

„Wenn er die Lämmer dargebracht haben wird, soll derjenige, der die Lämmer dargebracht haben wird, zu seinem rechten Fuße *uestisia* und eine *persondro*(-Wurst) opfern."

205 Zu den Nebensatztypen und ihrer Häufigkeit s.u. 8.5.6.4.

Temporale Nebensätze im Futur I drücken nicht vorzeitige, sondern gleichzeitige Relationen aus; im folgenden Beispiel wird durch den Nebensatz außerdem eine neue Handlungsphase (die *immolatio* des Kalbs) eingeführt:[206]

(74) IT IIb 27

pune : anpenes : krikatru : testre : e uze : habetu

„Während du es (das Kalb) immolieren wirst, sollst du den Gürtel über der rechten Schulter tragen."

In einigen Fällen finden sich solche Nebensätze auch mit einem Verb im Indikativ Präsens, z. B. der 3.Pl. in folgendem Beleg, der zwei Handlungen als zeitlich parallel kennzeichnet:

(75) IT Ib 1–2

vukukum : iuviu : pune : uvef : furfaϑ : tref : vitluf : turuf : / marte : huřie : fetu

„Im Hain des Jupiters, während sie die Schafe zerlegen,[207] sollst du dem Mars Hodius drei männliche Kälber opfern."

Die nicht-direktiven Verbformen sind in den betreffenden Kontexten meist einem übergeordneten direktiven Sprechakt unterstellt, dessen Gültigkeit, Zeitpunkt oder Agens sie durch zusätzliche Informationen bestimmen, einschränken oder modifizieren. Auch in modernen Fachtexten lässt sich eine (gegenüber Nicht-Fachtexten) erhöhte Frequenz von konditionalen,[208] aber auch von temporalen[209] Inhaltsrelationen bei Satzverknüpfungen nachweisen. Zu berücksichtigen ist hier zusätzlich, dass der prozessbezogene Charakter der Anweisungen (anders als moderne wissenschaftliche Fachtexte) besonders die Sequenzierung der einzelnen Handlungsschritte und Explizierung ihrer zeitlichen Relationen bedingt. Daher finden sich in Kochrezepten oder Betriebsanleitungen z. T. ähnliche Konstruktionsmuster wie in den Ritualtexten.[210]

---

206 Zu diesem Unterschied s. u. 8.5.6.4.2.

207 Das Verb erscheint in der Parallelstelle nochmals als *furfant* (VIb 43) und ist eindeutig 3.Pl. Indikativ Präsens. Vgl. Untermann 2000: 302–303. Zur Interpretation als „zerlegen" s. Meiser (2013), der den Anschluss an die Wurzel *$*b^herH$-* (o. ä.) „schneiden, mit scharfem Werkzeug bearbeiten" zeigt. Die umbr. Form wäre als Denominativum zu einem Substantiv *$*b^hor(H)$-d^hh_1-o-* (o. ä.) „Zerlegung" zu verstehen.

208 Roelcke ^{3}2010: 89.

209 Czicza et al. 2012: 22–23.

210 Vgl. Beispielsätze wie „Wenn das Wasser zu kochen beginnt, Pulver einrühren" oder „Ist das

Andererseits stehen finite, indikativische Formen in echten assertiven und deklarativen Sprechakten, also in Hauptsätzen. In diesen Kontexten stellen sie einen klaren Kontrast zu den Handlungsanweisungen dar und es scheint, dass diese Kontrastierung durch Modus und Sprechakttyp auch zur Textstrukturierung herangezogen werden kann. So finden sich indikativische Hauptsätze, welche im Indikativ Präsens vorangestellte Angaben über Ort und Zeit oder Bedingungen eines Rituals machen:

(76) IT IIa 15
katle : tiçel : stakaz : est (…)
„Dem Welpen(opfer) ist ein Tag festgesetzt (…)."

oder abschließende deklarative Formeln bilden, in denen das Ritual im Futur II als abgeschlossen erklärt wird:

(77) IT VIIa 45
enom. purditom. fust[211]
„Dann wird es (das Opfer) dargebracht worden sein."[212]

Daneben stehen assertive Indikative in den beiden Kolophonangaben (Ib 45 und IIa 44), die Auskunft darüber geben, dass Lucius Tetteius die Anfertigung des jeweiligen Textes veranlasst hat. Diese Angaben stehen allerdings als metatextliche Informationen in gewisser Weise ohnehin außerhalb der Instruktionen:

(78) IT Ib 45
kvestre : tie : usaie : svesu : vuvçis titis teteies
„Lucius Tetteius, Sohn des Titus, hat in seiner Quästur (dieses Dokument/die Tafel) herstellen lassen."[213]

Zuletzt sind hier noch die bereits oben bzgl. Bsp. (52) angesprochenen *praescriptiones* der Tafel V zu nennen, welche mit **eitipes** „beschließen" ein Verb der

Antiblockiersystem in Betrieb, erscheint die Leuchtanzeige Nr. 7"; dazu Roelcke ³2010: 86. Dazu auch noch ausführlicher unter 8.5.6.

211 Ebenso VIb 42.

212 Deklarative Formeln dieser Art können in einigen Fällen auch im Imperativ II stehen „dann soll es dargebracht gemacht sein" **purtitu futu** (z. B. IIa 43; IV 31). Zu der Annahme, dass die Imperativ-Formen hier pragmatisch als Deklarative zu gelten haben, s. Dupraz i. D.

213 S. bereits oben Bsp. (10) und FN 21 in Kapitel 5 bzw. Bsp. (54) mit FN 175 in Kapitel 6.

3.Pl. Perfekt enthalten und die nachfolgenden, meist konjunktivischen Regelungen einleiten.

Die genannten Beispiele für Assertive und Deklarative (man könnte in diesem Kontext auch von „Approbativen" sprechen)[214] fallen durch ihre besondere Platzierung am Anfang oder am Ende einer zusammengehörigen Reihe von Vorschriften auf. M.E. können sie somit dazu beitragen, die Anweisungen zu strukturieren, indem sie vorbereitend das Setting für das jeweilige spezifische Ritual festlegen oder seinen Abschluss markieren; im Falle der *praescriptiones* können sie auch explizit auf die spezifische Autorität der folgenden Regeln verweisen. Durch den unterschiedlichen Modus sind sie besonders deutlich von den Handlungsanweisungen abgehoben; die abgrenzende Wirkung ist besonders dann von Vorteil, wenn auf einer Tafel das Ende eines Rituals mit dem Beginn eines nächsten zusammentrifft (wie z.B. IIa 14/15 oder VIb 47/48).[215]

In der Übersicht (Tabelle 16) habe ich bereits darauf hingewiesen, dass in den Tafeln VIa–VIIa (im Unterschied zu den kürzeren Fassungen in Ia und b) auch die dort z.T. ausformulierten Texte der Gebete von den Ritualanweisungen unterschieden werden müssen: Sie entsprechen der direkten Rede, die der Priester selbst im Ritual an die Gottheiten richtet, also einer ganz anderen Kommunikationssituation. Sie enthalten eine größere Zahl von indikativischen Hauptsätzen mit explizit performativen und/oder deklarativen Charakter. Ein typisches Beispiel hierfür ist die im Zusammenhang mit Bsp. (67) bereits erwähnte Formel:

(79) IT VIa 22–23

teio. subocau. suboco / dei. graboui. ocriper. fisiu. totaper. iouina. erer. nomneper. erar. nomneper

„Dich, den als Jupiter Grabovius angerufenen, rufe ich an zugunsten der fisischen Burg (bzw. Stadt), zugunsten des Stadtstaates Iguvium, für deren Namen, für dessen Namen."

(80) IT VIa 33–34

di. grabouie. tio. eso. bue / peracri. pihaclu. ocriper. fisiu. totaper. iouina. erer. nomneper. erar. nomneper. di. grabouie. tio. subocau

„Jupiter Grabovius, dich mit diesem mehr als einjährigen Rind als Entsühnungsopfer für die fisische Burg (bzw. Stadt), für den Stadtstaat Iguvium, für deren Namen, für dessen Namen. Jupiter Grabovius, dich rufe ich an."

214 Das gilt auch für die seltenen deklarativ verwendeten Imperativ II-Formen; s. Kapitel 6 FN 212.

215 An diesen Stellen treten weitere graphische Markierungen von Textende bzw. -anfang hinzu; z.B. Zeilenwechsel und längeres *uacat*. S. dazu Belfiore/Dupraz in Vorbereitung.

welche, wie hier im *piaculum*, ein Gebet als Einleitung und Abschluss rahmt.[216] Insofern kann auch diese Formel zur Strukturierung bzw. Abgrenzung der Textteile beitragen, indem sie den folgenden Sprechakt explizit als Gebet markiert und von den Instruktionen abgrenzt; auch die Vokativformen tragen zu dieser deutlichen Markierung bei (da sowohl die Instruktionen als auch die Bitten an die Götter im Imperativ II stehen, scheint mir eine anderweitige formale Abgrenzung an dieser Stelle zumindest sinnvoll).

6.7.6 *Direktivausdrücke in den Iguvinischen Tafeln: Fazit*

In den vorangehenden Abschnitten habe ich gezeigt, dass die umbrischen Ritualanweisungen der Iguvinischen Tafeln mehrere Merkmale aufweisen, die auch für moderne Fachtexte mit instruktiver Funktion charakteristisch sind. Der begrenzte Umfang informierender assertiver Sprechakte, die daraus resultierende signifikante Frequenz an direktiven Sprechakten[217] und die z.T. sehr ökonomisch gestalteten morphologischen und pragmatischen Direktive sprechen dafür, dass sich die Anweisungen an hochspezialisierte Adressaten richten. Außer durch Ökonomie zeichnen sich die Imperativ-Formen der Ritualanweisungen als morphologische Direktive auch durch ihre syntaktische Unmittelbarkeit aus, was für einen kontextuell niedrigen Höflichkeitsdruck spricht. Dieser resultiert einerseits aus der Tatsache, dass in den Instruktionen weder definite, konkrete Adressaten, noch definite, konkrete Urheber greifbar sind: Erstere werden funktional (durch Titel- oder Zuständigkeitsangabe) referenziert, letztere treten sprachlich nicht in Erscheinung. Dadurch wird ein deaktualisierter, depersonalisierter und perpetueller Gültigkeitsbereich der Normen erzeugt. Als Sprecher bzw. Schreiber der Texte sind ebenfalls Priester anzunehmen, die sich mit den Adressaten auf einer Ebene befinden und das gemeinsame Fachwissen teilen. Auch dieser Aspekt trägt zur Ökonomie der Gestaltung bei. Dennoch sind die Priester nicht Urheber der enthaltenen Normen: Die autoritative Grundlage für die direktiven Akte, welche die rituelle Praxis betreffen, ist in der religiösen Verbindlichkeit selbst verankert. Durch die Strategie der Origoexklusivität bzw. formalen Sprechertilgung kann diese normbezogene Autorität und Verbindlichkeit auch auf sprachlicher Ebene repräsentiert werden. Diese Merkmale bzw. ihre Kombination legt m.E. eine Einordnung als Textsorte mit hohem Fachlichkeitsgrad nahe, gerade auch im Vergleich mit den Ergebnissen der modernen Fachsprachenforschung zu ver-

216 Zur Bedeutung dieser Formeln für die Konstitution der Gottheit als rechtmäßiger bzw. zuständiger Adressat des gesamten Rituals s.u. 7.4.1.1.

217 Z.B. im Vergleich zu didaktischen Prosatexten des Lateinischen; vgl. Gibson 1997 mit statistischer Untersuchung.

gleichbaren Textsorten. Auffällig ist schließlich auch die interne Differenzierung der IT, die, wie ich demonstriert habe, anhand der Direktivausdrücke auch auf sprachlicher Ebene festgestellt werden kann. Im Ganzen enthalten die Tafeln nämlich drei verschiedene Textsorten mit direktiver Illokution, aber je unterschiedlichen Kommunikationsbedingungen und -ebenen. Neben den Instruktionen zur Durchführung der Rituale, sind ebenfalls Regelungen enthalten, die von der Gemeinschaft der Brüder beschlossen (**eitipes**) wurden. Diese andersartige Normgrundlage kommt in der Explizierung der Autorität durch lexikalische Direktive und/oder durch die Wahl syntaktisch oder pragmatisch abhängiger Direktive im Konjunktiv[218] zum Ausdruck. Teilweise korrespondieren diese durch ihre Indirektheit und Komplexität auch mit Höflichkeitsstrategien. Als dritte direktive Textsorte sind in den ausführlichen Versionen von *piaculum* und *lustratio* Gebete enthalten. Diese repräsentieren ein völlig anderen Urheber-Adressaten-Verhältnis (Priester an Götter), das sich ebenfalls sprachlich auswirkt: Rahmende performative Direktivausdrücke grenzen diese Partien von den Instruktionen ab und markieren den direktiven Subtyp „Bitte/Gebet“. Durch die Verwendung des Imperativ II sind die Direktive ebenfalls unmissverständlich gestaltet; Ökonomie durch implizite Direktive entfällt hier aber. Zuletzt können unterschiedliche Direktivausdrücke bzw. der Kontrast von direktiven und assertiven Sprechakten ebenfalls als Elemente der Textstrukturierung innerhalb der Ritualinstruktionen identifiziert werden.

6.8 Direktivausdrücke und Textillokution in den hethitischen Ritualtexten

Eine vergleichende Betrachtung der hethitischen Ritualtexte bzgl. der dortigen Verwendung und Verteilung von Direktiven ist reizvoll, da im Prinzip ähnliche pragmatische und kommunikative Bedingungen für die Texte gelten. Interessant für die Fragestellung nach der sprachlichen Gestaltung der Anweisungen ist dabei aber zugleich der Umstand, dass im Hethitischen ein anderes Kategorienspektrum des Verbums zur Verfügung steht als im Lateinischen und Umbrischen.[219]

---

218 Die Regelungen in VIIb 1–4 stehen im Konjunktiv, sind aber offenbar nicht einem Matrixverb syntaktisch untergeordnet. Dennoch ist (mit Risselada 1993: 456) von einer grundsätzlich größeren Abhängigkeit des Konjunktivs im Vergleich zu den Imperativformen auszugehen.

219 Das hethitische Verbalsystem weicht ebenfalls vom Vedischen oder Griechischen ab, welche lange die Hauptgrundlage für die Rekonstruktion des urindogermanischen Systems

TABELLE 17 Hethitisches Imperativparadigma

	Imperativ	
	mi-Konjugation	*ḫi*-Konjugation
1.Sg.	-(*a*)*llu*, (-*li*, -*lut*)	-*allu*
2.Sg.[a]	- Ø	- Ø
	(Sonderfälle: -*i*, -*t*)	(Sonderfall: -*i*)
3.Sg.	-*d*/*tu*	-*u*
1.Pl.	-*weni*, -*wani*	
2.Pl.	-*ten*	
3.Pl.	-*and*/*tu*	

a S. zu den selteneren Endungsvarianten auf -*i* und -*t* Hoffner/Melchert 2008: 182.

6.8.1 *Direktive Verbalkategorien des Hethitischen*

Gerade das Modusspektrum des Hethitischen verfügt nur über einen Teil der morphologischen Kategorien, die in den Ritualinstruktionen der Iguvinischen Tafeln und bei Cato eingesetzt werden. So existiert bspw. nur ein Satz von Imperativformen, die allerdings ein vollständiges Personenparadigma bilden, vgl. Hoffner/Melchert 2008: 182 (Tabelle 17).

Dabei stellt die 1.Sg. faktisch einen Voluntativ dar, vgl. die Beispiele in Hoffner/Melchert 2008: 313–314.

(81) KUB 14.11+ Rs. III 19′–20′
nu ⸢SISKUR⸣ *ŠA* [f][[D]*ma-a-l*]*a i-ia-al-lu*
na-at-kán a-aš-š[*a-nu*]*-ul-lu*
„Und ich will das Ritual für den Fluss Māla ausführen und es vollenden."

Formal identisch mit der Form des Indikativ Präsens ist die hortativ gebrauchte 1.Pl. des Imperativs, die sich oft nur durch entsprechende Partikeln (wie *ehu!*) oder kontextuell als Direktiv (Hortativ) identifizieren lässt. Die endungslose

bildeten. Die Frage, ob im Hethitischen ein Abbau bereits vorhandener grundsprachlicher Kategorien vorliegt oder ob diese in einem Stadium nach der Abspaltung des Anatolischen erst aufgebaut wurden, ist maßgeblich an den Überlegungen zu einer „indo-hittite hypothesis" beteiligt. Zum diesbezüglichen Stand der Forschung s. Rieken 2018.

2.Sg. geht auf den indogermanischen Imperativ I und ist damit formal eindeutig vom Indikativ Präsens zu unterscheiden.

(82) KUB 21.27+ Vs. II 14
nu-mu ᴰUTU ᵁᴿᵁPÚ-*na* GAŠAN-*IA* *ka-a-ri ti-ia nu-mu iš-ta-ma-aš*
„Gib mir nach, Sonnengöttin von Arinna, meine Herrin! Höre mich!"

Funktional wird sie ebenso wie die 2.Pl. (die aber formal identisch mit der entsprechenden Form des Indikativ Präteritum ist) zum Ausdruck verschiedener Direktivtypen und in unterschiedlichen Funktionsbereichen verwendet (z.B. Bitten/Gebete, Anweisungen, Ratschläge). Eine Differenzierung muss also durch den Kontext und ggf. durch explizite Spezifizierung des Illokutionstyps erfolgen, z.B. durch performative Verben wie „ich bitte" o.ä.[220] Die 3.Sg. und Pl. Imperativ sind ebenfalls formal distinkt und dienen nach Hoffner/Melchert (2008: 314) zum Ausdruck von Handlungsaufforderungen, die gegenüber einer 2. Person (dem direkten Adressaten der Aussage) über dritte Personen (den eigentlichen Adressaten der Aufforderung) geäußert werden. Diese Charakterisierung ist in Bezug auf bestimmte Textsorten noch zu spezifizieren; so verweist Miller (2011; 2013) in seiner Untersuchung der „royal instructions and related administrative texts"[221] auf den Effekt von Allgemeingültigkeit, den diese politisch-administrativen Anweisungen durch die formale Adressierung der 3.Sg./Pl. erhalten. Hier besteht eine Gemeinsamkeit mit der Verwendung der 3.Sg. des Imperativ II in lateinischen Gesetzen und in Teilen der IT. Miller hält es sogar für möglich, dass es sich bei jüngeren Textbeispielen mit Adressierung der 2.Sg./Pl. (zunächst?) um sekundäre Aktualisierungen bzw. Personalisierungen der Regeln für konkrete Anlässe und Adressaten handelt.[222] Zur

220 Zur expliziten Spezifizierung der Sprechakte in den hethitischen Gebeten s.u. 7.4.6.

221 „Instruktionstexte" sind im Hethitischen eine eigene Textsorte, die von den Ritualanweisungen inhaltlich und formal klar abgegrenzt ist. Unter diese Kategorie fallen die als *isḫiul-* („Vertrag/Verpflichtung") und *lingai-* („Eid") bezeichneten Texte, welche verbindliche Anweisungen des Königs an Untergebene oder Vasallen darstellen, wobei die Verbindlichkeit ggf. durch religiös begründete Praktiken (Schwören) hergestellt wird. Vgl. Miller 2011: 193–194 und 2013: 1–6. Dabei wird jeweils die funktionale Heterogenität der Textklasse hervorgehoben. Wenn in dieser Untersuchung von Ritualinstruktionen oder instruktiven Passagen in Ritualtexten die Rede ist, soll damit nicht ausgedrückt werden, dass diese den hethitischen (königlichen) Instruktionstexten zuzuordnen wären.

222 In diesem Sinne jedenfalls Miller 2011: 198–202, wo anhand der Verteilung von Formen der 2. und 3. Person Rückschlüsse auf die Textentstehung der Anweisungen für die Grenzposten-Gouverneure (CTH 261) gezogen werden. Ich halte es für denkbar, dass die Zuordnung von Allgemeingültigkeit und Aktualisierung sich ursprünglich so verteilt hat; andererseits spricht die Tatsache, dass z.B. die Instruktionen für Priester und Tempelpersonal

Verteilung von Person und Modus in den königlichen Instruktionstexten fasst er wie folgt zusammen:

> These texts and text passages (…) are often spoken by the superior – usually, but not always, the king – to his subordinates in the 2nd sg. or 2nd pl., but are nearly as often styled in an impersonal 3rd sg. or pl., either in the imp. or the (pres.-)fut., the latter often carrying the force of the imp. (Thus one occasionally will see a verb translated as an imperative, though the Hittite verb is formally a pres.-fut.).[223]

Dabei ist besonders der Hinweis interessant, dass sich in manchen Fällen auch der Indikativ Präsens(-Futur) in den Vorschriften findet, der als Direktiv verstanden und in der Übersetzung mit dem Imperativ wiedergegeben wird.

6.8.2 *Modusgebrauch in den hethitischen Ritualtexten*

Dies ist besonders deshalb von Interesse, weil die hethitischen Ritualtexte (Feste und Beschwörungen; s. Kapitel 4) v.a. im Indikativ Präsens formuliert sind.[224] Der Imperativ hingegen wird innerhalb der Ritualtexte nur für Äußerungen gebraucht, die als direkte Rede konzipiert sind: einerseits für unmittelbar auszuführende Anweisungen in direkten Ansprachen zwischen Ritualbeteiligten, die damit selbst Teil des Rituals sind. Dies entspricht der Verwendung des Imperativ I in den lateinischen und umbrischen Ritualtexten. Andererseits wird er in den an die Götter gerichteten Gebeten oder in analogischen Formeln verwendet, die ebenfalls einen Wunsch bzw. eine Aufforderung des Sprechers repräsentieren.[225] Dieser zweite Anwendungsbereich ist in den umbrischen und lateinischen Ritualen durch den Imperativ II abgedeckt.

Auch in den hethitischen Ritualtexten liegen also verschiedene Äußerungsebenen und Kommunikationskontexte vor. Wenn man annimmt, dass die Handlungsbeschreibungen der Rituale ebenfalls direktive Illokution besitzen (dazu noch unter 6.8.3) und dass sie als allgemeingültige Anweisungen von den Direktivausdrücken der direkten Rede differenziert werden sollen, ist ein formaler Kontrast mit nur einer verfügbaren Modalform des Verbs nicht auf

---

durchgängig in der 2. Person formuliert sind (und es ist anzunehmen, dass diese trotzdem als allgemeingültige Anweisungen behandelt wurden) dafür, dass diese Perspektive möglicherweise für bestimmte Texte konventionalisiert wurde.

223 Miller 2013: 6–7.

224 Die damit in Zusammenhang stehende Diskussion um den deskriptiven oder präskriptiven Charakter der Texte wird weiter unten in Abschnitt 6.8.3 ausführlich besprochen.

225 Für eine ausführliche Behandlung der textgrammatischen Gestaltung des persönlichen Gebets bei den Hethitern s. Daues/Rieken 2018.

die gleiche Weise möglich. Dies betrifft besonders die Differenzierung in mittelbare und unmittelbare Direktive, die wir im Lateinischen und Umbrischen feststellen konnten. Des Weiteren besitzt das Hethitische keinen morphologischen Konjunktiv oder Optativ als Modi zur Darstellung fiktiver, potentieller oder irrealer Sachverhalte, welche als Direktive gebraucht werden könnten.[226] Auch ein morphologisches Futur steht nicht als alternativer, nicht-kanonischer Direktivmodus zur Verfügung; der Infinitiv zeigt keine Tendenz zur direktiven Verwendung. Somit ist das morphologische Spektrum zur Wiedergabe von Abstufungen und Nuancen innerhalb ritueller Anweisungstexte eingeschränkt im Vergleich z. B. zum Umbrischen. Die Differenzierungsmöglichkeiten durch verbale Kategorien beschränken sich nach Ausweis der Untersuchungen Millers auf die grammatikalische Person und die einfache Unterscheidung zwischen Imperativ und Indikativ Präsens. Dass die Handlungsteile der hethitischen Ritualtexte durchweg im Indikativ Präsens formuliert sind,[227] hat Auswirkungen für eine Analyse der Textfunktion: Ein zentraler sprachlicher Indikator der Textfunktion, nämlich Modus bzw. Satztyp ist hier formal unterspezifiziert und gibt keine eindeutige Auskunft. Unter diesen Umständen ist auch eine Bestimmung als Fachtext über Typ und Frequenz formaler Direktive (nach dem Vorbild von Göpferich 1996; vgl. Abb. 15 und Abb. 16) problematisch.

6.8.3 *Textillokution der hethitischen Ritualtexte*

Die beschriebene Situation hat sich auf die Untersuchung der hethitischen Ritualtexte dahingehend ausgewirkt, dass der präskriptive Charakter der Texte oft grundsätzlich in Frage gestellt wurde. Es besteht eine beträchtliche Uneinigkeit über die grundlegende Funktion der Texte: Handelt es sich dabei überhaupt um Anweisungen – und nicht eher um Beschreibungen, Akten oder Protokolle? Und wenn doch, wie sind diese Anweisungen dann zu charakterisieren bzw. auf welche Weise kamen sie konkret zum Einsatz?

6.8.3.1 Offene Gestaltung der Beschwörungsrituale

Für eine Interpretation als Präskripte hat sich in jüngster Zeit in mehreren Publikationen Christiansen ausgesprochen.[228] Ihre zentralen Argumente für

226 Zum Ausdruck von Potentialis und Irrealis, aber auch Sprecher- oder Subjektwunsch wird die modale Partikel *man* mit einem Verb im Indikativ verwendet; vgl. Hoffner/Melchert 2008: 314–315.

227 Seltene Ausnahmen sind Formen im Indikativ Präteritum in spezifischen Sprechakten; s. u. 6.8.4.

228 Christiansen 2019; 2016; 2007; 2006; daneben außerdem (in Grundlegendem ähnlich) Miller 2004.

eine Auffassung der hethitischen Beschwörungsrituale als Anweisungen werden im Folgenden zusammengefasst wiedergegeben.

Demnach weisen verschiedene textinterne Kriterien zumindest den Großteil der hethitischen Beschwörungsrituale „der Form und Funktion nach als Anweisungstexte (…) und nicht als Protokolle oder Schilderungen vollzogener Rituale" aus.[229] Die einzelnen Punkte korrespondieren z.T. mit den bereits am Beispiel des Umbrischen und Lateinischen besprochenen Eigenschaften von Ritualanweisungen und lassen sich auch gemessen an diesem Vergleichsmaterial befürworten:

a) Beschwörungsritualtexte beginnen mit einem als konditionale Fügung formulierten *Incipit*, das die jeweilige *Ritualindikation* angibt, also den Anlass für die Durchführung des Rituals. Die Formulierung dieses Anlasses deutet meist darauf hin, dass das Ritual immer wieder unter der entsprechenden Bedingung angewendet werden kann.[230]

b) Der Ritualmandant wird nicht als konkrete, definite Person genannt, sondern durch einen allgemeinen Begriff bezeichnet; entweder sumerographisch EN.SISKUR bzw. akkadographisch *BĒLU* „(Ritual-)Herr" oder aber DUMU.LÚ.U$_{19}$.LU „Sterblicher" und UN-*aš* „Mensch", letzteres als sumerographische Entsprechung von heth. *antuḫša-* „Mann/Mensch". Das Ritual kann dadurch für eine beliebige Person durchgeführt und (z.B. durch Einfügen eines Namens) *ad-hoc* angepasst werden.[231] Diese Praxis ist als sprachlich-formaler Indikator für Allgemeingültigkeit bzw. Wiederverwendbarkeit eines Textes zu verstehen und spricht damit gegen eine Interpretation als bspw. Dokumentation *einer* konkreten und definiten Situation.[232]

---

229 Christiansen 2007: 96; die im Folgenden nach Christiansen 2007 zitierten Punkte korrespondieren mit den in Christiansen 2006 breiter ausgeführten Argumenten und ebenfalls mit denjenigen in Miller 2004 (vgl. die entsprechenden Verweise).

230 Vgl. Miller 2004: 500–505; Christiansen 2006: 124.

231 Vgl. Miller 2004: 505–506; Christiansen 2006: 123–125.

232 Spezifischere Funktionsbezeichnungen wie LUGAL „König" oder sogar die Nennung ganz bestimmter Personen als Ritualmandanten sind selten, können aber durchaus als Ergebnis der Anpassung einer allgemeinen Vorlage interpretiert werden. Im Fall des sogenannten „Entsühnungsrituals für Tutḫaliya und Nikkalmati" (KBo 15.10+) legt Christiansen überzeugend dar, dass es sich wahrscheinlich um eine komplexe Kompilation verschiedener Textteile unterschiedlicher Funktion handelt: „So sprechen mehrere Indizien dafür, dass am Anfang des Redaktionsprozesses eine oder mehrere Ritualanweisungen standen, die noch keinen konkreten Ritualanlass und Ritualherrn nannten. Durch entsprechende Veränderung der Rezitationen wurden dann Texte hergestellt, die auf den (…) spezifischen Anlass zugeschnitten wurden" (Christiansen 2007: 102). Damit läge eine sukzessive

c) Durch Konstruktionen wie „entweder … oder“ bzw. „wenn … dann …“ werden Optionen in Bezug auf verschiedene Elemente des Rituals zugelassen. Diese Gestaltung legt nahe, dass der Ritualtext grundsätzlich so konzipiert ist, dass er den jeweiligen Umständen angepasst werden kann. Ein deutliches Beispiel ist das Ritual der Tunnawi, welches durch die Wahl männlicher oder weiblicher Opfertiere für männliche oder weibliche zu behandelnde Personen anwendbar ist.[233]

d) Die rituellen Handlungen werden im Präsens wiedergegeben, d.h. der vorherrschende Illokutionstyp ist formal wenig spezifiziert (im Vergleich zu explizit direktivischen Modi). Bei einem kontextuellen oder konventionalisierten Verständnis als Direktiv ist von einer allgemeingültigen, generischen Lesart des Präsens auszugehen („immer wenn x, dann macht man y“). Diese korrespondiert mit den bereits genannten Indikatoren sowie mit der Charakterisierung des Präsens als nicht-kanonischer Direktiv unter 6.4.1.5.[234] Die sich daraus ergebenden Eigenschaften der Mittelbarkeit und Perpetualität entsprechen denen des Imperativ II im Umbrischen bzw. Lateinischen.

Zum Punkt d) ist zu bemerken, dass das Präsens und besonders der Modus Indikativ als sprachliche Indikatoren einer präskriptiven Textillokution für sich allein genommen nicht ausreichend spezifiziert scheinen.[235] Dies ist sicher einer der Hauptgründe, warum die präskriptive Funktion dieser Texte innerhalb der Hethitologie umstritten ist. Andererseits widerspricht das Präsens einer solchen Textillokution auch nicht, was z.B. bei einem Vergangenheitstempus der Fall wäre.[236] Kontextuell ist das Präsens, gerade bei unpersönlicher und allgemeingültiger Formulierung, grundsätzlich für direktivische Lesungen offen, wie wir an Beispielen aus modernen Sprachen sehen können; vgl. nhd. „Man spricht nicht mit vollem Mund“, „Man schaut sich an, wenn man miteinander redet“. Auch in temporalen oder konditionalen Gefügen ist dies möglich: „Du wartest hier, bis ich dich abhole“. Gerade in der Diskussion um indirekte

formale Anpassung eines ursprünglichen Anweisungstexts an einen Bericht oder ein Protokoll vor.

233 Vgl. KUB 7.53+ Vs. I 11–18. S. zu diesem Punkt Miller 2004: 496–505; Christiansen 2006: 123. Zu optionalen Ausdrücken s.a. 7.6.1.

234 Vgl. Miller 2004: 483–485; Christiansen 2006: 125.

235 Auch hinsichtlich moderner Werbetexte (wie „Sicher fahren – VOLVO fahren“) wird die Tatsache diskutiert, dass hier gerade keine explizite sprachliche Indizierung der Appell-Funktion durch entsprechende Modi oder Partikeln stattfindet; vgl. Brinker ^{8}2014: 113–114.

236 Vgl. die auch aufgrund des Tempus eindeutig als Dokumentation charakterisierten Arvalakten.

Sprechakte wird immer wieder die Tatsache thematisiert, dass verschiedene Sprechakttypen im entsprechenden Kontext als Direktiva interpretiert werden können.[237] Es sei daher nochmals daran erinnert, dass Satzmodus bzw. verbaler Ausdruck als Indikator des Sprechhandlungstyps keine eindeutigen oder alleinigen Zeugen sind (s. o. 6.2).

Die Feststellung einer allgemeingültigen, direktivischen Lesart des Indikativ Präsens ist daher in Abstimmung mit weiteren sprachlichen und kommunikativen Faktoren und besonders mit dem jeweiligen Kontext möglich (soweit dieser erschließbar ist).[238]

6.8.3.2 Offene Gestaltung der Festrituale

Die genannten Indikatoren und Schlussfolgerungen sind nicht nur auf die „individuellen" Beschwörungsrituale beschränkt. Indefinite oder funktionsbasierte Bezeichnung von Akteuren, optionale Formulierungen von Handlungsschritten und die Angabe von notwendigen Voraussetzungen oder Rahmenbedingungen finden sich ebenso in Festritualen, z. B. im Incipit des KI.LAM-Festes:[239]

(83) KBo 19.128+ Vs. I 1–5[240]
ma-a-an ^{É}*ḫa-le-en-tu-u-wa*
ḫa-aš-ša-an-zi LUGAL-*uš ú-ez-zi*
na-aš-šu ^{GIŠ}GIGIR-*it na-aš-ma*
^{GIŠ}*ḫu-lu-ga-an-ni-it I-NA* É-*TIM* ⸢GAL⸣
pa-iz-zi
„Wenn man das *ḫalentuwa*-Gebäude öffnet, kommt der König und fährt entweder mit einem leichten Wagen oder mit einer Kutsche zum Palast."

Derartige konditionale Titelangaben lassen sich auch in den offiziellen, jährlichen Ritualen der IT (also im gleichen Kontext) feststellen. Dort treten sie in Kombination mit formal eindeutigen Direktiven auf, was die Interpretation der hethitischen Beispiele als konditionierte Direktive zusätzlich unterstützt. Auch moderne rituelle Anweisungstexte zieht Christiansen als typologische Stütze dieser Argumentation heran: Als Vergleich dient dabei u. a. das 1970 fest-

237 Vgl. z. B. Sökeland 1980: 13 mit Beispielen.
238 Verschiedene Hinweise auf den Kontext liefern Textbelege aus den Ritualen selbst; vgl. Schwemer 2016 und s. u. Bsp. (84) und (85).
239 Weitere Beispiele in Christiansen 2016: 37–39.
240 Vgl. Otten 1971: 2–3.

gelegte *Missale Romanum* der deutschen katholischen Kirche.[241] In einer vergleichenden Gegenüberstellung mit Passagen des KI.LAM-Festes wird gezeigt, dass zentrale Charakteristika in völlig entsprechender Weise vorliegen. Besonders die Tatsache, dass der moderne Messtext sehr voraussetzungsreich ist und keinesfalls alle Handlungsdetails zur Verfügung stellt (ganz genauso wie die IT), ist auch für das Hethitische aufschlussreich.[242] Vielmehr geht der Text von einem entsprechenden Vorwissen und hohen Spezialisierungsgrad der Adressaten aus. Vergleichbar sind zudem weitere Details, wie der Gebrauch spezifischer Fachterminologie und das bloße „Anzitieren" (d.h. Wiedergabe der ersten Worte oder der ersten Zeile) der liturgischen Texte.[243] Bemerkenswert im Vergleich mit dem Hethitischen ist außerdem die Verwendung des Präsens mit klar präskriptiver Lesart (vgl. Christiansen 2016: 46–49). Der Vergleich kann auch dafür sprechen, dass die Multifunktionalität, also der Einsatz als Kultanweisung *und* als Kultregulierung bzw. -administration, die Wahl eines nicht-kanonischen und nur konventionalisiert direktivischen Modus wie dem Indikativ Präsens begünstigt hat.

6.8.3.3 Konkreter Einsatz der Ritualtexte

Auch wenn der Anweisungscharakter der Texte akzeptiert ist, bestehen Uneinigkeiten über den konkreten Einsatz bzw. die konkrete Funktion der Anweisungen sowie über das Verhältnis zwischen *Ritual* und *Ritualtext*. Eine wichtige Rolle spielt dabei die Frage nach den Umständen der Verschriftlichung der Texte. Diese Fragestellung resultiert aus der Tatsache, dass die Schreiber der Texte nicht mit den Personen identisch waren, welche die Rituale anwendeten und/oder konzipierten.[244] Einerseits wird diesbezüglich die Ansicht vertreten, dass die Rituale als „Textbücher" für die direkte Anwendung im Ritual

241 Dessen Textfunktionen werden so charakterisiert: „Es dient dabei zum einen den Priestern und anderen Kultakteuren dazu, sich den Ablauf des Gottesdienstes und der zugehörigen Riten einzuprägen, um sie korrekt auszuführen. Zum anderen kommt ihm auch eine regulierende Funktion zu, indem es den Vollzug der zentralen Elemente der Messfeier für alle Gemeinden verbindlich festlegt" (s. Christiansen 2016: 41).

242 Die unzureichende Detailgenauigkeit wurde im Falle der hethitischen Ritualtexte als weiteres Argument gegen eine präskriptive Funktion und einen praktischen Einsatz als „Rollenbuch" oder „Regie-Anweisung" gewertet, so v.a. Klinger, der sich für eine Bestimmung der Festritualtexte als „Verlaufsprotokolle" und „Verwaltungstexte" ausspricht; vgl. Klinger 2007: 80; 2002: 96–97 und bereits 1996: 728–729.

243 Zu solchen verkürzten Zitaten im Hethitischen und Umbrischen s.u. 8.6.3.3.

244 Einen kurz gefassten Abriss dieser Diskussion und der unterschiedlichen Standpunkte mit Schwerpunkt auf den Beschwörungsritualen bietet Christiansen (2006: 14–18); eine ausführlichere Gegenüberstellung der Forschungspositionen bzgl. der Festrituale findet sich in Christiansen 2016: 31–35.

verschriftlicht worden seien (so z.B. Hutter 1988; Bryce 2002).[245] Andererseits wurde auch ihr Einsatz als didaktische Literatur zur theoretischen Ausbildung von Ritualexpertinnen und -experten vorgeschlagen (z.B. Engelhard 1970). Insgesamt ablehnend gegenüber der Annahme einer anwendungsbezogenen Nutzung der Texte äußert sich Klinger (vgl. Kapitel 6 FN 242). Hinweise zur Klärung des Bildes liefert bzgl. der Festritualtexte Schwemer (2016: 1–29) mit Belegen, die darauf hindeuten, dass die Texte durchaus verschiedene Funktionen erfüllten. Sie wurden demnach sowohl während der Rituale als Hilfe für den korrekten Ablauf eingesetzt als auch zur Kultregulierung und -administration:[246]

(84) KUB 10.45 Rs. III 12′–14′ (vgl. Kümmel 1967: 46)[247]
LUGAL-*uš-ma-kán ma-aḫ-ḫa-an* UD-*ti-li*
ši-pa-an-za-ke-ez-zi nu GIŠ.ḪUR
$^{LÚ.MEŠ}$DUB.SAR.GIŠ *ḫar-kán-zi*
„Aber die GIŠ-Schreiber haben eine Schreibtafel (darüber), wie der König an jedem Tag opfert.“

Aufschlussreich ist in diesem Zusammenhang auch die folgende Textstelle:

(85) KUB 20.59+ Rs. V 2–6[248]
nu DINGIR^{MEŠ} *ḫu-u-ma-an-ti-u*[*š*]
ka-lu-ti-it-ti ḫal-z[*i-iš-š*]*a-i-ma-aš-kán*
^{LÚ}DUB.SAR *tup-pí-i*[*a-az*]
UDU$^{ḪI.A}$-*kán ku-*⌜*e*⌝-[*d*]*a-aš A-NA* DINGIR[^{MEŠ}]
ši-pa-an-z[*a-ká*]*n*$^{?}$*-ta*
„Alle Götter beopfert er der Reihe nach. Ein Schreiber aber li[e]st [aus] einer Tafel, welchen Gottheiten Schafe geop[fe]rt[249] sind.“

---

245 D.h. als direkte Gedächtnisstütze für die Ritualhandelnden bei der konkreten Durchführung der Handlungen.

246 Anhand der Beispiele wird auch deutlich, dass unterschiedliche Schriftträger für die Ritualtexte in Gebrauch waren; ein Punkt, der auch für eine Beurteilung des Verschriftlichungs-, Redaktions- und Archivierungsprozesses relevant ist.

247 Eine Outline-Tafel über Thronbesteigungs-Zeremonien; vgl. Schwemer 2016: 20.

248 Vgl. Popko/Taracha 1988: 90–91, 94. Es handelt sich an dieser Stelle um Angaben zum 29. Tag des AN.DAḪ.ŠUM^{SAR}-Festes; vgl. auch Schwemer 2016: 20.

249 Oder „zu opfern sind“? Eine direktivische Interpretation des Partizips legt Schwemers Übersetzung („to which deities the sheep are to be offered“) nahe; diese erscheint im vorliegenden Kontext recht attraktiv.

Im Rahmen einer funktionalen Analyse der althethitischen Manuskripte des KI.LAM-Festes widmet jetzt Burgin 2019 der Diskussion um den Sitz im Leben der Festritualtexte ausführliche Überlegungen. Auch er befürwortet die Auffassung eines multifunktionalen, wenigstens teilweise administrativen Gebrauchs der Texte.[250] Burgin selbst erweitert diese administrativ-praktische Perspektive um eine wichtige Hypothese, die sich in erster Linie auf die Tatsache bezieht, dass die erhaltenen Festritualtexte sowohl bzgl. der vertextlichten Handlungsschritte als auch bzgl. ihrer Detailgenauigkeit stark voneinander abweichen können. Die gleichzeitige inhaltliche Stabilität und Konformität der Festrituale und ihrer Handlungselemente selbst veranlassen ihn zu der Annahme einer „multi-perspective/multi-user theory". Diese besagt, dass „the variation in detail between texts was not random, but according to the intended use and/or user of the text" (Burgin 2019: 11).[251] Diese Auffassung lässt sich gut mit der Binnendifferenzierung von Fachtexten in verschiedene Fachtextsorten vereinbaren,[252] die ebenfalls mit einer spezifischen sprachlichen Gestaltung und textuellen Konzeption korreliert.

6.8.3.4 Textillokution der hethitischen Ritualtexte: Zusammenfassung

Die unter 6.8.3 besprochenen Argumente, der Vergleich mit den Ritualtexten des Umbrischen und die Berücksichtigung fachsprachlicher Modelle sprechen für eine Einordnung der hethitischen Ritualtexte als verfahrensbezogene und unter definierten Bedingungen gültige Vorschriften für Spezialisten.[253] Der Gebrauch nicht-modaler Kategorien, z. B. des Indikativ Präsens, lässt sich auch in anderen Sprachen und ebenfalls in modernen Anweisungstextsorten zur Wiedergabe direktivischer Sprechakte finden;[254] hier ist also von einer implizit

250 So zuletzt Christiansen (2016) und Schwemer (2016). Gemeint ist der Einsatz zur Vorbereitung und Planung der Festrituale durch Vorab-Instruktion und Schulung der Beteiligten – im Gegensatz zu dem für Burgin weniger vorstellbaren *ad-hoc* Gebrauch während des Ritualablaufs, aber v. a. auch im Gegensatz zu einer rein dokumentarischen Funktion.

251 Die Existenz multipler Perspektiven resultiert demnach aus der praktischen Notwendigkeit „to prepare for, plan out, and (mentally?) rehearse complex, multi-lateral action in theory and practice, with the differently abbreviated texts meant to be consulted in partitura to proof the festival action" (Burgin 2019: 11).

252 Vgl. Kapitel 2.

253 Dies stimmt auch mit der Aussage der Ritualvorschriften in anderen altorientalischen Kulturen überein; die Strukturen von konditionaler Protasis und folgender Handlungsanweisung sind für die betreffenden Textsorten verbreitet. Vgl. bspw. zu den akkadisch-babylonischen Traumritualen Butler 1998 und Zgoll 2006.

254 Vgl. Denizot 2011: 420–439 zum direktivischen Gebrauch von Indikativ Präsens und Futur im Altgriechischen; besonders bemerkenswert ist in diesem Zusammenhang auch der

oder konventionell direktivischen Lesart auszugehen.[255] Dabei ist zu beachten, dass bei einer direktivischen Interpretation von Verben im Indikativ Präsens der Agens der Proposition mit dem Adressaten des Direktivs zu identifizieren ist.[256] Man kann hier von Handlungszuweisungen durch die formale Assertion einer Handlung sprechen. In diesem Zusammenhang ist die Wahl der grammatikalischen Person des Direktivausdrucks von besonderem Interesse, da dadurch verschiedene Perspektivierungen möglich sind.

Anhand der Beispieltexte soll daher auch überprüft werden, ob die Beschränkung im Bereich der modalen Direktivausdrücke durch alternative Faktoren ausgeglichen wird; d.h. ob und wie die vorhandenen Ausdrucksmittel zur Differenzierung bestimmter Textsorten oder zur Binnenstrukturierung der Texte eingesetzt werden.

6.8.4 *Direktivausdrücke und Textfunktion der Beschwörungsrituale*

Bei der Beurteilung von Textfunktion und -einsatzbereich spielen auch im Hethitischen die Verbformen, mittels derer die Ritualhandlungen wiedergegeben werden, eine zentrale Rolle. Tempus und Modus sind in den Ritualinstruktionen semantisch-funktional unmarkiert und besitzen v.a. kontextuelle Bedeutung. Daneben sind aber auch die Kategorien Person und Numerus am finiten Verb ausgedrückt und verdienen Beachtung. Diese verbalen Kategorien sind auch bereits für verschiedene Klassifizierungen der Beschwörungsrituale herangezogen worden; z.B. von Haas im Rahmen der These, die ^{MUNUS}ŠU.GI-Ritualistinnen seien durch Schreiber des hethitischen Hofes interviewt oder sogar verhört worden.[257] Die Argumentation basiert z.T. auf der Feststellung, dass in diesen Ritualen „überwiegend" die 1.Sg. gebraucht werde – im Gegensatz zu den Ritualen der männlichen AZU-Priester, welche stets in der 3.Sg. formuliert seien. Wie Miller anhand eines Überblicks über die Verbalformen der in Hattuša archivierten Beschwörungsrituale belegt (Miller 2004: 488–492), ist die Feststellung einer solchen Einheitlichkeit der Personalformen in den ŠU.GI-

Wechsel des Imperativ II mit dem Indikativ Präsens in den römischen *Censoriae tabulae* (s.o. 5.1).

255 Übereinstimmung herrscht auch hierin mit akkadisch-babylonischen Ritualvorschriften, die ebenfalls in größerem Umfang indikativische Formen in appellativer Lesart einsetzen (gegenüber selteneren Fällen von Prekativ- und Imperativ-Formen). Vgl. bspw. die in Maul 1994 besprochenen Namburbi-Rituale (z.B. 484–494) und die von Zgoll 2006 edierten Traumrituale.

256 Im Unterschied dazu resultiert die formale Subjektlosigkeit kanonischer Imperative aus einem Zusammenfall von Agens und Adressat der Proposition.

257 Möglicherweise, so klingt es an, um Kontrolle über ihre Praktiken zu erlangen. Vgl. Haas 1987–1990: 242 und ähnlich 2003: 17.

Ritualen gegenüber denen der AZU-Priester zumindest stark verallgemeinernd. Vielmehr ist zur richtigen Erfassung der Situation eine stärkere Binnendifferenzierung der Texte notwendig; diese korreliert mit den Wechseln von Person (und Numerus) der verwendeten Verbalformen.[258] Anhand der Aufstellung in Tabelle 18 ist ersichtlich, dass die 1.Sg. Präsens v.a. den Incipits und Kolophonen der Texte zuzuordnen ist, wohingegen im Handlungsteil meist ein Wechsel in die bzw. mit der 3.Sg. Präsens stattfindet.[259] Im Vergleich zur Originaltabelle werden hier nicht alle Informationen wiedergegeben:[260]

TABELLE 18 Personalformen in Beschwörungsritualen (nach Miller 2004: Tabelle 19)

Text[261]	**Ritualist/in**	**Person/Tempus der Verbformen**[262]		
		Incipit	**Text**	**Kolophon**
(1) KUB 59.71 // (5) KUB 24.13 //	Allaituraḫḫi (f)	1.Sg.Ps.	3.Sg.Ps.	1.Sg.Ps.
KBo 12.85++ //	Allaituraḫḫi (f)	[...]	3.Sg.Ps.	[...]
KUB 41.21 //	Allaituraḫḫi (f)	[...]	3.Sg.Ps	–
KBo 12.126++ //	Alli (f)	1.Sg.Ps	3.Sg.Ps.	[...]
KBo 27.108+ //	Anna (f)	1.Sg.Ps.	1.Sg.Ps.	–
KBo 11.14 //	Ḫantitassu (f)	3.Sg.Ps.	3./2.Sg.Ps.	–
KBo 15.25	Ḫatiya (f)	1.Sg.Ps.	1.Sg.Ps.	1.Sg.Ps.
KBo 39/8 //	Maštigga (f)	1.Sg.Ps. (lp)[263]	3.Sg.Ps.	1.Sg.Ps.

258 S. Miller 2004: 485–486.

259 Die Angabe zum Handlungsteil bezieht sich nach Miller „as far as is feasible, only to the principal performer(s) of the ritual" (Miller 2004: 488 FN 829). Dadurch werden z.B. Handlungswechsel zwischen Hauptakteur und Mandant oder untergeordneten Akteuren (die alle die 3.Sg. zeigen können) nicht erfasst. Die Passagen in direkter Rede werden ebenfalls ausgeklammert.

260 Miller 2004: 488–492. Die Tabelle enthält nur Rituale, die explizit einem Urheber oder einer Urheberin zugeschrieben sind; die Angaben zum Herkunftsort und Titel wurden hier weggelassen.

261 Durch // wird auf Duplikat(e) verwiesen; Nummernangaben in Klammern vor der Textangabe geben Tafelnummern in Serien an; für weitere Informationen zu den Texten s. die Originaltabelle mit Fußnoten.

262 Miller ignoriert die Verbformen in der Protasis der Ritualindikationen in Incipit und Kolophon (die i.d.R. in der 3.Sg. stehen).

263 Wenn auch die Liste der Paraphernalia in der 1.Sg. Präsens wiedergegeben wird, ist dies durch (lp) angegeben.

TABELLE 18 Personalformen in Beschwörungsritualen (nach Miller 2004: Tabelle 19) (*fortges.*)

Text	Ritualist/in	Person/Tempus der Verbformen		
		Incipit	Text	Kolophon
KUB 17.26 //	Maštigga (f)	[...]	3.Sg.Ps.	1.Sg.Ps.
KBo 22.109	Maštigga (f)	1.Sg.Ps. (lp)	3.Sg.Ps.	1.Sg.Ps.
KUB 58.79 //	Maštigga (f)	[...]	3.Sg.Ps.	1.Sg.Ps.
KUB 9.27++	Paškuwatti (f)	1.Sg.Ps.	1.Pl.Ps.	[...]
KBo 3.8+ //	Wattiti (f)	[...]	3.Sg.Ps.	–
(1)KBo 12.106+ // (3)KUB 7.57+ //	Zuwi (f)	1.Sg.Ps	1.Sg.Ps.	1.Sg.Ps.
(1)KUB 7.33+ // (2)KBO 35.104 //	Ašdu (f)	1.Sg.Ps.	3.Sg.Ps.	1.Sg.Ps.
(3)KBo 44.54++ // (4)KBo19.144+ // KUB 24.14 //	Ḫebattarakki (f)	1.Sg.Ps.	1.Sg.Ps.	1.Sg.Ps.
KBo 41.6+ //	Mallidunna (f)	1.Sg.Ps.	1./3.Sg.Ps.	–
KBo 19.145 //	Šalašu (f)	[...]	1.Sg.Ps.	1.Sg.Ps.
KUB 35.28 //	Šilalluḫi (f)	[...]	3.Sg.Ps.	3.Sg.Ps.
KUB 35.18 //	Kuwatalla (f) & Šilalluḫi (f)	1.Pl.Ps.	1. 1.Pl.Ps. 2. 3.Sg.Ps	3.Pl.Ps.
(1)KUB35.24++ // (3)KUB 32.9++ //	Kuwatalla (f)	[...]	3.Sg.Ps.	1.Sg.Ps.
KUB 7.53+ //	Tunnawiya (f)	3.Sg.Ps. (1p)	3.Sg.Ps.	–
(1)KBo 21.1+ // (2)KUB 9.34 // (4)KBo 21.6 //	Tunnawiya (f)	1.Sg.Ps. (1p)	3.Sg.Ps.	3.Sg.Ps.
KBo 17.62+63	Tunnawiya (f)	[...]	3.Sg.Ps.	–
(1)KUB 9.4++ // (5)HT 6+ //	(Tunnawiya) –	[...]	3.Sg.Ps.	3.Pl.Ps.
KUB 32.129++ //	Kuwanni (f)	1.Sg.Ps. (1p)	1./3.Sg.Ps.	[...]
VBoT 24(1) //	Anniwiyani (f)	1.Sg.Ps. (1p)	3.Sg./Pl.Ps. 1.P.Ps.	3.Pl.Ps.
VBoT 24(2) //	Anniwiyani (f)	1.Sg.Ps.	1.Sg.Ps. 3.Pl.Ps.	3.Pl.Ps.
KBo 3.8+ //	Ayatarša (f)	1.Sg.Ps.	1./3.Sg.Ps	3.Sg.Ps.
KBo 15.1 //	Ummaya (f)	[...]	1./3.Sg.Ps.	–

TABELLE 18 Personalformen in Beschwörungsritualen (nach Miller 2004: Tabelle 19) (*fortges.*)

Text	Ritualist/in	Person/Tempus der Verbformen		
		Incipit	Text	Kolophon
KUB 9.25	Ambazzi (f)	1.Sg.Ps.	1./3.Sg.Ps.	–
KUB 43.59+	Seḫuzzi (f)	1.Sg.Ps.	1.Sg.Ps.	[...]
KBo 11.11 //	Uruwanda (f)	1.Sg.Ps.	1.Sg.Ps.	[...]
KUB 7.2 //	Pupuwanni (f)	–	3.Sg./Pl.Ps.	–
KUB 56.55 //	Ilī-ma-abī (m) Arzakiti (f)	–	3.Pl./Sg.Ps.	3.Pl.Ps.
KUB 9.32+ //	Asḫella (m)	1.Sg.Ps.	1.Sg.Ps. 1.Sg./Pl.Ps.	–
KUB 45.3(+)	Giziya (m)	–	3.Sg.Ps.	–
KUB 7.29 //	Iyarri (m)	3.Pl.Ps.	3.Sg./Pl.Ps.	[...]
HT 1 //	Uḫḫamuwa (m)	1.Sg.Ps.	3.Sg./Pl.Ps.	–
KUB 30.26 //	Zelliya (m)	1.Sg.Ps.	1.Sg.Ps.	–
KBo 23.1++ //	Ammiḫatna (m) Tulbi (m) & Mati (m)	–	3.Sg./Pl.Ps.	–
KBo 5.1	Papanikri (m)	3.Pl.Ps.	3.Sg.Ps.	–
KBo 5.2 //	Ammiḫatna (m)	1.Sg.Ps. (1p)	3.Sg.Ps.	1.Sg.Ps.
KUB 29.4+ //	[...] & [ ] Ulippi (m)	3.Sg.Ps.	3.Sg.Ps. (3.Pl.Ps.)	–
KBo 32.176	Walkui (m)	3.Sg.Ps.	1.Sg.Ps.	1.Sg.Ps.
KUB 7.54 //	Dandanku (m)	3.Pl.Ps.	3.Sg./Pl.Ps.	–
KUB 4.2 //	Ḫuwarlu [m]	3.Pl.Ps.	3.Sg./Pl.Ps.	–
KUB 7.54 //	Maddunani (m)	3.Pl.Ps. (1.Sg.Ps.)	3.Pl.Ps.	3.Pl.Ps.
KBo 11.2 //	Muwalanni (m)	3.Sg.Ps.	3.Sg.Ps.	[...]
KUB 9.31 //	Zarpiya (m)	3.Sg.Ps.	(1.Sg.Ps.) 3.Sg.Ps.	3.Sg.Ps.
KUB 9.2 //	Dakuya (m) Ašnunigalli (m) Mati (m)	3.Pl.Ps.	3.Pl.Ps.	[...]
KUB 30.35+ //	Iriya (m)	1.Sg.Ps.	3.Sg./Pl.Ps. 2.Sg.Ps.	1.Sg.Ps.
KBo 15.1 //	Puliša (m)	–	3.Sg./Pl.Ps.	–

TABELLE 18 Personalformen in Beschwörungsritualen (nach Miller 2004: Tabelle 19) (*fortges.*)

Text	Ritualist/in	Person/Tempus der Verbformen		
		Incipit	Text	Kolophon
KUB 7.14 //	Puriyanni (m)	1.Sg.Ps.	1.Sg.Ps.	1.Sg.Ps.
KUB 35.54 //	Puriyanni (m)	3.Sg./Pl.Ps.	3.Sg.Ps.	[...]

Die Tabelle zeigt in der Tat ein Vorherrschen der 1.Sg. in Incipit und Kolophon der Rituale der ŠU.GI-Ritualistinnen, während in denjenigen der männlichen AZU-Priester auch in diesen Textteilen die 3. Person deutlich häufiger ist. Im Handlungsteil weisen allerdings beide Ritualtypen vorwiegend Handlungszuweisungen in der 3. Person auf; hier lässt sich also kein so deutlicher Unterschied feststellen. Die Tabelle gibt allerdings weniger differenziert Auskunft darüber, ob ausschließlich die oder der verantwortliche Ritualhandelnde als Referent der Handlungen in der 3.Sg.Ps. zu gelten hat, ob der Agens häufiger wechselt und welche anderen Handlungsträger beteiligt sind. Diese Faktoren sind für die Frage relevant, ob mit Ko-Adressierungen der Anweisungen und einem dadurch ggf. inhomogenen Adressatenkreis zu rechnen ist. Auch die Anteile an direkter Rede und das damit verbundene Vorkommen der 1.Sg. im Handlungsteil sind nicht berücksichtigt.

Der in Miller 2004 vertretenen Annahme, dass es sich bei den Personenwechseln so wie bei anderen Inkonsistenzen dieser Texte um Fehler handelt, die im Zuge einer Komposition aus verschiedenen Ritualen zustande gekommen seien,[264] widersprechen Marcuson 2016 bzw. Marcuson/van den Hout 2015. „Kohärenzstörungen" wie die Wechsel von 1. und 3.Sg. seien eher als Kom-

264 Vgl. Miller 2004: 240 speziell in Bezug auf die Maštigga-Rituale. Diese Schlussfolgerung deckt sich auch mit Christiansens Beurteilung der „Kohärenzstörungen" innerhalb der Ambazzi-Tradition: Einige durch den Ritualkontext nicht erklärbare Personenwechsel (besonders 3.Sg./Pl. des oder der Ritualherren) werden auf die redaktionelle Bearbeitung im Zuge der schriftlichen Transmission der Rituale zurückführt (z.B. 2006: 113–122 und 244–247). Als Konsequenz klassifiziert Christiansen (2006: 126) die Ambazzi-Texte als Teil gelehrter Schreibtradition außerhalb der tatsächlichen Ritualpraxis. Vgl. aber zu einer späteren Revidierung dieser Beurteilung Christiansen 2019: 56 FN 30. Hier spricht sich die Autorin klar gegen die „schreiberliche Gelehrsamkeit" als primären Sitz im Leben dieser Texte aus und räumt die Wahrscheinlichkeit ein, dass sie „unter anderem als Textvorlage bei der Ausführung von Ritualen sowie zur Ausbildung von angehenden Ritualexpert(inn)en gedient haben".

memorationsfehler der Ritualistinnen zu beurteilen, die z.B. in einer Diktat-Situation an Schreiber weitergegeben worden sein könnten. Sie wären demnach v.a. bei einem Übergang von mündlicher zu schriftlicher Texttradition entstanden, stellten aber keine Indikatoren dafür dar, dass der betreffende Text nur literarische und keine praktische Funktion besessen habe. Marcuson geht also davon aus, dass „the presence of inconsistencies in the ritual texts should not preclude their inclusion in the realm of Hittite ritual practice".[265]

M.E. besteht auch die Möglichkeit, dass den scheinbaren Inkonsistenzen wenigstens teilweise bewusste Gestaltungsprinzipien mit pragmatischen Funktionen zugrunde liegen. Daher soll die Verwendung der verbalen Personenkategorie in den Beschwörungsritualen versuchsweise vor dem Hintergrund der Textsortendifferenzierung in den IT betrachtet werden. Dort wurde zwischen Anweisungen mit inhärenter, norm-basierter Autorität und solchen mit konkreter, gremien-basierter Autorität unterschieden. Diese Unterscheidung erfolgte formal durch den Einsatz distinkter Direktivausdrücke und die Tilgung bzw. Explizierung des Sprechers bzw. Urhebers. Es scheint zumindest erwägenswert, dass im Hethitischen das formale Element der Personenkategorie eine ähnliche funktionale, textsortenspezifische Bedeutung besitzt, die v.a. mit der Perspektive der 1. Person zusammenhängt. Eine weitere funktionale Ausbeutung abweichender Direktivausdrücke betrifft in den IT die Textstrukturierung durch Kontrastformen. Auch diesem Prinzip soll hier nachgegangen werden. Bemerkenswert ist in diesem Zusammenhang Millers Hinweis, dass die AZU-Priester weniger stark als Autoren und Autoritäten ihrer Rituale in Erscheinung treten.[266] Oft sind sie in einem bestimmten Tempel tätig und unterstützen Ritualmandanten, die dorthin kommen um die jeweilige Gottheit zu verehren. Die Rituale selbst überschneiden sich mit der regulären oder okkasionellen Kultpraxis der Tempel und repräsentieren so möglicherweise weniger individuell geschaffene Praktiken als allgemeingültige sakrale Normen. In dieser Hinsicht stehen sie daher den Festritualen nahe. Formal korrespondiert diese Charakteristik mit der Tatsache, dass meist durchgehend die 3.Sg. gebraucht wird. So entsteht keine individuelle Perspektive, sondern eine allgemeingültige, ohne Betonung der eigenen Autorität.

Die ŠU.GI-Ritualistinnen treten hingegen explizit als Urheberinnern der jeweiligen Praxis auf und diese individuelle, konkrete Autorisierung wird auch perspektivisch betont: Sowohl die Autorisierungsformel mit *UMMA* und konkreter Namensnennung als auch die Indikationsangabe (und ggf. Ritualzurüs-

265 Marcuson 2016: 26.

266 Vgl. zu den folgenden Punkten Miller 2004: 486.

tung) in der 1.Sg. markieren diese Besonderheit auf sprachlicher Ebene. Es ist dabei durchaus vorstellbar, dass die Angaben zu Autorschaft der Beschwörungsrituale zumindest ab einem gewissen Punkt konventionalisiert waren, so dass sie auch sekundär, z. B. im Zuge der schriftlichen Erfassung der verschiedenen Ritualtraditionen, ergänzt werden konnten; vgl. die Überlegungen, die bereits Miller (2004) zu diesem Thema anstellt:

> To lend their composition legitimacy, they would have attributed them to Tunnawiya, who had perhaps lived some generations before, at which time she had acquired a name as a worthy ritualist. Whether some of the material from their archives in fact was to be directly traced to Tunnawiya herself is more difficult to ascertain, and should not be categorically excluded.[267]

Die Angabe der Urheberschaft nimmt insofern auch eine textsortenbezogene Rolle ein, als mit dem Namen einer Expertin die Wirksamkeit des Verfahrens legitimiert oder untermauert werden konnte.[268] Dies stellt ein verbindendes Element zu anderen autoritätsbasierten Textsorten, wie königlichen Beschlüssen, Briefen und Verträgen, dar.[269] Auch Marcuson (2016: 29–31) erkennt darin die Funktion, „to imbue the text with the necessary authority, and to ensure its efficacy“. Miller (2004: 496) bezeichnet die *UMMA*-Formel in ihrer Funktion dementsprechend auch als „tool of attribution“ und nicht als Indikation dafür, dass die Ritualistin im jeweiligen Moment die Worte tatsächlich spricht.[270]

In der spezifischen Gestaltung gerade der einleitenden Textteile könnte demnach eine ähnliche Explizierung einer individuellen Normautorität vorliegen wie in den *praescriptiones* der lateinischen *lēgēs* und Senatsbeschlüsse oder den Regelungen der Tafel V der IT. Dies soll keine Vergleichbarkeit dieser Textsorten als solche implizieren; auch die Beschwörungen der ŠU.GI-Ritualistinnen stellen ja sakrale Praktiken dar. Die explizite Autorisierung und individuell-

267 Miller 2004: 522; zu dieser These auch Marcuson 2016: 21–22 und 28–32.

268 Gleichzeitig beinhaltet dieses Gestaltungsprinzip eine Differenzierungsmöglichkeit zu den Texten der Festrituale; s. dazu 6.8.5.3.

269 Auch die Beschlüsse der Bruderschaft *Atiedia* teilen das Merkmal der expliziten Autoritätsangabe mit römischen Rechtstextsorten wie den *lēgēs* und den Senatsbeschlüssen; s. o. 6.7.2.1.

270 Diese Auffassung vertritt auch Hutter (2012: 156): „In den Ritualtexten scheint *UMMA* im Incipit ebenfalls die 'Autorität' des (fiktiven) Verfassers des Rituals mit diesem formelhaften Beginn auszudrücken, ohne jedoch – anders als in den Briefen, die eine Rede (vgl. das *Verbum dicendi* im Imperativ) wiedergeben – den folgenden Ritualtext als Rede zu charakterisieren“.

konkrete Perspektivierung der Beschwörungen könnte allerdings auch hier zur bewussten Differenzierung von Ritualtextsorten und zur formalen Bezeichnung einer spezifischen Normgrundlage eingesetzt worden sein. Dafür spricht auch die Tatsache, dass bei den Hethitern eine konzeptuelle Unterscheidung zwischen Beschwörungen und Festritualen bestand; sie stellen also keine bloß wissenschaftlichen Kategorien dar. Die Frage, ob es sich bei den genannten Urheberinnen um reale oder fiktive Personen handelt, ist für eine Charakterisierung der autoritären Grundlage der Anweisungen als individuell und konkret nicht unbedingt relevant. Die Abgrenzung von Instruktionen mit inhärenter Normautorität wäre in beiden Fällen gegeben. Im Folgenden wird dieser Ansatz anhand einer differenzierten Analyse der Verwendung von Personenkategorien und dadurch referenzierter Ritualakteure in einigen Beispieltexten überprüft.[271]

6.8.4.1 Das Ritual der Anniwiyani (CTH 393)[272]

Das Ritual der Anniwiyani besteht aus zwei relativ deutlich voneinander abgegrenzten Teilen.[273] Neben der konditionalen Ritualindikation und der generischen Bezeichnung des Ritualmandanten (EN SÍSKUR) und der an einzelnen Handlungen beteiligten jungen Frau (DUMU.MUNUS) finden sich einige optionale und indefinite Formulierungen (*nu- … nu-* „entweder … oder", *kuedani-* „irgendein" etc.).[274] Dies unterstützt den Gesamteindruck, dass das Ritual prinzipiell anpassbar und somit als wiederverwendbare Vorschrift für vergleichbare Indikationen konzipiert worden ist.

Die beiden Teilrituale unterscheiden sich bzgl. der Anteile der verschiedenen Personenkategorien der Verbalformen. Im Ritual des ^{D}LAMMA Lulimi finden wir die Verteilung der grammatischen Person, wie sie auch schon im Kontext der tabellarischen Erfassung durch Miller (2004) der häufigste Fall zu sein scheint: Incipit und Zurüstung sind aus Perspektive der handelnden Spezialistin sowie unter Nennung der Urheberin des Rituals verfasst. Dies wird bereits durch die autoritative Formel *UMMA* „folgendermaßen (spricht)" in Kombination mit einer onomastischen Angabe eingeleitet, die den Eigennamen *Anniwiyani* sowie Namen und Funktion ihres Sohnes umfasst. Durch diese Angabe

271 Die Zählungen der Verbalformen beziehen sich dabei im Folgenden jeweils auf *einen Text*, so vollständig wie möglich er mithilfe der verschiedenen Zeugen hergestellt wurde; also auf „das Ritual der Allī" oder „den 16. Tag des AN.DAḪ.ŠUM^{SAR}-Festes", ohne doppelte oder mehrfache Vorkommen aufgrund von Duplikaten in der Statistik zu berücksichtigen.

272 Zur Edition s. Bawanypeck 2005 sowie D. Bawanypeck (ed.), hethiter.net/: CTH 393 (INTR 2016-03-31).

273 Dazu ausführlicher unter 4.3.6.

274 Dazu noch unter 7.6.1.4.

wird direkt zu Beginn und noch bevor die tatsächlichen Instruktionen einsetzen, eine konkrete, individuelle Sprecherin als Autorität eingeführt. Funktional entspricht diese Technik einer *praescriptio*,[275] indem sie ein Signal dafür gibt, wie der folgende Text zu lesen ist. Große (1976: 20–21) nennt ein solches strukturelles Element *Präsignal* (s. u. 292); hier kann es als Hinweis auf den präskriptiven und perpetuellen Charakter des folgenden Textes sowie als Angabe zum individuellen, nicht offiziellen Anwendungsbereich des Rituals gedeutet werden. Die Indikationsangabe enthält als konstituierende Bedingung die konditionale Protasis: *ma-a-an* ᴰLAMMA *lu-li-mi-ia-aš* SÍSKUR *i-ia-mi* „wenn ich das Ritual des ᴰLAMMA Lulimi durchführe".[276] Auch die Apodosis zeigt die 1.Sg. Präsens Indikativ; *daḫḫi* „ich nehme" verweist bereits auf die Vorbereitungsphase und leitet zur Angabe der Paraphernalien über.

Im Zurüstungsteil erfolgt der Übergang zur 3. Person Präsens Indikativ, die im Sg. oder Pl. im weiteren Verlauf überwiegt. Dabei muss hinsichtlich der Referenzierung unterschieden werden, ob die Ritualspezialistin formaler Agens der 3.Sg. Präsens (und damit eine zukünftige Verwenderin des Textes Adressatin der Handlungsanweisungen ist). In mehreren Belegen der 3.Sg. Präsens ist ein anderer Akteur, meist die am Ritual aktiv beteiligte junge Frau, grammatikalisches Subjekt; es liegt demnach zu urteilen durchaus eine Mehrfach-Adressierung mit Handlungswechseln vor. Die seltenere 1.Pl. verweist auf Handlungen, welche die Ritualverantwortliche zusammen mit allen anderen (definiten und indefiniten) Beteiligten gemeinsam durchführt. In der 3.Pl. liegen einerseits Handlungszuweisungen für definite Adressaten vor. Andererseits verweisen diese Verbalformen auf unbestimmte Handelnde ohne Subjektsangabe oder kontextuelle Zuweisbarkeit zu einer definiten Adressatengruppe (konventionell mit „man" übersetzt und wohl mit Referenz auf unspezifizierte Helfer).[277] Auffällig ist, dass im ersten Ritual keine Passage in direkter Rede der Ritualistin vorkommt (stattdessen spricht die DUMU.MUNUS). Die Handlungsträger bzw. Adressaten der Anweisungen wechseln eher häufig und die Handlungsanteile erscheinen dadurch relativ gleichmäßig auf verschiedene Handelnde verteilt. Die Tabelle gibt die Zahlenverhältnisse wieder:

---

275 D.h. einer vorangestellten Explizierung des Urhebers der Norm, der dadurch als deren Autorität feststeht. S. o. S. 232 zu den *praescriptiones* der Tafel V der IT.

276 VBoT 24 Vs. I 2–3.

277 Manchmal ist schwer zu sagen, ob nicht der Plural-Agens des vorgehenden Satzes fortgesetzt wird – hier liegen bisweilen intuitive Entscheidungen der jeweiligen Bearbeitenden vor. Das lässt sich aber wohl kaum völlig vermeiden.

TABELLE 19 Verteilung Person/Numerus CTH 393.A

	Form	Anzahl	Referent/Agens
Praescriptio/Incipit	*UMMA*	1×	Anniwiyani
	1.Sg.Ps.	3×	Anniwiyani
Handlungsteil	3.Sg.Ps.	20×	„sie" (die Ritualistin/ Anniwiyani)
		14×	anderer definiter Akteur
	1.Pl.Ps.	5×	inklusiv: Anniwiyani + weitere
	3.Pl.Ps.	13×	funktional-definite Akteure (v.a. Auguren)
		23×	indefinite Akteure
direkte Rede der DUMU.MUNUS	2.Sg.Impv.	1×	^{D}LAMMA *lulimi*
	3.Sg.Ps.	1×	^{D}LAMMA *innarawant*

Auch das zweite Ritual beginnt mit einer titelartigen konditionalen Einleitung „wenn man ^{D}LAMMA Kurša ruft (3.Pl.), dann nehme ich dies".[278] Deren textstrukturierende Funktion wird an dieser Stelle besonders gut deutlich, da sie auch der Abgrenzung dient. In diesem zweiten Teil überwiegt in der Zurüstung und im Handlungsteil des Rituals die 1.Sg. Präsens zur Zuweisung der Handlungen an die Ritualspezialistin. Der Handlungsteil zeigt dafür insgesamt deutlich seltener Formen der 3.Sg. (mit Anniwiyani oder der jungen Frau, DUMU.MUNUS, als Agens) und 3.Pl. Präsens (mit den Auguren als funktional-definiten Referenten oder indefinit „man"). Das zweite Teilritual umfasst auch Passagen in direkter Rede (Anrufungen und Ritualformeln), welche Verben im Imperativ (2. und 3.Sg.) sowie Indikativ Präteritum (3.Sg./Pl.) enthalten, vgl. Tabelle 20.

Der Text des zweiten Rituals wirkt durch das Vorherrschen der 1.Sg. im Handlungsteil insgesamt explizit autoritativ; hier überwiegen im Vergleich zum ersten Ritual auch die Handlungsanteile der Ritualistin. In Kombination mit den selteneren Agenswechseln ergibt sich so eine stärkere grammatikalische Perspektivierung der 1.Sg. Der Kolophon steht außerhalb der Instruktionen und ist als metatextlicher Kommentar zu diesen zu verstehen. In knapper Form gibt er nochmals Auskunft über die Eckdaten des Rituals, d.h. die Indikation(en) und die Urheberin als Autorität für die Gültigkeit und Verbindlichkeit der Anwei-

278 VBoT 24 Rs. III 4–5.

TABELLE 20 Verteilung Person/Numerus CTH 393.B

	Form	Anzahl	Referent/Agens
Indikation	1.Sg.Ps.	1×	Anniwiyani
Handlungsteil	3.Sg.Ps.	6×	„sie" (die Ritualistin/Anniwiyani)
		3×	anderer definiter Aktant
	1.Sg.Ps.	21×	die Ritualistin/Anniwiyani
	3.Pl.Ps.	8×	funktional-definit (Auguren)
		6×	indefinit „man"
direkte Rede	2.Sg. Impv.	4×	Gottheiten
	3.Sg. Impv.	3×	Analogieformel/Gottheit
	3.Sg./Pl. Pt.	2×	Vergleich

sungen bei deren Zutreffen. Zuletzt nennt sich der Schreiber der Tafel selbst als Verantwortlichen für den materiellen Text.

6.8.4.2 Das Ritual der Allī aus Arzawa (CTH 402)

Auch in diesem Text finden sich neben der konditionalen Formulierung der Ritualindikation („wenn eine Person behext ist, behandle ich sie auf folgende Weise") und der unspezifischen Bezeichnung des Mandanten (UN-*aš* bzw. DUMU.LÚ.U_{19}.LU) optionale Formulierungen, die das Ritual an einen männlichen oder weiblichen Widersacher anpassbar machen.[279] Diese können auch hier als Zeichen für eine Wiederverwendbarkeit und Anpassungsfähigkeit des Rituals und damit für den Anweisungscharakter der Indikativ-Formen bewertet werden.

Die Zahl der handelnden Personen ist begrenzt: Die aktiven Handlungspartien des Rituals verteilen sich auf die Ritualistin und den Mandanten. Die Figurinen aus Ton nehmen z. T. ebenfalls eine (fiktiv-)aktive Rolle ein; der Status des in vier Passagen genannten „Jägers" ^{LÚ}UR.GI_7 bleibt etwas unklar, er übernimmt jedenfalls keine sehr aktive Rolle.[280] Die Verben, welche die Handlungen des Rituals betreffen und kontextuell als Instruktionen zu gelten haben, stehen fast ausnahmslos in der 3.Sg. Präsens Indikativ. Als Agens ist die Ritualistin

279 Beispiele dazu unter 7.6.1.3.

280 Einige Male ist er Subjekt eines Zustandsverbs: Er ist „davor" *pēran* (KBo 12.126+ Vs. I 27) bzw. „ihm ist" *A-NA ēšzi* (KBo 12.126+ Vs. I 27–28), d. h. er hat oder hält verschiedene Attribute. Ansonsten wird er von Allī in direkter Rede (als 2.Sg.) angesprochen oder ist Adressat der 3.Sg. des Imperativs. S. dazu ausführlicher unter 4.3.7.

oftmals explizit durch die allgemeine Bezeichnung ^{MUNUS}ŠU.GI angegeben.[281] Damit sind die Handlungszuweisungen auch für potentielle weitere Anwenderinnen als solche lesbar. Wesentlich seltener ist der Mandant Referent des Subjekts von Verben in der 3.Sg. In einigen Fällen liegen Verben in der 3.Pl. Präsens vor, die eine Handlung indefiniten Helfern zuweisen;[282] angesichts der Länge des Textes sind es aber bemerkenswert wenige. Dadurch, dass wenige aktiv handelnde Personen am Ritual beteiligt sind, wechselt auch die Adressierung der als Instruktionen zu verstehenden Handlungen selten.

Hinsichtlich seiner Struktur zeichnet sich das Ritual der Allī durch zahlreiche Passagen in direkter Rede aus. Diese sind v.a. von der Ritualistin selbst zu sprechen und werden durch ein *verbum dicendi* in der 3.Sg. (*tezzi*) explizit gekennzeichnet. Sie begleiten rituelle Handlungen (z.B. des Wegnehmens oder Herausziehens) als performative (transformative) Sprechakte, d.h. als Formeln und selbstwirksame Äußerungen; vgl. Bsp. (86). Dieser Umstand verändert das Verhältnis der Personalformen und Perspektiven deutlich, da entsprechend viele 1.Sg.-Formen im Text vorkommen. Diese stehen zwar auf einer anderen Kommunikationsebene als die Instruktionen; sie tragen aber dennoch zur sprachlichen Präsenz der Sprecherautorität auf der Gesamttextebene bei.[283]

Am häufigsten wird die Formel wiederholt, die parallel zur Behandlung mit den verschiedenfarbigen Fäden gesprochen wird:

(86) KBo 12.126+ Vs. I 33–35
... *ku-iš-wa-ra-an d[a-an-ku-ú-ia-nu-uš-ke-ez-zi?]*
[al-wa-a]n-za-aḫ-ḫi-iš-ke-ez-zi ki-nu-na-aš?-š[i?-kán al-wa-an-za-ta]
[da-aš-k]e-mi na-at EGIR-*pa iš-ḫi-iš-[š]i pé-[eš-ke-mi]*
„Welcher ihn ‚s[chwarz macht‘? und ihn be]hext, jetzt [ziehe] ich i[hm die Behexung heraus] und ge[be] sie ihrem Besitzer zurück."

In der direkten Rede erscheinen neben den performativen Formen der 1.Sg. der ^{MUNUS}ŠU.GI außerdem Formen im Imperativ.[284] Die 2. Sg. und Pl. Impera-

281 Die 3.Sg. kann in Nebensätzen auch auf den Mandanten oder die Person referieren, die die Behexung gegen diesen ausgeführt hat. Nebensatzpropositionen sind aber generell nicht als Direktive interpretierbar.

282 Es wird nicht spezifiziert, wer außer der ^{MUNUS}ŠU.GI, dem Mandanten und evtl. dem Jäger noch am Ritual beteiligt ist.

283 Miller (2004: Tabelle 19) berücksichtigt sie bspw. auch nicht in seiner Zählung, wie in Tabelle 18 zu sehen.

284 Die Verwendung des Imperativs entspricht einerseits derjenigen des Imperativ I im Lateinischen und Umbrischen für die direkte Rede zwischen Ritualteilnehmern, andererseits der des Imperativ II in den an die Gottheiten gerichteten Gebeten.

tiv sind dabei meist an die in das Ritual einbezogenen Gottheiten adressiert. Die 3.Sg. und Pl. Imperativ repräsentieren meist selbstwirksame Formeln (z.B. KUB 24.9+ Vs. II 6′ *ne-ez* EGIR-*pa* ⸢LÚ-*aš da-a-ú*⸣ „Der Mann soll sie wieder zurücknehmen!") oder persuasive Analogien nach dem Muster „wie x ist, so soll y sein".[285]

Zwei Mal „sprechen" laut Text die Figurinen. Dabei wird jedoch bei der ersten Gelegenheit deutlich, dass offenbar die Ritualistin *für die Figurinen* spricht:[286]

(87) KBo 12.126+ Vs. I 23–24
[*nu* MUNUS]ŠU.GI *A-NA* ALAM^ḪI.A *te-ez-zi ú-wa-at-ti-en-wa iš-šu-u-en-wa ku-e nu-wa-na-ša-at*
[EGIR]-*pa pé-eš-ti-en*
„Die alte Frau/die Ritualistin spricht für die (= anstelle der) Figurinen: ‚Kommt (und) gebt uns (die Zungen) (zurück), die wir gemacht haben!'."

Bei der zweiten Gelegenheit wird die Äußerung der Figurinen durch *UMMA* AL[AM^ḪI.A] „so (sprechen) die Figurinen" eingeleitet.[287] Die Figurinen „sprechen" auch in diesem Fall den Mandanten in der 2.Pl.Impv. (*udatten*) an und nehmen auf sich selbst in der 1.Pl. Präsens Bezug (*pēdumini*). Wenige Male spricht der Ritualmandant; seine direkte Rede wird ebenfalls durch *UMMA* eingeleitet in der 1.Pl. Präsens angegeben (z.B. *tarii̯aweni* „wir sind müde").[288]

Anhand der Verteilung der Verbformen entsteht insgesamt der Eindruck, dass die Kategorie der grammatikalischen Person zusammen mit den Ausdrücken der Rede-Einleitung innerhalb des Textes relativ systematisch und konsequent zur Distinktion der Ritualbeteiligten und ihrer jeweiligen Perspektiven verwendet wird. Besonders in Passagen der direkten Rede spielt auch die

---

285 Z.B. KUB 24.9+ Rs. III 2′–3′. Vergleichbare transformative Sprechakte liegen in den Gebeten der IT nicht vor; in den lateinischen *defixiones* scheint in den selbstwirksamen Formeln v.a. der Konjunktiv Präsens Verwendung zu finden (während die involvierten Gottheiten im Imperativ I oder Konjunktiv Präsens angesprochen werden; vgl. Kropp 2008: 272; 285). S. zur Effizienz des „magischen" Sprechens und seinen Techniken noch unter 7.4.10.

286 Anhand des Kontextes scheint klar, dass hier die Figurinen zum Ritualmandanten sprechen sollen (und dass die Ritualistin diesen Part übernimmt), denn sie sollen die von ihnen bewirkten bösen Zungen von diesem zurücknehmen. Dies würde auch den Gebrauch des Plurals „gebt *uns* zurück/die *wir* gemacht haben" rechtfertigen, der zur direkten Rede der Ritualistin stilistisch nicht passen würde. Vgl. zu dieser Auffassung auch schon Marcuson 2016: 251 und Mouton 2012: 252.

287 KUB 24.9+ Rs. III 21′ (= 14′).

288 KUB 24.9+ Rs. III 21′ (= 14′) / Rs. III 4′.

TABELLE 21 Verteilung Person/Numerus CTH 402

	Form	Anzahl	Referent/Agens
Praescriptio/Incipit	*UMMA*	1×	Allī
	1.Sg.Ps.	1×	Allī
Handlungsteil	3.Sg.Ps.	124×	„sie"/MUNUSŠU.GI
		4×	UN-*aš* (Mandant)
		4×	LÚUR.GI$_7$ („Jäger"?)
	3.Pl.Ps.	16×	indefinite Akteure („man")
direkte Rede	1.Sg.Ps.	21×	MUNUSŠU.GI
	1.Pl.Ps.	2×	UN-*aš* (Mandant)
		1×	Figurinen
	2.Sg./Pl.Impv.	20×	i.d.R. adressiert an Gottheiten (1× an den Mandanten)
	3.Sg./Pl.Impv.	42×	„Transformative"

Numerusdistinktion eine solche Rolle. Dies zeigt sich in der Zuordnung der Perspektive der Ritualistin zur 3.Sg.Ps. im Handlungsteil bzw. 1.Sg.Ps. in der direkten Rede sowie der des Mandanten zur 1.Pl.Ps.; vergleiche die Übersicht in Tabelle 21.

Der Kolophon des Textes ist sehr bruchstückhaft und enthält nur Aufzählungen von Opferuntensilien.

6.8.4.3 Ritual(e) für das hethitische Königspaar (CTH 416)

Da weder Incipit noch Kolophon dieses Textes erhalten sind, erfahren wir nichts über die Personenkategorien in diesen Textteilen. Die unterschiedlichen Handlungen legen eine Untergliederung des Textes in vier einzelne Beschwörungsrituale nahe, die aber jeweils von der gleichen Person, wohl ebenfalls einer MUNUSŠU.GI, für das Königspaar durchgeführt werden. An den Übergängen finden keine starken Abgrenzungen (z.B. durch verschiedene Indikationen oder beteiligte Gottheiten) statt, so dass der Eindruck einer Zusammengehörigkeit der vier Verfahren entsteht.[289] Die beteiligten Personen und Perspektiven sind durch die gewählten Verbformen deutlich unterscheidbar: Durchgehend wird die Perspektive des oder der handelnden Ritualkundigen im Hand-

289 Möglicherweise sind die verschiedenen Techniken zur Behandlung desselben Problems und nacheinander angewendet worden, um möglichst gründlich oder erschöpfend zu therapieren; s. dazu auch oben 4.3.8.

lungsteil durch die 1.Sg. Präsens vertreten, was einer Abgrenzung und Explizierung der autoritären Perspektive entspricht. Handlungen, die durch König oder Königin auszuführen sind, stehen in der 3.Sg. Präsens mit expliziter Agensangabe. Die beiden können auch gemeinsam Handlungen vollziehen, dann wird die 3.Pl. gewählt. Weitere Beteiligte, deren Handlungszuweisungen in der 3.Sg. bzw. Pl. erfolgen, sind ein Hofjunker, der assistierende Funktion besitzt und eine Reihe von Handlungen (Hinhalten, Wegbringen, Schwenken von Ritualobjekten) übernimmt, und einige weitere assistierende Akteure (zwei weitere Hofjunker, ein Hornist, Ärzte, „man"). Ambiguität oder Unklarheit bzgl. der Referenten bzw. Adressaten der instruktiven Formen tritt aufgrund der stringenten Verteilungen der Personenkategorien und der Explizierung des jeweiligen Agens nicht auf; durch Textlücken sind in wenigen Fällen die Handelnden nicht eindeutig zu identifizieren.

Auffällig ist eine größere Menge an 3.Sg./Pl.-Formen, die nicht zur Wiedergabe von Handlungzuweisungen dienen. Sie geben meistens Zustände, Positionierungen oder das Vorhandensein bestimmter ritueller Gegenstände an und scheinen dadurch hinsichtlich ihres Illokutionstyps weniger instruktiv und eher informierend oder erläuternd zu sein (zumindest enthalten sie keinerlei Adressierung oder Zuweisung einer Handlung). Die Direktivfrequenz des Textes wird dadurch m.E. im Vergleich zu den anderen betrachteten Beschwörungsritualen etwas verringert. Diese größere Informativität könnte als Folge der Mitwirkung mehrerer beteiligter Akteure und des daher heterogenen Adressatenkreises interpretiert werden; gerade das Königspaar besitzt nicht wenige Handlungsanteile. Formen der 1.Pl. Präsens scheinen inkludierende Verweise auf die handelnde Ritualistin zusammen mit dem Königspaar und evtl. Helfern wie dem Hofjunker auszudrücken.

Der Text enthält ebenfalls mehrere Präteritalformen, die dem allgemeingültig-instruktiven Charakter zu widersprechen scheinen. Allerdings findet sich der Großteil davon innerhalb deklarativer Formeln in direkter Rede, die von der Ritualspezialistin in der 1.Sg.Pt. geäußert werden (z.B. *daḫḫun* ‚ich habe weggenommen' oder ‚so wie ich das gebunden habe, soll auch jenes gebunden sein'); einmal auch als 3.Sg.Pt. innerhalb einer unpersönlich formulierten Analogie-Formel. Zweimal allerdings finden sich auffällige 1.Sg.Pt.-Formen innerhalb der Handlungsbeschreibungen und zwar im Anschluss an eine optionale Formulierung:

(88) KBo 17.1+ Rs. IV 11–13

[*m*]*a-a-an* LUGAL-*uš* MUNUS.LUGAL-*aš-ša ta-ra-an-zi ta* DUMU^{MEŠ}-*an pár-na pa-i-mi*

[*ták-k*]*u na-at-ta-ma ta-ra-an-zi nu na-at-ta pa-i-mi ka-ru-ú-ma*

[*I-NA*] É DUMU^{MEŠ}-*an pa-iš-ga-ḫa-at ki-nu-na na-at-ta ku-wa-a-pí-ik-ki pa-a-un*

„[W]enn der König und die Königin (es) sagen, gehe ich in das Haus der Kinder. Falls sie (es) aber nicht sagen, dann gehe ich nicht. Früher aber bin ich immer [in] das Haus der Kinder gegangen und jetzt ging ich keineswegs."

Hier liegt eine Kommentierung des optionalen Handlungsteils vor und zugleich eine Beschreibung, wie sich die Praxis diesbezüglich verändert hat. Diese Situation ergibt sich dadurch, dass zunächst eine iterative/imperfektive Form die ursprüngliche Gewohnheit beschreibt, die perfektive Präteritumsform dann die Änderung dieser Gewohnheit in der jüngeren (*kuwapikki*) Vergangenheit thematisiert. Die beiden Formen sind also bzgl. ihrer Illokution nicht zu den Anweisungen zu zählen, sondern als Meta-Notiz, die sich auf eine (optionale) Instruktion und deren Umsetzung in der Praxis bezieht.

Die Passagen in direkter Rede geben personalisierte Perspektiven wieder und enthalten in erster Linie Handlungsverben mit der Ritualistin als Agens, v. a. in der 1.Sg. Präteritum (z. B. als Basis für Vergleiche und Analogien). Imperative in der 2. und 3.Sg. oder Pl. richten sich als Bitten an Gottheiten oder repräsentieren selbstwirksame, analogische Formeln. Anhand der zahlreichen offenen Optionen, der generischen Bezeichnungen „König" und „Königin" sowie der Kommentierung bzgl. der geänderten Praxis ist auch dieser Text als allgemeingültiger Anweisungstext zu verstehen. Allerdings entsteht doch der Eindruck, dass er vielleicht weniger stark auf die bloßen Handlungsabläufe reduziert ist, sondern auch informierende Anteile besitzt. In dieser Hinsicht könnte im Kontext der Erkenntnisse von Göpferich (1996) von einem Zusammenhang mit dem geringeren Spezialisierungsgrad einiger der Adressaten auszugehen sein. Durch den Anwendungskontext und die beteiligten Personen ist das Ritual in gewisser Weise in die Nähe von Festritualen gerückt. Dennoch wird im gesamten Text durch die Verwendung der 1.Sg. Präsens eine individuelle, autoritäre Perspektive der Ritualistin repräsentiert; vgl. zur Verteilung Tabelle 22.

6.8.4.4 Direktivausdrücke der Beschwörungsrituale: Zusammenfassung

Die Beschwörungsrituale zeigen einerseits gewisse Tendenzen und Faktoren bzgl. ihrer sprachlichen Gestaltung, die auf eine einheitliche kommunikative Funktion und illokutive Absicht zurückgeführt werden können. Sie sind z. T. durch textpragmatische Gründe erklärbar, die mit einer Klassifizierung als Anweisungstexte korreliert werden können. Die untersuchten Beispiele bestätigen den Eindruck, dass die Wahl des Präsens dem allgemeingültigen Charakter der Instruktionen aufgrund der Wiederverwendbarkeit und Anpassbar-

TABELLE 22 Verteilung Person/Numerus CTH 416

	Form	Anzahl	Referent/Agens
Handlungsteil	1.Sg.Ps.	88×	Ritualistin
	3.Sg.Ps.	15×	König/Königin
		22×	Hofjunker
	1.Pl.	32×	inklusiv: Ritualistin + Königspaar (+weitere?)
	3.Pl.	~10×	König und Königin
	3.Sg./Pl.Ps.	10×	definite Akteure
		30×	Zustand/Position/Existenz
direkte Rede	1.Sg.Ps	1×	Ritualistin
	1.Sg.Pt.	10×	Ritualistin (Vergleich/Analogie)
	3.Sg.Pt.	1×	Vergleich/Analogie
	2./3.Sg./Pl.Impv.	15×	Gebete/Transformative

keit der Rituale entspricht. Formulierungen für optionale Handlungen und die Benennung der beteiligten Personen und Mandanten durch generische oder funktionale Bezeichnungen unterstützen diese Interpretation. Auch die eindeutige Angabe einer Indikation als funktionsangebende (und nicht an den konkreten Einzelfall gebundene) Bedingung erfüllt diesen Zweck.

Neben diesen (bereits bekannten) Umständen wurde v.a. die Verteilung der Verbalformen nach der grammatikalischen Person beobachtet. Es ergibt sich dabei der Eindruck, dass die Verteilung der Verbalformen, v.a. der 1.Sg. oder 3.Sg. Präsens Indikativ, einerseits aus dem Bedürfnis resultiert, auf ökonomischem Wege Kontraste zwischen den Adressierungen der Handlungszuweisungen zu erzielen. Dadurch wird letztlich Eindeutigkeit darüber hergestellt, wer welche Handlungen durchführen soll – also eine Adressatendifferenzierung. Auch eine Abgrenzung von direkter Rede und Instruktionen ist vorstellbar; indem z.B. in Texten mit vielen Passagen in direkter Rede und performativer 1.Sg. Präsens für die Handlungsteile der Ritualistin die 3.Sg. Präsens bevorzugt wird (dies ist im Ritual der Allī denkbar).

Die Zuordnung der 1.Sg. zur verantwortlichen Ritualspezialistin wird mindestens im Incipit eingehalten, das dadurch als einleitendes Signal (s.u. S. 292 zum Konzept des Präsignals) für die Textsorte gelten sollte. Durch die Zurückführung der Praktiken auf eine bestimmte (reale oder fiktive) Urheberin wird außerdem eine spezifische, individuelle Autoritätsgrundlage erzeugt. Diese Perspektive der 1.Sg. der Ritualistin setzt sich in einigen Beschwörungsritualen auch im Handlungsteil fort oder findet sich zumindest in den Passagen in direkter Rede. Als mögliche Faktoren, welche die Verteilung der Verbalformen, v. a. der Personenkategorie (aber auch des Numerus) dahingehend beeinflussen, dass perspektivische Kontraste erzeugt werden, konnten die folgenden beobachtet werden:

- Handlungsanteile der Ritualistin
- Anzahl der Akteure
- Anzahl der Handlungs-/Perspektivenwechsel
- Häufigkeit direkter Rede (und jeweilige Sprecher/Adressaten)

Diese Faktoren sind allerdings auch von Inhalt, Funktion und Tradition der Rituale abhängig und letztlich nicht konsequent zu systematisieren.[290] Dieser Umstand trägt dazu bei, dass die Beschwörungsrituale auf der einen Seite gewisse Tendenzen zu (fach)sprachlichen Konventionen aufweisen.[291] Auf der anderen Seite stellen sie aber keine völlig konventionalisierte und uniforme Textsorte dar, sondern können den pragmatischen Anforderungen wohl im Rahmen eines gewissen, beweglichen Spektrums sprachlicher Mittel entsprechen.

6.8.5 *Direktivausdrücke und Textfunktion der Festritualtexte*

6.8.5.1 Das AN.DAḪ.ŠUM^SAR-Fest

Für das AN.DAḪ.ŠUM^SAR-Fest wurden folgende Texte berücksichtigt: CTH 625.2.A, das KBo 19.128 + KUB 20.58 (Otten 1971 = StBoT 13) umfasst und laut Kolophon den zweiten Tag beschreibt; die von Badalì/Zinko (1984) edierte Tagestafel des 16. Festtages, der die unter CTH 612 erfassten Texte zugeordnet werden;[292] sowie die von Güterbock 1960 bearbeitete Übersichtstafel KBo 10.20 (mit den Duplikaten KUB 30.39 und KUB 10.94) unter der CTH-Nummer 604.A. Bestimmte Charakteristika von Festritualen spiegeln sich im Spektrum der Personenverteilung wider, so die große Anzahl der beteiligten Personen und Gruppen, die nach ihrem Amt oder ihrer Funktion bezeichnet sind. Ihre genaue Zusammensetzung variiert natürlich je nach Ritual, Einzelriten und involvier-

---

290 Es gibt auch Fälle, die sich schlecht in das hier beobachtete Muster fügen. Diese enthalten allerdings oftmals Kohärenzsstörungen, welche über den häufigen Wechsel der 1.Sg. und 3.Sg. zur Wiedergabe der Handlungen der Ritualspezialistin hinausgehen und wohl redaktionell bedingt sind. Ein solches Beispiel ist das von Christiansen (2006: 113–122) bzgl. seiner Personen- und Perspektivenwechsel besprochene Ritual der Ambazzi CTH 391.1.

291 Diese sind sicherlich ebenfalls mit dem Prozess ihrer schriftlichen Dokumentierung und Archivierung verbunden. Zur Diskussion eines mglw. parallelen mündlichen Traditionsstranges vgl. Marcuson/van den Hout 2015 und s. o. 4.3.2.

292 Für die Textzusammenstellung im Detail s. Badalì/Zinko 1984: 7–8.

ten Gottheiten. Besonders kennzeichnend im Vergleich zu den Beschwörungen ist die ausschließliche Verwendung der 3. Person Präsens in Sg. oder Pl. zum Ausdruck direktivischer Propositionen.

6.8.5.1.1 *Die althethitische Tafel KBo 19.128+* (CTH *625.2.A*)

In diesem Text ist der König am häufigsten als handelnde Person expliziert und damit der Hauptadressat der Handlungszuweisungen in der 3.Sg.Ps. Allerdings sind (verschiedene) andere handelnde Personen im Sg. ebenfalls häufig und repräsentieren das typische Spektrum beteiligter Personen von Priestern und Palastangestellten mit Funktionsbezeichnung: Beschwörungs-, Vortragspriester, Mundschenk, Oberster der Tafeldecker, Aufseher der Köche, Hofjunker. Im Gegensatz zu den autoritativ konzipierten Beschwörungsritualen gibt es allerdings keinen durch Textgestaltung und Perspektive gekennzeichneten Haupt-Ritualisten, der als Urheber oder Autorität auftritt.[293] Dadurch sind die Instruktionen, ähnlich wie in den Ritualen der IT, durch eine inhärente, sakrale Autorität charakterisiert. Neben der 3.Sg. ist die 3.Pl. Präsens häufig vertreten: entweder mit nicht-spezifiziertem indefinitem Agens oder mit Bezug auf König und Königin oder aber auf eine definite, konkrete Personengruppe aus Funktionsträgern oder repräsentativen Personen. Der einzige Imperativ (ebenfalls der 3.Pl.) ist Teil direkter Rede und richtet sich unmittelbar an die Teilnehmer des Rituals; s. zur Verteilung Tabelle 23.

Verschiedene Eigenschaften der Textgestaltung deuten auf gleiche Weise wie in den Beschwörungen auf den direktiven Charakter der Verbalformen hin; zu nennen sind die Kriterien:

- titulare Kondition, welche die Adressaten und Bedingungen konstituiert, unter denen der folgende Text als Instruktion zu verstehen ist[294]
- allgemeingültige/perpetuelle Gestaltung im Präsens
- Funktionsreferenz statt Personenreferenz

Der Text enthält außerdem mehrere listenartige Passagen,[295] z.B. die Aufzählung der 15 Gottheiten, für die der König sitzend trinkt (KBo 19.128+ Rs. VI 17–25)

293 Zur Tatsache, dass die Festritualtexte keinen hauptverantwortlichen Priester und überhaupt wenig verantwortlich auftretende Priester nennen, s. Görke 2016a. Eine mögliche Erklärung wäre, dass der König selbst in den Festritualen die höchste religiöse Autorität einnimmt (obwohl er wohl kaum als Ritualspezialist gelten kann, sondern evtl. wie in Rom als Amtsträger handelt, den die Priester als echte Experten darin unterstützen).

294 KBo 19.128+ Vs. I 1–5 „Wenn man die *halentuwa*-Gebäude öffnet, kommt der König (und) begibt sich zum Palast, entweder mittels eines leichten Wagens oder mittels einer Kutsche". S. zu dieser Angabe noch unten 7.6.1.4.

295 Vgl. Rieken 2011 zu Listen als fachsprachlichem Merkmal in den hethitischen Festritualtexten und s.u. 8.6 zu ökonomischen Techniken der Textstrukturierung.

TABELLE 23 Verteilung Person/Numerus CTH 625.2.A

Form	Anzahl	Referent/Agens
3.Sg.Ps.	73×	König
	1×	Königin (Fehler?)
	53×	anderer, definiter Akteur[a]
	2×	Objekt
3.Pl.Ps.	25×	„man“
	13×	König und Königin
	10×	definite Gruppe[b]
	1×	Gottheiten
3.Pl.Impv.	1×	adressiert an Ritualbeteiligte (direkte Rede)

a Priester und Palastangestellte mit Funktionsbezeichnung: Beschwörungs-, Vortragspriester, Mundschenk, Oberster der Tafeldecker, Aufseher der Köche, Hofjunker.

b Funktions- und Repräsentantengruppen, z. B. Beschwörungspriester, *ḫalliyari*-Leute, Hunde-Leute, Musikanten.

oder die Auflistung der für die jeweiligen Gottheiten bereitzustellenden Tiere und Speiseopfer (KBo 19.128+ Vs. I 38–Vs. II 11).

6.8.5.1.2 *Der 16. Tag des* AN.DAḪ.ŠUM^SAR^-*Fests* (*CTH 612*)[296]

Der zweite Text ist eine detaillierte Behandlung des 16. Tages, an dem Festlichkeiten und Opfer für den Gott Zababa stattfinden. Es findet sich die in Tabelle 24 wiedergegebene Zuordnung der Verbalformen zu den verschiedenen Teilnehmenden.

Die Tabelle zeigt, dass das Verhältnis zwischen Handlungszuweisungen in der 3.Sg. Präsens, die dem König als Agens zugeordnet sind, und denjenigen anderer funktional-definiter Handlungsträger hier völlig anders ausfällt: In mehr als dreimal so vielen Fällen ist ein Kult- oder Palastfunktionär Agens der Handlung und damit Adressat der Handlungszuweisung. Diese Verteilung erklärt sich dadurch, dass der König den zentralen Kern einer rituellen Handlung ausführen soll, z. B. die Handlung des Brotbrechens. In diesem Text werden ebenfalls die dafür notwendigen Vor- und Nachbereitungen (Herbeibringen der Utensilien und Aufräumen/Fortschaffen) detailliert aufgeführt und den verschiedenen zuständigen Personen zugewiesen. Im Plural ergibt sich ein ähnliches Bild: die Form bezeichnet entweder eine indefinite Gruppe als

296 Zu den Einzeltexten s. Badalì/Zinko 1989.

TABELLE 24 Verteilung Person/Numerus CTH 612

Form	Anzahl	Referent/Agens
3.Sg.Ps.	37×	König
	3×	Königin
	167×	anderer definiter Akteur[a]
	6×	passiv/intransitiv[b]
3.Pl.Ps.	22×	König und Königin
	21×	indefinite Akteure („man")
	69×	definite Gruppe[c]
	2×	passiv/intransitiv
2./3.Sg.Impv.	4×	adressiert an Ritualbeteiligte (direkte Rede)

a Am häufigsten davon: der GAL *MEŠEDI*, der Hofjunker und Aufseher der Hofjunker, verschiedene Mundschenke, der Herold, der Tafeldecker und Aufseher der Tafeldecker, verschiedene Priester, Aufseher der Köche (u.a. mit wenigen Nennungen).

b Hier sind Nominalsätze mit Partizip mitaufgenommen.

c Am häufigsten: die Hofjunker, die Herolde, die Fremdlinge, die Mundschenke, Musiker, Sänger, Köche, Tafeldecker.

Handlungsträger oder König und Königin gemeinsam (in der Mehrheit der Fälle „trinken sie für eine Gottheit" oder waschen ihre Hände); deutlich häufiger ist eine definite Gruppe als Agens bzw. Adressat spezifiziert. Die im Text vorkommenden Imperativformen (4 Mal 2. oder 3.Sg.) sind Teil direkter Rede und stellen Aufforderungen an andere Ritualbeteiligte dar (v.a. *mi-eš-ša* oder *mi-iš-ša* „nimm!"). Auffällig sind einige intransitive oder passivische Propositionen, die oft auch Partizipien enthalten und Lokalisierung oder Vorhandensein bestimmter Objekte ausdrücken. Diese Formen sind daher vielleicht eher als informierende/erklärende Sprechakte zu verstehen und senken die Anweisungsdichte dadurch geringfügig, vgl.:

(89) KBo 4.9 Rs. V 18–19
É*ḫi-i-li-ma-kán zé-ri-ia-al-li*
GADA-*it wa-aš-ša-an-ta ka-ru-ú ar-ta*
„Im Hof aber sind Gefäßständer, mit einem Tuch bedeckt, schon hingestellt."

Insgesamt scheinen auch diese Elemente der hohen Detailliertheit des Textes mit Erwähnung zahlreicher, auch untergeordneter (also assistierender oder vorbereitender) Handlungsschritte zu entsprechen. Die Anpassbarkeit des Textes und die damit verbundene Allgemeingültigkeit werden anhand von konditionalen Formulierungen, durch die Handlungsoptionen bereitgestellt werden, besonders deutlich:[297]

(90) KBo 4.9 Vs. I 7–10
ma-a-an LUGAL-*i* ZI-*an-za*[298]
ta a-ra-aḫ-za pa-iz-zi
GIM-*an* LUGAL-*i* ZI-**za** *nu QA-TAM-MA*
i-ia-zi Ú-UL *ku-it-ki du-uk-ka*$_4$*-ri*
„Wenn dem König der Sinn danach steht, dann geht er nach draußen. Wie dem König der Sinn steht, so macht er es. Es ist nicht von Wichtigkeit."

sowie

(91) KBo 4.9 Rs. VI 5–12
LUGAL-*uš* GADA-*an ar-ḫa pé-eš-ši-ia-zi*
ta ma-a-an DUMU^{MEŠ}.É.GAL *ku-e-ez-zi*
pár-aš-na-an ḫar-kán-zi na-at a-pé-ez-za
pé-eš-ši-ia-zi na-at DUMU^{MEŠ}.É.GAL
da-a-an-zi ma-a-an-ma $^{LÚ.MEŠ}$*ME-ŠE-DI*
ku-e-ez-zi pár-aš-na-an ḫar-kán-zi
na-at a-pé-ez-za pé-eš-ši-ia-zi
na-at $^{LÚ.MEŠ}$*ME-ŠE-DI da-an-zi*
„Der König wirft ein Tuch weg. Und wenn er es dorthin wirft, wo die Hofjunker sich gehockt halten, nehmen es die Hofjunker. Wenn er es aber dorthin wirft, wo die Leibgardisten sich gehockt halten, nehmen es die Leibgardisten."

6.8.5.1.3 *Die Übersichtstafel* (CTH *604.A*)[299]

Der Text der Übersichtstafel unterscheidet sich infolge dieser spezifischen Funktion auch in der sprachlichen Gestaltung von den vorherigen auf Einzeltage und deren internen Ablauf bezogenen Texten. Seine Struktur ist sehr

---

297 Die erste Belegstelle enthält eine „unechte" Kondition, d.h. die Option hängt vom Wunsch des Königs ab; dazu noch unten 7.6.1.2.

298 Zum Nom.Sg. auf *-an-za* s. Hoffner/Melchert 2008: 113; der Beleg in der nächsten Zeile steht auch im Nom.Sg., ist aber anders geschrieben (allerdings über Rasur).

299 KBo 10.20 (A) mit den Duplikaten KUB 30.39 (B) und KUB 10.94 (C).

systematisch: Jedem der Tage ist nur ein kurzer Abschnitt, oft nur ein Satz oder Nominalsatz gewidmet. Dabei findet für einige Tage nur eine äußerst knappe Charakterisierung oder Betitelung durch das jeweils zentrale Ritual statt, z.B. für den 26. Tag:

(92) KBo 10.20 Rs. III 35–36
lu-uk-kat-ti-ma A-NA ^{D}*IŠTAR* ^{URU}*ḫa-ad-da-ri-n*[*a* ... (?)]
šu-up-pa-ia-aš UD-*az*
„Am nächsten Tag ist der Tag der Fleischopfer für die Ištar von Ḫattarina."

Manche Tage sind etwas ausführlicher dargestellt, indem die charakterisierenden Handlungen oder Titel in wichtige Handlungsschritte aufgebrochen oder zergliedert werden, z.B. der 16. Tag:

(93) KBo 10.20 Vs. II 33–39
⸢*I*⸣-*NA* É ^{D}*ZA-BA$_4$-BA$_4$-ma* EZEN$_4$.x[...]
i-ia-an-zi nu 10 UDU$^{\mathrm{ḪI.A}}$ *ḫu-u-kán-zi nu-kán* ^{UZU}*šu-u*[*p-pa*]
da-an-zi na-at PA-NI DINGIR-*LIM ti-an-zi* UDU$^{\mathrm{ḪI.A}}$-*ma*
ḫu-u-ma-an-du-uš I-NA É.GAL-*LIM* EGIR-*pa da-an-zi*
1 UDU-*ma-kán* ŠÀ É.DINGIR-*LIM da-a-li-ia-an-zi*
GAL$^{\mathrm{ḪI.A}}$-*ma-kán ŠA* EZEN$_4$.ITU.KAM *aš-ša-nu-wa-an-zi*
IŠ-TU DINGIR-*LIM ki-iš-ša-an ḫa-an-ta-it-ta-at*
„Aber im Tempel des Zababa vollzieht man das/die Fest(e) [...]. Man schlachtet 10 Schafe, nimmt das Fle[isch] und legt es vor dem Gott (hin). Alle Schafe bringt man zurück zum Palast, aber ein Schaf lässt man im Tempel. Die Becher des Monatsfestes richtet man her. So wurde es durch die Gottheit festgelegt."

Dennoch sind selbst diese ausführlicheren Angaben weit entfernt von der kleinteiligen Abfolge der Handlungsschritte auf der Tafel des 16. Tages. Meist werden nur König und Königin als definite Referenten mit Handlungszuweisung genannt; sehr viele Handlungszuweisungen erfolgen nicht spezifiziert durch die 3.Pl. Präsens ohne Agensnennung. Handlungsdetails oder ein Segmentieren der zentralen Handlungen in einzelne Phasen oder Schritte (z.B. mit Vorbereitung und Aufräumen) erfolgt nicht. In den Formen der 3.Pl. Präsens schlägt sich diese Grobkörnigkeit ebenfalls in einem Vorherrschen indefiniter Referenten bzw. Adressaten nieder; als funktional-definite Akteure sind König und Königin noch am häufigsten genannt; die Verteilung ist in Tabelle 25 wiedergegeben. Diese Konzeption und Textgestaltung bedingt, dass der Fokus in der Übersichtstafel stärker auf den (Inhalten der) charakterisierenden Hand-

TABELLE 25 Verteilung Person/Numerus CTH 604.A

Form	Anzahl	Referent/Agens
3.Sg.Ps.	26×	König
	3×	Königin
	11×	definiter Akteur
	2×	abstraktes Subjekt
	5×	Objekt/Utensil
3.Pl.Ps.	46×	„man“
	20×	König und Königin
	6×	definite Gruppe
3.Sg.Pt.	2×	Vergleich
3.Pl.Pt.	2×	Vergleich

lungen als auf den im Einzelnen handelnden Personen liegt, gerade wenn diese nur eine untergeordnete Rolle spielen.[300] Dadurch ist damit zu rechnen, dass Übersichtstafeln gegenüber den anderen Textsorten in gewisser Weise ein geringeres instruktives Potential bzw. eine funktional andere Ausrichtung besitzen, da eine konkrete Adressierung für viele Handlungszuweisungen nicht erfolgt.[301]

Die konditionalen Formulierungen im Incipit der Tafel bezeugen die jährliche Durchführung des Rituals und die Anpassbarkeit der Handlungen an die jeweils (nach dem Willen des Königs) vorliegende Ausgangssituation. Damit

300 Singer formuliert in Bezug auf die *outlines* des KI.LAM-Festes: „the outline tablets suggest to us what the authors considered essential or secondary in the text“ (1983: 51). Vgl. dazu aber Burgin (2019), der betont, dass diese Charakteristik für die *outlines* des KI.LAM-Festes kein distinktives Merkmal ist: „The 'outlines' of the KI.LAM are thus typologically indistinguishable from the 'main' texts of the festival, which also show variable levels of detail, in that both text types were written from a perspective with a purpose inside the dramatic action“ Burgin 2019: 18.

301 Man kann sich vorstellen, dass bei einem komplexen und langen Ritual die verschiedenen Textsorten mit ihren jeweils spezifischen Ausrichtungen zusammenwirken, um es korrekt reproduzierbar zu machen: Einerseits differenzierte und minutiöse Texte, die Einzelhandlungen und Akteure konkret benennen, andererseits Übersichten, die den logistischen Gesamtablauf regeln. Vgl. zu einer noch detaillierteren Theorie der funktionalen Differenzierung der althethitischen Manuskripte des KI.LAM-Festes mit Bezug auf die „große Versammlung“ Burgin 2019.

korrespondiert die sprachliche Gestaltung auch hier mit der Interpretation als allgemeingültige Instruktion oder Vorschrift.[302]

In vier Fällen finden sich Präteritalformen im Rahmen von modalen Verweisen auf vorausgehende Handlungsschritte[303] oder, wie hier, auf ein Orakel als Begründung:

(94) KBo 10.20 Vs. II 22–24
ᴸᵁ́NAR[-*ia-kán*]
ᴸᵁ́*ME-ŠE-*⌈*DI I-NA* É⌉ ᴰU *ma-aḫ-ḫa-an aš-ša-nu-er I*[*-NA* É ᴰUTU-*ia*]
[*Q*]*A-TAM-MA* ⌈*aš-ša-nu-wa-an-zi IŠ-TU* DINGIR-*LIM QA-TAM-MA* [SIXSÁ-*at*]
„Wie der Sänger und der Leibgardist (die Becher) im Tempel des Wettergottes hergerichtet haben, genau so richten sie (sie) i[m Tempel der Sonnengottheit] her; so wurde es durch die Gottheit [festgelegt].“

Auch solche Textverweise reduzieren die Frequenz der direktivischen Sprechakte. Sie sind nicht Teil der enthaltenen Gebete oder Anrufungen, also nicht Rechtfertigungen im Rahmen persuasiver Rhetorik, sondern besitzen Informations- und Legitimationswert für die Durchführung des Rituals und seiner Bestandteile. Außerdem enthalten sie eine explizite Angabe zur göttlichen Autorität der sakralen Norm.

6.8.5.2 Das KI.LAM-Fest

Hier wird die von Groddek (2004) edierte althethitische Tafel KBo 38.12+[304] (CTH 627.A) als längerer zusammenhängender Text analysiert, s. Tabelle 26.

Leider fehlt der Anfang dieser Tafel und damit der Incipit; im Kolophon ist allerdings das titulare *ma-a-an* ⌈LUGAL⌉-*uš* [… KI.LA]M-*ni* 3-*ŠU e-*⌈*ša*⌉ „Wenn der König […] sich dreimal im Torbau niedersetzt“[305] erhalten. Als Beispiel für die titelartige Einleitung kann der konditional formulierte Titel von KBo 10.23 dienen (der auf Basis des folgenden Titels rekonstruiert ist; vgl. Singer 1983: 44):

302 Gleichzeitig ist mit *maḫḫan=ma* Ú.BAR₈-*an=za kišari* „wenn es Frühling wird“ eine titulare Kondition enthalten, die zur Identifizierung des Rituals relevant ist.

303 Zu modalen Proadverbialen s. u. 8.6.1.4.

304 KUB 39.64 + KBo 25.145 + KBo 25.72 + KBo 25.35 + KBo 20.26 + KBo 25.34 + KBo 20.27 + KBo 25.20 + KBo 21.68 + KBo 25.154.

305 KBo 38.12+ Rs. IV 15′–16′.

TABELLE 26 Verteilung Person/Numerus CTH 627.A

Form	Anzahl	Referent/Agens
3.Sg.Ps.	12×	König
	76×	definiter Akteur[a]
	10×	unklar
	1×	Objekt
3.Pl.Ps.	24×	„man“
	13×	König und Königin
	71×	definite Gruppe[b]
	2×	Objekte

a V.a. der Tafeldecker, der Mundschenk, der Bronzeschalenhalter, der Spaßmacher, die „Gottesherrin“, ein Teilhaber (in absteigender Häufigkeit).
b V.a. die Sänger, die Spaßmacher, die Tafeldecker, die Priestersänger, die Tänzer, die Teilhaber, die Mädchen, die *ḫapiya*-Leute (keine starke Präponderanz einer Gruppe).

(95) KBo 10.23+ Vs. I 1′–2′
[*ma-a-an-kán* LUGAL-*uš*]
[*I-NA*] EZEN$_4$ KI.LAM *pa-iz-*[*zi*]
„[Wenn der König zum] KI.LAM-Fest geht“

Damit übernimmt auch bei diesem Ritual eine konditionale, titelartige Bezeichnung die Aufgabe des Präsignals,[306] das eine direktive Interpretation der enthaltenen Verbformen im Präsens Indikativ nahelegt. Die Texte sind dadurch genau dann als Instruktionen zu rezipieren, wenn das betreffende Fest durchgeführt werden muss und der Textrezipient zu den Verantwortlichen für die Durchführung zählt. Auch hier ist die Abwesenheit eines Sprechers oder Urhebers der Anweisungen festzustellen, die mit dem spezifischen Status als offizielles Ritual mit inhärenter, sakraler Autorität zusammenhängen dürfte.

Die von Groddek bearbeitete Tafel zeigt auch durch die Zahlenverhältnisse an, dass eine detaillierte Beschreibung mit Angabe von Einzelschritten sowie vorbereitenden oder unterstützenden Handlungen vorliegt: Der König ist ge-

306 S. dazu noch S. 292.

genüber den Fällen, in denen die Handlung einem anderen Funktionsträger zugewiesen wird, deutlich seltener Referent eines Verbs in der 3.Sg. Ähnlich wie in den oben besprochenen Beispielen aus dem AN.DAḪ.ŠUM^SAR-Fest entsteht diese Verteilung durch die detaillierte Anweisung für Ritualphasen wie das Brotbrechen. Dem König wird der zentrale Kern der Handlung zugewiesen, aber zahlreiche Schritte davor und danach sind ebenfalls expliziert an funktional bestimmte Akteure adressiert: Der Mundschenk bringt das Brot – man schlägt die Kithara – die Sänger singen – der Mundschenk gibt das Brot dem König – **der König bricht es** – der Mundschenk nimmt es – der Mundschenk schafft es fort. Es ist nachvollziehbar, wie sich die Zahlenverhältnisse der Handlungsanteile analog zur Detailliertheit verändern. Auch in den Formen der 3.Pl. Präsens spiegeln sich diese Strukturen wider: König und Königin oder eine unbestimmte Gruppe von Akteuren werden deutlich seltener adressiert als definite Personengruppen außer König und Königin. Dabei sind (im Sg. und im Pl.) aber nicht nur Funktionsträger wie Mundschenk, Tafeldecker, Köche, Flötenspieler, Sänger usw. genannt, sondern auch Personen oder Personengruppen, die spezifischere Bedeutung im Rahmen des Festes besitzen und ebenfalls zentrale Handlungen vollziehen: die Gottesherrin, der Gesalbte aus Tawiniya, der Jäger, der Leopardenmann, die Welpenleute.[307] Weiterhin sind einige kurze Anteile direkter Rede bzw. ritueller (liturgischer) Ausrufe von Sängerinnen und Spaßmachern enthalten, die durch Verben wie „singen, rufen, einstimmen" eingeleitet und in hattischer Sprache zitiert werden.

6.8.5.3 Direktivausdrücke der Festritualtexte: Zusammenfassung

Anders als in den Beschwörungsritualen finden sich in den Festritualen ausschließlich Formen der 3. Person – im Singular und Plural – zur Wiedergabe der Handlungsteile. Wenige Imperativformen (2./3. Sg. und Pl.), meist nur knappe Ein-Wort-Ausrufe wie „nimm!", betreffen die Kommunikation zwischen Ritualbeteiligten; längere Gebete oder Formeln, in denen die 1.Sg. des Sprechers zum Einsatz kommen könnte, sind in die Festritualtexte i. d. R. nicht integriert (sondern auf eigenen Tafelserien festgehalten). Die staatstragende Bedeutung der Rituale spiegelt sich in ihrer Komplexität und Länge sowie in der Menge der beteiligten Akteure wider. Die Tatsache, dass sehr viele Personen aktiv

---

307 Allgemein sind im KI.LAM-Fest relativ viele „reziproke" Handlungen zwischen den Ritualbeteiligten enthalten, z. B. zwischen König und Repräsentanten – diese Handlungen sind also nicht primär auf die Götter ausgerichtet (wie „opfern"/„beten"/„trinken"), sondern haben Kommunikationspartner auf menschlicher Ebene, was einer politisch-sozialen Funktion des Rituals entspricht. Auch die „große Versammlung" passt in diese zwischenmenschliche Kommunikationsebene.

am Ritual beteiligt sind und kleinteilige Handlungsabfolgen oft von wechselnden Personen übernommen werden, kann als einer der Gründe dafür aufgefasst werden, dass die Anweisungstexte der Festrituale nicht (wie die Beschwörungsrituale) die Perspektive eines Urhebers oder einer Urheberin als Hauptautorität aufweisen und als Instruktionen nicht an einen hauptverantwortlichen Adressaten gerichtet sind.[308] Nur für einzelne Elemente wird mitunter explizit auf den Willen einer Gottheit als autoritäre Grundlage verwiesen. Die Abwesenheit eines autoritätsstiftenden Sprechers oder Urhebers[309] kann mit dem spezifischen Ritualtyp zusammenhängen: Die Normen der Festrituale sind durch ihren offiziellen Status, die Verbindung mit dem König und teilweise eben auch durch Berufung auf göttliche Mitteilung sakral autorisiert und verbindlich. Andererseits legen bestimmte sprachliche und textliche Gemeinsamkeiten mit den Beschwörungsritualen[310] aber auch nahe, dass es sich bei Festritualen nicht um reine Dokumentation, sondern ebenfalls um instruierende Texte handelt. Diese werden offenbar von mehreren, unterschiedlich stark spezialisierten Adressaten rezipiert und umgesetzt; ähnlich wie Regie-Anweisungen oder die liturgischen Vorschriften der katholischen Kirche.[311] Die Heterogenität der Adressaten könnte einer der Gründe dafür sein, dass sich in den Texten auch einige informierende Propositionen finden,[312] welche Kontextinformationen geben und dadurch die Direktiv-Frequenz beeinflussen.

Innerhalb der verschiedenen Textsorten mit Festritualbezug lässt sich auch durch die Verteilung von Verbformen und zugehörigem Agens bzw. Adressaten eine Differenzierung gemäß der unterschiedlichen Funktion ablesen. In Übersichtstexten überwiegt der König aufgrund der Relevanz seiner Handlungsanteile deutlich als Agens im Singular; Nebenhandlungen werden, soweit sie überhaupt aufgeführt sind, tendenziell unbestimmten Handelnden (ohne explizite Agensangabe) im Plural zugeschrieben („man").

---

308 Vgl. Görke 2016a zum auffällig seltenen Vorkommen von verantwortlichen Priestern in Festritualen und den damit verbundenen Fragen. Vielleicht ist hierfür die funktionale Differenzierung der Textsorten, wie sie auch Burgin (2019) vertritt, die Lösung: Die Verteilung von (organisatorischen und spirituellen) Aufgaben und Verantwortung auf eine Vielzahl von Personen wäre durch die Existenz einer ebensolchen Vielzahl verschiedener Texte repräsentiert und bräuchte deshalb nicht in den einzelnen Textsorten selbst thematisiert werden.

309 Zu Origoexklusivität oder *effacement énonciatif* zur Anzeige inhärenter Normautorität s. o. S. 194 und 6.7.1.2.2.

310 U. a. konditionale Titel als Präsignale, optionale Handlungen und Anpassbarkeit, funktionale Benennung der Beteiligten statt Personennamen.

311 Zu diesem Vergleich s. Christiansen 2016.

312 Z. B. relationierende Nebensätze und Partizipien, Zustands-Verben oder Intransitiva, die wohl nicht als Handlungszuweisungen zu bewerten sind.

6.8.6 *Differenzierungsmöglichkeiten in hethitischen Ritualen*

Die Analyse der Beispieltexte für verschiedene Ritualtypen zeigt, dass in der hethitischen Ritualpraxis andere Parameter und Differenzierungen vorliegen als in den umbrischen und römischen Ritualvorschriften. Dies liegt nicht zuletzt daran, dass ein anderes Spektrum an sprachlichen Mitteln zum Ausdruck von Direktiven zur Verfügung steht. Es existieren aber sehr wohl Differenzierungen auf der Handlungsebene, die durch spezifische Konventionen und Techniken auch auf die Ebene der Ritual(fach)sprache projiziert werden. So können durch die sprachliche und v.a. textliche Gestaltung bestimmte Informationen zur Verfügung gestellt werden, die den Spezialistinnen und Spezialisten eine Einordnung und korrekte Handhabung eines Textes ermöglichen.

Generell tritt in den Beschwörungsritualen und Festritualen das in Tabelle 27 zusammengefasste Spektrum verbaler Formen zum Ausdruck von generisch-direktiven Äußerungen auf.[313]

Es lassen sich (vorsichtig) folgende Verallgemeinerungen treffen: Die Imperativformen erscheinen ausnahmslos in den Passagen direkter Rede der Gebete, selbstwirksamen Formeln oder der unmittelbaren Kommunikation zwischen den am Ritual beteiligten Personen. Sie stellen also Äußerungen dar, die Ritualhandelnde genauso in dieser Form im Ritual rezitieren sollen; vgl. die folgenden Beispiele:

(96) VBoT 24 Rs. IV 4–5
nu-ut-ták-kan kar-pí-iš
[*kar-tim*]*-mi-az ša-a-u-*wa-ar* ar-ḫa me-er-du*
„Und dir soll der Ärger,
[der Zo]rn (und) der Groll verloren gehen!"

(97) KUB 24.3+ Rs. III 43″–44″
nu pa-an-ku-u[*š*]
a-pa-a-at ⌜*e*?⌝-[*eš*?*-d*]*u ḫal-za-i*
„Die Versammlu[ng] ruft: ‚Das so[ll ge]schehen!'."

Damit entspricht ihre Verwendung z.T. derjenigen des Imperativ I (Kommunikation mit Ritualbeteiligten; unmittelbare Direktive), z.T. derjenigen des Imperativ II (Kommunikation mit den Göttern, mittelbare Direktive) in den lateinischen und umbrischen Ritualtexten. Im Hethitischen dienen sie offenbar dazu, die typologisch andersartigen, unmittelbaren und situativen Direktive

313 Daneben finden sich vereinzelt auch elliptische Ausdrücke (v.a. mit Partizipialprädikaten) und hortative Partikeln. Diese wurden nicht systematisch untersucht. Zu Partizipien s. noch unter 8.5.6.1.5.

TABELLE 27 Verbalformen und Adressierungen

Verbform	Beschwörung		Festritual	
1.Sg.Ps.	√	Ritualistin	×	keine autor. Perspektive
3.Sg.Ps.	√	Ritualistin; andere Handelnde	√	Einzel-Akteure intrans./pass. Angaben
1.Pl.Ps.	√	inkl. Plural: Ritualistin + andere; (dir. Rede: Mandant)	×	
3.Pl.Ps.	√	exkl. Pl.; „man"	√	def. Gruppen; indef. „man" intrans./pass. Angaben
1.Sg.Pt.	√	Legitimation/analogischer Vergleich	×	Legitimation/analogischer Vergleich
3.Sg.Pt.	√		√	
3.Pl.Pt.	√		√	
2.Sg.Impv.	√	direkte Rede: an Beteiligte Gebet/Formel	√	direkte Rede: an Beteiligte einzelne Ausrufe (Gebete/Formeln auf eigenen Tafeln)
3.Sg.Impv.	√		√	
2.Pl.Impv.	√		×	
3.Pl.Impv.	√		√	

der direkten Rede von den allgemeingültigen Vorschriften der Ritualanweisung zu differenzieren;[314] sie repräsentieren aber keinen spezifischen Direktivtyp. Zur Wiedergabe der allgemeingültigen, deaktualisierten Ritualanweisungen wird der Indikativ Präsens gewählt, der aufgrund verschiedener pragmatischer und syntaktisch-semantischer Faktoren[315] konventionalisiert-direktivischen Charakter besitzt. Das direktivische Potential scheint durch die Unspezifiziertheit bzw. Generizität des Präsens grundsätzlich vorhanden zu sein (s.o. 6.4.1.5).[316]

314 Dies geschieht teilweise auch durch situative, aktualisierte Deixis in den Gebeten und Formeln; s. dazu unter 8.6.1.1.

315 Vgl. unter 6.8.3.1 die Argumentation nach Christiansen 2006.

316 Damit hängt sicher auch die im Hethitischen mögliche prospektiv/futurische Lesart des Präsens zusammen (ein morphologisches Futur existiert ja ebensowenig wie ein morphologischer Konjunktiv).

Besondere Bedeutung für die Bestimmung der Textillokution kommt den Incipits der Ritualtexte zu, die durch Titel oder konditionale Fügungen Indikationen für die im Haupttext präsentierten Handlungen bieten. Bereits in Bezug auf den umbrischen und lateinischen Imperativ II als Modus perpetueller und allgemeingültiger Anweisungen wurde festgestellt, dass durch solche Konditionen diejenigen wiederholbaren Bedingungen festgelegt werden, unter denen die Propositionen immer wieder als verbindliche Anweisungen zu verstehen sind. Mit Große (1976: 20–22) kann hier textlinguistisch betrachtet von einem Präsignal gesprochen werden, das den Adressaten textinitial entscheidende Informationen zur Interpretation des folgenden Textes zur Verfügung stellt. Große (1976: 20–21) nennt als typische Präsignale moderner Texte Titel oder Gattungsbezeichnungen und erläutert anhand eines Beispiels:

> Selbst wenn nach einem Präsignal wie z.B. Loi („Gesetz", T.R.) nur noch Sätze im Indikativ Präsens vorkämen und nicht ein einziges modales Verb oder eine modale Verbalperiphrase des Könnens und Müssens auftreten würde (…), wäre der Text nicht sachinformierend.

Vielmehr wäre auch ein solcher Text normativ und würde von den Rezipienten, die mit dem Konzept des Gesetzes vertraut sind und somit den kontextuellen Indikator richtig interpretieren, auf diese Weise verstanden werden. Große verweist weiterhin auf vergleichbare Effekte durch stereotype Texteinleitungen (z.B. bei Verträgen) oder textinterne Signale (vgl. Große 1976: 22). Im Sinne Brinkers sind die konditionalen Incipits den kontextuellen Indikatoren der Textfunktion zuzuordnen. Die enthaltenen Angaben erlauben den Adressaten eine „situative Einbettung" sowie die „Zuordnung zu einer Textsorte und einem Textbereich",[317] welche als Kontextindikatoren entscheidende Bedeutung für die Vermittlung der Textfunktion übernehmen können (Brinker 1998: 199–200). Die grundlegende Differenzierung in staatlich organisierte und durchgeführte Festrituale und individualisierbare, symptombezogene Beschwörungsrituale manifestiert sich auf der Handlungsebene wie auf der Textebene. Dabei spielen auch die verwendeten Verbalformen eine Rolle. Im Zusammenhang mit der Begrenztheit modaler Differenzierungsmöglichkeiten wurde daher eine funktionale Nutzung der Personenkategorie (und evtl. Numeruskategorie; zumindest in direkter Rede) vorgeschlagen.

317 „Der Terminus bezieht sich auf bestimmte gesellschaftliche Bereiche und Institutionen, für die jeweils spezifische Handlungs- und Bewertungsnormen konstitutiv sind. Textbereiche können als situativ und sozial definierte ‚Ensembles' von Textsorten beschrieben werden" (Brinker 1998: 199 FN 8).

In Festritualen führt die Beteiligung einer Vielzahl von ausgebildeten, aber auch nicht ausgebildeten Beteiligten häufig zu einer stark variierenden Adressierung der Anweisungen. Dies scheint durch eine „neutrale", nicht-persönliche Perspektive und durch eine indikativische Formulierung am besten handhabbar zu sein: Die Formen des Indikativ Präsens erlauben immer eine explizite Agens-Angabe durch das Subjekt; durch den Verzicht auf Formen der 1.Sg. wird kein Haupthandelnder anhand der Perspektive als Handlungsautorität oder als Urheber gekennzeichnet.

In den Beschwörungsritualen, die Frauen zugeschrieben werden,[318] ist die Verwendung der 1.Sg. Präsens im Incipit charakteristisch (s.o. Tabelle 18). Dies kann mit der normgebenden Autorität in diesem Ritualtyp zusammenhängen; dadurch ist eine Kennzeichnung der Textsorte möglich. Innerhalb der Texte könnten bestimmte Verteilungen auch mit der Nutzung von formalen Kontrasten in Zusammenhang gebracht werden.[319] Dabei ist sicher keine völlige Einheitlichkeit oder Systematik zu erwarten, da die Beschwörungsrituale verschiedenen lokalen Kontexten und Traditionen entstammen. Diese Tatsache kann durchaus dazu beigetragen haben, dass bei diesen individuellen Ritualen ohne staatliche Autorität und Kontrolle ein stärkerer Druck wirkte, die Autorität der Anweisung zu explizieren.[320] Damit korrespondiert die Einführung einer autorisierenden Perspektive der Urheberin mit Nennung von Namen und Titel, z.T. auch der lokalen Herkunft. Im instruktiven Hauptteil der Rituale kann ein Wechsel zwischen 1. und 3. Person auftreten; oft ist die Ritualverantwortliche in diesem Teil aber auch einheitlich entweder durch die 1. oder 3.Sg. referenziert. Ein Faktor hierfür könnte die Notwendigkeit der Abgrenzung verschiedener Adressierungen der Ritualvorschrift (in Abhängigkeit von beteiligten Personen und deren Handlungsanteilen) sowie von Passagen in direkter Rede sein. Somit erhalten wir also in den Beschwörungsritualen eine zweite Differenzierungsebene, die für die Textkonstitution und -strukturierung genutzt werden kann. Man könnte in diesem Zusammenhang von Kontrastmustern sprechen, die einerseits zur funktionalen Charakterisierung des Texttyps, andererseits zur Textstrukturierung und zur Desambiguierung durch die

318 Sowohl mit der einfachen Referenzierung durch das Determinativ MUNUS „Frau" (wie in CTH 393.A) als auch durch die Bezeichnung als ^{MUNUS}ŠU.GI „alte Frau/Ritualistin" (wie in CTH 402).

319 Dafür wäre allerdings eine Überprüfung dieses Ansatzes in deutlich mehr Texten notwendig.

320 Diese Angaben wären demnach v.a. für potentielle künftige Benutzer relevant. Dies könnte das Königshaus sein, von dem die offizielle Archivierung letztlich ausgegangen sein dürfte, aber u.U. auch weitere Personen; die Rituale sind anpassbar und damit offenbar zur Wiederverwendung konzipiert.

Ausschöpfung verfügbarer grammatikalischer Kontraste eingesetzt werden.[321] In dieser Hinsicht besteht eine textgrammatische Ähnlichkeit zu den umbrischen (und lateinischen) Ritualtexten, wo ein textstrukturierender und damit funktional motivierter Wechsel des Direktivtyps zwischen Indikationsangabe und Haupttext festgestellt werden konnte.

Insgesamt lässt sich aufgrund sprachlicher und kontextueller Indikatoren bestätigen, dass hethitische Rituale eine präskriptive Hauptfunktion aufweisen, neben der wahrscheinlich weitere Funktionen in den Bereichen Kultregulation und -organisation bestehen.[322] Dabei ist anzunehmen, dass gewisse Hauptfunktionen existieren, die aber in verschiedenen ritualbezogenen Textsorten unterschiedlich stark ausgeprägt oder an eine individuelle Situation angepasst sein können. Das entspricht der von Brinker (^{8}2014: 87–88) vertretenen Auffassung, dass ein Text als komplexe sprachliche Einheit „mehr als eine kommunikative Funktion" signalisieren kann; z.B. informative und appellative (d.h. direktive) Funktion in den meisten Instruktionstexten. Einige weitere Charakteristika der Direktivausdrücke lassen sich außerdem in den Bereich der Fachsprachlichkeit einordnen. Hier sind die Ökonomie der Anweisungen und die nur selektiv vorhandene Detailgenauigkeit zu nennen, welche ein entsprechendes Maß an Fachwissen zur korrekten Anwendung der Texte erfordert.[323]

6.9 Indikatoren der Textillokution in Ritualtexten

Im vorliegenden Kapitel habe ich untersucht, welche Textillokution für die Iguvinischen Tafeln und lateinischen Ritualtexte sowie für die Beschwörungs- und Festritualtexte des Hethitischen festgestellt werden kann und welche Textfunktion auf dieser Grundlage zu bestimmen ist. Die Indikatoren, auf welche die linguistische Textanalyse zur Bestimmung der Textfunktion zurückgreift (s.o.

321 Ebenfalls, wenn auch in anderer Weise, wird die grammatikalische Dimension der Person in akkadischen Ritualvorschriften zur pragmatischen Differenzierung genutzt; vgl. Zgoll 2006: 385 zu Traumlöseritualen. Hier beziehen sich Verben der 2. Person in den Ritualtexten auf die verantwortlichen Spezialisten, Verben der 3. Person bezeichnen regelhaft den Ritualmandanten. Diese Verteilung ist zwar aufgrund logographischer Schreibung der Verbformen in einigen Fällen nicht überprüfbar (vgl. Butler 1998: 119), gilt aber anhand der doch existierenden Beispiele in syllabischer Schreibung offenbar als ausreichend gesichert.

322 Vgl. zur Multifunktionalität z.B. Christiansen 2016: 40.

323 Auch Burgin (2019: 149–150) verweist auf den Umstand, dass das Ausmaß an Verknappung und Elision darauf hindeutet, dass die Texte von ausgebildeten Spezialisten mit entsprechender Vorkenntnis (aber unterschiedlichen Zuständigkeitsbereichen) genutzt wurden.

6.2 und vgl. Brinker ^{8}2014: 98–100), sind in unterschiedlichem Maße in den untersuchten Texten vertreten.

6.9.1 *Indikatoren mit Sprecherbezug*

Indikatoren, die explizit über den Illokutionstyp informieren, z. B. durch explizit performative Formulierungen wie „Hiermit weise ich dich an, das Ritual folgendermaßen durchzuführen“, kommen in den Ritualinstruktionen des Umbrischen und Hethitischen nicht vor.[324] Das ist nicht unerwartet; auch in modernen Gebrauchstextsorten mit appellativer Grundfunktion sind solche expliziten Strukturen nicht üblich (vgl. Brinker ^{8}2014: 110). Diese Tatsache ist durch die konzeptionelle Abwesenheit eines konkreten, definiten Sprechers bedingt, die durch sprachliche Neutralisierungstechniken hergestellt wird.[325] Die Sprechertilgung wird in Anweisungstexten systematisch zum Ausdruck von Allgemeingültigkeit genutzt; sie kann daneben aber auch eine spezifische, norminhärente Autorität der direktiven Ausdrücke erzeugen. Beide Merkmale sind in den ritualbezogenen Anweisungen der IT durch die Verwendung des Imperativ II sowie unpersönlicher deontischer Ausdrücke festzustellen.[326] In den hethitischen Ritualen liegen unterschiedliche Fälle vor: In den untersuchten Beschwörungsritualen tritt durch die Perspektive der 1.Sg. (mindestens) im Incipit eine autoritative Urheberin auch sprachlich in Erscheinung. Explizit performative Direktive (wie „ich ordne an, dass …“) finden sich aber auch hier nicht. In den Festritualen ist aufgrund der durchgehenden Formulierung in der

324 In den Gebeten finden sich hingegen wenigstens z. T. explizit performative Verben, welche den kommunikativen Charakter der Äußerung klassifizieren; z. B. umbr. **subocau**, lat. *praecor quaesoque*, heth. DINGIR-*LIM-ni peran duddu ḫalziššaḫḫi* „ich rufe vor der Gottheit ‚Gnade!‘“. Diese Technik ist in hethitischen Gebeten aber eher selten angewandt; meist sind sie als direkte Sprechhandlungen ohne Performativ konzipiert. Vgl. Daues/Rieken 2018: 99–100 und ausführlicher unter 7.4.6.2.

325 Bei der Klassifizierung der direktiven Sprechakte in Ritualanweisungen stellt dies z. B. eine Schwierigkeit für die Anwendung des Kriteriums „Sprecherwunsch“ (Searle 1975a) bzw. *benefit of speaker* (Risselada 1993) dar: Ebenso wenig wie Anweisungstexte darauf ausgerichtet sind, den Wunsch eines konkreten Sprechers zu erfüllen, kann ein solcher konkreter Sprecher von der Durchführung der als Direktiv geäußerten Handlung profitieren. Ein Sonderfall ist die Angabe mittelbarer Benefizienten (z. B. der Stadt oder der Gemeinschaft; in den IT durch die Postposition **-per** angegeben); allerdings handelt es sich auch hier um generische Verweise. Zudem sollen die Referenten vom Erfolg des Rituals und dem dadurch gewonnenen Wohlwollen der Götter profitieren. Der Zusammenhang mit den Instruktionen als direktive Sprechakte ist also ebenfalls mittelbar.

326 Dadurch unterscheiden sie sich von den Regelungen der Bruderschaft, die eine andersartige Autoritätsgrundlage aufweisen und diese in VA 1–3 und VA 14–16 auch explizieren; s. o. 6.7.2.1.

3.Sg. der Emittent der Anweisungen ebenfalls nicht repräsentiert.[327] Mitunter wird der Wille einer Gottheit als normgebende Autorität für (Teile der) Handlungen expliziert;[328] eine solche sakrale Fundierung widerspricht dem Prinzip der norminhärenten Autorität jedoch nicht; diese resultiert letztlich auch aus der sakralen Bedeutung des Inhalts.

Partikeln oder Modalwörter mit Bezug zur Sprechereinstellung oder zum Wahrheitsgehalt der Propositionen finden sich in den Ritualinstruktionen nicht.[329] Dieser Umstand korrespondiert ebenfalls mit der Tilgung des Sprechers. Zudem erübrigen sich innerhalb von Texten, deren Propositionen naturgemäß zum Zeitpunkt ihrer Äußerung nicht real sind, Aussagen über den Wahrheitsgehalt oder die Wahrscheinlichkeit. Die Handlungen unterliegen nach Searles Kriterien (1975a) einem *world-to-word-fit*, also einer Anpassung der Welt an den geäußerten Sprechakt.

6.9.2 *Syntaktische und morphologische Indikatoren*

Auf der syntaktischen und morphologischen Ebene findet sich in den umbrischen und lateinischen Ritualtexten besonders der prototypisch direktivische Satztyp „Befehlssatz/Imperativ“ als eindeutiger Indikator der Textillokution. Dabei können sich pragmatische Differenzierungen u.a. im Einsatz modaler oder quasi-modaler Verben und alternativer deontischer Konstruktionen niederschlagen. Das Überwiegen von Formen der 2.Sg. bzw. der 3.Sg. entspricht der Ausrichtung auf einen (oder mehrere) funktional bestimmten (nicht spezifischen) Adressaten.[330] Dies korrespondiert mit der Allgemeingültigkeit der Direktive und der bereits genannten norm-inhärenten Autorität durch die Tilgung des Sprechers. In den hethitischen Ritualtexten ist eine Indikation durch

327 Die Anweisungen sind i.d.R. durch die Agensnennung den jeweiligen Adressaten zugeordnet; fehlende Agensnennung (z.B. beim Wechsel) deutet darauf hin, dass die Angabe aus dem Wissen der Textbenutzer ergänzt werden kann. Solche Fälle sind als Ausdruck ökonomischer Textkohärenz unter spezialisierten Kommunikationspartnern zu verstehen; s. 8.2.3, 8.2.4 und 8.2.7.

328 V.a. durch den Verweis auf Orakel, z.B. im Kolophon des AN.DAḪ.ŠUM^{SAR}-Festes; s. auch 7.5.4.4; bestimmte Ergänzungen können auch auf Könige zurückgehen, werden dann aber i.d.R. ebenfalls durch Orakel seitens der Götter autorisiert.

329 Sie liegen aber bisweilen in Passagen direkter Rede oder kurzen Ausrufen vor; dies entspricht der Verteilung des Imperativ I in den umbrischen Texten.

330 In einigen Textpartien der IT stellen die Agens- bzw. Adressatenwechsel ein komplexes Problem dar, da sie nicht immer, z.B. durch eindeutige Zuordnungen der Personenperspektive oder explizite Agensnennung, nachvollziehbar sind. Auf diese Fragen wird in der vorliegenden Untersuchung wegen der Fokussierung auf andere Fragen nicht eingegangen; eine detaillierte Analyse dieses Aspektes wäre jedoch allgemein zu begrüßen.

Modi und Satztyp wegen der Verwendung des formal nicht-modalen Indikativ Präsens problematischer; hier sind weitere syntaktische und pragmatische Parameter heranzuziehen, um für eine direktivische Gesamtillokution der Texte zu argumentieren. Dabei spielen indefinite oder optionale Strukturen eine entscheidende Rolle;[331] auch die grammatische Person der Verbalformen und die dadurch erzielte Perspektivierung und Zuweisung der Handlungen wurden als Indikator herangezogen.

6.9.3 *Propositionaler Gehalt*

Als letzten und maßgeblichen Indikator der Textfunktion nennt Brinker ([8]2014: 98–100) den propositionalen Gehalt der Äußerungen. Allerdings ist dieser nicht für sich allein genommen, sondern nur bei einer korrekten pragmatischen Einordnung in den jeweiligen Kontext tatsächlich als Indikator valide. Dieser Kontext ist in Bezug auf Ritualtexte v.a. anhand der Hinweise und Informationen herstellbar, die zum System von ritueller Praxis, Kommunikation mit den Göttern sowie dem religiösen Weltbild im Allgemeinen vorliegen. Dies bezieht auch Faktoren wie das Rollenverhältnis von Menschen und Göttern sowie den institutionellen Rahmen der Kultpraxis mit ein. Auch die Berücksichtigung von propositionalem Gehalt und Kontext sprechen für eine direktivische Textillokution der hethitischen Ritualtexte. Dabei spielt z.B. die Angabe einer spezifischen Indikation im *Incipit* der Texte eine wichtige Rolle. Die Verbindung aus sprachlichen Eigenschaften der Texte und inhaltlichen Informationen, die wir über ihren Einsatz besitzen, und die Parallelität dieser Charakteristika mit den umbrischen Vergleichstexten begründen eine Bestimmung als Anweisungs(fach)texte auch im Fall der hethitischen Rituale.

6.9.4 *Illokutionstyp und Textsorte: Ergebnisse*

Ausgehend von diesen Erkenntnissen klassifiziere ich die hier untersuchten umbrischen, lateinischen und hethitischen Ritualtexte als eine fachbezogene Textsorte „Ritualinstruktion“ mit einheitlicher direktivischer Textfunktion. Diese Klassifizierung basiert auf dem textlinguistischen Verständnis von Texten als kohärenten sprachlichen *und* kommunikativen Einheiten mit kommunikativer und damit auch illokutiver Gesamtfunktion. Der Analyse dieser Funktion habe ich auf Textebene die Theorie der Sprechakte zugrunde gelegt.[332] Die illokutive Grundfunktion der hier untersuchten Textsorte ist v.a. durch die Fre-

331 S. dazu noch unten 7.6.1.

332 Z.B. Rosengren 1980: 275 und Brinker [8]2014: 17–20. Dazu auch bereits eingangs unter 6.1 und 6.2.

quenz an direktiven Einzelsprechakten als (primär) direktiv oder appellativ[333] zu bestimmen.

6.9.5 *Direktive als informierende Sprechakte?*

In der Textlinguistik besteht eine gewisse Uneinigkeit bzgl. der Frage, ob bei einigen Typen von Anweisungstexten (wie Kochrezepten oder Gebrauchsanweisungen) eher von informierenden als von tatsächlich direktiven Sprechakttypen auszugehen ist:

> Der Emittent will in Texten dieser Art den Rezipienten prinzipiell nicht zu einer unmittelbaren Handlung veranlassen, sondern ihn über bestimmte Handlungsschritte und -möglichkeiten informieren.[334]

Dieser Konflikt korrespondiert mit ähnlichen Diskussionen über den Charakter der hethitischen Ritualtexte. Auch die Beurteilung von Anweisungstexten als „nichtbindende“[335] Direktive ist in der Textlinguistik geäußert worden und für unsere typologische Einordnung der Sprechakte in Ritualanweisungen und ihrer Eigenschaften und Verwendungsmöglichkeiten von Interesse.[336]

Die genannten Einwände können m. E. auch auf Basis der untersuchten Ritualanweisungen im Sinne Rolfs[337] entschieden werden. Die im Folgenden unter 6.9.5.1 aufgeführten Punkte greifen dessen Argumentation für den direktiven Charakter von Bestimmungen und Bedienungsanleitungen auf.

6.9.5.1 Konzept der bedingten Direktive

Anweisungstexte sind immer *mittelbar* oder *bedingt direktive* Aufforderungen. Die Besonderheit besteht in den Ritualtexten in der Indikationsangabe als präliminare und adressatenkonstituierende Voraussetzung. Diese Konstitution des Adressaten muss immer wieder neu vollzogen werden, da die allgemeingültige Formulierung keinen konkreten, definiten oder namentlich genannten Adressaten vorsieht. Dies hat Einfluss auf die Textgestaltung, indem explizit oder implizit angegeben wird, für wen und unter welchen Bedingungen die geäußerten Regeln und Normen als verbindlich zu gelten haben. Die Tatsache,

333 In der Terminologie nach Brinker ^{8}2014 bzw. Rolf 1993.

334 Brinker ^{8}2014: 111.

335 Hindelang 1978: 133–134.

336 Vgl. die typologischen Modelle direktiver Sprechakttypen von Risselada und Denizot sowie die bereits oben aufgeworfene Frage, wo sich Ritualanweisungen in diesen verorten lassen.

337 Vgl. Rolf 1993: 235–236.

dass der Rezipient nicht zu einer unmittelbar auszuführenden Handlung veranlasst wird, hat hingegen keinen Einfluss auf den Grad der Verbindlichkeit. In Bezug auf Ritualinstruktionen zählen zu den notwendigen Voraussetzungen die Funktion und damit Kompetenz und Spezialisierung des Adressaten, die z. B. durch eine Amtsbezeichnung oder einen Titel angegeben werden (z. B. umbr. **ař̌fertur, uhtur**).[338] Auch die bereits genannten Indikationsangaben wirken an der Adressatenkonstituierung mit. Sie werden sprachlich v. a. als konditionale Propositionen realisiert. Erst wenn die Bedingungen insgesamt zutreffen, werden die Anweisungen praktisch relevant und der Rezipient des Textes wird zum Adressaten der enthaltenen direktivischen Sprechakte.

In den umbrischen und lateinischen Texten entspricht auch die Wahl spezifischer sprachlicher Mittel (Imperativ II) der konditionierten Mittelbarkeit. Im Hethitischen wird die Bedingtheit ebenfalls in entsprechenden konditionalen oder temporalen Gefügen ausgedrückt; in Kombination mit dem Indikativ Präsens werden auch hier allgemeingültige, bedingte Regeln formuliert. Der direktivische Charakter kommt also, wie ich gezeigt habe, nicht nur durch Moduswahl oder Satztyp, sondern auch durch die Kombination mit pragmatischen Strategien oder kontextuellen Signalen zum Ausdruck.

6.9.5.2 Adressateninteresse und Verbindlichkeit

Gleichzeitig wird durch diese pragmatische Konstellation deutlich, dass die Durchführung der beschriebenen Handlungen im Interesse der Adressaten liegt.[339] In Gesetzestexten wird dies durch den Inhalt ethischer Normen und/oder durch explizite Sanktionierungen erreicht. In Bezug auf Rituale ergibt sich das Adressateninteresse anhand der positiven Effekte der (richtigen) Durchführung der Rituale. Es ist also zumindest ein gewisser Bezug zum Kriterium *intérêt du destinataire/benefit of addressee* (s. o. 6.2.2.1 und 6.2.2.2) gegeben. Der Umstand, dass die Rezipienten der Ritualanweisungen in ihrem eigenen Interesse (bzw. dem der gesamten Gemeinschaft) handeln, ändert aber ebenfalls nichts an der Tatsache, dass die Anweisungen *unter den entsprechenden Voraussetzungen* einen starken Verpflichtungscharakter besitzen. Dieser generiert sich in umgekehrter Blickrichtung aus der Notwendigkeit glückender Kommunikation mit den Göttern und den negativen Auswirkungen im Falle ihres Scheiterns. Grundsätzlich scheint ein pragmatischer Zusammenhang zwischen dem Verbindlichkeitsgrad einer Anweisung und dem Risiko

338 Durch die Regelungen der Tafel va erfahren wir außerdem auch explizit von den funktionsbedingten Verpflichtungen und Zuständigkeiten des Arsfertur.

339 Und bei offiziellen Ritualen im Interesse der ganzen Gemeinschaft, die der Priester bei der Durchführung vertritt.

oder Gefahrenpotential zu bestehen, das sich bei unsachgemäßer oder nichtvorschriftgemäßer Durchführung der betreffenden Handlung(en) ergibt.[340] In dieser Hinsicht sind die möglichen negativen Auswirkungen beim Scheitern oder Missglücken eines Rituals als sehr gravierend (ggf. für die gesamte Gemeinschaft) einzustufen.[341] Ein übergeordneter „Normgeber mit entsprechender Legislationsgewalt", wie er von Rolf (1993) für die betreffenden Textsorten angenommen wird, ist durch die Verantwortung eines Priesterkollegiums oder anderer verantwortlicher Gremien nur scheinbar gegeben. Die verantwortlichen Priester stellen in Bezug auf offizielle, staatliche Rituale nicht die Autorität für die Verbindlichkeit der Rituale dar; diese besteht im Inhalt der Norm selbst. Dieser Umstand kommt auch durch die Tilgung des Sprechers in den Instruktionen zum Ausdruck.

6.9.6 *Textsortendifferenzierung durch Sprechakte*

Meine Analysen legen nahe, dass auch in Ritualanweisungen Differenzierungsmöglichkeiten in Abhängigkeit von Autoritätsgefüge und propositionalem Gehalt des Sprechakts genutzt werden. Sie äußern sich im Einsatz verschiedener sprachlicher Mittel zum jeweiligen Ausdruck des direktiven Sprechakts. Diese können z.B. dazu herangezogen werden, um, wie in den IT, rituelle Vorschriften von gemeinschaftsbezogenen Vorschriften, oder wie im Hethitischen verschiedene Ritualtypen mit unterschiedlicher Anwendungsbasis oder verschiedene Adressaten voneinander abzugrenzen.

6.9.6.1 Subklassifikation anhand von Frequenz und Verteilung

Bei der engeren Bestimmung der Textsorte auch mit Hinblick auf die Fachsprachlichkeit ist zunächst auf das Verhältnis von dominierenden (direktiven) gegenüber subsidiären (assertiven) Sprechakten einzugehen. Dieses spricht für einen hohen und gleichgewichtigen Grad an Fachlichkeit von Emittenten und Rezipienten der Ritualanweisungen (welcher informierende Sprechakte größtenteils verzichtbar macht).[342] Außerdem bindet Göpferich (1996) die verschiedenen Direktivstrategien in eine Typologie der Anweisungstexte ein, indem sie die Verteilung und Frequenz der unterschiedlichen Subtypen (kanonische vs. nicht kanonische bzw. Handlungszuweisungen vs. deontische

340 So besitzen die Bedienungsanweisungen zur Handhabung großer Maschinen (in der Metallproduktion, im Sägewerk etc.) inhärent eine andersartige Verbindlichkeit als die Anleitung zu einem Gesellschaftsspiel oder ein Kochrezept.

341 Diese werden i.d.R. auf fehlerhafte Durchführung zurückgeführt, s. dazu noch unten 7.5.

342 Vgl. die Verteilungsstatistiken zu modernen Anweisungstexten; vgl. Göpferich 1996 und s.o. 6.6.

Hinweise) in Bezug zur Textsorte setzt. Vergleichbare Techniken werden auch in den untersuchten Ritualtexten genutzt.

6.9.6.2 Textlinguistische Subklassifikation

Diese frequenz- und verteilungsbasierten Differenzierungen von präskriptiven Gebrauchstexten lassen sich mit Subklassifikationen auf textlinguistischer Basis korrelieren; z. B. mit der Unterscheidung in bindende und nicht-bindende Texte.[343] Es wurde bereits konstatiert (6.9.5.2), dass ritualbezogenen Anweisungen aufgrund der hohen funktionalen Belastung und der Bedeutung der vorgeschriebenen Handlungen gerade in staatlichen Kulten eine hohe Verbindlichkeit zukommt. Die Ritualanweisungen sind v. a. auf dieser Grundlage als bindende Vorschriften einzuordnen. Gleichzeitig wurde festgestellt, dass diese Verbindlichkeit unter bestimmten Umständen gilt. Diese Konstellation erfasst Rolf mit einer Unterteilung der bindenden Direktive auf Basis der „allgemeineren vorbereitenden Bedingungen".[344] Die als „Bindende Textsorten bei Legislationsgewalt" aufgeführten Textsorten legen fest „wie bestimmte Verfahren abzuwickeln, welche Handlungen dabei zu realisieren sind, welche Bedingungen erfüllt sein müssen";[345] Die so beschriebenen Textsorten entsprechen damit z. T. dem typologischen Profil der Ritualanweisungen, die ebenfalls auf Basis bedingter Direktive klassifiziert werden. Die Bedingtheit besteht nach Rolf darin,

> daß die Norm-Autorität in der Lage ist, *Bestimmungen* zu formulieren, von denen die Adressaten für den Fall betroffen sind, daß sie spezielle Handlungen, Vorhaben realisieren wollen.[346]

Unter den Beispielen für diese Textsorte sind verfahrensbezogene Ordnungen verschiedener Fach- und Gebrauchsbereiche, wie Bauordnung, Geschäftsordnung oder Prozessordnung, aber auch Gottesdienst- oder Messordnung und damit Texte, die den Ritualanweisungen auch inhaltlich nahestehen.[347]

---

343 Rolf 1993: 223–224 zur taxonomischen Gliederung direktiver Textsorten.

344 Vgl. Rolf 1993: 224–225.

345 Rolf 1993: 231.

346 Rolf 1993: 231.

347 Verwandt sind nach Rolf außerdem Instruktionstexte, die ausschließlich unter der Bedingung Gültigkeit besitzen, dass der Adressat die betreffende Handlung von sich aus realisieren will, wie Gebrauchsanweisungen, Bühnenanweisungen oder Kochrezepte; vgl. Rolf 1993: 232–233. Solche Texte unterscheiden sich v. a. hinsichtlich ihrer Anwendungsbedingungen von den Ritualanweisungen: Die Verehrung der Götter besitzt in den hier untersuchten Gemeinschaften selbst absolute Verbindlichkeit – im Gegensatz zu Koch-

Meine obigen Schlussfolgerungen (6.9.5.1 und 6.9.5.2) bestätigen eine Ähnlichkeit bzgl. der Verwendung vergleichbarer Direktivstrategien, allerdings habe ich auch bereits auf die Unterschiede hingewiesen. Diese bestehen v.a. in der unterschiedlichen funktionalen Belastung und Bedeutung der Handlungsinhalte von Ritualtexten sowie in der Grundlage ihrer Autorität.

6.10 Textillokution der Ritualtexte: Fazit

Mit Hilfe der Sprechakttheorie und der darauf aufbauenden Text(sorten)linguistik konnte ich die hier untersuchten Ritualtexte als appellative oder präskriptive Textsorte mit direktiver (Haupt-)Illokution bestimmen. Diese Klassifizierung erfolgt v.a. anhand der Textfunktion, die aufgrund des charakteristischen Illokutionsprofils sowie der sprachlichen Umsetzung der spezifischen Strukturen von Bedingtheit und Verbindlichkeit festgestellt werden kann.

Die Direktivtypen der Texte lassen sich mit Bezug auf die eingangs besprochenen typologischen Modelle und Taxonomien (s.o. 6.2.2) folgendermaßen beschreiben: Es handelt sich um Sprechakte, die den Adressaten anhand seiner funktionalen Bestimmung und durch die äußerliche Notwendigkeit der vorgeschriebenen Handlungen konstituieren. Ihr Ziel ist, dass der Adressat diese Handlungen vollzieht und die Welt so dem Sprechakt anpasst (*world-to-word-fit*). Es liegt anhand der externen Notwendigkeiten ein eigenes Interesse des Adressaten an der (korrekten) Durchführung der Rituale vor – und damit einhergehend zumindest dessen Zustimmung zur Umsetzung der Direktive. Dabei tritt in den umbrischen Ritualanweisungen und hethitischen Festritualtexten kein konkreter, identifizierbarer Sprecher oder Urheber der Direktive in Erscheinung;[348] die Verbindlichkeit und Autorität der Anweisungen besteht dadurch im Inhalt der Norm, die sie repräsentieren. In diesem Sinne sind sie als bindende aber bedingte Fachtexte zu beschreiben.

Anhand des Gebrauchs von Sprechakttypen und v.a. Direktivausdrücken können Ritualanweisungen sowohl textintern strukturiert,[349] als auch von benachbarten Textsorten abgegrenzt oder nach Ritualtypen differenziert werden. Diese Differenzierungen betreffen z.B. die Abgrenzung von umbrischen

---

rezepten, deren Anwendung auf freier Entscheidung basiert, wodurch sie referentiell-verbindlich sind.

348 Ausnahmen sind die spezifischen Fälle der hethitischen Beschwörungsrituale und der Regeln der Bruderschaft (Tafel V) der IT. Bei beiden trägt dieses Merkmal zu einer Differenzierung und Konstitution als eigene Textsorte bei.

349 Z.B. durch Kontrastformen zwischen Einleitung und Handlungsteil.

Ritualanweisungen und Regeln der Bruderschaft oder von hethitischen Fest- und Beschwörungsritualen sowie weitere funktionale und adressatenbedingte Differenzierungen.[350] Diese können durch die pragmatische Nutzung kontrastierender Modi oder Verbalformen auf ökonomische Weise durchgeführt werden. Dabei besteht m.E. ein Zusammenhang mit der spezifischen autoritären Grundlage der jeweiligen Instruktionen. Auch eine Abgrenzung von Gebeten und Formeln ist anhand der spezifischen Eigenschaften der verwendeten Direktivausdrücke möglich. Die wenigen assertiven Sprechakte, die die Ritualtexte enthalten, besitzen subsidiäre Funktion und sind schon allein durch das Zahlenverhältnis untergeordnet.

Anhand dieser Bestimmung stehen die Ritualanweisungen in einem gemeinsamen funktionalen Kontext mit verwandten Textsorten, welche die gleiche Illokution und Textfunktion besitzen. Zur Spezifizierung der Fachsprachlichkeit von Ritualanweisungen sind also weitere Gesichtspunkte notwendig, von denen einige in den folgenden Kapiteln aufgegriffen werden.

350 Vgl. Burgin 2019 zum KI.LAM-Fest.

KAPITEL 7

Stabilisierung und Kontrolle ritueller Kommunikation

7.1 Probleme ritueller Kommunikation und Notwendigkeit der Stabilisierung

In Kapitel 3 wurde die Kommunikation als eine der Hauptfunktionen religiöser Rituale in antiken Kulturen identifiziert, v.a. mit den angenommenen superempirischen Mächten, daneben aber auch – sei es bewusst oder unbewusst – mit weiteren, menschlichen Kommunikationspartnern. Diese Funktion hat beträchtlichen Einfluss auf die sprachliche Gestaltung der im Ritual geäußerten Formeln, aber auch der darauf bezogenen Meta-Texte, wie Vorschriften und Beschreibungen.

7.1.1 Face-to-face-*Kommunikation*

Der größere Teil aller kommunikativen Akte und Diskurse in Dialogform findet im Normalfall als echtes, von Angesicht zu Angesicht (oder vergleichbar) geführtes Gespräch statt. Diese Art der Kommunikation ermöglicht den Teilnehmern zahlreiche Strategien, um den Erfolg ihrer Kommunikation unmittelbar überprüfen und ggf. Modifikationen oder Nachbesserungen vornehmen zu können. In diesem Zusammenhang ist häufig von den Möglichkeiten der Verständnissicherung in Gesprächen die Rede, mit deren Hilfe eine möglichst genaue Entsprechung zwischen der vom Adressaten rezipierten und der vom Sprecher intendierten Botschaft hergestellt werden kann. Basis für diesen regelrechten Aushandlungsprozess[1] von Bedeutung, Funktion und Kohärenz des Gesagten ist letztlich das durch Grice (1975) eingeführte Prinzip der Kooperation zwischen Gesprächsteilnehmern, welches Sprecher und Adressaten in gleicher Weise involviert. So lässt sich schon anhand der sichtbaren Reaktion des Gegenübers, besonders aber auch durch (beiderseitiges) Nachfragen oder andere metakommunikative Handlungen immer wieder die Passung von Geäußertem und Verstandenem und von Illokution und Perlokution überprüfen (und ggf. korrigieren), was letztlich ausschlaggebend für den Erfolg der Kommunikation ist.[2] Zudem ermöglicht eine kontingente Gesprächssituation

1 Vgl. Bublitz 2001: 1331 zu den Formen der Verständnissicherung im Gespräch.

2 Die gleichen Faktoren spielen auch für die Produktion und Rezeption der Kohärenz eines

 | DOI:10.1163/9789004436596_009

Hinweise darauf, ob es gelungen ist, die *face*-Ansprüche beider Teilnehmer zu wahren und adäquate Kommunikationsstrategien (z. B. Höflichkeitsstrategien) zu wählen. Z. T. sind die Signale des Adressaten möglicherweise subtil (Mimik, Körpersprache); für einen gesprächserfahrenen und aufmerksamen Menschen sind sie aber i. d. R. zu deuten und können sofort bei der weiteren Gestaltung des Gesprächs oder beim nächsten Sprechakt berücksichtigt werden. Abgesehen von diesen nonverbalen Rückmeldungen sind auf der verbalen Ebene unmittelbare und explizite Antworten auf Fragen, Zustimmung oder Ablehnung möglich. Die Kommunikation verläuft so optimalerweise ungestört in beide Richtungen; beide Teilnehmer haben prinzipiell die gleichen Voraussetzungen und kommunikativen Mittel zur Verfügung und die Kommunikation kann sich in Form gegenseitiger Reaktionen entwickeln. Im Idealfall ergibt sich dadurch ein nahezu identisches Verständnis des Gesagten auf beiden Seiten und eine Korrespondenz oder hohe Passung von Illokution und Perlokution der vollzogenen Sprechakte.

7.1.2 *Mittelbare Kommunikation*

Die Erfahrungen mit den Möglichkeiten digitalisierter Kommunikation zeigen allerdings, wie sehr schon geringfügige Beeinträchtigungen der Unmittelbarkeit unsere Gesprächsführung beeinflussen. Bereits die Tatsache, dass in einem normalen Telefonat das Gesicht des Gesprächspartners nicht zu sehen ist, hat zur Folge, dass bei der Interpretation seiner Aktionen und Reaktionen auf wichtige visuelle Informationen verzichtet werden muss; andere Komponenten, wie der Tonfall oder die Intonationskurve, nehmen dadurch unweigerlich eine tragendere Rolle ein. Eine größere Notwendigkeit zur Explizierung von visuell nicht nachvollziehbaren Gefühlen kann die Frequenz explizit performativer bzw. explizit spezifizierender Äußerungen erhöhen. Noch tiefgreifender ist die Beschneidung kommunikativer Mittel im schriftlichen Austausch, heutzutage gerade auch in der stark verkürzten, ökonomisierten Form von elektronischen Kurznachrichten oder Chats. Diese schriftlichen Dialoge erfolgen i. d. R. in einem zeitlich kontingenten Rahmen und laufen in einer gesprächsähnlichen Geschwindigkeit ab, stehen einer *face-to-face*-Kommunikation also deutlich näher als der zeitlich mittelbare Austausch von E-Mails oder Briefen. Ein Chat besitzt damit einerseits Eigenschaften eines Live-Gesprächs, da hier zeitliche Unmittelbarkeit in der Abfolge der Reaktionen vorliegt; andererseits erfolgt die Kommunikation aber ohne den Gesprächspartner optisch

---

Textes eine Rolle. S. zu den sprachlichen Mitteln zur Erzeugung von Kohärenz in Kapitel 8. Im vorliegenden Abschnitt geht es speziell um die Kontrolle des Gelingens des illokutionären Aktes, also des intendierten Effektes auf den Kommunikationspartner und seine Reaktion.

oder akustisch wahrzunehmen. Hier ist die Gefahr von Missverständnissen und missglückender Kommunikation um ein Vielfaches höher; gerade scherzhafte oder ironische Aussagen werden deutlich schlechter als solche erkannt, da keine stimmlichen oder mimischen Signale eingesetzt werden können. Die Interpretation einer Botschaft stützt sich also auf eine eingeschränkte Auswahl von Kriterien und fällt deshalb u. U. weniger verlässlich aus. Besonders ungeübte Gesprächsteilnehmer fühlen sich häufig unsicher in zweierlei Hinsicht: ob der Adressat ihre Botschaft richtig interpretiert und ob sie ihrerseits die Botschaften des Kommunikationspartners in dessen Sinne richtig wahrnehmen und deuten.[3] Deutlich wird auch hier, dass der Erfolg der Kommunikation durch bestimmte visuelle Ersatzstrategien der Verständnissicherung stabilisiert oder abgesichert wird, beispielsweise durch den Einsatz von „Emojis", also Bildern, welche ikonische oder symbolische Hinweise zur korrekten Interpretation einer gesendeten Botschaft mitliefern oder dabei helfen, emotionale Nuancen zu verdeutlichen. Derartigen Interpretationshilfen, die man in diesem Sinne als moderne Form von Glossen oder Meta-Text kategorisieren könnte, kommt also mitunter beträchtliche Bedeutung für die Verständnissicherung zu. Auffällig ist dabei auch, dass sich sehr schnell bestimmte Codes bei der Verwendung von Stützmechanismen etablieren (wie der zwinkernde Smiley zu Indikation von Ironie, deren Fehlinterpretation ein wesentlicher Auslöser von Missverständnissen ist).

7.1.3 *Mittelbarkeit ritueller Kommunikation*

Mit ganz ähnlichen Beschränkungen haben die menschlichen Kommunikationspartner im Rahmen ritueller Kommunikation mit den (von ihnen angenommenen) göttlichen Adressaten umzugehen. Zu den besonderen Erschwernissen dieser Art von Kommunikation zählt die inhärente Unverfügbarkeit der Adressaten: In den religiösen Systemen der meisten antiken (aber auch modernen) Kulturen sind göttliche oder superempirische Entitäten als räumlich oder zeitlich nicht zugängliche Wesen konzipiert, die einem eigenen, parallel existierenden Ort zugewiesen sind. Sie können sich in einigen Vorstellungen in Gestalt von Menschen oder Tieren manifestieren und ihre Reaktionen werden häufig in Naturerscheinungen vermutet; z. T. findet auch eine weitreichende Identifikation der Gottheiten mit ihren Kultbildern und anderen Symbolen statt, welche als direkte Adressaten von Gebet oder Opfer behandelt werden können. Trotzdem kann natürlich von einer *face-to-face*-Kommunikation im

3 Das spezifische Setting hat ebenfalls starke Auswirkungen auf die Herstellung von Kohärenz innerhalb der Äußerungen und erhöht die Bedeutung von *shared knowledge*. Zu Implikationen und Präsuppositionen als Kohärenzfaktoren s. u. 8.2.3.

Sinne von zeitlicher und räumlicher Kontingenz und optischer und akustischer Wahrnehmung der gegenseitigen Reaktion auch in solchen Fällen nicht die Rede sein. Diese physische Unzugänglichkeit des Gegenübers trägt zu einer Beschränkung der Überprüfbarkeit des gegenseitigen Verständnisses bei und resultiert letztlich in einer starken Unsicherheit bzgl. der Wortwahl und sprachlichen Gestaltung der Botschaften im Allgemeinen – dies fassen bereits Daues/Rieken (2018: 25) in Bezug auf das persönliche Gebet bei den Hethitern zusammen: „Weder kann der Betende in Gestik und Gesichtsausdruck der angesprochenen Gottheit die Reaktion auf sein Gebet ablesen, noch erhält er unmittelbar eine verbale Antwort (…)". Rüpke (2007b: 35) bringt die zentrale Frage, die sich aus diesen Kommunikationsbedingungen ergibt, auf den Punkt: „Woher weiß ich, dass Gott mein Gebet hört?". Keinerlei sprachliche oder außersprachliche Anhaltspunkte bieten ein Korrektiv dafür, ob die vorgetragene Bitte Gehör findet, ob ihre Formulierung vielleicht zu offensiv oder eine Anfrage u. U. missverständlich war; keine kooperative Interaktion erlaubt es, die Gesprächsstrategie *ad hoc* anzupassen und zu individualisieren. Eine Konsequenz, die zum großen Teil mit dieser Problematik verbunden sein dürfte, ist die starke Tendenz zur Formalisierung von Gebeten: Eine Kommunikationsform, die sich einmal oder mehrmals sukzessive als erfolgreich erwiesen hat oder die offiziell als solche legitimiert wurde, wird oft stark stabilisiert, so dass individuelle Anpassung und spontane Gestaltung weniger stark als Optionen in Frage kommen. Der Grad einer solchen Stabilisierung bewegt sich allerdings, wie bereits gezeigt,[4] fließend zwischen den Polen von Standardisierung und Variation und hängt in seiner jeweiligen Ausprägung von unterschiedlichen pragmatischen und kulturspezifischen Merkmalen ab.

7.2 Verständnissichernde Maßnahmen in ritueller Kommunikation

Im Rahmen ihrer Untersuchung der Sprache lateinischer *defixiones* beschäftigt sich Kropp mit dem Problem der Verständnissicherung in einem spezifischen Bereich des Kontakts mit den Göttern. Sie behandelt in einem eigenen Kapitel (2008: 167–176)[5] sprachliche Strategien, die eingesetzt werden, um zu gewährleisten, dass der Adressat die Äußerung genau so interpretiert, wie sie vom Emittenten gedacht war – und dass sich daraufhin der entsprechende perlokutive Effekt einstellt. Im Rahmen ihrer textlinguistisch und textpragmatisch ori-

4 S. o. 3.4.

5 Unter der Überschrift „Sprachliche Strategien zur Sicherung von Aufnahmebereitschaft, Vollständigkeit und Unmißverständlichkeit".

entierten Herangehensweise weist sie den Strategien der Verständnissicherung in lateinischen *defixio*-Texten die Funktion zu, „den Erfolg der dominierenden Illokution sicherzustellen" (Kropp 2008: 160) und klassifiziert sie somit als Sprachhandlungen mit subsidiärer Illokution und ohne eigenen Handlungswert.[6] Auch im Folgenden wird die Annahme zugrunde gelegt, dass verschiedene Strategien das Verständnis und die Annahme der kommunikativen Akte von Ritualen stabilisieren und so letztlich deren Gelingen unterstützen. Allerdings soll die Perspektive dahingehend erweitert werden, dass eine möglichst vollständige Synopse der verschiedenen Strategien auf unterschiedlichen kommunikativen Ebenen (Sprach-, Handlungs- und Symbolebene) entworfen wird, die v. a. auch deren Zusammenwirken erfasst. Dabei sind einige spezifische Faktoren einzubeziehen, wodurch u. U. Anpassungen der Ordnungskriterien erforderlich werden.

Für die hier vorgenommene Systematisierung ist zu berücksichtigen, dass grundlegend zwischen den beteiligten Textsorten „Gebet" und „Ritualinstruktion" zu unterscheiden ist. Diese repräsentieren unterschiedliche Kommunikationssituationen und geben daher auf unterschiedliche Weise über Strategien zur Kontrolle ritueller Kommunikation Auskunft:

- Einerseits liegt durch die als eigene Texte dokumentierten oder in den Ritualanweisungen als direkte Rede enthaltenen Gebete und sogenannten „magischen" Formeln[7] ein den *defixiones* vergleichbarer Äußerungstyp vor: Hier sind verständnissichernde Strategien direkt angewandt und an die göttlichen Adressaten gerichtet. Subsidiäre, verständnissichernde Illokutionen sind der dominierenden Illokution des Gebetes oder des Rituals (i. d. R. Wunsch oder Bitte) untergeordnet.
- Andererseits werden verständnissichernde Strategien den Ritualhandelnden explizit oder implizit durch Ritualvorschriften zur Verfügung gestellt. In diesem Fall handelt es sich um meta-kommunikative Anweisungen zur Implementierung verständissichernder Maßnahmen. Sie sind nicht für die göttlichen Kommunikationspartner konzipiert, sondern richten sich an diejenigen Spezialisten, welche den Göttern gegenüber agieren. Die betreffenden Strategien werden in dieser Textsorte also nicht angewandt, sondern

6 Vgl. die Prinzipien der textfunktionalen Analyse nach Brinker (^{8}2014) und die grundlegende Differenzierung in dominierende und subsidiäre Textillokution(en). Zur Textillokution der Ritualtexte und zur Sprechakttheorie allgemein s. Kapitel 6.

7 Zu selbstwirksamen Formeln s. auch unten 7.4.10; die linguistische Definition von Formel lautet nach Schaeder 1993: 191 (Metzler Lexikon Sprache s. v.): „Als Spezialtyp des Phraseologismus eine lexikal. und syntakt. fest gefügte, meist satzwertig gebrauchte Wortgruppe mit besonderer pragmat. Funktion, z. B. Kontaktaufnahme oder [...] Fluch oder Beschimpfung".

beschrieben oder als Instruktion wiedergegeben. Zur präskriptiven Funktion der Ritualanweisungen stehen sie damit auch nicht in einem subsidiären Verhältnis.[8]

Diese Unterscheidung ist relevant, um die verschiedenen Kommunikations- und Handlungsebenen zu trennen und die in diesem Sinne generell metakommunikative Funktion der Fachsprache hinreichend zu berücksichtigen. Sie hat sich bereits hinsichtlich der jeweiligen Gestaltung direktiver Sprechakte, welche in beiden Fällen die Textillokution prägen, als relevant erwiesen (s.o. Kapitel 6). Im vorliegenden Kapitel wird allerdings auch die gegenseitige Nähe der beiden Textsorten im Hinblick auf die Gestaltung ritueller Kommunikation als thematischen gemeinsamen Nenner hervorgehoben. Gerade die Frage, inwiefern die beiden Textsorten einander voraussetzen und bei der Kontrolle des Gelingens der rituellen Kommunikation zusammenwirken, wird einen weiteren Aspekt ritueller Fachsprache beleuchten.

7.3 Systematisierung und Kategorien der Maßnahmen

Im Folgenden werden verschiedene Strategien besprochen, die nicht nur konkret der Verständnissicherung zwischen menschlichen Emittenten und göttlichen Adressaten dienen, sondern auch in einem weiteren Sinne dazu, das Gelingen des jeweiligen Rituals zu gewährleisten oder zu kontrollieren. Diese werden den drei funktionalen Bereichen

- Adressatenstabilisierung
- Aufrechterhaltung von Handlungsmacht
- Fehlerprävention

zugeordnet, die zunächst kurz umrissen und im zweiten Schritt anhand von Belegen und unterschiedlichen sprachlichen und außersprachlichen Realisierungen besprochen werden. Das dafür herangezogene Material ist, gemäß dem Korpus der Untersuchung, zum größten Teil dem Lateinischen und Umbrischen sowie dem Hethitischen entnommen; an mehreren Stellen wird jedoch, wenn vorhanden und korrelierbar, ebenfalls griechische und altindische sowie weitere altorientalische Evidenz hinzugezogen werden. Dies entspricht der

---

8 Die kohärente Produktion und Rezeption der Ritualanweisungen und die dafür geeigneten sprachlichen Mittel werden im Kapitel 8 besprochen; dort werden die sprachlichen Unterschiede zwischen Ritualtext und Gebet und die Abgrenzbarkeit dieser Textsorten stärker im Mittelpunkt stehen. In diesem Kapitel liegt der Schwerpunkt auf den Gemeinsamkeiten und Bezügen, die sich speziell durch das gemeinsame Ziel der Kommunikationssicherung ergeben.

Intention dieses Kapitels, ein möglichst umfassendes Gesamtbild der verfügbaren Möglichkeiten zu erstellen.

7.3.1 *Definition, Konstitution und Fixierung superempirischer Adressaten*

Die grundlegende Problematik des kommunikativen Ungleichgewichts und der Unzugänglichkeit der Gesprächspartner führt bei der Gestaltung von ritueller Kommunikation zum Einsatz verschiedener verbaler und non-verbaler Strategien, welche supplementäre Sicherheit und Überprüfbarkeit generieren sollen. In vielen Religionen bildet sich auf dieser Grundlage ein intensives und hochsensibles System heraus, wobei die verschiedenen Kommunikationsstrategien selbst zu zentralen Bestandteilen der Rituale werden. Diesen Punkt hebt Rüpke am Beispiel der römischen Ritualpraxis hervor (2010: 226):

> Because the addressee was not as visible or tangible in the interaction as human addressees normally were, the speaker's conception of his divine recipient had to be produced and confirmed, one of the most important features of religious ritual.

Noch allgemeiner konstatiert Gladigow (2004: 68):

> Ein wichtiges Charakteristikum von Ritualsequenzen ist es, daß in ihrem Verlauf der Adressat, der Empfänger, das Gegenüber, der Gott performativ definiert und erreicht werden soll.

Eine der grundlegendsten Techniken, welche dabei im Kult, auch außerhalb von Ritualen, angewandt wird, ist die Visualisierung des göttlichen Adressaten durch Malerei, Plastik oder Symbole im weiteren Sinne. Die Bedeutung von anthropomorphen Kultbildern findet sich in der religiösen Praxis vieler Kulturen, auch im gesamten vorderorientalischen Raum und in der griechisch-römischen Antike. Eine der zentralen Funktionen von Götterstatuen und -bildern ist, dass sie die göttlichen Kommunikationspartner optisch und haptisch erfahrbar und so (scheinbar) zugänglich machen. Diese Zugänglichkeit wird praktisch genutzt, wenn beispielsweise im altorientalischen Kult den Götterstatuen die geopferten Speisen in den Mund gelegt werden: Die Götter können dadurch zu tatsächlichen Tischgenossen der rituellen Mahlgemeinschaft gemacht werden.[9] Auch im griechischen Kult ist der körperliche Kontakt z. B.

9 Maul 2008 prägt hierfür den Terminus „Gottes-Ernährungsgemeinschaft"; vgl. auch Brisch 2017 für Überlegungen zur ökonomischen Funktion dieser Praxis im Alten Orient. Vgl. hierzu

durch Berühren oder Küssen von Statuen bezeugt, daneben wird auch berichtet, dass die Bitten der Statue ins Ohr gesagt werden. Die Effekte dieser Praxis, z.B. die starke Abnutzung der Oberflächen (v.a. der Gesichter) von Statuen werden in der Überlieferung, z.B. von Cicero thematisiert, der mit Bezug auf das eherne Kultbild des Herakles in Agrigent feststellte:

(98) Cic. *Verr.* 2, 4, 94
(...) *ut rictum eius ac mentum paulo sit attritius, quod in precibus et gratulationibus non solum id venerari verum etiam osculari solent.*
„dass dessen Mund und Kinn schon etwas abgerieben sei, weil sie (die Agrigenter) es mit Bitten und Lob nicht nur zu verehren, sondern auch zu küssen pflegten.“

Offenbar waren diese Folgen wenig erwünscht, so dass wir auch von entsprechenden Gegenmaßnahmen wissen, z.B. der Anweisung an Tempelbedienstete, solchen übermäßigen Eifer zu unterbinden.[10] Durch Götterbilder und ihre äußerlichen Eigenschaften und individuellen Attribute wie Kleidung, Objekte, Pflanzen oder Früchte, Waffen etc. wird also eine greifbare, zuverlässige und stabile Identität der Adressaten von Ritual und Gebet erzeugt. Zusätzlich ermöglichen sie den Eindruck einer Unmittelbarkeit der Kommunikation, die durch körperliche Nähe und Berührung ggf. noch verstärkt wird.

Göttliche Identität und Präsenz wird außerdem durch zahlreiche nicht-anthropomorphe Symbole, wie durch Naturerscheinungen (z.B. Blitze des Jupiter/Zeus), Bäume (z.B. die dodonische Eiche), Grenzsteine (der röm. Gott Terminus) etc. hergestellt und gesichert. In Rom konnte Jupiter im *silex*, dem Abbild des Donnerkeils, verehrt werden.[11] Auch bei den Hethitern konnten durchaus nicht nur anthropomorphe Darstellungen, sondern auch spezifische Kultrequisiten mit Göttern identifiziert werden und damit selbst Kultobjekte sein.[12] Bereits die Assoziation spezifischer Kultobjekte mit einer bestimmten Gottheit konnte zur Erzeugung von deren Identität und damit letztlich zur besseren Adressierbarkeit kommunikativer Akte beitragen: Kultinventare, welche Tempelausstattungen und Requisiten auflisten, oder „Umsiedelungsprotokolle“ nennen z.T. spezifischen Schmuck, Kleider, Waffen, Musikinstrumente und weitere Gegenstände. Andere nicht-anthropomorphe Symbole

auch die römische Praxis des *Iovis epulum*, eines Kultmahls, das vom Kollegium der *Septemviri epulonum* ausgerichtet wurde (dazu Wissowa ^{2}1912: 518).

10 Vgl. Scheer 2001: 40–41 mit Verweis auf die betreffenden Quellen.

11 Vgl. dazu Wissowa ^{2}1912: 32–33 mit Verweis auf Primärquellen.

12 S. Haas 1994: 489 mit Verweis auf Pfiffig 1975: 21–22.

wurden aber auch explizit mit Gottheiten gleichgesetzt, z.B. Sonnenscheiben mit den Sonnengöttinnen, oder die Axt mit der weiblichen Kriegsgöttin Ištar. Die „göttliche Jagdtasche" (*kurša-*) vertritt im Zuge der „Götterreise"[13] im AN.DAḪ.ŠUM^SAR-Fest den Gott Zithariya[14] (in anderen Kontexten kann sie wohl aber auch für andere Gottheiten eintreten).[15] Auch Sakralgefäße können als Repräsentation der zugehörigen Gottheit gelten. So manifestiert sich der Vorstellung nach die Gottheit bei der Libation – für die entsprechenden Gefäße ist dann eine Schreibung mit Götterdeterminativ möglich.[16] Oft haben solche Gefäße eine charakteristische Form, die mit der spezifischen Gottheit verbunden ist.[17] Gerade zoomorphe Gefäße werden in einigen Fällen fest mit einer bestimmten Gottheit verbunden: so der Stier mit dem Wettergott Tarḫunta, Bergschaf und Hirsch mit der Schutzgottheit Kurunta oder der Löwe mit Zababa.[18] Diese Götter treten auch sonst zusammen mit dem jeweiligen Tier auf oder werden dadurch ikonographisch repräsentiert.[19]

Auf der sprachlichen Kommunikationsebene werden besonders ritualinitial aufwändige Techniken eingesetzt, um die Kommunikationspartner zu konstruieren, konstituieren und z.T. sogar gewissermaßen vertraglich festzuhalten.[20] Dazu zählen appositive Charakterisierungen wie schmückende Epitheta, Nominal- oder Relativsätze, die den Adressaten z.B. durch biographische Details mehr Konturen verleihen. Restriktive Charakterisierungen stellen kultbezogene Spezifizierungen durch Epiklesen oder identifizierende Relativsätze dar und dienen z.B. der Abgrenzung verschiedener Erscheinungsformen eines

---

13 Zur Götterreise s. Görke 2008: 62.

14 Zum Verhältnis *kurša-*/Zithariya s. Güterbock 1989: 115–119 und McMahon 1991: 19–23.

15 Als vergöttlichtes Symbol kann *kurša-* auch mit Götterdeterminativ auftreten und verfügt bisweilen sogar über ein eigenes Fest und einen eigenen Kultort.

16 Inwiefern die Gleichsetzung mit der Gottheit beim sog. „Becher der Leluri" (eher ein Gebinde oder Kranz) funktioniert, ist nicht ganz eindeutig; auch in diesem Fall deutet die Benennung darauf hin, dass die Gottheit so fest mit dem Objekt verbunden ist, dass es eine eindeutig spezifizierende Funktion im Zuge des jeweiligen Rituals einnimmt. Vgl. dazu Haas 2003: 622.

17 „Die Zugehörigkeit eines Gefäßes zu einer bestimmten Gottheit, wie das *dubanzagi*-Gefäß zur Ištar und zu Ziparwa wird in den Ritualanweisungen besonders hervorgehoben." (Haas 1994: 523).

18 Vgl. Haas 1994: 532–533; Soysal 2009.

19 Eine solche Repräsentation durch kultische Tierfiguren findet auch in der Prozession der „Tiere der Götter" statt, die zu Beginn des KI.LAM Festes am Torbau vorbeidefiliert; vgl. Singer 1983: 92–96.

20 Bei den meisten Ritualen werden auch die Urheber explizit angegeben; zu Ausnahmen s.u. 7.4.10. Zum juristischen Charakter der röm. Rituale: „Religious relationships were defined as an engagement between two partners, the *uotum*, for they were first rooted in justice, and not in affective links with the gods", s. Belayche 2007: 280.

Göttertypus. Die Wahl spezifischer räumlich-zeitlicher Umstände oder Opfertiere kann ebenfalls dazu beitragen, den Gesprächspartner durch möglichst definite äußere Gegebenheiten festzulegen. Insgesamt ist auf verbaler wie auch auf symbolischer Ebene ein beträchtlicher Definitionsaufwand der Ritualhandelnden zu erkennen, der sich einerseits in Gebeten und Gesten niederschlägt, andererseits aber auch bereits bei der Vorbereitung eines Rituals und innerhalb seines gesamten Ablaufs berücksichtigt werden muss. Insofern schlagen sich Stabilisierungsmechanismen auch in den Vorschriften nieder, welche den Ritualhandelnden die entsprechenden Maßnahmen an die Hand geben. Diese verhelfen den Opfernden zu möglichst stabilen äußeren Gesprächsbedingungen, welche die intrinsischen Unsicherheiten der Kommunikation bis zu einem gewissen Grad ausbalancieren können und dadurch aus Sicht der Ritualhandelnden das Gelingen des Rituals und das Erzielen des gewünschten perlokutiven Effekts begünstigen.

7.3.2 *Aufrechterhalten von Handlungsmacht: Reparatur und Wiederholung*

Ein weiterer pragmatischer Faktor, welcher sich in der Gestaltung der Rituale und Gebete wie auch in der Versprachlichung ihrer Anweisungen niederschlägt, ist derjenige der menschlichen Handlungsmacht oder *Agency*.[21] Eine der Funktionen von Ritualen ist es, Handlungsmacht gegenüber Umständen und Ereignissen herzustellen, die eigentlich außerhalb des menschlichen Einflusses stehen.[22] Dadurch tragen sie dazu bei, Gefühle von grundsätzlicher Abhängigkeit oder Ausgesetztheit zu reduzieren, die zur Beeinträchtigung der individuell wahrgenommenen Lebensqualität führen würden. Dieser funktionale Aspekt von Ritualen äußert sich u.a. in Form bestimmter sprachlicher Strategien, welche in diesem Kapitel ausführlich besprochen werden. Im Folgenden wird besonderes Augenmerk auf die Frage gerichtet, wie die Ritualhandelnden im Falle einer offensichtlich missglückten Kommunikation (i.d.R. dem Nicht-Eintreten der gewünschten Perlokution oder der Ablehnung einer Opfergabe) agieren und wie sie mithilfe bestimmter Reparatur-Strategien (die Fiktion) ihre(r) Handlungsmacht aufrecht erhalten.

21 S.o. 3.5.

22 Eigentlich liegt nur eine Konstruktion von Handlungsmacht vor – der psychologische Effekt, d.h. das subjektive Empfinden von Kontrolle und Selbsteffizienz gibt allerdings den Ausschlag; vgl. dazu 3.5.2 sowie Bandura 1982; 2006.

7.3.3 *Vorbeugende Maßnahmen*

Zuletzt sollen schließlich solche Techniken untersucht werden, welche z. B. durch bewusste Vagheit oder Indefinitheit der Formulierungen sowie durch die Etablierung von Gestaltungsspielräumen einem möglichen Misslingen *vorbeugen* können. Der bewusste Einsatz von Vagheit im Rahmen von Ritualen wird auch von Stollberg-Rilinger, hier in Bezug auf sogenannte Konsensfassaden, thematisiert:

> An zahllosen historischen Beispielen lässt sich zeigen, dass die spezifische Leistung von Ritualen darin besteht, dass sie die Beteiligten nicht auf bestimmte, präzise ausbuchstabierte Aussagen festlegen.[23]

Diese Aussage bezieht sich auf den symbolischen Gehalt von Ritualen und die Tatsache, dass eine jeweils unterschiedliche Deutung durch die verschiedenen Beteiligten mithilfe bewusster Vagheit verborgen bleiben kann. Der Vorteil dieses Umstandes ist die Fiktion eines gemeinsamen Ordnungs- und Wertefundaments und die Herstellung von „Einmütigkeitsfiktionen" oder „solidarity without consensus"[24] auf dieser Basis. Nach ähnlichen Funktionsprinzipien kann Vagheit auch dazu eingesetzt werden, Ritualfehlern und dem Verlust von Handlungsmacht vorzubeugen, indem bestimmte Teile der Ritualanweisung bewusst unterspezifiziert bleiben oder indem bestimmte Teile des Gebets, z. B. Anredeformeln, „offen" formuliert werden, um Fehladressierungen auszuschließen. In diesem Sinne verhält sich die Strategie der Vagheit komplementär zu derjenigen möglichst exakter Spezifizierung.

Auch innerhalb von Fachsprachenmodellen spielt dieser scheinbare Kontrast von Exaktheit und Vagheit eine Rolle: Hier wird neuerdings durchaus betont, dass die oft postulierte Exaktheit von Fachterminologie und Fachsprache in vielen Fällen nur eine kontextuell hergestellte, kommunikative (und keine definitorische) Exaktheit ist (vgl. Roelcke ^{3}2010: 70). Davon ausgehend wird das Konzept der „systematischen Vagheit bei kontextueller Exaktheit" als verbreitete fachsprachliche Eigenschaft eingeführt, deren Funktionalität maßgeblich mit den assoziativen Prozessen menschlicher Kognition und Kommunikation einhergeht:

> Dabei wird deutlich, dass eine bewusst gestaltete semantische Vagheit eine notwendige Voraussetzung dafür ist, dass einzelne Gegenstände und

---

23 Stollberg-Rilinger 2013: 199.

24 Terminus nach Kertzer 1988: 67–69.

Sachverhalte allgemeinen Begriffen und Aussagen zugeordnet werden können.[25]

Auch sprachliche Strategien aus diesem Bereich werden den „Kontrollmechanismen und Rückversicherungsstrategien" zugeordnet und gleichzeitig hinsichtlich ihrer Bedeutung für die Charakteristik von Ritualfachsprache evaluiert.

7.4 Kontrollstrategien in Gebeten und Ritualanweisungen

Im Folgenden werden die zur Systematisierung der verschiedenen Strategien etablierten Kategorien anhand konkreter Beispiele und Belege besprochen, dabei überwiegen in einigen Bereichen non-verbale Strategien, die auf dem Potential symbolischer und ikonischer oder auch analogischer Prinzipien basieren. In anderen Kategorien sind die Strategien durch bestimmte Angaben und Formulierungen der Instruktionen repräsentiert; hier erfolgen detailliertere Analysen ihrer sprachlichen Umsetzung.

7.4.1 *Adressatenkonstituierung*

7.4.1.1 Die Bedeutung der richtigen Anrede

Um den Kontakt zur richtigen, intendierten Gottheit erfolgreich herzustellen, stehen verschiedene Möglichkeiten zur Verfügung, von denen einige sehr gebräuchlich sind und in Gebeten standardmäßig verwendet werden. Auf einer wohl unbewussten Ebene sind dieselben Techniken geeignet, schwer zugängliche Kommunikationspartner besser greifbar zu machen und ihnen feste Konturen zu verleihen. Hierzu ist die spezifische und eindeutige Benennung des Adressaten mittels der korrekten Anrede zu zählen. So verweist schon Wissowa auf die Bedeutung der richtigen Reihenfolge und Form der Namensnennung im römischen Kult sowie auf die Ausbildung der römischen Priester gerade in diesem Bereich (²1912: 37). Auch Kropp zählt „identifikatorische Angaben" und *honorifica* zur Verdeutlichung des Sender-Adressaten-Verhältnisses zu den Strategien zur Sicherung der Aufnahmebereitschaft in den lateinischen *defixiones* (2008: 170–172; 176). Verschiedene Aspekte der griechischen Kontakt-

25 Vgl. Roelcke ³2010: 70; unter Verweis auf die aktuelle Fachsprachenforschung und mit Berücksichtigung des Vagheits-Konzepts gerade auch im Hinblick auf normative Texte. Vgl. hierzu außerdem den Sammelband Bhatia et al. 2005. Einen aktuellen Überblick bietet auch Engberg 2007; aus dem Bereich altindogermanischer Ritualsprache Geupel/Inglese 2017 zu den ai. *adi*-Komposita.

aufnahme mit den Göttern diskutiert Scheer (2001: 31–56), wobei auch hier dezidiert auf die Möglichkeiten eingegangen wird, durch die Wahl der richtigen Art und Weise und Umstände der Kommunikation deren Erfolgschancen zu erhöhen. Gebete als sprachliche Komponente der religiösen Kommunikation können dabei von verbaler Explizitheit Gebrauch machen und so mit den symbolischen Mitteln der Adressatenkonstitution zusammenwirken, welche durch die parallelen Ritualhandlungen zur Verfügung stehen.[26]

Im Hethitischen ist die richtige Namensnennung, also die Adressierung von Gebeten und Ritualen, ebenfalls auschlaggebend für das Gelingen der Kommunikation mit den zahlreichen Göttern. Daues und Rieken benennen die „Öffnung des Kommunikationskanals" als zentrale Funktion von Anrede bzw. Hymnus im hethitischen Gebet.[27] Persönliche Gebete werden von den meisten Forscherinnen und Forschern, auch wenn dies nicht im Text expliziert ist, in einem rituellen Kontext lokalisiert und verstanden,[28] so dass die beiden Textsorten durchaus gegenseitige Rückschlüsse und Folgerungen erlauben. Dies wird dadurch bestätigt, dass DINGIR *laman ḫalzai* oder *laman tezzi* „die Gottheit bei (ihrem) Namen nennen/rufen" nicht nur ein feststehender Ausdruck in Gebeten, sondern auch als eigener Ritus nachzuweisen ist.[29] Diese Tatsache spiegelt die Bedeutung der korrekten Adressierung und Kenntnis des richtigen Namens als Voraussetzung für das Gelingen eines Rituals auch in der Kultpraxis wider.[30] In Festritualtexten finden sich z.B. Formulierungen wie die folgende aus dem AN.DAḪ.ŠUM^{SAR}-Fest (CTH 625.2.A):

26 Z.B. entsprechende Opfertiere mit ikonischem Charakter oder andere Objekte, die mit der Gottheit so stark assoziiert sind, dass sie einen Identifikationsprozess auslösen; s. dazu unten 7.4.3.

27 „Typischerweise besteht die Anrede im Namen im Vokativ zusammen mit Appositionen (...), während der Hymnus charakterisierende Prädikationen enthält. Der Übergang zwischen beiden ist jedoch fließend, denn die Appositionen der hymnischen Erweiterung sind zumindest in mittelhethitischer Zeit von den kopulalosen nominalen Prädikationen syntaktisch nicht zu unterscheiden" (Daues/Rieken 2018: 160).

28 In seltenen Fällen liegt eine explizite Verknüpfung von Ritualinstruktionen und persönlichem Gebet vor; vgl. Daues/Rieken 2018: 20 mit Verweis auf die Beschreibung von Ritualhandlung im „framework prayer" Muwatallis (CTH 381) und im Ersatzritual und Gebet der Gaššuliyawia (CTH 380.1); vgl. außerdem den Hinweis auf Houwink ten Cate 1969: 87 und Singer 2002: 12.

29 Vgl. CHD L–N: 32–34 mit Beispielen. Die Annahme, dass es sich nicht um eine rein sprachliche Formulierung, sondern einen rituellen Akt handelt, wird durch die Erwähnung in einem Tafelkatalog nahegelegt (KUB 30.55 Rs.? 10′–11′; CTH 277.5); vgl. Görke 2010: 285–286. Zur Technik des Namensnennens im Rahmen der Konstitution des Absenders s.u. 366.

30 Dabei spielt die Identifizierung des Namens mit dem Benannten eine Rolle und die Vor-

(99) KBo 19.128+ Vs. III 8–12
ḫa-an-te-ez-zi-ia-aš-ša-an tu-up-pí-ia
ku-i-e-eš DINGIR^{MEŠ} *ki-ia-an-ta*
nu-uš-kán ši-ip-pa-an-du-wa-an-zi
ŠUM$^{\text{ḪI.A}}$*-ŠU-NU ḫu-u-ma-an-du-uš-pát*
ḫal-za-a-i
„Und die Götter, welche vorn auf der Tafel festgelegt worden sind, die ruft er allesamt bei ihren Namen, um (ihnen) zu libieren."[31]

Im Beschwörungsritual der Allī von Arzawa (CTH 402) existiert folgende Passage, in der der Text des Gebets offenbar nochmals durch eine explizite Anweisung bzgl. der Namensnennung unterbrochen ist:

(100) KUB 24.9+ Rs. IV 15′–16′
[^{MUNUS}ŠU.GI *me-ma*]*-i wa-ap-pu-u-wa-aš* DINGIR.MAḪ*-aš* ÍD*-aš ŠUM-ŠU te-ez-zi* ÍD-aš
[...]^{MEŠ} *šu-me-eš az-zi-ik-ke-tén ak-ku-uš-ke-*[*et*]*-tén*
„[Die alte Frau/die Ritualistin sag]t: ‚Muttergottheit des Flussufers' – sie sagt ihren Namen – ‚ihr, die (...) des Flusses, esst und trinkt!'"

Zur graphischen Kenntlichmachung von Götternamen steht im Rahmen der hethitischen Schreibpraxis das klassifizierende Determinativ ^{D} (für sum. DINGIR „Gott") zur Verfügung.[32] Dieses Determinativ übernimmt die Markierung einer offenbar als relevant erachteten semantischen Information und expliziert die Spezifizierung als Gottheit auf der Zeichenebene. Es handelt sich also um eine Technik, die im Rahmen schriftlich fixierter Texte, wie den Ritualanweisungen, von Bedeutung ist und somit in erster Linie Informationswert für die Ritualhandelnden besitzt, die den Text rezipieren (und für die Schreiber, die ihn tradieren). Bei der Rezitation der Anrufungen im Zuge der Durchführung eines Rituals kommt diese Information hingegen wohl nicht zum Tragen.

stellung, dass die Kenntnis des Namens auch Macht über dessen Träger verleihen kann. Vgl. Haas 1994: 307; s. außerdem Görke 2010: 285–289.

31 Zitiert nach Otten 1971.

32 Determinative sind eine bestimmte Zeichenklasse des Hethitischen und nur auf der graphischen Ebene abgebildet. Diese Klassifikatoren werden nicht mitgesprochen, was bei der Edition durch ihre Hochsetzung zum Ausdruck gebracht wird. Sie modifizieren Nomina und geben Informationen über deren Zugehörigkeit zu einer semantischen Klasse; z.B. MUŠEN für Vögel, GIŠ für Holzgegenstände etc. Gerade wenn die Bedeutung eines Nomens nicht bekannt ist, kann so immerhin eine grobe semantische Einordnung erfolgen. Vgl. z.B. Hoffner/Melchert 2008: 23–24.

In Verbindung mit eindeutigen Eigennamen wie ^{D}Telipinu mag eine derartige Zusatzinformation redundant sein; bei vergöttlichten Gegenständen, Eigenschaften oder Naturphänomenen[33] ist sie möglicherweise als Element der Verständnissicherung und Ökonomie schon eher bedeutsam für Ritualhandelnden.[34] Auch die nicht als Determinative gebrauchten Sumerogramme können zur Spezifizierung bestimmter Gottheiten oder ihrer Funktionen herangezogen werden. Als ein Beispiel sei hier das Sumerogramm LAMMA genannt, das Schutzgötter markiert und auch dazu dienen kann, einer Gottheit nur aspektuell und im besonderen Fall dezidierte Schutzfunktion zu übertragen: Im AN.DAḪ.ŠUM^{SAR}-Festritual bietet z. B. eine Duplikatstelle statt des Wettergottes von Ḫatti „die LAMMA-Gottheit von Ḫatti".[35] In der Gruppe der mit LAMMA bezeichneten Gottheiten besteht insgesamt eine starke Differenzierung und Spezifizität: Das Spektrum reicht vom Schutz bestimmter Gebäude und Institutionen[36] über den von Städten[37] und Naturräumen[38] bis zu demjenigen bestimmter Eigenschaften oder Tätigkeiten des Königs.[39] Dadurch kommt sowohl die Möglichkeit als auch die Notwendigkeit zum Ausdruck, bei der Bitte um Schutz einer eindeutigen Adressierung große Sorgfalt beizumessen.

7.4.1.2 Epiklesen

Eine explizite Spezifizierung der Anrede durch ein entsprechendes Beiwort wird als Epiklese bezeichnet, wenn das adressierende Element eine spezifische Erscheinungsform einer Gottheit von anderen möglichen abgrenzt und damit eine ähnlich distinktive Funktion besitzt wie ein restriktiver Relativsatz. Eine häufige Möglichkeit ist die Aufnahme geographischer Angaben in die Anrede, um lokale Vertreter eines bestimmten Göttertyps abzugrenzen. Die lokale Spezifizierung ist aus der Kultpraxis verschiedener antiker Völker bekannt; z. B. differenzieren die Hethiter zahlreiche Göttertypen nach verschiedenen Kult- und Verehrungszentren. Diese konnten dabei weit über ihre lokale Zuordnung

---

33 Vgl. Hoffner/Melchert 2008: 24 FN 33: „Occasionally, a noun denoting an object, when it is to be thought of as deified, will also bear the DINGIR determinative: e. g., ^{d}*ḫašša-* '(deified) hearth'".

34 Wobei meist natürlich auch durch den entsprechenden syntaktischen und semantischen Kontext Eindeutigkeit besteht. Trotzdem werden Determinative, auch bei anderen semantischen Klassen, offenbar als notwendig erachtet.

35 Z. B. KBo 4.13 Vs. II 11'; s. Haas 1994: 450.

36 Z. B. KUB 2.1. Vs. III 20–21; KUB 56.51 Vs. 1–3; s. Haas 1994: 450.

37 Z. B. Inara als Schutzgottheit von Ḫatušša auch ^{D}LAMMA-*ra* geschrieben.

38 Z. B. Schutzgott der Berge KUB 15.34 Rs. III 48'–55'.

39 Aufzählungen verschiedener LAMMA-Gottheiten finden sich oft als eigene Gruppe mit verschiedenen Vertretern in Schwurgottlisten oder Opferlisten wie KUB 27.1 Vs. I 64–67.

hinaus verehrt werden und die Bedeutung von Staatsgöttern besitzen. Beispiele sind hier die verschiedenen lokalen Erscheinungsformen der Ištar oder Ša(w)oška z.B. von Ninive, von Samuḫa, von Ḫattarina etc.,[40] die lokalen Sonnengöttinen (am wichtigsten die Sonnengöttin von Arinna) oder Wettergötter wie der Wettergott von Nerik oder von Zippalanda. Die starke persönliche Bindung eines hethitischen Königs zu einer bestimmten Lokalgottheit führte in vielen Fällen zur Erweiterung von deren Ausstrahlung und Verehrung, wie im Falle Ḫattušilis III., der in seiner Apologie explizit den Ausbau des Kultes seiner persönlichen Patronin, der Ištar von Šamuḫa, propagiert.[41]

Der Umstand, dass viele Gottheiten bei den Hethitern (auch) unter ihren sumerischen, akkadischen oder hattischen Namen geläufig sind, spiegelt die besondere kultische Situation im Alten Orient mit gegenseitigen Übernahmen und Identifikationen (z.T. auch tatsächlichem Synkretismus) vieler Einzelgötter und Göttergruppen wider. Es finden sich deshalb häufig explizite Bemerkungen über die Identität bestimmter Gottheiten und den Gebrauch ihrer jeweiligen Namen, wie die bekannte Passage im Gebet der Puduḫepa an die Sonnengöttin von Arinna (CTH 384.1):

(101) KUB 21.27+ Vs. I 4–6
nu-za-kán I-NA KUR [URU]*ḫa-at-ti* [D]UTU [URU]PÚ*-na* Š*UM-an da-iš-t*[*a*]
nam-ma-ma-za ku-it KUR*-e* (Rasur) [GIŠ]ERIN*-aš i-ia-at*
nu-za-kán [D]*ḫé-pát* Š*UM-an da-iš-ta*
„Du gab[st] dir im Lande Ḫatti den Namen ‚Sonnengöttin von Arinna'. Welches Land du ferner zum (Land) der Zeder machtest, (dort) gabst du dir den Namen ‚Ḫepat'."[42]

Abgesehen von den lokalen Spezifizierungen finden sich ebenfalls Namenzusätze, welche die Zuständigkeit für oder Zugehörigkeit zu einem bestimmten Bereich definieren oder einen bestimmten Aspekt der Gottheit hypostasieren. Haas erwähnt als Beispiele hierfür die „Ausstrahlungen" des hethitischen Wettergottes und Sonnengottes, die diese begleiten: „Respekt" und „Ehrfurcht".[43] Unter den Erscheinungsformen der Ištar/Ša(w)oška ist die Ša(w)oška der Flur insbesondere für den Beistand im Kampf zuständig. Diesem explizit als „männlich" klassifizierten Aspekt sind entsprechend männliche Attribute auch in der Verehrung, im Kultinventar und Votivgaben zugeordnet, während die weib-

40 S. auch bei Wegner 1981.
41 CTH 81 Vs. I 5–8; vgl. Haas 1994: 350; außerdem Hutter-Braunsar 2004.
42 Vgl. Daues/Rieken 2018: 432–433.
43 KUB 31.127; s. Haas 1994: 313.

liche, funktional mit Sexualität assoziierte Erscheinungsform auch im Kult durch entsprechende Attribute spezifiziert wird.[44] Eine weitere Möglichkeit ist die Nennung der Namen sowohl in der Sprache der Menschen als auch in derjenigen der Götter: „Bei der Menschheit (bist) du …, unter den Göttern (bist du) …";[45] auch hier kann eine Erhöhung der „Zielgenauigkeit" des Gebets durch eine möglichst eindeutige Spezifizierung der Adressaten als ein mögliches Motiv vermutet werden.

Auch aus der griechischen Götterverehrung sind die Lokalvertreter einzelner Göttertypen, z.B. nach wichtigen Lokalheiligtümern der jeweiligen Gottheit bekannt: Zeus von Dodona, Apoll von Delphi usw., wobei auch diese, wie in den genannten Fällen, überregionale Relevanz erlangen können.[46] Häufig geht mit einer lokalen Spezifizierung indirekt auch eine funktionale einher, wenn in dem betreffenden Lokalkult ein bestimmter Aspekt der betreffenden Gottheit im Vordergrund steht und besonders verehrt wird. Besonders bei heilfähigen lokalen Gottheiten ist das Phänomen, dass sie bei gesundheitlichen Anliegen aufgesucht und angerufen werden, oft durch verschiedene Quellen nachvollziehbar. Archäologische Funde wie Nachbildungen von zu heilenden Körperteilen oder Votivskulpturen und -tafeln geben materielle Auskunft über solche funktionale Verehrungspraktiken.[47] Daneben kann eine Spezifizierung auch durch nicht-lokale Epiklesen erfolgen: Diese definieren eine Gottheit durch einen festen Zuständigkeitsbereich oder eine bestimmte Aufgabe, durch eine differenzierte Kultpraxis oder durch die Zuordnung zu einer anderen (verwandten oder übergeordneten) Gottheit.[48] Zur Wahl der richtigen Anrede einer Gottheit im Griechischen nennt auch Scheer neben der Motivation, den betreffenden Adressaten durch ein rühmendes Epitheton zu preisen (s.u. zu Epitheta), die Fokussierung einer „spezifischen Qualität der Gottheit", auf die es dem Betenden besonders ankomme, sowie die Herstellung einer besonderen Verbundenheit, einer persönlichen Ebene, durch lokale Spezifizierungen.[49]

---

44 Haas 1994: 350–351.

45 CTH 733, vgl. Haas 1994: 312 mit weiteren Angaben.

46 Der Grund für die Wahl einer bestimmten Lokalausprägung kann in einer besonderen Verbundenheit des Betenden liegen, die darüber zur Gottheit hergestellt wird, wie im Gebet des Chryses an Apoll in der Ilias (Hom. *Il.* 1,35 ff.): Der Priester verweist mit seiner Anrede auf ein Lokalheiligtum, in dem er selbst als Priester tätig war – also auf seine persönliche Beziehung zu Apoll. Vgl. zu dieser Stelle Scheer 2001: 37–38.

47 Auch in der christlichen Religion hat sich in einigen Fällen eine starke Ausprägung z.B. von lokalen Madonnenkulten entwickelt, vgl. die Muttergottes von Lourdes, oder Pilgerheiligtümer, die bei bestimmten Anliegen aufgesucht werden.

48 Vgl. zum Gebrauch der Epiklesen im Griechischen Nesselrath 2006: 42–43.

49 Scheer 2001: 37–38, am Beispiel des Gebets des Chryses an Apoll (Hom. *Il.* 1,604–605).

Sasseville (2015) zeigt, dass Anrufung von Göttern in den griechischen Tragödien sehr differenziert für dramaturgische oder literarische Effekte genutzt werden, z.B. um bestimmte Szenen, Personen oder Handlungen zu charakterisieren.[50] In den Gebeten der handelnden Personen werden unterschiedliche Anreden gewählt, die mit den Hintergründen und Inhalten der Bitten korrespondieren und so auf einer separaten Ebene Informationen für den Leser der Tragödien bereithalten.

In den IT ist eine Vielzahl der Götternamen mit Epiklesen oder spezifizierenden Zusätzen verschiedenen Typs versehen, vgl. die folgenden Beispiele:

(102) **ahtu iuvip** und **ahtu marti** (IIa 10, 11)

(103) *marte grabouei* (VIb 1)

(104) *fiso sansie* (VIb 3) und *fisoui sansi* (VIb 5)

(105) *śerfe martie* (VIIa 3)

(106) *prestote śerfie śerfer martier* (VIIa 6)

In einigen der zitierten Beispiele (102), (105), (106) geben die nachgestellten Namen, Zugehörigkeitsadjektive oder Genitive offenbar eine übergeordnete Gottheit wieder (z.B. Mars, Jupiter), zu der der davorstehende Name dann ein Teilaspekt, eine besondere Erscheinungsform oder ein zugeordneter Sondergott sein kann. Davon ist in anderen Fällen wiederum nicht auszugehen, z.B. wenn der zuerst genannte Göttername Mars oder Jupiter ist wie in (103) (dann ist eine Unterordnung inhaltlich kaum denkbar). In solchen Fällen schlägt Dupraz die Möglichkeit von Doppelbenennungen bzw. Alternativnamen der Gottheit vor, die durch die Epiklese angegeben werden können (vgl. auch in Rom *Mars Quirinus*).[51]

Die oben zitierten Belege finden sich alle in den Ritualanweisungen und stehen im Dativ des Empfängers als Ergänzung zu Direktiven wie *fetu* „er soll opfern". Daneben kommen sie als Vokative ebenfalls in den Gebetsformeln vor, wo sie nicht insbesondere einleitend und abschließend, sondern regelmäßig explizit wiederaufgenommen werden, z.B.

50 Unveröffentlichte Masterarbeit zur Funktion der Götterepiklesen in Aischylos' Orestie und Sophokles' Elektra.

51 Zu den verschiedenen Epiklesen und Götternamen, die auf *-i̯o-* abgeleitet sind und ihren unterschiedlichen Funktionen vgl. Dupraz 2013a.

(107) IT VIb 57–58
termnuco. com. prinuatir. eso. persnimumo. tasetur. śerfe. martie prestota. śerfia. śerfer / martier. tursa. śerfia. śerfer. martier
„(...) an der Begrenzung mit den *Prinuati* sollen sie dies schweigend beten: ‚Śerfus Martius, Prestota Śerfia des Śerfus Martius, Tursa Śerfia des Śerfus Martius'."

Die expliziten Korrespondenzen zwischen Anweisungen und Formeln zeigen die starke Verflechtung der beiden Kommunikationsbereiche sowie die Tatsache, dass nicht nur durch die Gebete selbst verständnissichernde Spezifizierungen erfolgen. Diese sind vielmehr auch bereits in der Beschreibung und Vorschrift der Rituale angelegt, wobei sie hier nicht nur als Zitat aus dem Gebet (im Vokativ) eingebaut werden, sondern dem syntaktischen Kontext angepasst in den Dativ des Empfängers treten.[52] Die Spezifizierung scheint als Element der Anweisungen besonders dann relevant, wenn der betreffende Anweisungstext nur die Kurzform und nicht die Ausformulierung der zum Ritual gehörigen Bitten und Formeln enthält.[53] Auffällig ist, dass die in den IT auftretenden Gottheiten fast immer spezifizierende Namenszusätze erhalten oder in verschiedenen Erscheinungsformen und daher mit wechselnden Epiklesen adressiert werden. Einige Götternamen treten sowohl als eigenständiger Name als auch in Form einer Zugehörigkeitsableitung als Epiklese auf (**iuvepatre** IIa 5; **hunte iuvie** IIa 20). Selten sind Gottheiten in einzelnen Anweisungen eines Rituals einfach oder verkürzt benannt (**puemune**, **vesune** IV 5–6), werden aber im gleichen Text sonst mit einer Epiklese versehen (**puemune pupřike** III 35, **vesune puemunes pupřikes** IV 3–4).[54] Das Benennungssystem und die Wahl und Begründung der jeweiligen Namenszusätze erscheinen durch diese Faktoren insgesamt ziemlich komplex (zumal der semantische Hintergrund der Benennungen aufgrund unseres fehlenden Wissens nicht immer eindeutig zu bestimmen ist). Semantisch und morphologisch sind v.a. die Zugehörigkeitsbildungen zu übergeordneten Gottheiten gut bestimmbar, durch Genitivattribute können wie in *tursa śerfia śerfer martier* (VIb 58) sogar mehrere Grade der Zugehörigkeit bestehen. Daneben sind auch Benennungen mittels funktionaler Teilaspekte wie in **ahtu iuvip** (IIa 10) als Spezifizierungen verständlich. Eine besondere Technik der IT, die in den Gebeten der ausführlichen Version des

52 Vgl. Dupraz 2013a: 69.
53 Zu verkürzten Formeln und Gebeten s.u. 8.6.3.3.
54 Dupraz nimmt an, dass die Anweisung mit einfacher Namensnennung ein sekundärer redaktioneller Zusatz ist; s. Dupraz i.D.

piaculum im Rahmen der Adressierung verwendet wird, bindet die Explizierung der Zuständigkeit der adressierten Gottheit in die Anredeformel mit ein:

(108) IT VIb 24–25
arsie. tiom. subocau. suboco. fisoui. sanśi. asier. frite. tiom. subocau. suboco fisoui. sanśi.
„Dich als den rituell korrekten (Adressaten) rufe ich an, Fisove Sansie. Im Vertrauen auf (dich als) den rituell korrekten (Adressaten) rufe ich dich an, Fisove Sansie.“[55]

Aufgrund der Verbindung mit verschiedenen Götternamen kann es sich bei *arsie* nicht um eine spezifizierende Epiklese im eigentlichen Sinn handeln. Weiss charakterisiert die Belegstellen stattdessen als „naming events“ (2010: 291). Die etymologische Anschließbarkeit an den semantischen Bereich „rituelle Ordnung“[56] und die Wiederaufnahme im Ausdruck *arsier frite* „im Vertrauen auf dich als *arsier* (Gen.)“[57] unterstützen ebenfalls die Annahme, dass hierbei eine formelhafte, aber offene und daher allgemein anwendbare Stabilisierung des Aktes der Adressierung vorliegt. Ein solches Verfahren, das die Korrektheit der Adressierung in die Adressatenkonstitution mit einbindet, ist ungewöhnlich und als Besonderheit der IT hervorzuheben. Diese Bestimmungshoheit deutet auf einen hohen Grad an Pragmatismus und Effizienz hin, was den Vorgang der Adressatenkonstitution im Vergleich mit dem Gebrauch charakterisierender Appositionen verkürzt und versachlicht.

Im römischen Kult lässt sich anhand zahlreicher Beispiele nachvollziehen, wie Götternamen z. B. durch Zugehörigkeitsadjektive, Partizipien oder Nomina agentis für verschiedene Funktionen oder Kontexte spezifiziert werden. Promi-

55 Die Variante tritt insgesamt dreimal auf: VIa 24 (*dei graboue*), VIb8 (*fisoui sanśi*), VIb 27 (*tefro ioui*); eine andere Variante der Formel liegt z. B. in VIb 15 vor: *fisouie sanśie tiom subocau, fisouie frite tiom subocau* (vgl. Weiss 2010: 290–291).

56 Vgl. Weiss 2010: 290 zur vermuteten Basis **ado-* „ritual order“, den verwandten Ableitungen *arsmor, arsmahamo* und *arsmatiam* und den Entsprechungen im Air. *ad* „law“ und Hluw. *ha-ri-/ha-ti-* „speak, declare“.

57 Nach Weiss ist die Interpretation von *frite* als **d^hreh$_1$-ti/o-* (zu **d^her-* „hold firm, support“) im semantischen Kontext und auch aufgrund der syntaktischen Einbindung als Lokativ wahrscheinlicher als die traditionelle Interpretation als Adjektiv (mit Entsprechung zu lat. *frētus* „vertrauensvoll“), dementsprechend übersetzt Weiss „in the form of the ritually correct (avatar)“; vgl. 2010: 291–292. Gegen die Hypothese eines „Avatars“ wendet sich zuletzt Dupraz 2020: 26 mit Verweis auf das Fehlen dieses Konzepts (im strengen Sinn) innerhalb der italischen Verehrungssysteme.

nent bezeugt durch textliche und archäologische Quellen sind die verschiedenen Instantiierungen Jupiters,[58] wie Jupiter Capitolinus, Jupiter Tonans oder Jupiter Feretrius,[59] aber auch der Juno, z.B. die Geburtshelferin Juno Lucina[60] oder Juno Monēta, die „Mahnende, Warnende".[61] In den Ritualanweisungen Catos existiert eine Vorschrift für ein Opfer an Jupiter Dapalis, der ebenfalls durch ein Zugehörigkeitsadjektiv spezifiziert ist:

(109) Cato *Agr.* 132,1
Iovi dapali culignam vini (…) *polluceto*
„Dem Jupiter Dapalis sollst du eine Schale Weins (…) darbringen."

Die entsprechende Anrede wird auch hier in der Vorschrift und im Gebet korrespondierend genannt:

(110) Cato *Agr.* 132,2
Iuppiter dapalis, macte istace dape pollucenda esto
„Jupiter *Dapalis*, du sollst ‚beopfert' sein mit dieser darzubringenden Speise (*daps*)."[62]

Im Vergleich griechischer und römischer Praxis wird i.d.R. auf einen unterschiedlichen Grad der Verbindlichkeit der richtigen Anredeformeln hingewiesen, der ebenfalls ein unterschiedliches Maß an Fehleranfälligkeit bewirkt:[63] So ist die Wahl der Anrede in Rom strenger geregelt und u.U. bis zur Geheimhal-

58 Wobei dieser Name ja selbst aus der Zusammenrückung mit einem charakterisierenden Beinamen (*pater*/*ph_2*ter-*) entstanden ist.

59 Nach Weiss 2010: 128 ist **feretrum* als Grundlage des Beinamens inferierbar, welches als *tro*-Bildung ein Tragegerät (etwa „Bahre") bezeichnet (s.d. zu Details der Wortbildung); mit Verweis auf Walde-Hoffmann (1938–1954, 1: 484) wird ein Lehnwort aus gr. φέρετρον als wahrscheinlich angenommen. Zu einer Übersicht der Jupiter-Typen s. Wissowa ²1912: 113–141 und RE X,1 (1918): 1126–1144.

60 Nach Mart. Cap. II,149 *quod lucem nascentibus tribuas* (s. Wissowa ²1912: 183 FN 1 für weitere Deutungen antiker Autoren).

61 So bereits bei Livius, 5,47. Eine Begründung dieses Beinamens ist nicht überliefert, er wurde allerdings metonymisch auf die *ad Monetae* gelegene Münzprägestätte bzw. auf die Münzen selbst übertragen; s. Wissowa ²1912: 184; Weiss ²2020: 468, FN 66. In der Suda wird diese Übertragung übrigens in genau umgekehrter Richtung angenommen: die Münzstätte nahe dem Tempel habe der Göttin den Namen gegeben. Zu weiteren Juno-Kulten vgl. Wissowa ²1912: 182–191 und RE X,1 (1918): 1114–1123.

62 Zu den Verben des Opferns im Lateinischen s. Roth 2014. Zur lexikalischen Rekurrenz *dape* – *dapalis* usw. s.u. 8.5.1.

63 Versnel 1981: 16.

tung bestimmter Götternamen kontrolliert – aus Angst, der Feind könne diese durch bloße Namensnennung auf seine Seite ziehen.[64]

Die Definition und Spezifizierung der für ein spezifisches Anliegen zuständigen Gottheit erfolgt durch verschiedene Techniken, die alle die Kombination mit distinktiven oder restriktiven Beinamen beinhalten. Sie findet sich sowohl in der direkten Adressierung, als auch in den Vorschriften.

7.4.1.3 Epitheta

Von den Epiklesen sind die Epitheta abzugrenzen, die ebenfalls als Namenszusatz oder Synonym fungieren und damit zur Konstituierung der Adressaten und Stabilisierung der Kommunikation eingesetzt werden können.[65] Sie wirken aber nicht auf restriktive Weise identifizierend, sondern sind eher mit appositiven Relativsätzen vergleichbar. Epitheta sind in vielen altindogermanischen Sprachen typischerweise Komposita, wobei zwischen solchen mit Bezug auf bestimmte (positive) Eigenschaften und solchen mit Bezug auf mythologische Begebenheiten und Zusammenhänge zu unterscheiden ist. Erstere sind nicht besonders spezifisch; im Rahmen von *oral poetry*, wie z.B. den homerischen Epen, stellen sie austauschbare Versatzstücke dar, die nach (metrischem) Bedarf eingefügt werden können.[66] Charakteristischer sind Epitheta, die auf konkrete Begebenheiten referieren, besonders wenn diese in konkretem Zusammenhang mit dem vorgebrachten Anliegen stehen. Sie sind besonders häufig verbale Rektionskomposita, die wie die Kondensierung einer charakterisierenden mythologischen Begebenheit oder *signature action* der jeweiligen Gottheit wirken. Besonders stark ausgebaut ist die Verwendung von Epitheta in den griechischen Hymnen und im Epos;[67] innerhalb von Gebeten werden sie meist als quasi-rhetorische Elemente verstanden.

Im Hethitischen werden vergleichbare appositive Charakterisierungen als attributive Appositionen, aber auch als Nominalsätze und z.T. imperfektivische Verbalsätze in der gleichen Funktion ausgedrückt.[68] Die den Eigennamen der Götter beigestellten Epitheta sind v.a. Simplizia und gliedern sich in qua-

64 Diese Angst hängt sicherlich auch mit der in Rom bekannten Praxis der *evocatio* zusammen; vgl. dazu Wissowa ^{2}1912: 383–384.

65 Sprachgeschichtlich sind Götterepitheta auch für die Rekonstruktion indogermanischer Namen und Benennungsmotive von Interesse; hierzu existiert zahlreiche Literatur z.B. Kölligan 2007; Janda 2005, 2000; Dunkel 1988.

66 Vgl. das für verschiedene Göttinnen verwendete γλαυκῶπις „kuhäugig“ im Unterschied zu dem für Eos spezifischen ῥοδοδάκτυλος „rosenfingrig“ im griechischen Epos.

67 Besonders bei Homer: „Die Spezifizierung einzelner Gottheiten durch charakteristische Beinamen ist durchgehend typisch für das homerische Epos“ (Scheer 2001: 37).

68 Daues/Rieken 2018: 160–164 mit dem Hinweis, dass „die Appositionen der hymnischen

lifizierende Adjektive, Attribute und Beinamen, welche zum „Ausdruck der Machtfülle der Gottheit“ dienen.[69] Dabei existiert eine Anzahl wenig spezifischer Adjektive, welche Eigenschaften von Göttern im Allgemeinen bezeichnen (wie „schreckenerregend“, „würdig“ oder „erhaben“). Einige Eigenschaften sind aber auch fest an bestimmte Gottheiten gebunden und haben eine spezifizierende Wirkung (als Hypostasierung eines Aspektes oder einer für das aktuelle Anliegen relevanten Eigenschaft); es besteht hier wohl ein Übergangsbereich zur Epiklese.[70] Im Falle sprechender Götternamen ist möglicherweise ein spezifizierendes Attribut, das auf eine signifikante Eigenschaft verweist, zur Hauptbenennung geworden.[71]

Die Adressierungen in den hethitischen Gebeten zeigen häufig eine explizite, referenziell redundante Kombination von Personalpronomina der 2. Person und Namen oder Anrede, z.B. im Gebet an die Sonne, wo die Adressierung in nahezu jeder Proposition auftritt:

(111) KUB 31.127+ Rs. III 37′
nu tu-uk DINGIR-*IA wa-al-la-aḫ-ḫi*
„Dich, mein Gott, werde ich rühmen!“

Name oder Titel können dabei auch dem syntaktischen Status des Pronomens im jeweiligen Satz angepasst werden:

(112) KUB 24.3+ Vs. I 21′–22′
nu tu-el ŠA ^{D}UTU ^{URU}*a-ri-in-na* DINGIR-*LIM-ia-tar I-NA* KUR ^{URU}*ḫa-⸢at-ti⸣-pát*
na-ak-ki-⸢ia⸣-aḫ-ḫa-an
„Deine, der Sonnengöttin von Arinna Göttlichkeit (wird) nur im Land Ḫatti verehrt.“

Erweiterung (…) zumindest in mittelhethitischer Zeit von den kopulalosen nominalen Prädikationen syntaktisch nicht zu unterscheiden“ sind (2018: 160).

69 Haas 1994: 312; s.a. Haas/Koch 2011: 225.

70 Z.B. hurr. *muš*(*u*)*n*(*n*)*i* „die Ordnende“, das ausschließlich zur Bezeichnung der Göttin Ḫepat verwendet wird und daher auch anstelle des Götternamens (dann mit Determinativ) treten kann; s. Haas 1994: 312.

71 Sprechende Namen charakterisieren ihre Träger dem Wesen nach durch ihre äußere Bennenung. Dieser Fall könnte bei dem heth.-luw. Namen des Wettergottes *Tarḫunt*/*Tarḫu*(*a*)*n* vorliegen, der auf eine Partizipialform **tarḫuwant-* „dahinstürmend“ zurückgeführt wird; s. Haas 1994: 307–308 mit weiteren Beispielen.

Selten kommen in den einleitenden Adressierungen der Gebete auch appositive Relativsätze vor:[72]

(113) KUB 6.45+ Vs. I 17–19
DINGIR^{MEŠ} *ḫu-u-ma-an-du-uš ŠA* KUR ^{URU}KÙ.BABBAR-*ti*
EN^{MEŠ} ^{LÚ}SANGA-*az ku-e-da-aš ŠA* KUR ^{URU}*ḫa-at-ti-mu-kán*
EN-*UT-TA ḫu-u-ma-an-da-az ku-i-e-eš me-mi-iš-tén*
„(…) alle Götter von Ḫatti, meine Herren, für die ich Priester (bin), die ihr mir die Herrschaft über das Land Ḫatti ganz zugesprochen habt."

Hier wird der Relativsatz nicht zur Identifikation der Götter genutzt (die vorher als fiktiv-exhaustive Liste aufgeführt sind), sondern um die persönliche Beziehung zwischen Sprecher und Adressaten in den Text einzuführen. Meistens sind in diesen Textpartien allerdings verschiedene Techniken verknüpft, die als appositiv (i. S. v. ergänzend) eingestuft werden können, vgl.:

(114) KUB 31.127+ Vs. I 14–19
ne-pí-š[a-aš t]ák-na-aš-ša ḫu-u-la-le-e[š]-ni zi-ik-pát
^{D}UTU-*uš [la]-⌜a⌝-lu-ki-ma-aš* ^{D}UTU-*e šar-ku-i* LUGAL-*u-e*
DUMU ^{D}NIN.GAL *ut-ni-ia-an-da-aš ša-ak-la-in*
iš-ḫi-ú-ul zi-ik-pát ḫa-an-t[e-i]š-ke-ši ^{D}UTU-*i*
šar-ku LUGAL-*u-e* DINGIR^{MEŠ}-*na-aš-kán iš-⟨tar⟩-na zi-ik-pát*
aš-nu-an-za
„Du, Sonnengott, (bist) die [Li]cht(quelle) in der Umkrei[s]ung von Himm[el] und [E]rde. Sonnengott, erhabener König, Sohn der Ningal, das Gewohnheitsrecht (und) Vertragsrecht der Länder ma[c]hst du bindend. Sonnengott, erhabener König, unter den Göttern (bist) du der am besten gestellte Gott."

Auch hier ist die Identifikation bereits mit der Nennung des Namens der Gottheit erfolgt, der das erste Wort des ganzen Textes darstellt und in regelmäßigen Abständen (mindestens nach fünf Sätzen) wiederholt wird. Die Nominalsätze stellen zusätzliche Charakterisierungen auf Basis typischer positiver Eigenschaften oder Handlungen dar, appositive Bezeichnungen verweisen außerdem auf Verwandtschaftsverhältnisse und sozialen Status; dabei werden die Personalpronomina der 2.Sg. emphatisch betont.

---

72 Weitere Beispiele liegen in dem leider etwas fragmentarischen Abschnitt KBo 11.1 Vs. 5–7 (CTH 382). Zu den Relativsätzen in hethitischen Ritualtexten und Gebeten und ihren Funktionen s. auch 8.5.6.1.4.

Appositiven Charakterisierungen liegen oft sogenannte Topoi[73] als Konzepte des literarischen Gedächtnisses zugrunde, anhand derer auch die enge Verflochtenheit verschiedener Ausdrucksformen des kulturellen Gedächtnisses (in diesem Fall Mythos, Literatur und Kult bzw. Religion) ersichtlich ist. Solche Topoi sind intensive, wirkmächtige Bilder, die als Energiekonserven des kollektiven Bildgedächtnisses gelten. Durch die Evozierung der betreffenden Episoden können sie die Identität der angerufenen Gottheit konstituieren und re-fundieren; durch die kausale Verknüpfung mit dem jeweiligen Anliegen evtl. sogar einen gewissen Handlungssdruck aufbauen. Die Benennung wichtiger Taten der adressierten Gottheit und deren Würdigung werden funktional häufig als *captatio benevolentiae* eingesetzt. Wenn frühere Fälle gelobt werden, in denen die Gottheit Fürsorge gezeigt oder das Erbetene gewährt hat, stehen sie sogar als Präzedenzfall im Rahmen einer argumentativen Darlegung.[74] Auch die auf diesem Wege verfolgte Erhöhung der Aufnahmebereitschaft des Adressaten unterstützt somit die Chancen auf die Wirksamkeit von Ritual und Gebet.[75]

Bekannte Beispiele für mythologische Epitheta finden sich im Griechischen (v.a. in Epos und Hymnen, aber auch Tragödien) und Vedischen (im R̥gveda, aber auch nachvedisch im Epos), z.B. die Charakterisierung von Indra als *Vr̥trahan* „Vr̥tra-Töter" oder von Hermes als Ἀργεϊφόντης „Argos-Töter". Hier werden offensichtlich zentrale Motive der Biographie herangezogen, um eine Gottheit zu rühmen; gleichzeitig wird so aber auch zu deren Konstituierung oder Stabilisierung beigetragen.[76] In den Religionsvorstellungen italischer Sprecher-

73 Im Sinne von Curtius 1948, der das Konzept für die romanistische Literaturwissenschaft erschlossen hat. Es handelt sich um einen Begriff der Gedächtnisforschung speziell in literaturgeschichtlicher Hinsicht. Der Gebrauch von literarischen Topoi im Rahmen der Götterverehrung zeigt, dass nicht nur intertextuelle Tradierung solcher Topoi innerhalb literarischer Genres stattfindet, sondern dass am kulturellen Gedächtnis sämtliche Texte und Diskurse einer Gesellschaft beteiligt sind.

74 Z.B. CTH 372, 75–84, wo die Fürsorge der Gottheit in der Vergangenheit betont wird: „Welche G[nade] meines Gottes kenne ich nicht seit [meiner] Kindheit?". Vgl. Daues/Rieken 2018: 164–166 für die weitere Einordnung der (quasi-juristischen) Falldarlegung im hethitischen Gebet; vgl. ferner Versnel 2010 zur juristischen Gestaltung bestimmter Gebetstypen im Griechischen und Lateinischen; Scheer 2001 zum Griechischen.

75 „Angerufen mit einer Reihe von Epitheta kann sich die Gottheit offenbar ebenso deutlich – oder im Sinne des Beters noch spezifischer – wiedererkennen und angesprochen fühlen wie bei der Nennung des Hauptnamens" (Scheer 2001: 38). Zur Charakterisierung von Göttern durch typische oder habituelle Handlungen in Anrede bzw. Hymnus der hethitischen Gebete s. Daues/Rieken 2018: 161–162.

76 Vgl. zu einzelnen Gottheiten des R̥gveda und charakteristischen Epitheta z.B. Oberlies 2012; zum Griechischen Scheer 2001.

gemeinschaften sind Epitheta in diesem biographischen Sinne offenbar nicht originär vorhanden; es herrschen die oben besprochenen geographischen oder funktionalen Epiklesen vor.[77] Dieser Befund zeigt sich auch in den umbrischen Texten: Weder die Instruktionen noch die Gebete enthalten rein appositive Charakterisierungen der Adressaten.

7.4.1.4 Verteilung von Adressierungstechniken

Die Verwendung von restriktiv oder appositiv charakterisierenden sprachlichen Elementen kann, wie Hock (2000; 1993) anhand des vedischen Korpus' nachgewiesen hat, textsortenspezifisch sein. Die betreffenden vedischen Textsorten repräsentieren den Unterschied zwischen Gebet bzw. Hymnos als primärem sakralem Text und Ritualanweisung als sekundärem oder Metatext. Die Hymnen stellen die ältesten vedischen Texte dar und zeigen ein breites Spektrum von beiden, appositiven und restriktiven Relativsätzen.[78] In der spätvedischen Prosa zeigt sich hingegen eine Diskrepanz zwischen didaktischen Partien und Rezitationen: Erstere weisen keine appositiven Relativsatztypen auf, letztere zeigen das gleiche Spektrum wie die älteren Hymnen. Dieser Umstand ist zunächst als chronologische Entwicklung i. S. des allgemeinen Abbaus einer Kategorie interpretiert worden. Völlig überzeugend zeigt allerdings Hock (1993), dass vielmehr eine funktionale Korrelation mit den pragmatischen Anforderungen der verschiedenen Textsorten die Grundlage für diese Verteilung ist. Während restriktive Relativsätze selbst die Identifikation und Abgrenzung ihrer Referenten leisten, werden appositive Relativsätze dann verwendet, wenn bereits identifizierte Referenten zusätzlich charakterisiert werden sollen. Dies ist v. a. mit Bezug auf die Götter, die in den Hymnen in Adressatenfunktion erscheinen, der Fall und in didaktischen Texten nicht erforderlich.[79] Z. T. kommt dabei der für appositive Relativsätze typische „implikatierte

---

77 Sicher liegt dies auch daran, dass das ursprüngliche römische Pantheon nicht wie das griechische Hand in Hand mit einem ausführlichen mythologischen und biographischen Rahmen gewachsen ist. Die Biographien, Beziehungen und Charakterisierungen römischer Gottheiten sind oft erst durch Übernahme und Angleichung an die griechischen Gegenstücke eingeführt worden. Distinktive Epiklesen können aber u. U. auf mytho-historische Begebenheiten mit engem Bezug zur römischen Geschichte verweisen (z. B. im Fall von Jupiter Stator).

78 Neben dem pragmatischen ist auch ein großes syntaktisches Spektrum (stellungsbezogen) zu beobachten.

79 Trotz des pragmatischen Unterschieds ist die Funktion beider Techniken die Konstitution der Gesprächspartner durch eine möglichst eindeutige Beschreibung; nur bei restriktiven Charakterisierungen stellt die betreffende Eigenschaft ein exklusives Merkmal des Referenten dar. Teilweise kommt dies auch mit Bezug auf die Emittenten von Gebeten/Ritua-

Nebensinn“ (oder *invited inference*) zum Tragen, bei dem semantische Relationen auf inhaltlicher Basis ergänzt werden.[80] Anhand der im jeweiligen zeitlichen Stadium des Vedischen vorherrschenden Textsorte ergibt sich somit eine nur scheinbar chronologische Verschiebung.

Dieser Befund lässt sich auch auf andere Charakterisierungstechniken übertragen, die bzgl. der hier untersuchten Sprachen identifiziert wurden. Epiklesen werden in Ritualtexten zur eindeutigen Identifikation der Gottheiten eingesetzt. Auch in den Gebeten kommen sie in dieser Funktion vor, dies gilt im Hethitischen und Umbrischen gleichermaßen. Epitheta und andere appositive (d.h. nicht-distinktive) Charakterisierungen, z.B. in Form von Nominalsätzen oder Appositionen, können als informationstechnisch redundante Elemente eingestuft werden. Sie treten weder in hethitischen noch in umbrischen Ritualinstruktionen auf, sind aber in den hethitischen Gebeten besonders stark vertreten. Auffällig ist die Tatsache, dass die Gebete der IT keine appositiven Adressierungen enthalten; dies kann einerseits daran liegen, dass sie sich konzeptionell von den persuasiven, persönlichen Gebeten unterscheiden, andererseits wurde bereits gezeigt, dass die Adressatenkonstitution durch das „naming event“ formalisiert wurde.[81] Ein Vergleich mit den Rezitationen der hethitischen Beschwörungsrituale zeigt zudem, dass auch diese auf appositive Techniken weitgehend verzichten.

7.4.1.5 Adressierungstechniken: Zusammenfassung

Die eindeutige Benennung und Definition des Adressaten ist unbedingt zu den relevanten Glückensbedingungen der rituellen Kommunikation zu zählen und wird durch verschiedene Explizierungsstrategien verfolgt.[82] In Ritualbeschreibungen und Gebeten habe ich in den vorangehenden Abschnitten verschiedene Adressierungs-Techniken identifiziert, durch die superempirische Adressaten auf der Ebene der sprachlichen Repräsentation greifbar gemacht werden

len vor, z.B. wenn argumentative Informationen gewissermaßen „eingeschleust“ werden sollen, wie „ich, der ich dir immer die nötigen Opfer gebracht habe“.

80 Besonders häufig kausal; diese Tendenz zeigt sich auch in argumentativer oder persuasiver Verwendung und kann bei Appositionen von Adressaten und Urhebern der Rituale auftreten. Relativsätze mit Nebensinn sind aus verschiedenen Sprachen bekannt; im Lateinischen werden sie durch eine Konventionalisierung mit konjunktivischen Relativsätzen korreliert.

81 Eine weitere Rolle spielt evtl. auch das Fehlen mythologischer Einbindungen, analog zum römischen Kult.

82 Zu Formeln, die Informationslücken ausgleichen und dem Vergessen oder Fehlbennenen eines Gottes vorbeugen sollen, s.u. S. 436.

können. Dabei ist, wie ich gezeigt habe, eine funktional bedingte, textsortenspezifische Verteilung appositiver und restriktiver Attribute in Form verschiedener sprachlicher Ausdrücke möglich. Die Strategien können einerseits aus etischer Perspektive als kommunikativer Ausgleich für die fehlende physische Präsenz der Adressaten verstanden werden. Andererseits erhöhen sie aus der emischen Sicht der Ritualhandelnden die Wahrscheinlichkeit, dass der „richtige" (also der zuständige) Empfänger die Botschaft erhält und sind so für das betreffende Ritual funktional. Durch beide Funktionen erhöht sich die Wahrscheinlichkeit, dass der erwünschte perlokutive Effekt (d.h. die Erfüllung der geäußerten Bitten) erzielt wird.

7.4.2 *Spezifizierung anhand äußerer Umstände*

Weitere Möglichkeiten zur Fixierung der Adressaten durch kontextuelle Spezifizierungen betreffen die räumliche und zeitliche Definierung des Rituals, die fester Bestandteil vieler Vorschriften ist. Kalenderfeste bilden in der Antike ein zentrales Instrument zur Strukturierung des Lebens von menschlichen Individuen wie auch ganzen Gesellschaften. Sie sind häufig als eigene Kategorie mit einer gesonderten Benennung (heth. sumerogr. EZEN$_4$, lat. *fēriae statīvae*) von anderen Ritualen abgegrenzt und besitzen meistens gesellschaftserhaltende Funktion, z.B. als Frühlings- oder Neujahrsfeste durch die Herbeiführung von Jahreszeitenwechseln. Die Wahl des richtigen Zeitpunktes und des vorgesehenen Ortes kann hierbei als formale Voraussetzung dafür interpretiert werden, dass die Botschaft des Rituals vom intendierten, zuständigen Adressaten gewogen aufgenommen wurde.

7.4.2.1 Zeitangaben

Zeitangaben treten in Ritualinstruktionen in verschiedenen Formen auf. Einerseits betreffen sie absolute Datumsangaben bei feststehenden, kalendarischen Ritualen und korrespondieren mit dem Kalendersystem der betreffenden Gesellschaft. Die Angaben können auch einen bestimmten Zeitraum betreffen, innerhalb dessen der Termin des Festes beweglich ist; solche Feste heißen in Rom *feriae conceptivae*.[83] Manche Zeitangaben orientieren sich an variablen, umweltbezogenen Ereignissen (z.B. Frühlingsbeginn oder Erntezeit). Einen Übergang zum Bereich der Bedingungsangabe liegt in Ritualen vor, die im Bedarfsfall ausgeführt werden.[84] Eine zweite Ebene von temporalen Bestim-

83 Vgl. Wissowa ^{2}1912: 440; in Rom zählen hierzu bspw. die *Compitalia* oder *Ambarvalia*; s. zu den römischen Festen auch Scullard 1981.

84 Dazu ausführlicher unter 7.6.1.1, 8.5.6.1.3 und 8.5.6.4.5.

mungen betrifft die interne Struktur und den Ablauf der Handlungen. Hier sind einerseits absolute Zeitangaben (in Korrelation mit Tageszeiten oder Naturphänomenen) möglich, andererseits können auch relationale Angaben frequent sein, die ein zeitliches Nacheinander durch Bezugnahme auf vorausgegangene Handlungen herstellen.

Terminliche Spezifizierungen sind in Rom in den sogenannten *fasti*, offiziellen Festkalendern, überliefert, welche das gesamte soziale Leben strukturierten und deshalb neben Kalenderfesten v.a. auch Gerichts- und Markttage indizierten. Die unten (Abb. 17) abgebildeten *Fasti Antiates Maiores* (CIL I^2 1 247–249) sind der einzige aus republikanischer Zeit (84–55 v. Chr.) erhaltene Kalender; sie geben Auskunft über die Wocheneinteilung (acht Tage, angegeben durch die Buchstaben A–H, erste Spalte), die ursprünglich anhand der Mondphasen vorgenommene Einteilung von Kalenden (K), Nonen (N), Iden (EIDVS) und die öffentlichen Feste (z.B. LVPER für *lupercalia*). Zusätzlich informieren sie über *dies fasti*, also Tage, an denen es erlaubt ist, Gericht zu halten (F), und *dies nefasti*, an denen es nicht erlaubt ist (N), sowie Tage für Volksversammlungen, also *comitiales* (C).[85]

Terminliche Spezifizierungen existieren aber nicht nur in solchen öffentlichen Dokumentationen mit viel breiterem Informationswert, sondern auch im Rahmen von spezifischen Ritualvorschriften, z.B. für das **huntia**-Ritual der IT, das innerhalb eines bestimmten, festen Zeitfensters durchgeführt werden muss und deshalb nicht zu den *feriae stativae*, sondern zu den *feriae conceptivae* zu zählen ist:[86]

(115) IT IIa 15–16
huntia : katle : tiçel : stakaz : est : sume : ustite : / anter : menzaru : çersiaru
„Huntia: Dem Welpen(-opfer) ist ein Termin[87] festgesetzt, beim höchsten Stand (der Sonne) an den Kalenden (= Neumond) im Monat der Ceres(?).“

---

85 S. ausführlicher und mit Abbildungen Beard/North/Price 1998 Bd. 2: 61–64 außerdem Rüpke 1995: 43–44; Scullard 1981: 38–48; Degrassi 1963: 1–28; sowie zum System der *fasti* und ihrer religiösen Bedeutung Rüpke 2012: 81–94; Scheid 1998 (2: Structures); Wissowa ²1912: 574–575.

86 S. zu dieser Auffassung Weiss 2010: 45.

87 Vielleicht so etwas wie ein „Stichtag“: der letztmögliche Tag innerhalb eines Zeitfensters.

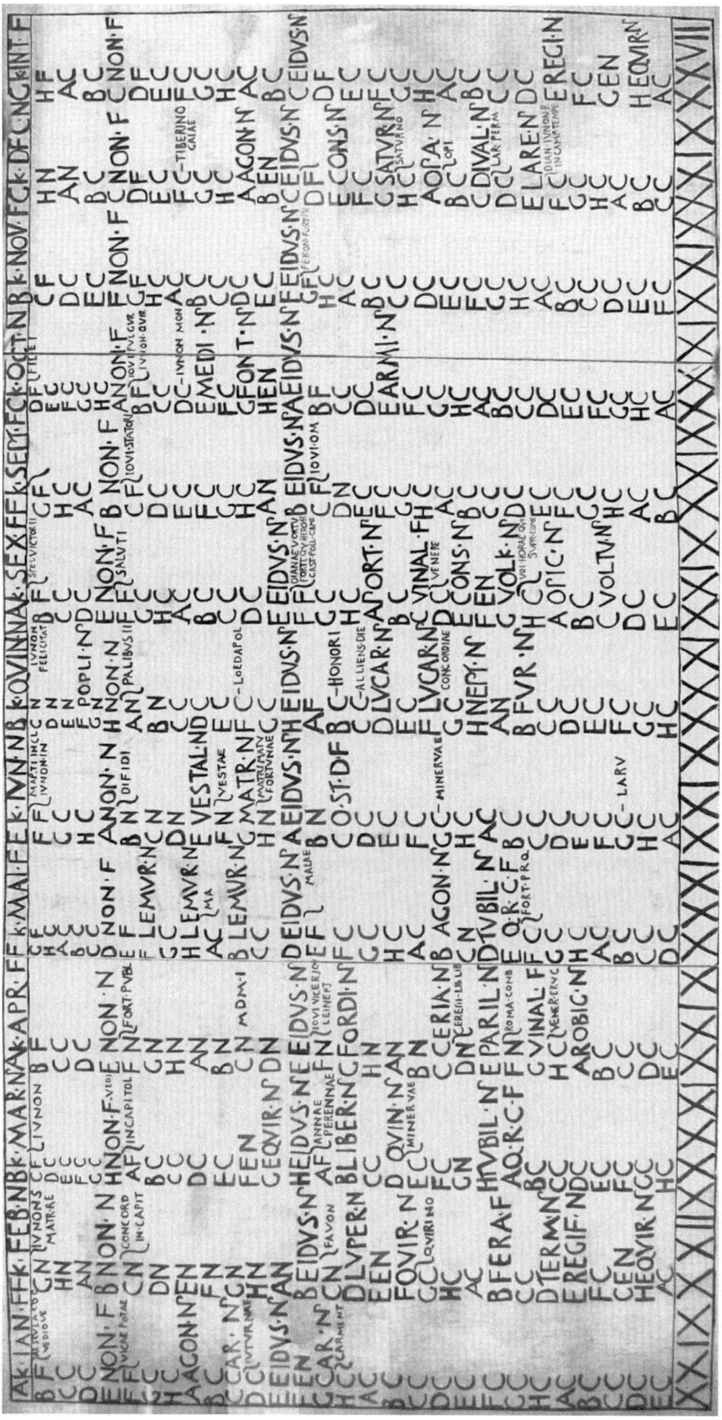

ABB. 17 Rekonstruktion der *Fasti Antiates maiores*
FOTO: MUSEO DEL TEATRO ROMANO DE CAESARAUGUSTA, ORIGINAL: PALAZZO MASSIMO ALLE TERME, ROM

Weitere Terminangaben finden sich jeweils in der Einleitung der **seme:nies : tekuries** und des Neujahrsrituals:

(116) IT IIb 1
seme:nies : tekuries : sim kaprum : upetu
„Am Semo-Tag der Dekurien sollst du ein Schwein und einen Bock auswählen."

(117) IT III 1–3
esunu : fuia : herter : sume : / ustite : sestentasiaru : / urnasiaru:
„Es ist angezeigt (es wird gewollt), dass das Ritual am höchsten Stand der Nonen (des Monats) **urnasiarus** getan werde."

In diesen drei Ritualvorschriften werden als erstes terminliche Angaben gemacht, die das Opfer fest einordnen. In (115) und (117) wird dabei neben dem Tag durch **sume ustite** auch die Tageszeit angegeben.[88] Im Gegensatz dazu stehen die Rituale des *piaculum* und der *lustratio*, in denen einleitend auf die Notwendigkeit einer Vogelschau verwiesen wird.[89] Diese Tatsache deutet neben weiteren Indikatoren darauf hin, dass letztere aufgrund konkreter Anliegen und Notwendigkeiten durchgeführt werden und in Abstimmung mit dem Götterwillen erst exakt terminiert werden müssen. Es ist wahrscheinlich, dass sie zwar durchaus regelmäßig stattfanden, wohl aber nicht auf eine jährliche Wiederholung festgelegt waren.[90]

Obwohl in den Protokollen der Arvalbrüder über den Kult der *Dea Dia* (und der *divi imperatores*) eine andere Textgattung vorliegt, wird auch hier die Bedeutung von terminlichen Angaben bestätigt. Jede protokollierte rituelle Handlung wird so durch die Angabe von Zeit, Ort und beteiligten Kollegiumsmitgliedern eingeordnet, z. B.

(118) *Act. arv.* a. 27, c 2–4
III k(alendas) Febr(uarias) … in Capitolio collegium fratrum Arvalium immolavit ob natalem Iuliae Augustae Ioui o(ptimo) m(aximo) bouem marem.

88 Zur Besprechung dieses Ausdrucks s. Weiss 2010: 31–35.

89 Bzw. einer zweifachen Vogelschau im Falle der *lustratio*; vgl. für eine eingehende Besprechung der Vogelschauen Dupraz 2018b.

90 In *piaculum* und *lustratio* fehlt jeweils die Kennzeichnung als **sevakne** „alljährlich"; vgl. zur Abgrenzung von den römischen *feriae conceptivae* Dupraz 2018b: 57–58 FN 86; Weiss 2010: 157–164.

„Am 3. Tag vor den Kalenden des Februars (…) opferte das Kollegium der Arvalbrüder auf dem Kapitol wegen des Geburtstages der Julia Augusta dem Jupiter O.M. einen Stier/ein männliches Rind."

Die hethitischen Festrituale strukturieren das gesellschaftliche Leben innerhalb des nach dem Mondrhythmus angelegten Kalenderjahres.[91] Entsprechend ihren landwirtschaftlichen Funktionen nehmen z.B. Herbst- und Frühlingsfeste, Neujahrsriten und Monatsfeste ihre Position im Jahresverlauf ein, die meist auch in den Anweisungstexten vermerkt ist, z.B. „Wenn es Frühling wird, feiert man die Riten der AN.DAḪ.ŠUM^SAR-Feste".[92] Andere Zeitangaben können den Turnus der Feste betreffen, der nicht immer jährlich ist, sondern, z.B. im Falle des *purulliya*-Festes, größere Abstände von neun oder drei Jahren misst. Wie im Falle des *piaculum* und der *lustratio* der IT muss der exakte Zeitpunkt auch für einige hethitische Festrituale erst durch ein Orakel ermittelt werden und steht nicht absolut fest; Haas verweist z.B. auf das durch Schlachtopfer terminierte Ritual für den Wettergott von Kuliwišna.[93]

Da die Riten eines Festes sich nicht selten über mehrere Tage (bis zu einem Monat) erstrecken, ist oft auch eine explizite interne Zeitstruktur für den korrekten Ablauf wichtig. Für umfangreiche Feste wie das AN.DAḪ.ŠUM^SAR existiert einerseits eine Übersicht über den Gesamtverlauf nach Tagen, die jeweils nur Kernelemente enthält (vgl. Güterbock 1960). Die Tagesabfolge wird hier auch als Gliederungs- oder Strukturelement eingesetzt; neben der adverbialen Angabe *lukkati=ma* „am nächsten Morgen/Tag aber", die in diesem Text durchgehend vorgenommen ist, erscheint an einigen Stellen zusätzlich die absolute Angabe des Tages.[94] Andererseits existieren für Festrituale Tages-Tafeln, welche die jeweiligen Riten der einzelnen Tage ausführlich behandeln. Hier können auch Angaben zur Tageszeit eine Rolle spielen: Einige Handlungen werden „frühmorgens" bei Sonnenaufgang durchgeführt, andere „an einem Tag, an dem es hell ist und Wolken nicht da sind",[95] einige wiederum sind nur am Abend oder gar in der Nacht möglich, vgl. die Angabe „wenn ein Stern springt" – d.h. wenn eine Sternschnuppe fällt.[96]

91 S. zur Charakteristik der Festrituale auch 4.1.

92 Übersichtstafel KBo 10.20 (CTH 604.A) Vs. I 1; vgl. zum Datum des Festes auch Houwink ten Cate 1992: 94–95.

93 CTH 329–330; Haas 1994: 691.

94 Z.B. KBo 10.20+ Vs. II 10: UD 10^KAM „zehnter Tag" oder KBo 10.20+ Rs. III 25: UD 22^KAM „22. Tag".

95 KUB 57.63 Vs. I 2–3; vgl. Haas 1994: 691.

96 Z.B. KBo 8.90 Vs. II 17; KBo 21.41 Rs. 2,21; s. Haas 1994: 691 für weitere Angaben und Verweise.

Da Beschwörungsrituale generell bei akutem Anlass und Bedarf vorgenommen werden, sind hier keine absoluten Terminangaben zu erwarten, sie verfügen aber über (absolut und relativ bezeichnete) interne Zeitstrukturen. Vorbereitende Handlungen finden häufig am Vorabend statt (damit über Nacht bestimmte Substanzen wirken oder Prozesse sich entwickeln können), während die Haupthandlungen am nächsten Morgen aufgenommen werden,[97] so dass Angaben wie die folgenden häufig sind:

(119) VBoT 24 Vs. I 10–14
nu ma-aḫ-ḫa-an ne-ku-zi nu-⸢*uš*⸣*-ša-an A-NA* EN SISKUR
ḫa-an-te-ez-zi pal-ši A-⸢*NA*⸣ GÌR^MEŠ^*-ŠU* ŠU^MEŠ^*-ŠU*
^UZU^GÚ*-ŠÚ iš-tar-na pé-di A-NA* GIŠ.NÁ*-ŠU*
4 ^GIŠ^*pa-ti-ia-al-li-e-eš ḫa-an-te-ez-zi pal-ši*
SÍG *a-an-da-ra-an ḫa-ma-an-ki*
„Und sobald es Abend wird, bindet sie dem Ritualherrn zuerst an seine Füße, seine Hände, seinen Nacken (und) innen, an sein Bett, an die 4 Bettpfosten beim ersten Mal blaue Wolle."

Die Wiederaufnahme der Handlungen am nächsten Tag wird analog dazu ebenfalls mit temporalem Nebensatz eingeleitet:

(120) VBoT 24 Vs. I 22–25
ma-a-an lu-uk-kat-ta na-aš-ta A-NA EN SÍSKUR
ḫu-u-ma-an-da-zi-ia SÍG *a-an-ta-ra-an* SÍG *mi-da-an-na*
ar-ḫa túḫ-ša-an-zi na-at-ša-an kat-ta pád-da-ni-i
da-a-i
„Wenn es hell wird, dann schneidet man dem Ritualherrn die blaue Wolle und die rote Wolle ganz und gar ab und sie (Anniwiyani) legt sie in den Korb hinab."

Wenn, wie hier, der Tagesanbruch dezidiert mit der vorangegangenen Nacht kontrastiert wird, werden offenbar eher subordinierte Temporalsätze (*maḫḫan* bzw. *mān*) mit verbalem *lukkata* bzw. *nekuzi* gebraucht;[98] Parataxen mit adverbialer Angabe finden sich hingegen besonders in Kontexten wie der Tagesübersicht in *outline*-Tafeln und bezeichnen dort nicht den Morgen als Tageszeit, sondern den nächsten Tag insgesamt.[99]

97 Vgl. Haas 1994: 889.
98 So auch in anderen Beschwörungen, welche dieselbe Technik anwenden, z. B. mehrfach in CTH 402 (Allīs Ritual) und CTH 416 (Ritual für das Königspaar); vgl. CHD L–N: 75.
99 Vgl. Kümmel 1967: 32–33 (StBoT 3). Solche Tagesaufzählungen finden sich außer in mehr-

Auch in den Beschwörungsritualen existieren Angaben, die sich auf die Gesamttage des Rituals beziehen; das kann auf ökonomische Weise genutzt werden, um Handlungen als parallel zusammenzufassen:[100]

(121) KUB 24.10 Vs. II 12′–13′
[*I*]-*NA* UD 2^{KAM} DUMU.U$_{19}$.LU-*UT-TI*-[(*ká*)*n* (^{D}UTU-*i*)]
[(*Q*)]*A-TAM-MA a-ša-a-ši* ⌜*a*⌝-[(*ni-u-ur QA-TA*)*M-MA i-ia-zi*]
„Am zweiten Tag setzt sich der Sterbliche vor der Sonnengottheit genauso hin. [Sie führt] das Ritual ge[nauso durch]."

(122) VBoT 24 Rs. IV 14–16
nu I-NA UD 3^{KAM} *ki-iš-ša-an ú-i-ia-iš-ke-mi*
NINDA.GUR$_4$.RA$^{ḪI.A}$-*ia* 9! *e-ed-ri* KAŠ-*ia PA-NI* DINGIR-*LIM*
UD-*at* UD-*at ta-ma-i zi-ik-ki*-⌜*iš-ke*⌝-*mi*
„Und an 3 Tagen rufe ich so (die Gottheit) herbei: Die Brotlaibe und die 9 Speisen und das Bier stelle ich Tag für Tag immer wieder vor die Gottheit hin."[101]

Temporalangaben, welche auf das Verhältnis von Handlungen als nacheinander referieren, stellen einen frequenten Konnexionstyp in Ritualtexten dar. Da die Funktion der Sequenzierung v.a. als Kohärenztechnik relevant ist, werden diese in Kapitel 8 noch ausführlicher besprochen.

7.4.2.2 Ortsangaben

Räumliche Spezifizierungen betreffen besonders die Heiligtümer der jeweiligen Gottheiten, in denen die Ritualhandlungen stattfinden. Neben Gebäuden können abgegrenzte und konsekrierte Orte, wie heilige Haine, aber auch Quellen oder einzelne Bäume einer Gottheit fest zugeordnet und damit im juristischen Sinne deren Eigentum (lat. *sacer*) sein. Dadurch tragen auch lokale Rahmenbedingungen zur Stabilisierung der Kommunikationssituation eines Rituals als Ganzes bei. Auch eine direktionale Spezifizierung ist möglich, wenn eine Prozession Teil des Rituals ist und bestimmte Wege oder Stationen einer Gottheit zugeordnet sind. Die Anweisungen zum Ritual für Puemune und Vesuna

---

tägigen Festritualen auch in Annalen, Orakeltexten und Kultinventaren; vgl. CHD L–N: 77.

100 S. zum Gebrauch von *QA-TAM-MA* als ökonomischer Kohärenztechnik auch unter 8.6.1.4.2.

101 In diesem Beleg deuten die Angabe „Tag für Tag" und die iterative Verbform *zikkiškimi* darauf hin, dass „an 3 aufeinanderfolgenden Tagen" (nicht „am 3. Tag") gemeint ist; zudem beginnt der nächste Satz kontrastiv: „Am 4. Tag aber (…)".

TABELLE 28 Ortsangaben im *piaculum*

Ort	Adressat
preveres treplanes	**iuve krapuvi**
pusveres treplanes	**trebe iuvie**
preveres tesenakes	**marte krapuvi**
pusveres tesenaces	**fise saçi**
preveres vehiies	**vufiune krapuvi**
pusveres vehiies	**tefre iuvie**

(IT III und IV) beschreiben den Ablauf der Ritualhandlungen in mehreren lokalen Stationen, die durch Prozessionen miteinander verbunden sind. Nach einer ersten Phase im **kumnakle** (III 8), dem Versammlungsort der Brüder innerhalb der Stadt, findet zunächst ein Ortswechels „ins Feld" **arvamen** (III 11) danach „in den Hain" **vukumen** (III 20) statt.[102] Auch das umbrische *piaculum* besteht aus einer komplexen räumlichen Abfolge, wobei sowohl die Reihenfolge der Orte als auch deren Zuordnung zu den jeweiligen Gottheiten als Adressaten der Opfer relevant zu sein scheinen und mit der Funktion des Rituals in Zusammenhang stehen. Die lokalen Bestimmungen betreffen zum einen die verschiedenen Tore, zum anderen die relationale Angabe durch die Präpositionen „vor" (**pre**) bzw. „hinter" (**pus**), wie in Tabelle 28 zu sehen.

Auch in hethitischen Ritualen finden sich Anweisungen zur Wahl der richtigen Örtlichkeit. Gerade die komplexen und mehrtägigen Reisefeste wie das AN.DAḪ.ŠUM^{SAR} oder das *purulliya*-Fest zeichnen sich durch charakteristische Ortswechsel und Prozessionen des Königs und weiterer Akteure vom einen zum anderen Schauplatz aus. Diese sind im Ablauf fest verankert und selbst Teil des Rituals. Oft werden wichtige Städte und Kultzentren durch diese Praxis verbunden; während des *purulliya*-Festes z.B. reist das Königspaar von Ḫattuša nach Tawiniya, wo ein eigenes Fest unter der Leitung der *ēntu*-Priesterin stattfindet, in dessen Mittelpunkt die Göttin Tetešḫapi steht. Der Ortswechsel ist also charakteristisch u.a. mit einem Wechsel der Adressatin verbunden.[103] Eine recht ausführliche Ortsangabe findet zu Beginn der *outline*-Tafel

102 Dupraz (i.D.) betont die rituelle Bedeutung dieser Ortskategorien anhand ihrer Eigenschaften „Ort der Menschen" (Stadt), „Ort, der den Menschen zugänglich ist und genutzt wird" (Felder) und „Ort der Götter" (z.B. heilige Haine). Dieselbe Einteilung spielt in der sakralen Topographie Roms eine Rolle, vgl. Scheid 1993: 19–20.

103 Vgl. Haas 1994: 730. Auch innerhalb einer Stadt finden Ortswechsel statt, so im Zuge des

des AN.DAḪ.ŠUM^SAR-Festes statt, hier wird die Bedeutung des richtigen Ortes (Taḫurpa) durch die Tatsache betont, dass eine andere Stadt als Schauplatz dezidiert nicht in Frage kommt. Die Angabe kann also mitunter sogar *ex negativo* erfolgen:

(123) KBo 10.20 Vs. I 12–14
^URU*ka-a-ta-pí* DINGIR^MEŠ-*aš ḫa-az-zi-ú-i* NU.GÁL *ku-it-ki* (§-Strich)
ma-a-an LUGAL-*i-ma aš-šu ta-aš-ta* ^URU*ka-a-ta-pí ša-ra-a*
a-pé-e-ni-iš-ša-an pa-iz-zi DINGIR-*LUM-ma-za Ú-UL ku-in-ki i-ia-zi*
„In Katapa sind keine Rituale der Götter. Wenn es dem König gut (scheint), dann mag er zwar dennoch nach Katapa gehen, aber er soll (dort) keine Gottheit verehren."

Ein kulturhistorischer Aspekt, der bei der Lokalisierung von offiziellen Ritualen eine Rolle spielen kann, ist die Verflechtung des Kultes mit bestimmten Erinnerungsorten (*loci memoriae*) einer Gesellschaft oder bestimmter Gruppen. Das auf Nora (1984) zurückgehende Prinzip der *lieux de mémoire* besagt, dass sich das kollektive Gedächtnis einer sozialen Gruppe an bestimmten Orten kristallisieren kann.[104] Assmann konkretisiert diese Idee, wenn er sogenannte „Mnemotope" als religiöse Erinnerungslandschaften versteht, die durch regelmäßiges Wiederaufsuchen zur Vergewisserung der gemeinsamen kulturellen Identität dienen. Als Beispiel für solche Orte nennt Assmann neben den *totemic landscapes* australischer Aborigines auch die Feststraßen in altorientalischen Städten und die „heilige Landschaft" Roms.[105] Kultorte und Kultprozessionen als „topographische Texte" des kulturellen Gedächtnisses haben damit einerseits die Funktion, gesellschaftliche Identität zu tradieren, sie erfüllen diesen Aspekt aber durch die ortsbezogene Erinnerung an fundierende Ereignisse und konstituieren durch diese ortsgebundene Erinnerung auch die Kommunikationssituation und Wirksamkeit eines Rituals.

In Beschwörungsritualen beziehen sich Lokalangaben wegen des privaten und anpassbaren Kontextes i.d.R. nicht auf namentlich genannte Städte oder

KI.LAM-Festes in und um die Hauptstadt Ḫattuša; dazu in der Korpusbesprechung; zu Prozessionen in Festritualen und besonders zu ihrer politischen Funktion als Herrschaftsdemonstrationen s. Görke 2008.

104 Er bezieht sich damit auf Orte im weitesten Sinne und ohne Beschränkung auf lokale Orte: *Lieux de mémoire* können auch Personen, Texte u.a. sein.

105 Assmann 1992: 60 mit weiteren Verweisen zu diesen Beispielen; zur römischen Erinnerungskultur im Bereich der Religion und zur „Vergeschichtlichung von Ritualen" s. auch Rüpke 2012.

Kultorte, sondern z.B. auf das Wohnhaus des Mandanten (im Falle des Königspaares den Palast; CTH 416), Schlafzimmer und Bett nehmen für Reinigungsrituale oft eine besondere Bedeutung ein. Auch Geländeabschnitte können als Orte bestimmter Handlungen beschrieben werden, hierfür werden z.B. Relativsätze mit lokalem Pronomen verwendet:

(124) VBoT 24 Vs. II 20–22
nu ku-wa-pí an-da ḫu-u-up-pa-an-du-uš NA$_4$$^{\text{ḪI.A}}$
ú-e-mi-ia-an-zi nu 2 NINDA.GUR$_4$.RA *ku-i-uš ḫar-kán-zi*
nu-uš pár-ši-ia-an-zi
„Und wo sie die zusammengestellten Steine antreffen, zerteilen sie die 2 Brotlaibe, die sie (noch) haben."

Solche internen Lokalisierungen weisen in Beschwörungen aber oft nur bestimmten Orten einen festen Handlungsabschnitt zu und unterstützen so die Wirksamkeit der Handlung (z.B. bei Analogie-Ritualen durch den Kontakt mit dem Mandanten). Sie stellen in diesen Fällen keine spezifische Relation zu einer bestimmten Gottheit her. In Festritualen können vergleichbare Lokalisierungen aber durchaus auch mit bestimmten Adressaten verknüpft sein. So greift ein Trinkzeremoniell während des AN.DAḪ.ŠUM^{SAR}-Festes auf ähnliche relationale Lokalangaben zurück wie das umbrische *piaculum*: Jeweils für bestimmte Gottheiten wird stehend oder sitzend, „(von) draußen" oder „(von) drinnen" vom Königspaar getrunken und Brot gebrochen;[106] aufgrund der differenzierten Angaben scheinen die lokalen Zuordnungen auch hier relevant und spezifisch zu sein. Zum erfolgreichen Kontakt kann zusätzlich ein spezifisches Trinkgefäß, ein Rhyton in der jeweils ikonisch passenden zoomorphen Gestaltung, beitragen:[107]

(125) KBo 19.128+ Rs. IV 41′–43′
[LUGAL MU]NUS.LUGAL TUŠ-*as nam-ma* ^{D}U ^{D}IŠKUR
[^{URU}*z*]*i-ip-pa-la-an-da an-dur-za*
[*I*]*Š-TU BI-IB-RI* GU$_4$ *a-ku-wa-an-zi*
„König (und) Königin trinken abermals (für) den Wettergott und den Wettergott von Zippalanda sitzend drinnen aus einem Rinder-Rhyton."

106 Vgl. Haas 1994: 780–781.
107 Zu ikonischen oder symbolischen Repräsentanten von Göttern s.o. 7.3.1.

ebd. 47′–49′

LUGAL MUNUS.LUGAL TUŠ-*aš* ^{D}LAMMA
a-aš-ka-az IŠ-TU BI-IB-RI
ŠEG$_9$.BAR *a-ku-wa-an-zi*
„König (und) Königin trinken sitzend (für) den Lamma-Schutzgott draußen aus einem Wildschaf-Rhyton."

Die Lokalisierung und die Wahl des Gefäßes wirken hier zusammen mit dem Namen als stabilisierende Faktoren für die Konstitutierung der Adressaten und den Erfolg der Kommunikation.

7.4.2.3 Besonderheiten chthonischer Rituale

Ähnlich liegt der Fall auch im Beschwörungsritual der Allī von Arzawa (CTH 402): Hier werden den „Gottheiten der Wege" KASKAL-*aš* DINGIR^{MEŠ} an einer Kreuzung rechts und links des Weges Brote und Bier dargebracht, damit sie „das Böse" aufnehmen und festhalten.

(126) KUB 24.9+ Vs. II 37′–39′[108]
⸢1 NINDA⸣.SIG KASKAL-*aš ḫa-at-ta-ri-i*[(*š-n*)]*a-aš pár-ši-ia* KASKAL-*ši* GÙB-*za* [(*da-a-i*)]
KAŠ *ši-pa-an-ti nu te-ez-z*[(*i* KASKAL-*a*)]*š* DINGIR^{MEŠ} *i-da-lu šu-me-eš* [*e-ep-tén*?]
na-at pa-aḫ-ḫa-aš-ti-en na-at [(EGIR-*p*)]*a le-e ú-ez-zi*[109]
„Sie bricht ein flaches Brot an der Wegkreuzung und sie legt es links des Wegs nieder. Sie libiert Bier und sagt: ‚Ihr Gottheiten der Wege, [ergreift] das Böse und behaltet es! Es soll nicht zurückkommen!'."

Das Ritual, das zur Reinigung einer behexten Person durchgeführt wird, zählt zu den Ritualen, welche schädliche Substanzen oder Repräsentationen von Kontrahenten im oder am Boden fixieren, um sie unschädlich zu machen. Derartige Praktiken beinhalten oft die Kontaktaufnahme mit Unterweltsgöttern und sind deshalb auf besondere Weise zeitlich und räumlich charakterisiert und spezifiziert. Sowohl im griechischen und römischen Bereich als auch bei den Hethitern werden chthonische Rituale (z.B. für Hekate/Proserpina oder die hethitische Sonnengöttin der Erde/Ereškigal) oftmals nachts oder in der

108 Vgl. Mouton 2016: 208–210.
109 Ergänzung nach CHD P: 6 (3b).

Dämmerung durchgeführt. Besonders oft finden sie an Opferplätzen statt, die einen Zugang zur Unterwelt darstellen, wie Gruben oder Höhlen;[110] im Falle von Hekate/Proserpina und der „Gottheiten der Wege“ eben auch Wegkreuzungen.[111] In den IT findet sich für mehrere Opfer die Anweisung, ein Tier „am Boden“ **peřae** und als „zu vergrabendes“ **pelsanu** zu opfern (z. B. im **huntia**-Ritual: IIa; Opfer für Puemune: III);[112] auch die Instruktion, in eine Aushebung **peřum** zu opfern, findet sich. Diese Angaben wurden seit Buecheler (1883) und Vetter (1943) als Hinweise auf eine chthonische und mit dem Thema der Fruchtbarkeit verbundene Praxis gedeutet. Diese Verknüpfung ist aber aus mehreren Gründen problematisch, da die Begriffe in mehreren Opfern für unterschiedliche Götter auftreten und wir außerhalb der Rituale der IT keine weiteren Informationen über diese Gottheiten und ihre spezifischen Zuständigkeiten besitzen. Auch die Tatsache, dass sich derartige Angaben auf den Anteil der Menschen am Opfer (**erus**) beziehen können, machen eine chthonische Deutung eher unwahrscheinlich.[113] Beispiele für Opfer auf dem Boden finden sich u. a. in der *lustratio*:

(127) IT Ib 27–28
rupinie : e : tre : purka rufra : ute : peia : fetu : prestate : / çerfie : çerfe : marties : peřaia : feitu :
„In Rubinia sollst du drei Schweine opfern, rote oder schwarze,[114] der Prestota Serfia des Serfus Martius. Als auf dem Boden seiende sollst du sie opfern.“[115]

Auch die Durchführung geheimer Rituale wie der *defixiones* ist an Orte mit Verbindung zu Toten oder Unterweltsbewohnern gebunden; dies umfasst neben den Gräbern frisch Verstorbener auch Brunnen oder andere Öffnungen in der

---

110 Vgl. auch die Angaben in Paul. Fest. 27 L (*diis infernalibus in efossa terra*) und Statius *Theb.* 4,459 (*scrobiculo facto inferis*).

111 Zum römischen Kult: Wissowa ²1912: 232–240; zu Hekate: Kraus 1960; Hethitisch: Collins 2001; zur Sonnengöttin der Erde und den Unterweltsgöttern allgemein Lorenz-Link 2016; zu lat. *defixiones*/magischer Praxis: u. a. Kropp 2010; 2008; Versnel 2010; 2009; 2002.

112 Weitere Fälle: Ib 28, 32, 44; IIa 11, 13, 22; III 32; VIa 58; VIb 3; VIIa 7, 41, 54.

113 Zu **peřaem** s. Weiss 2010: 295–304. Dieser spricht sich ebenfalls gegen die Annahme einer Opferung *in die Erde hinab* aus, da er in **peřum** eher einen abgegrenzten Bereich *auf dem Boden* (2010: 322–339) und in **pelsanu** (2010: 305–313) eine Handlung *am Boden*, aber oberhalb der Erde sieht, etwa „(mit Erde) bedecken“ (i. S. v. „Erde aufhäufen“).

114 Zu Handlungsoptionen s. u. S. 451.

115 Bzgl. dieses Opfers geht selbst Weiss davon aus, „that here we are dealing with a sacrifice to a chthonic deity in her destructive aspect“ (2010: 332 mit weiteren Erläuterungen).

Erde. Die nächtliche Durchführung entspricht in letzterem Fall wohl auch dem notwendigerweise geheimen Charakter der oft illegalen Praktiken.[116]

Die verschiedenen Beispiele zeigen, dass Orts- bzw. Richtungsangaben in Ritualvorschriften wichtige Informationen für die Opferhandelnden darstellen, indem sie dazu beitragen, die Bedingungen für das Gelingen der Kommunikation genau einzuhalten. Aufgrund der Tatsache, dass Gebäude oder Plätze als Besitz oder Hoheitsgebiet einer spezifischen Gottheit gelten können, wirken die betreffenden Angaben auf verschiedene Weisen auch an der Adressatenkonstitution bei der Kommunikation mit dieser Gottheit mit.[117]

7.4.2.4 Spezifizierung äußerer Umstände: Zusammenfassung

Informationen über temporale und lokale Rahmenbedingungen von Ritualen können durch verschiedene sprachliche Ausdrücke und auf unterschiedlicher Basis dargeboten werden: Lokal- oder Direktionalkasus, Präpositionalangaben, Adverbiale oder Nebensätze bilden ein breites Spektrum. Derartige Angaben spielen v. a. in den Ritualanweisungen eine Rolle, da hier die äußeren Umstände als Rahmen der rituellen Kommunikation geregelt werden. In den Gebeten und Formeln als primärer Kommunikation sind sie hingegen nicht funktional. Abgesehen von dieser offenkundigen Unterscheidung kann bei Lokal- und Temporalangaben an sich weniger von textspezifischer Verwendung die Rede sein. Dieser Aspekt kann allerdings zum Tragen kommen, wenn man die verschiedenen Ausdrucksformen dieser Informationen hinsichtlich ihrer textbildenden und -strukturierenden Funktionen untersucht. In dieser Beziehung können sie z. B. für die Kohärenzbereiche von Konnexion und Sequenzierung oder für die Ökonomie des Ausdrucks eine Rolle spielen und insofern durchaus zu textsortenspezifischen Mustern beitragen (s. dazu Kapitel 8).

7.4.3 *Spezifizierung durch Opfergaben*[118]

Eine Besonderheit antiker Rituale ist die Tatsache, dass die dargebrachten Opfergaben, besonders die zentralen Tieropfer, meist spezifisch auf den jeweiligen Adressaten zugeschnitten sind. Im Gegenzug kann durch die entspre-

---

116 Zum Verhältnis von Religion und Magie s. auch unten S. 370 und oben 3.3.

117 Durch die Wahl eines Unterweltszugangs als Ritualort wird z. B. eine Charakterisierung des Adressaten als Unterweltsgottheit integriert. Bezüge zwischen Ritualort und Gottheit haben oftmals kommunikationspragmatische Funktion; in einem weiteren Sinne wirken sie aber auch als Faktoren der Konturierung der Adressaten.

118 Zu Gabe und Opfer als Teil antiker Rituale vgl. Auffarth 2016; zum Tieropfer im antiken Griechenland der Sammelband Hitch/Rutherford 2017; zum Tieropfer bei den Hethitern Mouton 2017; Haas 1994: 646–669.

chende Wahl des Opfertiers, z. B. anhand seiner Rasse, seines Alters und/oder bestimmter körperlicher Merkmale, der Adressat definiert werden.[119]

7.4.3.1 Verschiedene Zuordnungen

Als gängige Beispiele sind hier die gut bekannten Zuordnungsregeln des römischen Kultes zu erwähnen:[120] Grundlegend existiert zunächst eine geschlechtsspezifische Zuordnung, der entsprechend männliche Gottheiten männliche Tiere erhalten und weibliche Gottheiten weibliche Tiere vgl.

(128) *Act. arv.* a. 186 Ian. 3
Iovi optimo maximo bovem marem, Iunoni reginae bovem feminam (…)
„Dem Jupiter Optimus Maximus ein männliches Rind, der Juno Regina ein weibliches Rind (…)"

Diese geschlechtsbezogene Zuordnung existiert (mehr oder weniger streng) auch in anderen Verehrungssystemen, so z. B. im Griechischen. Sie scheint aber im Vergleich zu anderen Prinzipien (Alter, Farbe, Art) oft weniger streng ausgelegt zu sein oder wird häufig gegenüber anderen Faktoren vernachlässigt. Für die hethitische Praxis ist die Situation zumindest nicht eindeutig: Haas spricht sich für eine derartige Systematik aus (1994: 647), während Mouton eine solche Zuordnung ausschließt (2017: 245).[121] In jedem Fall scheinen andere Zuordnungsprinzipien zu interferieren. In vielen Kulturen ist gleichzeitig eine farbspezifische Zuordnung vorhanden, gemäß derer helle Tiere für die himmlischen Götter bestimmt sind, während dunkle Tiere den chthonischen Göttern und rote Tiere oft den mit dem Element Feuer verbundenen Gottheiten bestimmt sind. Auch artspezifische Zuordnungen sind möglich; so ist eine trächtige Sau in Rom das typische Opfer für Ceres – insgesamt besteht bei Fruchtbarkeitsgöttern eine Bevorzugung trächtiger Tiere. Auch bei den Hethitern sind trächtige Schweine im Zusammenhang mit chthonischen Ritualen als Fruchtbarkeitsopfer belegt; hier wird die zugrunde liegende Analogie z. T. sogar expliziert: „Just as a single pig gives birth to many piglets, let every single branch

119 Die Feststellung, dass ein Geschenk über das Potential verfügt, den Beschenkten zu definieren, äußert bereits Mauss in seinem für das Thema grundlegenden *Essai sur le don* (1925); dazu auch Rüpke 2013: 12.

120 Vgl. u. a. Rüpke 2007a: 149–150; Latte 1960: 381; Wissowa ^{2}1912: 412–413.

121 Bei Substituts-Opfern findet eine geschlechtsbezogene Zuordnung zwischen dem Tier und der zu substituierenden Person statt; dies stellt aber eher eine Strategie dar, den Absender bzw. Benefizienten eines rituellen Kommunikationsaktes zu definieren.

of the vineyard, like the pig, bear many grape clusters".[122] Da sie als nicht-essbar gelten, nehmen die Schweine neben anderen Tieren, wie Hunden, Vögeln oder Schlangen sowie Wildtieren allgemein, ohnehin eine Sonderstellung im hethitischen Opferwesen ein.[123] Sie scheinen zur Markierung unüblicher, evtl. sogar devianter oder böswilliger Rituale bzw. zu deren Abwehr eingesetzt worden zu sein, wie in einem Ritual gegen Behexung (KUB 7.33).[124] Die üblicheren Opfertiere sind hingegen Schafe, Ziegen und Rinder, wobei Ziegenböcke auch mit spezifischen Gottheiten und Göttergruppen assoziiert werden und so charakterisierend für ihre Adressaten wirken. Das ikonische Prinzip der Farbentsprechung zeigt sich auffällig in einem Opfer aus weißen und schwarzen Schafen, welches den beiden Aspekten der Sonnengöttin der Erde als unterweltliche Nachtsonne und als Tagesgestirn entspricht.[125] Im Zusammenhang mit chthonischen Gottheiten finden sich häufig auch Hunde bzw. Welpen (vgl. den griechischen Hekate-Kult),[126] die ebenso wie junge Schweine oder Ferkel besonders gut zur Reinigung oder Substitution geeignet scheinen. Auch in hethitischen Reinigungsritualen, wie der Reinigung des Heeres nach einer erlittenen Niederlage, finden wir Ferkel und junge Hunde, die im Zuge von Durchschreitungsriten gewissermaßen zum Abstreifen der Unreinheiten eingesetzt werden.[127]

Sonderfälle stellen Rituale ohne Tieropfer dar, so herrschen bei einigen ländlichen römischen Gottheiten unblutige Opfer (Getreide, Honig, Milch) vor,[128] worin sich einerseits eine spezifische Zuständigkeit für vegetabile Fruchtbarkeit, andererseits aber auch ökonomische Gesichtspunkte niederschlagen – unblutige Opfer sind in ökonomischer Hinsicht weniger kostenintensiv und moralisch nicht mit dem Akt des Tötens belastet. Insgesamt ist jedoch das Tieropfer die verbreitetste Art der Gabe; sicher nicht zuletzt deshalb, weil Tiere als Lebewesen mit potentiell vergleichbaren körperlichen oder geschlechtlichen Merkmalen am besten für das Prinzip der ikonischen Gleichsetzung geeignet sind (s.u. S. 348) und als „kostspielige Signale" – *costly signals*[129] – auch zur

122 KUB 43.23 Rs. 19′–22′; Übersetzung Collins 2001: 235. Zum Schweineopfer bei den Hethitern allgemein vgl. Collins 2006.

123 Vgl. Haas 1994: 647.

124 Vgl. Kümmel 1967: 159.

125 Haas 1994: 648 mit Verweis auf die entsprechenden Textbelege.

126 Kraus 1960.

127 KUB 17.28 IV 45–56; vgl. Kümmel 1967: 150–151.

128 Z.B. Pomona oder Pales; vgl. Wissowa ^{2}1912: 200.

129 Vgl. Henrich 2009. Der Terminus stammt ursprünglich aus der Evolutionsbiologie, wo er die Tatsache bezeichnet, dass besonders auffällige körperliche Merkmale oder Verhaltensweisen (z.B. bunte Federn), die potentielle Fortpflanzungspartner auf die Qualität

TABELLE 29 Zuordnung konstituierender Faktoren im *piaculum*

Gottheit	**Tiere**	**Ort**
Jupiter Grabovius	drei männliche Rinder	**pre veres treplanes**
Trebo Jovius	drei trächtige Schweine	**pus veres treplanes**
Mars Grabovius	drei männliche Rinder	**pre veres tesenakes**
Fisus Sancius	drei milchsaugende männliche Ferkel	**pus veres tesenakes**
Vofionus Grabovius	drei weißstirnige männliche Rinder	**pre veres vehiies**
Tefer Jovius	drei weibliche Lämmer	**pus veres vehiies**

Erwartung entsprechend kostspieliger Gegenleistungen berechtigen.

Bisweilen ist nicht die Zuordnung eines einzelnen Tieres signifikant für eine Konstitution des Empfängers oder auch eines bestimmten Rituals. Erst die Kombination aus mehreren Faktoren, d. h. Art und Anzahl der Tiere und ihre jeweiligen Charakteristika, kreiert einen Code, der einen entsprechenden Verweis herstellt. So ist bspw. die Dreiheit von Schwein, Schaf und Stier, lat. *suovetaurilia*, in der römischen Verehrungspraxis ausschließlich für Lustrationsriten bezeugt (vgl. Wissowa ^{2}1912: 415). Auch die Opferzuordnungen der Iguvinischen Tafeln zeichnen sich eher durch komplexe Merkmalskombinationen aus, z. B. beim *piaculum*, wo jede Gottheit eine spezifische Gruppe von drei Tieren erhält. Diese Zuordnung kombiniert sich zusätzlich mit der bereits oben (S. 331) besprochenen lokalen Spezifizierung vor und hinter den drei Toren; vgl. Tabelle 29.[130]

Dupraz (2015a: 260) fasst hinsichtlich der Eigenschaften der Opfertiere zusammen:

des Genmaterials aufmerksam machen sollen, oft als Handicap negative Auswirkungen oder Einschränkungen mit sich bringen (z. B. bessere Sichtbarkeit für Fressfeinde). Übertragen auf die Verhaltensbiologie und -ökonomie beschreibt die „costly signalling theory" die Strategie, den Kommunikationspartner durch besonders kostspielige oder aufwändige „Zeichen" (im weitesten Sinne) von der Ehrlichkeit oder Ernsthaftigkeit des kommunikativen Anliegens zu überzeugen. Verschiedene religiöse Praktiken werden als „costly signals" gedeutet: z. B. Beschneidung, Selbstverstümmelung oder Askese.

130 Vgl. zur rhythmischen Strukturierung der Dreiheiten (besonders zur Rolle der Parallelismen) im Ritual der Tafeln III und IV Dupraz 2018a und Dupraz i. D. Hier wird auch die referenzielle Signifikanz der Variation in der Abfolge der jeweils spezifischen Angaben zu den verschiedenen Opfern (Empfänger, Opfertiere, Ort, Benefizient) diskutiert; detaillierter dazu unter 8.5.5.3.

Die Unterteilungen zwischen weiblichen und männlichen bzw. jungen und ausgewachsenen Tieren waren für die iguvinischen Priester relevant und dienten dazu, die von ihnen als unterschiedliche Gruppen kategorisierten Tierdreiheiten voneinander zu trennen.

Ort der Handlung und Eigenschaften der Opfertiere sind demnach charakterisierende Faktoren, deren spezifische Kombination auf den jeweiligen Kommunikationspartner zugeschnitten ist und zur Erzeugung von Kontrasten zwischen den verschiedenen Kommunikationssituationen innerhalb des Rituals dient.

7.4.3.2 Textstrukturelle Funktion

Strukturell sind die Angaben zu den in einem Ritual verwendeten Opfergaben innerhalb der Anweisungstexte oft vorangestellt und listenartig präsentiert. Dies ist im umbrischen **huntia**-Ritual der Fall, dessen Hauptbestandteil ein Welpenopfer ist. Nach der Angabe des Titels (IIa 15), der einleitenden zeitlichen Spezifizierung (IIa 15–16) und Konditionierung des Rituals (IIa 17), wird eine Aufzählung der benötigten Ritualobjekte präsentiert, eingeleitet mit **huntia fertu** „die **huntia**-Dinge (i.e. das, was zum **huntia**-Opfer gehört) soll er tragen“:

(129) IT IIa 18–19
katlu : arvia : struhçla : fikla : pune : vinu : salu : maletu : mantrahklu : veskla : snata : asnata : umen : fertu
„Einen Welpen, Getreide, **struhçla**-Kuchen, **fikla**-Kuchen, **puni**, Wein, gemahlenes Salz, ein Handtuch, **snates** und nicht-**snates** Gefäße,[131] Salbe soll er tragen.“

Die Zusammenstellung der Opfergaben und weiterer notwendiger Objekte wird also bereits am Anfang geboten. Im vorliegenden Fall handelt es sich dabei nicht um eine isolierte Liste, da die Aufzählung mit einer Handlungsanweisung verbunden ist (**fertu** „er soll tragen“ deutet auf einen tatsächlichen Ortswechsel hin). Einerseits ist die intiale Angabe sicherlich pragmatisch und technisch bedingt (gewissermaßen als *mise en place*) und entspricht dem Handlungsablauf im Ritual. Andererseits trägt sie, zusammen mit den anderen einleitenden

131 Die Übersetzung dieses Gegensatzpaares ist uneinheitlich; s. dazu eine Übersicht bei Untermann 2000: 687–688; Weiss: 2010: 280 „washed and unwashed“; eine andere Deutung schlägt jetzt Dupraz vor, ausgehend von der Korrelation mit den Farbbezeichnungen „weiß“ und „schwarz“, die an anderer Stelle für die Gefäße verwendet werden: „(in Farbe) getauchte“ und „ungetauchte“ (Dupraz i.D.).

Textelementen zu einer Konstituierung der kommunikativen Situation und Funktion des Rituals bei. Auch in den hethitischen Ritualen zählt die Bereitstellung der Opfergaben, neben der zeitlich-räumlichen Definition und/oder Ritualindikation, zu den textinitialen Elementen im Incipit. Dessen Funktion als „Präsignal“ für die Textsortenkonstitution wurde bereits weiter oben (S. 292) besprochen.

7.4.3.3 Zuordnungsprinzipien: Analogie und Ikonizität

Wie bereits angedeutet, lässt sich als Hintergrund für die Zuweisungen bestimmter Opfer zu den jeweiligen Gottheiten das Prinzip der Analogie in seinen verschiedenen Ausprägungen (Symbolik, Ikonizität, Analogie im strengen Sinn) ansprechen. Dies wurde oben am Beispiel des Schweins mit seiner großen Nachwuchsproduktion als Fruchtbarkeitsanalogie deutlich sichtbar. Bei den meisten der genannten Fälle liegt das Prinzip in Form eines ikonischen Verhältnisses zwischen Gottheit und Opfer(tier) vor. Die Nutzung solcher ikonischen Entsprechungen ist dabei durchaus als strategische Wahl zu interpretieren, die wie eine Adressierung auf einem Briefumschlag oder ein persönlicher Code zur Stabilisierung des Kommunikationsweges beiträgt. Wir finden das Prinzip auch in der hethitischen Praxis, Gebildbrote zu opfern, die der Gestalt der göttlichen Adressaten nachempfunden sind. Allgemein ist die Vielzahl der überlieferten hethitischen Benennungen für Brote und Gebäck (auch) mit deren jeweils spezifischer Zuordnung zu bestimmten Ritualen oder Gottheiten zu erklären, wie z. B. das *taparwašu*-Gebäck, das mit einem Zeremoniell für den Krummstab des Königs verbunden ist, oder das *šaramma*-Gebäck, das dem Zeremoniell für die Lanze des Königs zugeordnet wird (vgl. Haas 1994: 642–644). Darüber hinaus aber existieren auch Beispiele wie das *Ninattanni*- oder das *ḫullit*-Gebäck, deren Benennung nach dem Namen der entsprechenden Gottheit auf eine ikonische Darstellung derselben hindeutet. Haas bezieht diese Praxis explizit auf die Vorstellung „daß die Macht der Gottheit in seinem (sic) Abbild ruht“, so dass der Opfernde als Konsument diese beim Essen wortwörtlich in sich aufnehmen könne (Haas 1994: 644). Interessant ist in diesem Zusammenhang ebenfalls der Hinweis, dass Brote in Form von Rindern, Schafen oder Schweinen diese ggf. als Opfertiere vertreten können.[132]

132 Vgl. Hoffner 1974: 208 und Beckman ^{2}1983: 111 für entsprechende Belege. Als Hintergrund für solche Vertreter können ökonomische Gründe vermutet werden, auch mit Hinblick auf die folgende Stelle aus dem Ritual des Dandanku gegen eine Seuche im Heerlager (CTH 425.2): „wenn er (der Ritualherr) aber ein Armer ist, fertigt man einen Esel aus Ton an“ KUB 56.59+ Rs. III 34; vgl. Bawanypeck 2005: 145. S. zu dieser Stelle auch unten Bsp. (214).

7.4.3.4 Sprachlich explizite Zuordnung

In anderen Fällen kann die Zuordnung von nicht-tierischen oder verarbeiteten Produkten – also solchen mit geringerem ikonischen Potential für eine Identifikation oder analogische Gleichsetzung – zu einer bestimmten Gottheit im Rahmen eines spezifischen Rituals auch sprachlich-explizit, z. B. durch entsprechende Zugehörigkeitsadjektive erfolgen:[133]

(130) IT VIb 11

fisouie. sanśie. tiom. esa. mefa. spefa. fisouina . ocriper. fisiu. totaper. iouina (…) tiom subocau

„Fisovius Sancius, dich mit diesem *fisovischen mefa-spefa*-Kuchen[134] zugunsten der fisischen Burg (bzw. Stadt), zugunsten des Stadtstaates von Iguvium (…) dich rufe ich an."

(131) IT VIb 27–29

tefre. iouie. tiom. esu. sorsu. persontru. tefrali. pihaclu (…)

„*Tefer Jovius*, dich [rufe ich an] mit dieser *tefralischen persuntru*-Wurst (…)."

Die Adjektive *fisouina* bzw. *tefrali* sind hier im Sinne von „für Fisovius Sancius/ Tefer (Jovius) bestimmt" zu verstehen und stellen damit eine explizite sprachliche Adressierung dar.

7.4.3.5 Allgemeine Eigenschaften mit ikonischem Wert

Unabhängig von den jeweils spezifischen ikonischen Eigenschaften sind die Unversehrtheit und kultische Reinheit wichtige Merkmale von Opfertieren, die z. B. in hethitischen Opferzurüstungen detailliert beschrieben werden. So soll ein geeignetes Tier noch keine Lasten getragen oder keinen Pflug gezogen haben, nie mit einem Stock geschlagen worden sein und sich noch nicht fortgepflanzt haben.[135] Der Anspruch der Makellosigkeit der Opfertiere ist auch im römischen Kult nachvollziehbar: Er bezog sich sowohl auf äußere Merkmale (die in der *victimarum probatio* geprüft wurden)[136] als auch auf sei-

---

133 Zur kohärenzstiftenden Funktion dieser Technik s. u. 8.5.2.

134 Prinzipiell ist es ebenfalls möglich, dass dieses Gebäck ikonisch geformt ist; es existieren allerdings keine expliziten Hinweise darauf.

135 So präsentiert der Opferpriester das Tier der Gottheit z. B. im Entsühnungsritual für Tutḫaliya und Nikkalmati, KBo 15.10+ Vs. II 8–10; vgl. zu diesem Aspekt Haas/Koch 2011: 260; Haas 2008: 59; sowie Rieken 2014a zum Tieropfer insgesamt.

136 Dazu z. B. Cicero *Leg. agr.* 3,93; zu Alter, Proportionen und anatomischen Normen, die ebenfalls Kriterien der *probatio* waren vgl. Plinius d. Ä. *Nat.* 8,183.

ne Organe, was für die *litatio* des Opfers von Bedeutung war.[137] Auch folgende Passage aus dem Gebet um die Genesung der Gaššuliyawiya (CTH 380.1) kann Informationen zu ikonischen Merkmalen beitragen, obwohl es sich hier um die Beschreibung eines Substitutstieres für die Kranke handelt:

(132) KBo 4.6 Vs. 12′–13′
na-aš-kán am-mu-uk kat-ta-an SIG$_5$-*an-za*
pár-ku-i-ša-aš a-pa-a-aš mi-iš-ri-wa-an-za a-pa-a-aš ḫar-ki-ša-aš a-pa-a-aš
„Es (das Substitut) ist besser als ich. Es (ist) rein, jenes! Es (ist) glänzend, jenes! Es (ist) weiß, jenes!"

Aus der Beschreibung kann geschlossen werden, dass das Tier aufgrund seiner Eigenschaften den Göttern (und ihren Eigenschaften) entspricht und deshalb „besser" ist. Letztlich liegen wohl auch derartigen Idealen die Vorstellungen der Menschen von den göttlichen Empfängern zugrunde, auf deren Basis eine Spiegelung durch die Anpassung der Eigenschaften des Opfertieres vorgenommen wird. So ergibt sich eine wechselseitige Charakterisierung und materielle Festigung dieser Konzepte.

7.4.4 *Anlockungsmechanismen in hethitischen Ritualen*

Strategien zur Verbesserung der Gelingensbedingungen sind, wie wir gesehen haben, auf allen Ebenen der Kommunikation zu lokalisieren. Auch auf der Handlungsebene werden Signale gesetzt, welche den Erfolg der Kommunikation präventiv unterstützen und so das Erreichen der Text- bzw. Ritualperlokution wahrscheinlicher machen sollen; dazu zählen im hethitischen Kultwesen auch sogenannte „Anlockungsriten". Die Funktionsweise von Anlockungsopfern ist, ähnlich wie auch bei den Opfergaben, analogisch motiviert. Allerdings besteht die Analogie nicht zwischen Wesen und Aussehen des Opfers und der Gottheit, sondern zwischen der Wohlgefälligkeit der dargebrachten Gabe und der gewünschten Reaktion der Gottheit. Die Stabilisierung betrifft also weniger die Botschaft selbst oder die Konzeption des Adressaten, sondern dessen Rezeptionsweise und Reaktion. Die begleitenden Formulierungen entsprechen vom Stil her oft denen der analogischen Reinigungs- oder Verwünschungsformeln: So angenehm und positiv, wie die Lockmittel sind, so angenehm sollen die Götter gestimmt sein und sich den Anliegen entsprechend gewogen zuwen-

137 Die *litatio* bezeichnet die Annahme des Opfers durch die adressierte Gottheit; diese konnte z.B. aufgrund von Ritualfehlern oder Makeln der Opfertiere ausbleiben.

den.[138] So findet sich das Auswaschen der Münder mit Öl und Honig, oder das Einstreichen von fettem Brei in die Münder von Götterstatuen, um deren Worte und Entschlüsse diesen Speisen ähnlich zu machen. Es handelt sich also auch hier um Faktoren, die dazu dienen, die gewünschten positiven Effekte möglichst wahrscheinlich zu machen. Häufige Maßnahmen zur Anlockung der in das Ritual zu involvierenden Gottheiten oder der göttlichen Adressaten des Rituals sind daher:

- das Bereithalten süßer und wohlschmeckender oder fetter, reichhaltiger Speisen[139]
- das Auslegen von Speisen, um den Gottheiten den Weg zum Opfer zu weisen („Ziehen der Wege")
- das Auslegen farbiger Stoffbahnen, um den Gottheiten den Weg zum Opfer zu weisen
- das Aufstellen von Opfertischen, zu denen diese Wege hinführen
- die Lockmittel *parḫuena* und *galaktar*[140]

Eine Spezifizierung der Adressaten durch diese Art von Gaben scheint nicht beabsichtigt; hier steht offenbar unterschiedslos der Aspekt des Angenehmen/Süßen im Vordergrund. Haas erwähnt aber eine mögliche Zuordnung von Honig als Gabe für chthonische Gottheiten (anhand eines Honigopfers an die Sonnengöttin der Erde im Rahmen eines Geburtsrituals).[141] In einem Grubenorakel[142] wird zur Anlockung der Mutter- und Schicksalsgöttinnen sowie der Göttinnen Zukki und Anzili die Grube mit dem Blut geschlachteter Vögel bestrichen, außerdem wird eine silberne Leiter bereitgestellt, die das Heraufsteigen erleichtern soll (vgl. Haas 2008: 65).

7.4.5 *Adressatenkonstitution und Stabilisierung: Zusammenfassung*

In Ritualbeschreibungen wie auch in Gebeten finden sich zahlreiche Anwendungen von sprachlichen und nicht-sprachlichen Strategien mit der Funktion, die göttlichen Adressaten und die kommunikativen Umstände auf verschiedenen Repräsentationsebenen möglichst genau zu spezifizieren. Textelemente, die sich mit der Spezifizierung anhand von Indikation, Zeit, Ort und Opfergaben befassen, haben zumeist vorbereitende Funktion und neigen daher dazu,

138 Es finden sich auch begleitende Aussprüche, die *all-inclusive*-Formulierungen nahestehen; zu diesen s. u. S. 436.

139 Z. B. Honig, Honigkuchen, Rosinen, Obst, Olivenöl, Butter, Fettkuchen, Milch, Käse, Suppen, Breigerichte, Wein und feine Biersorten; vgl. Haas 1994: 644.

140 Was damit inhaltlich gemeint ist, ist nicht bekannt; vgl. z. B. VBoT 24 Rs. III 10.

141 Haas 1994: 646.

142 KUB 15.31 Vs. II 8–10.

als Incipit oder präliminare Anweisungen zu Beginn des Textes platziert zu werden. Sie können aber an zentralen Stellen (z.B. Äußerung der Bitten) und besonders abschließend wiederholt werden. In diesem Sinne kommt ihnen durch das Phänomen der lexikalischen Rekurrenz auch kohärenzstiftendes und textstrukturierendes Potential zu (dazu in Kapitel 8). Die besprochenen Strategien können als Ersatz oder Ausgleich für die fehlende physische Präsenz der Adressaten verstanden werden, die ein inhärenter Unsicherheitsfaktor der rituellen Kommunikation ist. Dabei ist nicht zwingend davon auszugehen, dass diese Ausgleichsstrategien von den Ritualhandelnden bewusst als solche verstanden und eingesetzt wurden; die hier vorgenommene Interpretation und Systematisierung repräsentiert in erster Linie eine etische Perspektive.

7.4.6 *Explizite Spezifizierung von Sprechakten*

Neben den stabilisierenden Faktoren auf der Handlungs- oder Symbolebene existieren auch im engeren Sinne sprachliche Strategien zur Verständnissicherung in Ritualen. Beispielsweise können explizit performative Verbalausdrücke, welche den Sprechakt, den sie darstellen, zugleich benennen,[143] dazu benutzt werden, Missverständnissen bzgl. des illokutiven Charakters der Äußerung vorzubeugen. Sie geben nämlich den Adressaten eine exakte lexikalische Information darüber, wie die betreffende Äußerung aufzufassen ist, d.h. welche Absicht der Sprecher damit verfolgt und u.U. auch, welcher perlokutive Effekt erwartet wird.

Im Zusammenhang mit der textfunktionalen Analyse der Ritualtexte sind solche, typischerweise in der 1. Person stehenden, Verben bereits als Indikatoren der Textillokution behandelt worden; es wurde dort aber bereits erwähnt, dass in Funktionstexten und besonders in Fachtexten mit allgemeingültigen Instruktionen nicht mit einer hohen Frequenz solcher Ausdrücke zu rechnen ist. Auf das Phänomen als Instrument der Verständnissicherung wird hier daher nur knapp eingegangen. Generell ist wieder zwischen expliziten Performativen als Teil der Ritual*anweisung* und als Teil der *Rituale* (v.a. der zu rezitierenden Gebete) zu unterscheiden; d.h. zwischen den direktivischen Subtypen der Instruktion und der Bitte mit je unterschiedlichem Verhältnis von Emittent und Rezipient.

---

143 Sie zeichnen sich dadurch aus, dass sie immer durch *hiermit/hereby* ergänzt werden können.

7.4.6.1 Explizite Spezifizierung in Ritualinstruktionen

Performative Verben sind für origoexklusive Anweisungstexte (also solche, in denen sich die Autorität der Vorschriften durch den Inhalt ergibt und ein konkreter Urheber sprachlich nicht in Erscheinung tritt) allgemein nicht typisch. Bei Cato findet sich folgende Formulierung mit einem Verb in der 1.Sg.Ps.:

(133) Cato *Agr.* 141,1
Cum divis volentibus quodque bene eveniat, mando tibi, Mani, uti (…)
„‚Mit dem Wohlwollen der Götter und damit es gut gelinge, trage ich dir, Manius, auf, dass (…)'."

In der zitierten Passage aus Catos Anweisung zur *lustratio agri* ist also ein expliziter Sprechakt (*mando tibi*) enthalten, allerdings innerhalb der direkten Rede des *pater familias* und als Anweisung an einen weiteren Ritualhandelnden. Im Unterschied zur übergeordneten Anweisung für das Ritual, ist hier der Besitzer des Landgutes als konkreter und definiter Referent vorausgesetzt; der Befehl zum Herumführen der Tiere hat dementsprechend bei jeder konkreten Umsetzung auch einen konkreten Sprecher, der auf sich selbst mit einem Verb in der 1.Sg. Bezug nehmen kann.

Obwohl hethitische Beschwörungsrituale auf spezifische und zumindest fiktiv konkrete Urheberinnen und Urheber zurückgeführt werden, treten diese aufgrund der Gestaltung im Indikativ Präsens konzeptuell nicht als Sprecherinnen der Instruktionen auf.[144] Die hier verfügbare 1.Sg.-Perspektive wird aber genutzt, um Sprechhandlungen gegenüber Ritualbeteiligten oder Göttern als direkte Rede einzuleiten.[145] *Verba dicendi* beziehen sich demnach ebenfalls nicht auf die Instruktion, sondern nur auf die Rezitationen. Semantisch sind sie allerdings unspezifisch, so dass sich daraus kaum Informationen über die Art des Sprechens ableiten lassen:

(134) KBo 17.3+ Vs. II 11′–12′
ta ᴰUTU-*i* ᴰIM-[*ia*]
ki-iš-ša-an me-e-ma-aḫ-ḫi
„Und zum Sonnengott und zum Wettergott spreche ich folgendermaßen: …"

---

144 In dem Sinne, dass explizite Performative wie „Ich (die Ritualistin) ordne an, dass du (der Rezipient dieses Textes) beim Ritual dieses tun und jenes sagen sollst" vorkämen.

145 Die Angabe mit *verbum dicendi* und Explizierung des Sprechakttyps kann aber ebenso mit der Perspektive der 3.Sg. erfolgen: „er/sie spricht folgendermaßen: …"; s.u. Bsp. (136).

(135) KUB 24.9+ Vs. II 29′–30′
1 NINDA.SIG *da-an-ku-wa-i ták-ni-i pár-ši-ia* 1 NINDA.SIG ^{D}UTU-*i pár-ši-ia*
nu te-ez-zi ki-i zi-ik pa-aḫ-ši
„Ein flaches Brot bricht sie für die dunkle Erde und ein flaches Brot bricht sie für die Sonnengottheit und sie sagt: ‚Diese (Behexung), behalte du sie!' "

In den hethitischen Festritualen sind wenig Hinweise auf Gebete oder andere Sprechakte der Priester oder des Königs enthalten; semantisch spezifisch expliziert werden v.a. (kürzere) Ausrufe oder gesangliche Darbietungen; kurze Formeln z.B. auf hattisch oder hurritisch sind in die Ritualanweisung integriert und werden meist mit einem entsprechenden Verb wie z.B. *ḫalzai* „ruft", SÌR^{RU} „sie singen" eingeleitet. Längere liturgische Äußerungen sind oftmals auf eigenen Tafeln aufgezeichnet und müssen an der richtigen Stelle eingefügt werden.[146] Anweisungen, die sich auf solche längeren Gebetspassagen beziehen, sind gerade in Ritualen mit nicht-hethitischer Liturgie häufig belegt, z.B. im Monatsfest oder im KI.LAM-Fest als Anweisung, eine hattische Formel zu sprechen. Dafür werden semantisch neutrale Verben, v.a. *memai-* gebraucht:

(136) KUB 1.17 Vs. III 48–49[147]
^{LÚ}ALAM.ZU$_9$ *ḫa-at-ti-li*
ki-iš-ša-an me-e-ma-a-i
„Der Rezitator spricht auf Hattisch folgendermaßen"

Ein möglicher Hintergrund für die wenig spezifischen *verba dicendi*, der auch mit dem Befund der umbrischen Ritualanweisungen (und moderner Fachsprachen) korrespondiert, ist der Aspekt der Technizität der Textsorte. Die in den IT gebräuchlichsten Anweisungen für Sprachäußerungen, die der Priester vollziehen soll, sind **naratu** und **teitu** (vgl. lat. *narrato* und *dicito*) etwa „soll(st) psalmodieren" bzw. „soll(st) sprechen".[148] Der Gebrauch semantisch leichter Verben ist in Anweisungstexten und Fachtexten allgemein durchaus üblich.

146 Z.B. beim KI.LAM-Fest, vgl. Klinger 1996: 236–241.
147 CTH 591.II.A; vgl. Klinger 1996: 430–431.
148 Zu den Verben des Betens und Sprechens in den IT allgemein s. Schirmer 1998; speziell zur Differenzierung und dem jeweils spezifischen (fachsprachlichen) Gebrauch von **naratu/teitu** 1998: 118, 155; speziell zur semantischen Bestimmung von **naratu** Dupraz 2016–2017.

Dabei können entsprechende Verben nach Art von Funktionsverbgefügen in Kombination mit entsprechend schwereren Nomina vorkommen, wie im Falle von **iuka habetu** „die Worte/Formel sollst du haben" (d.h. sprechen). Durch Ellipse derselben kann eine kontextuelle Bedeutungsverengung und Spezifizität generiert werden, die ebenfalls nicht untypisch für Fachkommunikation ist.[149] Eindeutiger bzgl. des Illokutionstyps ist nur die Bezeichnung **persnimu** „er soll beten",[150] die ebenfalls mit anschließender direkter Rede[151] (oder modalem Proadverbial „ebenso")[152] erfolgt und besonders häufig durch instrumentale oder soziative Angaben modifiziert ist, vgl.

(137) IT VIb 9
mefa spefa. eso. persnimu
„So (folgendermaßen) soll er mit *mefa spefa*(-Gebäck) beten: ..."

Im Gegensatz zu lat. *precārī* tritt **persnimu** aber immer nur außerhalb der Gebete, als Teil der Anweisung auf, s.u. Bsp. (140).

7.4.6.2 Explizit performative Verben in Gebeten

Verben zur Spezifizierung des Sprechakttyps innerhalb von Gebeten sind als Strategien zur Absicherung des richtigen Verständnisses durch die Gottheit funktional gut erklärbar. Wie bereits oben (6.7.1.2.3) angesprochen, können sie im Umbrischen und Lateinischen eine Möglichkeit darstellen, die im Imperativ II formulierten Wünsche oder Bitten als solche erkennbar zu machen und von anderen Direktivtypen zu differenzieren. Dies ist relevant, um gebotene Höflichkeitsmaximen zu berücksichtigen, deren Verletzung das Gelingen der rituellen Kommunikation womöglich gefährden könnte.

Im Umbrischen enthalten die Gebetstexte, die in die ausführlicheren Ritualanweisungen zu *lustratio* und *piaculum* integriert sind, mehrmals die Formel *subocau suboco* „ich rufe dich als Angerufenen (Akk.) an"[153] bzw. *subocau* „ich

149 Vgl. hierzu auch den Gebrauch von **fetu** (lat. *facito*) „soll machen" evtl. als Verkürzung von *sacrum facere* „soll ein Opfer machen" in der fachsprachlichen Bedeutung „opfern". S. zu **fetu** + Akk. Dupraz 2014a; zum Lateinischen Roth 2014.

150 Denominale Bildung auf Basis von **pr̥ḱ-sḱo-* „bitten, fordern", ähnlich wie lat. *precārī*; vgl. Untermann 2000: 541.

151 Vor längeren Gebeten in VIb 6, 9, 25 und VIIa 9, 25, 47.

152 Dazu auch unter 8.6.1.3.

153 S. dazu auch 8.5.2.1.

rufe dich an“.[154] Durch die Bezeichnung des Adressaten mit einer nominalen Ableitung der betreffenden Wurzel ist der Ausdruck auch für die Adressatenkonstitution relevant (s. o. 7.4.1.1). Gleichzeitig liegt damit auch eine explizite Spezifizierung des Sprechaktes und Illokutionstyps vor,[155] wobei durch das lokale Präverb *sub-* normalerweise eine Bewegungsrichtung von unten nach oben ausgedrückt wird, was hier auf eine sprachliche Markierung des Hierarchieunterschieds zwischen Sprecher und Adressat hindeutet:

(138) IT VIa 22–24
teio. subocau. suboco / dei. graboui (…)
„Dich rufe ich als den Angerufenen an, Jupiter Grabovius (…)“

Das Verhältnis des Betenden zur Gottheit kann überdies noch durch den Verweis auf deren Wohlwollen (durch das Adjektiv *foner* „gnädig, wohlwollend“) expliziert werden, welches eine hierarchisch übergeordnete Haltung semantisch präsupponiert:

(139) IT VIIa 22–23
prestotar / śerfiar. serfer. martier. foner. frite. tiom. subocau
„Mit Vertrauen auf Prestota Serfia des Serfus Martius als gnädig rufe ich dich an.“

Kollokationen aus *verbum dicendi* und wurzelidentischem Nomen existieren auch in lateinischen Gebetsformeln, hier mit dem Nomen als innerem Objekt. Neben dem Ausdruck *te bonas preces precor* findet sich z. B. auch einfaches *precor* oder pleonastisches *precor quaesoque*.[156] Diese sind bei Cato häufig Matrixverben zu *ut/uti*-Konstruktionen mit abhängigen Konjunktiven und repräsentieren damit evtl. auch den Aspekt der Höflichkeit indirekter Formulierungen.[157] Sie finden sich ebenfalls typischerweise in einleitenden oder zusammenfassenden Positionen, und charakterisieren so den gesamten Sprechakt des Gebets:

154 Die einfache Form ist am Ende des Gebets gewählt, da der Adressat dann offenbar hinreichend feststeht.

155 Es handelt sich um ein *verbum dicendi* zur Wurzel *u̯eku̯-, wohl als denom. Bildung **sub-u̯ok-ā-i̯ō*, die durch ein Präfix *sub-* modifiziert ist (vgl. Untermann 2000: 707).

156 Diese Formel findet sich in den ältesten Gebeten; später treten weitere Verben des Bittens auf, z. B. *obtestari, supplicari, deprecari*; vgl. ThesCRA III: 154.

157 S. dazu auch 6.5.

(140) Cato *Agr.* 139
eius rei ergo te hoc porco piaculo immolando bonas preces precor (…)[158]
„Diesbezüglich also bitte ich dich gute Bitten durch dieses dir (jetzt) zu opfernde Sühneschwein (…)"

In den hethitischen Gebeten erfolgt i. d. R. keine derartige explizite Spezifizierung des Sprechens als „Bitten", insgesamt liegen bemerkenswert wenige verbalisierte oder gar lexikalisierte Fälle von *negative politeness* vor, wie Daues/Rieken (2018: 174) feststellen. Als Sprechaktbezeichnungen herrschen, wie auch in den Instruktionen, elliptisches *UMMA* „folgendermaßen (spricht)" oder das neutrale *verbum dicendi* heth. *memai-* bzw. imperfektiv (und dadurch noch am ehesten intensiv-emotional gefärbt) *memiske/a-* vor. Das Verhältnis zwischen Sprecher und göttlichem Adressaten wird allerdings durch die Kombination mit weiteren, separaten Propositionen ausgedrückt; z. T. in längeren Passagen, die durch Vergleiche und Metaphern das Verhältnis des Betenden zur Gottheit beschreiben. Die Hierarchie zwischen Sprecher und Hörer, von der der Direktivtyp auch stark geprägt wird (vgl. oben umbr. **sub-ocau**), wird also durch alternative Möglichkeiten durchaus klar expliziert. Dadurch wird indirekt ebenfalls auf einen Illokutionstyp wie „bitten, flehen" hingewiesen:

(141) KUB 31.127+ Vs. I 12–13[159]
ka-a-[*š*]*a-at-ta* DUMU.LÚ.U$_{19}$.LU-*aš* ⌈ARAD⌉-*KA*
a-ru-wa-a-[*e*]*t nu-ut-ta me-mi-iš-ke-ez-zi*
„(Vor) dir hat sich hier ein Mensch, dein Diener, vernei[gt]. Zu dir spricht er (jetzt): …."

158 Möglicherweise bezeichnet *bonas preces* in diesem Zusammenhang „formal korrekte Bitten" und stellt damit einen expliziten Verweis darauf dar, dass das Ritual korrekt ausgeführt wurde und der intendierte Erfolg dadurch erwartet werden darf. In dieser Weise entsteht eine gewisse Spannung zwischen der Explizierung menschlicher Handlungsmacht und der Anerkennung göttlicher Handlungsmacht, welche doch immerhin die Basis religiöser Praxis darstellt. Vgl. in ähnlicher Weise den Ausdruck *arsie* in den umbrischen Gebetsformeln, der sich wohl darauf bezieht, dass der zuständige (korrekte) Adressat angesprochen wird, also ebenfalls eine Explizierung der formalen Korrektheit darstellt. Herzlichen Dank an Emmanuel Dupraz für die Hinweise zu diesen Ausdrücken.

159 Vgl. Daues/Rieken 2018: 340–341. Die unmittelbare Folge von „verneigen" und „sprechen" findet sich häufiger, so auch KUB 6.45+ Vs. I 9–10 (CTH 381); KBo 34.22+ Vs. 1′–2′ (CTH 374); die Explizierung des Verhältnisses zwischen Betendem und göttlichem Adressaten erfolgt ebenfalls häufig durch die Bezeichnungen „Diener(in)" bzw. „Herr(in)" sowie „Kind" bzw. „Elternteil" (vgl. Daues/Rieken 2018: 31).

Den lateinischen und umbrischen Beispielen, besonders Fällen wie Bsp. (139), vergleichbar sind außerdem Formulierungen wie

(142) KUB 30.10 Rs. 22[160]
ki-nu-na ši-ú-ni-mi pé-ra-an tu-wa-ad-du ḫal-zi-iš-ša-aḫ-ḫi
„Jetzt aber rufe ich vor meinem Gott ‚Gnade' aus."

da auch hier explizit Auskunft über den Illokutionstyp gegeben wird: „‚Gnade' ausrufen" kann als Entsprechung zu „bitten, flehen" verstanden werden, wodurch ein Hierarchieunterschied der Kommunikationspartner präsupponiert wird. Der Sprecher stellt sich selbst im Verhältnis zum Adressaten in einer unterlegenen Position dar; damit wird die Umsetzung des Inhaltes des direktiven Sprechaktes als abhängig vom Wohlwollen des Adressaten charakterisiert.[161]

7.4.7 *Explizite Rezeptionssteuerung*

Expliziert werden in den hethitischen Gebeten deutlich häufiger rezeptionsbezogene Angaben, also solche, die der Aufmerksamkeits- oder Rezeptionslenkung bei den göttlichen Adressaten dienen und auf diese Weise die korrekte Aufnahme von Opfern und Gebeten beeinflussen sollen.[162]

Für die Eröffnung des Kommunikationskanals, die im Rahmen hethitischer Rituale v.a. durch den Anrede- und Hymnusteil der das Ritual begleitenden Gebete geleistet wird, sind explizit rezeptionsbezogene Aufforderungen an die Götter üblich. Sie liegen in Form von Imperativen vor (wie in der direkten unmittelbaren Ansprache zu erwarten; vgl. 6.8.2) und legen den Adressaten eine bestimmte Rezeptionshaltung nahe:

(143) KUB 14.13+ Vs. I 18–20
nu-uš-ma-aš ar-wa-⸢*a*⸣-[*nu-un*]
ku-e-da-a-ni me-mi-ia-ni nu-mu iš-ta-ma-aš-té[*n nu-mu* GEŠTU-*an*]
⸢*pa-ra-a*⸣ *e-ep-tén nu-mu iš-ta-ma-aš-*[*tén*]
„In welcher Angelegenheit ich mich vor euch verne[igt habe], hö[rt] mich! Haltet [mir (euer) Ohr] hin und hö[rt] mich!"

---

160 Vgl. Daues/Rieken 2018: 340–341.

161 Diese Charakterisierungen bedeuten allerdings nicht, dass der Betende keinerlei Kontrolle im Ritual ausüben kann; s. dazu noch unter 7.5.

162 Die (teilweise implizite) Rezeptionslenkung ist allgemein charakteristisch für manipulierende oder beeinflussende Sprache; der Gebrauch im Rahmen der persuasiven Kommunikation mit Göttern ist demnach naheliegend.

Parallele Aufforderungen betreffen auch die optische Rezeption:

(144) KBo 7.28+ Vs. 11′–13′[163]

a-aš-šu-u IGI$^{\text{ḪI.A}}$-*KA la-a-ak* LI-IM *la-ap-li-ip-pu-uš kar-ap n*[*a-aš-ta*]

[L]UGAL-*un an-da a-aš-šu ša-ku-wa-ia* ⸢GEŠTU$^{\text{ḪI.A}}$-*KA*⸣ *la-a-ak nu a-aš-šu ut-ta*[*r*]

[*i*]*š*-⸢*ta*⸣-*ma-aš*

„Neige deine gütigen Augen (zu)! Hebe die tausend Wimpern u[nd] blicke den König gütig an! Neige deine Ohren zu. [Das] gütige Wort erhöre."

Diese Empfehlung ist allerdings nicht ausschließlich rezeptionsbezogen, sondern enthält immerhin auch eine integrierte Aussage über den Charakter der dargebrachten Botschaft (*aššu* „gut" bzw. „gütig"). Dardano verweist im Zusammenhang mit Phraseologismen dieser Art auf ein Opferritual, dessen explizites Ziel, „das Lenken der Aufmerksamkeit der Götter" ist (Dardano 2014: 177). Das die rituelle Kommunikation stabilisierende, funktionale Element der Rezeptionslenkung ist offenbar als eigenständiges Ritual extrahiert worden, als „Ritual des Ergreifens/des Festhaltens des Ohres (der Götter)":

(145) KUB 45.28+ Vs. 1–3[164]

ma-a-an-za UN-*aš dam-me-el* AŠ-RU *dam-me-li-in* URU-*an e-ša-ri nu kiš-an* DÙ-*an-zi* (§-Strich)

[GIM-*an* A-NA] DINGIR^{MEŠ} ^{UZU}GEŠTU-*aš ap-pa-an-na-aš* SÍSKUR *pí-an-zi nam-ma a-pé-e-da-ni pé-di* ^{É}*ar-ki-ú-i-ta*

[(*an-da wa-aḫ-nu-wa-an-zi*)]

„Wenn ein Mensch einen unbesiedelten Platz (oder) ein unbesiedeltes Anwesen besetzt, dann handelt man folgendermaßen. [Wenn] man den Göttern das Opferritual des Ergreifens/des Festhaltens des Ohres anbietet (wörtl. gibt), dann umschwenkt/umschließt man an jenem Ort die Baldachine.[165]"

In Rom und in den Gebeten der IT finden sich keine Aufforderungen, die vergleichbar konkret die Qualität der Rezeption durch die göttlichen Adressaten

163 Gebet an die Sonnengöttin der Erde (CTH 371); zitiert und übersetzt nach Dardano 2014: 175; s. dort auch ausführlich zu den betreffenden Phraseologismen und ihrer Wirkung.

164 Ritual für die uralten Götter (CTH 492.1.A); zitiert und übersetzt nach Dardano 2014: 177 bzw. S. Melzer (ed.), hethiter.net/: CTH 492.1.

165 Vgl. HED 1: 148 zur Auffassung als N./Akk.Pl. nt.

betreffen. Hier stellen Bitten wie *uti sies volens propitius* „dass du wohlwollend und zugeneigt seist" (Cato *Agr.* 134,2),[166] oder *futu fons pacer* „sei wohlwollend und gütig" (z. B. VIIa 13–14) den Kern der Gebete dar. Diese beziehen sich im Unterschied zum Hethitischen also nicht auf die auditive und kognitive Rezeption der Botschaft (die einen eigenen Inhalt besitzt), sondern auf die Herstellung einer positiven Haltung des oder der Adressaten als Gesamtziel.

7.4.8 *Bitte um Rückmeldung*

In den hethitischen Gebeten wird die angerufene Gottheit in mehreren Fällen ersucht, dem Betenden ihre Reaktion durch Träume oder Offenbarung durch Orakel mitzuteilen und so das Gelingen der Kommunikation zu bestätigen oder etwaige Fehler anzuzeigen, die diesem im Wege stehen könnten.[167] Vorlagen für diese Praxis finden sich bereits in sumerischen und altbabylonischen Gebeten; in den persönlichen Gebeten der Hethiter hat sie z. T. einen sehr intensiven Charakter.[168]

Das Bedürfnis nach einer regelrechten „Empfangsbestätigung" kann anhand solcher Belege als hoch eingestuft werden; ein starkes Rückversicherungsbedürfnis des Absenders kommt besonders in prekären Situationen oder bei existenziellen Anliegen durch wiederholtes und drängendes Heischen nach Antwort zum Ausdruck. Als Beispiel kann hier das sogenannte „zweite" Pestgebet Muršilis II. angeführt werden, welches in Verbindung mit dem zugehörigen Ritual bereits den zweiten möglichen Grund für die Seuche im Land entsühnen soll. Möglicherweise auch deshalb, weil zu diesem Zeitpunkt schon auf (offensichtlich) gescheiterte Versöhnungsversuche zurückgeblickt werden kann, legt Muršili einigen Aufwand in die Bitten um Rückmeldung, die sich im „ersten" Gebet noch nicht finden:

(146) KUB 14.8 Rs. 34′–36′[169]
na-aš-ma-kán ma-a-an
[*am-m*]*u-uk-ma ku-it-ki šar-ni-ik-zi-el ḫa-an-ti iš-ḫi-ia-at-te-e-ni*
[*na-a*]*t-mu te-eš-ḫa-az me-mi-eš-tén nu-uš-ma-ša-at pé-eḫ-ḫi*

166 Auch im Staatskult finden sich diese Formulierungen, z. B. in den Säkularakten des Jahres 17 v. Chr. *uti sitis volentes propitii* sowie *sacrifici acceptrices* (an die Moiren gerichtet); s. CIL VI 32323,92 sowie Appel 1909: Nr. 25–27.

167 Vgl. Daues/Rieken 2018: 25–26 mit weiteren Verweisen und Beispielen. Zur Divinationspraxis ausführlicher unten 7.5.4.3.

168 S. dazu Metcalf 2011: 174; zu den Gemeinsamkeiten von hethitischen Gebeten mit sumerischen und altbabylonischen Traditionen vgl. Metcalf 2015.

169 Zitiert und übersetzt nach Daues/Rieken 2018: 386–387.

„Oder falls ihr [m]ir aber irgendetwas als Entschädigungsopfer gesondert auferlegt, sagt [e]s mir durch einen Traum! Ich werde es euch geben."

Sowie noch einmal kurz danach unter Angabe verschiedener Optionen:

(147) KUB 14.8 Rs. 41′–43′
[nam-ma-m]a ma-a-an ta-me-e-ta-az-zi-ia ku-e-ez-ka₄ ud-da-a-na-az ak-ki-iš-ke-et-t[a]-r[i]
[na-at-za-ká]n na-aš-šu te-eš-ḫi-it ú-wa-al-lu na-aš-ma-at a-ri-ia-še-eš-na-az
[... -a]t-ta-ru na-aš-ma-at LÚDINGIR-*LIM-ni-an-za-ma me-ma-a-ú*
„[Ferner a]ber, falls aus irgendeinem anderen Grund gestorben wird, möchte ich das entweder durch einen Traum erkennen oder es soll durch eine Orakelanfrage [ermittel]t werden oder ein Gottbegeisterter aber soll es sagen."

In der römischen und umbrischen Praxis finden sich wenige Hinweise auf derart explizite Bitten um Bestätigung oder Rückmeldung. Die entsprechenden Strategien waren z. T. als divinatorische Praxis der Haruspizin fest mit den Tieropfern verbunden und werden weiter unten 7.5.4.1 besprochen.

7.4.9 *Konstituierung der Absender*

In zahlreichen Ritualen und Gebeten wird auch eine Konstitution oder Definition des „Absenders" vorgenommen, d. h. entweder ihres direkten Urhebers oder aber der sekundären Benefizienten, die dieser vertritt.[170]

7.4.9.1 Absender als Benefizienten

Dies ist besonders dann pragmatisch notwendig, wenn die adressierte Gottheit Zuwendungen in Form positiver Ereignisse, Güter etc. gewähren soll. Gemäß der zugrunde liegenden Vorstellung vom gegenseitigen Austausch ist es in solchen Fällen relevant, dass die Gottheit ihrerseits unmissverständlich erfährt, wem das Erbetene zuteil werden soll. Eine explizite Absender-Angabe soll daher garantieren, dass der gewünschte Effekt tatsächlich beim Ritualhandelnden oder seinem Mandanten ankommt. Auf der Handlungs- oder Symbolebene erfolgen solche Angaben durch rituelle Umschreitungen, das Ziehen

170 Vgl. z. B. das Verhältnis von Ritualistin und Mandant in hethitischen Beschwörungsritualen.

von Kreisen oder symbolische Kennzeichnung. Ein typisches Beispiel sind die Umschreitungsriten, die bei *lustrationes* eingesetzt werden, um die zu beschützende Personengruppe oder den zu schützenden lokalen Bereich zu definieren und für die Götter zu kennzeichnen.[171] In den zugehörigen Gebeten finden sich auch sprachliche Verweise auf diese Absicht; z.B. durch eine möglichst umfassende Angabe durch terminologische Aufspaltung, wie im folgenden Bsp. (148). Diese werden besonders einleitend und abschließend präsentiert:

(148) Cato *Agr.* 141
Mars pater, te precor quaesoque uti sies volens propitius mihi domo familiaeque nostrae, quoius rei ergo agrum terram fundumque meum suovitaurilia circumagi iussi
„Vater Mars, dich bitte und ersuche ich, dass du wohlwollend und gewogen seist mir und meinem Haus und unserer Hausgemeinschaft, zu welchem Zweck ich befohlen habe, dass die *suovetaurilia* um meinen Acker, mein Land und meinen Grund und Boden herumgeführt werden."

Hier betont der Absender des Rituals, in diesem Falle der *pater familias* des römischen Landgutes, dass die erbetenen Zuwendungen ihm, seinem Haus und der Hausgemeinschaft zugute kommen sollen; durch die parallele symbolische Handlung des Herumführens werden sein Feld, Land und Gut und Boden als Einheit definiert. Sprachlich erfolgt dies in Form von jeweils dreigliedrigen Kollokationen an mehreren Stellen des Gebets an Vater Mars.

Die Explizierung der Benefizienten der Rituale ist auch in den IT üblich, z.B. im *piaculum*. Dieses Ritual wird zur Entsühnung „der fisischen Burg (oder Stadt), des Stadtstaates von Iguvium" durchgeführt und hat damit eine größere Projektionsfläche, da als Benefizient die gesamte Gemeinschaft festgesetzt wird. Die Markierung erfolgt sprachlich durch eine spezifische Benefizienten-Konstruktion mittels der Postposition -**per**, die als eigene Angabe der Anweisung zum Opfern beigestellt wird. Dadurch unterscheidet sie sich syntaktisch vom Dativ, der im lateinischen Beispiel in der direkten Rede erscheint.

171 Vgl. zur römischen *lustratio* ThesCRA I: 55; Baudy 1998 (besonders 103–121 und 215–222); besonders im Sinne der hier aufgegriffenen, wortwörtlich *de-finierenden* Deutung außerdem Scheid 2005: 145–152; Rüpke 1990: 144; Versnel 1975. Zu Spuren einer möglichen *lustratio* in einem altirischen Mythos s. Dupraz 2015b.

(149) IT Ia 7–8
pus veres : treplanes : tref : sif : kumiaf : feitu :/ trebe : iuvie : ukriper : fisiu : tutaper : ikuvina
„Hinter dem Trebulaner Tor sollst du drei trächtige Schweine opfern: ‚dem Trebus Jovius zum Wohle der Fisischen Burg, des Stadtstaates von Iguvium'."

Hier ist die Angabe von Adressat und Benefizienten als verkürztes Zitat des ausführlichen Gebets zu verstehen. In der längeren Version des gleichen Rituals (IT VIa 1–VIb 47) ist das Gebet vollständig wiedergegeben, wobei die gleiche Konstruktion mit -**per** zur Angabe der Benefizienten gebraucht wird:

(150) IT VIa 22–24
teio. subocau. suboco / dei. graboui. ocriper. fisiu. totaper. iiouina. erer. nomneper. erar. nomneper
„Dich rufe ich als Angerufenen, Jupiter Grabovius, zum Wohle der fisischen Burg (bzw. Stadt), zum Wohle des Stadtstaates von Iguvium, zum Wohle von deren Namen, zum Wohle von dessen Namen."

Im Zuge der *lustratio* (Ib 10–45 bzw. VIb 48–VIIa 54) findet außerdem, wie auch bei der römischen *lustratio agri*, eine symbolische Konstituierung durch die Umrundung des Heervolkes statt, also der Gruppe der waffenfähigen Männer des Stadtstaates, auf die sich der Schutz der Götter als positiver Effekt des Rituals richten soll:

(151) IT Ib 19–23
enumek : apretu : tures : et : pure : puni : amprefu / us : persnimu : enumek : etatu : ikuvinus : triiuper : pesnimu : triuper : etatu : ikuvinus
„Dann sollst du die Umgehung mit den Opfertieren (Stieren?)[172] und dem Feuer[173] machen. Wenn du die Umgehung gemacht haben wirst, sollst du beten. Dann (sollst du sagen): ‚Geht, Männer von Iguvium'.

172 Etymologisch wird **tures** zu *taurus* etc. gestellt; im Ritual der *lustratio* sind allerdings Eber, Säue und Färsen genannt; eine allg. Bedeutung „Opfertiere" scheint daher sinnvoller. Vgl. Untermann 2000: 777–778.

173 Anders versteht Prosdocimi (1969: 35–41) die Stelle, wegen der Parallele zu *peracris sacris* (VIb 55–56): Er bezieht **tures** und **pure** auf verschiedene Opfertiere (Rinder und Kleinvieh) und trennt damit **pure** von **pir** „Feuer".

Dreimal sollst du die Umgehung machen, dreimal sollst du beten, dreimal (sagen) ‚Geht, Männer von Iguvium'."

Auch hier wird also die De-finition der Nutznießer des Rituals durch ihre Abgrenzung von der Umgebung vorgenommen, um die Identifikation dieser Personen durch die angesprochenen Gottheiten zu erleichtern. Die Abgrenzung von anderen Gemeinschaften wird in der umbrischen *lustratio* auch durch einen weiteren Ritus, die sogenannte *exterminatio* vollzogen, welche das Ausstoßen fremder Personen und Gemeinschaften beschreibt, vgl.[174]

(152) IT Ib 17–18
enumek : etuřstamu : tuta段 tařinate : trifu : / tařinate : turskum : naharkum : numem : iapuzkum : numem :
„Dann sollst du ausstoßen die tadinatische Gemeinschaft, die tadinatische Tribus, den etruskischen, naharkischen, den iapudischen Namen."

In den hethitischen Gebeten ist eine Definition von Urheber und Nutznießern v.a. durch sprachliche Mittel festzustellen. Dabei werden prinzipiell dieselben Techniken verwendet wie zur Konstitution der Adressaten; also v.a. Kombinationen aus betontem Personalpronomen und Personenname sowie appositive Ergänzungen von Funktions- oder Relationsbezeichnungen. Letztere können als Nominalsätze oder echte Appositionen vorkommen und sind häufig Metaphern, welche die Beziehung zur angesprochenen Gottheit bildhaft ausdrücken,[175] wie im folgenden Beispiel:

(153) KUB 21.27+ Vs. I 7–8
am-mu-uk-ma-za ᶠ*pu-du-ḫé-pa-aš an-na-al-li-iš* GÉME-[*K*]*A*
ŠA É.GU$_4$-*du-za* AMAR-*uš ša-ma-na-aš-ma-ad-du-za* [N]A$_4$-*aš*
„Ich aber, Puduḫepa, (bin) [d]eine langjährige Dienerin, ein Kälbchen deines Rinderstalls bin ich, ein [S]tein aber deines Fundaments (bin) ich."

174 Zur *exterminatio* und den Benefizientenangaben der III. Tafel der IT s.a. Weiss 2007.

175 Diese Relationsangaben sind gleichzeitig auch als persuasive Elemente zu verstehen, indem durch die Betonung der persönlichen Beziehung auch die Verantwortung der Gottheit für den Betenden impliziert werden kann. Persuasive Implikationen sind auch bereits oben für die Verwendung von Epitheta festgestellt worden, s.o. Kapitel 7 FN 74.

Die Metaphern, welche das Schutzbefohlenen-Verhältnis von Puduḫepa zur Sonnengöttin von Arinna betonen, drücken dabei gleichzeitig aus, dass sie der Göttin lange und gut bekannt sein muss, was ebenfalls relevant für die Identifizierbarkeit der Betenden und die Wirksamkeit des Gebets ist.

Im folgenden Beispiel aus CTH 378.1 wird durch den zweiteiligen, meristischen Ausdruck mit ŠÀ = heth. *ker/kard(i)-* „Herz, Seele" (oder *karāt-* „Inneres, Wesen") und NÍ.TE = heth. *tuekka-* „Körper" eine analytische Selbstreferenz des Betenden (Muršili II.) vorgenommen. Diese beiden Aspekte seiner Identität sind von der Angst betroffen, die die Gottheit hinfort nehmen soll:

(154) KUB 14.14+ Rs. 37′–39′
am-mu-uk-ka$_4$*-aš-ma-aš-kán* ^{LÚ}SANGA-*KU-NU* ARAD-*KU-N*[*U*]
u-wa-aḫ-ḫa-ru nu-mu gi-in-zu da-at-te-en nu-mu-kán ŠÀ-*az la-aḫ-la-ḫi-*⸢*ma*⸣*-an ar-ḫa*
u-e-ia-at-te-en NÍ.TE-*az-ma-*⸢*mu-kán pit*⸣*-tu-li-ia-an da-a-at-tén*
„Auch *ich*, euer Priester, eue[r] Diener, möchte vor euch erscheinen! Nehmt mir (gegenüber) eine gütige Gesinnung an! Schickt mir die Qual fort aus dem Herzen! Vom Körper aber nehmt mir die Angst!"

Im Unterschied dazu referiert der Betende (Ḫattušili III.) im nächsten Beleg auf sich selbst und seine Familie mit dem Sumerogramm ZI = heth. *ištanza(n)-*, das hier mit „Person" übersetzt ist.[176] Durch die Verwendung einer synthetischen Selbstreferenz entsteht der Eindruck, dass dadurch eher auf die Gesamtheit der Identität Bezug genommen wird:[177]

---

176 S. HED 4: 75–76; heth. *ištanzan-* bezeichnet zunächst mentale Konzepte wie „Seele, Geist", damit zusammenhängend dann auch „Wunsch, Sinn" und evtl. auch semantisch weitgehend neutral „Person" oder „selbst", was eben mit der Verwendung zur Selbstreferenz korrespondiert. Zur Bedeutung „Wunsch" s. u. 7.6.1.2.

177 Anders bewertet Kammenhuber (1964) die Entwicklung von *ištanzan-*: Sie nimmt an, dass die Bedeutung „Seele" konstant ist und nahezu in allen Belegen angewendet werden kann; ggf. mit Variation als bestimmte „Seeleneigenschaften" (wie Wille/Wunsch, Wissen/Bewusstsein oder auch Emotionen). Im vorliegenden Beleg geht sie von einer Bedeutung „Seele" aus (1964: 184). Insbesondere sieht sie einen tatsächlichen Bedeutungswandel hin zu „Person" nicht als nachweisbar an; vielmehr führe ein semantisches Verblassen des Seelenbegriffs zu einem „pleonastischen Gebrauch". Die Übersetzung als „Person" sei eine „Verschiebung in unser modernes Bewusstsein" (vgl. 1964: 179–180); s. dazu außerdem ihr Resümee (1964: 207–208). Auch ein semantisches Verblassen und ein dadurch erweiterter Anwendungsbereich lassen sich aber mit der Verwendung als allgemeinere Selbstreferenz (ohne ein Nebeneinander von Körper und Seele) in Einklang bringen, daher würde ich die Verwendung in Bsp. (155) in diesem Sinne bewerten.

(155) KUB 14.7(+) Rs. IV 16–19
nu-mu-kán ^{D}UTU ^{URU}⸢PÚ-*na*⸣[GAŠAN-*IA*]
ŠA ^{D}10 ^{URU}*ne-ri-ik* DUMU-*KA* ⸢*a-aš-ši*⸣-[*ia-an-ta-aš* URU-*ri še-er*]
ZI-*IA* ZI DAM-*IA-ia* DUMU^{MEŠ}-*I*[*A*]
[*g*]*e-en-zu-wa-i*
„Sonnengöttin von Arinna, [*meine Herrin, im Interesse der Stadt*] des Wettergottes von Nerik, deines gel[iebten] Sohnes, behandle meine Person (und) die Personen meiner Gemahlin [und me]iner Kinder […] [g]nädig!"

In den Ritualinstruktionen wird ein Verfahren zu Definition des Urhebers oder Benefizienten angewandt, das ebenfalls analog zu dem der Adressatendefinition (s. o. 317 mit Beispielen) ist. Es handelt sich um den Ritus den Namensnennens, der mit der Formulierung *laman ḫalzai* oder *laman tezzi* in einigen Beschwörungen auch auf den Ritualmandanten angewendet wird und dessen Identität „deutlich herausstellen und den Zusammenhang zu einer rituellen Handlung garantieren soll" (Görke 2010: 289).

Görke verweist in ihrer Zusammenstellung der Belege u. a. auf das Ritual der Zuwi (CTH 412), das die Formel bereits in der Einleitung enthält:[178]

(156) KUB 7.57+ Vs. I 1
nu an-ni-iš-ke-mi ku-in na-an-kán ŠUM-*ŠU* [*ḫal-za-aḫ-ḫi*][179]
a-pa-a-aš-wa pa-iz-zi ^{D}U-*ni ḫa-lu-ga-aš*[180]
„Und wen ich magisch behandle, seinen Namen [nenne ich]. Jener geht als Botschaft zum Wettergott."

Diese Formulierung deutet ebenfalls darauf hin, dass das Ritual offen und allgemein konzipiert ist und für den jeweiligen Mandanten angepasst werden kann, z. B. durch das Einfügen seines Namens.

Auch im Ritual des Auguren Banippi (CTH 401.1.A) findet sich eine ausführliche Passage,[181] in der das Namensnennen in Verbindung mit mehreren abgrenzenden Ritualhandlungen eingesetzt wird:

---

178 Sie kommt im Verlauf des Rituals nochmals in Kombination mit einem Analogie-Ritus vor: „Wie der Welpe sich seine neun Körperteile leckt – den Menschen nenne ich beim Namen – so soll er auch dieses (Menschen) *inan*-Krankheit der Körperteile lecken!" KUB 35.148+ Rs. III 14′–18′ (CTH 412.2). Vgl. Görke 2010: 286.

179 Vgl. dazu CHD L–N: 33 mit weiteren Beispielen aus dem Zuwi-Ritual.

180 Vgl. dazu HW2 Ḫ 81a.

181 Zur abweichenden Zuordnung des Textes und einigen weiteren Abweichungen in Haas 2003 s. Görke 2010: 288 FN 114.

(157) KUB 30.36 Rs. III 2′–14′[182]
nu *A-NA* LÚ MUNUS-*TI*
[*ke-e-d*]*a-aš* *A-NA* SAG.DU^{MEŠ}-*ŠU-NU* ^{GIŠ}⌈*zu*⌉*-up-pa-ru wa-ra-an-ni*
[*nu*] $^{⌈\text{É}⌉}$*kip-an* GAM *tar-na-an-zi nu-k*[*á*]*n* EN SISKUR
[*p*]*a-ra-a píd-da-a-iz-zi* UN-*aš-ma* E[G]IR-*pa tu-u-wa*
ti-ia-zi nu te-ez-zi ú-ez-⌈*zi*⌉ EN SISKUR
UḪ$_7$-*an-za* UN-*aš*
nu 7 *kip-pa-an* *QA-TAM-MA* *ir-ḫa-iz-zi*
EN SISKUR-*kán* *ŠUM-ŠU* *ḫal-za-a-i* (§-Strich)
GIM-*an-ma* ^{É}*kip-pu-uš* BIL-*an-zi*
zi-in-na-i nu UN^{MEŠ}-*uš ku-i-e-eš*
^{É}*kip-pu-uš* GAM *tar-na-an-zi nu-uš-ma-aš* NA$_4$-*an*
EGIR-*an pé-eš-ši-ia-an-zi* ^{GIŠ}TUKUL-*ia-aš-ma-a*[*š* ^{K}]^{UŠ}*A-RI-*⌈*TUM*⌉
EGIR-*an taḫ-taḫ-ḫi-ia-an-zi*
„Dem Mann (und) der Frau, zu deren Köpfen eine Fackel brennt, lässt man ein *kippan*-Zelt hinab. Der Ritualherr läuft hinaus, ein Mensch aber tritt weit zurück und spricht: ‚Es kommt der Ritualherr, der behexte Mensch!' Die 7 Zelte behandelt er (der Beschwörungspriester) reihum genauso. Den Ritualherrn ruft er beim Namen. Sobald er mit dem Verbrennen der Zelte fertig ist, wirft man den Leuten, die die Zelte hinab lassen, einen Stein hinterher und Waffen (und) [S]child(e) schwingt man nach ihne[n]."

Wie bereits Görke (2010: 288) feststellt, „wird der Ritualherr durch die Namensnennung auch hier eindeutig identifiziert und damit von den mit den Zelten in Verbindung stehenden Leuten differenziert."

Auch in Festritualen wird (schon althethitisch) der Ritus der Namensnennung nicht nur auf die angesprochenen Gottheiten, sondern auch auf den König als stellvertretenden Benefizienten und Urheber bezogen:

(158) KUB 1.17 Rs. VI 17–18[183]
ma-aḫ-ḫa-an-ma-kán ^{LÚ}NAR *ŠUM-MI* LUGAL
ú-e-ri-ia-zi ^{LÚ}ALAM.ZU$_9$ *me-ma-i*
„Sobald der Sänger den Namen des Königs nennt, spricht der Rezitator."

182 S. dazu auch Kümmel 1967: 74.
183 CTH 591.II.A; s. Klinger 1996: 436–437.

Das Nennen des königlichen Namens ist außerdem in mehreren Festritualen nach einem Trinkritus für die Schutzgottheit LAMMA/Inar belegt.[184]

In den Beschwörungsritualen können zu dieser sprachlichen Markierung des Benefizienten verschiedene symbolische Handlungen treten, die ihn bzgl. seiner physischen Identität abgrenzen und bzgl. seiner Rolle konstituieren. Eine symbolische Identitätsbestimmung ist außer im Ritual des Banippi auch in anderen Handlungen zu vermuten, welche den Körper des Mandanten betreffen, z.B. Schwenkriten, das Anknüpfen von Wollfäden oder das Andrücken von reinigenden Substanzen.[185] Es ist anzunehmen, dass die Verfahren zur Definition und Reinigung hierbei ineinander übergehen, wobei die Identifikation eine Voraussetzung für die Wirksamkeit der anschließenden Reinigung (und damit für das Gelingen des Rituals) darstellt. Eine weitere Möglichkeit ist es, die physische Repräsentation einer Gottheit (durch eine Statue o.ä.) zu nutzen, um eine Gegenüberstellung mit dem Mandanten herbeizuführen, wie im Ritual der Allī:

(159) KBo 12.126+ Vs. I 9–10
nu UN-*aš ku-iš* UH$_7$-*an-za na-aš-za* ^{D}UTU-*i me-na-aḫ-ḫa-an-da e-ša-ri*
„Die Person, die behext (ist), setzt sich gegenüber der Sonnengottheit hin."

Auf der Symbolebene ist schließlich auch die Definition von Ritualmandanten durch die Auswahl geschlechts-identischer Substitutstiere anzusiedeln. Auch hierbei handelt es sich um eine Parallele zur Zuordnung ikonischer Opfertiere zu den Ritualadressaten, in der Hinsicht, dass die spezifische Kombination einen konstitutiven Kontrast erzeugt (auch wenn die sonstige Funktion von Opfergabe und Substitut sich klar unterscheiden). Entsprechende Beispiele, welche die Anpassbarkeit des Rituals für weibliche oder männliche Auftraggeber durch optionale Formulierungen erlauben, werden weiter unten (S. 428) noch ausführlicher besprochen.

Insgesamt ist festzustellen, dass sowohl im Umbrischen und Lateinischen als auch im Hethitischen bzgl. der Absender und Benefizienten eines Rituals symbolische Definitionsstrategien existieren, die i.d.R. mit entsprechenden sprachlichen Strategien zusammenwirken. Diese sprachlichen Strategien sind v.a. im Hethitischen (sowohl in Gebeten als auch in Ritualen) analog zu den-

184 Vgl. Görke 2010: 286 mit FN 104 für weitere Belege.

185 Zur therapeutischen Funktion solcher körperbezogener Praktiken vgl. Roth 2020.

jenigen, welche auch zur Konstitution von Gottheiten als Adressaten ritueller Kommunikation eingesetzt werden.

7.4.9.2 Definition von Widersachern in Fluchritualen

Im Gegensatz zu dieser Praxis der möglichst eindeutigen Bezeichnung der Absender (oder Auftraggeber) eines Rituals stehen solche Gebete, in denen etwas Negatives oder potentiell Gesellschaftsschädliches erbeten (oder erwirkt) werden soll. Das liegt daran, dass in letzteren Texttypen der Absender des Rituals und die Zielperson seiner perlokutiven Effekte (im Gegensatz zu positiven Ritualen) niemals ein- und dieselbe Person sind. Ein Beispiel sind diejenigen Fälle der lateinischen *defixiones*, die gegen eine dritte Person (einen Gegner oder persönlichen Feind), den *defixus*, gerichtet werden.[186] Hier nennt sich der Urheber i.d.R. nicht selbst namentlich, da die rituelle Praxis der Verfluchung gesellschaftlich und gesetzlich sanktioniert und, wenn sie ans Licht kam, entsprechend geahndet wurde. Da das Erwünschte in diesen Fällen auch nicht dem Urheber des Rituals, sondern dem *defixus* zuteilwerden soll, wird stattdessen dieser mit einem gewissen Informationsaufwand möglichst deutlich spezifiziert. Kropp bietet Beispiele für verschiedene Möglichkeiten solcher identifikatorischer Angaben in lateinischen Fluchtafeln (2008: 170–172):

(160) *dfx.* 1.5.3/2[187]
M(arcum) Heium M(arci) f(ilium) Calidum, Blossiam C(ai) f(iliam), P(ublium) Heium M(arci) f(ilium) Calidum, Chilonem Hei M(arci) s(ervum), [...], C(aium) Blossium Ɔ l(ibertum) [...]
„Den Marcus Heius Calidus, den Sohn des Marcus, die Blossia, die Tochter des Caius, den Publius Heius Calidus, den Sohn des Marcus, den Chilo, den Sklaven des Heius Marcus, [...], den Caius Blossius, den Freigelassenen einer Frau."

In diesem Beispiel werden die familiäre Abstammung bzw. Verwandtschaftsangaben als identifikatorische Hinweise genutzt; der Urheber der Verwünschung nimmt hier offensichtlich eine ganze Familie sozusagen in Sippenhaft. Weitere Angaben zur Erleichterung der Identifikation der Zielperson betreffen deren

186 Es existieren auch *defixiones* und Zauberpapyri, durch die positive Effekte herbeigeführt werden sollen, z.B. bei Liebeszaubern (vgl. zu einer Systematisierung der betreffenden Texte Quadrio 2018/19) oder Bitten um Erfolg (z.B. in sportlicher oder geschäftlicher Hinsicht). Hier ist die Selbstnennung des Absenders gerade wichtig, damit der positive Effekt auch der richtigen Person zugutekommt.

187 Die *defixiones* sind, sofern nicht anders angegeben, zitiert nach Kropp 2008.

Berufs- oder Amtsbezeichnung sowie das Verhältnis zum *defigens* selbst. Ein spezieller Ausdruck, der sich ausschließlich in den kaiserzeitlichen *defixiones* aus Nordafrika findet, gibt die Abstammung des *defixus* mittels relativem *quem peperit* und dem Namen der Mutter an (s. Kropp 2008: 171–172).

Obwohl im Hethitischen keine exakten Entsprechungen zu den Fluchritualen der *defixiones* existieren, gibt es dennoch vergleichbare Kontexte. In Beschwörungen welche die Folgen übler Nachrede oder Behexung behandeln, sollen diese „bösen Worte" oftmals durch die Anwendung von Übertragungsriten und -formeln auf ihre Verursacher zurückgewendet werden. Die Gegner des Ritualmandanten können dabei, wie im Ritual der Allī (CTH 402), durch Figurinen aus Ton repräsentiert werden. Diese werden, nachdem die Behexung auf sie übertragen wurde, durch Vergraben unschädlich gemacht; dies entspricht dem üblichen Vorgehen in Reinigungsritualen. Die Besonderheit ist, dass durch die Gestaltung der Figuren als männlich oder weiblich die Identität der Gegner definiert werden kann.[188] Diese Definition findet sich auch auf sprachlicher Ebene wieder, wo aufgrund der Unkenntnis der Namen die Charakterisierung durch die böse Tat als Identifikationsbasis genutzt wird; vgl. einerseits *nu ku-u-un* UN-*an ma-a-an* LÚ-*iš i-ia-an har-zi* „Wenn diesen ein Mann mit einem Zauber behandelt hat",[189] andererseits [*ma*]-*a-na-an* [MUNUS-*z*]*a*?-[*m*]*a i-ia-an har-zi na-an zi-ik* ᴰUTU-*uš ša-ak-ti* „Wenn ihn aber eine Frau mit einem Zauber behandelt hat, und du Sonnengotteit kennst sie".[190] Hier kommt zudem zum Ausdruck, dass vorausgesetzt wird, dass die angesprochene Gottheit die betreffenden Personen kennt und auch deshalb identifizieren kann.[191]

7.4.10 *Wirksamkeitsstrategien ohne superempirische Effikatoren*

Bereits in Kapitel 3 ist kurz auf die sogenannten „magischen" Rituale und ihre kommunikativen Besonderheiten eingegangen worden. Als eine von verschiedenen Definitionsgrundlagen von Magie oder magischen Techniken sind dort unmittelbare und unabhängige Wirksamkeitsstrategien (*efficacy patterns*) eingeführt worden (s. o. 3.2.4.3), die vielfach nicht oder nicht ausschließlich auf der Kommunikation mit göttlichen Adressaten (s. 3.2.4.3), sondern z. B. auf analogischen Gleichsetzungen basieren. Auch innerhalb von eigentlich adressatenorientierten Ritualen können einzelne Sprechakte selbstwirksam konzipiert

188 S. dazu noch unten 7.6.1.3.

189 KBo 12.126+ Vs. I 13.

190 KBo 12.126+ Vs. I 16.

191 Die Vorstellung, dass die Sonnengottheit als himmlisches Auge alles sieht, findet sich in zahlreichen Kulturen und Mythensystemen; vgl. die Rolle des Helios bei der Aufdeckung des Ehebruchs von Aphrodite mit Ares (Hom. *Od.* 8,266–366).

sein und ohne den Bezug auf einen superempirischen Effikator funktionieren. Strategien der Verständnissicherung sind in jedem Fall nur dann zu erwarten, wenn ein expliziter, superempirischer Kommunikationspartner in das Ritual einbezogen wird und der Erfolg des Rituals davon abhängt, dass dieser den Inhalt korrekt versteht.

Beispiele für eine „absence of a communication partner" (Kropp 2010: 374) finden sich in einzelnen Formeln oder transformativen Sprechakten innerhalb von hethitischen Beschwörungsritualen, die mit den parallel durchgeführten Handlungen verbunden sind, z. B. im Ritual des Ḫuwarlu (CTH 398):

(161) KBo 4.2+ Vs. I 17–18[192]
nu-kán ke-e NUMUN[ḪI.]⌈A⌉ *ma-aḫ-ḫa-an ki-iš-ta-ri kal-la-a-ra-ia⟨⟨ra-ia⟩⟩-kán*
ud-da-a-ar ḫa-tu-ga-ú-ša MUŠENḪI.A *QA-TAM-MA ki-iš-ta-ru*
„Und wie diese Sämereien (durch das Rösten bzgl. ihrer Keimfähigkeit) erlöschen, (so) sollen auch die ‚unheilvollen Worte' und die ‚schrecklichen Vögel' (bzgl. ihrer schädlichen Kräfte) ebenso erlöschen."

Das bedeutet nicht, dass in den betreffenden Ritualen Götter generell nicht einbezogen sind; aufgrund der Vorstellung, dass der Verlust des Wohlwollens einer Gottheit die Ursache für Krankheiten und Missstände ist, sind in Beschwörungen in aller Regel Götter beteiligt, sie können auch als Adressaten des Gesamtrituals gelten. Die Wirksamkeit der vorgenommenen analogischen Operation generiert sich hier aber aus Prinzipien, die nicht von der Umsetzung durch die betreffende Gottheit abhängen, sondern von Wirkweisen, die oft mit dem Bereich der „Magie" assoziiert wurden, wie Sympathie oder Antipathie. In den Prozess der Wirksamkeit und v. a. in die Umsetzung des ausgesprochenen direktiven Aktes ist demnach keine Gottheit involviert. Z. T. soll eine einbezogene Gottheit sogar durch analogische Operationen und Formeln zu bestimmten Handlungen gebracht werden; das Ritual kann in solchen Fällen in der Vorstellung der Handelnden also sogar Wirkmacht über die betreffende Gottheit besitzen.

Als Beispiel dafür kann die rituelle Behandlung des Telipinu herangezogen werden, welche im Mythos vom Verschwinden und Zorn des Gottes (CTH 324.A.1) von der selbst göttlichen Ritualistin Kamrušepa durchgeführt wird:

192 Vgl. Bawanypeck 2005: 24–25. S. auch Haas 1994: 892 mit weiteren verwandten Beispielen.

(162) KUB 17.10+ Rs. III 20–27
^{D}*te-li-pí-nu-uš kar-di-mi-ia-u-wa-an-za* ZI-*ŠU* *k*[*a-ra-a-az*$^{?}$*-ši-iš*][193]
ú-ri-wa-ra-an pa$^{!}$*-a-aḫ-ḫur nu ki-i pa-a-aḫ-ḫur ma-a-aḫ-ḫ*[*a-an ki-iš-ta-ri*]
kar-pí-ša kar-di-mi-ia-az ša-a-u-wa-ar *QA-TAM-M*[*A ki-iš-ta-ru*] (§-Strich) (...)
nu ma-a-aḫ-ḫa-an ^{GIŠ}ŠEN-*aš* ⸢*a*⸣-[*ap-pa pár-za*]
Ú-UL ar-ši^{sic}*-e-ez-zi* ^{D}*te-li-pí-nu-wa-aš-ša k*[*ar-pí-iš kar-di-mi-ia-az*]
ša-a-u-wa-ar a-ap-pa QA-TAM-MA le-e ⸢*ú*⸣-[*ez-zi*]
„Telipinu (ist) verärgert. Seine Seele (und) [sein] I[nneres$^{?}$] (sind) ein loderndes Feuer. [W]ie dieses Feuer [erlischt], ebens[o sollen] aber Wut, Zorn (und) Groll [erlöschen]! (...) Wie (das Wasser) des Rohrs nicht w[ieder rückwärts] fließt, ebenso [sollen] aber Telipinus W[ut, Zorn] (und) Groll nicht wiederk[ommen]."[194]

Sehr verbreitet ist die tatsächliche Abwesenheit eines direkten Kommunikationspartners in lateinischen *defixiones*, die je nach Typus ausschließlich Analogieformeln beinhalten können:

(163) *dfx*. 4.4.1/1 (= *AE* 1981: 621)
Quomodo hoc plumbu(m) non paret et decadit$^{!}$*, sic decadat*$^{!}$ *aetas, membra, vita bos gran⟨o⟩um mer(x) eoru(m) qui mihi dolum malu(m) fecerunt ...*
„Wie dieses Blei unsichtbar ist und hinabsinkt, so soll(en) Lebenzeit, Glieder, Leben, Vieh, Getreide, Hab und Gut derer hinabsinken, die mir Übles getan haben (...)."[195]

Bei Ritualtypen (aber auch einzelnen Handlungen oder Formeln) ohne explizite Adressaten ist gemäß ihrer spezifischen Charakteristik zu erwarten, dass sie auf die meisten der hier diskutierten Strategien der Verständnissicherung oder Kontrolle der Kommunikation verzichten (mit Ausnahme der Benennung des *defixus*, also der Zielperson). Stattdessen greifen sie auf sprachliche Strukturen, Kollokationen oder Phraseologismen zurück, die – häufig in Kombination mit parallel durchgeführten manuellen Operationen – als wirkmächtig oder effizient verstanden werden. In Anlehnung an eine bereits antike

193 CHD P 16a: „Telipinu is angry, his soul and his *karaz* are a blazing fire".
194 Übersetzung nach Rieken et al. 2015: 159 (online: hethiter.net/: CTH 324.1); vergleichbare Passagen finden sich in den verwandten Mythen vom Typ „verschwundene Gottheit".
195 Fluchtafel aus Montfo (Gallia Narbonensis), datiert ins 1. Jh. n. Chr.; vgl. Kropp 2010: 369.

Anleitung zur Durchführung einer *defixio*[196] werden diese auch als *voces magicae* bezeichnet. Dieser Terminus impliziert eine gewisse Fokussierung auf das *gesprochene* Wort, dessen magische Kraft gerade im Zusammenhang mit Flüchen oft als von selbst oder mechanisch wirksam angesehen wurde.[197] Zu Recht kritisiert Christiansen (2012: 52–53) solche rein mechanistischen Wirksamkeitskonzepte und betont, dass auch kommunikative und personenbezogene Faktoren Wirksamkeitszuschreibungen beeinflussen, wie z.B. Kommunikationssituation, sozialer Status und Hierarchien der Beteiligten oder deren persönliche Haltung und Intention.

Die Mehrzahl der von mir untersuchten Rituale legen ein multimodales Wirksamkeitskonzept durch das Zusammenspiel von sprachlicher und manueller Handlung nahe; auch die eigenständige Rolle von Schriftlichkeit ist ausdrücklich zu betonen. So spielt gerade bei den *defixiones* der Akt der Verschriftlichung eine wichtige Rolle, wie die Existenz von regelrechten „Kopiervorlagen" beweist, in denen Angaben zum Schriftträger oder zum Layout des Textes enthalten sind (vgl. Kropp 2008: 55–56). Die Behandlung der Bleitafeln zeigt auch, dass eine symbolische Handlung mit dem verbalen Akt verbunden ist, so dass die Manipulation des Opfers sowohl auf materieller, als auch gleichzeitig auf sprachlicher Ebene stattfindet (s. dazu Bsp. (165)[198] und vgl. Kropp 2008: 85–86). Ganz analog ist hinsichtlich der hethitischen Beschwörungsrituale und Eide davon auszugehen, dass keine exklusive Stellung oder mechanistische Wirksamkeit des gesprochenen Wortes vorliegt und dass den schriftlichen Repräsentationen von Handlungsanweisungen wie auch Rezitationen ein eigener Wirksamkeitsaspekt (und ggf. ein eigener Sitz im Leben) zugesprochen werden muss.[199] Gleichwohl steht im Folgenden die sprachbasierte Komponente der Effizienz im Zentrum der Analyse; wenn hier von sprachlichen Strategien die Rede ist, können jeweils gesprochene und/oder geschriebene

196 *PGM* V 304–369, vgl. Kropp 2008: 76.

197 Diese Zuschreibung reflektiert nach Graf (2002: 94–95) die geläufige Auffassung der griechisch-römischen Welt; ebenso verweist Christiansen (2012: 52) auf die Diskussionen zur „automatischen Wirksamkeit des Fluch- bzw. Segenswortes" in der Forschungsliteratur, wo zumeist auf das „‚magische' bzw. ‚mythisch-magische' oder ‚religiöse' Weltbild der jeweiligen Kultur" Bezug genommen wird.

198 Der Verschriftlichungsakt kann als metaphorische Handlung verstanden werden: Durch die schriftliche Fixierung des Names wird dessen Träger in der Realität gebunden und handlungsunfähig gemacht. Auch der Schriftträger kann analogisch mit dem Opfer gleichgesetzt werden, indem er durchbohrt und/oder in der Erde vergraben wird; vgl. Bsp. (163) und s. Kropp 2008: 85–86.

199 Vgl. dazu Christiansen 2012: 26–33 zur Keilschrift als Medium. Zum Zusammenwirken von Sprache und symbolischer Repräsentation s.u. Bsp. (166).

Äußerungen gemeint sein. Auf die Kombination mit manuellen Handlungen wird dann explizit eingegangen, wenn sie anhand des Textes nachvollziehbar ist.

Unter den sprachlichen Mitteln zur Herstellung von Effizienz sind die bereits genannten Prinzipien der Analogie und Sympathie als zentral zu beurteilen. Die typischen Sprechakte selbsteffizienter Rituale basieren v.a. auf diesen Prinzipien; Kropp nennt sie in Erweiterung der Searle'schen Sprechakttaxonomie „Transformative" (2010: 373–378). *Voces magicae* im engeren Sinne sind oft fremd(artig)e, unverständliche Wörter oder Lautfolgen („strange, uncanny and apparently un-Greek and un-Latin words"),[200] die der Äußerung eine nur vage beschreibbare Anmutung von Arkanizität und Exotik verleihen. Beispiele finden sich nicht nur in zahlreichen Fluchtafeln, sondern auch in einem Heilritual für verrenkte Gliedmaßen bei Cato:

(164) Cato *Agr.* 160
Incipe cantare: motas uaeta daries dardares astataries dissunapiter (...) *huat haut istasis tarsis ardannabou dannaustra.*[201]
„Beginne zu singen: ‚...'."

Andere Beispiele auf magischen Papyri lassen die Vermutung zu, dass es sich um Verfremdungen tatsächlicher (lexikalischer) Wörter handelt, wie die in afrikanischen Fluchtafeln häufigen Wortserien, z.B. *alimbeu, colombeu, petalimbeu, cuigeu, censeu, cinbeu, perfleu*. Sie müssen aber z.T. auch einfach als Lautfolgen oder -spiele gelten, wie z.B. ψα ψε ψη ψε ψη ψα ψε.[202] Verfremdungserscheinungen und Unkenntlichwerden durch die Latinisierung oder Gräzisierung fremder Namen und Wörter führen zu einer Vielzahl von Zwischenformen und erschweren die Einordnung;[203] Hinzu treten außerdem ästheti-

200 Versnel 2002: 113; die sogenannten „Abracadabras" können dabei unterschiedlichen Ursprung haben und besitzen z.T. ägyptische oder hebräische Anklänge. In einigen Fällen werden sie als (geheime) Namen fremder und mächtiger Gottheiten oder Dämonen aus fremden Kulturkreisen verstanden oder sind Ausdruck eines kreativen Schaffens neuer Gottheiten. So werden Ausgänge auf *-ol* und *-el*, die hebräisch/jüdisch anmuten, in der Kaiserzeit sehr produktiv angewandt; s. dazu Versnel 2002; Olyan 1993.

201 Mit tentativen Wortgrenzen. Die Stelle ist vielfach interpretiert und emendiert worden; vgl. z.B. Versnel 1991: 177–197 und Versnel 2002: 106–107 mit einem Überblick. Trotz der realen Möglichkeit, dass hier tatsächliche lateinische Wortformen herausgeschält werden können, ist es doch wahrscheinlich, dass mindestens eine bewusste Verfremdung derselben stattgefunden hat, eben mit dem Ziel, den Eindruck von Unzugänglichkeit und Wirkmächtigkeit zu kreieren.

202 Vgl. Versnel 2002: 115–116.

203 Vgl. Versnel 2002: 135–141.

sierende Verfahren, wie Alliteration, Reim, Wiederholung und Steigerung usw. Diese poetischen Verfahren werden ebenfalls in Gebeten innerhalb offizieller bzw. öffentlicher Rituale eingesetzt;[204] im Rahmen von selbstwirksamen Ritualformeln werden sie aber oft auf die Spitze getrieben, bis semantischer Inhalt hinter lautlicher Form verschwindet. Dies kann als Hinweis darauf gewertet werden, dass derartige Formeln eben nicht durch die Kommunikation tatsächlicher, kohärenter Inhalte wirksam sind, sondern durch ihre äußere Form. Häufig werden sie mit entsprechenden Elementen auf der Handlungsebene kombiniert und so noch in ihrer Effizienz verstärkt.

Als eine weitere Strategie, Effizienz auf sprachlicher Ebene herzustellen, nennt Kropp explizit performative Sprechakte, welche selbst die Handlung vollziehen, die sie bezeichnen. In den *defixiones* sind *defigo/ligo/immergo* bzw. gr. καταδέσμω/καταδῶ typische Beispiele.[205] Transformative werden aus der Perspektive des Ritualhandelnden geäußert und stehen in der 1.Sg.Ps., sie beziehen sich auf tatsächliche Handlungen, welche durch die Aussprache des betreffenden Aktes als vollzogen gelten:

(165) DTAud. 219
ligo, obligo linguas illorum …
„I bind their tongues, I bind them up (…)“

Der Akt des Hinab-Bindens von Zungen oder Gliedmaßen wird dabei durch das Vergraben oder Versenken der Bleitafeln auch auf der Handlungsebene symbolisch vollzogen. Belege für derartige Performative mit parallelen Handlungselementen finden sich auch in hethitischen Beschwörungsritualen, z. B. in Allīs Ritual:

(166) KUB 24.9+ Vs. I 52–53[206]
[(*ki-nu-na*)-*a*]*š-ši-kán ka-a-ša hu-u-*⌈*ma*⌉*-an-da-az* ^{UZU}ÚR-*na-a*[*z* (*da-aš-ke-m*)*i*]
[*n*(*a-at* EGIR-*p*)]*a iš-ḫa-aš-ši pí-iš-*⌈*ke*⌉*-mi*
„[Jetzt ziehe (wörtl. nehme) ich] (dies) aus all seinen Glieder[n und] gebe [es] seinem Besitzer [zurück].“

204 S. dazu unten 8.5.5.

205 Vgl. Kropp 2010: 360–365, wobei hier die sogenannten *committals* oder Überantwortungsformeln auszuschließen sind, da diese wiederum göttliche Adressaten einbeziehen.

206 Zitiert und übersetzt nach Mouton 2016: 200–201.

Dabei werden in den Beschwörungsritualen das Herausziehen und die Rückübertragung von Verunreinigungen durch das Anknüpfen verschiedenfarbiger Wollfäden an die Gliedmaßen des Mandanten und ihre anschließende Applizierung auf Substitutsobjekte symbolisiert.

Kropp beschreibt die Herstellung von Effizienz durch die genannten Mittel als geradezu mechanisch, wodurch letztlich die Verzichtbarkeit eines göttlichen Effikators erklärbar sei (2010: 376). Die in der Forschung oft als magisch bezeichneten Praktiken der Hethiter werden zwar durch mythologische Erzählungen prinzipiell auf göttliche Urheberinnen oder „Autoren" zurückgeführt (und dadurch in ihrer Wirksamkeit und Anwendung legitimiert). Eine solche Urheberin ist Kamrušepa, die im Telipinu-Mythos den zornigen Gott durch verschiedene rituelle Techniken reinigt.[207] Die verschiedenen Praktiken und die sie begleitenden Formeln sind aber aufgrund der Prinzipien von Analogie, Sympathie und Antipathie, Kontiguität usw. durchaus *selbst* wirksam und nicht auf einen göttlichen Adressaten zur Herstellung einer Zustandsänderung ausgerichtet.[208] Vielmehr wirken sie umgekehrt auf die involvierte Gottheit, so dass diese bspw. dem Ritualmandanten gegenüber wieder eine positive Haltung einnimmt.

Es ist also ein Zusammenhang zwischen der Art und Weise der Wirksamkeit von Ritualen und der Einbindung von superempirischen Adressaten festzustellen; gerade in Abgrenzung von Ritualen oder einzelnen rituellen Operationen, die auf anderen Wirkungsprinzipien basieren. Diese Unterscheidung betrifft letztlich auch die Gestaltung von Ritualanweisungen, die im Fall von persuasiver Kommunikation entsprechende Kontrollmechanismen in einem größeren Umfang zur Verfügung stellen. Das Fehlen bestimmter Faktoren, z.B. superempirischer Kommunikationspartner, sozialer Bezeugung oder positiver sozialer Relevanz des Rituals, begünstigt einen Ausgleich durch alternative sprachliche und symbolische Strategien. „Sprachmagie" tritt – kombiniert mit symbolischen und metaphorischen Operationen – in stärkerem Umfang auf, wenn andere Wirkmechanismen, wie Gebet und Argumentation oder vertragliche Bindung durch Opfergaben, nicht eingesetzt werden (können). Sie kann entweder selbstwirksam sein oder dazu eingesetzt werden, superempirische Mächte zum Handeln zu bewegen.

Eine völlige Trennung der Anwendungsbereiche der jeweiligen Techniken lässt sich dabei kaum herstellen, wie anhand der Vermischung in den untersuchten Ritualen zu sehen ist. Die Wirksamkeitsstrategien „Persuasion einer

207 Vgl. Haas 1994: 881–882 mit weiteren Beispielen.

208 Versnel nennt diese Qualität der Selbsteffizienz *immensity* oder *magical quality* (2002: 122).

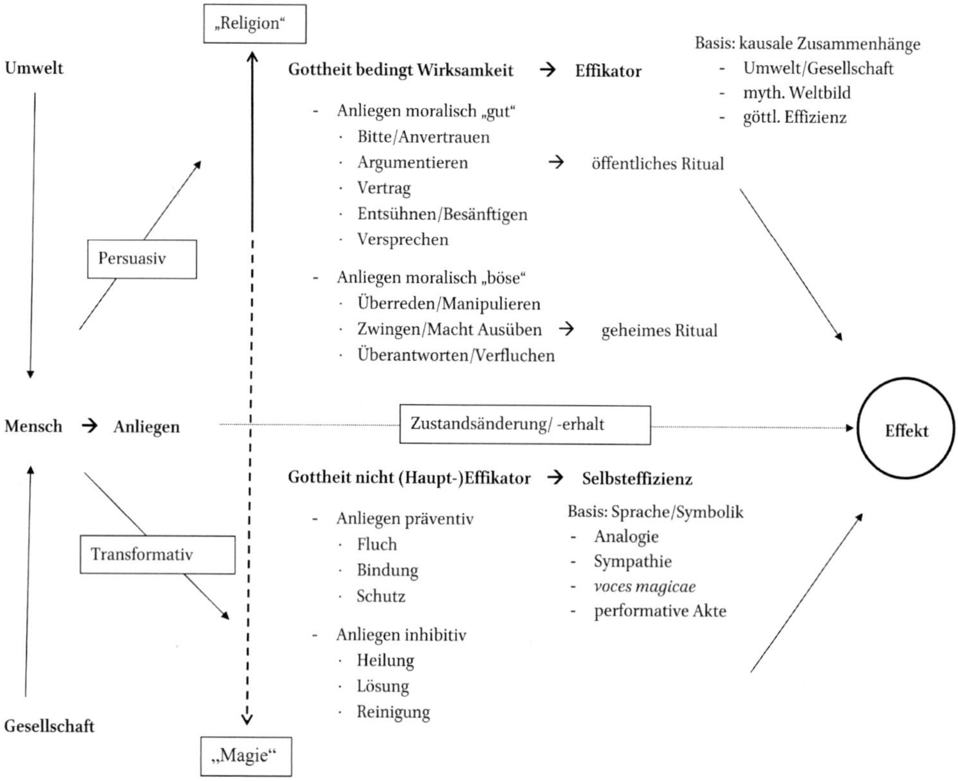

ABB. 18 Wirksamkeit von „religiösen" und „magischen" Ritualen

Gottheit" – „Binden/Zwang einer Gottheit" – „Selbsteffizienz" sind nicht klar voneinander abzugrenzen, sondern stellen gewissermaßen ein Kontinuum dar. Sie sind auch nicht fest mit bestimmten Ritualtypen verbunden; allerdings kann man eine tendenzielle Zuordnung der traditionell als „magisch" bezeichneten Praxis zu individuellen Heil- oder Abwehrritualen (in diesem Sinne auch Hutter 2015) sowie zur Mehrheit der anti-sozialen Rituale annehmen (vgl. zu heth. *alwanzatar* 4.3.4). Gesellschaftserhaltende, auf natürliche Abläufe bezogene, offiziell und gemeinschaftlich inszenierte Rituale hingegen neigen stärker zur Einbindung göttlicher Adressaten in das Konzept ihrer Effizienz und machen dadurch auch stärker Gebrauch von den oben thematisierten Mechanismen zur Garantie oder Kontrolle ihres Gelingens.

Die angesprochenen Zusammenhänge und Tendenzen sind in Abbildung 18 versuchsweise zusammengefasst. Die traditionellen, in 3.3 bereits als problematisch diskutierten Kategorien „Religion" und „Magie" werden dabei als Tendenz-Bereiche verstanden, die sich v.a. in Abhängigkeit von der Art der Effizienz und dem Inhalt des Anliegens mehr oder weniger stark ausgeprägt zeigen. Es soll auch keine absolute Zuweisung zwischen „umweltinduzierten" Anliegen und göttlichem Effikator einerseits sowie gesellschaftsbezogenen Anliegen und Selbsteffizienz andererseits hergestellt werden; man könnte hier aber von einer leichten Tendenz sprechen. Insgesamt sei betont, dass es angesichts der Vielfalt von Ritualen und Ritualtexten schwierig ist, eine (letztlich ja immer vereinheitlichende) schematische Darstellung vorzunehmen. Da sich die verschiedenen Ebenen aber nicht (nur) auf Rituale als Ganzes, sondern auch auf einzelne Äußerungen oder Handlungsschritte beziehen lassen, bleibt eine relativ große Differenzierbarkeit bestehen.

7.5 Aufrechterhalten von *Agency*: Kontroll- und Reparaturmechanismen

Die Wirksamkeit von Ritualen und damit das Gelingen der Kommunikation mit superempirischen Kräften wird im Prinzip durch die Herstellung eines Kausalzusammenhangs zwischen dem durchgeführten Ritual und einem sich danach einstellenden positiven oder dem Kommunikationsziel entsprechenden Effekt konstruiert (vgl. das Schema). Eine rein zeitliche wird hier also systematisch durch eine kausale Relation ersetzt[209] und dadurch für die Verknüpfung und gegenseitige Bestätigung von mythologischem oder mytho-historischem Weltbild und Ritualpraxis genutzt:[210]

> In many cases the postulated efficacy of a ritual is 'proven' by declaring certain phenomena the outcome of a ritual performance. More often than not this happens in the negative: the lack of doctrinal efficacy is postulated in that catastrophe, bad fate, disease, sudden deaths etc. are attributed to preceding failed ritual.[211]

---

209 Einige Kognitionswissenschaftler nehmen das Wirken verschiedener kognitiver Operatoren an, die durch bildgebende Verfahren bestimmten Hirnregionen- und -strukturen zugewiesen werden können. Einer der zentralen Operatoren, zumal für die Untersuchung biopsychologischer Hintergründe von Religion, ist laut Newberg und d'Aquili (2001) der kausale Operator, welcher für eben diese Herstellung und Induzierung kausaler Relationen verantwortlich ist. Ähnliche kognitive Prozesse werden in der Evolutionsbiologie und Psychologie hinter der Annahme von „supernatural agents", also Göttern im Allgemeinen vermutet; vgl. Boyer 2001: 144–146 zu „detection of apparent animacy and agency in objects around us".

210 Vgl. dazu Roth 2018.

211 Hüsken 2007: 352.

Umgekehrt wird demnach aus einem negativen Effekt auf das Scheitern oder Misslingen eines Rituals geschlossen; ein Mechanismus, der letztlich maßgeblich ist, um ein Glaubens- und Verehrungssystem dauerhaft aufrechterhalten zu können. Das mag zunächst überraschend klingen, erklärt sich aber anhand des Konzeptes von *Agency* bzw. Handlungsmacht (s. o. 3.5).

7.5.1 *Scheitern ritueller Kommunikation: Theodizee*

Begreift man Rituale als ein Instrument, um im Rahmen eines bestimmten Glaubenssystems Einfluss auf die als unzugänglich erlebten Lebens- und Umweltbedingungen zu nehmen,[212] so kann das offensichtliche Scheitern eines Rituals eine gravierende Bedrohung dieser menschlichen Selbst-Ermächtigung darstellen. Nicht nur für die spezifische Situation, die nicht nach den eigenen Bedürfnissen oder Vorstellungen gestaltet oder verändert werden kann, sondern u. U. für das ganze Konstrukt göttlicher und menschlicher Handlungsmacht ist ein Fehlschlagen von Ritualen als potentielle Krise einzustufen. Auf derselben Grundlage ist die Problematik in der christlichen Theologie als Theodizee-Frage bekannt: Die Tatsache, dass Gott zulässt, dass sogar den Menschen, die ihn fromm und rechtschaffen verehren, Leid widerfährt (das „Hiob-Paradox"), führt dazu, dass seine Existenz oder wenigstens seine Zugänglichkeit für menschliche Kommunikation grundsätzlich in Frage gestellt wird. Auch in der Weisheitsliteratur des Alten Orients ist diese Problematik bereits thematisiert worden, wie Ambos anhand der Beispiele des „Righteous Sufferer" Šubši-mešrê-ṣakkan und der „Babylonian Theodicy" demonstriert (Ambos 2007: 28–29 und 43–44). Hier wird zwar nicht die Existenz der Götter hinterfragt, wohl aber ihre Gerechtigkeit und ihr Wohlwollen den Menschen gegenüber, und damit auch die Sinnhaftigkeit der Götterverehrung. Dies äußert sich besonders durch Klagen über ergebnisloses Opfern: „I bore a yoke of profitless servitude. (My) god decreed (for me) poverty instead of wealth".[213] Bei den Hethitern ist das Zweifeln an der göttlichen Gerechtigkeit spärlich belegt und auch dann meist eher zaghaft oder implizit formuliert. Hoffner (2003) geht auf den Zusammenhang von göttlicher Gerechtigkeit, Strafe und menschlicher Schuld ein, der aus menschlicher Sicht nicht immer befriedigend nachzuvoll-

212 Indem diese mit superempirischen Mächten identifiziert werden.

213 Narām Šîn II. 74–75, vgl. Ambos 2007: 44. Ziel solcher Texte ist eigentlich, so die Interpretation, nicht Götter- oder gar Systemkritik, sondern im Gegenteil die Kritik an religionsindifferentem, -skeptischem oder -kritischem Verhalten, das in der Vernachlässigung kultischer Verpflichtungen mündet. Grundsätzlich wird dadurch aber immerhin die Existenz eines Bewusstseins für solche Konflikte bestätigt, auch wenn ihre tatsächliche Verbreitung wohl schwer einzuschätzen bleibt (vgl. Ambos 2007: 45). Vgl. auch Ambos 2005.

ziehen ist. Er konstatiert aber, dass wir in den Texten selbst keine Hinweise auf menschlichen Zorn über göttliche Ungerechtigkeit finden:

> It is likely that many Hittites (…) held their personal gods to be lazy, indifferent or unjust. But such actions are not reflected in the official royal archives. We cannot cite evidence for them from the texts, but we are probably justified in assuming them.[214]

Singer (2004) diskutiert immerhin einige wenige Beispiele für „Questioning Divine Justice in Hittite Prayers“, so in den Pestgebeten Muršilis II., in denen die Milde gegenüber einem Sünder auf der menschlichen Ebene mit der Härte der Götter kontrastiert wird, die auf Muršilis Akzeptanz der Schuld (seines Vaters) und die Entsühnungsversuche nicht mit einem Ende der Seuchen reagieren (Singer 2004: 415–416). Dies kann als (stark implizite) Kritik an göttlichem Verhalten interpretiert werden, die bemüht ist, die bestehenden Höflichkeitsansprüche zu wahren. In einem Gebet Ḫattušilis III. und Puduḫepas an die Sonnengöttin von Arinna (CTH 383.1) jedoch wird es explizit und ziemlich offensiv als *natta arḫa* „nicht recht“ bezeichnet, dass ein bereits entsühntes Vergehen der Vätergeneration nun nochmals von den Göttern bestraft werde:[215]

(167) KUB 21.19+ Vs. II 19–20
a-pé-e-ni-⌜iš⌝-šu-wa-an ut-tar am-mu-uk m[e-n]a-⌜aḫ⌝-ḫ[a-an-da]
am-me-el UD$^{\text{ḪI.A}}$-*aš* EGIR-*pa ḫu-it-ti-ia-u-wa-⌜an⌝-z[i]* *Ú-UL a-ra-a-an*
„Eine solche Angelegenheit mir g[eg]en[über] in meinen Tagen wieder (hervor) zu hol[en], ist nicht recht.“[216]

Auch in der klassischen Antike gibt es Hinweise auf menschliches Hadern mit unerfüllten Wünschen und Bitten. Dies betrifft v.a. die Nicht-Einhaltung von *vota*, also Gelübden mit dem Charakter gegenseitiger, vertraglicher Verpflichtung, seitens der Götter.[217] Ein *votum* war besonders in akuten Notsituationen eine verbreitete *coping strategy*: Im Zusammenhang mit Krankheiten, Umwelt-

---

214 Hoffner 2003: 106.

215 Dies entspricht dem insgesamt recht offensiven Stil Puduḫepas, der sicher als Zeichen der starken Individualisierung der Gebete und der dringenden persönlichen Interessen der Betenden zu bewerten ist. Auch in anderen Gebetstexten, z.B. im Gebet des Kantuzili an den Sonnengott (CTH 373) lässt sich u.a. aus den rhetorischen Fragen („was aber habe ich, Kantuzili, dir getan?“) herauslesen, dass sich der Betende ungerecht behandelt fühlt. Es wird allerdings nicht ganz so explizit ausgedrückt.

216 Übersetzung Daues/Rieken 2018; s. auch Singer 2002: 149.

217 Zum juristischen Charakter der *vota* z.B. Scheid 1998 (3.3: *Les voeux*).

katastrophen, bevorstehenden Seereisen, Feldzügen und riskanten persönlichen Unternehmungen sind Gelübde bezeugt, die der um Hilfe angerufenen Gottheit bei positivem Ausgang entsprechende Gegenleistungen zusichern; z. B. die Stiftung eines Altars oder Tempels (vgl. Ehmig 2013: 301–310). In der römischen Kaiserzeit wurden zudem alljährliche *vota* für das Wohlergehen des Kaisers und seiner Familie institutionalisiert und somit auch jenseits des individuell-religiösen Bereichs vollzogen (z. B. jährliche Einlösung und Formulierung der *vota* durch die Arvalbrüder).[218] Es gibt Hinweise darauf, dass ein Nicht-Erfüllen bzw. eine Ablehnung des Vertragsverhältnisses seitens der Götter bei den Menschen Enttäuschung hervorgerufen hat; dies zeigt sich bspw. in Grabinschriften *contra votum*, in denen die Hinterbliebenen ihrer Enttäuschung darüber Ausdruck verliehen haben könnten, dass (ein) Gott den Tod des geliebten Menschen trotz *votum* nicht verhindert hat.[219]

7.5.2 *Reaktionen auf unerfüllte Bitten*

Entsprechende Vermerke in den Akten der Arvalbrüder zeigen, dass *vota* bei Nicht-Einhaltung durch die Götter auch von menschlicher Seite nicht oder nicht vollständig eingelöst wurden, wie z. T. in den Akten des späten 1. Jh. n. Chr. bezeugt.[220]

Von einigen Beispielen für offene Enttäuschung und Kritik an den Göttern (bzw. an der Tatsache, dass diese menschliche Bitten nicht erhört haben) aus verschiedenen Kulturkreisen berichtet Versnel (1981) im Rahmen einer Untersuchung der Charakteristik des antiken Betens. Er erwähnt z. B. die folgende Äußerung auf einem griechischen Papyrus:

(168) Mitteis/Wilcken: 1912; I, 2, nr. 120
ὥσπερ οἱ θεοὶ οὐκ ἐφίσαντό μου,
οὕτως κἀγώ θεῶν οὐ φίσομαι
„Just as the gods paid no heed to me, I shall pay no heed to them."

verweist aber auch auf durchaus handgreifliche Bestrafungen von Götterbildern, wie die bei Theokrit geschilderte Geißelung des Pan als Reaktion arkadischer Viehhirten, deren Herden von dem Gott nicht ausreichend beschützt

218 Die *annua vota* der Arvalbrüder sind erstmals für das Jahr 87 n. Chr. belegt; zu Ablauf und Formular s. Scheid 1990; Henzen 1874: 89–104.

219 So neuerdings (und entgegen einer langjährigen Auffassung, die eine solche Interpretation kategorisch ausschloss, da Kritik an den Göttern undenkbar schien) Ehmig 2013: 322–328 und 2012 mit Daten zur Verbreitung des Phänomens.

220 Dazu Scheid 1989/90 mit Diskussion der Angabe *Hoc anno immolatum non est.*

worden waren.[221] Folgende Kritik an der Göttin der Gladiatoren, Nemesis, ist besonders tragisch, da sie einem zu Tode gekommenen Kämpfer zugeschrieben wird: *In Nemese ne fidem habeatis. Sic sum deceptus* „Nemesis dürft ihr kein Vertrauen schenken. So bin ich getäuscht worden".[222] Auch die *damnatio memoriae* bis hin zur „Tötung" der betreffenden Gottheit durch Zerstörung von Statuen und Tempeln konnte als Strafe für das Ausbleiben erwarteter Hilfe eingesetzt werden. Häufig wird im Zuge dessen der alte Schutzpatron durch einen neuen ersetzt.[223] Schließlich ist auch ein (sicherlich als sehr außergewöhnlich zu beurteilender) Fall überliefert, in dem Diagoras von Melos die Existenz der Götter wegen der ausbleibenden Strafe für einen Meineid völlig ausschloss.[224]

Insgesamt sind die von Versnel (1981) zusammengestellten Zeugnisse für menschliche Kritik am Verhalten der Götter aber als Ausnahmen zu bezeichnen; üblicherweise finden sie sich auch nicht im Rahmen offizieller Dokumentation, sondern im Bereich der individuellen Götterverehrung oder im Volksglauben.[225] Dies korrespondiert auch mit dem Befund der hethitischen Gebete: Je individueller diese gestaltet sind und je persönlicher ihr Anliegen, desto emotionaler ist die Kommunikation und desto eher finden sich darin Vorwürfe oder Kritik am göttlichen Kommunikationspartner.

7.5.3 *Fehler als Chance*

Eine andere Strategie,[226] mit dem Misslingen ritueller Kommunikation und dem Ausbleiben des gewünschten Effekts umzugehen, wurde hingegen v.a. in öffentlichen und offiziellen Ritualen angewandt. Es handelt sich um die oben

---

221 Theocr. VII,106 ff. Ähnliche regelrechte Strafmaßnahmen finden sich selbst im christlichen Volksglauben, so ist in den lokalen Traditionen mancher südeuropäischen Länder die Praxis bezeugt, Heiligenstatuen verkehrt herum aufzuhängen oder in der Sonne schmachten zu lassen, wenn ihre Unterstützung als nicht ausreichend empfunden wurde. Vgl. Versnel 1981: 38–39.

222 *CIL* V 3466 = *ILS* 5121.

223 Gerade in einer Konkurrenzsituation mit expandierenden Glaubenssystemen wie dem christlichen Monotheismus in der Spätantike ist eine Abwendung von den alten Göttern wahrscheinlich, wenn der neue Gott sich als hilfreicher in einer konkreten Situation erwiesen hat. Ein prominentes Beispiel dafür ist Kaiser Konstantin und die Legende seiner Hinwendung zum christlichen Glauben. Vgl. z.B. Girardet 2010: 49–50.

224 Sext. *Math.* 9,53; Schol. Aristoph. *Nub.* 830.

225 D.h. im ohnehin beweglicheren Spektrum der individuellen Praktiken; s.o. 3.4.2.

226 Sicherlich auch aus politischen Gründen: Das Zweifeln einer ganzen Gemeinschaft an den als existenziell institutionalisierten Weltanschauungen und Ritualen dürfte extrem problematisch sein und scheint von den Machthabenden, welche die religiöse und kultische *Agency* vertreten und oft durch eben diese Praxis legitimiert sind, unbedingt vermieden worden zu sein.

bereits erwähnte Annahme, die Kommunikation oder eine ihrer Vorbedingungen selbst sei fehlerhaft gewesen und das Missglücken mithin auf einen Fehler auf menschlicher Seite zurückzuführen. Dieser Mechanismus ist viel machtvoller als es auf den ersten Blick erscheinen mag: Er erlaubt den Menschen die aktive Suche nach diesem Fehler und die Möglichkeit, ihn durch entsprechende Wiedergutmachungshandlungen zu beheben. Damit wird eine neue Chance auf das Gelingen der Kommunikation erzeugt, der Mensch bleibt so selbst am Zug und damit innerhalb des religiösen Abhängigkeitsgefüges handlungsfähig. Dadurch wird letztlich auch einem Ver-Zweifeln am göttlichen Verhalten vorgebeugt, indem der Kommunikationsprozess offen und die Hoffnung auf ein letztendliches Gelingen aufrechterhalten werden. Auch *vota* entsprechen diesem Prinzip, da prinzipiell die Möglichkeit besteht, dass die Gottheit den ihr angebotenen Vertrag ablehnt (aufgrund von Fehlern oder weil sie dem Bittsteller nicht gewogen ist). Ein Nicht-Erfüllen der im *votum* geäußerten Bitten kann daher zwar persönliche Enttäuschung und emotionale Reaktionen hervorrufen (wie unter 7.5.2 gesehen); der Mechanismus an sich bietet aber ebenfalls einen Ansatz für die Annahme fehlerbedingten Scheiterns.

Die Tatsache, dass eher detailbezogene Fehler innerhalb des Systems angenommen werden (zumal solche, die man selbst korrigieren kann), anstatt das ganze System in Frage zu stellen, lässt sich grundsätzlich dem Spektrum kognitiver Verzerrungen zuordnen. Konkret kann dieser Effekt als Variante des sogenannten „confirmation bias" (Bestätigungsfehler) bezeichnet werden, also der Neigung, Informationen oder Ereignisse so zu interpretieren, dass diese die eigenen Erwartungen erfüllen und, wie in unserem Fall, das bestehende System bestätigen.[227] Dabei ist es infolge des besonderen kulturellen Status religiöser Weltanschauungen und Praktiken in antiken Gesellschaften oft nicht nur das System der Religion an sich, das vor Kritik oder Zweifel geschützt wird. In der Regel sind, wie schon gesehen, auch gesellschaftliche und machtpolitische Strukturen direkt von diesem abhängig. Gerade in Gesellschaften wie der hethitischen, in denen der König eine besondere rituelle Position einnimmt und in enger Verbindung mit den Göttern steht, ist es wichtig, dass dieser besondere Status und die an ihn geknüpften Machtstrukturen möglichst wenig durch rituelles Scheitern und daraus resultierende Systemkritik gefährdet werden. Ein mögliches Instrument ist dabei ein ausgeprägtes Divinations- und Reparatur-System, wie unten (7.5.4.3) noch ausführlicher gezeigt wird.

227 Zur Rolle von kognitiven Verzerrungen im Zusammenhang mit Glauben und Religion s. Boyer 2001: 300–302.

7.5.4 *Feststellen des Scheiterns und Fehleridentifikation*

Um mögliche Fehler zu identifizieren und geeignete Gegenmaßnahmen zu ergreifen, muss zunächst einmal feststehen, dass das betreffende Ritual misslungen ist (andernfalls besteht keine Notwendigkeit für derartige Maßnahmen). In der Regel ist die Fehleridentifikation und -behandlung an kompetente und handlungsmächtige Spezialisten geknüpft und steht daher im Zusammenhang mit dem Grad der Professionalisierung des herrschenden Systems ritueller Praxis, wie auch Gladigow (2004: 72) betont:

> Für die Professionalisierung einer Ritualistik ist von zentraler Bedeutung, wie mit ‚Fehlern' in der Durchführung eines Rituals umgegangen wurde, wer sie ‚gemerkt' hat, und wie sie dann korrigiert werden können.

Monopole für die entsprechenden Schritte und Verfahren liegen im römischen und auch im hethitischen System klar bei offiziellen Repräsentanten des jeweiligen Kults, d. h. bei den zuständigen Priestern. Teilweise üben auch politische Institutionen Handlungsmacht in diesem Bereich aus, wie etwa der römische Senat im Falle der Prodigienanerkennung als Voraussetzung für eine Prokuration und Wiedergutmachung.[228] Bei den Hethitern können Königshaus und König als oberste Entscheidungsinstanz und die verschiedenen Ritualspezialistinnen und -spezialisten als kompetente Akteure angesehen werden, wobei letztere die praktischen Kompetenzen besitzen. Da das Konzept von Ritualfehlern und ihrer Behandlung v. a. im Staatskult relevant ist, beziehen sich die Kompetenzbereiche auf offizielle Rituale und deren Qualitätssicherung und gehen mit einem hohen Professionalisierungsgrad einher.[229]

7.5.4.1 Fehler, die unmittelbar zum Scheitern des Rituals führen

Oft haben wir weniger durch Ritualfachtexte als durch historische Berichte und antiquarische Anekdoten Kenntnis von störenden Zwischenfällen, die sich bereits unmittelbar während der rituellen Performanz ereignen können und automatisch dazu führen, dass das Ritual als gescheitert gilt. Eine Ausnahme

228 Vgl. dazu z. B. Rosenberger 2005.

229 Einen interessanten Fall konkurrierender Kompetenzen bespricht Hüsken (2007): Zwei hinduistische Sekten stellen die Gebetspraxis bzw. konkret bestimmte Formeln der jeweils anderen Gruppe in einem Viṣṇu-Tempel in Frage. Es entsteht ein systematischer Streit um rituelle Kompetenz und Autorität, dabei geht es um normative Macht genauso wie um Identitätsstärkung durch gegenseitige Abgrenzung. Die Prozesse des Aushandelns von Fehlern und die Wiederholung der Rituale werden zugleich als Grundlagen für eine starke rituelle Dynamik angesprochen; vgl. Hüsken 2007: 287–289.

stellt ein Abschnitt der ausführlichen Version des *piaculum* dar, in dem explizite Bedingungen genannt werden, die ein Scheitern der (vor dem eigentlichen Ritual durchzuführenden) Auspizien verursachen können:

(169) IT VIa 5–7
sersi. pirsi. sesust. poi. angla / aseriato. est. erse. neip. mugatu. nep. arsir. andersistu. nersa. courtust. porsi. angla. anseriato / iust. sue. muieto. fust. ote. pisi. arsir. andersesusp disleralinsust[230]

---

230 Die Frage der möglicherweise fehlenden Worttrennung und der lexikalischen und morphologischen Bestimmung (der Bestandteile) von *disleralinsust* ist strittig: eindeutig anhand des Kontexts ist allerdings die Bestimmung der Verbalendung als 3.Sg. Futur II eines *-nki*-Perfekts (vgl. Vine 2011; Untermann 2000: 180) sowie die semantische Interpretation, die Weiss 2010: 215 so paraphrasiert: „if a noise is made or if another sits in between, then the taking of the auspices will have become void". Gegenüber stehen sich die Auffassung eines Ausdrucks aus *disler* + *alinsust* mit fehlendem Worttrenner (s.u.) vs. eines komponierten, denominalen Verbs, das Poultney 1959: 188 als **dis-leisā-li-* (zu lat. *līra*) rekonstruiert und zu lat. *dēlīrāre* „vom Weg abgehen" stellt (so zuerst Buecheler 1883: 46); überzeugende Argumente dagegen bringt Weiss 2010: 216 FN 260 vor. Bei der Annahme eines Syntagmas ergibt sich zunächst die Frage nach der Interpretation und Etymologie des ersten Bestandteils *disler*. Morphologisch ist die Form sicher Abl.Pl. oder Gen.Sg. eines *o*-Stamms, als wahrscheinlichster Kandidat gilt **tiçel**, wobei dies eine Verschreibung von (im lat. Alphabet) erwartetem *ś* zu *s* voraussetzt (diese gilt aber als plausibel; s. Weiss 2010: 215). Die Idee geht im Kern bereits auf Aufrecht/Kirchhoff 1851: 61 zurück; sie eröffnet die weitere Frage, ob **tiçel** an **dei̯ḱ-* „zeigen, sagen" anzuschließen und etwa als „Formel" < **diḱ-elo-* (s. Untermann 2000: 754) zu verstehen oder ob eine Interpretation als „Tag" < **d(i)i̯ē-kelo-* (dimin. zu lat. *diēs*, vgl. *diēcula*; Untermann 2000: 868) vorzuziehen ist. Erwägenswert wäre evtl. die Frage, ob der Genitiv als elliptisch zu verstehen sein könnte, etwa „wird (das Ergebnis/der Erfolg) der Formel/des Tags ungültig gemacht sein"; dadurch würde sich allerdings nicht zwingend eine Festlegung der Bedeutung ergeben. Weiss vertritt die semantisch absolut plausible Hypothese, dass in den IT beide fraglichen Lexeme (als Homonyme) nebeneinander existieren (III 25, 27 und IIb 22 **tiçlu** „Formel" vs. IIa 15, VIa 7 **tiçel** bzw. *disler* „Tag"); an der vorliegenden Stelle sei „Tag" die naheliegendere Option: „it will have voided the day". Prinzipiell würde der Verweis auf ein störendes Geräusch (*muieto*) m.E. ein Verständnis als „Formel" empfehlen: Das gesprochene Wort wird durch ein zeitgleiches Geräusch unverständlich; das Sprechen von Formeln im Ritual, das v.a. durch die Lexeme **teitu** und **naratu** vertreten ist, stellt einen zentralen Sprechakt dar (vgl. Dupraz 2016/17; Schirmer 1998: 115–116; Tichy 1979: 173), dessen Störung als entscheidender Ritualfehler zu verstehen wäre. Auch im Wiedergutmachungsritual wird explizit ein Fehler beim Äußern der Formel als Grund des Scheiterns angegeben; s. Bsp. (171). Angesichts des rituellen Kontexts ist aber womöglich Weiss' Deutung als naheliegender zu bewerten: Die Angabe erfolgt bzgl. der Auspizien, die vor dem eigentlichen Ritual stehen und die i.d.R. terminierende oder bestätigende Funktionen besitzen; es ist daher nicht unwahrscheinlich, dass eine Störung in diesem Abschnitt den ganzen weiteren Tag unbrauchbar macht; als Sprechakte, auf die *disler* „Formel" referieren könnte, sind nur die Stipulationsformeln aufgeführt. Schirmer gibt den Anschluss an **dei̯ḱ-* (wegen der Unmöglichkeit

„Bzgl. der Tatsache, dass derjenige sich auf den (Augural-)Sitz gesetzt haben wird, der gehen wird, um die Vögel zu beobachten, so soll er diesbezüglich kein Geräusch machen (i.e. soll niemand ein Geräusch machen) und sich kein anderer dazwischen setzen,[231] bis der zurückgekommen sein wird, welcher gegangen sein wird, die Vögel zu beobachten. Wenn ein Geräusch gemacht werden wird oder sich jemand dazwischen gesetzt haben wird, wird der Tag (oder: die Formel) des Rituals ungültig gemacht sein."[232]

Auf das Ungültig-Werden des Rituals aufgrund von Unterbrechungen (markiert durch das Präverb *ander* „dazwischen") verweist auch eine Angabe am Ende des *piaculum*, die für den Vorgang des Scheiterns den Ausdruck *uasetome fust* (Ib 8 **vaçetumise**) verwendet:[233]

einer einheitlichen Bedeutung von **tiçel**) auf und schlägt stattdessen **deḱ-* „aufnehmen, wahrnehmen" als Grundlage vor; als Bedeutung von *disler* nimmt sie dann „Ritus" an, also „wird er den Ritus ungültig gemacht haben", mit Genitiv des Sachbetreffs (Schirmer 1998: 141). Dieser Lösung steht Weiss angesichts der dann fehlenden terminologischen Abgrenzung zu **persklum** „Ritual" (z.B. VIa 1 *este persclo* mit Bezug auf das gesamte Ritual) jedoch ablehnend gegenüber (2010: 216). Bzgl. des enthaltenen Verbs gilt immer noch der Vorschlag von Meiser 1986: 211 als zentral, der die Basis **ali-* zu gr. ἀλάομαι, lat. *ambulo*, umbr. **amboltu** (LIV²: 264 **$h_2$elh_2-* „ziellos gehen") stellt, wobei ein sonst nicht bezeugter alternativer *-i̯e/o*-Stamm angenommen werden muss. Anders García Castillero 2000: 285–286 mit dem Vorschlag **a-lī-nki-* „auflösen, zerstören", wobei **lī-* < **lū-* und eine Verbindung zu lat. *luo* und *solvo*, got. *fra-lusjan*, ai. *lunāti* angesetzt wird.

231 Die Lexeme *sersi* (Lok./Abl.Sg. eines *i*-Stamms „Sitz des Auguren bei der Vogelschau"; Untermann 2000: 658), *sesust* (3.Sg.Fut. II) und *andersistu* (Impv. II < **si-sd-e-tōd*; wie lat. *sīdere*, ved. *sīdati* zu redupliziertem them. Ps.-Stamm von **sed-* „sitzen", mit Präverb *ander-* < **h_1n̥-ter* „zwischen"; s. Untermann 2000: 680–681) weisen darauf hin, dass das Einnehmen und Innehaben des korrekten Platzes rituell bedeutsam ist und nicht gestört oder behindert werden darf, wenn die Ergebnisse der Auspizien valide sein sollen.

232 Zur Übersetzung von *pirsi* vgl. Dupraz 2013b: 356; s. zu *pirsi* als Subordinator noch unten 8.5.6.4.

233 Zur Parallelstelle Ib 8 s.u. Bsp. (185). Es handelt sich wahrscheinlich jeweils um Zusammensetzungen aus einer Supinform **vaçetum**/*uasetom* (letztere erweitert um die Postposition *-en*) mit dem Verb für „gehen" **-ise** (Konj.Pf. zu **ei̯-*) bzw. *fust* (Fut. II von „sein", hier womöglich als suppl. Futur II zu **ei̯-*); vgl. Untermann 2000: 820 für einen Überblick (auch zu abweichenden Vorschlägen). Inhaltlich bezieht sich der Ausdruck auf einen „Vorgang im Ritual, durch den dieses ungültig wird und gesühnt oder wiederholt werden muß; wahrscheinlich im Bereich von ‚versäumen' oder ‚fehlerhaft ausführen'" (s. Untermann 2000: 820); außer in der vorliegenden Anweisung zum *piaculum* findet sich das Verb als PPP mehrfach in den Gebetstexten (VIa 27, 37, 47 und VIb 30), im Rahmen der *disregard formulae* (s. 7.5.7). Der als wahrscheinlich geltende Anschluss an **u̯ak-* vgl. lat. *vacat*, heth. *wakkari* „fehlt, ist leer" spricht nach Weiss 2010: 162 für einen „fault of omission rather than commission".

(170) IT VIb 47

suepo. esome. esono. ander. uacose. uasetome. fust. auif. aseriatu. uerofe. treblano couertu. reste. esono. feitu

„Wenn in diesem Ritual eine Unterlassung dazwischengekommen sein sollte, wird es fehlgehen/ungültig sein. (Dann) soll er die Vögel beobachten, er soll zum Trebulaner Tor zurückkehren (und) er soll das Ritual erneut vollziehen."

Im Rahmen des Wiedergutmachungsrituals wird konkret ein Fehler beim Sprechen einer Formel als Grund für das Misslingen eines Opfers angegeben, wie die einleitende Indikation eindeutig angibt:[234]

(171) IT IIa 1–2

pune: karne: speturie: atiieřie: aviekate: naraklum: / vurtus: estu esunu: fetu:

„Wenn dem speturischen augurischen atidedischen Teil (der Brüder)[235] die Formel ‚verdreht' gewesen sein wird,[236] sollst du dieses Ritual durchführen."

Störende Geräusche, widerspenstiges Verhalten des Opfertiers und der Gebrauch falscher Wortlaute und Handlungen durch die Akteure sind in der gesamten klassischen Antike als Gründe für das unmittelbare Scheitern ritueller Kommunikation verbreitet. Allerdings haben wir meist nicht wie in Bsp. (169) und (171) aus primären Ritualtexten, sondern durch sekundäre Quellen Kenntnis von solchen Misslingens-Szenarien.[237] So berichtet Plinius d. Ä., dass Fehler im Wortlaut bei der Rezitation einer Formel Auswirkungen auf die Integrität des Opfertieres haben können, die zum Scheitern des gesamten Rituals führen.[238] Bei Livius (41,16,1–2) findet sich eine Anekdote über das Vergessen

234 S. zum Wiedergutmachungsritual auch 5.6.4 mit Bsp. (19) und (20); besonders hinsichtlich der Rolle der „augurischen Abteilung" der Brüder in diesem Ritual. S. außerdem nochmals unten Bsp. (188).

235 Damit ist wohl eine Abteilung bezeichnet, die für die Divination durch Augurien verantwortlich war; **speturie** ist als Zugehörigkeitsadjektiv zum Gott **speture** „Spektor" (IIa 5) zu sehen; zum Anschluss an **spek-* „sehen, erblicken" s. Untermann 2000: 692–693.

236 Oder aber „wenn du zuungunsten des (...) Teils die Formel verdreht haben wirst" (s. o. Kapitel 5 FN 61). Vgl. zur Bedeutung von **vurtus** und dem formalen Problem der Interpretation als 2. oder 3.Sg.Fut. II Untermann 2000: 864–865; Nussbaum 1973: 362; zur Formulierung **naraklum vurtus** Dupraz 2016/17; Weiss 2010: 41–42; Schirmer 1998: 155.

237 Vgl. beispielsweise Wissowa ^{2}1912: 397–398; Dumézil ^{2}1974: 56–62.

238 Zur *litatio* s. u. S. 392.

einer Angabe in einem Gebet, was den Tod eines Konsuls zur Folge hatte und die Wiederholung des Rituals erforderlich machte.

Derartige Berichte verraten im Umkehrschluss einiges über die Norm, d.h. die erwartete, korrekte Form der Rituale. Diesen Punkt hebt Hüsken (2007: 237) besonders hervor. Auch durch die Aufzählung *möglicher* oder *vorstellbarer* Fehler, z.B. in sogenannten *disregard*-Formeln (s.u. S. 410), erhalten wir z.T. sehr detaillierte Eindrücke davon, welche Ursachen zum Scheitern eines Rituals führen können, selbst wenn es sich dabei im Einzelfall nur um „imagined deviations from imagined norms" handeln mag (Hüsken 2007: 237).

Störungen im Ablauf eines Rituals – besonders solche, die als Verweigerung des Opfertiers interpretierbar waren – galten in Rom generell als Zeichen für ein Scheitern des Kommunikationsversuchs. Sie wurden dahingehend interpretiert, dass offenbar das falsche Kommunikationsmedium gewählt worden war, das deshalb von den Adressaten verweigert wurde, z.B. ein kultisch nicht einwandfreies Tier. Ein solcher Vorfall galt gleichzeitig als böses Vorzeichen. Von einem negativen *omen*, das während der Durchführung eines Opfers auftritt, berichtet auch Livius im folgenden Beispiel:

(172) Liv. 21,63,8

Paucos post dies magistratum iniit, immolantique ei vitulus iam ictus e manibus sacrificantium sese cum proripuisset, multos circumstantes cruore respersit (...). *Id a plerisque in omen magni terroris acceptum.*

„Wenige Tage später trat er sein Amt an; und beim Opfer entriss sich ein Kalb, das schon vom tödlichen Stoß getroffen war, den Händen der Opferdiener und besudelte viele Umstehende mit seinem Blut (...) Dies wurde von den meisten als ein Vorzeichen großen Schreckens aufgenommen."

Verschiedene Strategien sollten solchen akzidentellen Fehlern vorbeugen: Die Opfertiere werden in Griechenland durch das Fixieren an am Boden angebrachten Ringen und Pflöcken dazu gebracht, den Kopf zu senken, um die Fiktion von Freiwilligkeit zu erzeugen. In Rom werden bei staatlichen Ritualen Maßnahmen ergriffen, die das Unterbrechen von Rezitationen oder akustische Störungen ausschließen sollen; so überwacht ein eigener Aufseher die Einhaltung der Stille und ein Flötenspieler übertönt durch den durchdringenden Klang seines Instruments mögliche Störgeräusche.[239] Die Freiwilligkeit der Tiere wurde durch das Führen „am lockeren Strick" oder „zustimmendes

239 Vgl. Wissowa ^{2}1912: 417 mit Verweis auf Plin. *Nat.* 28,11.

Kopfnicken“ inszeniert, das durch das Übergießen mit Wein provoziert werden konnte.[240] Die angewandten Methoden beweisen einen äußerst pragmatischen, mechanisierten Umgang mit dieser Problematik.[241]

Im Folgenden werden auch Fälle besprochen, in denen sich das Scheitern und seine Ursachen nicht unmittelbar während des Rituals offenbaren, sondern erst retrospektiv festgestellt werden (z. B. durch das Ausbleiben des erwünschten Effekts). In einem solchen Fall erweist es sich aus pragmatischer Perspektive erst nachträglich als überhaupt notwendig, einen Fehler zu finden. Anschließend werden Strategien zur Reparatur wie auch zu Prävention diskutiert, wobei das Hauptaugenmerk hier auf Maßnahmen liegt, die sich in Form bestimmter sprachlicher Muster und Routinen in den Ritualvorschriften niederschlagen.[242]

7.5.4.2 Ausbleiben des gewünschten Effekts

Bereits weiter oben (7.5.2) wurden vereinzelte Zeugnisse für das Ausbleiben des durch ein Ritual verfolgten Ziels angeführt.[243] Ein weiteres Beispiel für das wiederholte Misslingen ritueller Kommunikation wird im Hethitischen durch die Pestgebete Muršilis II. dokumentiert. In den insgesamt vier Gebetstexten wird über einen längeren Zeitraum hinweg immer wieder auf eine „schon 20 Jahre lang im Land herrschende Seuche“ Bezug genommen, deren Ursache Muršili II. mehrfach durch Orakelanfragen ermitteln und entsühnen lässt. Aus dem Fortbestehen der Seuche wird aber jedes Mal geschlossen, dass die eigentliche Ursache für den göttlichen Zorn, der die Seuche verursacht, noch nicht gefunden ist und dass weitere Maßnahmen notwendig sind. Dabei ist auffällig, dass nicht etwa eine Verfehlung des Königs selbst als Ursache diskutiert, sondern stets auf zurückliegende Probleme seiner Vorfahren zurückgegriffen wird. Hier muss sicher auch der Faktor berücksichtigt werden, dass diese Äußerungen auch öffentlich rezipiert werden und Adressaten auf der menschlichen Ebene besitzen. Dies macht die Gebete des Königs (zusätzlich) zu einer

240 Vgl. Wissowa ²1912: 416 mit Verweis auf Paul. *p.* 244; Plin. *Nat.* 8, 183.

241 Sie legen auch nahe, dass in Fällen, wo es dennoch tatsächlich zu Widerstand oder Flucht des Tieres gekommen war, möglicherweise bestimmte pragmatische Erwägungen im Spiel gewesen sein können, die z. B. für eine Wiederholung des Rituals (und damit den Aufschub einer Entscheidung) sprachen. In diesem Sinne urteilt auch Rüpke (1990: 125–127) in Bezug auf militärische Entscheidungsprozesse.

242 Zu „sprachlichen Routinen“ im Zusammenhang mit Fachsprachlichkeit vgl. Czicza/Hennig 2011: 49.

243 Z. B. römische Grabinschriften, die den Tod eines nahen Verwandten (Kind oder Ehefrau) als *contra votum* ausweisen; vgl. Ehmig 2013.

Plattform für apologetische, politische Kommunikation. Durch die wiederholte Bezugnahme auf die vorherigen Versuche und deren Scheitern ist jedenfalls das Verfahren von Fehlersuche und Reparaturbemühungen für uns sehr deutlich nachvollziehbar – und ebenso die Tatsache, dass das offensichtliche Misslingen dieser Bemühungen weitere rekursive Schleifen notwendig macht. So wird z. B. auf das vorherige Gebet und die bereits ergriffenen Entsühnungsmaßnahmen Bezug genommen und anschließend konstatiert:

(173) KUB 14.8 Vs. 3′–7′
DINGIR^MEŠ^-*ma-m*[*u* …]
[… KUR ^URU^]*ḫa-at-ti ḫi-in-kán Ú-UL* SIG$_5$-⌈*at*⌉-[*ta-at* …]
[*ta-ma-aš-t*]*a-at* (§-Strich)
[… *š*]*A* DINGIR^MEŠ^-*IA ku-i-e-eš* ^LÚ.MEŠ^NINDA.GUR$_4$.RA-[*uš* …]
[*aš-ša-a*]*n-te-eš e-še-er na-at ak-ki-i*[*š-ka-an-ta-at* …]
„Die Götter aber [*hörten*] mi[ch *nicht*]. [*Im Inneren des Landes*] Ḫatti wurde die Seuche nicht gut. [*Das Land Ḫatti wurde überaus stark* bedrück]t. Die [*wenigen*] Brot- [(*und*) *Weinopferer*] meiner Götter, die [übr]ig geblieben waren, die sta[rben weiter dahin].“[244]

Lexikalisch, syntaktisch und morphologisch kommt hier zum Ausdruck, dass der durch Ritual und Gebet intendierte Effekt, die Änderung des bestehenden Zustandes, nicht eingetreten ist; dafür sorgen die negierten Verben, die Semantik von *aššanteš* „übrig/verbleibend“ und die imperfektive Form *akkiškantat* „starben kontinuierlich“. Auch in den weiteren Pestgebeten wird durch die sich jedesmal wiederholende Darlegung der Situation und die zunehmende Verzweiflung des Königs deutlich, dass keine Verbesserung der Situation eingetreten ist und dass die zur Entsühnung der jeweils festgestellten Ursachen vollzogenen Rituale nicht den gewünschten Effekt herbeiführen konnten.

7.5.4.3 Divination und Mantik: Feststellen *und* Beheben von Fehlern

Zur detaillierteren Feststellung des Gelingens von ritueller Kommunikation stehen in vielen antiken Religionen divinatorische Praktiken zur Verfügung, die, wie Gladigow sagt, „eine implizite oder explizite Rückkoppelung des Ritualsystems mit den intendierten Interaktionspartnern“ darstellen (Gladigow 2004: 86).

---

244 Ergänzungen in dieser Passage nach E. Rieken et al. (ed.), hethiter.net/: CTH 378.2 (TRde 2017-10-18).

7.5.4.3.1 *Divinationspraxis in Rom*

In Rom ist das Divinationssystem sehr stark ausgebaut und differenziert, wobei eine wichtige formale Unterscheidung die Initiative der Kommunikation betrifft. Geht sie vom Menschen aus, sind also explizite Fragen an die Götter der Ausgangspunkt, spricht man von *signa impetrativa*. Hierzu zählen Vogelschauen und andere Befragungen, die vor wichtigen Entscheidungen bzw. Ereignissen zur Entscheidungsfindung (oder -legitimation) eingesetzt wurden. Als göttliche Botschaft verstandene Zeichen konnten großen sozialen und politischen Einfluss besitzen, wie uns senatsrechtliche Zeugnisse darüber mitteilen, dass bspw. Volksversammlungen aufgrund von gemeldeten Blitzen (Zeichen Jupiters) generell abgesagt werden mussten. Engels (2007) spricht in diesem Zusammenhang sogar von einem neurotischen Ausmaß der römischen „Vorzeichenfixierung".[245] Mit Bezug auf das System ritueller Kommunikation soll an dieser Stelle allerdings eher der durchaus pragmatische Charakter der Divination als Korrekturmechanismus und Instrument menschlicher *Agency* beleuchtet werden.

Eine in das Opferritual selbst eingebettete Divinationstechnik ist die *litatio*: Diese ursprünglich etruskische Praxis stellt zwar einen sekundären Zusatz dar, wurde aber zum festen Bestandteil aller römischen Tieropfer. Nach der rituellen Übergabe an den Adressaten durch die *immolatio* und der anschließenden Tötung, wurde das Tier zunächst geöffnet und seine Eingeweide wurden durch einen Opferbeschauer inspiziert (*extispicium*). Nur wenn die Organe intakt, an der richtigen Stelle und vollzählig waren, galt das Opfer als vom Empfänger akzeptiert und damit dessen Einwilligung in die quasi-vertragliche Beziehung mit den Opfernden als vollzogen.[246] Gladigow nennt diesen Mechanismus eine „rekursive Schleife", die gleichzeitig ein „Sekurisierungssystem zwischen Ritual und externen Kontexten", also eine Versicherung für die Wirksamkeit menschlichen Handelns im Sinne der obigen Erläuterungen repräsentiert (Gladigow 2004: 68).

Beispiele für nicht erfolgte *litationes* finden sich als historische Anekdoten z.B. bei Livius:

---

245 Vgl. Engels 2007: 798–825 („Historisch-psychoanalytische Überlegungen").

246 Als Grund für das Ausbleiben der *litatio* nennt z.B. Plinius d.Ä. (*Nat.* 28,11) Fehler beim Rezitieren der Gebete: *sic repente extis adimi capita uel corda aut geminari uictima stante.* „Auf diese Weise verschwanden plötzlich (Leber-)Köpfe oder Herzen aus den Eingeweiden oder verdoppelten sich, während das Opfertier noch stand".

(174) Liv. 27,23,4
hostiae maiores ***sine litatione*** *caesae diuque non impetrata pax deum*
„Ausgewachsene Opfertiere wurden ohne *litatio* getötet und die *pax deum* nicht erzielt"

Auch in den Ritualvorschriften bei Cato finden wir den Begriff der *litatio* und somit den Nachweis einer unmittelbaren Kontrolle hinsichtlich des Gelingens eines Opfers:

(175) Cato *Agr.* 141, 4
Si minus in omnis litabit, sic verba concipito (...) *Si in uno duobusve dubitabit, sic verba concipito* (...)
„Wenn bei jedem (der Opfer) die *litatio* ausbleibt, sollst du folgende Formel sprechen (...) Wenn bei einem oder zweien Zweifel bestehen, sollst du folgende Formel sprechen (...)"

Die in der römischen Literatur am häufigsten genannte Indikation, die eine *litatio* ausschließt, ist das Fehlen des Herzens oder des *caput iocineris*:

(176) Paul. *p.* 244 (Lindsay)
pestifera auspicia esse dicebant, cum cor in extis aut caput in iocinere non fuisset
„Unheilbringende Auspizien seien es, so sagte man, wenn in den Eingeweiden das Herz oder an der Leber der ‚Kopf' nicht vorhanden war."

Der wohl prominenteste Fall einer solchen Abnormität wird von Cicero geschildert: Das Fehlen des Herzens wurde zum Vorboten für die Ermordung Caesars:

(177) Cic. *div.* 1,119
Quod ne dubitare possimus, maximo est argumento quod paulo ante interitum Caesaris contigit. Qui cum immolaret illo die quo primum in sella aurea sedit et cum purpurea veste processit, in extis bovis opimi cor non fuit.
„Dass wir daran nicht zweifeln können, dafür mag als äußerst bedeutungsvoller Beweis das gelten, was sich kurz vor dem Tode Caesars ereignete. Als dieser an jenem Tage opferte, an dem er zuerst auf der goldenen *sella* saß und mit dem Purpurmantel ausging, fand sich in den Eingeweiden des fetten Stieres kein Herz."

Auch in hethitischen Festritualen finden sich manchmal Hinweise auf Verifizierungsverfahren, in denen die Leber des geopferten Tiers untersucht wird, um durch positive Zeichen eine Bestätigung des Gelingens und der somit hergestellten Wohlgesonnenheit der Götter zu erhalten. Die dafür gebrauchte Formulierung finden wir z.B. in einem Festritual der Stadt Zippalanda, wenn „der König die Leber verlangt" und anschließend den Teilnehmern des Rituals „die (glänzende) Botschaft der Gottheit verkündet" wird.[247] Allerdings scheint die Leberschau v.a. als eigenständiges Orakelverfahren außerhalb von Opferritualen praktiziert worden zu sein, um gezielt auch nicht-ritualbezogene Auskunft von den Göttern einzuholen.[248]

Im Gegensatz zu den provozierten Götterzeichen (wie Vogelschau, Eingeweideschau), die mit einer bestimmten Fragestellung verbunden waren, werden die sogenannten *signa oblativa* göttlicher Initiative zugeschrieben und gelten als freie Missfallensbekundungen.[249] Sie sind also keine Entscheidungshilfen, sondern werden meist auf begangene Verfehlungen, z.B. im Kult, bezogen. Sie kündigen allerdings auch eine heranziehende Katastrophe an, wenn diese Fehler nicht unverzüglich entsühnt werden. Somit besitzen die römischen *signa oblativa*, zu denen *prodigia*, *ostenta* und *portenta*, *omina* und *monstra* gezählt werden,[250] generell eine rückwärtsgewandte (ursachenbezogene) und eine vorwärtsgewandte (prophetische oder divinatorische) Perspektive. Die Zeichen waren i.d.R. beunruhigende Ereignisse,[251] die spontan und außerhalb von Ritualen auftraten. Sie konnten von jedem Menschen beobachtet und dem Senat gemeldet werden. Erst wenn dieser ein Ereignis als tatsächlich

---

247 Vgl. Haas 2008: 130 mit weiteren Beispielen von Eingeweideorakeln innerhalb von Festritualen.

248 S. dazu unten (S. 397), außerdem Beal 2002a: 59–64 und zu den Details der hethitischen Hepatoskopie und den erhaltenen Lebermodellen Mouton 2015.

249 Definition s. Linderski 1971: 316–317; zum römischen Vorzeichenwesen und der Abgrenzung der verschiedenen *signa oblativa* in der Antike und in der modernen Forschung s. Engels 2007.

250 S. auch Dumézil ^{2}1974: 584–599 zu *signa et portenta*.

251 Beispiele sind wilde Tiere innerhalb der Stadtgrenzen, Missgeburten bei Mensch und Tier, Wettererscheinungen und Naturkatastrophen; als gemeinsames Merkmal benennt Rosenberger die Überschreitung von natürlichen oder sozialen Grenzen, die – besonders in Zeiten mit latentem Unruhepotential – als bedrohlich interpretiert wird. Eine Statistik der gemeldeten Prodigien weist darauf hin, dass in Krisenzeiten eine gewisse Empfänglichkeit der Bevölkerung anzunehmen ist; andererseits können gerade in solchen Zeiten auch deshalb besonders viele Prodigien anerkannt worden sein, damit der Senat Gelegenheit hatte, durch die Demonstration von Handlungsmacht in Form von Entsühnungen Sicherheit herzustellen; s. Rosenberger 1998.

göttlichen Hinweis anerkannte, wurde es von den jeweils zuständigen Spezialisten, z.B. den *haruspices*, *decemviri* oder den *pontifices*, interpretiert. Diese identifizierten den Zusammenhang mit einer bestimmten religiösen Verfehlung und empfahlen eine adäquate Behandlung. Häufig genannte Gründe für die Bekundung göttlichen Missfallens sind u.a. nachlässig durchgeführte Spiele oder Opfer.[252] Ein ausführliches Beispiel für das Verfahren bei schlechten Vorzeichen schildert Livius (22,9,8–11): Die zuständigen *decemviri sacris faciundis* werden beauftragt, einem Verstoß gegen göttliches Recht nachzugehen und geeignete Gegenmaßnahmen festzulegen.

(178) Liv. 22,9,11
qui inspectis fatalibus libris rettulerunt patribus quod eius belli causa votum Marti foret, id non rite factum de integro atque amplius faciundum esse
„Diese meldeten nach Konsultation der Schicksalsbücher den Senatoren, dass das Votum, das anlässlich dieses Krieges an Mars gemacht worden war, nicht korrekt ausgeführt worden sei und in seiner Gesamtheit und noch darüber hinausgehend erneuert werden müsse."[253]

Allerdings behält der Senat die Entscheidungssmacht über das Verfahren der Prodigienprokuration. Er muss der Empfehlung nicht notwendig nachkommen und kann ggf. eigene Piacular-Riten anordnen (vgl. Rosenberger 1998: 50–61).

7.5.4.3.2 *Divinationspraxis bei den Hethitern*

Spontane Zeichen der Götter, die den römischen Prodigien vergleichbar sind, sind auch im Hethitischen überliefert; Haas (2008: 134) nennt z.B. die „warnenden Zeichen des Wettergottes" in den Annalen Muršilis II., zu denen Meteoriteneinschlag, Sonneneklipse, plötzlicher Regen und Donner zählen[254] (es ist einsichtig, dass die Zeichen dem Wettergott zugeordnet werden), daneben aber auch ein „warnender Vogel":

---

252 Vgl. Rosenberger 1998: 69 mit Verweis auf Cic. *har.* 21, 34, 36 und 37.

253 Das Beispiel beschreibt die für Prodigienprokurationen üblichen Routinen, hier in Bezug auf den Umgang mit einer Kriegssituation. Der Diktator setzt auf die positiven Effekte des Vorgehens zur Erzeugung von Handlungsmacht.

254 Auch Naturkatastrophen wie z.B. Erdbeben werden als negative Zeichen der Götter gedeutet (vgl. Ünal 1977); wohingegen der in Rom verbreitete Typus der „Missgeburten-Omina" bei den Hethitern (CTH 538–540) vielleicht nur ein fernes Echo des mesopotamischen Genres war, s.u. S. 396.

> Als ich einen Feldzug nach Takašta vorhatte, wäre ich auch losmarschiert. Weil aber die Takaštäer sich vor mir in einen Hinterhalt gelegt hatten, hatte ein Vogel mich angehalten. Als ich jedoch zögerte, zerstreuten sich die Hilfstruppen der Takaštäer, die zu Hilfe gekommen waren, und stellten sich nicht mehr vor mir in einem Hinterhalt auf. Als sich aber die Hilfstruppen von Takašta zerstreut hatten, wurde es mir durch den Vogel weiter (zu ziehen) zugelassen, und ich zog nach Takašta.[255]

Als besonderer Fall, der als Ausdruck göttlichen Zorns bewertet wurde, sind andauernde Krisensituationen zu nennen. Das am besten dokumentierte Beispiel hierfür sind die Seuchen während der Regierungszeit Muršilis II., deren Behandlung durch die sogenannten „Pestgebete" detailliert bekannt ist.[256] Die Epidemie gilt zunächst als frei geäußerte Missfallensbekundung und setzt einen Prozess von Ursachenfindung und Fehlerbehebung in Gang, der auch divinatorische Verfahren und das Einholen provozierter Auskünfte umfasst (ähnlich der Konsultation der sibyllinischen Bücher, wie sie Livius schildert). Die vermuteten Ursachen betreffen u.a. die Vernachlässigung oder fehlerhafte Durchführung der Kulte und Feste der als Urheber der Krise vermuteten Gottheiten. Wir erhalten auf diesem Wege Informationen über diejenigen Fehlertypen, die in der Vorstellung der Hethiter ein Gelingen des Rituals verhindern konnten. Es handelt sich nach Ausweis der Selbstdiagnosen in verschiedenen Gebeten, z.B. von Muršili II., Muwattalli II. oder Tutḫaliya IV., v.a. um das „Vernachlässigen" (*karšanu-*) und Vertauschen von Festen, vgl. das Gelübde Tutḫaliyas IV. gegenüber der Sonnengöttin von Arinna (CTH 385.9):

(179) KBo 12.58+ Vs. 6–10[257]

⸢nu⸣-za-kán wa-aš-túl

[... *tar-na-aḫ-ḫ*]*i nu* EZEN$_4$^{MEŠ} *Ú-UL nam-ma ku-wa-pí-ik-ki* ⸢*kar-ša*⸣-[*nu-mi* EZEN$_4$^{MEŠ}] *ḫa-me-iš-ḫa-an-da-aš-kán*

[EZEN$_4$^{MEŠ} *zé-e-na-an-d*]*a-aš-ša* *Ú-UL* *nam-ma wa-aḫ-nu-um-mi n*[*u* EZEN$_4$^{MEŠ} *ḫa-me-iš-ḫa-an-d*]*a-aš ḫa-me-iš-ḫi-pát*

[... EZEN$_4$^{MEŠ} *z*]*é-e-na-an-da-aš-ma zé-e-ni-pát e-*⸢*eš-ša*⸣*-a*[*ḫ-ḫi* ... Š]À É.DINGIR-*LIM*

[... *ku-w*]*a-pí-ik-ki da-a-li-ia*

255 KBo 5.8 Vs. I 12–23; vgl. Haas 2008: 134.

256 Vgl. z.B. das sogenannte „zweite" Pestgebet CTH 378.2 (die heute angenommene Ordnung der vier Gebete ist v.a. stilistisch und inhaltlich abgeleitet).

257 Vgl. Houwink ten Cate 1986: 110; Singer 2002: 108; Schwemer 2016: 6; Rieken et al. (ed.), hethiter.net/: CTH 385.9.

> „Meinen Frevel werde ich [vor dir bekenne]n. (Deine) Feste [werde ich] niemals mehr beschneiden. Frühlings[feste] und [Herbstfeste] werde ich nicht mehr vertauschen: [Ich werde Frühli]ngs[feste] nur im Frühling [feiern], [H]erbst[feste] aber [werde ich] nur im Herbst feiern. Ich werde[258] [im Inn]eren (deines) Tempels [die Feste niem]als (unbeachtet) lassen!"

Hervorzuheben ist einmal mehr die Tatsache, dass offensichtlich erst eine problematische Situation die Annahme von Ritualfehlern überhaupt notwendig macht. Es ist dementsprechend davon auszugehen, dass das Ritualsystem an sich immer Raum für das Identifizieren von Fehlern gelassen hat – und dass auch durchaus als grob zu bezeichnende Nachlässigkeiten vorkommen konnten. Diese dürften gleichwohl solange unproblematisch gewesen sein, wie sich keine negativen Folgen einstellten.[259] Von den bestehenden Spielräumen wurde also nur nötigenfalls Gebrauch gemacht, um regulierend aktiv zu werden. Die Mehrzahl der Omina, welche den römischen *signa oblativa* vergleichbar sind, können allerdings eher der babylonischen Tradition zugeordnet werden: sie finden sich in hethitischen Archiven v.a. in Form von (teilweise ins Hethitische übersetzten) babylonischen Omenkompendien, welche alle Arten von Naturerscheinungen (Sonne, Mond, Wetter), aber auch Missgeburtsomina (Ateromantie), wie Kinder mit Hundeköpfen u.ä. nennen. Derartige Erscheinungen korrespondieren mit dem von Rosenberger konstatierten Prinzip des Überschreitens der Ordnung. Die Omenkompendien ordnen den Erscheinungen konkrete Bedeutungen zu und stellen jeweils geeignete Rituale zur Abwendung der vorhergesagten Übel zur Verfügung.[260] Die Hethiter scheinen sich diese Praxis jedoch nicht angeeignet, sondern sich nur theoretisch mit ihren Prinzipien beschäftigt zu haben; vorherrschend ist der Einsatz kontrollierter Orakeltechniken im Sinne der römischen *signa impetrativa*. Diese stellen auch für die Hethiter eine Möglichkeit dar, zu konkreten Fragen oder Problemstellungen Auskunft von den Göttern einzuholen. Sie finden dementsprechend –

---

258 So die Übersetzung nach Houwink ten Cate 1986: 110; Rieken et al. (hethiter.net/: CTH 385.9) übersetzen hier imperativisch und an die Gottheit gerichtet: „Lass die Feste … niemals (unbeachtet)".

259 Wobei es sich natürlich nur um eine Interpretation eines Ereignisses als Folge von irgendetwas handelt, also eine Transformation von temporalem Nacheinander in kausale Zusammenhänge, wie analog bereits für das „Erfüllen" von Gebeten festgestellt.

260 Z.B. KUB 8.13 „Wenn (am) linken Horn des Mondes ein Stern steht: Seuche im Land (wird entstehen)", vgl. Haas 2008: 139. Die Interpretation eines Zeichens muss also nicht im jeweiligen Einzelfall erst ermittelt werden (was sie aber weniger offen für individuelle Interpretationen und weniger leicht an politische/soziale Kontexte anpassbar macht).

im Gegensatz zu fixierten Kalenderfesten – nicht zu einem bestimmten, regelmäßigen Zeitpunkt statt, sondern dann, wenn negative Ereignisse Grund zu der Annahme geben, dass die Götter über ein Vergehen erzürnt sind; vgl. Bsp. (179). Durch die Möglichkeit, dieses zu identifizieren und zu beheben, wird (ein Gefühl von) Kontrolle über den Verlauf und Erfolg der Kommunikation mit den Göttern, aber auch in einem umfassenden Sinne über das eigene Leben erzielt.[261]

Zu den wichtigsten Orakeltechniken zählen Leber- bzw. Eingeweideschau (s.o. 392), Vogelschau und KIN- oder Losorakel;[262] daneben existieren auch seltener bezeugte Techniken, wie Schlangenorakel oder ḪURRI-Vogelorakel.[263] Strukturell sind Orakelanfragen jedoch einheitlich aufgebaut:[264]
– Beschreibung des Anlasses
– Frage mit erwünschtem Orakelergebnis („Apodosis")
– Orakelbericht mit erzieltem Ergebnis

Die meisten Orakelarten zeichnen sich durch eine große Komplexität aus: Obwohl die Anfragen i.d.R. als Positiv-/Negativ-Strukturen („Zustimmung/Ablehnung" oder „günstig/ungünstig") vorgelegt werden, sind die Antworten nicht einfach als positiv oder negativ zu verstehen. Vielmehr müssen erwünschtes positives oder negatives und tatsächliches positives und negatives Ergebnis übereinstimmen, um einen positiven Gesamtbefund und damit die Bejahung der Anfrage feststellen zu können. Auch bei Los- und Vogelorakeln müssen positiver oder negativer Bescheid erst von den Spezialisten aus der Kombination positiver bzw. negativer Symbole mit einem (oder mehreren) positiven oder negativen Bezugselement(en) interpretiert werden,[265] um zu dem angefragten Ergebnis SIG$_5$-*ru* (= heth. *lazziyattaru*) „soll günstig sein" bzw. NU.SIG$_5$-*du* (= heth. *kallarešdu*) „soll ungünstig sein" zu gelangen.[266] Auch ohne

261 Vgl. Beal 2002a: 81 „Oracles are one of the means the Hittites used to question their gods and so to gain some sense of control over their environment and destiny".

262 Diese Technik verwendet wohl eine Art Symbolsteine, ist für uns insgesamt aber sehr undurchsichtig. S. dazu z.B. Haas/Koch 2011: 246; Orlamünde 2001.

263 Hierbei wird das Herumlaufen entenähnlicher Vögel gedeutet; s. Haas/Koch 2011: 246–247. Für einen Überblick über die Techniken der „solicited omens" vgl. Beal 2002a; ausführlich Haas 2008: 17–65; außerdem Beckman 1999 zur Kommunikation mit den Göttern.

264 Vgl. Haas 2008: 7.

265 Bei Eingeweideorakeln ergibt sich der positive/negative Bescheid meist aus der Korrelation oder Abweichung von Anfrage und Befund, wobei allerdings auch einzelne Eigenschaften für sich genommen positiv oder negativ sein können; vgl. Beal 2002a: 64 für ein Beispiel.

266 Vgl. KUB 22.25+ Rs. 22–24 (die Begriffe in Anführungszeichen beziehen sich auf die verwendeten Symbole): „If you, O god, ditto (approve the campaign we just laid out), let the symbol oracle be favorable. The 'assembly' took for itself 'rightness' and 'vigor.' They are

detaillierte Besprechung der Symbolsteine und ihrer jeweiligen Bedeutung[267] wird deutlich, dass die Technik äußerst komplizierte Gleichungen erfordert, bis man zu einem eindeutigen Ergebnis gelangt. Das macht sie einerseits zu einer hochspezialisierten Angelegenheit, andererseits ergeben sich bei nichttrivialen Verfahren mehr Möglichkeiten für Spielraum und Auslegung. Bei der Suche nach den Hintergründen göttlichen Zorns werden meist ganze Serien von möglichen Verfehlungen präsentiert, welche durch den jeweiligen Orakelbefund bestätigt oder verworfen werden. Nach einer Bestätigung erfolgt stets die Nachfrage „Ist das alles?". Bei einer negativen Antwort werden der Gottheit weitere Gründe vorgeschlagen.[268] Das Streben nach Vollständigkeit und Ausschluss von Unsicherheiten, das durch diese Technik repräsentiert wird, liegt den Mechanismen zur Kontrolle der Kommunikation mit den Göttern generell zu Grunde.

In Bezug auf die Vogelschau wird oft hervorgehoben, dass es sich um ein genuin hethitisches Orakelverfahren handelt, das nicht von babylonischem oder hurritischem Einfluss geprägt ist.[269] Das Fachpersonal, das sowohl die Fragestellung als auch die Beobachtung und Interpretation der Zeichen des Vogelflugs übernimmt, wird in der Forschung durch Übernahme des lateinischen Terminus als Auguren bezeichnet.[270] Die Vogelschau folgt grundsätzliche demselben Ablauf wie die anderen Orakel, wobei für eine eindeutige Antwort i.d.R. mehrere Orakelgänge notwendig sind. Dafür beobachten die Auguren innerhalb eines abgegrenzten Bereichs die hindurchfliegenden Vögel samt ihrer Flugrichtung, Landeverhalten etc.[271] Im Unterschied zu anderen Orakeln wird bei Auspizien nicht nach „günstigem"/„ungünstigem" Bescheid gefragt,

---

given to 'the king.' On the second 'day' 'Hannahanna' arose and took 'good' and 'ZABABA.' They are given to 'the men of Hatti.' On the third 'day' 'the gods' arose and took 'battle' and 'the road/campaign.' (They are placed) behind 'the dais.' Favorable".

267 Dazu z.B. Beal 2002a 76–80; Haas 2008: 19–23; Beckman 1999: 530; Archi 1974.

268 Vgl. für einen typischen Verlauf mit z.T. sehr komplizierten Vorschlägen die von Beal 2002b: 14–19 besprochene Orakelanfrage KUB 22.70.

269 Eingehend beschäftigt sich zuletzt Sakuma mit dem Gesamtkomplex und Details der hethitischen Vogelorakeltexte (Dissertation 2009). Weitere Diskussionen zu diesem Thema z.B. bei Archi 1975, Ünal 1973 und Bawanypeck 2005.

270 In hethitischen Texten können insgesamt drei verschiedene Termini verwendet werden: ^{LÚ}IGI.MUŠEN, ^{LÚ}MUŠEN.DÙ und ^{LÚ}IGI.DÙ. Vgl. zur Einführung der Thematik ausführlich Bawanypeck 2005 mit Literatur.

271 Vgl. Beal 2002a: 65–66 und 73 mit einer Skizze; Grundlage dafür ist ein Plan am unteren Rand einer Orakeltafel (KUB 49.60 IV), auf dem anhand von Achsen und Abschnitten eine Einteilung in verschiedene Sektoren zu erahnen ist, die in Kombination mit Flugverhalten der Vögel eine bestimmte Bedeutung ergeben. Zu den Fragetechniken und Abläufen im Detail s. Sakuma 2009.

sondern man verwendet die Termini *ḫandandu* „(die Vögel) sollen bestätigen" und *arḫa peššiyandu* „(die Vögel) sollen verwerfen".[272] Generell kombinieren die Hethiter bei Orakelanfragen häufiger verschiedene Techniken, um die Ergebnisse gegenseitig abzusichern und die Auskunft dadurch zuverlässiger zu machen.[273]

7.5.4.4 Vagheit von Orakeln als Vorteil

Orakeltechniken wurden oben als Schutzmechanismus gegen Zweifel an der Wirksamkeit von Ritualen oder sogar an der Existenz der Götter charakterisiert. Bemerkenswerterweise verfügen sie ihrerseits ebenfalls über Schutzmechanismen, um Zweifel an der Existenz göttlicher Zeichen und Botschaften zu unterbinden. So weist Rosenberger auf die genuine Vagheit und Auslegbarkeit der römischen Prodigien hin. Da die Ausdeutung der Zeichen durch Menschen erfolgte, konnte eine sich später als falsch erweisende Interpretation immer wieder auf menschliche Unzulänglichkeit zurückgeführt werden – eine rekursive Schleife war auch hier möglich.[274] Dieser Schutzmechanismus ist in nahezu alle divinatorischen Verfahren automatisch integriert, also auch in die umbrische und römische Vogelschau oder die verschiedenen hethitischen Orakeltechniken. Da die Anfragen i. d. R. als „ja/nein"-Fragen gestellt werden bzw. nur Zustimmung oder Ablehnung seitens der Götter anzeigen, ist eine Trefferwahrscheinlichkeit von 50 % unabhängig vom tatsächlichen Ausgang ohnehin gegeben: „Deshalb funktioniert die Divination bis zu einem gewissen Grade (…) ohne tatsächlich zu nützen, richtet aber auch keinen Schaden an" (Rosenberger 1998: 72).

---

272 Die Konzepte sind nicht gleichzusetzen: „It appears that if the question contained a negative grammatical particle, then the birds were usually asked to 'throw away,' while if the question was phrased in a grammatical positive fashion the birds were usually asked to 'confirm'."; Beal 2002a: 69–70.

273 Ein Bedürfnis nach Verlässlichkeit ist z. B. bei militärischen Entscheidungen belegt: Hier konnten die Ergebnisse aus Losorakeln nochmals einzeln durch Vogelorakel evaluiert werden (ggf. mehrfach), das Ergebnis dieser Prozedur wurde durch ein weiteres Losorakel abgesichert. S. Beal 2002a: 80–81 sowie Archi 1975: 144–149. Dabei können auch pragmatische Funktionen vermutet werden, z. B. die Truppe von der Kampagne zu überzeugen. Militärtaktisch ergeben sich außerdem gewisse Hintertüren durch eine Verlängerung des Entscheidungsprozesses, indem ein kurzfristiges Umschwenken offengehalten wird.

274 Das gilt auch für solche Zeichen, die als Vorhersage künftiger Ereignisse interpretiert wurden: „Denn trifft die angekündigte Vorhersage ein, gilt dies sofort als Beweis für die Richtigkeit der Mantik, trifft sie nicht ein oder endet der Ratschlag im Desaster, galt der Zeichendeuter als inkompetent (…) bzw. verhütet die eingetretene (kleinere) Katastrophe eine noch größere" (Engels 2007: 802).

Die verschiedenen Praktiken wurden auch genutzt, um sich über die Zulässigkeit von Veränderungen an Ritualen zu versichern. So sind durch entsprechende Vermerke („so wurde es von der Gottheit bestimmt") Erweiterungen in hethitischen Festritualen nachvollziehbar, die auf individuelle Könige und spezifische Situationen zurückgehen (dazu auch noch unten S. 409). Solche Eingriffe werden nicht ohne vorherige Rückversicherung über ihre Zulässigkeit und göttliche Autorisierung (i. d. R. durch Eingeweide-Orakel) vorgenommen. Einen Verweis auf die Ermittlung „des Wortlauts" durch ein Orakel enthält der Kolophon des AN.DAḪ.ŠUM^{SAR}-Festes:[275]

(180) KBo 10.20 Rs. IV 26–27
[(*a-ri-i*)]*a-an-ma-at* [...]
⸢*ku*⸣*-it ut-tar šu-wa-at*[(*ta-at*)][276]
„Der Wortlaut, der durch Orakel (von der Gottheit) [ermi]ttelt wurde, wurde erf[üllt]."

Im gleichen Text wird auch bei den Angaben zum 16. Festtag auf eine Ermittlung durch Orakel verwiesen, die sich hier auf die Handlungen im Tempel des Zababa bezieht (ob die ganze Abfolge gemeint ist oder ein Detail, geht aus der Angabe nicht hervor):

(181) KBo 10.20 Vs. II 34–39
nu 10 UDU$^{ḪI.A}$ *ḫu-u-kán-zi nu-kán* ^{UZU}*šu-u*[*p-pa*]
da-an-zi na-at PA-NI DINGIR-*LIM ti-an-zi* UDU$^{ḪI.A}$-*ma*
ḫu-u-ma-an-du-uš I-NA É.GAL-*LIM* EGIR-*pa da-an-zi*
1 UDU-*ma-kán* ŠÀ É.DINGIR-*LIM da-a-li-ia-an-zi*

---

275 Interpretation nach Haas 2008: 119: „Wie die Feste des AN.DAḪ.ŠUM^{SAR} am ersten Monat ausgeführt sind: Insgesamt (sind es) ein Monat und acht$^{?}$ Tage, welche man für die Feste des AN.DAḪ.ŠUM^{SAR} bestimmt ... Der Wortlaut, der durch Orakelanfragen bei der Gottheit festgestellt war, wurde erfüllt". Anders verstehen Güterbock (1960) und Waal (2015: 408), die Stelle; sie beziehen die Orakelanfrage auf das vorher genannte Fest des Zitḫariya. Die vollständige Passage lautet dann: „Tablet 1. [H]ow the AN.TAḪ.ŠUM-festivals are first performed. Complete. To be taken to heart: for the AN.TAḪ.ŠUM-festival of Zitḫariya one goe[s] to his house [...] (that is) his own temple. The wording/affair that was [investi]gated [ ] by means of an oracle inquiry is too lo[ng]", was zu besagen scheint, dass die das Fest des Zitḫariya betreffende Orakelauskunft zu lang war und nicht auf der Tafel festgehalten wurde. In diesem Sinne wohl auch HED S 1217 „war umfänglich geworden".

276 Ergänzt nach KBo 24.112+ Rs. 18′–19′: *a-ri-ia-an-ma-at* DINGIR$^{⸢LIM⸣}$*-it ut-tar-kán šu-u-wa-at-ta-at*.

GAL$^{HI.A}$-*ma-kán* ŠA EZEN₄.ITU.KAM *aš-ša-nu-wa-an-zi*
IŠ-TU DINGIR-*LIM ki-iš-ša-an ḫa-an-ta-it-ta-at*
„Man schlachtet 10 Schafe, nimmt das Fle[isch] und legt es vor dem Gott (hin). Alle Schafe bringt man zurück zum Palast, aber ein Schaf lässt man im Tempel. Die Becher des Monatsfestes richtet man her. So wurde es durch die Gottheit festgelegt."

Orakel werden aber auch bzgl. der Einführungen gänzlich neuer Kultpraktiken eingeholt. So autorisiert man z. B. die Einführung des *ḫatauri*-Schlachtfestes für die Göttin Kataḫḫa folgendermaßen:[277]

(182) KUB 22.27+ Vs. I 16–20
nu EZEN₄ *ḫa-da-u-ri I-NA* É ^{D}U *ma-aḫ-ḫa-an i-e-er n*[*u* ^{LÚ}*ME-ŠE-DI*]
^{LÚ}NAR *ma-aḫ-ḫa-an aš-n*[*u-u*]*š-kán-zi I-NA* É ^{D}*ka*[*-taḫ-ḫa*]
QA-TAM-MA aš-nu-wa-an-zi [DING]IR-*LUM-za QA-TAM-MA ma-la-a-an* [*ḫar-ti*]
„Wie man das *ḫatauri*-Schlachtfest im Tempel des Wettergottes beging, und wie [ein Palastgardist] und ein Sänger es auszurichten pflegen, soll man es auch im Tempel der Ka[taḫḫa] ebenso ausrichten? [Hast du] es, oh Gottheit, in dieser Weise gebilligt?"

7.5.5 *Reparatur und Wiederholung von Ritualen*

Die sogenannten Pestgebete Muršilis II. und auch die römischen Prodigienprokurationen zeigen, dass es mit der bloßen Feststellung des Misslingens eines Opfers oder Rituals nicht getan war. Um das Scheitern zu beheben und doch noch den gewünschten Effekt (z. B. Verschwinden der Seuche, Abwenden weiteren Unheils) zu erzielen, war es ebenso notwendig, die genauen Ursachen und die speziell dafür erforderlichen Reparaturmaßnahmen zu ermitteln. Wegen der naturgemäßen Unzugänglichkeit der Götter, konnten auch solche Auskünfte nur mithilfe komplizierter Mechanismen und durch Experten eingeholt werden. In einigen hethitischen Gebeten ist die Bitte um explizite Anweisungen enthalten, die in der hethitischen Vorstellung z. B. durch Träume mitgeteilt werden konnten:

277 Vgl. Haas 2008: 119–120.

(183) KUB 14.8 Rs. 34′–36′[278]
na-aš-ma-kán ma-a-an
[*am-m*]*u-uk-ma ku-it-ki šar-ni-ik-zi-el ḫa-an-ti iš-ḫi-ia-at-te-e-ni*
[*na-a*]*t-mu te-eš-ḫa-az me-mi-eš-tén nu-uš-ma-ša-at pé-eḫ-ḫi*
„Oder falls ihr [mi]r aber irgendetwas als Entschädigungsopfer gesondert auferlegt, sagt [e]s mir durch einen Traum! Ich werde es euch geben.“

Nicht immer mussten Reparaturmaßnahmen allerdings erst durch Divination ermittelt werden. Wenn z.B. das Scheitern eines Rituals bereits unmittelbar durch nicht erfolgte *litatio* erkennbar war, wurde in Rom standardmäßig die Wiederholung des Opfers oder bestimmter Teile durchgeführt (*instauratio*). Im Zuge der Erwähnungen nicht vollzogener *litationes* bei Livius werden i.d.R. auch die entsprechenden Instaurations-Maßnahmen geschildert. Diese konnten sich mitunter als kostspielige Angelegenheit erweisen, wenn nämlich ein großes Tieropfer wiederholt nicht angenommen wurde:[279]

(184) Liv. 41,15,4
consul se, quod caput iocineri defuisset, tribus bubus perlitasse negavit; senatus maioribus hostiis usque ad litationem sacrificari iussit
„Der Konsul verneinte, durch drei ausgewachsene Rinder die *litatio* erlangt zu haben, weil der Kopf der Leber gefehlt hatte; der Senat befahl, dass mit ausgewachsenen Tieren bis zum Erfolgen der *litatio* geopfert werde.“

Die Wiederholung des Opfers *usque ad litationem* ist ein feststehender Terminus im römischen Sakralrecht. Nach Rüpke bietet dieses Prinzip dem Verantwortlichen eine Möglichkeit, mit den Teilnehmern am Ritual bzw. der ganzen Gemeinschaft zu kommunizieren: Wenn z.B. ein Feldherr vor einer militärischen Aktion bei ungünstigem Bescheid sein Opfer *usque ad litationem* wiederholt, kann er dadurch die Ernsthaftigkeit und eigene Überzeugung unter Beweis stellen. Ist er sich seines Projektes weniger sicher, wird er stattdessen vielleicht eher die Möglichkeit nutzen, dieses als unter ungünstigen Voraussetzungen stehend aufzugeben oder wenigstens zu vertagen (vgl. Rüpke 1990:130).

Explizite und allgemeingültige Anweisungen zur Wiederholung oder Wiedergutmachung eines fehlerhaften Rituals sind aber nicht nur literarisch, son-

278 Daues/Rieken 2018: 386–387. Zu Träumen als göttliche Mitteilungen auch Beckman 1999: 531–533; Haas 2008: 125–126 (zu Kantuzzili und Muršili II.).
279 S. schon oben S. 345 zum *costly signalling*.

dern auch in den Instruktionstexten der IT und bei Cato bezeugt. In beiden Fällen wird die das betreffende Opfer durch Störungen bzw. Unterbrechungen ungültig und muss „repariert" werden. Die folgende Anweisung steht am Ende des *piaculum* und kann sich auf Störungen in jeder Phase des Gesamtrituals beziehen. Die Tatsache, dass Art und Schwere des Fehlers nicht exakt definiert sind, könnte dafür sprechen, dass bei der Entscheidung ein gewisser Spielraum herrscht, der von den Priestern auszulegen ist.

(185) IT Ib 8–9
svepu : esumek : esunu : anter : vakazevaçetumiseavif : aseriatu :/ verufe : treplanu : kuvertu : restef : esunu : feitu : /
„Wenn in diesem Ritual eine Unterlassung dazwischengekommen sein sollte,[280] wird es fehlgehen/ungültig sein. (Dann) sollst du die Vögel beobachten, du sollst zum Trebulaner Tor zurückkehren (und) du sollst das Ritual erneut vollziehen."

Von einer Unterbrechung des Rituals ist auch bei Cato die Rede; hier geht es um Sühnopfer die während der Dauer der Pflugarbeiten jeden Tag durchgeführt werden sollen. Tritt dabei eine Unterbrechung auf, z. B. in Form von Feiertagen, an denen nicht gearbeitet werden darf, wird folgendes Vorgehen bestimmt:

(186) Cato *Agr.* 140
Si intermiseris aut feriae publicae aut familiares intercesserint, altero piaculo facito
„Wenn du unterbrochen wirst oder öffentliche oder private Feiertage dazwischenfallen, sollst du durch ein weiteres Sühneopfer opfern."

Die Anweisungen zu Catos *lustratio agri* werden mit einer Reparaturanweisung für den Fall eines Fehlers abgeschlossen: Das Ritual scheitert, wenn die *litatio*

280 In der Parallelstelle VIb 47, s.o. Bsp. (170), ist der ohne Worttrenner geschriebene Komplex **vakazevaçetumiseavif** aufgelöst: *uacose. uasetome. fust. auif.*; die Form **vakaze**/*uacose* ist etymologisch sicher zu dem direkt folgenden **vaçetum**/*uasetome* zu stellen (jedoch mit anderer Stammbildung), wodurch Protasis und Apodosis mittels einer *figura etymologica* lexikalisch verknüpft werden (s. dazu noch 8.5.2.2). Morphologisch ist **vakaze**/*uacose* als analytische Bildung eines transitiven Präverb-Kompositums mit PPP + 3.Sg.Konj. von „sein" **anter-vakātos si(ē)t* interpretiert worden; vgl. Untermann 2000: 111. Die Bedeutung ist, je nachdem ob ein Deponens angenommen wird, „wenn er (der Prieser) dazwischen einen Fehler/eine Unterlassung gemacht haben sollte" bzw. „wenn dazwischen ein Fehler/eine Unterlassung gemacht worden sein sollte". Zu **vaçetum**/*uasetome* s. o. Kapitel 7 FN 233.

der Tieropfer nicht erfolgt. Es wird dabei noch unterschieden, ob keines oder nur ein oder zwei Tiere der geopferten Dreiheit nicht angenommen werden, und es wird eine eigene Reparaturformel angegeben; damit handelt es sich um eine etwas spezifischere Anweisung als diejenige aus IT Ib 8–9 bzw. VIb 47.

(187) Cato *Agr.* 141,4
Si minus in omnis litabit, sic verba concipito: ‚Mars pater, si quid tibi in illisce suovitaurilibus lactentibus neque satisfactum est, te hisce suovitaurilibus piaculo'. Si in uno duobusve dubitabit, sic verba concipito: ‚Mars pater, quod tibi illoc porco neque satisfactum est, te hoc porco piaculo'.
„Wenn keines der Opfer angenommen wird, sollst du folgende Formel sprechen: ‚Vater Mars, wenn irgendetwas an jenen milchsaugenden *suovetaurilia* nicht zu deiner Zufriedenheit war, so (beopfere) ich dich mit diesen *suovetaurilia* hier als Sühnopfer'. Wenn an (der Annahme von) einem oder zwei (Tieren/Opfern) Zweifel bestehen, sollst du folgende Formel anwenden: ‚Vater Mars, wenn an jenem Schwein irgendetwas nicht zu deiner Zufriedenheit war, so (beopfere) ich dich mit diesem Schwein hier als Sühnopfer'."

In anderen Fällen enthalten die Vorschriften eigene Rituale zur Fehlerbehebung, wie z.B. das Wiedergutmachungsritual der IT (IIa 1–14), das laut Indikation nach Ritualfehlern bei der Rezitation der Formeln anzuwenden ist, die zum Scheitern eines Opfers geführt haben; s.o. Bsp. (171). Diese Indikation bestätigt die Bedeutung des korrekten Wortlauts der Formeln oder Gebete für das Gelingen der Kommunikation. Die sich anschließende Vorschrift[281] ist ausführlicher und differenzierter als die bisher besprochenen Reparatur-Anweisungen. Sie stellt eine eigene spezifische Praxis mit verschiedenen Haupt- und Beiopfern für verschiedene Gottheiten, Verteilung des *erus* und genauer Gliederung der Handlungsabfolge dar. Insgesamt ist die Handlungsfolge deshalb keine reine Wiederholung eines zuvor gescheiterten Rituals, sondern eine eigenständige Praxis, was auch mit der Bezeichnung **estu esunu** „folgendes Ritual" korrespondiert. Die Gottheit, in deren Bereich der Fehler geschehen ist, ist offenbar **speture**, der mit den Auspizien assoziiert sein muss (nach ihm ist auch die Abteilung der Auguren benannt). Ihm sowie Vesticius

281 Dabei wird vor den Anweisungen zum Wiedergutmachungsritual und auch an anderen Stellen der IT, in denen es um Verfehlungen gegenüber den Göttern bzw. ihrer Verehrung geht, hervorgehoben, dass diese als **neip heritu** „nicht gewollt" gelten sollen. Die Unabsichtlichkeit spielt demnach eine Rolle für die Schwere der Fehler und ihre Konsequenzen; s. dazu noch unten S. 410.

Sancius und Jupiter werden zunächst Opfer restituiert (dies bezieht sich auf die missglückten Opfer). Anschließend werden weitere Opfer für abstrakte vergöttlichte Prinzipien (**tikamne**, **ahtu**) dargebracht, die durch Epiklesen den Göttern Jupiter und Mars zugeordnet werden und offenbar nicht Teil des fehlerhaften Rituals waren (S. auch 5.6.4). Für jedes der Opfer werden Zusatzhandlungen angegeben, außerdem sind in der weiteren Folge die Handlungsschritte durch temporale Nebensätze klar sequenziert (s. dazu 8.5.6).

(188) IT IIa 4–8
vestiçe saçe : / sakre : iuvepatre bum perakne : speture : perakne : restatu: / iuvie : unu erietu sakre : pelsanu fetu : arviu : ustentu : / puni fetu : taçez : pesnimu : ař̌epe arves :
„Dem Vesticius Sancius sollst du ein weniger als einjähriges (Schwein),[282] dem Jupiter ein mehr als einjähriges Rind, dem Spector ein mehr als einjähriges (Opfer) wiederherstellen. Dem Jupiter sollst du ein Lamm, (nämlich) einen weniger als einjährigen Widder als zu vergrabenden opfern; Getreide sollst du vorbringen, mit **puni** sollst du opfern, schweigend sollst du beten mit **ařepe** (und mit) Getreide."[283]

Als Vergleichstext aus dem Alten Orient soll ein Wiedergutmachungsritual herangezogen werden, das von den Beschwörungspriestern des Assurtempels durchgeführt werden konnte, um negative Konsequenzen von Ritualfehlern abzuwenden. Es handelt sich um das Namburbi-Ritual „gegen Unheil, das durch nicht richtig befolgte Kultregeln oder durch Fehlverhalten im Ritual entstehen kann", welches Maul ausführlich im Rahmen der babylonisch-assyrischen Löserituale bespricht.[284] Das durch den Ritualherrn (d.h. wohl meist den assyrischen König) während des Rituals zu äußernde Gebet thematisiert die Reparaturfunktion sehr deutlich:

(189) Text A = KAR n 38 (VAT 8240; ass.) Vs. 18–20
„(Ihr) Götter, bei deren (Dienst) sich der Ritualverlauf? (plötzlich) gegen mich wandte und mich dann in Bedrängnis hielt, (ihr) Götter, für deren (Dienst) es für mich notwendig wurde, die Kultregel (durch-

282 Das Adjektiv **sakre** (vgl. lat. *săcris*) kann elliptisch zur Bezeichnung eines Ferkels verwendet werden; vgl. Dupraz 2018c.

283 Zur Interpretation der Kollokation **ařepe arves** (Abl.Pl.) s. bereits oben Kapitel 5 FN 71.

284 Vgl. Maul 1994: 421–431. Zu den einzelnen Textvertretern und weiterer Literatur 1994: 421–422.

> zuführen) (und) ich es (auch) übernahm, sprecht doch, (so daß) ich mich am Erfolge der Kultregel, welche ich (zur Durchführung) übernahm, sättigen kann!"[285]

Dieses Ritual dient also nicht allein der Richtigstellung eines missglückten Kommunikationsaktes, der nicht den gewünschten Erfolg verspricht. Es entspricht grundlegend einer Beschwörung gegen drohendes Unheil, welches von einem Ritual ausgeht, das der Ritualherr durchgeführt hat. Daher enthält es verschiedene reinigende und lösende Praktiken, die deutlich der Abwendung göttlichen Zorns dienen. Daneben sind Libationen mit verschiedenen Flüssigkeiten und Schlachtopfer enthalten; die Gebete nehmen mehrmals explizit Bezug auf Indikation und Funktion des Rituals. Durch die (wiederholte) Formulierung „welche(s) ich zur Durchführung übernahm", könnte in der babylonischen Praxis eine gewisse Distanzierung des Ritualherren von den fehlerhaften Handlungen und Äußerungen vorliegen. Derartige rhetorische Strategien könnten ähnlich wie die umbrische **neip heritu**-Formel auf die Unabsichtlichkeit des Fehlers hinweisen und dadurch auf eine Minderung des Vergehens abzielen.

Bei den Hethitern existieren kanonische Wiedergutmachungsrituale nicht im gleichen Sinne; allerdings werden in Ritualtexten bisweilen Richtlinien für das Nachholen versäumter Feste angegeben, die als pragmatischer Umgang mit Ritualfehlern im nächsten Abschnitt besprochen werden.

7.5.6 *Pragmatischer Umgang mit Fehlern*

Im Grunde behandelt das gesamte vorliegende Kapitel den „pragmatischen Umgang" mit Religion und religiöser Praxis in ihrem Verständnis als Kommunikation mit superempirischen Partnern. Viele der bereits besprochenen Strategien der Reaktion auf und Behandlung von gescheiterter Kommunikation sind daher ebenfalls pragmatisch motiviert. Ausdruck einer pragmatischen Grundhaltung ist auch das bereits angesprochene Prinzip, Fehler nur dann als solche zu behandeln und anzuerkennen, wenn die äußeren Umstände überhaupt eine Notwendigkeit dazu herstellen (s.o. S. 389). Dieses Prinzip ist allerdings als inhärenter Mechanismus, nicht als bewusste Strategie zu verstehen. Liebeschuetz fasst dies folgendermaßen zusammen:

> As a rule the mechanical performance of ritual would receive little attention. Neglect of some detail would scarcely be noticed, except retrospec-

285 Maul 1994: 429.

> tively in case of a disaster following. Then any defect would be remembered and the importance of meticulous observation would be confirmed.[286]

In diesem Sinne beschreibt auch Stollberg-Rilinger die Grenze zwischen Wirksamkeit und Scheitern von Ritualen als maßgeblich von menschlicher Deutungshoheit bestimmt und daher vom jeweiligen Kontext abhängig:

> Auch ein *nicht* korrekt vollzogenes Ritual kann wirkmächtig sein, wenn alle Umstände unproblematisch sind und niemand daran denkt, es anzufechten. Und umgekehrt: Auch ein korrekt vollzogenes Ritual kann unter Umständen wirkungslos bleiben, wenn etwa die Autorität der Akteure in Zweifel gezogen wird. Es kommt stets auf die jeweiligen Rahmenbedingungen, die soziale Konstellation, die politischen Machtverhältnisse, aber auch auf den faktischen Verlauf an, ob ein Ritual seine Wirkung entfaltet, ob die Wirkung eingeschränkt ist oder ob es gänzlich scheitert.[287]

Selbst die oft genannten hohen Standards vedischer Rituale, die zu zwanghaft genauer Einhaltung der geringsten Details verpflichteten, weisen Ansatzpunkte für menschliche Deutungshoheit und die Herstellung von *Agency* auf. Neben einer Anzahl von Heilmitteln (ähnlich den hier besprochenen), die eine Reparatur oder Anpassung der betreffenden Rituale ermöglichen,[288] existieren in Ritualtexten auch Ermahnungen, die Rigidität der Vorschriften nicht *zu* ernst zu nehmen. Schiefflin (2007: 5) zieht auf dieser Grundlage folgende Schlussfolgerung, die angesichts der bisherigen Erkenntnisse dieses Kapitels auch über die vedische Praxis hinaus generalisierbar ist:

> Thus even the integrity of the most formal, repetitive, and stereotyped rites could be actually full of adjustments and changes, and for all their fuss and detail even a messy performance did not necessarily invalidate or 'break' a ritual.

Die menschliche Deutungshoheit war bspw. für die bereits besprochene Anerkennung von Prodigien durch den römischen Senat zentral (s. o. S. 393–394). Der pragmatische Umgang, gerade mit spontanen, nicht kontrollierten Omina, reichte in Rom auch darüber hinaus sehr weit; so berichtet Cicero (*div.* 2,77)

286 Vgl. Liebeschuetz 1979: 28.
287 Vgl. Stollberg-Rilinger 2013: 202–203.
288 Vgl. für eine Auflistung und detaillierte Besprechung Michaels 2007.

vom Beispiel des M. Claudius Marcellus, der sich in einer abgeschirmten Sänfte zu wichtigen Unternehmungen bringen ließ, um gar nicht in die Verlegenheit zu kommen, hindernde Vorzeichen wahrzunehmen.[289] Ein weiteres populäres Beispiel sind die bei Feldzügen eingesetzten Hühner-Orakel, die *tripudia*. Hier galt es als positives, bekräftigendes Zeichen, wenn die Hühner mit größtem Appetit dargebotene Körner aufpickten – was man sich durch vorherigen Nahrungsentzug zu provozieren nicht scheute.[290] Die Anwendung derartiger Tricks ist durchaus nicht mit der Angst vor dem göttlichen Einfluss zu erklären, sondern stellt vielmehr eine Strategie dar, in der eigenen Selbstbestimmtheit nicht von ungünstigen Zeichen beeinträchtigt zu werden. Dieser Pragmatismus lässt sich in einigen Fällen auch im Hinblick auf offensichtliche und als solche erkannten Verfehlungen bei der Durchführung von Ritualen feststellen. Ein auffälliges Beispiel ist der Umgang mit versäumten oder zum falschen Zeitpunkt durchgeführten Festritualen bei den Hethitern. Einerseits begegnen uns die Selbstanklage und Wiedergutmachungsbeteuerungen Muršilis II. angesichts derartiger Verfehlungen.[291] Auf der anderen Seite stehen dagegen Texte, die einen weitaus entspannteren Umgang mit Versäumnissen dokumentieren und ein nachträgliches „Wiedergutmachen, Nachbessern" (heth. *ḫapuš-*), z.T. unter Reduktion auf bestimmte Vertretungsopfer erlauben, vgl. aus dem Kolophon des Herbstfestes der Ištar von Šamuḫa (CTH 711):[292]

(190) KUB 20.26 Rs. VI 6′–13′
ta-aš-ta ma-a-an EZEN$_4$-*NU*
ŠA MU 2.KAM MU 3.KAM
ša-ku-wa-an-ta-ri-ia-zi
nu-kán EZEN$_4$ *UL ḫa-pu-*⌈*ša*⌉*-〈an〉-*⌈*zi*⌉
A-NA EZEN$_4$-*ma-aš-ši* 3 GU$_4$
ŠÀ.BA 1 GU$_4$.NIGA 16 UDU$^{\text{ḪI.A}}$
6 NINDA.GUR$_4$.RA GAL ŠÀ.BA 2 NINDA.GUR$_4$.RA
ŠA PA 4 NINDA.GUR$_4$.RA-*ma ŠA* 3 *SA*$_{20}$-*A*-[*TI*]
„Wenn das Fest zwei oder drei Jahre lang vernachlässigt wird, wiederholt man nicht (jeweils) das (gesamte) Fest; aber beim (regulären) Fest

289 Vgl. Rosenberger 1998: 75; auch das Umdeuten offensichtlich negativer Zeichen in positive Vorhersagen war verbreitet; so existieren mehrere Anekdoten, die Caesar eine sehr gute Reaktionsfähigkeit auf schlechte Omina attestieren (z.B. Sueton *Caes.* 59).

290 Vgl. Rosenberger 1998: 77.

291 Z.B. KBo 12.58+ Vs. 2–10 (CTH 385.9); ähnliche Strenge auch in Orakeltexten und den Vorschriften an das Tempelpersonal; vgl. Schwemer 2016: 3–6.

292 Vgl. Schwemer 2016: 17–18.

(bringt man) für sie 3 männliche Rinder, darunter ein fettes, 16 Schafe (und) 6 große Brotlaibe, darunter 2 Brotlaibe eines Halbmaßes, 4 Brotlaibe aber von 3 Schekeln (dar)."

Die beiden unterschiedlichen Beispiele zeigen, dass die Fehlerrezeption und -behandlung bei Festritualen unter Normalbedingungen einigermaßen ökonomisch geregelt wurde. Dies entspricht einem allgemeinen Bestreben, das als Kult-Ökonomie zu beschreiben ist (und in einem Spannungsverhältnis zum *costly-signalling* steht); vgl. Iannoccone/Bainbridge 2010: 462 „humans seek to gain the most reward at the least cost". Eine ökonomische Herangehensweise ist auch darin zu erkennen, dass ggf. die Feste aus mehreren Jahren zusammen nachgeholt werden können.

Die Rezeption eines vergleichbaren Versäumnisses als so gravierendem Fehler, dass ein nachhaltiger Zorn der Götter und eine Bestrafung des ganzen Landes darauf zurückgeführt werden könnte, ist demnach v. a. den akuten Umständen – z. B. bei der Suche nach einer wirkungsvollen Behandlung der Seuche unter Muršili II. – geschuldet. Diese Dichotomie belegt deutlich die Abhängigkeit des zulässigen Grades an Pragmatismus vom jeweiligen Kontext und den spezifischen Anforderungen an das System der rituellen Kommunikation (besonders vor dem Hintergrund sozialer und machtpolitischer Umstände).

Schwemer (2016) weist in diesem Zusammenhang außerdem darauf hin, dass beim Nachholen von Festen eine Differenzierung zwischen obligatorischen Kernelementen der Handlung und additiven Elementen (z. B. Ergänzungen durch individuelle Könige) zu Tage tritt, die ebenfalls in einer unterschiedlichen Behandlung dieser Elemente resultiert. Er zitiert exemplarisch KBo 4.13+ Rs. IV 1–8 mit der eindeutigen Angabe: „Wenn (die Kulthandlungen für bestimmte) Jahre vernachlässigt werden, holt man die Rinder und Schafe nach. 1 Schaf für das Inanna-Instrument der Gottheit wurde (erst) vom Vater seiner Majestät eingeführt; das holt man nicht nach".[293] Damit wäre ein wichtiger kultpragmatischer Hintergrund für die deutliche Kennzeichnung solcher additiver Ritualelemente in der Texttradition expliziert: Eine Unterscheidbarkeit in Elemente, die unter den gegebenen Umständen nachgeholt werden müssen und solchen, deren Auslassung statthaft ist.

---

293 Vgl. Schwemer 2016: 17–18 mit Verweisen auf weitere ähnliche Angaben in FN 37; u. a. KUB 25.18 Vs. III 11–12 (zum 33. bzw. 34. Tag des AN.DAḪ.ŠUM^SAR^).

7.5.7 disregard-formulae

Sogenannte „disregard-formulae" sind (fiktiv-)exhaustive Aufzählungen vermuteter, durch Orakel oder Prodigien gesicherter oder auch nur möglicher Ritualfehler in Verbindung mit der Bitte (i.d.R. an die Götter des betreffenden Rituals), diese zu vernachlässigen oder als ungeschehen zu betrachten. Es handelt sich damit um einen ebenfalls äußerst pragmatischen Mechanismus, der auf eine pauschale Behebung verschiedener (und z.T. nur vorstellbarer) Verfehlungen abziehlt.[294]

In den Iguvinischen Tafeln dient das Ritual des *piaculum* dazu, die ganze Gemeinschaft des Stadtstaates Iguvium von Fehlern zu entsühnen, die bei der Verehrung der angerufenen Gottheiten (Jupiter Grabovius, Trebus Jovius, Mars Grabovius, Fisus Sancus, Vofionus Grabovius, Tefer Jovius) geschehen sind oder sein können. Es ist nicht ganz klar, ob dieses Ritual in regelmäßigen Abständen und somit institutionalisiert stattfand[295] oder ob es ausschließlich im Bedarfsfall angeordnet wurde, d.h. wenn ein expliziter Grund vorlag, der zuvor evtl. durch Orakel oder Prodigien genauer evaluiert wurde. Für letztere Hypothese spricht u.a. der Vergleich mit dem Ritual der *lustratio* (für die dieser Modus als erwiesen gilt; vgl. die Einleitung Ib 10 und VIb 48).[296] Die verwendeten Formeln funkionieren allerdings gerade nicht auf Basis von größtmöglicher Spezifizierung und Definitheit, sondern bennenen ein breites Spektrum von Fehlern, wodurch die Wahrscheinlichkeit erhöht wird, den jeweils gerade zutreffenden miteinzuschließen.

In der längeren Fassung des *piaculum* (VIa 1–VI b 47) wird die Funktion der Entsühnung durch die Gebete expliziert, die (wie weiter oben gezeigt) für jede der beteiligten Gottheiten an einem spezifischen Ort und in einer spezifischen Abfolge begleitend zu den Opferhandlungen vorgebracht werden, z.B.:

(191) IT VIa 46–48
di / grabouie. orer. ose pirse. ocrem. fisiem. pir. ortom. est. toteme. iouinem. arsmor dersecor. subator. sent. pusi. neip / heritu. di. grabouie. perse. tuer. pescler. uasetom. est. pesetom. est. peretom. est. frosetom. est. daetom. est. tuer. pescler. uirseto. auirseto. uas. est. di. grabouie. pirsi. mersi. esu. bue. peracri pihaclu. tertiu. pihafi

294 In der Wirkweise entspricht diese Strategie den weiter unten (436) besprochenen *all-inclusive-formulae* und dem Einsatz von Namenslisten zur Erzeugung von Exhaustivität.

295 So etwa Prosdocimi ²1991: 478–479.

296 Vgl. zur Argumentation Dupraz 2013b: 358–359, der außerdem darauf verweist, dass das Adj. *sevakne* „alljährlich" im *piaculum* nicht gebraucht wird. Dennoch trifft auch er keine definitive Entscheidung in dieser Frage.

> „Jupiter Grabovius, um dessentwillen/deswegen, wenn (oder was die Möglichkeit betrifft, dass?) in der fisischen Burg (bzw. Stadt) Feuer ausgebrochen ist (und) im Stadtstaat von Iguvium die gebührenden Kulthandlungen unterblieben sind, (mach/erkenne an) als ob (dies) nicht gewollt (geschehen sei). Jupiter Grabovius, wenn (oder: was die Möglichkeit betrifft, dass?) in deinem Opfer eine Auslassung, eine Verfehlung, eine Übertretung, ein Schaden, ein Vergehen gemacht worden ist, in deinem Opfer ein sichtbarer oder unsichtbarer Fehler geschehen ist, Jupiter Grabovius, mit Hinblick darauf, dass es (so) rechtens sein mag, soll mit diesem mehr als einjährigen Stier als drittem Entsühnungsopfer Entsühnung vollzogen werden."[297]

In der zitierten Passage sind sowohl eine *disregard*-Formel (mit der Apodosis *pusi neip heritu*)[298] als auch eine erschöpfende Ausschluss-Liste von möglichen Verfehlungen, die beim Opfer unterlaufen sein *könnten* (*uasetom*, *pesetom*, *peretom*, *frosetom*, *daetom*), enthalten. Dabei wird der Wunsch nach Vollständigkeit z. B. durch Merismen wie „sichtbar" – „unsichtbar" (*uirseto auirseto*)[299] oder die quasi-erschöpfende Aufzählung von Ko-Hyponymen aus dem Bereich Kultfehler ausgedrückt.

Auch im Lateinischen sind vergleichbare Formeln mit der Funktion, Fehler ungeschehen zu machen, bezeugt, z. B. in den historischen Berichterstattungen

297 Diskussion besteht in dieser Passage hinsichtlich des drei Mal gebrauchten Konnektors *pirse*. In meiner Übersetzung habe ich die ersten beiden Belege konditional übersetzt (vgl. Untermann 2000; Poultney 1959), den letzten, ebenso wie im nächsten Beispiel IIa 4, aber mit faktischem/aktualisierendem Wert „was das betrifft, dass" (vgl. Dupraz 2013b). Die letztere Auffassung entspricht der Tatsache, dass sich die Betenden hier gewissermaßen auf geltendes Sakralrecht berufen und nicht eine hypothetische Annahme dazu machen. Für die Aufzählung möglicher Fehler scheint mir dennoch eine irgendwie konditional orientierte Interpretation als durchaus naheliegend (vgl. auch das lat. Beispiel Liv. 22,10,5–7), als Parallele können auch die *all-inclusive*-Formeln herangezogen werden, die auf demselben Prinzip basieren (s. u. 7.6.1.5). Die Funktionen von *pirse* sind unter 8.5.6.4.5 noch eingehender besprochen.

298 Diese Formel tritt an mehreren Stellen der IT auf: s. außer VIa 47 auch noch VIa 27, 37; VIb 29. Zum Beleg im Wiedergutmachungsritual (IIa 4) s. 5.6.4. Da dort auf einen erwiesenen Fehler Bezug genommen wird (der in der Indikation IIa 1–2 konkret benannt ist), handelt es sich nicht um eine hypothetische oder fiktiv-exhaustive Technik. Dazu passt auch, dass keine anderweitigen Exhaustivitäts-Techniken eingesetzt werden.

299 Vgl. die Formulierung aus Catos Gebet für den Schutz der Feldflur, in dem sich die Formeln aber nicht auf evtl. Ritualfehler, sondern auf dem Land drohende Schäden bezieht, die der angerufene Mars Pater abwenden soll (Cato *Agr.* 141, 2: *morbos visos invisosque*). Zu Merismen und Listen-Techniken s. noch unten S. 436 und 442.

des Livius, so in Bezug auf die Durchführung des in Buch 22 dargestellten *ver sacrum*, einem Opfer aller Tiere, die innerhalb des jeweiligen Frühjahrs geboren wurden. In diesem Fall ist die konditionale, hypothetische Präsentation der aufgelisteten Fehler anhand der Konjunktion eindeutig:[300]

(192) Liv. 22,10,5–7
si id moritur quod fieri oportebit, profanum esto, neque scelus esto. si quis rumpet occidetve insciens, ne fraus esto. si quis clepsit, ne populo scelus esto neve cui cleptum erit. si atro die faxit insciens, probe factum esto. si nocte sive luce, si servus sive liber faxit, probe factum esto. si antidea, quam senatus populusque iusserit fieri, faxitur, eo populus solutus liber esto.
„Wenn das (Tier), welches zu opfern geboten sein wird, stirbt, soll es als ungeweiht gelten und es soll kein Verstoß gegen göttliches Recht sein. Wenn jemand es verletzt oder unbeabsichtigt tötet, soll es kein Vergehen sein. Wenn jemand es stiehlt, soll es kein Verstoß für die Gemeinschaft noch für denjenigen sein, dem es gestohlen worden sein wird. Wenn er unwissentlich an einem Untag opfern sollte, soll es recht getan sein. Sei es bei Nacht oder Tag, wenn ein Sklave oder ein Freier opfert, soll es recht getan sein. Wenn ein Opfer gemacht werden sollte, bevor der Senat und das Volk es zu bringen befohlen haben, soll das Volk davon unbenommen und frei sein."

Bei den zitierten Beispielen lässt sich teilweise nicht ganz eindeutig abgrenzen, ob die Bitte um Vernachlässigung sich auf Fehler bezieht, die möglicherweise begangen und nicht bemerkt wurden, oder ob sie auch präventiv und in Bezug auf Fehler geäußert wird, die sich möglicherweise erst noch ereignen könnten. Hier ist die Grenze zwischen rückwirkender und präventiver Reparatur also zumindest aus unserer Perspektive nicht immer scharf zu ziehen. Durch die Wortwahl scheint deutlich zu werden, dass in den italischen Texten der jeweiligen Absicht des Ritualhandelnden große Bedeutung zukommt. Es wird offenbar als entscheidend erachtet, ob eine Verletzung kultischer Verpflichtungen willentlich und bewusst begangen wurde (umbr. **heritu**/*eretu* „gewollt"; lat. *sciens* „wissentlich") und es scheint den Verstoß zu mindern, wenn von den Göttern anerkannt wird, dass er unabsichtlich geschehen ist. Dieser Zusammenhang ist auch in der *lex sacra* des Heiligtums von Spoleto zu erkennen, in

300 Im Fall von umbr. *perse* ist diese Lesart kontextuell.

der eine mutwillige und absichtliche Übertretung durch den Stadtstaat deutlich strenger geahndet und als *dolus malus* (ein juristischer Begriff, der sonst z. B. eine böswillige Täuschung meint) bezeichnet wird:

(193) *CIL* XI 4766 Haingesetz von Spoleto (= *CIL* I² 366)
seiquis / uiolasit · ioue · bouid / piaclum · datod / seiquis · scies / uiolasit · dolo · malo / iouei · bouid · piaclum / datod · et · a · CCC / moltai · suntod
„Wenn wer auch immer (dieses Gesetz) verletzt, soll er dem Jupiter durch ein Rind ein Sühnopfer geben. Wenn irgendjemand es *wissentlich* mit mutwilligem Vergehen verletzt, soll er dem Jupiter durch ein Rind ein Sühnopfer geben und (ihm) sollen 300 Asse zur Strafe sein."

Die gleiche Differenzierung in Bezug auf Ritualfehler findet sich auch für die Rituale des Veda und wird von Michaels (2007: 127) folgendermaßen erklärt:

> The logic behind this is that only intentional acts count ritually. The distinction between intentionally and unintentionally committed offences has to do with the nature of ritual actions. (…) Unintentional actions, therefore, are ritually less valued and thus easier to exempt from penitential punishments.

Im Hethitischen existieren vergleichbare Strategien kaum innerhalb von Gebeten und Anrufungen an die Götter. Es finden sich aber doch verwandte Formulierungen, die mit ähnlichen Mitteln im Kontext von Ritualen Exhaustivität erzeugen, z. B. im Ritual der Stadt Šamuḫa (CTH 480.1):

(194) KUB 29.7+ Rs. 59–61
⸢*ku-it ku-it i*⸣*-da-a-lu ut-tar NI-IŠ* DINGIR-*LIM ḫu-u-ur-ta-iš*
[*pa-ap-*]*ra-a-tar PA-NI* DINGIR-*LIM i-ia-an na-at ke-e na-ak-ku-uš-ši-e-es A-NA* DINGIR-*LIM pé-ra-an ar-ḫa*
[*p*]*é-*⸢*e*⸣*-da-an-du* DINGIR-*LUM-ma* EN SÍSKUR-*ia a-pé-e-ez ud-da-a-na-az pár-ku-wa-e-es a-ša-an-du*
„Welche böse Sache auch immer, ein (Mein-)Eid, ein Fluch, eine Unreinheit, vor der Gottheit begangen ist, die sollen diese *nakkušši*(-Stellvertreter? N.Pl.) vor der Gottheit wegschaffen; die Gottheit aber und der Ritualmandant sollen von jener Sache rein sein!"

Hier geht es freilich nicht im selben Sinne um *disregard*, weil nicht eine Gottheit um Nachsicht bzgl. einer Fehlerliste gebeten wird, die durch ihre sprachliche Gestaltung erschöpfend konzipiert ist. Die betreffende Formulierung ist

Teil eines Reinigungsrituals, erzeugt aber mit ähnlichen Mitteln (fiktive) Exhaustivität der durch das Ritual zu entfernenden Unreinheiten und Fehler.[301]

Ansonsten sind im altorientalischen Kulturraum durchaus *disregard*-Formeln zu finden, z.B. zitiert Ambos (2007: 34–35) eine Liste von möglichen Verfehlungen, die während einer altbabylonischen Extispizin auftreten könnten und in diesem Fall von Šamaš, dem Patron der Eingeweideschau, nach Wunsch des Haruspex nicht beachtet werden sollen:

> „Disregard the (formulation) of (the prayer for) today's case, be it correct, be it faulty,
> (and that) the day is overcast, and it is raining.
> Disregard that a clean or an unclean person has touched the sacrificial sheep, or blocked the way of the sacrificial sheep.
> Disregard that an unclean man or woman has come near the place of extispicy and made it unclean.
> Disregard that I have performed the extispicy in this unclean place.
> Disregard that the ram (offered) to your great divinity for the performance of extispicy is deficient or faulty.
> Disregard that I, the haruspex your servant, am dressed in my ordinary soiled garments,
> have eaten, drunk, anointed myself with, touched, or stepped upon anything unclean,
> have seen fear and terror at night, have touched the libation beer, the flour, the water, the container and the fire,
> have changed or altered the proceedings,
> or that the oracular query became jumbled in my mouth.
> Let these (undesirable) things be excluded and left out of consideration!"[302]

Auch dieser Text weist durch die erschöpfend wirkende Liste von möglichen Fehlern, die während eines im Verlauf befindlichen Rituals zu dessen Scheitern beitragen *könnten*, präventive Eigenschaften auf. Unter 7.6 werden weitere vorbeugende Strategien ausführlich besprochen und eingeordnet.

301 Vgl. Janowski/Wilhelm 1993: 136–137.

302 Starr 1990: xx–xxvii.

7.6 Fehlerprävention und präventive Absicherung

Eine weitere Strategie, die das Gelingen ritueller Kommunikation aufrecht erhält oder wiederherstellt, setzt – im Unterschied zur bisher besprochenen rückwirkenden Reparatur[303] – noch vor dem betreffenden Ritual an und wird deshalb hier als Fehlerprävention bzw. präventive Absicherung der korrekten Durchführung bezeichnet. Ebenso wie die Ritualheilung nach einer offensichtlich misslungenen Durchführung wirkt sie auf zwei verschiedenen Ebenen zugleich: Einerseits trägt sie innerhalb des vom Menschen als wirksam vorausgesetzten Systems von göttlicher und menschlicher Kommunikation zum Glücken der sakralen Kommunikation und damit zum Erfolg der Rituale bei. Andererseits garantieren präventive Absicherungen, dass dieses System als Ganzes nicht oder möglichst selten in Frage gestellt wird. Zudem ermöglichen sie den Menschen, trotz ihrer oberflächlich abhängigen und ausgesetzten Rolle in dem zugrunde liegenden Machtgefüge, ein beträchtliches Maß an *Agency* zu beanspruchen und auszuspielen (wenn nötig). Präventive Strategien sind wie kaum ein anderer Kontrollmechanismus an die Texte der Ritualanweisungen und ihre spezifische sprachliche Form gebunden. Wo die oben besprochenen Strategien oftmals durch supplementäre Evidenz (z. B. Gebete oder sekundäre Textsorten) bzw. durch die Handlungs- und Symbolebene gestützt waren, sind präventive Mechanismen sehr stark den rituellen Präskriptionen zugeordnet und gestalten diese dabei auf einer pragmatischen Ebene nicht unerheblich mit.

Ein wichtiger Gesichtspunkt ist bereits mehrfach genannt und sowohl in Bezug auf unser Verständnis von Ritualen als auch für die Konstitution von Fachsprachen als relevant bestimmt worden. Es handelt sich um die bewusste Vagheit oder Unterspezifiziertheit von Formulierungen und Handlungsanweisungen einerseits und von Funktionen und Illokutionen andererseits (je nachdem welche Ebene man betrachtet). In Bezug auf das kommunikative Potential auf menschlicher Ebene wurde bereits eingangs das Statement von Stollberg-Rilinger aufgegriffenen, gemäß dem der Vorteil von Ritualen gerade darin besteht, „dass sie die Beteiligten nicht auf bestimmte, präzise ausbuchstabierte Aussagen festlegen".[304] Durch ihr ambiges Potential können Rituale mit sozialer oder politischer Dimension Einmütigkeitsfiktionen herstellen, die für eine eben nicht homogene Gemeinschaft mit divergierenden Interessen existenziell sind. Im Bereich der Fachsprachlichkeit ist Vagheit als ökonomischer und

303 Die Grenze zwischen präventiv und reparativ ist bei manchen Strategien nicht eindeutig zu ziehen; s. o. 7.5.7 zu den *disregard*-Formeln.

304 Stollberg-Rilinger 2013: 199.

kognitiv-kommunikativer Faktor, besonders im Bereich der Terminologie, eingeführt worden. Hier wird inzwischen eingeräumt, dass das häufig bemühte Postulat der Exaktheit oder Ein-eindeutigkeit von Fachtermini keinesfalls der Realität oder den pragmatischen Anforderungen an diese sprachliche Varietät gerecht wird. Vielmehr wird die Assoziativität des menschlichen Denkens als Schlüssel für eine erst kontextuell hergestellte Exaktheit verstanden; durch bewusst gestaltete semantische Vagheit können somit „einzelne Gegenstände und Sachverhalte allgemeinen Begriffen und Aussagen zugeordnet werden" und sind damit an bestehende Wissenssysteme assoziativ anschließbar.[305] Schließlich ist das Konzept der Vagheit oder Unbestimmtheit auch bei der Evaluation der Textfunktion hethitischer Beschwörungsrituale zur Sprache gekommen und diente in diesem Zusammenhang als Indikator für die allgemeingültige und nicht an eine spezifische Situation oder Person gebundene Verwendbarkeit des betreffenden Rituals. Somit ist eine situative oder indikatorische Unterspezifiziertheit, wie wir sie z.B. in hethitischen Beschwörungsritualen vorfinden, ein zentrales Argument für deren Klassifizierung als Vorschriftstexte (nicht Protokolle o.ä.).[306] Vagheit erweist sich also aus verschiedenen Blickrichtungen und auf ganz unterschiedlichen Ebenen als ein wirksames Prinzip in den untersuchten Texten. Möglicherweise lässt sie sich sogar als konzeptuelle Schnittstelle zwischen einer Reihe von sprachlichen oder kommunikativen Phänomenen (Ritual, Fachsprache, Textsorte) interpretieren, die im Rahmen der vorliegenden Untersuchung relevant sind. In die Reihe der Anwendungsbereiche dieses Prinzips lässt sich schließlich auch Vagheit als präventive Absicherung oder Kontrolle der Wirksamkeit von Ritualen stellen; in diesem Zusammenhang darf sie außerdem gleichzeitig als Instrument zur Stabilisierung menschlicher Handlungsmacht angesehen werden. Vagheit oder Unbestimmtheit bei der Formulierung von Ritualvorschriften gibt den Ritualhandelnden Gestaltungsmacht, d.h. einen gewissen (klar abgegrenzten oder aber auch gänzlich offenen) Spielraum bei der Durchführung des Rituals und seiner einzelnen Handlungsschritte. Je weniger exakt bestimmte Vorschriften ausbuchstabiert werden, desto mehr reduziert sich die Wahrscheinlichkeit, im jeweiligen Fall einen Fehler zu machen, der sich als gravierend erweist, und dadurch ggf. das Scheitern des gesamten Rituals zu verschulden.[307] Je größer der Entscheidungsspielraum bzgl. Art und Umfang der Opfergaben, bzgl. der Auswahl der handelnden Person oder des richtigen Zeitpunktes ist, desto

---

305 Roelcke ³2010: 70, 77; s. dazu auch schon oben S. 314.

306 Zur Diskussion s.o. 6.8.3.

307 Gleichzeitig besteht die Offenheit, einen behebbaren Fehler zu finden, wenn dies nachträglich nötig sein sollte.

größer die Möglichkeit, das Ritual den jeweiligen wirtschaftlichen oder individuellen Möglichkeiten der ritualtragenden Person oder Gemeinschaft anzupassen – ein Spielraum, der unter bestimmten Umständen entscheidend sein kann. Mitunter sind in Ritualtexten ganze Handlungsschritte als bloß optional markiert und erlauben somit ebenfalls eine individualisierte Umsetzung der Vorschriften. Im Folgenden werden verschiedene sprachliche Möglichkeiten besprochen, mit denen innerhalb von Ritualvorschriften Vagheit oder explizite Ermessensspielräume erzeugt werden. Dabei soll auch eine Einordnung der Phänomene in den pragmatischen Rahmen und, wo möglich, eine Abgrenzung von alternativen Funktionen der betreffenden Ausdrücke, wie Mitigation oder anderen *politeness-strategies*, erfolgen.

7.6.1 *Eigenes Ermessen: „wenn du willst"*

Bei der sprachlichen Repräsentation von Gestaltungsspielräumen stehen grundsätzlich verschiedene Optionen zur Verfügung. Zu den verbreitetsten zählen Ausdrücke des eigenen Ermessens, die eine konditionale oder indefinit-relative Fügung und einen lexikalischen Ausdruck des Wollens involvieren. Konditionalsätze[308] und (indefinite) Relativsätze zählen in den sonst tendenziell parataktisch organisierten Ritualtexten verschiedener Sprachen (umbrisch/lateinisch, hethitisch, aber auch vedisch) zu den häufigeren Subordinationstechniken.[309] Dieser Umstand ist sicherlich auch durch den Grad der Fachsprachlichkeit dieser Texte bedingt: So konnte durch Korpus-Untersuchungen in modernen Fachsprachen gezeigt werden, dass sich Fachtexte durch eine Prädominanz ebensolcher temporal-konditionaler Nebensätze vor literarischen Genres auszeichnen, wohingegen andere Typen, wie kausale, temporale oder konzessive Gefüge hier deutlich weniger repräsentiert sind.[310]

Bei der Behandlung der Direktive und ihrer typologischen Bestimmung (s. Kapitel 6) wurde außerdem bereits gezeigt, dass konditionale Angaben als Handlungsvoraussetzungen eine kommunikative Funktion bei der Markierung der Verbindlichkeit der Anweisungen und bei der Konstitution der jeweiligen Adressaten(-gruppen) übernehmen. Sie stehen in unseren Texten also ohnehin in enger Verbindung mit den direktivischen Ausdrucksformen und den Konventionen deren sprachlicher Wiedergabe. Innerhalb dieser Bedingungen findet sich nun eine Gruppe von Ausdrücken, welche die Durchführung bestimmter Handlungen oder die Gestaltung einzelner Elemente explizit dem Ermessen der das Ritual ausführenden Personen überlassen. Damit stellen sie z.T.

---

308 Bzw. temporale NS mit stark konditionaler Färbung „genau dann, wenn/immer wenn".

309 S. dazu noch unter 8.5.6.

310 Vgl. dazu Hoffmann 1998b: 418; Czicza et al. 2012; Roelcke ^{3}2010: 86–87.

erhebliche Einschränkungen zu den bereits untersuchten Befehl- und Anweisungsformen und deren für die jeweiligen Adressaten hohen Verbindlichkeit dar.[311] Inhaltlich gesehen ist die Eröffnung eigener Ermessenspielräume deshalb unerwartet innerhalb von sonst oft detailgenauen Anweisungen, deren penible Einhaltung lange eine feststehende Annahme in der Forschung war. Dies ist wohl als Hintergrund dafür zu sehen, dass für derartige Ausdrücke, z.B. in den Ritualvorschriften aus Catos *De agricultura*, bisweilen keine echten Ermessensspielräume, sondern rein pragmatische Höflichkeits-Konditionen vermutet wurden (z.B. von Ager 2010).

Den Ausgangspunkt für eine solche Auffassung der Ausdrücke des eigenen Ermessens bildet die Fragestellung, ob es sich bei einem Konditionalsatz wie

(195) Cato *Agr.* 132,2
Vestae, si voles, dato.
„Der Vesta sollst du, wenn du (es) willst, (ein Opfer) geben."

eventuell um eine bloße Höflichkeitsformulierung handelt, die der Tatsache Rechnung trägt, dass durch Catos Handbuch und seine Anweisungen sowohl Gutsverwalter (also im Grunde Sklaven), als auch Gutsbesitzer angesprochen werden. Aufgrund dieser doppelten Adressierung ergebe sich (so Ager 2010) eine pragmatische Schwierigkeit bei der Wahl des angemessenen Tonfalls bzw. grammatischen Modus. Um den Imperativ II, den regulären Modus eines instruktiven Handbuchs, für den sozial höher gestellten Teil der Leserschaft abzumildern und deren eigene Entscheidungsmacht anzuerkennen, habe Cato an einigen Stellen des Werkes eine sogenannte *hedge* (einen „Heckenausdruck") wie das eben zitierte *si voles* verwendet.[312] Agers Beurteilung liegen m.E. einige grundsätzliche Fehlannahmen hinsichtlich des Charakters von fachlichen Anweisungstexten zugrunde. Dennoch soll die Frage aufgegriffen werden, ob Ausdrücke des eigenen Ermessens in solchen Texten als Heckenausdrücke eingesetzt werden oder ob sie nicht eher eine andere textliche Funktion besitzen.

Sogenannte *hedges* stehen grundsätzlich im Kontext der *politeness-strategies*.[313] Sie stellen einen Teilbereich der von Fraser (z.B. 1980) und Holmes (z.B. 1984) beschriebenen *conversational mitigation* dar, einem pragmatischen Konzept, das vom Sprecher benutzt wird, um die illokutionäre Kraft, den Effekt seiner Sprachäußerung auf den Adressaten, zu modifizieren. Konkret werden durch *mitigation* Elemente, die möglicherweise als unwillkommen oder

311 S.o. 6.9.5.2.
312 Ager 2010: 284.
313 Zu *politeness* und *face-saving strategies* s.o. 6.5 und allgemein bei Brown/Levinson ^{2}1987.

bedrohlich empfunden werden können (direktive Sprechakte zählen prototypisch dazu), abgemildert oder maskiert. Das Phänomen der *conversational mitigation* stellt also selbst keinen bestimmten Illokutionstyp (wie z.B. Direktive, Kommissive etc.)[314] dar, sondern ist vielmehr eine Strategie, die auf verschiedene Sprechakte angewendet wird, um die in ihnen enthaltene Illokution in ihrer möglichen Bedrohlichkeit abzuschwächen. Eine Einschränkung der Illokution und ihrer Verbindlichkeit findet also gar nicht unbedingt tatsächlich statt, sondern wird dem Adressaten bloß suggeriert. Allerdings kann bereits die Fiktion eines möglichen Auswegs in pragmatischer Hinsicht relevant und effektiv sein.[315] Der Wahl einer abmildernden Modifizierung liegen demnach Vermutungen des Sprechers bzgl. der zu erwartenden Reaktion und Aufnahme der Nachricht durch den Adressaten zugrunde, auf die er gewissermaßen präventiv reagiert. *Mitigation* ist somit im Grunde v.a. Ausdruck der Tatsache, dass der Sprecher bereit ist, sprachlichen Aufwand zu betreiben, um das *face* des Adressaten zu schützen. Dafür stehen verschiedene sprachliche Mittel zur Verfügung, deren Zugänglichkeit und Repertoire durch die in einer Sprechergemeinschaft herrschenden Konventionen und die verfügbaren grammatikalischen Kategorien bestimmt werden. So können die verfügbaren Strategien vom gesellschaftlichen Kontext (privat, beruflich, öffentlich etc.), vom Statusverhältnis der Gesprächsteilnehmer und von weiteren, die zwischenmenschliche Kommunikation regelnden Faktoren, beeinflusst sein. *Mitigation* ist dabei aber durchaus nicht gleichzusetzen mit dem Konzept der *politeness* an sich, sondern stellt nur eine der Möglichkeiten dar, in einem Diskurs dem konventionell geregelten Prinzip der Höflichkeit Folge zu leisten.[316]

Im Folgenden werden die Ausdrücke, die in Ritualvorschriften eigenes Ermessen oder Handlungsspielraum in Form von Optionen verfügbar machen,

---

314 Zur Sprechakttheorie s.o. 6.1.

315 Fraser (1980: 341) demonstriert diesen Umstand anhand eines Beispiels: Die beiden deklarativen Sprechakte „You're fired" und „It is my unpleasant task (...) to bring you the bad news that we are not longer able to retain you in our employ" haben dieselbe Proposition und dieselbe reale Konsequenz für die entlassene Person. Dennoch repräsentieren sie unterschiedliche Strategien des Sprechers, diesen Inhalt zu transportieren, und können einen starken Einfluss auf die unmittelbare Reaktion des Adressaten und seine Bewertung des Sprechaktes nehmen.

316 Zum Höflichkeitsprinzip vgl. Leech 1983. Diese Tatsache wird dadurch deutlich, dass Sprachäußerungen auch ohne den Gebrauch abmildernder Formulierungen bestimmten Höflichkeitskonventionen entsprechen können: Die Aufforderung „Bitte setzen Sie sich" enthält keinerlei verschleiernde Phrase, ist aber (aufgrund anderer Strategien) dennoch als höflich zu verstehen. Auf der anderen Seite ist eine von *mitigation* geprägte Äußerung i.d.R. auch eine höfliche Äußerung, so dass beide Phänomene, wie bereits angedeutet, häufig miteinander korrespondieren.

kategorisiert und voneinander abgegrenzt. Dabei zeigt sich, dass nicht in allen Fällen die gleichen Funktionen vorliegen. Mehrheitlich handelt es sich *gerade nicht* um sprachliche Heckenausdrücke, welche die direktiven Illokutionen der Texte wie ähnlich strukturierte konventionalisierte Ausdrücke abmildern sollen.[317] Vielmehr stellen diese Ausdrücke in Ritualtexten einerseits echte Optionen dar – und damit Strategien zur Herstellung menschlicher Kontrolle über das Gelingen ritueller Kommunikation. Auf der anderen Seite stehen Ausdrücke, die nicht dazu dienen, Optionen verfügbar zu machen, sondern auf Textebene als Präsignal oder Adressatenkonstituierung fungieren (s. dazu S. 361).

7.6.1.1 „Echte Konditionen" als Präsignale

Konditionale Gefüge, die eine Form des Verbs *heri-* „wollen" enthalten, liegen relativ häufig in den IT vor. Sie können einerseits konjunktionslos konstruiert sein, wie im folgenden Beispiel:

(196) IT IIa 16–17[318]
heriiei : façiu : ařfertur : avis : anzeriates (...) **façia : tiçit**
„Mag der Arsfertur opfern wollen, so ist es angezeigt, dass er nach Beobachtung der Vögel opfere."[319]

Wesentlich häufiger sind Nebensätze mit der ursprünglich temporalen Konjunktion *pune* und einer futurischen Form von *heri-*. Die in solchen Fällen vorliegende konditionale Konnotation von **pune** ist auch von Untermann (2000: 605) festgestellt worden. Ein Nebeneinander von temporaler und konditionaler Semantik ein und derselben Konjunktion ist typologisch an sich nicht selten: vgl. lat. *cum* oder nhd. *wenn* mit sowohl temporaler als auch konditionaler Lesart.[320] Besonders interessant ist in diesem Zusammenhang auch die Untersuchung von Kreipl (1999) zur temporalen Konjunktion franz. *lorsque*, die gerade in Fachtexten einen konditionalen Wert bei der Formulierung von Regelaussagen annehmen kann. Die Kombination mit einem Verb des Wollens ist außerdem typisch für Konditionalsätze und tritt in einem temporalen Zusammenhang seltener auf. Man darf daher (auch angesichts der weiteren

---

317 Vgl. die lexikalisierten Ausdrücke franz. *s'il vous plaît*, ndl. *alstublieft* „bitte", die ursprünglich auf die Bedingung des eigenen Willens verweisen, aber auch abmildernde Phrasen nhd. *wenn man so will*, franz. *si tu veux bien* oder engl. *if you like*.

318 Der Beleg ist bereits in verschiedenen Zusammenhängen zitiert; s. o. Bsp. (50); (64); (70) mit Anmerkungen zur Form **heriiei**.

319 Wörtl. Ablativus absolutus „mit/nach den beobachteten Vögeln".

320 Vgl. Volodina 2006 für eine Untersuchung des semantischen Spektrums von nhd. *wenn*.

Belege) wohl annehmen, dass für *pune* einerseits eine temporale (parallel mit der temporalen Konjunktion *ape*) aber andererseits (kontextuell) auch eine konditional-temporale Funktion nebeneinander existieren.

Im folgenden Beispiel mit Subordination durch **pune** handelt es sich ebenfalls um eine ritualeinleitende Bedingung bzgl. des Willens des Adressaten zu Beginn der *lustratio*:

(197) IT Ib 10 (mit Parallelstelle VIb 48)
pune : puplum : aferum : heries : avef : anzvriatu : etu
„Wenn du (die Tiere) um das (Heer-)Volk herumführen wollen wirst, sollst du gehen, die Vögel zu beobachten."

Die bisher aufgeführten Beispiele haben eine Gemeinsamkeit, die eine Funktion als *hedge* grundsätzlich ausschließt: Die Proposition der konditionalen Protasis ist nicht identisch mit derjenigen der Apodosis: Es heißt nicht „Wenn der Arsfertur [es] will, dann soll er opfern", sondern der Fokus liegt in der Apodosis auf der eingebetteten Proposition **avef anzvriatu** „nach Beobachtung der Vögel"; dies stellt die eigentliche Handlungsanweisungen dar. Damit ist eine Interpretation als bloße Höflichkeitsformulierung nicht möglich. Insgesamt handelt es sich nicht um eine echte Option, sondern vielmehr um die Angabe der Voraussetzung, unter der die folgenden Anweisungen verbindlich zu befolgen sind. Die Position der zitierten Beispiele in der Einleitung der Rituale unterstreicht diese titulare Funktion, die in Bezug auf die Textillokution bereits oben (z.B. 6.9.5.1) ausführlich besprochen wurde.

7.6.1.2 Echte Optionen („unechte Konditionen")

Anders liegt der Fall in Beispielen, in denen bis auf die Modalität „wollen" die Propositionen von Protasis und Apodosis identisch sind.

(198) IT IIb 21–22
vitlu : vufru : pune heries : / façu : eruhu : tiçlu : sestu : iuvepatre
„Ein Votivkalb, wenn du es opfern wollen wirst, sollst du dem Jupiter mit derselben Formel (fest)setzen."

Geht man hier von einer Paraphrasierung „Wenn du ein Kalb opfern willst, dann sollst du mit derselben Formel (wie oben) ein Kalb opfern" aus, kann diese Angabe einer tatsächlichen Option in Abhängigkeit vom Willen des Ritualhandelnden entsprechen. Grundsätzlich ist in einem solchen Fall die Möglichkeit eines sprachlichen Heckenausdrucks i.S.v. „wenn es dir Recht ist/si cela vous dit" vorhanden (was aber kontextuell wenig wahrscheinlich ist). Naheliegender wäre eine Interpretation als echte Option – d. h. dass der betreffene Handlungsschritt tatsächlich nach individuellem Wunsch der handelnden Person durchgeführt oder weggelassen werden kann. Zentral ist dabei die Frage nach dem semantischen und ritualpragmatischen Unterschied zwischen **façu** und **sestu**: Die Interpretation des Belegs als tatsächliche Option würde eine synonyme Verwendung voraussetzen. Verweist **sestu** aber auf eine Teilhandlung von **façu**, sind die Propositionen nicht identisch und es handelt sich bei der Kondition um ein Präsignal.[321]

Im Lateinischen finden sich vergleichbare Ausdrücke mit der eindeutig konditionalen Konjunktion *si* und *voles* im Indikativ Futur, wie der bereits oben als Bsp. (195) zitierte Beleg:

(199) Cato *Agr.* 132,2
Vestae si voles dato.
„Der Vesta sollst du (ein Opfer) geben, wenn du willst."

In diesem Fall bezieht sich das „Wollen" der verkürzten konditionalen Protasis eindeutig auf die identische Proposition der Apodosis („wenn du der Vesta ein Opfer geben willst, sollst du der Vesta ein Opfer geben") – auf dieser Grundlage hat Ager (2010) die Möglichkeit einer bloßen Höflichkeitskondition ja überhaupt in Betracht gezogen.

Ein weiteres Beispiel bezieht sich auf das Votum für die Rinder und bildet den abschließenden Satz nach der Beschreibung der zu vollziehenden Handlungen. Es stellt zugleich eine Erweiterung und Variation des bisher gezeigten Musters dar:

(200) Cato *Agr.* 83
Hoc votum in annos singulos, si voles, licebit vovere.
„Dieses *votum* ist dir erlaubt, wenn du willst, jedes Jahr auszusprechen."

Hier wird neben dem Konditionalsatz + *velle* durch das modale Verb *licebit* die Freiwilligkeit bzw. das eigene Ermessen, dem die Proposition des Hauptsatzes unterliegt, zusätzlich expliziert. Diese ist, im Unterschied zu den bisherigen Beispielen, nicht einmal durch einen Konjunktiv oder Imperativ II als direktiver Sprechakt gekennzeichnet. Hinzu kommt, dass dieses Muster sich auch schon vorher mehrfach in der ganzen Passage des Votums ausdrückt:

321 S. zu **sestu** und den vorgeschlagenen Interpretationen Untermann 2000: 672–674.

(201) Cato *Agr.* 83
Votum pro bubus, uti valeant, sic facito. Marti Silvano in silva interdius in capita singula boum votum facito. Farris L. III *et lardi P.* IIII *S et pulpae P.* IIII *S, visi S.* III, *id in unum vas liceto coicere, et vinum item in unum vas liceto coicere. Eam rem divinam vel servus vel liber licebit faciat.*
„Ein *votum* für die Rinder, damit es ihnen gutgehe, sollst du so machen. Dem Mars Silvanus mache im Wald bei Tageslicht für jedes Stück Vieh ein *votum*. Drei Pfund Dinkel und 4 ½ Pfund Speck und 4 ½ Pfund Fleisch; drei Sextar Wein; dies soll dir erlaubt sein, in einem Gefäß zusammenzuführen, und den Wein in dasselbe Gefäß dazuzugießen, soll dir ebenfalls erlaubt sein. Dieses Ritual wird erlaubt sein, dass es entweder ein Sklave oder ein Freier durchführe."

Die Konstruktion mit *liceto* bzw. *licebit* findet sich also insgesamt vier Mal innerhalb dieser Vorschrift; einmal davon in Verbindung mit der Angabe zweier Optionen (*vel servus vel liber;* dazu noch unten S. 436). Im letzten Satz liegt durch die Kombination mit *si voles* gewissermaßen ein pleonastischer Ausdruck der Optionalität der Proposition vor. Dies alles deutet stark darauf hin, dass es sich bei der *si voles*-Formel nicht um bloße Mitigation, also Abmilderung des enthaltenen direktiven Aktes handelt. Vielmehr scheint der Ausdruck pragmatisch darauf zu verweisen, dass die Durchführung einer bestimmten Handlung bzw. bestimmte Details ihrer Durchführung tatsächlich dem Ermessen des Handelnden unterstellt werden sollen.

Für die Frage, wie derartige Ausdrücke im Rahmen von Ritualvorschriften tatsächlich aufzufassen sind, können auch vergleichbare Formulierungen in den hethitischen Ritualtexten aufschlussreich sein. Diese sind nicht vollkommen parallel, da sie kein Verb für „wollen" einbinden. Zwar existiert mit heth. *wek-*/*wewak-* ein ererbtes Verb in der Bedeutung „wollen, wünschen, fordern".[322] Allerdings zeigen die Belege, dass die Verwendungsweise nicht der hier vorliegenden entspricht, vgl. ein Beispiel aus dem *taknaz-dā*-Rituals der Tunnawi (CTH 409.II):

(202) KUB 9.34 Vs. II 35–37[323]
[*ki-nu-na ka-a-ša*]
ŠA UDU.ŠIR *ḫa-ap-*[*pí-is-*(*na-an*)]*-te-eš*
ke-e-el DUMU.LÚ-*iš-*[*na-aš* ^{UZU}ÚR]^{MEŠ}*-aš i-na-an ú-e-wa-kán-zi*

322 Vgl. zum Lemma Tischler HEG 468–474; Kloekhorst 2008: 1152–1153 mit Verweis auf die uridg. Grundlage **u̯eḱ-* mit Entsprechung z.B. in ai. *vaś-*.

323 Vgl. Hutter 1988: 32–33.

„Jetzt gerade fordern die Körper[teile] des Schafbocks die Krankheit der [Körperteile] jenes Menschen."

Offensichtlich drückt *wek-* eher einen Wunsch des Sprechers in Bezug auf das Handeln einer anderen Person oder auf ein Objekt aus und besitzt eine stark exhortative Nuance – bis hin zu „fordern, verlangen". In den Belegen aus Festritualtexten bezeichnet es v.a. die Forderung des Königs nach Essen und Trinken.[324]

In den hier relevanten Beispielen ist das Wollen des Agens aber voluntativ auf das eigene Handeln orientiert. Dies wird im Hethitischen durch nominale Ausdrücke in Kombination mit dem Dativ des Benefizienten wiedergegeben, die auf dessen positive Haltung oder Einstellung gegenüber dem Gewünschten fokussiert sind, z.B. „wenn es (ihm) günstig ist", „wenn ihm der Sinn (so) ist". Dabei wird oft sowohl der positive als auch der negative Fall expliziert, vgl. folgende Passage, die einem Festritual für den Wettergott von Kuliwišna (CTH 330 1.O) zugeordnet ist:

(203) KBo 15.34+ Vs. II 17′–19′[325]
ma-a-an A-NA ^{LÚ}*BE-EL É-TIM-ma* ZAG*-an nu a-pé-e-da-ni* UD*-ti*
^{URU}*ku-li-ú-iš-na an-da u-un-na-a-i nu-za-kán wa-ar-ap-*⸢*zi*⸣
ma-a-an-ši Ú-UL-ma ZAG*-an na-aš še-eš-zi ku-wa-pí*
nu-za-kán a-pí-ia-pát wa-ar-ap-zi lu-uk-kat-ta-ma an-da
⸢^{URU}⸣*ku-li-ú-iš-na u-un-*⸢*na-a*⸣*-i*
„Wenn es dem Hausherrn aber günstig ist, fährt er an jenem Tag nach Kuliwišna hinein; und er wäscht sich. Wenn ihm (der Tag) aber nicht günstig (ist), dann übernachtet er irgendwo und wäscht sich ebendort. Am nächsten Tag aber fährt er nach Kuliwišna hinein."

Hier wird das Ermessen des Hausherrn durch die Wendung *mān ANA* ^{LÚ}*BEL* É^{TIM}*=ma* ZAG*-an* „wenn es dem Herrn des Hauses recht/günstig (ist)" und in der späteren Verneinung verkürzt *mān=ši UL=ma* ZAG*-an* „wenn es ihm aber nicht günstig (ist)" ausgedrückt. Dabei steht sumerogr. ZAG für heth. *kunna-* „right, favourable, successful"; der Phraseologismus dient eindeutig dazu, die Bewertung durch den Ritualherren als Grundlage für sein Handeln zu etablieren.

Im folgenden Beispiel aus dem Beschwörungsritual des Ammiḫatna (CTH 471) wird die Wendung *mān* ZI*-ŠU* gebraucht, in der ZI für heth. *ištanzan-* „Wille,

324 Vgl. zur Semantik von *wek-* im rituellen Kontext ausführlicher Laroche 1963: 4–8.
325 Vgl. Glocker 1997: 48–49; andere Übersetzung bei Haas 1994: 691–692 FN 127.

Wunsch“[326] geschrieben ist; also wörtl. „wenn ihm der Sinn danach ist/steht“. Von den Übersetzern wird der Ausdruck z. T. auch mit „wenn es sein Wunsch ist“ wiedergegeben:

(204) KBo 5.2 Rs. III 32–35[327]
ma-a-an-za ki-i-ma SÍSKUR *BE-LUM* GAL *ku-iš-ki ši-pa-an-ti*
nu-uš-ši ma-a-an ZI-*ŠU na-aš-ta na-ak-ku-uš-ša-ḫi-ti*
pa-ra-a UN-*an tar-na-i ma-an-ši* ZI-*ŠU-ma*
na-aš-ta pa-ra-a GU_4-*un tar-na-i*
„But if some great lord performs this ritual, he may release a person as a scapegoat if he is so minded, or he may release an ox if he is so minded.“

Ein weiteres Beispiel für einen vergleichbaren Kontext findet sich im Ritual zur Umsiedlung der Göttin der Nacht (CTH 481.A). Hier wird der Ausdruck *A-NA* EN SISKUR=*ma=kan mān aššu* bzw. *mān=ši UL aššu* „wenn es dem Ritualherrn gut/günstig (ist)“ bzw. „wenn es ihm nicht gut/günstig (ist)“ gewählt, der dem Ausdruck mit ZAG-*an* bzw. *kunnan* konzeptuell nahe steht und ebenfalls die innere positive Einstellung und Bewertung des Ritualherrn ausdrückt:

(205) KUB 29.4+ Rs. III 34–38[328]
A-NA EN SISKUR-*ma-*⸢*kán*⸣ *ma-a-an a-aš-šu nu ka-ru-ú-i-li A-NA* É DINGIR-*LIM*
tu-ḫal-zi-in ku-e-da-ni UD-*ti ši-pa-an-da-an-zi*
DINGIR-*LAM* GIBIL-*ia a-pé-e-da-ni* UD-*ti A-NA* É$^{ḪI.A}$ GIBIL-*kán*
an-da-an ḫu-it-ti-ia-an-zi ma-a-an-ši Ú-UL-ma a-aš-šu
na-an I-NA UD 2^{KAM} *ḫu-it-ti-an-zi*
„And if it suits the ritual patron, on the day on which they perform the *tuḫalzi*-(ritual) for the old temple, they also evoke the new deity on that day into the new temple. But if it does not suit him, then they evoke her on the second day.“

---

326 S. zur Bedeutung von *ištanzan*- bereits oben S. 365 sowie ausführlich Kammenhuber 1964: 198–203 mit den Belegen für die Bedeutung „Wunsch, Wille“ und Verweis auf die auffällige Verteilung dieser Bedeutungsnuancen: „Wille“ dominiere im Althethitischen (wo Wünsche eher mit dem Ausdruck für Herz verbunden zu werden scheinen), wohingegen im Junghethitischen „Wunsch“ vorherrsche (1964: 203).
327 Vgl. Miller 2004: 499.
328 Vgl. Miller 2004: 291.

Die zitierten Ausdrücke geben also jeweils Auskunft über die individuelle positive Haltung (das entspricht dem Wunsch) des Ritualherrn in Bezug auf ein bestimmtes Handlungselement des Rituals und machen diese Haltung durch die konditionale Subordination zur ausdrücklichen Bedingung für dessen Durchführung. Damit entsprechen sie den oben gezeigten Ausdrücken des eigenen Ermessens lat. *si voles* bzw. umbr. *pune heries*. Auffällig ist die Tatsache, dass im Unterschied zu jenen sowohl die positive Option („wenn es der Wunsch des Ritualherrn ist") als auch die negative („wenn es nicht sein Wunsch ist") expliziert werden und jeweils mit einer eigenen Apodosis versehen sind. Dadurch wird deutlich, dass es sich nicht um bloße Ausdrücke der Mitigation einer Anweisung handelt, sondern dass das betreffende Element tatsächlich optional ist und ggf. durch ein anderes ersetzt werden kann.

Ein weiteres echt optionales Element ist der Wunsch des Ritualherrn nach einer Leberschau im Anschluss an ein Opfer (s. dazu bereits oben 7.5.4.1); hier in einem AZU-Ritual:[329]

(206) KUB 32.49b+ Vs. II 12–15 (= ChS I/2 Nr. 1)[330]
nu-uš-ša-an BE-EL SÍSKUR *A-NA* UDU *QA-TAM* [*da-a-ai*]
nu-uš-ši ma-a-an ZI-*ŠU nu* UZUNÍG.GIG *ú-*⸢*e*⸣-[*ek-zi*]
ma-an-ši ZI-*ŠU-ma nu* UZUNÍG.GIG *Ú-UL* [*ú-e-ek-zi*]
na-aš-ta UDU *pa-ra-a pé-en-ni-an-zi na-a*[*n ḫa-da-an-zi*]
„Der Zelebrant [legt] die Ha[nd] an das Schaf. Und wenn (es) ihm sein Sinn (ist), wün[scht er] die Leber, wenn (es) sein Sinn aber (ist), [wünscht er] die Leber n[icht]."

Bemerkenswert ist hier, dass zwei Ausdrücke des Wollens, ZI-*ŠU* und *wekzi*, in der gleichen Passage nebeneinander vorkommen, wodurch der semantische Unterschied zwischen „etwas tun wollen" und „einen Gegenstand wünschen/verlangen" deutlich nachvollziebar ist.

Auch in den althethitischen Beschwörungsritualen für das Königspaar ist ein Handlungsschritt wiederholt als optional und vom Wunsch der Mandanten abhängig gekennzeichnet:

(207) KBo 17.1+ Rs. III 17–18
[(*ma-a-an* LUGAL-*uš* MUNUS.LU)GAL-*aš-ša t*]*e-ez-zi ta* DUMUMEŠ-*an pár-na p*[(*a-i-mi*)]

329 Vgl. auch KBo 17.161(+) (= ChS I/2 Nr. 18) Rs.? IV 3′–5′; KBo 23.15 (= ChS I/2 Nr. 8) Vs. I 32′–34′.
330 Vgl. Wegner/Salvini 1986; Haas 1994: 651.

[(*ma-a-an na-at-ta-ma*) *ta-ra*]-*an-zi nu na-at-ta pa-i-m*[(*i*)]
„Wenn das Königs[paar (so) s]agt, dann gehe ich in das Haus der Kinder; wenn sie [aber] ne[in sag]en, so gehe ich nicht."

Dabei wird ebenfalls deutlich, dass es sich um eine echte Option handelt, weil dieselbe Formulierung (die nach jedem der vier Teilrituale der Tafel wiederholt wird) im Anschluss an das Folgeritual einen entsprechenden Vermerk dazu beinhaltet, dass sich die Praxis in Bezug auf das „Haus der Kinder" geändert hat:

(208) KBo 17.1+ Rs. IV 12–13
ka-ru-ú-ma
[...] É DUMU^{MEŠ}-*an pa-iš-ga-ḫa-at ki-nu-na na-at-ta ku-wa-a-pí-ik-ki pa-a-un*
„Früher aber bin ich [in] das Haus der Kinder jeweils gegangen. Jetzt aber ging ich keineswegs."

Auch in den Festritualen existieren Optionen in Abhängigkeit vom Wunsch des Ritualherrn, d.h. des Königs. Als Beispiel kann ein Beleg aus dem Outline des AN.DAḪ.ŠUM^{SAR}-Festrituals (CTH 604.A) herangezogen werden. Die Überblickstafel enthält mehrere einleitende Konditionen, die den Ort betreffen, wo der König den Winter verbracht hat. An die sich daraus ergebenden verschiedenen Möglichkeiten, wie er nach dieser Periode in die Stadt Taḫurpa gelangt, schließt sich folgende Passage an:

(209) KBo 10.20 Vs. I 11–15[331]
[(^{URU}*ka*)]-*a-ta-pí-ma-kán ša-ra-a* Ú-UL *ku-it-ki pa-iz-zi*
⸢^{URU}⸣[*ka*]-*a-ta-pí* DINGIR^{MEŠ}-*aš ḫa-az-zi-ú-i* NU.GÁL *ku-it-ki* (§-Strich)
ma-a-an LUGAL-*i-ma a-aš-šu ta-aš-ta* ^{URU}*ka-a-ta-pí ša-ra-a*
a-pé-e-ni-iš-ša-an pa-iz-zi DINGIR-*LUM-ma-za* Ú-UL *ku-in-ki i-ia-zi*
šal-li Ú-UL *ḫal-zi-ia*
„But up to Katapa he does not go at all: at Katapa there are not rites (var.: and no festival) of the gods. But if it pleases the king he may go up to Katapa even so; but neither shall he celebrate there any god, (nor) shall the great assembly be called."

331 Vgl. Güterbock 1960.

Hier wird also zunächst eine negative Anweisung bzgl. eines Abstechers in die Stadt Katapa gegeben, die nachträglich aber wieder eingeschränkt wird – und zwar in Abhängigkeit vom Wunsch des Königs. Zugleich wird aber darauf bestanden, dass durch diesen Wunsch der rituelle Ablauf an sich nicht geändert wird: In Katapa sollen trotzdem keine Riten stattfinden. Damit liegt eine Variation gegenüber den bisher zitierten Fällen, aber gleichwohl ein echter Ermessens- und Entscheidungsspielraum als reale Option vor. Das eigene Ermessen wird in diesem Fall wie schon im Bsp. aus CTH 481 durch den Dativ (des Benefizienten) + *aššu* ausgedrückt.

Die besprochenen Beispiele für echte Optionen weisen ein gemeinsames Muster „wenn du (x) willst, sollst du x tun" bzw. „wenn (x) dem Ritualherrn günstig ist, dann tut er x", also mit identischer Proposition in Protasis und Apodosis, auf. Der Vergleich ihrer pragmatischen Kontexte legt nahe, dass es sich durchaus nicht um Höflichkeits-Konditionale zur Abmilderung der direktiven Sprechakte in den Ritualinstruktionen handelt. Stattdessen scheinen echte Einräumungen von Gestaltungsspielräumen nach dem individuellen Wunsch der Ritualhandelnden vorzuliegen.

7.6.1.3 Echte Optionen als Anpassung an äußere Umstände

Neben den Bedingungen, die vom Wunsch der Ritualhandelnden abhängen, dienen die „wenn … dann"-Konstruktionen in den hethitischen Ritualen ebenfalls dazu, eine allgemeine Anpassbarkeit zu ermöglichen. Besonders häufig finden sie sich daher in Beschwörungsritualen, für die eine Anwendbarkeit auf verschiedene Mandanten und Situationen pragmatisch besonders sinnvoll erscheint.[332] Sie beinhalten z.B. Anpassungsmöglichkeiten an einen weiblichen oder männlichen Mandanten mittels der gewählten wirkmächtigen Materialien oder Substitute. Die entsprechenden Formulierungen lauten dann etwa „wenn es ein Mann ist, dann tue ich x, wenn es eine Frau ist, tue ich y" und haben somit nichts mit persönlichen Wünschen oder Vorlieben der Mandanten, sondern mit einer ganz praktischen Grundvoraussetzung zu tun.

Im Ritual der Tunnawi gegen Unreinheit (CTH 409.I.A) erfolgt bspw. eine sehr detaillierte Anpassung je nach dem Geschlecht der zu behandelnden

332 Vgl. auch die Sammlung verschiedener optionaler Angaben, die Miller (2004: 496–505) im Sinne der Anpassbarkeit der Rituale und als Argument für den präskriptiven Charakter der Texte gebraucht. Besonders die „if … then"-Optionen (501–505) bieten zahlreiche Beispiele für Anpassungen an äußere Gegebenheiten. Die gleiche Argumentation verfolgt auch Christiansen (2016: 37–39) mit einschlägigen Beispielen zu den im Folgenden hier besprochenen Phänomenen.

Person; dabei spielen v.a. ikonische Prinzipien eine Rolle, die sich im Geschlecht der ausgewählten Tiere und wohl auch in geschlechtsspezifischen Attributen abbilden:[333]

(210) KUB 7.53+ Vs. I 11–18[334]
ma-a-an LÚ-*aš nu* UDU.ŠIR GE$_6$ *da-an-zi ma-a-an* MUNUS-*za-ma nu* UDU.“SÍG+MUNUS” GE$_6$
da-an-zi 1 ŠAḪ.TUR GE$_6$ 1 UR.TUR GE$_6$ **nu ma-a-an* LÚ-*aš nu* ŠAḪ.TUR NÍTA* *ma-a-an* MUNUS-*za-*⌈*ma*⌉
na-at MUNUS-*TIM* 1-*NU-TIM* TÚGGÚ.È.A GE$_6$ 1 *iš-ḫi-ia-al* GE$_6$
1 TÚG*ka-ri-ul-li* GE$_6$ 1-*NU-TIM* TÚGGADA.DAM GE$_6$ *da-an-na-ri-iš*
1-*NU-TIM* KUŠE.SIR GE$_6$ ⟨⟨MUNUS-*TIM* E.ÍB⟩⟩ *1-*NU-TUM* E.ÍB *TA-ḪAP-ŠI* GE$_6$ MUNUS-*za-ma-kán**
GEŠTUḪI.A-*ŠU IŠ-TU* SÍG GE$_6$ *e-ḫu-ra-da-a-iz-zi* (§-Strich)
ma-a-an LÚ-*eš-ma nu* 1-*NU-TIM* TÚGGÚ.È.A GE$_6$ 1-*NU-TIM* TÚGGADA.DAM GE$_6$ [GE]ŠTUḪI.A-*ŠU-ia-za-kán IŠ-TU* SÍG GE$_6$ *e-ḫu-ra-da-iz-zi*
„If a man, they take a black ram, but if a woman, they take a black ewe; one black piglet, one black puppy; if a man then a male piglet, but if a woman, then it is female; one black shirt, one black belt, one black hat, a set of plain, black gaiters, a pair of black shoes, one black felt girdle; and the woman plugs her ears with black wool; and if a man, then one black shirt, one set of black gaiters; and he plugs his ears with black wool.“

Weitere Möglichkeiten der individuellen Modifikation sind als Anpassung an die jeweiligen äußeren, auch ökonomischen, Voraussetzungen zu bewerten und machen die Durchführung bestimmter Handlungen von der Verfügbarkeit eines bestimmten Utensils oder sogar von der allgemeinen Gewohnheit abhängig:

(211) KUB 30.31+ Rs. III 43–45[335]
ma-a-an-ši
u-zi-an-za-ma Ú-UL iš-ša-⟨⟨*na*⟩⟩*-an-zi*
nu-uš-ši ki-nu-un-na Ú-UL i-⌈*en*⌉*-zi*

---

333 Eine ikonische Anpassung kann auch an die kontaktierte Gottheit erfolgen; Miller (2004: 503 mit FN 911) verweist auf KBo 24.45+, wo je nach Geschlecht der Gottheit entweder eine Frau oder ein Mann in den Tempel gehen soll.

334 Vgl. Miller 2004: 501 FN 905.

335 Vgl. Miller 2004: 502–503 und FN 909.

„If they don't usually perform flesh(-offerings) for him, however, then they also don't do (it) for him now."

Der Meta-Kommentar mit Bezug auf die allgemeine Gewohnheit, der durch *ŪL iššanzi* ausgedrückt ist, entspricht der Art des Kommentars in Bezug auf das „Haus der Kinder" in CTH 416. Hier erfolgt also eine Anpassung an die gängige Praxis; Miller (2004: 503) verweist zu Recht darauf, dass ein solcher Verweis „would be difficult to reconcile with a descriptive paradigm".

Die Verfügbarkeit von Ritual-Utensilien oder Bedingungen des räumlichen Settings sind der Kern folgender optionalen Anpassungen:

(212) KBo 5.2 Rs. IV 3–6[336]
[… 2 (DUG*ḫu-up-r*)]*u-uš-ḫi-e-eš ḫa-an-da-an-te-eš*
[*ma-a-an* É(*ḫi-lam-mar e-eš*)]*-zi nu-uš-kan ḫilam-ni an-da*
[(*i-e-zi*) *ma-a-an*] ⸢É⸣*ḫi-lam-mar-ma* NU.GÁL *nu-uš-kán šu-uḫ?-ḫi*
[(*še-er*) *i-e-zi*]
„… [2] *ḫubrušḫi*-censors are prepared. [If] there is a gate-house, he makes them in the gate-house. [If] there is no gate-house, he [makes them up] on the roof."

Auch durch dieses Beispiel wird anhand der konditionalen Fügung deutlich, dass es sich um eine allgemeingültige Anweisung handelt, die von verschiedenen Personen an verschiedenen Orten mit verschiedenen Voraussetzungen genutzt werden kann. Um dies zu ermöglichen, ist sie bzgl. einiger der Vorschriften flexibel zu handhaben.

Im Ritual für das Königspaar ist für eine der vier Reinigungsprozeduren ein lebender Adler erforderlich. Da es m.E. wahrscheinlich ist, dass nicht immer zum erforderlichen Zeitpunkt ein lebendiges Tier gefangen werden kann, scheint mir die konditionale Formulierung in diesem Beispiel darauf hinzudeuten, dass im negativen Fall ein entsprechender Ersatz, z.B. ein Adler aus Ton(?), verwendet werden könnte (auch wenn an der Stelle keine expliziten Angaben gemacht werden, wie man verfahren soll, wenn kein lebendiger Vogel verfügbar ist):

(213) KBo 17.4+ Vs. II 14′
[*ma*]*-a-an* MUŠEN*ḫa-a-ra-na-an ḫu-šu-wa-an-da-an ap-pa-an-zi na-an ú-da-an-zi*
„Wenn man einen Adler lebendig fängt,[337] bringt man ihn herbei."

336 Ergänzt nach KUB 45.12 Rs. III 10′–13′; vgl. Miller 2004: 500 FN 903.
337 Zur depiktiven Funktion der Partizipien s. Rieken 2017.

Der Adler dient als Reinigungssubstanz und wird am nächsten Tag über König und Königin geschwenkt, bevor er (Rs. III 3–7) wieder zum Himmel entlassen wird. An diesem Punkt ist leider unklar, wie dabei mit einem evtl. nur nachgebildeten Adler zu verfahren wäre; allerdings liegt eine ähnliche Situation auch im Ritual des Dandanku (CTH 425.2) vor, wo bei einer Seuche im Heerlager als Sündenbock entweder ein echter Esel oder eine Nachbildung aus Ton einzusetzen sind:

(214) KUB 7.54 Rs. III 11′–12′[338]
nu ANŠE *u-un-ni-ia-an-zi*
⸢*ma-a-an*⸣ LÚMÁŠDA!-*ma nu* ⸢ANŠE⸣ *ŠA* IM-*ti* DÙ-*an-zi*
„Und einen Esel treibt man her. Wenn er (der Ritualherr) aber ein Armer ist, fertigt man einen Esel aus Ton an."

Auch hier wird im weiteren Verlauf des Rituals nicht erklärt, wie ein nachgebildeter Esel den sich anschließenden Auftrag ausführen soll: (Rs. III 17′–18′) *nu-wa-ra-at ka-a-aš* ANŠE *kar-ap-du nu-wa-ra-at I-NA* KUR LÚKÚR *pé-e-da-a-ú* „dieser Esel soll es (i.e. das Böse) nehmen (und) in das Land des Feindes hinbringen."

Dennoch wird die optionale Formulierung hier explizit dazu verwendet, um eine Anpassung des Rituals an ökonomische Voraussetzungen und verfügbare Ressourcen zu ermöglichen. Damit ein Ritual auch unter weniger guten wirtschaftlichen Bedingungen zugänglich ist, können demnach entsprechende Ersatzlösungen schon im Text der Instruktion vorgegeben sein. Diese beugen einem Scheitern aufgrund falscher oder ungeeigneter Opfergaben vor, indem sie mögliche Ausweichlösungen präventiv legitimieren.[339] Hutter (2010: 403–404) sieht derartige Anpassungsmöglichkeiten an bescheidenere Verhältnisse als Hinweise auf die „private" Religionsausübung der Hethiter und zitiert weitere Beispiele aus Festritualen, wie folgendes Fragment, das dem *witašš(ij)aš*-Fest für Ḫuwaššanna zugeordnet wird (CTH 692.B):

(215) KBo 9.139+ Vs. I 3′–5′
[*ma*]-⸢*a*⸣-*an-za* DINGIR-*LAM ku-iš*-[*ki i-ia-zi m*]*a*-⸢*a*⸣-*an*
[*ḫa-a*]*p-pí-na-an-za A-N*[*A* GIŠDAG … *i*]*š-pa-a-ri*
[*ma-a-n*]*a-aš* LÚMÁŠDA-*ma* [… *A-NA* GIŠ]DAG *iš-pa-a-ri*

338 Vgl. Bawanypeck 2005: 145.
339 Beispiele aus dem Lateinischen und Umbrischen, die allerdings nicht durch Konditionalgefüge ausgedrückt sind, werden unten (S. 451) besprochen.

„When he celebrates the god (and) if he is rich, then he spreads [...] on the [throne], if he is a poor, he spreads [...] on the throne."[340]

Ein weiterer Beleg stammt ebenfalls aus dem *witašš(ij)aš*-Fest (CTH 691):

(216) KUB 27.59+ Vs. I 26–28
[*nu ma*]-*a-an* EN SÍSKUR *ḫa-ap-pí-na-an-za* [...] *ma-a-na-aš* LÚMÁŠDA-*ma* [...]
„If the ritual patron is rich, [...]. If he is poor, [...]"

Aufgrund der Beobachtung, dass Ritualinstruktionen bisweilen derartige Hinweise für eine reduzierte Gestaltung enthalten – aber nicht umgekehrt – ist Hutters weitere Schlussfolgerung, dass Rituale für Privatpersonen bzw. für „einfache Leute" nicht eigens dokumentiert wurden: „usually private religion was not documented in written form and thus we have no independent documents in Hittite for it".[341] Eine Verschriftlichung und Archivierung von Ritualen als Instruktionstexte erfolgte demnach nur dann, wenn ein Ritual offiziell genutzt wurde, also als Staatsfest mit Beteiligung des Königs oder als Beschwörungsritual, das für die Behandlung von König/Königsfamilie oder hohen Funktionären verfügbar gemacht werden sollte.[342]

7.6.1.4 Mehrgliedrige optionale Ausdrücke

Gestaltungsspielräume werden auch durch die Angabe von Alternativen mittels mehrgliedriger Konstruktionen wie „entweder ... oder", „sei es dass ... oder dass" und „ob ... oder ob" geschaffen. Derartige Konstruktionen verwenden oftmals Konjunktionen bzw. Partikeln, die auf konditionale Konnektoren zurückgehen oder mit diesen identisch sind, aber mehrere gleichwertige Glieder verbinden;[343] z.B. lat. *si ... si*; *sive ... sive* bzw. *seu ... seu*. Im Umbrischen liegt **sve** als Konjunktion zwar vor (auch in pronominalen Zusammensetzungen, s.u. S. 451), aber nicht in mehrgliedrigen Alternativen. Zum Ausdruck einer „entweder ... oder"-Relation kann hier **ute**/*ote* (entspricht lat. *aut*) oder das zweigliedrige *heriei ... heriei* eingesetzt werden. Letzteres stellt eine Grammatikalisierung

340 Durch die Lücken im Text ist hier nicht klar, was genau im jeweiligen Fall auf den Thron aufgetragen wird; die Differenzierung in arm und reich lässt aber erwarten, dass es sich um Substanzen handelt, die der jeweiligen ökonomischen Situation entsprechen.

341 Vgl. Hutter 2010: 405.

342 S. zu dieser Annahme auch unter 4.3.

343 In der Grammatik der klassischen Sprachen werden sie z.T. auch als disjunktive Partikeln bezeichnet.

auf Basis des Verbs *heri-* „wollen“ dar, was semantisch nicht ungewöhnlich ist (vgl. lat. *vel* ... *vel*). Im Hethitischen hingegen wird die konditionale Konjunktion auch mehrgliedrig konstruiert: *mān* ... *mān* bzw. die nur altheth. Variante *takku* ... *takku*. Daneben existieren außerdem die disjunktiven Paare *naššu* ... *našma*[344] und enklitisch -(*a*)*ku* ... -(*a*)*ku*[345]. Einleitende Bedingungen des Typs „wenn es ein Mann ist (...), wenn es eine Frau ist (...)“, die v.a. in den Incipits hethitischer Beschwörungsrituale auftreten und das gesamte Ritual betreffen, sind bereits im vorausgegangenen Abschnitt besprochen worden. Im Folgenden werden Beispiele mit gleichwertigen Alternativen vorgestellt, die es explizit erlauben, bei der Durchführung von Handlungsschritten einer von mehreren zulässigen Optionen zu folgen.[346] Dabei ist wichtig, dass die angegebenen Möglichkeiten jeweils nicht mit verschiedenen Apodosen verbunden werden. Alle alternativen Protasen bedingen letztlich ein gemeinsames Handlungsergebnis; wie z.B. im Ritual der Anniwiyani (CTH 393.A):

(217) VBoT 24 Vs. II 27–31[347]
nu-kán na-aš-šu
I-NA ^{GIŠ}KIRI$_6$ *ku-e-da-ni-ik-ki an-da*
na-aš-ma A-NA GIŠ *ku-e-da-ni-ik-ki kat-ta-an*
nu ^{D}LAMMA *in-na-ra-u-wa-an-da-an ki-iš-ša-an*
ši-pa-an-da-an-zi
„Und entweder in irgendeinem Garten oder unter irgendeinem Baum beopfert man ^{D}LAMMA *innarawant-* folgendermaßen: ...“

oder im gleichen Ritual

(218) VBoT 24 Vs. I 33–35[348]
DUMU.MUNUS-*ma-kán iš-ša-na-aš* MUŠEN
[*an-da pé*]⸢*-é*⸣*-da-i na-an-ša-an na-aš-*⸢*šu*⸣ ZAG.GAR.RA-*ni*
[(*da-a-i*) *na-a*]*š-ma-kán* ^{GIŠ}AB-*ia da-a-i*

---

344 Immer in dieser Reihenfolge, wobei *našma* sicher adversatives/kontrastives *-ma* enthält. Vorschläge zur Etymologie von *naššu*: s. Kloekhorst 2008 s.v.

345 Wohl zurückzuführen auf **-kʷe* ... *-kʷe* (vgl. Kloekhorst 2008 s.v.); die Semantik scheint leicht von den anderen Disjunktoren abzuweichen und den Bereich von „sowohl ... als auch“ einzuschließen, vgl. das von Kloekhorst aufgenommene Bsp. KBo 12.128 (6) *nu-u=k-ku ka-ru-uš-tén nu* GEŠTU-*tén* 'Now be silent and listen!'.

346 Vgl. auch nochmals Miller 2004: 496–505 und ebenfalls Christiansen 2016: 37–39.

347 Vgl. Bawanypeck 2005: 58–59.

348 Vgl. Bawanypeck 2005: 54–55.

„Das Mädchen aber [br]ingt den Vogel aus Teig [hinein]. Und sie stellt ihn entweder auf den Opfertisch [od]er sie stellt ihn ins Fenster."

In beiden Fällen werden die Alternativen durch *naššu … našma* gegliedert und führen gewissermaßen zum selben Ziel, nämlich dass der Gottheit geopfert wird bzw. dass der Vogel aus Ton aufgestellt wird.[349]

Das folgende Beispiel aus einem Monatsfest (CTH 591; s. dazu Klinger 1996) enthält Alternativanweisungen gleich auf zwei Ebenen: Einerseits gleichwertige Optionen (das Geschenk der Hundemänner/das Gewitterbrot), die in diesem Fall durch *mān … mān* verbunden sind und zum gleichen Ergebnis führen (man bringt es dar). Zusätzlich wird, wie schon in einigen Beispielen zu den Bedingungen äußerer Umstände (s. o. S. 428), eine negative Alternative zu diesem Paar eröffnet, die (wohl ebenfalls für beide) zur entsprechenden negativen Folge führt (man bringt es eben nicht dar):

(219) KBo 17.88+ Vs. II 21–24[350]
[ma]-⸢a⸣-an ŠA $^{LÚ.MEŠ}$UR.GI$_7$ IGI.DU$_8$ *ḫa-an-da-it-ta-ri*
[ma-a-a]n? *te-et-ḫé-eš-na-aš* NINDA.GUR$_4$.RA-*iš ḫa-an-da-it-ta-ri*
[na-a]n ḫi-in-kán-zi ma-a-an Ú-UL-*ma ḫa-an-da-it-ta-ri*
[na-a]n Ú-UL *ḫi-in-kán-zi*
„[S]ei es, dass das Geschenk der Hundemänner vorbereitet ist, [ode]r dass das Gewitterbrot vorbereitet ist, [so] reicht man [e]s dar. Wenn es aber nicht vorbereitet ist, [dann] reicht man [e]s nicht dar."

Im Unterschied zu einleitenden (grundlegenden) Konditionen, die v.a. in Beschwörungsritualen den Anwendungsbereich der Behandlungen vergrößern (dazu Christiansen 2019) erzeugen gerade mehrgliedrige gleichwertige Alternativen bei der Durchführung einzelner Schritte einen funktionalen Gestaltungsspielraum und menschliche *Agency*. Durch die präventive Lizensierung von abweichenden Vorgehensweisen wird der Entstehung von potentiellen Fehlern somit schon durch den Anweisungstext vorgebeugt. Aus dem Spektrum der zulässigen Alternativen lässt sich dabei mit einiger Sicherheit ablesen, in welchen Punkten Abweichungen (von einer verbindlichen Norm) besonders

349 Ein weiteres Beispiel liegt auch in Allīs Ritual CTH 402.A Vs. II 11′–13′ vor: *na-aš-šu-wa-an A-N*[(*A P*)*A-NI* DINGIR^{MEŠ}] *ku-iš-ki i-da-lu i-e-et na-aš-ma-an A-NA PA-NI* DUMU.LÚ.U$_{19}$.L[(U *ku-iš-ki*)] ḪUL-*lu i-e-et* „sei es, dass irgendjemand ihn vor den Göttern schlecht gemacht hat oder das irgendjemand ihn vor den Menschen schlecht gemacht hat". Zur Technik des Merismus s. u. S. 436.

350 Vgl. auch Christiansen 2016: 39.

häufig waren, so dass hier die Errichtung von Spielräumen ökonomisch sinnvoll erschien.

In den IT findet sich eine Angabe von gleichwertigen (d.h. zum selben Ziel führenden) Alternativen z.B. unter den Anweisungen zur *lustratio*, wo die Farbe der zu opfernden Schweine sowohl rot als auch schwarz sein darf. Folgendes Beispiel ist das zweite in einer Dreier-Reihe von Opfern:

(220) IT Ib 27–28 (mit Parallelstelle in VIIa 6)
rupinie : e : tre : purka : rufra : ute : peia : fetu : prestote / çerfie : çerfe : marties
„In Rubinia sollst du drei Ferkel, rote oder schwarze,[351] opfern für Prestota Serfia des Serfus Martius."

Eine Variation findet sich im ersten der drei Opfer der *lustratio*, allerdings nur in der ausführlichen Fassung. Es stellt eine Ausnahme und damit wohl eine stilistische Neuerung gegenüber dem Archetypus dar:[352]

(221) IT VIIa 3
fondlire. abrof. trif. fetu. heriei. rofu. heriei. peiu
„In Fondlire soll er drei Eber opfern, entweder rote oder schwarze."

Ein weiteres Beispiel mit **ute** ist den Regeln der Bruderschaft auf Tafel V entnommen; entstammt also nicht dem Kontext einer Ritualanweisung, sondern betrifft das Vorgehen bei einer Abstimmung der Gemeinschaft. Auch hier werden dadurch scheinbar gleichwertige Alternativen koordiniert:[353]

(222) IT Va 22–23
et : ape : frater : çersnatur : furent : / ehvelklu : feia : fratreks : ute : kvestur :
„Und wenn die Brüder gegessen haben werden, veranlasse der Fratreks oder der Quästor eine Abstimmung (...)"

---

351 Implizit wird durch diese Angabe die Farbe weiß (als einzige weitere Alternative in den IT) ausgeschlossen.

352 Vgl. Dupraz 2018a: 8.

353 Wenn die Entscheidung von spezifischen Begleitumständen abhängt (und die Alternativen nicht gleichwertig sind), können wir darüber anhand des Textes zumindest keine Aussage machen.

Ähnliche Beispiele liegen ebenfalls im Lateinischen vor; hier aber unter Verwendung von *sive ... sive* oder *vel ... vel*, wie z. B. in der privaten *lustratio agri* bei Cato:

(223) Cato *Agr.* 139
sive ego sive quis iussu meo fecerit
„Sei es, dass ich selbst es tue oder jemand (anderes) in meinem Auftrag."

oder dem bereits weiter oben (S. 422) zitierten Votum für die Rinder:

(224) Cato *Agr.* 83
Eam rem divinam vel servus vel liber licebit faciat.
„Dieses Ritual soll erlaubt sein, dass ein Sklave oder ein freier Mann es mache."

Diese Formulierung könnte darauf hinweisen, dass der *pater familias* nicht immer anwesend und in der Lage war, selbst die entsprechenden Handlungen durchzuführen. In diesem Fall durfte er diese Aufgaben offenbar delegieren. Eine explizite Aufnahme von Alternativen konnte demnach den Zweck erfüllen, ein potentielles Scheitern aufgrund eines (evtl. erwartbaren) Formfehlers zu verhindern.

Mehrgliedrige Optionen, die nicht Teil des Handlungspräskripts sind, sondern in Gebeten und Formeln eingesetzt werden, bilden eine weitere, eigenständige Gruppe und besitzen spezifische Funktionen bei der Sicherung des Gelingens der Kommunikation.

7.6.1.5 *all-inclusive*-Formeln und Verwandtes

Eine eigene Gruppe von Konstruktionen, die ebenfalls auf Indefinitpronomina und mehrgliedrigen Konditionen zurückgreifen, steht funktional den weiter oben besprochenen *disregard*-Formeln (s. o. S. 410) nahe. Ebenso wie diese, finden sich die im Folgenden zusammengefassten Formulierungen vorwiegend in Passagen direkter Rede an die göttlichen Adressaten der Rituale, d. h. in Anrufungen, Gebeten oder selbstwirksamen Formeln.

Kropp (2008: 172–173) bezeichnet diesen Typus als „*all-inclusive*-Formeln" und charakterisiert ihn als ein „Verfahren zum Ausgleich von Informationslücken". Dabei kommen verschiedene Techniken zum Einsatz, welche (die Fiktion von) Vollständigkeit erzeugen. Sie erlauben es, Gebete korrekt und damit potentiell erfolgreich zu formulieren, selbst wenn den Emittenten bestimmte, für eine vollständige Anpassung notwendige Informationen nicht zur Verfügung stehen. Dieser Mangel an Informationen betrifft unterschiedliche Bereiche, die für die Realisierung der geäußerten Bitte essentiell sind. Besonders oft ist dies in individuellen, nicht-institutionalisierten oder sogar geheimen Praktiken wie den lateinischen *defixiones* der Fall, z.B. hinsichtlich der Personen, gegen die sich ein rächender Fluch (als Bitte an die Götter, der betreffenden Person zu schaden) richtet. Kropp führt einige aussagekräftige Beispiele an, wie das folgende, in dem durch das komplementäre Begriffspaar „Mann/Frau" in Verbindung mit disjunktiven Konditionalen ein Merismus zum Ausdruck von Vollständigkeit erzeugt wird:[354]

(225) *dfx*. 3.12/1
Quicumque res Vareni involaverit, si mulier si mascel
„Wer auch immer die Dinge des Varenus gestohlen hat, ob Frau oder Mann (...)"

Noch stärker und mit mehreren Begriffspaaren wird die Technik des Merismus in folgendem Beispiel ausgenutzt:

(226) *dfx*. 3.2/36
Dono si mulier si baro, si servus si liber, si puer si puella
„Ich übergebe (dem Tempel der Sulis) sei es Frau oder Mann, Sklave oder Freier, Junge oder Mädchen."

Die verwendeten Oppositionspaare können auch noch weiter vermehrt werden; Kropp nennt z.B. „Christ" und „Heide" sowie „Soldat" und „Zivilist" (2008: 172).

Einen ähnlichen Hintergrund hat wohl auch der Umstand, dass im Ritual der Allī die Figurinen, welche die Urheber der Behexung des Mandanten verkörpern, männlich und weiblich konzipiert und äußerlich entsprechend gestaltet sind, vgl. KBo 12.126+ Vs. I 2–4 (CTH 402.A). Es ist nicht unwahrscheinlich, dass dahinter die Absicht steht, beide Möglichkeiten abzudecken, da die Widersacher dem Mandanten und der Ritualistin offenbar nicht bekannt sind. Diese

354 Merismen sind literarische Figuren, die gerade in der Formelsprache verbreitet sind und durch die Verbindung von zwei oder mehr, meist gegensätzlichen oder komplementären Begriffen eine Gesamtheit ausdrücken. Vgl. zu dieser Technik als Bestandteil indogermanischer Formelsprache Watkins 1995: 46–49 (und öfter). In den zitierten Beispielen, die emotional gefärbte, individuelle Kommunikation repräsentieren, ist auch mit einer psychologischen Motivierung der meristischen Entfaltung zu rechnen.

inklusive meristische Gestaltung ist im Ritualverlauf auch in den Aussprüchen der Ritualistin präsent:

(227) KBo 12.126+ Vs. I 12–18
ki-iš-še-ra-aš ^{D}UTU-*uš ka-a-ša*
al-wa-an-zi-ni-eš an-tu-uh-ši-iš nu ku-u-un UN-*an ma-a-an* LÚ-*iš i-ia-an har-zi*
[*n*]*a-at ka-a-ša iš-ki-ša-az kar-pa-an har-zi ne-za* EGIR-*pa ta*$^{!?}$(ŠA)-*a-ú*
[*n*]*a-at iš-ki-ša-az kar-pa-an har-zi* … (§-Strich)
[*ma*]-*a-na-an* [MUNUS-*z*]*a*$^{?}$-[*m*]*a i-ia-an har-zi na-an zi-ik* ^{D}UTU-*uš ša-ak-ti*
[*na*]-*an*⟨-*ši*⟩ ^{TÚG}*ku-re-eš-šar e-eš-du na-at-ša-an* I-NA SAG.DU-ŠU *ši-ia-an har-du*
[*ne-z*]*a* EGIR-*pa da-a-ú*
„Sonnengottheit der Hand, dies (sind) die zauberkräftigen Menschen! Wenn ein Mann diese Person mit einem Zauber belegt (behandelt) hat, trägt er sie (die bösen Zungen) nun auf seinem Rücken. Er soll sie (die Zungen) zurücknehmen! Er trägt sie auf seinem Rücken. Wenn aber [eine Frau] diese Person mit einem Zauber belegt (behandelt) hat und du, Sonnengottheit, sie (er)kennst, soll dies ihre Kopfbedeckung sein, soll sie es auf ihrem Kopf tragen!
Sie soll sie zurücknehmen!“

Und noch öfter in kürzeren Formeln wie:

(228) KUB 24.9+ Vs. II 6′–7′
ne-ez EGIR-*pa* ⸢LÚ-*aš da-a-ú*⸣ [(*ma-a*)-*an-ma*$^{?}$-(*aš*[355] MUNUS-*za-ma*)] MUNUS-*za da-a-ú*
„Der Mann soll sie (die Wollfäden) zurücknehmen! [Wenn es aber eine Frau ist], soll die Frau (sie) zurücknehmen!“

Ein weiterer Bereich, in dem sich ungenaue Angaben aufgrund von Informationslücken als fatal für den Erfolg der Kommunikation erweisen können, sind die Adressierungen und damit auch die sprachliche Konstitution der superempirischen Kommunikationspartner. Die für polytheistische Verehrungssysteme typische Angst, aus Unwissenheit eine möglicherweise zuständige oder

---

355 Die Lesung von ABoT 2.25 ist schwierig, da die Stelle halb abgebrochen ist; Mouton nimmt hier [… *ma-a-an-na*]-⸢*aš* MUNUS-*za*⸣-*ma* an; vgl. hethiter.net/: CTH 402 (Expl. G, 10.11.2014).

relevante Gottheit zu vergessen, ist gerade bei Römern und Hethitern deutlich festzustellen und führt zum Einsatz verschiedener sprachlicher Techniken, um dieser Gefahr zu begegnen.[356] In Rom zählen dabei die schon beschriebenen Merismen zum üblichen Repertoire, die als Teil von Adressierungsformeln nicht nur in privaten Gebeten vorkommen, wie bei der Entsühnung der Haine:

(229) Cato *Agr.* 139
Lucum conlucare Romano more sic oportet: porco piaculo facito; sic verba concipito: si deus si dea es, quoium illud sacrum est (…)
„Einen Hain zu entsühnen, gehört sich nach römischem Brauch folgendermaßen: ein Sühneschwein sollst du opfern (und) folgende Formel sprechen: ‚Seist du ein Gott, seist du eine Göttin, dem oder der dieser (Hain) heiliges Eigentum ist (…)'"

Sie werden vielmehr auch in hochoffiziellen Formularen und in Staatsritualen eingesetzt, z. B. bei einer von Livius verarbeiteten Begebenheit, bei welcher der junge Volkstribun M. Valerius zu Beginn eines Kampfes eine göttliche Botschaft erhält und laut Bericht mit folgendem Gebet reagiert:

(230) Liv. 8,26,4
Namque conserenti iam manum Romano coruus repente in galea consedit, in hostem uersus. Quod primo ut augurium caelo missum laetus accepit tribunus, precatus deinde, 'si diuus si diua esset qui sibi praepetem misisset, uolens propitius adesset'.
„Denn als der Römer schon den Kampf begann, setzte sich plötzlich ein Rabe auf seinen Helm, dem Feind zugewandt. Das nahm der Tribun zunächst froh als ein Augurium, das ihm vom Himmel gesandt wurde, dann aber betete er: ‚Sei es nun Gott oder Göttin, welche ihm den glückverheißenden Vogel geschickt habe, der (oder die) möge ihm huldvoll beistehen.'"

Auch die bei Macrobius überlieferte *evocatio dei*, die bei der Übernahme feindlicher Städte durchgeführt wurde, um die Götter der Gegner auf die eigene Seite zu bringen, ist eine offizielle, staatliche Praxis:

356 Vgl. dazu auch Versnel 1981: 15.

(231) Macrobius *sat.* 3,9,6–7
Est autem carmen huius modi quo di euocantur cum oppugnatione ciuitas cingitur:
Si deus, si dea est, cui populus ciuitasque Carthaginiensis est in tutela (…)
„Es ist aber ein *carmen* dieser Art, mit dem die Götter herausgerufen werden, wenn eine Stadt belagert wird: ‚Sei es ein Gott oder eine Göttin, unter deren Schutz Volk und Stadt Karthagos stehen (…)'"

Weitere Beispiele finden sich auch inschriftlich, z.B. auf *cippi*, die einer Gottheit geweiht sind, welche ausschließlich als *sei deus sei dea* angegeben wird. Folgendes Beispiel stammt wohl aus Tivoli:[357]

(232) *CIL* I^2 1114 = XIV 3572
Sei deus / sei dea

Auch außerhalb der Anrufungen ist diese Ausschließlichkeitsformel dokumentiert, bspw. in den Akten der Arvalbrüder, die folgende regelhafte Opferverteilung auflisten:

(233) *CIL* VI 2099 = VI 32386[358]
Deae Diae boues feminas II, Iano patri arietes II, Ioui berbeces II / altilaneos, Marti arietes altilaneos II, Iunoni deae Diae oues II, siue deo / siue deae oues II

Eine weitere Strategie, mit der das unabsichtliche Vergessen einer möglicherweise zuständigen oder betroffenen Gottheit ausgeschlossen werden soll, ist die Anrufung von sogenannten Augenblicksgöttern oder *ad-hoc*-Göttern, d.h. Gottheiten, die aufgrund einer spezifischen, punktuellen Begebenheit „in einem Augenblick" manifest geworden sind. Sie sind aber nicht auf diesen Augenblick begrenzt und einmalig, sondern existieren weiterhin. Ihre Namen und Anrufungsformeln (und damit die oft spezifischen Zuständigkeiten) werden als *indigitamenta* in Verzeichnissen archiviert, die zu den Pontifikalbüchern gerechnet werden.[359] Viel zitiert ist in diesem Zusammenhang *Aius*

357 Zur Besprechung und weiteren epigraphischen Belegen vgl. Alvar 1985; literarische Beispiele (mit Variationen im Ausdruck) bei Appel 1909: 77–79; zur Formel allgemein außerdem Rüpke 2011: 26; Versnel 1981: 15.

358 Vgl. zur Besprechung des Belegs Alvar 1985: 240–241.

359 Unter Berufung auf die Angaben bei Varro (*ant. rer. div.* 14 fr. 87 Cardauns); vgl. zu Augenblicksgöttern und *indigitamenta* auch Dumézil ^{2}1974: 50–53; Wissowa ^{2}1912: 37. Nach Wis-

Locutius: Dieser sprechende Name wurde der göttlichen Stimme gegeben, die der römischen Geschichtsschreibung zufolge kurz vor dem Einfall der Gallier unter Brennus vernommen wurde und vor der Gefahr warnte[360] bzw. zur Verstärkung der Mauern aufforderte (Cic. *div.* 1,101; 2,69).[361] Auch diese Technik ist in den Opferlisten der Arvalakten zu finden, z.B. im weiteren Verlauf der bereits zitierten Liste:

(234) *CIL* VI 2099 (I 20–24, II 8–9)
item Adolendae Conmolendae Deferundae oues II
„Ebenso 2 Schafe (den Göttinnen) Adolenda, Commolenda und Deferunda."

Die hier benannten Gottheiten sind für Aufräumarbeiten im heiligen Hain der Dea Dia bzw. für dessen Entsühnung zuständig. Wenn z.B. durch einen Sturm ein Baum beschädigt war und entfernt werden musste, wurden zu diesem Zweck Werkzeuge in den Hain gebracht, deren Einsatz ein Frevel gegen den Besitz der Göttin und daher ordnungsgemäß zu entsühnen war.[362] Die drei Gottheiten bezeichnen jeweils einen spezifischen Arbeitsschritt: das Fällen des Baumes (*Deferunda*, auch *Coinquenda*), das Zerkleinern (*Commolenda*) und Verbrennen (*Adolenda*). Die deverbalen Bildungen sind formal Gerundiv- oder Gerundiumsformen; möglicherweise liegt ursprünglich ein elliptisches Namensmuster zugrunde „[Gottheit] des Fällens" usw. Die Tatsache, dass es sich um feminine Formen handelt, hat aber auch zu der Annahme veranlasst, dass mit den Namen tatsächlich personifizierte Baumgottheiten – nach der römischen Mythologie typischerweise weiblich – bezeichnet seien.[363]

Über vergleichbar entstandende Gottheiten im Hethitischen ist nicht allzuviel bekannt; denkbar ist immerhin die Möglichkeit, dass es sich bei den Dämonen des Ambazzi-Rituals (CTH 391.1), die nur dort belegt sind, um ähnlich spezifische, von konkreten Handlungen abgeleitete Schadensgeister handelt. Zumindest der Name des Tarpatašša (vgl. auch Bsp. (242)) lässt sich an eine verbale Basis luw. *tarpai-* „zerstampfen" anschließen und stellt formal ein Adjectivum genetivale zum Nominalstamm *tarpat-* dar. Damit liegt semantisch

sowa ²1912: 397 unterliegen die Anrufungsformeln wegen ihres Potentials, Macht über die betreffenden Gottheiten auszuüben, strenger staatlicher Geheimhaltung.

360 Vgl. Liv. 5,32,6; 5,50,5 sowie 5,52,11.

361 Vgl. auch Versnel 1981: 15.

362 Zu einer möglichen Entsprechung im Ritual der Tafeln III und IV der IT s. Dupraz i.D. und 5.7.3.

363 Vgl. die Darstellung bei Waszink 2010: 444. S. zu den Gottheiten auch Beard et al. 1998: 151–152.

eine passende Motivation für den Namen des aggresiven Dämons vor; welcher durchaus aus einer konkreten Situation heraus gebildet worden sein könnte.[364]

Eine weitere Möglichkeit, die Adressierung einer Bitte abzusichern, fügt den bekannten und aufgezählten Namen eine offene Option, also quasi eine Blanko-Namensformel hinzu, wie in der folgenden Inschrift auf einer Fluchtafel zu sehen:[365]

(235) *dfx.* 1.1.1/1
(...) *uti vos, Aquae ferventes, sive vos Nymphae sive quo alio nomine vultis appellari* (...)
„(...) damit ihr, heiße Quellen, oder Nymphen oder bei welchem anderen Namen ihr auch genannt werden wollt (...).“

Auch zur Überbrückung der Wissenslücken bzgl. eines Widersachers ist diese *default*-Benennung in der Gruppe der „Gebete für Gerechtigkeit“ bezeugt; Kropp verweist hier außerdem auf seltene ganz kurze Zusammensetzungen „*nomen* + Täterbezeichnung“.[366]

7.6.1.6 Distributive Exhaustivität durch Listen

Eine andere Technik, die gerade im Hethitischen nicht selten ist, stellt wohl eine Erweiterung des Prinzips der Merismen dar und scheint das Bestreben nach erschöpfender Erfassung und Exhaustivität mit distributiven Mitteln durch die Aufzählung von Elementen bis hin zur Listenbildung zu repräsentieren. Ein Beispiel aus einem Ritual zur Herbeirufung der Ištar von Ninive (CTH 716.1) ist aufgrund der Ausführlichkeit, in der mögliche Aufenthaltsorte der Gottheit aufgezählt werden, besonders anschaulich. Hier ist die Situation ebenfalls ganz offensichtlich so zu bewerten, dass der Anrufende eben nicht weiß, wo genau sich die Göttin aufhält, weshalb alle erdenklichen Möglichkeiten genannt werden, um sie auf jeden Fall zu erreichen. Die Passage umfasst insgesamt 21 Zeilen und beginnt mit konditionalen Gefügen: „Wenn du in Ninive bist, komm aus Ninive; wenn du in Talmuši bist, komm aus Talmuši;

364 Die Überlegung ist eher spekulativ und fußt v.a. auf dem Benennungsmotiv und der Tatsache der singulären Bezeugung. Vgl. zur Besprechung des Namens Christiansen 2006: 83–85; zum Lexem *tarpai-* s. HEG III: 203–212.

365 Vgl. Kropp 2008: 172–173. Die Auflistung der verschiedenen Namen erinnert auch an das Gebet an die Sonnengöttin von Arinna (s.o. S. 319), wo die gleiche Technik zum Einsatz kommt. Insgesamt bestätigen die hier aufgeführten Formeln die Bedeutung der korrekten Adressierung, die bereits oben besprochen worden ist (s.o. S. 315).

366 Z.B. *nomen furis* „der Name des Diebes“ *dfx.* 3.2/15.

wenn du in Dunta bist, komm aus Dunta (…)“.[367] Es folgen mehrere Aneinanderreihungen von bloßen Imperativsätzen;[368] zum Ende wird die Struktur mit Konditionalsätzen nochmals aufgenommen; vgl. folgenden Ausschnitt:

(236) KBo 2.9+ Vs. I 10–18[369]
URU*kar-ki-ia-az e-ḫu* KUR URU*ar-za-u-wa-az* ⌜*e*⌝[*-ḫu* …]
KUR URU*ma-ša-az e-ḫu* URU*ku-un-ta-ra-az* ⌜*e*⌝*-*[*ḫu* …]
URU*ú-ra-az e-ḫu* URU*lu-uḫ-ma-az e-ḫu* […]
URU*pár-ta-ḫu-i-na-az e-ḫu* URU*ka-šu-la-az* ⌜*e-ḫu*⌝ […] (§-Strich)
ma-a-an-za-kán ÍD^MEŠ^*-aš* PÚ^MEŠ^*-aš-ša an-da nu* […]
ma-a-an-za-kán A-NA LÚ.MEŠSIPA.GU$_4$ LÚ.MEŠSIPA.UDU *i*[*š-tar-na*]
nu-uš-ma-aš-kán iš-tar-na ar-ḫa e-ḫu ma-a-an-za-kán [*A-NA* …]
iš-tar-na ma-a-an-za-kán ták-na-aš DUTU*-i ka-ru-ú-i-l*[*i-* …]
iš-tar-na nu a-pí-az e-ḫu
„Komm aus Karkiya, ko[mm] aus Arzawa, […];
komm aus Maša, ko[mm] aus Kuntara, […];
komm aus Ura, komm aus Luḫma, […];
komm aus Partaḫuina, komm aus Kašula, […].
Wenn du in den Flüssen und Quellen (bist), [komm von da]. Wenn du b[ei] den Kuhhirten und Schäfern (bist), komm weg aus ihrer Mitte. Wenn du unter […] bist, wenn du bei der Sonnengöttin der Erde und den uralt[en Göttern] (bist), komm von dort her.“

Mit den gleichen Mitteln und einer ähnlich langen Aufzählung möglicher Aufenthaltsorte werden in CTH 483 die „Zederngötter“ herbeigerufen.[370] Es handelt sich in diesem Fall um eine Evocatio der Götter aus den Feindesländern zurück ins Land Ḫatti (vgl. die lateinische Praxis oben S. 439). Sie wird durch *kuwapi imma kuwapi* „wo auch immer ihr sein mögt“ eingeleitet, bevor die Aufzählung möglicher Aufenthaltsorte folgt; somit werden eine generalisierende und eine auflistende Technik zur Herstellung von Vollständigkeit kombiniert. Macedo (2018) bespricht anhand dieser und weiterer Belege[371]

367 KUB 15.35+ Vs. I 25–26.

368 KUB 15.35+ Vs. I 26–41.

369 Vgl. Fuscagni (hethiter.net/: CTH 716.1). S. auch Collins 2007: 164 (ebenfalls mit Verweis auf COS 1.65: 164 §§ 4–7) zu dieser Technik als Teil von Anlockungsriten (zu Anlockungsritualen s. auch oben S. 350).

370 KUB 15.34 mit Duplikaten KUB 15. 33a, 33b und 38. Übersetzung der Invokation bei Goetze ³1969: 351–353.

371 Z.B. CTH 377: Gebet Muršilis II. an Telipinu. In diesem Fall ist eine intertextuelle Verbindung zum Mythos vom Verschwinden der Gottheit anhand folgender Formulierungen

die Möglichkeit, dass sich entgegen der allgemeinen Annahme indogermanisches Erbe in der Formelsprache hethitischer Gebete erhalten hat. Parallelen für die verwendete Technik der Orts-Listen existieren nämlich offenbar gerade nicht in den benachbarten Kulturen des Alten Orients wie dem Akkadischen (2018: 70–73), dafür aber umso verbreiteter im Griechischen und Indo-Iranischen, wie anhand einer Auswahl von Beispielen demonstriert wird.[372] Angesichts dieser poetologischen Isoglosse und der fehlenden Parallelen in semitischen Zeugnissen plädiert Macedo dafür, dass die Annahme, die hethitische Gebetssprache sei ausschließlich von akkadischem und babylonisch-assysrischem Vorbild geprägt, zugunsten einer Hybrid-Theorie revidiert werden müsse. Obwohl die in meiner Arbeit untersuchten Parallelen sich eher auf pragmatisch-kontextuelle Gemeinsamkeiten fachsprachlicher Textsorten und ritueller Praxis beziehen und nicht auf ererbte phraseologische oder poetologische Gemeinsamkeiten abzielen, sind einige davon vielleicht angesichts dieses Vorschlags nochmals anders zu beleuchten.

Dasselbe funktionale Prinzip der Vollständigkeit durch Listen ist auch im *taknaz dā*-Ritual der Tunnawi (CTH 409.II) genutzt worden, das sich aufgrund seiner umfassenden Aufzählung von Indikationen sozusagen als *Panacea*, als Universalheilmittel, präsentiert. In der betreffenden Liste liegt zwar keine Anrufung der Götter vor; dennoch repräsentiert die Aufzählung der Krankheiten das grundlegende Prinzip:[373]

(237) KUB 9.34 Vs. I 21′–24′[374]
⸢*Ú*⸣-UL-*wa-ra-za tar-uḫ-ta* SAG.DU-*aš* [*ḫu-u-ul-ta-ra-am-ma-an*]
[*tar*]-*na-aš-ša-an a-aḫ-ra-ma-an* ZI-*aš i*[*m-pa-an* NI.TE-*aš*]

naheliegend: *mān aruni našma* ANA ḪUR.SAG^MEŠ *waḫanna pānz(a) našma=za* INA KUR ^LÚ^KÚR *zaḫḫiya pānz(a)* „ob du ins Meer oder in die Berge zum Durchstreifen gegangen bist oder ins Feindesland zur Schlacht gezogen bist“ (KUB 24.1+ Vs. I 8–9; vgl. Daues/Rieken 2018: 364–365). In den Mythen dieses Typs verbirgt sich eine (oft mit Fruchtbarkeit verbundene) Gottheit und wird von den übrigen Göttern an verschiedenen Orten gesucht. Vgl. ferner CTH 406 (Ritual der Paškuwatti) mit Anrufung der Göttin Uliliyašši; CTH 373 (Gebet des Kantuzzili an den Sonnengott); CTH 386.1 (Gebet an den Wettergott von Nerik).

372 Vgl. aus dem Griechischen z.B. *Ilias* 16,514–515; Aeschylus *Eumenides* 292–297; Euripides *Bacchae* 553–564 und weitere über Theokrit bis zu den Orphischen Hymnen (s. Macedo 2018: 63–65). Beispiele aus dem Avestischen liegen in Yt. 12,9–37, aus dem R̥gveda in RV 1,108,7–12 vor (weitere s. Macedo 2018: 73–77).

373 Vgl. in diesem Sinne Marcuson 2016: 181 und FN 21.

374 Vgl. Hutter 1988: 26–27. Insgesamt ist die Aufzählung auch in diesem Beispiel sehr lang und durch die Angabe verschiedener Variationen jeder Indikation exhaustiv gestaltet (KUB 9.34 Vs. I 21′–36′); zur Demonstration wird hier nur ein Ausschnitt gezeigt.

> [*t*]*a-aš-ši-ia-ma-an ḫa-aš-ti-ia-aš me-lu-*[*li-ia-aš ú-it-ri-iš-ša*]
> [*Ú-U*]*L-ma-za tar-uḫ-ta* MU-*aš* ITU-*aš wa-*[*al-ḫ*(*e-eš-šar*) KI.MIN] (§-Strich)
> „Und nicht hat er (folgendes) bezwungen: [Die *ḫultaramma*-Krankheit] des Kopfes, die *aḫraman*-Krankheit der Kehle, die [L]ast der Seele, die Bedrückung [des Körpers], [die *witrišša*-Krankheit] der Knochen (und) Weich[teile] hat er nicht bezwungen, den Schlag des Jahres (und) des Monats [desgleichen].“

Im weiteren Verlauf dieser Auflistung, die für sich genommen schon Vollständigkeit herstellt, sind außerdem meristische Paare inkorporiert, wie z.B. „das Gerede des Toten (und) des Lebenden dsgl.“ GIDIM-*aš* TI-*an-da-aš* EME-*an* KI.MIN (Vs. II 8).[375]

Natürlich sind auch die Götter bei den Hethitern in Form von Listen erfasst und angerufen worden; in diesem Zusammenhang dient die Listen-Technik dazu, die Gesamtheit des Pantheons zu repräsentieren, das aufgrund der polytheistisch-offenen Konzeption inhärent schwer zu handhaben ist.[376] Götterlisten finden sich v.a. in folgenden Kontexten: Einerseits in Verträgen, besonders Staatsverträgen, in Form von Schwurgottlisten, welche die Einhaltung des Vertrages überwachen und Vertragsbrüche bestrafen sollen.[377] Ein typisches Beispiel ist der Vertrag Šuppiluliumas I. mit Ḫukkana von Ḫajaša (CTH 42 mit der Götterliste in KBo 5.3+ Vs. I 38–59).[378] Aber auch religiöse bzw. ritualbezogene Textsorten verwenden Götterlisten, z.B. einige Gebete, die sich nicht an einzelne Gottheiten, sondern an die gesamte Götterversammlung richten. Diese Strategie scheint v.a. in Ausnahmesituationen angewendet worden zu sein, wie sie durch die Pestgebete Muršilis II. dokumentiert sind. In drei der vier Gebete um die Beendigung der Seuche im Reich wird die Götterversammlung in Listenform angerufen, sicher, um Exhaustivität der Adressaten zu erzeugen und das akut erforderliche Gelingen der Kommunikation zu sichern. Diese Listen

---

375 Zur ökonomischen Textkohärenz durch modale Proadverbiale wie KI.MIN s.u. 8.6.1.4.1.

376 Vgl. für eine Besprechung der verschiedenen Listen-Typen mit Hinblick auf ein hethitisches Reichspantheon und weitere Literatur Schwemer 2006.

377 Vgl. Schwemer 2006: 243–253.

378 Vgl. Wilhelm (hethiter.net/: CTH 42). Die Liste ist sehr umfangreich, daher wird ebenfalls nur ein Auszug zitiert: „Hiermit habe ich dir diese Dinge unte[r] Eid gelegt, und für diese Worte riefen wir die tausend Götter hier zur Ratsversammlung: Den Sonnengott des Himmels, die Sonnengöttin von Arinna, den Wettergott des Himmels, den Wettergott von Ḫatti; den Wettergott von Ḫalap, den Wettergott von Arinna, den Wettergott von Zippalanda, den Wettergott von Šapinuwa, den Wettergott von Nerik (…): [Sie (alle) sollen Zeugen sein, und [sie sollen (es) sehen!]“.

sind entweder nach geographischen Prinzipien (CTH 378.4, auch CTH 381) oder, wie die Schwurgottlisten, typologisch aufgebaut,[379] vgl. das „erste“ Pestgebet Muršilis II (CTH 378.1), in dem ähnliche Merismen („Götter und Göttinnen“) verwendet werden, wie bereits in den lateinischen *all-inclusive*-Formeln gesehen:

(238) KUB 19.1+ Vs. 1–5

[DINGIR^{ME}]^{Š} ⸢EN^{MEŠ}-*IA*⸣ DIN[GIR LÚ^{MEŠ} *ḫ*]*u-*⸢*u-ma-an-te*⸣*-e*[*š*
DI]NGIR^{MEŠ} MUNUS^{MEŠ} *ḫu-u-ma-*[*a*]*n-*⸢*te-eš* DINGIR^{MEŠ}⸣
[*ŠA* KU]R ^{URU}*ḫa-at-ti* [DING]IR⸢^{MEŠ} LÚ^{MEŠ}⸣ *ḫu-u-ma-an-te-eš li-in-ki-ia-aš*
DINGIR ⸢^{MEŠ}⸣ MUNUS^{MEŠ} *ḫu-ma-a*[*n-te-eš*]
[*l*]*i-i*[*n*]*-ki-ia-aš ka-*⸢*ru*⸣*-ú-i-li-eš* DINGIR^{MEŠ} LÚ^{MEŠ} *ḫu-u-ma-an-te-eš*
DINGIR^{MEŠ} MUNUS^{MEŠ} *ḫu-u-ma-an-t*[*e-eš*]
a-pé-da-ni-za UD-*ti ku-i-e-eš* DINGIR^{MEŠ} *tu-l*[*i-ia*] ⸢*li*⸣*-in-ki-i-ia k*[*u-ut*]*-*
ru-wa-an-ni
ḫal-zi-[*i*]*a-an-te-iš* ⸢*e*⸣*-eš-tén* ḪUR.SAG^{MEŠ} ÍD^{MEŠ} PÚ$^{\text{ḪI.A}}$
^{D}KASKAL.KUR^{MEŠ}*-ia*

„[Götte]r, meine Herren, [a]lle [männlichen Göt]ter, alle weiblichen Götter, Götter [des Lande]s Ḫatti, alle männlichen [Gött]er des Eides, al[le] weiblichen Götter des [E]ides, alle uralten männlichen Götter, all[e] (uralten) weiblichen Götter, (ihr) Götter, die ihr an jenem Tage [in die] Versam[mlung] zum Eid in den Z[eug]enstand gerufen worden seid, Berge, Flüsse, Quellen, und unterirdische Wasserläufe“.

Als sogenannte *kaluti*-Listen finden sich Aufzählungen hurritischer Gottheiten, die männliche und weibliche Gottheiten getrennt und in fester Reihenfolge aufführen (in Verbindungen mit einigen wenigen Kultanweisungen). Auch in der Ikonographie, z.B. auf dem Felsrelief in Yazılıkaya,[380] sind die entsprechenden Reihenfolgen umgesetzt. Die *kaluti*-Reihen verwenden als abschließende echte *all-inclusive*-Formel die Wendung „die genannten und die ungenannten Götter, alle Götter“, die ebenfalls das meristische Prinzip repräsentiert und die absolute Vollständigkeit durch ein positiv-privatives Gegensatzpaar ausdrückt.[381] Zuletzt weist Schwemer (2006: 254–255) noch auf Auflistungen von

---

379 Zu den Darstellungsformen der Götterversammlung in Gebeten s. z.B. Houwink ten Cate 1987: 40–41.

380 Vgl. Taracha 2009: 94–95.

381 Vgl. Schwemer 2006: 255–257; zu den *kaluti*-Listen außerdem Wegner ChS I/3–1 und –2 sowie speziell zu der verwendeten *all-inclusive*-Formel Wegner 1995.

Opferrationen für alle Gottheiten des Landes im Rahmen eines Festrituals hin, welche ebenfalls nach geographischen Prinzipien (nach den verschiedenen Städten des hethitischen Kernlands einschließlich des Oberen und Unteren Landes) strukturiert sind. Die Opfer finden im „großen Haus" (É-*TIM* GAL) statt und gehören vermutlich zum AN.DAḪ.ŠUM^SAR^-Fest.

In kleinerem Maßstab findet sich das Listenprinzip auch im Lateinischen, z. B. in den *defixiones*, wo es ähnlich wie die Merismen die Tatsache ausgleichen kann, dass die Widersacher dem Emittenten nicht (vollständig) bekannt sind, oder er sicherstellen will, alle tatsächlich zu erfassen. Die Auflistung definiter Referenten durch ihre Namen ist im folgenden Beispiel mit einer *free-choice*-Konstruktion kombiniert:[382]

(239) *dfx*. 8.2/1
Caius Volusius Maximus [...] *Quicumque adversari sunt omnes.*
„Caius, Volusius, Maximus [...] Wer auch immer all meine Widersacher sind."

Unter den verschiedenen Techniken, die Servius für die Anrufung von Göttern mit unsicherer Identität oder ungewissem Namen versammelt, ist auch eine vergleichbare Formulierung mit *quisque*, die den Gebrauch auch für offizielle Gebete bestätigt. Die Formel referiert hier auf eine definite Gottheit, dient aber zum Ausgleich von Unsicherheiten bzgl. möglicher weiterer Namen oder charakterisierender Eigenschaften:

(240) Serv. *A*. 2.351
Et in Capitolio fuit clipeus consecratus, cui inscriptum erat 'genio urbis Romae, sive mas sive femina'. Et pontifices ita precabantur 'Iuppiter optime maxime, sive quo alio nomine te appellari volueris': nam ipse ait 'sequimur te, sancte deorum, quisquis es'.
„Auf dem Kapitol war auch ein geweihter Schild, auf dem geschrieben stand ‚dem Genius der Stadt Rom, sei er männlich oder weiblich'. Und die Pontifices beteten so: ‚Iupiter Optimus Maximus, oder sei es, dass du unter irgendeinem anderen Namen angerufen werden willst'. Er selbst [Vergil] sagte nämlich: ‚Wir folgen dir, heiliger unter den Göttern, wer immer du auch seist'."

382 Vgl. Kropp 2008: 173.

Eine solche *generalis invocatio* als sichernde Ergänzung zu den namentlich angerufenen Gottheiten ist außerdem auch in den Varianten *di deaeque omnes* oder *di ceteri deae ceteraeque* bezeugt (vgl. auch Wissowa ^{2}1912: 38).

Die Verwendung von Adjektiven wie „alle, jeder" (z.B. lat. *omnes*, heth. *ḫumanteš*) oder generalisierenden Pronomina ist in den hethischen und lateinischen *all-inclusive*-Formeln als zusammenfassende Technik sichtlich verbreitet und komplementiert gewissermaßen die durch Listen oder Merismen erzeugte distributive Vollständigkeit.[383]

Eine Kombination verschiedener Verfahren zur Erfassung aller Gottheiten ist natürlich ebenfalls möglich; vgl. z.B. die Formel der Fetialen bei der *indictio belli*,[384] die durch die Aufforderung zur Bezeugung des Aktes an die hethitischen Schwurgottlisten erinnert. Sie enthält mit *caelestes/terrestres/inferni* sowohl einen dreiteiligen Merismus als auch die Zusammenfassung durch *omnes*:

(241) Liv. 1,32,10
'Audi, Iuppiter, et tu, Iane Quirine, dique omnes caelestes, vosque terrestres vosque inferni, audite; ego vos testor populum illum' – quicumque est, nominat – 'iniustum esse neque ius persolvere (…).'
„‚Höre, oh Iupiter und du, Ianus Quirinus, und alle himmlischen Götter und ihr, irdischen und ihr unterirdischen, hört! Ich rufe euch an als Zeugen dafür, dass dieses Volk' – er nennt den jeweiligen Namen – ‚unrecht ist und das Recht nicht befolgt (…)'."

7.6.1.7 Symbolische Repräsentationen von Vollständigkeit

Ein sympathisches Verfahren, das häufig in Beschwörungsritualen angewandt wird, scheint sich ebenfalls des Prinzips der distributiven Exhaustivität zu bedienen, allerdings auf der Symbolebene: Der Gebrauch verschiedenfarbiger Wollfäden repräsentiert (auch nach Ausweis der zugehörigen analogischen Formeln) eine vollständige Erfassung und Behandlung verschiedener Übel und ihrer Ursachen; so z.B. im Ritual der Allī:[385] Hier werden nacheinander schwarze, rote, gelbe/grüne, blaue Wollfäden mit dem Patienten in Kontakt

383 Vgl. Versnel 1981: 13–15 für entsprechende Beispiele für Aufzählungen/Listen und *default*-Formeln auch im griechischen Bereich (bzgl. der Aufzählungen sogar schon in mykenischer Zeit, wie Tafeln aus Knossos zeigen).

384 Damit soll keine Aussage über die historische Realität dieses Rituals getroffen werden, die umstritten ist. Die Formel selbst kann dennoch historische Realität gewesen sein; zumindest ist sie in einer antiken Quelle bezeugt.

385 Allgemein zu Wollfäden als *materia magica* s. Haas 2003: 638–690.

gebracht und anschließend um die Figurinen gewickelt, welche die Verursacher der Behexung repräsentieren. Dazu wird jeweils durch eine entsprechende Formel die jeweilige Farbe mit einem bestimmten Aspekt der Schädigung identifiziert, der dem Patienten wieder weggenommen und auf seine Urheber zurückübertragen werden soll. So wird eine vollständige Erfassung aller Symptome – genauso wie aller möglichen Behexungen als deren Ursachen – erzielt.

Das gleiche Prinzip wird auf ähnliche Weise auch im vierten Teil des Rituals für das Königspaar (KBo 17.1–7) eingesetzt, um „des Königs und der Königin Weh, Schmerz und Bedrängnis" wegzunehmen. Insgesamt kann selbst die Aneinanderreihung verschiedener Praktiken mit der gleichen Funktion, wie sie evtl. in diesem Text vorliegt, als Ausdruck des Bestrebens nach Vollständigkeit oder Exhaustivität interpretiert werden. Die Wiederholung symbolischer Handlungen ist außerdem auch hinsichtlich ihres psychologischen Effekts interpretierbar: Insbesondere bei therapeutischen Ritualen kann die Entfaltung von Handlungsmacht (auf bewusster oder unbewusster Ebene) als relevanter Faktor für den Heilungsprozess ausgeschöpft worden sein.

7.6.2 *Konditionale Optionsausdrücke: Zusammenfassung*

Für die verschiedenen unter 7.6.1.1 bis 7.6.1.3 besprochenen konditionalen und optionalen Formulierungen können innerhalb der Ritualtexte drei Kategorien unterschieden werden, die jeweils unterschiedliche pragmatische Funktionen erfüllen.

Unter den Beispielen, die einen konditionalen Nebensatz und einen Ausdruck des Wollens oder „Günstig-Seins" beinhalten, lassen sich je nach Proposition der Apodosis zwei Typen unterscheiden:

a) die Proposition der Apodosis ist nicht identisch mit derjenigen der Protasis

Das typische Beispiel für diese Gruppe ist „Wenn der Arsfertur opfern will, soll er es tun nachdem er (zuerst) die Vögel beobachtet hat". Es handelt sich im Grunde um *konditionierte Anweisungen*, die in den vorliegenden Texten oft titulare Funktion besitzen, und nicht um echte Optionen, die eine tatsächliche Entscheidung innerhalb des Rituals erlauben. In den hethitischen Ritualtexten ist in den betreffenden einleitenden Konditionen kein Ausdruck des Wollens involviert; sie erfüllen aber die gleichen Funktionen; vgl. im Ritual der Ambazzi (CTH 391.1):

(242) KUB 9.25+ Vs. I 1–3
ma-a-an ᴰ*za-a*[*r-ni-za-an* ᴰ*tar-pa-at*]*-ta-aš-ši-i*[*n*]
i-ia-mi nu-uš-ša-an A-*NA* ᴰᵁᴳDÍLIM.GAL S[A₅ ᴳᴵŠ*ḫ*]*u-w*[*a*]-⌈*al*⌉*-li-iš*
iš-ḫu-wa-aḫ-ḫi
„Wenn ich Za[rniza und Tarpa]tašša behandle, dann schütte ich auf eine ro[te] Schale [Wa]cholder[holz](?)."

b) die Proposition der Apodosis ist (bis auf die Modalität) identisch mit derjenigen der Protasis

Hierbei handelt es sich um echt optionale Handlungen nach dem Typ „wenn du (es) willst, sollst du der Vesta opfern", die nicht als Einleitung, sondern innerhalb der Ritualanweisung auftreten. Sie können oder können eben nicht durchgeführt werden, was besonders in den hethitischen Beispielen durch Explizierung beider Optionen zum Ausdruck kommt. Dadurch erlauben diese Formulierungen einen unmittelbaren Entscheidungsspielraum, der ausdrücklich vom Ermessen der Ritualhandelnden abhängig gemacht wird. Wenn die Formulierung rein pragmatisch wäre, würde sie hingegen die Tatsache nicht beeinflussen, dass die Proposition der Apodosis durchgeführt werden soll (vgl. franz. „taisez-vous si vous voulez bien": hier wird die Aufforderung zum Schweigen nicht wirklich dem Wunsch der Adressaten untergeordnet und es liegt ein echter Heckenausdruck vor).

Eine weitere Kategorie von Konditionalausdrücken unterscheidet sich von den vorherigen beiden dadurch, dass sie nicht das Wollen oder Wünschen des Ritualmandanten oder Ritualisten zum Maßstab macht. Dennoch ermöglicht sie ebenfalls eine Anpassbarkeit und Flexibilität des Rituals:

c) Kondition betrifft äußere Umstände

Hierbei handelt es sich also ebenfalls um echte Optionen, die sich aber nicht auf das Durchführen oder Unterlassen eines Handlungselements in Abhängigkeit vom eigenen Ermessen beziehen. Vielmehr betreffen die Konditionen Anpassungen an äußere Umstände, wie z.B. das Geschlecht des Ritualmandanten oder der unschädlich zu machenden Gegner. Daneben werden auch Optionen für die Verfügbarkeit bestimmter Utensilien oder das Vorhandensein räumlicher Gegebenheiten erteilt. Diese ermöglichen eine hohe Anpassbarkeit und Individualisierbarkeit der Rituale und stellen damit einen wichtigen Aspekt menschlicher Handlungsmacht dar. Zudem sind sie (allerdings auf unbewusster und nicht-systematisierter Ebene) pragmatische Absicherungen des Gelingens der rituellen Kommunikation, selbst wenn die Umstände bestimmte Veränderungen einzelner Elemente erfordern.

d) mehrgliedrige Alternativen

Einen Sonderfall stellen konventionalisierte mehrgliedrige Ausdrücke dar, die gleich mehrere potentielle Konditionen und ggf. auch daran ausgerichtete alternative Verfahrensweisen explizit vorschlagen. Werden diese innerhalb der an die Götter gerichteten Sprechakte eingesetzt, haben sie oft eine besondere Funktion und können als *all-inclusive*-Formeln bezeichnet werden. Als solche wirken sie gleichzeitig als rhetorische Strategien und als Stabilisitaoren der Illokution durch den Ausgleich von Informationslücken, die schlimmstenfalls zum Misslingen der Kommunikation führen könnten.

Über die bisher besprochenen Fälle hinaus existieren außerdem optionale Ausdrücke, die nicht mittels konditionaler Fügungen gebildet sind, aber ebenfalls Anpassungen oder Handlungsoptionen erlauben. Sie umfassen verschiedene Subordinationstypen, die eine individuelle Umsetzung, Einschränkung oder Anpassung der Proposition der Apodosis (des Hauptsatzes) darstellen. Diese Ausdrücke werden im folgenden Abschnitt besprochen und dahingehend untersucht, wie sie sich in die bisher festgestellten Kategorien eingliedern lassen.

7.6.3 *Irrelevanzkonditionalia, indefinite Relativsätze, Irrelevanz-Quantifier*

Die im Folgenden versammelten Beispiele verwenden keine konditionalen Strukturen zur Angabe von Optionen oder Handlungsspielräumen. Sie haben die Subordination durch einen Ausdruck gemeinsam, der Irrelevanz der subordinierten Proposition für den Hauptsatz ausdrückt, also etwa „wer auch immer/wie viel auch immer/wann auch immer" etc. Die Subordinatoren sind häufig Zusammensetzungen und umfassen z.T. lexikalische Elemente oder Lexeme aus dem Bereich des Wollens oder Wertschätzens, wie im Umbrischen *heri-*, im Lateinischen *velle* und im Hethitischen Dat. + *aššu*.

7.6.3.1 Irrelevanzausdrücke im Lateinischen und Umbrischen

Folgendes Beispiel aus dem Opfer für Jupiter Dapalis enthält eine quantifizierende Optionalangabe durch den Nebensatz *quantam vis*:

(243) Cato *Agr.* 132,1
Iovi dapali culignam vini quantam vis polluceto.
„Dem Jupiter Dapalis sollst du eine Schale mit einer dir beliebigen Menge Weins libieren."

Hierin kann, ähnlich wie in den Beispielen oben (7.6.1.3) die Option einer Anpassung an momentane wirtschaftliche Umstände vorliegen, wodurch dem Ritualherrn eine ökonomisch sinnvolle Gestaltung des Opfers erlaubt wird.

Unter Umständen passt dazu auch folgendes umbrische Beispiel, in dem – so einer der Deutungsansätze – das Adjektiv **vufetes** „mit beliebigen“(?)[386] die Wahl der Gefäße der Entscheidung des Ritualisten überlässt:

(244) IT IV 24–25
inumek : kletra : veskles : vufetes : sevaknis : persnihmu
„Dann sollst du mit der **kletra**(-Unterlage) (und) mit beliebigen Gefäßen[387] als alljährlichen beten.“

Die hier aufgegriffene Hypothese vertritt Poultney (1959: 184–185 und 216), der als Grundlage **lubʰ-i-tōi̯s* „mit beliebigen“ mit Entsprechungen in lat. *libitus*, *libens* annimmt. Der Vorschlag ist z. T. als „lautlich möglich, semantisch weniger befriedigend“ bewertet worden (Meiser 1986: 156). Allerdings ist bei dieser Kritik sicher nicht hinreichend berücksichtigt, dass der Ausdruck komplementär zu der Unterscheidung **veskles snates asnates** (IIa 19, 34, 37 und VI 9) auftritt und referenziell auf diese Gefäßtypen bezogen werden könnte, wie Poultney nahelegt. An der vorliegenden Stelle ist es vielleicht nicht wahrscheinlich, dass **vufetes** sich auf eine völlige Beliebigkeit bezieht; es könnte jedoch immerhin zum Ausdruck kommen, dass eine strenge Reihenfolge der Verwendung oder eine strenge Trennung der Handlungen mit den verschiedenen Gefäßen in die-

386 Morphologisch ein thematisches Adjektiv im Abl.Pl., das zumeist als PPP verstanden wird und möglicherweise zusammen mit dem Bezugswort **veskles** „Gefäße“ einen Ablativus absolutus bildet.

387 Ein alternativer Vorschlag legt eine inhaltliche Entsprechung zu dem finiten Ausdruck **vesklu vetu** „er soll die Gefäße wenden“ (z. B. Ib 29, 37) nahe, etwa „bei geleerten Gefäßen“; so z. B. Devoto ^{4}1962: 341. Als etymologischer Ansatz für diese Deutung kommt **u̯oidh-ē-to-* in Frage, das PPP eines denominalen Faktitivs zur Wurzel **h₁u̯id-* wäre; vgl. lat. *uiduus* „leer, ledig, verwitwet“ und die verschiedenen Kognaten aus diesem Wortfeld (s. Untermann 2000: 862). Ein Problem bei dieser semantischen Verknüpfung könnte die Tatsache sein, dass **vesklu vetu** in der *lustratio* auftritt, **veskles vufetes** aber im **huntia**-Ritual und im Neujahrsritual; ob die Formulierungen auf die gleiche Handlung verweisen, ist daher nicht mit völliger Sicherheit zu sagen. Wahrscheinlicher scheint der Bezug auf den Ausdruck **veskles snates asnates**, wie von Poultney 1959 vorgeschlagen. Eine dritte Hypothese legt den Anschluss an *purdouito* und **vufru** nahe – und damit eine Bedeutung „gelobt/durch Gelübde geweiht“; so z. B. Buecheler 1983:72, 221; Vetter 1953: 446. Nach Meiser 1986: 156 ist die Grundlage hierfür **u̯ogᵘ̯ʰ-i-to-*, das zu **h₁u̯egᵘ̯ʰ-* „feierlich sprechen, geloben“ (vgl. LIV^2: 253) mit lat. *vovēre*, gr. εὔχομαι, ved. *óhate* (3.Pl.) zu stellen ist. Untermann (2000: 261) kritisiert hierbei m. E. zu Recht die fehlende sachliche Begründung und semantische Abgrenzung von **vufru** und *purdouito*.

sem Abschnitt des Rituals nicht als Voraussetzung für das Gelingen erachtet wird. Dadurch ergäbe sich ebenfalls ein Handlungsspielraum oder verschiedene Handlungsoptionen zur Anpassung des Rituals im Sinne des vorliegenden Kapitels.[388] Vor diesem Hintergrund scheint mir die Hypothese Poultneys grundsätzlich in die Typologie von Ritualanweisungen zu passen.

In der oben (S. 412) bereits zitierten Livius-Passage zum *ver sacrum* sind zudem weitere *disregard*-Formulierungen enthalten, die nach dem hier untersuchten Muster gebaut sind:

(245) Liv. 22,10,4
qui faciet, quando volet quaque lege volet, facito; quo modo faxit, probe factum esto.
„Wer es durchführt, soll es durchführen, wann er will und nach welchem vorgeschriebenen Ritus er will; auf welche Weise er es (auch) durchführen mag, es soll rechtmäßig durchgeführt sein."

Im Umbrischen liegen ähnliche Beispiele nach dem Muster „wer (auch immer) es will, der soll …" vor, die besonders indefinite oder verallgemeinernde Relativsätze mit einer Form von *heri-* „wollen" kombinieren und ausdrücken, dass der Agens der Hauptsatzproposition beliebig bzw. situativ auszuwählen ist:

(246) IT VIIa 52[389]
hondra. furo. sehemeniar. hatuto. totar. pisi. heriest
„Unterhalb des Forums der Semonia sollen sie (sie) ergreifen, wer auch immer aus dem Stadtstaat es wollen wird."

Eine andere Relativ-Verbindung liegt im nächsten Beispiel vor: Es handelt sich im Grunde um eine Zusammenrückung aus konditionalem Konnektor *sve* mit der enklitischen Variante des Relativpronomens *pis*; damit ist es hier evtl. nicht der Agens der Handlung, der zur Option gemacht wird, sondern die Durchführung der Handlung selbst:

(247) IT IV 26
inumek : svepis : heri : ezariaf : antentu
„Dann soll, wenn einer (= wer) es will, die **ezariaf**-Gaben[390] darauflegen."

388 Vgl. in diesem Sinne auch Dupraz i. D.

389 S. Dupraz 2015a: 262–263.

390 Wahrscheinlich sind Speise-Opfer gemeint; der Anschluss an *$h_1$ed- „essen" (LIV^2: 230) ist

Noch häufiger sind Relativsätze, die eine unpersönliche Passiv-Form desselben Verbs *heri-* enthalten, das seiner Verwendung nach in dieser Form wohl als Ausdruck deontischer Modalität („soll/ist bestimmt") konventionalisiert ist. Das heißt für die folgenden Belege, dass nicht eine völlig beliebige Person die entsprechende Handlung ausführen soll, dass aber die jeweilige Person evtl. im einzelnen Fall zu bestimmen ist bzw. durch ihre Funktion oder ihr Amt schon bestimmt ist. Im letzteren Fall wird dann für die Durchführung des Rituals vorausgesetzt, dass bekannt ist, welcher Funktionär jeweils gemeint ist. In beiden Fällen handelt es sich um einen konventionalisierten Umgang mit der Tatsache, dass die Amtsträger der Bruderschaft für bestimmte Zeiträume gewählt werden; die Vorschriften stellen aber immer allgemeine Regelungen mit depersonalisierten Funktionsbezeichnungen dar (hier ist also Generalisierung, nicht Irrelevanz die Funktion der Angabe):

(248) IT IIa 40
esuf : pusme : herter : erus : kuveitu : teřtu
„Derselbe, dem es gewollt (bestimmt) ist, soll den Anteil der Menschen heranbringen und geben."

Ohne den impersonalen Ausdruck mit **herter**, aber dafür mit einem markierten indefiniten Relativpronomen **pisi pumpe** (entspr. lat. *quicumque*) und Verbform im Futur II ist folgendes Beispiel aus den Regelungen der Bruderschaft gebaut:

(249) IT Va 3
ařfertur : pisi : pumpe : fust : eikvasese : atiieřier : ere : ri : esune : kuraia
„Der Arsfertur, wer auch immer es sein wird,[391] dieser sorge in den atiedischen Versammlungen für die *res divina*/das Ritual."

Die Anpassungsmöglichkeiten des Umbrischen beziehen sich also, durchaus dem generalisierten, allgemeingültigen Charakter der gesamten Instruktionen entsprechend, in erster Linie auf die jeweils bestimmten oder zu bestimmenden Agenten der jeweiligen Handlungsschritte. Es ist möglich, dass Ausdrücke wie **pusme herter** dabei in Bezug auf singuläre Handlungsschritte verwendet

---

seit Buecheler 1883: 169 allgemein angenommen worden (wenn auch unterschiedlich im Detail; s. Untermann 2000: 245 für eine Übersicht).

391 Gemeint ist „wer auch immer es zum jeweiligen, aktuellen Zeitpunkt der Anwendung dieser Regelung gerade sein wird".

werden, für die keine eigene Funktionsbezeichnung existiert, die aber konventionell einer bestimmten Person zugeordnet werden. Damit repräsentieren diese Fälle jedenfalls keine individuellen Anpassungsmöglichkeiten und menschliche Handlungsmacht bei der Gestaltung der Rituale. Sie sind eher Ausdruck konventionalisierter Perpetualität und Generalisierbarkeit der Vorschriften. Dennoch sind sie auch textsortenspezifische und funktionale sprachliche Charakteristika.

7.6.3.2 Irrelevanzausdrücke im Hethitischen

Eine ähnliche Formulierung wie in Cato *Agr.* 132 (*culignam vini quantam vis*), liegt in hethitischen Ritualen in Form einer Konstruktion mit dem Adverb *mašiwan* „wie viel; so viel, wie" vor,[392] die ebenfalls dazu dient, den Ritualhandelnden die Entscheidung über die jeweilige Menge freizustellen. Dabei kann die Struktur durch ein korrelatives Pronomen im Hauptsatz gestützt werden, vgl. folgenden Fall (CTH 652.I.A):

(250) KBo 25.109 Rs. III 9–10
nu A-NA DUMU É.GAL *ma-ši-wa-an*
[*a-aš-šu*? *nu-uš a-p*]*é-ni-iš-šu-wa-an e-ku-zi*
„Er trinkt [für sie s]o oft, wie es dem Palastangestellten [gut erscheint]."

Daneben bestehen die hethitischen Beispiele aus ähnlich aufgebauten Verbindungen von (verallgemeinernden) Relativsätzen und dem Ausdruck Dat. + *aššu* „gut/günstig".[393] In folgendem Beleg aus dem *ḫišuwa*-Fest (CTH 628) wird es dem Priester auf diese Weise explizit freigestellt, nach seinem eigenen Dafürhalten seine Worte bzgl. des Königs zu wählen:

(251) KUB 30.40(+) Vs. III 2–4
*ku-it-*ši* a-aš-šu* LÚSANGA-*ma-kán* LUGAL-*un*
A-NA DINGIR-*LIM pár-ra-an-da aš-šu-li*
me-ma-a-i

---

392 Vgl. CHD L–N: 207–208.

393 Nicht klar scheint diesbezüglich die Interpretation des folgenden Beispiels aus einem Ritual für DLAMMA KUŠ*kuršaš* (CTH 433.1), die keinerlei Verweis auf das „Gutbefinden" als Entscheidungsgrundlage beinhaltet. Bawanypeck (2005: 77) übersetzt dennoch in diesem Sinne: KBo 12.96 Rs. IV 5–6 EN SÍSKUR 8 UDU *pa-a-i* ⌈ŠE-*ia*⌉ *ma-ši-wa-an pa-a-i* „der Ritualherr gibt 8 Schafe und soviel Gerste, wie er geben will (wörtl. soviel, wie er gibt)", wohingegen CHD L–N: 208 den *mašiwan*-Satz als vorangestellt und verallgemeinernd interpretiert: ⌈ŠE-*ia*⌉ *ma-ši-wa-an pa-a-i* LÚ.MEŠMUŠEN.DÙ-*ia ku-i-ša IŠ-TU* É-*ŠU*1 NINDA.GUR4RA *da-a-i* „Wieviel Gerste (auch immer) er gibt, jeder der Auguren nimmt einen Brotlaib aus seinem Haus".

„Was ihm gut (scheint), spricht der SANGA-Priester aber (über) den König vor der Gottheit (der Gottheit gegenüber) im Guten."

Ganz ähnlich ist im nächsten Beleg aus dem Ritual für den Wettergott von Kuliwišna das „(für) die Gottheiten Trinken" an die jeweils für die Ritualmandanten als relevant zu erachtenden „guten Götter" anpassbar. D.h. dass offenbar die Anwender des Rituals an dieser Stelle diejenigen Kommunikationspartner einsetzen können, zu denen sie eine individuelle Verbindung besitzen:

(252) KBo 15.34+ Rs. III 11′[394]
[(*nu-kán* E)]GIR-*an-da ku-i-e-eš* DINGIR^{MEŠ} *A-NA* ^{LÚ}E[N (É-*TIM a-aš-ša-u-e-eš*)]
„[dann] trinkt er [d]anach (für) jene, welche für den H[errn des Hauses gute Götter (sind)]."

Dieselbe Formulierung findet sich ebenfalls in Beschwörungsritualen wie demjenigen der Anniwiyani (CTH 393.A):

(253) VBoT 24 Rs. III 1–3
EGIR-*an-da-ma-aš-ma-*[*aš ku-i-e-eš* DINGIR^{MEŠ}]
a-aš-ša-u-e-eš nu a-p[*u-u-uš* DINGIR^{MEŠ} *a-ku-uš-kán-zi*]
„Und [die Götter, welche] ihnen gut erscheinen, (für) je[ne Götter trinken sie] danach."

Ein anderes Beispiel aus dem Kult der Schutzgottheit ^{D}LAMMA (CTH 683.2.A) erlaubt eine lokale Anpassung durch eine entsprechende Formulierung; in diesem Fall allerdings ohne Ausdruck des eigenen Ermessens mittels *aššu*:

(254) KBo 13.179 Vs. II 3′–5′
nu ku-e-da-ni URU-*ri* ^{KUŠ}*kur-šu-uš*
EGIR-*pa ne-wa-aḫ-ḫa-an-zi*
na-at a-pí-ia a-ša-an-zi
„In welcher Stadt auch immer sie die Jagdtaschen(?) erneuern, dort verbleiben sie."

Im nächsten Beispiel sind einerseits konditionale Strukturen verwendet (*mān* … *mān*), andererseits liegt aber auch eine Verbindung mit der temporalen

394 CTH 330 1.O; vgl. Glocker 1997: 52–53.

Irrelevanz-Partikel *kuwapi kuwapi* „wann auch immer" vor. Durch den Nachsatz *me-ḫur* Ú-UL *du-uk-ka₄-ri* wird die Irrelevanz des Zeitpunktes nochmals expliziert:

(255) KUB 55.43+ Vs. I 1–4
[*ma-a-an* ŠA] ᴰ*zi-it-ḫa-ri-ia* Ù ᴰLAMMA ᵁᴿᵁ*ḫa-te-en-zu-wa*
[2 ᴷᵁ]ˢ ⌜*kur-šu*⌝*-uš* EGIR-*pa ne-e-u-wa-aḫ-ḫa-an-zi*
⌜*ma-a*⌝*-an* I-NA MU 9.KAM *ma-a-na-aš ku-wa-pí ku-wa-pí ne-wa-aḫ-ḫa-an-zi me-ḫur* Ú-UL *du-uk-ka₄-ri*
„[Wenn] man die [2] Jagdtaschen? [des] Zitḫariya und des Schutzgottes der Stadt Ḫatenzuwa erneuert, ob es im 9. Jahr ist oder wann auch immer sie sie erneuern, der Zeitpunkt ist nicht von Wichtigkeit."

Die hethitischen Beispiele, sowohl in Fest- als auch Beschwörungsritualen, betreffen nicht in erster Linie die konventionalisierte Anpassbarkeit des Agens im Rahmen allgemeingültiger Vorschriften (wie im Umbrischen). Sie beziehen sich vielmehr besonders häufig auf die jeweils besonders zugänglichen Gottheiten der Ritualmandanten; in anderen Fällen auf Zeit oder Ort einer bestimmten Handlung. Dadurch scheinen sie insgesamt eine stärkere Individualisierbarkeit auszudrücken.

7.7 Ausdrücke des eigenen Ermessens: Systematisierung

Anhand der bisher besprochenen Beispiele und der Möglichkeiten ihrer sprachlichen Gestaltung, lässt sich das in Abbildung 19 dargestellte Gliederungsschema für Ausdrücke des eigenen Ermessens in Ritualanweisungen abstrahieren.

Dieses Grundmuster umfasst verschiedene Subordinationsstrukturen, die, wie die Beispiele gezeigt haben, nicht nur konditional, sondern auch indefinitrelativ, quantifikatorisch oder temporal sein können. Ein Ausdruck des „Wollens" befindet sich hier i. d. R. in einem Abhängigkeitsverhältnis zu einer Anweisung und versieht diese mit einer temporalen, quantifikatorischen, adressierenden oder explizit konditionalen Bedingung. Anstelle der Protasis mit „wollen" liegt in einigen Fällen eine korrelative Reihung verschiedener Alternativen vor, s. u. c) und d). Alle genannten Ausdrücke zur Angabe von Optionen besitzen jedoch in irgendeiner Weise auch konditionalen Wert oder konditionale (Neben-)Funktion.

Grundsätzlich existieren innerhalb des Musters die von mir bereits oben beschriebenen Untergliederungen, die für die Frage nach dem eigenen Er-

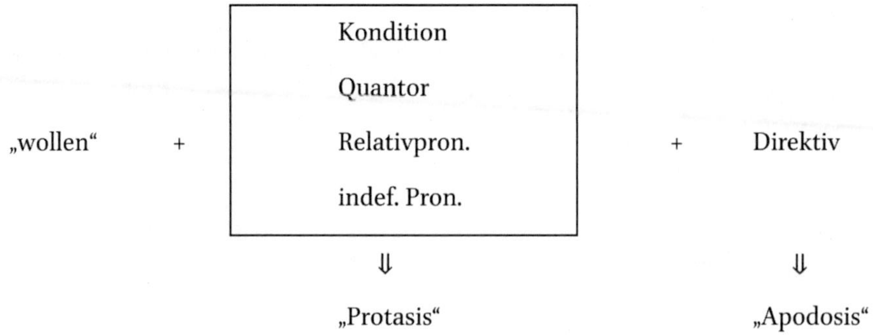

ABB. 19 Syntaktische Muster von Ermessensangaben

messen und der daraus entstehenden *Agency* oder Entscheidungsmacht relevant sind:

a) „wenn du x (tun) willst, dann tu y"
Das „Wollen" in der Protasis betrifft einen übergeordneten Sachverhalt, zu dem die Apodosis Teilhandlungen oder einzelne Handlungsschritte der konkreten Durchführung vorschreibt.

Bei diesem Typ wird sowohl in Protasis als auch in Apodosis eine Proposition expliziert, wobei die beiden sich inhaltlich unterscheiden. Sie stellen nicht generell die Durchführung des gewollten Sachverhalts in das Ermessen der Handelnden, sondern geben den Kontext vor, in dem die Anweisungen zur Durchführung des Rituals relevant sind und eingehalten werden müssen. Das „Wollen" ist m.E. in diesen Fällen daher nicht als Mechanismus zur Generierung von Gestaltungsmacht zu charakterisieren, sondern als einleitende Kondition.

b) „wenn du (x) willst, dann tu x"[395] → „echte Optionen"
In diese Gruppe sind meiner Einschätzung nach auch die zuletzt besprochenen Fälle mit verschiedenen Subordinatoren und „konditionalem Nebensinn" einzuordnen. Gemeinsam ist allen Fällen, dass die betreffende Anweisung eingeschränkt und von Bedingungen abhängig gemacht wird, die letztlich der Ritualhandelnde selbst bestimmen kann. Es handelt sich damit um optionale Handlungen, die einen tatsächlichen Ermessensspielraum und weitreichende Gestaltungsmacht der Ritualhandelnden ermöglichen. Durch derartige Mechanismen kann selbst bei institutionalisierten Ritualen die konkrete

395 Bzw. „wer (x) will, soll x tun"; „wieviel (x) du willst, sollst du x tun".

Durchführung an individuelle, z.B. ökonomische Gegebenheiten angepasst werden, ohne dass man dadurch von vorne herein einen gravierenden Ritualfehler riskiert.

c) „wenn x, dann (...); wenn y, dann (...)" → äußere Umstände
Eine eigene Gruppe von konditionalen Konstruktionen macht Handlungsoptionen nicht vom Ermessen der Ritualhandelnden abhängig, sondern von äußeren Umständen, natürlichen oder wirtschaftlichen Gegebenheiten oder Gewohnheiten. Auch sie stellen aber Anpassungsmöglichkeiten und Individualisierungstechniken dar.

d) „ob x oder y" → mehrgliedrige Alternativen
Schließlich können Gestaltungsspielräume auch durch mehrgliedrige Alternativen hergestellt werden, die durch die verwendeten disjunktiven Partikeln wie *sive ... sive* oder *mān ... mān* ausdrücklich mit den Konditionalphrasen verbunden sind.

Diese „echten Optionen" b)–d) sind in meinen Augen innerhalb der Ritualanweisungen besonders für folgende Gesichtspunkte relevant:

- Sie sprechen zum einen für den offenen Ausgang, der von der jeweiligen konkreten Entscheidung des Priesters oder Ritualherrn abhängt, und sind in Texten mit formal deklarativen, nicht-kanonischen Direktiven (wie den hethitischen Ritualtexten) ein Indiz für deren tatsächlichen Anweisungscharakter.
- Sie stellen zudem eine echte Lizenzierung von Spielräumen dar und offenbaren uns, wie bei der Gestaltung von Ritualen – selbst wenn es sich um politisch kontrollierte und stabile Praktiken handelt – Flexibilität ermöglicht werden kann. Mit ihrer Hilfe kann der Anspruch der strikten Einhaltung religiöser Regeln bewusst entschärft und praktikabel gemacht werden, wenn z.B. die wirtschaftliche Notwendigkeit dazu besteht.
- Damit sind sie v.a. auch präventive Strategien, die unbewusst dazu dienen, die Gefahr des Misslingens der rituellen Kommunikation nach Bedarf einzuschränken und zu kontrollieren.
- Pragmatisch nicht einzureihen sind hier die umbrischen Konstruktionen mit **pisi pumpe**, da sie eher der Generalisierung als der Anpassbarkeit dienen.[396]

396 Vgl. aber Dupraz 2015a zur Angabe eines echten Handlungsspielraums bei der Anweisung zum Scheuchen der Kühe im Ritual der *lustratio*.

Eine andere Rolle, die ich von den Funktionen der echten Optionen in Ritualanweisungen unterscheiden möchte, spielen mehrgliedrige Alternativen als *all-inclusive*-Formeln v. a. in Gebeten und selbstwirksamen Formeln. Hier stehen sie neben weiteren Techniken, wie Listen und Merismen, und dienen zur Erzeugung von Exhaustivität und Vollständigkeit. Dabei kaschieren sie mögliche Informationslücken bzgl. der vermuteten Widersacher, gegen die sich ein Ausspruch richtet, oder bzgl. der superempirischen Adressaten einer Bitte. Sie tragen somit also ebenfalls dazu bei, das Gelingen des jeweiligen Rituals zu gewährleisten.

7.8 Stabilisierung und Kontrolle ritueller Kommunikation: Fazit

Die Notwendigkeit, das Gelingen der Kommunikation mit schwer greifbaren und kaum kalkulierbaren göttlichen Kommunikationspartnern abzusichern, zählt zu den pragmatischen Besonderheiten und Herausforderungen ritueller Kommunikation. Die Ritualhandelnden fühlten und glaubten ihre Existenz, als Individuum und als Gemeinschaft, von der wohlwollenden Annahme und positiven Reaktion auf ihre Bitten abhängig. An neuralgischen Punkten des Kommunikationsprozesses werden deshalb, wie ich gezeigt habe, in verschiedenen Bereichen sprachliche und außersprachliche Mittel eingesetzt, um die nötigen Glückensbedingungen herzustellen oder zu stabilisieren und das starke Hierarchiegefälle zwischen den beiden Parteien in eine Balance zu bringen. Solche Strategien der Verständnissicherung und Glückenskontrolle habe ich auf mehreren Ebenen identifizieren können: Als sprachliche Strategien werden sie einerseits innerhalb der Gebete und Formeln als direkter Kommunikation mit den Göttern angewandt, andererseits im Rahmen der metakommunikativen Vorschriften beschrieben, um sie den Ritualhandelnden zur Verfügung zu stellen. Auch auf der Handlungsebene existieren Strategien, die v. a. auf den Prinzipien von Ikonizität und Analogie basieren. Die in diesem Kapitel betrachteten Strategien habe ich drei Hauptbereichen zugeteilt, deren erster die im Kontakt problematische Unzugänglichkeit und Unsichtbarkeit der göttlichen Adressaten zum Inhalt hatte. Durch sprachliche und symbolische Strategien werden die superempirischen Adressaten *festgelegt*: z. B. auf einen bestimmten „Wohnort", eine feste Zeit, auf ein äußerliches Erscheinungsbild oder bestimmte Charakterzüge und eine individuelle Biographie. Nicht zuletzt stellen der Name und die korrekte Anrede die Basis einer erfolgreichen Kommunikation durch Gebet und Ritual dar. All diese Elemente dienen letztlich dazu, den Kommunikationspartner greifbarer und seine Reaktionen damit kalkulierbarer zu machen. Dadurch werden Ungewissheit und Machtlosigkeit auf

Seiten der Emittenten abgebaut. Die Festlegung des Adressaten erfolgt nicht zwangsläufig gezielt und im Bewusstsein dieser kommunikativen Effekte; die stabilisierende Wirkung kann m.E. jedoch auch ohne einen solchen strategischen Einsatz eintreten und genutzt werden.

Auch der zweite der besprochenen Bereiche betrifft die menschliche *Agency*. Hier habe ich Strategien eingeordnet, die im Falle des Misslingens oder Scheiterns der rituellen Kommunikation angewandt werden können, um den Prozess wiederaufzunehmen oder in Gang zu halten. Dadurch wird von den Ritualhandelnden vermieden, am Punkt des Scheiterns zu stagnieren und den Folgen ohne eigene Handlungsoption unterworfen zu sein – eine Situation, die letztlich zu Zweifeln und Kritik am religiösen System als solchem führen würde. Als rekursive Schleifen können das Einholen göttlicher Botschaften durch Orakel, feste Reparaturstrategien oder *disregard*-Formeln den Menschen dazu dienen, die Funktionalität von Ritualen und religiösem Weltbild aufrecht zu erhalten. Die durch Evaluation und Reparatur erzeugten Schleifen werden dabei nötigenfalls so oft wiederholt, bis sich Erfolg oder eine Änderung der Ausgangssituation einstellen und Progression ermöglichen. Die entsprechenden Techniken werden z.T. in instruierenden Texten behandelt; einige von ihnen sind, wie z.B. Orakel, aber auch Gegenstand supplementärer, eigener Textsorten oder, wie *disregard*-Formeln, Teil von Gebeten und Anrufungen. Eine verblüffende Erkenntnis ist dabei sicherlich, dass Fehlerbehebung und Wiederholungen nicht als Ausdruck von Abhängigkeit oder Unterworfenheit verstanden werden müssen, sondern dass sie vielmehr pragmatische *back-offs* darstellen. Handlungsmacht wird in diesem Zusammenhang durch die Möglichkeit erzeugt, eigene Fehler in der Kommunikation genau dann zu identifizieren, wenn sich dies als nötig erweist – und diese anschließend entsprechend zu behandeln und zu beheben.

Die dritte von mir zusammengestellte Gruppe von Strategien ist schließlich typisch für Instruktionstexte. Die Kategorie umfasst präventive Maßnahmen, die bereits innerhalb der Vorschriften Spielräume für die Umsetzung der Rituale etablieren und dadurch bestimmte Verfahrensfehler gar nicht erst entstehen lassen. Sie stellen dadurch ein Gegengewicht zum Streben nach absoluter Regeltreue und Wortwörtlichkeit dar und brechen die Verbindlichkeit der Vorschriften an den betreffenden Stellen. Durch ihre spezifische syntaktische Struktur, die semantische Kombination von Kondition und Volitionalität sowie durch ihre pragmatische Funktionalität im Kontext der Rituale sind diese Formulierungen als typisches fachsprachliches Charakteristikum zu bewerten. Die Verfügbarmachung von Spielräumen und die Angabe von verschiedenen Alternativen berührt außerdem das Konzept der pragmatischen Vagheit, das sowohl im Rahmen von modernen Fachsprachen- als auch Ritualtheorien einen konzeptionellen Platz einnimmt.

Als eine wichtige Erkenntnis dieses Kapitels möchte ich hervorheben, dass der Mensch als Individuum und in der Gemeinschaft auch in antiken Religions- und Verehrungssystemen seinen Göttern durchaus nicht so ohnmächtig gegenübersteht, wie es uns aus heutiger Perspektive (und gerade auf Basis literarischer Texte) oftmals erscheint. Auch die scheinbar geradezu sklavische Unterworfenheit unter religiöse Regelsysteme lässt sich im Licht dieses systematischen Überblicks grundlegend anders interpretieren. Die hier untersuchten Religionen[397] verfügen gerade durch die Fachtextsorten, die ihre rituelle Praxis behandeln und regulieren, über ein ausgeklügeltes System, das ihre Träger in die Lage versetzt, wenn nötig, pragmatisch gegenüber den Göttern zu handeln oder selbst Kontrolle auszuüben. Der psychologische Effekt dieses Systems ist sicherlich nicht hoch genug einzuschätzen und ich bin der Überzeugung, dass wir damit einen Kernaspekt von Religion überhaupt greifen.

Einmal mehr konnte ich im vorliegenden Kapitel auch die starke Verschränkung zwischen sakraler oder liturgischer Sprache von Gebeten und Formeln einerseits und ritueller (Fach-)Sprache der Ritualvorschriften und -beschreibungen andererseits herausarbeiten. Die verwendeten Stütz- und Kontrollstrategien schlagen sich in beiden Textsorten in Form von spezifischen Formulierungen und typischen syntaktischen Strukturen nieder, die sich dabei oftmals entsprechen oder parallel eingesetzt werden.

397 Und diese Erkenntnis lässt sich m.E. *mutatis mutandis* genau so auf andere Religionen und Kulturen übertragen.

KAPITEL 8

Textualität von Ritualen und Ritualvorschriften

8.1 Textualität und Fachsprachlichkeit

Im vorausgegangenen Abschnitt wurde ausführlich besprochen, auf welche Weise die spezifische Gestaltung von Ritualen das erwartete Gelingen ritueller Kommunikation begünstigt und die Bedingungen dafür durch verschiedene kommunikative Techniken stabilisiert. Diese Techniken können einerseits auf der sprachlichen Ebene lokalisiert werden, also in den Gebeten und Beschwörungen selbst. Andererseits finden sie sich auch in den parallel durchgeführten rituellen Handlungen, die v.a. anhand der Beschreibungen in Ritualanweisungen nachvollziehbar sind. Die Ritualtexte spielen hierbei insofern eine besondere Rolle, als sie die jeweiligen Rahmenbedingungen, Handlungsfolgen und Sprachäußerungen miteinander korrelieren und somit an der Erzeugung einer kommunikativen Einheit direkt beteiligt sind.

Diese Kontextualisierung und Korrelierung der verschiedenen Teilelemente ritueller Kommunikation ist maßgeblich für die Verständlichkeit und korrekte Umsetzbarkeit der Anweisungen. Es ist in diesem Sinne zu erwarten, dass diese Funktionen von Ritualtexten einen nicht geringen Anteil an dem Phänomen „Fachsprache" oder „Fachtext" besitzen. Ferner ist ebenfalls zu erwarten, dass die kontingenten und als kohärent zu verstehenden Handlungs- und Sprachhandlungsabfolgen von Ritualen,[1] um sie als solche zu kennzeichnen und reproduzierbar zu machen, auch in kohärente Texte überführt werden. Dass und inwiefern diese handlungsbasierte Kohärenz auch in Textkohärenz überführt wird und sich durch die Verwendung entsprechender sprachlicher und grammatikalischer Techniken manifestiert, soll im vorliegenden Kapitel gezeigt werden. Dazu werde ich zunächst die linguistischen Konzepte von Textkohärenz und -kohäsion kurz einführen und diejenigen Theorien zum Kohärenzbegriff diskutieren, die mit Hinblick auf die untersuchten Texte relevant erscheinen. Daran anschließend identifiziere ich kohärenzstiftende Mittel innerhalb der Ritualtexte und systematisiere diese anhand ihrer Funktionali-

1 Auch wenn diese Kohärenz nicht stabil sein und noch nicht einmal innerhalb des Rituals selbst bestehen muss: Die Zuschreibung der Sinnhaftigkeit und damit auch der Kohärenz von Ritualen und ihren einzelnen Handlungsschritten unterliegt kulturhistorischen Veränderungsprozessen und kann z.B. durch die Verknüpfung mit neuen historischen oder mythologischen Konzepten umgestaltet und neu motiviert werden (vgl. dazu Roth 2018).

 | DOI:10.1163/9789004436596_010

tät im Rahmen ritueller Fachsprache. Dies erfolgt zugleich in Abgrenzung zu der Textsorte der Gebete, die, wie ich zeigen werde, ein grundlegend anderes Kohärenzprofil aufweist als die anweisenden Ritualtexte. Der Grund dafür ist v.a. in den unterschiedlichen pragmatischen Anforderungen an die Texte zu erkennen. Es ist mir bewusst, dass derartige Fragestellungen noch nicht an die besprochenen Texte herangetragen wurden und dass Untersuchungen der Textkohärenz in historischen Korpora, zumal innerhalb der Indogermanistik, noch eher neu sind. In der modernen Textlinguistik und in Bezug auf aktuelle Korpora sind Untersuchungen zum Kohärenzverhalten jedoch etabliert und werden als relevant für die Beschreibung von Textsorten behandelt.

Dass die Charakterisierung und Abgrenzung von Textsorten anhand spezifischer Kohärenzfaktoren erfolgen kann, hat beispielsweise Langer in Bezug auf moderne Gebrauchstexte des Deutschen demonstriert. Folgende Fragestellungen hat sie dabei als Ausgangspunkt formuliert (Langer 1995: 6–7):

> Gibt es Kohärenzfaktoren, die nur in bestimmten Textsorten vorkommen beziehungsweise nicht vorhanden sind? Sind der Anteil, ihre Kombination und die Verteilung der in einer Textsorte vorkommenden Mittel für sie typisch (…)? Lassen sich also Prioritäten, Dominanzen und damit Hierarchien unter den kohärenzstiftenden Elementen feststellen, und stehen sie wiederum mit den Textsorten in irgendeinem Zusammenhang?

Nachdem die kommunikativen Funktionen und konstitutiven Sprechakte sowohl der Ritualanweisungen als auch der Rituale bzw. Gebete bereits in den vorangegangenen Kapiteln 6 und 7 besprochen wurden, werde ich im vorliegenden Kapitel also den Bereich der Textkohärenz eingehend beleuchten. Dabei richte ich in Anlehnung an Langer 1995 besonderes Augenmerk auf die Frage, „ob zwischen den Phänomenen Textbildung und Textsorten ein Zusammenhang besteht“ (Langer 1995: 51). Im Detail untersuche ich daher, wie die Handlungsteile von Ritualen sprachlich in eine kohärente Komposition integriert sind, wie einzelne Handlungsschritte miteinander verbunden oder voneinander abgegrenzt und wie die verschiedenen Phasen eines Rituals innerhalb der Präskripte repräsentiert werden.

8.2 Vorüberlegungen zu den Konzepten von Kohäsion und Kohärenz

8.2.1 *Begriffsdefinitionen*

Da der Textbegriff für die Frage der Textkohärenz ein zentrales Konzept darstellen wird, soll an dieser Stelle die integrative Textdefinition nach dem Entwurf von Brinker ([8]2014: 17) nochmals aufgegriffen werden. „Integrativ" bedeutet, dass ein Text nicht aus einer einzigen Perspektive heraus zu erfassen ist, sondern dass Zeichenebene, Inhalt und kommunikative Funktion in einem Konzept integriert werden. Brinker zufolge ist ein Text demnach eine „begrenzte Folge von sprachlichen Zeichen, die in sich kohärent ist und die als Ganzes eine erkennbare kommunikative Funktion signalisiert". Noch detaillierter fasst Langer die Definition, gerade auch in Hinblick auf die Frage der Textsortenkonstitution durch eine spezifische Textgestaltung und -organisation (1995: 66–67):

> Ein Text ist eine kohärente sprachliche Handlung mit einer kommunikativen Funktion und einer thematischen Orientierung, welche nach kognitiven Gesetzen und innerhalb bestimmter Konventionen realisiert wird (…). Er tritt somit an der Sprachoberfläche und auf der Ebene der *parole* als Einheit aus pragmatischen, semantischen und syntaktischen Komponenten auf und setzt mindestens einen kommunikativ kompetenten Produzenten und einen von ihm zumindest postulierten ebensolchen Rezipienten voraus.

Oftmals ist bei der Betrachtung von Texten als kohärenten, also zusammenhängenden Einheiten aber nicht nur von Kohärenz, sondern auch von Kohäsion die Rede. Das Verhältnis und besonders die Abgrenzung dieser beiden Konzepte sind nicht ganz unproblematisch, was in einer breiten Diskussion und z.T. sehr unterschiedlichen Standpunkten zum Ausdruck kommt.[2] Die Uneinigkeiten betreffen dabei bereits die Terminologie, da einige Autorinnen und Autoren nur einen der beiden Begriffe verwenden, innerhalb dessen aber dann i.d.R. von entsprechenden Differenzierungen ausgehen.

Über ein intuitives Verständnis der beiden Begriffe besteht noch am ehesten Konsens. Demnach bezieht sich Kohärenz auf Merkmale des inhaltlichen Zusammenhängens, die einen Text oder Diskurs von einer thematisch unzusammenhängenden Folge von Einzeläußerungen unterscheiden. Kohäsion

---

2 Einen Überblick über Definitionsversuche und Perspektiven bieten Rickheit und Schade 2000.

hingegen wird intuitiv auf Merkmale des grammatischen Zusammenhangs bezogen (vgl. Rickheit/Schade 2000: 275). Dieser intuitive Kohäsionsbegriff ist bereits sprachlich orientiert und lässt sich deshalb unproblematisch in eine linguistisch fundierte Definition überführen.[3] Mit Halliday und Hasan ist dabei grundlegend festzuhalten, dass „cohesion" als relatives Konzept verstanden werden muss.[4] Der Begriff bezeichnet also nicht die An- oder Abwesenheit bestimmter grammatikalischer Elemente, sondern die Relationen zu bestimmten anderen Elementen des Textes, die dadurch hergestellt werden und die den Text somit über Satzgrenzen hinweg zusammenhalten.

Kohärenz als inhaltliches Konzept ist deutlich schwieriger anhand konkreter sprachlicher Mittel auf formaler Ebene zu erfassen. Z.T. kann der inhaltliche Zusammenhang über lexikalisch-semantische Erscheinungsformen festgestellt werden.[5] In diesen Fällen ist die Abgrenzung zur Kohäsion aber oftmals unsauber, da es sich jeweils um „Phänomene an der sprachlichen Oberfläche" handelt.[6] Daneben sind am Phänomen der Kohärenz auch semantisch-pragmatische Phänomene wie Inferenzziehungen beteiligt,[7] die z.T. erst durch den Textrezipienten geleistet werden müssen.[8] Dieser Umstand zeigt sich besonders deutlich, wenn sprachlich sichtbare (v.a. grammatikalische, aber auch semantische) Textzusammenhänge und solche, die rein pragmatisch hergestellt werden, zueinander in Bezug gesetzt werden.

So ist durch einschlägige Beispiele erwiesen, dass rein formale Zusammenhänge (oder Kohäsion) auch ohne inhaltliche Kohärenz erzeugt werden können (sog. Pseudo-Kohärenz), vgl. das Beispiel bei Sanford/Moxey (1995: 162):

---

3 Kohäsion wird an der sprachlichen Oberfläche durch konkret feststellbare Mittel (*surface cues*) erzeugt, die z.B. der Phonologie, Morphologie oder Syntax zuzurechnen sind (dazu noch unten 8.2.1).

4 Vgl. Halliday/Hasan 1976: 12 „cohesion is a relative concept; it is not the presence of a particular class of items that is cohesive, but the relation between one item and another".

5 Hier besteht eine Nähe zum Konzept der Isotopie; s.u. S. 480.

6 Die Problematik der Abgrenzung betrifft z.B. den gesamten Bereich der Wiederholungsmuster (lexikalische und strukturelle Rekurrenz). S. dazu 8.5.1 und 8.5.5 und vgl. zur Rekurrenz als Kohäsions- oder Kohärenzphänomen Linke/Nussbaumer 2000: 305.

7 Inferenzen sind Annahmen des Adressaten darüber, was der Sprecher mit dem Gesagten *meint* und ggf. *intendiert*. Sie werden durch unterschiedliche sprecherseitige Gestaltungsmittel ausgelöst; dazu zählen v.a. (logische) Implikationen, (semantische und pragmatische) Implikaturen sowie Präsuppositionen.

8 Oft wird der Begriff der Kohärenz in der Konsequenz so vage gehalten, dass eine sprachliche Fundierung kaum mehr möglich ist. Dies wiederum lässt seine Anwendung auf Texte als sprachliche Einheiten z.B. für Rickheit/Schade (2000) problematisch erscheinen.

> John ate a banana. The banana that was on the plate was brown. Brown is a good colour for hair. The hair of the dog is a drink to counteract a hangover.

Hier werden durch Bekanntheitsmarker (definiter Artikel) und lexikalische Wiederaufnahme oberflächliche Verbindungen erzeugt und dadurch Zusammenhänge suggeriert. Dennoch ergibt sich kein inhaltlich zusammenhängender, kohärenter Text aus den einzelnen Sätzen, da ein erkennbarer Integrator fehlt, unter dem sich die einzelnen Propositionen zusammenführen lassen könnten.[9] Eine solche propositionale Integration erfolgt nach Heinemann/Viehweger (1991: 122) immer über Leitgedanken oder zentrale Ideen, „die zur zentralen strukturbildenden Kraft werden".

Ein tatsächlich als kohärent rezipierbarer Text mit einem entsprechenden integrativ wirkenden Leitgedanken verfügt hingegen nicht notwendig über entsprechende Verbindungen an der sprachlichen Oberfläche.[10] Die folgenden Beispiele, in denen jeweils zwei Sätze durch eine inferierte (implikatierte) Relation aufeinander bezogen werden, demonstrieren, dass eine Kohärenzbeziehung rein wissensbasiert und nicht explizit lexikalisch oder grammatikgeleitet hergestellt werden kann:
- Gestern ist ein Unglück geschehen. Paul hat sich den Arm gebrochen.
- Es hat geregnet. Die Straße ist nass.
- Ich komme gegen 15.00 Uhr in München an. Vom Bahnhof fahren Busse zum Hotel.

Bei diesen Beispielen fehlen explizite Verknüpfungssignale. Dennoch werde ich als Leserin eine Beziehung zwischen beiden Sätzen präsupponieren – z. B. eine kausale oder konsekutive Beziehung – und somit einen Zusammenhang auf Basis des eigenen Weltwissens bzw. aufgrund assoziativer Verknüpfungen herstellen. Die gedanklichen Prozesse, die eine Leserin vornimmt um kohärente Strukturen zu erzeugen, werden als Inferenzen oder Inferenzziehungen bezeichnet.[11] Nach van der Velde (1989: 175) sind sie v. a. Prozesse zur Lösung von Problemen (d. h. wohl Verständnisproblemen mit Bezug auf den Textinhalt oder die semantischen Relationen):

---

9 Vgl. Heinemann/Viehweger 1991: 122.

10 S. dazu ausführlich Brinker [8]2014: 41 mit einem längeren Beispiel.

11 Dabei können sich Inferenzziehungen und Schlussprozesse sowohl auf die Auffüllung oder Ergänzung nicht-gesagten Materials (klassische Implikaturen nach Grice und Präsuppositionen) als auch auf die Auffüllung/Anreicherung gesagten Materials (z. B. Explikaturen, Implizituren) beziehen; vgl. die Gegenüberstellung bei Liedtke 2016: 142–146.

> According to the nature of the problems to be solved, these thinking processes identify information within verbal texts. They connect information within, between and beyond verbal texts. They add information to verbal texts.

Eine wichtige Rolle für assoziative Anaphern und Inferenzen spielt das Wissen über bestimmte Objektkategorien (Frames) und ihre semantischen Eigenschaften, also dass z.B. ein Arm ein Körperteil eines Menschen ist. Ebenso relevant ist die Kenntnis typischer Handlungsabläufe (Skripte), z.B. dass man sich beim Stürzen verletzen kann.

Die Beispiele zeigen, dass bei der Herstellung von Kohärenz mentale Prozesse involviert sind, die über die sprachlich manifeste (lexikalische) Semantik hinaus und in den impliziten Bereich der Pragmatik hineinreichen.[12]

8.2.2 *Kognitiver Kohärenzbegriff*

Der vorausgehende Abschnitt hat verdeutlicht, dass nicht nur der Text als sprachliches oder schriftliches Objekt, sondern auch seine Produktion und Rezeption als kognitive Prozesse für die Frage nach der Kohärenz berücksichtigt werden müssen. Im Hinblick auf diese Prozesse ist daher ein kognitiver oder psycholinguistisch basierter Kohärenzbegriff vielversprechend, wie er v.a. in den Beiträgen von Givón, Gernsbacher und Kintsch (alle 1995) entwickelt wird.[13] Folgende Definition repräsentiert diese Perspektive (Givón/Gernsbacher 1995: vii):

> Coherence is not an inherent property of a written or spoken text (…) Coherence is a property of what emerges during speech production and comprehension – the mentally represented text, and in particular the mental processes that partake in constructing that mental representation. A coherently produced text – spoken or written – allows the "receiver" (listener or reader) to form roughly the same text-representation as the "sender" (writer or speaker) had in mind. To the extent that the sender's mental representation was coherent to begin with, and to the extent that the receiver's mental representation matched that of the sender's, the text is coherent.

12 Einige Ansätze (z.B. Brinker 1996: 1516) gehen u.a. deshalb davon aus, dass eine Trennung von Kohärenz und Kohäsion – sofern sie denn vorgenommen werde – generell in explizit (Kohäsion) und implizit, d.h. rein pragmatisch und konzeptuell-thematisch (Kohärenz), zu verstehen sei.

13 Bzgl. der systemtheoretischen Einbindung wird verwiesen auf Schade et al. 1991; Rickheit/Strohner 1992.

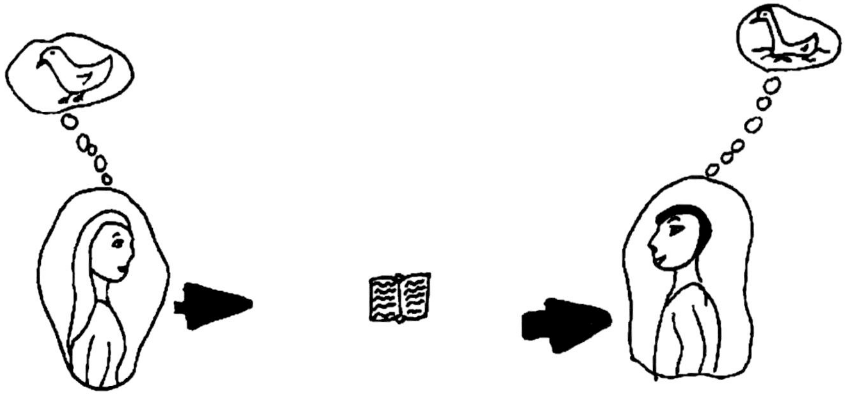

ABB. 20 Mentale Repräsentation

Sanders und Spooren verbildlichen dieses Verständnis der Erzeugung möglichst deckungsgleicher mentaler Repräsentationen mithilfe der in Abbildung 20 aufgenommenen Graphik (Sanders/Spooren 2001: 2, Fig. 1.).[14]

Die kognitiven Prozesse des Texterzeugens und -verstehens bilden den Kern verschiedener weiterer Kohärenzkonzepte, vgl. Beaugrande/Dressler (1981: 7):

> Kohärenz ist nicht bloß ein Merkmal von Texten, sondern vielmehr das Ergebnis kognitiver Prozesse der Textverwender. Die bloße Aneinanderreihung von Ereignissen und Situationen in einem Text aktiviert Operationen, welche Kohärenzrelationen erzeugen oder ins Bewusstsein zurückrufen.

Auch Heinemann/Viehweger fassen mit Blick auf die Strategien des Textverstehens zusammen (1991: 119–120):

> Der Textinterpret kann auf Grund seines Wissens über die Konnexität von Sachverhalten, die in Propositionen realisiert werden, einer Äußerungsfolge die Eigenschaft „kohärent" zuschreiben. Damit ist bereits ausgedrückt, daß Kohärenz nicht wie in textgrammatischen Forschungsansätzen als eine immanente Eigenschaft von Texten zu verstehen ist, sondern als ein Bewertungsprädikat, durch das im Ergebnis der Textinterpretation

---

14 Zeichnung der 9-jährigen Laura van Beek.

> einer Äußerungsfolge die Eigenschaft „kohärent" bzw. „nicht kohärent" zugeschrieben wird.[15]

Damit legen sie ein ähnliches kognitives und kommunikationsbasiertes Verständnis von Textkohärenz zugrunde. Demzufolge ist der Kern des Kohärenzbegriffs der Grad, in dem die mentale Repräsentation, die ein Produzent der Konstruktion seines Textes zugrunde legt, mit derjenigen Repräsentation übereinstimmt, die der Adressat auf Basis der ihm zur Verfügung stehenden (sprachlichen und außersprachlichen) Hinweise re-konstruiert.

8.2.3 *Sprachliche Arbeitsteilung*

Die Erzeugung von möglichst identischen mentalen Repräsentationen, d.h. „the common ground of shared topicality, reference and thematic structure" (Givón/Gernsbacher 1995: vii), unterliegt im direkten Diskurs einem ständigen Aushandlungsprozess. Als diesem Prozess zugrunde liegende Konzepte können Zipfs Gesetz der sprachlichen Arbeitsteilung (Zipf 1949) und noch mehr dessen Weiterentwicklungen durch Horn (1984) und Levinson (2000) benannt werden. Horn überführte Zipfs Annahme, dass sich die Tendenzen zur Ökonomisierung von Sprecher- und Höreraufwand antagonistisch gegenüberstehen, von der Phonologie (Wortlänge/Silbenzahl) in die Pragmatik von Äußerungen. Er schlug folgende Prinzipien der „division of pragmatic labor" als Motoren für die Gestaltung sprachlicher Äußerungen vor:

> Q(uantitäts)-Prinzip: Sage so viel du sagen kannst, damit dein Text hinreichend ausführlich für das Verständnis des Hörers ist (= Hörer-Ökonomie; betrifft die Maxime der Quantität)
>
> R(elevanz)-Prinzip: Mache deinen Beitrag notwendig für das Verständnis des Hörers; sage nur so viel, wie du musst, um vom Hörer noch verstanden zu werden (= Sprecher-Ökonomie; betrifft neben der Relevanzmaxime auch Modalitätsmaxime und die zweite Sub-Maxime der Quantität)

Die Weiterentwicklung des R-Prinzips durch Levinson (2000: 112–117) schließlich betrifft das *kompensatorische Zusammenwirken* von sprachlichem Aufwand durch den Urheber eines Textes und inferenziellem Aufwand durch den Rezipienten:

---

15 Mit Verweis auf Sözer 1985; Petöfi/Sözer 1983 und weitere.

I(nformiertheits)-Prinzip: Was nicht gesagt wird, ist so zu ergänzen, wie es normalerweise erwartet werden kann:[16]

- sprecherseitig: Erreiche dein kommunikatives Ziel mit geringstmöglichem sprachlichem Aufwand.
- hörerseitig: Fülle die vom Sprecher gegebenen Informationen so weit auf, bis du die am meisten spezifische Information mit Bezug auf den (vermuteten) kommunikativen Zweck erhältst.

Das bedeutet in Bezug auf die Herstellung von Textkohärenz: Was auf Sprecherseite nicht expliziert und somit eingespart wird, muss auf Adressatenseite ergänzt werden, damit dieser einen kohärenten Text herstellen kann. Wichtig ist dabei, dass dies nicht notwendig zu einem größeren Arbeitsaufwand des Hörers führen muss, sondern dass eine größere Ökonomie (= sprachliche Einsparungen) auch zu dessen Vorteil sein kann, wie Liedtke (2016: 105–106) betont:

> Der kognitive Prozess der pragmatischen Anreicherung ist nämlich grundsätzlich weniger aufwändig als die Interpretationsleistung von explizitem sprachlichem Material – er ist schneller, müheloser und automatisierter.

Ein maximal determinierter Text, mit lexikalischer Rekurrenz jedes Referenten und expliziter Konnexion aller Textteile bedeutet also nicht *weniger*, sondern *mehr* Verarbeitungsaufwand für den Adressaten. Es ergibt sich damit gemäß dem I-Prinzip ein Bereich, in dem die Äußerung so weit reduziert werden kann, dass sie für Sprecher und Hörer bzw. Produzent und Rezipient gleichermaßen ökonomisch ist.

8.2.4 *Motoren des Textverstehens*

Als Basis für diese Theorien der sprachlichen Arbeitsteilung kann letztlich das bereits als Triebfeder der Verständnissicherung erwähnte Grice'sche Prinzip der Kooperation zwischen den Diskursteilnehmern herangezogen werden (vgl. besonders Grice 1975), das sich in die vier Maximen der Qualität, Quantität, Relevanz und Modalität differenziert. Für die Produktion kohärenter schriftlicher Texte liegt der Schwerpunkt dabei auf Seiten des Produzenten, der zu übermittelnde Informationen sprachlich so strukturieren wird, dass der Trans-

16 Das Operieren mit dem Normalbegriff ist nicht umproblematisch; eine mögliche Explizierung wäre hier: normal mit Hinblick auf das vorhandene Wissen über den Sprecher, den Inhalt der Kommunikation oder über Kommunikation an sich.

fer optimal im Sinne der eigenen Intention stattfindet. Somit erscheint der kommunikative Aushandlungsprozess in diesem Fall zunächst eher einseitig: Der Produzent muss seine Einschätzung davon zum Maßstab machen, welche sprachliche Gestaltung es dem Rezipienten ermöglicht, eine identische mentale Repräsentation zu rekonstruieren.[17] Für die Konstruktion einer kohärenten mentalen Repräsentation des Textes ist aber gleichzeitig auch das Streben des Rezipienten ausschlaggebend, den richtigen Kontext, die richtigen Hinweise und notwendigen Inferenzen zu finden, die eine zusammenhängende, sinnhafte Interpretation der Äußerung möglich machen.[18]

Wenn die erwartete und die tatsächliche Eigenleistung des Rezipienten übereinstimmen, ist die Wahrscheinlichkeit hoch, dass er den Text als kohärent rezipiert und die Intention des Produzenten erkennt. Dadurch werden ein grundlegendes Ziel von Kommunikation und die Voraussetzung für das Gelingen eines kommunikativen Aktes erfüllt.[19] Ein solcher stabiler Zustand setzt ein optimales Verhältnis zwischen sprachlicher Ökonomie und Dichte einerseits und Determiniertheit und Explizitheit andererseits voraus: Je mehr oder weitreichender die zu erwartenden Inferenzen auf Basis des Vorwissens des Rezipienten sind, desto weniger explizit oder overt brauchen die Verbindungen zwischen Äußerungsteilen auszufallen. Gleichzeitig kann verstärkt auf Proformen sowie auf Implikaturen und Präsuppositionen zurückgegriffen werden, was zu einer großen Ökonomie und Verdichtung des Textes führt. Je weniger hingegen wissensbasierte Inferenzen, Ergänzungen und Auffüllungen durch den Rezipienten zu erwarten sind, desto stärker wird eine grammatikalische und overte lexikalische Repräsentation der Textrelationen notwendig sein, um zu einer Übereinstimmung der mentalen Repräsentationen des Textes zu gelangen und dadurch Kohärenz und kommunikativen Erfolg zu erzielen. Diese Notwendigkeit ergibt sich besonders dringend auch da, wo mit bewusst

17 S. zur Textproduktion auch Langer 1995: 57–58.

18 In diesem Sinne auch Sanders/Spooren 2001: 4–5 zur „Underspecification of mental representations"; zum Prozess des Textverstehens s. auch Langer 1995: 58–59. Das „Streben nach Kohärenz" ist in einem umfassenderen Sinne eine menschliche Eigenschaft, die nicht nur auf sprachliche Kommunikation oder auf Kommunikation überhaupt beschränkt ist; vgl. das eingangs (3.6.1) beschriebene Salutogenese-Konzept (Antonovsky 1997: 16), welches auf einem allgemeinen „sense of coherence" basiert. Ein menschliches Bedürfnis nach der Herstellung von Sinnhaftigkeit und Verstehbarkeit kann daher auch als Motor für die kognitiven Prozesse des Textverstehens aufgefasst werden. Somit würde es die Grundlage für die Suche des Rezipienten nach problemlösenden Inferenzen (im Sinne van der Veldes 1989) bilden.

19 Sprachliche und außersprachliche Strategien, das Gelingen der rituellen Kommunikation zu überprüfen und zu kontrollieren, wurden in Kapitel 7 besprochen.

und böswillig geringer Bereitschaft des Adressaten zur Kooperation zu rechnen ist; d.h. in juristischen Texten, Verträgen und anderen Textsorten, bei denen es ggf. im Interesse des Kommunikationspartners liegt, nicht zu kooperieren.

Viele Texte und Textsorten sind freilich nicht oder nicht ausschließlich auf einen konkreten Rezipienten zugeschnitten, sondern richten sich an eine größere und oft indefinite Adressatengruppe. Dieser Umstand erschwert eine Einschätzung der Verstehensfähigkeiten der Rezipienten durch den Produzenten erheblich. Die kognitionsorientierte Vorstellung passt aber im Grunde sehr gut zu der Beobachtung, dass Kohärenz bzw. Kohäsion generell graduierbare Phänomene sind, dass also durch eine bessere oder schlechtere Kooperation ein höherer oder geringerer Grad an Kohärenz erzielt werden kann.

8.2.5 *Kohärenz vs. Kohäsion oder inhaltliche vs. sprachliche Kohärenz?*

Die Herstellung übereinstimmender mentaler Repräsentationen kann also einerseits auf Basis expliziter grammatikalischer oder lexikalischer Verknüpfungen erfolgen. Andererseits aber kann sie durchaus rein wissensbasiert und unter Rückgriff auf implizite semantische und pragmatische Relationen hergestellt werden, nämlich aufgrund des Vor- oder Textwissens des Rezipienten. Diese Unterscheidung zwischen grammatik- und wissensbasierter Herstellung von Kohärenz findet sich auch im Rahmen der kognitiven oder psycholinguistischen Perspektive.[20] Diese Auffassung zeigt, dass eine terminologische Trennung in Kohärenz und Kohäsion nicht zwingend ist, wenn eine entsprechende Differenzierung innerhalb des Kohärenzbegriffs erfolgt. Besonders Vertreterinnen und Vertreter des integrativen textgrammatischen Ansatzes entscheiden sich dagegen; Brinker hält die Verwendung beider Begriffe für irreführend und vertritt stattdessen ein umfassendes Kohärenzkonzept, das er nach verschiedenen Einzelaspekten („grammatisch, thematisch, pragmatisch, kognitiv, explizit, implizit usw.") differenziert.[21] Langer entwirft eine Differenzierung in funktionale (kommunikative) und semantische (inhaltliche) Kohärenz, deren sprachliche Trägerstruktur jeweils die verbale Kohärenz ist (Langer 1995: 60 und 62). Grundsätzlich sehe ich viele Vorteile in einem integrativen Ansatz wie dem von Brinker. Besonders der Verzicht auf scharfe Abgrenzungen, die in zahlreichen Fällen doch nicht durchzuhalten sind,[22] scheint den Übergängen und Unschärfen auch auf konzeptueller Ebene besser begegnen zu können. Im Folgenden ist daher weitestgehend von kohärenzstiftenden Mitteln

---

20 Givón 1995 differenziert (mit Blick auf Kintsch 1995) in eine lexikalisch bestimmte (*vocabulary guided coherence*) und eine strukturgeleitete Kohärenz (*grammar-cued coherence*).

21 Vgl. Brinker [8]2014: 18, besonders FN 25.

22 Z.B. im Bereich von Rekurrenz und Konnexion; vgl. schon Kapitel 8 FN 6.

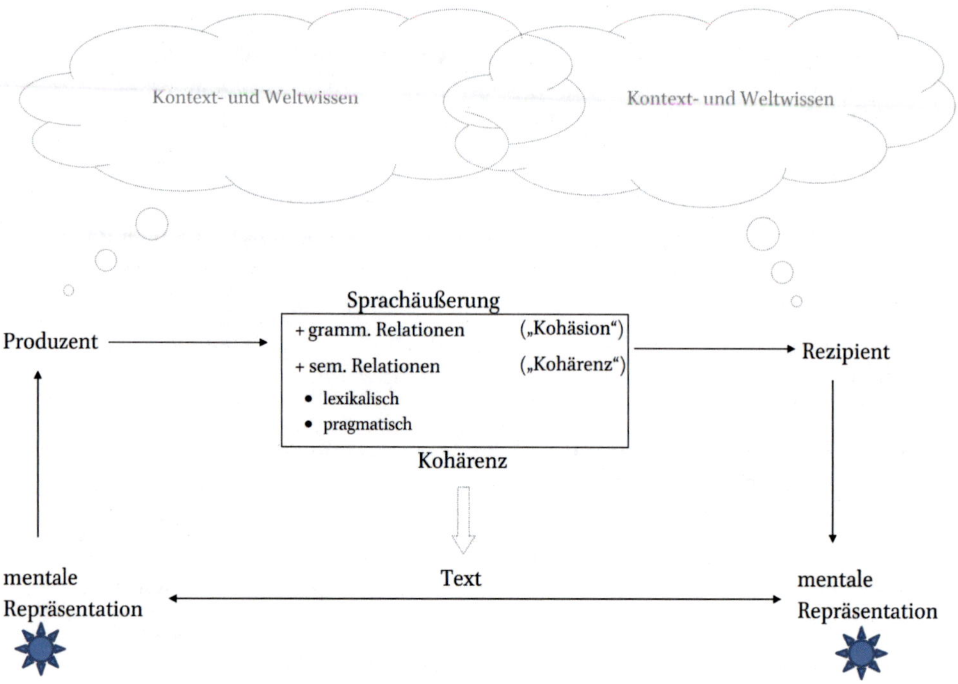

ABB. 21 Schema Textkohärenz

oder Kohärenztechniken die Rede, wobei eine Spezifizierung der jeweiligen sprachlichen Ebene oder Grundlage ggf. eigens erfolgt. Da insgesamt eine funktionale Perspektive eingenommen wird, ist diese Vorgehensweise unproblematisch. Gelegentlich findet sich dennoch der Terminus „Kohäsion“, da er in vielen grundlegenden Arbeiten für ein bestimmtes Inventar von Strategien an der sprachlichen Oberfläche angewandt wird. Das grundsätzliche Problem der Differenzierung rein inhaltlicher und rein grammatischer sprachlicher Phänomene soll aber stets mitverstanden sein.

8.2.6 *Problem der Ebenen*

Eine Problematik, die letztlich in allen Ansätzen auftritt, beruht auf der Tatsache, dass Kohärenz auf verschiedenen Ebenen beschrieben wird, d.h. Kohärenz zwischen einzelnen Teilen der Äußerung (auf propositionaler Ebene) vs. Kohärenz des Gesamttextes. Die Verknüpfung einzelner Textteile durch konkrete Kohärenztechniken (intratextuell) steht also neben Kohärenz als übergeordnetem Ergebnis, das eine Äußerung als Text konstituiert. Verdeutlicht wird diese Situation anhand des Schemas in Abbildung 21.

Das Schema ist im Grunde eine detailliertere Version der bereits oben (Abb. 20) abgebildeten Kinderzeichnung. Es legt einerseits den kognitiven Prozess der Konstruktion und Rekonstruktion der jeweiligen mentalen Repräsentation eines kohärenten Textes aus einer sprachlichen Äußerung zugrunde. Dies geschieht unter Einbeziehung des jeweiligen Welt- und Kontextwissens, aber auch des Sprachwissens, z. B. über semantische Konzepte, Prototypen, Frames usw. Andererseits erfasst die Abbildung das Problem der verschiedenen Ebenen: Kohärenz wird einerseits auf intratextuelle, verbindende *Mittel* bezogen, wobei ggf. grammatikalische („Kohäsion"), lexikalisch-semantische und rein pragmatische Relationen („Kohärenz") differenziert werden können. Andererseits gilt Kohärenz, i. S. v. „Erreichen übereinstimmender mentaler Repräsentationen eines Textes bei Produzent und Rezipient", als übergeordnetes *Ergebnis*, durch dessen Erzielung die Rezeption der sprachlichen Äußerung als Text erst möglich wird. Diese übergeordnete Kohärenz resultiert damit aus den grammatikalischen und inhaltlichen Relationen („Kohäsion + Kohärenz").

8.2.7 *Anwendung der Konzepte auf Fachtexte*

Ein Text ist gemäß den bisherigen Vorüberlegungen also dann als kohärent rezipierbar, wenn der Produzent erfolgreich dafür gesorgt hat, dass seine Äußerung vom Rezipienten so interpretiert werden kann, wie sie gedacht war, wenn also der Transfer im Sinne der Sprecherintention optimal erfolgt. Der inhaltliche Zusammenhalt kann dabei einerseits durch lexikalische Einheiten (und deren Verknüpfung zu sogenannten Isotopieketten) an der sprachlichen Oberfläche repräsentiert werden oder andererseits durch Inferenzen zu ergänzen sein. Er sollte aber idealerweise auch durch ein ausreichendes Maß an grammatikalischen Relationen gestützt werden. Was im jeweiligen Fall ausreichend ist, hängt v. a. davon ab, wie viel Eigenleistung in Form von Ergänzungen oder Auffüllungen aus dem Welt-, Text- oder eben auch Fachwissen der Produzent dem Rezipienten zutraut. Speziell in Bezug auf Fachsprache bzw. Fachtexte können in diesem Zusammenhang folgende Annahmen aufgestellt werden: Durch den engen und spezifischen kontextuellen Rahmen, z. B. den vorauszusetzenden Bezug auf einen konkreten Tätigkeitsbereich der Diskursteilnehmer (und die damit verbundenen Frames und Skripte) ist das Spektrum möglicher pragmatischer Anreicherungen begrenzt und nicht explizierte Elemente werden unter Spezialisten als bekannt vorausgesetzt. Dadurch ergibt sich grundsätzlich ein hohes Potential für eine starke sprachliche Verdichtung durch Techniken wie Ellipse, unmarkierten Subjektswechsel oder Proformen bzw. den Verzicht auf explizite Verknüpfungen durch (lexikalische) Rekurrenz, overte Konnexion und andere determinierende Maßnahmen. Schon innerhalb von lateinischen Fachschriften aus verschiedenen Bereichen finden wir metatextliche Kommentare zu dieser zielgruppenorientierten sprachlichen Gestaltung, die oft unter dem rhetorisch-stilistischen Prinzip der „Angemessenheit" (vgl.

die entsprechenden Termini: gr. πρέπον bzw. lat. *aptum* oder *decorum*) mit weiteren Aspekten zusammengeführt wird. Antike Fachautoren wie Cicero oder Hippokrates vertreten die Praxis, die sprachliche Ausführlichkeit in Texten für Spezialisten auf das Nötigste zu reduzieren; auch nach Galen sollen fachbezogene Darstellungen für Anfänger in dieser Hinsicht anders gestaltet sein als solche für Experten.[23] Plinius d. Ä. hingegen warnt vor einer möglichen Beeinträchtigung des Verständnisses bei zu großer Ausschöpfung der fachsprachlichen Verknappung[24] – und greift dadurch die Tatsache auf, dass derartige Ökonomisierungsprozesse in der Praxis stets begrenzt sind (s. noch unten 8.6).

Der konkrete Bezug eines Textes auf ein in sich kohärentes Handlungsereignis (in unserem Fall auf ein spezifisches Ritual) erhöht ebenfalls die Kontextdeterminiertheit und erleichtert dadurch die Re-Konstruktion von textlicher Kohärenz durch die Rezipienten. Wichtig ist dabei auch die Annahme, dass die Ritualtexte nicht die einzige Informationsquelle für die Ritualspezialisten dargestellt haben dürften. Es ist wohl in den meisten Kultsystemen der Antike von einer Kombination aus mündlicher Unterweisung und stark praxisbezogener Ausbildung mit Teilnahme an den jeweiligen Ritualen (*eye-witness-experience*) auszugehen. Dadurch werden Missinterpretationen weiter eingeschränkt und die Herstellbarkeit von Kohärenz begünstigt. Richtet sich eine Ritualbeschreibung oder -vorschrift mit derselben Intention an einen Adressatenkreis, der inhomogen ist und z. B. Laien miteinschließt, ist eine wesentlich schlechtere Einschätzung der Verständnisleistung möglich, was sich u. U. in einer höheren Frequenz determinierender oder expliziter Kohärenztechniken äußert.[25] Das liegt letztlich daran, dass das Risiko, dass einzelne Rezipienten zu einer fehlerhaften mentalen Repräsentation des beschriebenen Rituals gelangen, höher eingeschätzt wird und durch eine entsprechend größere kohäsive Determiniertheit abgefangen werden soll. Begrenzend für das Ausmaß an Verdichtung (gemäß Plinius' Hinweis) wirkt möglicherweise die große Bedeutung, welche die offiziellen Rituale in den untersuchten Kulturen besitzen. Da von der Erzeugung einer korrekten mentalen Repräsentation und der davon ausgehenden korrekten Re-Inszenierung der Ritualhandlungen existenzielle Grundlagen der Gemeinschaft abhängen können, ist damit zu rechnen, dass die fachsprachli-

23 Cic. *orat.* 117; Hippokrates *aër.* 12,1 f. (II 52 Littré [= Corp. Med. Graec. 1.1.2 p. 54.48]); Gal. *Libr. propr.* praef. [XIX 10 f. Kühn].

24 Z. B. Plinius *Nat.* 35.1 und 53.

25 Auswirkungen sind auch auf der Ebene der Sprechakte bemerkbar: inhomogene Adressatengruppen von Fachtexten können zu einer höheren Frequenz assertiver/informierender Sprechakte gegenüber rein direktiv gestalteten Anweisungstexten führen; vgl. oben Abschnitt 6.6.

che Tendenz zur Ökonomie nicht bis zum Äußersten durchgeführt wird. Bei der Betrachtung der einzelnen Beispiele wird es deshalb interessant sein, zu verfolgen, wie sich das Verhältnis von Aufwand und Ökonomie bei der Umsetzung sprachlicher Kohärenzmittel gestaltet und welche Faktoren dafür im Einzelnen verantwortlich gemacht werden können.

Eine notwendige Grundannahme ist hierbei, dass die untersuchten Texte auf die ein oder andere Weise innerhalb eines Rahmens konzipiert und tradiert worden sind, in dem ein bewusster Umgang mit der Frage der Nachvollziehbarkeit oder Wiederverwendbarkeit der Texte vorliegt, der für die sprachliche Gestaltung eine Rolle spielt. Hinweise auf die Existenz solcher Rahmenbedingungen sind an verschiedenen Stellen bereits aufgegriffen worden (Kapitel 4, 5 und 6). Sie können z.T. auch anhand der Texte selbst vermutet werden; bspw. wenn verschiedene Versionen redaktionelle Änderungen oder Anpassungen aufweisen, die in einigen Fällen auch auf Entwicklungen innerhalb der Textsorte hindeuten (z.B. die Reduktion von Ellipse/Asyndeton in Festritualtexten; Zunahme der redundanten Sequenzierung in den Langversionen der Rituale in den IT). Auch Kohärenzstörungen in den hethitischen Beschwörungsritualen weisen auf Textbearbeitungen und Weiterentwicklungen hin und gehen wahrscheinlich auf dem Übergang von mündlicher Tradition durch Ritualexpertinnen zu schriftlicher Dokumentation durch Schreiber des Königshofs zurück.[26] Neben der Praxisbezogenheit und Adressatenorientiertheit können in den Ritualinstruktionen also durchaus auch Faktoren wie schreiberspezifische Individualisierung (vgl. Dupraz i.D. zu den IT) oder „Schreibergelehrsamkeit“ (vgl. Christiansen 2006: 28) wirksam sein. Dennoch ist grundsätzlich von einer gebrauchsorientierten Motivation für die Entstehung der Texte und den Beginn der Überlieferung auszugehen.

8.3 Zentrale Bereiche der Textkohärenz

Verbale Kohärenz oder (wenn sie als eigenes Phänomen von Kohärenz getrennt wird) Kohäsion ist eine der zentralen Voraussetzungen für Textualität.[27] Ein gewisses Spektrum von Kohärenzmitteln, die Textzusammenhänge auf unterschiedlichen Ebenen der sprachlichen Oberfläche abbilden, kann dabei als allgemein anerkannt gelten. Dazu gehören typischerweise die übergeordneten

26 Vgl. Christiansen 2006: 22–30 mit Überlegungen zum Verhältnis Ritual – Text (bzw. Urheberin – Schreiber).

27 So z.B. bei Beaugrande/Dressler 1981.

Bereiche von Wiederaufnahme (oder Rekurrenz/Referenz), Konnexion/*clause linkage* und Deixis, zu denen jeweils verschiedene untergeordnete Erscheinungsformen zählen. Viele kohärenzstiftende Techniken überschneiden sich oder sind in mehrere dieser übergeordneten Kategorien involviert, so dass eine Abgrenzung und isolierte Diskussion einzelner Aspekte oft schwierig ist; vgl. besonders den Komplex aus Referenz – Wiederaufnahme – Proformen – Deixis – Anapher. Die verschiedenen Erscheinungen werden alle in den einschlägigen Einführungen und Überblicken diskutiert;[28] allerdings z.T. mit terminologischen Unterschieden und – je nach Perspektive – unterschiedlich kategorisiert und zusammengestellt. Ich will an dieser Stelle keine rein inventarische Aufzählung, sondern entsprechend der Vorgehensweise in der gesamten Untersuchung eine funktional und kommunikativ orientierte Anordnung vornehmen. Anhand der pragmatisch basierten, funktionalen Systematik werden dann die in Ritualtexten und Gebeten tatsächlich vorkommenden Erscheinungen erfasst und eingeordnet.

8.4 Pragmatisch-funktionale Systematisierung

Im Sinne der Fragestellung, inwiefern sich Fachsprachlichkeit auch in Form von spezifischen Kohärenzstrategien niederschlägt, lohnt es sich, das ideale Verhältnis von Determiniertheit und Ökonomie eingehender zu betrachten. Dabei werden die beiden Textsorten Ritualinstruktion und Gebet gegenübergestellt und so einerseits die Kommunikation *über* Rituale (zwischen Spezialisten) und andererseits diejenige *durch* Rituale und Gebete (zwischen Menschen und Gottheiten) in den Blick genommen. Beide Kommunikationstypen und Textsorten stehen sich inhaltlich nahe, oftmals sind sie auch textlich ineinander eingebettet oder aufeinander bezogen, und teilen nicht zuletzt deshalb bestimmte stilistische und phraseologische Merkmale, wie bereits gezeigt wurde.[29] Beide enthalten zudem typischerweise Direktive als Ausdrücke ihrer charakteristischen Modalität.[30] Dennoch unterscheiden sie sich in zentralen Punkten, beispielsweise im Sender-Adressaten-Verhältnis und, so ist zu erwarten, hinsichtlich des Aspektes der Fachsprachlichkeit. Eine kontrastive Betrachtung und Analyse der jeweils eingesetzten Kohärenzmittel und ihrer respektiven Determiniertheit bzw. Ökonomie scheint daher naheliegend und vielversprechend. Zu diesem Zweck werden im Folgenden zwei Gruppen

28 Halliday/Hasan 1976; Beaugrande/Dressler 1981; Brinker [8]2014.

29 S.o. Kapitel 7.

30 S.o. Kapitel 6.

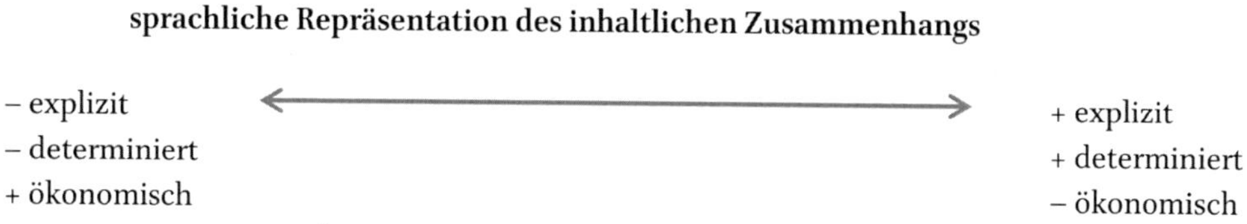

ABB. 22 Explizitheit und Ökonomie

von Kohärenztechniken unterschieden, die sich als gegenüberliegende Pole einer Skala darstellen lassen. Auf der einen Seite stehen solche Kohärenzmittel, die explizit und overt sind und eine möglichst große Determiniertheit erzeugen. Sie bieten dem Rezipienten i.d.R. mehr sprachliches (d.h. v.a. lexikalisches, aber auch grammatikalisches) Material, das kognitiv verarbeitet werden muss, und reduzieren daher die sprachliche Ökonomie und Informationsdichte. Gleichzeitig stellen sie eine größere Übersichtlichkeit (und oft auch Ikonizität) her und verringern das Risiko von Missverständnissen oder fehlerhaft gezogenen Inferenzen, z.B. aufgrund einer falschen Einschätzung der Verstehensleistung des Rezipienten. Auf der anderen Seite der Skala sind sprachliche Mittel zu verorten, die im Gegensatz dazu weniger lexikalisches Material enthalten und stark verdichtend wirken. Sie erzielen damit natürlich Ökonomie für den Textproduzenten, erlauben aber auch den Rezipienten, „den Inhalt im aktiven Gedächtnisspeicher handhabbar zu halten" (Beaugrande/Dressler 1981: 64).[31] Vgl. die kontinuale Vorstellung in Abbildung 22.

Im Folgenden sollen die besprochenen Techniken zur Herstellung von Kohärenz anhand ihrer jeweiligen Funktion und Wirkweise auf dieser Skala eingeordnet werden. Dabei wird sich zeigen, dass bestimmte Tendenzen bestehen, die mit den jeweiligen pragmatischen Voraussetzungen und Intentionen korrespondieren, die der Kommunikation mit den Göttern einerseits und der Fachkommunikation der Menschen untereinander über diese erste Art der Kommunikation andererseits zugrunde liegen.

8.5 Mittel zur Herstellung voller Determiniertheit[32]

Zur Herstellung von Klarheit, im Sinne größtmöglicher Determiniertheit, können v.a. solche Strategien herangezogen werden, welche den Zusammenhang

31 Vgl. in diesem Sinne auch nochmals Liedtke 2016: 105–106 und das I-Prinzip nach Levinson (2000: 112); s.u. 8.2.3.

32 Begriff nach Beaugrande/Dressler 1981.

oder die Kohärenz zwischen Textteilen besonders ikonisch und damit besonders explizit abbilden. Das kann z.B. die Zurückverfolgbarkeit und Identifizierbarkeit von Referenten betreffen, die dem Bereich der *referential coherence* zuzuordnen ist, d.h. „units are connected by repeated reference to the same object".[33] Referenzielle Phänomene spielen eine bedeutende Rolle im Rahmen der mentalen Operationen, durch die neue Informationen mit den bereits bestehenden mentalen Repräsentationen verknüpft und somit in ein bereits bestehendes „Kohärenzgerüst" integriert werden. Bei Beaugrande/Dressler werden funktionsverwandte Kohäsionsmittel, die auf dem Prinzip der Wiederaufnahme in verschiedenen Spielarten basieren, als Wiederholungsmuster zusammengefasst, auch der Begriff „Rekurrenz" ist gängig;[34] dazu zählen z.B.:

- lexikalisch-semantische Rekurrenz[35]
  - Rekurrenz bei Koreferenz
  - Rekurrenz nicht-referierender Ausdrücke (Verben, Adjektive, Partikeln)
  - totale/volle/lexikalische Rekurrenz oder Repetition
  - partielle Rekurrenz (*figura etymologica* etc.)
  - Substitution: Synonyme, (ko)referenzielle Verweisausdrücke, Paraphrase
- rein semantische Wiederholungsmuster (ohne Referenzidentität): Isotopie[36]

Isotopie liegt demnach nicht nur bei (lexikalisch) identischen Wiederaufnahmen vor, sondern auch bei rein semantischer Verwandtschaft, Antonymie etc. Da das Phänomen von demjenigen der (Ko-)Referenz getrennt ist, wird darunter z.T. auch Semrekurrenz von nicht-referierenden Ausdrücken gefasst. Langer (1995: 131) spricht in diesem Zusammenhang von „semantische[r] Kohärenz durch Merkmalspermanenz". Isotopie wirkt somit hinsichtlich der Textstrukturierung nicht anhand des Oberflächenausdrucks ordnend oder gliedernd, da im Unterschied zur Koreferenz die Verflechtungsrichtung und die syntaktische Struktur nicht relevant sind. Sie ist vielmehr nur inhaltlich verbindend. Die einen Text durchziehenden Isotopieebenen verflechten sich gewissermaßen mit den bestehenden Referenzketten, sind aber nicht deckungsgleich oder funktionsidentisch mit jenen (vgl. Langer 1995: 130–134).

---

33 Sanders/Spooren 2001: 7–10.

34 Langer nennt generell die Wiederholung/Rekurrenz als Verflechtungsprinzip; bei Wiederholungen nicht-semantischer Art spricht sie spezifisch von „struktureller Rekurrenz" (Langer 1995: 89–94).

35 Bei den aufgezählten Rekurrenz-Verfahren ist dabei zunehmend situatives/kontextuelles oder enzyklopädisches Wissen nötig, um die korrekte Referenz herzustellen. Sie sind deshalb in gewisser Weise absteigend explizit.

36 Dies wäre als Kohärenz im engeren Sinne zu verstehen, d.h. ohne jegliche Oberflächen-Kohäsion.

- strukturelle Rekurrenz
  - syntaktische Anordnungsmuster (Parallelismus, Chiasmus und komplexere)
  - metrische/rhythmische/phonetische Wiederholungsmuster (alle Arten von Klangfiguren wie Reim, Alliteration, Anapher/Epipher etc.)

Gerade im strukturellen Bereich zeigt sich die enge Verflechtung und Überschneidung von kohärenzstiftenden und textstilistischen Mechanismen und Gestaltungselementen. Die meisten der genannten Beispiele sind aus den Bereichen von Literatur und Rhetorik als Stilmittel geläufig.

Daneben kann Determiniertheit auch durch eine explizite Charakterisierung der semantischen Relationen zwischen einzelnen Textteilen erzielt werden, wodurch *relational coherence* entsteht: „text segments are connected by establishing coherence relations between them".[37] Spezifisch relationale Strategien, die ebenfalls explizierend und determinierend wirken, aber nicht auf das Prinzip von Ikonizität oder Wiederholung zurückgreifen, sind:

- *relational coherence*
  - overte Konnexion
  - explizite (oder redundante) Sequenzierung

Nach Langer (1995: 89) zählen diese zum zweiten großen Verflechtungsprinzip der „Gliederungs- und Ordnungsstruktur" von Texten, welches demjenigen der Wiederholung gegenübergestellt wird.

Im Folgenden werden die Möglichkeiten der expliziten Kohärenzmittel anhand von Beispielen aus den ritualbezogenen Textsorten (Ritualanweisungen und Gebete) besprochen, insbesondere sollen Aussagen zu ihrer Frequenz und Verteilung auf diese Texte getroffen werden.

8.5.1 *Lexikalische Rekurrenz*[38]

Rekurrenz bezeichnet zunächst ganz allgemein das wiederholte Auftreten gleicher sprachlicher Formen innerhalb eines Textes. Nach Auffassung der meisten Textlinguistinnen und Textlinguisten bezieht sich Rekurrenz spezifisch auf die Wiederaufnahme eines bereits zuvor eingeführten Referenten im weiteren Textverlauf. Grundlage für ein solches koreferenzielles Rekurrenzverfahren ist damit ein vorausgegangener referenzierender Akt, der einem bestimmten Referenten bestimmte sprachliche Zeichen (z. B. Eigennamen, Appellativa, Deiktika, Pronomina) zugewiesen hat. Der Akt der Referenzierung an sich ist also eigentlich an den syntaktischen Rahmen der Nominalphrase gebun-

37 Sanders/Spooren 2001: 7 und 10–17.

38 Bzw. Repetition; vgl. Brinker ^{8}2014: 30.

den. Die Wiederholung und Wiederaufnahme nicht-referenzierender Wortarten (wie Verben, Adjektiven, Adverbien) ist daher oft nicht unter Rekurrenz gefasst worden, teilweise wird sie (als „Semrekurrenz") im Bereich der Isotopie behandelt.[39] Allerdings hat diese strenge Auffassung von Referenz inzwischen durchaus Erweiterungen erfahren[40] und wird z.T. flexibler auch auf gedankliche Konzepte im weiteren Sinne angewendet. Die sog. Konzeptualisierung des Referenzbegriffs hat dazu geführt, „dass mehr Phänomene, bei denen intuitiv von einer Wiederaufnahme (...) gesprochen werden kann, unter den Begriff der Koreferenz gefasst werden können".[41]

Ein Aspekt, der bei jeder Art der Wiederaufnahme relevant ist, ist die Zugänglichkeit oder Akzessibilität des referenzierten Ausdrucks oder Textteils, d.h. die Frage, wie leicht oder schnell der Verweis vom Leser auf den gemeinten Textteil bezogen wird. Wie von Ariel (2001) vorgeschlagen und auch von Stark (2001) vertreten, korreliert der Grad der Zugänglichkeit mit dem jeweiligen Wiederaufnahmeverfahren: „zero-anaphors and pronominal expressions encode highly accessible concepts, where lexical anaphors refer to less accessible referents" (vgl. Sanders/Spooren 2001: 9). Nach Ariel 1990 ordnen sich die verschiedenen Rekurrenzverfahren nach dem Grad der Zugänglichkeit ihres Antezedens auf folgender Skala an:

> full name+modifier > full name > long definite description > short definite description > last name > first name > distal demonstrative+modifier > proximate demonstrative+modifier > distal demonstrative+NP > proximate demonstrative+NP > distal demonstrative (-NP) > proximate demonstrative (-NP) > stressed pronoun+gesture > stressed pronoun > unstressed pronoun > cliticized pronoun > verbal person inflections > zero[42]

Wie anhand des Kontinuums zu sehen ist, kann Wiederaufnahme also generell durch verschiedene sprachliche Ausdrücke (sogar durch anaphorische Ellipse) erfolgen, solange sie referenzidentisch oder koreferent sind. Totale Rekurrenz oder Repetition ist somit nur eine der Möglichkeiten zur expliziten Wieder-

---

39 Z.B. Langer 1995: 130–133. Gleichwohl ist die lexikalisch identische Wiederaufnahme auch ein Sonderfall innerhalb der Isotopie.

40 Zur Ausweitung des Begriffs s. z.B. Jackendoff 1983; Vater 1991.

41 Linke/Nussbaumer 2000: 306.

42 Ariel 1990: 73. Nicht alle in diesem Kontinuum erfassten Verfahren werden im vorliegenden Abschnitt besprochen, der nur die sprachlich aufwändige Seite betrachtet. Proformen bspw. werden als ökonomische Kohärenztechniken unter 8.6.1 behandelt.

aufnahme – neben anderen referenzidentischen Ausdrücken. Das Verhältnis der Form-Funktion-Korrelationen zwischen Referenzausdruck und Antezedens wird hierbei durch bestimmte Faktoren geregelt, die sich teilweise überschneiden: Informativität (Gehalt an lexikalischer Information), Rigidität (Ausschließlichkeit der Zuordnung) und Abschwächung (phonologische Reduktion) des Referenzausdrucks:

> The prediction is that the more informative, rigid and unattenuated an expression is, the lower the degree of accessibility it codes, and vice versa, the less informative and rigid and the more attenuated the form is, the higher the accessibility it codes.[43]

Auch Stark konstatiert, dass der jeweilige Aufwand an lexikalischer und morphosyntaktischer Kodierung „umgekehrt proportional zur (situativen oder kontextuellen) ‚Gegebenheit', ‚Zugänglichkeit' des Referenten" ist.[44] Der Grad der Akzessibilität wiederum wird von Faktoren wie der Distanz zwischen anaphorischem Ausdruck und Antezedens, dessen Salienz, Topikalität und Konkurrenz zu anderen Topiks, und gemeinsamem oder verschiedenem Rahmen oder Kontext bestimmt (vgl. Ariel 2001: 32–34).

Die Wiederaufnahme und damit zugleich auch die Anknüpfung an den referenzidentischen vorausgehenden Bezugsausdruck und Textteil erfolgt bei vollständiger oder totaler Rekurrenz durch identische Wiederholung der (i.d.R. lexikalischen, aber auch onomastischen) Bezeichnung. Sie übt dabei zwei Verweisfunktionen gleichzeitig aus: eine externe, die erneut auf den außertextlichen Gegenstand abzielt, sowie eine innertextlich-strukturelle auf den ersten Referenzakt im Text selbst, „indem sie syntaktisch, semantisch oder per Kontext mit ihm in Verbindung steht" (Langer 1995: 89) – und damit Kohärenz erzeugt, wie in folgender Passage aus dem Gebet eines Königs an den Sonnengott (CTH 374):

(256) KUB 36.75+ Vs. II 18′–19′[45]
LÚDAM.GÀR ⸢LÚ-*iš* DUTU⸣-*i kat-ta-an* GIŠ.ÉRIN *ḫar-zi* ⸢*nu*⸣ GIŠ.ÉRIN *mar-ša-*⸢*nu*⸣*-uz-zi*
„Der Kaufmann, der Mensch, hält vor dem Sonnengott die Waage, und er verfälscht die Waage."

43 Ariel 2001: 32.

44 Stark 2001: 638 mit weiterem Verweis auf Givón 1979, 1983. Umgekehrt spricht ein geringer Kodierungsaufwand für eine hohe Zugänglichkeit.

45 Zitiert nach Daues/Rieken 2018: 323–324.

Noch häufiger ist im folgenden Beispiel die Rekurrenz der Kollokation SISKUR *ŠA* ^{ÍD}*māla* „das Ritual für den Fluss Māla" in aufeinanderfolgenden Sätzen. Der Ausdruck besteht aus einem koreferenten Appellativum und dessen definiter Charakterisierung durch ein onomastisches Attribut (im Genitiv); die situationsdeiktische Interjektion *kāša* „hier (beim Sprecher)"[46] erhöht die Zugänglichkeit des wiederaufgenommenen Referenten:

(257) KUB 14.11+ Rs. III 14′–19′
SIS[KUR *Š*]*A* ^{ÍD}*ma-a-la-ma-mu* [*k*]*u-i*[*t* … *še*]-⸢*er*⸣ *ḫa-an-da-et-ta-at*
nu ka-⸢*a*⸣*-š*[*a A-NA* ^{ÍD}*ma*]-⸢*a-la*⸣ *ku-it i-ia-aḫ-ḫa-ri*
nu-mu ^{D}10 ⸢^{URU}*ḫa*⸣-[*at-ti* E]N-*IA* DINGIR^{MEŠ} *BE-LU*^{MEŠ}-*IA* SISKUR *ŠA* ^{ÍD}*ma-*
[*a-la* EGI]R-*an tar-na-at-tén*
nu ⸢SISKUR⸣ *ŠA* ^{Í}[^{D}*ma-a-l*]*a i-ia-al-lu*
„[W]a[s] das betrifft, dass das Rit[ual f]ür den Fluss Māla aber (als eine Ursache) fü[r die Seuche] festgestellt worden ist, und was das betrifft, dass ich hie[r] (gerade) [zum Fluss M]āla gehe: Wettergott von Ḫa[t]ti, mein Herr, (und) ihr (anderen) Götter, meine Herren, lasst mir das Ritual für den Fluss Mā[l]a zu! Ich will das Ritual für den Flu[ss Māl]a ausführen!"

Explizite, lexikalische Rekurrenz erfolgt, wie die Beispiele zeigen, unter maximalem sprachlichem Aufwand und korrespondiert gleichzeitig mit einer geringen (oder als gering bewerteten) Zugänglichkeit des Referenten. Dieser Umstand entspricht auch der Tatsache, dass explizite Rekurrenz desselben Ausdrucks (ggf. unterstützt durch deiktische Verstärkungen) in spontanen, mündlichen Texten nicht selten ist. In schriftlichen, geplanten Texten ist sie i.d.R. eher auffällig, besonders wenn es sich um literarische Texte handelt, in denen eine universale Tendenz zum ästhetischen Prinzip der *variatio* vorliegt. Dort wird die Vollrekurrenz meist als markiert wahrgenommen, besonders wenn sie innerhalb kurzer Abstände auftritt.

Bewusst eingesetzt kann die Vollrekurrenz zur Emphase und Untermauerung, aber auch zur Zurückweisung von Einwänden oder zur Signalisierung von Aufmerksamkeit, als Markierung der Rückkehr zum Thema oder allgemein zur *turn*-Organisation gebraucht werden. Solche „sekundären pragmatischen Werte"[47] finden insbesondere in dialogischen Textformen Verwendung, wie

46 Zur funktionalen Bestimmung von *kāša* s. Rieken 2009.

47 Stark 2001: 641.

die literarischen Beispiele in Beaugrande/Dressler (1981) demonstrieren.[48] Vergleichbare Fälle finden sich auch in lateinischen dialogischen Texten, z.B. bei Plautus:

(258) Plaut. *Aul.* 827–829
LYC. *Non potes probasse nugas. i, redde aurum.* **STROB.** *Reddam ego aurum?*
LYC. Jetzt lass den Quatsch – los, gib das Gold zurück! STROB. *Ich soll das Gold zurückgeben?!*

Im Plautus-Beispiel wird die lexikalische Wiederholung der gesamten Verbalphrase *aurum reddere* auf pragmatischer Ebene nicht nur zum Ausdruck von Unverständnis genutzt (Strobilus signalisiert die Verletzung von Konversationsmaximen durch seinen Gesprächspartner), sondern v.a. zur Zurückweisung des impliziten Vorwurfs des Diebstahls des Goldes.

8.5.1.1 Lexikalische Rekurrenz in Gebeten

Das Verfahren an sich ist also, zumal in mündlichen oder stilistisch-mündlichen Texten, mit emotionaler Sprache assoziiert. Es dient meist zur Unterstützung einer bestimmten Textfunktion und -illokution, indem durch die Wiederholung auch sprachlich Eindringlichkeit erzeugt wird.[49] In Gebetstexten sind wegen der besonderen Kommunikationssituation zusätzliche Faktoren für sprachlichen Aufwand und Explizitheit der anaphorischen Ausdrücke wirksam: einerseits die Angst vor einer fehlerhaften Zuordnung und andererseits die Unsicherheit über das Inferenzpotential und die Kooperationsbereitschaft der Adressaten.

8.5.1.1.1 *Gebete als mündliche Texte*

Innerhalb mündlicher Texte spielt auch die jeweilige Intonation des rekurrierenden Ausdrucks eine große Rolle. Als solche dürfen Gebete trotz schriftlicher Tradierung und Fixierung im Rahmen von Ritualvorschriften doch wenigstens teilweise gelten, da sie in den meisten Fällen während des Rituals rezitiert und hörbar geäußert wurden. Das laute (oder auch halblaute), offene Beten scheint in der Antike insgesamt zu überwiegen, was häufig durch eine explizite Bitte um Gehör erkennbar ist, so z.B. im Griechischen κλῦθί μευ „höre mich“ (vgl. Scheer 2001), oder im Hethitischen GEŠTU$^{\text{ḪI.A}}$-*KA la-ak nu aš-šu ut-tar iš-ta-*

48 Vgl. Beaugrande/Dressler 1981: 58.
49 Vgl. auch die weiteren Beispiele in Beaugrande/Dressler 1981: 58–60.

ma-aš „halte dein Ohr geneigt, das gute Wort höre!“.[50] Als Begründung dafür wird neben der anthropomorphen Grundvorstellung von den Göttern i.d.R. das Vermeiden des Eindrucks von Heimlichkeit und böser Absicht genannt (in demonstrativer Abgrenzung von heimlichen Gebeten in devianten und sozial schädigenden „magischen“ Praktiken). Dennoch gibt es gerade auch in den IT eindeutige Anweisungen „schweigend“ oder „leise“ zu beten; auf der Tafel Ia/b durch **kutef pesnimu**, auf den folgenden Tafeln durch die Variante **taçez pesnimu**. Die Tatsache, dass **pesnimu** in mehreren Kontexten auf dieselben Äußerungen verweist wie **naratu** und dass letzteres eindeutig einen artikulatorischen Akt bezeichnet, deutet aber zumindest darauf hin, dass auch **taçez pesnimu** Lippenbewegungen oder Murmeln, mindestens aber „mentale Artikulation“ miteinschließt.[51] Als Erklärung für Gebete mit gesenkter Stimme werden in einigen Fällen chthonische Götter als Adressaten (und der Schutz deren Sphäre), sowie die Angst vor mächtigeren „Gegengebeten“ vermutet;[52] selbst hier wird aber i.d.R. eher von halblautem als von völlig stummem Beten ausgegangen.[53] Das Erzeugen von Eindringlichkeit durch lexikalische Wiederaufnahme, auch mithilfe der entsprechenden Intonation, ist in Gebeten um einen bestimmten Gefallen seitens der adressierten Gottheit als Strategie zur Erzeugung von Wirksamkeit also grundsätzlich naheliegend.[54]

In den Gebeten, die in den langen Versionen des *piaculum* und der *lustratio* der Iguvinischen Tafeln überliefert sind, lassen sich zahlreiche Beispiele für diese Art der Vollrekurrenz oder Repetition finden. Meist treten sie in Kombination mit weiteren intensivierenden Mustern, wie verbaler Wiederaufnahme und der unten (8.5.2) noch zu besprechenden partiellen Rekurrenz, auf. Besonders verdichtet erscheint die Anrufungsformel, in der alle enthaltenen onomastischen und lexikalischen Elemente entweder identisch oder in anderen Flexionsformen wiederholt werden, wie in dem maximal expliziten „naming event“:[55]

50 Dazu ausführlich Dardano 2014; s. außerdem noch die Besprechung in 7.4.7.

51 Zum semantischen Überschneidungsbereich mit **naratu** und **teitu** vgl. Schirmer 1998: 226 („Die Überlappung kann sich daher nur auf den Sprechakt selbst beziehen“); zur Frage nach der realen Umsetzung von **taçez/kutef** s. Schirmer 1998: 213 FN 421; Dupraz 2016/17: 198–199.

52 Auch die Erzeugung eines bestimmten Effekts bei den als Publikum anwesenden Ritualbeteiligten könnte durch leises Beten intendiert sein, dadurch dass sie die unverständlichen (ähnlich wie fremdsprachige) Passagen als beeindruckend oder geheimnisvoll wahrnahmen.

53 Vgl. dazu van der Horst 1994; Sudhaus 1906.

54 Hinsichtlich anderer Aspekte wie Konzeption, Stilistik etc. stehen Gebete aber dennoch auch schriftlichen Texten nahe.

55 Vgl. dazu Weiss 2010: 290–292 und s.o. Bsp. (108).

(259) IT VIb 24–25
arsie. tiom. subocau. suboco. fisoui. sanśi. asier. frite. tiom. subocau. suboco fisoui. sanśi.
„Dich rufe ich an als den rituell korrekt Angerufenen, Fisove Sansie. Im Vertrauen auf dich als rituell korrekt Angerufenen rufe ich dich an, Fisovius Sancius."

Die Nähe der Textgrammatik und -pragmatik zu ihren Vorläuferinnen Rhetorik und Stilistik wird in Fällen wie diesen besonders deutlich: Alle drei Ansätze befassen sich mit Phänomenen der sprachlichen Formen und Strukturen in Texten, wobei die Textgrammatik deren grundlegende Funktion der Kohärenzstiftung fokussiert. Dafür nimmt sie einen insgesamt weiteren Blickwinkel ein und behandelt auch nicht-stilistisch motivierte Phänomene.[56]

8.5.1.1.2 *Ikonizität lexikalischer Rekurrenz*

In Verbindung mit Parallelität oder der Wiederholung größerer Texteinheiten kann die Wiederaufnahme von Lexemen auch regelrecht ikonisch zur Wiedergabe kontinuierlicher, sich wiederholender oder gleichmäßiger Abläufe verwendet werden. Dieses ikonische Prinzip der Wiederholung wird auch in bestimmten Kompositionstypen genutzt. Es ist z.B. in den Amreḍita-Komposita des Altindischen und Avestischen wirksam, in denen es die Aspekte von Kontinuität, Erstreckung oder Wiederholung sowie Emphase vertritt;[57] vgl. als typisches Beispiel etwa ved. *divédive* „Tag für Tag, täglich" (z.B. RV 9,1,5 a). Gleichwohl haben derartige Bildungen durch die lokale Begrenztheit auf ein einziges Lexem wohl keine kohärenzsstiftende textuelle Funktion.[58] Für jede ikonische Verwendung wird die „äußere, direkte Ähnlichkeit zwischen Oberflächenausdrücken und ihren Inhalten" ausgebeutet (Beaugrande/Dressler 1981: 60). Entsprechende Äußerungen sind oft emotional und emphatisch und finden sich häufiger in literarischen oder (stilistisch) mündlichen Texten. Im Kontext der rituellen Fachliteratur ist auf dieser Basis auch eine mnemotechnische Funktion von sich wiederholenden Ausdrücken und Strukturen denkbar.

56 Vgl. Langer 1995: 90.

57 Vgl. zur Stilistik der Amreḍitas im Veda und Avesta: Sadovski 2005: 524; totale Rekurrenz in unserem Sinne wird dort als „Wiederholung auf Abstand" mit zahlreichen Beispielen (525–529) besprochen.

58 Auf der im strengeren Sinne morphologischen Ebene greifen schließlich auch Phänomene wie Reduplikation zur ikonischen Anzeige verbaler Pluralität auf das Prinzip zurück.

Beispiele für lexikalische Wiederaufnahmen in direkt aufeinanderfolgenden Sätzen oder Hauptsatz-Nebensatz-Gefügen (wenn also eigentlich eine gute Akzessibilität besteht), finden sich, wie die Beispiele aus den IT gezeigt haben, in Gebetstexten durchaus häufig.[59] Dieser Umstand erklärt sich m.E. einerseits dadurch, dass diese Texte von ihren Urhebern für schlecht zugängliche oder potentiell unkooperative Adressaten konzipiert und deshalb anhand besonders vorsichtiger Kriterien gestaltet sind. Ein zusätzlicher Faktor kann hierbei auch die sekundäre Adressierung öffentlicher Gebete an ein breites und inhomogenes menschliches Publikum sein (für verschiedene hethitische Gebete ist eine politisch-persuasive Verwendung anzunehmen). Andererseits korrespondieren rhetorische Effekte dieser Gestaltung oftmals mit der Kommunikationsabsicht der Sprecher. In den meisten Fällen tritt die lexikalische Wiederaufnahme auch gemeinsam mit weiteren textstrukturellen oder stilistischen Elementen auf (wie Parallelismus, partielle Wiederaufnahme/*figura etymologica* o.ä.); die Phänomene sind also stark verschränkt und daher kaum isoliert zu betrachten. Im folgenden Beispiel soll zunächst die Wiederholung des Abstraktums *ḫanneššar* „Rechtssache, -angelegenheit" in drei aufeinander folgenden Sätzen im Mittelpunkt stehen:

(260) KUB 31.127+ Vs. I 42–46[60]
nu UR.GI$_7$-*aš* ŠAḪ-*aš-ša* *ḫa-[a]n-né-eš-ša[r]*
ḫa-an-na-at-⸢ta⸣-ri šu-up-pa-la-an-na *ḫa-an-né-⸢eš⸣-šar* *iš-š[i-i]t*
ku-i-e-eš Ú-UL *me-mi-iš-kán-zi a-pa-a-at-ta ḫa-an-[n]a-at-ta-ri*
i-da-la-u-wa-aš-ša ḫu-u-wa-ap-pa-aš-ša an-tu-uḫ-ša-[a]š *ḫa-an-⸢né⸣-eš-šar*
zi-ik-pát ḫa-an-na-at-ta-ri

59 Diese sind z.T. innerhalb von Ritualanweisungen überliefert, wie in den Langversionen von *lustratio* und *piaculum* der IT oder hethitischen Beschwörungsritualen, z.T. als eigene Texte dokumentiert, wie in den hethitischen Festritualen. Unstrittig ist die Tatsache, dass Gebete als sprachliche Seite der Kommunikation in nahezu allen Ritualen vorkommen und damit aufs engste mit diesen verzahnt sind.

60 CTH 372 zählt zur Gruppe der Gebete zur Besänftigung einer erzürnten persönlichen Gottheit durch die Vermittlung des Sonnengottes (CTH 372–374). Diese sind stark beeinflusst – und stellenweise direkte Übersetzungen – einerseits von babylonischen Šamaš-Hymnen, andererseits von den akkadischen Gebeten zur Besänftigung eines persönlichen Gottes. Allerdings betont Schwemer (2015a: 349) auch die Eigenständigkeit der hethitischen Texte: „many individual passages and, more importantly, the composition as a whole have no parallels in the Babylonian tradition and must be attributed to the Hittite scribes who developed the literary genre of Hittite prayers making free use of adaptable Babylonian texts and traditions".

> „Du richtest die Rechtsangelegenhei[t] von Hund und Schwein. Sowohl die Rechtsangelegenheit der Tiere, die nicht m[i]t dem Mund sprechen (können), auch jene ric[h]test du, als auch die Rechtsangelegenheit der schlechten und der böswilligen Menschen richtest du."

Die kohärenzstiftende Wirkung ist deutlich mit einer emphatisch-persuasiven Intention verbunden: Durch die Aufzählung geringfügigerer Angelegenheiten wie derjenigen von Tieren oder moralisch „minderwertigen" Menschen wird für eine Unterstützung des Betenden argumentiert, der seine eigene *ḫanneššar* durch die Kontrastierung als bedeutender und daher der Hilfe der Gottheit würdiger darstellt. Es liegt damit kein koreferenter Gebrauch von *ḫanneššar* vor, aber die identische Repetition des Lexems hat gleichwohl textverbindende Funktion und trägt auf inhaltlicher Ebene durch die Kombination mit je anderen Genitivattributen zur Steigerung der Eindringlichkeit und zur Unterstützung dieser Intention bei (zur *figura etymologica* in diesem Bsp. s. u. S. 497).

8.5.1.1.3 *Lexikalische Rekurrenz als Stabilisierungstechnik*

In den durchaus häufigen Fällen von Vollrekurrenz zur sprachlichen Intensivierung ist außerdem eine Schnittstelle mit den Techniken der kommunikativen Stabilisierung festzustellen. Auffällig ist dabei die Tatsache, dass die am häufigsten vollrekurrent wiederaufgenommenen Ausdrücke onomastische Elemente sind, nämlich die Eigennamen und Epiklesen der adressierten Gottheiten,[61] vgl. dazu in den IT das oben zitierte Beispiel (259).

Auch in hethitischen Gebeten erfolgt die regelmäßig wiederholte Ausrichtung des Textes am Adressaten durch vollständige Wiederholung des Namens (statt rein pronominaler Wiederaufnahme), vgl.

(261) KUB 6.45+ Rs. III 61–66
nu ᴰ⌜10⌝ *p[í-ḫa-aš-ša]-⌜aš⌝-ši-in* EN-*IA* *šar-la-a-mi*
É^MEŠ DINGIR^MEŠ-*ia-⌜at-ta ku-e⌝ [i-y]a-mi ša-ak-la-uš-ša-da*
ku-i-e-⌜eš⌝ [DÙ]-*mi nu-za-kán* ⌜ᴰ10⌝ *pí-ḫa-aš-ša-aš-ši-iš* EN-*IA*
pa-[ra-a d]u-uš-kat-ti nu NINDA.GUR$_4$.[R]A *iš-pa-an-du-uz-zi-ia*
[ku-i]n A-*NA* ᴰ10 *pí-ḫa-aš-ša-aš-ši* EN-*IA* *pé-eš-ke-mi*
⌜na⌝-an-ši du-uš-ga-ra-u-wa-an-za pí-iš-ke-el-lu

---

61 Hierin besteht in den lateinischen und umbrischen Texten auch ein deutlicher textstilistischer Unterschied zu den Ritualanweisungen: Während die Imperativ II-Formen der Gebete redundant mit dem Vokativ des Adressaten kombiniert werden, erscheint in den allgemeingültigen Anweisungen selbstverständlich kein namentlich genannter Adressat und nicht einmal betonte Pronominalformen.

„Ich werde den Wettergott *piḫaššašši,* meinen Herren, erhöhen. Sowohl über die Tempel, die ich dir errichten werde, als auch über die Riten, die ich für dich [vollzie]hen werde, wirst du dich, Wettergott *piḫaššašši,* mein Herr, freuen. Den Brotlaib und das Libationsopfer, das ich dem Wettergott *piḫaššašši,* meinem Herrn, (jetzt) gebe, das will ich ihm freudig geben."

Die Besprechung der Kontrollstrategien hat gezeigt, dass hier oft beträchtlicher sprachlicher Aufwand investiert wird, weil es sich um eine grundlegende Bedingung für den Erfolg der Kommunikation handelt. Absender oder Benefizienten der geäußerten Wünsche und Bitten werden ebenfalls oft in lexikalisch bzw. onomastisch vollständiger Form wiederaufgenommen und auch die geopferten Gaben fallen in diese Gruppe, vgl. dazu nochmals

(262) Cato *Agr.* 141,3
harunce rerum ergo fundi terrae agrique mei lustrandi lustrique faciundi ergo, sic ut dixi, macte hisce suovitaurilibus lactentibus immolandis esto: Mars pater, eiusdem rei ergo macte hisce suovitaurilibus lactentibus immolandis esto.
„Um dieser Dinge willen, der Umkreisung und Durchführung der Umkreisung meines Grundes und Bodens, Landes, Ackers willen, wie ich gesagt habe, sollst du verehrt sein mit der Immolation dieser milchsaugenden *suovetaurilia*: Vater Mars, um dieser selben Sache willen sollst du mit der Immolation dieser milchsaugenden *suovetaurilia* verehrt sein"

Diese Tendenz zur Vollrekurrenz bestimmter referenzieller Formen korrespondiert mit den Techniken, die bereits in Kapitel 7 als Kontrollstrategien angesprochen wurden. Durch die (wiederholte) Explizierung der zentralen Eckpfeiler der Kommunikation, besonders der Adressaten, findet deren Konstituierung oder Stabilisierung auf sprachlicher Ebene statt. Zugleich erzeugen lexikalische Wiederaufnahmen als rhetorische Gestaltungselemente Intensität und Eindringlichkeit. Als kommunikative Strategie generieren sie so Verbindlichkeiten gegenüber dem Adressaten des Anliegens.

8.5.1.2 Lexikalische Rekurrenz in Ritualanweisungen

Im Gegensatz zu mündlich geprägten Äußerungen weisen schriftliche und besonders literarische Texte i.d.R. weitaus weniger lexikalische Wiederholungen auf kurze Distanzen auf. Als Grund dafür wird einerseits die schriftliche Bearbeitung angenommen, durch die eine optimale Relation zwischen

Akzessibilität, Verständnis und sprachlichem Aufwand leichter eingehalten werden kann. Kommunikative Effekte der Repetition, wie Emotionalität oder Emphase, sind in den betreffenden Textsorten pragmatisch oft nicht nötig. Zudem spielt in literarischen Texten der Aspekt der Ästhetik eine gewisse Rolle, der sprachliche Variation meist begünstigt und Wiederholungen restringiert. Gebrauchstextsorten und gerade Fachtexte unterliegen solchen Faktoren allerdings weit weniger, da sie nicht in erster Linie ästhetische, sondern vielmehr praktische Funktion besitzen. Unter diesem Vorbehalt ist es nicht unerwartet, dass auch in den Handlungspräskripten der Ritualtexte Fälle lexikalischer Wiederaufnahme auftreten, wie in folgendem Beispiel:

(263) KBo 19.128+ Vs. III 21–23
GA.KIN.AG-*ia ar-ḫa pár-ša-a-an*
nu-uš-ša-an GA.KIN.AG *te-pu* LÀL
me-ma-al-la še-er šu-uḫ-ḫa-a-i
„Und Käse (ist) zerbröckelt. Nun schüttet er ein wenig (von diesem) Käse, Honig und Grütze darauf (d.h. auf die zuvor genannten Gaben, Brot und Innereien)."

Hier wird der Referent „Käse" im unmittelbar folgenden Satz lexikalisch wiederaufgenommen, während die (weiter entfernte) Richtungsergänzung des Darauflegens elliptisch bleibt.[62] Allerdings erfolgt die Wiederaufnahme von GA.KIN.AG unter gleichzeitiger partitiver Spezifizierung durch *tepu* sowie in Verbindung mit weiteren lexikalischen Referenten. Das Beispiel zeigt, dass bei einem Nebeneinander von impliziten und expliziten Referenzierungen im Einzelfall geprüft werden muss, warum eine Information lexikalisch wiederaufgenommen wird und eine andere nicht. Es scheint aber, auch angesichts der Verbindung mit anderen Techniken wie Konnexion und Ellipse, dass durch die expliziten Wiederaufnahmen besonders oft die Sequenzierung, also die Reihenfolge der Handlungsschritte expliziert wird. Ein Beispiel aus den Vorschriften für die Opfer vor Beginn der Ernte zeigt nicht etwa die mögliche Ellipse von *vinum* bzw. Gapping des Verbs, sondern zwei Mal hintereinander die volle Formulierung:

(264) Cato *Agr.* 134,4
Item Iano vinum dato et Iovi vinum dato, item uti prius datum ob struem obmovendam et fertum libandum.

62 Zu den elliptischen Raumverweisen s. noch unten ausführlich 8.6.1.6.

„Ebenso sollst du Ianus Wein geben und sollst du Iupiter Wein geben, ebenso wie (er) vorher wegen des Darreichens der *strues* und des Darbringens des *fertum* gegeben wurde."

Die vollständige Wiederholung könnte in Fällen wie diesen dazu dienen, die beiden Handlungen ikonisch als separate Schritte zu kennzeichnen und so das Risiko der Ambiguität zu vermeiden, das durch eine verkürzte Formulierung wie *Iano et Iovi vinum dato* diesbezüglich entstehen würde.

Die Beispiele erstrecken sich in Ritualpräskripten also nicht nur auf referenzierende Ausdrücke, sondern liegen sogar oft noch stärker im Bereich der prädizierenden Ausdrücke, also Verben und Funktionsverbgefüge.[63] Besonders häufig ist in den Instruktionen die Wiederaufnahme der Verben, welche die zu vollziehenden Handlungen benennen. Da es sich um spezifische fachliche Operationen handelt, ist Variation hier nicht nur unnötig, sondern wäre u. U. sogar irreführend: ein Lexem bezeichnet eine spezifische, definite Operation – die Wiederholung dieser Operation erfordert i. d. R. die Verwendung des gleichen Lexems, sofern keine fachsprachlichen Synonyme oder Fälle bewusster Vagheit vorliegen.[64] Im folgenden Beispiel wird die Anweisung zu beten (**pesnimu**) vier Mal wiederholt, wobei jedes Mal eine andere Substanz einbezogen und das Beten so spezifiziert und ikonisch in einzelne Schritte sequenziert wird:

(265) IT IIb 19–20
ranu : / pesni : mu : puni : pesnimu : vinu : pesnimu : une pesni/mu
„Mit **ranu** sollst du beten, mit **puni** sollst du beten, mit Wein sollst du beten, mit Wasser sollst du beten."

Für die Handlung des Betens unter Einbezug verschiedener ritueller Gegenstände ist diese Art der Anweisung mit voller Wiederholung der übliche Modus. Im Gegensatz dazu liegen für das Verb **fertu** „tragen" beide Möglichkeiten vor: Im folgenden Beispiel vom Beginn des **huntia**-Rituals wird es nur einmal genannt und auf eine Aufzählung mehrerer Objekte bezogen:

---

63 Sie werden häufig dem Bereich der Isotopie zugeschlagen, die sich allerdings auch mit der Bildung thematischer Ebenen und Ketten unabhängig vom lexikalischen „Oberflächen-Material" beschäftigt und die Verknüpfung thematischer „Klasseme" untersucht. Semrekurrenz mit identischem Material würde also auch als isotopisches Phänomen einen Sonderfall darstellen.

64 Der Sonderfall von „terminologischer Vagheit bei kontextueller Eindeutigkeit" scheint sich doch eher auf referierende Ausdrücke zu beziehen; vgl. Roelcke ^{3}2010: 70 und s. o. S. 314 Fälle von bewusst vagen Formulierungen in den Ritualtexten werden in 7.6 besprochen.

(266) IT IIa 18–19
katlu : arvia : struhçla : fikla : pune : vinu : śalu : maletu : /
mantrahklu : veskla : snata : asnata : umen : fertu
„Einen Welpen, Getreide, **struhçla**- und **fikla**-Kuchen, **puni**, Wein, gemahlenes Salz, ein Handtuch, getauchte und nicht-getauchte(?) Gefäße,[65] Salbe sollst du tragen."

Hier ist möglicherweise der Ansatz zur fachsprachentypischen Listenbildung festzustellen, was gerade im Einleitungsteil bei der Angabe der benötigten Utensilien nicht ungewöhnlich ist. Eine Aussage darüber, ob die aufgezählten *items* einzeln oder alle zusammen getragen werden sollen, ist hieraus wahrscheinlich nicht abzuleiten; es lässt sich aber sicher sagen, dass das Tragen aller Gegenstände in der gleichen Weise oder Modalität stattfinden soll.[66] In einem solchen Kontext scheint die Bedeutung des Verbs **fertu** „tragen" semantisch eher abgeschwächt, da z.B. kein Zielpunkt (oder Ausgangspunkt) des Tragens angegeben wird. Es ist vielleicht sogar von einer Entwicklung hin zur rezepttypischen Bedeutung „bereitstellen" (vgl. „man nehme") auszugehen. Allerdings stellt der Beleg in dieser Hinsicht eine Ausnahme dar, da in den IT **fertu** sonst immer mit Zielangaben verwendet wird, also eine tatsächliche Bewegung beinhaltet.

Im Hethitischen scheinen Handlungsketten mit Wiederholung des Prädikats v.a. bei semantisch schwachen Verben wie *dā-ⁱ/d-* „nehmen", *pai-ⁱ/pi-* „geben" oder *dai-ⁱ/ti-* „setzen, stellen, legen" vorzukommen; allerdings lässt sich schwer sagen, inwieweit hierbei die Wiederholung zur Betonung von Einzelhandlungen und verbaler Pluralität dient und ob dadurch eine bewusste Abgrenzung zu listenähnlichen Aufzählungen mit nur einem einzigen regierenden Verb am Anfang oder Ende besteht. Im folgenden Beispiel wird eine Deutung als Abfolge von separaten Handlungen durch die Wiederholung des temporalen Konnektors *appanda* (EGIR-*an-da*) „danach" unterstützt:

65 S. zu dieser Interpretation Kapitel 5 FN 107.

66 Der entgegengesetzte Fall liegt in IIb 15–16 vor, wo **fertu** für jedes Objekt (**pistuniru, vepesutra, mantraklu, pune**) wiederholt wird und kein Listencharakter entsteht. Allerdings steht diese Aufzählung im Anschluss an einen Fall, in dem pragmatisch distinktes, separates Tragen in verschiedenen Gefäßen (also mit je unterschiedlichen Modalitäten) angeordnet wird (IIb 14–15 **sviseve – etre sviseve – tertie sviseve**) und könnte davon beeinflusst sein.

(267) KBo 19.128+ Vs. III 26–32
EGIR-*an*!-*ma* GIŠDAG-*ti da-a-i*
EGIR-*an-da-ma* GIŠAB-*ia QA-TAM-MA da-a-i*
EGIR-*an*-⸢*da-ma*⸣ GUNNI-*aš ḫal-ḫal-tu-u-ma-ri*
[*Q*]*A-TAM-MA da-a-i* GIŠ*ḫa-at-tal-wa-aš*
[GIŠ]-*i QA-TAM-MA da-a-i*
[*nam-ma*] *ḫa-aš-ši-i ta-pu-uš-za*
[*QA-T*]*AM-MA da-a-i*
„Danach aber legt er dem Thron (hin), danach aber legt er dem Fenster genauso (hin), danach aber legt er der/den Ecke(n) des Herdes genauso (hin). Dem Riegelholz legt er genauso (hin).
Ferner legt er seitlich vom Herd genauso (hin)."

Entgegengesetzte Fälle, in denen ein einziges Verb alle syntaktischen Objekte regiert, finden sich in den Zurüstungsteilen von Beschwörungsritualen, z.B. zu Beginn von CTH 393.A. Hier werden zunächst, nach kataphorischem *nu ki-i da-aḫ-ḫi* „dann nehme ich folgendes", zuerst Wolle, danach mehrere Materialien aufgezählt, die alle zusammen geröstet werden sollen (VBoT 24 Vs. I 4). Anschließend folgt eine verblose Auflistung weiterer Opfergaben, aber auch Instrumente und Gegenstände:

(268) VBoT 24 Vs. I 5–7
⸢1⸣ DUG*KU-KU-UB* KAŠ 16 NINDA.GUR$_4$.RA TUR
1 MÁŠ.GAL 1 UR.TUR 14 GIŠ⸢GAG⸣ GIŠ⸢ÍLDAG⸣ 2 NA4NUNUZ TUR-*TIM*
14 DUGGAL TUR 12 DUG*KU-KU-UB* TUR
„1 Kanne? Bier, 16 kleine Dickbrote, 1 Ziegenbock, 1 jungen Hund, 14 Pflöcke (aus) Pappel?holz, 2 kleine eiförmige Steine, 14 kleine Becher, 12 kleine Kannen?."

In solchen Belegen ist wohl eindeutig eine Vorstufe zur Liste zu sehen, welche als Ausdruck einer ökonomisierenden Tendenz gelten kann. Dabei ist zuletzt auch festzustellen, dass die Reihenfolge der Bestandteile anscheinend nicht relevant ist und nicht notwendig der Abfolge ihres Einsatzes im Ritual entspricht (im Unterschied zu den Listen in den IT). Potentiell sequenzierende Funktionen der Wiederaufnahme von Prädikaten werden also ohnehin nicht ausgebeutet.

8.5.2 *Partielle Rekurrenz*

Partielle Rekurrenz oder auch teilidentische Wiederaufnahme bezeichnet das abgewandelte Wiederaufgreifen eines Wortes oder Wortbestandteils, i.d.R. des lexikalischen Morphems, des ersten Referenzausdrucks. Dies geschieht meist durch Ableitung (Derivation) oder Zusammensetzung (Komposition), oft auch unter Wortartwechsel; daher wird auch hier der Bereich der koreferenziellen Wiederaufnahme überschritten. Durch die semantische Verknüpfung, die dadurch entsteht, liegt gleichzeitig ein Sonderfall der Isotopie vor; allerdings ist isotopische Verflechtung grundsätzlich ohne lexikalische Rekurrenz möglich, wie das folgende Beispiel zeigt, in dem die Lexeme für „krank" und „Krankheit" nicht etymologisch verwandt sind:

(269) KUB 30.11+ Rs. 12′–13′[67]
nu ⌜MU⌝-*ti me-e-ni-aš ar-ma-la-aš ma-aḫ-ḫa-an n*[*u-za ú-ug-g*]*a a-pa-a-aš*
ki-iš-ḫa-at nu-mu-uš-ša-an i-na-an ma-ak-⌜*ke-eš-ta*⌝
„Wie (einer, der) krank (ist) für den Zeitraum des (ganzen) Jahres, auch [ich] bin (wie) jener geworden. Die Krankheit ist mir (zu) viel geworden."

Das Phänomen der partiellen Rekurrenz ist, genauso wie die totale Wiederaufnahme, als Element der Rhetorik und Stilistik bekannt und wird i.d.R. im Rahmen von Stilmitteln wie Polyptoton bzw. *figura etymologica* beschrieben.[68] Entsprechend beliebt ist es in stilistisch durchformten Texten, wie auch die Gebete sie sind. Hier spielt möglicherweise eine ästhetische Motivation eine gewisse Rolle, da diese Texte, ähnlich wie die in Ritualen dargebotenen Opfergaben, auch als Geschenke für die Götter gedacht werden. Möglicherweise sollen sie genau wie diese auf Basis des ikonischen Prinzips die Vollkommenheit der göttlichen Empfänger aufgreifen und jene gleichzeitig durch ihre sorgfältige und gefällige Gestaltung erfreuen. Dieser Hintergrund ist als Ursache für die Überschneidungen der Sprache der Gebete mit der sogenannten indogermanischen Dichtersprache anzunehmen. Dieses sprachliche Register ist zunächst besonders hinsichtlich typischer Formeln und Phraseologismen rekonstruiert worden, welche ebenfalls die stilistische Verwendung der beschriebenen Kohärenzprinzipien aufweisen.[69] Es ist besonders stark

67 Auch CTH 374 zählt zu der oben (s. Kapitel 8 FN 60) bereits angesprochenen Gruppe von Gebeten, die stark von sumerisch-akkadischen Vorbildern geprägt sind; s. Schwemer 2015a für eine umfassende Darstellung.

68 Zu seiner Stilistik in Veda und Avesta (Wiederholung bei „Lockerung der Gleichheit des Wortkörpers") s. Sadovski 2005: 529–534.

69 Seit Watkins 1989: 784 besteht aber durchaus ein Bestreben nach einer umfassenden Rekonstruktion, die alle sprachlichen Ebenen erfassen soll.

dem Aspekt der sprachlichen Ästhetik verpflichtet, der sehr häufig ein fast schon materieller Wert als Geschenk und Besitz zugemessen wird.[70] Die in diesem Kontext durch Entsprechungen in mehreren indogermanischen Sprachen nachweisbare Metapher vom „Weben“ eines literarischen Textes[71] kann anhand der Techniken von totaler und partieller Rekurrenz besonders gut nachvollzogen werden; man vergleiche hierzu auch sehr treffend die Formulierung in Boost 1949:

> Die Fäden, die sich von einem Satz zum anderen hinüberziehen, sind so zahlreich und so dicht, daß man von einer Verwebung sprechen kann, von einem Satzgeflecht (…) Die Verflechtung erfolgt dabei im allgemeinen in der Weise, daß eine Wiederaufnahme erfolgt.[72]

Die betreffenden Texte gewinnen durch diese Techniken einerseits an Ästhetik und Raffinesse, andererseits aber ebenfalls an Explizitheit (z. B. der Zugehörigkeiten und Bezüge zwischen Referenten). Allerdings verlieren sie im gleichen Maße an Informativität bzw. Informationsdichte, da die zur Verknüpfung genutzten Elemente letztlich auf lexikalisch redundante, also informationstechnisch leere Einheiten zurückgreifen. Entsprechend ist zu erwarten, dass die lexikalischen Verflechtungsprinzipien in Texten, die auf Information bzw. Instruktion abzielen nur in begrenztem Umfang zum Einsatz kommen und evtl. auf besonders wichtige Handlungsschritte oder Übergänge beschränkt werden.

8.5.2.1 Partielle Rekurrenz in Gebeten

Im Hethitischen finden wir stilistisch eingesetzte Mittel wie das der *figura etymologica* als Element in Gebetsformulierungen, wie hier im „ersten“ Pestgebet Muršilis II. (CTH 378.1):[73]

70 Zur indogermanischen Dichtersprache aktuell z. B. Pinault 2006; davor z. B. Watkins 1995; Schmitt 1967; 1968.

71 Vgl. die Wurzel uridg. **u̯ebʰ-* „weben“, die als *i̯e/o*-Präsens im Avestischen als „besingen“ (= „Lieder weben“) fortgesetzt ist: **u̯ebʰ-i̯e-* > aav. *ufiiā*. Die griechische Fortsetzung dieser Wurzel wird von Homer an für Ausdrücke wie „Lieder weben“ (daneben auch für Listen, Pläne und intellektuelle Arbeit insgesamt) verwendet und stellt eine kulturell fest etablierte Metapher dar; vgl. Pindar fr. 179 ὑφαίνω … ποικίλον ἄνδημα „ich webe ein buntes Gebinde“. Ein anderes Beispiel ist lat. *textus* „Gewebe“, in dem man in den heutigen Fortsetzern die zugrunde liegende Metapher nicht einmal mehr wahrnimmt. S. zu diesem Thema Chrstos 2017; Scheid/Svenbro 1996.

72 Boost 1949: 9.

73 Viele der hier vorgestellten Beispiele hat Paola Dardano in ihrem Vortrag „Zwischen Rhe-

(270) KUB 14.14+ Rs. 7′–8′
am-mu-u[*k-k*]*a*$_4$ *šu-ma-a-aš A-NA* DINGIR^{MEŠ} ⸢EN⸣^{MEŠ}-*I*[*A*]
šar-ni-ik-zi-el maš-kán-na KUR-*e* [ÚŠ-*n*]*i še-er šar-ni-in-ki-iš-ke-mi*
„Auch ic[h] leiste euch, den Göttern, mei[nen] Herren, (gerade) Entschädigung und Aussöhnung wegen [der Seuche] im Land."

In diesem Beispiel liegt ein Phraseologismus vor, bei dem das innere Objekt der Prädikation die gleiche lexikalische Wurzel enthält wie das Verb, *šarnikzel šarnikiškemi* „Aussöhnung leisten" (oder auch „ein Aussöhnungsopfer leisten" vgl. Daues/Rieken 2018).

Dieselbe Technik wird auch im folgenden, bereits oben (S. 488) als (260) zitierten Beispiel eingesetzt:

(271) KUB 31.127+ Vs. I 42–46
nu UR.GI$_7$-*aš* ŠAḪ-*aš-ša ḫa-*[*a*]*n-né-eš-ša*[*r*]
ḫa-an-na-at-⸢*ta*⸣*-ri šu-up-pa-la-an-na ḫa-an-né-*⸢*eš*⸣*-šar iš-š*[*i-i*]*t*
ku-i-e-eš Ú-UL *me-mi-iš-kán-zi a-pa-a-at-ta ḫa-an-*[*n*]*a-at-ta-ri*
i-da-la-u-wa-aš-ša ḫu-u-wa-ap-pa-aš-ša an-tu-uḫ-ša-[*a*]*š ḫa-an-*⸢*né*⸣*-eš-šar*
zi-ik-pát ḫa-an-na-at-ta-ri
„Du richtest die Rechtsangelegenhei[t] von Hund und Schwein. Sowohl die Rechtsangelegenheit der Tiere, die nicht m[i]t dem Mund sprechen (können), auch jene ric[h]test du, als auch die Rechtsangelegenheit der schlechten und der böswilligen Menschen richtest du."

Das Beispiel beinhaltet mit dem Ausdruck „die Rechtsangelegenheit richten" ebenfalls eine *figura etymologica*, in der das Abstraktum die gleiche Wurzel enthält wie das Verbum, dessen Objekt es hier syntaktisch ist; diese Formel wird außerdem als Ganzes wiederholt und erzeugt dadurch auch strukturelle Rekurrenz. Es ist darauf hinzuweisen, dass die *figura etymologica* in den hethitischen Gebeten allerdings eher selten vorkommt (vgl. Daues/Rieken 2018: 297) und in ihrer Bedeutung als Stilmittel hinter anderen, v.a. strukturellen Gestaltungsprinzipien zurückbleibt.[74] Andererseits stellt sie nicht das einzige Stilmittel dar, das auf partieller Rekurrenz oder Repetition basiert, wie weitere Beispiele (s.u. 8.5.5.2) noch zeigen.

torik und Stilistik: Die rhetorischen Stilmittel der hethitischen Gebete" im Rahmen der Rencontre Assyriologique Internationale (24.–28. Juli 2017, Marburg) besprochen; ich bedanke mich herzlich für die Hinweise und den freundlichen Austausch.

74 S. dazu noch unter 8.5.5.

Fälle von lexikalischer Verflechtung durch partiell rekurrente Ausdrücke existieren auch in lateinischen und umbrischen Gebeten, wo sie zusammen mit weiteren, v. a. lautlichen und rhythmischen Elementen, unter stilistischen Gesichtspunkten untersucht und verglichen worden sind.[75] Prominente Beispiele finden wir in den Gebeten bei Cato und den Iguvinischen Tafeln:

(272) Cato *Agr.* 134,2–3
Fertum Iovi [c]*ommoveto et mactato sic: ‚Iuppiter, te hoc ferto obmovendo bonas preces precor uti sies volens propitius mihi liberisque meis domo familiaeque meae mactus hoc ferto'. Postea Iano vinum dato sic: ‚Iane pater, uti te strue* [c]*ommovenda bonas preces bene precatus sum, eiusdem rei ergo macte vino inferio esto.'*
„Einen Opferkuchen sollst du Jupiter darbringen und mit folgenden Worten opfern: ‚Jupiter, durch das Darbringen dieses Opferkuchens bitte ich dich gute Bitten, dass du beopfert durch diesen Kuchen wohlwollend und gnädig seist mir und meinen Kindern und meinem Haus und der Hausgemeinschaft.' Danach sollst du Janus Wein geben mit folgenden Worten: ‚Vater Janus, ebenso wie ich dich mit dem darzubringenden Opfergebäck gute Bitten gebeten habe, um der gleichen Angelegenheit willen sollst du beopfert sein mit dem dargebrachten Wein.'"

In den lateinischen Gebeten (vgl. auch Cato *Agr.* 139) bildet die Formel *bonas preces precor/precatus sum* eine *figura etymologica* mit einem inneren Objekt, das dieselbe Wurzel enthält. Wie bereits weiter oben unter anderen Gesichtspunkten diskutiert,[76] expliziert die Formel gleichzeitig den durch sie vollzogenen Sprechakt und besitzt daher auch verständnissichernde Funktion. Auch im Umbrischen liegt mit der Formel *subocau suboco* ein entsprechender Fall vor, bei dem ebenfalls ein Verb in der 1.Sg. mit einer Ableitung von der gleichen Wurzel (wahrscheinlich zur Bezeichnung des Adressaten)[77] kombiniert wird. Der Ausdruck ist gleichfalls Teil der umbrischen Gebetsformulare, weshalb er in den IT mehrfach vorkommt und bereits in verschiedenen Beispielen zitiert wurde.[78] Er findet sich sehr häufig und in strukturell rekurrenter Weise

75 S. Watkins 1995: 197–213 und 214–225; dazu noch unten 8.5.5.

76 Als explizite Spezifizierung des dadurch vollzogenen Sprechaktes; s. o. 6.7.2.2 und 7.4.6.

77 Vgl. Weiss 2010: 292 „naming event"; s. auch 7.4.1. besonders Bsp. (108) zu relevanten Lexemen.

78 S. o. die Beispiele (67), (79), (80) und (138).

am Anfang und am Ende der Gebete des *piaculum* in VIa und b (sowie am Ende der Gebete der *lustratio*):

(273) IT VIa 22–24
teio. subocau. suboco / dei. graboui (…)
„Dich rufe ich an als den Angerufenen, Jupiter Grabovius (…)"

Im Umbrischen finden sich daneben einige weitere partiell rekurrente Verfahren, so z. B. im Gebet an Jupiter Grabovius (ebenfalls im *piaculum*), wo der Akt des Entsühnens morphologisch variiert wiederaufgenommen wird:

(274) IT VIa 28–30
di. grabouie. persei. mersei. esu. bue / peracrei. pihaclu. pihafei. di. grabouie. pihatu. ocre. fisei. pihatu. tota. iouina. di. grabouie. pihatu. ocrer / fisier. totar. iouinar. nome. nerf. arsmo. ueiro pequo. castruo. fri. pihatu
„Jupiter Grabovius, was die Tatsache betrifft, dass es recht ist, dass durch dieses mehr als einjährige Rind als Entsühnungsopfer Entsühnung geleistet werde, Jupiter Grabovius, entsühne die fisische Burg (bzw. Stadt), entsühne den Stadtstaat Iguvium. Jupiter Grabovius, entsühne den Namen der fisischen Burg (bzw. Stadt), des Stadtstaates Iguvium, entsühne die Beamten, die Priesterschaften, Menschen und Tiere, Korn und Früchte."

Eine *figura etymologica* liegt zunächst in der Protasis des Gefüges mit der Formulierung *pihaclu pihafei* vor, wobei *pihaclu* als Apposition zum instrumentalen *bue* zu verstehen ist und das Tier so explizit als Entsühnungsmittel benannt wird.[79] In den folgenden direktiven Apodosen wird durch den Imperativ II desselben Verbs *pihatu* die lexikalische Verknüpfung hergestellt. Es ist vier Mal mit je verschiedenen Objekten konstruiert, wobei eine Entwicklung von allgemein zu explizit durch deren semantische Auffächerung stattfindet. In den ersten drei Fällen liegt dabei die Reihenfolge Verb + Objekt vor, im vierten Fall die umgekehrte Variante Objekt + Verb. Die *figura etymologica* verbindet sich auch hier mit einem strukturellen Rekurrenzmuster, wodurch der kohärente Effekt auf verschiedenen Ebenen erzeugt und stabilisiert wird. Ähnlich wie verschiedene paraphrasierende Wiederaufnahmen (s. dazu unten 8.5.4.2) wird die etymologische Figur auch in anderen fachsprachlich geprägten Varietäten, wie

79 Für das Gebet typisch ist auch die Situationsdeixis durch *esu*; s. u. 8.6.1.1.

der Rechtssprache eingesetzt. Auch hier scheint die Konstruktion von Kohärenz nach einem expliziten Prinzip zu erfolgen.[80]

Eine weitere Möglichkeit ist die partielle Wiederaufnahme durch verschiedene Ableitungen desselben Nomens, wie sie im folgenden hethitischen Beispiel in der semantischen Beziehung zwischen „Göttlichkeit" und „Götter" auftritt (sumerogr. geschrieben; allerdings ist ein Verhältnis **šiuniyatar : šiunaš*, also Abstraktum – Individuum anzunehmen; s. auch CHD Š: 507); *ŠUM-an* und *lamnaš* liegen als verschiedene Kasus desselben Nomens vor:

(275) KUB 24.3+ Vs. I 29′–31′
⸢*zi*⸣*-ik-za* ^{D}UTU ^{URU}*a-ri-in-na na-ak-ki-iš* DINGIR-*LIM-iš*
⸢*nu*⸣*-ut-ták-kán ŠUM-an lam-na-aš iš-tar-*⸢*na na*⸣*-ak-ki-i* DINGIR-*LIM-ia-tar-ma-ták-*⸢*kán*⸣
DINGIR^{MEŠ}*-aš iš-tar-na na-ak-ki-i nam-ma-za-*⸢*kán*⸣ DINGIR^{MEŠ}*-aš iš-tar-na*
„Du, Sonnengöttin von Arinna, (bist eine) gewichtige Gottheit. Dein Name (ist) der gewichtigste unter den Namen. Deine Göttlichkeit aber (ist) die gewichtigste unter den Göttern."

Auch in diesem Beispiel wirken verschiedene Kohärenzverfahren zusammen, da neben der partiellen lexikalischen Rekurrenz ebenfalls strukturelle Rekurrenz in Form des Parallelismus der beiden letzteren Sätze unter Einbezug der Wiederaufnahme des Adjektivs *nakki-* vorliegt.

Einen Sonderfall der partiellen Wiederaufnahme bildet schließlich auch die Wiederholung des gleichen Wortes in unterschiedlichen Kasus oder Polyptoton, wie es als klassisches Stilmittel heißt, z. B. „der Große unter den Großen" oder wie hier: „dein Name (…) unter den Namen".

In den IT finden wir mehrere Male die Charakterisierung einer für eine Gottheit bestimmten Opfergabe durch ein von deren Namen abgeleitetes Zugehörigkeitsadjektiv,[81] vgl.:

(276) IT VIb 27–29
tefre. iouie. tiom. esu. sorsu. persontru. tefrali. pihaclu (…)
„Tefer Jovius, dich [rufe ich an] mit dieser ‚*tefralischen*' *persuntru*-Wurst (…)"

---

80 Zu einigen Aspekten juristischer Sprache im Umbrischen und Lateinischen s. Dupraz 2014b.

81 S. o. 7.4.3.4 bzgl. der Stabilisierung der Kommunikation.

Im nächsten Beispiel ergibt sich sogar eine dreifache lexikalische Verknüpfung zwischen der Gottheit *Fise* bzw. *Fisovie*, dem Adjektiv zur Charakterisierung der Kuchen-Beigaben und demjenigen zur Bezeichnung des Benefizienten des Opfers, d.h. der zu Fise/Fidius gehörigen Burg oder Stadt, *ocriper fisiu*:

(277) IT VIb 11
fisouie. sanśie. tiom. esa. mefa. spefa. fisouina. ocriper. fisiu. totaper. iouina (...) *tiom subocau*
„Fisovius Sancius, dich mit diesem fisiovischen *mefa-spefa*-Kuchen zugunsten der fisischen Burg/Stadt, zugunsten des Stadtstaates von Iguvium (...) dich rufe ich an."

8.5.2.2 Partielle Rekurrenz in Ritualanweisungen
Auch in den Ritualpräskipten kann eine solche Ableitung als partielle Referenz auf einen vorerwähnten Gegenstand in Bezug auf Opfergaben vorkommen, im Hethitischen z.B. folgendermaßen:

(278) VBoT 24 Rs. III 8–9 und 23–24
na-aš-ta šar-li-ia še-er ar-ḫa da-aḫ-ḫi
na-an NINDA-*an i-ia-mi*
„Und dann nehme ich oben von einem *šarli* (Teig) weg und mache ihn zu einem Brot."

Auf dieses Brot wird weiter unten mit einer Ableitung von *šarli* referiert, dabei ist hier also nicht der Adressat Benennungsmotiv, sondern sozusagen die *origo* des Brotes:

še-er-ma-aš-ša-an NINDA.ÉRIN^{MEŠ} ^{NINDA}*wa-ge-eš-šar*
^{NINDA}*šar-li-in-na te-eḫ-ḫi*
„Darauf aber stelle ich das Soldatenbrot, das *wageššar*-Gebäck und das *šarli*-Brot."

Ein Beispiel für die Wiederaufnahme desselben Lexems in unterschiedlichen Kasus bzw. mit unterschiedlichen lokalen Bestimmungen finden wir im Umbrischen hier:

(279) IT IIa 38–39
manf : vasa : / vutu : asama : kuvertu : asaku : vinu : sevakni : taçez : persnihmu

> „Er soll seine Hände (und) die Gefäße[82] waschen. Er soll zum Altar zurückkehren, bei (wörtl. mit) dem Altar soll er schweigend mit alljährlichem Wein beten."

Das Beispiel ist ebenfalls Teil der Ritualinstruktion; es weist eine Wiederaufnahme des Wortes „Altar" in unmittelbar aufeinanderfolgenden Anweisungen auf. Anhand der unterschiedlichen Postpositionen (zunächst direktiv, dann stativ) kann angenommen werden, dass hier die Sequenzierung der Handlungen eine Rolle spielt: Nachdem der Priester zunächst *zum* Altar zurückgekehrt ist, soll er anschließend *beim* Altar beten. Durch die identische Wiederaufnahme des Referenzausdrucks wird der Unterschied bzgl. der Lokalrelation hervorgehoben und dadurch die aufeinanderfolgenden Handlungsschritte zugleich verbunden und voneinander abgegrenzt.

Der nächste Beleg demonstriert einen Fall von partieller Rekurrenz durch Wortartwechsel:

(280) IT Ia 33–34
zeřef : / kumultu : zeřef : kumats : pesnimu
„Sitzend sollst du (Korn) zermahlen, sitzend sollst du mit dem gemahlenen (Korn) beten."

Der Wortarten- und Satzteilwechsel besteht zwischen dem Imperativ II **kumultu** und dem partizipialen Ablativ Plural **kumats** (für **kumates**); zugleich entsteht durch die Vollrekurrenz von **zeřef** und die parallele Anordnung der Lexeme auch strukturelle Kohärenz. Solche Fälle finden sich häufiger, z.B. auch noch IIa 10 und VIb 17 und 41. Im folgenden Beispiel sieht man, dass der Abstand zwischen Ersterwähnung und Wiederaufnahme durch Partizipien auch etwas vergrößert werden kann; wieder finden wir zuerst **kumaltu** (als Prädikation) und darauf referierend **kumates** als instrumentales Adverbiale zu **persnihmu**. Interessant ist auch, dass hier in der Prädikation durch die partitive Angabe implizit ausgedrückt wird, dass nur ein Teil der genannten Objekte zermahlen werden soll. Der implizite nicht-zermahlene Teil wird anschließend ebenfalls durch eine Instrumentalangabe **antakres** wiederaufgenommen:

82 Zur überzeugenden Lesung **vasa** s. Prosdocimi 1984: 184. Vgl. zu dieser Passage und den Handlungsabläufen außerdem Dupraz 2016b.

(281) IT IIa 41–42
struhçlas : fiklas : sufafias : kumaltu : kapiře : punes : vepuratu : / antakres : kumates : persmhniu
„Von den **struçla**- und **fikla**-Kuchen (und) dem **sufafia**-Teil (des Opfertiers) soll er (einen Teil) zermahlen. In einer **kapiře**(-Schale) soll er vom **puni** zurückbehalten. Er soll mit den ganzen und den gemahlenen (Teilen) beten."

Im folgenden Beleg, der dem Beginn der ausführlichen Fassung des *piaculum* entstammt, finden sich gleich mehrere Verflechtungen durch partielle Wiederaufnahmen:

(282) IT VIa 5–7
sersi. pirsi. sesust. poi. angla / aseriato. est. erse. neip. mugatu. nep. arsir. andersistu. nersa. courtust. porsi. angla. anseriato / iust.
„Bzgl. der Tatsache, dass derjenige sich auf den (Augural-)Sitz gesetzt haben wird, der gehen wird, um die Vögel zu beobachten, so soll er diesbezüglich kein Geräusch machen (i.e. soll niemand ein Geräusch machen) und sich kein anderer dazwischensetzen, bis der zurückgekommen sein wird, welcher gegangen sein wird, die Vögel zu beobachten."[83]

Diese Passage ist durch die Lexeme *sersi, sesust* und auch *andersistu* verknüpft, die alle zur Wurzel **sed-* „sitzen" gehören (s.o. Kapitel 7 FN 231). Auch der koreferenzielle Relativsatz *poi angla aseriato est/iust* (der den Agens kontrastiv zum Arsfertur benennt) wird fast identisch wiederholt. Im anschließenden Satz werden dann die Verbote im Imperativ II als Futur II wiederaufgenommen, um die Folgen der betreffenden Ereignisse im Falle ihres Eintretens anzugeben: *mugatu* durch das Funktionsverbgefüge *muieto fust* und *andersistu* durch *andersesusp* (für *andersesust*):[84]

83 Zur Übersetzung des Abschnitts s.o. Kapitel 7 FN 232 und vgl. Dupraz 2013b: 356; zu der Passage auch noch unten S. 552 und zu *pirsi* als Subordinator S. 568.

84 Eine weitere *figura etymologica* aus demselben semantischen Bereich „misslingen, fehlschlagen" liegt in Ib 8 **anter vakaze vaçetumise** bzw. VIb 47 *ander uacose uasetome fust* vor, etwa „Wenn bei diesem Ritual eine Unterlassung dazwischengekommen sein sollte, wird es fehlgehen/ungültig sein"; s.o. Bsp. (170) und (185).

(283) IT VIa 7
sue. muieto. fust. ote. pisi. arsir. andersesusp disleralinsust.
„Wenn ein Geräusch gemacht worden sein wird oder sich jemand dazwischen gesetzt haben wird, wird der Tag (oder: die Formel) des Rituals ungültig gemacht sein."[85]

Die verschiedenen Beispiele zeigen, dass Verfahren der partiellen Rekurrenz als Kohärenztechniken unterschiedliche Nebeneffekte haben und entsprechende spezifische Funktionen erfüllen können. Zum einen besitzen sie, gerade als stilistische Figuren, ästhetischen Wert und kommen in den durchformten Gebetspartien zum Einsatz. Durch Wortartwechsel können sie aber auch sequenzierende Funktionen ausüben und deshalb in den Instruktionsteilen strukturierend und gliedernd eingesetzt werden.

8.5.3 *Lexikalische Rekurrenz: Zusammenfassung*

Die verschiedenen lexikalischen und/oder referenziellen Rekurrenzverfahren sind in den meisten Fällen auf charakteristische Weise mit weiteren kohärenzstiftenden Techniken verschränkt: In den Gebeten und Formeln verbinden sie sich häufig mit verschiedenen strukturellen Rekurrenzmustern (z.B. Reim, Rhythmus, Alliteration) und erzeugen dadurch stilistische Effekte. Sie dienen außerdem oft dazu, die korrekte Identifikation zentraler Referenten für das Gelingen der Kommunikation zu erleichtern, z.B. diejenige von Adressat, Absender, Ort oder Opfergaben (v.a. Tiere), die am häufigsten vollständig wiederaufgenommen werden. Demgegenüber treten sie in den instruktiven Textteilen v.a. mit den Kohärenztechniken der Konnexion zusammen, um Handlungsabfolgen und -einheiten zu vereindeutigen und den Text zu gliedern. Dies wird weiter unten (8.5.6) noch zu sehen sein.

8.5.4 *Substitution: Synonyme und Paraphrasen*[86]

Synonymie bezeichnet das Verhältnis zwischen zwei phonologisch und morphologisch verschiedenen Ausdrücken, die einen nahezu oder vollkommen identischen Bestand semantischer Merkmale besitzen. Die Wiederholung semantischer Merkmale macht dieses Rekurrenzverfahren zu einem Sonderfall der isotopischen Verflechtung (vgl. Langer 1995: 109).

---

85 S.o. Bsp. (169) mit Diskussion von *disleralinsust*.
86 Vgl. Langer 1995: 109–112.

8.5.4.1 Synonyme, Komplexanaphern und *Labelling*

Dabei ist u. a. zu berücksichtigen, ob durch die Substitution neue oder zusätzliche semantische Informationen ins Spiel gebracht werden. Sonderfälle liegen z. B. bei Hypo-/Hyperonymie vor, wodurch meist ein explizierender Effekt erzielt wird, indem der zuerst genannte spezifischere Begriff bei der Wiederaufnahme durch einen Oberbegriff einer bestimmten Kategorie oder Klasse zugewiesen wird, vgl.

> *Nachdem Google seine New Yorker Pressekonferenz absagen musste, verkündete der Konzern seine Neuheiten kurzerhand per Blogpost.*[87]

Ein besonderer Fall sind kontextuelle Verweisausdrücke und Komplexanaphern, die durch einen einzigen komplexen Ausdruck eine Referenz zu mehreren Bezugselementen, herstellen und diese gleichzeitig z. B. zu einer Kategorie oder Klasse zusammenfassen (also *labeln*).[88] Der Terminus „Komplexanapher" wird verwendet, wenn ein nominaler Ausdruck eingesetzt wird, um nicht referierende Ausdrücke, also Ereignisse, Prozesse oder Zustände wiederaufzunehmen (z. B. Satz, erweiterter Infinitiv oder längerer Textabschnitt).[89]

Je nachdem, ob ein substituierter Ausdruck zusammenfasst oder spezifiziert, anaphorisch oder kataphorisch verwendet wird, können schließlich auch unterschiedliche pragmatische (Ko-)Funktionen erfüllt werden. In den Ritualvorschriften sind dies v. a. Aufgaben der Textorganisation und -strukturierung, die v. a. den Ablauf und die Sequenzierung der vorgeschriebenen Handlungsschritte betreffen. Vorangestellte Hyperonyme wirken so, meist in Verbindung mit entsprechenden deiktischen Pronomen, als kataphorische Referenzausdrücke, die eine Reihe von Handlungsschritten oder Gegenständen gewissermaßen einleiten. Somit können sie z. T. auch als Komplexanaphern (bzw. -kataphern) gesehen werden. Diese Technik stellt im Prinzip eine Verschränkung von Rekurrenzverfahren und Diskursdeixis dar, wobei die betreffenden Ausdrücke mitunter gewissermaßen titularische Funktion übernehmen und

---

87 Wie im Beispiel zu sehen, spielt im Deutschen bei der Wiederaufnahme durch Substitute der definite Artikel als Bekanntheitsmarker eine wichtige Rolle für die Herstellung von Kohärenz durch den Leser. In artikellosen Sprachen muss diese Information aus dem Kontext und der hyperonymen semantischen Relation inferiert werden oder durch alternative Techniken zur expliziten Anzeige der Definitheit angezeigt werden (Pronomina, Relativsätze, Genitivattribute o. ä.).

88 Solche komplexen Verweisausdrücke haben daher gerade auch diskursstrukturierende und -deiktische Funktion.

89 S. z. B. Consten et al. 2007.

dadurch den sich anschließenden Textelementen und Referenten eine linksperiphere Abgrenzung geben. Gleichzeitig stellen sie für den Leser ein Signal dar, dass die folgenden Handlungsschritte als zusammengehörig zu verstehen sind und dem gemeinsamen Rahmen „Titel x“ zugehören, was für eventuell nötige Inferenzziehungen und Ergänzungen bzgl. der einzelnen Teile durch die Rezipienten eine wichtige Voraussetzung sein kann.

(284) IT IIb 23
estu : iuku : habetu :
„Diese (= folgende) Formel sollst du haben (d.h. sprechen).“

An diese Aufforderung schließt sich als direkte Rede die zu sprechende Weih-Formel an, mit der Jupiter Sancius ein männliches Kalb als Votivgabe präsentiert wird. Das Demonstrativpronomen **estu** fungiert als expliziter kataphorischer Verweis (vgl. Langer 1995: 100) und kündigt als Ausdruck der Metaebene die zu erwartende Referenz an. Durch den Terminus **iuku** wird der so referenzierte Textteil für den Fachleser *gelabelt* und kann schnell funktional und im Textzusammenhang eingeordnet werden. Der Gesamtausdruck macht die verbale Kohärenz explizit und trägt so zur inhaltlichen Gliederung bei.

Ähnliche Belege existieren auch mit kataphorisch verweisendem **esunu** „Ritual“, welches ebenfalls in Verbindung mit einem kataphorischen Deiktikum die folgenden Handlungsschritte zu einer Einheit zusammenfasst:

(285) IT IIa 2
estu esunu : fetu
„Dieses Ritual (nt.Pl.) sollst du machen: (…).“

Auch die titel-ähnliche Bezeichnung **huntia** „das Ritual für Hondus“ in IIa 15, die oben bereits besprochen wurde (6.7.2.2), stellt ein kataphorisches Hyperonym dar, das die in der deskriptiven Progression des folgenden Textes ausgeführten Einzelhandlungen zu dem so benannten Ritual zusammenfasst. Ebenfalls kataphorisch aber semantisch unterschiedlich wird der Ausdruck auch im Sub-Titel einer bestimmten (vorbereitenden) Phase des Rituals verwendet und verweist hier auf die zum **huntia**-Ritual gehörigen Objekte oder Utensilien (damit erfüllt es keine diskursdeiktische Funktion):

(286) IT IIa 17
huntia : fertu
„Die **huntia**-Dinge soll er tragen.“

Anaphorische, also rückverweisend referenzierende Hyperonyme, in den IT v.a. **esunu** „Ritual“, wirken subsumierend und bilden so den rechtsperipheren Rahmen einer zusammengehörigen Handlungssequenz. Auffälligerweise kommt im folgenden Beispiel kein anaphorisches Pronomen zur Unterstützung dieser Funktion zum Einsatz:

(287) IT IIa 42–43
esunu : / purtitu : futu
„Das Ritual (nt.Pl.) soll vollendet (wörtl. dargebracht) sein.“

Solche Abschlussformeln können aber andererseits auch aus prädizierenden Ausdrücken mit diskursdeiktischem Verweis bestehen, wie im folgenden Fall, der einen Nebensatz umfasst:

(288) IT IV 31–32
ap. itek. fakust. purtitu. futu
„Wenn er so gehandelt haben wird, soll es dargebracht (i.S.v. vollzogen) sein.“

Hier stellt das Futur II **fakust** in der Bedeutung „tun, handeln“ semantisch ein Hyperonym zu den zuvor genannten Einzelhandlungen des Opfers dar und fasst diese dadurch zusammen; diskursdeiktisches **itek** „so“ stellt dabei explizit den anaphorischen Verweis auf die vorausgehenden Handlungen her.[90]

Auch in den Gebeten gibt es Formeln, die nach einzelnen Abschnitten oder ganz am Ende der Äußerung die Gründe für oder Ziele des Opfers nochmals aufnehmen und damit quasi aktualisieren und in unmittelbaren Bezug zur direktivischen Illokution des Gebetes setzen. Dafür werden oft spezifische Ausdrücke benutzt, die pronominale deiktische Elemente beinhalten, vgl.:[91]

(289) Cato *Agr.* 141,3
harunce rerum ergo fundi terrae agrique mei lustrandi lustrique faciundi ergo, sic ut dixi, macte hisce suovitaurilibus lactentibus immolandis esto: Mars pater, eiusdem rei ergo macte hisce suovitaurilibus lactentibus immolandis esto.

---

90 Die Technik mit Subsumierung im Nebensatz wird hier ebenfalls zur overten Sequenzierung der Handlungsabfolge genutzt. Zur Besprechung des Beispiels und seiner textpragmatischen Funktion vgl. schon Dupraz 2014b: 76.

91 S. bereits oben Bsp. (262).

„Um dieser Dinge willen, der Umkreisung und der Durchführung der Umkreisung meines Grund und Bodens, Landes, Ackers willen, wie ich gesagt habe, sollst du verehrt sein mit diesen milchsaugenden *suovetaurilia*: Vater Mars, um dieser selben Sache willen sollst du mit diesen milchsaugenden *suovetaurilia* als zu opfernden verehrt sein."

Die Wiederaufnahme und Zusammenfassung von mehreren Referenten durch einen komplexen ana- oder kataphorischen Ausdruck finden wir z. T. auch in hethitischen Ritualen, wie in der folgenden (bereits oben S. 491 zitierten) Passage des AN.DAḪ.ŠUM^SAR-Festes, in der zunächst mehrere einzelne Orte aufgeführt werden, an denen Opfergaben (die hier elliptisch ausgelassen und auch nicht pronominal referenziert sind) niedergelegt werden sollen, z. B.

(290) KBo 19.128+ Vs. III 26–32
EGIR-*an*^!-*ma* ^GIŠDAG-*ti da-a-i*
EGIR-*an-da-ma* ^GIŠAB-*ia QA-TAM-MA da-a-i*
EGIR-*an-*⸢*da-ma*⸣ GUNNI-*aš ḫal-ḫal-tu-u-ma-ri*
[*Q*]*A-TAM-MA da-a-i* ^GIŠ*ḫa-at-tal-wa-aš*
[GIŠ]-*i QA-TAM-MA da-a-i*
[*nam-ma*] *ḫa-aš-ši-i ta-pu-uš-za*
[*QA-T*]*AM-MA da-a-i*
„Danach aber legt er dem Thron (hin)
danach aber legt er dem Fenster genauso (hin)
danach aber legt er der/den Ecke(n) des Herdes genauso (hin).
Dem Riegelholz legt er genauso (hin).
Ferner legt er seitlich vom Herd genauso (hin)."

Anschließend wird auf die gleichen Orte durch einen einzigen, durch das Pronomen explizit anaphorischen Ausdruck *kēdaš pēdaš* (+ distributives Adverb *kuwapitta*) referiert, um auch noch Libationsopfer anzuordnen (damit liegt in diesem Fall keine Diskursdeixis vor), vgl.:

(291) KBo 19.128+ Vs. III 34–35
EGIR-*an-da-ma mar-nu-wa-an ke-e-da-aš*
[*p*]*é-e-da-aš ku-wa-pí-it-ta* 1-*ŠU si-pa-*⟨⟨*an*⟩⟩*-ti*
„Danach aber libiert er jeweils einmal *marnuwan*(*t*)-Getränk diesen (oben genannten) Orten."

Ähnlich funktioniert möglicherweise auch die kataphorische Zusammenfassung der von den Hundemännern gebrachten Objekte und Handlungen als „Geschenke“ IGI.DU$_8$.A:[92]

(292) KUB 25.1 Vs. III 44′–47′
nu LUGAL-*i* *ŠA* LÚ^{MEŠ} UR.G[(I$_7$ IG)]I.DU$_8$.A
tar-kum-mi-ia-iz-zi
wa-aš-šu-wa-an-ti
^{NINDA}*wa-ga-ta-an* KÙ.BABBAR G[(UŠK)]IN *pí-an-na*
„Er (der Palastangestellte) meldet dem König die Geschenke der Hundemänner: ‚(zum) Anziehen‘, ‚Imbissbrot (sowie) Silber (und) Gold Geben‘.“

Dadurch, dass es sich bei den aufgezählten Elementen z.T. um nominalisierte (auch erweiterte) Propositionen handelt, stellt die Bezeichnung „Geschenk“ sozusagen eine Komplex*katapher* mit kategorisierender Funktion dar.[93]

In den Beschwörungsritualen könnte ein vergleichbarer Fall evtl. im folgenden Ausschnitt aus dem Ritual der Allī vorliegen:

(293) KUB 24.9+ Vs. II 17′–19′
^{MUNUS}ŠU.GI *ša-ra-a da-a-i* 5 NINDA$^{ḪI.A}$ 1 ^{DUG}*KU-KU-UB* KAŠ ^{GIŠ}GAG ^{GIŠ}*kar-ša-ni-*[(*ia-a*)*š*]
na-aš a-ra-aḫ-za pa-iz-zi ma-an-ni-in-ku-wa-aḫ-ḫi ⟨⟨GIŠ⟩⟩ *te-e-kán pád-da-a-i*
nu-kán a-ni-ur-aš KIN$^{ḪI.A}$ *an-da da-a-i*
„Die Ritualistin nimmt hoch: 5 Brote, einen Krug Bier, *karšaniya*-Holzpflöcke und sie geht nach draußen. In der Nähe gräbt sie die Erde auf. Und sie legt die Gegenstände des Rituals (oder der Ritualzurüstung) hinein.“

Hier werden die zuvor im Ritual verwendeten Gegenstände zunächst einzeln aufgezählt und anschließend durch einen anaphorischen Ausdruck *a-ni-ur-aš* KIN$^{ḪI.A}$ zusammengefasst (aber nicht kategorisiert). Dieser dürfte sich auf die in den vorausgehenden Schritten verwendeten Figurinen aus Ton und die Woll-

92 Was heth. **ḫinkatar/ḫinkann-* (n.) entspricht; vgl. Kloekhorst 2008: 269.

93 Die Form *waššuwanti* wird von Tischler (HEG: 514 zu *wes-/wass-*) als fehlerhafter luwischer Infinitv anstatt korrektem heth. *waššuwanzi* (was im Duplikat KBo 20.77 Vs. II 22 vorliegt) bestimmt. Dadurch und durch das Verbalabstraktum *pianna* sind auf jeden Fall Verbalausdrücke als Referenten für IGI.DU$_8$.A vorhanden.

fäden, mit welchen diese umwickelt werden, beziehen, da solche kontaminierten Materialien üblicherweise vergraben oder vernichtet wurden. Ob auch die unmittelbar zuvor aufgezählten Opfergaben und Utensilien (z. T.) vergraben werden sollen, wie weit die Referenz also reicht, ist aus heutiger Perspektive nicht wirklich zu klären. Dieser Umstand ist ein deutliches Zeichen dafür, dass Anwenderinnen des Rituals Wissen einbringen mussten, das den Text selbst überstieg, um die anaphorische Zusammenfassung korrekt zu beziehen. Dieser Fall zeigt exemplarisch die Probleme auf, die heutige, nicht-spezialisierte Leser (nicht nur im Hethitischen sondern genauso im Umbrischen) bei der Auflösung solcher kontextuellen Verweisausdrücke haben.

Kontextuelle Verweisausdrücke und Komplexanaphern können, wenn sie anaphorisch subsumieren, auch neue lexikalische Information zum Vorausgegangenen zur Verfügung stellen oder Interpretationssignale geben, besonders wenn sie wertende Bedeutung besitzen und in Texten mit beeinflussender Funktion auftreten. In rhetorischen oder persuasiven Texten sind sie damit ein probates Mittel, um quasi „durch die Hintertür" Suggestion und Meinungsbildung zu betreiben und eine zunächst scheinbar neutrale Auflistung nachträglich wertend zu *labeln*. Das folgende Beispiel zeigt, wie durch die Variation des anaphorischen Ausdrucks völlig unterschiedliche Rezeptionen der referenzierten Proposition erzeugt werden:

> *Die Zahl der Arbeitsplätze in der Industrie wird geringer, während gleichzeitig das Gewicht des Dienstleistungssektors zunimmt.*
> ***Diese Erkenntnis / Dieser Irrglaube / Diese Annahme*** *prägte die Wirtschaftswissenschaft des 20. Jahrhunderts.*[94]

Innerhalb der hethitischen Gebete ist u. U. mit vergleichbaren Strategien zu rechnen, da diese häufig persuasiv angelegt sind und in den meisten Fällen die Adressaten von etwas überzeugt werden sollen (in den umbrischen Gebeten sind sie hingegen weniger zu erwarten und auch nicht repräsentiert). Beispiele für eine solche Funktion bieten Textstellen, in denen durch die wertenden Ausdrücke *idalawa* „böse (Dinge)", *idalu uttar* „böse Angelegenheit" oder „böse Worte" auf vorher beschriebene Handlungen und Äußerungen referiert wird,

94 Beispiel aus Consten/Marx 2006: 376. Besonders perfide sind Komplexanaphern, welche Propositionen referenziell in Fakten überführen: „Asylbewerber neigen zu erhöhter Gewaltbereitschaft. *Diese Tatsache* sollte alle Deutschen zur Vorsicht mahnen". Dieses (konstruierte) Beispiel zeigt das rhetorische Potential dieses Kohärenzmittels sehr deutlich.

z. B. im Gebet Hattušilis III. und Puduḫepas (CTH 383.1), wo dadurch anaphorisch auf die Angelegenheit der Danuḫepa referiert wird:

(294) KUB 21.19+ Vs. II 9–10
a-pa-a-at-ma ḪUL-*lu ut-tar*
⸢*i*⸣-*ia-at ku-iš*
„Wer aber jene böse Angelegenheit beging"

Auch im Gebet der Puduḫepa (CTH 384.1) wird diese Technik angewandt:

(295) KUB 21.27+ Rs. III 29′–30′
nu ke-e ḪUL-*u*-[*wa* … G]ÌR^{MEŠ}-*i*[*t*]
iš-pár-ra-at-ti
„Diese böse[n Worte] trittst du mi[t den F]üßen nieder."

Der Ausdruck „diese bösen Worte" wird wohl darauf bezogen, dass über Ḫattušili gesagt worden war, dass „seine Jahre kurz" seien/sein sollten, wie im Text vorher erwähnt (KUB 21.27+ Rs. III 15′–16′).[95]

Ohne wertende Adjektive wird *uttar* „Sache/Angelegenheit" als anaphorisches Hyperonym und auch als Komplexanapher gebraucht; allerdings ist es semantisch schwach und kann daher evtl. eher als „proformoid" verstanden werden, d. h. semantisch stark gebleichte und deshalb vielseitig verwendbare Nomina mit v. a. deiktischer und phorischer Funktion. Unter diesen Umständen ergibt sich eine deutlich ökonomische Referenzfunktion solcher Ausdrücke.

In den Ritualtexten haben substituierte Verweisausdrücke und Komplexanaphern, wie die Beispiele gezeigt haben, deutlich textgliedernde und -organisierende Funktion, indem sie bspw. Beginn oder Ende eines enger zusammengehörigen Textabschnittes anzeigen. Damit markieren sie Ränder und gehen oft mit einem Wechsel der Rekurrenzpraxis einher, indem z. B. bei anaphorischer Verwendung links von ihnen, innerhalb eines eng zusammengehörigen Textteils, Nullobjekte, Pronomina, gleichbleibendes Topik, einheitlicher Kontext auftreten, rechts von ihnen durch neues Topik und Referenzsetzung oder

95 Es lässt sich vielleicht die Frage stellen, inwieweit die beiden zitierten Gebete *nur* zur Persuasion der explizit adressierten Sonnengöttin von Arinna konzipiert wurden. Möglicherweise ist die verstärkte Verwendung bestimmter persuasiver (Kohärenz-)Techniken auch ein Hinweis darauf, dass die Texte als Medium der persönlichen Propaganda auch menschliche Adressaten überzeugen sollten.

lexikalische Wiederaufnahme ein Übergang stattfindet. In den Gebeten tritt diese Technik weniger auf, sie kann aber unter Verwendung wertender Ausdrücke v.a. als Element der Rezeptionssteuerung eingesetzt werden.

8.5.4.2 Paraphrase

Die Paraphrase stellt in gewisser Weise ein Gegenstück zu den soeben besprochenen zusammenfassenden kontextuellen Referenzausdrücken dar, indem sie einen einzelnen Referenten durch Aufspaltung oder Umschreibung mit mehreren Ausdrücken substituiert. Dieses Verfahren wird häufig strategisch genutzt, um Exhaustivität zu suggerieren (s.o. 7.5.7 und 7.6.1.5). Beaugrande/Dressler (1981: 62–63) attestieren der Paraphrase als Kohärenztechnik ebenfalls die Intention, einen Referenten „über jeden möglichen Zweifel hinaus [zu] definieren", d.h. größtmögliche Spezifizität herzustellen. Sie findet sich aus diesem Grund besonders in Textsorten, die mit Ausschließlichkeit und Exhaustivität operieren, also gerade auch in juristischen Texten oder gesetzesähnlichen Beschlüssen, wie dem lat. *senatus consultum de bacchanalibus*, wo z.B. der Vorgang der konspirativen Zusammenschließung durch eine Vielzahl von Verben in allen denkbaren Ausprägungen erfasst werden soll (hier handelt es sich also nicht um referierende, sondern um prädizierende Ausdrücke, die als mehrteilige Paraphrase mit dem semantischen Kern „sich verbinden durch x" präsentiert werden):

(296) *CIL* I^2 581,13–14
NEVE POST HAC INTER SED CONIOVRA[SE NEV]E COMVOVISE NEVE CONSPONDISE NEVE CONPROMESISE VELET
„Ab sofort darf keiner sich weder durch Schwur noch durch Gelübde noch durch feierlichen Vertrag noch durch Versprechen (mit anderen) untereinander verbinden."

Allerdings wird in diesem der semantische Kern „sich verbinden" nicht gesondert definiert, sondern anhand der Auflistung der spezifischen Fälle ausschließlich meristisch aufgefächert. Ein Beispiel mit expliziertem semantischem Kern und referierenden Ausdrücken folgt aber im weiteren Textverlauf; dort stellt zunächst *homines* eine allgemeine Referenz her, die dann durch die Paraphrase *viri atque mulieres universi* meristisch (zu diesem Konzept s.o. 7.6.1.5) definiert wird:

(297) *CIL* I^2 581,19
HOMINES PLUS QUINQUE UNIVERSI VIRI ATQUE MULIERES
„Mehr als fünf Menschen, Männer und Frauen zusammen (…)"

In Gebeten sind paraphrasierende und auffächerende Referenzausdrücke (auch als Merismen) ein häufiges Mittel zur Herstellung von (fiktiver) Exhaustivität bei der Adressierung der zuständigen Götter. Die Intention der möglichst spezifischen Definition, welche hinter dieser Art der Kohärenzbildung steht, zeugt von der vertragsähnlichen, „juristischen" Konzeption der Kommunikation mit den Göttern. Aus diesem Grund stellt Referenz durch Paraphrase einen gemeinsamen Zug dieser Textsorten dar.

8.5.5 *Strukturelle Rekurrenz*[96]

Das Prinzip der Wiederaufnahme oder Wiederholung findet sich nicht nur als lexikalische Rekurrenz oder semantische Isotopie, sondern lässt sich auch mit nicht-lexikalischen, nicht-referierenden sprachlichen Einheiten durchführen. Die sich wiederholenden Elemente sind in diesem Fall v.a. in den rein strukturellen Bereichen von Syntax und Phonologie bzw. Phonotaktik zu sehen, wobei ihr Bedeutungsgehalt zunächst einmal unberücksichtigt bleibt.

Diese Tatsache macht strukturelle Rekurrenz zu einem rein formalen Kohärenzmittel, das sich dem Rezipienten sogar dann erschließt, wenn er die lexikalischen Elemente des Textes nicht versteht. Ein Gedicht in einer unbekannten Sprache ist aufgrund strukturell-stilistischer Eigenschaften wie Reimschema und Rhythmus als kohärenter Text identifizierbar, auch wenn die inhaltliche Kohärenz nicht erschlossen werden kann. Die verwendeten Techniken sind i.d.R. als Stilmittel sowie rhythmische und metrische Gestaltungsprinzipien sprachübergreifend bekannt und in dieser Hinsicht oft gut untersucht. Die starke Konzentration auf ihre stilistischen oder rhetorischen Effekte hat allerdings dazu beigetragen, dass ihre textbildenden und strukturierenden Eigenschaften oft weniger untersucht oder nicht ausdrücklich beschrieben wurden.

Auf syntaktischer Ebene drückt sich struktureller Zusammenhang durch Anordnungsmuster aus: Einander entsprechende Satzkonstituenten werden in aufeinanderfolgenden gleichartigen Sätzen nach bestimmten symmetrischen oder asymmetrischen Prinzipien angeordnet, wodurch sich musterhafte Abfolgen ergeben. Der häufigste und bekannteste Fall ist sicher die parallele Gestaltung, welche auf inhaltlicher Ebene den zusätzlichen Effekt haben kann, dass eine Gleichsetzung oder Antithese der jeweils parallel geordneten Satzteile hergestellt wird (*Das Schiffchen fliegt, der Webstuhl kracht.* Heine, Die schlesischen Weber). Oft, aber keinesfalls zwingend, treten gleichzeitig auch lexikalische oder lautliche Wiederholungen auf, die den Effekt verstärken. Parallele Anordnung muss nicht notwendig ganze Sätze umfassen, sondern kann auch nur in Teilsätzen, Verbalphrasen usw. bestehen. Zumal in kürzeren Sätzen stel-

96 Vgl. zum Begriff Langer 1995: 89.

len parallele Strukturen oft *default*-mäßige oder unmarkierte Gestaltung dar, weshalb es nicht verwunderlich ist, dass sie auch in nicht-poetischen Genres wie Fachtexten nicht selten zu finden sind. Auffälliger ist i. d. R. die Anordnung entsprechender syntaktischer Elemente „über Kreuz" als Chiasmus. Diese Figur dient stilistisch häufig dazu, inhaltliche Distanz oder Gegensätze ikonisch wiederzugeben (*Die Kunst ist lang! Und kurz ist unser Leben!* Goethe, Faust). Generell ist in längeren Texten auch eine Kombination von Anordnungsmustern zu größeren komplexeren Strukturen möglich; dies scheint zunehmend bei poetischen Texten der Fall, die auf bewusste, evtl. explizit schriftliche Rezeption ausgerichtet sind. Schließlich ist zu bemerken, dass syntaktische Rekurrenz in gewisser Weise ebenfalls auf ikonischen Prinzipien basiert bzw. diese auf Textebene repräsentiert: So kann eine Verwandtschaft oder Gemeinsamkeit zwischen den Inhalten textlicher Einheiten durch deren formalen Parallelismus hervorgehoben werden. Prinzipiell ähnlich, nur in umgekehrte Richtung, funktioniert auch der Chiasmus: Dieser wird oft ausgebeutet, um den Unterschied zwischen zwei Elementen durch ihre Distanzstellung hervorzuheben – auch dies im Kern ein ikonisches Verfahren, das auf der Relation zweier (oder mehr) syntaktischer Elemente fußt.

Auf phonologischer Ebene resultiert strukturelle Kohärenz aus der Wiederholung bestimmter Laute oder Lautfolgen, ist also ganz der Ausdrucksseite sprachlicher Zeichen zugeordnet:

> Gleicher und ähnlicher Klang linear aufeinanderfolgender Ausdrücke erweckt den Eindruck von Zusammengehörigkeit.[97]

Mitunter besteht dabei auch eine ikonische oder indexikalische Relation zwischen Ausdrucks- und Inhaltsseite, nämlich wenn eine onomatopoetische oder lautsymbolische Gestaltung vorliegt. Die musterhafte Anordnung von gleichen Wortein- oder -ausgängen bewirkt, zumal am Anfang oder Ende von textlichen Einheiten wie Sätzen, Zeilen oder Strophen, reimende Strukturen. Eine bewusste Verwendung und Anordnung von phonotaktischen Eigenschaften wie Wortbetonung, Silbenzahl oder -länge erzeugt metrische und rhythmische Gestaltungseffekte. Typischerweise wird phonologische Kohärenz dem Bereich gebundener Sprache und Lyrik zugewiesen und steht in besonderem Maße für die kunstfertige und ästhetische, in manchen Fällen auch spielerisch wirkende Durchformung von Texten. Auch in der Rhetorik werden lautliche Elemente bewusst eingesetzt, um die Intentionen und Effekte des vorgebrach-

97 Langer 1995: 90.

ten Inhalts zu unterstützen. Daher ist besonders in Gebeten, die einerseits sprachliche Geschenke an die Götter darstellen und andererseits nicht selten persuasiven Charakter besitzen, mit dem taktischen Einsatz solcher Gestaltungsprinzipien zu rechnen. Ein zentraler Faktor ist auch der bereits weiter oben diskutierte mündliche Charakter dieser Äußerungen: Bei vorgetragenen Texten kommen die beschriebenen lautlichen Effekte und damit auch ihr kohärenzstiftendes Potential nochmals besser zur Geltung.

Rekurrenz im morphologischen Bereich wird von einigen Textlinguistinnen und Textlinguisten z.B. hinsichtlich eines homogenen Tempus/Modus-Gebrauchs innerhalb eines Textes oder bestimmter Textteile angenommen. Im Grunde kann das Prinzip auf jede morphologische Charakterisierung (also auch Person/Numerus von Verben oder Numerus/Kasus-Gebrauch bei Nomina) angewandt werden; die Frage ist dabei nur jeweils, inwieweit der jeweilige Befund als Element der Kohärenz eines Textes gesehen werden kann. Weiter oben wurde bereits besprochen, dass verbale Eigenschaften relevant für die Bestimmung von Sprechakttypen und damit auch konstituierend für die jeweilige Textsorte sein können; anhand des Hethitischen haben wir gesehen, wie der Gebrauch der grammatischen Person textstrukturierend wirken kann. Der häufigen Wiederholung identischer Verbformen (wie des umbrischen Imperativ II auf -**tu**) kann dabei durchaus ein Rekurrenzeffekt, auch auf der rein lautlichen Ebene, zugeschrieben werden; allerdings scheint das Phänomen v.a. in Kombination mit anderen Wiederholungsmustern zu bestehen und dürfte im Vergleich zur lexikalischen Rekurrenz als untergeordnet betrachtet werden.

8.5.5.1 Strukturelle Rekurrenz in den umbrischen und lateinischen Gebeten

Strukturelle Kohärenzprinzipien werden hier nur in einem begrenzten Umfang thematisiert; zumal sie, wenigstens in den Gebeten, bereits recht gut untersucht sind. Zur Demonstration der kohärenzstiftenden Wirkung stilistischer Gestaltung in den italischen Gebeten sei hier auf Watkins (1995) verwiesen, der sowohl das Marsgebet aus Cato *Agr.* 141 als auch einige der umbrischen Gebete aus den Iguvinischen Tafeln nach poetischen Gestaltungsprinzipien untersucht und Gemeinsamkeiten herausgearbeitet hat. Im Folgenden werden daraus nur einige exemplarische Punkte aufgegriffen. Watkins überführt die entdeckten Strukturprinzipien bei seiner Darstellung auch in das Schriftbild des Textes, um sie deutlich hervorzuheben, und führt z.B. Strophen- und Spaltenunterteilungen ein, wie hier an Strophe 2) und 3) zu sehen:[98]

98 Vgl. Watkins 1995: 199.

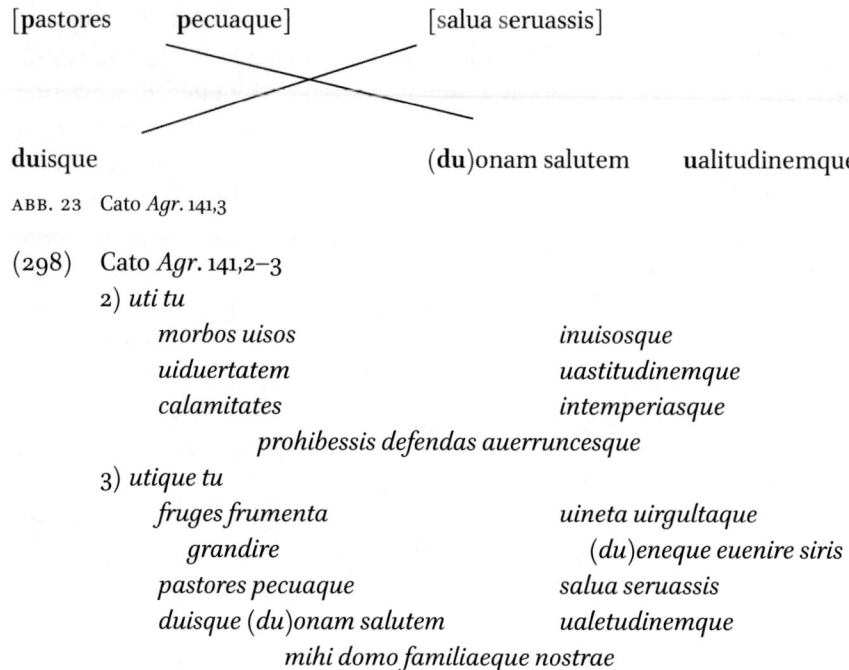

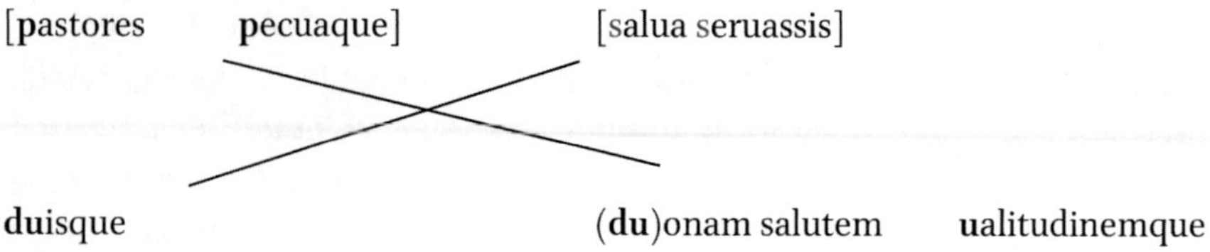

ABB. 23 Cato *Agr.* 141,3

(298) Cato *Agr.* 141,2–3

2) *uti tu*

morbos uisos *inuisosque*
uiduertatem *uastitudinemque*
calamitates *intemperiasque*
prohibessis defendas auerruncesque

3) *utique tu*

fruges frumenta *uineta uirgultaque*
grandire *(du)eneque euenire siris*
pastores pecuaque *salua seruassis*
duisque (du)onam salutem *ualetudinemque*
mihi domo familiaeque nostrae

Diese beiden (mittleren) Strophen des Gebets werden v.a. aufgrund ihrer stilistischen Durchformtheit (die sich in Art und Grad der Umsetzung von den umgebenden beiden unterscheidet) als archaischer Kern eines sog. „Nesting“-Verfahrens, als Gebet im Gebet analysiert. Die stilistischen Gestaltungsprinzipien, die Watkins ermittelt, repräsentieren dabei zugleich kohärenzstiftende Strategien, nämlich syntaktisch parallele Anordnung von paarigen (meristischen) Ausdrücken unter Einbezug lautlicher Rekurrenz in 2), wobei drei Zweierpaare von Übeln durch eine dreigliedrige Verbalphrase abgeschlossen werden. In 3) treten ebenfalls meristische Paare auf, allerdings ist die syntaktische Struktur noch komplexer, indem die sich entsprechenden syntaktischen Einheiten nicht nur parallel, sondern auch chiastisch angeordnet sind, wie in Abbildung 23 gezeigt.

Zudem ist die Zusammengehörigkeit der einzelnen Elemente stets auch lautlich (durch gleichen Anlaut aber auch durch Lautfolgen im Wortinnern) abgebildet, wie Watkins zusätzlich durch entsprechende graphische Hervorhebungen markiert, vgl. folgende schematische Darstellung:[99]

---

99 Watkins 1995: 206.

(299) Cato *Agr.* 141,2–3

8	morbos *VISOS*	in*VISOSque*
9	Viduertatem	Vastitudinem*que*
10	cAlAmitAtes	intemperiAs*que*
11	prohibess*IS* defend*AS*	auerrunc*ESque*
12	FRVges FRVmenta	VIneta VIrgulta*que*
13	grandIRE	dVENEque EVEN-IRE sIR*IS*
14	Pastores Pecua*que*	Salua Servass*IS*
15	DV*ISque* DVonam salVTem	ualetVDinem*que*

Eine besondere Rolle spielt in diesem Text bei der Strukturbildung auch die Bedeutung von Zahlen: Gruppen von zwei oder drei (nominalen oder verbalen) Ausdrücken bilden ein zentrales und wiederkehrendes Strukturprinzip, das bestimmte Ausdrücke oder Gruppen als einander ähnlich oder entsprechend markiert.

Eine ähnlich eingehende Untersuchung widmet Watkins exemplarisch auch dem umbrischen Gebet in IT VIa 22–34, in dem er ganz ähnliche, lautliche und syntaktische Strukturprinzipien erkennt und z. T. auch hinsichtlich ihres textbildenden Wertes evaluiert:[100]

> The prayer is bounded by nested ring composition at a distance of more than 50 lines (…). The insistent, almost relentless doubling of grammatical parallel phrases on the "horizontal" (linear) axis – for/to the Fisian Mount, for/to the Iguvine State, lines 3, 6, 14, 37, 49, 53 – is in counterpoint to the "vertical" (non-linear) reference to the following lines 4, 7, 15, 38, 50, 54, for/to the name of this (masc.), for/to the name of this (fem.).

(300) IT VIa 22–34

ocriper fisiu —— *totaper iiouina*

erer nomneper —— *erar nomneper*

100 Watkins 1995: 216. Vgl. zu den stilistischen Gestaltungsprinzipien der umbrischen Gebete auch Prosdocimi 1992.

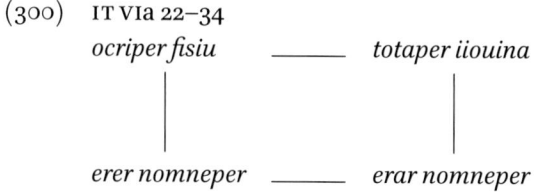

Watkins erkennt in dem Gebet also eine komplexe Verknüpfung von Strukturen auf vertikaler und horizontaler Ebene, bei der die von ihm sogenannten „magical squares", die als (strukturelle) Einheiten wiederholt werden, eine entscheidende Rolle spielen. Besonders deutlich und bewusst gestaltet präsentieren sich nach dieser Auffassung die Zeilen VIa 27–28 (d.h. 21–24 des Gebets), die als „strophe, bound together by rhythm, repetition, grammatical parallelism" beschrieben werden, wobei die viergliedrige Paraphrase, die im Beispiel umrahmt wurde, den Kern dieser Strophe bilde (s. Watkins 1995: 220):

(301) IT VIa 27–28
dei. crabouie. persei.
tuer. perscler. uaseto. est.
pesetomest. peretomest
frosetomest. daetomest.
tuer. perscler. uirseto. auirseto. uas. est.
„Jupiter Grabovius, wenn in deinem Ritual ein Versäumnis, eine Sünde, eine Überschreitung, ein Schaden, ein Vergehen gewesen ist, in deinem Ritual ein gesehener oder ungesehener Fehler ist (...)"

Wie eng syntaktische, morphologische und phonologische Rekurrenz miteinander verknüpft sind, wird anhand dieses Beispiels besonders gut deutlich: Die Struktur *tuer perscler* (...) *est* erzeugt eine rahmende Parallele (natürlich auch durch lexikalische Rekurrenz); wobei *uaseto* im schließenden Rahmen durch die Aufspaltung in das meristische *uirseto auirseto uas* aufgenommen und variiert wird. Zwischen den beiden steht die morphologisch identische Reihe *pesetomest peretomest frosetomest daetomest*, deren Bestandteile jeweils durch Silbenzahl und Reim auch lautlich und rhythmisch Kohärenz erzeugen. Zusätzlich ergeben sie auch isotopisch betrachtet eine Einheit, wodurch auch diese Texteigenschaft hier stark involviert ist.

Alle genannten Beispiele stellen aber nur einen Ausschnitt aus den viel umfassenderen Betrachtungen dar, die Watkins 1995 (und auch andere wie Vine 2004 oder Norden 1939; 1913; 1898) den stilistischen Mitteln gewidmet haben, welche die Gebete bei Cato und in den IT zu strukturell äußerst kohärenten Texten machen. Schon dieser punktuelle Einblick eröffnet allerdings den Eindruck einer überwältigenden Vielzahl und Vielfalt von Stilfiguren aus allen Bereichen struktureller Rekurrenz (und darüber hinaus). Dadurch wird einmal mehr deutlich, wie im Idealfall die Ebenen eines Textes von kohärenzstiftenden Elementen durchzogen werden, deren Funktion ja gerade die Verknüpfung und Verwebung dieser Ebenen und der Textteile zu einer textuellen

Einheit ist. Dass sie daher nur schwer isolierbar und getrennt zu betrachten sind, zeugt nicht zuletzt von ihrem erfolgreichen Einsatz durch den Textproduzenten.

8.5.5.2 Strukturelle Rekurrenz in den hethitischen Gebeten

Die hethitischen Gebete sind in jüngster Zeit von Daues und Rieken (2018) nach textlinguistischen, aber auch stilistischen Gesichtspunkten analysiert worden; deshalb sei an dieser Stelle kurz auf die dortigen Ergebnisse verwiesen. Eine Zusammenschau der festgestellten Stilmittel bieten die Autorinnen zusammen mit einem Verteilungsschlüssel der einzelnen Prinzipien auf verschiedene Gebetsgruppen (2018: 296–302). Dadurch wird u.a. eine diachrone Entwicklung der Frequenz einzelner Elemente deutlich.

Strukturell wird die Einheit des Kolon, eine propositionale Einheit aus Referenz + Prädikation (sei es Hauptsatz, Gliedsatz oder längere Folge nominaler Appositionen) als zentral bewertet,[101] auf deren Grundlage sich verschiedene Textmuster eröffnen. Stilistische Markierungen, darunter gerade auch strukturelle Wiederholungsmuster, werden anhand der Kola vorgenommen und übernehmen nachweislich bedeutende Funktion für eine intakte und kohärente Rezeption des betreffenden Textes, wie die Autorinnen konstatieren:

> So gelangen wir über die Stilmittel zu wichtigen Informationen über die Struktur des Textes sowie zu bedeutenden Hinweisen zum Textverständnis.[102]

Die strukturellen Gestaltungsprinzipien, die am häufigsten zu beobachten sind und somit an der Textkohärenz entscheidend mitwirken, sind demnach:[103]

- phonetische Häufungen (von Vokalen oder Konsonanten); im folgenden Beispiel die *i*-Vokale und Sibilanten:

(302) KUB 30.11+ Rs. 15′–16′
[na]m-⌜*ma*⌝*-mu-uš-ša-*⌜*an*⌝ *iš-pa-an-ti ša-aš-ti-mi ša-ni-iz-zi-iš t*[*e-eš-ḫa-aš*]
[*na-at*]-⌜*ta*⌝ *e-ep-zi*

101 Daues/Rieken 2018: 181.

102 Daues/Rieken 2018: 296.

103 Aufgrund des Augenmerks auf strukturellen Mustern werden die Beispiele in diesem Abschnitt z.T. abweichend von der Zeilenzählung angeordnet.

„In der Nacht ergreift mich in meinem Bett [ke]in angenehmer T[raum me]hr."

– Anapher

(303) KUB 14.8 Rs. 42′–44′
na-aš-ma-at a-ri-ia-še-eš-na-az (43)[… -*a*]*t-ta-ru*
na-aš-ma-at LÚDINGIR-*LIM-ni-an-za-ma me-ma-a-ú*
na-aš-ma ⌜*A-NA*⌝ [LÚ.MEŠSANGA] (44)[*ku-it ḫu-u-ma-an*]-⌜*da*⌝-*a-aš wa-tar-na-aḫ-ḫu-un*
„oder es soll durch eine Orakelanfrage [ermittel]t werden
oder ein Gottbeseelter soll es sagen
oder, was ich [a]llen Opferpriestern habe mitteilen lassen: (…)."

– Epipher:

(304) KBo 4.6 Vs. 13′
pár-ku-i-ša-aš a-pa-a-aš
mi-iš-ri-wa-an-za a-pa-a-aš
ḫar-ki-ša-aš a-pa-a-aš
„Es (das Substitut) (ist) rein, jenes! Es (ist) glänzend, jenes! Es (ist) weiß, jenes!"

– Parallelismus (häufigstes Stilmittel):

(305) KUB 36.75+ Vs. II 4′–6′
⌜D⌝*BU-NE-NE* SUKKAL-*KA ku-un-na-az-te-et* (5′)***i-ia-at-ta***
D*mi-ša-ru*-⌜*ša*⌝ SUKKAL-*KA* (6′)GÙB-*la-az-te-et* ***i-ia-at-ta***
„Bunene, dein Wesir, geht zu deiner Rechten,
und Mišaru, dein Wesir, geht zu deiner Linken."

– Chiasmus (ebenfalls sehr etabliert):

(306) KUB 30.10 Vs. 20′
ḫu-iš-wa-tar-ma-pa *an-da ḫi-in-ga-ni ḫa-mi-in-kán*
ḫi-in-ga-na-ma-pa an-da ***ḫu-iš-wa-an-ni-ia*** *ḫa-mi-in-kán*
„Das Leben (ist) mir verbunden mit dem Tod.
Der Tod aber (ist) mir auch mit dem Leben verbunden."

Ein längeres und komplexes Beispiel für die strophenartige, repetitive Gestaltung von Gebeten bietet die folgende Passage, die durch ein Zusammenspiel verschiedener struktureller[104] und anderer Muster[105] geprägt ist (gebundene Umschrift, Umbrüche, Einrückungen und Abstände sind hier ausnahmsweise zur besseren Sichtbarkeit der Strukturen gewählt):

(307) KUB 30.10 Vs. 24′–28′

[*kinun*]*=a=mu=z*(*a*) *ammel* DINGIR=*YA* ŠÀ=*ŠU* ZI=*ŠU* *ḫūmantet kardit kīnuddu*
nu=mu wašdul=mit [*tēdd*]*u n=e=z=*(*š*)*an ganešmi*
    naššu=mu DINGIR=*YA* *zašḫeya mēmau*
nu=mu=z(*a*) DINGIR=*YA* ŠÀ=*ŠU* *kinuddu*
[… *wašd*]*ul=mit tēddu n=e=z=*(*š*)*an ganešmi*
    našma=mu MUNUSENSI *mēmau*
    [… *Š*]*A* DUTU LÚAZU *IŠTU* UZUNÍG.GIG *mēmau*
nu=mu=z(*a*) DINGIR=*YA* *ḫūmantet kardit* […] *kīnuddu*
nu=mu wašdul=mit teddu n=e=z=(*š*)*an ganešmi*

„[Jetzt] aber soll mein Gott mir sein Innerstes (und) seine Seele offenbaren mit ganzem Herzen! Er soll mir meine Vergehen [benenn]en, so dass ich sie erkenne!
    Entweder soll mein Gott zu mir im Traum sprechen!
Mein Gott soll mir sein Innerstes offenbaren!
Er soll [mir] meine [Vergeh]en benennen, so dass ich sie erkenne!
    Oder es soll eine Seherin zu mir sprechen!
    [Oder] ein Orakelpriester [d]es Sonnengottes soll es [mir] aufgrund der Leber sagen!
Mein Gott soll mir [sein Innerstes (und) seine Seele] offenbaren mit ganzem Herzen!
Er soll mir meine Vergehen benennen, so dass ich sie erkenne!“

Die Beispiele bieten einen guten Einblick in die Möglichkeiten struktureller Rekurrenzmuster, die in den hethitischen Gebeten als stilistische Merkmale verwendet sind. Das letzte Beispiel zeigt, dass auch komplexere Textmuster, vergleichbar mit den von Watkins aufgegriffenen Techniken wie *Nesting* oder Ringkompositionen, vorkommen. Daues/Rieken (2018) besprechen

104 Anapher, Parallelismus, Repetition größerer Einheiten.
105 Lexikalische Rekurrenz bei gleichzeitiger Variation zwischen ŠÀ=*ŠU* ZI=*ŠU* *ḫūmantet kardit kīnuddu* – ŠÀ=*ŠU* *kinuddu* – *ḫūmantet kardit* […] *kīnuddu*; wachsende Glieder von einer Option mit *memau* zu zwei parallelen Optionen.

in ihrer Zusammenschau ebenfalls Stilmittel, die nicht auf strukturellen, sondern auf inhaltlichen oder referenzbezogenen Prinzipien basieren, und liefern so ein umfassendes Bild der stilistischen Gestaltung der Texte (und ebenfalls von deren Einfluss auf das Textverständnis). Tendenziell wird eine diachrone Verschiebung von eher poetischer, ästhetischer Durchformtheit in den älteren Texten, hin zu einer eher rhetorischen, argumentorientierten Verwendung der Stilmittel in den junghethitischen Gebeten festgestellt. Die Bedeutung der strukturellen Kohärenzmittel an sich ist aber offenbar als gleichbleibend zu bewerten.

8.5.5.3 Strukturelle Rekurrenz in den umbrischen Ritualanweisungen

Doch nicht nur in den Texten der Gebete, wo man aufgrund des ästhetischen Anspruchs mit den beschriebenen Gestaltungsmitteln rechnet, finden sich strukturelle Wiederholungsmuster. In den Ritualbeschreibungen der Iguvinischen Tafeln lassen sich Parallelismus und Chiasmus als zentrale Prinzipien feststellen, wobei die Parallelität unmarkierter Strukturen isoliert gesehen als weniger markiert gelten muss. Aber selbst rhythmische Strukturen auf Phrasenebene spielen eine nicht geringe Rolle in den IT, wie die Untersuchungen von Dupraz (z.B. 2018a) gezeigt haben. In der folgenden Passage, die sich auf den Bau eines für das Ritual der Tafeln III und IV relevanten Kultgerätes, der **kletra**, bezieht, liegt ein Beispiel für den zugleich chiastischen und parallelen Bau aufeinander folgender Anweisungen vor:[106]

(308) IT III 17–20

[seples / ahesnes : tris] : kazi : astintu : (1)

feřehtru : [etres : tris / ahesnes] : astintu (2)

sufeřaklu : [tuves : ahesnes] / astintu (3)

„Mit bronzenen Nägeln, mit drei [davon] sollst du das **kazi**[107] beschlagen
Das **feřehtru** sollst du mit weiteren 3 bronzenen (Nägeln) beschlagen
Das **sufeřaklu** sollst du mit 2 bronzenen (Nägeln) beschlagen."

106 S. zur ausführlichen Besprechung dieses Beispiels Dupraz 2018a: 11–12.

107 Unbestimmbares Objekt; s. Untermann 2000: 377; Weiss 2010: 126–127.

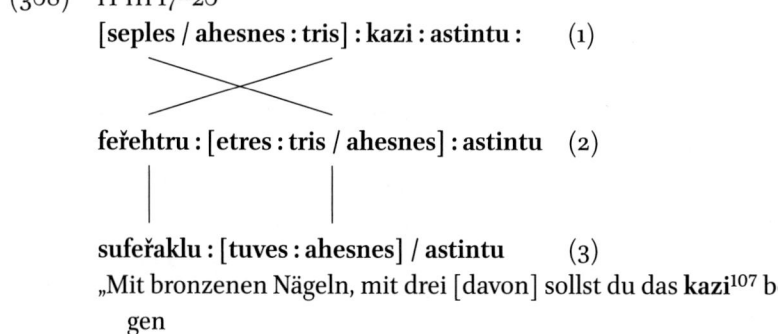

Die eckigen Klammern dienen zur Markierung der NP als einer Konstituente (instrumentaler Ablativ) neben dem Akkusativ des affizierten Objekts und dem (jeweils gleichen) Verb **astintu**. Im Ganzen liegt damit eine ornative Konstruktion vor, in der die beiden nominalen Konstituenten zuerst chiastisch (1 : 2), dann parallel (2 : 3) zueinander angeordnet werden, während das Verb gleichbleibend finale Position behält. Durch die Zahlangaben (3–3–2) ergibt sich ein weiteres Muster x–x–y zwischen den Phrasen. Weitere, noch deutlich komplexere bzw. über einen größeren Textbereich sich erstreckende Beispiele, in denen Gruppen von Anweisungen mit jeweils mehreren äquivalenten Konstituenten zuerst chiastisch und dann parallel angeordnet sind, hat Dupraz (2018a) u.a. in den Instruktionen des *piaculum* (Ia 2–3; 7–8; 11–12; 14–15; 20–21; 24–25; VIa 22; 58; VIb 1; 3; 19; 22) erkannt. Aufgrund der Tatsache, dass es sich nicht um syntaktisch oder pragmatisch (z.B. topikalisch) begründete Verschiebungen der Anordnung handeln könne, seien die Strukturmuster als „stilistische Konvention der umbrischen Kunstprosa" zu verstehen, „nach welcher der jeweils erste Satz durch eine abweichende Reihenfolge der einzelnen Phrasen eine Sonderstellung einnimmt".[108] An sich unmarkierte Parallelismen werden also durch den Kontrast mit einer abweichenden chiastischen Stellung zu einem dreigliedrigen Muster x–y–y ausgebaut, so dass ein stilistisches Prinzip entsteht.

8.5.5.4 Strukturelle Rekurrenz in den hethitischen Ritualanweisungen

Auch in den Instruktionsteilen hethitischer Rituale findet sich syntaktische Parallelität als strukturelles Wiederholungsmuster, besonders wenn inhaltlich parallele oder äquivalente Vorgehensweisen oder Abläufe beschrieben werden. Dies ist gerade bei korrelativen Konstruktionen, z.B. mit *ke-e-ez* (…) *ke-e-ez-zi-a* „hier(hin) und dort(hin)" der Fall, wie im folgenden Beleg aus dem Ritual der Anniwiyani:

(309) VBoT 24 Vs. I 37–42
nu A-NA KÁ.GAL-*TIM*
[(*ḫa-an-te-ez*)]-*zi-ia-az ke-e-ez* MAŠ-*AM ti-an-zi*
[(*ke-e-ez-z*)]*i-ia* MAŠ-*AM ti-an-zi* (§-Strich)
[*A-NA* KÁ.GAL-*T*]*IM-ma ap-pé-ez-zi-ia-az*
[(*ke-e-ez*) *ke*]-⸢*e*⸣-*ez-zi-ia* ^{GIŠ}*la-aḫ-ḫur-nu-zi*
[(*ti-an-zi*)]

108 Dupraz 2018a: 7. Dabei unterscheidet Dupraz diese stilistischen Variationen von ikonischen, referenziell bedingten Wechseln von Abfolgen, z.B. der Lokalangaben in IIa 35–37 und IV 6–20; vgl. Dupraz 2018a: 17–24.

„Und vorne am Tor legt man hier eine Hälfte hin und da legt man eine Hälfte hin.
Hinten am Tor aber legt man hier und da Laubwerk hin."

In Beispielen wie diesem bestehen zunächst parallele Strukturen bzgl. der korrelativen Glieder (*ke-e-ez* MAŠ-*AM ti-an-zi ke-e-ez-zi-ia* MAŠ-*AM ti-an-zi*), aber auch auf der darüber liegenden Ebene, die den lokalen Kontrast „vorne/hinten" aufweist (*A-NA* KÁ.GAL-*TIM ḫa-an-te-ez-zi-ia-az ... ti-an-zi ... A-NA* KÁ.GAL-*TIM -ma ap-pé-ez-zi-ia-az ... ti-an-zi*).

Textstrukturierende Funktion haben auch längere identische Formulierungen wie die folgende, die im Ritual der Allī die Behandlung mit den verschiedenen Wollfäden wiedergibt und zugleich als Einleitung der (stärker variierenden) Formeln in direkter Rede fungiert:

(310) KUB 24.9+ Vs. I 43–44
[EGIR-*a*]*n-da-ma* SÍG *an-ta-ra-an-ta-an ka-a-pí-na-an QA-TAM-MA i-ia-zi*
[*nu t*]*e-ez-zi*
„Danach behandelt sie einen blauen Wollfaden ebenso und spricht: (...)"

Die Tatsache, dass die Prozeduren immer nach dem Vorbild der zuerst beschriebenen wiederholt werden (*QA-TAM-MA*), wird so auch durch die jeweils parallelen syntaktischen Strukturen abgebildet, wobei durch den Diskursverweis zugleich eine ökonomische Referenz vorliegt. Allerdings sind parallele Strukturen oft syntaktisch nicht markiert und daher vielleicht nicht als „starke" Gestaltungsmerkmale zu sehen (sondern eher als Abwesenheit von Variation). Markiertere oder komplexere syntaktische Strukturen sowie Beispiele für bewusste lautliche Rekurrenz scheinen hingegen in den Vorschriften wenig üblich zu sein. Gerade eine Kombination verschiedener Strukturprinzipien in verdichteter oder verschränkter Form, wie im Beispiel (307) KUB 30.10 Vs. 24′–28′ gezeigt, ist in den Ritualpräskripten nicht zu finden.

Innerhalb der untersuchten Texte lässt sich damit zwar keine Beschränkung der strukturell-stilistischen Kohärenzmittel auf die ästhetisch stärker markierten Gebete feststellen. Allerdings ist doch zu erkennen, dass ihre Frequenz und Dichte in den Gebetstexten deutlich höher ist und dass hier ebenfalls deutlich engere Verbindungen von syntaktischer und phonologischer Rekurrenz vorkommen. Die Rekurrenzmuster in den Anweisungstexten sind, wenn überhaupt, dann auf der syntaktischen Ebene zu finden: Besonders vorherrschend sind (unmarkierte) parallele Strukturen, die oft wohl eher als Abwesenheit von Variation zu betrachten sind. Sie haben in erster Linie strukturierende Funktion und erleichtern die Rezeption; das zeigt sich auch daran, dass sie eher in Kombination mit weiteren strukturierenden Kohärenztechniken auftreten, z. B. mit expliziter Konnexion, aber auch mit ökonomischen Techniken wie Labelling, Diskursdeixis, Ellipse. Eine Ausnahme bilden die von Dupraz (2018a) besprochenen, offenbar stilistisch motivierten asymmetrischen Variationen der Instruktionen in den IT: Diese bilden ein spezifisches strukturelles Prinzip, sind aber dennoch nicht in gleicher Weise mit anderen expliziten Kohärenzmitteln verwoben, wie sie in den Gebeten vorliegen.

8.5.6 *Explizite Konnexion*/clause linkage

Einen wichtigen Anteil an der Herstellung von Textkohärenz besitzen die Indikatoren der zwischen einzelnen Textteilen bestehenden semantischen (nach anglo-amerikanischen Beschreibungsansätzen der rhetorischen oder Diskurs-) Relationen.[109] Diese Relationen müssen nicht notwendig expliziert werden; in vielen Fällen sind sie es nicht, sondern werden gerade zur Herstellung kohärenter Strukturen vom Rezipienten erschlossen. Sprachliche Ausdrücke mit explizit konnexionsstiftender Funktion werden Konnektive genannt und umfassen einerseits grammatische Konnektive, d. h. die koordinierenden und subordinierenden Konjunktionen der traditionellen Grammatiken. Andererseits besitzen auch andere unflektierte Wörter, wie Adverbien oder Partikeln, konnektive Funktion; diese werden lexikalische Konnektive genannt. Fragen der syntaktischen Verknüpfung finiter Sätze zur semantischen Verknüpfung (*interlacing*) ihrer Propositionen fallen teilweise in den Bereich des sog. *clause-linkage*, das die Verbindung zwischen Sätzen und Propositionen im Rahmen verschiedener Kontinua erfasst. Relevante Parameter bei der typologischen Einordnung sind dabei u. a. der Grad der Autonomie der beiden involvierten Sätze oder satzäquivalenten Syntagmen S1 und S2[110] (zwischen Parataxe und maximaler Hypotaxe), der Grad der Sententialität von S2 (zwischen finitem Satz und nominaler Realisierung) sowie der Grad der bereits genannten Explizitheit der Verknüpfung von S1 und S2 (zwischen Syndese und Asyndese).[111] Dabei zeigt

109 Daher ist auch von „relational coherence" die Rede; Prinzipielles dazu bei Sanders/Spooren 2001: 10–17.

110 Es sei S2 ein Satz oder satzäquivalentes Syntagma (mit einer potentiell einzubettenden Prädikation) und S1 dessen Nachbarsatz oder Matrixsatz.

111 Vgl. zum *clause-linkage*-Kontinuum und den Parametern Fabricius-Hansen 2000; v. a. unter Wiedergabe von und Bezugnahme auf Lehmann 1988. Lehman nennt dort noch weitere Parameter bzw. differenziert stärker; er postuliert insgesamt sechs parallel orientierte Kontinua, anhand derer eine typologische Einordnung von *clause-linkage* erfolgen sollte: i. hierarchical downgrading of the subordinate clause; ii. main clause syntactic level of

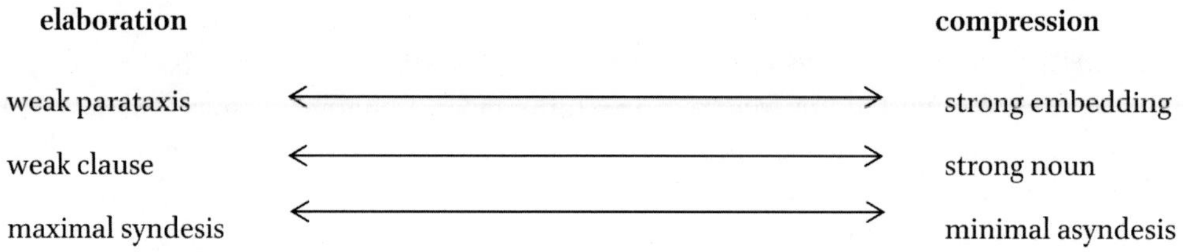

ABB. 24 *elaboration vs. compression*

sich, dass die angesprochenen kontinualen Parameter Autonomie, Sententialität und Explizitheit der Konnexion parallel ausgerichtet sind und dass ihre Extrempole jeweils miteinander korrelieren. Dieses Verhältnis wird durch die Anordnung in Abbildung 24 (Lehmann 1988: 217) dargestellt.[112]

Am linken Rand steht hier als maximal elaborierte Möglichkeit eine Verbindung von zwei voll ausgeprägten Sätzen oder Syntagmen S1 und s2, die voneinander unabhängig und syntaktisch gleichwertig sind. Sie werden durch ein explizites Konnektivum verbunden, durch das auf die gemeinsamen semantischen Eigenschaften bzw. Referenten verwiesen wird. Auf der gegenüberliegenden Seite ist s2 maximal komprimiert und als nominale Konstituente so stark in S1 integriert, dass im Grunde ein einziger Satz mit einer zusätzlichen, reduzierten Prädikation entsteht. Dabei ist die Relation zwischen beiden Prädikationen maximal unspezifiziert. Zwischen den Parametern und ihrer jeweiligen Ausprägung muss natürlich im jeweiligen Fall keine totale Korrespondenz bestehen, wodurch sich eine Menge an Subtypen (*intermediate and concomitant types*) ergibt, die sich zwischen den beiden Polen anordnen (vgl. Lehmann 1988: 218 mit Beispielen).

Explizite Konnexion ist also eher am linken Rand des *clause-linkage-continuum* zu verorten und korrespondiert tendenziell mit Satzwertigkeit und Autonomie der betreffenden Prädikation. Die Gegenüberstellung von Elaboration und Kompression in Bezug auf Satzverknüpfungen lässt sich mit der obigen Überlegung in Einklang bringen, dass auch die sprachliche Gestaltung oder Repräsentation von Textkohärenz sich zwischen zwei ähnlichen entgegengesetzten Polen anordnet. Stark elaborierte Typen von Konnexion stehen dementsprechend gleichzeitig auf der Seite der expliziten, voll determinierten und damit weniger ökonomischen sprachlichen Kohärenzmittel. An diesem Ende des Kontinuums wären Fälle zu verorten wie „He chopped the trees. *When*

---

the subordinate clause; iii. desententialization of the subordinate clause; iv. grammaticalization of the main verb; v. interlacing of the two clauses; vi. explicitness of the linking (Lehmann 1988: 214).

112 Hier auf die eingeführten Aspekte reduziert.

he had chopped them/the trees, he shaped them“ mit expliziter Wiederaufnahme des ersten Satzes durch den Nebensatz.[113] Andere Konnexionstypen sind im Vergleich dazu deutlich reduziert und funktionieren auf Basis der Wiederaufnahme des Satzes oder nur eines Referenten durch ein Personal- oder Konjunktionaladverb wie *danach*. Sie stellen somit zugleich einen Sonderfall der anaphorischen Beziehung dar.[114] Der Übergang zwischen phrasalen Konnektiven aus anaphorischem (diskursdeiktischem) Ausdruck + Präposition wie „He chopped the trees. *After that* he shaped them“ (hier mit Bezug auf die gesamte Proposition von S1) und lexikalischen Konnektiven in Form von Pronominal- und Konjunktionaladverbien wie „He chopped the trees. *Then* he shaped them“, deren anaphorischer oder deiktischer Ursprung z. T. nur noch bedingt feststellbar ist, ist dabei fließend.

Weitere relevante Kategorisierungen der expliziten Konnektoren betreffen einerseits die Frage, ob sie beiordnend oder unterordnend fungieren, d. h. als Konjunktion oder Subjunktion erscheinen, also parataktische oder hypotaktische Strukturen erzeugen.[115] Andererseits ist die Art der semantischen Relation zu bestimmen, die sie repräsentieren. Geläufige Klassifikationen unterscheiden dabei z. B. koordinative, adversative, konzessive, kausale, konsekutive, konditionale und temporale sowie modal-instrumentale Konnektoren (oft auch noch mit Spielarten und Subtypen). Diese drücken explizit logische Relationen zwischen (Teil)Sätzen aus, die in Addition, Gegensatz, Einschränkung, Grund, Folge, Bedingung, Sequenz, Mittel sowie Art und Weise bestehen. Durch die Explizierung dieser Informationen entbinden sie den Zuhörer von der Aufgabe, die Relationen durch entsprechende Inferenzziehungen selbst herzustellen.[116] Besonders dieser letztere Aspekt kann für die Beurteilung von Fachsprache und fachsprachlicher Kohärenz relevant sein: Verschiedene Untersuchungen

113 Nach Lehmann (1988) ein *anaphoric subordinate clause*.

114 Allerdings trennen bestimmte Kriterien anaphorisch basierte Konnektive von einfacher Wiederaufnahme: nämlich die Komplexität und Abstraktheit des antezedierenden Referenten (ganzer Satz oder Phrase) einerseits und der adverbiale Charakter des anaphorischen Ausdrucks (als Kern einer dem übergeordneten Verb oder Satz adjungierten Konstituente) andererseits; vgl. Fabricius-Hansen 2000: 332–333.

115 Z. T. werden auch die Kategorien Disjunktion und Kontrajunktion eingeführt; vgl. Beaugrande/Dressler 1981. Dies scheint allerdings eine (nicht notwendige) semantische Differenzierung darzustellen, die i. d. R. erst in der semantischen Klassifikation der Konnektive zum Tragen kommt.

116 Da derartige Inferenzen stark automatisiert sind und die logische Verknüpfung durch die Rezipienten aufgrund des entsprechenden Welt- oder Kontextwissens meist auch ohne Explizierung hergestellt wird, ist explizite Konnexion für das korrekte Verständnis meist eigentlich nicht notwendig, wie die Beispiele in 8.2.3 gezeigt haben. In gesprochener Sprache wird daher oft weitgehend darauf verzichtet.

haben sich bereits mit der Verteilung und Frequenz bestimmter semantischer und logischer Relationen in Textsorten befasst und dabei interessante Ansätze geliefert, die auch bzgl. der rituellen Fachsprache aufgegriffen werden können.[117] Die zentrale Frage wird also im Folgenden sein, welche expliziten Konnexionstypen in unseren Texten am häufigsten vorkommen und welche textuelle und pragmatische Funktion sie (neben der semantischen) besitzen.

8.5.6.1 Konnexion im Hethitischen

Das Hethitische macht umfassend Gebrauch von koordinativer, parataktischer Konnexion mithilfe der Partikeln *n(u)*, *šu* (*š-*), *t(a)* (satzinitial) und *-a/-ya*, *-a/-ma* (enklitisch). Die in erster Position auftretenden Konnektive sind semantisch nicht sehr stark markiert; sie drücken Koordination oder auch Addition der verbundenen Glieder aus, was mitunter als (schwache) temporale Anknüpfung genutzt werden kann. In Übersetzungen findet sich dementsprechend häufig auch „dann" o.ä., wie im folgenden Beispiel:[118]

(311) KBo 4.9 Vs. I 33–34
ta-aš-ta LUGAL MUNUS.LUGAL
^{É}*ḫa-li-en-tu-u-wa-az ú-wa-an-zi*
„Dann kommen der König und die Königin aus dem Palast."[119]

Die enklitischen Partikeln sind allerdings zur Informationsstrukturierung durchaus relevant, indem sie die Fortschreibung von Partizipanten und Zirkumstanten anzeigen und so gleichbleibendes Topik markieren können.[120] Die Wackernagel-Klitika *-a/-ya, -a/-ma*, stehen an zweiter Position und besitzen als Diskurspartikeln ebenfalls informationsstrukturelle Funktionen: Das kontrastive *-ma* „aber" dient z.B. zur Organisation von Topikalität, indem es einen Wechsel des Topiks anzeigt;[121] das koordinative *-(y)a* dient auch zur Fokusmarkierung.[122] Gemessen an ihrer Frequenz zählen die konnektiven Partikeln in

117 Roelcke ^{3}2010 und Czicza et al. 2012.

118 Ähnliches kann auch für *-ma* gelten: Indem ein Kontrast zu einer vorausgegangenen Handlung ausgedrückt wird, wird diese oft als bereits vollzogen markiert und so implizit ein zeitliches Nacheinander hergestellt.

119 So die Übersetzung von Badalì/Zinko 1989: 47.

120 Vgl. Widmer 2009; Inglese 2016.

121 Vgl. Sideltsev 2017: 181 „-*(m)a* marks contrastive as well as new/shifted topic in the left periphery, and identificational focus in the preverbal position"; s. auch Sideltsev/Molina 2015; Hoffner/Melchert 2008: 395–399.

122 Sideltsev 2017: 181 „-*(y)a* marks additive focus in the left periphery and scalar additive focus 'even' in the preverbal position"; s. auch Sideltsev/Molina 2015; Hoffner/Melchert 2008: 399–401.

TABELLE 30 Hethitische Konnektoren (nach Hoffner/Melchert 2008)

NS-Typ	Althethitisch	Junghethitisch
1. temporal „wenn, bis"	*mān, kuitman*	*maḫḫan, kuwapi; kuitman*
2. kausal „weil"	(*kuit*)[a]	*kuit*
3. konzessiv „obwohl"	*mān* ... -(*y*)*a*	*mān*
4. konditional „wenn"	*takku*, (selten *mān*)	*mān*
5. relativ „der, das"	*kui-*	*kui-*
6. indirekte Aussage „dass"		*kuit, maḫḫan, mān*

a Inglese 2016: 110–113 zeigt, dass die Verwendung von *kuit* als kausaler Konjunktion im Althethitischen kaum nachweisbar ist. Dies liegt einerseits an der Beleglage, die auf ein allenfalls marginales Vorkommen entsprechender Satzverknüpfungen hinweist, andererseits an der Tatsache, dass *kuit* etymologisch betrachtet ein Relativpronomen im Nom./Akk.Sg.nt. ist, dessen Grammatikalisierung zum Konnektor mit v.a. kausaler Funktion sich erst sukzessive vollzogen hat (Inglese 2016: 111). Die drei Belege für *kuid=a* aus althethitischer Zeit (aus der Palastchronik) legten demnach allenfalls erste Tendenzen zu einer Grammatikalisierung nahe, wobei auch eine neutralere, z.B. explikative Verknüpfung „was das betriff, dass" für alle Fälle möglich sei (Inglese 2016: 111–112). In Übereinstimmung mit Dardano (1997: 77) ist daher zunächst wohl von einer nur „losen semantischen Beziehung" zwischen den durch *kuid=a* verbundenen Sachverhalten auszugehen. Die Selektion einer kausalen Lesart und vollständige Grammatikalisierung erfolgte dann im Mittelhethitischen. Vgl. dazu demnächst auch Goedegebuure i.D., die zu dem Schluss kommt, dass *kuid⸗a* „but as for" im Althethitischen in Verbindung mit *left dislocation* ausschließlich zur Einführung kontrastiver Topics herangezogen wurde.

allen Textsorten zum syntaktischen Standardrepertoire und stellen gegenüber den markierten asyndetischen Satzfolgen in den meisten Texten den Regelfall dar.[123]

Die Partikeln treten außer in parataktischen Anknüpfungen auch zur Verbindung von Haupt- und Nebensatz (dann als korrelatives Element im Haupt-

123 Hoffner/Melchert 2008: 401–405, wobei als Asyndeton auch diejenigen Fälle bezeichnet werden, in denen ein Hauptsatz nicht durch eine Partikel (*nu* oder *ta*) mit dem vorausgehenden Nebensatz verbunden wird. Auch hierbei sind natürlich Unterschiede festzustellen, die einerseits diachron und andererseits auch textsortenbedingt sein können. Asyndetische Strukturen können in den hethitischen Ritualen (wie auch in modernen Fachsprachen) als fachsprachentypische Kohärenztechnik genutzt werden; vgl. Rieken 2011: 211 mit Beispielen. Gleichzeitig scheinen sie aber in älteren Texten vorzuherrschen. Auffällig ist z.B., dass in der althethitischen Tafel des KI.LAM-Festes (Groddek 2004) Asyndeton stark vorherrscht (besonders innerhalb von abgrenzbaren Phasen), während bspw. im Ritual der Anniwiyani (CTH 393) Verknüpfung mit *nu*(-) regelhaft und nahezu ausnahmslos ist.

satz) oder mehrerer Nebensätze miteinander auf. In solchen Fällen liegt allerdings gleichzeitig ein semantisch expliziter Subordinator (z.B. *mān, maḫḫan*) zur Einleitung des betreffenden Nebensatzes vor.[124] Die konnektiven Partikeln sind für sich genommen semantisch wenig distinktiv und zudem weit verbreitet. Textsortenspezifischer Einsatz ist daher schwieriger nachvollziehbar; einen bekannten Sonderfall bildet die spezifische Verwendung des altheth. *ta*.[125] Fachsprachentypische Relevanz könnten die Partikeln daneben am ehesten für die Textstrukturierung besitzen: Zur Verwendung von *nu* am Beginn von Ritualphasen vgl. Pflugmacher 2018/19. Im Folgenden werden nur die lexikalisch expliziteren Konnektivadverbien und v.a. subordinierende Konnektoren in den Blick genommen.

Für die Verknüpfung von Propositionen durch Subordination stehen im Hethitischen (mit chronologischer Verteilung nach Alt- und Junghethitisch) grundsätzlich die in Tabelle 30 zusammengestellten subordinierenden Konnektoren zur Verfügung.[126]

Ein Beispiel für eine hypotaktische Verknüpfung liegt im folgenden konzessiven Gefüge vor, in dem der subordinierende Konnektor *mān* im Hauptsatz durch *-ma* (…) *-pat* eine korrelative Anknüpfung hat, welche zugleich die semantische Interpretation vereindeutigt:[127]

(312) KBo 5.9(+) Vs. I 16′–17′
[nu]-⸢za ma⸣-a-an ir-ma-la-an-za-ša e-eš-ta ᴰUTU-*ŠI*-⸢*ma*⸣-*a*[*t*]-*ta*
[*A-NA*] ⸢*A*⸣-*ŠAR A-BI-KA ti-it-ta-nu-nu-un-pát*
„Und obwohl du krank warst, habe ich, meine Majestät, dich trotzdem auf den Platz deines Vaters gesetzt."

Wie sich zeigen wird, sind aber bei weitem nicht alle Nebensatztypen in den Ritualtexten vertreten und es lassen sich anhand dieser Verteilung gewisse Aussagen über die spezifische und funktionale Textgestaltung der Instruktionen gewinnen. Die Zählungen der einzelnen Konnektoren oder bestimmter Nebensatz-Typen beziehen sich im Folgenden jeweils auf *einen Text*, so vollständig wie möglich er mithilfe der verschiedenen Zeugen hergestellt wurde;

---

124 Für Beispiele der verschiedenen Verwendungen s. Hoffner/Melchert 2008 für *nu* 391–392; für *šu* 393; für *ta* 394–396.

125 Die Partikel *ta* wird v.a. im Althethitischen verwendet und später häufig durch *nu* ersetzt; gerade in ritueller Sprache bleibt sie aber textsortenspezifisch weiter in Gebrauch: s. dazu Rieken 2011; 1999; Weitenberg 1992.

126 Tabelle aus Hoffner/Melchert 2008: 415; dazu auch der Hinweis, dass finale oder konsekutive Folgesätze im Hethitischen nicht subordiniert, sondern koordiniert werden.

127 Vgl. für das Beispiel auch Hoffner/Melchert 2008: 419.

also auf „das Ritual der Allī" oder „den 16. Tag des AN.DAḪ.ŠUM[SAR]-Festes", ohne doppelte oder mehrfache Vorkommen aufgrund von Duplikaten zu berücksichtigen.[128] Im Rahmen der vorliegenden Arbeit kann dabei keine umfassende Korpusuntersuchung geleistet werden; die Ausführungen sind daher als Detailstudie zu verstehen und verdienen eine Vertiefung auf breiterer Textbasis.

8.5.6.1.1 *Konnexionstypen in hethitischen Ritualtexten*

Insgesamt ist die Parataxe als Satzordnung in den hethitischen Ritualtexten deutlich häufiger vertreten als die Einbettung von Prädikationen durch Subordination oder die Verknüpfung durch Konnektivadverbien (vgl. Rieken 2011: 209–211 mit der Besprechung eines exemplarischen Textes KBo 20.10+ Vs. I 1–17). Dies entspricht einem allgemeinen fachsprachlichen Charakteristikum. Innerhalb des Anteils subordinierter Strukturen ist der Einsatz temporaler, v.a. sequenzierender Konnektoren als besonders häufig festzustellen; d.h. semantisch explizite Konnektoren werden eingesetzt, um zwei Propositionen s2 und S1 in ein zeitliches Nacheinander zu gliedern. Meist stellen sie das einzig sequenzierende Element dar, da Vorzeitigkeitsverhältnisse in den Ritualinstruktionen selten im verbalen Tempus repräsentiert sind, sondern die Propositionen von S1 und s2 jeweils im Indikativ Präsens stehen. Anhand der Konnektoren kann aber der Vollzug der durch s2 ausgedrückten Handlung als Voraussetzung oder Grundlage für die als darauffolgend charakterisierte Handlung S1 dargestellt werden. Hierin zeigt sich der Übergangsbereich zu konditionalen Verknüpfungen, die einerseits implizit durch temporale Konnektoren, andererseits aber auch explizit durch eigene Subjunktionen und Kontexte vertreten sind. Im Verhältnis dazu liegen deutlich seltener relative Konnexion oder Partizipien vor.

Innerhalb des Spektrums expliziter Konnexion sind verschiedene Stadien oder Ausprägungen des Kontinuums zwischen *elaboration* und *compression* (Abb. 24) vertreten:

- koordinative Verknüpfung von Parataxen nur durch Partikeln[129] (maximale Elaboration und Eigenständigkeit von s2 und S1)
- paraktaktische Verknüpfung, v.a. mit temporalen Konjunktionaladverbien

128 Folgende Abkürzungen werden für die statistischen Angaben gebraucht: für die Beschwörungen Allī (CTH 402); Anniwiyani (CTH 393); Königspaar (CTH 416); für die Festrituale KI.LAM (CTH 627.A); 16. Tag AN.DAḪ.ŠUM[SAR] (CTH 612); Outline AN.DAḪ.ŠUM[SAR] (CTH 604.A); altheth. AN.DAḪ.ŠUM[SAR] (CTH 625.2.A). Zur Besprechung der verwendeten Texte s. Kapitel 4 sowie die Abschnitte 6.8.4 und 6.8.5.

129 Aufgrund der schwachen temporalen Charakterisierung und der großen Verbreitung werden diese hier nicht weiter betrachtet.

- hypotaktische Verknüpfung mit subordinierenden Konnektoren (v.a. temporal, konditional, relativ)
- partizipiale Einbettung (maximale Kompression und Unterordnung von s2 unter S1)

Typische Beispiele der Konnexionstypen und ihre textuellen Funktionen werden im Folgenden überblickshaft präsentiert und besprochen.

8.5.6.1.2 *Temporale Konjunktionaladverbien*

Ein sehr frequenter Konnektor mit nachordnender (also relationaler) temporaler Semantik ist das Konjunktionaladverb EGIR-*an-da* bzw. *appanda* „danach, dann".[130] Es fungiert meist als satzinitialer Anschluss und expliziert das Nacheinander von Handlungen, wie in dem bereits mehrfach angeführten[131] Beispiel aus dem AN.DAḪ.ŠUM^{SAR}-Fest gut zu sehen:[132]

(313) KBo 19.128+ Vs. III 24–28
EGIR-*an-da-ma* ^{D}*zi-it-ḫa-ri-ia*
QA-TAM-MA da-a-i (§-Strich)
EGIR-*an*$^{!}$-*ma* ^{GIŠ}DAG-*ti da-a-i*
EGIR-*an-da-ma* ^{GIŠ}AB-*ia QA-TAM-MA da-a-i*
EGIR-*an-da-ma* GUNNI-*aš ḫal-ḫal-tu-u-ma-ri*
[*Q*]*A-TAM-MA da-a-i*
„Danach aber legt er (der Aufseher der Köche) es ebenso (für) Zitḫariya (hin). Danach aber legt er dem Thron (hin). Danach aber legt er dem Fenster ebenso (hin). Danach aber legt er den Ecken des Herdes ebenso (hin)."

Im Falle von Konjunktionaladverbien wird nicht selten auf die Gesamtheit der vorausgehenden Handlungen referiert, um eine Proposition als darauffolgend zu markieren. Auch im Beispiel bezieht sich das erste EGIR-*anda-ma* auf eine Summe von Handlungen, nämlich die Vorbereitung der niederzulegenden Speisegabe (Brot, Innereien, Käse, Honig und Grütze: Vs. III 16–23), während die weiteren sich offenbar jeweils nur auf das unmittelbar vorausgehende Nie-

130 Oder Varianten wie EGIR-*an-da-ma* (mit kontrastiver Partikel), EGIR-*an-ša-mi-it* (KBo 4.9 Rs. VI 20) oder EGIR-*ŠU* (KUB 15.1 III 11).

131 S.o. Beispiele (267) und (290).

132 Das Adverb stellt eine Ableitung von der ursprünglich lokalen Partikel/Postposition *appa* „hinter/hinten" dar (vgl. Kloekhorst 2008: 192–193); der Übergang von räumlicher zu zeitlicher Ordnung ist in diesem Bereich häufig.

derlegen beziehen, wobei das gleichbleibende Objekt elliptisch unterdrückt ist und der Fokus zwischen den verschiedenen Ortsangaben wechselt.

Das Beispiel zeigt auch, wie die zeitliche Abfolge generell als zentrales Gliederungselement auf Ebene des Gesamttextes erscheint – ebenso wie inhaltlich die korrekte Handlungsabfolge als zentral für die Durchführung eines Rituals zu gelten hat. Zudem wird deutlich, wie die Sequenzierung durch temporale Konjunktionaladverbiale oft auch mit anderen Kohärenztechniken verbunden ist, die ökonomisierend oder verdichtend wirken, beispielsweise Verkürzung durch pronominale Referenz oder, wie im Beispiel, anaphorische Ellipse. Z.T. kann durch Kombination mit dem textdeiktischen *QA-TAM-MA* „ebenso" auf eine analoge, ausführliche Beschreibung in einem vorausgehenden Abschnitt verwiesen und so an diesen angeschlossen werden (für das Beispiel: KBo 19.128+ Vs. I 15–Vs. III 14). Eine stark textgliedernde Funktion besitzt EGIR-*anda* auch im Ritual der Allī, wo es jeweils die sich mehrfach wiederholende Phase der rituellen Behandlung der Tonfiguren mit verschiedenfarbigen Wollfäden einleitet. Es dient dadurch ganz deutlich zur Einleitung und Abgrenzung von zusammengehörigen Handlungsschritten.

Semantisch etwas schwächer, aber ebenfalls zeitlich nachordnend, fällt die Verknüpfung durch *namma* „dann, danach, weiterhin" aus.[133] Im folgenden Beispiel aus dem Ritual für das Königspaar (CTH 416) tritt es in Verbindung mit der Partikel *ta* auf:

(314) KBo 17.1+ Rs. III 3
ta nam-ma MUŠEN*ḫa-a-ra-na-an ne-e-pí-ša tar-na-aḫ-ḫi*
„Und dann entlasse ich den Adler zum/in den Himmel."

Teilweise wird die sequenzierende Funktion auch durch die Kombination mit anderen Temporaladverbien verstärkt, so kann *namma* kombiniert mit EGIR-*anda* auftreten, wie in folgendem Beleg aus dem Ritual der Anniwiyani (vgl. CHD L–N: 380 1d):

(315) VBoT 24 Vs. II 44–45
nam-ma EGIR-*an-da* DLAMMA *in-na-ra-u-wa-a*[*n-da-an*]
GUB-*aš* 3!-*ŠU a-ku-wa-an-zi*
„Dann trinken sie danach stehend 3 Mal (für) LAMMA *innarawa*[*nt*]."

133 S. CHD L–N: 378–391 für eine umfassende semantische Beschreibung und Beispiele.

Wie EGIR-*anda* kann auch *namma* mit diskursdeiktischem *QA-TAM-MA* verbunden werden, um gleichzeitig temporal zu ordnen und textdeiktisch auf die ausführlicheren Instruktionen bzgl. der zeitlich vorausgehenden Handlungen zu verweisen:

(316) KBo 19.128+ Vs. III 31–32
[*nam-ma*] *ḫa-aš-ši-i ta-pu-uš-za*
[*QA-T*]*AM-MA da-a-i*
„[Dann] legt er seitlich vom Herd [eb]enso (hin)."

In einigen Fällen besitzt *namma* auch die Eigenschaft, die letzte Handlung in einer Aufzählung enger zusammengehöriger Teilhandlungen zu benennen (z. B. in KBo 19.128+ im Zusammenhang des Niederlegens von Speisegaben bei verschiedenen Einrichtungselementen wie Herd, Fenster, Riegelholz).[134]

Insgesamt ist festzustellen, dass EGIR-*anda*/*appanda* und *namma* (z. T. in Kombination mit den konnektiven Partikeln *nu, ta* und *-ma*) die häufigsten Konjunktionaladverbien sowohl in den untersuchten Fest- als auch Beschwörungsritualen sind (dabei kann u. U. jeweils das eine zu Lasten des anderen überwiegen).[135]

8.5.6.1.3 *Temporale und konditionale Subordination*

Obwohl Parataxen und mit Temporaladverbien angeschlossene Hauptsätze insgesamt dominieren, ist Subordination in den Ritualtexten ebenfalls repräsentiert. Dabei nehmen die hypotaktischen Gefüge in fachtextlicher Perspektive oft spezifische Funktionen ein.

Semantisch sind auch in diesem Bereich temporale und sequenzierende Relationen häufig; daneben spielen aber konditionale Relationen ebenfalls

---

134 S. auch CHD L–N: 379 1c. Ein typischer Fall von Phasenschluss-Funktion liegt wohl auch in der Verwendung von *ta*(-) in Anweisungen wie *ta-aš-ta pé-e-da-i* „und er schafft (es) weg" vor, welche mehrere enger zusammengehörige (und oft asyndetisch verbundene) Handlungen abschließen (z. B. KBo 38.12+ Rs. III 4′); die Funktion findet sich auch für *nu*(-), so in den zum AN.DAḪ.ŠUM^{SAR}-Fest gehörigen Texten, z. B. KUB 19.128+ Rs. V 16′–20′ (s. Otten 1971: 14–15).

135 Häufigkeit: EGIR-*anda*: Allī (CTH 402): 10× (+ 2× in Formeln); Anniwiyani (CTH 393): 3×; Königspaar (CTH 416): 2×; KI.LAM (CTH 627.A): 0×; 16. Tag AN.DAḪ.ŠUM^{SAR} (CTH 612): 3×; Outline AN.DAḪ.ŠUM^{SAR} (CTH 604.A): 1× (EGIR-*i-zi-ia*); altheth. AN.DAḪ.ŠUM^{SAR} (CTH 625.2.A): 13×. *namma*: Allī (CTH 402): 0×; Anniwiyani (CTH 393): 10×; Königspaar (CTH 416): 4×; KI.LAM (CTH 627.A): 5×; 16. Tag AN.DAḪ.ŠUM^{SAR} (CTH 612): 5×; Outline AN.DAḪ.ŠUM^{SAR} (CTH 604.A): 3×; altheth. AN.DAḪ.ŠUM^{SAR} (CTH 625.2.A): 5×.

eine wichtige Rolle. Zwischen beiden Typen besteht, wie bereits erwähnt, typologisch betrachtet eine gewisse semantische Nähe, besonders dann, wenn die Beziehung, die durch temporale Konnektive zwischen S1 und s2 etabliert wird, zeitlich wenig spezifisch oder von nicht ausschließlich temporaler Art ist. In vielen Fällen besteht durch einen Effekt, der als *consequentiality* bezeichnet wird (vgl. Sandström 1993) eine lockere Relation der Verursachung oder Ermöglichung zwischen S1- und s2-Geschehen.[136]

Auch im Althethitischen kann die Konjunktion *mān* sowohl für temporale als auch für konditionale Subordination eingesetzt werden,[137] und ist für unsere Übersetzungen in eine Anzahl weiterer Relationen innerhalb dieses Spektrums differenzierbar: „(so) wie, (dann/immer) wenn, falls, ob, während" (s. zur Semantik im Detail CHD L–N: 143–209 mit Beispielen zu den verschiedenen Verwendungen). In den untersuchten Ritualtexten sind v. a. die folgenden Verwendungen belegt:[138]

Eine ursprünglich temporale Funktion von *mān* im Sinne von „immer, wenn/dann, wenn" liegt in den titularen, einleitenden Formulierungen der Festrituale vor, allerdings haben solche Fälle gerade in pragmatisch Sicht auch konditionierende Funktion angenommen:[139]

(317) KBo 19.128+ Vs. I 1–2
ma-a-an ^{É}*ḫa-le-en-tu-u-wa*
ḫa-aš-ša-an-zi LUGAL-*uš ú-ez-zi*
„Wenn man den *ḫalentuwa*-Palast öffnet, kommt der König heraus."

Derartige Beispiele können auch im Kolophon stehen, und sind dann z. T. auf die Protasis reduziert:

136 Folgender Hinweis erfolgt daher nicht selten: „Daß zwischen dieser Art temporaler Verknüpfung und der rein konditionalen Relation eine enge Affinität besteht, zeigt der Umstand, daß ein und dasselbe Konnektiv beide Bereiche abdecken kann, wie wir u. a. bei dt. *wenn, dann* und engl. *then* beobachten können" Fabricius-Hansen 2000: 337.

137 Außerdem auch in konzessiver Funktion; im Junghethitischen übernehmen allerdings *maḫḫān, kuwapi* und *kuitman* die temporale Funktion; s. o. Tabelle 30.

138 Häufigkeit: Allī (CTH 402): 4× (+ 3× in Formeln); Anniwiyani (CTH 393): 5×; Königspaar (CTH 416): 15×; KI.LAM (CTH 627.A): 7×; 16. Tag AN.DAḪ.ŠUM^{SAR} (CTH 612): 3×; Outline AN.DAḪ.ŠUM^{SAR} (CTH 604): 3×; altheth. AN.DAḪ.ŠUM^{SAR} (CTH 625.2.A): 1×.

139 Sie sind zu den „konditionierten Direktiven" zu zählen, die zur Angabe der Bedingungen dienen, unter denen die folgenden Instruktionen verbindlich gelten, und die sich damit für Ritualanweisungen als textkonstitutiv erwiesen haben. S. dazu 6.9.5.1.

(318) KBo 38.12+ Rs. IV 15′–16′
ma-a-an ⸢LUGAL⸣-*uš*
[KI.LA]M-*ni* 3-*ŠU e*-⸢*ša*⸣
„Wenn der König sich 3 Mal im Torbau setzt."

Eine Differenzierung innerhalb der temporalen Funktion ergibt sich hinsichtlich der Frage, ob die Zeitangaben relational gemacht werden, also anhand von vorausgehenden Handlungen oder Ereignissen wie in den beiden Beispielen – dann ist der Übergang zur konditionalen Funktion i. S. d. obigen Ausführungen zur *consequentiality* fließend. Erfolgt eine Zeitangabe anhand externer Faktoren wie Tageszeiten, dann bleibt die temporale Semantik meist stärker erhalten, wie im folgenden Fall:

(319) VBoT 24 Vs. I 22–24
ma-a-an lu-uk-kat-ta na-aš-ta A-NA EN SÍSKUR
ḫu-u-ma-an-da-zi-ia SÍG *a-an-ta-ra-an* SÍG *mi-da-an-na*
ar-ḫa túḫ-ša-an-zi
„Wenn es hell wird, dann schneidet man dem Ritualherrn die blaue Wolle und die rote Wolle ganz und gar ab."

In anderen Fällen ist kontextuell und semantisch eindeutig eine konditionale Funktion zu bestimmen, wie im nächsten Beispiel aus dem AN.DAḪ.ŠUM^{SAR}-Fest, wo anschließend eine explizite Versicherung erfolgt, dass es sich um eine freie Option handelt:

(320) KBo 4.9 Vs. I 7–8
ma-a-an LUGAL-*i* ZI-*an-za*
ta a-ra-aḫ-za pa-iz-zi
„Wenn dem König der Sinn (danach) ist, dann geht er nach draußen."

Als konditional sind zudem die Indikationsangaben in Beschwörungsritualen zu beurteilen:

(321) KBo 12.126+ Vs. I 1–2
ma-a-an UN-[(*aš al-wa-an-za-aḫ-ḫa-an-za*)]
[(*na-an ki-iš-ša-an*) DÙ-(*mi*)]
„Wenn ein Mensch behext ist, dann behandle ich ihn folgendermaßen: …"

In althethitischen Texten existiert daneben *takku-* als temporal-konditionaler Konnektor „wenn, falls", also mit dem gleichen semantischen Überschneidungsbereich, vgl.

(322) KBo 17.1+ Rs. IV 12–13
[*ták-k*]*u na-at-ta-ma ta-ra-an-zi*
nu na-at-ta pa-i-mi
„[Wen]n sie (d.h. König und Königin) aber nein sagen, so gehe ich nicht."[140]

Darüber hinaus existieren die bereits besprochenen und z.T. mehrgliedrigen optionalen Ausdrücke mit korreliertem *mān … mān*, welche in den Instruktionen eine spezifische Rolle bei der Schaffung von Agency einnehmen, während sie den Gebeten v.a. in *all-inclusive-formulae* und zur präventiven Fehlervermeidung verwendet werden.[141]

Als temporale Subordinatoren mit leicht differenzierter Bedeutung können außerdem (aber seltener als *mān*) die folgenden genutzt werden:

– *maḫḫan*/GIM-*an* „wenn, sobald"[142]

In der Einleitung zur Outline-Tafel des AN.DAḪ.ŠUM^{SAR}-Festes tritt *maḫḫan* als temporale Subjunktion innerhalb eines Gefüges auf, das durch einen konditionalen *mān*-Satz eingeleitet wird:[143]

(323) KBo 10.20 Vs. I 7′–10′
[(*ma-a-an* LUGAL-*uš a*)]*-ra-aḫ-za ku-wa-pí-ik-ki da-me-e-da-ni*
[(URU-*ri gi-im-ma-a*)]*n-ta-ri-ia-az-zi ma-aḫ-ḫa-an-ma*

140 Bemerkenswert ist, dass dieser negativen Option eine positive Formulierung „wenn sie es sagen, dann gehe ich" mit Subordination durch *mān* unmittelbar vorausgeht. Man könnte sich daher die Frage stellen, ob positive und negative Form durch den bewussten Einsatz unterschiedlicher Subordinatoren kontrastiert werden sollen. Vgl. zum Nebeneinander von *takku* und *mān* HEG III: 50–51.

141 S. dazu 7.6.1.4 mit Beispielen. So genannte disjunktive Strukturen werden auch mit anderen (meist pronominal basierten) korrelativen Ausdrücken hergestellt, besonders oft mit *naššu … našma* „entweder … oder", daneben *kašša … kašša* „der eine, der andere". In einigen Fällen werden räumliche Korrelative wie *kēz … kēzzia* „hier … und da" verwendet; s. dazu noch unten 8.6.1.5.

142 Allī (CTH 402): 1×; Anniwiyani (CTH 393) 3×; 16. Tag AN.DAḪ.ŠUM^{SAR} (CTH 612): 1×; Outline AN.DAḪ.ŠUM^{SAR} (CTH 604.A): 2×; altheth. AN.DAḪ.ŠUM^{SAR} (CTH 625.2.A): 1×.

143 Neben der temporalen Verwendung liegt *maḫḫan* in diesem Text außerdem 1× modal gebraucht vor (im Kolophon) und 2× in der äquativen Konstruktion *maḫḫan … QA-TAM-MA*.

[(Ú.BURU$_7$-*an-za*)] *ki-ša-ri ták-kán* LUGAL-*uš a-pé-ez* URU-*az*
[(*d*)*a-a-i* (*nu a*)]*n-da-an* ^{URU}*ta-ḫur-pí pa-iz-zi*
„Wenn der König den Winter irgendwo anders, in einer anderen Stadt verbringt, dann bricht er, wenn es Frühling wird, aus dieser Stadt auf und geht nach Taḫurpa."[144]

In diesem Fall liegen also sowohl konditionierende als auch temporale Informationen in der Einleitung vor, die auf verschiedene Nebensätze verteilt sind. In CTH 393 und CTH 402 wird *maḫḫan* hingegen bedeutungsgleich mit *mān* zur Angabe der Tageszeit („wenn es Nacht/Tag wird") verwendet.

Im nächsten Beleg aus den Instruktionen zum 16. Tag des AN.DAḪ.ŠUM^{SAR}-Festes wird die zeitliche Abfolge nicht durch die textliche Reihenfolge abgebildet, indem die subordinierte Proposition s2 als vorzeitige zuerst genannt wird und danach S1 folgt. Eher wird eine umgekehrte Reihenfolge impliziert, bei der S1 (sich hinstellen → stehen) schon vor s2 (hinkommen) stattgefunden hat.

(324) KBo 19.128+ Vs. I 6–8
ma-aḫ-ḫan-ma[145] LUGAL-*uš I-NA* É-*TIM* GAL
a-ri ḫa-an-te-ez-zi-az-ma $^{\text{LÚ.MEŠ}}$ALAM.ZU$_9$
ka-ru-ú a-ra-an-ta-ri
„Sobald der König aber zum Palast gelangt, stehen davor aber schon die A.-Leute."

Anders liegt der Fall in folgendem Beispiel aus Allīs Ritual:

(325) KUB 24.9+ Rs. IV 6′–7′
[*nu ma-aḫ-ḫa-a*]*n* ALAM$^{\text{ḪI.A}}$ DUḪ.LÀL *a-ni-ia-u-wa-an-zi*
zi-na-an-zi [*nu Ú-N*]*U-UT-TI* (…) *da-*⸢*a-i*⸣
„[Wen]n man aufhört, die Figuren aus Wachs zu behandeln, nimmt sie (folgende) [Ute]nsilien: …."

144 Es stellt sich auch hier die Frage, ob bewusst kontrastiert wird: in diesem Fall, um temporale und konditionale Verwendung innerhalb eines Satzes zu differenzieren und so Homonymie oder Ambiguität zu vermeiden.

145 Die Tatsache, dass *maḫḫan* als temporaler Konnektor im Althethitischen noch nicht auftritt, legt nahe, dass es sich bei dem Beleg in KBo 19.128+ (jungheth. Niederschrift) möglicherweise um eine spätere Änderung handelt; in der althethitischen Vorlage wäre *mān* zu erwarten. Evtl. könnte *maḫḫan* hier also sekundär durch den Kopisten in den Text gelangt sein.

Hier wird im *maḫḫan*-Satz durch die Konstruktion mit *zenna-* „aufhören" eine lexikalisch eindeutig vorzeitige und explizit als abgeschlossen gekennzeichnete Handlung (s2) ausgedrückt, an welche sich die Handlung des Hauptsatzes (S1) anschließen soll.

In Bezug auf das abzubildende Zeitverhältnis von s2 zu S1 (vor-/nachzeitig bzw. überlappend) sind *maḫḫan* bzw. *mān* also gemäß den Beispielen offenbar recht flexibel einsetzbar.

– *kuwapi* „wenn, sobald" (CTH 393: 1×)

(326) VBoT 24 Vs. II 24–26
nu ku-wa-pí MUŠEN$^{ḪI.A}$
SIG$_5$-*aḫ-ḫa-an-zi na-at an-da* URU-*ri-ia*
pa-an-zi nu-za ḫu-u-ma-an-za wa-⸢*ar-ap*⸣*-zi*
„Dann, wenn die Vögel ein günstiges Zeichen geben, gehen sie (die Auguren) in die Stadt hinein und ein jeder wäscht sich."

– als zweiteilige Konstruktion aus Subjunktion+Adverb im Nebensatz kann *kuitmān … nawi* „während … noch nicht" (i. S. v. „bevor")[146] im folgenden Beispiel verstanden werden:

(327) KBo 4.9 Vs. II 1–5
ku-it-ma-an-ma LUGAL MUNUS.LUGAL *I-NA* É ^{D}*ZA-BA$_4$-BA$_4$*
na-a-ú-i pa-a-an-zi nu-kán pé-ra-an
pa-ra-a (…) *an-da pa-a-an-zi*
„Bevor aber König (und) Königin in den Tempel des Zababa gehen, gehen vorher (…) hinein."

8.5.6.1.4 *Relativsätze*[147]

Ebenfalls häufig[148] werden in den Anweisungsteilen der Ritualtexte auch restriktive Relativsätze verwendet, die sich auf eine Identifikation anhand der

146 Vgl. dazu Hoffner/Melchert 2008: 343 § 26.12.

147 Ich gehe an dieser Stelle nicht auf die zahlreichen Klassifizierungsansätze zu hethitischen Relativsätzen ein, sondern beschränke mich auf eine funktionale Charakterisierung. Neueste Untersuchungen mit Überblicken über die umfangreiche Literatur zu diesem Thema sind Becker (2014) und Rieken/Görke i. D.

148 Häufigkeit: Allī (CTH 402): 2× (+ 12× sowie 2× in verallgemeinernden Formeln: „wer auch immer den Mandanten behext hat" u. ä.); Anniwiyani (CTH 393): 7× + 1× verallg.; Königspaar (CTH 416): 5×; KI.LAM (CTH 627.A): 2×; 16. Tag AN.DAḪ.ŠUM^{SAR} (CTH 612): 5×; Outline AN.DAḪ.ŠUM^{SAR} (CTH 604.A): 2× (Kolophon); altheth. AN.DAḪ.ŠUM^{SAR} (CTH 625.2.A): 2×.

Lokalisierung oder Beschaffenheit von Personen oder Dingen beziehen.[149] Diese Praxis korrespondiert mit der allgemeingültigen, funktionsbasierten Benennung der Akteure in den Anweisungen, die, wie im folgenden Beispiel, oft auf restriktiver Identifizierbarkeit beruht:

(328) KUB 25.1 Rs. VI 11–13
nu [LÚ]SAGI.A ⸢*ku*⸣-*iš*
ḫa-aš-ši-i ta-pu-uš-za pár-aš-na-an
ḫar-zi
„Der Mundschenk, welcher sich neben dem Herd niedergehockt hält (…)."

In Allīs Ritual finden sich ebenfalls Belege mit dieser Verwendung:

(329) KBo 12.126+ Vs. I 9–10
nu UN-*aš ku-iš* UḪ$_7$-*an-za na-aš-za* [D]UTU-*i me-na-aḫ-ḫa-an-da*
e-ša-ri
„Die Person, welche behext (ist), setzt sich der Sonnengottheit gegenüber."

Dabei ist für das Verständnis der Anweisungen durchaus von Bedeutung, dass die durch die Relativsätze bestimmten Referenten offenbar als spezifisch und (unter Einhaltung der relevanten Bedingungen) als real behandelt werden, wie Görke und Rieken (i.D.) für die Festrituale nachweisen können.[150] Sie stellen anhand eines Vergleichs mit historischen Texten fest, dass

> considering the high frequency of specific relative clauses, there is no grammatical indication that the persons and items occurring in the festival texts were thought by their authors to be any less extant in the world or any more hypothetical than those in historical texts.

Daneben finden sich auch verallgemeinernde Relativsätze mit den entsprechenden Pronomen *kuiš* (*imma*) *kuiš* und *kuiški* z.B. bei der Angabe von Ermes-

149 Hinsichtlich der informierenden Funktion von Relativsätzen wurde bereits oben 6.8.5.3 die Vermutung angestellt, dass diese (ebenso wie nicht-direktive assertive/informierende Sprechakte) auf einen heterogenen Adressatenkreis hindeuten, der u.U. auch Nicht-Spezialisten miteinschließt.

150 Die gleiche Annahme lässt sich ganz allgemein auch für die IT treffen.

sensspielräumen.[151] Diese Typen stehen funktional häufig den Konditionalgefügen (Irrelevanzkonditionalia) nahe, so z.B. im Augurenritual der Anniwiyani:

(330) VBoT 24 Vs. I 8–9
ku-in-ku-in MUŠEN-*an* $^{\text{LÚ.MEŠ}}$MUŠEN.DÙ
uš-kán-zi nu-uš-ša-an Ú-UL *ku-in-ki wa-ag-ga-aš-nu-an-zi*
„Welchen Orakelvogel auch immer die Auguren beobachten, sie lassen (bei der Nachbildung der Vögel aus Ton) keinen fehlen."

8.5.6.1.5 *Partizipien*

Bisweilen werden auch Partizipien genutzt, um derartige Informationen als eingebettete Propositionen auszudrücken.[152]. Damit befindet sich dieser Konnexionstyp im Gegensatz zu subordinierten finiten Propositionen am äußeren Rand maximaler Kompression.[153] Das Hethitische besitzt eine einzige, diathesenindifferente Partizipialbildung, die bei transitiven Verben i.d.R. passivisch zu lesen ist (*appant-* „ergriffen"), bei intransitiven Verben einen (erreichten) Zustand ausdrückt (*akkant-* „gestorben seiend"; *arant-* „stehend").[154] In Ritualinstruktionen geben Partizipialformen meist Auskunft über Zustand, Anordnung, Ausrichtung, Haltung oder Stellung von Personen und Gegenständen, was mit ihrer Funktion im Allgemeinen korrespondiert („The participle expresses a state"; Hoffner/Melchert 2008: 339):

(331) KBo 4.9 Vs. I 5–7
2 DUMU.É.GAL 1 ^{LÚ}*ME-ŠE-DI pé-ra-an*
ḫu-u-wa-ia-an-te-eš LUGAL-*uš* ^{É}*ḫa-le-en-tu-wa-aš*
pa-iz-zi
„Wobei/während 2 Hofjunker und 1 Leibgardist vorauseilen (wörtl.: 2 Hofjunker und 1 Leibgardist vorauseilend), geht der König zum Palast."

Möglicherweise hat die Konstruktion mit Partizip die Funktion, einerseits die Gleichzeitigkeit der beiden Vorgänge zu beschreiben, andererseits aber den durch das finite Verb ausgedrückten Sachverhalt (hier auch mit abweichendem

151 Beispiele hierfür ebenfalls unter 7.6.3.

152 Besonders häufig in Festritualen in Form von Genitivus absolutus-Konstruktionen bzgl. der Körperhaltung der Opfernden; z.B. in den Instruktionen zum AN.DAḪ.ŠUM^{SAR}-Fest.

153 Zu den hethitischen Partizipien zuletzt Rieken 2017; mit Konzentration auf deren adjektivischen Gebrauch und die Unterscheidung zwischen restriktiver und appositiver/depiktiver Verwendung v.a. bei Subjektsidentität mit dem übergeordneten finiten Verb.

154 Vgl. Hoffner/Melchert 2008: 339.

Subjekt) inhaltlich klar als übergeordnet oder zentral darzustellen: Die Fokussierung auf und Ausrichtung an den Handlungsteilen des Königs, wie im vorliegenden Beispiel, ist pragmatisch auf jeden Fall naheliegend. Durch die Verwendung resultativer Partizipien kann auch im Hethitischen ein an moderne Fachsprachen erinnernder „Nominalstil" erzeugt werden; vgl. in diesem Sinne auch bereits Rieken 2011: 212 mit folgendem Beispiel aus einem althethitischen Festritual (vgl. Neu 1989: 73):[155]

(332) KBo 17.15 Rs.[!] 9′–10′
1 ANŠE.KUR.RA-*uš ku-u-ur-ka-aš-ši-iš-ša an-na-nu-uz-zi-ia-an-te-e*[*š* ...]
8 [KUŠ]*iš-ḫi-ma-a-ne-eš ne-e-an-te-eš*
„1 Pferd und sein Fohlen, gehalfter[t ...], 8 Bänder (sind) (darum)gewunden."

Es handelt sich in beiden Fällen um Nominalsätze, in denen die Partizipien (*uzziyanteš* und *nēanteš*) sich im Nominativ Plural auf das Pferd und sein Fohlen bzw. auf die Bänder beziehen.

Einen Sonderfall, der bereits als textsortenspezifisch für Rituale identifiziert wurde (vgl. Rieken 2011: 211), stellen absolute Partizipien im Genitiv dar, bei denen wahrscheinlich die Ellipse des Bezugsworts anzunehmen ist, etwa *arantaš* „in/bei stehender Haltung" oder *ganenantaš* „in/bei gebeugter Haltung".[156] Diese Fälle sind auf Angaben zur Körperhaltung beschränkt; so ist im folgenden Beleg TUŠ-*aš* bzw. *aša(n)daš* „sitzend" nicht Attribut zu König und Königin, sondern als absolute Angabe zu lesen:

(333) KBo 19.128+ Rs. IV 47′–49′
LUGAL MUNUS.LUGAL TUŠ-*aš* [D]LAMMA
a-aš-ka-az IŠ-TU BI-IB-RI
ŠEG$_9$.BAR *a-ku-ua-an-zi*
„König und Königin trinken sitzend (für) die Schutzgottheit draußen aus einem Wildschaf-Rhyton."

155 Solche und andere resultative Fälle könnten auch als implizite Direktive verstanden werden.

156 Der freistehende Genitiv *ganenantaš* ist nur einmal althethitisch belegt (KBo 17.43 I 9); s. dazu HW K: 67. Vergleichbar sind vielleicht adverbialisierte, zusammengebildete Ausdrücke wie „stehenderweise", genitivische Adverben wie „flugs", „eilends" oder absolute Konstruktionen wie lat. *stante pede* „stehenden Fußes".

8.5.6.2 Subordination in hethitischen Gebeten und Formeln

In den Formeln, die innerhalb der Beschwörungsrituale enthalten sind, herrschen bestimmte charakteristische Subordinationsstrukturen vor, die zugleich der kommunikativen Intention dieser Texte entsprechen. Es handelt sich dabei besonders häufig um die für analogische Gleichsetzungen oder analogische transformative Sprechakte genutzten „äquativen“ Konstruktionen mit dem Konnektor *maḫḫan* oder GIM-*an* in der Bedeutung „(so) wie“, häufig mit *QA-TAM-MA* „ebenso“ als Korrelativum im Hauptsatz:[157]

(334) VBoT 24 Rs. III 42–45
ke-e-ma-kán ḫa-aš-du-er ma-aḫ-ḫa-an ^{LÚ}APIN.LÁ-*li*
ar-ḫa me-er-ta tu-ga-kán A-NA ^{D}LAMMA ^{KUŠ}*kur-ša-aš*
kar-piš kar-tim-mi-az ša-a-u-wa-ar
ar-ḫa QA-TAM-MA me-er-tu
„Und wie diese Spreu dem Pflüger verloren gegangen ist, so soll dir aber, ^{D}LAMMA ^{KUŠ}*kuršaš*, der Ärger, der Zorn, der Groll ebenso verloren gehen!“

Auch in Gebeten kann diese Konstruktion verwendet werden, hier tritt sie aber v.a. mit argumentativer oder persuasiver Intention oder einfach zur Verbildlichung von Vorgängen und Zuständen auf.[158] Dabei kann ein direktiver Sprechakt in der Apodosis als Bitte an die Gottheit adressiert, aber nicht selbständig transformativ sein, wie in folgendem Beispiel:[159]

(335) KUB 31.127+ Rs. IV 24–25
n[u-z]a ka-ru-ú ma-aḫ-ḫa-an an-na-za ŠÀ-*za ḫa-aš-ša-an-za e-šu-un*
n[u-m]u-kán DINGIR-*IA a-ap-pa a-pu-u-un* ZI-*an an-da ta-a-i*
„Wie ich damals aus (meiner) Mutter, aus (ihrem) Inneren geboren war, (so) setze (nun), mein Gott, jene Seele wieder in [m]ich hinein!“

---

157 Zu *QA-TAM-MA* s. noch 8.6.1.4.2.

158 Insgesamt ist die Sprache der Gebete sehr bildhaft und von zahlreichen Metaphern, v.a. in argumentativer Funktion, geprägt, z.B. KUB 6.45+ Rs. III 40–42 „Der Vogel nimmt Zuflucht im Nest und er überlebt. Ich aber habe Zuflucht bei dem Wettergot *piḫaššašši* genommen, lass mich überleben!“. S. dazu auch Daues/Rieken 2018: 299.

159 Neben diesen (selteneren) Fällen kommt *maḫḫan* in einfachen Vergleichen mit NPs vor („wie ein Kranker bin ich geworden“; „wie Wasser fließe ich“ u.ä.), wobei keine Propositionen verknüpft werden. Derartige Vergleiche, die sowohl auf den Sprecher als auch auf den Empfänger des Gebets bezogen sein können, sind ebenfalls häufig.

In Beschwörungsritualen, die sich gegen namentlich nicht bekannte Gegner richten, enthalten die Ritualformeln in größerem Umfang auch Relativsätze. Diese stellen eine Möglichkeit dar, die Täter auch ohne Kenntnis ihrer (namentlichen) Identität anhand ihrer Taten zu definieren,[160] vgl. folgendes Beispiel aus Allīs Ritual:

(336) KBo 12.126+ Vs. I 33–34
ku-iš-wa-ra-an d[*a-an-ku-ú-ia-nu-uš-ke-ez-zi*?]
[*al-wa-a*]*n-za-aḫ-ḫi-iš-ke-ez-zi*
„Der, der ihn schwarz gemacht und ihn behext hat, (...)."

Im gleichen Kontext können ebenfalls konditionale Gefüge notwendig sein, wenn wie in Allīs Ritual in den Formeln die Optionen „wenn es ein Mann ist/wenn es eine Frau ist" abgedeckt werden sollen.

Relativsätze werden auch in den Gebeten häufig verwendet. Restriktiv oder identifizierend sind sie in verallgemeinernden Kontexten oder dann, wenn die Identifizierbarkeit von Referenten durch die Götter nur auf Basis ihrer Eigenschaften oder Handlungen möglich ist.

(337) KUB 14.13+ Vs. I 32–35
⸢*nu šu-me*⸣*-el-*⸢*la*⸣ *ŠA* DINGIR^{MEŠ} E[N^{ME}]^{Š}-⸢*IA ku-e*⸣ ⸢É⸣.DINGIR-*L*[*IM* ...]
⸢*ku-e-el*⸣*-ma* ARAD-*TUM ḫar-ak-ta ku-iš-m*[*a*] ⸢*A-NA*⸣ DINGIR-*L*[*IM*?]
⸢*ḫar-ak*⸣*-ta nu ŠA* ⸢DINGIR^{MEŠ}⸣ *ḫa-az-zi-ú-e-da ar-ḫa ḫ*[*ar-ak-ta*]
⸢*nu-uš-ma*⸣*-ša-at* [*Ú-U*]*L* [*k*]*u-iš-ki iš-ši-iš-*[*ta*]
„Welche eure, der Götter, meiner Her[re]n, Temp[el], [vorhanden waren], wessen Diener aber zugrunde ging, wer ab[er] der Gotthe[it] (Dat.) zugrunde ging, die Kulthandlungen der Götter [kamen] völlig zum Erl[iegen], und [kei]ner führ[te] sie für euch aus."

Auch appositive Relativsätze kommen im Rahmen der Adressierungen vor, wie folgende beiden Fälle (nach einer längeren Aufzählung von Götternamen):[161]

---

160 M. E. besteht seitens der Ritualhandelnden die Gewissheit, dass den Göttern die Übeltäter sehr wohl als solche wie auch namentlich bekannt sind, so dass sie aufgrund der gewählten Beschreibung identifizierbar sind. Einen Hinweis auf diese Annahme bietet vielleicht folgende Formulierung aus Allīs Ritual: KBo 12.126+ Vs. I 16 [*ma*]*-a-na-an* [MUNUS-*z*]*a*?-[*m*]*a i-ia-an har-zi na-an zi-ik* ^{D}UTU-*uš ša-ak-ti* „[W]enn aber eine [Frau] ihn behext hat und du, Sonnengottheit, (er)kennst sie, (...)".

161 Allerdings selten, da als appositive Charakterisierungen eher Adjektive oder Nominalsätze gebräuchlich sind; vgl. dazu auch 7.4.1.3.

(338) KUB 6.45+ Vs. I 17–19
DINGIR^{MEŠ} *ḫu-u-ma-an-du-uš ŠA* KUR ^{URU}KÙ.BABBAR-*ti*
EN^{MEŠ} ^{LÚ}SANGA-*az ku-e-da-aš ŠA* KUR ^{URU}*ḫa-at-ti-mu-kán*
EN-*UT-TA ḫu-u-ma-an-da-az ku-i-e-eš me-mi-iš-tén*
„(…) alle Götter von Ḫatti, meine Herren, für die ich Priester (bin), die ihr mir die Herrschaft über das Land Ḫatti ganz zugesprochen habt."

Auch wenn es individuelle Unterschiede zwischen Einzeltexten gibt, lässt sich insgesamt sagen, dass die Gebete im Bereich der Konnexion ein weitaus größeres semantisches Spektrum aufweisen, wie sich an folgender Passage aus dem „zweiten" Pestgebet Muršilis II. (CTH 378.2) mit verschiedenen Konnektoren (konditional, kausal, relativ/indirekte Frage) ersehen lässt. Komplexe Beispiele wie dieses zeigen gleichzeitig auch die deutlich höhere Dichte von Subordination in den Gebetstexten:[162]

(339) KUB 14.8 Rs. 30′–33′
[*ma-a-a*]*n šar-ni-ik-zi-el ku-iš nu a-pé-*[*e-ez ḫi-in-ga*]*-na-az ka-ru-ú-ia ku-it me-ek-ki*
[…] *IŠ-TU* KUR ⸢^{URU}⸣*mi-iz-ri ku-in* ⸢$^{LÚ.MEŠ}$⸣[ŠU].DAB *ú-wa-te-er* NAM.RA$^{ḪI.A}$-*ia ku-in*
[…] [EGIR-*p*]*a-ma ku-*[*i*]*t* ^{URU}*ḫa-at-tu-ša-aš ḫ*[*i-i*]*n-ga-na-az šar-ni-ik-ta na-at* 20-*an-ki*
[*Ú-UL k*]*a-*⸢*ru-ú a*⸣*-pé-e-ni-iš-ša-an ki-ša-ri*
„[Wen]n irgendeine Entschädigung (besteht):[163] Weil durch [jene Seu]che auch früher schon reichlich […], wen sie […] aus dem Land Ägypten als [Kriegsge]fangene gebracht haben und wen sie als Zivilgefangene [gebracht haben], w[of]ür Ḫattuša [hinterhe]r aber durch die S[eu]che (bereits) entschädigt hat, ist das [nicht b]ereits auf jene Weise zwanzigfach geschehen?"

Gerade kausale Verknüpfungen, die in den Ritualanweisungen im engeren Sinn nicht vorkommen,[164] sind in Gebetstexten aufgrund von deren argumentati-

162 Hier liegt außerdem auch eine lexikalische Verknüpfung durch die (partielle) Rekurrenz von *šarnikziēl* – *šarnikta* und *ḫinganaz* vor.

163 Gemeint ist eine Entschädigung der Gottheit für etwaige Verfehlungen des Königs, um dadurch die Seuche im Land zu beenden.

164 D.h. sie treten in den Instruktionsteilen nicht auf. In den Anteilen direkter Rede, die in den Beschwörungsritualen auch die Kommunikation zwischen Ritualistin und Gottheit oder Ritualistin und rituell behandelter Person umfassen, ist die Versprachlichung kau-

vem Charakter nicht selten,[165] z. B. im Gebet Arnuwandas I. und Ašmunikkals an die Sonnengöttin von Arinna (CTH 375.1):

(340) KUB 17.21+ Rs. IV 5–6
nu ú-e-eš DINGIR^{MEŠ}-*aš ku-it na-*[*aḫ-ḫa-an-t*]*e-eš nu* DINGIR$^{\ulcorner\text{MEŠ!}\urcorner}$-*aš A-NA* ⌈EZEN$_4$⌉$^{\text{ḪI.}\ulcorner\text{A}\urcorner}$
EGIR-*an-pát ar-wa-aš-ta*
„Weil wir den Göttern (gegenüber) eh[rerbiet]ig (sind), kümmern wir uns um die Feste der Götter."

Hinsichtlich der Konnektivadverbien *namma* und EGIR-*pa* ist festzustellen, dass sie in den Gebeten ebenfalls frequent sind, hier aber nur in Ausnahmefällen zeitlich gliedern. Vielmehr dienen sie üblicherweise zur Addition von Argumenten oder Beispielen (in der Bedeutung „und dazu/und außerdem"); dabei strukturieren sie natürlich auch, haben jedoch nicht dieselbe Aussagekraft für die Sequenz der jeweiligen Textteile, die sie für die Angabe der korrekten Handlungsfolge besitzen.[166]

Eine Ausnahme stellen Passagen dar, in denen historische Abläufe geschildert werden (im Präteritum), wie z. B. im „zweiten" Pestgebet Muršilis II. (CTH 378.2) bei der Schilderung „über (die Stadt) Kuruštamma" recht ausführlich der Fall, vgl. KUB 14.8 Vs. 13′–24′. Auch hier ist das chronologische Nacheinander entscheidend – allerdings in Bezug auf in der Vergangenheit liegende, einmalige Ereignisse. Daher ist diese Sequenzierung anhand von Tempus und Sprechakttyp eindeutig von denen der Ritualanweisungen differenzierbar.[167]

---

saler Zusammenhänge mitunter durchaus erwartbar. Beispiele finden sich im Ritual der Ambazzi, KUB 9.25+ Vs. II 67, (direkter Appell an eine Gottheit: „weil du mächtig bist, sprich Gutes für mich vor allen Göttern"; s. Christiansen 2006: 49). In solchen Fällen liegt das im vorliegenden Abschnitt behandelte Konnexions-Spektrum der Gebete zugrunde.

165 Zu den Strukturelementen der Gebete und der Bestimmung der jeweiligen argumentativ-rhetorischen Funktion der Textteile s. Daues/Rieken 2018: 97–113.

166 Z. B. im eben zitierten Gebet Arnuwandas I. und Ašmunikkals an die Sonnengöttin von Arinna: Hier werden die Passagen KUB 17.21 Vs. I 14′–18′, 19′–23′ und 24′–27′, die eine nicht chronologisch gedachte, sondern additive Aufzählung der *möglichen* Vergehen (die zeitliche Abfolge ist in diesem Fall nicht relevant) gegen die adressierte Gottheit darstellen, jeweils durch *namma* eingeleitet.

167 Der Unterschied lässt sich bspw. im Gebet Muwatallis an die Götterversammlung (CTH 381) gut nachvollziehen, wo eine Ritualanweisung in das Gebet integriert ist, die durch die sequenzierende Verwendung v. a. von EGIR-*ŠU* mit Verbformen im Präsens charakterisiert ist.

8.5.6.3 Konnexion in den hethitischen Texten: Zusammenfassung

Die Verteilung und Frequenz von expliziten Konnektiven in Instruktionen und Gebeten ist durchaus als charakteristisch zu verstehen und korrespondiert mit den jeweiligen kommunikativen Funktionen und Adressaten der Texte. In den Anweisungen sind sie funktional stark begrenzt und vornehmlich durch temporale Konjunktionaladverbien und Subjunktionen vertreten. Sowohl in Fest- als auch Beschwörungsritualen treten nachordnende Adverbien als relationale Angaben auf; in Beschwörungsritualen existiert daneben auch die absolute Zeitangabe durch Tageszeiten. Tages(zeit)angaben dominieren auch in der Outline-Tafel zum AN.DAḪ.ŠUM^{SAR}-Fest (CTH 604.A), was klar an der Typologie des Textes (Gliederung nach Tagen, kaum interne relationale Gliederung innerhalb eines Tages) liegt. Damit hängt auch die Tatsache zusammen, dass Nebensätze in diesem Text fast ausschließlich in Einleitung und Kolophon auftreten. Auch konditionale Gefüge kommen in allen Ritualtexten mit spezifischen Funktionen vor (konditionierte Direktive, Ermessensspielräume); in geringerem Umfang auch Relativsätze und Partizipien. Die verwendeten Konnexionstypen haben somit meist textsortenspezifische und pragmatisch bedingte Funktionen. Die selbstwirksamen Formeln sind anhand ihres „Konnexionsprofils“ gut abgrenzbar: Sie weisen fast ausschließlich analogische Gefüge (v.a. mit *maḫḫan*) und Relativsätze zur Identifikation von Übeltätern oder Ursachen auf. Die Gebete zeigen ein weit größeres Spektrum von semantischen Relationen zwischen Propositionen, zudem in deutlich höherer Dichte. Dieser Befund ist nicht zuletzt auf die rhetorische Konzeption und das persuasive Kommunikationsziel dieser Texte zurückzuführen, welche bereits in Daues/Rieken 2018 überzeugend analysiert und ausführlich besprochen sind.

8.5.6.4 Konnexion im Umbrischen und Lateinischen

In den Instruktionsteilen der IT herrschen, wie in den hethitischen Ritualtexten auch, Konnektive mit temporal-sequenzierender oder temporal-konditionierender Funktion vor. Sowohl verschiedene Konjunktionaladverbien als auch subordinierende Konnektoren (teilweise auch Kombinationen von beiden)[168] stehen zur Verfügung, um diese Verknüpfungen vorzunehmen. Dabei ist meist ein Vorherrschen bestimmter Konnektoren in bestimmten Tafeln oder Ritualen festzustellen, wie durch die tabellarische Darstellung verdeutlicht wird.

---

168 Zur redundanten Sequenzierung, die sich daraus ergibt, s.u. 8.5.6.4.3.

TABELLE 31 Umbrische Konjunktionaladverbien

	enumek (z. T. + *ape*)	*ennom*	*inumek* (z. T. + *pune*)	*eruk*	*enuk*	*inenek*
Ia 1–Ib 9					2×	
Ib 10–Ib 45	7×	4×				
IIa 1–IIa 14		1×				
IIa 15–IIa 43						
IIb		1×				
III+IV			20×	1×		1×
Va+b					1×	
VIa 1–VIb 47		9×				
VIb 48–VIIa 54		22×				
VIIb						

8.5.6.4.1 *Konjunktionaladverbien*

Mehrere temporale Adverbien, alle etwa mit der Bedeutung „(und) dann“, werden in den IT verwendet, um eine Proposition als auf die vorhergehende(n) folgend darzustellen. Die Konnektoren *inim* und *inom* (als Variante zu *inim*? Vgl. Untermann 2000: 344) verbinden neben Propositionen auch Nominalphrasen, genauso wie *et*, das darüber hinaus aber einige Besonderheiten aufweist und daher markiert erscheint:[169]

> **et**/*et* si utilizza solo in casi dove esiste uno stacco, un'asimmetria referenziale o linguistica fra i due elementi coordinati.

Diese anreihenden/abgrenzenden Konnektoren werden hier nicht besprochen; stattdessen werden diejenigen Konnektoren untersucht, die zur Konnexion von Propositionen, d. h. Handlungsschritten, genutzt werden können. I. d. R. wird für diese Fälle ein (ggf. verkürzter) Pronominalstamm als Basis angenommen, einige von ihnen zeigen die Erweiterung um eine Partikel -(*e*)*k* (vgl. Meiser 1986: 110–111). Tabelle 31 schlüsselt die Verteilung nach Ritualen bzw. Texten auf.[170]

169 Dupraz 2016a: 139–140; s. dort die Details zur abgrenzenden Funktion von **et**/*et* im Umbrischen.

170 Ia 1–Ib 9 = *piaculum* (kurz); Ib 10–Ib 45 = *lustratio* (kurz); IIa 1–14 = Wiedergutmachung;

Wie die Tabelle zeigt, ist *enom* (mit seinen graphischen Varianten **enu**, *eno*, *ennom*, *enno*) bei weitem am häufigsten vertreten und dabei v. a. in der in ɪb und vɪb 48–vɪɪa 54 behandelten *lustratio* konzentriert. In der ausführlicheren Fassung wird es systematisch genutzt, um Handlungsphasen bzw. verschiedene Textteile voneinander abzugrenzen, so jeweils zur Überleitung zwischen den Gebetspassagen an Prestota Šerfia in direkter Rede (vɪɪa 20, 23, 34) und nach dem Abschluss dieser Reihe bei der Wiederaufnahme der Handlungen:

(341)   ɪᴛ vɪɪa 36

enom. uesticatu. ahatripursatu

„Dann soll er *uestisia* opfern und den Dreischritt tanzen."

Als Korrelativ in der Apodosis eines temporalen Gefüges kann *enom* auch an der „redundanten Sequenzierung" bei der Wiedergabe von Übergängen beteiligt sein, d. h. an der Wiederaufnahme eines direktiven Aktes durch einen temporalen Nebensatz, der die Protasis zum nächsten Direktiv bildet, vgl.

(342)   ɪᴛ vɪɪa 39

traf. sahatam. etu. ape. traha. sahata. couortus. ennom. comoltu

„Nach Trans Sancta soll er gehen. Wenn er von Trans Sancta zurückgekehrt sein wird, dann soll er zermahlen."

Der Imperativ ɪɪ *etu* wird hier in gewisser Weise durch die Futur ɪɪ-Form *couortus* wiederaufgenommen (in dem Sinne, dass auf die Bewegung des Priesters referiert wird). Allerdings bezeichnet *couortus* die *etu* entgegengesetzte Bewegungsrichtung, was hier lexikalisch zum Ausdruck kommt. Es handelt sich daher um eine Sonderform der Wiederaufnahme, die dem Bereich des *Bridging* zugeordnet werden könnte (s. u. 8.6.2) und durch die eine isotopische Verknüpfung entsteht. Der betreffende Handlungsschritt wird dabei durch die temporale Konstruktion wie auch durch das Tempus als abgeschlossen markiert. Durch die Apodosis und explizit durch das korrelative Konnektivadverb wird daran der nächste Handlungsschritt angeschlossen, welcher seinerseits als Imperativ ɪɪ angeordnet wird. Im Unterschied zu einer einfach expliziten Sequenz,[171] etwa „Er soll (…) gehen. Danach soll er mahlen." stellt die Konne-

---

ɪɪa 15–43 = **huntia**; ɪɪb = **seme:nies : tekuries**; ɪɪɪ+ɪv = Neujahrsritual; va+b = Regeln; vɪa 1–vɪb 47 = *piaculum* (lang); vɪb 48–vɪɪa 54 = *lustratio* (lang); vɪɪb = Regeln.

171   Explizit im Unterschied zu einer (hypothetischen) Sequenz wie „Er soll gehen. Er soll mahlen", der sich nicht entnehmen lässt, ob sich die Handlungen überschneiden oder

xion der Schritte mittels eines temporalen Nebensatzes also eine redundante Gestaltung dar. Sie betont die Tatsache, dass die eine Handlung vor Beginn der nächsten abgeschlossen sein muss.

Am Ende der Kurzfassung der *lustratio* (Ib 36–38) wird mittels **enu** der Ablauf nach Verteilung des **erus** in Fontuli (mit mehreren Ortswechseln zwischen den beiden anderen Schauplätzen, Tra Sahata und Rubinia) in stark geraffter Art wiedergegeben (4×). Auch am Ende der Langversion des *piaculum* (VIb 38–40) kommt *enom* in ähnlich hoher Dichte und Frequenz vor (5×), um die Zusatzopfer und Verteilung des *erus* in der richtigen Abfolge anzuordnen. Eine Präferenz für ein spezifisches Konnektivadverb zeigt auch das Neujahrsritual der Tafeln III und IV, das insgesamt eine eigene Charakteristik bzgl. der Konnexion aufweist. Hier wird besonders **inumek** (ebenfalls mit verschiedenen Schreibvarianten, z.B. **inuk, inuntek**) zur zeitlichen Gliederung der Instruktionen genutzt, und zwar in einer sehr hohen Frequenz, d.h. in allen Anweisungen, außer denjenigen, die eine Entfaltungen, Ergänzung oder Angabe von Details zu bereits angeordneten Handlungen darstellen. Gleichzeitig liegen in diesem Text insgesamt äußerst wenige temporale Nebensätze vor (dazu noch unten 8.5.6.4.2). Der Konnektor **inumek/inuk** führt in einigen Fällen eine mit **prumum** „zuerst“ begonnene Aufzählung von Handlungsschritten fort, so dass sich eine Sequenz **prumum** – **inuk** (– **inuk**) ergibt, wie in

(343) IT III 14–16
kletre : tuplak : / prumum : antentu : inuk : çihçeřa : ententu : / inuk : kazi : ferime : antentu
„Zuerst sollst du ein **tuplak** auf die **kletra** auflegen. Dann sollst du die **çihçeřa** hineinlegen. Dann sollst du das **kazi** auf die Trage auflegen.“[172]

Das nächste Beispiel zeigt die Verwendung von **inumek** (zusammen mit den Ordinalia **etrama** und **tertiama**) zur Gliederung einer Handlungsphase in drei Schritte (Abschneiden und Darbringen von 2 + 2 + 3 Teilen des Opferschafes auf drei verschiedene Teller):

---

nacheinander und deutlich getrennt stattfinden sollen; diese Information würde in diesem Fall nicht ausgedrückt.

172 Eine Sequenz mit **prumu** – **inumek** liegt auch in III 23 und 26 vor und zwar bzgl. der parallel gestalteten Immolatio **(ampentu)** zuerst des Schweins (**sakre**), dann des Schafs (**uve**).

(344) IT III 32–IV 2
ererek : tuva : tefra / spantimař : prusekatu (1. Teller) + weitere Handlungen
„Davon (von dem Schaf) sollst du zwei Teile auf einen Teller[173] abschneiden."
inumek : etrama : spanti : tuva tefra / prusekatu (2. Teller) + weitere Handlungen
„Danach sollst du auf einen zweiten Teller zwei Teile abschneiden."
inumek : tertiama : spanti : triia tefra : prusekatu (3. Teller) + weitere Handlungen
„Danach sollst du auf einen dritten Teller drei Teile abschneiden."

Besonders dicht ist das Vorkommen von **inumek** im Abschnitt IV 13–28, wo jeder einzelne direktive Akt der Sequenz mit dem Konjunktionaladverb eingeleitet wird. Dadurch ergibt sich im Text gleichzeitig ein struktureller Rekurrenzeffekt (Anapher). Eine solche Bevorzugung eines spezifischen Konnektivums innerhalb eines Rituals ist sicherlich von den indviduellen stilistischen Vorstellungen der Priester geprägt, die für die Dokumentation der jeweiligen Tafel(n) verantwortlich waren.[174] Sie hat aber dennoch auch textstrukturelle Bedeutung und nimmt in textlinguistischer Perspektive gliedernde und strukturierende Funktionen ein. Der spezifische Gebrauch der adverbialen Konnektive kann die Rezeption der Handlungsschritte (z. B. als übergeordnet/untergeordnet) beeinflussen und diese bspw. als deutlicher voneinander abgegrenzt oder sequenziert präsentieren.

Seltener und auf die Tafel Ib 11–22 (erste Hälfte der *lustratio*) beschränkt tritt **enumek** als Konnektor in Erscheinung; hier wird es einerseits als Korrelativum in hypotaktischen Gefügen mit **pune** als Subordinator verwendet (4×), andererseits als (einfache) satzinitiale Anknüpfung (3×) an die vorausgehende Anweisung oder nach der Wiedergabe direkter Rede:

(345) IT Ib 20
enumek : apretu : tures : et : pune
„Danach sollst du herumgehen (um die Männer des Stadtstaates) mit den Tieren und dem Feuer."

173 S. zu **tefra** Untermann 2000: 737–738.
174 Vgl. Dupraz 2018a und i. D. zu den stilistischen Präferenzen.

Andere adverbialen Konnektive sind noch deutlich seltener, aber in ihrer Verwendung grundsätzlich ähnlich: **enuk** wird in der Kurzfassung des *piaculum* als Korrelativ in Gefügen mit **ape** verwendet (Ia 30 und 33):

(346) IT Ia 30–31
api : eřel purtiius : enuk : suřum : pesuntrum: feitu: staf/li : iuvesmik
„Wenn du es[175] dargebracht haben wirst, dann sollst du ein Schweine-**pesuntrum** für Stabilis Iovius opfern."

Die Form **eruk** (III 14) ist hingegen wahrscheinlich nicht als grammatikalisiertes Adverb „daraufhin" zu verstehen,[176] sondern als anaphorisches Pronomen im Abl.Sg.m., das auf einen vorher genannten Referenten (**persklu** III 12) „damit/mit diesem (dem Gebet)" verweist (s. Dupraz 2012: 140).

8.5.6.4.2 *Temporale Subordination*

Auch was Subordinatoren angeht, sind solche mit temporaler und genauer gesagt sequenzierender Funktion am häufigsten (und mit einem gewissen Spektrum) vertreten. Folgende temporale Subjunktionen sind bezeugt:

a) In der Bedeutung „bis" zur Nachordnung der Apodosis nach einen länger dauernden Vorgang oder Zustand:

– *arnipo* „bis, bevor nicht" mit Verb im Futur II, Position nach Hauptsatz (VIb 25, 41)

(347) IT VIb 41
sersitu. arnipo. comatir. pesnis. fust
„Er soll sitzen (bleiben), bis er mit den gemahlenen (Konsumptabilien) gebetet haben wird."

– *nersa* in einer syntaktisch komplexen Passage mit Korrelativen und mehreren Nebensätzen, die hier durch Einrückungen gegliedert sind; Position nach Hauptsatz:

(348) IT VIa 5–7
sersi pirsi sesust
poi angla aseriato est

175 Zu **eřel**, das sich anaphorisch auf **suřum pesuntru** (Ia 27) bezieht und wohl eine Verschreibung von **eřek** darstellt, s. Dupraz 2012: 139–140.

176 Zu dieser Deutung vgl. Weiss 2010: 114; Untermann 2000: 231; Poultney 1959: 204.

erse neip mugatu neip arsir andersistu
nersa courtust
porsi angla anseriato iust
„Was die Tatsache betrifft, dass sich derjenige auf dem Sitz (hin)gesetzt haben wird,
der gehen wird, die Vögel zu beobachten
diesbezüglich soll niemand ein Geräusch machen und sich kein anderer dazwischensetzen,
bis der zurückgekommen sein wird,
der gegangen sein wird, die Vögel zu beobachten."

Auffällig ist an diesem Beispiel, dass der Subordinator *pirsi* nicht etwa, wie von Untermann (2010: 521) angenommen, konditionale oder, wie von Poultney (1959: 232) vertreten, situativ temporale, sondern vielmehr faktisch-aktualisierende Funktion (wie lat. *quod*) besitzt und in der Apodosis durch das diskursdeiktische Korrelativum *erse* „diesbezüglich" wiederaufgenommen wird.[177] Anschließend erst erfolgt eine limitierende temporale Angabe in dem durch *nersa* eingeleiteten Nebensatz mit Verb im Futur II. Die identifizierenden Relativsätze tragen durch ihren parallelen Bau (allerdings mit unterschiedlichem Tempus) zur strukturellen Rekurrenz der Passage bei, ebenso das Tempus Futur II in den temporalen Nebensätzen.

– *prepa* (etwa **prae-k*ᵘ*am*, also wie lat. *antequam*, *priusquam*) mit Verb im Konj.Pf., Position nach Hauptsatz

(349) IT VIb 51–52
neip / amboltu. prepa. desua. combifianśi
„Er soll nicht herumgehen, ehe er eine (*parra* = Auguralvogel) *desua* angekündigt haben wird"

Durch *combifianśi* wird der zuvor in VIb 51 verwendete Imperativ II *combifiatu* wiederaufgenommen (damit liegt auch partielle Wiederaufnahme vor). Die lexikalische Verknüpfung zieht sich auch noch in den nächsten Satz, der mit Subordination durch *ape* seinerseits *combifiansiust* als abgeschlossene Handlung im Futur II wiederaufnimmt. Auch in diesem Beispiel erfolgt die Sequen-

177 Vgl. dazu Dupraz (2013b: 356): „Le nominatif-accusatif neutre *erse* est un *nominatiuus pendens* déictique discursif, c'est-à-dire qu'il a pour antécédent toute une proposition, en l'occurrence la proposition en *perse*".

TABELLE 32 *ape* und *pune*

	Ia 1– Ib 9	Ib 10– Ib 45	IIa 1–14	IIa 15–43	IIb	III+IV	Va+b	VIa 1– VIb 47	VIb 48– VIIa 54	VIIb
ape	3×	1×	1×	–	2×	2×	4×	4	5+8	1×
pone	1×	7×	1×	–	4×		1×			1×
pane		1×		–					1×	

zierung durch Wiederaufnahme der vorherigen Handlung redundant und es ergibt sich eine Verschränkung von Konnexion und lexikalischen Rekurrenzmustern.

b) Subjunktionen der Bedeutung „wenn/dann, wenn"

Am häufigsten werden Subordinatoren in der Bedeutung „wenn" gebraucht, wobei hier (nicht nur in der dt. Übersetzung) die engste Verbindung zu konditionalen Verhältnissen zwischen Propositionen besteht. Zwei Konnektoren, *ape* und *pone*, werden in diesem Bereich jeweils in sehr hoher Frequenz, aber mit leicht unterschiedlichem funktionalem Spektrum verwendet; der dritte, *pane*, kommt nur sehr selten vor, wie Tabelle 32 zeigt, in der das Vorkommen der Konnektoren nach Ritualen bzw. Texten aufgeschlüsselt wird.[178]

– *pane* „wann" als Einleitung eines Relativsatzes (Ia 40; VIIa 46)

In nur zwei Belegen (Dubletten) und damit am seltensten erscheint der Konnektor *pane* zur Subjunktion eines temporalen Nebensatzes. Zusammen mit dem Ausdruck *postertio* bildet er eine vorordnende Angabe, auf die unmittelbar ein Relativsatz zur Angabe des Hauptsatzsubjekts folgt, so dass sich insgesamt eine recht komplexe Struktur ergibt. Die temporale Konstruktion entspricht dabei lateinischen Konstruktionen wie *post diem quadragesimum et sextum, quam* … „46 Tage, nachdem …" (vgl. dazu Meiser 1986: 119). Das umbrische Beispiel stammt aus der längeren Version der *lustratio*:

(350) IT VIIa 46–47

postertio. pane. poplo. andirsafust. porse. perca. arsmatia. habiest. et. prinuatur. dur. tefruto. tursar. eso. tasetur / persnihimumo.

178 Ia 1–Ib 9 = *piaculum* (kurz); Ib 10–Ib 45 = *lustratio* (kurz); IIa 1–14 = Wiedergutmachung; IIa 15–43 = **huntia**; IIb = **seme:nies : tekuries**; III+IV = Neujahrsritual; Va+b = Regeln; VIa 1–VIb 47 = *piaculum* (lang); VIb 48–VIIa 54 = *lustratio* (lang); VIIb = Regeln.

„Nach dem dritten (Mal), wenn er um das (Heer-)Volk herumgegangen sein wird (d.h. wenn er zum dritten Mal … herumgegangen sein wird), sollen der, welcher den rituellen Stab halten wird, und 2 *prinuuati* vom *tefruto* zu Tursa schweigend so beten“

– *ape* (31×)[179] mit Varianten **ape**, **api**, **ap**, *appei*
Dieser Subordinator leitet überwiegend Nebensätze ein, die durch eine Verbform im Futur II ihren Inhalt als unmittelbar vorangehende und abgeschlossene Handlung darstellen („sobald, nachdem“) und dient damit typischerweise der (z.T. redundanten) Explizierung von Übergängen durch genaue Definition des Verhältnisses zwischen zwei Handlungen oder Phasen.[180] Dabei kann die vorausgehende Handlung durch ein identisches Verb repräsentiert werden oder eine lexikalische Variation (durch Hyperonym oder Hyponym) stattfinden, wie im folgenden Beispiel:[181]

(351) IT Ia 27–28
api : habina: purtiius : sur̆um : pesuntru fetu
„Wenn du die Lämmer dargebracht haben wirst, sollst du eine **persuntru**-Wurst opfern.“

Die explizite Sequenzierung mit Referenz auf das drei Zeilen zuvor angeordnete Opfer der Lämmer erfolgt hier durch die lexikalische Wiederaufnahme von **habina** (damit spielt auch hier Rekurrenz „im Dienste“ der Sequenzierung eine Rolle):

(352) IT Ia 24
pusveres : vehiies : tref : hapinaf : fetu
„Hinter dem Vehier Tor sollst du drei Lämmer opfern.“

179 Zu den Belegen s. Untermann 2000: 113–114 sowie Dupraz 2014b.

180 Vgl. zur Charakterisierung der verschiedenen Funktionen von *ape* und *pune* sowie der Besprechung ihres Verhältnisses zueinander bereits ausführlich Dupraz 2014b mit einer Übersicht der Belege und ihrer Funktionen in 2014b: 87–89.

181 Wie Dupraz (2014b: 75) zu Recht betont, setzt die Variation des Verbs voraus, dass **purtiius** dem Rezipienten als Teilhandlung von **fetu** bekannt ist; allerdings wird die Identifikation der Handlungen durch die Vollrekurrenz von **habina** immerhin unterstützt. Ein hyperonymisches Verhältnis liegt im folgenden Bsp. vor: IV 31–32 **ap : itek : fakust : purtitu : futu** „Wenn er so getan haben wird, soll es (das Opfer) dargebracht sein“, wo **fakust** auf eine ganze Reihe von Handlungen referiert.

Nur in zwei Beispielen (IIb 28, III 20) enthält der subordinierte Satz ein Verb im Futur I (hier **kukehes** als 2.Sg.) und stellt seine Proposition so als gleichzeitig dar (also „während, wenn"); hier liegt demnach keine strenge Sequenzierung vor, sondern der Ausdruck einer partiellen Überschneidung der beiden Handlungen von s2 und S1, vgl.:

(353) IT III 20–21
inumek : vukumen : esunumen : etu : ap/vuku : kukehes : iepi : persklumař : kařitu
„Dann sollst in den Hain zum Ritual gehen. Wenn du den Hain erreichen wirst, sollst du **iepi**[182] zum/mit dem(?) Gebet rufen."

Die penible Unterscheidung von Futur I und Futur II bei dieser Konstruktion ist demnach ein auffälliges Charakteristikum der umbrischen Rituale. Auch in den Textteilen, welche Regularien der Bruderschaft enthalten (V und auch 1× in VIIb), findet durch *ape* keine Sequenzierung statt, da hier nicht vorausgehende Anweisungen wiederaufgenommen werden, sondern eine Relation zu Opferhandlungen hergestellt wird, die nicht selbst Thema des betreffenden Textes, sondern quasi externe Referenzpunkte sind.

182 Die Form **iepi** wird mehrheitlich als Partikel oder Adverb gedeutet, die durch eine anaphorische Referenz (auf **vuku** „Hain" bzw. **kukehes** „du wirst erreichen"; zu **kukehes** s. noch Kapitel 8 FN 330) den **ap(e)**-Nebensatz „wenn du den Hain erreichen wirst" und den Hauptsatz „du sollst zum Ritual rufen" verbindet. Der Unterschied zur Verwendung sequenzierender Konnektoren wie **inuk** oder **enom** würde in diesem Fall bestätigen, dass nicht Sequenz, sondern Gleichzeitigkeit oder räumliche Kontingenz das Verhältnis von s2 zu S1 bestimmt. Mehrere Vorschläge nehmen eine Segmentierung in **ie+pi** mit einer Pronominalform wie Lok.Sg.f. **i̯ai̯* als Basis und einer verstärkende Partikel **pi** < *$k^{u̯}$*id* an (s. zuletzt Weiss 2010: 144 mit FN 36 für Details). Daraus ergibt sich etwa eine Übersetzung „auf dem Weg" (Weiss 2010: 145) oder aber „dort/dann" (Devoto ^{3}1954: 383) bzw. „dorthin" (Poultney 1959: 207); zur Übersicht über die älteren Vorschläge s. Untermann 2000: 338. Kritik an dieser Interpretation als Pronominalstamm äußert Dupraz 2012: 247–252, v.a. auf morphologischer Basis: Bereits im Gemeinitalischen sei der Lokativ des zugrundeliegenden Pronomens in allen Genera von der *s*-haltigen Stammvariante **ei̯so-* gebildet worden (s. allerdings Weiss 2010: 145 FN 36 für mögliche Alternativen, wie die Kombination aus Pronominalstamm **i-* + Adverbialformans **-ai̯*, ähnlich wie in osk. **svaí**). Als alternative Hypothese schlägt Dupraz selbst eine Interpretation als Nomen vor: **iepi** könne z.B. ein nominaler *i-* oder *i̯o*-Stamm und der Inhalt des durch das Verb **kařitu** ausgedrückten Rufs sein. Dupraz erwägt eine Zusammenstellung mit **iepru** (wenn dies nicht als „Leber" zu verstehen ist); allerdings wird kein konkreter Vorschlag zur Bedeutung oder Etymologie des vermuteten Lexems diskutiert; vgl. Dupraz 2012: 249–250. S. zu den Verbalformen des Belegs unten Bsp. (449).

Die größte Dichte hat der Gebrauch von *ape* zur Angabe von Übergängen in der Langversion der *lustratio* (13×). Eine eher ökonomische Verwendung von *ape* kann dabei auftreten, wenn sich der dadurch eingeleitete Nebensatz durch ein Pronomen diskursdeiktisch auf ein zuvor geäußertes Gebet im Ganzen bezieht, wie im folgenden Beispiel, welches unmittelbar auf das lange Gebet an Šerfus Martius, Prestota Šerfia des Šerfus Martius und Tursa Šerfia des Šerfus Martius in der *lustratio* folgt:

(354) IT VIb 62–63
ape. este. dersicurent. eno / deitu. etato. iiouinur. porse. perca. arsmatia habiest
„Wenn sie dies gesprochen haben werden, dann soll der sagen ‚Geht, Männer von Iguvium!', welcher den rituellen Stab hält."

Es werden hier aber auch richtiggehende Ketten von Sequenzen mit *ape* gebildet, z.B. in der unmittelbar anschließenden Passage, in der zunächst auf die direkte Rede „Geht, Männer von Iguvium" Bezug genommen und anschließend die zwei- und dreimalige Wiederholung der Umkreisung des Heervolkes angeordnet wird:

(355) IT VIb 63–65
ape este. dersicust. duti. ambretuto. euront.
„Wenn er dies gesagt haben wird, sollen sie ein zweites Mal (um das Volk) herumgehen, dieselben."
ape. termnome / couortuso. sururont. pesnimumo. sururont. deitu. etaians. deitu. enom. tertim. ambretuto
„Wenn sie zur Begrenzung zurückgekehrt sein werden, sollen sie auf die gleiche Weise beten, soll er auf die gleiche Weise sagen, soll er sagen, dass sie weggehen sollen. Danach sollen sie ein drittes Mal herumgehen."
ape. termnome. benuso / sururont. pesnimumo. sururont. deitu etaias
„Wenn sie zur Begrenzung gekommen sein werden, sollen sie auf die gleiche Weise beten, soll er auf die gleiche Weise sagen, dass sie gehen sollen."

Die Subjunktion *ape* deckt also ein funktionales Spektrum ab, das redundante Sequenzierung (am häufigsten), Handlungsüberschneidung (nur 2×) und externe temporale Relationierung (nur in V und VIIb) umfasst.

– **pune** (19×)[183] mit Varianten **puni**, *ponne*, *pone*
Diese Subjunktion unterscheidet sich von *ape* durch einige besondere Verwendungen, wie z. B. die einleitende Konditionierung, die sich typischerweise am Beginn einiger Rituale findet und die wie ein Titel oder ein Präsignal für die Textillokution funktioniert, vgl.:[184]

(356) IT Ib 10
pune : puplum : aferum : heries : avef : anzvriatu : etu
„Wenn du (die Tiere) um das (Heer-)Volk herumführen wollen wirst, sollst du gehen, die Vögel zu beobachten."

Eine eindeutig konditionale Konnotation von **pune** existiert auch bei der folgenden Angabe:[185]

(357) IT IIb 21–22
vitlu : vufru : pune heries : / façu : eruhu : tiçlu : sestu : iuvepatre
„Ein Votivkalb, wenn du es opfern wollen wirst, sollst du dem Jupiter mit derselben Formel setzen."

Insgesamt ist aber die temporale, sequenzierende Funktion häufiger belegt, wobei die nur selten bei *ape* zu beobachtende Verwendung zum Ausdruck von Gleichzeitigkeit oder Überschneidung von S2 und S1 bei *pune* relativ häufig (7×) vertreten ist:

(358) IT IIb 27
pune : anpenes : krikatru : testre : e uze : habetu
„Während du es (das Kalb) immolieren wirst, sollst du den Gürtel[186] über der rechten Schulter tragen."

Dabei kann das Verb des Nebensatzes sowohl im Futur I (Ib 15, 19; IIb 27) als auch im Indikativ Präsens (Ib 1; IIb 22; VIb 43) oder Konjunktiv Präsens (VIb

183 Zu den Belegen und zur Etymologie s. Untermann 2000: 604–605; Dupraz 2014b.

184 Zu diesem Beleg s. bereits Bsp. (15) und (197). Genauso IIa 1–2; VIb 48; als Subtitel in IIb 21–22. Alternativ kann ein konditionierender Titel auch konjunktionslos erfolgen wie in IIa 16–17.

185 Zum Votivkalb s. bereits Bsp. (198).

186 Die Bedeutungsbestimmung dieses Nomen instrumenti ist nicht exakt möglich; seit Buecheler 1883: 87 überwiegt die Übersetzung mit *cinctum* etwa „Gurt". S. Meiser 1986: 75 zur lautlichen Seite eines als Basis rekunstruierten Verbalstamms *$kreng^h$-*ā*-, sowie Untermann 2000: 404 zu abweichenden Vorschlägen.

49)[187] stehen. Wie auch *ape*, dient *pune* in den Beschlüssen und Regelungen der Bruderschaft (V und VIIb 2) zur Kennzeichnung eines neuen Themas durch Anknüpfung an externe Sachverhalte. Häufig (7×) dient auch *pone* allerdings zur zeitlichen Sequenzierung der rituellen Handlungen, wobei sich ebenfalls ein Überschneidungsbereich mit *ape* ergibt – nämlich beim Ausdruck von redundant gestalteten Übergängen mit Wiederaufnahmen eines vorausgehenden Imperativ II durch eine Futur II-Form im subordinierten Satz:[188]

(359) IT Ib 11
pune : kuvurtus : krenkatrum : hatu
„Wenn du zurückgekommen sein wirst, sollst du den Gürtel ergreifen."

Hier bezieht sich das Futur II **kuvurtus** auf das zuvor im Titel angeordnete **avef anzvriatu etu** „du sollst gehen, die Vögel zu beobachten", indem es die entgegengesetzte Bewegung angibt und damit den Endpunkt der Ortsveränderungen (hin+zurück) aufgreift.

Z.T. sind identische Sequenzen in den Kurzfassungen mit **pune** gebildet, während in den langen Versionen *ape* für die betreffenden Übergänge verwendet wird, z.B. ist Ib 33–36 parallel zu VIIa 42 und unterscheidet sich davon hinsichtlich der Subjunktion. Die Beispiele, in denen **pune** auf diese Weise verwendet wird, gehören alle der Kurzfassung der *lustratio* an (Ib 10–45; zusätzlich IIa 7 und IIb 16; vgl. Dupraz 2014b: 81–82). Diejenigen Beispiele, in denen **pune** und **ape** kurz nacheinander verwendet werden (Ib 33–36; IIa 7–9; IIb 27–29) sprechen dafür, dass **ape** vom Verfasser des Wiedergutmachungsrituals und der **se:menies : tekuries** wohl als stilistische Variante gebraucht wurde. Davon abzugrenzen sind die Fälle von bewusster Kontrastierung zwischen gleichzeitiger und nachzeitiger Relation anhand der spezifischen Kombination der Konnektoren mit einem Verb im Indikativ Präsens, Futur I oder Futur II (s. Dupraz 2014b: 89 zur genauen Verteilung). In den späteren Fassungen (Tafeln VI und VIIa) wurde in den Sequenzierungen mit Futur II *pone* konstant durch *ape* ersetzt.

187 Die Verwendung ist nicht völlig einheitlich beurteilt worden: Vetter (1953: 259) nimmt aufgrund der Singularität des Belegs an, dass die Stelle zu emendieren ist; man könnte aber auch von einer spezifischen Modalität dieses Falls (etwa als Potentialis) ausgehen: *pone / esonomf. ffrar. pufe. pir. entelust.* „Wenn zum Ritual (das) gebracht würde, wo er das Feuer gelegt haben wird (…)"; vgl. dazu Dupraz 2014b: 86–87.

188 Zu den anderen Fällen vgl. die Übersicht in Dupraz 2014b: 87–89.

8.5.6.4.3 *Redundante Sequenzierung:* ape *vs.* pone

An dieser Stelle soll besonders auf die Konstruktionen zur Bezeichnung von Übergängen (so Dupraz 2014b) eingegangen werden, die ich als „redundante Sequenzierungen" bezeichnet habe. Sie werden, wie schon gezeigt, mit *ape* (häufiger) oder *pone* (etwas seltener) gebildet und enthalten im Nebensatz die Wiederaufnahme einer oder mehrerer vorher als Imperativ II angewiesenen Handlungen im Futur II. Dadurch wird explizit das Beenden der betreffenden Phase in eine vorzeitige Relation zu der durch den Hauptsatz angeordneten nächsten Handlung gesetzt. Im Vergleich zu einem bloßen zeitlichen Adverbiale wie „dann/danach" etc. handelt es sich damit um ein Verfahren, dass die zeitliche Relation desambiguiert und Gleichzeitigkeit oder Überschneidung von Phasen explizit ausschließt (es handelt sich also nicht um totale Redundanz; der Ausdruck soll in erster Linie den Unterschied zur einfachen Reihung mit Konnektivadverbien betonen).[189] Die Überschneidung, die bei diesem Typ zwischen *ape* und *pone* besteht, ist von Dupraz (2011a) im Detail analysiert worden; hier wird daher nur knapp das dortige Ergebnis referiert:

Der in den IT repräsentierte Zustand bildet eine diachrone Entwicklung ab, die von der ursprünglichen Gestaltung mit **pune** (und korrelativem Adverb **enumek**) ausgeht.[190] Dieser alte Typus ist in der ersten Abteilung der Kurzfassung der *lustratio* verwendet worden; die dort formulierten Sequenzierungen sind die ältesten und bereits für die Urfassung des Rituals anzunehmen.[191] Sowohl in den Kurz- als auch in den Langversionen sind bestimmte Handlungen durch *ape* (mit korrelativem Adverb *enuk* im Hauptsatz) sequenziert; dabei handelt es sich jeweils um Zusatzoperationen, die am Ende der Hauptopfer durchzuführen sind und die z. B. Beiopfer oder die Verteilung des Fleischs (des *erus*) betreffen. Diese letzteren sind offenbar, weil sie sich in beiden Fassungen, aber nur in dieser Phase des Opfers finden, im Zuge der Herstellung des Archetyps eingefügt worden und waren nicht in der Urfassung enthalten.

---

189 Diese Fälle sind auch rekurrenztechnisch interessant, wenn das betreffende Verb (oder ein hyperonymes) zuerst als Imperativ II vorkommt, dann im NS durch ein Futur II wiederaufgenommen wird. Die Sequenzierung wird durch diese Kohärenztechnik also zusätzlich unterstützt. Diese kombinatorische Gestaltung deutet darauf hin, dass der Aspekt der Sequenzierung bei der Umsetzung in kohärente Handlungen und dadurch auch bei der Textkonzeption als besonders zentral erachtet wurde.

190 Dass diese Entwicklung auf Basis der IT zunächst nur dem spezifischen Sprachgebrauch der jeweiligen Verfasser (die aber dennoch als früher und später bestimmbar sind) zugeordnet werden kann, vertritt Dupraz 2014b und 2011a.

191 Zur Vorgeschichte der Texte von *lustratio* und *piaculum* s. o. 5.3.

Redundante Übergänge existierten also in den separaten Urfassungen nur in der ersten Sektion der *lustratio* (nämlich mit **pune** + **enumek**); die Rituale der Tafel I bewahren diesen Zug des Archetyps und nehmen keine Veränderung vor; alle später eingefügten Sequenzierungen sind durch die Verwendung von *ape* als solche erkennbar. In den späteren Langversionen schließlich fand eine Nivellierung dieser unterschiedlichen, älteren und jüngeren Sequenzierungen mit *pone* und *ape* statt, so dass hier nur ein einziger Typ mit *ape* verwendet wird; *pone* ist in den Langversionen hingegen ausschließlich für die nicht durch *ape* ausdrückbaren Verwendungen (Gleichzeitigkeit, Titelangabe) belegt.

Die Tatsache, dass der Text sekundär um bestimmte Handlungen erweitert und dass diese in redundanter Weise integriert wurden, ist von Dupraz (2011a) v.a. als individuelles Stilbewusstsein oder aber als Wunsch der verantwortlichen Priester gedeutet worden, sich durch Bearbeitungen des Textes in gewisser Weise selbst zu verewigen und zu seiner Tradition aktiv beizutragen. Allerdings bleibt dabei bemerkenswert, dass es ganz bestimmte Handlungsschritte sind, die eingefügt wurden, und nicht andere Details, die bspw. die Kultgegenstände, die Götter oder die Brüder selbst betreffen. Zudem sind bestimmte, nämlich ausschließlich sequenzierende Konstruktionen mit temporalen Subordinatoren genutzt worden, offenbar um die Ergänzungen korrekt in die Abfolge zu integrieren und – so die naheliegende Schlussfolgerung – den Handlungsablauf nicht zu beeinträchtigen. Daher ist es zumindest denkbar, dass die Tendenz, bei solchen nachträglichen Einfügungen besonders explizite oder sogar redundante Kohärenzmittel zu verwenden, dadurch bedingt sein könnte, dass Missverständnisse oder Verständnisprobleme gerade an solchen Stellen erwartet wurden und dass der Textproduzent diese beheben bzw. ihnen vorbeugen wollte. Hintergrund davon könnte sein, dass diese Ergänzungshandlungen ursprünglich eben nicht expliziert worden waren, weil sie als selbstverständlich mitzuverstehen eingestuft und weniger durch die Instruktionen als durch die Praxis gelernt und tradiert wurden. Im Zuge der Weitergabe der Rituale und der Entwicklung der Anweisungstexte können sich aber diese impliziten Handlungen als problematisch erwiesen haben, weshalb sich an irgendeinem Punkt ein Priester entschieden haben mag, sie explizit zum Teil der Texte zu machen. Dabei wurde die Handlungs*abfolge* mit besonderer Sorgfalt verdeutlicht, was der Tendenz entspricht, die auch schon in den hethitischen Ritualpräskripten zu erkennen war und die für Anweisungstexte im Allgemeinen gilt.[192]

192 Vgl. Langer 1995: 313 und auch noch unten 8.7.

8.5.6.4.4 *Temporale Subordination in lateinischen Ritualtexten*

Unter den Ritualinstruktionen bei Cato finden sich ebenfalls Partien mit sehr starker sequenzierender Gliederung, z.B. durch die Subjunktion *priusquam* „ehe, bevor" mit Verb im Futur I, wodurch im Gegensatz zu *ape* oder *pone* eine Sequenzierung durch vorordnende Relationen entsteht, wie hier in der ersten Hälfte des Opfers an Ceres, das vor der Ernte durchzuführen ist:

(360) Cato *Agr.* 134,1
priusquam messim facies porcam praecidaneam hoc modo fieri oportet.
„Ehe du die Ernte durchführen wirst, gehört es sich, dass ein (weibliches) Voropfer-Ferkel auf diese Weise gebracht wird."

Diese Formulierung entspricht einer Titelangabe; die Wahl eines vorordnenden Konnektors hängt unmittelbar mit der Tatsache zusammen, dass es sich hier insgesamt um ein *vorher* (vor der Ernte) zu vollziehendes Opfer handelt. Die Instruktion fährt, unter Verwendung rekurrenzbasierter Verknüpfungstechniken, folgendermaßen fort:

(361) Cato *Agr.* 134,1
Cereri porca praecidanea porco femina priusquam hasce fruges condas (...)
„Ceres sollst du ein Voropfer-Ferkel durch ein weibliches Ferkel (machen), ehe du folgende (Feld-)Früchte einbringen wirst: ..."

Durch den Bezug auf einen weiteren, externen Sachverhalt (die Ernte spezifischer Feldfrüchte), nimmt auch diese Vorschrift (sub)titelartige Funktion an.

Es folgt daraufhin eine weitere vorordnende Anweisung, die ebenfalls ein ausdrückliches Voropfer (*praefamen*) betrifft, das seinerseits vor dem eigentlichen Opfer stattfinden muss. Allerdings handelt es sich dabei nicht um eine titelartige Anweisung, da sie nicht übergeordnet, sondern auf eine Teilhandlung bezogen ist:

(362) Cato *Agr.* 134,1
Ture vino Iano Iovi Iunoni praefato, priusquam porcam feminam immolabis.
„Mit Weihrauch und Wein sollst du vorher zu Janus, Jupiter und Juno beten, ehe du das weibliche Voropfer-Ferkel opfern wirst."[193]

193 Hier ist metonymischer Gebrauch von *immolare* für den gesamten Vorgang des Opferns anzunehmen.

In der zweiten Hälfte von *Agr.* 134 dreht sich die Sequenzrichtung gewissermaßen um und es werden durch den adverbialen Konnektor *postea* lineare, nachordnende Sequenzen gebildet, so nach dem Gebet an Janus und Jupiter:

(363) Cato *Agr.* 134,3
Postea Iano vinum dato sic (...) *postea Iovi sic* (...)
„Danach sollst du Janus mit folgenden Worten Wein spenden: (...), danach Jupiter folgendermaßen: (...)"

Anschließend folgt das eigentliche Opfer an Ceres, das selbst nicht detailliert ausgeführt wird:

(364) Cato *Agr.* 134,3
Postea porcam praecidaneam immolato.
„Danach sollst du das Vor-Ferkel immolieren."

Der Text schließt mit einer letzten Nachordnung, welche die abschließende Phase des Opfers betrifft und komplementär zu Einleitung mit *priusquam* ist:

(365) Cato *Agr.* 134,4
Postea Cereri exta et vinum dato.
„Danach sollst du Ceres die Eingeweide und Wein geben."

Insgesamt erscheint so der gesamte Instruktionstext in zwei Hälften (mit verschiedenen konnektiven Kohärenzmustern) geteilt, die sich an der Achse des *praefamen* treffen: Die vorausgehenden Anweisungen sind vorordnend sequenziert, alle anschließenden nachordnend.

Das Konjunktionaladverbiale *postea* kann auch unter Einbettung der vorausgehenden Handlung, also mit expliziter Sequenzierung und nicht nur als rein adverbialer Anschluss „danach", verwendet werden, wie im folgenden Fall mit Ablativus absolutus aus dem Speiseopfer an Jupiter:

(366) Cato *Agr.* 132,2
Postea dape facta serito milium, panicum, alium, lentim.
„Nachher, nachdem das Speiseopfer gemacht (ist), sollst du Hirse, Fennich, Knoblauch (und) Linsen säen."[194]

194 Gleichzeitig ist das Lexem *dape* Teil einer Rekurrenzkette (*dapem* – *dapali* – *dapalis* –

Redundante Sequenzierung im Sinne der umbrischen Übergänge tritt mit *ubi* auch in den lateinischen Instruktionen auf, hier anschließend an die bereits zitierte Anweisung, die *porca praecidanea* zu opfern:

(367) Cato *Agr.* 134,3
Postea porcam praecidaneam immolato. Ubi exta prosecta erunt, Iano struem ommoveto mactatoque item
„Danach sollst du das (weibliche) Vor-Ferkel opfern. Wenn die Innereien herausgeschnitten sein werden, sollst du Janus einen Opferkuchen vorlegen und folgendermaßen opfern: ....“

Hier wird, genauso wie bei den Übergängen mit *ape/pone*, das Futur II zur Explizierung der Sequenz verwendet; *exta prosecta* bezieht sich dabei auf eine Teilhandlung, die den Endpunkt des Tieropfers markiert und als Hyponym zum vorausgehenden Imperativ II *immolato* (hier für alle Handlungen des Opfers) zu verstehen ist. Damit liegt ein ähnlicher Fall vor wie in IT Ia 27 **api habina purtiius** (s.o. S. 555). Auch gleichzeitige Relationen mit Futur I im Nebensatz scheinen im Lateinischen parallel gebildet zu werden; im folgenden Beleg wird durch *immolabis* keine unmittelbar vorausgehende Handlung aufgenommen, sondern ein neuer Schritt begonnen, wodurch sich ein kataphorischer Effekt ergibt:

(368) Cato *Agr.* 141,4
Ubi porcum immolabis, agnum vitulumque, sic opportet: (...)
„Während du das Schwein opferst, das Lamm und das Kalb, sollst du so (sprechen): ...“

Der Verzicht auf explizite Sequenzierungen, wie sie in einigen Passagen der IT vorkommt, d.h. eine asyndetische Folge von Imperativen, ist in den Ritualinstruktionen bei Cato selten. In folgendem Beispiel aus der Entsühnung eines Hains bestehen keinerlei explizite Kohärenzbeziehungen zwischen den beiden Anweisungen:

(369) Cato *Agr.* 139
Porco piaculo facito, sic verba concipito
„Mit einem Sühneferkel sollst du opfern, folgende Formel sollst du sprechen: ....“

---

dapi – dapalis – daps – dape) welche das Ritual durch lexikalische bzw. partielle Rekurrenz verknüpft.

Allerdings wird in diesem Fall auch nicht auf eine chronologische Abfolge von Handlungen Bezug genommen; vielmehr stehen die beiden Instruktionen auf unterschiedlichen Ebenen: Die erste (*facito*) bezieht sich auf das Opfertier, eine Komponente, die das Gesamtopfer betrifft; die zweite auf die verbalen Handlungsschritte (*verba concipito*). Anhand der jeweiligen Kohärenztechniken können sich also auch ritualstrukturelle Informationen über Status und Relation der instruierten Handlungen untereinander ergeben.

Obwohl das Korpus der Ritualanweisungen in Catos Handbuch deutlich kleiner ist als das der IT, entsprechen das Spektrum der Konnexionstypen und deren Verwendungsweise doch dem Kohärenzprofil, das auch in den umbrischen Texten festgestellt werden kann. Leichte funktionale Verschiebungen existieren im Fall der Konditionalsätze, wie im folgenden Abschnitt zu sehen.

8.5.6.4.5 *Konditionalsätze im Umbrischen und Lateinischen*

Konditionale Relationen zwischen Propositionen werden in den IT nicht nur durch entsprechende Konnotationen temporaler Konnektoren (z. B. in Titeln) hergestellt. Hinsichtlich seiner Bedeutung ist ein Grammem als konditional anerkannt und auch mithilfe der lateinischen Entsprechung etymologisch und funktional eindeutig bestimmt; es handelt sich um das ausschließlich in Instruktionsteilen (nicht Gebeten oder Formeln) verwendete **sve**/*sue*:

a) **sve** /*sue* (10×)

Das lat. *si* entsprechende **sve** steht ausschließlich in rituellen Instruktionen und Regelungen der Bruderschaft, meist in konditionierte Direktiven (s. o. 6.7.5) mit Imperativ II in der Apodosis, seltener auch mit assertiver Apodosis, z. B. im Futur.

In einigen Fällen verbindet sich **sve** mit Indefinitpronomina zu sogenannten Irrelevanzkonditionen:[195]

(370) IT Ib 18
svepis : habe : purtatulu : pue : meřs : est
„Wer auch immer (*wenn-wer*) gefangen wird (von den Volksstämmen, über die der Bann verhängt wird), sollst du ihn zu dem Ort bringen, zu dem es rechtmäßig ist."

195 Außerdem auch in IV 26 **inumek : svepis : heri : / ezariaf : antentu** „Dann soll, wenn einer es will/wer auch immer es will, die **ezariaf** darauflegen"; dazu zu zählen ist als Variante ebenfalls *sopir* (in der Parallelstelle zu Ib 18: VIb 54; vgl. Untermann 2000: 721–722). S. zu diesen Fällen auch 7.6.3.

In den Fällen, in denen **sve** nicht kombiniert wird, ist die funktionale Nähe zu den temporalen Konstruktionen auch bei den konditionalen Gefügen feststellbar; allerdings wird **sve** niemals wie **pune** in titelartigen Angaben bzw. Präsignalen verwendet, so dass die funktionale Verteilung diesbezüglich komplementär ist.

(371) IT VIa 16–17
sue. anclar. procanurent. eso. tremnu. serse / combifiatu
„Wenn die Vögel (laut) hervorgesungen haben werden, soll der sitzende (Augur) folgendermaßen aus dem *tremnu*[196] verkünden: …"

Innerhalb der Regelungen der Bruderschaft wird **sve** in einer zweigliedrigen Option (einmal positiv, dann negativ) verwendet, die jeweils unterschiedliche Vorgehensweisen zur Folge hat; hier ist der konditionale Effekt durch die Existenz von Optionen deutlich stärker:

(372) IT Va 24–26
sve : mestru : karu : / fratru : atiieřiu (…) **prusikurent : / rehte : kuratu : eru**
„Wenn die Mehrheit der atiedischen Brüder (…) erklären, dass es korrekt durchgeführt wurde"[197]

Eine eigene Gruppe, bei der die konditionale Funktion ebenfalls deutlich zutage tritt, betrifft Angaben zu den Ursachen, die zum Scheitern des jeweiligen Rituals führen können. Solche finden sich z. B. am Ende des *piaculum*, wo sie in beiden Versionen mit **sve**/*sue* formuliert sind:[198]

---

196 Es handelt sich um den Ort oder Bereich, wo der Augur sich während der Vogelschau aufhält; vgl. Untermann 2000: 761 (etwa *tabernaculum*, „Zelt" oder „Hütte").

197 Und gleich darauf negativ Va 27–29 **sve :** (…) **prusikurent / kuratu : rehte : neip : eru** „wenn die Brüder (…) erklären, dass nicht richtig dafür Sorge getragen worden ist …".

198 In der Langversion wird auch für die Vogelschau, die dem *piaculum* vorausgeht, eine Angabe zum möglichen Scheitern durch ein Konditionalgefüge mit *sue* gemacht (VIa 7 *sue muieto fust ote pisi arsir andersesusp disleralinsust* „Wenn ein Geräusch gemacht worden ist oder jemand anderes(?) sich dazwischengesetzt haben wird, wird das Ritual ungültig sein"). Der Nebensatz nimmt dabei (bis auf Tempus/Modus) den Wortlaut des unmittelbar vorausgehenden Verbotes der Handlungen auf, die zum Ungültigwerden der Prozedur führen. Es liegt somit (in Anlehnung an die redundante temporale Sequenzierung) eine Art redundanter konditionaler Anschluss vor; gleichzeitig auch rekurrente Verknüpfung.

(373) IT VIb 47 (mit Parallele in Ib 8)
suepo. esome. esono. ander. uacose. uasetome. fust.
„Wenn etwas von diesem Ritual unterbrochen würde, wird es ungültig gemacht worden sein."

Eine ähnliche Formulierung existiert im Lateinischen, wo es sich allerdings nicht um ein Ungültigwerden durch einen Fehler während des Rituals handelt, sondern um den Fall, dass die Handlung unterbrochen wird, die durch das Ritual entsühnt werden muss (das Pflügen in diesem Fall). Auch dies führt aber dazu, dass das Ritual erneuert werden muss, vgl. folgende Instruktion, die am Ende des Rituals steht und sich auf dessen Gesamtheit bezieht:

(374) Cato *Agr.* 140
si intermiseris aut feriae publicae aut familiares intercesserint, altero piaculo facito
„Wenn du unterbrochen wirst oder öffentliche oder private Feiertage dazwischenfallen, sollst du mit einem weiteren Sühnopfer opfern."

Im Lateinischen können zudem die titelartigen Konditionen, welche in den IT, wie oben gesehen, mit *pune* ausgedrückt werden, mit dem genuin konditionalen Subordinator gebildet werden, vgl.

(375) Cato *Agr.* 140
si fodere voles, altero piaculo eodem modo facito
„Wenn du pflügen willst, sollst du mit einem weiteren Opfer auf diese Weise opfern: …"

Auch die Angabe echter Optionen erfolgt im Lateinischen mit dem Subordinator *si*, während im Umbrischen **pune** dafür genutzt werden kann.[199] Bei Cato werden Konditionalgefüge außerdem auch in den Gebeten für *all-inclusive*-Formeln herangezogen.[200]

Insgesamt ist die Verwendung von *si*/**sve** im Lateinischen und Umbrischen demnach nicht völlig identisch, da im Umbrischen einige der Funktionen eher durch **pune**-Konstruktionen übernommen werden.

---

199 Z. B. Cato *Agr.* 132,2 (*Vestae, si voles, dato*) und IT IIb 21–22 (**vitlu vufru pune heries façu** „Wenn du ein Votiv-Kalb opfern willst"), s.o. S. 558.

200 Z. B. bei der Entsühnung des Hains, Cato *Agr.* 139: *si deus, si dea es, quoium illud sacrum est* „Seist du ein Gott oder eine Göttin, dem/der dieses Heiligtum gehört". Vgl. auch 7.6.1.5.

b) in Gebeten: **peři**, *persi*, *pirsi* (8×)

Neben den eindeutig konditionalen Belegen mit lat. *si* bzw. umbr. **sve**, die in den IT zudem allesamt Teil der Ritualinstruktionen oder Regelungen der Bruderschaft sind und zur Angabe von Irrelevanzkonditionen, Optionen oder Konsequenzen von Ritualfehlern dienen, existiert im Umbrischen möglicherweise ein zweiter konditionaler Subordinator **peři**/*persi*. Seine Verwendungsweise ist, genauso wie die Definition seines Einsatzbereichs, umstritten: Einige Hypothesen nehmen eine ganz oder teilweise konditionale Funktion an, die aber in anderen Kontexten auftritt als **sve**. Mehrere Aspekte sind dabei Gegenstand von Diskussionen.[201]

Zunächst stellt die Form morphologisch betrachtet ein umbr. Relativpronomen im N./Akk.nt.Sg. dar, welches einen recharakterisierten Stamm *$k^{u̯}$i-d-id* (o.ä.) > *pirse* aufweist (s. Meiser 1987: 118; Untermann 2000: 559). Sie ist auch in dieser ursprünglichen, relativen Funktion belegt und Teil des pronominalen Paradigmas.[202] Daneben scheint allerdings auch eindeutig, dass eine Grammatikalisierung von *pirse* stattgefunden hat, wodurch die Form vom Paradigma getrennt und invariabel wurde. Damit besteht eine enge Parallele zum lat. *quod*, welches bei gleicher Herleitung (allerdings vom alternativen Relativ-Stamm *$k^{u̯}$o-*) ebenfalls in dieser Doppelfunktion verwendet wird (vgl. dazu Dupraz 2009). Das führt bereits zu der Problematik, jeweils zu identifizieren, ob in einem Beleg eine Verwendung als Relativpronomen vorliegt oder *pirse* in dem betreffenden Fall ein grammatikalisierter Konnektor ist. Diese Entscheidung fällt für einige Belege je nach Bearbeitung unterschiedlich aus (z.B. IV 32–33), andere Fälle sind semantisch eindeutiger (z.B. IIa 4 und alle Belege in den Gebeten in VIa 26–VIb 36). Besteht Einigkeit darüber, dass es sich um eine extraparadigmatische Subjunktion handelt, ergibt sich weiterhin die Frage nach deren semantischem Wert, welche ebenfalls nicht einheitlich beantwortet wurde.[203] Eine konditionale Funktion überwiegt in der Diskussion; in einigen Fällen ist eine solche Interpretation aber schlichtweg nicht möglich, wie Dupraz (2013b) eindeutig demonstriert. Er spricht sich deshalb für eine einheitliche Bedeutung *quod* „quant au fait que“ aus. Diese faktische oder aktualisierende Funktion ist in den betreffenden Fällen die akzeptable Lösung; z.B. im folgenden Beleg. Der Anker der Aktualisierung ist das in markierter

201 S. die ausführliche Diskussion von Dupraz (2013b), auf die im Folgenden referiert wird.

202 Vgl. Untermann 2000 s.v. *pis*.

203 Folgende Optionen wurden dafür bisher vorgeschlagen: überall konditional „wenn“ (Untermann 2010); „qualora“ Ancillotti/Cerri (1996: 394); *quod, si, cum* also entweder faktisch oder konditional oder temporal (Buck ^{2}1928: 148, 342); *quod* also „was das betrifft, das“ (Vetter 1953: 423); „wenn“ aber manchmal auch „während, wenn“ (Poultney 1959: 316).

Stellung nach vorn gezogene **huntak**,[204] wohl ein bestimmter abgegrenzter Bereich, der bereits zu Beginn des Rituals (III 3) eingeführt wurde und in den abschließenden Vorschriften wieder aufgegriffen wird:

(376) IT IV 32–33
huntak : piři : prupehast : eřek / ures : punes : neiřhabas
„Das **huntak** (Akk.Sg.),[205] was die Tatsache betrifft, dass er es zuerst reinigen wird, dabei/damit sollen sie von diesem **pune** (Gen.Sg.) nicht haben[206]."

---

204 Zur Annahme einer Topikalisierung von **huntak** und zum anaphorischen Gebrauch von **eřek** vgl. Dupraz 2012: 141–143 und 153–158. Die umbrischen Formen des Demonstrativums **i-/eyo-/ei̯so-* sind demzufolge beinahe ausnahmslos anaphorisch zu verstehen, d.h. ein Verweis auf das Neutrum **huntak** ist wahrscheinlicher als auf den gesamten Nebensatz **huntak: piři: prupehast**. Für eine solche Interpretation spricht auch die Kongruenz zwischen **eřek** und **huntak** (Akk.Sg.nt.).

205 Zur Diskussion der Bedeutungsansätze für **huntak** s. Weiss 2010: 60–75, der sich für eine Interpretation als Nomen ausspricht und die Annahme eines Adverbs aus syntaktischen und morphologischen Gründen ablehnt (2010: 62–63). Die traditionelle Interpretation als Nomen geht davon aus, dass **huntak** sowie der wohl vergleichbare Akk.Sg.nt. **tuplak** < **dupl-āk-* (III 14) substantivierte Adjektive auf **-āk-* darstellen; wobei in **huntak** eine Ableitung < **hom-to-* zu ital. **xom-* „Erde" (vgl. lat. *humus*), d.h. etwa aus dem Bedeutungsspektrum „irden/erd-" zu sehen sei (evtl. mit Verbindung zum Götternamen **hunte** in Ib 4, IIa 20, IIa 34 und VIb 45); vgl. Weiss 2010: 60–68 und 115–118 mit älterer Literatur. Weiss selbst schlägt eine Segmentierung in **hunta+k** mit deiktischer oder klitischer Partikel **-k** vor, **hunta-** bzw. **tupla-** seien dann thematische Adjektive im Akk.Pl.nt. Zur Kritik an dieser Annahme s. Dupraz 2012: 141–142 FN 34 sowie Dupraz i.D., v.a. unter Verweis auf das sonstige Fehlen klitischer Konnektive im Umbrischen allgemein und besonders in den pragmatisch vergleichbaren Passagen am Ende des Rituals in IIa 42 und 43.

206 Zum Stamm **-hab-** „haben, halten" und einer Analyse als **nei-ad-hab-ā-(n)s* o.ä. „anwenden" vgl. Untermann 2000: 311–314 (mit älterer Literatur). Rix 1998b: 260 und Meiser 2003: 42 gehen hingegen von einem Rekonstrukt **nē-id-hab-ā-(n)s* mit komplexer Modalpartikel **nē-id* aus; die Form sei mithin ohne Präverb *ad-* als „nehmen" zu übersetzen, wobei eine 2.Sg. angenommen und **eřek** als diskursdeiktisch auf den gesamten **piři**-Satz bezogen wird. Dupraz (2012: 142–143 und i.D.) hält jedoch einen anaphorischen Bezug von **eřek** auf **huntak** für deutlich naheliegender; dies macht die Annahme von *ad-* erforderlich. Morphologisch ist die Form mehrheitlich als **-ā*-Konjunktiv zu einem Aoriststamm **-hab-** gedeutet worden; so u.a. Buck ²1928: 167, Poultney 1959: 124, Untermann 2000: 311–314, García Castillero 2000: 328, Meiser 2003: 41–42, Dupraz 2012: 142; anders jedoch Vetter 1953: 220 (< ***-habias**), Meiser 1986: 126 (verschrieben statt ***-habias**) und Weiss 2010: 61 (Konj.Ps.). Die Endung **-s** kann entweder als 2.Sg. oder als 3.Pl. (mit geläufiger graphischer Unterdrückung des **-n-**) zu deuten sein, vgl. Formen wie **sis** (V a 6), *dirsas* (V b 8) und *etaias* (VI b 65 und VII a 1) mit *-s* statt *-ns*; die grammatische Person ist also formal nicht eindeutig bestimmbar. Der Hauptopfernde ist im vorliegenden Ritual allerdings mehrfach in der 3.Sg. bezeichnet (**fakust, prupehast**), was einen Wechsel in die 2.Sg. weniger plausibel erscheinen lässt (anders liegt der Fall in den längeren Fassungen von *piaculum* und

Die Reinigung des **huntak** ist ritualinitial (III 3) eindeutig vorgeschrieben worden, also nicht optional, weshalb eine konditionale Interpretation „falls du es zuerst gereinigt hast“ ausscheidet. Die von Untermann (2000: 558) angenommene relativische Interpretation von **piři** wird von Dupraz (2013b: 355) ebenfalls als wenig wahrscheinlich beurteilt: „**piři** est en ombrien un relatif générique, alors que **huntak**, ici, est spécifique“. Gegen die von Poultney vertretene temporale Übersetzung (1959: 218) können die auffällige Topikalisierung von **huntak** und die korrelative Wiederaufnahme durch **eřek** angeführt werden. Dupraz selbst (2013b: 355) erklärt die vorliegende Funktion folgendermaßen:

> Le locuteur mentionne un thème nouveau dans le contexte, mais connu de l'interlocuteur [wegen der entspr. Anweisung in III 3, T.R.]. A ce thème, exprimé dans le *nominatiuus pendens* **huntak. piři. prupehast**, (…) il ajoute un rhème, **eřek / ures : punes : neiřhabas** (…).

Entgegen der von Dupraz (2013b) vorgenommenen Annahme dieser faktischen Funktion auch für alle weiteren Kontexte, erscheint mir die Hypothese einer konditionalen Funktion von *pirse* in einem einzigen Kontext doch wahrscheinlicher. Gewissermaßen komplementär zu **sve** wäre es in dieser Verwendung auf die Texte der Gebete, und innerhalb dieser auf die sog. *disregard*-Formeln beschränkt.[207] Diese Formeln dienen dazu, mögliche Fehler, die bei der Verehrung der angesprochenen Gottheit aufgetreten sein können, auf eine (fiktiv-)exhaustive Weise zu benennen, um die Gottheit anschließend zu bitten (?),[208] diese nicht zu berücksichtigen oder als nicht-intentional zu verstehen. Elaborierte Fassungen solcher *disregard*-Formeln liegen in den Gebeten der Langversion des *piaculum* vor, und zwar jeweils als dreigliedrige Sequenz im ersten (VIa 26–28), zweiten (VIa 36–38) und dritten (VIa 46–48) Opfer an Jupiter Grabovius sowie im Gebet an Tefer Jovius (VIb 29–31). In folgendem Beispiel sind die drei (Teil-)Sätze voneinander abgesetzt, um die Struktur zu verdeutlichen; dabei fällt auf, dass in (1) die Formel mit elliptischer Apodosis ohne finites Verb vorliegt: Klar ist allerdings, dass die gesamte Formulierung darauf abzielt, dass eventuelle Fehler für die Gottheit als nicht-intentional gelten

lustratio, wo derartige Phänomene als Kohärenzfehler auftreten). Die Interpretation als 3.Pl. ist demnach wohl als etwas wahrscheinlicher zu beurteilen.

207 Dazu ausführlich in 7.5.7.

208 Welche Art von Sprechakt genau vorliegt, ist in den umbrischen Formeln nicht zu bestimmen, da kein finites Verb in der Apodosis enthalten ist; s. dazu die Beispiele.

sollen.[209] Die Belege in (2) und (3) hingegen besitzen offenbar eine gemeinsame Apodosis. Dies könnte in syntaktischer Hinsicht dafür sprechen, *persei mersei* (in diesem Fall mit Dupraz 2013b) nicht als nochmalige Kondition, sondern als Aktualisierung durch Verweis auf eine dem Hörer bekannte und im Kontext relevante Tatsache zu verstehen.[210] Funktional und semantisch gesehen ist eine solche Differenzierung zwischen (1) und (2) (*disregard*) und (3) (Aktualisierung) also ebenfalls begründbar. Die Annahme einer konditionalen (Neben-)Bedeutung ist dabei (wie auch im Falle von lat. *quod*) kontextuell motiviert:

(377) IT VIa 26–29
dei. grabouie. orer. ose. persei. ocre. fisie. pir. orto. est. toteme. iouine. arsmor. dersecor / subator. sent. pusei. neip. heritu. (1)
„Jupiter Grabovius, um dieser Angelegenheit willen, wenn auf dem fisischen Berg (oder Stadt) Feuer entstanden ist (oder) im Stadtstaat Iguvium die korrekten Rituale vernachlässigt worden sind, (betrachte dies?) wie nicht gewollt"
dei. crabouie. persei. tuer. perscler. uaseto. est. pesetomest. peretomest / frosetomest. daetomest. tuer. perscler. uirseto. auirseto. uas. est. (2)
„Jupiter Grabovius, wenn in deinem Ritual eine Unterlassung, eine Verfehlung, eine Überschreitung, eine Beschädigung, ein Vergehen, (wenn) in deinem Ritual ein gesehener oder ungesehener Fehler ist,"
di. grabouie. persei. mersei. esu. bue / peracrei. pihaclu. pihafi.(3)
„Jupiter Grabovius, (und) mit Verweis darauf, dass es recht(mäßig) ist, dass mit diesem mehr als einjährigen Rind als Sühnopfer Entsühnung vollzogen wird."

Für eine Interpretation als konditionaler Konnektor in Bsp. (377), zumindest in (1) und (2) sowie den entsprechenden Parallelen in den anderen Gebeten,

209 Über die Gründe für die stark elliptische Gestaltung ausgerechnet in dieser Formel lässt sich im Grunde nur spekulieren. Möglich scheint evtl., dass aufgrund des als extrem heikel einzustufenden Anliegens bzw. der großen Bedrohung, die ganz offensichtlich von Fehlern und Verletzungen des Kults ausging, besondere Höflichkeits-Regeln oder sogar Tabus hinsichtlich der Direktive berücksichtigt wurden.

210 Zur vielleicht stilistisch motivierten Reimform im Konjunktiv *persei mersei* (bzw. *persi mersi* in VIa 48) neben indikativischem *perse mers est* (in VIb 31) s. Untermann 2000: 522. Dupraz (2013b: 361) verweist auf die Archaizität der letzteren Form, welche eine funktionale Parallele in Cato *Agr.* 139 *uti tibi ius est* nahelegt (s. dazu auch Dumézil, 1975: 48; Scheid, 2005: 146).

spricht ein typologischer Vergleich mit anderen *disregard*-Formeln[211] sowie mit den ähnlich funktionierenden *all-inclusive*-Formeln (s.o. 7.6.1.5). Damit wären m.E. immerhin acht der Belege von *pirse* mit einiger Wahrscheinlichkeit als konditional interpretierbar. Diese Fälle bilden eine äußerst homogene Gruppe und repräsentieren einen ganz spezifischen Kontext und eine spezifische Funktion. Bemerkenswert ist zuletzt ebenfalls (ungeachtet der Interpretation), dass die Nebensätze mit *perse* die einzigen in den Gebetstexten vorkommenden Fälle von Subordination überhaupt sind.[212]

In einem vergleichbaren Kontext steht der folgende Beleg aus dem Wiedergutmachungsritual (s.o. 5.6.4). Der Umstand, dass dabei auf einen konkreten und tatsächlich geschehenen Fehler in einem vorausgegangenen Ritual verwiesen wird, spricht dafür, dass *peře* hier faktisch zu verstehen ist.[213]

(378) IT IIa 3–4
peře : karne : speturie : atiieřie : aviekate : / aiu : urtu : fefure : fetu[214] **: puze neip eretu**
„Was das betrifft, dass (zuungunsten) der speturischen augurischen Abteilung der atiedischen Brüder die (fehlerhafte?) Worte entstanden sein werden, (seien sie) getan wie nicht gewollt."

Zu dieser Verwendung finden sich Parallelen in den hethitischen Gebeten, in denen ebenfalls ein auf dem Relativpronomen basierender Konnektor *kwit* in aktualisierender Funktion zu verstehen ist; bspw. in dem schon oben (S. 484) zitierten Beleg, bei dem die Bestätigung durch ein Orakel durch das Verb *ḫandandai-* „(durch Orakel) feststellen" expliziert wird:

(379) KUB 14.11+ Rs. III 14′–15′
SIS[KUR *š*]*A* ^ÍD^*ma-a-la-ma-mu* [*k*]*u-i*[*t* … *še*] *-er ḫa-an-da-et-ta-at*
„[W]a[s] das betrifft, dass das Rit[ual f]ür den Fluss Māla aber (als eine Ursache für die Seuche) festgestellt worden ist (…)."

---

211 Z.B. Liv. 22,10,5–7; s.o. Bsp. (192) unter 7.5.7.

212 Es könnten ggf. noch die stark elliptischen und jeweils in der gleichen Formelsequenz wie *perse* gebrauchten Konstruktionen mit **puzi**/*pusei* dazu gezählt werden.

213 Davon geht auch Dupraz (2013b: 352–353) aus: „la proposition en *perse* est factuelle: le discours direct est prononcé seulement en cas d'erreur effective (…) L'engagement épistémique est complet: le contenu propositionnel est présenté comme actualisé". Zur Diskussion des Belegs und zum Wiedergutmachungsritual insgesamt s. bereits oben Bsp. (19), (20) und (171).

214 Die Form **fetu** ist hier nicht als Imperativ II, sondern als PPP zu analysieren, wodurch sich auch hier eine Apodosis ohne finites Verb und damit ohne eindeutigen Direktiv ergibt.

Der Beleg in VIa 5–7, welcher der Annahme einer einheitlichen konditionalen Funktion die meisten Probleme bereitet, ist schließlich durch eine faktisch-aktualisierende Interpretation am besten zu handhaben (dazu oben S. 552).[215]

c) *nosue*

Mit einem einzigen Beleg tritt die funktional lat. *nisī* entsprechende negierte Form von *sve* auf; dieser findet sich innerhalb einer Passage in direkter Rede, die aber kein Gebet darstellt, sondern eine Anweisung des Priesters (*poi percam arsmatia habiest* „welcher den rituellen Stab halten wird“) an seine Helfer, die *prinuuati*, oder an das Volk. Diese Anweisung betrifft das Vorgehen bei der Verbannung der Fremden aus dem Stadtstaat Iguvium (der *nosue*-Satz ist nur in der langen Version der *lustratio* enthalten). Als Bedeutung ist hier „außer wenn“ anzunehmen; es liegt ein komplexes Gefüge mit Verschränkung des *nosue*- und eines Irrelevanzkonditionalsatzes vor,[216] das sich direkt an die Verbannungsformel anschließt:

(380) IT VIb 54–55
nosue. ier. ehe. esu. poplu sopir habe / esme. pople. portatu. ulo. pue. mersest.
„Außer für den Fall, dass aus diesem (Heer-)Volk herausgegangen würde (Konj.Pf.Pass.), wenn einer/wer auch immer innerhalb dieses (Heer-)Volkes gefasst wird (Ind.Ps.Pass.), soll er ihn dorthin bringen, wohin es rechtmäßig ist.“

8.5.6.4.6 *Relativsätze*

Bereits im Zusammenhang mit *sve* und *perse* sind Relativsätze als ein weiterer Konnexionstyp angesprochen worden. Auch außerhalb der schon erwähnten Fälle treten Relativsätze auf, dabei sind wie im Lateinischen grundsätzlich beide Stammvarianten uridg. **k*$^{u̯}$*i*- (9×) und **k*$^{u̯}$*o*- (15×) vertreten, allerdings in anderer funktionaler Verteilung als dort.[217] Neben den paradigmatischen, flektierten Relativpronomina gibt es außerdem invariable relative Subordinatoren, so der N./Akk. nt. Sg. des Stammes **k*$^{u̯}$*o*- *puře/porse* (und Varianten; 12×)[218] außerdem die recharakterisierte lokale Form *pue* „wohin“ (<**k*$^{u̯}$*o-id* oder *-*ī*;

215 Die betreffende Stelle ist oben bereits als Beispiele (169), (282) und (348) zitiert.

216 Dabei stellt *sopir* „wenn einer“ eine Kombination von *so* + *pir* und somit eine Variante von **svepis** dar; vgl. Untermann 2000: 721–722; Meiser 1986: 279.

217 S. zu den Belegstellen z.B. Untermann 2000: 558–559 s.v. *pis* und 595–597 s.v. *poi*; sowie Dupraz 2009 zu den „stratégies de relativisation“ in den sabellischen Sprachen.

218 Untermann 2000: 592.

TABELLE 33 Verteilung der Relativpronomen

	Ia 1–Ib 9	Ib 10–Ib 45	IIa 1–14	IIa 15–43	IIb	III + IV	Va+b	VIa 1–VIb 47	VIb 48–VIIa 54	VIIb
pi-[a]		1×	1×				2×	2×	2×	2×
po-							6×	3×	5×	
puře				1×		1×	1×	6×	3×	
pue		1×						3×	1×	
pufe		1×						1×	2×	

a Ohne die als grammatikalisierten Konnektor verstandenen Formen des N./Akk. nt.Sg.

5×)[219]. Daneben ist ein lokales Relativadverbiale auch von einem Stamm auf *-u* (*$k^{u̯}$u-b^{h}ei̯) gebildet: *pufe* „wo“, das auch temporale Bedeutung „wann“ haben kann (4×).[220] Tabelle 33 zeigt eine Verteilung dieser Relativpronomina[221] mit Differenzierung nach Stämmen.[222]

Auffällig ist dabei, dass so gut wie alle Fälle von relativer Konnexion auf die Instruktionsteile beschränkt sind und sich nur einer der Belege (VIb 53) innerhalb direkter Rede findet, die aber kein Gebet, sondern ein Aufruf des Priesters an das zur *lustratio* versammelte Heervolk ist.[223] Innerhalb der Instruktionen übernehmen die Relativkonstruktionen verschiedene Aufgaben, dabei spielt (wenigstens in den Sg.-Formen) die funktionale Verteilung von *pi-* und *po-* eine wichtige Rolle.

Der Stamm *pi-* weist in den Belegen im Nominativ Sg.m. in 5 von 6 Fällen eine verallgemeinernde Charakterisierung durch ein entsprechendes Adverb

219 Untermann 2000: 592–593. Angenommen wird eine Erweiterung der auf *-d* auslautenden Formen der Pronominalstämme *pi-* und *po-*, welche die Verkürzung durch *d*-Schwund im Auslaut verhinderte. Uneinigkeit besteht hinsichtlich der exakten Form der *i*-haltigen Erweiterungspartikel: Untermann 2000: 597 vertritt die Annahme von *-ī* (mit Verweis auf Brugmann 1911), welches mit der got. Relativpartikel *-ei* (z.B. *þatei* „welches“) gleichzusetzen sei. Meiser (1986: 43 und 1987: 121) spricht sich für *-id* aus, das jedoch nicht durch entsprechende Belege im Oskischen wahrscheinlich gemacht werden kann.

220 Untermann 2000: 594.

221 Insgesamt 45 Belege; damit zwar weniger als die temporalen Gefüge zusammengenommen, aber deutlich mehr als die (rein) konditionalen.

222 Ich gehe hier nicht auf die verschiedenen Flexionsformen ein; dazu sei auf die ausführliche Besprechung bei Dupraz 2009 verwiesen. In der Tabelle nicht berücksichtigt sind die als zum invariablen Konnektor *pirse* gehörig analysierten Formen, sowie die Kombinationen von Indefinitpron. + *sve*.

223 S. zu der Stelle schon oben S. 573.

(*panupei* oder *pumpe* „wann auch immer") oder eine Ergänzung durch einen partitiven Genitiv auf, der eine Kollektivzugehörigkeit angibt. Der Referent, auf den durch *pis* verwiesen wird, ist so als generisch und indefinit konzipiert.[224] Diese Verwendung findet sich in den Regelungen, welche die Bruderschaft betreffen (Va 3, 10 und VIIb 1). Dort enthält der Relativsatz ein Verb im Futur I, der Hauptsatz eine Direktivform im Konjunktiv Präsens, vgl.:

(381) IT Va 10–11
ař̌fertur : pisi : pumpe : / fust (…) prehubia
„Der Arsfertur, wer es auch sein wird (d. h. im jeweiligen Moment), dass er Sorge trage für (…)."

Auch der Beleg, der sich in der Formel zur Verbannung der Fremden befindet, hat diese verallgemeinernde Bedeutung und zwar anhand eines partitiven Genitivs:

(382) IT VIb 53–54
pisest. totar / tarsinater (…). *eetu. ehesu. poplu*
„Wer (auch immer) des tarsinatischen Stammes ist (…), der soll aus diesem (Heer-)Volk hinausgehen."

Die vom alternativen Stamm *po-* gebildeten Formen haben in den starken Kasus des Sg.m. hingegen nie ein verallgemeinerndes Adverb bei sich (wie *panupei* oder *pumpe*). In diesen Fällen liegt im Gegenteil offenbar ein spezifischer bzw. als spezifisch konzipierter Referent vor (vgl. Dupraz 2009: 241). Die betreffenden Beispiele dienen v. a. der Identifizierung der handelnden Priester in den langen Fassungen von *piaculum* und *lustratio* durch bestimmte Eigenschaften oder Attribute (5× Nom.Sg.m.); damit sind sie den identifizierenden Beispielen ähnlich, die es auch im Hethitischen (wenn auch deutlich seltener) gibt. Dadurch, dass die Instruktionen als allgemeingültige, de-aktualisierte Texte inhärent keinesfalls spezifische, sondern funktional-generische Referenten besitzen (die Referenten wechseln mit den Amtszeiten der Magistrate), liegt freilich keine tatsächliche Definitheit vor. Allerdings gelten die Referenten offenbar als zu Beginn des Rituals spezifiziert und werden danach definit behandelt.[225] Diese (textinterne) Spezifizität kann durch entsprechende deiktische Elemente oder Rekurrenztechniken noch verstärkt werden, wie im

224 Vgl. Untermann 2000: 558–559 für die Belegstellen und Dupraz 2009: 238–239.
225 Dies entspricht der Feststellung von Rieken/Görke (i. D.) zu den Relativsätzen in hethitischen Festritualen; s. o. 8.5.6.1.4.

folgenden Beispiel durch das Pronomen *eront* „derselbe“ und die auffällige lexikalische Wiederaufnahme der VP des vorausgehenden Teilsatzes:

(383) IT VIb 23–24
ape. habina. purdinśus / eront. poi. habina. purdinsust destruco. persi. uestisia. et. pesondro. sorsom. fetu
„Wenn er die Lämmer dargebracht haben wird, soll derselbe, der die Lämmer dargebracht haben wird, zu seinem rechten Fuß *uestisia* und eine *pesondro*-Wurst opfern.“

Im (ohnehin seltenen) Plural existiert dieser Kontrast zwischen generischem und spezifischem Gebrauch mit Distribution auf die beiden Stämme aber offenbar nicht (vgl. dazu Dupraz 2009: 241).

Einen Sonderfall stellt der unflektierte Relativkonnektor **puře** (formal N./Akk.Sg.nt.) dar, der für verschiedene grammatikalische Bestimmungen eintreten kann; folgendes Spektrum ist dabei anzunehmen:
– N./Akk.Sg.nt.: Va 7 (Bezug auf **teřte**)
– N./Akk.nt.Sg. oder Pl.: IIa 26 (Numerus unsicher)
– Nom.Pl.nt.: VIa 15, VIa 19
– Akk.Pl.nt.: VIb 40
– N.Sg.m.: VIa 9, VIIa 46, VIIa 51

Dabei scheint eine Präferenz für **puře** zu bestehen, wenn es, z.B. aufgrund unterschiedlicher syntaktischer Rollen, Probleme bereitet, die Koreferenzbeziehung zwischen Relativpronomen und Bezugswort herzustellen, z.B. bei kopflosen Relativsätzen (vgl. Dupraz 2009: 243); ein typisches Beispiel dafür ist:

(384) IT IIa 26–27
puře : nuvime : ferest : krematruf : / sumel : fertu
„Was er als letztes (neuntes) tragen wird, gleizeitig (damit?) soll er die **krematru**[226] tragen.“

Die Verteilung der Relativsätze auf die verschiedenen Tafeln und Textteile lässt sich etwa folgendermaßen zusammenfassen: Verallgemeinernde Verwendungen vom Stamm *pi-* finden sich besonders in den Regelungen der Bruderschaft;

226 Auf Teile des Opfers bezogene Bezeichnung, evtl. „zu verbrennende“ (vgl. lat. *cremāre*); s. Untermann 2000: 403; s. zum **huntia**-Ritual 5.7.1; zur vorliegenden Passage auch unten S. 610 und 618.

sie können ebenfalls in direkter Rede (VIb 53) stehen. Insgesamt sind die Relativkonstruktionen in den älteren Tafeln (I–IV) deutlich seltener (besonders auffällig Ia, IIb, III und IV) als in den Langversionen von *piaculum* und *lustratio*, wo besonders die Verwendung von *po-* zur genauen Referenzierung von handelnden Personen (seltener auch anderen Referenten) deutlich zugenommen hat. Einerseits mag dieser Frequenzunterschied bis zu einem gewissen Grad mit der unterschiedlichen Textlänge (v. a. zwischen Ia und b einerseits und VIa–VIIa andererseits) korrespondieren; andererseits besteht aber auch eine wahrnehmbare Tendenz, zentrale Referenten (handelnde Personen und wichtige Objekte) möglichst exakt identifizierbar zu machen, wobei die Relativsätze in Kombination mit lexikalischer Rekurrenz eine große Rolle spielen. Neben den ausformulierten Gebetstexten führt genau diese Tendenz zur größeren Exaktheit und Definitheit zu einem Zuwachs an entsprechend aufwendigen Kohärenztechniken und damit zu deutlich längeren Instruktionen. Da beide Fassungen von *piaculum* und *lustratio* auf eine gemeinsame Urfassung zurückgehen (s. 5.3), kann zwar nicht von einer *unmittelbaren* diachronen Entwicklung im Sinne einer Auffüllung der kürzeren, älteren Fassung gesprochen werden. Allerdings ist ein diachroner Unterschied dennoch nicht grundsätzlich ausgeschlossen, dadurch dass die Urfassung offensichtlich zu unterschiedlichen Zeiten auf unterschiedliche Weise verkürzt oder aufgefüllt wurde.[227] Diese Tendenzen können dadurch erklärt werden, dass eine Ritualanweisung aufgrund der andersartigen Voraussetzungen späterer Rezipienten[228] nicht mehr ohne entsprechende explizite Inferenzziehungen zu einem kohärenten Text ergänzt werden konnte und dass sich dadurch letztlich auch Probleme für die Kohärenz der Handlungen des Rituals ergeben haben. Es lässt sich zwar nicht mit absoluter Sicherheit sagen, dass es sich bei den beschriebenen Unterschieden zwischen den Versionen um kohärenzstützende Auffüllungen handelt. Eine solche Interpretation der textstrukturellen Veränderungen, die zwischen den Versionen feststellbar sind, wird aber immerhin durch die Tatsache unterstützt, dass diese Veränderungen zu einem beträchtlichen Teil die Herstellung expliziter Kohärenz betreffen.

227 Dabei ist nicht in allen Bereichen eine gleichmäßige Tendenz zu größerer Ausführlichkeit und Explizitheit in den späteren Fassungen zu verzeichnen: Vgl. Dupraz 2015d zu Fällen, in denen die kürzere Version als innovativer zu beurteilen ist.

228 Z. B. aufgrund von Unterschieden in der Ausbildung und der Tatsache, dass das praktische Wissen erstarrt.

8.5.6.5 Konnexion in den umbrischen und lateinischen Texten: Zusammenfassung

Das semantische und syntaktische Spektrum der Konnexionstypen im Umbrischen und Lateinischen ist dem des Hethitischen relativ ähnlich: In den Instruktionen dominieren temporal-sequenzierende Konjunktionaladverbien und Hypotaxen, wobei sich temporale und konditionale Bestimmung in einigen pragmatischen Kontexten (Titel) überlappen. Daneben existieren ebenfalls spezifisch konditionale Subjunktionen und Irrelevanzkonditionalia (als Kombination aus konditional und relativ bzw. indefinit). Relativsätze treten außer in der verallgemeinernden Funktion auch in spezifizierender oder definierender Funktion auf. Der grammatikalisierte Konnektor *pirse* hat faktische oder aktualisierende Funktion und dient damit auch der Desambiguierung bzw. Aktualisierung des für die Apodosis relevanten Kontextes. Dieser Konnexionstyp findet sich auch in den Gebeten, wobei *pirse* hier als Teil von *disregard*-Formeln möglicherweise auch eine zweite, konditionale Verwendung aufweist. Auffällig ist, dass *pirse* der einzige Konnektor innerhalb der Gebete ist; in den Passagen direkter Rede, die zwischen menschlichen Ritualbeteiligten geäußert werden sollen, finden sich hingegen auch einige Relativsätze.

8.5.7 *Volle Determiniertheit und explizite Kohärenz: Fazit*

Anhand der verwendeten Konnexionstypen lassen sich charakteristische Unterschiede bzgl. der Kohärenz in Instruktionen und Gebeten feststellen, die auch mit den rekurrenzbasierten expliziten Techniken Hand in Hand gehen. Sowohl in den italischen als auch in den hethitischen Texten dienen explizite Kohärenzmittel v. a. der Absicherung der richtigen Reihenfolge von Handlungsschritten, wobei gerade im Umbrischen die Abgrenzung von Nachordnung und Gleichzeitigkeit bzw. Überschneidung penibel gehandhabt wird. In diesem Bereich werden lexikalische Wiederaufnahme und Konnexion besonders stark kombiniert. Auch der Definition von Bedingungsverhältnissen wird sprachlicher Aufwand gewidmet: Einerseits in Bezug auf Adressaten- und Textsortenkonstitution der Anweisungen (6.9.5.1), andererseits erklären sich konditionale Optionsangaben genauso wie verallgemeinernde Relativsätze durch pragmatische Faktoren, wie die Herstellung von Agency. Die Gebete zeichnen sich im Hethitischen wie in den italischen Texten durch eine deutlich höhere Frequenz lautlicher Rekurrenzmuster aus, wobei auch lexikalische und syntaktische Rekurrenz in den Dienst dieses Gestaltungsprinzips gestellt werden. Besonderer Aufwand wird bei der Rekurrenz von Adressaten und Sprechern (auch anhand der hier nicht ausführlich untersuchten onomastischen Formeln) betrieben; dieser Umstand korrespondiert in pragmatischer Hinsicht letztlich mit den entsprechenden Kontrollstrategien. Das Spektrum von Konnexionstypen unterscheidet sich von dem der Instruktionen: Im Hethitischen sind die selbstwirksamen Formeln der Beschwörungsrituale v.a. auf gleichsetzende und indefinit-relative Konstruktionen beschränkt, während die persönlichen Gebete als deutlich rhetorischere Textsorte auf die gesamte Bandbreite semantischer Relationen zurückgreifen, besonders solche mit persuasiven oder rechtfertigenden Effekten.[229] Die umbrischen Gebete sind auf einen einzigen Konnektor beschränkt, der eventuell einerseits aktualisierende und andererseits konditionale Funktion erfüllt. Daneben können die stark elliptischen Gefüge mit **puze**/*pusi* „wie, als ob" ggf. noch als gleichsetzende (äquative) Konstruktionen (wie die mit heth. *maḫḫan*) mit einbezogen werden, obwohl sie kein definites Verb enthalten und damit nicht explizit Sachverhalte verbinden. Bezüglich der expliziten Kohärenz lässt sich also zusammenfassend sagen, dass sowohl das Spektrum als auch v.a. die Kombination und das Ineinandergreifen verschiedener Strategien spezifische und charakteristische Profile für die verschiedenen ritualbezogenen Textsorten ergeben, die jeweils mit den pragmatisch-funktionalen Anforderungen und der Idee oder dem Konzept von den jeweiligen Textrezipienten korrespondieren.

8.6 Kohärenztechniken mit verdichtender (ökonomischer) Funktion

Den explizierenden und determinierenden sprachlichen Mitteln zur Herstellung von Kohärenz stehen auf der anderen Seite des Spektrums sogenannte Verdichtungsmuster gegenüber. Diese vermeiden lexikalische Wiederholungen und andere (sprach)materiallastige Kohärenztechniken. Stattdessen begünstigen sie ökonomische Strategien, z.B. die Rekurrenz auf Referenten durch Proformen oder Ellipse oder auch asyndetische Konnexion. Solche Techniken erlauben z.T. beträchtliche Einsparungen im Produktionsprozess – können aber bemerkenswerterweise auch den Verarbeitungsprozess ökonomisieren; vgl. Liedtke 2016: 105–106:

> Der kognitive Prozess der pragmatischen Anreicherung ist nämlich grundsätzlich weniger aufwändig als die Interpretationsleistung von explizitem sprachlichem Material.[230]

229 Zur Intention und den Textmustern und Strukturen der Gebete s. Daues/Rieken 2018.

230 Mit Verweis auf das sogenannte I-Prinzip nach Levinson (2000: 112), s.o. 8.2.3.

Dabei besteht aber die Voraussetzung, dass der Adressat diese „pragmatische Anreicherung" durch entsprechende Inferenzziehungen auch zu leisten im Stande ist; d.h. über das jeweils notwendige Welt- oder Kontextwissen verfügt, um die für ein kohärentes Verständnis nötigen Informationen von dort zu inferieren. Bei fehlender Interpretationskompetenz oder wenn im Text zu große Abstände zu Bezugsausdrücken oder -ankern bestehen, gestaltet sich allerdings die Suche nach den Koreferenten u.U. sehr zeitraubend. Durch diesen Faktor ist die Funktionalität von Verdichtungsmitteln gleichzeitig streng determiniert und beispielsweise nur innerhalb begrenzter Entfernungen zwischen den koreferenten Ausdrücken gewährleistet. Verdichtungsmuster werden auf der einen Seite der Alltagssprache und gesprochenen Dialogen zugeordnet. Im Lateinischen können beispielsweise in den Dialogen der plautinischen Komödien, als stark mündlich konzipiertem Genre, beobachtet werden. Der Grund für diese Prädestiniertheit liegt letztlich wohl in Faktoren wie großer gemeinsamer Wissensschnittmenge der Gesprächsteilnehmer, Definitheit des Kontextes der Gesprächssituation sowie der Möglichkeit exophorischer Deixis (s.u. 8.6.1.1). Einige dieser Faktoren (nämlich die ersten beiden) sind auf der anderen Seite allerdings auch in Fachtexten wirksam, wie bereits eingangs (8.2.7) besprochen. Zur Textverdichtung verwendete Techniken, die in rituellen Fachtexten festgestellt werden können, sind im Einzelnen:

- Verdichtende Referenz
  - Pro-Formen und Deixis
    - ambige Referenz, geringe Akzessibilität, große Distanz
    - diskursdeiktische Pronominaladverbien oder Proadverbiale
      - mit pronominaler Basis
      - mit (synchron) nicht-pronominaler Basis
    - anaphorische Raumverweise
  - implizite Wiederaufnahme (Bridging)
- „Auslassungsmuster"
  - anaphorische Ellipse (NP)
  - Verbellipse/Gapping (VP)
  - „verkürztes Zitieren" direkter Rede
  - Multiplikative

Im Folgenden werden die verschiedenen Techniken nicht umfassend behandelt, sondern jeweils spezifische Einzelphänomene herausgegriffen, die in den behandelten Ritualtexten besonders frequent oder zentral auftreten.

8.6.1 *Pro-Formen*

Pro-Formen sind „ökonomische, kurze Wörter ohne besonderen Inhalt, die für determinierte, inhaltsaktivierende Ausdrücke an der Oberfläche des Textes einstehen können“ (Beaugrande/Dressler 1981: 64), indem sie v.a. anhand ihrer grammatischen Charakterisiertheit deren syntaktische Position ausfüllen.

Pro-Formen erlauben Textbenutzern damit insbesondere, den Inhalt im aktiven Gedächtnisspeicher handhabbar zu halten und sind einer der wichtigsten Ökonomie-Faktoren in Texten. In textpragmatischer Hinsicht sind sie gleichzeitig zwei großen Bereichen zugeordnet: Einerseits demjenigen der Rekurrenz oder Wiederaufnahme (s.o. 8.5.1), indem sie mit ihren Bezugsausdrücken koreferent sein können. Andererseits gehören sie dem Bereich der Phorik und Deixis an, indem sie entweder exophorisch auf Entitäten der Sprechsituation oder endophorisch auf textinterne Bezugsausdrücke verweisen. Innerhalb der endophorischen Verwendung wird weiterhin zwischen anaphorischem (und kataphorischem), diskursdeiktischem und anamnestischem Gebrauch unterschieden, d.h. dem Verweis auf vorerwähnte Nominalphrasen, auf Propositionen und Sprechakte des Textes oder auf das Vor- und Weltwissen des Hörers.[231]

Insgesamt ergibt sich folgendes Spektrum von Deixistypen, die bei der Betrachtung und Beurteilung von Pro-Formen relevant sind:
- exophorisch
  - Situationsdeixis/Einführung von neuen Diskursreferenten
- endophorisch
  - anaphorische Deixis (Anapher und Katapher)
  - Text- und Diskursdeixis
  - *recognitional*/anamnestische Deixis

Neben den Pronomina (Demonstrativ-, Personal-, Relativ- oder Fragepronomina), die sich auf NPs beziehen, d.h. diese ersetzen oder ihnen beigestellt sind, können auch andere Texteinheiten, wie Verben,[232] bestimmte adverbiale

231 Vgl. zu den Unterscheidungen und Kategorien Dupraz 2012: 9–24; Diessel 1999; Himmelmann 1997: 43–90.

232 Typische Pro-Verben sind dt. *tun* oder *machen* („Ich schnarche nicht“ – „Tust du wohl!“); viel diskutiert im engl. die *do-so*-Periphrase (*Mary watches TV and so does John*). Es handelt sich also um semantisch besonders schwach bestimmte Verben, die daher syntaktisch als *Dummies* für andere eintreten können. Ein ähnlicher Mechanismus kann dazu führen, dass schwach bestimmte Nomina „proformoid“ gebraucht werden können (Beaugrande/Dressler 1981: als Pseudo-Pronomen oder Quasi-Pronomen), indem sie selbst keine semantische Information geben, sondern nur syntaktische Vertreter sind: vgl. das oben bereits erwähnte heth. *uttar* „Angelegenheit“, lat. *res* „Sache“ oder auch in modernen Sprachen engl. *thing*, franz. *chose* (z.B. auch in *quelque chose*). Derartige Entwicklungen haben nicht selten die vollständige Grammatikalisierung des betreffenden Nomens als Endpunkt.

Angaben (Proadverbien) oder ganze Sätze (Pro-Sätze) durch ein phorisches, synsemantisches Element vertreten werden, wodurch u. U. beträchtliche Einsparungen möglich sind. Ein Pro-Adverbial (anders auch: Pro-Partikel Pro-Modifikator) wie z. B. nhd. *so* kann sogar auf umfangreiche Inhaltsblöcke (ganze Textabschnitte) und selbst auf bloß implizite Inhalte verweisen, die erst durch Inferenzleistungen akzessibel werden. Es kann grundsätzlich alle Arten von Modifikatoren vertreten (wie in der engl. *do-so*-Periphrase) und ist semantisch damit ähnlich flexibel verwendbar wie das Pro-Adjektiv engl. *such*/nhd. *solch ein*.

Wie bereits allgemein zu verdichtender Kohärenz bemerkt, ist der Einsatz von Proformen jedoch nur bis zu einem bestimmten Grad effizient, an dem sich die Gewinn-Verlust-Relation zwischen sprachlicher Dichte und Explizitheit umkehrt. Eine Proform verkleinert zunächst den Verarbeitungsaufwand; wenn aber der Koreferent zu lange gesucht werden muss, wird der Aufwand eher größer: Übersichtlichkeit geht verloren und das Risiko von Missverständnissen steigt. Die natürliche und effiziente Abfolge von koreferenten Ausdrücken[233] verläuft typischerweise linear im Text vom Spezifischen zum Unspezifischen, so dass ein anaphorischer Verweis durch die Pro-Form entsteht:

> Eigenname – spezifische Beschreibung – allgemeine Klasse[234] – Pro-Formen

Durch eine Umkehrung der Abfolge werden i. d. R. Markiertheit und Spannungseffekte erzeugt, deshalb ist der kataphorische Gebrauch von Proformen insgesamt seltener und für literarische Texte typisch. Proformen können zudem auch aus dem Text hinaus auf die Referenzobjekte der realen Welt verweisen (exophorische Deixis). Damit stellen sie einen großen Teil des Bereichs der Deixis dar (den sie mit anderen Synsemantika wie Artikeln und deiktischen Adverbien wie „hier“, „jetzt“ usw. teilen).

8.6.1.1 Endophorische und exophorische Verweise durch Demonstrativa

Das sprachliche Zeigen auf Referenten im oder außerhalb des Textes oder auf Teile des Textes oder Diskurses selbst erfolgt in besonderem Maße durch demonstrative Pro-Formen. Dabei geht man insbesondere beim genuin deikti-

---

233 Noch detaillierter die Skala nach Ariel 1990; s. o. S. 482.

234 Hier besteht ein Übergang zu Proformoiden, die ursprünglich eine semantische Klasse bezeichnet haben, aber stark gebleicht sind, und deren Referenzspektrum sich so vergrößert hat.

schen, exophorischen Gebrauch von einem deiktischen Zentrum aus; vgl. Melchert/Hoffner (2008: 142):

> The function of the demonstratives, called deixis, is to indicate position of a third party or object relative to the deictic center. In ordinary speech the deictic center is the person speaking.

Auf dieser Grundlage erfolgt meist eine Einteilung in Distanzparameter, d.h. proximale, mediale und distale Deixis, die in vielen Sprachen durch je unterschiedliche Pronomina ausgeübt wird. Die Distanzmerkmale sind dabei im Rahmen situativer Deixis ganz konkret relevant, indem sie die tatsächliche Entfernung des physischen Referenten vom Sprecher abbilden. Dieser Gebrauch ist allerdings auf direkte, aktualisierte Redesituationen und als *face-to-face* konzipierte Gespräche beschränkt. Dementsprechend findet sich die situationsdeiktische Verwendung von Demonstrativa im Rahmen der Ritualtexte in Gebeten und Formeln, vgl. folgende Beispiele:

(385) IT VIa 25–26
di. grabouie. tio. esu bue. peracrei. pihaclu
„Jupiter Grabovius, dich (beopfere ich) mit diesem mehr als einjährigen Rind als Sühnopfer."

(386) Cato *Agr.* 139
harumce rerum ergo macte hoc porco piaculo esto
„Wegen dieser (genannten) Dinge sollst du mit diesem Sühnopfer-Ferkel (hier) beopfert sein!"

Bei den typischen Verknüpfungen von analogischen Handlungen und Formeln erfolgen auch in hethitischen Beschwörungsritualen solche situativen Verweise, z.B.:

(387) VBoT 24 Rs. IV 1–3
[na-aš-ta] ⸢NA₄⸣*pa-aš-ši-lu-uš* IŠ-TU KAŠ *ki-iš-ta-nu-mi*
[nu ki-i]š-ša-an me-ma-aḫ-ḫi ke-e-ez ma-aḫ-ḫa-an
[ni-i]n-ker
„[Und dann] lösche ich die Kieselsteine mit Bier [und] spreche [folg]endermaßen: ‚Wie diese hier ihren Durst gestillt haben (…)'."

Neben der exophorischen Deixis (vom Sprecher aus gesehen) proximaler Pronomina lässt sich insgesamt eine spezifische, sprecherdeiktische Gestaltung von Gebeten und Formeln feststellen: 1.Sg.-Formen (häufig von explizit performativen Verben) sowie Personalpronomen der 1.Sg. sind besonders typisch.[235] Im Hethitischen können auch sprecherdeiktische Partikeln miteinbezogen werden, wie das vom proximalen Pronominalstamm *kā-* gebildete *kāša*, vgl.:[236]

(388) KBo 15.25+ Vs. 22
ka-a-ša-wa-aš-ma-aš EN SÍSKUR SÍSKUR *pa-iš*
„Der Opfermandant hat euch hier (bei sich) ein Opfer gegeben."

Diese Verwendung findet sich z.B. mehrfach im Ritual der Allī, das im Zuge der Behandlung des behexten Mandanten mit Wollfäden mehrere Formeln in direkter Rede enthält, welche die typische Gestaltung dieser Äußerungen gut exemplifizieren:[237]

(389) KUB 24.9+ Vs. I 49–51
[*ku-i-š*]*a-an al-wa-an-za-aḫ-ḫi-iš-ke-et ku-i-ša-an a-ša-ri-eš-k*[(*e-et*) *ki-nu-n*]*a-aš-ši-kán ka-a-ša ḫu-u-ma-an-da-az* UZUÚR-*na-a*[*z* (*da-aš-ke-mi*) *na-at* EGIR-*p*]*a iš-ḫa-aš pí-iš-ke-mi*
„[Wer] ihn verzaubert (und) wer ihn mit weißer Wolle gebunden [hat, jetzt] aber [nehme ich] (es) ihm hier von allen Gliedern [und] gebe [es] seinem Besitzer [zurück]."

Das Beispiel zeigt auch, dass in den hethitischen Gebeten oft mehrere solcher *hic-et-nunc*-deiktischen Elemente kombiniert werden; neben *kāša* als Ausdruck der sprecherbezogenen Deixis der Verbalhandlung sowie der sprecherzentrierten Perspektivierung durch Verb- und Pronominalformen trägt auch das im gleichen Kontext auftretende zeit-deiktische Adverbiale *kinun*(=)*a* „jetzt" zu dieser aktualisierten, sprecherzentrierten Gestaltung bei.[238] Zur Charakterisierung der Äußerung als aktualisiert und momentan trägt auch die Ansprache des/r Adressaten mit Pronominalformen der 2. Person oder Namen

235 Vgl. auch zur Absenderkonstituierung 7.4.9.
236 Zur Funktionsbestimmung von *kāša* und Abgrenzung von den ebenfalls diskursdeiktischen Partikeln *kāšma* und *kāša*(*t*)*ta* s. Rieken 2009.
237 Mit Kroon (1998: 212–214) „diaphonische", also dialogisch konzipierte (oder in unserem Kontext vielleicht der *face-to-face*-Kommunikation angenäherte) Äußerungen.
238 Auch *kāša* selbst wurde zunächst oft als zeitdeiktisches Element interpretiert (vgl. Rieken 2009: 265–266 für eine Zusammenfassung); in ihrer Untersuchung zeigt Rieken aber eindeutig, dass die temporale Lesart als bloßes Epiphänomen der ursprünglich räumlichen Verweisfunktion gelten muss (2009: 271–272).

bei, wie in folgendem Beispiel, das zudem die komplementär zu *kāša* verwendete Partikel *kāšma* enthält, welche auf die Sphäre des Adressaten verweist:[239]

(390) KUB 27.29+ Rs. III 4
ka-a-aš-ma-wa-at-ta GIŠŠÚ.A *ar-ta-ri*
„Ein Thron steht für dich da (bei dir)."

Hinsichtlich der deiktischen Gestaltung unterscheiden sich die Gebete damit besonders deutlich von den Ritualpräskripten und können teilweise geradezu als konträr betrachtet werden. Letztere weisen nämlich als stark deaktualisierte Textsorte, in der besonders der Urheber als Individuum völlig untergeordnet bleibt (Origoexklusivität) und der Rezipient generisch-funktional (nicht individuell-konkret) angesprochen wird (der Arsfertur, der *xy*-Priester), keinerlei solche Bezüge auf die konkrete physische Situation oder aber die konkreten Kommunikationspartner (z.B. mit Namen) auf. Im übertragenen Sinne fällt jedoch auch die Einführung neuer (nicht-physischer) Referenten in den Diskurs in den Funktionsbereich situativer Deixis; diese kann in den Ritualanweisungen ebenfalls auftreten.[240] Am häufigsten vertreten sind in den Ritualanweisungen Pro-Formen mit Bezug auf die textinternen, vorerwähnten Referenten oder auf den Text, also einerseits anaphorische Deixis und andererseits Text- und Diskursdeixis. Dabei bezeichnet Textdeixis den Verweis auf Textsegmente als äußerliche, formale Einheiten, was in Instruktionstexten durch Verweise auf Listen oder laut zu sprechende Textteile nicht selten vorkommt. Textdeixis tritt etwa gleichmäßig häufig anaphorisch oder kataphorisch auf und dient besonders der Textstrukturierung. Beispiele aus den IT mit adnominalem Demonstrativum und referierendem *Label* sind bereits oben (S. 506) besprochen worden.[241] Diese Verwendung ist strukturierend; so vertritt das Deiktikum syntaktisch häufig ein inneres Objekt zu einem Verbum *dicendi* und lagert die zu sprechende (längere) Äußerung so aus dem Direktivsatz aus, wodurch die-

239 S. dazu ebenfalls Rieken 2009: 269–270.

240 Im Gegensatz dazu aktiviert die anamnestische (Himmelmann 1997) bzw. *recognitional* (Goedegebuure 2014) Deixis im Weltwissen von Sprecher und Hörer bereits vorhandene Referenten.

241 Z.B. adnominal in IIb 23 **estu : iuku : habetu** [Anfang des Gebetstextes] „Diese (= folgende) Worte sollst du haben: (...)". Andere Fälle zeigen pronominale Textdeixis, v.a. durch *eso* (formal Akk.Pl.nt.; vgl. Dupraz 2012: 68) und erzeugen Listen-Charakter, wie VIa 8 *erse . stahmito . eso . tuderato . est* „dieses (das *templum* des Auguren) ist, wenn es eingerichtet ist, auf diese Weise begrenzt: [Grenzen aufgezählt]". Im Lateinischen erfolgt der Textverweis auch durch das proadverbiale *sic*: Cato *Agr.* 139 *sic verba concipito* (...) „So sollst du die Worte fassen (...)"; dazu noch unten (8.6.1.3).

ser selbst übersichtlich bleibt (vgl. Dupraz 2012: 71–72). Genauso funktionieren textdeiktische Listen- und Redeverweise auch im Hethitischen, z. B. häufiges *kiššan memiškezzi* „dies spreche ich“ mit anschließender direkter Rede. Freilich ist diese Technik nicht notwendig verdichtend im Sinne einer Materialersparnis, wenn die betreffende Äußerung dennoch vollständig wiedergegeben wird;[242] sie erleichtert aber in jedem Fall die Textrezeption.[243]

Im Gegensatz dazu ist Diskursdeixis als inhaltlicher (nicht struktureller) Verweis in den Ritualanweisungen seltener kataphorisch verwendet und verweist häufiger anaphorisch auf vorausgehende Propositionen und Sachverhalte:

> an der Textoberfläche manifestieren sich zudem häufig, z. T. textsortenspezifisch, z. B. vermehrt in wissenschaftlichen Texten, metatextuelle, speziell textdeiktische Verweisformen (*siehe oben, wie im letzten Kapitel angemerkt* u. ä.), wobei Lexeme temporaler oder lokaler Semantik metaphorisch ‚durch den Text führen‘.[244]

Dabei funktioniert der Verweis im Umbrischen oder Lateinischen häufig genauso wie in modernen Texten, nämlich durch einen verweisenden Vergleichsausdruck mit lokalem Adverbial zur Kennzeichnung der Verweisrichtung, vgl.

(391) IT VIIb 3–4
sue. neip. portust. issoc. pusei. subra. screhto. est
„Wenn er sie nicht gebracht haben wird, so wie es oben geschrieben worden ist (…)“

Dadurch dass keine Ausformulierung des Bezugskontextes erfolgt, ist die Texteinsparung in einem solchen Fall beträchtlich. Dies erklärt die häufige Verwendung dieses Typs in Fachtexten und wissenschaftlichen Texten.

Analog kann mit denselben Mitteln auch in mündlichen Texten auf vorausgegangene Inhalte verwiesen werden (kataphorische Diskursverweise kommen mündlich hingegen nicht vor), z. B. in einem Gebetstext:

(392) Cato *Agr.* 141,3
harumce rerum ergo, fundi terrae agrique mei lustrandi lustrique faciendi ergo, sicuti dixi (es folgt eine nochmalige Wiederholung der Verweisstelle)

---

242 Im Unterschied zu Listen, die ohne syntaktische Vollständigkeit und Einbindung funktionieren und auf diese Weise verkürzt sein können.

243 Zu verkürzter Wiedergabe direkter Rede in Ritualtexten s. u. 8.6.3.3.

244 Stark 2001: 642.

> „Um dieser Dinge willen also, der Umkreisung und des Vollzugs der Umkreisung meines Grundes, Landes und Ackers also, wie ich gesagt habe (…)."

In diesem Fall findet zwar ein Diskursverweis und die Herstellung von Textkohärenz statt; eine Einsparung von Textmaterial allerdings nicht, da der Bezugsausdruck vollständig wiederholt wird. Dieser nicht-ökonomische Gebrauch von Diskursverweisen scheint auch damit begründbar, dass es sich um einen mündlichen Text und eine andere Textsorte handelt: Kommunikationspartner ist eine Gottheit, weshalb explizitere Verweise zur Vermeidung von Ambiguität präferiert werden.

Diskursverweise können auch ohne expliziten Vergleichsausdruck, nur mit endophorischem Demonstrativum hergestellt werden, wie in folgendem Beispiel, in dem **esumek esunu** auf die im vorausgehenden Kontext beschriebenen Rituale verweist:

(393) IT Ib 8
svepu : esumek : esunu : anter : vakazevaçetumise
„Wenn etwas von diesen Ritualen falsch gemacht würde, werden sie misslungen sein."[245]

Anhand des Beispiels VIIb 3–4 wird deutlich, dass mithilfe modaler Proadverbien wie „so, genauso" oder Pronominaladjektiven wie „dasselbe" diskursdeiktische Verweise durch die Substitution längerer Beschreibungen oder mehrerer textinterner Entitäten äußerst ökonomisch sein können. Beispiele dazu werden deshalb unten (S. 590) noch ausführlich besprochen. Die Unterscheidung zwischen Text- und Diskursdeixis ist durchaus nicht immer eindeutig zu treffen und es gibt in diesem Bereich auf jeden Fall Überschneidungen.

Aufgrund der beschriebenen Eigenschaften können Pro-Formen und ihre Funktionen für eine verdichtende Textkohärenz, wie wir sie in Fachtexten erwarten, also besonders ergiebig sein: Sie besitzen selbst nur geringe Wortkörper und sind selbst nicht lexikalisch, sondern bloß *synsemantisch* inhaltstragend, d.h. eine Füllung mit Inhalt erfolgt erst durch Auflösen des Verweises auf eine lexikalisch oder semantisch merkmalhafte (oder onomastischen) Entität des Textes.[246] Proformen an sich sind freilich nicht textsortenspezifisch, son-

245 Vgl. Dupraz 2012: 75–76 zur Besprechung dieses und weiterer verwandter Beispiele.

246 Außer im Falle exophorischer Deixis, aber das passiert nur in aktualisierten Texten wie den Gebeten.

dern ein überall verbreitetes Kohärenzmittel. Auffällig ist dennoch, dass in den Gebeten und Formeln die Verwendung von Pronomina eingeschränkt scheint, dadurch dass z.B. Demonstrativa häufiger adnominal (oft auch exophorisch) verwendet werden als pronominal (s.o. S. 583: *hoc porco piaculo*). Auch die im dialogischen Gebet verwendeten Personalpronomina treten öfter mit appositiver Nennung des Namens (z.B. der angesprochenen Gottheiten) auf, wie im folgenden Beispiel aus CTH 383.1 in Protasis und Apodosis (wo eigentlich eine hohe Akzessibilität der Referentin besteht):

(394) KUB 21.19+ Vs. I 6–9
ku-in-kán ^{D}UTU ^{URU}*a-ri-in-na* GAŠAN-*IA*
LUGAL MUNUS.LUGAL *ŠA* KUR ^{URU}*ḫa-at-ti an-da a-ut-ti*
na-aš tu-e-ta-az IŠ-TU ŠA ^{D}UTU ^{URU}⸢PÚ-*na*⸣
ZAG-*iš-zi*
„Wen du, Sonnengöttin von Arinna, meine Herrin, als König (und) Königin von Ḫatti ansiehst, der wird durch dich, Sonnengöttin von Arinna, erfolgreich."

Diese Referenzpraxis mag einerseits stilistisch motiviert sein. Allerdings deutet sie auch auf das Bestreben hin, bei einem potentiell unsicheren Zeigefeld keine Ambiguität entstehen zu lassen, die zu einer fehlerhaften Zuordnung führen könnte – gerade in Bezug auf die Gottheit als inhärent unsicheren Gesprächspartner.[247]

Im Folgenden wird der Gebrauch der Pronomina in den Ritualtexten nicht umfassend besprochen, zumal grundlegende Arbeiten zum Thema Deixis und Pronomina sowohl zum Hethitischen (Goedegebuure 2014) als auch zum Umbrischen (Dupraz 2012) aus jüngerer Zeit existieren. Es werden daher nur einige punktuelle Verwendungen von Proformen aufgegriffen, die funktional interessant oder mit Hinblick auf die ökonomische Gestaltung der Ritualtexte besonders relevant erscheinen.

8.6.1.2 Pronominale Rekurrenz in Ritualtexten

Endophorische Verwendung von Pronomina für die Rekurrenz von Diskursreferenten ist in vielen Fällen völlig unauffällig. Gerade die enklitischen Personalpronomina des Hethitischen, die für mehrere Kasus zur Verfügung stehen,[248]

247 S. dazu bereits oben 8.5.1.1.3.
248 Übersicht: Hoffner/Melchert 2008: 135; zur Regelung, wann Subjektspronomina erscheinen, ebd. 280–283.

deuten nicht selten darauf hin, dass ein Thema oder Topik in einer Abfolge von rituellen Operationen gleichbleibend ist, wie im folgenden Fall das direkte Objekt:

(395) KBo 22.180 Vs. I 6′–8′
na-aš-ta UDU *IŠ-TU* GEŠTIN *A-NA* ᴰ*ḫé-pát ši-pa-an-t*[*i*]
na-an-kán pa-ra-a pé-en-ni-ia-an-z[*i*]
na-an-kán ar-kán-zi
„Und er weiht der Ḫebat ein Schaf mit Wein. Und man treibt es. Und man zerteilt es."

In dieser Verwendung können besonders unbetonte Pronomina textstrukturell zur Markierung enger zusammengehöriger Handlungen als Phasen beitragen;[249] dies hängt auch damit zusammen, dass sie semantisch weniger markiert sind als Demonstrativa (z.B. hinsichtlich der Distanz zum deiktischen Zentrum).[250] Beginnt eine neue Phase, findet hingegen meist erneut die lexikalische Rekurrenz des betreffenden Ausdrucks statt, wodurch bisweilen auch ausgedrückt werden kann, dass die Koreferenz mit dem Bezugsausdruck unterbrochen ist (im Beispiel handelt es sich jedes Mal um neue Speisegaben, nicht dieselben):[251]

(396) VBoT 24 Rs. IV 11–17[252]
⌈*lu*⌉*-uk-ka-at-ta-ma* NINDA.GUR$_4$.RA$^{ḪI.A}$ 9 *e-ed-ri*
KAŠ-*ia ša-ra-a da-an-zi na-at ar-ḫa*
a-da-an-zi a-ku-wa-an-zi (§-Strich)
nu I-NA UD 3^{KAM} *ki-iš-ša-an ú-i-ia-iš-ke-mi*

249 Noch stärker verbindend wirkt die völlige sprachliche Unterdrückung von Referenten durch anaphorische Ellipse; dazu Pflugmacher 2018/19 und unten 8.6.3.1. Zum Thema Ritualphasen s. auch die weiteren Beiträge zum Kolloquium „Ritual und Terminologie: Phasen antiker Rituale und ihre Bezeichnungen"; Würzburg, 07.–08. September 2017.

250 Unbetonte anaphorische Pronomina sind typologisch häufig Produkte der Grammatikalisierung von Demonstrativa, vgl. Diessel 1999: 118–120. Neben unbetonten Pronomina können zahlreiche weitere Kategorien auf Demonstrativstämme zurückgehen, z.B. Satzkonnektive, Artikel, Possessiva, Lokal-/Temporaladverbien.

251 Wie im Beispiel dienen zusätzlich auch Paragraphenstriche der Trennung der Phasen. Auf solche graphischen Mittel der Textstrukturierung wird in dieser Arbeit nicht eingegangen; vgl. aber zur Verwendung von Absätzen und Einzügen in den IT und im Liber Linteus Belfiore/Dupraz in Vorbereitung.

252 S. zu diesem Abschnitt auch oben Bsp. (122).

NINDA.GUR$_4$.RA$^{ḪI.A}$ 9 *e-ed-ri* KAŠ-*ia* *PA-NI* DINGIR-*LIM*
U$_4$-*at* U$_4$-*at ta-ma-i zi-ik-ki-*⸢*iš-ke*⸣*-mi*
„Und am Morgen nehmen sie die Brotlaibe, die 9 Speisen und das Bier herauf und sie essen es auf und trinken (es) aus. (§-Strich)
Und an drei Tagen rufe ich die Gottheit so herbei:
Die Brotlaibe, die 9 Speisen und das Bier stelle ich täglich wieder vor die Gottheit hin."

Im Umbrischen werden keine vergleichbaren unbetonten oder gar enklitischen Personalpronomina gebraucht; betonte Personalpronomina und Possessiva werden (wie im Hethitischen auch) ausschließlich in Gebeten bzw. in direkter Rede verwendet. Auffällig ist bzgl. der anaphorischen Demonstrativpronomina, dass sie auch über weite Distanzen zur Wiederaufnahme von Referenten genutzt werden können, wie im folgenden Beispiel, in dem ein mehrere Zeilen langes ausformuliertes Gebet zwischen Bezugsausdruck und anaphorischem Pronomen liegt:

(397) IT VIb 9–16
mefa spefa. eso. persnimu. [...] *ape. eam. purdinsust. proseseto. erus. ditu*
„Mit *mefa-spefa*(-Gebäck) soll er so beten: (...) Wenn er diese dargebracht haben wird, soll er das *erus* der abgeschnittenen Teile geben."

Die pronominale Rekurrenz tritt hier innerhalb einer (redundanten) temporalen Sequenzierung auf, die den Abschluss der einen Phase mit dem Übergang zur nächsten Phase (mit anderen, neuen Referenten) verbindet.

Neben der anaphorischen Verwendung der Demonstrativa ist in den IT aber besonders auch die text- oder diskursdeiktische Verwendung verbreitet. Einen besonders ökonomischen Fall stellt das pronominal basierte modale Proadverbial *surur* dar.

8.6.1.3 Diskursdeiktische Proformen

Parallele Textelemente können im Umbrischen wie im Hethitischen durch Proformen vertreten werden, die als diskursdeiktische modale Proadverbiale klassifiziert werden. Sie stehen in beiden Sprachen deutlich außerhalb der pronominalen Paradigmen: Während im Umbrischen aber eine etymologische Anknüpfung an deiktische Stämme möglich ist, kann darüber bzgl. der hethitischen Grammeme keine Aussage getroffen werden.

Im Umbrischen sind derartige Proformen von Dupraz (2011b) systematisch untersucht und mit dem lateinischen Befund des entsprechenden Ausdrucks *item* verglichen worden. Es handelt sich in den IT um die adverbialen Proformen *surur* (7 Belege) mit den um eine Partikel *-hont* erweiterten[253] (aber funktional identischen) Nebenformen *suront* (11 Belege) und *sururont* (10 Belege).[254] Diese Grammeme sind prädestinierte Vertreter einer ökonomischen Form der Textkohärenz: Sie sind (diskurs)deiktisch und verweisen auf ausführlichere Propositionen im gleichen Text.[255] Dabei können sie nicht nur einen spezifischen Bezugsanker (z.B. eine NP) substituieren, sondern die Gesamtheit der modalen Informationen, die für eine bestimmte Handlung definiert wurden.[256] Das bedeutet, sie können als Proformen für ein großes Spektrum an Bezugsausdrücken (Modal- und Instrumentalangaben in Form von NPs, Partizipien, Adverbien, direkte Rede – sogar eine Ritualvorschrift als Gesamttext) und dabei ebenfalls für eine große Anzahl an modalen Spezifizierungen eintreten und somit die vollständige Wiederholung einer u.U. beträchtlichen Textmenge ersparen. Die Voraussetzung, welche dabei auf Seiten der Textrezipienten erfüllt sein muss, ist die Präsenz des Bezugsmaterials im kontextuellen Gedächtnis, so dass eine Identifikation auf Grundlage der Explizierung der betreffenden Informationen bei einem vorausgehenden Handlungsschritt zügig und unzweifelhaft möglich ist. In folgendem Beispiel wird bei einem Opfer für Staflare/Stabilis auf ein direkt vorausgehendes analog durchgeführtes Opfer für Tefer Jovius verwiesen, das in VIb 23–36 ausführlich, inklusive langem Gebet und verschiedenen modalen Angaben, vorgeschrieben wird:

(398) IT VIb 37
pesondro. staflare. nertruco. persi. fetu. suront. capirse. perso. osatu. suror. persnimu. puse. sorsu

253 „Identitätspartikel“, vgl. Untermann 2000: 724; diese Analyse ist aber nicht unumstritten; vgl. Dupraz 2011b: 137. Ein weiteres modales Proadverbial, das ebenfalls auf pronominaler Basis und mit Enklise von *-(h)ont* gebildet wird ist *isunt*; vgl. Untermann 2000: 349 und zum Gebrauch Dupraz 2012: 78–80.

254 Zur Etymologie vgl. Untermann 2000: 724; Diskussion besteht hinsichtlich der Frage, ob die Form vom uridg. Demonstrativstamm **so-* oder aber vom Reflexivstamm **s^{u}o-* herzuleiten ist. Strukturell liegt eine reduplizierte Bildung vom Instrumental des einen oder anderen Stamms **s^{u}ō-s^{u}ō-* oder **sō-sō-* vor (mit mögl. Erweiterung um die auch anderweitig verwendete Partikel *-hont*), was der semantischen Funktion von *surur* bestens entspricht: „auf die gleiche Weise, ebenso“. Eine Zusammenfassung der Diskussion bietet Dupraz 2011b: 131; bes. FN 4.

255 Kataphorischer Gebrauch liegt nur in VIa 19–21 vor; s.u. Bsp. (401).

256 Vgl. Dupraz 2011b: 134 „(…) ils font partie du contenu sémantique de l'énoncé, ils modifient le contenu sémantique du prédicat verbal et de celui-ci seul, et ils sont équivalents à un complément circonstantiel“.

„Eine *pesondro*-Wurst für Stabilis[257] sollst du zu deinem linken Fuß opfern. Auf die gleiche Weise sollst du mit der *capirse*-Schale eine Grube machen, auf die gleiche Weise sollst du beten wie bei der Schweine(-Wurst für Tefer Jovius)."

In den IT stehen diese diskursdeiktischen, modalen Proadverbien ausschließlich in direktivischen Äußerungen (Verb im Imperativ II) und verweisen auf die Modalitäten vorausgehender Direktive, wobei das Verballexem in Bezugskontext und Verweiskontext in den meisten Fällen identisch ist:[258] Es handelt sich jeweils um die gleiche Handlung und den gleichen Durchführungsmodus. Sie sind also fest an instruierende Sprechakte gebunden; dabei nehmen sie stets die erste Position im Satz ein.[259] Informationsstrukturell sind sie daher wahrscheinlich als rhematisch zu beurteilen.[260] Insgesamt finden sich 28 Belege, von denen 17 eine korrelative Struktur unter Einbeziehung einer subordinierten Vergleichsangabe mit *puse* aufweisen, welche den Bezugskontext explizit benennt und so die Identifikation des zu inferierenden Materials durch die Textrezipienten erleichtert. Diese Explizierung scheint besonders dann notwendig, wenn der Verweis sehr weit gefasst ist und z.B. die Modalität eine gesamte Handlungsphase betrifft (wie auch oben bei VIb 37 der Fall), oder aber wenn der Bezugskontext weiter zurückliegt, wie in folgendem Beleg, der aus dem Ritual der *lustratio* hinaus auf das vorherige *piaculum* und dessen initiale Operationen verweist:[261]

(399) IT VIb 48–49

pone. poplo. afero. heries. auif. aseriato. etu. sururo. stiplatu. pusi. ocrer. pihaner. sururont. combifiatu. eriront. tuderus. auif | seritu

„Wenn er das Heervolk lustrieren will, soll er die Vögel beobachten gehen. Er soll auf die gleiche Weise vereinbaren wie bei der Reinigung

257 Wörtl. mit Zugehörigkeitsadjektiv: „eine *staflarische pesondro*-Wurst".

258 Eine Ausnahme bildet VIa 19–21; s.u. Bsp. (401).

259 Zu einer möglichen Ausnahme und ihrer Diskussion s. Dupraz 2011b: 133 zu IT VIb 38–39, der sich für eine Interpretation i.S.d. satzinitialen Position von *sururont* auch in diesem Fall ausspricht.

260 Vgl. Dupraz 2011b: 137.

261 Es handelt sich hier also sogar um einen Fall von Kohärenz, der den einzelnen Ritualtext überschreitet und die Instruktionen von *piaculum* und *lustratio* untereinander zu einer (makro-)textlichen Einheit verknüpft. Dies bestätigt die bereits durch die Rekonstruktion eines gemeinsamen Archetypus vorausgesetzte Annahme, dass diese textgeschichtlich und funktional enger zusammengehörigen Rituale als textliche Gesamtheit verstanden wurden und einander kompositorisch voraussetzen.

der Burg (Stadt) Fisia, er soll auf die gleiche Weise ankündigen, er soll die Vögel innerhalb der gleichen Begrenzungen beobachten."

Hier ist die textliche Einsparung sehr groß, da die entsprechenden Beschreibungen zu Beginn des *piaculum* sehr ausführlich erfolgt sind und u.a. auch Abschnitte direkter Rede beinhalteten: Anordnen (*stiplatu* + direkte Rede) VIa 2–5; Festsetzen der Grenzen (*tuderato est*): VIa 8–11; Ankündigung an den Arsfertur (*combifiatu* + direkte Rede): VIa 16–18. In der *lustratio* werden all diese Anweisungen nur durch *sururo*(*nt*) und das jeweilige Verballexem bzw. *eriront* + NP repräsentiert und erzeugen damit einen äußerst ökonomischen Ausdruck aufgrund der diskursdeiktischen Verknüpfung der beiden Kontexte.[262]

Ist der Bezugskontext weniger weit entfernt, kann der Rückverweis auch ohne explizite Vergleichsangabe durch *puse* ausfallen, wie in folgendem Beispiel, in dem *surur* auf unmittelbar vorausgehende Modalangaben verweist und entweder nur die erste der folgenden Handlungsanweisungen (*purdouitu*) oder evtl. auch die ganze asyndetische Reihe der Imperativ II-Formen modifiziert. Es handelt sich um den einzigen Beleg, bei dem das Verballexem des *surur*-Verweises nicht mit demjenigen des Bezugskontextes identisch ist:

(400) IT VIa 55–56
tases. persnimu / seuom. surur. purdouitu. proseseto. naratu. prosesetir. mefa. spefa. ficla. arsueitu. aruio. fetu
„Schweigend soll er durchgehend beten. Auf die gleiche Weise soll er darbringen, bei den abgeschnittenen (Teilen) sprechen, zu den abgeschnittenen Teilen *mefa spefa* und *ficla* hinzufügen, Getreide opfern."[263]

Das Proadverbiale substituiert in diesem Fall anaphorisch die beiden Ausdrücke *tases* „schweigend" und *seuom* „ganz, völlig" (i.S.v. „während des ganzen Vorgangs"). Sollte es sich auf alle folgenden Verballexeme beziehen, liegt hier eine noch gesteigerte Ausdrucksökonomie vor, die am Übergang zur Listenbildung steht.

262 Womöglich ist auch der Abschnitt VIa 5–7 miteinbezogen, der angibt, unter welchen Umständen die Vogelschau ungültig wird; s.o. S. 503 und 552. Allerdings wird darauf, im Gegensatz zu den explizit analog zu vollziehenden Handlungen der Passage, nicht eindeutig verwiesen.

263 Die Anweisung, während eines Gebets oder einer Äußerung zu schweigen (*tases*), stellt keinen Widerspruch dar; es dürfte sich wohl um ein leise gemurmeltes Gebet handeln; s. dazu bereits oben S. 486.

Hinsichtlich der Ökonomie stellen zwei weitere Belege von *surur* einen andersartigen Sonderfall dar: Sie stehen ohne finites, mit demjenigen des Bezugskontextes identisches Verb und sind damit syntaktisch unvollständig verwendet:

(401) IT VIa 19–21
uasor. uerisco. treblanir. porsi. ocrer / pehaner. paca. ostensendi. eo. iso. ostendu. pusi. pir. pureto. cehefi. dia. surur. uerisco. tesonocir. surur / uerisco. uehieir
„Die Gefäße beim Trebulaner Tor, welche zur Reinigung der Burg/Stadt hergerichtet(?) sein werden, diese soll er auf die Weise/so herrichten,[264] dass es gegeben wird, um Feuer vom Feuer zu nehmen[265]. Ebenso beim Tesenocer Tor, ebenso beim Veier Tor."

Dieser Fall scheint ebenfalls eine Steigerung der Ökonomie und stärkere Funktionalisierung des Proadverbials darzustellen, indem der betreffende Ausdruck, ähnlich wie listenartige Aufzählungen, nicht auf syntaktische Vollständigkeit ausgerichtet ist, sondern nur die Verweisgröße benennt.[266] Das Beispiel könnte dahingehend interpretiert werden, dass sich hier ein Übergang zu einer technischeren Verwendung von *surur* andeutet, bei dem evtl. nicht in erster Linie auf propositionale Strukturen verwiesen wird, die in den Verweissatz zu übernehmen sind, sondern auf Textelemente in einem materielleren Sinne.[267] Einen syntaktischen Grund für den verkürzten Ausdruck könnte die komplexe Struktur des Bezugsausdrucks (mit Relativsatz und *pusi*-Satz) darstellen, welche die syntaktische Vervollständigung erschweren und gerade einen Vergleichssatz mit *puse* blockieren könnte.

264 Oder auch „bereitstellen"; außer mit *uasor* ist das Verb auch mit **arvia** „Getreide" als direktem Objekt belegt. Vgl. zur Bedeutung von **ustentu**/*ostendu* Weiss 2010: 81; 284; Untermann 2000: 812–813; Meiser 1986: 167–168.

265 Die Form *cehefi* wird derselben Wurzel zugewiesen wie umbr. **kukehes** und osk. **kahad**; vgl. Weiss 2010: 136–143 für eine detaillierte Besprechung der Problematik (v.a. des Vokalismus) mit Verweisen auf ältere Literatur und s. noch Kapitel 8 FN 330.

266 Ein vollständiger Ausdruck müsste in Anlehnung an die anderen Belege etwa folgendermaßen lauten: „Ebenso soll er die Gefäße beim Tesenocer und beim Veier Tor präsentieren, wie er sie beim Trebulaner Tor präsentiert hat" und eine Vergleichsangabe durch *puse* enthalten. Es liegt auch deshalb ein besonderer Fall vor, weil der Verweis vom Bezugsausdruck ausgeht und kataphorisch auf spätere analoge Handlungsphasen gerichtet ist.

267 Leider liegen in den IT keine weiteren Beispiele vor, die eine solche Tendenz bezeugen; deshalb lässt sich nicht sagen, ob tatsächlich eine Entwicklung oder Technisierung von *surur* stattfindet. Zu einer entsprechenden Differenzierung der modalen Proadverbiale im Hethitischen vgl. aber 8.6.1.4.

Die zahlreichen Beispiele der IT zeigen insgesamt, dass die Verwendung von modalen Proadverbialen zur Erzeugung von ökonomischer Kohärenz in zwei Kontexten ergiebig ist, die einen unterschiedlichen Grad an Materialersparnis ermöglichen: Der erste Fall erlaubt eine milde Einsparung durch Verweis auf unmittelbar vorausgehende Modalangaben (wie in VIa 55–56), die schnell zu identifizieren sind und als Bezugsausdrücke recht spezifische Einheiten darstellen. Der zweite Fall betrifft Handlungen oder sogar Handlungsketten, die sich innerhalb eines Rituals wiederholen und dabei parallel verlaufen, z.B. mit verschiedenen Objekten,[268] an verschiedenen Orten[269] oder aber mehrmals direkt hintereinander.[270] Hier hat der Verweis meist eine weitere, unspezifischere Bezugsentität und bezieht sich auf die gesamte Handlungsmodalität, inklusive zugehöriger Formeln. In solchen Fällen ermöglicht diese Technik eine beträchtliche Ökonomie des Ausdrucks. Tatsächlich steht *surur* in der Mehrheit der Belege in Instruktionen, die durch ein *Verbum dicendi* auf das Äußern einer Formel oder eines Gebetes zurückverweisen (*naratu, deitu*) oder dies zumindest in die Gesamtmodalität einschließen (*pesnimu*). Mit diesem Umstand dürfte auch die Tatsache zusammenhängen, dass die Proadverbiale ausschließlich in den Langversionen von *piaculum* und *lustratio* auftreten, da nur hier lange Gebetspartien enthalten sind, auf die ein derartiger Verweis ökonomisch und textstrukturell lohnend ist. Zugleich korrespondiert das Auftreten dieser Verweistechnik zwischen den Handlungsphasen auch mit der bereits festgestellten Zunahme der explizit sequenzierenden Konstruktionen: Die späteren Langversionen auf den Tafeln VI und VII sind hinsichtlich der Strukturiertheit der Handlungsabfolge aufwändiger gestaltet; dazu tragen auch diskursdeiktische Verweise bei. Um den Inhalt dennoch handhabbar zu halten und extensive, identische Wiederholungen zu vermeiden, scheinen substituierende Verweise unerlässlich. In den Fällen mit größeren Abständen zwischen Bezugs- und Verweisausdruck oder umfangreicher Bezugsgröße ist dabei eine Vergleichsangabe durch einen Nebensatz mit *puse* zur Identifikation des Bezugskontextes häufig. Besonders notwendig erscheint eine solche Angabe, wenn die durch *surur* hergestellte Kohärenz über das betreffende Ritual hinaus auf ein anderes verweist, wie in VIb 48–49. Nur ausnahmsweise beinhaltet der Verweisausdruck kein Verballexem und erscheint trunkiert (VIa 19–21); auch hier ist die Textersparnis erheblich, allerdings wirkt der Ausdruck deutlich technischer.

268 Z.B. in VIb 8–9 *suront / poni. pesnimu* „ebenso soll er mit *poni* beten“, womit auf die Anweisung VIb 6 *eso. persnimu* und die anschließende Gebetsformel verwiesen ist, die somit vollständig ersetzt wird.

269 Z.B. die Handlungen, die im *piaculum* vor bzw. hinter jedem Tor durchgeführt werden.

270 Z.B. bei der dreifachen Umrundung des Heervolkes bei der *lustratio*.

8.6.1.4 Ökonomische Diskursdeixis im Hethitischen

Im Hethitischen scheint für diese Unterscheidung zwischen eher syntaktischem und eher technischem modalem Verweis jeweils eine eigene Form verwendet worden zu sein, so dass diese Differenzierung für uns deutlicher zu fassen ist. Beide Formen werden stets sumerographisch bzw. akkadographisch und ohne Komplemente geschrieben, so dass wir keine hethitische Lesung besitzen; bei einem rein graphisch-technischen Ausdruck bräuchte eine solche noch nicht einmal notwendig vorhanden gewesen zu sein (in diesem Sinne bzgl. KI.MIN ebenfalls Görke/Lorenz 2018/19). Es lässt sich also auch nicht feststellen, ob bei den modalen Verweisausdrücken, die als Proformen für vorausgehende Bezugsausdrücke eintreten, pronominale oder deiktische Stämme (wie im Umbrischen) zugrunde liegen.

Die beiden verwendeten Ausdrücke sind einerseits *QA-TAM-MA*, andererseits KI.MIN; für beide ist grundsätzlich eine modale Bestimmung (wie die von umbr. *surur*) möglich. Während diese für *QA-TAM-MA* eindeutig die Kernfunktion darstellt, ist das Verweisspektrum von KI.MIN deutlich größer und schließt auch zahlreiche weitere Bezugsausdrücke mit ein.

8.6.1.4.1 KI.MIN

So definieren Görke und Lorenz (2018/19: 64–65) die Ersatzfunktion von KI.MIN sehr offen:

> Funktional ersetzt KI.MIN etwas, was mehr oder weniger unmittelbar vorher genannt wurde.

Zur funktionalen Charakterisierung der „MIN-*marks*" äußert sich ausführlich auch Scheucher (2012: 169–170)[271] und betont deren ökonomische Effekte:

> Empty slots and MIN-marks mainly function as substitutes for repetitive content in the vertical succession of entries; i.e., instead of repeating an item that occurs in the same syntagmatic position in the preceding entries, scribes may place a MIN-mark or simply leave the respective slot empty. (...) The MIN-marks and empty slots serve as intra-textual abbreviations.[272]

271 Bzgl. des Gebrauchs von KI.MIN in babylonisch geprägten lexikalischen Listen aus Ḫattuša.

272 Wobei kohärenztechnisch natürlich ein Unterschied zwischen Proform und „empty slot" vorhanden ist.

Eindeutig ist also die endophorische Funktion, die zu einer Auffüllung des Verweisausdruckes führt; KI.MIN stiftet somit Kohärenz mit vorausgehenden Textteilen und substituiert Elemente aus diesen im Verweiskontext.[273] Die Bezugsausdrücke des Verweises sind dabei weder auf eine syntaktisch (z. B. NPs) noch auf eine semantisch (z. B. Modalität/Umstände) begrenzte, klar definierbare Klasse beschränkt: Das Spektrum der substituierten Einheiten reicht von einfachen Verben über VPs bis hin zu ganzen Sätzen oder sogar ganzen Absätzen – je nachdem, welche Äußerungsteile bei einer späteren Handlung verändert sind und welche gleichbleiben. KI.MIN erscheint häufig auch in syntaktisch unvollständigen Kontexten, z. B. in Aufzählungen oder Listen. Die Verwendung bietet sich an, wenn bestimmte Handlungsschritte oder -komplexe mehrfach direkt hintereinander mit nur geringfügiger Änderung vollzogen werden, und hängt somit auch von der konzeptuellen Gestaltung des Rituals als Handlungskomposition ab.

Die Mehrheit der Belege aus Beschwörungs- und Festritualen betrifft dabei Sprechakte mit direktiver Illokution in instruktiven Passagen (wie *surur* in den IT).[274] Folgender Beleg aus dem Ritual des Ḫuwarlu (CTH 398) enthält die Anweisung, dass die Ritualistin mit einer Kugel aus Lehm ebenso verfahren soll wie zuvor mit einer Kugel aus Seifenkraut:

(402) KBo 4.2+ Vs. I 49
na-an-kán A-NA LUGAL MUNUS.LUGAL É$^{\text{ḪI.A}}$ *ḫu-u-ma-an-da* KI.MIN
„Und diese an den König, die Königin (und) den Palast, alle (Handlungen) desgleichen."

KI.MIN ersetzt also offenbar das weiter oben als Direktivform verwendete Verb *damašzi*, vgl. den Bezugsausdruck:[275]

273 Auf eine besondere, aufzählende Funktion von KI.MIN, KI.2, KI.3 usw. wird hier nicht eingegangen; die Verwendung ist v. a. in Listen belegt, in denen z. B. immer gleichartige Entsprechungsverhältnisse aufgezählt werden, wie in KBo 17.61 11′–17′; vgl. dazu Görke/Lorenz 2018/19: 46.

274 Zu Fällen von KI.MIN in Gebeten s. noch unten; zu KI.MIN in anderen Textsorten s. Görke/Lorenz 2018/19.

275 Dabei fällt auf, dass im Bezugskontext der lokale Ausdruck „an etwas andrücken" durch den Komplex aus Ortsbezugspartikel und *placeword -ššan + anda* und der Verbalform *damašzi* erfolgt, wohingegen im Verweisausdruck nur die Ortsbezugspartikel *-kan* + KI.MIN verwendet sind (zu hethitischen Lokalverweisen und ihrer diskursdeiktischen Funktion s. u. 8.6.1.6). Auch dies spricht für einen technischen oder mechanischen Ersatz, der nicht bloß eine kürzere Version desselben Ausdruckes ist und derselben Konstruktion folgt.

(403) KBo 4.2+ Vs. I 41–42
na-an-˹*ša*˺*-an A-NA* LUGAL MUNUS.LUGAL
NÍ.TE*-aš-ša-aš ḫu-u-ma-an-ta-aš an-da da-ma-aš-zi*
„Und sie drückt sie (die Kugel) an König und Königin, an alle (ihre) Gliedmaßen."

Zudem sind an der Verweisstelle König, Königin und zum Palast gehörige Kontaktpunkte in einer einzigen Proposition zusammengefasst (während sie zuvor in getrennten Propositionen stehen: Vs. I 41–42 und 42–44);[276] *ḫumanda* kann sich hier grammatikalisch (und auch weil É$^{\text{ḪI.A}}$ „Palast" dazwischensteht) nicht auf „alle Gliedmaßen des Königspaares" beziehen, sondern referiert wohl zusammenfassend auf alle zum Ablauf des „Andrückens" gehörigen Handlungen. Auch an diesem Beispiel ist zu sehen, dass verschiedene Kohärenztechniken ineinandergreifen (zu Komplexanaphern und *Labelling* s. o. 8.5.4.1) und einen ökonomischen Verweis erzeugen.

Deutlich seltener erscheint KI.MIN auch in selbstwirksamen Formeln; im Ritual der Tunnawi tritt es aber sowohl in den Instruktionen als auch in den als direkte Rede konzipierten Partien in auffälliger Frequenz (und jeweils in Propositionen mit direktivischer Illokution) auf:

(404) KUB 9.4+ Rs. IV 1′–6′[277]
˹*ma*˺-˹*ni*˺-[*in-ku-wa-an-da-an* MU*-an mu-ú-da-id-du*]
DINGIR^{MEŠ}*-aš kar-*[*pí-in pa-an-ga-u-wa-aš* EME*-an* KI.MIN]
ŠA DUMU.É.GAL [E]ME*-a*[*n* KI.MIN *ŠA* ^{MUNUS}SUḪUR.LAL EME*-an* KI.MIN]
ŠA ^{LÚ}*ME-ŠE-DI* EME*-an* [KI.MIN *ŠA* ^{LÚ}GUDU$_{12}$ EME*-an* KI.MIN]
ŠA ^{LÚ}SANGA EME*-an* ⟨KI.MIN⟩ *ŠA* ^{M}[^{UNUS}AMA.DINGIR$^{\textit{LIM}}$ EME*-an* KI.MIN]
ŠA ÉRIN^{MEŠ} EME*-an mu-ú-da-i*[*d-d*]*u*
„Er soll die ku[rzen Jahre wegnehmen!] Den Zo[rn] der Götter [(und) die (üble) Nachrede der Leute dito.] Die [N]achrede des Palastangestellten [dito. Die Nachrede der Hierodule dito]. Die Nachrede des Leibwächters [dito. Die Nachrede des GUDU$_{12}$-Priesters dito]. Die Nachrede des Priesters dito. [Die Nachrede] der [Göttermutter dito.] Er soll die Nachrede der Truppe wegnehmen!"

---

276 Wobei außerdem statt der einzelnen Aufzählung der Gebäudeteile (Ecken, Türschwelle, Riegelholz; vgl. Vs. I 42–44) É$^{\text{ḪI.A}}$ „Palast" als *Label* gewählt ist.

277 CTH 409.IV.Tf02.A.

In den Formeln des Tunnawi-Rituals liegen ähnliche strukturelle Bedingungen vor wie in den Zuordnungen, Listen oder Aufzählungen der Instruktionsteile; daher ist die Verwendung von KI.MIN aus text-organisatorischer Perspektive nachvollziehbar.[278] Allerdings stellt sich dabei die Frage, ob die vorliegenden Abkürzungen durch Ersetzung identischer Textteile mit KI.MIN bei der Umsetzung des Rituals in der Rezitation berücksichtigt wurden oder ob sie nicht eher eine rein textuelle Abkürzungsmaßnahme darstellen, die in der Performanz wieder vervollständigt wurde. Der Vergleich mit den IT, wo Gebetsformeln in einigen Fällen nur durch Erwähnung weniger Worte angegeben werden, aber in den ausführlichen Fassungen von *piaculum* und *lustratio* vollständig wiedergegeben sind und offensichtlich auch so zitiert werden sollen, würde letztere Vermutung unterstützen (s. dazu unten S. 633). Auch angesichts der kommunikativen Bedingungen, die sich in den Formeln deutlich von denjenigen der Instruktionen unterscheiden, ist mit einer solchen Praxis zu rechnen. Insgesamt ist sehr auffällig, dass in dem gesamten Ritual ein massiver Einsatz von substituierenden Verweisen durch KI.MIN (etwas weniger auch durch *QA-TAM-MA*) vorliegt. Dies ist einerseits der Handlungsstruktur und Konzeption des Rituals geschuldet; andererseits entsteht aber auch der Eindruck, als ob bei der Verschriftlichung eine bestimmte Präferenz für Verweisausdrücke bestand, wodurch eine derartige Frequenz dieser Technik zusätzlich unterstützt wurde.

Der Fokus liegt bei den substituierenden Verweisen, wie an den Beispielen ersichtlich, auf der im Verweisausdruck gegenüber dem Bezugsausdruck veränderten Konstituente, welche im Gegensatz zu dem inferierbaren Material lexikalisch explizit ist und „new information" darstellt.

Auch ganze Verbalphrasen bis hin zu vollständigen Propositionen können durch KI.MIN vertreten werden; der Bezugskontext kann also u. U. äußerst umfangreich und als Gesamtheit analog zu übertragen sein. Görke/Lorenz (2018/19: 48–49) zeigen z. B. den Ersatz eines ganzen Satzes (CTH 705: KUB 34 .102 Rs. III 15′–24′) oder sogar eines ganzen Absatzes (CTH 706: KBo 20.113+ Vs. I 9′–17′) in Festritualtexten.

Aufgrund der beschriebenen Gebrauchsweise ist KI.MIN (im Unterschied zu *QA-TAM-MA*) nicht wie ein modales Pro-Adverb „ebenso" in der syntaktischen Position einer Modalangabe zu beurteilen, „sondern vielmehr als technischer Marker, vergleichbar den Unterführungszeichen, den Gänsefüßchen, im Deutschen" (Görke/Lorenz 2018/19: 65). Grundsätzlich besitzt es zwar vergleich-

278 Z. B. Aufzählung der behandelten Körperteile, Gleichsetzung mit Substitutskörperteilen, mehrmals analog wiederholte Behandlung und rituelle Besprechung jedes Körperteils. Bemerkenswert ist, dass hier dennoch nur die Verbform selbst und nicht die gesamte VP (EME-*an mudaiddu* „die Nachrede soll er wegnehmen") ersetzt wird.

bare Funktionen, weist aber eine weiterreichende referenzielle Erstreckung und einen anderen syntaktischen Status auf. Dementsprechend werden häufig Übersetzung mit Ausdrücken wie „dito/ditto", „dsgl." oder *idem* gewählt, die diese Eigenschaften nachahmen.[279] Gegenüber einer echten, syntaktisch eingebundenen Proform erscheint KI.MIN damit semantisch noch weniger spezifiziert. Sehr häufig wird es im Zusammenhang mit Auflistungen verwendet und erscheint dann gleich in hoher Frequenz und nicht bloß vereinzelt, wie z.B. im „Ritual des Rindes" der Tunnawi (s.o. S. 598) oder im Ritual des Ammiḫatna gegen Unreinheit (CTH 471): Dort wird in einer Reihe von Göttern eine durchnummerierte Anzahl von Räucheraltären geopfert,[280] wobei in der Mehrheit der Fälle das direkte Objekt („den Räucheraltar") und wahrscheinlich auch die Lokalangabe („auf einem *kupti*-Herdaltar") durch KI.MIN ersetzt ist. Allerdings wird die NP im folgenden Beispiel nicht komplett substituiert, sondern durch die Ordinalangabe („den zweiten") vertreten:

(405) KBo 5.2 Vs. II 57–59
nu ḫa-an-te-ez-zi-in ḫu-up-ru-uš-ḫi-in
DIM-*ni ku-up-ti ši-pa-an-ti* (§-Strich)
2-*an-na* KI.MIN *ŠA* DIM [Š]EŠ-*ni šu-up-pí ši-pa-an-*⌈*ti*⌉
„Den ersten Räucheraltar opfert er dem Wettergott auf? ein(em) *kupti* (-Herdaltar). Den zweiten aber dsgl. opfert er dem reinen Bruder des Wettergottes."

Das Beispiel zeigt aber auch, dass KI.MIN nicht nur in trunkierten Sätzen, sondern auch als Teil eines syntaktisch vollständigen Ausdrucks mit finitem Verb stehen kann.[281] Dabei liegt in diesem Fall jeweils eine identische Verbform vor, die ebenfalls hätte ersetzt werden können. Der Grad der Ökonomie und Technizität des Ausdrucks, der jeweils mithilfe von KI.MIN erzielt wird, ist also nicht homogen, sondern bewegt sich aufgrund seiner variablen Referenz inner-

---

279 Die Tatsache, dass mit KI.MIN und *QA-TAM-MA* zwei verschiedene Strategien genutzt wurden, um auf bereits ausgeführtes zurückzuverweisen, und dass funktionale Unterschiede zwischen den beiden Verweisstrategien feststellbar sind, spricht nicht dafür, dass für beide auf der mündlichen Ebene der Kommunikation gleichermaßen heth. *apeniššan* eingesetzt wurde, das als Entsprechung immerhin für *QA-TAM-MA* bekannt ist. Es scheint mir aber nicht unplausibel, dass KI.MIN – ähnlich wie „dito/ditto" – keine Entsprechung im Hethitischen besaß.

280 S. KBo 5.2 Vs. II 57 – Rs. III 16.

281 Es finden sich neben diesem Bsp. auch weitere Fälle, gerade in Beschwörungsritualen. Häufig tritt die Schwierigkeit auf, dass nicht exakt bestimmt werden kann, wie viele der möglichen Bezugsausdrücke durch den Verweis mit KI.MIN ersetzt werden sollen.

halb eines breiteren Spektrums. Dabei kann auch die zeitliche Einordnung der betreffenden Texte eine Rolle spielen: Görke und Lorenz (2018/19: 56) kommen hinsichtlich der diachronen Entwicklung der Verwendung von KI.MIN zu dem Schluss, dass der Umfang der ersetzten Elemente ab der mittelhethitischen Zeit und in Relation zur Herkunft der Texte zunimmt und konstatieren,

> dass ab der mittelhethitischen Zeit Worte (…) und Abschnitte (…) durch KI.MIN ersetzt werden konnten. Das Ersetzen von Sätzen und Abschnitten ist darüber hinaus auch in den mittelhethitischen Festritualtexten südostanatolischer Herkunft (…) belegt, während zentralanatolische Festtexte erst in junghethitischen Abschnitten den Gebrauch von KI.MIN zum Ersetzen von Ausdrücken oder längeren Abschnitten erkennen lassen.

8.6.1.4.2 *QA-TAM-MA*

In Fällen mit Wiederaufnahme des identischen Verbs und Substitution von klar identifizierbaren NPs oder Modalangaben wird häufiger *QA-TAM-MA* verwendet. Dieser Umstand spricht dafür, dass dieses Grammem eher wie eine echte Satzkonstituente in einem ansonsten vollständigen Satz funktioniert, während bei KI.MIN die Sätze öfter trunkiert werden und formal unvollständig sind. Auch *QA-TAM-MA* besitzt allerdings das Potential, größere Informationsmengen, etwa als „Gesamtheit der Modalität einer Handlung(sphase)", einzusparen. Dabei wird auch hier gleichzeitig die neue Information, die den Unterschied zum Bezugskontext darstellt, in den Fokus gerückt, wie im folgenden Beispiel aus dem Ritual der Anniwiyani:

(406) VBoT 24 Vs. I 14–16
A-NA GIŠGIGIR-*ia-aš-ša-an*
GIŠPAN-*ŠU* GIŠMÁ.URU.URU₅-*ŠU* *QA-TAM-MA-pát* *ḫa-ma-an-ki* (§-Strich)
EGIR-*an-da-ma-aš-ša-an* ⸢SÍG⸣ *mi-da-a-an* *QA-TAM-MA* *ḫa-ma-an-ki*
„An (seinen) Streitwagen und seinen Bogen (und) seinen Köcher bindet sie (sie) ganz genauso. Danach aber bindet sie die rote Wolle ebenso an."

Hier verweist *QA-TAM-MA* (mit verstärkender Partikel *-pát*) auf die unmittelbar vorausgegangene Anweisung:

(407) VBoT 24 Vs. I 10–14
nu ma-aḫ-ḫa-an ne-ku-zi nu-⸢*uš*⸣*-ša-an A-NA* EN SISKUR
ḫa-an-te-ez-zi pal-ši A-⸢*NA*⸣ GÌRMEŠ-*ŠU* ŠUMEŠ-*ŠU*

^{UZU}GÚ-*ŠÚ iš-tar-na pé-di A-NA* GIŠ.NÁ-*ŠU*
4 ^{GIŠ}*pa-ti-ia-al-li-e-eš ḫa-an-te-ez-zi pal-ši*
SÍG *a-an-da-ra-an ḫa-ma-an-ki*
„Und sobald es Abend wird, bindet sie dem Ritualherrn zuerst an seine Füße, seine Hände, seinen Nacken (und) innen, an sein Bett, an die 4 Bettpfosten zuerst blaue Wolle."

In Zeile 15 werden dabei die veränderten Anknüpfungspunkte (Streitwagen, Bogen, Köcher), in Zeile 16 die andersfarbige (rote) Wolle expliziert und dadurch als neu gekennzeichnet, wobei durch diesen Kontrast automatisch jeweils „alles andere wie oben" inferiert wird.

Es existieren auch Fälle mit subordinierter korrelativer Vergleichsangabe (*maḫḫan* … *QA-TAM-MA*), die damit dem häufigen Fall der korrelativen Konstruktion mit *puse* … *surur* in den IT entsprechen. Derartige Konstruktionen werden nie mit KI.MIN gebildet, was ebenfalls dem unterschiedlichen Status der beiden Formen geschuldet sein dürfte. Vgl. folgendes Bsp. aus dem Reinigungsritual des Ammiḫatna (CTH 471):

(408) KBo 5.2 Vs. II 45–47
na-aš-ta ki-i ma-aḫ-ḫa-an A-NA 1 ^{GIŠ}*la-aḫ-ḫu-u-ra kat-ta-an*
ḫa-an-da-a-an A-NA 2-*ŠU* 7 ^{GIŠ}*la-aḫ-ḫu-u-ra-ia-kán*
kat-ta QA-TAM-MA ḫa-an-da-a-iz-zi
„Wie dies auf/bei einem Opfertisch hergerichtet ist, ebenso richtet er (es) auf/bei zweimal 7 Opfertischen her."

In diesem Fall spielen die multiplikativen Zahlenangaben für die Ökonomie des Ausdrucks ebenfalls eine große Rolle (s. dazu noch unten 8.6.3.4). Die korrelative Konstruktion unterstreicht dabei die syntaktische Einbindung von *QA-TAM-MA*.

Ohne korrelativen Ausdruck, aber auch mit verstärkender identifizierender Partikel *-pát*, steht *QA-TAM-MA* in dem bereits erwähnten „Ritual des Rindes" der Tunnawi:

(409) KUB 9.4+ Vs. II 36–37[282]
[*ḫu-u*]*k-ki-iš-ke-ez-zi-ma-an QA-TAM-MA-pát*
[*nu* 12 ^{UZ}]^{U}ÚR$^{ḪI.A}$ *QA-TAM-MA-pát ir-ḫa-iz-zi*

282 CTH 409.IV.Tf02.A. Vgl. Beckman 1990 und s. bereits oben Bsp. (404) und (405).

„Sie behandelt/bespricht ihn aber magisch immer wieder ganz genauso
und die 12 Körperteile geht sie ganz genauso durch.“

Der Verweis bezieht sich darauf, dass mehrmals (von den Seiten, von vorne, von hinten) die behandelten Körperteile des Ritualmandanten durchgegangen und unter Anwendung der betreffenden Formeln behandelt werden (wobei in diesem Ritual ökonomische Verweisausdrücke sogar in den Formeln eingesetzt werden; s.o. 8.6.1.4.1). Im gesamten Ritual liegt also ein sehr großer Anteil an analog wiederholten Äußerungen und Handlungen vor und es wird in einem auffälligen Umfang von Verweisausdrücken Gebrauch gemacht: sowohl mit KI.MIN als auch mit *QA-TAM-MA* und in den präskriptiven Partien ebenso wie auch in der direkten Rede der Formeln. Es scheint eine Kombination aus struktureller/konzeptioneller und evtl. auch persönlicher Präferenz für diese Technik vorzuliegen.

Auch in Festritualen findet sich die diskursdeiktische Konstruktion mit expliziter Vergleichsangabe durch *maḫḫan*, wodurch der Bezugskontext eindeutig identifiziert werden kann, z.B. in der Outline-Tafel des AN.DAḪ.ŠUM^{SAR}-Festes.

(410) KBo 10.20 Rs. III 17–18
^{LÚ}NAR-*ia-kán* ^{LÚ}*ME-ŠE-DI I-NA* É ^{D}U GIM-*an*
aš-ša-nu-e-er I-NA É ^{D}KAL-*ia-kán QA-TAM-MA aš-ša*[*-nu-wa-an-zi*]
„Wie der Sänger und der Leibwächter (die Becher) im Tempel des Wettergottes aufgestellt haben, genauso ste[llen sie] (sie) im Tempel der Inar auf.“

Der Bezugskontext, auf den hier verwiesen wird, kann dank der Vergleichsangabe weiter vorne im Text (am vorausgehenden Tag) ausgemacht werden, wobei an dieser Stelle keineswegs detaillierte Modalangaben vorhanden sind. Im Rahmen der Übersichtstafel ist damit auch nicht zu rechnen; es ist unter diesen Umständen jedoch auffällig, dass die Herstellung von Kohärenz mit modalem Proadverbial trotzdem genutzt wird. Die zeitliche Linearität und die Gliederung nach Tagen sind hier allerdings durch die Präteritalform des Verbs im Vergleichsausdruck präsent: Der Bezugskontext ist dem vorausgehenden Tag zugeordnet:

(411) KBo 10.20 Rs. III 9–11
EGIR-*iz-zi-ia-az-ma-kán ma-a-an* [GA]L *ME-ŠE-DI*
ma-a-an GAL DUMU^{MEŠ}.É.GAL *PA-NI* ^{D}U *pí-ḫa-aš-ša-aš-ši*

Ù PA-NI ^{D}UTU ^{URU}PÚ-*na* GAL$^{\text{ḪI.A}}$ *aš-ša-nu-uz-zi*
„Danach stellt jemand, entweder der Oberste der Leibgarde oder der Oberste der Palastangestellten, vor dem Wettergott *piḫaššašši* und der Sonnengöttin von Arinna die Becher auf."

Zweifellos sind die entsprechenden Modalangaben aus parallel konsultierten Detail-Beschreibungen oder dem Wissen der Benutzer ergänzbar gewesen; in der vorliegenden Textsorte sind sie offenbar – im Unterschied zur linearen Verknüpfung der den Tagen entsprechenden Textteile – weniger relevant.

Häufig ist aber auch der Ersatz einer NP, bspw. in Funktion eines direkten Objekts. Hierbei kann die tatsächliche Einsparung geringer ausfallen und der kohärenzstiftende (endophorische) Aspekt anscheinend vor dem ökonomischen (substituierenden) stehen. Im folgenden Beispiel aus dem althethitischen Ritual für das Königspaar verweist *QA-TAM-MA* aber evtl. auf beide zuvor dem König übergebenen Objekte und könnte möglicherweise auch noch die lokale Bestimmung vertreten:

(412) KBo 17.1+ Vs. I 27′–29′
DUMU.É.GAL-*iš*
^{D}*ḫa-an-t*[*a-š*]*e-pa-an* LUGAL-*i ki-iš-ša-ri-*⸢*i*⸣ *da-a-i*
te-eš-šu-um-m[*e-i*]*n*$^{?}$*-na pa-a-i* MUNUS.LUGAL-*ia* [*QA*]*-TAM-MA pa-a-i*
„Der Hofjunker legt eine Ḫantašepa-Gottheit dem König in die Hand und gibt (ihm) einen Becher. Ebenso gibt er der Königin."

Für den „syntaktischen Status" von *QA-TAM-MA* spricht auch die Tatsache, dass es im Gegensatz zu KI.MIN über die beschriebenen Kontexte hinaus in der Bedeutung „ebenso, gleichfalls" verwendet wird, wobei mitunter einfach die (gewünschte) Gemeinsamkeit zwischen den beiden Vergleichsgrößen hervorgehoben wird, ohne dass eine spezifische Modalität zu identifizieren ist: Es handelt sich dabei um die gerade in analogischen Gleichsetzungen, aber auch in deskriptiven Vergleichen typischen Gefüge mit *maḫḫan* und *QA-TAM-MA* „wie x ist, ebenso soll y sein" oder „wie x ist, so ist auch y"; vgl. folgende Formel aus Allīs Ritual:

(413) KUB 24.9+ Rs. III 2′–5′
ka-a-aš SAḪAR$^{⌜\text{ḪI.A}⌝}$ GIM-*an kat-ta pár-ku-nu-z*[*i*]
[*nu k*]*u-u-un* UN-*an* ^{U}[^{Z}]^{U}ÚR$^{\text{ḪI.A}}$ *ḫu-u-ma-an-da QA-TAM-MA* [(*pár-ku-nu-ud*)*-du*]
nu-uš-ši É-*SÚ* ⸢*iš-ta*⸣-[*na-na-a*]*n* ⸢GUNNI⸣ *QA-DU* DAM-[*ŠU*]
^{LÚ}*MU-DI-ŠU* DUMU^{MEŠ}-*ŠU Q*[*A-TAM-MA*] *pár-ku-nu-ud-du*

„Wie dieser Staub reinigt, soll er diese Person, alle (ihre) Glieder ebenso reinigen! Und ihr Haus, Altar, Herd, zusammen mit [ihrer] Frau (oder) ihrem Mann und ihren Kindern soll er e[benso] reinigen!"

In der Protasis mit *maḫḫan* wird nicht explizit ausgedrückt, *auf welche Weise* der Staub reinigt, so dass ein Verweis auf diese Modalität möglich oder hilfreich wäre. Was hier ausgedrückt wird, ist, wenn man es auf zwei Propositionen verteilt: „Dieser Staub besitzt die Fähigkeit, zu reinigen. Er soll auch diese Person reinigen".

Hier sind also ein funktionaler Unterschied zu der Verwendung als modales Proadverbial in den Präskripten und eine leicht abweichende Bedeutung „auch, ebenfalls" festzustellen; es geht in diesen Verwendungen offenbar weniger um den Verweis auf eine konkrete Modalität. Im Unterschied zur Verwendung in den Präskripten, wo der Verlauf oder Vorgang der jeweiligen Handlung durch die Proform modifiziert wird, liegt bei den Ritualsprüchen oder -formeln der Kern des Vergleichs im Effekt oder Ergebnis. Das wird umso deutlicher, wenn *QA-TAM-MA* nicht mit einem Vorgangsverb wie „reinigen", sondern mit einem Zustandsverb steht, wie etwa im folgenden Beleg, der eine Formel aus dem Ritual für das Königspaar darstellt:

(414) KBo 17.1+ Rs. III 6–7

ᴰUTU-*uš* ᴰIM-*aš* *ma-a-an uk-tu-u-ri-eš*

LUGAL-*uš* MUNUS.LUGAL-*aš-ša* *QA-TAM-MA uk-tu-u-re-eš a-ša-an-tu*

„Wie die Sonnengottheit und der Wettergott ewig (sind), ebenso sollen auch König und Königin ewig sein!"

Auch hier ist der Verweis weniger auf eine tatsächliche Modalität bezogen, sondern besagt eher: „Sonnengöttin und Wettergott sind ewig. Diese Eigenschaft mögen auch König und Königin besitzen".

Die Verwendung von substituierenden Verweisen wird, wie bereits erwähnt, durch bestimmte Textstrukturen gefördert bzw. bedingt. Dies erklärt die Häufigkeit, in der diese Kohärenztechnik besonders in technischen Gebrauchstextsorten erscheint. Zwar findet sich die Verwendung von KI.MIN wie auch von *QA-TAM-MA* auch außerhalb von Ritualanweisungen, Omentexten oder Listen, allerdings scheinen sie gerade in literarisch geprägten Texten eher selten bzw. auch dort auf Passagen beschränkt, deren Gestaltung eher an diejenige der technischen Texte erinnert. So verweisen Görke und Lorenz (2018/19: 58–59) u.a. auf die Belege von KI.MIN in mythologischen Texten und Gebeten: allerdings sind viele der betreffenden Texte, z.B. der Telipinu-Mythos und das Gebet Muwatallis II. an die Götterversammlungen, eher als Mischformen zu beurteilen, in denen Passagen mit ritualbezogenen Anweisungen vorkommen. Die KI.MIN-Belege finden sich häufig gerade in diesen Passagen.[283] In den Gebeten (Korpus Daues/Rieken 2018) ist KI.MIN insgesamt nur 4 Mal belegt, davon 2 Mal in dem besagten Gebet an die Götterversammlung (CTH 381), vgl.:

(415) KUB 6.45+ Rs. IV 52–54
EGIR-*ŠU-ma* 3 NINDA.GUR₄.RA BABBAR *A-NA* DINGIR MUNUS^MEŠ KUR-*e-aš ḫu-u-ma-an-da-aš*
pár-ši-ia ar-ku-wa-ar-za [*k*]*u-e-da-aš da-a-iš* NINDA.Ì.E.DÉ.A
me-ma-al A-NA NINDA.GUR₄.RA^ḪI.A *še-er šu-uḫ-ḫa-i* LÀL Ì.DÙG.GA *la-ḫu-u-wa-i*
„Danach aber bricht er drei weiße Brotlaibe für die weiblichen Göttinnen aller Länder. Welchen er seinen Fall vorgelegt hat, schüttet er Fettbrot (und) Grütze auf die Brotlaibe. Er gießt Honig (und) Feinöl aus."

In der nächsten Zeile steht der Verweis mit KI.MIN, der sich auf die Handlungen nach dem Brechen der Brote zu beziehen scheint:

(416) KUB 6.45+ Rs. IV 55
EGIR-*ŠU-ma* 2 NINDA.GUR₄.RA *A-NA* ḪUR.SAG^MEŠ ÍD^MEŠ *pár-ši-ia* KI.MIN
„Danach aber bricht er zwei Brotlaibe für die Berge (und) Flüsse. Dito."

Anschließend erscheint (56–58) in der Beschreibung des Opfers für den Sonnengott nochmals die vollständige, nicht abgekürzte Formulierung.[284]

Auch *QA-TAM-MA* ist in den Gebeten nicht häufig belegt (im selben Korpus 8 Mal), obwohl es wegen der verschiedenen Funktionen häufiger zu erwarten wäre. Alleinstehend tritt es 2 Mal in CTH 384.1 (KUB 21.27+ Vs. II 2, 4) auf: Hier scheint die Bedeutung eher additiv „ebenso, und auch", vgl. auch die erweiterte Bedeutung von lat. *item* (dazu Dupraz 2011b). Daneben finden sich mehrere Fälle von korrelativen Konstruktionen mit *maḫḫan* (…) *QA-TAM-MA* (CTH 373:

283 Im Telipinu-Mytos außerdem im Zuge der Aufzählung der negativen Folgen von Telipinus Verschwinden; strukturell besteht aber auch hier eine Gemeinsamkeit mit technischen Listen oder Zuordnungen, wie wir sie in den Ritualen gesehen haben. Damit zusammenhängend tritt KI.MIN häufig nicht vereinzelt, sondern gleich mehrmals hintereinander im gleichen Kontext auf.

284 Der zweite Beleg befindet sich am (beschädigten) Beginn von KUB 6.45+ Rs. IV; es handelt sich aber auch an dieser Stelle um den Kontext einer Instruktion. Die weiteren Belege: In CTH 373 Ersatz des finiten Verbs (*karšun* „habe getrennt"); in CTH 382 Ersatz einer Strophe und damit prototypischer Gebrauch eines technischen Wiederholungszeichens.

KUB 30.10 Rs. 16; CTH 382: KBo 11.1 Vs. 26, 34, 35, 37). Eine kataphorische diskursdeiktische Verweisfunktion, die derjenigen von adverbialem *kiššan* „dies" (i. S. v. „folgendes") stark ähnelt, besitzt es schließlich im „zweiten Pestgebet" Muršilis II. (CTH 378.2):

(417) KUB 14.8 Rs. 12′[285]
nu ki-ik-ki-i[š-t]a-a-⸢ri⸣ QA-TAM-MA
„Und es geschieht so: (...)."

8.6.1.4.3 *Anwendungsbereiche modaler Proadverbien*

Die in den hethitischen Ritualtexten verwendeten Fälle von Kombinationen aus endophorischem Verweis und Ersetzung des Bezugsausdrucks durch adverbiale Proformen lassen sich je nach dem ersetzten Textteil in drei Gruppen einteilen:

– Ersatz von Modalangaben bis hin zur Gesamtheit der Modalität mit begleitenden Handlungen oder direkter Rede: „auf die gleiche Weise, genauso" in syntaktisch vollständigen Kontexten mit finitem Verb

Diese Gruppe stellt den Kernbereich modaler Proadverbiale dar und entspricht der Verwendung von *surur* in den IT (s. o. 8.6.1.3). Sowohl KI.MIN als auch *QA-TAM-MA* kommen in dieser Verwendung vor, allerdings kann nur letzteres in korrelativen Konstruktionen mit expliziter Angabe des Vergleichs durch einen subordinierten *maḫḫan*-Satz („wie ... ebenso") stehen. Dieselbe Konstruktion wird für Vergleiche und analogische Gleichsetzungen genutzt und erscheint daher auch in Formeln und Gebeten; hier steht aber meist nicht die konkrete Modalität des Sachverhalts, sondern eher eine Vergleichseigenschaft von Referenten im Mittelpunkt. Alleinstehendes *QA-TAM-MA* kann in dieser Verwendung Funktionserweiterungen (zum additiven Konnektiv, kataphorischem Diskursverweis) erfahren, die bei KI.MIN nicht vorkommen. Als modales Proadverbial steht *QA-TAM-MA* vor dem finiten Verb eines Satzes, während KI.MIN meist weiter vorne im Satz steht.

– Ersatz einer oder mehrerer NPs (z. B. direktes Objekt): „ebenso, das gleiche"

In dieser Verwendung scheint bei direkten Objekten und gerade bei singulären Fällen *QA-TAM-MA* vorherrschend; KI.MIN kann in dieser Funktion z. B. in Opferlisten für Götter vorkommen, ersetzt dann aber meist mehrere NPs (z. B. direktes Objekt und Präpositionaladverbial).

285 Ebenso KUB 14.8 Rs. 10′.

– Ersatz eines finiten Verbs oder einer Verbalphrase: „desgleichen, dito“

In dieser Verwendung in trunkierten oder nicht vollständigen Sätzen wird ausschließlich KI.MIN verwendet, das dann an letzter Position steht. Der Verweisausdruck muss im Vergleich zum Bezugsausdruck verändert werden, z. B. hinsichtlich der Lokalausdrücke.

In den von mir betrachteten Texten überwiegt *QA-TAM-MA* deutlich; allerdings hängt die Einsatzmöglichkeit von KI.MIN sehr stark von den jeweiligen Handlungsstrukturen und dem Umfang von sich wiederholenden Elementen ab. Besonders bei mehrfachen Wiederholungen scheint eine Präferenz für KI.MIN möglich, woraus ein Zusammenhang mit der Bildung von Listen abzulesen ist; zudem wurde bzgl. seines Einsatzes auf die diachrone Zunahme hingewiesen (Görke/Lorenz 2018/19: 64–66).

Aufgrund der funktionalen Gemeinsamkeiten der beiden Formen ist freilich immer ein gewisser Überschneidungsbereich in der Verwendung gegeben. Diese Gemeinsamkeiten sind:
– endophorischer Verweis
– Substitution von analogem Inhalt
– geändertes Element wird expliziert: dadurch oft Fokus-Effekt

Aufgrund seiner Anwendungsmöglichkeit in verschiedenen Vergleichskontexten findet sich *QA-TAM-MA* auch außerhalb von anweisenden Texten; es ist in dieser Funktion aber deutlich weniger kohärenzstiftend und verdichtend. Auch KI.MIN tritt zwar in anderen Textsorten auf, allerdings auch dort öfter in technischen Kontexten – es könnte also evtl. doch eine leichte Präferenz für Gebrauchstexte und technische Textsorten (zumindest gegenüber literarischen oder rhetorischen Texten) festzustellen sein. Aufgrund der Technizität seines Gebrauchs und des extra-syntaktischen Status könnte KI.MIN möglicherweise sogar eher als textdeiktischer Verweis (d. h. auf sprachliches Material als Objekt) zu verstehen sein, während *QA-TAM-MA* stärker diskursdeiktisch (also auf den Inhalt verweisend) erscheint. Allerdings ist der Übergang zwischen diesen beiden Deixis-Typen fließend, so dass der Eindruck einer weiteren Überprüfung bedürfte.

8.6.1.5 Pronominaladverbien

Eine weitere Gruppe von Proformen wird meist als Pronominaladverbien oder Präpositionalpronomen bezeichnet. Im Deutschen bestehen solche Formen aus den deiktischen Adverbien *hier* oder *da*(*r*) + Präposition *hierauf*, *dazu*, *davon* etc. (vgl. analog nl. *eraan*, *ermee* etc.). Sie können synchron auch den pronominalen Paradigmen näherstehen und von flektierten Demonstrativstämmen gebildet sein, an die wie im Umbrischen Postpositionen antreten:

(418) IT III 30–31
sakre : / vatra : ferine : feitu : eruku : aruvia : feitu
„Du sollst das Ferkel, seine vatra-Teile,[286] auf das Tablett opfern. Damit/mit diesem sollst du Getreide opfern."

Für eine Beurteilung als Konnektor ist dabei relevant, dass auf eine vorerwähnte Proposition als Ganzes oder aber auf eine komplexe Gruppierung von Diskursentitäten verwiesen wird (nicht nur auf einen spezifischen Referenten – dann handelt es sich um einen anaphorischen Verweis). Bei einer proadverbialen Verwendung ist demnach ein größeres Potential für Einsparungen gegeben, da durch die deiktische Referenz auf größere sprachliche Einheiten verwiesen werden kann, die bei voller Wiederaufnahme kostspielig wären. Durch die Referenzierung größerer Textteile oder Inhalte erhalten sie häufig eine diskursdeiktische Funktion. Allerdings scheint dieser Gebrauch der Demonstrativa als Proadverbien mit größerem Skopus im Umbrischen nicht, wie z.B. im Deutschen, stark ausgebaut; zumindest sind nur wenige entsprechende Formen belegt. Nur zwei weitere Formen existieren, welche diskursdeiktisch und adnominal mit dem Labelausdruck **esunu** „Ritual" verwendet werden. Im folgenden Beispiel wird der ökonomische Effekt deutlich, der sich aus dieser Kombination ergibt:[287]

(419) IT VIa 18–19
esisco. esoneir. seueir / popler. anferener. et. ocrer. pihaner. perca. arsmatia. habitu
„Bei diesen Ritualen, bei jedem (davon)/bei den ganzen,[288] der *lustratio* des (Heer-)Volkes und der Entsühnung der Burg, soll er den rituellen Stab haben."

Durch das appositive Pronominaladjektiv *seueir* sowie die Nennung von *lustratio* und *piaculum* wird expliziert, dass die Anweisung nur einmal geäußert für beide Rituale gilt.

286 Zur Deutung des Lexems **vatra** als Bezeichnung bestimmter Teile des Opfertiers s. bereits Buecheler 1883: 221; Vetter 1953: 172; Prosdocimi 1978: 752, 787; Meiser 1986: 156 (neben anderen). Zur ausführlichen Diskussion der Verwandtschaft mit **vatuva** und der Interpretation als „male parts/testicles" s. Weiss 2010: 249–271.

287 Außerdem in IT IV 29–30.

288 Die Bedeutung ist nicht ganz sicher zu bestimmen; eine Art von quantifizierender Semantik und zusammenfassender Referenz (entweder „jedes einzelne" oder „gesamt, vollständig") ist aber wahrscheinlich; vgl. Untermann 2000: 682–683 mit Literatur.

TABELLE 34 Hethitische Pronominaladverbien

ka-/ke-	*apā-/ape-*
kā „hierhin/hierher"	*apiya* „dahin, dorthin"
kēt „aus dieser/in diese Richtung" (altheth.)	
kēz „aus dieser/in diese Richtung" (nach-altheth.)	*apēz* „von dort"
kinun „jetzt, zu dieser Zeit"	*apiya* „damals, zu jener Zeit"
kiššan, kīniššan „auf folgende Weise, so"	*apiniššan, apeniššan* „auf besagte Weise"

Dass die Verwendung eines prä- oder postpositionalen Pronomens bei solchen Anschlüssen nicht zwingend ist und bei engem Bezugskontext auch ein elliptischer Rückverweis erfolgen kann, zeigt das folgende Beispiel (s. bereits oben S. 576):

(420) IT IIa 26–27
puře : nuvime : ferest : krematruf : / sumel : fertu
„Was er als letztes (neuntes) tragen wird, gleichzeitig (damit?) soll er die **krematru** tragen."

Hethitische Pronominaladverbien sind von den Pronominalstämmen *ka-/ke-* und *apā-/ape-* gebildet und in den in Tabelle 34 aufgeführten Formen belegt.[289]

Einige von ihnen werden in den Ritualtexten mit ökonomischen, häufiger aber noch textstrukturierenden Effekten eingesetzt, wie bereits oben bei der Besprechung textdeiktischer Verweise erwähnt (S. 585). Sehr häufig ist bspw. kataphorisch verwendetes *kiššan* „dies, folgendes", welches in der oben bereits angedeuteten Weise zum Verweis auf Listen oder Aufzählungen, aber auch auf direkte Rede genutzt wird.

Darin entspricht es dem umbrischen Demonstrativum **esu** im Akk.Pl.nt. „dies, folgendes", z.B. in folgendem Beleg:

(421) IT IIa 2–3
eu : esum / esu : naratu
„Diese Rituale sollst du so sprechen: (…)."

Syntaktisch ist **esu** hier allerdings nicht als Adverb, sondern als inneres Objekt zu analysieren (s. Dupraz 2012: 68, 71–72).

289 Tabelle nach Hoffner/Melchert 2008: 147.

Die Formen können aber auch anaphorisch auf lokale Angaben im vorausgehenden Kontext verweisen; dabei können Effekte wie *Bridging* involviert sein (dazu noch unter 8.6.2). Im Ritual der Anniwiyani wird z. B. durch den Ausdruck *kēz kēzzia* „hier(hin) und dort(hin)" in mehreren präskriptiven Passagen auf die beiden Seiten eines Tores verwiesen, ohne dass dieses als Bezugsausdruck expliziert wird (VBoT 24 Vs. I 40–Vs. II 5). Bei einer Verwendung in direkter Rede haben Pronominaladverbien häufig gleichzeitig exophorische Funktion und beinhalten ein tatsächliches Zeigen auf Räume und Objekte, wie in folgendem Beispiel:

(422) *JCS* 24: 37 Rs. III 1′–2′
ke-e-iš-ši-k[(*án ke-e-ez kar-pa-an-du*)]
ke-e-iš-ši-kán ke-e-ez ka[(*r-ap-pa-an-du*)]
„Nimm ihm diese von hier weg! Nimm ihm diese von da weg."[290]

8.6.1.6 Anaphorische Raumverweise im Hethitischen

Ein weiterer Bereich, in dem eine ökonomische Form der Deixis feststellbar ist, betrifft Anweisungen, die sich auf lokale Operationen im weitesten Sinne beziehen, also die Positionierung von Referenten in Relation zueinander beschreiben. Typische lokalisierende Propositionen enthalten dementsprechend ein positionierendes Verb, das i. d. R. mehr oder weniger stark mit einem lokalen Relator verbunden ist.

Im Hethitischen sind solche Relatoren lokale Adverbiale, welche kategoriell unspezifiziert sind und verschiedene Aufgaben (Präposition, Präverb, freies Adverb, Pronominaladverb?) übernehmen können; daher wird oft der neutrale Ausdruck *placeword* verwendet.[291] Sie liegen v. a. in systematischen Paaren von situativer und direktiver Semantik, aber auch in einigen alleinstehenden Formen vor und können in einigen Fällen auf ortsbezeichnende Appellative zurückgeführt werden, die einen Grammatikalisierungsprozess erfahren haben.[292] Korrespondierende Paare sind die folgenden:

290 Gemeint ist [GIŠ]NÁ-*aš ke-e-ez ke-ez-zi-ia* „auf dieser und auf dieser (Seite) des Betts", d. h. auf beiden Seiten (so in KUB 24.10 Vs. II 23′); das anaphorische -(*š*)*ši*- in *ke-e-iš-ši-kán* ist jedoch eindeutig auf den Mandanten (nicht etwa auf das Bett) zu beziehen, wie Rs. III 3′ beweist: *kē=ma=*(*š*)*ši=kan šaštaza karappandu* „nimm es ihm vom Bett weg".

291 Es existieren mehrere Untersuchungen zu Funktion und diachroner Entwicklung, s. Brosch 2014a; 2014b; Luraghi 2001; Boley 2000; 1989.

292 Vgl. dazu insbesondere Luraghi 2001: 49–51; Brosch 2014b: 359–379; 407 zu einem exemplarischen Grammatikalisierungspfad.

TABELLE 35 Hethitische Lokaladverbiale

Ort	Richtung
andan „in, innen"	*anda* „einwärts, hinein"
šer „über, oben"	*šrā* „aufwärts, hoch zu"
kattan „unter, unten"	*katta* „abwärts, herab"
āppan „hinter, hinten"	*āppa* „rückwärts, zurück"
peran „vor, vorne"	*prā* „vorwärts, voran, hinaus"

Da Räumlichkeit als relativer Sachverhalt meist nicht durch ein einziges Mittel, sondern durch die Kombination verschiedener Elemente ausgedrückt wird (vgl. Brosch 2014b: 11) sind als weitere Elemente i.d.R. ein zu positionierender Referent (Lokatum) und ein lokaler Bezugsreferent (Relatum) beteiligt.[293] Bei unmarkierten, translativen Konstruktionen entspricht das Lokatum dem direkten Objekt, während das Relatum durch Lokalkasus oder als Präpositionalergänzung angegeben ist.[294] Ein mögliches weiteres Element bei hethitischen Raumpropositionen sind syntaktisch als P2-Klitika funktionierende Ortsbezugspartikeln (OBP), welche meist als ursprünglich lokaladverbiales, aber stark desemantisiertes Produkt eines Grammatikalisierungsprozesses verstanden werden.[295] Dies scheint durch ihre diachron zunehmende Kombination mit semantisch merkmalhafteren *placewords* (PW) nahegelegt zu wer-

293 Positionsverben wie „liegen" bedingen 2-*place-constructions*: Lokatum (= Subj.) + Relatum; Transferverben wie „legen" bedingen 3-*place-constructions*: Agens + Lokatum (= Obj.) + Relatum (= präp. Ergänzung). Die Verbindung kann von Präfixverben wie dt. *zufügen* bis hin zu losen Relationen aus Lokaladverb und Verb reichen.

294 Translativ: „Ich lege Käse auf mein Brot", im Gegensatz zu ornativ: „Ich belege mein Brot mit Käse". Vgl. dazu Hettrich *Materialien*: 2–3. Außerdem kommen in den hethitischen Ritualen Verbindungen aus Lokalisierung und weiterer Handlung vor, etwa „auf das Brot schneide ich eine Scheibe Käse"; vgl. dazu die Bsp. unten (VBoT 24 Rs. III 28–31; KBo 19.128+ Vs. III 19–20).

295 Die heth. OBPs sind: =*an* ‚hinein, drinnen' (nur altheth., meist von PW *anda* ‚einwärts' gestützt; später durch =*kkan* ersetzt); =*apa* ‚zurück, wieder, entsprechend'; =*ašta* meist separativ ‚ab, weg' (mittelheth. Satzkonnektor; jungheth. durch =*kkan* ersetzt); =*ššan* Oberflächenkontakt (besonders in Verbindungen mit *ser* ‚auf' und *anda* ‚darin/darauf'; ab spätem Mittelhethitisch durch =*kkan* ersetzt); =*kkan* urspr. wohl delativisch/ablativisch, schon früh grammatikalisiert (vgl. lat. *de*, v.a. in der Verwendung als Präverb). Ab mittelheth. Zeit dient =*kkan* zur Angabe des lokalen Bezugspunkts einer Handlung, teilweise aber ohne deutliche Eigenbedeutung. Vgl. Brosch 2014a: 28, auch mit dem Hinweis auf die anaphorische Verwendung von =*ššan* und =*kkan*.

den.[296] Für die Betrachtung ökonomischer Kohärenz erscheinen Lokalausdrücke deshalb interessant, weil sich in den Ritualpräskripten mehrfach Fälle finden, in denen in einer entsprechenden Proposition Lokatum oder Relatum (oder beide) sprachlich unausgedrückt sind. Es stellt sich in diesem Zusammenhang die Frage, ob lokale Relatoren wie OBP und/oder PW in solchen Fällen anaphorische Funktion annehmen und auf eine Referenzentität verweisen können. Diese Vermutung wurde in der Vergangenheit bereits diskutiert (z.B. Boley 1989; Luraghi 2001). Es scheint naheliegend, dass in Fällen wie

(423) VBoT 24 Vs. II 31–33
ŠA GIŠḪAŠḪUR.KUR.RA
GIŠ*la-aḫ-ḫur-nu-zi iš-pa-ra-*⸢*an-zi*⸣
„Man breitet Laubwerk des Aprikosenbaums aus."
še-ra-aš-ša-an 3 NINDA.GUR₄.RA *pár-ši-an-du-uš ti-an-zi*
„Und darauf (auf das ausgebreitete Laubwerk) legt man zerteilt 3 Brotlaibe."[297]

im zweiten Satz ein anaphorischer Verweis („Rückbezug" vgl. Boley 1989: 94) auf einen vorerwähnten Referenten vorliegt, da das Relatum nicht pronominal oder lexikalisch wiederaufgenommen wird. Es erweist sich aber als problematisch, eine konsistente Beschreibung der genauen Natur dieses Verweises zu finden: Erfolgt er durch das Lokaladverb (*šēr*) oder die Partikel (*-ššan*)? Was sind die Bedingungen für eine solche Verwendung? Boley sieht eher die Lokaladverbien als verweisende Instanzen und scheint für die Partikeln nur eine „determinierende" Funktion innerhalb des gleichen Satzes anzunehmen (vgl. Boley 1989: 94–96).[298] Luraghi geht zwar ebenfalls von anaphorischem Gebrauch der Lokaladverbien aus,[299] äußert sich aber andererseits auch positiv bzgl. der Partikeln, zumal in Zusammenhang mit deren Status als P2-Klitika (2001: 51):

> The particles occupy the last slot in the clitic chain, which follows from the fact that their scope is either a certain constituent, or the verb, or

296 Vgl. Luraghi 2001; Brosch 2014b: 99–101.

297 Zur Bedeutung nachgestellter Partizipien wie hier *pár-ši-an-du-uš* „zerteilte" vgl. Rieken 2017: 395–398; danach dienen nachgestellte Attribute der Erläuterung bereits identifizierter Referenten (innerhalb von Ritualen sehr wahrscheinlich) und können depiktive (hier resultative) Funktion besitzen.

298 „The Hittite particles (…) seem to express basically a general local indication, without any direct use in Rückbezug." Boley 1989: 96.

299 „So the function of *-san* at this stage appears to be mostly deictic, pointing to the occurrence of some sort of Location expression in the sentence." Luraghi 2001: 42.

that they can refer to something in the preceding sentence anaphorically, functioning as proforms.

Obwohl die Konturen eher schwammig bleiben, scheint es jedenfalls so, als könnten die lokalen Relatoren, also Adverbiale und/oder OBPs[300] in einigen Fällen den deutschen Proadverben wie *darauf*/*darüber* vergleichbare Funktionen ausüben; dementsprechend werden sie dann auch übersetzt:

(424) VBoT 24 Rs. III 28–31
nu-uš-ša-an ^{NA_4}*pa-aš-ši-lu-uš*
A-NA GUNNI *iš-ḫu-wa-a-i še-ra-aš-ša-an*
^{GIŠ}*šar-pa-aš ḫa-aš-du-er me-er-ra-an-da*
wa-ar-nu-zi
„Die Kieselsteine schüttet sie auf den Herd. Und darauf verbrennt sie die verlorene Spreu[301] des ^{GIŠ}*šarpa*."

Die erste lokale Operation ist semantisch gesättigt oder vollständig, indem Lokatum (Kieselsteine) und Relatum (Herd) expliziert sind; OBP (*-ššan*) und Lokalkasus (*A-NA*) wirken als Relatoren und modifizieren das Verb. Die zweite Operation setzt die erste voraus und ist reduzierter ausgedrückt: Als Relatum ist hier offenbar das Ergebnis der ersten Operation (Herd+Steine?) aus dem kontextuellen Gedächtnis zu ergänzen, auf diesem findet eine Behandlung eines neuen Lokatum statt.[302] Die Annahme, die ich aus dieser Verwendung ableiten möchte, ist, dass in Fällen, in denen ein unbestimmtes oder komplexes (affiziertes oder effiziertes) Relatum vorliegt, meist keine pronominale Wiederaufnahme stattfindet, sondern ein schwacher oder eher ungerichteter anaphorischer Verweis auf eine Situation (oder ein Ergebnis o.ä.) als Bezugsentität. Entsprechende Beispiele sind in CTH 393 aufgrund vieler positionierender Handlungsschritte häufig, kommen aber auch in den althethitischen Texten nicht selten vor:[303]

---

300 Im Sample von Boley 1989 finden sich Fälle mit PW ohne OBP; es existieren allerdings auch Fälle ohne PW aber mit OBP; hier kommt man wohl kaum zu einer definitiven Abgrenzung.

301 Vgl. nochmals Rieken 2017: 395–398; auch in diesem Beleg steht das Partizip nach seinem Bezugswort und dient so der Erläuterung eines bereits identifizierten Referenten (hier durch den vorangestellten Genitiv?). Eine depiktive (hier resultative) Funktion ist naheliegend.

302 D.h. es sind auch diskursstrukturierende Faktoren involviert, auf die hier aber nicht eingegangen wird.

303 Der Beleg ist bereits oben als Bsp. (263) zitiert.

(425) KBo 19.128+ Vs. III 22–23
nu-uš-ša-an GA.KIN.AG *te-pu* LÀL
me-ma-al-la še-er šu-uḫ-ḫa-a-i
„Und er schüttet ein wenig Käse, Honig und Grütze darauf."

Als Relatum muss in diesem Fall das Ergebnis mehrerer vorausgehender Handlungen ergänzt werden: Ein Brotbrocken wird auf den Herd gelegt, darauf (*še-er-ra-aš-ša-an*) werden Leber und Herz geschnitten; ferner ist zerbröckelter Käse im Spiel (Vs. III 16–21).[304] Ähnlich unspezifisch scheint der Bezugsanker im nächsten Beispiel:[305]

(426) KBo 17.1+ Rs. IV 20–22
ke-[eš]-ša-an ḫu-u-ma-an-⸢*da*⸣
[pá]d-da-ni-i te-e-eḫ-ḫi
„Diese (Dinge) alle lege ich in einen [Ko]rb"
ne LUGAL-*aš* MUNUS.LUGAL-*aš-ša [ki-i]t-kar-ša-me-et te-e-eḫ-ḫi*
„und König und Königin, über ihren [Ko]pf stelle ich sie."
še-e-ra-aš-ša-an GADA-*an pé-eš-ši-e-mi šu-uš* [LÚ-*aš*] *na-at-ta a-uš-zi*
„Darüber werfe ich ein Tuch und nie[mand] sieht sie."

Der erste Satz ist semantisch vollständig, als Relatoren wirken -*ššan* + Lokalkasus des Relatums (*pád-da-ni-i*). Im zweiten Satz wird das Ergebnis als Lokatum vorausgesetzt und relativ zu einem neu eingeführten Bezugspunkt positioniert. Im dritten Satz schließlich wird offenbar auf diese ganze Situation als Relatum referiert und das Tuch (GAD-*an*) als neues Lokatum eingeführt; hier stehen *šer* und -*ššan*. Man gewinnt den Eindruck, dass ein endophorischer Verweis ohne pronominale Wiederaufnahme bei aufeinander aufbauenden, eng verknüpften Handlungsfolgen in Frage kommt, in denen komplexe oder unspezifische Referenten für Relatum (und seltener Lokatum) vorliegen.

Bei einem spezifischen Bezugsausdruck hingegen wird anscheinend meist der Verweis durch ein anaphorisches Pronomen bevorzugt, wie im folgenden Beispiel, in dem sowohl Lokatum (ein Korb mit Ritualutensilien) als auch Relatum (das Bett) durch enklitische Pronomina vertreten sind; hier steht keine Ortsbezugspartikel:

---

304 Die Handlungsphase ist hier noch nicht beendet: Im folgenden (24–33) werden die aufeinandergelegten Speisegaben an verschiedenen Orten niedergelegt; s. bereits oben Bsp. (290) und (291). Auch dabei erfolgt keine pronominale Wiederaufnahme, wodurch ebenfalls der Eindruck entsteht, dass anaphorisch auf eine komplexe Bezugsentität verwiesen wird und dass außerdem die gesamte Handlungsphase äußerst dicht geknüpft ist.

305 Hier zur Abbildung der inhaltlichen Struktur nach Kola angeordnet.

(427) KUB 24.9+ Vs. II 45′–46′
na-at GIŠNÁ-*aš ka*[(*t-ta-an da-a-i*)]
[*n*]*a-at-ši kat-ta-an še-eš-zi*
„Sie stellt es (den Korb mit Objekten) unter das Bett. [U]nd es verbleibt ihm[306] darunter."[307]

Vergleichbar ist auch:

(428) *JCS* 24: 37 Rs. III 5′–6′
GADA-*aš šu-ú-el túḫ-*[*ša*]
[*na-a*]*t-ša-an* *A-NA* ALAMḪI.A *še-er da-a-*[*i*]
„Sie schneidet einen Faden des Tuches ab. [Und] sie leg[t] ihn (nt.) oben auf die Figuren."

Besonders spezifische Referenten, die in vergleichbaren Sätzen durch anaphorische Pronomina repräsentiert werden, sind immer Personen, vgl. die folgenden Fälle:

(429) KBo 17.1+ Vs. II 17′–18′
[*ú*]-⸢*ga*⸣-*aš-ma-aš-*⸢*ša*⸣-*an* ÉRINMEŠ-*an še-*⸢*e*⸣-[(*er*)]
3-*ŠU wa-aḫ-nu-ú-mi*
„[I]ch aber schwenke die Truppe ü[ber] ihnen 3 Mal."

Hier wird eine aus Ton geformte Truppe als Reinigungsutensil verwendet und über dem Königspaar geschwenkt; dabei referiert *-šmaš-* auf König und Königin, die im vorausgehenden Kontext genannt sind. Im nächsten Beispiel wird durch *-ši-* auf den Ritualmandanten verwiesen (es handelt sich um direkte Rede; Formel aus Allīs Ritual):

(430) KUB 24.10 Rs. III 28′
[*nu-uš-š*]*i-kán* ḪUL *an-da le-e nam-ma tar-na-a*[*t-te-ni*]
„La[sst] ihm (Relatum) das Böse (Lokatum) nicht weiter hinein!"

---

306 Am naheliegendsten wäre es, das enkl. Pronomen auf das Bett zu beziehen; vgl. allerdings auch den oben besprochenen Beleg *JCS* 24: 37 Rs. III 1′–2′ und den Hinweis in Kapitel 8 FN 290, der nahelegt, dass auch hier der Ritualmandant als Referent in Frage kommt. In diesem Fall würden beide Beispiele für die Tendenz sprechen, belebte Referenten als stark spezifisch und konkret zu behandeln und durch Pronomen zu referenzieren.

307 Allerdings handelt es sich hier um eine Positionierung durch *kattan*, bei der möglicherweise insgesamt andere Gebrauchsweisen vorliegen als bei *šēr* und das nicht mit *-ššan* kombiniert wird. S. aber die weiteren Beispiele für *šer*.

In solchen Fällen existieren also sowohl referenziell als auch semantisch spezifische Bezugsanker, auf die pronominal verwiesen wird. Ein endophorischer Verweis auf eine unbestimmte Bezugsentität liegt hingegen ganz offensichtlich dann vor, wenn diese Entität im Vorsatz gar nicht explizit genannt wurde, sondern durch einen assoziativen Prozess als Ergebnis oder Effikatum zu ergänzen ist. Die OBP (hier *-kan*) scheint in einem solchen Fall diese anaphorische Inferenz zu unterstützen:

(431) KUB 24.9+ Vs. II 18–20
te-e-kán pád-da-a-i
nu-kán a-ni-ur-aš KIN$^{\text{ḪI.A}}$ *an-da da-a-i pu-u-ru-ut še-er iš-ḫu-wa-i*
„Sie gräbt die Erde auf. Und hinein (in das entstandene Loch) legt sie die Ritualobjekte und oben schüttet sie Ton hin."

Eine endophorische Funktion scheint auch mit Bezug auf ein effiziertes Lokatum im vorausgehenden Satz möglich, wie in folgendem Beispiel (mit *-ššan*), in dem durch assoziative Anaphora die Teile als Ergebnis des Zerlegens inferiert werden müssen:

(432) VBoT 24 Vs. II 2–5
na-aš-ta MÁŠ.GAL *A-NA* ^{D}LAMMA *lu-ú-li-mi*
ši-pa-an-ti nam-ma-an ar-ḫa ḫa-ap-pé-eš-na-an-zi
nu-uš-ša-an A-NA NINDA.GUR$_4$.RA *še-er*
ke-ez ke-ez-zi-ia zi-ik-ke-ez-zi
„Und sie weiht den Ziegenbock dem LAMMA *lulimi*. Danach zerlegt man ihn und sie legt (die Teile) oben auf die Brotlaibe hierhin und dahin."

Hier wird das beidseitige Hinlegen auch durch das Verb *zikkezzi* abgebildet, welches als imperfektive Bildung (**d^{h}h$_1$-sḱe/o-* zu *dai-/ti-* „legen, stellen") die Pluralität der Verbalhandlung ausdrückt.

Interessant ist, dass das Hethitische also wahlweise auf eine objektbezogene oder eine raumbezogene Verweisperspektive zurückgreifen kann: Im ersten Fall wird das Relatum als Topik anaphorisch aufgenommen (durch enklitische Pronomina), im zweiten Fal wird eine deiktisch verankerte „Region" als topikalisches Relatum verwendet (durch OBPs und/oder Lokaladverbiale). Manche Sprachen scheinen aus syntaktischen Gründen eine der beiden Perspektiven zu präferieren, wie v. Stutterheim und Klein anhand eines Vergleichs englischer und deutscher Bauanleitungen zeigen (2008: 233–234).[308] Die Beispiele

308 Englische Sprecher bevorzugen die objektbezogene Perspektive: „Hier erfolgt die ana-

des Hethitischen legen hingegen nahe, dass die Wahl der Perspektive und des Verweistyps vom ontologischen Status und von der Definierbarkeit des relationsstiftenden Objekts abhängt.

Im Umbrischen kommen vergleichbare Sequenzen von lokalen Operationen, die einander voraussetzen, nicht genauso häufig vor wie im Hethitischen. Interessant ist das folgende Beispiel, in dem die zweite lokale Proposition auch auf ein effiziertes Relatum oder eine ganze Situation aus dem vorausgehenden Satz Bezug nimmt. Damit entspricht es den Beispielen mit anaphorischem Raumbezug (nicht Objektbezug):

(433) IT IIa 23–24
berus : aplenies : pruseçia kartu : krematra : aplenia : sutent/u
„Die zerteilten (Stücke) soll er auf (**aplenies**-)Spießen[309] verteilen. Die (**aplenies**-) **krematra** soll er darunterlegen."

Das Umbrische stellt die Kohärenz zwischen den beiden Propositionen ebenfalls ohne expliziten Objektbezug her; der anaphorische Raumbezug kann offenbar nur durch die Verwendung des lokalen Präverbs **su**- (vgl. lat. *sub*) „unter" geleistet werden.

Daneben existieren weitere Beispiele, in denen Raumbezüge ebenfalls nur durch ein lokales Präverb (hier **an**- „auf") ausgedrückt sind, die Kohärenz mit dem Vorsatz aber zugleich durch ein modales Proadverbiale expliziert wird, wie in folgendem Fall in zwei parallelen Verweissätzen, die mit **isunt** „ebenso, genauso" eingeleitet werden:[310]

(434) IT III 16–17
inuk : kazi : ferime : antentu : isunt : feřehtru : / antentu : isunt : sufeřaklu : antentu :

phorische Anbindung nicht über Räume, die die Objekte einnehmen, sondern über die Objekte selbst. Pronominal aufgenommen wird das Objekt (*next to it*)" (v. Stutterheim/Klein 2008: 233). Deutsche Sprecher hingegen wählen raumbezogene Verweise: „Hier wird die Anbindung über anaphorische Raumbezüge geleistet, wobei die Relation zwischen dem zu lokalisierenden Objekt und dem Referenzobjekt über deiktisch verankerte Kategorien hergestellt wird (*dahinter, rechts daneben*). Nicht die Objektreferenz wird pronominal aufgenommen, sondern die Region, die durch das Referenzobjekt ausgegrenzt wird".

309 Das Adjektiv **aplenies** modifiziert einmal **berus** (die Spieße, auf die das Fleisch gesteckt wird) und einmal den Ausdruck **krematra**, der zu lat. *cremāre* gehören dürfte.

310 Vgl. Dupraz 2011b: 79–80 zu diesem und weiteren Belegen von *isunt* und der Argumentation gegen Poultneys (1959) Interpretation als „locational adverb" mit der Bedeutung „in the same spot".

„Dann sollst du das **kazi** auf das **ferime** legen. Genauso sollst du das **feřehtru** darauflegen. Genauso sollst du das **sufeřaklu** darauflegen.“[311]

Das folgende hethitische Beispiel demonstriert, wie mithilfe solcher anaphorischer Raumbezüge äußerst verdichtete Ausdrücke geschaffen werden können,[312] die besonders innerhalb einer streng *geframten* Phase wie der Brotbrechung textuell sinnvoll sind. Es liegt zunächst Ellipse des direkten Objekts vor, danach der anaphorische Raumverweis ausschließlich anhand der OBP *-kkan*:[313]

(435) KUB 25.6+ Rs. IV 11–14
^{LÚ}SAGI.A 1 ^{NINDA}*wa-ge-eš-ša-ar*
a-aš-ka-az ú-da-a-i
LUGAL-*i pa-a-i*
LUGAL-*uš pár-ši-ia*
ták-kán wa-ak-ki
„Der Mundschenk bringt ein *wageššar*-Brot von draußen; er gibt es dem König; der König bricht (es) und beißt (davon) ab.“

Hierbei erfolgt der Verweis nicht auf eine vage oder komplexe Bezugsentität, sondern auf einen einfachen, unbelebten Gegenstand, der zentraler Bestandteil der vorliegenden Ritualphase ist. Auch vor diesem handlungsbezogenen Hintergrund ist die reduzierte Verweistechnik nachvollziehbar.

Genauso ökonomisch ist auch die folgende Passage aus der althethitischen Tafel des KI.LAM-Festes gestaltet:

(436) KBo 25.72+ r. Kol. 13′–14′
1 ^{LÚ}ḪÚB.BI *mu-u-ri-at-ta ta-aš ḫa-ap-ša-a-al-⸢li ki⸣-i-ša* ^{LÚ}⸢ZABAR⸣.DAB [...]
1 ^{DUG}*ḫar-ši-iš*! KAŠ.GEŠTIN *ú-da-i ta-aš-ša-an*[314] *še-⸢e⸣-e[r d]a-a-i*

311 Die Bedeutung von **kazi** ist unklar; es handelt sich jedenfalls um ein Objekt (Untermann 2000: 377; Weiss 2010: 126–127). Das Relatum **ferime** ist als eine Art Unterlage oder Tablett zu verstehen (wohl zu *$*b^h er$- „tragen“), vgl. Untermann 2000: 273–274; Weiss 2010: 125–126. Die beiden Lokata der Verweissätze sind wiederum sehr unklar; zu **feřehtru** und **sufeřaklu** s. Untermann 2000: 269 und 711–712 sowie die Hypothesen in Weiss 2010: 127–133.

312 Vgl. zu diesem Beleg auch Luraghi 2001: 46.

313 Vergleichbare Beispiele sind auch KUB 35.133 Vs. I 18′–19′; KBo 11.30 Vs. I 11′–14′; KUB 2.3 Vs. I 44′–Vs. II 31. Ich danke Miriam Pflugmacher für diese Hinweise.

314 Die Partikelkette könnte hier auch als *ta=an=šan* aufzulösen sein und doch ein enklitisches Pronomen enthalten; allerdings ist die Annahme auch angesichts eindeutiger Fälle ohne anaphorisches Pronomen nicht zwingend.

> „Ein Tänzer kauert sich zusammen. Und er wird zum Schemel. Der Bronzeschalenhalter bringt ein Vorratsgefäß mit Wein. Dann stellt er (es?) darauf."

Anhand solcher Beispiele wird deutlich, dass eine Auffüllung der fehlenden Informationen (Relatum und/oder Lokatum) durch den Rezipienten notwendig ist und mit Gewissheit durch Rückgriff auf bereits vorher gegebene Informationen erfolgt. Sätze wie *ta=kkan waki* oder *ta=ššan šēr dāi* könnten nie den Anfang eines Textes oder neuen Abschnitts bilden; man muss also annehmen, dass durch die Unexpliziertheit bestimmter notwendiger Ergänzungen eine anaphorische Interpretation der lokalen Relatoren möglich ist, was zu einer sehr materialschonenden Technik der Textverknüpfung führt. Damit gelten für diese Art des endophorischen Verweises ähnliche Voraussetzungen, wie sie auch für die im nächsten Abschnitt behandelte implizite Wiederaufnahme angenommen werden müssen:

> Verstehensleitend ist für die Leser_innen die Hintergrundannahme, dass die Sätze auf der Basis einer quasi-vertraglichen Vereinbarung geäußert wurden, die sicherstellt, dass sie inhaltlich zusammengehören.[315]

8.6.2 *Implizite Wiederaufnahme: Bridging*

Implizite Wiederaufnahme bezeichnet die Herstellung von Referenzbeziehungen durch den Textrezipienten basierend auf semantischer Kontiguität zwischen den verwendeten Begriffen bzw. inhaltlicher Kontiguität zwischen den Referenzträgern. Diese Art der Inferenzziehung scheint in Fachtexten in besonders weitreichender Weise ausbeutbar, da ein enger Referenzrahmen mit inhaltlich eindeutigen Kontiguitätsverhältnissen existiert und bei den Kommunikationsteilnehmern vorausgesetzt wird (vgl. dazu Langer 1995: 114–116).

Ein typisches Verfahren der impliziten Wiederaufnahme wird seit Clark/Haviland 1977 als *Bridging* bezeichnet. Als grundlegende Bedingung für die erfolgreiche „Überbrückung" einer unzureichenden Referenz identifizieren Clark und Haviland den sog. *given-new-contract*, welcher folgendes besagt:

> Versuche, die bekannte und die neue Information innerhalb einer Äußerung so zu verteilen, dass (a) Leser_innen in der Lage sind, den genauen Antezedenten, der als bekannte Information intendiert war, aus ihrem

315 S. Liedtke 2016: 167 und im nächsten Abschnitt.

Gedächtnis heraus zu rekonstruieren und dass sie (b) die neue Information nicht schon mit dem Antezedenten verbunden haben.[316]

Die Maxime der Antezedenz (Liedtke 2016: 168) verlangt dabei, dass eine Äußerung so konzipiert ist, dass für jede als bekannt markierte Information genau ein Antezedent identifizierbar ist. Fehlen allerdings jegliche expliziten Anzeiger dieser Kohärenzbeziehung, spricht man von einer Implikatur – genauer gesagt einer Bridging-Implikatur, die „kohärenzstiftend wirkt, wenn im geäußerten Satz offenkundige Kohärenzanzeiger fehlen und ein Antezedent der bekannten Information spontan nicht auffindbar ist“ (Liedtke 2016: 168).

Meist basieren derartige Bridging-Implikaturen auf semantischen Kontiguitätsbeziehungen zwischen den Referenten aufeinanderfolgender Äußerungen, die im Kontext- oder Weltwissen der Rezipienten gespeichert sein müssen, damit die Implikatur aufgelöst werden kann. Solche Kontiguitätsverhältnisse können Teil-Ganzes-Relationen sein, die z. B. in Bezug auf Körperteile in hethitischen Beschwörungsritualen erwartet werden könnten. Diese werden aber im Hethitischen häufig durch die partitive Konstruktion mit dem doppelten Akkusativ expliziert und fallen daher als typische Bridging-Kontexte weg, vgl. folgendes Beispiel aus dem Ritual des Dandanku gegen eine Seuche im Heerlager (CTH 425.2):

(437) KUB 54.65+ Rs. III$^{!}$ 16′–17′
⌜*ma-a-an*⌝ ^{LÚ}MÁŠDA$^{!}$-*ma* ⌜*nu*⌝ ANŠE *ŠA* IM *i-ia-a*[(*n-zi nam-ma-an-kán*)]
IGI$^{\text{ḪI.A}}$-*wa A-NA* KUR ^{LÚ}KÚR *ne-an-zi*
„Wenn er (der Ritualherr) aber ein Armer ist, fertigt man einen Esel aus Ton an. Dann lenkt/richtet man ihn, seine Augen, ins Feindesland.“

Eine ganz ähnliche Formulierung mit appositiver Explizierung der partitiven Relation ist auch im Umbrischen möglich, vgl. folgendes (bereits oben 609 zitiertes) Beispiel, in dem die **vatra** offensichtlich als Teil des Schweines[317] eingeführt werden:

---

316 Vgl. Liedtke 2016: 168 mit Verweis auf Clark/Haviland 1977: 9. Auch hier scheint das Grice’sche Prinzip der Kooperation durch, das als eine der wichtigsten Grundlagen für Textkohärenz gelten muss.

317 Zum Lexem vgl. Untermann 2000: 827; Weiss (2010: 249–271) geht nach ausführlicher Diskussion der Kontexte von einer Bedeutung „Hoden“ aus. Die beiden in diesem Zusammenhang alternierenden Formen **vatra** und *uatuo* werden als „stem variants“ beurteilt (s. Untermann); ein semantischer Unterschied scheint tatsächlich nicht zu bestehen (allerdings ist auch die Verteilung der Varianten nicht nachvollziehbar).

(438) IT III 30–31
sakre / vatra : ferine : feitu
„Das Schwein, nämlich seine **vatra**-Teile sollst du auf ein Tablett opfern."

Allerdings kann bei der Bezeichnung von Tieren und ihren Körperteilen die Kohärenz zwischen zwei Äußerungen auch mittels Bridging hergestellt werden, wie bei der identischen Formulierung sogar mehrfach belegt, z. B.:

(439) IT VIb 1
pre. uerir. tesenocir. buf. trif. fetu marte. grabouei. ocriper. fisiu totaper. iiouina. aruio. fetu. uatuo. ferine. fetu
„Vor dem Tesenocer Tor soll er drei Rinder opfern, dem Mars Grabovius zugunsten der fisischen Burg (Stadt), des Stadtstaates von Iguvium. Getreidegaben soll er bringen, die *vatra*-Teile soll er auf ein Tablett opfern."

Daneben finden sich v. a. Beispiele, in denen sich die Kontiguität aus *Frames* oder Handlungsskripten ergibt, die z. B. den festen Abläufen bestimmter Phasen entsprechen. Damit hängt Bridging äußerst eng mit den Phänomenen der anaphorischen Ellipse (und auch mit dem bereits besprochenen „lokalen anaphorischen Verweis") zusammen und bildet somit einen Teil der besonders ökonomischen Kohärenztechniken, die Phasenzusammenhänge anzeigen. Vgl. folgendes Beispiel aus dem KI.LAM-Festritual, in dem eine semantische Brücke von „trinken" zu „Trinkgefäß" geschlagen wird:

(440) KBo 38.12+ Vs. II 4′
LUGAL-*uš* ⸢*a-ku*⸣-*wa-an-na ú-e-ek-zi* LÚSAGI GALḪI.⸢A⸣ [*ú-da-i*]
„Der König verlangt zu trinken. Der Mundschenk [bringt] die Becher [herbei]."

Ähnlich funktioniert auch das nächste Beispiel, in dem das Kontiguitätsverhältnis nicht semantisch, sondern nur referenziell hergestellt wird:

(441) KBo 17.1+ Vs. I 15′–16′
LUGAL-*uš* 3-ŠU *a-i-iš-še-et a-ar-ri*
[(*ta-at*)] *ḫu-ur-ti-ia*-[(*li*)]-*ia la-aḫ-ḫu-i*
„Der König wäscht 3 Mal seinen Mund. Und er gießt es in das Becken."

Hier wird in der zweiten Proposition ein enklitisches Pronomen verwendet, für das im vorausgehenden Satz kein Antezedent existiert. Anhand der Konstruktion ist eindeutig, dass semantisch nur ein Patiens-Ausdruck zu *laḫḫui* „er gießt" in Frage kommt; anhand des Skript-Wissens kann inferiert werden, dass der König seinen Mund mit Wasser wäscht, welches er anschließend ausspuckt. Es handelt sich also gewissermaßen um eine kataphorische Ellipse mit Bridging als Kohärenztechnik. Ähnlich liegt der Fall auch beim nächsten Beleg, der aus dem Ritual der Anniwiyani stammt (s. bereits oben S. 501):

(442) VBoT 24 Rs. III 7–9
DUG*iš-nu-ra-ša-kán šu-ú-ni-ia-an-zi*
na-aš-ta šar-li-ia še-er ar-ḫa da-aḫ-ḫi
na-an NINDA-*an i-ia-mi*
„Teigschüsseln aber füllt man.
Und dann nehme ich oben die obersten (Schichten des Teigs?) weg
und mache ihn zu einem Brot."

Das enklitische Pronomen *-an* in Zeile 9 besitzt im vorausgehenden Satz keinen kongruierenden Antezendenten, da es sich bei *šar-li-ia* „die obersten"[318] um ein Adjektiv im Akk.Pl.nt. handelt. Allerdings steht dieses selbst ohne Bezugswort, wodurch die Annahme naheliegt, dass ein solches elliptisch ausgelassen und mental zu ergänzen ist. Die verweisende Proposition setzt semantisch voraus, dass dieser elliptische Antezedent zu Brot verarbeitet werden kann; dementsprechend müsste zur Herstellung von Textkohärenz rückwirkend eine passende Bezugsentität ergänzt werden; in Frage käme z.B. *iš(ša)na-* c. „Teig" als partitiver Genitiv.

Insgesamt scheint Bridging als implizite Wiederaufnahme allerdings keine besonders häufig angewandte Technik zu sein. Häufiger finden sich Auslassungsmuster wie die anaphorische Ellipse.

8.6.3 *Auslassungsmuster*

8.6.3.1 Ellipse referenzierender Ausdrücke

Die Nähe zwischen der impliziten Wiederaufnahme von Referenten, z. B. durch Bridging, und der anaphorischen Ellipse wurde bereits anhand der Beispiele im vorausgehenden Abschnitt deutlich. Beaugrande/Dressler (1981: 72) definieren die Ellipse als „wahrnehmbare Diskontinuität des Oberflächentextes während

318 S. zu *šarli-* „oberster" Kloekhorst 2008: 735–736; CHD Š: 277–278 (hier auch explizit zur vorliegenden Textstelle).

der Verarbeitung“, also als Fehlen eines Verweisausdrucks da, wo eigentlich einer erwartet wird. Sie wird daher auch als Extremform der Anapher bezeichnet, da die Koreferenz zum Bezugsausdruck hier gerade durch die Abwesenheit eines Verweisausdrucks hergestellt wird (vgl. Langer 1995: 113). Der Verweis auf einen vorausgehenden (häufig) oder nachfolgenden (sehr selten; stilistisch markiert) Bezugsanker im Text wird durch eine Leerstelle erzeugt: „Ich will nach Hause.“ „Ich _ auch _.“, weshalb auch von einem strukturellen „Auslassungsmuster“ (im Gegensatz zu Wiederholungsmustern) gesprochen wird. Somit wird eine „oberflächenstrukturelle Unvollständigkeit“ als Kohärenzträger zwischen benachbarten Textteilen verwendet (Stark 2001: 640). Ellipse stellt damit ein geradezu prädestiniertes Mittel zur Verdichtung und Steigerung der Effizienz eines Textes dar und ist besonders in Fachtexten in hoher Frequenz zu erwarten. Dem Rezipienten obliegt dabei die Aufgabe, zur Herstellung eines kohärenten Textes das ausgelassene Element zu ergänzen und den entsprechenden Bezugsanker im Kontext zu identifizieren. Zu dieser (Wieder-)Herstellbarkeit eines vollständigen Ausdrucks äußert sich Dressler (1973: 32–33) folgendermaßen:

> Es darf (…) nur etwas eben Erwähntes oder entweder allgemein oder aus der gegebenen Situation Bekanntes getilgt werden. Die Tilgung von Bekanntem ist ein spezieller Fall des Prinzips der sprachlichen Kommunikation, daß dem Sender und Empfänger gemeinsame Voraussetzungen nicht geäußert werden müssen (…). Textgrammatisch im eigentlichen Sinn ist nur die anaphorische, d.h. durch textsyntaktischen Rückbezug bedingte Ellipse.

Die Grundlagen für die Wiederherstellung eines vollständigen Ausdrucks bilden dabei das „interpretative Prinzip der Kontinuität“ (vgl. Stark 2001: 640) sowie das Prinzip der semantischen Sättigung im Verweiskontext.

Als „Nullreferenz“ oder *zero-anaphora* bezieht sich Ellipse auf NPs; diese Ausdrücke werden also meist in der Diskussion um Null-Objekte verwendet. Generell kann die Substitution vorangehenden lexikalischen Materials durch eine Nullvariable („Null-Substitution“) aber ganz verschiedene Textteile im nominalen, verbalen oder Satzbereich betreffen, da die meisten Textelemente ellipsenfähig sind; vgl. Hoffner/Melchert (2008: 409) zum Hethitischen: „Ellipsis refers to the omission of any element of a sentence that can be recovered from the context“. Die Ellipse direkter Objekte, d.h. wenn ein definiter Referent identifiziert und ergänzt werden kann,[319] ist für mehrere altindogermanische

319 Im Gegensatz zur „absoluten“, valenzreduzierten Verwendung transitiver Verben, die i.d.R. eine spezifische, deaktualisierte Lesart erzeugt („Ich esse für mein Leben gern.“).

Sprachen bereits gut untersucht worden.[320] Erste Einzeluntersuchungen speziell zur Ellipse direkter Objekte in hethitischen Festritualtexten sind von Miriam Pflugmacher geleistet worden.[321] Aus diesem Grund wird das Phänomen hier nicht ausführlich diskutiert, sondern nur anhand einiger Beispiele vorgestellt, vgl. folgenden Beleg aus dem KI.LAM-Festritual:[322]

(443) KBo 27.42 Rs. IV 19–21
UGULA LÚ^{MEŠ} ⸢^{GIŠ}BANŠUR⸣ [1] NINDA.GUR$_4$.RA KU$_7$
šu-up-pa-ia-az ^{GIŠ}BANŠUR-*za da-a-i*
LUGAL-*i pa-[a]-i* LUGAL-*uš pár-ši-ia*
„Der Oberste der Tischmänner nimmt [einen] süßen Brotlaib vom reinen Tisch. Er gibt (ihn) dem König. Der König bricht (ihn)."

Auch in Beschwörungsritualen finden sich Ellipsen; in dem Ritual für das Königspaar besonders häufig in Fällen von *conjunction reduction* wie im folgenden Beispiel:[323]

(444) KBo 17.1+ Vs. I 7′–8′
ḫu-ur-ti-ia-li-ma
[AN.B]AR-*aš ne-e-pí-iš* 1-*EN ki-it-ta* URUDU-*aš-ša* 1-*EN ki-it-ta*
„In dem Becken? aber liegt ein Himmel aus [Eis]en und liegt ein (Himmel) aus Kupfer."

Bereits Rieken (2011: 211) weist auf die fachsprachentypische Häufigkeit von Ellipsen in den hethitischen Ritualtexten hin, die syntaktisch sowohl Subjekte (relevant v. a. bei Subjektswechsel) als auch Objekte betreffen können:

> Ellipse von Subjekt- und Objektpronomina ist ein fachsprachliches Merkmal der Ritualtexte, da hier die Referenz klar ist und auf diese Weise die Informationen komprimierter dargestellt werden können.

---

320 Vgl. u. a. Viti 2016; Luraghi 2004; 2003; 1997.

321 S. bereits Pflugmacher 2017 (unveröffentlichte Masterarbeit) und Pflugmacher 2018/19. Ich danke Miriam Pflugmacher auch sehr herzlich für den persönlichen Austausch zu diesem Thema.

322 S. Singer 1984: 49.

323 Zur Definition z. B. Luraghi 2014: 362 (in Bezug auf das Griechische): „Conjunction reduction (…) occurs when some common feature oft wo coordinated sentences or clauses, which is overtly encoded in the first, is not repeated in the second".

Pflugmacher unterstreicht die „Tendenz, verbindende und diskursstrukturierende Elemente in der Fachsprache der Festrituale zu reduzieren." (2017: 74) und unterstützt die Beurteilung der Objektellipse als typischen Fall fachsprachlicher Kompression. Ihrer Auswertung zufolge tritt diese Technik frequenter in Texten älterer Sprache auf und wird später mehr und mehr durch den Einsatz enklitischer Pronomina ersetzt. Sie verweist in Bezug auf die Festritualtexte besonders auf den Zusammenhang mit der Strukturierung der Anweisungen in bestimmte Phasen. Nullobjekte erscheinen demnach v.a. dann, „wenn eine enge Verbindung der Sätze und Handlungen, die in dieser Abfolge immer wieder in den Ritualen auftreten, vorliegt und das Objekt mehr als einmal wiederholt werden muss" (Pflugmacher 2017: 77). Häufig treten in solchen Fällen Ellipse und asyndetische Strukturen zusammen auf und führen zu einer äußerst spezifischen konzentrierten Kohärenz innerhalb bestimmter Handlungssequenzen der Rituale. Dies ist besonders innerhalb von Phasen der Fall, die sich auf die Behandlung eines spezifischen Objekts beziehen[324] und dieses durchgehend als Thema beibehalten, wie im Falle des Zeremoniells der Brotbrechung. Dieses besteht aus folgenden Operationen, die alle an einem Brot vorgenommen werden: das Brot wird herbeigebracht (*uda-*), dem König gegeben (*pai-/piya-*), von diesem gebrochen (*paršiya-*), an verschiedenen Stellen abgelegt (*dai-/tiya-*) und wieder weggeschafft (*peda-*).[325] Die in Ritualen am häufigsten mit Nullobjekten belegten Verben sind dementsprechend solche des Transports oder der Konsumption: *dai-/tiya-*, *pai-/piya-*, *dā-*, *ed-/ad-*, *eku-/aku-* und *paršiya-* (vgl. Pflugmacher 2017: 29). An Phasengrenzen und -übergängen, d.h. bei einem Wechsel von Topik und Thema, ändern sich die Akzessibilitätsbedingungen und damit auch die benötigten Kohärenztechniken: Es finden sich dann meist lexikalische Rekurrenz und overte Konnexion. Anhand dieser Abfolgen ergibt sich eine praxisbezogene Strukturierung des Gesamttextes.[326]

In den IT sind verschiedene Arten von Ellipsen bezeugt (vgl. Poultney 1959: 142–143) unter denen auch die Ellipse direkter Objekte ist.[327] Einfache Fälle liegen z.B. in Handlungsketten vor, die alle an einem Opfertier als direktem

---

324 „Es muss ein hoher Grad an Kontinuität im Diskurs vorliegen, damit Nullobjekte auftreten können. Dafür müssen hintereinander mehrere rituelle Handlungen an einem Objekt vorgenommen werden und zwar in den meisten Fällen mehr als zwei Handlungen." (Pflugmacher 2017: 57).

325 Vgl. detaillierter zur Brotbrechung Pflugmacher 2018/19.

326 Neben diesem Beitrag zur Textstrukturierung kann Ellipse auch als diskursstrukturierendes Kohäsionsmittel betrachtet werden, indem sie Topics und Comments isoliert und so die Informationsstruktur in komplexen Äußerungen offenlegt (vgl. Cherchi 1985).

327 Subjektellipse ist eher die Regel als die Ausnahme; zumindest in den Anweisungsteilen.

Objekt vorgenommen werden, das somit informationsstrukturell als Thema des betreffenden Textabschnitts zu identifizieren ist:

(445) IT IIb 10–12
kapru : pera : kne : seva / kne : upetu : eveietu : naratu : çive : ampetu : fesnere purtu/etu
„Den Bock, den mehr als einjährigen, alljährlichen, gewählten, sollst du bestätigen. Du sollst (ihn) diesseits[328] immolieren. Du sollst (ihn) im Tempel darbringen."

Allerdings existieren nicht nur solche anaphorischen Ellipsen, die dem Muster der besprochenen hethitischen Beipiele entsprechen, sondern auch Kontexte, in denen der unausgedrückte Referent nicht im Text vorerwähnt ist. Daher ist anzunehmen, dass die Ergänzung dann selbstverständlich aus dem praktischen Wissen der Textverwender vorgenommen werden konnte. Dieser Fall tritt v.a. in einer bestimmten Wendung auf: Das Verb **kumultu**/*comoltu* „mahlen" hat nie ein direktes Objekt im Akkusativ bei sich, vgl.

(446) IT Ia 33–34
zeřef / kumultu : zeřef : kumats : pesnimu
„Sitzend sollst du mahlen, sitzend sollst du mit den zermahlenen beten."

Die Semantik des Verbs und die in Ritualen zu erwartenden Handlungen lassen zunächst erwarten, dass hier Getreide als direktes Objekt mitzuverstehen ist; in den betreffenden Ritualen ist zudem explizit von Getreidegaben (**arves**) die Rede. In einem der Belege treten aber mehrere partitive Genitive in Objektfunktion auf:

328 Die Deutungsansätze für das nur hier belegte Adverb **çive** gehen auseinander: Während Weiss 2010: 171 für eine Übersetzung „likewise" plädiert (mit Verweis auf lat. *ceu* „ebenso wie" < **k̑e-i̯ue*, wobei für umbr. **çive** die Grundlage **k̑i-i̯ue* angenommen werden müsste), lehnt Dupraz 2012 diese Annahme, u.a. mit Verweis auf den Inhalt und die Struktur der beiden Tieropfer des Rituals (ein Schwein und ein Bock) ab: Es sei gerade keine Gleichheit, sondern eine Asymmetrie zwischen ihnen gegeben, wodurch eine Verknüpfung mit „ebenso" unwahrscheinlich sei (zur Argumentation im Einzelnen Dupraz 2012: 135 mit FN 17, 252–256, 286–288). Vielmehr sei die Explizierung eines Kontrasts durch die Verbindung der Handlungsschritte **ampentu** „du sollst immolieren" und **purtu/etu** „du sollst darbringen" mit jeweils verschiedenen Lokalangaben, d.h. **çive** „diesseits (des Tempeltores)" (bzw. synchron vielleicht eher „draußen") vs. **fesnere** „im Tempel" naheliegend; vgl. auch Poultney 1959: 195 und s. noch Untermann 2000: 399.

(447) IT IIa 41–42
struhçlas : fiklas : sufafias : kumaltu : kapiře : punes : vepuratu : / antakres : kumates : persmhniu
„Von **struhçla**, **fikla** und **sufafia** soll er (einen Teil) zermahlen. In der **kapiře**(-Schale) soll er vom **puni** übriglassen. Mit den unversehrten und den zermahlenen (Teilen) soll er beten."

Hier soll offenbar ein Teil des Opfergebäcks (**struhçla** und **fikla** sind als Kuchen identifiziert) zermahlen werden, aber nur teilweise, da in Zeile 42 von „ganzen und gemahlenen" Anteilen die Rede ist.[329] In acht weiteren Fällen liegt dieser elliptische Ausdruck vor (s. Poultney 1959: 143). Die Tatsache, dass außerdem Fälle existieren, in denen nur die „gemahlenen" Teile erwähnt sind, deutet darauf hin, dass bzgl. der Feinkörnigkeit, mit der dieser Handlungsschritt ausgeführt wurde, eine gewisse Unsicherheit bestand oder dass in diesen Fällen die nicht-explizierten „ganzen Teile" metonymisch mitgemeint wurden. Zumindest wurden bei der Abfassung der Anweisungen diesbezüglich offenbar unterschiedliche Entscheidungen getroffen. In einem anderen Fall findet sich die Ellipse eines direkten Objekts zu **ampentu** „immolieren"; in diesem Fall ist eindeutig ein Opfertier zu ergänzen. Allerdings handelt es sich an der betreffenden Stelle nicht um eine Ritualinstruktion, sondern um eine Passage aus den Regeln der Bruderschaft, welche die Entlohnung des Arsfertur regelt:

(448) IT Va 16–18
kumnah/kle : atiieřie : ukre : eikvasese : atiieřier : / ape : apelust : muneklu : habia : numer : / prever : pusti : kastruvuf :
„Am atiedischen Versammlungsort in der Burg (bzw. Stadt), in den atiedischen Versammlungen: wenn (der **ařfertur** die Opfertiere) immoliert hat, dass er er eine Gabe von einer Münze pro Kopf erhalte."

Hier liegt offenbar keine Ellipse (eines spezifischen, definiten Referenten) vor, sondern eher eine absolute Verwendung des Verbs, um einen generischen, allgemeingültigen Ausdruck zu erzielen. Diese Interpretation korreliert zumindest mit dem Eindruck, dass hier eine für jedes Opfer (und damit für verschiedene Tiere) gültige Regelung vorliegt. Ähnlich könnte die Situation auch im letzten Fall eines unausgedrückten direkten Objekts sein:

329 Diese Anweisung findet sich auch in Ib 36–37, wo allerdings vorher keine explizite Anweisung zum Mahlen erfolgt. Die Verbindung mit Gebäcken (auch diesem Kontext sind vorher Gebäcke erwähnt) legt nahe, dass grundsätzlich verschiedene Objekte zu **kumultu** gehören können.

(449) IT III 20–21
inumek : vukumen : esunumen : etu : ap / vuku : kukehes : iepi : persklumař : kařitu
„Dann sollst du in den Hain zum Ritual gehen. Wenn du den Hain erreichen wirst[330], sollst du **iepi** zum/beim(?) Gebet rufen[331]."

---

330 Die finite Form **kukehes** ist unzweifelhaft als 2.Sg. des Futur I eines Kompositums mit dem Präverb **ko*(*m*)- zu bestimmen (vgl. Untermann 2000: 380–381); aufgrund des Kontextes muss eine Bedeutung aus dem Bereich „gelangen, erreichen" angenommen werden. Bzgl. der Wurzel, die mit einiger Gewissheit ebenfalls im Passivinfinitiv *cehefi* (VIa 20) vorliegt, besteht allerdings weniger Einigkeit; dabei werden in der Hauptsache zwei Hypothesen vertreten (zu den Vertretern im Einzelnen s. Weiss 2010: 137): Einerseits die Verbindung mit gr. καίω „verbrenne" bzw. die Annahme einer solchen Bedeutung auch ohne diese spezifische Korrespondenz; andererseits die Verbindung mit osk. **kahad**, nach Untermann 2000: 362 wohl 3.Sg. Konj.Ps. vielleicht mit der Bedeutung „nehmen" (zu den Belegen und ihrer Semantik s. auch Weiss 2010: 137 FN 6). Weiss selbst spricht sich unter Verweis auf die semantische Plausibilität einer Entwicklung von „nehmen" zu „erreichen" für die zweite Hypothese aus und widmet eine ausführliche Diskussion der problematischen Divergenz des oskischen und umbrischen Wurzelvokalismus (vgl. 2010: 139–143). Als Lösung für dieses Problem schlägt er (entsprechend der Wurzel **kag*^{h}- in LIV^{2}: 342) die sekundäre Entwicklung der umbrischen *e*-haltigen Formen vor, ausgehend von einer analog aus Verben wie **habi̯u*, **habet* übertragenen *i̯e*/*o*-Stammbildung. Die überzeugendste der diskutierten Alternativen ist m.E. der Vergleich mit umbr. **feitu**/**fetu**, wofür als Stamm **fak-i̯e-* und als Entwicklung die Umlautung des Wurzelvokals durch den synkopierten Mittelsiblenvokal < **faketōd* angenommen wird (Weiss 2010: 143).

331 Im Zusammenhang mit **kařitu** < **kalētōd* ist besonders die Korrespondenz (auch sachlich) zu lat. *calāre* und den römischen *Kalendae* interessant; s. dazu ausführlich Dupraz i.D. Als gemeinsame Wurzel ist **kelh*$_{1}$- bzw. **kleh*$_{1}$- o.ä. wahrscheinlich; vgl. auch Untermann 2000: 360. Der Ruf *te calo* wurde an den römischen *Kalendae* von einem Priester fünf- oder siebenmal an *Iūnō Couella* gerichtet, um öffentlich bekannt zu machen, ob die *Nōnae* des betreffenden Monats am 5. oder am 7. liegen (Varro *ling.* VI,4,27). Auch das römische Volk wird am Tag der *Kalendae* zu den Ankündigungen „gerufen" (zu den *comitia calāta* s. Magdelain 1979: 703), so dass einerseits die Göttin und andererseits die römischen Plebejer Objekt zu *calāre* sein konnten. Dupraz i.D. hält es für durchaus möglich, dass die durch **kařitu** bezeichnete Handlung im Neujahrsritual eine vergleichbare, auf das Jahr bezogene Ankündigungsfunktion besessen habe. Zur Frage des in III 21 vorliegenden Objekts zu **kařitu** ergeben sich mehrere Probleme: Die verbreitete Idee, dass im vorliegenden Ritual „zum Gebet" gerufen wird, ist schon deshalb problematisch, weil **persklum** wohl eher als Ausdruck des Gesamtrituals zu verstehen ist (vgl. so auch Weiss 2010: 145, der mit Verweis auf Schirmer 1998: 236 „prayer-rite" übersetzt); aufgrund der bestehenden Unklarheiten bzgl. **iepi** (s.o. Bsp. (353) mit Details) ist mit Dupraz i.D. möglicherweise zu erwägen, ob **persklumař** (mit Postposition **-ař** < *-*ad*) eben nicht als Ziel oder Richtung des Rufens (d.h. als syntaktische Ergänzung), sondern eher als Begleitumstand (d.h. als Angabe oder Zirkumstant) zu bewerten ist, also etwa „zusätzlich zum Ritual/beim Ritual". Dafür spricht z.B., dass ein von **-ař** regiertes Substantiv in anderen Belegen stets einen materiellen Referenten bezeichnet (vgl. die Übersicht bei Untermann 2000: 46).

Für die in Bsp. (446) bis (449) zitierten Fälle ist festzuhalten, dass keine vollständige Fassung im vorausgehenden Kontext erscheint, welche die weggelassenen Strukturelemente enthält. Somit handelt es sich dabei nicht um Beispiele für anaphorische Ellipse als kohärenzstiftendes Element. Entweder liegt deaktualisierter Gebrauch des Verbs vor oder es muss im Gedächtnis der Rezipienten ein hinreichend festes, vorgeprägtes Muster des betreffenden Ausdrucks vorhanden sein, von dem der Produzent mit großer Sicherheit annehmen kann, dass es an der richtigen Stelle abgerufen und eingesetzt wird. Die unvollständigen Ausdrücke deuten auf das Inferenz-Potential spezialisierter Textrezipienten und die Existenz sprachlicher Routinen im Fachdiskurs hin. Auch in den hethitischen Festritualen können elliptische Ausdrücke unter bestimmten Bedingungen ohne anaphorischen Verweis vorkommen:[332]

> Phrasen, die in einem Text mehrmals vorkommen und bei denen dementsprechend bekannt ist, welches Objekt das jeweilige Verb hat, sind verkürzt worden und konnten dann, wenn sie entsprechend häufig waren, auch bereits am Beginn eines Textes verwendet werden.

8.6.3.2 Verbellipse (Gapping)

Auch Verbellipse bzw. Ellipse einer ganzen Verbalphrase, die durch koordinierte Konstruktionen ermöglicht wird, kommt in hethitischen Ritualtexten vor; man spricht in diesem Fall von *Gapping*; vgl. die folgende Definition (Richards 1998: 158):

> Gapping involves ellipsis of a portion of the verb phrase, including the verb but excluding one or more VP-internal constituents.

Ein typisches deutsches Beispiel wäre etwa „Ich bereite für morgen die Hausaufgaben vor und du [bereitest sie/die Hausaufgaben] für nächste Woche [vor]." Das Phänomen ist im Deutschen i.d.R. anaphorisch; im Hethitischen kann es sich jedoch in beide Richtungen erstrecken, d.h. die Auslassung des Verbs kann in der ersten oder der zweiten der koordinierten Strukturen erfolgen („backward ellipsis" vs. „forward ellipsis"). Zudem kann Gapping in mehr als einem konjunkten Folgesatz auftreten (vgl. Hoffner/Melchert 2008: 410). Krisch 2009 bespricht verschiedene hethitische Beispiele im Zuge einer vergleichenden Analyse des Phänomens in mehreren altindogermanischen Spra-

332 Pflugmacher 2017: 71.

chen und führt u.a. folgenden Beleg aus einem althethitischen Gewitterritual (CTH 631.1.A, s. StBoT 12) auf:[333]

(450) KBo 17.74+ Rs. III 21′
[G]IŠ ᴰINNANA.GAL.GAL LÚ.MEŠ*ḫal-li-ri-e*[*š iš-*]*ḫa-mi-an-zi*
„Das große Ištar-Instrument Ø. Die Priestersänge[r] [si]ngen."

In diesem Beleg ist im ersten der beiden Sätze eine Verbform der 3.Sg. Präsens ausgelassen. Krisch versteht dies als Fall von *backward ellipsis*: Die Auffüllung der ersten Proposition erfolge analog zur zweiten mit dem Verb *išḫamai*, also linear von hinten nach vorne. Er muss dafür allerdings als Bedeutung des Verbs „erklingen, ertönen" annehmen, um eine semantische Kommensurabilität der beiden Konjunkte herzustellen, etwa „das I.-Instrument ertönt, die Priestersänger (d.h. ihre Stimmen) ertönen". Diese Annahme ist nach Ausweis von HW2 I: 126–127a jedoch eher unwahrscheinlich: Eine Auflösung der Ellipse durch ein anderes Verb als *išḫamai* ist aufgrund von Belegen mit expliziertem Verb nachweisbar. So wird bei Negation des zweiten Satzes fast immer ein Verb *ḫazzik-* „schlagen, zupfen" expliziert, vgl. GIŠ ᴰINANNA.GAL *ḫazzikanzi Ú-UL* SÍR-*RU* „Das große I.-Instrument spielt man. Man singt nicht." (z.B. KUB 2.5 I 3–4). In Bsp. (450) liegt demnach kein Fall von *backward ellipsis* vor.

Die Beispiele für *forward ellipsis*, die Gapping also in umgekehrter Richtung (linear nach vorne) aufweisen, sind eindeutiger und treten insgesamt nicht selten auf, vgl. den folgenden Beleg (ebenfalls aus CTH 631.1.A):

(451) KBo 17.74+ Rs. III 20′–21′
LUGAL-*uš* GAL-*AM ḫ*[*u-u-u*]*p-pa-ri ši-pa-an-ti*
MUNUS.LUGAL-*ša* [*na-at-ta*]
„Der König libiert einen Becher in eine T[er]rine,
die Königin aber (libiert) [nicht] (einen Becher in eine Terrine)."

und genauso:

(452) KBo 17.74+ Rs. III 33′
LUGAL-*uš ḫu-u-up-pa-r*[*i ši-pa-an-*]*ti* MUNUS.LUGAL-*ša na-at-ta*
„Der König [libiert] in eine Terri[ne], die Königin aber (libiert) nicht (in eine Terrine)."

333 Vgl. Krisch 2009: 195.

Die Konnexion zwischen den beiden konjunkten Propositionen wird in solchen Fällen auch oft zusätzlich durch das enklitische Adversativum -(*m*)*a* unterstützt, das die Anzeige des kontrastiven Topik übernimmt. Dadurch, dass nur die relevanten, geänderten Konstituenten des Satzen expliziert werden (z.B. Agens + Verneinung), wirken Kontrastpartikel und Ellipse auch in dieser Funktion zusammen.

Im Umbrischen kommen Fälle von Gapping in konjunkten Sätzen nicht in gleicher Weise vor. Verben können zwar unterdrückt werden, allerdings ist das zu inferierende Verb häufiger durch entsprechendes Skript-Wissen zu ergänzen, wie in einigen Gebetsformeln. Die Verbellipse wird also in den IT nicht als Kohärenztechnik ausgebeutet. Beispiele für unausgedrückte Verben finden sich v.a. in den älteren, knapper gehaltenen Instruktionen (Tafel I–IV) und können i.d.R. durch einen Vergleich mit einer ähnlichen oder entsprechenden Passage der ausführlichen Version (Tafel VIa und b; VIIa) ergänzt werden, vgl. folgendes Beispiel:

(453) IT IIa 25–26
pustin : ançif : vinu : nuvis : ahtrepuřatu : tiu : puni : tiu : vinu : / teitu
„Bei jedem **ançi**[334] soll er aufs Neue mit Wein den Dreischritt tanzen, ‚Dich mit **puni**, dich mit Wein' soll er sagen."

Hier fehlt in der zu rezitierenden Formel eine finite Verbform; wir erwarten ein performatives Verb in der 1.Sg. Aus den vergleichbaren, aber vollständigen Gebetsformeln der Tafeln VI und VIIa ist zu schließen, dass hier *subocau* „ich rufe dich an" (o.ä.) zumindest implizit zugrunde liegt:

(454) IT VIa 33–34
di. grabouie. tio. esu. bue / peracri. pihaclu. ocreper. fisiu. totaper. iouina. erer. nomneper. erar. nomneper. di. grabouie. tio. subocau
„Jupiter Grabovius, mit diesem mehr als einjährigen Rind als Sühnopfer, für die fisische Burg (bzw. Stadt) für den Stadtstaat Iguvium, zugunsten von deren Namen, zugunsten von dessen Namen Ø. Jupiter Grabovius, dich rufe ich an."

---

334 Bei **ançif** handelt es sich um den Akk.Pl. eines *i*- oder *u*-Stamms, dessen Bedeutung nicht geklärt ist (vgl. Untermann 2000: 103); womöglich handelt es sich um eine Art von Markierung oder markierter Stelle. Dupraz 2014a: 184 schlägt eine Verbindung zu **açetus** (IIa 14) und lat. *ancus* „gekrümmt" vor. Die Präposition **pustin** tritt stets mit Pluralformen auf und besitzt offenbar distributive Funktion; s. Weiss 2010: 347.

Dadurch, dass das finite Verb in dieser langen Formulierung erst ganz am Schluss auftritt, und durch die Wiederholung des Vokativs entsteht hier der Eindruck von zwei Propositionen, deren erste das finite Verb nicht enthält (also *Gapping* zeigt). Allerdings unterscheidet sich die sonstige stilistisch-strukturelle Gestaltung der Passage deutlich von den im Hethitischen beobachteten Fällen von Gapping in konjunkten Sätzen.

In VIa 25 findet sich in einer parallelen Formel ebenfalls die Auslassung von *subocau*; das hier aus dem vorausgehenden Kontext ergänzt werden kann; auch hier handelt es sich aber nicht um konjunkte Sätze:

(455) IT VIa 25
di. grabouie. tio. esu. bue. peracrei. pihaclu.
„Jupiter Grabovius, dich (rufe ich an) mit diesem mehr als einjährigen Rind als Sühnopfer.“[335]

Es liegt womöglich eher eine stilistische Motivation vor,[336] so befindet zumindest Watkins 1995: 218, der im Abgleich mit den lateinischen Gebetsformularen bei Cato (z.B. *Agr.* 141,4) sogar von gemeinitalischem Alter dieser elliptischen Formel ausgeht:

> In the two phrases
>
> tiom esu bue pihaclu — thee with this ox as offering
> te hoc porco piaculo — thee with this pig as offering,
>
> both with ellipsis (gapping of a finite verb), we have a sacrificial formula of Common Italic date.

8.6.3.3 Verkürztes Zitieren von Gebeten

Im Beispiel (453) IIa 25–26 ist allerdings nicht nur das Verb unausgedrückt, sondern es wird überhaupt nur ein kleiner Ausschnitt des zu rezitierenden Textes angegeben – etwa wie wenn man sagt „Wir beten *das Vater unser*“. Das an dieser Stelle zu rezitierende Gebet ist in einer trunkierten oder verkürzten und

335 Weitere Beispiele: Ia 18 (zu ergänzen nach VIb 18:); IV 14 (nach VIa 17–18); vgl. Poultney 1959: 142.

336 An der vorliegenden Stelle erscheint mir diese Begründung naheliegender als die Vermutung eines ökonomischen Hintergrundes (der eher bei Kurzzitaten von Formeln erwartbar wäre). Der Gebetstext ist hier insgesamt ausführlich wiedergegeben und es wäre nicht ganz ersichtlich, warum ausgerechnet an dieser Stelle eine ökonomisch bedingte Ellipse vorkommen sollte.

auf die zentralen Elemente reduzierten Form in den Text der Instruktion aufgenommen. Es ist in gewisser Weise nur ein Etikett für das vollständige Formular. Dabei kann zwischen zwei verschiedenen Strategien differenziert werden: Entweder wird nur der Anfang eines Gebets zitiert, so dass die ersten Wörter als textliches *pars pro toto* fungieren (dann ist von einem textdeiktischen Verweis zu sprechen), oder aber besonders zentrale Begriffe des Gebetes repräsentieren dessen inhaltlichen Kern (dann handelt es sich eher um eine Form von Diskursdeixis).

Die Herstellung des vollständigen Ausdrucks muss entweder anhand von eigenen, liturgischen Texten (auf separaten Trägern)[337] oder aus dem Praxiswissen der Priester erfolgen. Auch die Aufzählung der **tekvias** zu Beginn des Rituals von Tafel IIb scheint eine extrem verkürzte Formel zu sein, die auf den an der entsprechenden Stelle vollständig auszusprechen Text referiert. Darauf weist zum einen die Verwendung der Bezeichnungen im Dativ hin,[338] die eine reine (nicht syntaktisch eingebundene) Liste der Namen unwahrscheinlich macht. Zum anderen ist die Gesamtheit der Namen der Dekurien syntaktisch gesehen Inhaltsobjekt des Imperativ II **teitu**, vgl.:

(456) IT IIb 2–7
atiieřiate : etre : atiieřiate : / klaverniie : etre : klaverniie : kureiate : etre kureiate / satanes : etre satane : peieřiate : etrep : eieřiate : talenate : / etre talenate : museiate : etre museiate : iuieskane : / etre iuieskanes : kaselate : etre kaselate : tertie kaselate : / peraznanie : teitu ařmune :
„‚Der Atiieřiate, der zweiten Atiieřiate, der Klaverniie, der zweiten Klaverniie, der Kureiate, der zweiten Kureiate, der Satanes, der zweiten Satanes, der Peieřiate, der zweiten Peieřiate, der Talenate, der zweiten Talenate, der Museiate, der zweiten Museiate, der Iuieskane, der zweiten Iuieskane, der Kaselate, der zweiten Kaselate, der Peraznanie' sollst du sagen (der Reihe nach?)[339]."

Auch im Hethitischen finden sich mögliche Fälle von Zitaten mit Auslassung der VP (oder noch stärkerer Reduzierung) in Beschwörungsritualen; z. B. ist anhand der Verwendung von KI.MIN in Tunnawis „Ritual des Rindes" (s. o.

337 Wie sie in Rom aus dem Kult der Arvalbrüder belegt sind vgl. *Act. Arv.* a. 218, wo direkt vor dem Text des Arvalliedes die Angabe *libellis acceptis* erscheint.

338 Zur Auffälligkeit des Dativs im Kontrast mit postpon. -**per** zur Angabe der Benefizienten s. Poultney 1959: 192–193.

339 Die Bedeutung von **ařmune** ist nicht klar; aufgrund des fehlenden Worttrenners wird es

S. 598) eine rein textuelle Abkürzung der während der Durchführung des Rituals sicherlich vollständig auszusprechenden Formel zu vermuten:

(457) KUB 9.4+ Rs. IV 1′–6′[340]
⸢*ma*⸣-⸢*ni*⸣-[*in-ku-wa-an-da-an* MU-*an mu-ú-da-id-du*]
DINGIR^{MEŠ}-*aš kar-*[*pí-in pa-an-ga-u-wa-aš* EME-*an* KI.MIN]
ŠA DUMU.É.GAL [E]ME-*a*[*n* KI.MIN *ŠA* ^{MUNUS}SUḪUR.LAL EME-*an* KI.MIN]
ŠA LÚ *ME-ŠE-DI* EME-*an* [KI.MIN *ŠA* ^{LÚ}GUDU$_{12}$ EME-*an* KI.MIN]
ŠA ^{LÚ}SANGA EME-*an* 〈KI.MIN〉 *ŠA* $^{M[UNUS}$AMA.DINGIR^{LIM} EME-*an* KI.MIN]
ŠA ÉRIN^{MEŠ} EME-*an mu-ú-da-i*[*d-d*]*u*
„Er soll die ku[rzen Jahre wegnehmen!] Den Zo[rn] der Götter [(und) die (üble) Nachrede der Leute dito.] Die [N]achrede des Palastangestellten [dito. Die Nachrede der Hierodule dito]. Die Nachrede des Leibwächters [dito. Die Nachrede des GUDU$_{12}$-Priesters dito]. Die Nachrede des Priesters dito. [Die Nachrede] der [Göttermutter dito.] Er soll die Nachrede der Truppe wegnehmen!"

Auch im Ritual der Aštu (CTH 490) sind Fälle von verkürzten Zitaten zu finden.[341] Da die Formeln in diesem Ritual in hurritischer Sprache rezitiert werden (im Folgenden nicht kursiv gesetzte Teile), ist dies mitunter weniger leicht nachvollziehbar; jedoch liegt im folgenden Beispiel die Reduzierung einer in der Parallelversion derselben Tafel in längerer Fassung angegebenen Formel vor. Es handelt sich um die Worte der Ritualistin, welche das Töten eines Vogels begleiten, dazu Görke (2010: 294):

> Die Tötung der an das Tor gebundenen Vögel findet in der dazu gesprochenen Rezitation dahingehend ihre Erklärung, dass der in dem Spruch wiederholt genannte Vogel vermutlich der Entsühnung des Ritualherrn dient (…) Dieser Zusammenhang offenbart sich auch in der Version B der dritten Tafel, die anstelle der ausführlichen Sprüche nur die Stichworte der Rezitationen, nämlich die ersten zwei Worte, nennt.

---

i. d. R. als Adverb auf **teitu** bezogen. S. auch Untermann 2000: 51 zu Übersetzungsvorschlägen.

340 CTH 409.IV.Tf02.A.

341 Vgl. für die Edition und eingehende Besprechung des gesamten Rituals Görke 2010.

(458) KUB 44.54+ Vs. II 6–7 (ChS I/5 Nr. 56)
nu ^{MUNUS}ŠU.GI[*ḫur-li-li* e-ra-ta-at-ta]
ma-ra-al-l[e-en *me-ma-i*]
„Und die Beschwörerin [spricht] auf [hurritisch]: ‚Den Vogel, ich will [ihn] *töten*$^{?}$!' "

Hier wird die Kurzbezeichnung der Formel syntaktisch offenbar wie ein direktes Objekt zu *memai* „spricht" behandelt, also genauso wie im obigen Beispiel aus den IT mit **teitu.** Demgegenüber ist die vollständige Wiedergabe der Beschwörungsformel der Version A der dritten Tafel deutlich länger und steht außerhalb der Syntax des einleitenden Satzes mit *memai*:[342]

(459) KBo 24.63+ Rs.$^{?}$ III 7′–16′ (ChS I/5 Nr. 59)
MUŠEN$^{\text{ḪI.A}}$-*ia-kán ku-en-zi nu ḫur-li-li me-ma-i* (§-Strich)
e-ra-ta-at ma-ra-al-le-en šar-ni-ta-[at?]
ki-ti-še-ni-en ú-ni-ip zu-uz-⸢za⸣-na-at
e-ra-ta iš-ta-ar-ši-da-an ma-⸢x x⸣-[·] (§-Strich)
[e]-ra-ti-ni-iš ma-ra-al-li šar-ni-t[a$^{?}$-at$^{?}$]
⸢x-x⸣-ni pa-ri-ia še-e-ḫa-am-bi-ni u-[⋯]
[x-]x-iš ḫa-a-wu$_{\text{u}}$-ru-un-ni e-r[i- ⋯⋯] (§-Strich)
[ti-i-e] zu-lu-pa-te ta-ar-še ⸢ne⸣-[ru-pa-te]
[ta-ar-še] ši-tar-ni zu-úr-gi x-[⋯]
[da-aḫ]-⸢e⸣ ga-aš-ša-wu$_{\text{u}}$-šu (§-Strich)
„Und die Vögel tötet man und sie spricht (dabei) auf hurritisch:
‚Den Vogel, ich will ihn *töten*$^{?}$. Er wird mich *reinigen*$^{?}$.
Er wird auf das *kidišše* bringen, er lässt mich *suss*-en.
Als Vogel ihn zu (oder: von) seinem *ištarži* ... [ ]
Der Vogel – ich will (ihn) *töten*? – wird mich *reinig*[*en*$^{?}$].
... er lockt den/das *šeġambi* (oder: vom/am) an ... [ ].
Der/das [ ] in den Himmel [ ]
[(Böse) Rede, g]ebundenes [Unheil, schlechtes
Unheil] Fluch, B[lut
den Ma]nn *verhe*[*xtest*$^{?}$ du]'."

Die Relation zwischen den Versionen A und B der dritten Tafel scheint in dieser Hinsicht systematisch zu sein: Es finden sich noch zwei weitere Stellen, an

342 Zur Analyse und Übersetzung des hurritischen Textes Görke 2010: 89–93 und 78–80.

denen in A eine ausführliche Formel angegeben wird, in B hingegen die auf ein oder zwei Wörter (hier offenbar den Anfang der Formel) verkürzte Fassung, die somit nur als Erinnerungshilfe angesehen werden kann, um die korrekte Formel vollständig entweder aus dem Gedächtnis oder von einem anderen Textträger zu ergänzen.[343]

Auch in einigen Ritualen von AZU-Priestern, die hurritische Formeln enthalten, sind vergleichbare Abkürzungen von Formeln in einen instruierenden Satz mit *memai* integriert; dabei kann außerdem, wie schon im Ritual der Tunnawi gesehen, KI.MIN als diskursdeiktischer Verweis eingesetzt werden,[344] vgl.:

(460) KBo 21.33+ Rs. IV 29′–30′
LÚAZU-*ma ḫur-li-li* ku-un-zi-ip zu-un!-zu-ma-a-[ki-i]p
KI.MIN *me-ma-i*
„Der AZU-Priester aber sagt auf hurritisch ‚kunzip zuzuma[ki]p dito‘."[345]

In den Beschwörungsritualen kann eine Verkürzung also entweder dann vorgenommen werden, wenn die betreffende Formel vergleichsweise lang und bereits im Rahmen einer vorausgehenden analogen Handlung vollständig angegeben ist, wie in Tunnawis Ritual. Eine andere Möglichkeit ist die im Ritual der Aštu bzgl. der dritten Tafel nachweisbare systematische Herstellung einer Kurzfassung mit abgekürzten Formeln. Dies entspricht relativ genau dem Verhältnis von Kurz- und Langversion von *piaculum* und *lustratio* im Umbrischen und zeigt, dass eine Rezitation offenbar auch ohne textinterne Parallelstelle verkürzt angegeben werden kann. Darauf, dass in solchen Fällen eigene Tafeln mit den Rezitationstexten vorhanden gewesen sind, deutet folgende Angabe aus einem Geburtsritual (CTH 489) hin:[346]

343 Vgl. zu dieser Beobachtung auch Mouton 2011: 249–250 (in der Rezension zu Görke 2010). Die betreffenden Passagen sind Text 3.A.1 II 7′–11′ (vgl. Görke 2010: 62) vs. 3.B II 11–12 (Görke 2010: 96) und Text 3.A II 17–22 (Görke 2010: 63) vs. 3.B II 18–19 (Görke 2010: 97).

344 Die ökonomischen Diskursverweise mit KI.MIN finden sich aber insgesamt, wie bereits weiter oben (8.6.1.4.1) besprochen, stärker in technischen Kontexten und nur selten in direkter Rede.

345 Eine vollständigere Fassung der Formel, die hier auf ‚kunzip zuzumakip‘ verkürzt ist, könnte in KUB 32.58+ Rs. IV 14–18 vorliegen, das der gleichen Textgruppe zugeordnet wird. Ich danke Susanne Görke für diese Hinweise.

346 Vgl. Beckman ^{2}1983: 132–133 (StBoT 29). S. zum Ausdruck *ḫanti tuppi* „gesondert eine Tafel" noch HW2 Ḫ: 190; Überlegungen dazu auch bei Waal 2015: 125–126 (jeweils mit weiteren Belegen).

(461) KBo 17.65+ Vs. 13
ḫur-li-li-ma-⌈kán⌉ [ma-aḫ-ḫa-an an-d]a me-ma-i na-at ḫa-an-ti tup-pí
„[Wie] er (der AZU-Priester) [dab]ei[347] auf hurritisch spricht, das (ist) gesondert eine Tafel."

In den hethitischen Festritualen sind meist keine längeren Formeln und Gebete enthalten; z.T. werden kurze Ausrufe (v.a. durch Sänger) in die Ritualtexte selbst integriert. Ähnlich wie bei den besprochenen hurritischen Beschwörungen sind je nach Herkunft des betreffenden Festes Rezitationen auch in anderen Sprachen als Hethitisch möglich, z.B. Hattisch (vgl. dazu Klinger 1996: 223–252). Grundsätzlich ist anzunehmen, dass lange Gebete, so wie die hattischen Wechselgesänge zum KI.LAM-Fest („liturgy series" nach Singer 1983: 48), ebenfalls auf eigenen Schriftträgern dokumentiert waren.

8.6.3.4 Multiplikative Angaben

Auch multiplikative Angaben zur Anzahl der Wiederholungen einer Handlung beinhalten Verweise auf vorausgegangene oder bekannte Vollstrukturen, die dann gewissermaßen automatisch eingefüllt werden. In den IT kann etwa folgendes Beispiel herangezogen werden:

(462) IT IIb 25
purtifele : triiuper : teitu : triiuper : vufru : naratu
„‚Darzubringendes' sollst du es (das Kalb) dreimal nennen. Dreimal sollst du es feierlich zum Votivopfer erklären."

Das Beispiel enthält neben der Angabe **triiuper** „dreimal" auch zwei Verweise auf Formeln, wobei die **purtifele**-Formel zuvor ausführlich aufgeführt wird und aus dem Wissen der Priester zu ergänzen scheint. Die Votiv-Formel hingegen erscheint, evtl. in einer verkürzten Form, im unmittelbar vorausgehenden Kontext (IT IIb 24 **iupater : saçe : tefe : estu : vitlu : vufru : sestu** „Jupiter Sancius, dir setze ich dieses Kalb als Votivopfer").

Drei Mal ist eine übliche Wiederholungszahl bei rituellen Handlungen oder Sprechakten; auch im Hethitischen ist sie häufig zu finden, vgl.

347 Zur konkomitativen Bedeutung von *anda mema-* „to speak concurrently with an action" und weiteren Beispielen s. CHD L–N 261–262 (13a). Auch in solchen Fällen entsteht durch die Kombination mit einer OBP (*-kán* + *anda*) offenbar ein anaphorischer Verweis auf die vorher beschriebene Gesamtsituation oder Handlungsfolge (in diesem Fall mit übertragener temporaler Bezugnahme). S. zu anaphorischen Raumverweisen oben 8.6.1.6.

(463) KBo 17.1+ Vs. I 3′–6′
[3-*i*]*š* LUGAL-*un* MUNUS.LUGAL-*an-na ḫu-ia-an-zi* 3-*ki-ša-aš-ma-aš ši-i-*[*na-a*]*n*
[*pa*]-*ra-a e-ep-zi* GU$_4$-*na-aš-ma-aš* 3-*iš pa-ra-a e-ep-zi* LUGAL-*uš*
[3]-*iš* GU$_4$-*un* 1 *ši-i-na-an-na al-la-ap-pa-aḫ-ḫi* MUNUS.LUGAL-*aš-ša-an* 3-*iš*
[*al*]-*la-ap-pa-aḫ-ḫi*
„[Drei]mal laufen sie zum König und zur Königin und dreimal hält er/sie ihnen die Figur hin. Auch das Rind hält er/sie ihnen dreimal hin. Der König bespuckt [drei]mal das Rind und die eine Figur, auch die Königin bespuckt sie (Sg.) dreimal."

Diese Technik ist eher bei völlig identisch wiederholten Vorgängen zu benutzen, da im Gegensatz zum Gapping oder zum Diskursverweis durch modale Proadverbien Veränderungen einzelner Referenten oder auch von Topik und Fokus nicht ausgedrückt werden. Dafür stellt sie allerdings auch das größtmögliche Ausmaß an textlicher Ökonomie dar und ist insgesamt häufig vertreten. Bezugs- und Verweisausdruck (wenn man in diesem Fall davon sprechen möchte) fallen in einem Satz zusammen; daher ist für die Identifikation auch kein besonderer Aufwand seitens des Rezipienten nötig.

8.6.3.5 Auslassungsmuster: Zusammenfassung

Insgesamt ist festzuhalten, dass elliptische Kohärenztechniken auf einen hohen Grad von Fachsprachlichkeit hindeuten. Sie sind in unterschiedlichem Ausmaß möglich und können verschiedene linguistische Elemente betreffen. Kohäsives Potential besitzen sie dann, wenn sie anaphorisch auf einen Bezugsausdruck verweisen; dies ist, wie ich anhand der Beispiele gezeigt habe, in den hethitischen Ritualtexten häufig der Fall. Dabei konnte ich auch eine Strukturierung des Textes in verschiedene Phasen anhand von stark verdichteten Kohärenzbeziehungen z.B. durch Ellipse oder anaphorischen Raumbezug, aber auch Asyndeton feststellen. In den IT findet sich ebenfalls einfache anaphorische Ellipse als Null-Wiederaufnahme eines unbelebten Referenten, der als Thema Objekt einer Reihe von zusammenghörigen Handlungsschritten ist. Andererseits wird die Technik der Ellipse auf eine andere Weise genutzt, um auf textexterne Bezugsanker in Form von intertextuellen Verbindungen zu liturgischen Tafeln oder auf das Wissen der Rezipienten zu verweisen.

Neben der Ellipse im engeren Sinne können aber auch andere Kohärenztechniken zur Einsparung von Textmaterial und damit zur Informationsverdichtung beitragen. Unter Anwendung text- und diskursdeiktischer Proformen wie „ebenso, derselbe" usw. kann z.B. durch anaphorischen oder kataphorischen Verweis auf vollständig explizierte Bezugsausdrücke der Verweisausdruck stark reduziert werden. Auch Wiederholungsangaben mit Multiplikativen erzielen vergleichbare Effekte. Diese Techniken habe ich in den Ritualanweisungen in hoher Frequenz vorgefunden; in den hethitischen Texten außerdem anaphorische Raumverweise bei lokalen Operationen mit unspezifischem Bezugsanker. Verkürzte Wiedergaben können Formeln und Gebete betreffen, die in Anweisungstexte integriert sind. Hier ist aber davon auszugehen, dass bei der Durchführung des Rituals solche Abkürzungen in den an die Götter gerichteten Äußerungen aufgelöst und die Formeln vollständig wiedergegeben wurden. Dies korrespondiert mit der insgesamt niedrigeren Frequenz verdichtender Techniken wie Ellipse oder elliptischer Diskursverweis in jenen Textsorten.

8.7 Textkohärenz in Ritualanweisungen: Fazit

Anhand der Untersuchung der Kohärenztechniken, die in Ritualanweisungen einerseits und Gebeten und Formeln andererseits verwendet werden, habe ich im vorliegenden Kapitel herausarbeiten können, dass ein Zusammenhang zwischen Textsorten, deren Funktionen und den dafür geeigneten Techniken der Textverknüpfung besteht. Das jeweilige Kohärenzprofil kann somit auch zur Bestimmung und Abgrenzung verschiedener Textsorten herangezogen werden, wie bereits Langer anhand ihrer Analyse deutscher Gebrauchstextsorten gezeigt hat. Sie betont dabei die Bedeutung des Gesamtmusters gegenüber einzelnen Faktoren (Langer 1995: 308):

> Es ergibt sich so pro Textsorte ein typisches Kohärenzmuster, eine spezifische Textkonstitution, durch das die einzelnen Sorten letztlich differenziert werden können. Erst dieses Muster also ist textsortenspezifisch und nicht allein die Tatsache des Vorhandenseins eines bestimmten Faktors in einem Text.

Das bedeutet, dass einerseits das Zusammenwirken einzelner Elemente zentral ist, andererseits wird dies zugleich durch die äußeren, praktischen Bedingungen erzeugt, welche die Anforderungen an den Text und seine Gestaltung entscheidend prägen.

Auch die Untersuchung der Ritualtexte und Gebete hat gezeigt, dass sich eine Textsorte „gerade durch die Art, die individuelle Ausprägung, Gewichtung und Verteilung, sprich die Kombination der in ihr eingesetzten und der fehlenden Mittel“ auszeichnet (Langer 1995: 313).

8.7.1 *Textsortenspezifische Kohärenz in Ritualtexten*

Folgende Faktoren und Bereiche habe ich für die Bestimmung einer textsortenspezifischen Kohärenz als relevant identifiziert:

- Determiniertheit und Verdichtung als gegenüberliegende Pole sind in diesem Kapitel als übergeordnete Prinzipien für die textsortenspezifische Kohärenz etabliert worden.
- Jedem der beiden Pole können bestimmte Techniken zugeordnet werden, die, grob gesagt, auf den Prinzipien von Wiederholung und Auslassung beruhen und verschiedenen pragmatischen Ebenen zugeordnet werden.
- Die Tendenzen bei der Verteilung der Techniken auf Ritualtexte werden bestimmt durch textpragmatische Faktoren und spezifische Anforderungen an den Text:
  - Kommunikationssituation und -ziel (auch *quaestio*)[348]
  - Einschätzbarkeit des Adressaten und seiner Inferenzfähigkeit
  - gemeinsames (Fach-)Wissen

Anhand dieser Kontextbedingungen sind m. E. im Fall der Ritualanweisungen mehrere Ergebnisse hinsichtlich ihrer spezifischen Textkohärenz zusammenzufassen. Die Charakterisierung erfolgt immer in Abgrenzung zum Kohärenzprofil von Gebeten und rituellen Formeln, die oft mit den Instruktionen intertextuell zusammenhängen, von diesen vorausgesetzt werden oder in sie integriert sind:

Hinsichtlich der verwendeten Referenzmittel sind Gebete expliziter und weisen mehr lexikalische Rekurrenzmuster, gerade auch in Form bestimmter Stilmittel auf. Diese Wiederholungsstrukturen verbinden sich auch mit syntaktischen Rekurrenzmustern, wodurch ein insgesamt stark auf Wiederholungstechniken basierter und stark von ästhetischen Faktoren geprägter Kohärenzstil entsteht. Pragmatischer Hintergrund für diese Tendenz ist die Tatsache, dass gegenüber einem nicht greifbaren, nicht am selben Ort befindlichen Kommunikationspartner grundsätzlich weniger Sicherheit über gemeinsames Zeige- und Symbolfeld vorhanden ist. Dieses muss daher häufiger durch lexikalische Wiederaufnahmen re-etabliert werden, was besonders mit dem Ziel der Definition und Konstitution zentraler Referenten (Adressat > Absender > Ziel > Mittel) zusammenhängt. In den ritualbegleitenden Äußerungen in direkter Rede findet sich zudem eine ausgeprägte Situationsdeixis (*ego-hic-nunc*), da sie trotz allem als *face-to-face*-Kommunikation konzipiert sind und spezifische, definite Absender und Adressaten besitzen, auf die häufig deik-

348 Vgl. von Stutterheim/Klein 2008.

tisch Bezug genommen wird; hierzu werden entsprechende Demonstrativ- und Personalpronomina (Vorherrschen von 1.+2. Person) oder Pronominaladverbien genutzt, welche den aktualisierten, momentanen Charakter der Textsorte maßgeblich bestimmen. Hinsichtlich der Konnexionstypen gibt es innerhalb der diaphonischen Äußerungen funktional bedingte Unterschiede: Während selbstwirksame Formeln in hethitischen Beschwörungsritualen von äquativen Konstruktionen (zur sprachlichen Abbildung analogischer Symbolhandlungen) dominiert werden, findet sich in den persönlichen Gebeten als argumentativ-rhetorisch konzipierten Texten eine Vielzahl von Konnexionstypen. In den Gebeten der IT treten nur ganz bestimmte festgefügte Konstruktionen wie **puze neip heritu** auf; ansonsten sind sie rein parataktisch.

Die Ritualtexte greifen in etwas geringerem Umfang auf lexikalische Rekurrenzmittel zurück und bedienen sich deutlich häufiger der Wiederaufnahme durch ökonomischere Proformen oder sogar anaphorischer Ellipse. Insgesamt herrschen verdichtende Kohärenzmittel in vielen Bereichen vor, während stilistische Gestaltungsprinzipien eine deutlich untergeordnete Rolle spielen. Hinsichtlich eines Bereichs findet sich jedoch auch in den Anweisungstexten eine starke Neigung zur Explizitheit, mitunter sogar Redundanz: Es handelt sich um Ausdrücke der temporalen Sequenzierung der Handlungsabläufe, so dass die richtige Reihenfolge eingehalten werden kann und Nacheinander oder Gleichzeitigkeit eindeutig markiert werden. Diese Tendenz spiegelt die große Bedeutung, die korrekte Abläufe für das Gelingen des Rituals offenbar besitzen. Mehrere Kohärenztechniken sind dadurch motiviert und greifen häufig ineinander, v.a. betrifft dies die stark überwiegende temporale Konnexion. Explizite lexikalische Rekurrenzmuster (gerade auch in Form partieller Rekurrenzen oder Komplexanaphern) und explizit textdeiktische Verweise unterstützen sehr häufig die Sequenzierung. Diese Technik übersetzt sich zugleich auch in die Strukturierung der Texte, z.B. durch unterschiedliche Granularität und Textdichte innerhalb bestimmter Phasen und an Übergängen. Hinsichtlich der deiktischen Gestaltung gibt es deutliche Unterschiede zwischen Instruktion und Formel: Als deaktualisierte Anweisungstexte verzichten erstere vollständig auf situations- und sprecherdeiktische Verweiswörter; der Texturheber tritt völlig hinter dem Text zurück (keine 1.Sg.-Formen), während der Rezipient nicht definit-spezifisch, sondern generisch-funktional angesprochen wird. Dies entspricht der Wiederverwendbarkeit und Allgemeingültigkeit der Texte und kann in Zusammenhang mit *éffacement énonciatif* stehen; in modernen Textsorten aus Technik und Wissenschaft ist von *Origoexklusivität* die Rede. Situations- und Personaldeixis sind also den jeweiligen Konzeptualisierungen und Funktionen der Texte angepasst. Als Besonderheit der Präskripte kann hier außerdem noch die Technik des verkürzenden Textverweises (z.B. durch modale Proadverbiale) angeführt werden, welche Deixis und Auslassungsmuster kombiniert. Diese Ergebnisse unterstützen die Feststellung Langers (1995: 313), dass „zwischen der Textkonstitution an sich und der Spezifität der Textsorten ein Zusammenhang besteht und die Themen Text und Textsorten letztlich nicht (...) getrennt behandelt werden können." Auch die Gegenüberstellung intertextuell stark aufeinander bezogener Texte hat sich als sinnvoll erwiesen.

Die charakteristischen Kohärenzmuster der Ritualanweisungen entsprechen letztlich zum Großteil denen anderer (auch moderner) prozessbezogener Handlungsbeschreibungen und -zuweisungen.[349] Die Texte, welche eine direkte Kommunikation mit den göttlichen Gesprächspartnern darstellen, sind davon deutlich zu unterscheiden, wobei sich die Unterschiede logisch aus den andersartigen Kommunikationsparametern (v.a. Textintention, Verhältnis zum Adressaten, Einschätzbarkeit des Inferenzpotentials) ergeben.

8.7.2 *Feedback und Nachbessern?*

Das Gelingen schriftlicher Kommunikation, also das Erzeugen einer korrekten (d.h. vom Produzenten intendierten) Interpretation durch den Leser wird von Traxler und Gernsbacher (1995) auf Basis verschiedener praktischer Experimente zur Textproduktion genauer untersucht. Die Autoren identifizieren v.a. zwei Möglichkeiten, die Kohärenz und damit die Verständlichkeit von Texten zu erhöhen. Einerseits ist das Feedback zu bereits produzierten Texten durch die Leser möglich – also das, was im Diskurs unmittelbar durch Mimik, Nicken oder Kopfschütteln oder durch verbale Reaktionen erfolgt und zur ständigen Rückkoppelung der Diskurspartner führt. Dieses Feedback ist für Textproduzenten nicht nur auf den jeweils besprochenen Text relevant, sondern kann abstrahiert und auf die künftige Textproduktion übertragen werden (vgl. Traxler/Gernsbacher 1995: 228). Die zweite Möglichkeit ist ein aktiver und bewusster Wechsel der Perspektive, den Textproduzenten im Experiment z.B. durch Rollenwechsel oder durch die Konfrontation mit Leser-Aufgaben unmittelbar vor einem Schreibprozess vollzogen. Unter dem Eindruck der Leserperspektive und der zugehörigen Ansprüche und Bedürfnisse in Bezug auf einen schriftlichen Text, ergriffen die Probanden deutlich rezipienten-orientiertere Kohärenztechniken und produzierten kohärentere und leichter verständliche Texte.

Beide Faktoren lassen sich auch im Hinblick auf die beiden hier untersuchten Kommunikationsprozesse (einerseits Ritualhandelnde → Götter; andererseits Ritualhandelnde → Ritualhandelnde) evaluieren. Zwar ist die rituelle

349 S. zur Textillokution und Charakterisierung von Anweisungstexten in Kapitel 6.

Kommunikation an sich nicht schriftlich vollzogen (Gebete sind mündlich, rituelle Handlungen symbolisch), dennoch findet sie nicht *face-to-face*, sondern mittelbar statt (s. dazu auch 3.2.4).

Was die durch ein Ritual vollzogene Kommunikation mit göttlichen Entitäten angeht, so ist in jedem Fall zu konstatieren, dass, obwohl es sich nicht um schriftliche Kommunikation handelt, ein Feedback nur schwer möglich ist. Die verschiedenen Strategien, das Gelingen der kommunikativen Akte zu verifizieren und zu kontrollieren, zeigen, dass hierzu ein beträchtlicher Aufwand und ein hohes Maß an menschlicher Interpretation notwendig ist (gleichzeitig haben sich diese Elemente als Möglichkeit erwiesen, menschliche Agency herzustellen oder aufrechtzuerhalten). Ein Feedback wird von menschlicher Seite aber grundsätzlich gewünscht, oftmals auch explizit. Es ist aber stets problematisch und an vorgefertigte Abfragen und darauf aufbauende Nachbesserungen gebunden (vgl. Beispiele unter 7.5.4.3). Die Einnahme der Gegenperspektive könnte dahingehend stattfinden, dass die menschliche Perspektive analog übertragen wird (was einem anthropomorphen Götterbild grundsätzlich entsprechen würde). Auch auf dieser Basis sind aber oft nur sehr allgemeine Annahmen möglich; die Angst der Überbetonung der eigenen Perspektive verursacht ein Gefühl der Unsicherheit. Dieses findet seinen Ausdruck in dem hohen Maß an determinierenden Kohärenztechniken und Wiederholungsmustern in Gebeten. Demnach wäre nicht allein eine künstlerische oder ästhetische Motivation auszumachen, den Göttern etwas Perfektes darzubieten und dadurch ihr Wohlwollen zu erlangen, sondern auch ein funktionaler Aspekt: Durch einen extrem expliziten und overten Verflechtungsstil soll ein korrektes Verständnis garantiert werden. Zur Frage, wie kohärenzstiftende Mittel auch auf der Handlungs- und Symbolebene eingesetzt werden können, wurden in Kapitel 7 einige Überlegungen angestellt.

Das Einnehmen der Leserperspektive ist in Bezug auf Texte von Spezialisten für Spezialisten hingegen äußerst unproblematisch: Das textrelevante Welt- und Fachwissen ist quasi als identisch zu beurteilen. Komplizierter ist die Situation freilich bei Texten für gemischte Adressatengruppen (z. B. Laien und Spezialisten): Hier ist die Gegenperspektive schwerer einzunehmen und ein einheitliches Kohärenz- und Höflichkeits-Profil schwerer herzustellen (vgl. 6.6). Auch gegenseitiges Feedback und Evaluation sind innerhalb von Fachkommunikation deutlich besser möglich: Gerade im Rahmen praktischer Anwendung ist eine Abgleichung der Verständlichkeit und Umsetzbarkeit der Instruktionen gut vorstellbar. Möglicherweise können wir derartige Prozesse diachron greifen, beispielsweise durch eine Gegenüberstellung der älteren (dichteren) und jüngeren (expliziteren) Fassungen von *lustratio* und *piaculum*.[350] Hier lässt

350 Wobei zu betonen ist, dass nicht die jeweils jüngere Fassung auf der älteren basiert,

sich in mehreren Bereichen eine Tendenz zur Verdeutlichung von Bezügen und Strukturen feststellen, z.B. eine deutliche Zunahme von redundanten Sequenzierungen und eine Betonung des Aspekts von Abgeschlossenheit und Überschneidung der aufeinander folgenden Handlungen. Auch in den hethitischen Ritualtexten ist eine diachrone Entwicklung zu größerer Eindeutigkeit bemerkbar: asyndetische Strukturen werden zunehmend durch Konnexion mit Partikeln oder Konnektivadverbien ersetzt, Ellipse von NPs nimmt zugunsten pronominaler Wiederaufnahme ab.

Diese Tendenzen (die auch in anderen Ritualtraditionen greifbar sind) könnten durch das (partielle) Unverständlich-Werden von Ritualtexten aufgrund von verändertem Vorwissen der Ritualhandelnden erklärbar sein: Zum Zeitpunkt der Abfassung von Ritualtexten[351] mag die Textgestaltung (hinsichtlich des Gleichgewichts zwischen Explizitheit und Ökonomie) sehr genau auf die Rezipienten gepasst haben; Produzenten und Rezipienten sind zu diesem Moment jeweils Spezialisten mit gleichen Voraussetzungen und gemeinsamem Wissen. Mit zeitlicher Verschiebung kann sich dies ändern, so dass spätere Rezipienten nicht mehr auf das gleiche Wissen zugreifen und nicht die „richtige" mentale Repräsentation des Textes rekonstruieren können. Diese Entwicklung kann zur Folge haben, dass die Rituale selbst nicht mehr als kohärent verstanden und die darauf bezogenen Texte unverständlich werden: Praktiken und Formeln versteinern. Einerseits kann dies unter bestimmten Umständen eine Veränderung der Rituale selbst auslösen, um erneut Sinnhaftigkeit herzustellen (vgl. Roth 2018). Andererseits sind auch Nachbesserungen oder Anpassungen auf Textebene möglich, z.B. in Form von exegetischer Literatur, Begriffserklärungen oder Aitiologien zur Angabe der Entstehung von Ritualen. Innerhalb der Ritualanweisungen kann die Tendenz zu expliziteren und aufwändigeren Kohärenzmitteln aber ebenfalls durch derartige religionsgeschichtliche Entwicklungen erklärt werden.

---

sondern dass beide Bearbeitungen eines gemeinsamen Archetypus darstellen (vgl. 5.3). Dennoch kann der zeitliche Unterschied zwischen den Fassungen eben zu den verschiedenartigen Bearbeitungen geführt haben; der Unterschied ist also gleichwohl diachron bedingt.

351 Z.B. der dem Archetypus von *lustratio* und *piaculum* zugrunde liegenden Urfassungen dieser Rituale im Umbrischen.

KAPITEL 9

Gesamtfazit der Untersuchung

In den Kapiteln 6–8 habe ich diejenigen pragmatischen Faktoren herausgegriffen und eingehend beleuchtet, die ausgehend von modernen Theorien der Fachsprachenforschung und Textpragmatik für die Bestimmung der untersuchten Ritualanweisungen als „Fachtexte" besonders zentral erscheinen:

- Textillokution
- Glückensbedingungen und ihre Kontrolle
- Textkohärenz und -strukturierung

Mein Ziel war dabei die Bestimmung und Bewertung der konkreten sprachlichen (und z.T. handlungsbezogenen) Elemente, die mit der jeweiligen pragmatischen Funktion eines Textes und dem damit zusammenhängenden Spektrum an Texteigenschaften korrelieren. Anhand dieser Bestimmungen habe ich demonstriert, dass die Pragmatik kein abgegrenzter (oder nur mit der Semantik zusammenhängender) linguistischer Bereich ist, sondern dass sie im Gegenteil übergreifend verstanden werden muss und Verbindungen zu fast allen anderen sprachlichen Ebenen besitzt, besonders zur Textgrammatik, aber auch zur Syntax, Morphologie und u.U. der Prosodie und Phonotaktik (als strukturellen Faktoren).

9.1 Ergebnisse der Hauptkapitel

Folgende Ergebnisse lassen sich aus den drei bearbeiteten pragmatischen Fragestellungen gewinnen:

9.1.1 *Textillokution als textsortenbestimmender Faktor*

Für die Klärung der Frage nach der Funktion und Intention der untersuchten Texte habe ich auf Basis der Sprechakttheorie eine Bestimmung der dominierenden Sprechakttypen (auf pragmatischer Ebene) vorgenommen. Anschließend habe ich das Spektrum der dafür verwendeten sprachlichen Ausdrücke untersucht, welches folgende Ebenen umfasst:

- morphologische Kategorien und Dimensionen (v.a. Verbalmodus, Numerus, Person)
- deontische Ausdrücke (lexikalische Ebene; Syntax: Aktiv/Passiv, unpersönliche Konstruktionen, indirekte, subordinierte Direktive)
- Satztypen (syntaktische Ebene: Imperativ-Sätze vs. Indikativ-Sätze; subordinierte Direktive)

 | DOI:10.1163/9789004436596_011

Es ergibt sich der Sprechakttyp des (konditionierten) Direktivs als zentrales Gestaltungsmerkmal zur Versprachlichung der Textillokution. Dabei ist die Wirksamkeit einer hohen Verbindlichkeit (in Abhängigkeit von den notwendigen Bedingungen) gegeben. Die konkrete sprachliche Umsetzung wird von verschiedenen Faktoren beeinflusst, dazu zählen insbesondere:

- Grad der Verbindlichkeit
- Autorität oder Grundlage der Verbindlichkeit
- Verhältnis zwischen Urhebern und Adressaten
- Spezialisierungsgrad und Homogenität der Adressatengruppe
- Bedingtheit/Eingeschränktheit des Direktivs
- Grad der Deaktualisierung bzw. Allgemeingültigkeit der Vorschrift
- Grad der Standardisierung bzw. Konventionalisierung des Gesamttextes

Diese Faktoren haben großen Einfluss auf die Homogenität der sprachlichen Umsetzung direktiver Sprechakte und können außerdem für eine Binnendifferenzierung der Texte herangezogen werden, z.B. zwischen Ritualvorschriften und allgemeinen Regeln der Bruderschaft (im Fall der IT) oder innerhalb eines Ritualtextes zur strukturellen Abgrenzung von verschiedenen, funktional unterschiedlichen Textteilen wie titelartigen Direktiven mit Bezug auf größere Textteile, einleitenden oder vorbereitenden Anweisungen, prozessbezogenen, sequenzorientierten Vorschriften oder subsumierenden Textteilen und Kolophonen.

9.1.2 *Strategien der Verständnissicherung der rituellen Kommunikation*

Der Komplex aus ritueller Handlung und Gebeten als kommunikativen Akten besitzt ebenfalls die Illokution „Sprecher bewegt Hörer zur Durchführung einer Handlung“, d.h. in diesem Fall: Die Ritualhandelnden bewegen die Götter zur Erfüllung der vorgetragenen Bitten. Dieser direktive Sprechakt ist von demjenigen der Ritualanweisungen deutlich abgrenzbar. Hierfür ist in besonderem Maße die Natur der göttlichen Adressaten ausschlaggebend, welche in etischer Perspektive von den Sprechern selbst konstruiert werden, aber zugleich in emischer Perspektive von ihnen als real akzeptiert sind, sowie am Verhältnis der Kommunikationspartner untereinander. Dadurch, dass die Adressaten und ihre Rückmeldungen nur mittelbar zugänglich sind und das Gelingen der rituellen Kommunikationsakte daher besonders prekär ist, wurde nach Techniken gesucht, welche diese Unsicherheiten ausgleichen und die Glückensbedingungen stabilisieren. Derartige Techniken bestehen v.a. im Sichern der vom Textproduzenten kontrollierbaren Kommunikationsumstände, die sowohl in Ritualanweisungen (mit Bezug auf die Handlungsebene) als auch in den Texten der Gebete und Formeln (mit Bezug auf die Sprachebene) greifbar sind. Da beide Ebenen zusammenwirken, finden sich entsprechende intertextuelle und

pragmatische Relationen zwischen diesen einander voraussetzenden Textsorten. Diese habe ich folgenden Bereichen zugeordnet und funktional systematisiert:
- Konstituierung bzw. Stabilisierung der Identität der Kommunikationspartner
- Erzeugung von Eindeutigkeit des propositionalen Gehalts der Äußerung (hier bestehen enge Verbindungen zur Textkohärenz; z.B. im Bereich der Rekurrenz)
- Verifikation des Gelingens des Kommunikationsaktes (Divination)
- Identifikation der Ursachen für festgestelltes Scheitern (Divination)
- Behebung von Fehlern (Ritualheilung oder Wiederholung)
- Vorbeugen von Fehlern durch Etablierung von Handlungsspielräumen (präventive Vagheit)[1]

Zentrale Prinzipien, die diesen Techniken zugrunde liegen und sich in Sprache und Handeln manifestieren, sind die der Analogie, Sympathie bzw. Antipathie und Ikonizität. Besonders gut untersucht sind diese Prinzipien im Bereich sogenannter „magischer" (oder besser selbstwirksamer) Sprachverwendung, sie sind jedoch auch als Basis nahezu aller Stabilisierungstechniken oder Kontrollmechanismen greifbar. Eine religionswissenschaftlich relevante Erkenntnis dieser Zusammenschau und funktionalen Systematisierung ist die Tatsache, dass Religion als Weltbild und rituelle Praxis als konkreter Mechanismus zur Erzeugung menschlicher Selbst-Effizienz ein äußerst funktionales Instrument darstellen. Selbst die Prozesse von Scheitern und Reparatur bilden rekursive Schleifen, welche die Handlungsfähigkeit in Krisensituationen aufrechterhalten. Dementsprechend ist Handlungsmacht (oder *Agency*), die durch Rituale verfügbar wird, ein zentraler pragmatischer Faktor bei deren Gestaltung auf sprachlicher und symbolischer Ebene.

9.1.3 *Textsortenspezifische Textualität und Textkohärenz*

In Erweiterung der bereits in den ersten beiden Hauptkapiteln erfassten Unterschiede der beiden am Komplex der religiösen Sprache beteiligten, aufeinander bezogenen Textsorten Ritualanweisung und Gebet wird in diesem Kapitel eine Bestimmung der jeweils bevorzugten Kohärenzstrategien vorgenommen. Anhand der bisherigen Ergebnisse ist zu erwarten, dass die Anweisungstexte verstärkt auf komprimierende, ökonomische Techniken als sprachliche Anzeiger des Textzusammenhangs und der Textstruktur zurückgreifen, wäh-

1 Diese letzte Funktion entspricht mit Sicherheit nicht einem emisch bewussten Ziel der Ritualanwender.

rend Gebete im Zuge der Stabilisation kommunikativer Parameter auch in diesem Bereich auf Explizitheit und sprachliche Eindeutigkeit ausgerichtet sind. Diese beiden funktionalen Tendenzen habe ich daher der Erfassung der konkreten sprachlichen Formen zugrunde gelegt, wobei ich jeweils die zentralen Bereiche von Rekurrenz, Konnexion und Deixis behandelt habe. Das vorgeschlagene Kontinuum zur Einteilung der Kohärenzmittel erstreckt sich demnach zwischen den Polen von sprachlicher

- Explizitheit ⟷ Implizitheit
- Entfaltung ⟷ Verdichtung
- Redundanz ⟷ Ökonomie

Als Maßstab habe ich die Arbeitsteilung zwischen Textproduzent und -rezipient herangezogen, die je nach dem tatsächlichen oder vermuteten Potential der Inferenzziehungen des Rezipienten unterschiedlich ausfallen kann. Aufgrund der starken Unsicherheit der Ritualhandelnden bzgl. der Annahme ihrer Bitten durch die göttlichen Adressaten, bin ich dabei von der Vermutung ausgegangen, dass sie prophylaktisch von einer geringen Inferenzkapazität dieser Adressaten ausgingen. Ich konnte zeigen, dass diese Unsicherheit sich offenbar in einer deutlich expliziten, sprachlich aufwändigen Gestaltung der Referenz und Rekurrenz innerhalb der Gebete und Formeln niederschlägt, die mit verschiedenen in Kapitel 7 erfassten Strategien der Adressatenkonstitution korrespondiert. Als weitere spezifische Eigenschaften der Textkohärenz in Gebeten habe ich, neben dem größeren referenziellen Aufwand, die aktualisierte, situative und sprecherbezogene Deixis der als direkte Rede konzipierten Texte, sowie die ästhetischen Gestaltungskriterien identifizieren können. Diese basieren, ebenfalls korrespondierend mit den Techniken der Verständnissicherung und Glückenskontrolle, häufig auf dem Prinzip der Ikonizität und führen zu einem beträchtlichen sprachlichen Aufwand in Form struktureller Rekurrenzmuster.

Eine homogene Gruppe spezialisierter Adressaten, deren Vorwissen mit demjenigen der Textproduzenten als identisch gelten kann, liegt hingegen für die Ritualtexte vor. Dieser Umstand lässt ein starkes Kompressionspotential und fachtextsortenspezifische, ökonomische Kohärenztechniken erwarten. Den spezifischen Charakter der Kohärenz in den Ritualanweisungen prägen außerdem die folgenden kommunikativen Parameter:

- festes Zeigefeld
- begrenzte Anzahl und Auswahl möglicher Referenten
- bekannte Frames oder Skripte der Handlungsabläufe
- Textwissen durch Praxiswissen ergänzt
- deaktualisierte Deixis
- adressatenorientierte Gestaltung (Origoexklusivität bzw. *effacement énonciatif*)

Allerdings ist als Ergebnis der Evaluation auch zu betonen, dass ich keine vollständig homogene Charakterisierung der Gebete als entfaltend, redundant und explizit und der Instruktionen als verdichtend, ökonomisch und implizit feststellen konnte, sondern dass für beide Textsorten bestimmte funktionale Bereiche existieren, in denen ein verstärkter Aufwand bei der Herstellung von Kohärenz zu verzeichnen ist. Das jeweilige Kohärenzprofil ist also durchaus differenziert in Abhängigkeit von der funktionalen Belastung des jeweiligen Merkmals. In den Gebeten konzentriert sich der sprachliche Aufwand, wie bereits bemerkt, auf den Bereich der Referenz und Rekurrenz, während in den Ritualanweisungen v. a. der Bereich der Konnexion durch die Explizierung temporaler Relationen zwischen den beschriebenen Handlungsschritten aufwändig gestaltet wird. Hier kann möglicherweise eine diachrone Entwicklung hin zu größerer Explizitheit der richtigen Reihenfolge abgelesen werden, die m. E. mindestens teilweise mit einer Veränderung des Fachwissens späterer Textrezipienten im Zuge der Ritualtradition erklärt werden kann. Als wichtige Eigenschaft komprimierender Kohärenzmittel erscheint mir die Kennzeichnung von Handlungsphasen als textuelle Einheiten, innerhalb derer eine stärkere Implizitheit und Kompression auftritt als an den Rändern und Übergängen. Auch innerhalb eines Einzeltextes oder einer Textsorte wie den Instruktionen sind also anhand des Kohärenzprofils strukturelle Differenzierungen möglich.

Im Bereich der Deixis spielen andere Faktoren für die jeweilige Gestaltung eine Rolle: Während in Gebeten stärker situationsdeiktische Elemente mit Bezug auf die individuellen, spezifischen Sprecher und Adressaten vorliegen, sind die Instruktionen in diesem Bereich deaktualisiert und nahezu neutral. Sie nutzen allerdings sehr stark diskurs- und textdeiktische Elemente, die in Form von Proformen oder Multiplikativen gleichzeitig den Verzicht auf Textwiederholungen ermöglichen.

9.2 Charakteristika ritueller Fachtexte: Gesamtergebnis

Als Ergebnis der vorliegenden Untersuchung kann ein auf pragmatischen Kriterien basierendes, spezifisches Bündel von Merkmalen zusammengefasst werden, welches die Textsorte „Ritualinstruktionen" als Fachtextsorte charakterisiert und gleichzeitig von benachbarten Textsorten abgrenzt. Die Charakteristika sind jeweils mit spezifischen pragmatischen Anforderungen an die Texte korrelierbar. Folgende Merkmale habe ich festgestellt:

a) Ritualinstruktionen sind Gebrauchstexte mit appellativer bzw. direktiver, handlungsbezogener Textfunktion; sie können daneben sekundäre Funktionen wie Dokumentation bzw. Qualitätssicherung oder Identitätsstiftung besitzen. Im Falle der auf Bronzetafeln gravierten Anweisungen der IT können solche Texte auch als Prestigeobjekte fungieren.

b) Als prozessbezogene Instruktionen sind sie u. a. mit modernen Instruktionstexten korrelierbar.

c) Sie weisen einen hohen Spezialisierungs- und Standardisierungsgrad auf und weisen sich auch dadurch als Fachtexte von Spezialisten für Spezialisten mit entsprechendem Praxiswissen aus.

d) Dabei sind sie allerdings innerhalb einer Sprechergemeinschaft oder Textgruppe nicht vollständig homogen: Hinsichtlich der Produzenten- und Adressatengruppen sind Unterschiede möglich, des Weiteren hängt der Grad der Standardisierung von den jeweiligen Kontrollmöglichkeiten ab. Diese sind höher bei offiziellen Ritualen, die einem staatlichen Qualitätsmanagement unterliegen, aber weniger hoch bei individuellen Anwendungsbereichen und besonders bei therapeutischen Praktiken.

e) Ein typisches Spannungsverhältnis entsteht in Ritualtexten durch den Gegensatz von Verbindlichkeit und Gestaltungsfreiheit (oder Agency); dieser schlägt sich in spezifischen Strukturen wie konditionierten Direktiven oder *free-choice-expressions* nieder.

f) Ritualinstruktionen besitzen textsortenübergreifende Beziehung zu Gebeten, was v.a. im Rahmen der Stabilisierung des kommunikativen Erfolgs der Rituale eine zentrale Rolle spielt. Sie teilen einen gemeinsamen Zeigebereich (gehen aber von einem je unterschiedlichen deiktischen Zentrum aus) und gemeinsame Objekte bzw. Referenten. Zudem verweisen sie auf gemeinsame außersprachliche Prozesse und Symbolik, was sich v. a. im Bereich des Lexikons und der Terminologie niederschlägt.

g) Ähnlich sind sich beide Textsorten auch aufgrund der vergleichbaren appellativen Funktion; beide besitzen eine direktivische Gesamtillokution und greifen daher auf ähnliche Modi und Satztypen zurück. Dennoch werden auch sprachliche Differenzierungsmöglichkeiten genutzt, um unterschiedlichen Hierarchieverhältnissen und *politeness*-Anforderungen Rechnung zu tragen.

h) Relevante Unterschiede zu den Gebeten sind neben dem Bereich der Situationsdeixis und der Feindifferenzierung der Sprechakte auch der Faktor der ästhetischen Gestaltung sowie die stärker rhetorisch-persuasive Ausrichtung unter Rückgriff auf argumentative (eher Gebete) oder analogie-basierte (eher Ritualsprüche und Formeln) Strukturen.

i) Beide Textsorten lassen sich auch anhand spezifischer Kohärenzmerkmale abgrenzen: In Ritualinstruktionen sind referenzielle Ökonomie und Auslassungsmuster (wie anaphorische Ellipse, ökonomische Diskursverweise) vorherrschend, wodurch sich eine fachsprachenspezifische Verdichtung der Texte ergibt. Gleichzeitig herrscht im Bereich der Konnexion punktuelle Explizitheit (mitunter sogar Redundanz) zum Ausdruck der korrekten Sequenzierung von Handlungen und Phasen vor, was der Bedeutung dieser Funktion Rechnung trägt.

j) Die kohärenzbezogene Charakterisierung der Gebetstexte ist in etwa gegenläufig: Hier wird am meisten Aufwand auf die korrekte Identifizierbarkeit der Referenten verwendet; die Verwendung konnektiver Elemente richtet sich v.a. nach der argumentativen Strukturierung. Insofern schlägt sich die jeweilige Kohärenzgestaltung auch stark auf die Textstrukturierung auf Mikro- und Makroebene nieder.

Die Bestimmung textsortenspezifischer Eigenschaften und die Binnendifferenzierung der Textsorte Ritualinstruktion sowie die Abgrenzung zu benachbarten Textsorten habe ich anhand zweier indogermanischer Einzelsprachen vorgenommen, in denen durch Kultsystem und Überlieferung positive Voraussetzungen für eine solche Untersuchung gegeben sind. Die Einheitlichkeit der Ergebnisse verweist dezidiert nicht auf eine schon indogermanische Fachsprache von Ritualspezialisten, sondern demonstriert, wie ähnliche pragmatische Anforderungen zu ähnlichen Lösungswegen und Ergebnissen auf sprachlicher Ebene führen. Unterschiede in einigen Details zeigen auch, dass diese Lösungen gleichzeitig vom verfügbaren Inventar der jeweiligen Sprache (besonders grammatikalischen Dimensionen und Kategorien) abhängen; insofern wären weitere Vergleiche mit entsprechenden Textsorten nicht-indogermanischer Sprachen von zusätzlichem Interesse.[2]

Ich hoffe, mit diesen Ergebnissen gezeigt zu haben, dass die Betrachtung sprachlicher Zeugnisse als Texte und Textsorten bereichernde Ergebnisse sowohl für die Einzelphilologien als auch für eine indogermanistische Perspektive auf die Zusammenhänge zwischen Sprache und Sprachverwendung erzielen kann. Gerade Gebrauchstextsorten, die aufgrund ihrer angeblichen „sprachlichen Schlichtheit" in vielen Disziplinen lange ein Schattendasein neben den literarischen Texten gefristet haben, können zudem ein besonders zuverlässiges, unverstelltes Fenster zur Lebenswelt indogermanischer Sprechergemeinschaften sein. Diese Untersuchung soll daher auch die Bedeutung und das Potential gerade solcher Texte hervorheben. Insbesondere möchte ich unterstreichen, dass es sich dabei keineswegs um sprachlich weniger kunstfer-

2 Besonders wenn die Einflussnahme des betreffenden Textsortenspektrums benachbarter Sprachen von Belang ist, wie im Fall des Akkadischen, dessen Konventionen auch hethitische Texte gerade im rituellen Bereich beeinflusst haben. Dieser Aspekt wurde hier nicht untersucht, könnte aber gerade hinsichtlich der textpragmatischen Gesichtspunkte weiteren Aufschluss geben.

tige Produkte handelt, sondern dass sie genauso sorgfältig und raffiniert gestaltet sein können wie Hymnen, Epen oder elaborierte Prosatexte. Diese Erkenntnis ist möglich, sofern man die Ausrichtung an entsprechenden funktionalen Parametern und das Verhältnis zwischen sprachlicher Form und pragmatischer Funktion zum Maßstab der Bewertung macht – und damit eine pragmatische Herangehensweise an den Text wählt.

Literaturverzeichnis

Ackerman, Robert. 1991. *The myth and ritual school: J. G. Frazer and the Cambridge ritualists*. New York u. a.: Garland.

Adamzik, Kirsten. 2008. Textsorten und ihre Beschreibung. In: Janich, Nina (Hrsg.): *Textlinguistik. 15 Einführungen*. Tübingen: Narr. 145–178.

Ager, Britta K. 2010. *Roman Agricultural Magic*. Michigan. Dissertation online: http://deepblue.lib.umich.edu/bitstream/handle/2027.42/75896/bager_1.pdf

Aikhenvald, Alexandra. 2010. *Imperatives and Commands* (Oxford Studies in Typology and Linguistic Theory). Oxford: Oxford University Press.

Althoff, Jochen/Föllinger, Sabine/Wöhrle, Georg (Hrsg.). 2009. *Antike Naturwissenschaft und ihre Rezeption* (AKAN 19). Trier: Wissenschaftlicher Verlag.

Alvar, Jaime. 1985. Matériaux pour l'étude de la formule *sive deus, sive dea*. In: *Numen* 32,2. 236–273.

Ambos, Claus. 2007. Types of Ritual Failure and Mistakes in Cuneiform Sources. In: Hüsken, Ute (Hrsg.): *When Rituals Go Wrong: Mistakes, Failure, and the Dynamics of Ritual*. Leiden/Boston: Brill. 25–47.

Ambos, Claus. 2005. Mißverständnisse und Fehler bei der Ausführung von Ritualen. In: Ambos, Claus et al. (Hrsg.): *Die Welt der Rituale. Von der Antike bis heute*. Darmstadt: WBG. 79–84.

Ancillotti, Augusto/Cerri, Romolo. 1996. *Le Tavole di Gubbio e la civiltà degli Umbri*. Perugia: Jama.

Antonovsky, Aaron. 1997. *Salutogenese. Zur Entmystifizierung der Gesundheit*. Aus d. Amerik. übers. von Alexa Franke. Tübingen: Dgvt-Verlag.

Appel, Georg. 1909. *De Romanorum precationibus*. Gießen: Toepelmann.

Archi, Alfonso. 1975. L'ornitomanzia ittita. In: *Studi Micenei ed Egeo-Anatolici* 16. 119–180.

Archi, Alfonso. 1974. Il systema KIN della divinazione ittita. In: *Oriens Antiquus* 13. 113–144.

Ariel, Mira. 2001. Accessibility theory: An overview. In: Sanders, Ted et al. (Hrsg.): *Text Representation. Linguistic and psycholinguistic aspects*. Amsterdam/Philadelphia: John Benjamins. 29–87.

Ariel, Mira. 1990. *Accessing Noun Phrase antecedents*. London: Routledge.

Assmann, Jan. 1992. *Das kulturelle Gedächtnis. Schrift, Erinnerung und politische Identität in frühen Hochkulturen*. München: Beck.

Auffarth, Christoph. 2016. Gift and Sacrifice. In: Stausberg, Michael/Engler, Steven (Hrsg.): *The Oxford Handbook of the Study of Religion*. Oxford: University Press. 541–558.

Austin, John L. 1962. *How to Do Things with Words*. Cambridge, Mass.: Harvard University Press.

Bach, Kent/Harnish, Robert M. 1979. *Linguistic Communication and Speech Acts*. Cambridge, Mass.: MIT Press.

Badalì, Enrico. 1991. *Strumenti musicali, musici e musica nelle celebrazione delle feste ittite*. Heidelberg: Winter.

Badalì, Enrico/Zinko, Christian. 1989. *Der 16. Tag des* AN.TAH.ŠUM-*Festes. Text, Übersetzung, Kommentar, Glossar*. Innsbruck: Verlag Scientia.

Bammesberger, Alfred. 1983. Zur Entstehung der Vedischen Imperative auf -(*s*)*i*. In: *Zeitschrift für Vergleichende Sprachforschung* 96. 1–5.

Bandura, Albert. 2006. Toward a Psychology of Human Agency. In: *Perspectives on Psychological Science* 1,2. 164–180.

Bandura, Albert. 1982. Self-Efficacy Mechanism in Human Agency. In: *American Psychologist* 37,2. 122–147.

Baudy, Dorothea. 1998. Römische Umgangsriten: eine ethologische Untersuchung der Funktion von Wiederholung für religiöses Verhalten (Religionsgeschichtliche Versuche und Vorarbeiten 43). Berlin/New York: de Gruyter.

Baum, Daniel. 2006. *The Imperative in the Rigveda*. Utrecht: LOT.

Bawanypeck, Daliah. 2005. *Die Rituale der Auguren* (Texte der Hethiter 25). Heidelberg: Winter.

Beal, Richard H. 2002a. Hittite Oracles. In: Ciraolo, Leda/Seidel, Jonathan (Hrsg.): *Magic and Divination in the Ancient World*. Leiden: Brill. 57–81.

Beal, Richard H. 2002b. Gleanings from Hittite Oracle Questions on Religion, Society, Psychology and Decision Making. In: Taracha, Piotr (Hrsg.): *Silva Anatolica: Anatolian Studies Presented to Maciej Popko on the Occasion of His 65th Birthday*. Warschau: Agade. 11–37.

Beard, Mary/North, John/Price, Simon. 1998. *Religions of Rome*. 2 Bände. Cambridge: Cambridge University Press.

de Beaugrande, Robert-Alain/Dressler, Ulrich. 1981. *Einführung in die Textlinguistik*. Tübingen: Niemeyer.

Becker, Kristina. 2014. *Zur Semantik der hethitischen Relativsätze*. Hamburg: Baar Verlag.

Beckman, Gary M. 1999. The Tongue is a Bridge. Communication between Humans and Gods in Hittite Anatolia. In: *Archív Orientální* 67. 519–534.

Beckman, Gary M. 1990. The Hittite "Ritual of the Ox" (CTH 760.1.2–3). In: *Orientalia*, Nova Series 59,1. 34–55.

Beckman, Gary M. ^{2}1983. *Hittite Birth Rituals* (Studien zu den Boğazköy-Texten 29). 2., neu bearb. Auflage. Wiesbaden: Harrassowitz.

Belayche, Nicole. 2007. Religious Actors in Daily Life: Practices and Related Beliefs. In: Rüpke, Jörg (Hrsg.): *A Companion to Roman Religion*. Malden, Mass.: Blackwell. 275–291.

Belfiore, Valentina/Dupraz, Emmanuel. In Vorbereitung. *Interpunzioni nelle descrizioni di rituali delle Tavole Iguvine umbre e del* Liber linteus *etrusco*.

Bell, Catherine. 1992. *Ritual theory, ritual practice*. New York u.a.: Oxford University Press.

Bellinger, Andréa (Hrsg.). 1998. *Ritualtheorien*. Wiesbaden: Westdeutscher Verlag.

Bethmann, Stephanie/Helfferich, Cornelia/Hoffmann, Heiko (Hrsg.). 2012. *Agency. Qualitative Rekonstruktionen und gesellschaftstheoretische Bezüge von Handlungsmächtigkeit*. Basel: Beltz Juventa Verlag.

Bhatia, Vijay/Engberg, Jan/Gotti, Maurizio/Heller, Dorothee (Hrsg.). 2005. *Vagueness in Normative Texts*. Bern u.a.: Lang.

Bókay, Antal. 1985. Text and Coherence in a Psychoanalytic Theory of Jokes. In: Sözer, Emel (Hrsg.): *Text Connexity, Text Coherence: Aspects, Methods, Results*. Hamburg: Buske. 414–438.

Boley, Jacqueline. 2000. *Dynamics of transformation in Hittite. The Hittite particles* -kan, -asta *and* -san (Innsbrucker Beiträge zur Sprachwissenschaft 97). Innsbruck: Institut für Sprachen und Literaturen der Universität Innsbruck.

Boley, Jacqueline. 1989. *The Sentence Particles and the Place Words in Old and Middle Hittite*. Innsbruck: Institut für Sprachen und Literaturen der Universität Innsbruck.

Bolkestein, Machtelt A. 1980. *Problems in the Description of Modal Verbs. An Investigation of Latin* (Studies in Greek and Latin Linguistics 1). Assen: Van Gorcum.

Boost, Karl. 1949. Der deutsche Satz. Die Satzverflechtung. In: *Der Deutschunterricht* 2,3. 7–15.

Bourdieu, Pierre. 1998. *Praktische Vernunft. Zur Theorie des Handelns*. Frankfurt a.M.: Suhrkamp.

Bourdieu, Pierre. 1996. *Reflexive Anthropologie*. Frankfurt a.M.: Suhrkamp.

Boyer, Pascal. 2001. *Religion Explained. The Evolutionary Origins of Religious Thought*. New York: Basic Books.

Brinker, Klaus. [8]2014. *Linguistische Textanalyse. Eine Einführung in Grundbegriffe und Methoden*. 8., neu bearb. und erw. Auflage unter Mitarb. von Hermann Cölfen und Stefan Pappert. Berlin: Erich Schmidt.

Brinker, Klaus. 2000. Textfunktionale Analyse. In: Brinker, Klaus/Wiegand, Herbert E. (Hrsg): *Text- und Gesprächslinguistik. Ein internationales Handbuch zeitgenössischer Forschung* (Handbücher zur Sprach- und Kommunikationswissenschaft 16.1). Berlin/New York: de Gruyter. 175–186.

Brinker, Klaus. 1998. Aspekte der Textkohärenz am Beispiel einer Rundfunkpredigt. In: Donhauser, Karin/Eichinger, Ludwig M. (Hrsg.): *Deutsche Grammatik – Thema in Variationen. Festschrift für Hans-Werner Eroms zum 60. Geburtstag*. Heidelberg: Winter. 191–202.

Brinker, Klaus. 1996. Die Konstitution schriftlicher Texte. In: Günther, Hartmut/Wiegand, Herbert E. (Hrsg.): *Schrift und Schriftlichkeit: ein interdisziplinäres Handbuch internationaler Forschung* (Handbücher zur Sprach- und Kommunikationswissenschaft 10.2). Berlin u.a.: de Gruyter. 1515–1526.

Brinker, Klaus (Hrsg.). 1991. *Aspekte der Textlinguistik*. Hildesheim u.a.: Olms.

Brisch, Nicole. 2017. To Eat Like a God: Religion and Economy in Old Babylonian Nippur. In: Heffron, Yağmur et al. (Hrsg.): *At the Dawn of History: Ancient Near Eastern Studies in Honour of J. N. Postgate*. Winona Lake, Indiana: Eisenbrauns. 43–53.

Brosch, Cyril. 2014a. Eine Skizze der Räumlichkeit im Hethitischen. In: *eTopoi. Journal for Ancient Studies* 3. 23–41.

Brosch, Cyril. 2014b. *Untersuchungen zu hethitischen Raumgrammatik*. Berlin/Boston: de Gruyter.

Brown, Penelope/Levinson, Stephen C. ^{2}1987. *Politeness. Some universals in language usage*. 2., neubearb. und erg. Auflage. Cambridge: Cambridge University Press.

Brugmann, Karl. 1916. *Grundriß der vergleichenden Grammatik der indogermanischen Sprachen*. Band 2,3: *Vergleichende Laut-, Stammbildungs- und Flexionslehre der indogermanischen Sprachen*. Strassburg: Trübner.

Brugmann, Karl. 1911. Zur umbrischen und pälignischen Sprachgeschichte. In: *Sitzungsberichte der Sächsischen Akademie der Wissenschaften* 63. 153–175.

Bryce, Trevor. 2002. *Life and Society in the Hittite World*. Oxford: Oxford University Press.

Bublitz, Wolfram. 2001. Formen der Verständnissicherung in Gesprächen. In: Brinker, Klaus/Wiegand, Herbert E. (Hrsg): *Text- und Gesprächslinguistik. Ein internationales Handbuch zeitgenössischer Forschung* (Handbücher zur Sprach- und Kommunikationswissenschaft 16.2). Berlin u.a.: de Gruyter. 1330–1340.

Buck, Carl Darling. ^{2}1928. *A Grammar of Oscan and Umbrian with a Collection of Inscriptions and a Glossary*. 2., erw. Auflage. Boston: Ginn.

Buecheler, Franz. 1883. *Umbrica*. Bonn: Max Cohen.

Bungarten, Theo (Hrsg). 1993. *Fachsprachentheorie*. 2 Bände. Tostedt: Attikon.

Burde, Cornelia. 1974. *Hethitische medizinische Texte* (Studien zu den Boğazköy-Texten 19). Wiesbaden: Harrassowitz.

Burgin, James. 2019. *Functional Differentiation in Hittite Festival Texts. An Analysis of the Old Hittite Manuscripts of the* KI.LAM *Great Assembly* (Studien zu den Boğazköy-Texten 65). Wiesbaden: Harrassowitz.

Burkert, Walter. 1984. *Die Anthropologie des religiösen Opfers: Die Sakralisierung der Gewalt* (C.F. von Siemens Stiftung/Themen 40). München: Carl-Friedrich-von-Siemens-Stiftung.

Burkert, Walter. 1979. *Structure and history in Greek mythology and ritual* (Sather classical lectures 47). Berkeley: University of California Press.

Büssing, Arndt/Surzykiewicz, Janusz/Zimowski, Zygmunt (Hrsg.). 2015. *Dem Gutes tun, der leidet. Hilfe kranker Menschen – interdisziplinär betrachtet*. Berlin/Heidelberg: Springer.

Bußmann, Hadumod. ^{4}2008. *Lexikon der Sprachwissenschaft*. 4., durchges. und bibliogr. erg. Auflage unter Mitarb. von Hartmut Lauffer. Stuttgart: Kröner.

Butler, Sally A.L. 1998. *Mesopotamian Conceptions of Dreams and Dream Rituals*. Münster: Ugarit-Verlag.

Bybee, Joan/Perkins, Revere/Pagluica, William. 1994. *The evolution of grammar: tense, aspect, and modality in the languages of the world*. Chicago: University of Chicago Press.

Calhoun, Lawrence G./Tedeschi, Richard. 2006. The foundations of posttraumatic growth: An expanded framework. In: Calhoun, Lawrence/Tedeschi, Richard (Hrsg.): *Handbook of posttraumatic growth: Research and practice*. Mahwah, NJ: Erlbaum. 1–23.

Calzecchi-Onesti, Giorgio. 1981. *Ocr-* ed *acr-* nella toponomastica dell'Italia antica. In: *Studi etruschi* 49. 165–189.

Cammarosano, Michele. 2013. Hittite Cult Inventories – Part One: The Hittite Cult Inventories as Textual Genre. In: *Die Welt des Orients* 43. 63–105.

Cammarosano, Michele. 2012. Hittite Cult Inventories – Part Two: The Dating of the Texts and the Alleged 'Cult Reorganization' of Tudḫaliya IV. In: *Altorientalische Forschungen* 39,1. 3–37.

Cherchi, Lucien. 1985. On the Role of Ellipsis in Discourse Coherence. In: Meyer-Hermann, Reinhard/Rieser, Hannes (Hrsg.): *Ellipsen und fragmentarische Ausdrücke*. Band 2. Berlin/New York: de Gruyter. 224–249.

Christiansen, Birgit. 2019. Noch gesund oder bereits krank? Der Zustand des Patienten im hethitischen Ritualtext KBo 10.37. In: Prechel, Doris/Neumann, Hans (Hrsg.): *Beiträge zur Kenntnis und Deutung altorientalischer Archivalien. Festschrift für Helmut Freydank zum 80. Geburtstag*. Münster: Zaphon. 47–79.

Christiansen, Birgit. 2016. Liturgische Agenda, Unterweisungsmaterial und rituelles Traditionsgut – Die hethitischen Festritualtexte in kulturvergleichender Perspektive. In: Müller, Gerfrid (Hrsg.): *Liturgie oder Literatur? Die Kultrituale der Hethiter. Workshop an der Akademie der Wissenschaften und der Literatur Mainz, 2.–3. Dezember 2010* (Studien zu den Boğazköy-Texten 60). Wiesbaden: Harrassowitz. 61–66.

Christiansen, Birgit. 2013. Reinheitsvorstellungen und Entsühnungsriten bei den Hethitern und ihr möglicher Einfluss auf die biblische Überlieferung. In: *Biblische Notizen*, Neue Folge 156. 131–153.

Christiansen, Birgit. 2012. *Schicksalsbestimmende Kommunikation. Sprachliche, gesellschaftliche und religiöse Aspekte hethitischer Fluch-, Segens- und Eidesformeln*. (Studien zu den Boğazköy-Texten 53). Wiesbaden: Harrassowitz.

Christiansen, Birgit. 2009. Und die Erde sei Eis, so dass ihr ausgleitet! Fluch und Eid bei den Hethitern. In: Friedrich, Peter/Schneider, Manfred (Hrsg.): *Fatale Sprachen – Eid und Fluch in Literatur- und Rechtsgeschichte* (Literatur und Recht 4). München: Wilhelm Fink Verlag. S. 23–46.

Christiansen, Birgit. 2007. Ein Entsühnungsritual für Tutḫaliya und Nikkalmati? Betrachtungen zur Entstehungsgeschichte von KBo 15.10+. In: Archi, Alfonso/Francia,

Rita (Hrsg.): *6th International Congress of Hittitology, September 5–9, Rome 2005. Studi Micenei Ed Egeo-Anatolici 49*. Rom: CNR – Istituto di Studi sulle Civiltà dell'Egeo e del Vicino Oriente. 93–107.

Christiansen, Birgit. 2006. *Die Ritualtradition der Ambazzi* (Studien zu den Boğazköy-Texten 48). Wiesbaden: Harrassowitz.

Chrstos, Constanze C. 2017. *Homers Gewebe Bedeutungen des Textilen im narrativen Kontext der Ilias und Odyssee*. Diplomarbeit online: https://fedora.phaidra.bibliothek.uni-ak.ac.at/fedora/get/o:7734/bdef:Content/download

Clark, Herbert H./Haviland, Susan E. 1977. Comprehension and the Given-New Contract. In: Freedl, Roy O. (Hrsg.): *Discourse production and comprehension*. Norwood, NJ: Ablex Publishing Corporation. 1–40.

Coli, Ugo. 1973. *Census*. In ders.: *Scritti di diritto romano*. Band 2. Mailand: Guiffrè. 951–962.

Collins, Billie Jean. 2007. *The Hittites and Their World* (Archaeology and Biblical Studies 7). Atlanta: Society of Biblical Literature.

Collins, Billie Jean. 2006. Pigs at the Gate: Hittite Pig Sacrifice in its Eastern Mediterranean Context. In: *Journal of Ancient Near Eastern Religions* 6. 155–188.

Collins, Billie Jean. 2001. Necromacy, Fertility and the Dark Earth. In: Mirecki, Paul/Meyer, Marvin (Hrsg.): *Magic and Ritual in the Ancient World*. Leiden u. a.: Brill. 224–242.

Consten, Manfred/Marx, Konstanze. 2006. Komplex-Anaphern – Rezeption und textuelle Funktion. In: Blühdorn, Hardarik et al. (Hrsg.): *Text – Verstehen: Grammatik und darüber hinaus. Jahrbuch des Instituts für Deutsche Sprache 2005*. Berlin/New York: de Gruyter. 375–379.

Consten, Manfred/Knees, Mareile/Schwarz-Friesel, Monika. 2007. The function of complex anaphors in texts: Evidence from corpus studies and ontological considerations. In: dies. (Hrsg.): *Anaphors in Text. Cognitive, formal and applied approaches to anaphoric reference*. Amsterdam/Philadelphia: John Benjamins. 81–102.

Coseriù, Eugenio. ^{2}2007. *Sprachkompetenz. Grundzüge der Theorie des Sprechens*. 2., durchgesehene Auflage. Tübingen: Narr.

Cowgill, Warren. 1987. The second plural of the Umbrian verb. In: Cardona, George/Zide, Norman H. (Hrsg.): *Festschrift für Henry Hoenigswald. On the Occasion of his Seventieth Birthday*. Tübingen: Narr. 81–90.

Crawford, Michael H. (Hrsg.). 1996. *Roman Statutes*. London: Institute of Classical Studies.

Curtius, Ernst Robert. 1948. *Europäische Literatur und lateinisches Mittelalter*. Bern: Francke.

Czicza, Dániel/Hennig, Mathilde/Emmrich, Volker/Niemann, Robert. 2012. Zur Verortung von Texten zwischen den Polen maximaler und minimaler Wissenschaftlichkeit. Ein Operationalisierungsvorschlag. In: *Fachsprache* 1–2. 2–44.

Czicza, Dániel/Hennig, Mathilde. 2011. Zur Pragmatik und Grammatik der Wissenschaftskommunikation. Ein Modellierungsvorschlag. In: *Fachsprache* 1–2. 36–60.

Dahl, Eystein. 2013. The Indo-European Subjunctive and its Origin as a Present. In: *Journal of Indo-European Studies* 41. 392–430.

Dardano, Paola. 2014. „Halte (dein) Ohr geneigt und höre mir zu!": Zur hethitischen Phraseologie der Kommunikation zwischen Menschen und Göttern. In: *Die Welt des Orients* 44. 174–189.

Dardano, Paula. 1997. *L'anedotto e il racconto in età antico-hittita: La cosidetta "cronaca di palazzo"* (Biblioteca di ricerche liguistiche e filologiche 43). Cambridge: Cambridge University Press.

Daues, Alexandra/Rieken, Elisabeth. 2018. *Das persönliche Gebet bei den Hethitern. Eine textlinguistische Untersuchung* (Studien zu den Boğazköy-Texten 63). Wiesbaden: Harrassowitz.

Degrassi, Attilio. 1963. *Inscriptiones Italiae 13.2. Fasti anni Numani et Iuliani.* Rom: Libreria dello Stato.

Delbrück, Berthold. 1888. *Altindische Sytnax.* Halle: Verlag der Buchhandlung des Waisenhauses.

Delbrück, Berthold. 1878. *Syntaktische Forschungen III: Die altindische Wortfolge.* Halle: Verlag der Buchhandlung des Waisenhauses.

Delbrück, Berthold. 1871. *Syntaktische Forschungen I: Der Gebrauch des Conjunctivs und Optativs im Sanskrit und Griechischen.* Halle: Verlag der Buchhandlung des Waisenhauses.

Denziot, Camille. 2011. *Donner des ordres en grec ancien.* Mont-Saint-Aignan: Publications des Universités de Rouen et du Havre.

De Vaan, Michiel. 2008. *Etymological Dictionary of Latin and the other Italic Languages.* Boston/Leiden: Brill.

Devoto, Giacomo. [4]1962. *Tabulae Iguuinae.* Rom: Typis Publicae Officinae Polygraphicae.

Devoto, Giacomo. [3]1954. *Tabulae Iguuinae.* Rom: Typis Publicae Officinae Polygraphicae.

Dickey, Eleanor. 2012. How to say 'please' in classical Latin. In: *Classical Quarterly* 62,2. 731–748.

Diessel, Holger. 1999. *Demonstratives: Form, Function, and Grammaticalization.* Amsterdam/Philadelphia: John Benjamins.

Dressler, Wolfgang U. 1973. *Einführung in die Textlinguistik.* Tübingen: Niemeyer.

Dunkel, George E. 1988. Vater Himmels Gattin. In: *Die Sprache* 34,1. 1–26.

Dumézil, Georges. 1975. *Fêtes romaines d'été et d'automne – suivi de dix questions romaines.* Paris: Gallimard.

Dumézil, Georges. [2]1974. *La religion romaine archaique: avec un appendice sur la religion des étrusques.* Paris: Payot.

Dupraz, Emmanuel. Im Druck. *Aufbau und Komponenten der umbrischen Ritualbeschreibungen. Die Iguvinischen Tafeln II, III und IV.*

Dupraz, Emmanuel. 2020. *Aufbau und Inhalt der umbrischen Gebetstexte. Untersuchungen zu den Fachbegriffen* uestisia, uesticatu *und* uest(e)is. Heidelberg: Winter.

Dupraz, Emmanuel. 2018a. Die Iguvinischen Tafeln als kunstprosaischer Text – der Status der Parallelismen. In: Hackstein, Olav/Gunkel, Dieter (Hrsg.): *Language and Meter, Sprache und Metrik* (*2.–4.September 2013: München*). Boston/Leiden: Brill. 7–33.

Dupraz, Emmanuel. 2018b. Die zweifache Vogelschau bei der umbrischen *lustratio* und dem römischen *census*. In: *Würzburger Jahrbücher*, Neue Folge 42. 19–63.

Dupraz, Emmanuel. 2018c. Les correspondants de *sacer* dans les Tables Eugubines. In: Lanfranchi, Thibaud (Hrsg.): *Autour de la notion de* sacer. Rom: Ecole française de Rome. 61–91.

Dupraz, Emmanuel. 2016/17. *Deitu* et *naratu* dans les Tables Eugubines: syntaxe, sémantique et pragmatique des deux *uerba dicendi* ombriens. In: *Münchener Studien zur Sprachwissenschaft* 70,2. 177–214.

Dupraz, Emmanuel. 2016a. Le Tavole Iguvine e la questione della latinizzazione dell'Italia: contatti con il latino nell'umbro del II sec. a.C.? In: Aberson, Michel et al. (Hrsg.): *L'Italia centrale e la creazione di una koiné culturale? I percorsi della "romanizzazione"*. Bern u.a.: Peter Lang. 127–142.

Dupraz, Emmanuel. 2016b. Die umbrische Anordnung *subra. spahmu*: Wege der Forschung. In: *Historische Sprachforschung* 129. 196–220.

Dupraz, Emmanuel 2016c. Zu einigen Perfektbildungen im Sabellischen. In: *Indogermanische Forschungen* 121. 333–363.

Dupraz, Emmanuel. 2015a. Scheucht die Tiere weg! Zu einem faliskischen und einem iguvinischen Opfer. In: *Würzburger Jahrbücher für die Altertumswissenschaft*, Neue Folge 39. 253–269.

Dupraz, Emmanuel. 2015b. La Circumambulation de Lug: Cath Maige Tuired, § 129. In: Oudaer, Guillaume et al. (Hrsg.): *Mélanges en l'honneur de Pierre-Yves Lambert*. Rennes: Tir. 123–132.

Dupraz, Emmanuel. 2015c. **Ampentu** dans les Tables Eugubines: « immoler »? In: *L'Antiquité Classique* 84. 75–97.

Dupraz, Emmanuel. 2015d. Randbemerkungen zu den umbrischen Formen *benuso* und *couortuso*. In: *Münchener Studien zur Sprachwissenschaft* 69,2. 197–217.

Dupraz, Emmanuel. 2014a. **Fetu** ‚tun/opfern' + Akkusativ und + Ablativ in den Iguvinischen Tafeln. In: *Münchener Studien zur Sprachwissenschaft* 68,2. 161–189.

Dupraz. Emmanuel. 2014b. Zur italischen Rechtssprache: Über einige juristische Formeln im Umbrischen und im Lateinischen. In: *Linguarum Varietas* 3. 73–94.

Dupraz, Emmanuel. 2013a. Götternamen, göttliche Epiklesen und ihre Ableitungen im Sabellischen: u. **fise** / *fiso*, sabellisch **pako-* / *-*paku-*. In: *Linguarum Varietas* 2. 65–81.

Dupraz, Emmanuel. 2013b. Sur le Grammème ombrien *perse*. In: Bodelot, Colette et al. (Hrsg.): *Morphologie, syntaxe et sémantique des subordonnants*. Clermont-Ferrand: Presses Universitaires Blaise-Pascal. 351–364.

Dupraz, Emmanuel. 2012. *Sabellian Demonstratives. Forms and Functions*. Leiden: Brill.

Dupraz, Emmanuel. 2011a. Osservazioni sulla coesione testuale nei rituali umbri: il caso delle Tavole I e II a. In: *Alessandria* 5. 49–66.

Dupraz, Emmanuel. 2011b. U. *surur*, lat. *item* – adverbe de manière, connecteur discursif. In: van Heems, Gilles (Hrsg.): *La Variation linguistique dans les langues de l'Italie préromaine. Actes du IVe séminaire sur les langues de l'Italie préromaine organisé à l'Université Lumière-Lyon 2 et la Maison de l'Orient et de la Méditerranée–12 mars 2009*. Lyon: Maison de l'Orient et de la Méditerranée – Jean Pouilloux. 131–154.

Dupraz, Emmanuel. 2010. *Les Vestins à l'époque tardo-républicaine: Du Nord-osque au latin*. Rouen/Le Havre: Publications des Universités de Rouen et du Havre.

Dupraz, Emmanuel. 2009. Stratégies de relativisation dans les langues sabelliques. In: *Bulletin de la société de linguistique de Paris* 104,1. 215–259.

Durkheim, Emile. 1912. *Les formes élémentaires de la vie religieuse: le système totémique en Australie*. Paris: Alcan.

Ehlich, Konrad. 1979. *Verwendung der Deixis beim sprachlichen Handeln*. Bern: Peter Lang.

Ehmig, Ulrike. 2013. Pro & contra. Erfüllte und unerfüllte Gelübde in lateinischen Inschriften. In: *Historische Zeitschrift* 296. 297–329.

Ehmig, Ulrike. 2012. *Adversus vota/contra votum*. In: *Epigraphica* 74. 201–215.

Elmer, Herbert C. 1898. *Studies in Latin moods and tenses* (Cornell Studies in Classical Philology 6). Ithaca, NY: Cornell University.

Engberg, Jan. 2007. Synchrone und diachrone Bedeutungsdynamik – eine Herausforderung für die Beschreibung fachlicher Kommunikation. In: *LSP & Professional Communication* 7,1. 26–61.

Engelhard, David H. 1970. *Hittite magical practices: an analysis*. Ann Arbor/Michigan: University Microfilms International Dissertation Services.

Engels, David. 2007. *Das römische Vorzeichenwesen (753–27 v.Chr.). Quellen, Terminologie, Kommentar, historische Entwicklung* (Potsdamer Altertumswissenschaftliche Beiträge 22). Stuttgart: Franz Steiner Verlag.

Fabricius-Hansen, Cathrine. 2000. Formen der Konnexion. In: Brinker, Klaus/Wiegand, Herbert E. (Hrsg): *Text- und Gesprächslinguistik. Ein internationales Handbuch zeitgenössischer Forschung* (Handbücher zur Sprach- und Kommunikationswissenschaft 16.1). Berlin u.a.: de Gruyter. 331–343.

Farber, Walter. 1991. Altassyrisch *addaḫšū* und *ḫazuannū* oder von Safran, Fenchel, Zwiebeln und Salat. In: *Zeitschrift für Assyriologie und Vorderasiatische Archäologie* 81. 234–242.

Flobert, Pierre (Hrsg.). 1985. *Varron, La langue latine, Livre VI*. Paris: Les Belles Lettres.

Fögen, Thorsten. 2009. *Wissen, Kommunikation und Selbstdarstellung: zur Struktur und Charakteristik römischer Fachtexte der frühen Kaiserzeit* (Zetemata 134). München: Beck.

Forssmann, Bernhard. 1985. Der Imperativ im urindogermanischen Verbalsystem. In: Schlerath, Bernfried (Hrsg.): *Grammatische Kategorien. Funktion und Geschichte.* Akten der VII. Fachtagung der Indogermanischen Gesellschaft, Berlin 1983. Wiesbaden: Harassowitz.

Fraser, Bruce. 2010. Pragmatic Competence: The case of hedging. In: Kaltenböck, Gunther et al. (Hrsg.): *New Approaches to Hedging*. Leiden: Brill.

Fraser, Bruce. 1980. Conversational Mitigation. In: *Journal of Pragmatics* 4. 341–350.

Frazer, James George. 1890. *The Golden Bough. A Study in Comparative Religion.* 2 Bände. London: Macmillan.

Fugier, Huguette. 1963. *Recherches sur l'expression du sacré dans la langue latine.* Paris: Les belles lettres.

Gaedicke, Carl. 1880. *Der Accusativ im Veda.* Breslau: Koebner.

Gansel, Christina. 2011. *Textsortenlinguistik*. Göttingen: Vandenhoeck & Ruprecht.

García Castillero, Carlos: 2013. Paradigmatische Beziehungen einiger italischer Verballexeme: Zu den lat. und osk.-umbr. Kopulaverben und zu umbr. **fefure**. In: *Linguarum Varietas* 2. 83–102.

García Castillero, Carlos. 2000. *La formación del tema de presente primario osco-umbro.* Vitoria: Universidad del País Vasco.

García Ramón, José L. 2016. In search of Iuno in the Sabellic domain: Umbrian, Marsian **Vesuna-**, Oscan **Pupluna**. In: Ancillotti, Augusto et al. (Hrsg.): *Forme e strutture della religione nell' Italia mediana antica. Terzo Convegno Internazionale Instituto di Ricerche e Documentazione sugli antichi Umbri, Perugia-Gubbio 21.–25.09.2011.* Rom: Bretschneider. 353–365.

García Ramón, José Luis. 2002. Subjuntivo e imperativo en la reconstruccíon indoeuropea: IE 2.Sg. „Ipv." **-si* (y Med. **-soi̯*), griego Ipv. 2.Sg. -σον, -σαι. In: *Münchener Studien zur Sprachwissenschaft* 52. 23–36.

Geertz, Clifford. 1973. *The Interpretation of Cultures. Selected Essays.* New York: Basic Books.

Gernsbacher, Morton A./Givón, Talmy (Hrsg.). 1995. *Coherence in Spontaneous Text.* Amsterdam: John Benjamins.

Geupel, Ulrich/Inglese, Guglielmo. 2017. Zur Entstehung der Konstruktion *-ādi-* ‚etc.' im Kontext spätvedischer Ritualfachsprache. Vortrag im Rahmen des Kolloquiums „Ritual und Terminologie: Phasen antiker Rituale und ihre Bezeichnungen". Würzburg, 07.–08. September 2017.

Giacomelli, Gabriella. 1969. La Formula '*puni ... heries*' nelle Tavole di Gubbio. In: *Studi linguistici in onore di Vittore Pisani.* Brescia: Paideia. 401–407.

Gibson, Roy K. 1997. Didactic poetry as 'popular form': A study of imperatival expressions in Latin didactic verse and prose. In: Atherton, Catherine (Hrsg.): *Form and Content in Didactic Poetry* (Nottingham Classical Literature Studies 5). Bari: Levante Editori. 67–98.

Giddens, Anthony. 1984. *The Constitution of Society. Outline of the Theory of Structuration.* California u.a.: University of California Press.

Giddens, Anthony. 1979. *Central Problems in Social Theory: Action, Structure and Contradiction in Social Analysis.* London u.a.: McMillan.

Giorgieri, Mauro. 2005. Zu den Treueiden mittelhethitischer Zeit. In: *Altorientalische Forschungen* 32. 322–346.

Girardet, Klaus M. 2010. *Der Kaiser und sein Gott: Das Christentum im Denken und in der Religionspolitik Konstantins des Großen.* Berlin/New York: de Gruyter.

Givón, Talmy. 1995. Coherence in text vs. coherence in mind. In: Gernsbacher, Morton A./Givón, Talmy (Hrsg.). 1995. *Coherence in Spontaneous Text.* Amsterdam: John Benjamins. 59–115.

Givón, Talmy. 1983. Topic Continuity in Discourse: An Introduction. In: Givón, Talmy (Hrsg.): *Topic Continuity in Discourse: A Quantitative Cross Language Study.* Amsterdam/Philadephia: Benjamins. 1–41.

Givón, Talmy (Hrsg.). 1979. *Discourse and Syntax* (Syntax and Semantics 12). New York: Academic Press.

Gladigow, Burkhard. 2004. Sequenzierung von Riten und die Ordnung der Rituale. In: Stausberg, Michael (Hrsg.): *Zoroastrian Ritual in Context.* Leiden/Boston: Brill. 57–76.

Gläser, Rosemarie. 1990. *Fachtextsorten im Englischen* (Forum für Fachsprachenforschung 13). Tübingen: Narr.

Glocker, Jürgen. 1997. *Das Ritual für den Wettergott von Kuliwišna. Textzeugnisse eines lokalen Kultfestes im Anatolien der Hethiterzeit* (Eothen 6). Florenz: LoGisma.

Goedegebuure, Petra. Im Druck. *kuit=a* "but as for", Old Hittite marker of extra-clausal constituents. In: *Acts of the 10th International Congress of Hittitology 2017.*

Goedegebuure, Petra. 2014. *The Hittite Demonstratives. Studies in Deixis, Topics and Focus* (Studien zu den Boğazköy-Texten 55). Wiesbaden: Harrassowitz.

Goedegebuure, Petra. 2009. Focus structure and Q-word questions in Hittite. In: *Linguistics* 47,4. 945–969.

Goetze, Albrecht. ^{3}1969. Hittite Rituals, Incantations, and Descriptions of Festivals. In: Pritchard, James B. (Hrsg.): *Ancient Near Eastern Texts Relating to the Old Testament.* 3. erw. und korr. Auflage. Princeton: Princeton University Press. 346–361.

Goffmann, Erving. 1967. *Interaction Ritual: Essays in Face-to-face Behavior.* Oxford: Aldine Publishing Company.

Göpferich, Susanne. 2008. Textverstehen und Textverständlichkeit. In: Janich, Nina (Hrsg.): *Textlinguistik. 15 Einführungen.* Tübingen: Narr. 291–312.

Göpferich, Susanne. 1996. Direktive Sprechakte im Textsortenspektrum der Kraftfahrzeugtechnik: Konventionen im Deutschen und im Englischen. In: Kalverkämper, Hartwig/Baumann, Klaus-Dieter (Hrsg.): *Fachliche Textsorten: Komponenten, Relationen, Strategien*. Tübingen: Narr. 65–99.

Göpferich, Susanne. 1995. *Textsorten in Naturwissenschaft und Technik. Pragmatik – Typologie – Kontrastierung – Translation* (Forum für Fachsprachen-Forschung 27). Tübingen: Narr.

Görke, Susanne. 2016a. Anmerkungen zu Priestern in hethitischen Festen. In: Müller, Gerfrid (Hrsg.): *Liturgie oder Literatur? Die Kultrituale der Hethiter. Workshop an der Akademie der Wissenschaften und der Literatur Mainz, 2.–3. Dezember 2010* (Studien zu den Boğazköy-Texten 60). Wiesbaden: Harrassowitz. 105–117.

Görke, Susanne. 2016b. Verleumdung. B. Bei den Hethitern. In: *Reallexikon der Assyriologie und vorderasiatischen Archäologie* 14. 552–553.

Görke, Susanne. 2010. *Das Ritual der Aštu* (CTH *490*)*. Rekonstruktion und Tradition eines hurritisch-hethitischen Rituals aus Boğazköy/Ḫattuša*. Leiden/Boston: Brill.

Görke, Susanne. 2008. Prozessionen in hethitischen Festritualen als Ausdruck königlicher Herrschaft. In: Prechel, Doris (Hrsg.): *Fest und Eid. Instrumente der Herrschaftssicherung im Alten Orient*. Würzburg: Ergon-Verlag. 49–72.

Görke, Susanne. 2007a. Provenienzangaben in hethitischen Ritualeinleitungen – ein jüngeres Phänomen? In: *Altorientalische Forschungen* 34,2. 204–209.

Görke, Susanne. 2007b. Religious interactions between Ḫattuša and northern Syria. In: Kousoulis, Panagiotis/Magliveras, Konstantinos (Hrsg.): *Moving Across Borders. Foreign Relations, Religion and Cultural Interactions in the Ancient Mediterranean* (Orientalia Lovaniensia Analecta 159). 239–248.

Görke, Susanne/Lorenz, Jürgen. 2018/19. KI.MIN „dito" in hethitischen Texten. In: *Münchener Studien zur Sprachwissenschaft* 72,1. 43–68.

Graf, Fritz. 2003. *Magic in the Ancient World*. Harvard: Harvard University Press.

Graf, Fritz. 2002. Theories of Magic in Antiquity. In: Mirecki, Paul/Meyer, Marvin (Hrsg.): *Magic and Ritual in the Ancient World* (Religions in the Graeco-Roman World 141). Leiden u.a.: Brill. 93–104.

Graf, Fritz. 1995. Excluding the Charming. The Development of the Greek Concept of Magic. In: Meyer, Marvin/Mirecki, Paul (Hrsg.): *Ancient Magic and Ritual Power* (Religions in the Graeco-Roman World 129). Leiden/Boston: Brill. 29–42.

Greule, Albrecht. 2014. Sakralsprachen auf der Spur. In: *Die Welt des Orients* 44. 151–161.

Grice, H. Paul. 1975. Logic and Conversation. In: Cole, Peter/Morgan, Jerry L. (Hrsg.): *Speech acts*. New York u.a.: Academic Press. 41–58.

Groddek, Detlev. 2004. *Eine althethitische Tafel des* KI.LAM*-Festes*. München: Anja Gärtig Verlag.

Große, Ernst Ulrich. 1976. *Text und Kommunikation. Eine linguistische Einführung in die Funktion der Texte*. Stuttgart u.a.: Kohlhammer.

Günther, Hartmut/Wiegand, Herbert Ernst (Hrsg.). 1996. *Schrift und Schriftlichkeit: ein*

interdisziplinäres Handbuch internationaler Forschung (Handbücher zur Sprach- und Kommunikationswissenschaft 10). 2 Bände. Berlin u.a.: de Gruyter.
Güterbock, Hans G. 1989. Hittite *kurša*- "hunting bag". In: Léonard, Albert (Hrsg.): *Essays in Ancient Civilization presented to Helen J. Kantor* (Studies in Ancient Oriental Civilization 47). Chicago: The Oriental Institute. 113–119.
Güterbock, Hans G. 1964. Religion und Kultus der Hethiter. In: Walser, Gerold (Hrsg.): *Neuere Hethiterforschung*. Wiesbaden: Franz Steiner. 54–73. (Nachdruck in *Assyriological Studies* 26: 99–110).
Güterbock Hans G. 1960. An Outline of the Hittite AN.TAḪ.ŠUM Festival. In: *Journal of Near Eastern Studies* 19,2. 80–89. (Nachdruck in *Assyriological Studies* 26: 91–98).
Haas, Volkert. 2008. *Hethitische Orakel, Vorzeichen und Abwehrstrategien. Ein Beitrag zur hethitischen Kulturgeschichte*. Berlin/New York: de Gruyter.
Haas, Volkert. 2003. *Materia Magica et Medica Hethitica. Ein Beitrag zur Heilkunde im Alten Orient*. Unter Mitwirkung von Daliah Bawanypeck. 2 Bände. Berlin/New York: de Gruyter.
Haas, Volkert. 1998. Der heilkundige Jäger. In: *Studi Micenei ed Egeo-Anatolici* 40,1. 143–145.
Haas, Volkert. 1994. *Geschichte der hethitischen Religion*. Leiden u.a.: Brill.
Haas, Volkert. 1987–1990. Magie und Zauberei. B. Bei den Hethitern. In: *Reallexikon der Assyriologie und vorderasiatischen Archäologie* 7. 234–235.
Haas, Volkert/Koch, Heidemarie. 2011. *Religionen des Alten Orients. Hethiter und Iran*. Göttingen: Vandenhoeck & Ruprecht.
Haas, Volkert/Wäfler, Markus. 1976. Bemerkungen zu ᴱḪEŠTI/A-. 1. Teil. In: *Ugarit Forschungen* 8. 65–99.
von Hahn, Walther. 1983. Fachkommunikation: Entwicklung, linguistische Konzepte, betriebliche Beispiele. Berlin: de Gruyter. Online: https://nats-www.informatik.uni-hamburg.de/~vhahn/German/Fachsprache/Buch/Anfang/01Titel.htm
Haiman, John/Thompson, Sandra D. (Hrsg.). 1988. *Clause Combining in grammar and discourse*. Amsterdam: John Benjamins.
Halliday, Michael A.K./Hasan, Ruqaiya. 1976. *Cohesion in English*. London/New York: Longman.
Handford, Stanley A. 1947. *The Latin subjunctive: the usage and development from Plautus to Tacitus*. London: Methuen.
Hanegraaf, Wouter. 2012. *Esotericism and the Academy: Rejected Knowledge in Western Culture*. Cambridge: Cambridge University Press.
Hanson, John A. 1959. Plautus as a Source Book for Roman Religion. In: *Transactions and Proceedings of the American Philological Association* 90. 48–101.
Haspelmath, Martin. 1997. *Indefinite Pronouns*. Oxford: Oxford University Press.
Haspelmath, Martin/Wiegand, Herbert Ernst (Hrsg.). 2001. Language Typology and Language Universals (Handbücher zur Sprach- und Kommunikationswissenschaft 20). 2 Bände. Berlin/New York: de Gruyter.

Hatakeyama, Katsuhiko/Petöfi, János S./Sözer, Emel. 1985. Text, connexity, cohesion, coherence. In: Sözer, Emel (Hrsg.): *Text Connexity, Text Coherence: Aspects, Methods, Results*. Hamburg: Buske. 36–105.

Heinemann, Wolfgang. 2008. Textpragmatische und kommunikative Ansätze. In: Janich, Nina (Hrsg.): *Textlinguistik. 15 Einführungen*. Tübingen: Narr. 113–143.

Heinemann, Wolfgang/Viehweger, Dieter. 1991. *Textlinguistik. Eine Einführung*. Tübingen: Niemeyer.

Helfferich, Cornelia. 2012. Von roten Heringen, Gräben und Brücken. Versuche einer Kartierung von Agency-Konzepten. In: Bethmann, Stephanie et al. (Hrsg.): *Agency. Qualitative Rekonstruktionen und gesellschaftstheoretische Bezüge von Handlungsmächtigkeit*. Basel: Beltz Juventa Verlag. 9–39.

Henrich, Joseph. 2009. The Evolution of Costly Displays, Cooperation and Religion: Credibility Enhancing Displays and Their Implications for Cultural Evolution. In: *Evolution and Human Behavior* 30. 244–260.

Henzen, Wilhelm. 1874. *Acta fratrum Arvalium quae supersunt: accedunt fragmenta fastorum in luco Arvalium effossa*. Berlin: de Gruyter.

Hettrich, Heinrich. *Materialien zu einer Kasussyntax des R̥gveda*. Online: https://www.phil.uni-wuerzburg.de/fileadmin/04080400/Materialien.pdf

Hettrich, Heinrich. 1992. Lateinische Konditionalsätze in sprachvergleichender Sicht. In: Panagl, Oswald (Hrsg): *Latein und Indogermanisch. Akten des Kolloquiums der Indogermanischen Gesellschaft, Salzburg, 23.–26. September 1986* (Innsbrucker Beiträge zur Sprachwissenschaft 64). Innsbruck: Institut für Sprachen und Literaturen der Universität Innsbruck. 263–284.

Heydrich, Wolfgang/Neubauer, Fritz/Petöfi, János S./Sözer, Emel (Hrsg.). 1989. *Connexity and Coherence. Analysis of Text and Discourse*. Berlin/New York: de Gruyter.

Himmelmann, Nikolaus P. 1997. *Deiktikon, Artikel, Nominalphrase. Zur Emergenz syntaktischer Struktur*. Tübingen: Niemeyer.

Hindelang, Götz. 1983. *Einführung in die Sprechakttheorie*. Tübingen: Niemeyer.

Hindelang, Götz. 1978. *Auffordern. Die Untertypen des Aufforderns und ihre sprachlichen Realisierungsformen* (Göppinger Arbeiten zur Germanistik 247). Göppingen: Kümmerle.

Hitch, Sarah/Rutherford, Ian (Hrsg.). 2017. *Animal Sacrifice in the Ancient Greek World*. Cambridge: Cambridge University Press.

Hobbs, Jerry R. 1979. Coherence and coreference. In: *Cognitive Science* 3. 67–90.

Hobbs, Jerry R./Agar, Michael H. 1985. The coherence of incoherent discourse. In: *Journal of Language and Social Psychology* 4. 213–232.

Hock, Hans Henrich. 2000. Genre, Discourse and Syntax in Early Indo-European, with Emphasis on Sanskrit. In: Hering, Susan C. et al. (Hrsg.): *Textual Parameters in Older Languages*. Amsterdam/Philadelphia: John Benjamins. 163–195.

Hock, Hans Henrich. 1993. Some Pecularities of Vedic-Prose Relative Clauses. In: *Wiener Zeitschrift für die Kunde Südasiens* 35, Supplement. 19–29.

Höfer, Renate. 2000. *Jugend, Gesundheit und Identität. Studien zum Kohärenzgefühl.* Opladen: Leske und Budrich.

Hoffmann, Lothar. 1998a. Fachsprache und Gemeinsprache. In: Hoffmann, Lothar et al. (Hrsg.): *Fachsprachen. Ein internationales Handbuch zur Fachsprachenforschung und Terminologiewissenschaft* (Handbücher zur Sprach- und Kommunikationswissenschaft 14.1). Berlin: de Gruyter. 157–168.

Hoffmann, Lothar. 1998b. Syntaktische und morphologische Eigenschaften von Fachsprachen. In: Hoffmann, Lothar et al. (Hrsg.): *Fachsprachen. Ein internationales Handbuch zur Fachsprachenforschung und Terminologiewissenschaft* (Handbücher zur Sprach- und Kommunikationswissenschaft 14.1). Berlin: de Gruyter. 416–427.

Hoffman, Lothar. 1993. Fachwissen und Fachkommunikation. Zur Dialektik von Systematik und Linearität in den Fachsprachen. In: Bungarten, Theo (Hrsg.): *Fachsprachentheorie.* Band 2. Tostedt: Attikon. 595–617.

Hoffmann, Lothar. ^{2}1985. *Kommunikationsmittel Fachsprache. Eine Einführung.* 2., völlig neu bearb. Auflage. Tübingen: Narr.

Hoffmann, Lothar/Kalverkämper, Hartwig/Wiegand, Herbert E. (Hrsg.). 1998–1999. *Fachsprachen. Ein internationales Handbuch zur Fachsprachenforschung und Terminologiewissenschaft* (Handbücher zur Sprach- und Kommunikationswissenschaft 14). 2 Bände. Berlin: de Gruyter.

Hoffner, Harry A. 2003. Theodicy in Hittite Tetxs. In: Laato, Antti/de Moor, Johannes C. (Hrsg.): *Theodicy in the World of the Bible.* Leiden/Boston: Brill. 90–107.

Hoffner, Harry A. 1974. *Alimenta Hethaeorum. Food Production in Hittite Asia Minor* (American Oriental Series 55). New Haven, Conn.: American Oriental Society.

Hoffner, Harry A./Melchert, H. Craig. 2008. *A Grammar of the Hittite Language.* Winona Lake, Indiana: Eisenbrauns.

Holland, Dorothy/Lachicotte Jr., William/Skinner Debra/Cain, Carole. 1998. *Identity and agency in cultural worlds.* Cambridge, Mass.: Harvard University Press.

Holmes, Janet. 1984. Modifying Illocutionary Force. In: *Journal of Pragmatics* 8. 345–365.

Holt, Ron. 2006. Religious Language. In: *Australian e-Journal of Theology* 6. 1–14.

Horn, Larry. 1984. Towards a new taxonomy for pragmatic inference: Q-based and R-based implicature. In: Shiffrin, Deborah (Hrsg.): *Meaning, form and use in context.* Washington, DC: Georgetown University Press. 11–42.

Houwink ten Cate, Philo H.J. 1992. The Hittite Storm God: His Role and His Rule According to Hittite Cuneiform Sources. In: Meijer, Diederik J.W. (Hrsg.): *Natural Phenomemena. Their Meaning, Depiction and Description in the Ancient Near East.* Amsterdam u.a.: Royal Netherlands Academy of Arts and Sciences. 83–148.

Houwink ten Cate, Philo H.J. 1987. The Sun God of Heaven, the Assembly of Gods and the Hittite King. In: van der Plas, Dirk (Hrsg.): *Effigies dei: Essays in the History of Religion.* Leiden: Brill. 13–34.

Houwink ten Cate, Philo H.J. 1986. Brief Comments on the Hittite Cult Calendar: the Outline of the AN.DAḪ.ŠUM Festival. In: Hoffner, Harry A./Beckman, Gary M. (Hrsg.): *Kaniššuwar. A Tribute to Hans G. Güterbock on his seventy-fifth Birthday, May 27, 1983* (Assyriological Studies 23). Chicago. 95–110.

Houwink ten Cate, Philo H.J. 1969. Hittite royal prayers. In: *Numen* 16,2. 81–98.

Huddleston, Rodney. 2002. Clause type and illocutionary force. In: Huddleston, Rodney/Pullum, Geoffrey (Hrsg.): *The Cambridge grammar of the English language*. Cambridge: Cambridge University Press. 851–945.

Humphrey, Caroline/Laidlaw, James. 1994. *The Archetypical Actions of Ritual. A Theory of Ritual Illustrated by the Jain Rite of Worship*. Oxford: Clarendon Press.

Hüsken, Ute (Hrsg.). 2007. *When Rituals Go Wrong: Mistakes, Failure, and the Dynamics of Ritual*. Leiden/Boston: Brill.

Hüsken, Ute. 2007. Ritual Dynamic and Ritual Failure. In: dies. (Hrsg.): *When Rituals Go Wrong: Mistakes, Failure, and the Dynamics of Ritual*. Leiden/Boston: Brill. 337–366.

Hutter, Manfred. 2015. Rituale als Teil hethitischer Religion oder Magie? In: Zinko, Christian/Zinko, Michaela (Hrsg.): *Der antike Mensch im Spannungsfeld zwischen Ritual und Magie: 1. Grazer Symposium zur indogermanischen Altertumskunde (Graz, 14.–15. November 2013)*. Graz: Leykam. 190–206.

Hutter, Manfred. 2012. Die wirkmächtigen Reden der Ritualexperten in hethitischen Texten: Anrufung der Götter, 'Historiolae,' und performative Funktion. In: el Hawary, Amr (Hrsg.): *Wenn Götter und Propheten reden – Erzählen für die Ewigkeit*. Berlin: EB-Verlag. 153–171.

Hutter, Manfred. 2010. Methodological Issues and Problems in Reconstructing "Hittite Religion(s)". In: Hazırlayan, Yayına/Süel, Aygül (Hrsg.): *VII Uluslararası Hititoloji Kongresi Bildirileri. Çorum 25–31 Ağustos 2008* (Acts of the VIIth International Congress of Hittitology). Ankara: T.C. Çorum Valiliği. 399–416.

Hutter, Manfred. 1988. *Behexung, Entsühnung und Heilung: Das Ritual der Tunnawiya für ein Königspaar aus mittelhethitischer Zeit (KBo XXI 1 – KUB IX 34 – KBo XXI 6)*. Freiburg, Schweiz: Universitätsverlag.

Hutter-Braunsar, Sylvia. 2004. 'Und Šauška, meine Herrin, nahm mich bei der Hand.' Staatsgottheiten und persönliche Gottheiten Ḫattušilis III. In: Hutter, Manfred/Hutter-Braunsar, Sylvia (Hrsg.): *Offizielle Religion, lokale Kulte und individuelle Religiosität. Akten des religionsgeschichtlichen Symposiums „Kleinasien und angrenzende Gebiete vom Beginn des 2. bis zur Mitte des 1. Jahrtausends v. Chr." Bonn, 20.–22. Februar 2003* (Alter Orient und Altes Testament 318). 259–268.

Iannoccone, Laurence R./Bainbridge, William S. 2010. Economics of Religion. In: Hinnels, John R. (Hrsg.): *The Routledge Companion to the Study of Religion*. London: Routledge. 461–475.

Imparati, Fiorella. 1979a. Il culto della dea Ningal presso gli Ittiti. In: Carruba, Onofrio (Hrsg.): *Mediterranea Piero Meriggi dicata*. Pavia: Aurora. 293–324.

Imparati, Fiorella. 1979b. Une Reine de Hatti vénère la déesse Ningal. In: *Florilegium Anatolicum – Mélanges offerts à Emmanuel Laroche*. Paris: de Boccard. 169–176.

Inglese, Guglielmo. 2016. *Subordination and sentence connectives in Old Hittite: a corpus-based study of clause linkage strategies in Hittite* (LINCOM Studies in Indo-European Linguistics 49). München: Lincom.

Ischreyt, Heinz. 1965. *Studien zum Verhältnis von Sprache und Technik* (Sprache der Gegenwart 4). Düsseldorf: Schwann.

Jackendoff, Ray. 1983. *Semantics and Cognition*. Cambridge, Mass.: MIT Press.

Jacobsohn, Hermann. 1920. Zwei Probleme der gotischen Lautgeschichte. II. Zum gotischen Satzsandhi. In: *Zeitschrift für vergleichende Sprachforschung auf dem Gebiete der Indogermanischen Sprachen* 49. 129–218.

Janich, Nina (Hrsg.) 2008. *Textlinguistik. 15 Einführungen*. Tübingen: Narr.

Janich, Nina. 2008. Intertextualität und Text(sorten)vernetzung. In: dies. (Hrsg.): *Textlinguistik. 15 Einführungen*. Tübingen: Narr. 177–196.

Jakob-Rost, Liane. 1972. *Das Ritual der Malli aus Arzawa gegen Behexung* (Texte der Hethiter 2). Heidelberg: Winter.

Jamison, Stephanie W. The Syntax of Direct Speech in Vedic. In: Brereton, Joel P. et al. (Hrsg.): *Sense and Syntax in Vedic* (Panels of the VIIth World Sanskrit Conference 4–5). Leiden u.a.: Brill. 40–56.

Janda, Michael. 2005. *Elysion. Entstehung und Entwicklung der griechischen Religion* (Innsbrucker Beiträge zur Sprachwissenschaft 119). Innsbruck: Institut für Sprachen und Literaturen der Universität Innsbruck.

Janda, Michael. 2000. *Eleusis. Das indogermanische Erbe der Mysterien* (Innsbrucker Beiträge zur Sprachwissenschaft 96). Innsbruck: Institut für Sprachen und Literaturen der Universität Innsbruck.

Janowski, Bernd/Wilhelm, Gernot. 1993. Der Bock, der die Sünden hinausträgt. Zur Religionsgeschichte des Azazel-Ritus Lev. 16,10.21f. In: Janowski, Bernd/Koch, Klaus/Wilhelm, Gernot (Hrsg.): *Religionsgeschichtliche Beziehungen zwischen Kleinasien, Nordsyrien und dem Alten Testament: Internationales Symposion Hamburg 17.–21. März 1990*. Göttingen: Vandenhoeck & Ruprecht. 109–169.

Jones, David Mervyn. 1962. Imperative and jussive subjunctive in Umbrian. In: *Glotta* 40. 210–219.

Jucker, Andreas/Taavitsainen, Irma (Hrsg.). 2010. *Historical Pragmatics* (Handbooks of Pragmatics 8). Berlin/New York: de Gruyter.

Kalverkämper, Hartwig. 1998. Fach und Fachwissen. In: Hoffmann, Lothar et al. (Hrsg.): *Fachsprachen. Ein internationales Handbuch zur Fachsprachenforschung und Terminologiewissenschaft* (Handbücher zur Sprach- und Kommunikationswissenschaft 14.1). Berlin: de Gruyter. 1–23.

Kammenhuber, Annelies. 1964. Die hethitischen Vorstellungen von Seele und Leib, Herz und Leibesinnerem, Kopf und Person. 1. Teil (= Seele). *Zeitschrift für Assyriologie und Vorderasiatische Archäologie* 56. 150–212.

Kammenhuber, Annelies. 1965. Die hethitischen Vorstellungen von Seele und Leib, Herz und Leibesinnerem, Kopf und Person. 2. Teil (= Körper/Leib). *Zeitschrift für Assyriologie und Vorderasiatische Archäologie* 57. 177–222.

Kent, Roland G. (Hrsg.). ^{3}1958. *Varro: On the Latin Language*. 2 Bände. 3., durchges. Auflage. London/Cambridge, Mass.: William Heinemann und Harvard University Press.

Kertzer, David J. 1988. *Ritual, Politics and Power*. New Haven/London: Yale University Press.

Kintsch, Walter. 1995. How readers construct situation models for stories: The role of syntactic cues and causal inferences. In: Gernsbacher, Morton A./Givón, Talmy (Hrsg.): *Coherence in Spontaneous Text*. Amsterdam: John Benjamins. 130–160.

Kintsch, Walter. 1988. The role of knowledge in discourse comprehension. In: *Psychological Review* 95. 163–182.

Kippenberg, Hans G. 1998. Magie. In: Cancik, Hubert et al. (Hrsg.): Handbuch religionswissenschaftlicher Grundbegriffe. Band 4. Stuttgart u.a.: Kohlhammer. 85–98.

Kleinknecht, Hermann. 1937. *Die Gebetsparodie in der Antike*. Stuttgart/Berlin: Kohlhammer.

Klengel, Horst. 1984. Zu einem Ablenkungszauber bei Krankheit im hethitischen Heer (KUB LIV 65). In: *Altorientalische Forschungen* 11. 174–176.

Klinger, Jörg. 2007. *Die Hethiter*. München: Beck.

Klinger, Jörg. 2002. Zum „Priestertum" im hethitischen Anatolien. In: *Hethitica* 15. 93–111.

Klinger, Jörg. 1996. *Untersuchungen zur Rekonstruktion der hattischen Kultschicht* (Studien zu den Boğazköy-Texten 37). Wiesbaden: Harrassowitz.

Kloekhorst, Alwin. 2008. *Etymological Dictionary of the Hittite Inherited Lexicon*. Leiden/Boston: Brill.

Klute, Wilfried (Hrsg.). 1975. Fachsprache und Gemeinsprache: Texte zum Problem der Kommunikation in der arbeitsteiligen Gesellschaft. Frankfurt a.M. u.a.: Diesterweg.

Kölligan, Daniel. 2007. Aphrodite of the dawn: Indo-European heritage in Greek divine epithets and theonyms. In: *Letras clássicas* 11. 105–134.

Kraus, Theodor. 1960. *Hekate: Studien zu Wesen und Bild der Göttin in Kleinasien und Griechenland*. Heidelberg: Winter.

Kreipl, Nadiane. 1999. Die konditional-temporale Verwendung von französisch *lorsque*. In: *Zeitschrift für Angewandte Linguistik* 31. 5–29.

Krisch, Thomas. 2009. On the "Syntax of Silence" in Proto-Indo-European. In: Hinterhölzl, Roland/Petrova, Svetlana (Hrsg.): *New approaches to word order variation and change in Germanic*. Berlin: de Gruyter. 192–220.

Kronasser, Heinz. 1963. *Die Umsiedelung der Schwarzen Gottheit. Das hethitische Ritual KUB XXIX 4 (des Ulippi)*. Wien: Böhlaus.

Kroon, Caroline. 1998. A framework for the description of Latin discourse markers. In: *Journal of Pragmatics* 30. 177–204.

Kropp, Amina. 2010. How does magical language work? The spells and *formulae* of the Latin *defixionum tabellae*. In: Gordon, Richard L./Marco Simón, Francisco (Hrsg.): *Magical Practice in the Latin West. Papers from the International Conference held at the University of Zaragoza, 30 Sept.–1 Oct. 2005*. Leiden/Boston: Brill. 357–380.

Kropp, Amina. 2008. *Magische Sprachverwendung in Vulgärlateinischen Fluchtafeln* (ScriptOralia 135). Tübingen: Narr.

Krüger, Oliver/Nijhawan, Michael/Stavrianopoulou, Eftychia. 2005. „Ritual" und „Agency": Legitimation und Reflexivität ritueller Handlungsmacht. In: Forum Ritualdynamik. Diskussionsbeiträge des SFB 619 »Ritualdynamik« der Ruprecht-Karls-Universität Heidelberg 14. 1–34. Online: https://journals.ub.uni-heidelberg.de/index.php/ritualdynamik/article/viewFile/356/340.

Kühner, Raphael/Stegmann, Carl. 1912. *Ausführliche Grammatik der lateinischen Sprache*. 1. Teil: Elementar-, Formen- und Wortlehre. Neubearb. von Friedrich Holzweissig. Hannover (Nachdruck 1994, Darmstadt: WBG).

Kullmann, Wolfgang (Hrsg). 1998. *Gattungen wissenschaftlicher Literatur in der Antike*. Tübingen: Narr.

Kümmel, Hans Martin. 1967. *Ersatzrituale für den hethitischen König* (Studien zu den Boğazköy-Texten 3). Wiesbaden: Harrassowitz.

Kuryłowicz, Jerzy. 1964. *The inflectional categories of Indo-European*. Heidelberg: Winter.

Langer, Gudrun. 1995. *Textkohärenz und Textspezifität*. Frankfurt a.M. u.a.: Peter Lang.

Langslow, David R. 2005. 'Langues réduites au lexique'? The languages of Latin technical prose. In: Reinhardt, Tobias/Lapidge, Michael. (Hrsg.): *Aspects of the Language of Latin Prose* (Proceedings of the British Academy 129). Oxford: Oxford University Press. 287–302.

Langslow, David R. 2002. *Medical Latin in the Roman Empire*. Oxford: Oxford University Press.

Laroche, Emmanuel. 1963. La prière hittite: vocabulaire et typologie. In: *Annuaire Ecole pratique des hautes études, Section des sciences religieuses*. 72. 3–29.

Latte, Kurt. 1960. *Römische Religionsgeschichte*. München: Beck.

Leech, Geoffrey N. 1983. *Principles of Pragmatics*. London/New York: Longman.

Lehmann, Christian. 1988. Towards a typology of clause linkage. In: Haiman, John/Thompson Sandra A. (Hrsg.): *Clause Combining in grammar and discourse*. Amsterdam: John Benjamins. 181–226.

Lejeune, Michel. 1968. Notes de Linguistique Italique 25. Ombrien: *tio subocau suboco*. In: *Revue des études latines* 46. 98–129.

Levelt, William J.M. 1989. *Speaking: From Intention to Articulation*. Cambridge, Mass. u.a.: MIT Press.

Levinson, Stephen. 2000. *Presumptive Meanings. The Theory of Generalized Conversational Implicatures*. Cambridge, Mass.: MIT Press.

Liebeschuetz, John H.W.G. 1979. *Continuity and Change in Roman Religion*. Oxford: Clarendon Press.

Liedtke, Frank. 2016. *Moderne Pragmatik. Grundbegriffe und Methoden*. Tübingen: Narr.

Linderski, Jerzy. 2000. Art. „Pax deorum (deum)". In: Cancik, Hubert et al. (Hrsg.): *Der Neue Pauly*. Altertum. Band 9: Or – Poi. Stuttgart: Metzler. Online-Abfrage am 28. September 2020: https://referenceworks.brillonline.com/entries/der-neue-pauly/pax-deorum-deum-e911100#.

Linderski, Jerzy. 1971. Römischer Staat und Götterzeichen: Zum Problem der *obnuntiatio*. In: *Jahrbuch der Universität Düsseldorf* 1969–1979. 309–322.

Linke, Angelika/Nussbaumer, Markus. 2000. Rekurrenz. In: Brinker, Klaus/Wiegand, Herbert E. (Hrsg): *Text- und Gesprächslinguistik. Ein internationales Handbuch zeitgenössischer Forschung* (Handbücher zur Sprach- und Kommunikationswissenschaft 16.1). Berlin u. a.: de Gruyter. 305–315.

Linke, Angelika/Nussbaumer, Markus/Portmann, Paul R. ⁵2004. *Studienbuch Linguistik*. 5., erweiterte Auflage. Tübingen: Max Niemeyer Verlag.

Löfstedt, Leena. 1966. *Les expressions du commandement et de la défense en latin et leur survie dans les langues romanes*. Helsinki: Société Néophilologique.

Lorenz-Link, Ulrike. 2016. *Uralte Götter und Unterweltsgötter. Religionsgeschichtliche Betrachtungen zur „Sonnengöttin der Erde" und den „Uralten Göttern" bei den Hethitern*. Mainz: Universität Mainz. Online-Publikation: https://publications.ub.uni-mainz.de/theses/frontdoor.php?source_opus=100000586

Luraghi, Silvia. 2014. Art. „Conjunction reduction". In: *The Encyclopedia of Greek Language and Linguistics*. Leiden: Brill. 362–362.

Luraghi, Silvia. 2004. Null objects in Latin and Greek and the relevance of linguistic typology for language reconstruction. In Jones-Bley, Karlene et al. (Hrsg.): *Proceedings of the 15th Annual UCLA Indo-European conference*. Washington DC: Institute for the Study of Man. 234–256.

Luraghi, Silvia. 2003. Definite referential null objects in Ancient Greek. In: *Indogermanische Forschungen* 108. 167–195.

Luraghi, Silvia. 2001. The development of local particles and adverbs in Anatolian as a grammaticalization process. In: *Diachronica* 18,1. 31–58.

Luraghi, Silvia. 1997. Omission of the direct object in Latin. In: *Indogermanische Forschungen* 102. 239–257.

Lyons, John. 1977. *Semantics*. Band 2. Cambridge: Cambridge University Press.

Macedo, José Marcos. 2018. "Wherever You Are": Near Eastern Influence and Indo-European Heritage in Greek and Hittite Prayer. In: *Numen* 65. 62–87.

Magdelain, André. 1990. *'Procum patricium'*. In: ders.: *Ius imperium auctoritas* – études de droit romain. Rom: Ecole Française de Rome. 405–422.

Magdelain, André. 1979. Le Suffrage universel à Rome au ve siècle av. Jésus-Christ. In: *Comptes rendus des séances de l'Académie des Inscriptions et Belles-Lettres* 123,4. 698–712.

Magdelain, André. 1978. *La Loi à Rome – histoire d'un concept.* Paris: Les Belles Lettres.

Maggiani, Adriano. 1984. Iscrizioni iguvine e usi grafici nell'Etruria settentrionale. In: Prosdocimi, Aldo Luigi (Hrsg.): *Le Tavole Iguvine.* Band 1. Florenz: Olschki. 232–238.

Marcuson, Hannah. 2016. *"Word of the Old Woman". Studies in Female Ritual Practice in Hittite Anatolia.* Online-Publikation: https://knowledge.uchicago.edu/record/720?ln=en.

Marcuson, Hannah/van den Hout, Theo. 2015. Memorization and Hittite Ritual: New Perspectives on the Transmission of Hittite Ritual Texts. In: *Journal of Ancient Near Eastern Religions* 15. 143–168.

Markkanen, Raija/Schröder, Hartmut (Hrsg.). 1997. *Hedging and Discourse. Approaches to the Analysis of a Pragmatic Phenomenon in Academic Texts.* Berlin/New York: de Gruyter.

Maul, Stefan M. 2008. Den Gott Ernähren. Überlegungen zum regelmäßigen Opfer in altorientalischen Tempeln. In: Stavrianopoulou, Eftychia et al. (Hrsg.): *Transformations in Sacrificial Practices. From Antiquity to Modern Times.* Berlin: LIT Verlag. 75–86.

Maul, Stefan M. 1994. *Zukunftsbewältigung. Eine Untersuchung altorientalischen Denkens anhand der babylonisch-assyrischen Löserituale (Namburbi)* (Baghdader Forschungen 18). Mainz: von Zabern.

Mauss, Marcel. 1925. Essai sur le don. Forme et raison de l'échange dans les sociétés archaïques. In: *L'Année Sociologique* 1. 30–186.

Mauss, Marcel/Hubert, Henri. 1902/03. Esquisse d'une théorie générale de la magie. In: *L'Année sociologique* 7. 1–146.

McMahon, Gregory. 1991. *The Hittite State Cult of the Tutelary Deities* (Assyriological Studies 25). Chicago: Oriental Institute.

Meiser, Gerhard. 2013. Umbrisch *furfant* und *efurfatu*. In: *Linguarum Varietas*. 157–163.

Meiser, Gerhard. 2009. Il primo magistrato degli Umbri. In: Ancillotti, Augusto/Calderini, Alberto (Hrsg.): *La città italica: atti del II convegno internazionale sugli antichi Umbri. Gubbio, 25–27 settembre 2003.* Perugia: Jama. 179–198.

Meiser, Gerhard. 1987. Pälignisch, Latein und Südpikenisch. In: *Glotta* 65. 104–125.

Meiser, Gerhard. 1986. Lautgeschichte der umbrischen Sprache (Innsbrucker Beiträge zur Sprachwissenschaft 51). Innsbruck: Institut für Sprachen und Literaturen der Universität Innsbruck.

de Melo, Wolfgang David Cirilo. 2007. *The Early Latin Verb System: Archaic Forms in Plautus, Terence, and Beyond.* Oxford: Oxford University Press.

Mercer, Samuel A.B. 1912. *The Oath in Babylonian and Assyrian Literature.* Paris: Geuthner.

Merton, Robert K. 1948. The Self-Fulfilling Prophecy. In: *The Antioch Review* 8,2. 193–210.

Metcalf, Christopher. 2015. *The Gods Rich in Praise: Early Greek and Mesopotamian Religious Poetry.* Oxford: Oxford University Press.

Metcalf, Christopher. 2011. New parallels in Hittite and Sumerian praise of the Sun. In: *Die Welt des Orients* 41. 168–176.

Michaels, Axel. 2007. Perfection and Mishaps in Vedic Rituals. In: Hüsken, Ute (Hrsg.): *When Rituals Go Wrong: Mistakes, Failure, and the Dynamics of Ritual*. Leiden/Boston: Brill. 121–132.

Michaels, Axel. 2003. Zur Dynamik von Ritualkomplexen. In: Harth, Dietrich/Michaels, Axel (Hrsg.): *Forum Ritualdynamik. Diskussionsbeiträge des SFB 619 'Ritualdynamik' der Ruprecht-Karls-Universität Heidelberg* 3. 3–18. Online: https://journals.ub.uni-heidelberg.de/index.php/ritualdynamik/article/viewFile/342/328

Miller, Jared L. 2013. *Royal Hittite Instructions and Related Administrative Texts* (Writings from the Ancient World 31). Atlanta: Society for Biblical Literature.

Miller, Jared L. 2011. Die hethitischen Dienstanweisungen. In: Hutter, Manfred/Hutter-Braunsar, Sylvia (Hrsg.): *Hethitische Literatur. Überlieferungsprozesse, Textstrukturen, Ausdrucksformen und Nachwirken. Akten des Symposiums vom 18. bis 20. Februar 2010 in Bonn*. Münster: Ugarit-Verlag. 193–205.

Miller, Jared L. 2010. Practice and Perception of Black Magic among the Hittites. In: *Altorientalische Forschungen* 37. 167–185.

Miller, Jared L. 2004. *Studies in the Origins, Development and Interpretation of the Kizzuwatna Rituals* (Studien zu den Boğazköy-Texten 46). Wiesbaden: Harrassowitz.

Mitteis, Ludwig/Wilcken, Ulrich. 1912. *Grundzüge und Chrestomathie der Papyruskunde*. Leipzig: Teubner. (Nachdruck 1963. Hildesheim: Olms).

Möhn, Dieter/Pelka, Roland. 1984. *Fachsprachen: Eine Einführung*. Tübingen: Niemeyer.

Molinié, Antoinette. 2005. La Passion selon Œdipe. La Semaine sainte à Seville. In: Bidou, Patrice et al. (Hrsg.): *Anthropologie et psychoanalyse. Regards croisés* (Cahiers de l'homme 37). Paris: Editions de l'Ecole des hautes études en sciences sociales. 153–181.

Morris, Charles W. 1972. *Grundlagen der Zeichentheorie. Ästhetik und Zeichentheorie*. München: Hanser. [Original: Foundations of the Theory of Signs. Chicago 1938].

Motsch, Wolfgang/Pasch, Renate. 1987. Illokutive Handlungen. In: Motsch, Wolfgang (Hrsg.): *Satz, Text, sprachliche Handlung*. Berlin: Akademie-Verlag. 11–80.

Mouton, Alice. 2017. Animal Sacrifice in Hittite Anatolia. In: Hitch, Sarah/Rutherford, Ian (Hrsg.): *Animal Sacrifice in the Ancient Greek World*. Cambridge: Cambridge University Press. 239–327.

Mouton, Alice. 2016. *Rites, Mythes et prières hittites*. Paris: Les Editions du Cerf.

Mouton, Alice. 2015. Hépatoscopie à Hattusa. In: Roche-Hawley, Carole/Hawley, Robert (Hrsg.): *Devins et lettrés dans l'orbite de Babylone*. Paris: de Boccard. 207–237.

Mouton, Alice. 2013. Le rituel d'Allī d'Arzawa contre un ensorcellement (CTH 402): une nouvelle édition. In: Collins, Billie Jean/Michalowski, Piotr (Hrsg.): *Beyond Hatti: A Tribute to Gary Beckman*. Atlanta: Lockwood Press. 195–229.

Mouton, Alice. 2012. Le rituel d'Allī d'Arzawa contre un ensorcellement (CTH 402): texte et contexte. In: *Colloquium Anatolicum* 11. 247–266.

Mouton, Alice. 2011. La vieille femme hourrite Aštu et son rituel : quelques réflexions autour d'un ouvrage recent (Rezension zu Görke, Susanne. 2010. *Das Ritual der Aštu*. Leiden/Boston: Brill). In: *Bibliotheca Orientalis* 68,3–4. 243–254.

Mouton, Alice. 2010. Sorcellerie hittite. In: *Journal of Cuneiform Studies* 62. 105–125.

Müller-Karpe, Andreas. 2017. Sarissa. Die Wiederentdeckung einer hethitischen Königsstadt. 121–129.

Müller-Karpe, Andreas. 1999. Untersuchungen in Kuşaklı 1998. In: *Mitteilungen der Deutschen Orient-Gesellschaft zu Berlin* 131. 79–91.

Nakamura, Mitsuo. 2002. Das hethitische *nuntarriyašḫa*-Fest (Publications de l'Institut historique-archéologique néerlandais de Stamboul 94). Leiden: Nederlands Instituut voor het Nabije Oosten.

Nesselrath, Hans-Günther. 2006. Die Griechen und ihre Götter. In: Kratz, Reinhard G./ Spieckermann, Herrmann (Hrsg.): *Götterbilder – Gottesbilder – Weltbilder*. Band 2: *Griechenland und Rom, Judentum, Christentum und Islam*. Tübingen: Mohr Siebeck. 21–44.

Neu, Erich. 1998. Betrachtungen zum indogermanischen Imperativ. In: Anreiter, Peter/ Ölberg, Hermann M. (Hrsg.): *Wort – Text. Sprache und Kultur. Festschrift für Hans Schmeja zum 65. Geburtstag* (Innsbrucker Beiträge zur Kulturwissenschaft, Sonderheft 103). Innsbruck: Institut für Sprachen und Literaturen der Universität Innsbruck. 119–128.

Neu, Erich. 1980. *Althethitische Ritualtexte in Umschrift* (Studien zu den Boğazköy-Texten 25). Wiesbaden: Harrassowitz.

Neu, Erich. 1970. Ein althethitisches Gewitter-Ritual (Studien zu den Boğazköy-Texten 12). Wiesbaden: Harrassowitz.

Nieto Ballester, Emilio. 1993. AVNOMHIRETVM (Ve. 227). In: Heidermanns, Frank et al. (Hrsg.): *Sprachen und Schriften des antiken Mittelmeerraums. Festschrift für Jürgen Untermann zum 65. Geburtstag* (Innsbrucker Beiträge zur Sprachwissenschaft 78). Innsbruck: Institut für Sprachwissenschaft der Universität Innsbruck. 281–292.

Nishimura, Kanehiro. 2006. Umbrian **restatu**: A restitution. In: *Indogermanische Forschungen* 111. 182–191.

Nora, Pierre (Hrsg.). 1984–1992. *Les lieux de mémoire*. Paris: Gallimard.

Norden, Eduard. 1939. *Aus altrömischen Priesterbüchern*. Lund/Leipzig: Glaerup.

Norden, Eduard. 1913. *Agnostos theos. Untersuchungen zur Formengeschichte religiöser Rede*. Leipzig: Teubner.

Norden, Eduard. 1898. *Die antike Kunstprosa vom VI. Jahrhundert v. Chr. bis in die Zeit der Renaissance*. Zwei Bände. Leipzig: Teubner.

Nussbaum, Alan J. 1973. *Benuso couortuso* and the archetype of Tab. Ig. I and VI–VIIa. In: *Journal of Indo-European Studies* 1. 356–369.

Nuyts, Jan. 2008. Qualificational Meanings, illocutionary signals, and the cognitive planning of language use. In: *Annual Review of Cognitive Linguistics* 6. 185–207.

Nuyts, Jan. 2006. Modality: Overview and linguistic issues. In: Frawley, William (Hrsg.): *The Expression of Modality*. Berlin/New York: de Gruyter. 1–26.

Nuyts, Jan/Byloo, Peter/Diepeveen, Janneke. 2010. On deontic modality, directivity, and mood: a case study of Dutch *mogen* and *moeten*. In: *Journal of Pragmatics* 42,1. 16–34.

Oberlies, Thomas. 2012. *Der Rigveda und seine Religion*. Berlin: Verlag der Weltreligionen.

Oettinger, Norbert. 1976. *Die Militärischen Eide der Hethititer* (Studien zu den Boğazköy-Texten 22). Wiesbaden: Harrassowitz.

Olyan, Saul M. 1993. *A Thousand Thousands Served Him: Exegesis and the Naming of Angels in Ancient Judaism* (Texte und Studien zum Antiken Judentum 36). Tübingen: Mohr.

Orlamünde, Julia. 2001. Überlegungen zum hethitischen KIN-Orakel. In: Richter, Thomas/Prechel, Doris/Klinger, Jörg (Hrsg.): *Kulturgeschichten: altorientalische Studien für Volkert Haas zum 65. Geburtstag*. Saarbrücken: Saarbrücker Druck und Verlag. 295–311.

Otten, Heinrich. 1971. *Ein hethitisches Festritual* (Studien zu den Boğazköy-Texten 13). Wiesbaden: Harrassowitz.

Otten, Heinrich/Souček, Vladimír. 1969. Ein althethitisches Ritual für das Königspaar (Studien zu den Boğazköy-Texten 8). Wiesbaden: Harrassowitz.

Otto, Bernd-Christian. 2011. *Magie. Rezeptions- und diskursgeschichtliche Analysen von der Antike bis zur Neuzeit*. Berlin/New York: de Gruyter.

Otto, Bernd-Christian/Stausberg, Michael. 2013. *Defining Magic. A Reader*. Durham: Equinox Publishing Ltd.

Paloutzian, Raymond F./Park, Crystal L. (Hrsg.). 2005. *Handbook of the psychology of religion and spirituality*. New York: Guilford.

Pargament, Kenneth I. 1997. *The psychology of religion and coping. Theory, research, practice*. New York: Guilford.

Peled, Ilan. 2010. Expelling the Demon of Effeminacy: Anniwiyani's Ritual and the Question of Homosexuality in Hittite Thought. In: *Journal of Ancient Near Eastern Religions* 10,1. 69–81.

Petöfi, Janós S./Sözer, Emel (Hrsg.). 1983. *Micro and macro connexity of texts*. Hamburg: Buske.

Pflugmacher, Miriam. 2018/19. Die sprachliche Gestaltung der Brotbrechung in den hethitischen Festritualtexten. In: *Münchener Studien zur Sprachwissenschaft* 72,2. 159–182.

Pflugmacher, Miriam. 2017. Die Ellipse von direkten Objekten in hethitischen Festritualen. Unveröffentlichte Masterarbeit.

Pinault, Georges-Jean (Hrsg.). 2006. *La langue poétique indo-européenne: actes du Colloque de travail de la Société des Etudes Indo-Européennes. Paris, 22–24 octobre 2003*. Leuven: Peeters.

Pittner, Karin. 2000. Sprechaktbedingungen und bedingte Sprechakte: Pragmatische Konditionalsätze im Deutschen. *Linguistik online* 5,1. Online: https://bop.unibe.ch/linguistik-online/article/view/1021/1681.

von Planta, Robert. 1892/1897. Grammatik der oskisch-umbrischen Dialekte. 2 Bde. Straßburg: Trübner.

Popko, Maciej/Taracha, Piotr. 1988. Der 28. und 29. Tag des hethitischen AN.TAḪ.ŠUM-Festes. In: *Altorientalische Forschungen* 15. 82–113.

Porzio Gernia, Maria Luisa. 2004. *Offerta rituale et mondo divino. Contributo all'interpretazione delle Tavole di Gubbio.* (Collana Fuori 48). Alessandria: Edizioni dell'Orso.

Poultney, James W. 1959. *The Bronze Tables of Iguvium*. New York u.a.: American Philological Association.

Prechel, Doris/Torri, Giulia. 2014. Sakralsprachen im alten Orient. In: *Die Welt des Orients* 44. 148–150.

Prosdocimi, Aldo Luigi. 2015. *Le Tavole Iguvine. Preliminari all'interpretazione. La testualità: fatti e metodi.* 3 Bände. Florenz: Olschki.

Prosdocimi, Aldo Luigi. 2001. Etnici e 'nome' nelle Tavole Iguvine. In: *Annali della fondazione per il museo 'Claudio Faina'* 8. 31–77.

Prosdocimi, Aldo Luigi. 1997. Note sulle circonlocuzioni con *her(i)*- 'volere' in Umbro. In: Catagnoti, Amalia et al. (Hrsg.): *Studi Linguistici. Offerti a Gabriella Giacomelli dagli amici e dagli allievi*. Padua: Unipress. 335–354.

Prosdocimi, Aldo Luigi. 1992. Sul ritmo italico. In: Bolognesi, Giancarlo/Santoro, Ciro (Hrsg.): *Charisteria Victori Pisani oblata*. 2. Galatina: Conegdo. 347–410.

Prosdocimi, Aldo Luigi. ²1991. Le Religioni degli Italici. In: Ampolo, Carmine et al. (Hrsg.): *Italia omnium terrarum parens – la civiltà degli Enotri, Choni, Ausoni, Sanniti, Lucani, Brettii, Sicani, Siculi, Elimi*. Mailand: Garzanti-Scheiwiller. 475–545.

Prosdocimi, Aldo Luigi. 1990. Vetter 243 e l'imperativo latino, tra (con)testo e paradigma. In: Maetzke, Guglielmo (Hrsg.): *La civiltà dei Falisci. Atti del XV Convegno di Studi Etruschi ed Italici. Cività Castellana – Forte Sangallo, 28–31 maggio 1987*. Florenz: Olschki. 291–327.

Prosdocimi, Aldo Luigi. 1984. *Le Tavole Iguvine*. Band 1. Florenz: Olschki.

Prosdocimi, Aldo Luigi. 1978. L'Umbro. In: ders. (Hrsg.): *Lingue e dialetti dell'Italia antica* (Popoli e civiltà dell'Italia antica 6). Rom: Biblioteca di Storia Patria, 585–788.

Prosdocimi, Aldo Luigi. 1972. Redazione e struttura testuale delle Tavole iguvine. In: *Aufstieg und Niedergang der römischen Welt*. Band 1,2: *Von den Anfängen Roms bis zum Ausgang der Republik*. Berlin/New York: de Gruyter. 593–699.

Prosdocimi, Aldo, Luigi. 1969. *Studi Iguvini*. Florenz: Olschki.

Quadrio, Tiziana. 2018/19. Bezeichnungen für liebesmotivierte Rituale in den griechischen Zauberpapyri und Fluchtafeln. In: *Münchener Studien zur Sprachwissenschaft* 72,2. 211–264.

Rabatel, Alain. 2004. L'effacement énonciatif dans les discours rapportés et ses effets pragmatiques. In: *Langages* 156. 3–17.

Richards, Norvin. 1998. The Full Pursuit of the Unspeakable. In: *Proceedings of the North East Linguistic Society* 28,2. 153–160.

Rickheit, Gerd/Schade, Ulrich. 2000. Kohärenz und Kohäsion. In: Brinker, Klaus/Wiegand, Herbert E. (Hrsg): *Text- und Gesprächslinguistik. Ein internationales Handbuch zeitgenössischer Forschung* (Handbücher zur Sprach- und Kommunikationswissenschaft 16.1). Berlin u.a.: de Gruyter. 275–283.

Rickheit, Gerd/Strohner, Hans. 1992. Toward a cognitive theory of linguistic coherence. In: *Theoretical Linguistics* 18. 209–237.

Rieken Elisabeth (Hrsg.). 2018. *100 Jahre Entzifferung des Hethitischen. Morphosyntaktische Kategorien in Sprachgeschichte und Forschung. Akten der Arbeitstagung der Indogermanischen Gesellschaft vom 21. bis 23 September 2015 in Marburg*. Wiesbaden: Reichert.

Rieken, Elisabeth. 2017. Das hethitische Partizip: Zur Schnittstelle von Syntax und Semantik. In: Le Feuvre, Claire et al. (Hrsg.): *Verbal Adjectives and Participles in Indo-European Languages. Proceedings of the Conference of the Society for Indo-European Studies, Paris, 24th to 26th September 2014*. Bremen: Hempen. 391–403.

Rieken, Elisabeth. 2014a. Verbvalenz und Semantik der Verben des Schlachtens in hethitischen Ritualtexten. In: *Münchener Studien zur Sprachwissenschaft* 68. 211–230.

Rieken, Elisabeth. 2014b. Sprachliche Merkmale religiöser Textsorten im Hethitischen. In: *Die Welt des Orients* 44. 162–173.

Rieken, Elisabeth. 2011. Fachsprachliche Merkmale in den hethitischen Ritualbeschreibungen. In: Hutter, Manfred (Hrsg.): *Hethitische Literatur: Überlieferungsprozesse, Textstrukturen, Ausdrucksformen und Nachwirken. Akten des Symposiums vom 18. bis 20. Februar 2010 in Bonn*. Münster: Ugarit-Verlag. 207–216.

Rieken, Elisabeth. 2009. Hethitisch *kāša, kāšma, kāšat(t)a*: drei verkannte deiktische Partikeln. In: Rieken, Elisabeth/Widmer, Paul (Hrsg.): *Pragmatische Kategorien. Form, Funktion und Diachronie, Akten der Arbeitstagung der Indogermanischen Gesellschaft Marburg 2007*. Wiesbaden: Reichert. 265–273.

Rieken, Elisabeth. 1999. Zur Verwendung der Konjunktion *ta* in den hethitischen Texten. In: *Münchener Studien zur Sprachwissenschaft* 59. 63–88.

Rieken, Elisabeth/Bauer, Anna/Görke, Susanne/Lorenz, Jürgen. 2015. Mythologische Texte in hethitischer Sprache. In: Janowski, Bernd/Schwemer, Daniel (Hrsg.): *Weisheitstexte, Mythen und Epen* (Texte aus der Umwelt des Alten Testaments, Neue Folge 8), Gütersloh: Gütersloher Verlagshaus. 145–176.

Rieken, Elisabeth/Görke, Susanne. Im Druck. On the Language of Hittite Festival Texts: Preposed Relative Clauses with Head Noun. In: *Acts of the 10th International Congress of Hittitology 2017*.

Rieken, Elisabeth/Widmer, Paul (Hrsg.). 2009. *Pragmatische Kategorien. Form, Funktion und Diachronie. Akten der Arbeitstagung der Indogermanischen Gesellschaft Marburg 2007*. Wiesbaden: Reichert.

Riganti, Elisabetta (Hrsg.). 1978. *Varrone: De lingua latina. Libro VI*. Bologna: Pàtron.

Risselada, Rodie. 1993. *Imperatives and Other Directive Expressions in Latin: a Study in the Pragmatics of a Dead Language*. Amsterdam: Gieben.

Rix, Helmut. 2000. 'Tribù', 'stato', 'città' e 'insediamento' nelle lingue italiche. In: *Archivio glottologico italiano* 85,2. 196–231.

Rix, Helmut. 1998a. Bemerkungen zu den lateinischen Verbformen des Typs *faxo faxim*. In: Jasanoff, Jay H. et al. (Hrsg.): *Mír curad: studies in honor of Calvert Watkins* (Innsbrucker Beiträge zur Sprachwissenschaft 92). Innsbruck: Institut für Sprachen und Literaturen der Universität Innsbruck. 619–634.

Rix, Helmut. 1998b. Eine neue frühsabellische Inschrift und der altitalische Präventiv. In: *Historische Sprachforschung* 111. 247–269.

Rix, Helmut. 1995. Il Latino e l'etrusco. In: *Eutopia* 4,1. 73–88.

Rix, Helmut. 1993. Rezension zu: Maetzke, Guglielmo (Hrsg.): *La civiltà dei Falisci. Atti del XV Convegno di Studi Etruschi ed Italici. Cività Castellana – Forte Sangallo, 28–31 maggio 1987*. Florenz: Olschki. In: *Kratylos* 38. 83–87.

Rix, Helmut. 1986. *Zur Entstehung des urindogermanischen Modussystems* (Innsbrucker Beiträge zur Sprachwissenschaft, Vorträge und Kleine Schriften 36). Innsbruck: Institut für Sprachen und Literaturen der Universität Innsbruck.

Rix, Helmut. 1985. Descrizioni di rituali in etrusco e in italico. In: Quattordio Moreschini, Adriana (Hrsg.): *L'Etrusco e le lingue dell'Italia antica – atti del convegno della Società italiana di Glottologia*. Pisa: Giardini. 21–37.

Roelcke, Thorsten. 2014. Zur Gliederung von Fachsprachen. In: *Fachsprache* 3–4. 154–178.

Roelcke, Thorsten. [3]2010. *Fachsprachen*. 3., neu bearb. Auflage. Berlin: Schmidt.

Roelcke, Thorsten. 2004. Stabilität statt Flexibilität? Kritische Anmerkungen zu den semantischen Grundlagen der modernen Terminologielehre. In: Pohl, Inge/Konerding, Klaus-Peter (Hrsg.): *Stabilität und Flexibilität in der Semantik*. Frankfurt a.M. u.a.: Peter Lang. 137–150.

Rolf, Eckard. 2000. Textuelle Grundfunktionen. In: Brinker, Klaus/Wiegand, Herbert E. (Hrsg): *Text- und Gesprächslinguistik. Ein internationales Handbuch zeitgenössischer Forschung* (Handbücher zur Sprach- und Kommunikationswissenschaft 16.1). Berlin/New York: de Gruyter. 422–435.

Rolf, Eckard. 1993. *Die Funktionen der Gebrauchstextsorten*. Berlin/New York: de Gruyter.

Rosén, Hannah. 1999. *Latine loqui: trends and directions in the crystallization of classical Latin*. München: Fink.

Rosenberger Veit. 2005. Prodigien aus Italien: geographische Verteilung und religiöse Kommunikation. In: *Cahiers du Centre Gustave Glotz* 16. 235–257.

Rosenberger, Veit. 2001. Zeichen göttlichen Zornes: Eine mediengeschichtliche Untersuchung des römischen Prodigienwesens. In: Brodersen, Kai (Hrsg.): *Gebet und*

Fluch, Zeichen und Traum. Aspekte religiöser Kommunikation in der Antike. Münster: LIT Verlag. 69–88.

Rosenberger, Veit. 1998. *Gezähmte Götter. Das Prodigienwesen der römischen Republik*. Stuttgart: Franz Steiner.

Rosengren, Inger. 1980. Texttheorie. In: Althaus, Hans Peter et al. (Hrsg): *Lexikon der germanistischen Linguistik*. Tübingen: Niemeyer. 275–286.

Roth, Theresa. 2020. „Rituale als Traumatherapie? Hethitische Rituale und ihre Funktionen im militärischen Kontext". In: Zinko, Michaela (Hrsg.): *Krieg und Ritual im Altertum. 17. Grazer Althistorische Adventgespräche*. Graz: Leykam. 187–228.

Roth, Theresa. 2018. Mythos und Ritual. Eine kommunikations- und handlungstheoretische Perspektive. In: *Münchener Studien zur Sprachwissenschaft* 71,1. 51–79.

Roth, Theresa. 2014. *immolare – facere – mactare*. Lateinische Verben des Opferns und ihre Konstruktionsmuster. In: *Münchener Studien zur Sprachwissenschaft* 68,2. 231–266.

Rüpke, Jörg. 2015. The 'Connected Reader' as a Window into Lived Ancient Religion: A Case Study of Ovid's Libri fastorum. In: *Religion in the Roman Empire* 1,1. 95–113.

Rüpke, Jörg. 2013. New Perspectives on Ancient Divination. In: Rosenberger, Veit (Hrsg.): *Divination in the Ancient World: Religious Options and the Individual* (Potsdamer Altertumswissenschaftliche Beiträge 46). Stuttgart: Franz Steiner. 9–19.

Rüpke, Jörg. 2012. *Religiöse Erinnerungskulturen. Formen der Geschichtsschreibung in der römischen Antike*. Darmstadt: WBG.

Rüpke, Jörg. 2010. Communicating with the Gods. In: Rosenstein, Nathan/Morstein-Marx, Robert (Hrsg.): *A companion to the Roman Republic*. Malden, Mass.: Blackwell. 215–235.

Rüpke, Jörg. 2009. *Equus October* und *ludi Capitolini*: Zur rituellen Struktur der Oktober-Iden und ihren antiken Deutungen. In: Dill, Ueli/Walde, Christine (Hrsg.): *Antike Mythen. Medien, Transformationen und Konstruktionen*. Berlin/New York: de Gruyter. 96–121.

Rüpke, Jörg. 2007a. *Cambridge Religion of the Romans*. Übers. und hrsg. von Richard Gordon. Cambridge: Polity Press.

Rüpke, Jörg. 2007b. *Historische Religionswissenschaft: eine Einführung*. Stuttgart: Kohlhammer.

Rüpke, Jörg. 2005. *Fasti sacerdotum: die Mitglieder der Priesterschaften und das sakrale Funktionspersonal römischer, griechischer, orientalischer und jüdisch-christlicher Kulte in der Stadt Rom von 300 v. Chr. bis 499 n. Chr.* (3 Bände). Stuttgart: Franz Steiner.

Rüpke, Jörg. 2001a. Antike Religionen als Kommunikationssysteme. In: Brodersen, Kai (Hrsg.): *Gebet und Fluch, Zeichen und Traum. Aspekte religiöser Kommunikation in der Antike*. Münster: LIT.

Rüpke, Jörg. 2001b. *Die Religion der Römer*. München: Beck.

Rüpke, Jörg. 1996. Controllers and Professionals: Analyzing Religious Specialists. In: *Numen* 43,3. 241–262.

Rüpke, Jörg. 1995. *Kalender und Öffentlichkeit: Die Geschichte der Repräsentation und religiösen Qualifikation von Zeit in Rom*. Berlin: de Gruyter.

Rüpke, Jörg. 1990. *Domi militiae: die religiöse Konstruktion des Krieges in Rom*. Stuttgart: Franz Steiner.

Sadovski, Velizar. 2005. Dichtersprachliche Stilmittel im Altiranischen und Altindischen. In: Schweiger, Günter (Hrsg.): *Indogermanica. Festschrift für Gert Klingenschmitt*. Taimering: Schweiger VWT-Verlag. 521–540.

Sakuma, Yasuhiku. 2009. *Hethitische Vogelorakeltexte*. Inauguraldissertation. Würzburg.

Online-Publikation: https://opus.bibliothek.uni-wuerzburg.de/opus4-wuerzburg/frontdoor/deliver/index/docId/6786/file/sakumadiss1.pdf.

Sallmann, Klaus. 1998. Art. „Fachsprache" und „Fachliteratur". In: Cancik, Hubert et al. (Hrsg.): *Der Neue Pauly*. Altertum. Band 4: Epo – Gro. Stuttgart: Metzler.

Sanders, Ted/Spooren, Wilbert. 2001. Text representation as an interface between language and its users. In: Sanders, Ted/Schilperood, Joost/Spooren, Wilbert (Hrsg.): *Text Representation. Linguistic and psycholinguistic aspects*. Amsterdam/Philadelphia: John Benjamins. 1–25.

Sanders, Ted/Schilperood, Joost/Spooren, Wilbert (Hrsg.). 2001. *Text Representation. Linguistic and psycholinguistic aspects*. Amsterdam/Philadelphia: John Benjamins.

Sandström, Görel. 1993. *Temporal Adverbial Clauses in Narrative Discourse*. Unpublizierte Dissertation. Report no. 34, DGL-UUM-R34, Department of General Linguistics. Universität Umeå.

Sanford, Anthony J./Moxey, Linda M. 1995. Aspects of coherence in written language: a psychological perspective. In: Gernsbacher, Morton A./Givón, Talmy (Hrsg.): *Coherence in Spontaneous Text*. Amsterdam: John Benjamins. 61–187.

Sasseville, David. 2015. Götterepiklesen und ihre Funktion in Aischylos' Orestie und Sophokles' Elektra. Unveröffentlichte Masterarbeit. Universität Marburg.

Satterfield Susan. 2016. Livy and the pax deum. In: *Classical Philology* 111,4. 165–176.

Schade, Ulrich/Langer, Hagen/Rutz, Heike/Sichelschmidt, Lorenz. 1991. Kohärenz als Prozeß. In: Rickheit, Gerd (Hrsg.): *Kohärenzprozesse*. Opladen: Westdeutscher Verlag. 7–58.

Schaeder, Burkhard. 1993. Art. „Formel". In: Glück, Helmut (Hrsg.): *Metzler Lexikon Sprache*. Stuttgart/Weimar: Metzler. 191.

Scheer, Tanja S. 2001. Die Götter anrufen: Die Kontaktaufnahme zwischen Mensch und Gottheit in der griechischen Antike. In: Brodersen, Kai (Hrsg.): *Gebet und Fluch, Zeichen und Traum. Aspekte religiöser Kommunikation in der Antike*. Münster: LIT Verlag. 31–56.

Scheid, John. 2005. *Quand faire, c'est croire: les rites sacrificiels des romains*. Paris: Aubier.

Scheid, John. ²2001. *Religion et piété à Rome*. Paris: Albin Michel.

Scheid, John. 1998. *La religion des Romains*. Paris: Armand Colin.

Scheid, John. 1993. *Lucus, nemus*. Qu'est-ce qu'un bois sacré? In: de Cazanove, Olivier/Scheid, John (Hrsg.): *Les Bois sacrés – actes du colloque international organisé par le Centre Jean-Bérard et l'Ecole pratique des hautes études (V^e section) – Naples, 23–25 novembre 1989*. Neapel: Centre Jean-Bérard. 13–20.

Scheid, John. 1989/90. *„Hoc anno immolatum non est"*. Les aléas de la voti sponsio. In: *Scienze dell'Antichità* 3,4. 773–783.

Scheid, John. 1990. *Romulus et ses frères: le collège des frères arvales, modèle du culte public dans la Rome des empereurs*. Rom: Ecole Française de Rome.

Scheid, John. 1981. Le délit religieux dans la Rome tardo-républicaine. In: *Le délit religieux dans la cité antique. Actes de la table ronde de Rome (6–7 avril 1978)*. Rom: École Française de Rome. 117–171.

Scheid, John/Svenbro, Jesper. 1996. *Le métier de Zeus: mythe du tissage et du tissu dans le monde gréco-romain*. Paris: Editions de la Découverte.

Scheucher, Tobias S. 2012. The Transmission and Functional Context of the Lexical Lists from Hattusa and from the Contemporaneous Traditions in Late-Bronze-Age Syria. Dissertation online: https://openaccess.leidenuniv.nl/handle/1887/19986.

Schiefflin, Edward L. 2007. Introduction. In: Hüsken, Ute (Hrsg.): *When Rituals Go Wrong: Mistakes, Failure, and the Dynamics of Ritual*. Leiden/Boston: Brill. 1–20.

Schirmer, Brigitte. 1994. *Studien zum Wortschatz der Iguvinischen Tafeln. Die Verben des Betens und Sprechens*. Frankfurt a.M.: Peter Lang.

Schmitt, Rüdiger (Hrsg.). 1968. *Indogermanische Dichtersprache* (Wege der Forschung 165). Darmstadt: WBG.

Schmitt, Rüdiger. 1967. *Dichtung und Dichtersprache in indogermanischer Zeit*. Wiesbaden: Harrassowitz.

Schwemer, Daniel. 2017. Rites of the AN.DAḪ.ŠUM Festival in Ḫattuša. In: *Mesopotamia* 52. 55–64.

Schwemer, Daniel. 2016. Quality Assurance Managers at Work: The Hittite Festival Tradition. In: Müller, Gerfrid (Hrsg.): *Liturgie oder Literatur? Die Kultrituale der Hethiter. Workshop an der Akademie der Wissenschaften und der Literatur Mainz, 2.–3. Dezember 2010* (Studien zu den Boğazköy-Texten 60). Wiesbaden: Harrassowitz. 1–29.

Schwemer, Daniel. 2015a. Hittite Prayers to the Sun-god for Appeasing an Angry Personal God: A Critical Edition of CTH 372–74. In: Jaques, Margaret: *Mon dieu qu'ai-je fait? Les diĝir-šà-dab(5)-ba et la piété privée en Mésopotamie* (Orbis Biblicus et Orientalis 273). Fribourg/Göttingen: Academic Press. 349–393.

Schwemer, Daniel. 2015b. The Ancient Near East. In: Collins, David J. (Hrsg.): *The Cambridge History of Magic and Witchcraft in the West. From Antiquity to the Present*. Cambridge: Cambridge University Press. 17–51.

Schwemer, Daniel. 2006. Das hethitische Reichspantheon. Überlegungen zu Struktur und Genese. In: Kratz, Reinhard G./Spieckermann, Herrmann (Hrsg.): *Götterbilder – Gottesbilder – Weltbilder: Polytheismus und Monotheismus in der Welt der Antike*. Band 1 (Forschungen zum Alten Testament, Reihe 2,17). Tübingen: Mohr Siebeck. 241–265.

Schwemer, Daniel. 2004. Von Taḫurpa nach Ḫattuša. Überlegungen zu den ersten Tagen des AN.DAḪ.ŠUM-Festes. In: Hutter, Manfred/Hutter-Braunsar, Sylvia (Hrsg.): *Offizielle Religion, lokale Kulte und individuelle Religiosität. Akten des religionsgeschichtlichen Symposiums „Kleinasien und angrenzende Gebiete vom Beginn des 2. bis zur Mitte des 1. Jahrtausends v. Chr.“ (Bonn, 20.–22. Februar 2003)*. Münster: Ugarit-Verlag. 395–412.

Schwyzer, Eduard. 1939. *Griechische Grammatik auf der Grundlage von Karl Brugmanns griechischer Grammatik*. Teil 1, Band 1 (Handbuch der Altertumswissenschaft, Abteilung 2). München: Beck.

Scullard, Howard H. 1981. *Festivals and Ceremonies of the Roman Republic*. Cornell: Cornell University Press.

Searle, John. 1979. *Expression and meaning: Studies in the theory of speech acts*. Cambridge: Cambridge University Press.

Searle, John R. 1976. A classification of illocutionary acts. In: *Language in Society* 5. 1–23.

Searle, John R. 1975a. A taxonomy of illocutionary acts. In: Gunderson, Keith (Hrsg.): *Language, mind, and knowledge* (Minnesota studies in the philosophy of science 7). Minneapolis: University of Minnesota Press. 344–369.

Searle, John R. 1975b. Indirect speech acts. In: Cole, Peter/ Morgan, Jerry L. (Hrsg.): *Syntax and semantics*. Band 3: *Speech acts*. New York: Academic Press. 59–82.

Searle, John R. 1969. *Speech Acts. An Essay in the Philosophy of Language*. Cambridge: Cambridge University Press.

Searle, John R./Vanderveken, Daniel. 1985. *Foundations of illocutionary logic*. Cambridge: Cambridge University Press.

Sharma, Nidhi/Sharma, Keshav. 2015. 'Self-Fulfilling Prophecy': A Literature Review. In: *International Journal of Interdisciplinary and Multidisciplinary Studies* 2,3. 41–52.

Sideltsev, Andrei. 2017. Accented Clitics in Hittite? In: *Transactions of the Philological Society* 115,2. 176–211.

Sideltsev, Andrei/Molina, Maria. 2015. Enclitic -(*m*)*a* 'but', clause architecture and the prosody of focus in Hittite. In: *Indogermanische Forschungen* 120. 209–254.

Siebert, Anne Viola. 2000. Art. „Piaculum“. In: Cancik, Hubert et al. (Hrsg.): *Der Neue Pauly*. Altertum. Band 9: Or – Poi. Stuttgart: Metzler. Online-Abfrage am 14. September 2020: https://referenceworks.brillonline.com/entries/der-neue-pauly/piaculum-e924980?s.num=0&s.f.s2_parent=s.f.book.der-neue-pauly&s.q=piaculum.

Singer, Itamar. 2004. Questioning Divine Justice in Hittite Prayers. In: Hutter, Manfred/Hutter-Braunsar, Sylvia (Hrsg.): *Offizielle Religion, lokale Kulte und individuelle Religiosität* (Alter Orient und Altes Testament 318). Münster: Ugarit-Verlag. 413–419.

Singer, Itamar. 2002. *Hittite Prayers* (Writings from the Ancient World 11). Atlanta: Society of Biblical Literature.

Singer, Itamar. 1994. The thousand gods of Hatti: the limits of an expanding pantheon. In: *Israel Oriental Studies* 14. 81–102.

Singer, Itamar. 1983–1984. *The Hittite* KI.LAM *Festival*. 2 Bände (Studien zu den Boğazköy-Texten 27 und 28). Wiesbaden: Harrassowitz.

Sisani. Simone. 2001. *Tuta Ikuvina – sviluppo e ideologia della forma urbana a Gubbio*. Rom: Quasar.

Sökeland, Werner. 1980. *Indirektheit von Sprechhandlungen. Eine linguistische Untersuchung*. Tübingen: Niemeyer.

Sommer, Ferdinand. 1947. *Hethiter und Hethitisch*. Stuttgart: Kohlhammer.

Soysal, Oğuz. 2009. Zu den Trinkgefäßen bei den Hethitern auch in Verbindung mit Kulttrinken. In: Fincke, Jeanette (Hrsg.): *Festschrift für Gernot Wilhelm anlässlich seines 65. Geburtstages am 28. Januar 2010*. Dresden: ISLET. 335–354.

Sözer, Emel (Hrsg.). 1985. *Text Connexity, Text Coherence: Aspects, Methods, Results*. Hamburg: Buske.

Staal, Frits. 1989. *Rules Without Meaning. Ritual, Mantras and the Human Sciences*. Frankfurt a. M. u. a.: Peter Lang.

Staal, Frits. 1979. The Meaninglessness of Ritual. In: *Numen* 26. 2–22.

Stark, Elisabeth. 2001. Textkohäsion und Textkohärenz. In: Haspelmath, Martin et al. (Hrsg.): *Language Typology and Language Universals* (Handbücher zur Sprach- und Kommunikationswissenschaft 20.1). Berlin/New York: de Gruyter. 634–656.

Starr, Ivan. 1990. *Queries to the Sungod. Divination and Politics in Sargonid Assyria* (State Archives of Assyria 4). Helsinki: Helsinki University Press.

Stavrianopoulou, Eftychia. 2007. Ensuring Ritual Competence in Ancient Greece. A Negotiable Matter: Religious Specialists. In: Hüsken, Ute (Hrsg.): *When Rituals Go Wrong: Mistakes, Failure, and the Dynamics of Ritual*. Leiden/Boston: Brill. 183–196.

Stollberg-Rilinger, Barbara. 2013. *Rituale*. Frankfurt a. M./New York: Campus Verlag.

Strauß, Rita. 2006. *Reinigungsrituale aus Kizzuwatna. Ein Beitrag zur Erforschung hethitischer Ritualtradition und Kulturgeschichte*. Berlin/New York: de Gruyter.

Strunk, Klaus. 1984. Probleme der Sprachrekonstruktion und das Fehlen zweier Modi im Hethitischen. In: *Incontri Linguistici* 9. 135–153.

von Stutterheim, Christiane/Klein, Wolfgang. 2008. Mündliche Textproduktion: Informationsorganisation in Texten. In: Janich, Nina (Hrsg.): *Textlinguistik: 15 Einführungen*. Tübingen: Narr. 217–235.

Sudhaus, Siegfried. 1906. Lautes und leises Beten. In: *Archiv für Religionswissenschaft* 9,2. 185–200.

Szemerényi, Oswald. 1953. The Future Imperative of Indo-European. In: *Revue belge de philologie et d'histoire* 31,4. 937–954.

Taggar-Cohen, Ada. 2006. *Hittite Priesthood.* Heidelberg: Winter.

Tambiah, Stanley J. 1978. Form und Bedeutung magischer Akte. Ein Standpunkt. In: Kippenberg, Hans G./Luchesi, Brigitte (Hrsg.): *Magie – Die sozialwissenschaftliche Kontroverse über das Verstehen fremden Denkens.* Frankfurt a.M.: Suhrkamp. 259–296.

Taracha, Piotr. 2009. *Religions of Second Millennium Anatolia* (Dresdner Beiträge zur Hethitologie 27). Wiesbaden: Harrassowitz.

Thomas, François. 1938. *Recherches sur le subjonctif latin.* Paris: Klincksieck.

Thomas, William Isaac/Thomas, Dorothy Swaine. 1928. *The child in America: Behavior problems and programs.* New York: A.A. Knopf.

Thurneysen, Rudolf. 1879. *Über Herkunft und Bildung der lat. Verba auf* -iō *der dritten und vierten Conjugation und über ihr gegenseitiges Verhältniß.* Diss. Leipzig: Hirschfeld.

Thurneysen, Rudolf. 1885. Der indogermanische imperativ. In: *Zeitschrift für vergleichende Sprachforschung auf dem Gebiete der Indogermanischen Sprachen* 27. 172–180.

Tichy, Eva. 2006. *Der Konjunktiv und seine Nachbarkategorien. Studien zum indogermanischen Verbum, ausgehend von der älteren vedischen Prosa.* Bremen: Hempen.

Tichy, Eva. 2002. Zur Funktion und Vorgeschichte der indogermanischen Modi. In: Hettrich, Heinrich (Hrsg.): *Indogermanische Syntax. Fragen und Perspektiven.* Wiesbaden: Reichert. 189–206.

Tichy, Eva. 1979. Semantische Studien zu idg. 1. **dei̯ḱ-* „zeigen" und 2. **dei̯ḱ-* „werfen". In: *Münchener Studien zur Sprachwissenschaft* 38. 171–228.

Torri, Giulia. 2003. *La similitudine nella magia analogica ittita* (Studia Asiana 2). Rom: Herder.

Traxler, Matthew J./Gernsbacher, Morton A. 1995. Improving coherence in written communication. In: Gernsbacher, Morton A./Givón, Talmy (Hrsg.): *Coherence in Spontaneous Text.* Amsterdam: John Benjamins. 215–237.

Trémouille, Marie-Claude. 2000. Les rituels magiques hittites : aspects formels et techniques. In: Moreau, Alain Maurice/Turpin, Jean-Claude (Hrsg.): *La magie. Actes du colloque international de Montpellier, 25–27 mars 1999. Tome 1. Du monde babylonien au monde hellénistique.* Montpellier: Université Paul Valéry. 77–94.

Tromp, Sebastiaan P.C. 1921. *De Romanorum piaculis.* Lugduni Batavorum [Leiden], Théonville.

Turner, Victor. 1969. *The Ritual Process. Structure and Anti-Structure.* London: Routledge.

Ünal, Ahmed. 1994. Hethitisch-altanatolische Mythen, Legenden, Epen und Märchen aus dem Staatsarchiv von Hattuscha. In: Hecker, Karl et. al. (Hrsg.): *Weisheitstexte, Mythen und Epen* 2 (Texte aus der Umwelt des Alten Testaments 3,4). Gütersloh: Gütersloher Verlagshaus Mohn. 802–859.

Ünal, Ahmed. 1977. Naturkatastrophen in Anatolien im 2. Jahrtausend v. Chr. In: *Belleten* 163. 447–472.

Ünal, Ahmed. 1973. Zum Status der ‚Augures' bei den Hethitern. In: *Revue Hittite et Asianique* 31. 27–56.

Untermann, Jürgen. 2000. *Wörterbuch des Oskisch-Umbrischen*. Heidelberg: Winter.

Vairel-Carron, Hélène. 1975. *Exclamation, ordre et défense. Analyse de deux systèmes syntaxiques en latin*. Paris: Les Belles Lettres.

van der Horst, Peter W. 1994. Silent Prayer in Antiquity. In: *Numen* 41. 1–25.

van der Velde, Roger G. 1985. Man, Verbal Text, Inferencing, and Coherence. In: Heydrich, Wolfgang et al. (Hrsg.): *Connexity and Coherence. Analysis of Text and Discourse*. Berlin/New York: de Gruyter. 174–217.

van Gennep, Arnold. 1909. *Les rites de passage*. Paris: Nourry.

van Linden, An/Verstraete, Jean-Christophe. 2011. Revising deontic modality and related categories: A conceptual map based on the study of English modal adjectives. In: *Journal of Pragmatics* 43. 150–163.

Vater, Heinz. 1991. Referenzrelationen in Texten. In: Brinker, Klaus (Hrsg.): *Aspekte der Textlinguistik*. Hildesheim u. a.: Olms. 19–54.

Versnel, Henk. 2010. Prayers for Justice, East and West: New Finds and Publications since 1990. In: Gordon, Richard/Simón, Francisco Marco (Hrsg.): *Magical Practice in the Latin West: Papers from the International Conference held at the University of Zaragoza, 30 Sept.–1 Oct. 2005*. Leiden: Brill. 275–355.

Versnel, Henk. 2009. *Fluch und Gebet. Magische Manipulation versus religiöses Flehen?* (Hans-Lietzmann-Vorlesungen 10). Berlin/New York: de Gruyter.

Versnel, Henk. 2002. The Poetics of the Magical Charm. An Essay in the Power of Words. In: Mirecki, Paul/Meyer, Marvin (Hrsg.): *Magic and Ritual in the Ancient World*. Leiden u. a.: Brill. 105–158.

Versnel, Henk. 1991. Some Reflections on the Relationship Magic–Religion. In: *Numen* 38,2. 177–197.

Versnel, Henk. 1981. Religious Mentality in Ancient Prayer. In: ders. (Hrsg.): *Faith Hope and Worship. Aspects of Religious Mentality in the Ancient World. Studies in Greek and Roman Religion*. Band 2. Leiden: Brill. 1–64.

Versnel, Henk. 1975. *Sacrificium Lustrale*: The Death of Mettius Fufetius (Livy 1,28). Studies in Roman lustration-ritual. In: *Mededelingen van het Nederlands Instituut te Rome* 37. 97–115.

Vion, Robert. 2001. "Effacement énonciatif" et stratégies discursives. In: De Mattia, Monique/André Joly (Hrsg.): *De la syntaxe à la narratologie énonciative*. Paris: Ophrys. 331–354.

Vetter, Emil. 1953. *Handbuch der italischen Dialekte*. Band 1: *Texte mit Erklärung, Glossen, Wörterverzeichnis*. Heidelberg: Winter.

Vetter, Emil. 1943. Literaturbericht 1934–38: Italische Sprachen. In: *Glotta* 30. 15–84.

Vine, Brent. 2015. Umbrian *avieka-* 'auspica-' (and remarks on Italic augural phraseology). In: García Ramón, José Luis/Kölligan, Daniel (Hrsg.): *Strategies of Translation: Language Contact and Poetic Language. Akten des Workshops, Köln, 17.–18. Dezember 2010*. Teil 2 (Linguarum Varietas 4). Pisa/Rom: Fabrizio Serra. 139–155.

Vine, Brent. 2011. Umbrian *disleralinsust*. In: *Alessandria* 5. 331–344.

Vine, Brent. 2004. New Thoughts on an Old Curse (Tab. Ig. VIb 60/VIIa 49). In: Hyllested, Adam et al. (Hrsg.): *Per Aspera ad Asteriscos: Studia Indogermanica in honorem Jens Elmegård Rasmussen*. Innsbruck: Institut für Sprachen und Literaturen der Universität Innsbruck. 615–626.

Vine, Brent. 1999. Latin *opiō and *optāre*. In Vagazin, A. et al. (Hrsg.): *Poetika Istorija Literaturji Lingvistika. Sbornik k 70-letiju Vjaceslava Vsevolodovica Ivanova*. Moskau: OGI. 520–526.

Viti, Carlotta. 2016. Null objects and clitics in some early IE languages. In: Lühr, Rosemarie (Hrsg.): *Idiosynkrasie: Neue Wege ihrer Beschreibung*. Wiesbaden: Reichert. 13–32.

Volodina, Anna. 2006. Wenn-Relationen: Schnittstelle zwischen Syntax, Semantik und Pragmatik. In: Breindl, Eva et al. (Hrsg.): *Grammatische Untersuchungen. Analysen und Reflexionen. Gisela Zifonun zum 60. Geburtstag* (Studien zur Deutschen Sprache 36). Tübingen: Narr. 359–379.

Waal, Willemijn. 2015. *Hittite Diplomatics. Studies in Ancient Document Format and Record Management* (Studien zu den Boğazköy-Texten 57). Wiesbaden: Harrassowitz.

Waanders, Frederik M.J. 2003. Παντοῖα – a mixed salad. In: *Hyperboreus* 9,1. 16–21.

Wagner-Hase, Beate. 2000. *Der Stoff der Gaben: Kultur und Politik des Schenkens und Tauschens im archaischen Griechenland*. Frankfurt a.M./New York: Campus Verlag.

Waszink, Jan Hendrik. 2010. *Quinti Septimi Florentis Tertulliani 'De anima'*. Leiden: Brill.

Watkins, Calvert. 1995. *How to kill a dragon: aspects of Indo-European poetics*. New York u.a.: Oxford University Press.

Watkins, Calvert. 1989. New parameters in historical linguistics, philology, and culture history. In: *Language* 65. 783–799.

Weeden, Mark/Ullmann, Lee Z. (Hrsg.). 2017. *Hittite landscape and geography* (Handbuch der Orientalistik 1,121). Leiden/Boston: Brill.

Wegner, Ilse. 1995. Die „genannten" und „nicht-genannten" Götter in den hethitisch-hurritischen Opferlisten. In: *Studi Micenei ed Egeo-Anatolici* 36. 97–102.

Wegner, Ilse/Salvini, Mirjo. 1986. *Die Rituale des AZU-Priesters* (Corpus der hurritischen Sprachdenkmäler. Abteilung 1). Band 2,1: Die Texte aus Boğazköy. Rom: Multigrafica.

Wegner, Ilse. 1981. *Gestalt und Kult der Ištar-Šawuška in Kleinasien* (Hurritologische Studien 3; Alter Orient und Altes Testament 36). Kevelaer: Butzon und Bercker.

Weiss, Michael. ²2020. *Outline of the Historical and Comparative Grammar of Latin*. Ann Arbor/New York: Beech Stave Press.

Weiss, Michael. 2010. *Language and ritual in Sabellic Italy: the ritual complex of the third and the fourth Tabulae Iguvinae*. Leiden u.a.: Brill.

Weiss, Michael. 2007. *Cui bono?* The Beneficiary Phrases of the Third Iguvine Table. In: Nussbaum, Alan J. (Hrsg.): *Verba Docenti. Studies in historical and Indo-European linguistics presented to Jay H. Jasanoff by students, colleagues, and friends*. Ann Arbor/New York: Beech Stave Press. 365–378.

Weitenberg, Joseph Johannes Sicco. 1992. The Use of Asyndesis and Particles in Old Hittite Simple Sentences. In: Carruba, Onofrio (Hrsg.): *Per una grammatica ittita: Towards a Hittite Grammar*. Pavia: Iuculano. 305–353.

Widmer, Paul. 2009. Hethitisch *nu* als Mittel der informationsstrukturellen und syntaktischen Verknüpfung. In: Rieken, Elisabeth/Widmer, Paul (Hrsg.): *Pragmatische Kategorien. Form, Funktion und Diachronie, Akten der Arbeitstagung der Indogermanischen Gesellschaft Marburg 2007*. Wiesbaden: Reichert. 323–335.

Willi, Andreas. 2010. The Umbrian perfect in -**nç**-/-*nś*-. In: *Transactions of the Philological Society* 108,1. 1–14.

Willi, Andreas. 2003. *The languages of Aristophanes*. Oxford: Oxford University Press.

Wissowa, Georg. ²1912. *Religion und Kultus der Römer* (Handbuch der klassischen Altertumswissenschaft, Abteilung 4). 2., verb. Auflage. München: Beck.

Wüest, Jakob. 2011. *Was Texte zusammenhält. Zu einer Pragmatik des Textverstehens*. Tübingen: Narr.

Yakubovich, Ilya. 2010. *Sociolinguistics of the Luvian Language*. Leiden/Boston: Brill.

Yakubovich, Ilya. 2008. The Luvian Enemy. In: *Kadmos* 47. 1–19.

Yoshida, Daisuke. 1992. Das AN.TAḪ.ŠUM^SAR^-Fest im Tempel der Sonnengöttin. In: Takahito, Mikasa (Hrsg.): *Cult and Ritual in the Ancient Near East* (Bulletin of the Middle Eastern Culture Center in Japan 6). Wiesbaden: Harrassowitz. 112–158.

Zair, Nicolas. 2016. *Oscan in the Greek Alphabet*. Cambridge: Cambridge University Press.

Zair, Nicholas. 2014. The Future Perfect in Oscan and Umbrian, and the *ō*-Perfect in South Picene. In: *Transactions of the Philological Society* 112,3. 367–385.

Zgoll, Annette. 2006. *Traum und Welterleben im antiken Mesopotamien: Traumtheorie und Traumpraxis im 3.–1. Jahrtausend v. Chr. als Horizont einer Kulturgeschichte des Träumens*. Münster: Ugarit-Verlag.

Zinko, Christian. 1987. *Betrachtungen zum* AN.TAH.ŠUM-*Fest: Aspekte eines hethitischen Festrituals*. Innsbruck: Verlag Scientia.

Zipf, George Kingsley. 1949. *Human Behavior and the Principle of Least Effort. An Introduction to Human Ecology*. Cambridge, Mass.: Addison-Wesley Press.

Zwingmann, Christian/Klein, Konstantin. 2013. Sind religiöse Menschen gesünder, und wenn ja, warum? Ergebnisse empirisch-sozialwissenschaftlicher Forschung. In: *Spiritual Care* 2,2. 21–38.

Index zitierter Textstellen

Hethitisch

Hethitisch (*fortges.*)

Iguvinische Tafeln

Sachindex